Le droit du travail du Québec

7ᵉ édition

Le droit du travail du Québec

7ᵉ édition

ROBERT P. GAGNON et
LANGLOIS KRONSTRÖM DESJARDINS, s.e.n.c.r.l.

Sous la direction de Yann Bernard, André Sasseville,
Bernard Cliche et Jean-Guy Villeneuve

ÉDITIONS YVON BLAIS

Catalogage avant publication de Bibliothèque et Archives nationales du Québec et Bibliothèque et Archives Canada

Gagnon, Robert P., 1946-2006

Le droit du travail du Québec

7e édition / mis à jour par Langlois Kronström Desjardins ; sous la direction de Yann Bernard, André Sasseville et Bernard Cliche.

Comprend des références bibliographiques et un index.

ISBN 978-2-89635-921-9

1. Travail – Droit – Québec (Province). 2. Travail – Droit – Québec (Province) – Jurisprudence. I. Bernard, Yann. II. Sasseville, André. III. Cliche, Bernard, 1951- . IV. Langlois Kronström Desjardins (Firme). V. Titre.

KEQ642.G33 2013   344.71401   C2013-941240-9

Nous reconnaissons l'aide financière du gouvernement du Canada accordée par l'entremise du Fonds du livre du Canada (FLC) pour nos activités d'édition.

Dépôt légal : 3e trimestre 2013
Bibliothèque nationale du Québec
Bibliothèque nationale du Canada
ISBN : 978-2-89635-629-4

Imprimé aux États-Unis

 THOMSON REUTERS

Éditions Yvon Blais, une division de Thomson Reuters Canada Limitée

C.P. 180 Cowansville	Service à la clientèle
(Québec) Canada	Téléphone : 1-800-363-3047
J2K 3H6	Télécopieur : 450-263-9256
	Site Internet : www.editionsyvonblais.com

AVANT-PROPOS

Cette 7e édition du livre *Le droit du travail du Québec* met à jour et augmente celle parue en 2008.

Comme par le passé, et pour poursuivre sur la lancée établie par l'auteur d'origine de l'ouvrage, Me Robert P. Gagnon, l'équipe de collaborateurs à cette édition a privilégié une approche pratique de la matière traitée et a maintenu l'accent mis sur l'application concrète des principes essentiels du droit du travail du Québec.

Le contenu rend compte du droit législatif et jurisprudentiel au 31 juillet 2012, sauf exceptions expressément mentionnées au texte et commandées par l'importance de certains développements survenus subséquemment.

Nous tenons à exprimer notre profonde gratitude à une future collègue, Lou-Sophie Dervieux, ainsi qu'à Me Geoffrey Ngamilu pour leur excellent travail de recherche et de soutien à la rédaction. Nous désirons également remercier Me Louis Bossé, Me Marie-Noëlle Guay et Mme Sylvie Desmeules des Éditions Yvon Blais pour leur précieuse collaboration, ainsi que tous nos collègues du cabinet Langlois Kronström Desjardins, dont les commentaires ont contribué à la qualité de l'ouvrage.

Nous serons reconnaissants aux lecteurs, étudiants, professeurs, praticiens du droit et magistrats de nous faire part de leurs suggestions afin de garder vivante et actuelle l'œuvre de feu Me Robert P. Gagnon, pour le plus grand bénéfice de la communauté juridique québécoise.

Les auteurs

LISTE DES PRINCIPALES ABRÉVIATIONS

A.C.	Appeal Cases
al.	Alinéa
art.	Article
AZ	Azimut
B.E.M.	Bureau d'évaluation médicale
B.R.	Cour du banc du Roi ou de la Reine
c.	Chapitre ou contre
C.A.	Cour d'appel
C.A.F.	Cour d'appel fédérale
C.A.L.P.	Commission d'appel en matière de lésions professionnelles
C.A.S.	Commission des affaires sociales
C.C.I.	Cour canadienne de l'impôt
C.c.B.-C.	*Code civil du Bas-Canada*
C.c.Q.	*Code civil du Québec*
C.cr.	*Code criminel*
C.C.R.I.	Conseil canadien des relations industrielles
C.C.R.T.	Conseil canadien des relations de travail
C.d.l.p.	*Charte des droits et libertés de la personne*
C.F.P.	Commission de la fonction publique
C.H.R.R.	Canadian Human Rights Reporter
C.L.P.	Commission des lésions professionnelles
C.L.P.E.	Commission des lésions professionnelles express

C.N.T.	Commission des normes du travail
C.P.	Cour provinciale
C.p.c.	*Code de procédure civile*
C.p.p.	*Code de procédure pénale*
C.Q.	Cour du Québec
C.R.R.	Canadian Rights Reporter
C.R.T.	Commission des relations du travail
C.S.	Cour supérieure
CSC	Cour suprême du Canada
C.S.E.	Conseil des services essentiels
C.S.S.T.	Commission de la santé et de la sécurité du travail
C.T.	Commissaire du travail
C.t.	*Code du travail*
C.T.C.	Canada Tax Cases
D.L.R.	Dominion Law Reports
D.T.C.	Dominion Tax Cases
D.T.E.	Droit du travail express
E.P.J.	Exigence professionnelle justifiée
EYB	Éditions Yvon Blais
I.R.R.	Indemnité de remplacement de revenu
J.E.	Jurisprudence express
L.A.T.M.P.	*Loi sur les accidents du travail et les maladies professionnelles*
L.C.	Lois du Canada
L.F.I.	*Loi sur la faillite et l'insolvabilité*
L.I.	*Loi sur les impôts*
L.I.R.	*Loi de l'impôt sur le revenu*
L.N.T.	*Loi sur les normes du travail*

L.O.	Lois de l'Ontario
L.Q.	Lois du Québec
L.R.C.	Lois révisées du Canada (1985)
L.S.S.T.	*Loi sur la santé et la sécurité du travail*
Q.A.C.	Quebec Appeal Cases
QCCA	Cour d'appel
QCCLP	Commission des lésions professionnelles
QCCQ	Cour du Québec
QCCRT	Commission des relations du travail
QCCS	Cour supérieure
QC SAT	Sentences arbitrales de travail
QCTDP	Tribunal des droits de la personne du Québec
R.C.S.	Recueil des arrêts de la Cour suprême du Canada
R.D.F.Q.	Recueil de droit fiscal québécois
R.D.J.	Revue de droit judiciaire
R.D.T.	Revue de droit du travail
REJB	Répertoire électronique de jurisprudence du Barreau
R.J.D.T.	Recueil de jurisprudence en droit du travail
R.J.Q.	Rapports judiciaires du Québec
R.L.	Revue légale
RLRQ	Recueil des lois et des règlements du Québec
T.A.	Tribunal d'arbitrage
T.D.P.	Tribunal des droits de la personne
T.D.P.Q.	Tribunal des droits de la personne du Québec
T.T.	Tribunal du travail

TABLE DES MATIÈRES

TITRE PRÉLIMINAIRE

L'ARRIÈRE-PLAN CONSTITUTIONNEL ET QUASI CONSTITUTIONNEL DU DROIT DU TRAVAIL

TITRE I

LES RAPPORTS INDIVIDUELS DE TRAVAIL

    1. Les modes communs d'extinction 152

        a) L'entente ou la transaction 152

        b) La force majeure. 153

        c) Le décès 154

        d) La résiliation pour motif sérieux 155

    2. L'échéance du contrat à durée déterminée. . . . 162

    3. La terminaison du contrat à durée
        indéterminée. 162

    4. Le certificat de travail. 167

IV-   Les recours 167

    A. Les recours de l'employeur 169

    B. Les recours du salarié 171

        1. Le licenciement irrégulier. 171

        2. La rémunération. 176

Chapitre 2 : Les normes du travail. 177

I-   Le champ d'application des normes du travail 178

    A. La couverture 178

    B. Les exclusions 180

II-   Le salaire 183

III- La durée du travail. 188

    A. La semaine normale de travail 188

    B. Les repos et les congés. 193

        1. Les repos 193

        2. Les congés fériés, chômés et payés 194

        3. Le congé annuel 195

        4. Les congés familiaux et parentaux 199

            a) Les événements familiaux 199

            b) La grossesse et la maternité 201

            c) Le congé parental 205

        5. L'absence pur cause de maladie ou d'accident . . 206

TITRE II

LES RAPPORTS COLLECTIFS DE TRAVAIL

TITRE PRÉLIMINAIRE

L'ARRIÈRE-PLAN CONSTITUTIONNEL ET QUASI CONSTITUTIONNEL EN DROIT DU TRAVAIL

CHAPITRE 1

LE PARTAGE DE LA COMPÉTENCE LÉGISLATIVE

1 – *Loi constitutionnelle de 1867* – Le partage de la compétence législative qui résulte du régime fédératif institué par la Constitution du Canada se répercute en droit du travail.

Aucune des dispositions de la *Loi constitutionnelle de 1867*, en particulier ni l'article 91 ni l'article 92 de celle-ci, n'a constitué les « relations de travail » en un titre de compétence exprès et indépendant attribué à l'un ou l'autre des deux ordres de gouvernement, fédéral ou provincial. Ce silence des auteurs de la Constitution a été à l'origine de nombreux conflits juridiques entre le gouvernement fédéral et ceux des provinces, ainsi qu'entre les administrés eux-mêmes. Il a obligé les tribunaux à définir les règles du partage de cette compétence législative entre le Parlement du Canada et les législatures des provinces.

La connaissance des principes qui régissent ce partage de compétence ainsi que de leurs principales modalités d'application est d'une importance manifeste. De cette connaissance dépend la capacité de déterminer quelle législation, fédérale ou provinciale, s'applique à une situation donnée de rapport de travail. Pour tout intervenant en droit du travail, le traitement d'un dossier exige un réflexe initial d'examen de cette dimension constitutionnelle.

I- LES PRINCIPES

2 – *Compétence de principe et compétence d'exception* – Par interprétation de la Constitution, la compétence législative usuelle en matière de relations du travail appartient aux législatures provinciales. De son côté, le Parlement du Canada dispose d'une compétence d'exception, mais néanmoins exclusive, sur les relations de travail dans les entreprises à l'égard desquelles la Constitution l'a habilité, de façon générale, à légiférer.

A. La compétence usuelle des provinces

3 – *Reconnaissance par les tribunaux* – Au début de l'année 1925, le Conseil privé rendait l'arrêt *Toronto Electric Commissioners*[1], devenu fondamental en droit constitutionnel et en droit du travail. Il y concluait à l'inconstitutionnalité de la loi connue sous le nom de *Loi Lemieux*[2], qui imposait une conciliation et une enquête obligatoires avant le recours à la grève dans les entreprises minières, de transport ou de communications, ou dans un service public. Le Conseil privé estima que cette loi se rapportait ainsi directement aux droits civils des employeurs et des employés, sujets réservés à la seule compétence des provinces en vertu du paragraphe 13 (La propriété et les droits civils) de l'article 92 de la *Loi constitutionnelle de 1867* :

> Whatever else may be the effect of this enactment, it is clear that it is one which could have been passed, so far as any Province was concerned, by the Provincial Legislature under the powers conferred by s. 92 of the British North America Act. For its provisions were concerned directly with the civil rights of both employers and employed in the Province.
>
> [...]
>
> What the Industrial Disputes Investigation Act, which the Dominion Parliament passed in 1907, aimed at accomplishing was to enable the Dominion Government to appoint anywhere in Canada a Board of Conciliation and Investigation to which the dispute between an employer and his employees might be referred. The Board was to have power to enforce the attendance of witnesses and to compel the production of documents. It could under the Act enter premises, interrogate the persons there, and inspect the work. It rendered it unlawful for an employer to lock-out or for a workman to strike, on account of the dispute, prior to or during the reference, and imposed an obligation on employees and employers to give thirty days' notice of any intended change affecting wages or hours. Until the reference was concluded neither were to alter the conditions with respect to these. It is obvious that these provisions dealt with civil rights, and it was not within the power of the Dominion Parliament to make this otherwise by imposing merely ancillary penalties. The penalties for breach of the restrictions did not render the statute the less an interference with civil rights in its pith and substance. The act is not one which aims at making striking generally a new crime. Moreover, the employer retains under the general common law a right to lock-out, only slightly interfered with by the

---

1. *Toronto Electric Commissioners* c. *Snider*, [1925] A.C. 396.
2. *Loi des enquêtes en matière de différends industriels*, S.C. 1907, ch. 20.

penalty. In this connection their Lordships are therefore of opinion that the validity of the Act cannot be sustained.[3]

Quelques mois plus tard, sans toutefois mentionner l'arrêt *Toronto Electric Commissioners*, la Cour suprême du Canada adoptait la même position dans l'affaire du *Renvoi au sujet du Traité de Versailles et des heures de travail*[4]. Il s'agissait alors de déterminer si l'État fédéral avait autorité pour adopter des législations en matière de limitation des heures de travail dans les entreprises, pour donner effet aux engagements contractés par le Traité de Versailles relativement aux conventions et recommandations de la Conférence générale de l'organisation internationale du travail de Genève. Répondant négativement au nom de la Cour suprême, le juge Duff écrivit :

> The second, third and fourth questions submitted relate to a particular draft convention, that, namely, adopted by the General Conference of the International Labour Organization of the League of Nations on the 29th of October, 1919, which has for its object the limiting of the hours of work in industrial undertakings as therein defined to eight hours in the day and forty-eight hours in the week.
>
> Under the scheme of distribution of legislative authority in the British North America Act, legislative jurisdiction touching the subject matter of this convention is, subject to a qualification to be mentioned, primarily vested in the provinces. Under the head of jurisdiction numbered 13 in section 92, Property and Civil Rights, or under the sixteenth head, Local and Private Matters Within the Provinces, or under both heads, each of the provinces possesses authority to give the force of law in the province to provisions such as those contained in the draft convention. This general proposition is subject to this qualification, namely that as a rule a province has no authority to regulate the hours of employment of the servants of the Dominion Government.[5]

Malgré les opinions déjà exprimées par le Conseil privé et par la Cour suprême, le Parlement du Canada adoptait en 1935 trois lois du travail applicables à toutes les entreprises en matière de repos hebdomadaire, de salaire minimum et de limitation des heures de travail. La constitutionnalité de ces trois lois fut soumise à l'examen de la Cour suprême, dont le banc de six juges se divisa à trois contre trois[6]. Saisi à son tour du litige, le Comité judiciaire du Conseil privé

---

3. *Toronto Electric Commissioners* c. *Snider*, précité, note 1, p. 403 et 408.
4. *Re : Legislative Jurisdiction over Hours of Labour*, [1925] R.C.S. 505.
5. *Ibid.*, p. 510.
6. *Re : The Weekly Rest in Industrial Undertakings Act, the Minimum Wages Act and the Limitation of Hours Work Act*, [1936] R.C.S. 461.

déclara les trois lois *ultra vires* du Parlement, parce qu'elles tombaient sous le titre de compétence des provinces en matière de propriété et de droits civils, selon le paragraphe 13 de l'article 92 de la Constitution[7].

Ces arrêts ont ainsi posé le principe de la compétence usuelle des provinces en matière de relations employeurs-employés, principe réaffirmé depuis lors régulièrement par les tribunaux[8]. Il existe désormais une présomption selon laquelle le pouvoir de légiférer dans le domaine des relations de travail revient aux provinces[9]. Cela dit, bien que cette présomption ait été reconnue au bénéfice des provinces, elle n'exclut toutefois pas l'activité réglementaire fédérale à l'égard des relations du travail[10]. Selon la Cour suprême, deux circonstances permettent au gouvernement fédéral de réglementer les relations du travail en dépit de la présomption :

> [...] lorsque l'emploi s'exerce dans le cadre d'un ouvrage, d'une entreprise ou d'un commerce relevant du pouvoir législatif du Parlement ou lorsqu'il se rapporte à une activité faisant partie intégrante d'une entreprise assujettie à la réglementation fédérale, ce qui est parfois appelé compétence dérivée.[11]

7. *Attorney General for Canada* c. *Attorney General for Ontario*, [1937] A.C. 326.
8. *C.P.R.* c. *Attorney General for British Columbia*, [1950] A.C. 122 ; *Oil Chemical and Atomic Workers International Union* c. *Imperial Oil Limited*, [1963] R.C.S. 584 ; *Agence maritime Inc.* c. *Conseil canadien des relations ouvrières*, [1969] R.C.S. 851 ; *Construction Montcalm Inc.* c. *Commission du salaire minimum*, [1979] 1 R.C.S. 754 ; *Canadian Pioneer Management Ltd.* c. *Commission des relations du travail de la Saskatchewan*, [1980] 1 R.C.S. 433 ; *Bell Canada* c. *Québec (Commission de la santé et de la sécurité du travail)*, [1988] 1 R.C.S. 749 ; *Groupe Admari Inc.* c. *Comité paritaire de l'entretien d'édifices publics*, [1990] R.J.Q. 945 (C.A.) ; *F.I.O.E.* c. *Alberta Government Telephones*, [1989] 2 R.C.S. 318 ; *Purolator Courrier ltée* c. *Hamelin*, [2002] R.J.Q. 310 ; D.T.E. 2002T-197 (C.A.) ; *Commission de la santé et de la sécurité du travail* c. *Nutribec ltée*, [2004] 1 R.C.S. 824 ; *Consolidated Fastfrate Inc.* c. *Western Canada Council of Teamsters*, 2009 CSC 53 ; *NIL/TU,O Child and Family Services Society* c. *B.C. Government and Service Employees' Union*, 2010 CSC 45, par. 11 ; *Syndicat canadien des communications, de l'énergie et du papier* c. *Native Child and Family Services of Toronto*, 2010 CSC 46.
9. *NIL/TU,O Child and Family Services Society* c. *B.C. Government and Service Employees' Union*, précité, note 8 ; *Tessier Ltée* c. *Québec (Commission de la santé et de la sécurité du travail)*, 2012 CSC 23, par. 11.
10. *Tessier Ltée* c. *Québec (Commission de la santé et de la sécurité du travail)*, précité, note 9, par. 14. L'activité réglementaire fédérale peut porter, notamment, sur les parties essentielles de l'administration et de l'exploitation d'une entreprise commerciale ou industrielle telles que la durée du travail, les taux de salaire, les conditions de travail. Voir à ce sujet, *Reference re Validity of Industrial Relations and Disputes Investigation Act*, [1955] R.C.S. 529, 592.
11. *Reference re Validity of Industrial Relations and Disputes Investigation Act*, précité, note 10 ; voir aussi, *Tessier Ltée* c. *Québec (Commission de la santé et de la sécurité du travail)*, précité, note 9, par. 17.

B. La compétence fédérale d'exception

4 – *Généralités* – Le pouvoir de légiférer de l'État fédéral peut atteindre le domaine des relations de travail à la fois directement et indirectement. D'abord, le Parlement du Canada peut légiférer sur les relations de travail comme telles à l'endroit des entreprises qui, par la nature de leur activité, sont soumises de façon générale à sa compétence législative. D'un autre côté, le pouvoir législatif dévolu au Parlement en vertu de l'un ou l'autre de ses divers titres de compétence constitutionnelle, par exemple en matière de droit criminel, est également susceptible d'influer, de façon incidente mais non moins réelle, sur des situations qui, d'un point de vue factuel, s'inscrivent dans les relations de travail.

 ### 1. La compétence directe

5 – *Employés fédéraux* – Le Parlement dispose en premier lieu d'une compétence législative directe sur les conditions d'emploi des employés du gouvernement fédéral, de même que dans les territoires qui ne sont pas à l'intérieur des frontières des provinces, comme les Territoires du Nord-Ouest et le Yukon. En 1925, dans l'affaire du *Renvoi au sujet du Traité de Versailles et des heures de travail*, la Cour suprême posa expressément la réserve selon laquelle les provinces, malgré leur compétence première en matière de relations de travail, n'avaient aucune autorité pour réglementer les conditions de travail des employés de la Couronne fédérale[12].

6 – *Employés d'entreprises fédérales* – Dès 1890, la Cour suprême reconnut à l'État fédéral le pouvoir implicite de légiférer sur les relations du travail à l'égard des entreprises relevant de sa compétence en vertu de l'une ou l'autre des dispositions de la *Loi constitutionnelle de 1867,* notamment le paragraphe 10 de l'article 92 et l'article 91[13]. En l'espèce, il s'agissait des entreprises de chemins de fer. Le pouvoir

---

12. *Re : Legislative Jurisdiction over Hours of Labour*, précité, note 4, p. 510. Le caractère absolu et exclusif de cette compétence, sans égard à la nature des activités exercées, a été réaffirmé par la Cour suprême dans *Procureur général du Canada* c. *St-Hubert Base Teachers' Association*, [1983] 1 R.C.S. 498 – enseignants à l'emploi du gouvernement fédéral. Par ailleurs, s'agissant plutôt cette fois d'enseignants à l'emploi d'une entreprise qui fournit des services de formation à une institution fédérale, voir : *Syndicat du personnel enseignant en milieu carcéral* c. *Centre de formation, d'évaluation et de développement inc.*, D.T.E. 96T-127 (T.T.). Voir également : *Québec (Procureur général)* c. *Midland Transport ltée*, J.E. 2007-813 (C.A.).
13. *Canada Southern Railway* c. *Jackson*, (1890) 17 R.C.S. 316.

de réglementer l'activité même de ces entreprises impliquait nécessairement celui de régir l'important aspect de leurs relations de
travail.

En 1955, la Cour suprême fut appelée à se prononcer sur la validité de la *Loi sur les relations industrielles et les enquêtes visant les
différends de travail*[14], loi à l'origine de la partie I du *Code canadien
du travail*[15] qui aménage les rapports collectifs du travail dans l'ordre
fédéral. Le litige concernait l'applicabilité de cette loi à certains
employés d'une entreprise de débardage. La Cour suprême affirma
alors à l'unanimité la validité de cette législation qui visait à aménager les relations collectives du travail dans les entreprises fédérales,
au sens constitutionnel. Le juge Abbott résuma ainsi sa pensée :

> The right to strike and the right to bargain collectively are now gener-
> ally recognized, and the determination of such matters as hours of
> work, rates of wages, working conditions and the like, is in my opinion a
> vital part of the management and operation of any commercial or
> industrial undertaking. This being so, the power to regulate such mat-
> ters, in the case of undertakings which fall within the legislative
> authority of Parliament lies with Parliament and not with the provin-
> cial Legislatures.[16]

Il s'ensuit que dès qu'une entreprise, par la nature de son activité, relève de l'autorité législative du Parlement du Canada, les relations de travail dans cette entreprise sont sujettes à la compétence
fédérale, parce qu'elles constituent un aspect essentiel de la gestion
et de l'exploitation de l'entreprise. La compétence pour réglementer
les relations de travail, individuelles ou collectives, fait partie intégrante de la compétence générale dévolue par la Constitution au
Parlement sur l'ouvrage, l'activité ou l'entreprise en question[17].

---

14. S.R.C. 1952, ch. 152.
15. L.R.C. (1985), ch. L-2.
16. *Reference re Validity of Industrial Relations and Disputes Investigation Act*,
    précité, note 10.
17. *Commission du salaire minimum* c. *Bell Telephone Co. of Canada*, [1966] R.C.S.
    767, 792 ; *Agence Maritime Inc.* c. *Conseil canadien des relations ouvrières*,
    [1969] R.C.S. 851, 859-860 ; *Construction Montcalm Inc.* c. *Commission du
    salaire minimum*, précité, note 8, p. 768-769 ; *Bell Canada* c. *Québec (Commis-
    sion de la santé et de la sécurité du travail)*, précité, note 8 ; *Compagnie des che-
    mins de fer nationaux du Canada* c. *Courtois*, [1988] 1 R.C.S. 868 ; *R.* c.
    Investissements Navimex Inc., [1998] R.J.Q. 1673 (C.A.) – exigence d'un contrat
    d'engagement écrit entre le capitaine d'un navire et les membres de son équi-
    page, en conformité avec la *Loi sur la marine marchande du Canada*, L.R.C.
    (1985), ch. S-9.

L'article 2 du *Code canadien du travail*[18] rend compte de l'étendue matérielle de la compétence fédérale en droit du travail. Il définit en effet l'expression « entreprises fédérales » comme désignant les « installations, ouvrages, entreprises ou secteurs d'activités qui relèvent de la compétence législative du Parlement, notamment :

a) ceux qui se rapportent à la navigation et aux transports par eau, entre autres à ce qui touche l'exploitation de navires et le transport par navire partout au Canada ;

b) les installations ou ouvrages, entre autres, chemins de fer, canaux ou liaisons télégraphiques, reliant une province à une ou plusieurs autres, ou débordant les limites d'une province, et les entreprises correspondantes ;

c) les lignes de transport par bateaux à vapeur ou autres navires, reliant une province à une ou plusieurs autres, ou débordant les limites d'une province ;

d) les passages par eaux entre deux provinces ou entre une province et un pays étranger ;

e) les aéroports, aéronefs ou lignes de transport aérien ;

f) les stations de radiodiffusion ;

g) les banques et les banques étrangères autorisées, au sens de l'article 2 de la *Loi sur les banques* ;

h) les ouvrages ou entreprises qui, bien qu'entièrement situés dans une province, sont, avant ou après leur réalisation, déclarés par le Parlement être à l'avantage général du Canada ou de plusieurs provinces ;

i) les installations, ouvrages, entreprises ou secteurs d'activité ne ressortissant pas au pouvoir législatif exclusif des législatures provinciales ;

---

18. Précité, note 15.

j) les entreprises auxquelles les lois fédérales, au sens de l'article 2 de la *Loi sur les océans*, s'appliquent en vertu de l'article 20 de cette loi et les règlements d'application de l'alinéa 26(1)k) de la même loi[19].

7 – *Pouvoir résiduaire* – Il faut retenir que la compétence fédérale ne se limite pas au seul énoncé exprès des titres de compétence fédérale de l'article 91 ou du paragraphe 10 de l'article 92 de la *Loi constitutionnelle de 1867*. Elle porte également sur les champs d'activités qui ne sont pas mentionnés dans la Constitution mais qui relèvent du pouvoir résiduaire de l'État fédéral, comme l'aviation et l'aéronautique[20], la radiodiffusion ou la télédiffusion. Elle comprend également les travaux ou les ouvrages que le Parlement a déclarés être à l'avantage général du Canada ou de plus d'une province[21].

8 – *Exclusivité* – Dès qu'elle est établie, la compétence fédérale en matière de relations du travail revêt un caractère exclusif. En cas de défaut du Parlement du Canada d'avoir légiféré sur un aspect ou un autre des relations de travail dans une entreprise soumise à sa compétence législative, on ne saurait prétendre que la législation provinciale s'applique jusqu'à ce qu'une intervention législative fédérale prenne effet. Il en est de même, le cas échéant, lorsque c'est la province qui est compétente. Les compétences respectives des deux ordres de gouvernement sont exclusives l'une de l'autre. En vertu de la doctrine de l'exclusivité des compétences, on a ainsi écarté l'application des théories constitutionnelles du double aspect et du champ inoccupé[22].

---

19. Cette définition constitue une adaptation, en substance, des termes de celle qui était contenue dans la *Loi sur les relations industrielles et sur les enquêtes visant les différends du travail*, précitée, note 14, dont la validité constitutionnelle fut reconnue dans *Re : Validity of Industrial Relations and Disputes Investigation Act*, précité, note 10.

20. *Québec (Procureur général)* c. *Lacombe*, [2010] 2 R.C.S. 453 ; *Québec (Procureur général)* c. *Canadian Owners and Pilot Association*, [2010] 2 R.C.S. 536.

21. *Loi constitutionnelle de 1867*, art. 91(29) et 92(10)c) ; *Ontario Hydro* c. *Ontario (Commission des relations de travail)*, [1993] 3 R.C.S. 327.

22. *F.I.O.E.* c. *Alberta Government Telephones*, précité, note 8 ; *Bell Canada* c. *Québec (Commission de la santé et de la sécurité du travail)*, précité, note 8 ; *Northern Telecom Ltée* c. *Travailleurs en communication du Canada*, [1980] 1 R.C.S. 115, 132 ; *Commission du salaire minimum* c. *Bell Telephone of Canada*, précité, note 17 ; *Colombie-Britannique (Procureur général)* c. *Lafarge Canada Inc.*, 2007 CSC 23, par. 4 ; *Purolator Courrier ltée* c. *Hamelin*, [2002] R.J.Q. 310 ; D.T.E. 2002T-197 (C.A.). Dans *Câble TV Ltée* c. *Commissaire du travail René Gosselin*, J.E. 79-307 (C.S.), on a annulé une décision d'accréditation d'un commissaire du travail rendue quelque cinq ans auparavant, à la suite des arrêts de la Cour suprême du Canada ayant déclaré que les entreprises de câblodistribution relevaient de la compétence fédérale.

Cependant, la Cour suprême a limité l'application de la doctrine de l'exclusivité des compétences, de manière à permettre qu'une loi provinciale puisse être appliquée à une entreprise fédérale lorsque la loi en question n'« entrave » pas le « contenu essentiel » de la compétence exclusive du Parlement[23]. Dans le passé, le critère d'application de la doctrine d'exclusivité avait pourtant été délimité par le juge Beetz dans l'arrêt de la Cour suprême, *Bell Canada* c. *Québec (CSST)*[24], comme suit :

> Pour que joue la règle de l'inapplicabilité, il suffit que la sujétion de l'entreprise à la loi provinciale ait pour effet d'affecter un élément vital ou essentiel de l'entreprise sans nécessairement aller jusqu'à effectivement entraver ou paralyser cette dernière.[25]

> Selon la position de la Cour suprême dans l'arrêt *Banque canadienne de l'Ouest* c. *Alberta*, il ne suffit plus désormais que la législation provinciale « touche » simplement la spécificité fédérale pour que l'on fasse jouer la doctrine de l'exclusivité des compétences. La Cour exprimant son avis nous indique ce qui suit : « C'est lorsque l'effet préjudiciable d'une loi adoptée par un ordre de gouvernement s'intensifie en passant de « toucher » à « entraver » (sans nécessairement « stériliser » ou « paralyser ») que le « contenu essentiel » de la compétence de l'autre ordre de gouvernement (ou l'élément vital ou essentiel d'une entreprise établie par lui) est menacé, et pas avant.[26]

Ainsi, le critère qu'il faut retenir pour savoir si la doctrine de l'exclusivité va s'appliquer est de déterminer si la loi provinciale « entrave » l'élément vital de l'entreprise fédérale ou le contenu essentiel de la compétence exclusive du Parlement[27]. À titre d'exemple, la

---

23. *Banque canadienne de l'Ouest* c. *Alberta*, [2007] 2 R.C.S. 3 – en l'espèce, une loi provinciale visant à assujettir les banques à charte fédérale à un régime de délivrance de permis régissant la promotion de produits d'assurance est constitutionnellement opérante.
24. *Bell Canada* c. *Québec (Commission de la santé et de la sécurité du travail)*, précité, note 8.
25. *Ibid.*, p. 859 et 860.
26. *Banque canadienne de l'Ouest* c. *Alberta*, précité, note 23, par. 48.
27. En ce qui concerne la notion de « contenu essentiel », le débardage a, par exemple, été considéré par la jurisprudence comme étant un élément essentiel de la compétence sur la « [l]a navigation et les bâtiments ou navires » qui relève de la compétence exclusive du Parlement en vertu du paragraphe 91(10) de la *Loi constitutionnelle de 1867* : voir, *Reference re Industrial Relations and Disputes Investigation Act*, [1955] R.C.S. 529. Autre exemple : le pouvoir fédéral sur les Indiens prévu au par. 91(24) de la *Loi constitutionnelle de 1867* comporte un contenu essentiel protégé de compétence fédérale que les lois provinciales ne peuvent entraver. Voir, *NIL/TU,O Child and Family Services Society* c. *B.C. Government and Service Employees' Union*, précité, note 8.

jurisprudence a reconnu que l'article 2097 du *Code civil du Québec* qui prévoit que le nouvel employeur est lié par un contrat de travail conclu par son prédécesseur, s'appliquait à une entreprise fédérale de radiodiffusion car il n'entravait pas l'élément vital de l'entreprise ; les salariés ont ainsi pu réclamer le paiement d'indemnités prévues aux contrats individuels de travail[28].

Soulignant l'importance du « fédéralisme coopératif » dans le maintien de l'équilibre des compétences[29], la Cour suprême a reconnu que la doctrine de l'exclusivité devait recevoir une application restreinte[30], et que le fait de lui accorder trop d'importance pourrait engendrer une grande incertitude[31].

2. La compétence incidente

9 – *Généralités* – Certaines compétences exercées constitutionnellement par le Parlement du Canada répercutent leurs effets dans le domaine des relations de travail. Au premier chef, la *Charte canadienne des droits et libertés* vise l'action administrative et même législative des provinces sur les relations de travail. Il faut par ailleurs tenir compte du pouvoir de légiférer du Parlement en matière de droit criminel, ainsi qu'à l'endroit des Indiens ou en cas d'urgence nationale, de même que de celui de nommer les juges des cours supérieures.

10 – *Droit criminel* – L'application de certaines dispositions du *Code criminel* dans le contexte de conflits de travail illustre bien l'effet incident de la compétence fédérale en matière criminelle sur les relations de travail. Le Code contient des dispositions visant à assurer la diligence en matière de santé et sécurité au travail (art. 217.1 C.cr.)[32], la liberté syndicale (art. 425 C.cr.) et réglementant le piquetage (art. 423 C.cr.). D'autres sont susceptibles de s'appliquer à l'occasion d'une

---

28. *Messier* c. *Remstar Corporation*, 2011 QCCS 6739.
29. *Banque canadienne de l'Ouest* c. *Alberta*, précité, note 23, par. 22, 23 et 24. Voir sur le sujet du « fédéralisme coopératif » : E. BROUILLET, « Le fédéralisme et la Cour suprême du Canada : quelques réflexions sur le principe d'exclusivité des pouvoirs », (2010) 3 *Revue québécoise de droit constitutionnel* 1.
30. *Ibid.*, par. 77. Voir également, *Québec (Procureur général)* c. *Canadian Owners and Pilots Association*, précité, note 20, par. 58 : la Cour suprême nous indique que la doctrine de l'exclusivité des compétences « n'a pas été écartée de l'analyse du fédéralisme canadien » mais est « encadrée par des considérations de principe et des précédents ».
31. *Ibid.*, par. 43.
32. Voir *infra*, nos 377 et s.

grève, comme l'article 430 C.cr. qui traite du méfait, l'article 52 C.cr. en matière de sabotage ou l'article 422 C.cr. quant à la violation criminelle des contrats. Évidemment, toutes ces dispositions s'appliqueront, le cas échéant, à l'occasion d'un conflit de travail, même dans les cas où les relations de travail sont régies par la législation provinciale.

11 – *Indiens* – Le paragraphe 24 de l'article 91 de la *Loi constitutionnelle de 1867* confère une compétence exclusive au Parlement du Canada à l'endroit des Indiens. Ainsi, une institution régie par la *Loi sur les Indiens*[33], comme l'est un conseil de bande, exerce une activité qui relève de la compétence législative fédérale et, de ce fait, se trouve soumise à la législation fédérale du travail dans ses relations avec ses employés, le cas échéant[34]. Cependant, cette compétence *ratione personæ* du législateur fédéral n'a qu'un effet très limité en matière de relations de travail. Dans un arrêt *Four B. Manufacturing Ltd.*[35], la Cour suprême a décidé que la compétence fédérale première sur les Indiens n'emportait pas automatiquement en sa faveur le pouvoir de réglementer les relations de travail dans les entreprises exploitées sur une réserve indienne. À défaut par le législateur fédéral d'avoir occupé ce champ au moyen de dispositions législatives valides, que ce soit dans le *Code canadien du travail* (ou dans la *Loi sur les Indiens*), c'est la compétence provinciale de principe sur les relations de travail qui doit recevoir effet. L'arrêt de la Cour suprême ajoute d'ailleurs que l'attribution au Parlement du Canada d'une compétence lui permettant d'adopter une loi à l'égard de certaines catégories de personnes, comme les Indiens, n'implique pas nécessairement que tous les droits et devoirs de ces personnes relèvent de la compétence fédérale première ; l'application des lois provinciales générales ne se trouve pas automatiquement exclue[36]. La Cour suprême a donc conclu à l'application de la législation provinciale aux entreprises situées dans une réserve indienne et qui ne sont pas des entreprises fédérales au sens constitutionnel.

---

33. L.R.C. (1985), ch. I-5.
34. *Alliance de la Fonction publique du Canada* c. *Francis*, [1982] 2 R.C.S. 72.
35. *Four B. Manufacturing Ltd.* c. *Travailleurs unis du vêtement d'Amérique*, [1980] 1 R.C.S. 1031. Dans *Richard* et *Bande indienne des Malécites de Viger*, D.T.E. 2005T-560 (C.R.T.), la Commission des relations de travail a conclu à l'application du *Code canadien du travail* car la bande exploitait une entreprise de compétence fédérale exclusive, soit un service de traversier.
36. Voir aussi, à ce sujet : *Parents naturels* c. *Superintendant of Child Welfare*, [1976] 2 R.C.S. 751 ; *Dick* c. *La Reine*, [1985] 2 R.C.S. 309 ; *Francis* c. *La Reine*, [1988] 1 R.C.S. 1025.

Le fait qu'une entreprise ou une autre entité comporte un « caractère typiquement autochtone »[37], soit parce qu'elle emploie ou fournit des services aux autochtones, soit parce qu'elle se situe dans une réserve indienne, n'affecte en rien l'application des lois provinciales générales. En effet, la Cour suprême a rendu en 2010 deux arrêts confirmant la compétence provinciale en matière de relations de travail, *a fortiori* lorsque les activités de l'entreprise ou de l'entité concernent des prestations de services aux enfants et aux familles[38]. Le pouvoir législatif provincial ne sera exclu que lorsque l'activité de l'entreprise sera considérée comme intimement liée au statut et aux droits des autochtones, qui sont des responsabilités fédérales fondamentales[39]. Autrement dit, « [c]e n'est que lorsque l'activité est si entièrement liée à ce qui fait que les Indiens et les terres réservées aux Indiens sont une responsabilité fédérale fondamentale qu'elle devient une partie intrinsèque de la compétence fédérale exclusive, de sorte que le pouvoir législatif provincial est exclu »[40].

12 – *Urgence nationale* – Le pouvoir exceptionnel d'intervention de l'État fédéral pour répondre à une situation d'urgence nationale, comme un état de guerre, pourrait lui permettre de supplanter temporairement l'application usuelle des règles qui relèvent de la compétence des provinces, dans la réglementation des rapports de travail comme dans tout autre domaine[41].

13 – *Nomination des juges* – L'article 96 de la *Loi constitutionnelle de 1867*, qui confère à l'État fédéral le pouvoir exclusif de nommer les juges des cours supérieures, de districts et de comtés dans chaque province, a pour effet de limiter la capacité des législatures provinciales d'instituer, sous leur contrôle, des tribunaux chargés de l'appli-

---

37. *NIL / TU,O Child and Family Services Society* c. *B.C. Government and Service Employees' Union*, précité, note 8, par. 37.
38. *NIL / TU,O Child and Family Services Society* c. *B.C. Government and Service Employees' Union*, précité, note 8 ; *Syndicat canadien des communications, de l'énergie et du papier* c. *Native Child and Family Services of Toronto*, précité, note 8 ; au paragraphe 11 de la décision, la juge Abella rappelle que la Cour a considéré que « la mission d'une agence d'aide à l'enfance réglementée par la province consistant à offrir aux clients et communautés autochtones des services efficaces et adaptés à leur culture ne change rien au fait que la fonction essentielle de l'agence est de fournir des services d'aide à l'enfance, ce qui est une fonction provinciale ».
39. *NIL / TU,O Child and Family Services Society* c. *B.C. Government and Service Employees' Union*, précité, note 8, par. 22, 71 et 73.
40. *Ibid.*, par. 73.
41. *Fort Frances Pulp* c. *Manitoba Free Press*, [1923] A.C. 695 ; *Renvoi : Loi anti-inflation*, [1976] 2 R.C.S. 373.

cation de leurs lois du travail. Les provinces ne peuvent ainsi créer des instances judiciaires ou quasi judiciaires dont les membres seraient nommés par elles et qui disposeraient d'une compétence totale, finale et exclusive sur les relations de travail. La jurisprudence constitutionnelle leur a toutefois reconnu la capacité d'établir et de régir certaines juridictions spécialisées dotées de pouvoirs de nature judiciaire ou quasi judiciaire en vue d'assurer la mise en œuvre des législations provinciales du travail[42].

Cette compétence des provinces est sujette à la réserve, sous peine de déclaration d'inconstitutionnalité, que les tribunaux administratifs ainsi créés ne peuvent se voir confier des pouvoirs d'une cour visée par l'article 96 de la *Loi constitutionnelle de 1867*, ou encore assimilables à ceux d'une telle cour et leur en conférant ainsi le caractère[43].

II- L'APPLICATION

A. La qualification constitutionnelle

14 – *Objet* – L'application des principes qui régissent le partage de compétence en relations de travail donne lieu à un exercice de qualification constitutionnelle qui porte, selon les cas, soit sur la matière substantielle d'une loi, soit sur la nature d'une entreprise.

1. La qualification de la loi

15 – *Méthode et effet* – La qualification d'une loi s'avère nécessaire pour décider de sa validité ou de son aire d'applicabilité constitutionnelle. La technique utilisée par les tribunaux consiste à identifier le

---

42. *Labour Relations Board of Saskatchewan* c. *John East Iron Works Limited*, [1949] A.C. 134 ; *Tremblay* c. *Commission des relations du travail du Québec*, [1967] R.C.S. 697 ; *Tomko* c. *Labour Relations Board (Nouvelle-Écosse)*, [1977] 1 R.C.S. 112 ; *Syndicat canadien de la Fonction publique, section locale 903* c. *Société des alcools du Nouveau-Brunswick*, [1979] 2 R.C.S. 227 ; *Sobeys Stores Ltd.* c. *Yeomans*, [1989] 1 R.C.S. 238. Sur la constitutionnalité de l'instance d'appel qu'était le Tribunal du travail du Québec, voir : *Syndicat des travailleurs(euses) de l'hôtellerie de l'Outaouais (C.S.N.)* c. *Hôtel Plaza de la Chaudière*, [1988] R.J.Q. 2040 (C.A.) ; sur celle du forum chargé d'apprécier la suffisance d'un motif de congédiement, en vertu de la *Loi sur les normes du travail*, RLRQ, c. N-1.1, voir : *Asselin* c. *Industries Abex Ltée*, [1985] C.A. 72.
43. *Ibid.* Voir aussi les arrêts *Procureur général du Québec* c. *Farrah*, [1978] 2 R.C.S. 638 et *Crevier* c. *Procureur général de la province de Québec*, [1981] 2 R.C.S. 220.

caractère véritable de la loi ou de la disposition particulière soumise à l'examen, c'est-à-dire sa caractéristique dominante ou la plus importante[44]. Si la loi porte, dans son essence, sur un titre exprès de compétence attribuée à l'ordre législatif qui l'a adoptée – par exemple, le droit criminel pour le fédéral, la santé, l'éducation ou la responsabilité civile pour la province – on pourra lui reconnaître des effets incidents dans les entreprises qui relèvent de l'autre ordre de gouvernement[45]. Si, par contre, elle se qualifie comme loi du travail, quel que soit le titre de compétence sous lequel on prétend l'avoir adoptée, la loi ne sera constitutionnellement applicable que dans les seules entreprises qui relèvent de la compétence de l'ordre législatif qui en est l'auteur[46].

2. La qualification de l'entreprise

16 – *Généralités* – Le plus souvent, c'est l'entreprise qu'il faudra qualifier, comme provinciale ou fédérale au sens constitutionnel, pour déterminer la législation du travail qui lui est applicable. La qualification de l'entreprise dépend alors de l'analyse de son activité, selon une approche concrète et fonctionnelle. À cet égard, la Cour suprême a précisé que lorsqu'un tribunal applique le critère fonctionnel, il doit procéder à l'examen de la nature de l'entité, de son exploitation et de ses activités habituelles[47]. C'est ce qui permettra de déterminer si une entreprise est assujettie à la réglementation fédérale ou provinciale. Toutefois, si l'application du critère fonctionnel ne permet pas de qualifier l'entreprise, alors la présomption de compétence provinciale s'appliquera, à condition que la réglementation provinciale ne

---

44. *Chatterjee* c. *Ontario (Procureur général)*, [2009] 1 R.C.S. 624.
45. *Global Securities Corp.* c. *Colombie-Britannique (Securities Commission)*, [2000] 1 R.C.S. 494, 2000 CSC 21 ; *Alltrans Express Ltd.* c. *Colombie-Britannique (Workers' Compensation Board)*, [1988] 1 R.C.S. 897 – possibilité d'application aux entreprises fédérales d'un régime d'indemnisation des accidents du travail ; *Purolator Courrier ltée* c. *Hamelin*, précité, note 22 – inapplicabilité aux entreprises fédérales de l'article 32 de la *Loi sur les accidents du travail et les maladies professionnelles*, RLRQ, c. A-3.001 ; *Albany Bergeron et Fils inc.* c. *Société québécoise de développement de la main-d'œuvre*, D.T.E. 2000T-930, REJB 2000-20118 (C.A.) – applicabilité aux entreprises fédérales de la *Loi favorisant le développement de la main-d'œuvre*, RLRQ, c. D-7.1.
46. *Bell Canada* c. *Québec (Commission de la santé et de la sécurité du travail)*, précité, note 8 ; *Compagnie des chemins de fer nationaux du Canada* c. *Courtois*, précité, note 17.
47. *NIL / TU,O Child and Family Services Society* c. *B.C. Government and Service Employees' Union*, précité, note 8, par. 18.

porte pas atteinte au contenu essentiel de la compétence exclusive du Parlement fédéral[48].

De manière générale, notons que la personne ou le statut de l'employeur, comme le fait qu'il s'agisse d'une personne morale constituée en vertu de la législation fédérale ou enregistrée selon une loi fédérale, ne constitue pas un élément de considération déterminant, ni même pertinent[49]. Le fait qu'une entreprise soit subventionnée par le gouvernement fédéral n'est pas plus concluant[50]. Il s'agit plutôt d'examiner et de déterminer la nature de l'exploitation à partir de ses activités normales et habituelles comme entreprise active[51].

Pour qu'une entreprise échappe à la compétence provinciale usuelle en matière de relations du travail et soit soumise à la législation fédérale du travail, il faut que son activité courante s'intègre à l'un ou l'autre des sujets de compétence du Parlement du Canada[52].

---

48. *Ibid.*, par. 22 : « [...] C'est uniquement dans le cas où l'application du critère fonctionnel n'est pas concluante que l'on entreprendra cette analyse restrictive du « contenu essentiel » de la compétence fédérale.

49. *Canadian Pioneer Management Ltd.* c. *Commission des relations du travail de la Saskatchewan,* [1980] 1 R.C.S. 433 ; *Burns* c. *Cie du Trust National Ltée,* D.T.E. 90T-920 (C.A.).

50. *Four B. Manufacturing Ltd.* c. *Travailleurs unis du vêtement d'Amérique,* précité, note 35 ; *Y.M.H.A. Jewish Community Centre of Winnipeg Inc.* c. *Brown,* [1989] 1 R.C.S. 1532.

51. *Northern Telecom Ltée* c. *Syndicat des travailleurs en communication du Canada,* [1983] 1 R.C.S. 733 ; *Northern Telecom Ltée* c. *Travailleurs en communication du Canada,* précité, note 22 ; *Construction Montcalm Inc.* c. *Commission du salaire minimum,* précité, note 8 ; *C.C.R.T.* c. *Ville de Yellowknife,* [1977] 2 R.C.S. 729, 736-739 ; *C.C.R.T.* c. *Compagnie des chemins de fer nationaux,* [1975] R.C.S. 786 ; *Canadian Pacific Railway* c. *Attorney General for British Columbia,* [1950] A.C. 122 ; *Groupe Admari Inc.* c. *Comité paritaire de l'entretien d'édifices publics,* précité, note 8 ; *Léo Beauregard & Fils (Canada) Ltée* c. *Commission des normes du travail,* [2000] R.J.Q. 1075 (C.A.) ; *Entreprises québécoises d'excavation LEQEL (1993) ltée* c. *Commission de la construction du Québec,* D.T.E. 99T-273 (C.A.) ; *Nutribec ltée* c. *Commission d'appel en matière de lésions professionnelles,* D.T.E. 2002T-941 (C.A.), confirmé à *Commission de la santé et de la sécurité du travail* c. *Nutribec ltée,* [2004] 1 R.C.S. 824 ; *Holding Bell Mobilité inc.* c. *Demers,* D.T.E. 2003T-119 (C.S.) ; *Patenaude et Distributions alimentaires Mansion inc.,* D.T.E. 2003T-861 (C.R.T.) ; *Commission des normes du travail* c. *Aramark Québec inc.,* D.T.E. 2005T-1082 (C.S.) ; *Consolidated Fastfrate Inc.* c. *Western Canada Council of Teamsters,* précité, note 8.

52. *Construction Montcalm Inc.* c. *Commission du salaire minimum,* précité, note 8 ; *Groupe Admari Inc.* c. *Comité paritaire de l'entretien d'édifices publics,* précité, note 8 ; *Nutribec ltée* c. *Commission d'appel en matière de lésions professionnelles,* D.T.E. 2002T-941 (C.A.) – entreprise fédérale ; *Messier* c. *Remstar Corporation,* précité, note 28 – entreprise fédérale car les employés travaillent dans le domaine des télécommunications.

Le fait qu'une entreprise de nature provinciale se livre à certaines activités de compétence fédérale, de manière accessoire ou incidente dans la poursuite de son exploitation, comme le débardage ou la livraison extra-provinciale de produits qu'elle fabrique ou entrepose, ne remet pas en question sa qualification constitutionnelle[53]. C'est notamment le cas lorsque ces activités ne représentent qu'une partie négligeable de l'emploi du temps des employés, voire un aspect mineur de la « nature essentielle constante de l'exploitation » de l'entreprise[54].

17 – *Entreprise fédérale* – Par application des principes qui viennent d'être exposés, une entreprise peut être qualifiée de fédérale, au sens constitutionnel, de façon directe ou indirecte. La qualification est directe lorsqu'il s'agit d'une entreprise fédérale par nature, c'est-à-dire d'une entreprise dont l'exploitation principale porte directement sur l'un ou l'autre des sujets de compétence du Parlement fédéral. La question de la qualification indirecte se soulève dans le cas d'une entreprise dont l'activité est en elle-même de nature provinciale au départ et qui, dans le cours de cette activité, se trouve associée à une entreprise de nature fédérale, le plus souvent en lui fournissant des services plus ou moins importants, sous une forme ou sous une autre. On parle alors d'une « entreprise satellite » ou d'une « entreprise accessoire » à une entreprise fédérale principale.

18 – *Entreprise accessoire* – Dans l'affaire *Northern Telecom Ltée*, la Cour suprême du Canada a exposé les règles qui gouvernent la qualification d'une entreprise accessoire ou de service à une entreprise fédérale principale[55]. Ces règles font appel à la fois à l'examen des

---

53. *Syndicat des travailleurs de C.D.P. Protection (C.S.N.)* c. *Tribunal du travail*, [1999] R.J.Q. 2046 (C.S.) ; *Industries Vulcan Limitée* c. *Métallurgistes unis d'Amérique, local 7625*, [1975] T.T. 239 ; *Humpty Dumpty Food Ltd.* c. *Union internationale des travailleurs en boulangerie et en confiserie d'Amérique, local 333*, [1975] T.T. 21. Comparer ces jugements avec l'arrêt de la Cour d'appel dans *Société canadienne des métaux Reynolds Ltée* c. *Francœur*, [1983] C.A. 336 ; *Tessier Ltée* c. *Québec (Commission de la santé et de la sécurité du travail)*, précité, note 9.

54. *Tessier Ltée* c. *Québec (Commission de la santé et de la sécurité du travail)*, précité, note 9, par. 50 : « [...] même si le travail de ces employés est essentiel au fonctionnement d'une entreprise fédérale, cela n'a pas pour effet de rendre fédérale une entreprise autrement locale si ce travail ne représente qu'une partie négligeable de l'emploi du temps des employés ou qu'un aspect mineur de la nature essentielle constante de l'exploitation [...] ».

55. *Northern Telecom Ltée* c. *Travailleurs en communications du Canada*, [1980] 1 R.C.S. 115 ; *Entreprises québécoises d'excavation LEQEL (1993) Ltée* c. *Commission de la construction du Québec*, D.T.E. 99T-273 (C.A.) ; *Groupe Compass (Québec) Ltée* c. *Comité paritaire de l'entretien d'édifices publics de la région de Montréal*, 2011 QCCA 554.

principes constitutionnels régissant le partage des compétences en matière de relations de travail et des faits constitutionnels pertinents. En l'espèce, Northern Telecom Ltée demandait de déterminer si son service d'installation, qui servait notamment Bell Canada, constituait une entreprise fédérale. La Cour suprême s'est déclarée mal avisée pour répondre à cette question, en l'absence de preuve suffisante sur les faits constitutionnels pertinents, à savoir :

– la nature générale des opérations de Northern Telecom Ltée et l'étendue du rôle de son service des installations au regard de ces opérations ;

– la nature des relations entre Northern Telecom Ltée et les clients qu'elle desservait, dont Bell Canada ;

– l'importance des travaux exécutés par le service des installations de Northern Telecom Ltée pour le compte de Bell Canada, en comparaison de ceux réalisés pour le compte d'autres clients ;

– l'implication de ce service des installations de Northern Telecom Ltée dans les ouvrages de compétence fédérale[56].

Il s'agissait en somme, de façon fonctionnelle et pratique, d'examiner successivement l'exploitation de l'entreprise principale fédérale et celle de l'entreprise accessoire pour vérifier l'existence d'un lien nécessaire, fondamental, essentiel ou vital entre les deux. Les faits constitutionnels pertinents requis par la Cour suprême furent finalement soumis à son examen à l'occasion d'un pourvoi ultérieur où elle décida que le service des installations de Northern Telecom Ltée constituait une activité intégrée et essentielle aux opérations de Bell Canada et relevait par conséquent de la compétence fédérale[57]. Dans ce type de situation, le facteur de rattachement de l'entreprise à la compétence législative fédérale demeure celui de l'intégration de son activité à l'une ou l'autre de celles confiées à la compétence du Parlement. C'est lorsqu'il s'avère que l'activité de l'entreprise secondaire est nécessaire au fonctionnement de l'entreprise fédérale prin-

---

56. Selon la Cour d'appel du Québec, ces critères décisifs doivent s'analyser au cas par cas, de manière souple et minutieuse, et non de manière rigide, notamment dans le contexte des relations du travail : *Commission de la santé et de la sécurité du travail* c. *Tessier ltée*, 2010 QCCA 1642, par. 32.

57. *Northern Telecom Ltée* c. *Syndicat des travailleurs en communication du Canada*, précité, note 51. Voir aussi *Conseil canadien des relations du travail* c. *Paul L'Anglais Inc.*, [1983] 1 R.C.S. 147 ; *Travailleurs unis des transports* c. *Central Western Railroad Corp.*, [1990] 3 R.C.S. 1112.

cipale sous un aspect essentiel que l'on conclura à son caractère fédéral par association. Dans cette appréciation, on peut tenir compte du fait que l'entreprise secondaire est associée, selon le cas, soit de façon régulière et significative, soit de façon purement ponctuelle et incidente, à l'exploitation de l'entreprise principale[58]. Le domaine du transport aérien a largement contribué à fournir des occasions d'application des règles de qualification constitutionnelle des entreprises associées à l'activité d'une entreprise fédérale principale. On a ainsi décidé qu'une entreprise de construction participant à la construction d'un aéroport demeurait sujette à l'application de la législation provinciale du travail parce qu'il s'agissait d'une entreprise locale par nature, que sa participation à un chantier de nature fédérale demeurait occasionnelle par rapport à ses activités courantes et que la détermination des conditions de travail de ses employés n'avait pas d'effet permanent ou direct sur la matière de compétence fédérale (l'aéronautique) et ne pouvait donc pas être considérée comme faisant partie intégrante de la compétence du fédéral en ce domaine[59]. Relativement à l'exploitation d'un aéroport, on a considéré comme purement accessoires et donc soumises à la législation provinciale du travail les activités d'une entreprise secondaire de location d'automobiles[60], d'entretien ménager des installations d'une société aérienne[61], de boutique hors-taxe[62] et de portefaix[63]. Par

---

58. *Groupe Admari Inc.* c. *Comité paritaire de l'entretien d'édifices publics,* précité, note 8, p. 951-952 ; *Jules Millette inc.* c. *Union des chauffeurs de camions, hommes d'entrepôts et autres ouvriers, Teamsters Québec, section locale 106 (F.T.Q.),* [2000] R.J.D.T. 1627 (T.T.) ; comparer avec : *Entreprises québécoises d'excavation LEQEL (1993) Ltée* c. *Commission de la construction du Québec,* précité, note 51.

59. *Construction Montcalm Inc.* c. *Commission du salaire minimum,* précité , note 8. Voir aussi : *Commission de l'industrie de la construction* c. *Verreault Navigation Inc.,* [1985] C.A. 156 – reconstruction du siège social d'une entreprise de dragage ; *L'Espérance* c. *National Metal Finishing Canada Ltd.,* D.T.E. 2000T-1103 (T.T.) – construction et fourniture de pièces d'avion ; *APM Diesel 1992 inc.* c. *Layton,* D.T.E. 2009-263 (C.S.) – réparation de composantes de véhicules militaires pour la Défense nationale.

60. *Avis Transport of Canada Ltd.* c. *Cartage and Miscellaneous Employees Union, local 931,* [1971] T.T. 260.

61. *Service d'entretien Avant-garde Inc.* c. *Conseil canadien des relations du travail,* [1986] R.J.Q. 164 (C.S.). Pour des décisions semblables concernant l'entretien ménager sur une base militaire ainsi que dans une centrale nucléaire, voir respectivement : *Union des employées et employés de service, section locale 800* et *Service d'entretien Advance inc.,* D.T.E. 2007T-59 (C.R.T.) et *Union des employées et employés de service, section locale 800 et Service d'entretien Advance inc.,* D.T.E. 2005T-475 (C.R.T.).

62. *Union des employés de commerce, local 501* c. *Thomcor, Cie de gestion Ltée,* [1978] T.T. 244.

63. *Murray Hill Limousine Service Limited* c. *Batson,* [1965] B.R. 778.

contre, les services d'une agence de sécurité ont été considérés comme vitaux et essentiels[64]. Dans d'autres contextes, le déchargement d'automobiles transportées par chemins de fer[65], le raccordement du câble de distribution chez les abonnés d'une entreprise de câblodiffusion[66], tout comme la vente de temps d'antenne et la production de messages commerciaux pour le compte d'un télédiffuseur[67] et l'entretien ménager d'un complexe immobilier propriété d'une société mandataire de la Couronne fédérale[68] demeurent des activités de nature provinciale. Le transport du courrier par une entreprise locale, au contraire, s'intègre suffisamment au service postal lui-même pour que cette entreprise soit assimilée à une entreprise fédérale[69].

19 – *Indivisibilité* – De création jurisprudentielle, la règle de l'indivisibilité de l'entreprise veut qu'une fois qualifiée de fédérale, l'entreprise soit considérée comme un tout indivisible[70]. Il s'ensuit que, dès qu'une entreprise ou une activité de l'employeur relève de la compétence du Parlement fédéral, toutes les relations de travail se rattachant à cette activité ou entreprise se trouvent assujetties à la législation fédérale du travail. À titre d'exemple, si une entreprise est identifiée comme une entreprise de transport vouée à la fois au trans-

---

64. *Agence de sécurité Fortin Inc.* c. *Union des agents de sécurité du Québec*, [1981] T.T. 153.
65. *Centeast Charny Inc.* c. *Union des chauffeurs de camions, hommes d'entrepôts et autres ouvriers, local 106*, [1975] T.T. 265. Voir aussi, au même effet, dans le cas d'activités de chargement et de déchargement pour une entreprise de transport extraprovinciale : *R. & G. Crochetière inc.* c. *Syndicat des opérateurs en chargement*, D.T.E. 94T-958 (T.T.).
66. *Claude Lafontaine (Les Entreprises C.L. Enr.)* c. *Syndicat canadien de la Fonction publique, local 1417*, [1973] T.T. 52. Voir aussi : *Installations de câbles R.P. Inc.* c. *Syndicat des travailleurs de I.C.R.P. (C.S.N.)*, [1990] T.T. 459 – installation de câbles, de systèmes de communications et de systèmes téléphoniques. Voir aussi *Entreprises québécoises d'excavation LEQEL (1993) ltée* c. *Commission de la construction du Québec*, précité, note 51 – enlèvement et redressement de poteaux de téléphone.
67. *Conseil canadien des relations du travail* c. *Paul L'Anglais Inc.*, précité, note 57 ; *Cogeco Métromédia enr.* c. *Beetz*, D.T.E. 99T-914 (C.S.).
68. *Union des employés de service, local 298 et local 800 et F.T.Q.* c. *Tribunal du travail*, [1987] R.J.Q. 2103 (C.S.). Voir aussi, dans le cas d'entretien du matériel roulant d'entreprises ferroviaires : *A.M.F. Technotransport inc.* c. *Syndicat national des travailleurs et travailleuses de l'automobile, de l'aérospatiale et de l'outillage agricole du Canada*, [1994] R.J.Q. 2598 (C.S.) ; *Groupe Compass (Québec) ltée* c. *Comité paritaire de l'entretien d'édifices publics de la région de Montréal*, 2011 QCCA 554.
69. *Union des facteurs du Canada* c. *Syndicat des postiers du Canada*, [1975] 1 R.C.S. 178. Voir aussi : *North Canada Air Ltd.* c. *Canada Labour Relations Board*, 80 C.L.L.C. par. 14,072 (Cour d'appel fédérale).
70. *Attorney General for Ontario* c. *Winner*, [1954] A.C. 541.

port à l'intérieur de la province et au transport extraprovincial, les relations de travail de l'ensemble de l'entreprise relèveront de la compétence fédérale[71].

Cette règle de l'indivisibilité de l'entreprise bénéficie également aux entreprises provinciales. En effet, dans l'arrêt *Tessier Ltée c. Québec (Commission de la santé et de la sécurité du travail)*[72], cette règle a été considérée par la Cour suprême afin que la réglementation provinciale qui s'appliquait à la majorité des activités de l'entreprise ne soit pas écartée sur le fondement d'activités intermittentes de débardage. À ce propos, la Cour souligne le fait qu' « une entreprise indivisible et intégrée ne doit pas être artificiellement scindée aux fins de classification constitutionnelle »[73].

20 – *Entreprises distinctes* – L'application correcte de la règle de l'indivisibilité de l'entreprise requiert par ailleurs la connaissance de la distinction capitale qui s'impose entre les notions d'employeur et d'entreprise. La notion d'employeur renvoie, dans ce contexte, à la personne juridique qui emploie la main-d'œuvre. Quant à l'entreprise, il s'agit de cet ensemble organique et fonctionnel dont l'activité est orientée vers la réalisation d'une fin particulière de production de biens ou de fourniture de services[74].

Dans un arrêt rendu relativement à l'Hôtel Empress de Victoria, le Conseil privé a décidé que cette entreprise hôtelière dirigée par le Canadien Pacifique était distincte et divisible de l'entreprise de chemins de fer exploitée par le même employeur et qu'elle relevait conséquemment de la législation provinciale en matière de relations de travail[75]. C'est en s'appuyant sur cet arrêt que les tribunaux sont parvenus à distinguer, dans certains contextes particuliers, des entreprises distinctes chez un même employeur pour ensuite les rattacher soit à la compétence fédérale soit à celle des provinces. On

---

71. *Re Tank Truck Transport Ltd.*, [1963] 1 O.R. 272 (C.A.) ; *Léo Beauregard & Fils (Canada) Ltée c. Commission des normes du travail*, précité, note 51. À retenir, toutefois, qu'une activité discontinue, purement occasionnelle ou fortuite de transport à l'extérieur de la province ne suffira pas à conférer un caractère fédéral à l'entreprise : *Limousine Mont-Royal Inc. c. Syndicat des travailleuses et travailleurs de Murray Hill – Connaisseur (C.S.N.)*, D.T.E. 92T-328 (C.S.).
72. *Tessier Ltée c. Québec (Commission de la santé et de la sécurité du travail)*, précité, note 9.
73. *Ibid.*, par. 55.
74. Voir, au sujet de la définition de l'entreprise dans un contexte de droit du travail, *U.E.S., local 298 c. Bibeault*, [1988] 2 R.C.S. 1048.
75. *C.P.R. c. Attorney General for British Columbia*, précité, note 8.

tient compte, à cette fin, de divers facteurs indicatifs comme la structure administrative mise en place par l'employeur, le degré d'autonomie relative des diverses activités soumises à l'examen, des points de vue fonctionnel et budgétaire, de leur importance par rapport à l'ensemble des opérations de l'employeur et de leur rattachement, à titre nécessaire ou simplement accessoire, à une activité principale fédérale ou provinciale, selon les cas. On peut ainsi en arriver à détacher en quelque sorte une entreprise provinciale chez l'employeur exerçant déjà une activité à caractère fédéral[76] ou, inversement, une entreprise fédérale chez celui dont l'activité principale l'assujettissait d'abord à la législation provinciale[77].

B. Les exigences procédurales

21 – *Avis* – La mise en question, devant quelque tribunal que ce soit, de la validité ou de l'applicabilité constitutionnelle d'une loi doit tenir compte de la nécessité d'en aviser préalablement les Procureurs généraux du Canada et du Québec[78].

C. Le changement de compétence législative

22 – *Continuité* – Dans un contexte de rapports collectifs du travail, tant la loi québécoise que la loi fédérale assurent le maintien de la reconnaissance syndicale et, s'il y a lieu, de la convention collective

---

76. *Léo Beauregard & Fils (Canada) Ltée* c. *Commission des normes du travail*, précité, note 51 – transport scolaire distingué du transport extra-provincial par autocars nolisés ; *Syndicat des employés de Terminus du Transport Voyageur (C.S.N.)* c. *Voyageur (1969) Inc.*, [1972] T.T. 77 – agence de voyages distinguée de l'entreprise de transport extra-provincial.

77. *Société canadienne des métaux Reynolds Ltée* c. *Francœur*, précité, note 53 – exploitation d'installations portuaires distinguée de celle de l'entreprise industrielle d'aluminerie ; *Gaston Bélanger et Dominique Gilbert, pharmaciens* c. *Union des employés du secteur industriel, section locale 791 (F.T.Q.)*, [1991] T.T. 307 – distinction d'un comptoir postal et d'une pharmacie dans les mêmes lieux d'exploitation ; *Caron Librairie* c. *Union des employés de commerce, local 502 (F.T.Q.)*, [1983] T.T. 81 – opération d'un bureau de poste différenciée de l'exploitation d'une librairie. Exemples, par contre, de refus de reconnaître une entreprise fédérale distincte en présence d'une entreprise de compétence provinciale : *Union des agents de sécurité du Québec, métallurgistes unis d'Amérique, section locale 8922* c. *Pinkerton du Québec Ltée*, [1986] T.T. 90 ; *Pinkerton du Québec Ltée* c. *Union des agents de sécurité du Québec, métallurgistes unis d'Amérique, section locale 8922*, D.T.E. 86T-783 (T.T.).

78. *Code de procédure civile*, art. 95. *Northern Telecom Ltée* c. *Travailleurs en communication du Canada*, précité, note 22 ; *L'Espérance* c. *National Metal Finishing Canada Ltd.*, [2000] R.J.D.T. 991 (T.T.).

dans l'éventualité où une entreprise jusque-là assujettie à la législation du travail d'un ordre de gouvernement devient soumise à celle de
l'autre[79].

---

79. *Code canadien du travail*, précité, note 15, art. 44 ; *Code du travail*, RLRQ, c.
     C-27, art. 45.3.

CHAPITRE 2

LES CHARTES DES DROITS ET LIBERTÉS

23 – *Impact* – Au cours des trois dernières décennies, les relations du travail, comme les autres domaines de l'activité gouvernementale ou privée, ont connu l'impact de ces lois prééminentes que sont la *Charte canadienne des droits et libertés,* insérée dans la Constitution elle-même, et la *Charte des droits et libertés de la personne* du Québec, à laquelle les tribunaux reconnaissent un caractère quasi constitutionnel[1]. Ni l'une ni l'autre de ces deux lois prééminentes, il faut le noter, n'affirme de façon générale l'existence d'un « droit au travail »[2]. Les libertés et les droits fondamentaux qu'elles garantissent touchent toutefois les rapports du travail de multiples façons. Les conditions d'engagement, les conditions de travail entendues dans le sens le plus large, les motifs de terminaison d'emploi, l'exercice du droit d'association et ses manifestations, le règlement des litiges de toutes natures sont autant d'aspects des relations de travail qui doivent prendre en compte les règles énoncées dans les chartes, qu'elles soient de portée générale ou propres au domaine du travail.

24 – *Champ vaste et évolutif* – Les droits et libertés de la personne constituent une dimension de l'univers juridique contemporain qu'on

---

1. *Charte canadienne des droits et libertés* (C.c.d.l.) : *Loi de 1982 sur le Canada,* 1982, ch. 11 (R.-U.) dans L.R.C. (1985), App. II, nº 44 ; *Charte des droits et libertés de la personne,* RLRQ, c. C-12 (C.d.l.p.). La Cour suprême a reconnu à plusieurs occasions la valeur quasi constitutionnelle des lois sur les droits et libertés de la personne ; voir entre autres : *Winnipeg School Division No. 1* c. *Craton,* [1985] 2 R.C.S. 150 ; *Québec (Commission des droits de la personne et des droits de la jeunesse)* c. *Montréal (Ville de),* [2000] 1 R.C.S. 665, 2000 CSC 27.
2. *Schnaiberg* c. *Métallurgistes unis d'Amérique, section locale 8990,* [1993] R.J.Q. 55 (C.A.) ; *Béliveau* c. *Comité de discipline du Barreau du Québec,* [1992] R.J.Q. 1822 (C.A.) ; *Renvoi relatif à l'article 193 et à l'alinéa 195.1(1)c) du Code criminel (Man.),* [1990] 1 R.C.S. 1123, 1179 (j. Lamer). Certains auteurs prônent la reconnaissance d'un « droit au travail » : Dominic ROUX, *Le principe du droit au travail : juridicité, signification et normativité,* Montréal, Wilson & Lafleur, 2005, 563 p. Voir aussi les recensions de : Guylaine VALLÉE, (2006) 47 *C. de D.* 599-603 ; Marie-Christine NALLET, (2006) 147 *Revue internationale du Travail* 280 ; Rodrigue BLOUIN, (2006) 61 *Relations industrielles* 736-740.

ne saurait ignorer et un champ d'étude complet en lui-même. Ils nourrissent une jurisprudence abondante et évolutive. Notre propos n'est pas ici de les examiner de façon détaillée à partir de la réalité du travail. Il s'agit plus simplement d'en identifier les effets les plus significatifs et d'en cerner les aspects propres à cette activité.

I- LES AIRES D'APPLICATION

A. La *Charte canadienne des droits et libertés*

25 – *Action gouvernementale* – La *Charte canadienne des droits et libertés* s'adresse exclusivement aux gouvernements, dans leur action législative, exécutive ou administrative (art. 32 C.c.d.l.)[3]. Son applicabilité exige la présence d'un acte ou d'une conduite de nature gouvernementale. La Charte canadienne régit ainsi les lois elles-mêmes et l'ensemble de la législation déléguée comme les règlements ou les décrets, qu'ils soient adoptés par le Parlement ou par les législatures provinciales. Elle s'applique également aux organismes qui peuvent être considérés comme des mandataires des gouvernements[4]. Quant aux entités juridiquement indépendantes des gouvernements, elles ne peuvent y être assimilées par le seul fait qu'elles assument une fonction ou responsabilité publique[5]. Ces mêmes entités seront par ailleurs soumises à la Charte, dans toutes leurs activités, lorsqu'elles sont gouvernementales par nature ou contrôlées par le gouvernement[6]. Elles peuvent aussi n'être sujettes à l'application

---

3. *Syndicat des détaillants, grossistes et magasins à rayons, section locale 580* c. *Dolphin Delivery Ltd.*, [1986] 2 R.C.S. 573 ; *New Brunswick Broadcasting Co.* c. *Nouvelle-Écosse (Président de l'Assemblée législative)*, [1993] 1 R.C.S. 319.

4. *Douglas/Kwantlen Faculty Assn.* c. *Douglas College*, [1990] 3 R.C.S. 570 ; *Lavigne* c. *Syndicat des employés de la Fonction publique de l'Ontario*, [1991] 2 R.C.S. 211.

5. *Eldridge* c. *Colombie-Britannique (Procureur général)*, [1997] 3 R.C.S. 624. Voir aussi : *Stoffman* c. *Vancouver General Hospital*, [1990] 3 R.C.S. 483 – hôpitaux ; *McKinney* c. *Université de Guelph*, [1990] 3 R.C.S. 229 – universités.

6. *Ibid*. Dans *Godbout* c. *Longueuil (Ville de)*, [1997] 3 R.C.S. 844, trois juges ont affirmé que la Charte canadienne s'applique aux municipalités, les six autres s'abstenant de se prononcer sur cette question. Voir aussi, *Mascouche (Ville de)* c. *Houle*, [1999] R.J.Q. 1894 ; *Freitag* c. *Penetanguishene (Town)*, (1999) 179 D.L.R. (4th) 150 (C.A.Ont.), 155 et 156, par. 12 – les actes posés par le maire dans l'exercice de ses fonctions sont également assujettis à la Charte ; *Amalgamated Transit Union Local No. 569* c. *Edmonton (City)*, (2004) 117 C.R.R. (2d) 211. Concernant les commissions scolaires, voir *Chamberlain* c. *Surrey School District No. 36*, [2002] 4 R.C.S. 710 ; *Multani* c. *Commission scolaire Marguerite-Bourgeoys*, [2006] 1 R.C.S. 256. Les tribunaux administratifs peuvent aussi être considérés comme des acteurs gouvernementaux par nature : voir à ce sujet, *Blencoe* c. *Colombie-Britannique (Human Rights Commission)*, [2000] 2 R.C.S. 307, 687, par. 39 ; *Commission des droits de la personne et des droits de la jeunesse* c. *Manoir Archer Inc.*, 2012 QCCA 343, par. 7.

de la Charte qu'à l'égard d'une activité spécifique jugée de nature gouvernementale, par exemple parce qu'elle s'inscrit dans la mise en œuvre d'un programme ou d'une politique gouvernementale[7].

26 – *Activités privées* – La Charte canadienne n'atteint pas directement les relations entre des personnes juridiques privées. Elle s'applique toutefois aux gouvernements lorsqu'ils se livrent à des activités de nature privée, comme la conclusion de contrats de travail ou de conventions collectives[8].

27 – *Effet au Québec* – C'est dans ce cadre, qui demeure relativement restreint, que la *Charte canadienne des droits et libertés* pourra être invoquée à l'occasion d'un rapport de travail soumis à la compétence législative du Québec[9]. On peut s'y rapporter pour contester la validité d'une mesure gouvernementale d'autorité, comme une disposition législative ou réglementaire, ou d'une entente, comme un contrat de travail ou une convention collective, à laquelle le gouvernement ou un organisme de nature gouvernementale est partie, à moins que la situation ait été soustraite à l'application de la Charte par l'adoption, par l'Assemblée nationale, d'une disposition dérogatoire (clause « nonobstant ») qui peut priver d'effet les dispositions de l'article 2 ou des articles 7 à 15 de la Charte (art. 33 C.c.d.l.)[10].

Par ailleurs, la jurisprudence relative aux droits et libertés fondamentaux affirmés dans la Charte canadienne s'avère, en règle générale, éminemment pertinente pour l'interprétation et l'application des énoncés similaires de la *Charte des droits et libertés de la personne* du Québec, à laquelle nous nous arrêtons ci-après.

---

7. *Eldridge* c. *Colombie-Britannique (Procureur général)*, précité, note 5 ; *Blencoe* c. *Colombie-Britannique (Human Rights Commission)*, [2000] 2 R.C.S. 307, 2000 CSC 44 ; *Confédération des syndicats nationaux* c. *Commission de la santé et de la sécurité du travail*, [2001] R.J.Q. 1309 (C.S.).
8. *Lavigne* c. *Syndicat des employés de la Fonction publique de l'Ontario*, précité, note 4 ; *Health Services and Support – Facilities Subsector Bargaining Assn.* c. *Colombie-Britannique*, 2007 CSC 27 ; *Eldridge* c. *Colombie-Britannique (Procureur général)*, précité, note 5.
9. Relativement aux relations de travail assujetties constitutionnellement à la compétence fédérale, il faut, au niveau des relations entre personnes privées, tenir compte de la *Loi canadienne sur les droits de la personne*, L.R.C. (1985), ch. H-6.
10. L'Assemblée nationale du Québec a exercé ce pouvoir de façon générale et systématique de 1982 à 1985. Ces dérogations ont cessé d'avoir effet cinq ans après leur entrée en vigueur. Voir *Ford* c. *Québec (Procureur général)*, [1988] 2 R.C.S. 712.

Il faut enfin noter que la nature « universelle » des droits et libertés fondamentaux a très vite amené la Cour suprême à utiliser les normes internationales pour l'interprétation de la Charte canadienne, notamment dans le contexte du droit du travail. Perçu comme « une source pertinente et persuasive » aux fins de l'interprétation de la Charte canadienne[11], le droit international fera également son chemin devant les tribunaux québécois, plus particulièrement devant le Tribunal des droits de la personne. Sans qu'il lui soit reconnu un caractère contraignant[12], plusieurs raisons justifient l'utilisation du droit international par ces instances judiciaires, à savoir : la référence explicite aux normes internationales lors des travaux préparatoires de la *Charte des droits et libertés de la personne* du Québec, la présomption de conformité du droit canadien aux obligations internationales du pays[13], et l'éclairage que le droit international apporte sur l'interprétation du droit à l'égalité[14].

B. La *Charte des droits et libertés de la personne*

28 – *Universalité et préséance* – Les libertés et droits garantis par la *Charte des droits et libertés de la personne* du Québec s'imposent, à la différence de la Charte canadienne, tant aux relations entre person-

---

11. *Renvoi relatif à la Public Service Employee Relations Act (Alb.)*, [1987] 1 R.C.S. 313 (dissidence du juge Dickson) ; *Dunmore* c. *Ontario (Procureur général)*, [2001] 3 R.C.S. 1016 ; *Health Services and Support – Facilities Subsector Bargaining Assn.* c. *Colombie-Britannique*, précité, note 8. Sur l'influence du droit international du travail au Canada, voir : P. VERGE et D. ROUX, « L'affirmation des principes de la liberté syndicale, de la négociation collective et du droit de grève selon le droit international et le droit du travail canadien : deux solitudes ? », dans Service de la formation continue, Barreau du Québec, *Développements récents en droit du travail 2011*, vol. 333, Cowansville, Éditions Yvon Blais, 2011 ; voir aussi, C.-E. CÔTÉ, « La réception du droit international en droit canadien », dans *Droit international du travail : perspectives canadiennes*, sous la direction de Pierre Verge, Cowansville, Éditions Yvon Blais, 2010.
12. *Renvoi relatif à la Public Service Employee Relations Act (Alb.)*, précité, note 11, par. 60 ; *Commission des droits de la personne et des droits de la jeunesse* c. *Laverdière*, 2008 QCTDP 15 *; Commission des droits de la personne et des droits de la jeunesse* c. *Laval (Ville de) (Service de sécurité d'incendies)*, [2009] R.J.Q. 853.
13. Voir *Renvoi relatif à la Public Service Employee Relations Act (Alb.)*, précité, note 11, par. 349 : « [...] Je crois qu'il faut présumer, en général, que la *Charte* accorde une protection à tout le moins aussi grande que celle qu'offrent les dispositions similaires des instruments internationaux que le Canada a ratifié en matière de droits de la personne ».
14. *Syndicat de la fonction publique du Québec inc.* c. *Québec (Procureur général)*, [2004] R.J.Q. 524 ; *Commission des droits de la personne et des droits de la jeunesse* c. *Laval (Ville de) (Service de sécurité d'incendies)*, [2009] R.J.Q. 853.

nes privées, physiques et morales, qu'à celles entre le gouvernement et ses administrés.

L'article 52 de la Charte québécoise donne préséance aux dispositions de ses articles 1 à 38 sur toute disposition d'une loi, même postérieure à la Charte, à moins que cette loi n'énonce expressément qu'elle s'applique malgré la Charte.

La Charte vise les matières qui sont de la compétence législative du Québec (art. 55 C.d.l.p.). Aux fins qui nous intéressent ici, elle n'affecte donc que les rapports du travail qui relèvent de la compétence québécoise, selon les règles exposées précédemment[15].

Dans son aire d'application constitutionnelle, la Charte du Québec s'impose donc directement aux relations entre les employeurs et leurs employés, dans des contextes de rapports collectifs autant qu'individuels, et les principes énoncés dans ses articles 1 à 38 supplantent même les normes législatives ou réglementaires qui leur seraient contraires.

II- LES DROITS ET LIBERTÉS GARANTIS

29 – *Généralités et examen* – Les rapports du travail, comme nous l'avons évoqué, peuvent donner lieu à une variété infinie de situations susceptibles de mettre en question l'un ou l'autre des droits ou des libertés qu'envisage la Charte québécoise. La référence à cette dernière doit donc être constante.

Au niveau des droits fondamentaux garantis par la Charte, c'est le droit à l'égalité qu'on invoque le plus souvent. On fait aussi fréquemment appel au droit à l'intégrité de la personne, au droit à la dignité, à l'honneur et à la réputation ainsi qu'au droit au respect de la vie privée, affirmés respectivement par les articles 1, 4 et 5 de la Charte. Dans le même ordre de préoccupation, les articles 46 et 48 C.d.l.p. affirment respectivement le droit de toute personne qui travaille à des conditions de travail justes et raisonnables et qui respectent sa santé, sa sécurité et son intégrité physique et le droit de toute personne âgée ou de toute personne handicapée d'être protégée

---

15. Voir, *supra*, Titre préliminaire, chapitre 1 ; *Kealty* c. *Société internationale des télécommunications aéronautiques (SITA) Inc.*, [1991] R.J.Q. 397 (C.S.) – inapplicabilité de la Charte à une entreprise de compétence fédérale.

contre toute forme d'exploitation. Nous examinons ci-après ces divers droits.

Les relations collectives du travail présentent quant à elles des occasions privilégiées d'exercer certaines libertés fondamentales reconnues par l'article 3 de la Charte. C'est le cas de la liberté d'association, avec la possibilité pour des employés, voire des employeurs, de se regrouper pour aménager un régime de rapports collectifs du travail. Il en est de même des libertés d'expression et de réunion pacifique lorsque, par exemple, un piquetage voudra témoigner de l'existence d'un conflit de travail. Pour éviter des répétitions, la portée de ces libertés fondamentales particulières sera examinée ultérieurement, à l'occasion de l'étude des situations qui leur font appel[16].

A. Le droit à l'égalité

30 – *Objet* – Comme l'a déjà signalé la Cour suprême, l'objet du droit à l'égalité est de favoriser l'existence d'une société où toutes les personnes sont traitées comme des êtres humains égaux qui méritent « le même intérêt, le même respect et la même considération »[17]. Cela dit, la Cour suprême a récemment tenu à préciser que les Chartes garantissent « non seulement l'égalité formelle d'un traitement analogue, mais aussi l'égalité réelle »[18]. Autrement dit, l'égalité n'implique pas nécessairement qu'un traitement identique soit appliqué à toutes les personnes ; un traitement différent peut être requis pour garantir cette égalité[19].

Dans le cadre particulier de l'emploi, le législateur québécois a mis en place, au sein de la Charte, deux moyens pour lutter contre les disparités de traitement. D'une part, il est prévu que nul ne peut exercer de discrimination, et cela à tous les niveaux de la relation d'emploi ou du travail – de la phase de recrutement à la rupture du contrat de travail – tant dans la détermination des conditions de tra-

---

16. Voir en particulier, *infra*, au Titre II, les chapitres 2, 5, 6 et 7 qui traitent respectivement du droit d'association, de la négociation collective, des conflits de négociation et de la convention collective.
17. *Law* c. *Canada (Ministre de l'Emploi et de l'Immigration)*, [1999] 1 R.C.S. 497, par. 51 ; *Andrews* c. *Law Society of British Columbia*, [1989] 1 R.C.S. 143, 171 (j. McIntyre, dissident, sans par ailleurs être contredit sur cet aspect).
18. *Withler* c. *Procureur général du Canada*, 2011 CSC 12, par. 31, 39, 41 et 43.
19. *Weatherall* c. *Canada*, [1993] 2 R.C.S. 872, 877. Voir également *Vriend* c. *Alberta*, [1998] 1 R.C.S. 493, par. 76 ; *Forget* c. *Procureur général du Québec*, [1988] 2 R.C.S. 90.

vail, que dans l'établissement de classifications d'emploi[20]. D'autre part, le législateur a permis, à travers les articles 86 à 92 de la Charte, la mise en place de programmes d'accès à l'égalité, en vue de corriger graduellement les situations d'inégalité dans l'emploi.

1. L'interdiction de discrimination

a) La notion de discrimination

31 – *Éléments constitutifs* – La notion de discrimination est d'abord liée à l'existence d'une distinction, exclusion ou préférence, qui emporte une différence de traitement, fondée sur une considération ou un motif prohibé par la Loi. L'article 10 de la Charte énonce les motifs illicites : la race, la couleur, le sexe, la grossesse, l'orientation sexuelle, l'état civil, l'âge sauf dans la mesure prévue par la loi, la religion, les convictions politiques, la langue, l'origine ethnique ou nationale, la condition sociale, le handicap ou l'utilisation d'un moyen pour pallier ce handicap. Cet énoncé est limitatif, à la différence de celui du paragraphe 15(1) de la *Charte canadienne des droits et libertés*, auquel peuvent s'ajouter des motifs analogues[21].

En outre, l'article 10 C.d.l.p. limite lui-même sa portée au seul exercice des droits et libertés garantis par la Charte. La discrimination qu'il prohibe est celle qui porte atteinte à l'exercice de droits et libertés[22]. Autrement dit, le droit à l'égalité dans le contexte de la Charte n'est pas un droit autonome[23]. Par ailleurs, ce droit à un traitement en toute égalité, exempt de toute discrimination, ne peut être légalement affecté que dans la mesure permise par une autre disposition expresse de la Charte elle-même ou par une disposition d'une autre loi qui écarte explicitement l'application de la Charte[24].

---

20. Art. 16 de la Charte.
21. *Forget* c. *Québec (Procureur général)*, précité, note 19 ; *Québec (Commission des droits de la personne et des droits de la jeunesse)* c. *Montréal (Ville de)*, précité, note 1. Voir, quant à la Charte canadienne : *Andrews* c. *Law Society of British Columbia, ibid.* ; *Egan* c. *Canada*, [1995] 2 R.C.S. 513 ; *Vriend* c. *Alberta*, précité, note 19 ; *Law* c. *Canada (Ministre de l'Emploi et de l'Immigration)*, précité, note 17 ; *Lavoie* c. *Canada*, D.T.E. 2002T-266, 2002 CSC 23.
22. *Commission scolaire régionale de Chambly* c. *Bergevin*, [1994] 2 R.C.S. 525 ; *Devine* c. *Québec (Procureur général)*, [1988] 2 R.C.S. 790 ; *Ford* c. *Québec (Procureur général)*, précité, note 10 ; *Forget* c. *Québec (Procureur général)*, précité, note 19.
23. *Velk* c. *Université McGill*, 2011 QCCA 578, par. 42.
24. L'article 9.1 C.d.l.p. prévoit que les libertés et les droits fondamentaux, énoncés à ses articles 1 à 9, s'exercent dans le respect des valeurs démocratiques, de l'ordre public et du bien-être général des citoyens, d'une part, et que la loi peut

En ce qui concerne la définition de la discrimination, le juge McIntyre propose dans l'arrêt *Andrews* c. *Law Society of British Columbia*[25], une définition qui demeure pertinente à l'heure actuelle :

> [...] la discrimination peut se décrire comme une distinction, intentionnelle ou non, mais fondée sur des motifs relatifs à des caractéristiques personnelles d'un individu ou d'un groupe d'individus, qui a pour effet d'imposer à cet individu ou à ce groupe des fardeaux, des obligations ou des désavantages non imposés à d'autres ou d'empêcher ou de restreindre l'accès aux possibilités, aux bénéfices et aux avantages offerts à d'autres membres de la société.[26]

Il existe trois formes de discrimination prohibées par les Chartes canadienne et québécoise : la discrimination directe, la discrimination indirecte ou par effet préjudiciable et la discrimination systémique[27]. La discrimination directe est celle où une règle ou une pratique, à sa face même ou sous le couvert d'un prétexte, établit une distinction pour un motif prohibé[28]. La discrimination indirecte ou par effet préjudiciable a été décrite par le juge McIntyre de la Cour suprême de la façon suivante dans l'arrêt *Simpsons-Sears Ltd.* :

> Ce genre de discrimination se produit lorsqu'un employeur adopte, pour des raisons d'affaires véritables, une règle ou une norme qui est neutre à première vue et qui s'applique également à tous les employés, mais qui a un effet discriminatoire pour un motif prohibé sur un seul

---

en fixer la portée et en aménager l'exercice, d'autre part. Le droit à l'égalité, sans discrimination, affirmé à l'article 10 de la Charte échappe donc à cette clause de justification. Tout à fait différemment, une situation de discrimination constatée au regard de la *Charte canadienne des droits et libertés* est dans tous les cas susceptible de justification en vertu de l'article premier de cette Charte, aux conditions précisées par la Cour suprême dans l'arrêt *Andrews* c. *Law Society of British Columbia*, précité, note 17, p. 538.

25. *Andrews* c. *Law Society of British Columbia*, précité, note 17.
26. *Ibid.*
27. Pour une étude comparative et globale des formes que peut revêtir la discrimination, voir : BUREAU INTERNATIONAL DU TRAVAIL, « Étude d'ensemble sur les conventions fondamentales concernant les droits au travail à la lumière de la Déclaration de l'OIT sur la justice sociale pour une mondialisation équitable », Rapport III (Partie 1B), Conférence internationale du Travail, 101e session, Genève, 2012.
28. *Commission ontarienne des droits de la personne* c. *Simpsons-Sears Ltd.*, [1985] 2 R.C.S. 536, 551 ; *Central Alberta Dairy Pool* c. *Alberta (Human Rights Commission),* [1990] 2 R.C.S. 489, 505 ; *Action Travail des femmes* c. *Compagnie des chemins de fer nationaux du Canada,* [1984] 1 R.C.S. 1114, 1135-1138 ; *Commission des droits de la personne du Québec* c. *Collège d'enseignement général et professionnel St-Jean-sur-Richelieu,* [1984] R.D.J. 76 (C.A.).

employé ou un groupe d'employés en ce qu'elle leur impose, en raison d'une caractéristique spéciale de cet employé ou de ce groupe d'employés, des obligations, des peines ou des conditions restrictives non imposées aux autres employés.[29]

Il en est de même pour la discrimination systémique. En effet, celle-ci peut être considérée comme un ensemble de pratiques ou de systèmes d'emploi en apparence neutres, mais qui dans les faits entraînent un effet discriminatoire. L'existence d'une discrimination systémique pourrait reposer, *in concreto*, sur un ensemble d'éléments tels que des politiques institutionnelles, des processus décisionnels, des comportements et des attitudes[30].

Tel que nous le verrons un peu plus loin, la distinction entre les types de discrimination n'est plus nécessaire dans le traitement par les tribunaux de l'exigence professionnelle justifiée[31]. Toutefois, elle demeure toujours utile aux fins de la démonstration *prima facie* de l'existence d'une discrimination illégale par la partie plaignante ; ainsi que pour déterminer l'octroi de dommages-intérêts punitifs, le cas échéant[32].

Finalement, notons que l'existence d'une discrimination prohibée par la Charte est indépendante de toute intention discriminatoire chez son auteur[33]. Son constat peut être purement objectif[34].

En résumé, la discrimination interdite par la Charte du Québec repose sur la présence des éléments essentiels suivants : 1) une distinction, exclusion ou préférence ; 2) fondée sur l'un des motifs illicites identifiés au premier alinéa de l'article 10 ; 3) et qui a pour effet de détruire ou de compromettre l'exercice d'une liberté ou d'un droit garanti[35].

---

29. *Commission ontarienne des droits de la personne* c. *Simpsons-Sears Ltd.,* précité, note 28 ; *Central Alberta Dairy Pool* c. *Alberta (Human Rights Commission),* précité, note 28.
30. Voir *Gaz Métropolitain inc.* c. *Commission des droits de la personne et des droits de la jeunesse,* 2011 QCCA 1201.
31. Voir *infra,* nᵒ 39.
32. Voir article 49, al. 2 de la Charte.
33. *Commission des droits de la personne et des droits de la jeunesse* c. *Bombardier Inc. (Bombardier Aerospace Training Center),* [2011] R.J.Q. 225 (T.D.P.Q.), par. 280.
34. *Andrews* c. *Law Society of British Columbia,* précité, note 17, p. 174 ; *Commission ontarienne des droits de la personne* c. *Simpsons-Sears Ltd.,* précité, note 28 ; *Action Travail des femmes* c. *Compagnie des chemins de fer nationaux du Canada,* précité, note 28, p. 1135-1138.
35. *Commission scolaire régionale de Chambly* c. *Bergevin,* précité, note 22.

b) L'application à la relation d'emploi ou du travail

32 – *Principe* – Les articles 16 à 19 C.d.l.p. étendent l'interdiction de discrimination, au sens de l'article 10, à la relation d'emploi ou du travail, notamment, à l'embauche, l'apprentissage, la durée de la période de probation, la formation professionnelle, la promotion, la mutation, le déplacement, la mise à pied, la suspension, le renvoi ou les conditions de travail d'une personne ainsi que dans l'établissement de catégories ou de classifications d'emploi. La portée concrète, en milieu de travail, de cette prohibition a été abondamment examinée par les tribunaux[36]. Ceux-ci ont été particulièrement interpellés sur les chefs de discrimination que peuvent être le sexe[37], l'orientation sexuelle[38], l'état civil[39],

---

36. Voir, de façon générale sur le sujet : Henri BRUN, *Chartes des droits de la personne (Législation, Jurisprudence et Doctrine)*, 20e éd., Montréal, Wilson & Lafleur, 2007, Collection Alter Ego, p. 851-895. Voir en particulier sur le concept de discrimination et son lien avec les motifs énoncés à l'article 10 C.d.l.p. : *Québec (Commission des droits de la personne et des droits de la jeunesse) c. Montréal (Ville de)*, précité, note 1 ; *Tremblay c. Syndicat des employées et employés professionnels-les et de bureau, section locale 57*, D.T.E. 2002T-455, 2002 CSC 44, par. 16.

37. *Brooks c. Canada Safeway Limited*, [1989] 1 R.C.S. 1219 – sexe, grossesse ; *Janzen c. Platy Enterprises Ltd.*, [1989] 1 R.C.S. 1252 – sexe, harcèlement sexuel ; *Commission des écoles catholiques de Québec c. Gobeil*, [1999] R.J.Q. 1883 (C.A.) – salariée enceinte, priorité de rappel ; *Association professionnelle des inhalothérapeutes du Québec c. Ménard*, D.T.E. 2001T-575 (C.A.) – droit de rappel de la salariée enceinte ; *Institut Val-du-Lac Inc. c. Lavoie*, D.T.E. 91T-263 (C.A.) – nullité d'un affichage réservé aux personnes de sexe féminin ; *Québec (Ville de) c. Commission des droits et libertés de la personne*, [1989] R.J.Q. 831 (C.A.) ; *Union des employés de commerce, local 503, C.T.C., F.T.Q. c. W.E. Bégin Inc.*, D.T.E. 84T-57 (C.A.) ; *Commission des droits de la personne et des droits de la jeunesse c. Garderie en milieu familial des Petits Anges*, D.T.E. 2004T-831, D.T.E. 2007T-655 – sexe, embauche ; *Société de l'assurance automobile du Québec c. Commission des droits de la personne et des droits de la jeunesse*, D.T.E. 2005T-53 (C.A.) – sexe, grossesse ; *Gaz Métropolitain inc. c. Commission des droits de la personne et des droits de la jeunesse*, précité, note 30.

38. Sur la nature de ce chef de discrimination, voir *Canada (Procureur général) c. Mossop*, [1993] 1 R.C.S. 554. Sur les conditions d'application du paragraphe 15(1) C.c.d.l. à l'endroit de ce motif de discrimination : *Egan c. Canada*, précité, note 21 ; *Vriend c. Alberta*, précité, note 19. Selon la Charte du Québec : *Québec (Procureure générale) c. Commission des droits de la personne et des droits de la jeunesse*, [2002] R.J.Q. 588 (C.A.) – droit à une rente de conjoint survivant ; *Québec (Procureure générale) c. Tribunal des droits de la personne*, [2002] R.J.Q. 628 (C.A.) ; *Commission des droits de la personne et des droits de la jeunesse c. Roger Poirier Automobile inc.*, J.E. 2004-1979 (T.D.P.Q.) – remarques désobligeantes en raison de son orientation sexuelle ; *Commission des droits de la personne et des droits de la jeunesse c. 9113-0831 Québec inc. (Bronzage Évasion au soleil du monde)*, D.T.E. 2007T-655 (T.D.P.Q.) – congédiement en raison de son orientation sexuelle.

39. *Brossard (Ville de) c. Québec (Commission des droits de la personne)*, [1988] 2 R.C.S. 279 – liens familiaux ; *Lachine (Ville de) c. Commission des droits de la*

ainsi que l'âge[40], la religion[41], les convictions politiques[42],

personne et des droits de la jeunesse, D.T.E. 2001-692 (C.A.) ; *Commission des droits de la personne du Québec* c. *École de conduite St-Amour Inc.*, [1983] C.P. 16 ; *Commission des droits de la personne du Québec* c. *Courtier provincial en alimentation*, [1982] 3 C.H.R.R. 1134 (C.S.) ; *Commission des droits de la personne et des droits de la jeunesse* c. *Pâtisserie La Sept-Îloise inc.*, D.T.E. 2003T-866 (T.D.P.Q.) – conjoint de fait, congédiement illégal ; *Syndicat des agents de la paix en services correctionnels du Québec* c. *Lavoie*, D.T.E. 2006T-643 (C.S.) – absence de discrimination ; *Syndicat des intervenantes et intervenants de la santé Nord-Est québécois (SIISNEQ) (CSQ)* c. *Centre de santé et de services sociaux de la Basse-Côte-Nord*, 2010 QCCA 497 – la Cour d'appel considère que la situation parentale, l'état parental et le congé parental n'ont pas été érigés au rang de droits fondamentaux bénéficiant de la protection des Chartes.

40. À remarquer, d'abord, que l'énoncé de l'article 10 de la Charte québécoise, contrairement à d'autres lois semblables et notamment à l'article 15 de la *Charte canadienne des droits et libertés*, soustrait de la notion de discrimination la distinction fondée sur l'âge lorsque celle-ci est prévue par la loi. Cette réserve de la loi québécoise pourrait toutefois être mise en question au regard de l'article 15 de la Charte canadienne, à laquelle la Charte du Québec est elle-même assujettie ; voir à ce sujet : *Harrison* c. *Université de la Colombie-Britannique*, [1990] 3 R.C.S. 541. Selon la Charte québécoise, voir : *Gazette (The) (une division de Southam Inc.)* c. *Parent*, [1991] R.L. 625 (C.A.) et *Concordia University Faculty Association (C.U.F.A.)/ Association des professeurs de l'Université Concordia (A.C.U.P.)* c. *Boisvert*, D.T.E. 2002T-860 (C.S.) – absence de discrimination ; *La Presse Ltée* c. *Hamelin*, [1988] R.J.Q. 2480 (C.S.) ; *Commission des droits de la personne et des droits de la jeunesse* c. *9063-1698 Québec inc.*, D.T.E. 2003T-1184 (T.D.P.Q.) – âge, congédiement illégal ; *Nouveau-Brunswick (Commission des droits de la personne)* c. *Potash Corporation of Saskatchewan Inc.*, 2008 CSC 45 – sauf preuve d'illégitimité du régime dans son ensemble, une disposition obligeant l'employé à prendre sa retraite à un âge donné ne peut être assimilée à une mesure de discrimination fondée sur l'âge ; *Velk* c. *Université McGill/McGill University*, précité, note 23 – absence de discrimination ; *Commission des droits de la personne et des droits de la jeunesse* c. *Laval*, D.T.E. 2009T-232 (T.D.P.Q.), par. 95 : « Il n'est pas requis qu'une distinction fondée sur l'âge soit reliée à un âge précis, il suffit qu'elle produise un effet préjudiciable dans l'exercice d'un droit sur une personne appartenant à un certain groupe d'âge ». En vertu de la Charte canadienne, voir : *Tétreault-Gadoury* c. *Canada (Commission de l'Emploi et de l'Immigration du Canada)*, [1991] 2 R.C.S. 22 ; *Douglas College* c. *Douglas/Kwantlen Faculty Assn.*, précité, note 4 ; *McKinney* c. *Université de Guelph*, précité, note 5.

41. *Central Okanagan School Board District No. 23* c. *Renaud*, [1992] 2 R.C.S. 970 ; *Commission scolaire régionale de Chambly* c. *Bergevin*, précité, note 22 ; *Central Alberta Dairy Pool* c. *Alberta (Human Rights Commission)*, précité, note 28 ; *Commission ontarienne des droits de la personne* c. *Simpsons-Sears Ltd.*, précité, note 28 ; *Commission des droits de la personne du Québec* c. *Collège Mérici*, [1990] R.J.Q. 604 (C.Q.) ; *Multani* c. *Commission scolaire Marguerite-Bourgeoys*, [2006] 1 R.C.S. 256 – l'interdiction du port du kirpan dans les écoles de la commission scolaire constitue une atteinte à la liberté de religion ; *Commission des droits de la personne et des droits de la jeunesse* c. *Garderie éducative Le Futur de l'enfant inc.*, 2008 QCTDP 25 – le refus de donner des congés lors d'événements religieux constitue une discrimination.

42. *Commission des droits de la personne du Québec* c. *Collège d'enseignement général et professionnel St-Jean-sur-Richelieu*, précité, note 28 – absence de discri-

et la langue[43], la condition sociale[44], l'origine ethnique ou nationale[45], le handicap ou l'utilisation d'un moyen pour le pallier[46]. L'interdiction de discrimination, par l'effet conjugué des articles 10

mination; *Dufour* c. *Syndicat des employées et employés du Centre d'accueil Pierre-Joseph Triest (C.S.N.)*, [1999] R.J.Q. 2674 (C.S.) – droit à la dissidence à l'intérieur d'une organisation syndicale. Sur la question connexe de la liberté d'expression en matière d'opinion politique, voir : *Osborne* c. *Canada (Conseil du Trésor)*, [1991] 2 R.C.S. 69. Sur la question de l'enseignement dans une école de langue publique anglaise au Québec par les francophones, voir : *Gosselin (Tuteur de)* c. *Québec (Procureur général)*, [2005] 1 R.C.S. 238.

43. *Forget* c. *Québec (Procureur général)*, précité, note 19 ; *Lachine (Ville de)* c. *Commission des droits de la personne du Québec*, [1989] R.J.Q. 17 (C.A.).

44. Sur cette notion de condition sociale elle-même, voir : *Johnson* c. *Commission des affaires sociales*, [1984] C.A. 61 ; *Lévesque* c. *P.G. Québec*, [1988] R.J.Q. 223 (C.A.). Voir également : *Québec (Procureur général)* c. *Lambert*, [2002] R.J.Q. 599 (C.A.) – conclusion d'absence de discrimination à l'endroit d'un prestataire de la sécurité du revenu, au vu de l'objectif poursuivi par la mesure législative attaquée.

45. *Commission des droits de la personne et des droits de la jeunesse* c. *Filion*, REJB 2004-53765 (T.D.P.Q.) ; *Commission des droits de la personne et des droits de la jeunesse* c. *Drouin-Pelletier*, REJB 2004-62169 (T.D.P.Q.) ; *Commission des droits de la personne et des droits de la jeunesse* c. *Lamarre*, EYB 2004-81971 (T.D.P.Q.) ; *Commission des droits de la personne et des droits de la jeunesse* c. *Contant*, EYB 2006-104399 (T.D.P.Q.) ; *Commission des droits de la personne et des droits de la jeunesse* c. *Camirand*, 2008 QCTDP 11 ; *Commission des droits de la personne et des droits de la jeunesse* c. *Gauvin*, 2009 QCTDP 11.

46. Le handicap consiste en une anomalie anatomique ou physiologique de nature soit à limiter la capacité de l'individu de fonctionner normalement, soit même, en l'absence de limitation fonctionnelle, de nature à créer une perception subjective négative, à partir de préjugés ou de stéréotypes, quant à la capacité fonctionnelle de l'individu : *Québec (Commission des droits de la personne et des droits de la jeunesse)* c. *Montréal (Ville de)*, précité, note 1 ; Lukasz GRANOSIK, « L'arrêt Ville de Montréal : avons-nous tous un handicap ? », dans Service de la formation permanente, Barreau du Québec, *Développements récents en droit du travail – 2001*, vol. 153, Cowansville, Éditions Yvon Blais, 2001, p. 113 et s. Voir aussi, *Hydro-Québec* c. *Syndicat des employées et employés de techniques professionnelles et de bureau d'Hydro-Québec, section locale 2000 (SCFP-FTQ)*, [2008] 2 R.C.S. 561 – trouble de la personnalité ; *Honda Canada Inc.* c. *Keays*, [2008] 2 R.C.S. 362 – l'employeur a agi de façon discriminatoire en refusant de composer avec l'handicap de son employé ; *Battlefords and District Co-operative Ltd.* c. *Gibbs*, [1996] 3 R.C.S. 566 – assurance invalidité écourtée en cas de déficience mentale ; *Kirkland (Ville de)* c. *Syndicat des employés municipaux de la Ville de Kirkland*, [1997] R.J.Q. 5 (C.S.) – déficience rénale ; *Syndicat des infirmières du Nord-Est québécois (F.I.I.Q.)* c. *Sylvestre*, D.T.E. 2003T-485 (C.A.) – dépression, discrimination en embauche ; *Centre universitaire de santé McGill (Hôpital général de Montréal)* c. *Syndicat des employés de l'Hôpital général de Montréal*, [2007] 1 R.C.S. 161 – une clause d'une convention collective prévoyant la perte de l'emploi en cas d'absence pour cause d'invalidité est une mesure d'accommodement qui ne doit pas être appliquée automatiquement, mais selon les circonstances propres à chaque cas ; *Syndicat des employées et employés de techniques professionnelles et de bureau d'Hydro-Québec, section locale 2000 (S.C.F.P.-F.T.Q.)* c. *Hydro-Québec*, [2006] R.J.Q. 426 ; D.T.E. 2006T-188 (C.A.) (requête pour autorisation de pourvoi à la Cour suprême accueillie (2007 CSC

osition permet également de justifier une exigence particulière par
e caractère charitable, philanthropique, religieux, politique ou édu-
atif de l'institution de l'employeur, sans but lucratif ou qui est vouée
exclusivement au bien-être d'un groupe ethnique[52]. Nous reviendrons un peu plus loin sur le traitement par les tribunaux de l'exception d'E.P.J.

34 – *Embauche* – L'article 18 C.d.l.p. interdit à tout bureau de placement d'exercer de la discrimination dans la réception, la classification ou le traitement d'une demande d'emploi ou dans un acte visant à
soumettre une demande à un employeur éventuel. En outre, selon
l'article 18.1, dans un formulaire de demande d'emploi ou à l'occasion
d'une entrevue qui se rapporte à un emploi, on ne peut requérir du
postulant des renseignements sur l'un ou l'autre des motifs mentionnés dans l'article 10 C.d.l.p. Il importe peu que l'employeur ait ou non
l'intention d'utiliser ces renseignements. Puisque l'objet de l'article
18.1 de la Charte consiste à annihiler la discrimination à la source, le
simple fait de poser des questions discriminatoires entraîne son
application[53]. La Charte fait ici une distinction entre la cueillette discriminatoire de renseignements et leur utilisation[54]. L'interdiction
de l'article 18.1 est sujette à deux exceptions : les renseignements
peuvent être demandés s'ils sont pertinents à une exigence professionnelle que légitime l'article 20 de la Charte (E.P.J.)[55], ou s'ils sont
utiles à l'application d'un programme d'accès à l'égalité existant au
moment de la demande.

Municipalité d'Etobicoke, [1982] 1 R.C.S. 202 ; *Brossard (Ville de)* c. *Québec
(Commission des droits de la personne)*, précité, note 39 ; *Central Alberta Dairy
Pool* c. *Alberta (Human Rights Commission)*, précité, note 28 ; *Saskatchewan
(Human Rights Commission)* c. *Saskatoon (Ville de)*, [1989] 2 R.C.S. 1297 ; *Com-
mission scolaire des Rives-du-Saguenay* c. *Rondeau*, D.T.E. 2002T-1132 (C.S.) ;
Centre universitaire de santé McGill (Hôpital général de Montréal) c. *Syndicat
des employés de l'Hôpital général de Montréal*, précité, note 46.

52. Un gouvernement ne peut se prévaloir de cette exception particulière : *Brossard
(Ville de)* c. *Québec (Commission des droits de la personne)*, précité, note 39 ;
Lusignan c. *Confédération des syndicats nationaux*, [1992] R.J.Q. 684 (C.S.) –
application en faveur d'une centrale syndicale. Voir aussi, *infra*, n° 43.

53. *Commission des droits de la personne* c. *Transport en commun La Québécoise
Inc.*, 2002 CanLII 9226 (QC T.D.P.) ; *Commission des droits de la personne et des
droits de la jeunesse* c. *Systématix Technologies de l'information inc.*, 2010
QCTDP 18.

54. *Therrien Re*, [2001] 2 R.C.S. 3, 2001 CSC 35.

55. *Syndicat des infirmières, inhalothérapeutes, infirmières auxiliaires du Coeur
du Québec* c. *Bolduc*, 2010 QCCS 5311 – cas où les informations dissimulées
étaient en relation directe avec le genre de travail effectué. L'employeur était en
droit de savoir si le candidat pouvait fournir une prestation de travail non seulement adéquate, mais aussi régulière.

et 16 C.d.l.p., rejoint les conséquences nécessairement ⅃
situations protégées, comme l'indisponibilité d'une perso
consécutive à l'exécution d'un devoir religieux ou à ⅃
grossesse[47].

Les réalités actuelles inhérentes au monde du travail
tent également que l'on soit attentif aux différents aspects ⅃
revêtir la discrimination, qu'ils soient issus des nouvelles
d'organisation du travail, ou encore du phénomène de discrimi
dite « intersectionnelle », impliquant l'interaction ou le cheva
ment de plusieurs motifs discriminatoires[48]. Tel que l'a exprir.
juge L'Heureux-Dubé dans l'affaire *Corbière* c. *Canada*[49], « [d]i
facteurs contextuels sont susceptibles de démontrer l'existence d'ι
source de discrimination potentielle » ; dès lors, il faut être, selon ⅃
propos de la juge :

> [...] suffisamment souple pour tenir compte des stéréotypes, des préju-
> gés et des dénis de la dignité humaine et de l'égalité de valeur des indi-
> vidus dont peuvent être victimes de certaines façons des groupes
> précis, ainsi que du fait que des caractéristiques personnelles peuvent
> se chevaucher ou s'entrecroiser, et pour refléter soit l'évolution des phé-
> nomènes sociaux soit l'apparition de nouveaux stéréotypes ou préjugés
> ou la manifestation, sous des formes différentes, de ceux qui existent
> déjà.[50]

33 – *Exception : exigence professionnelle justifiée* – Comme la plupart
des lois sur les libertés de la personne, l'article 20 C.d.l.p. légitime, en
la soustrayant à la notion de discrimination prohibée, une exigence
fondée sur les aptitudes ou qualités requises par un emploi, que les
tribunaux désignent couramment comme une E.P.J.[51]. La même dis-

---

31395) ; pour un rejet de l'argument de discrimination fondée sur le handicap,
voir : *Kopczynski* c. *RSW inc.*, D.T.E. 2007T-648 (C.A.). De nombreuses sentences arbitrales traitent également du handicap. Voir, par exemple, *Pratt & Whitney* et *TCA-Québec, section locale 510*, D.T.E. 2009T-374 (T.A.) – la dépendance
à la nicotine constitue un handicap protégé par la *Charte des droits et libertés de
la personne* ; *Syndicat des travailleuses et des travailleurs du CPR de la
Côte-Nord (CSN)* et *Centre de protection et de réadaptation de la Côte-Nord
(S.L.)*, D.T.E. 2011T-485 (T.A.) – alcoolisme ; *Syndicat des métallos, section
locale 9400* et *Restaurant St-Hubert*, D.T.E. 2011T-125 (T.A.) – allergie grave.

47. *Commission scolaire régionale de Chambly* c. *Bergevin*, précité, note 22 ; *Commission des écoles catholiques de Québec* c. *Gobeil*, précité, note 37.
48. *Commission des droits de la personne et des droits de la jeunesse* c. *Syndicat des
constables spéciaux*, 2010 QCTDP 3.
49. *Corbière* c. *Canada*, [1999] 2 R.C.S. 203.
50. *Ibid.*, par. 61.
51. *Colombie-Britannique (Public Service Employee Relations Commission)* c.
BCGSEU, [1999] 3 R.C.S. 3 ; *Commission ontarienne des droits de la personne* c.

Après le stade de la demande d'emploi, la Charte ne fait plus obstacle à la réquisition par l'employeur de tels renseignements, dont certains peuvent lui être nécessaires dans l'administration d'aspects du rapport de travail comme la participation à des régimes d'assurance ou la détermination des retenues d'impôt sur le revenu à effectuer à la source sur le salaire de l'employé.

35 – *Antécédents judiciaires* – L'article 18.2 C.d.l.p. contient une mesure anti-discriminatoire qui s'adresse spécifiquement à la relation d'emploi ou du travail[56]. Il interdit de congédier, de refuser d'embaucher ou d'autrement pénaliser dans le cadre de son emploi une personne « du seul fait qu'elle a été reconnue coupable ou s'est avouée coupable d'une infraction pénale ou criminelle, si cette infraction n'a aucun lien avec l'emploi ou si cette personne en a obtenu le pardon »[57]. Cette protection, selon son énoncé, n'entre en jeu qu'à compter du moment où l'employé produit un plaidoyer de culpabilité à l'infraction qui lui est reprochée ou en est trouvé coupable par jugement. On trouve des décisions contradictoires quant à son application au stade de l'inculpation et même lorsque l'employé a finalement été acquitté[58]. À défaut de pouvoir invoquer l'article 18.2 C.d.l.p., l'employé visé par une mesure pénalisante que lui imposerait son employeur dans ces circonstances devrait faire appel à l'effet indirect de la présomption d'innocence ou aux règles générales relatives à l'existence d'une cause juste et suffisante de cette mesure.

---

56. *Therrien Re*, précité, note 54 – inapplicabilité à la fonction de juge ; *Bélanger* c. *Québec (Ville de)*, J.E. 2000-1585 (C.S.) – inapplicabilité à l'octroi d'un permis d'entreprise ; *Montréal (Ville)* c. *Québec (Commission des droits de la personne et des droits de la jeunesse)*, [2008] 2 R.C.S. 698, par. 31 : « Le législateur a [...] créé un régime particulier pour les stigmates associés aux déclarations de culpabilité. Il ne s'agit pas d'un régime qui pourrait être écarté par suite de l'application du régime plus général de l'art. 20. La règle générale est écartée au profit de la règle particulière ».

57. Marc-André DOWD et Julie LEFEBVRE, « La protection contre la discrimination fondée sur les antécédents judiciaires en vertu de la *Charte des droits et libertés de la personne* : il faut qu'une porte soit ouverte ou fermée », dans Service de la formation permanente, Barreau du Québec, *Développements récents en droit du travail – 2001*, vol. 153, Cowansville, Éditions Yvon Blais, 2001, p. 1 et s. Voir aussi, *Commission scolaire crie* c. *Association de l'enseignement du Nouveau-Québec (CSQ)*, D.T.E. 2009T-255 (C.A.) ; *Commission scolaire de Montréal* c. *Alliance des professeures et professeurs de Montréal*, D.T.E. 2008T-499 (C.A.).

58. Réponse affirmative : *Proulx* c. *Fenêtres architecturales Cayouette Inc.*, [1992] R.J.Q. 1026 (C.S.). Réponse négative : *Commission des droits de la personne et des droits de la jeunesse* c. *Phil Larochelle Équipement inc.*, D.T.E. 98T-1114 (T.D.P.Q.). Voir aussi M.-A. DOWD et J. LEFEBVRE, *loc. cit.*, note 57.

Lorsqu'elle est applicable, la protection de l'article 18.2 C.d.l.p. a préséance sur les dispositions de toute loi particulière[59]. L'existence d'un lien entre une infraction dont l'employé s'est rendu coupable et son emploi s'apprécie au regard, d'une part, de la nature de l'infraction et, d'autre part, des qualités essentielles qu'exige l'emploi qu'il occupe[60]. Usuellement, c'est à la juridiction compétente à l'endroit du litige qu'il reviendra d'apprécier l'existence du lien entre la condamnation et l'emploi[61]. Par ailleurs, lorsque l'employeur parvient à démontrer qu'un motif autre que les antécédents judiciaires de l'employé justifie la décision qu'il a prise, il peut alors échapper à l'application de l'article 18.2 de la Charte[62].

---

59. *Laval (Ville de)* c. *Foisy*, [1986] D.L.Q. 33 (C.S.). Voir également : *Syndicat des employés municipaux de Beauce (C.S.D.)* c. *St-Georges (Ville de)*, D.T.E. 2000T-253 (C.A.).

60. *Hayes* c. *Alliance Québec*, D.T.E. 96T-248 (C.S.) ; *Syndicat des chauffeurs de la Société de transport de la Ville de Laval* c. *Tremblay*, D.T.E. 94T-431 (C.S.). Ce lien pourrait néanmoins, selon la Cour d'appel, être créé dans certains cas par la Loi elle-même : *Péloquin* c. *Syndicat des agents de la paix en services correctionnels du Québec*, [2000] R.J.Q. 2215 (C.A.) – embauche d'un agent de la paix ; *Magasins Wal-Mart Canada inc.* c. *Commission des droits de la personne et des droits de la jeunesse*, D.T.E. 2005T-223 (C.A.) ; *Montréal (Communauté urbaine de) (Service de police)* c. *Commission des droits de la personne et des droits de la jeunesse*, D.T.E. 2006T-515 (C.A.) – requête pour autorisation de pourvoi à la Cour suprême accueillie (2007 CSC 31551) ; *École nationale de police du Québec* c. *Robert*, [2009] R.J.Q. 2167 (C.A.) – la Cour d'appel indique que l'École nationale de police est soumise aux conditions de l'article 18.2 de la Charte et considère que cette disposition s'applique en l'espèce car l'obtention d'un diplôme émis par cette école de formation professionnelle est un prérequis, « une forme de préembauche » pour être admis à exercer la profession choisie ; *Montréal (Ville)* c. *Québec (Commission des droits de la personne et des droits de la jeunesse)*, précité, note 56 – refus d'embauche non discriminatoire car les conditions de l'article 18.2 de la Charte ne sont pas remplies ; *Autobus Transco (1988) inc.* et *Syndicat des travailleuses et travailleurs de Transco*, D.T.E. 2010T-644 (T.A.) – la décision de l'employeur de demander des informations sur les antécédents judiciaires de ses chauffeurs est valide car elle est fondée sur une obligation d'offrir protection et sécurité à une clientèle mineure et vulnérable, en l'occurrence, des enfants ; *CSSS Drummond* et *Syndicat de la santé et des services sociaux Drummond*, D.T.E. 2010T-722 (T.A.) – lien suffisant entre antécédents et emploi.

61. *Péloquin* c. *Syndicat des agents de la paix en services correctionnels du Québec*, *ibid.* ; *Syndicat des employés municipaux de Beauce (C.S.D.)* c. *St-Georges (Ville de)*, précité, note 59.

62. Dans l'arrêt *Commission scolaire de Montréal* c. *Alliance des professeures et professeurs de Montréal*, 2008 QCCA 995, l'employeur n'est pas parvenu à convaincre une majorité de juges de la Cour que sa décision d'exclure un enseignant déclaré coupable d'homicide involontaire contre sa conjointe était fondée sur sa déclaration mensongère faite au moment de l'embauche et non sur sa seule condamnation.

Finalement, la Cour suprême a tranché une controverse qui avait cours sur la question de savoir si la protection de l'article 18.2 C.d.l.p. s'étendait aux conséquences de la culpabilité de l'employé liées à son incarcération et donc à son indisponibilité pour fournir sa prestation de travail. Dans l'arrêt *Maksteel inc.*[63], la Cour a répondu non à cette question, lorsque le motif réel de la mesure est l'indisponibilité de l'employé, parce qu'on ne peut alors conclure que la mesure dont il se plaint lui a été imposée « du seul fait » de sa culpabilité[64].

36 – *Harcèlement* – L'article 10.1 de la Charte interdit à quiconque, en contexte d'emploi comme en tout autre, de « harceler une personne en raison de l'un des motifs visés dans l'article 10 »[65]. Cette prohibition vise notamment le harcèlement sexuel. Ce dernier implique « une conduite de nature sexuelle non sollicitée qui a un effet défavorable sur le milieu de travail ou qui a des conséquences préjudiciables en matière d'emploi pour les victimes du harcèlement »[66]. Il est à retenir que cette définition n'exige pas le constat d'un préjudice matériel pour la victime :

> Le harcèlement sexuel ne se limite pas à des demandes de faveur sexuelle faites sous la menace de conséquences défavorables en matière d'emploi si l'employé ne s'y conforme pas. Les victimes de harcèlement n'ont pas à établir qu'elles n'ont pas été embauchées, qu'on leur a refusé une promotion ou qu'elles ont été congédiées parce qu'elles

---

63. *Québec (Commission des droits de la personne et des droits de la jeunesse)* c. *Maksteel Québec inc.*, [2003] 3 R.C.S. 228.

64. Plusieurs décisions ont suivi les préceptes de l'arrêt *Maksteel inc.* Voir notamment : *Syndicat des travailleuses et travailleurs des épiciers unis Métro-Richelieu inc. (CSN)* et *Métro-Richelieu inc.*, D.T.E. 2009T-612 (T.A.) ; *Chartrand* et *Salaberry-de-Valleyfield (Ville de)*, D.T.E. 2011T-237 (C.R.T.) ; *Union des chauffeurs de camions, hommes d'entrepôts et autres ouvriers, Teamsters Québec, section locale 106 (FTQ)* et *Résidences Soleil-Manoir Laval (M.A.)*, D.T.E. 2011T-244 (T.A.) ; *Colombie-Britannique* c. *Zastowny*, [2008] 1 R.C.S. 27 ; *Apestéguy* et *Québec (Ministère de la Sécurité publique)*, D.T.E. 2012T-198 (C.R.T.), par. 47 ; *Charl-Pol Saguenay inc.* et *Union des employées et employés de service, section locale 800*, D.T.E. 2010T-668 (T.A.), par. 100 ; *Dulude* et *Maison Le Réverbère inc.*, D.T.E. 2009T-746 (C.R.T.), par. 77, 105 ; *Leblanc* et *New Richmond (Ville de)*, D.T.E. 2009T-749 (C.R.T.), par. 84 ; *Sobeys Québec inc.* et *Travailleuses et travailleurs unis de l'alimentation et du commerce, section locale 501 (Angelo Delle Donne)*, D.T.E. 2010T-806 (T.A.), par. 66.

65. Christian BRUNELLE, « La protection quasi constitutionnelle contre le harcèlement », dans Service de la formation permanente, Barreau du Québec, *Développements récents en droit du travail – 2000*, vol. 134, Cowansville, Éditions Yvon Blais, 2000, p. 185 et s.

66. *Janzen* c. *Platy Enterprises Ltd.*, précité, note 37, p. 1284 (j. Dickson). La preuve du harcèlement sexuel ne requiert pas celle d'une conduite intentionnelle de son auteur. Voir également pour le harcèlement psychologique *infra*, Titre I, chapitre 2, n°s 277-296.

ont refusé de participer à des activités sexuelles. Le cas de harcèlement où la victime a subi un préjudice économique réel parce qu'elle ne s'est pas soumise aux demandes n'est qu'une manifestation particulièrement flagrante et répugnante du harcèlement sexuel.[67]

L'interdiction du harcèlement vise davantage qu'un simple comportement discriminatoire. Selon les circonstances, le harcèlement peut résulter de paroles, de gestes ou de comportements répétés, voire d'un seul acte particulièrement grave et sérieux[68]. L'appréciation d'une allégation de harcèlement doit s'effectuer à partir du point de vue d'une personne raisonnable placée dans la même situation et qui subirait la même conduite de la part d'une autre[69].

Par ailleurs, un comportement harcelant animé par un motif indépendant de ceux identifiés au premier alinéa de l'article 10 C.d.l.p. pourrait être sujet à un examen selon d'autres dispositions de la Charte. Pourraient ainsi être invoqués, par exemple, les droits à la dignité et à l'intégrité de la personne, ou son droit à des conditions de travail justes et raisonnables.

L'arrêt *Robichaud* de la Cour suprême énonce les conditions auxquelles l'employeur peut être tenu responsable du harcèlement illégal auquel se livre un de ses employés à l'endroit d'un autre[70].

37 – *Traitement égal* – Pendant l'emploi, l'article 19 de la Charte impose à l'employeur d'accorder, sans discrimination, un traitement ou un salaire égal aux membres de son personnel qui accomplissent un travail équivalent au même endroit. Le deuxième alinéa de cette disposition précise qu'il n'y a pas de discrimination lorsqu'une différence est établie en fonction de l'expérience, de l'ancienneté, de la

---

67. *Ibid.*, p. 1282.
68. *Habachi* c. *Commission des droits de la personne*, [1999] R.J.Q. 2522 (C.A.).
69. *Dhawan* c. *Commission des droits de la personne et des droits de la jeunesse*, J.E. 2000-1321 (C.A.).
70. *Robichaud* c. *Canada (Conseil du Trésor)*, [1987] 2 R.C.S. 84. À remarquer que si le harcèlement cause à l'employé qui en est victime une *lésion professionnelle* au sens de la *Loi sur les accidents du travail et les maladies professionnelles*, RLRQ, c. A-3.001, les articles 438 et 442 de cette loi assurent respectivement à l'employeur et au coemployé de la victime une immunité totale contre tout recours en indemnisation, y compris un recours fondé sur l'article 49 C.d.l.p. : *Béliveau St-Jacques* c. *Fédération des employées et employés de services publics inc.*, [1996] 2 R.C.S. 345. Cette conclusion s'impose même en l'absence de réclamation logée en vertu de la *Loi sur les accidents du travail et les maladies professionnelles* : *Genest* c. *Commission des droits de la personne et des droits de la jeunesse*, D.T.E. 2001T-99 (C.A.).

durée du service, de l'évaluation au mérite, de la quantité de production ou du temps supplémentaire, lorsque ces critères sont communs à tous les membres du personnel.

c)   L'analyse judiciaire

38 – *Méthode initiale* – Une première méthode d'analyse et de traitement par les tribunaux des allégations de discrimination illégale a prévalu pendant une quinzaine d'années. Sa connaissance permet de mieux saisir le sens du changement survenu par la suite.

Cette première méthode d'analyse reposait largement sur une distinction entre deux formes de discrimination, à savoir la discrimination directe et la discrimination dite indirecte ou « par effet préjudiciable ».

En présence d'une preuve *prima facie* de discrimination, la méthode traditionnelle d'analyse commandait que cette discrimination soit aussitôt catégorisée comme étant directe ou par suite d'un effet préjudiciable[71]. S'ensuivait une cascade de conséquences au niveau des moyens de défense que pouvait soulever la partie intimée et à celui des résultats auxquels pouvait conduire la solution du litige. En situation de discrimination directe, un employeur pouvait répondre que la norme contestée était une E.P.J. en démontrant, d'une part, qu'elle avait été imposée honnêtement et de bonne foi et, d'autre part, qu'elle était raisonnablement nécessaire à l'exécution sûre et efficace du travail, sans imposer d'obligation déraisonnable au demandeur[72]. Si l'E.P.J. était reçue, la norme demeurait intacte, sans obligation d'accommodement ; sinon, elle était annulée[73]. La situation était totalement différente en présence d'une preuve *prima facie* de discrimination indirecte, par suite d'un effet préjudiciable. L'employeur ne pouvait alors faire appel à la défense d'E.P.J. Il devait plutôt démontrer l'existence d'un lien rationnel entre l'emploi et la norme particulière attaquée, d'une part, et qu'il avait assumé son obligation d'accommodement, ne pouvant composer davantage

---

71. Voir *supra*, n⁰ 31.

72. *Commission ontarienne des droits de la personne* c. *Municipalité d'Etobicoke*, précité, note 51, p. 208-209 ; *Brossard (Ville de)* c. *Québec (Commission des droits de la personne)*, précité, note 39, p. 310-312.

73. *Large* c. *Stratford (Ville de)*, [1995] 3 R.C.S. 733, par. 33 ; *Central Alberta Dairy Pool* c. *Alberta (Human Rights Commission)*, précité, note 28, p. 506 ; *Saskatchewan (Human Rights Commission)* c. *Saskatoon (Ville de)*, précité, note 51, p. 1308-1310.

avec l'employé sans subir une contrainte excessive, d'autre part[74]. Ultimement, si l'employeur échouait, le demandeur avait gain de cause mais la règle subsistait.

39 – *Nouvelle méthode unifiée* – C'est à l'occasion de deux arrêts rendus à l'automne de 1999 que la Cour suprême a redéfini son approche de la discrimination. Ces arrêts sont devenus connus et couramment désignés sous le nom des personnes plaignantes qu'ils concernaient. Il s'agit de l'arrêt *Meiorin*[75], prononcé dans un contexte d'emploi, et du jugement *Grismer*[76], qui l'a ensuite appliqué et précisé à partir d'un autre contexte.

Les faits à l'origine de l'affaire *Meiorin* sont simples. Une pompière forestière a été congédiée après avoir échoué un test de condition physique visant à évaluer sa capacité aérobique, test administré et appliqué sans distinction entre les hommes et les femmes. Dans son jugement, la Cour suprême fait d'abord état de sept motifs qui justifient l'adoption d'une nouvelle méthode d'analyse de la discrimination. Ces motifs se rapportent principalement, d'une manière ou d'une autre, à la fragilité de la distinction classique entre la discrimination directe et la discrimination par effet préjudiciable, d'une part, et à l'incohérence, voire à l'incongruité de ses conséquences, d'autre part[77].

En substance, la Cour suprême fait disparaître la nécessité d'une distinction préliminaire entre la discrimination directe et la discrimination par suite d'un effet préjudiciable ; elle rend la défense d'E.P.J. disponible dans tous les cas, en y intégrant l'obligation d'accommodement[78]. Néanmoins, il subsiste une obligation de

---

74. *Commission ontarienne des droits de la personne* c. *Simpsons-Sears Ltd.*, précité, note 28, p. 555-559 ; *Central Alberta Dairy Pool* c. *Alberta (Human Rights Commission)*, précité, note 28, p. 519-520.
75. *Colombie-Britannique (Public Service Employee Relations Commission)* c. *BCGSEU*, précité, note 51.
76. *Colombie-Britannique (Superintendent of Motor Vehicles)* c. *Colombie-Britannique (Council of Human Rights)*, [1999] 3 R.C.S. 868.
77. *Colombie-Britannique (Public Service Employee Relations Commission)* c. *BCGSEU*, précité, note 51, par. 25-53.
78. *Colombie-Britannique (Superintendent of Motor Vehicles)* c. *Colombie-Britannique (Council of Human Rights)*, précité, note 76, par. 18-19. Voir aussi, de façon générale : Jean-Yves BRIÈRE et Jean-Pierre VILLAGGI, « L'obligation d'accommodement de l'employeur : un nouveau paradigme », dans Service de la formation permanente, Barreau du Québec, *Développements récents en droit du travail – 2000*, vol. 134, Cowansville, Éditions Yvon Blais, 2000, p. 219 et s. ; Maurice DRAPEAU, « L'évolution de l'obligation d'accommodement à la lumière de l'arrêt *Meiorin* », (2001) 61 *R. du B.* 299.

démontrer qu'il y a, à première vue, discrimination[79], c'est-à-dire que la partie plaignante a été désavantagée par un comportement adopté par l'employeur, ayant pour effet d'entraîner une distinction fondée sur des caractéristiques personnelles liées à l'un des motifs prohibés par les Chartes.

L'arrêt *Meiorin* élabore une nouvelle méthode d'analyse qui entre en jeu et interpelle l'employeur au moment où ce dernier entreprend de tenter de se disculper d'une discrimination apparente en établissant que la règle ou la norme contestée est une E.P.J. La nouvelle méthode se développe alors en trois étapes, qu'elle commande à l'employeur de franchir, pour que la défense d'E.P.J. soit reçue[80].

40 – *Première étape : objet général de la norme* – À cette première étape, ce n'est pas encore la norme particulière en cause qui est analysée mais plutôt son objet général, qui doit se rattacher rationnellement à l'exécution du travail dont il est question et à ses exigences objectives. Il peut alors s'agir, par exemple, d'assurer l'exécution sûre et efficace du travail en cause tout comme, en certains contextes, d'éviter des conflits d'intérêts[81].

41 – *Deuxième étape : bonne foi* – Ce volet de l'analyse est essentiellement subjectif et porte par ailleurs sur la norme particulière adoptée par l'employeur. Ce dernier doit démontrer qu'il a agi en croyant sincèrement que la norme était nécessaire à la réalisation de son objet et sans intention discriminatoire à l'endroit de l'employé en cause[82]. Cela dit, bien que la grille d'analyse proposée par la Cour suprême

---

79. Voir *Colombie-Britannique (Public Service Employee Relations Commission)* c. *BCGSEU*, précité, note 51, par. 55, 62, 64 et 70.

80. La méthode d'analyse préconisée par la Cour suprême dans l'arrêt *Meiorin* pour déterminer si une norme à première vue discriminatoire est une E.P.J. est applicable à l'article 20 de la Charte, avec les adaptations nécessaires ; voir *Hôpital général juif Sir Mortimer B. Davis* c. *Commission des droits de la personne et des droits de la jeunesse*, 2010 QCCA 172, par. 21 et 22. Pour un cas d'application en matière de discrimination systémique, voir *Gaz Métropolitain inc.* c. *Commission des droits de la personne et des droits de la jeunesse*, précité, note 30.

81. *Colombie-Britannique (Public Service Employee Relations Commission)* c. *BCGSEU*, précité, note 51, par. 57-59.

82. *Ibid.*, par. 60-61. Voir également, *Large* c. *Stratford (Ville de)*, précité, note 73. Dans cet arrêt, la Cour suprême a signalé que dans certains cas, comme lorsque l'exigence est le résultat d'une demande syndicale formulée dans une négociation collective, l'employeur pouvait être dispensé de prouver sa conviction sincère qu'elle était nécessaire, s'il établissait par ailleurs avoir agi de bonne foi pour une raison valide et que l'entente satisfaisait aux critères objectifs du lien rationnel avec la nature de l'emploi.

contienne un élément subjectif invitant à vérifier l'absence de toute intention discriminatoire, il faut préciser que ce critère n'a plus vraiment sa raison d'être au Québec depuis le remplacement à l'article 20 de la Charte des termes : les aptitudes et qualités « exigées de bonne foi » pour un emploi, par les aptitudes et qualités « requises par » un emploi[83].

42 – *Troisième étape : accommodement* – À cette étape finale, l'accent est mis sur l'application de la norme particulière au demandeur, en tenant compte de l'obligation d'accommodement qui incombe alors à l'employeur[84].

L'employeur doit ainsi d'abord démontrer que la norme contestée est raisonnablement nécessaire pour réaliser l'objet qu'elle vise et qu'il lui est impossible de composer avec les personnes lésées par son application sans subir une contrainte excessive[85]. C'est le cas, par exemple, lorsque l'employé fait preuve d'un absentéisme excessif et que l'employeur démontre que, malgré les accommodements mis en place, celui-ci est incapable de fournir une prestation de travail constante et raisonnable dans un avenir prévisible[86].

---

83. *Loi modifiant la Charte des droits et libertés de la personne*, L.Q. 1982, c. 61, art. 6. Voir aussi, *Hôpital général juif Sir Mortimer B. Davis* c. *Commission des droits de la personne et des droits de la jeunesse*, précité, note 80, par. 22 ; *Gaz Métropolitain inc.* c. *Commission des droits de la personne et des droits de la jeunesse*, précité, note 30, par. 70.

84. Voir sur le sujet de l'obligation d'accommodement raisonnable : Myriam JÉZÉQUEL (dir.), *Les accommodements raisonnables : quoi, comment, jusqu'où ? Des outils pour tous*, Cowansville, Éditions Yvon Blais, 2007, 406 p. (voir spécifiquement la section : *Les accommodements en milieu de travail*) ; Christian BRUNELLE, *Discrimination et obligation d'accommodement en milieu de travail syndiqué*, Cowansville, Éditions Yvon Blais, 2001, 482 p. ; M. GAPMANN et S. GAGNÉ, « L'accommodement raisonnable en milieu de travail : balises et perspectives », (2008) 67 *R. du B.* 183.

85. *Colombie-Britannique (Public Service Employee Relations Commission)* c. *BCGSEU*, précité, note 51, par. 62-63. Voir pour une application récente : *Centre universitaire de santé McGill (Hôpital général de Montréal)* c. *Syndicat des employés de l'Hôpital général de Montréal*, précité, note 46, par. 33-38. Pour des exemples de contrainte excessive, voir *Hôpital Charles-LeMoyne* et *Fédération interprofessionnelle de la santé du Québec,* D.T.E. 2011T-243 (T.A.) ; *Travailleuses et travailleurs unis de l'alimentation et du commerce, section locale 501 – FTQ* et *Leblanc et Lafrance inc.*, D.T.E. 2011T-30 (T.A.) ; *Chartrand* et *Salaberry-de-Valleyfield (Ville de),* D.T.E. 2011T-237 (C.R.T.) ; *Syndicat canadien de la fonction publique, section locale 1459* c. *Centre jeunesse de l'Abitibi-Témiscamingue,* 2011 CanLII 72776 (QC SAT) – contrainte excessive dans le contexte de la langue de l'emploi.

86. *Hydro-Québec* c. *Syndicat des employé-e-s de techniques professionnelles et de bureau d'Hydro-Québec, section locale 2000 (SCFP-FTQ)*, 2008 CSC 43. La Cour suprême indique que « [l]'obligation d'accommodement qui incombe à

L'arrêt *Meiorin* rappelle que l'obligation d'accommodement de l'employeur suppose un certain degré de contrainte pour lui. Comme l'avait déjà signalé le juge Sopinka dans l'arrêt *Renaud* :

> Il faut plus que de simples efforts négligeables pour remplir l'obligation d'accommodement. L'utilisation de l'adjectif « excessive » suppose qu'une certaine contrainte est acceptable ; seule la contrainte « excessive » répond à ce critère. Les mesures que l'auteur de la discrimination doit prendre pour s'entendre avec le plaignant sont limitées par les expressions « raisonnables » et « sans s'imposer de contrainte excessive ». Il s'agit là non pas de critères indépendants mais de différentes façons d'exprimer le même concept. Ce qui constitue des mesures raisonnables est une question de faits qui variera selon les circonstances de l'affaire.[87]

L'arrêt *Hydro-Québec*[88] rendu subséquemment par la Cour suprême n'a pas modifié substantiellement le fardeau de preuve de l'employeur quant à la notion de contrainte excessive, mais l'a néanmoins allégé[89]. En effet, la juge Deschamps précise que prouver une contrainte excessive n'équivaut pas à prouver l'impossibilité d'accommoder le salarié. Selon les propos de la juge :

> Le critère n'est pas l'impossibilité pour un employeur de composer avec les caractéristiques d'un employé. L'employeur n'a pas l'obligation de modifier de façon fondamentale les conditions de travail, mais il a cependant l'obligation d'aménager, si cela ne lui cause pas une contrainte excessive, le poste de travail ou les tâches de l'employé pour lui permettre de fournir sa prestation de travail.[90]

---

l'employeur cesse là où les obligations fondamentales rattachées à la relation de travail ne peuvent plus être remplies par l'employé dans un avenir prévisible » (par. 19). La décision de congédier un employé sur cette base doit reposer sur une évaluation globale de la situation, tenant compte de l'ensemble des mesures d'accommodements prises antérieurement (par. 21).

87. *Central Okanagan School Board District No. 23* c. *Renaud*, précité, note 41, p. 984.
88. *Hydro-Québec* c. *Syndicat des employé-e-s de techniques professionnelles et de bureau d'Hydro-Québec, section locale 2000 (SCFP-FTQ)*, précité, note 86. Pour une analyse de l'arrêt *Hydro-Québec*, voir, N.-A. BÉLIVEAU et S. LEBEL, « La conjugaison de l'obligation d'accommodement de l'employeur et de son droit de congédier pour absentéisme : l'arrêt *Hydro-Québec* », dans Service de la formation continue, Barreau du Québec, *Développements récents en droit du travail 2009*, vol. 310, Cowansville, Éditions Yvon Blais, 2009 ; M. GAPMANN et S. GAGNÉ, précité, note 84, p. 183-202.
89. *Hydro-Québec* c. *Syndicat des employé-e-s de techniques professionnelles et de bureau d'Hydro-Québec, section locale 2000 (SCFP-FTQ)*, précité, note 86, par. 12 et 16.
90. *Ibid.*, par. 16.

Dans tous les cas, il s'agit de trouver un juste équilibre entre le respect des droits fondamentaux des salariés qui doivent effectuer la prestation de travail et les intérêts de l'employeur dont la bonne marche de l'entreprise ne doit pas être entravée excessivement. En somme, l'employeur aura rempli son obligation d'accommodement lorsqu'il démontre qu'il a tenté de mettre en place des mesures d'accommodement tenant compte des caractéristiques particulières du salarié, mais que l'incapacité de celui-ci est telle, qu'elle ne lui permet pas de remplir sa prestation de travail dans un avenir raisonnablement prévisible[91]. Par ailleurs, l'employeur n'aura pas à faire la preuve d'une contrainte excessive lorsque le salarié est totalement incapable de fournir une prestation de travail[92].

Seront ainsi considérés, selon les circonstances, le coût financier de l'accommodement en fonction des caractéristiques de l'entreprise[93], le service à donner, l'interchangeabilité des employés et des équipements, la prévisibilité du retour au travail[94], la perspective d'atteinte aux droits d'autres employés ou à la convention collective, la variabilité des horaires de travail ou encore le risque pour la sécurité de certaines personnes. Dans certains cas, tout accommodement peut se révéler impossible sans compromettre l'objet lui-même de la règle[95].

Le cas échéant, la mesure d'accommodement doit être incorporée à la norme elle-même pour être prise en considération dans son appréciation :

---

91. *Ibid.*, par. 18 et 19. De plus, au paragraphe 21, la Cour suprême précise que : « [...] La décision de congédier un employé parce qu'il ne peut fournir une prestation dans un avenir raisonnablement prévisible doit nécessairement reposer sur une évaluation de l'ensemble de la situation [...] ». Voir également, *Bombardier inc.* et *M.G.*, 2011 QCCRT 0568, par. 91 – l'obligation d'accommodement n'est pas de la seule responsabilité de l'employeur, le salarié étant tenu d'y participer activement dans le but d'identifier les mesures appropriées.

92. *Syndicat des enseignantes et enseignants du Cégep de Rimouski* c. *St-Laurent*, 2011 QCCS 1114, par. 34, 44 et 45.

93. La Cour suprême, dans *Central Alberta Dairy Pool* c. *Alberta (Human Rights Commission)*, précité, note 28, par. 520-521 s'exprime ainsi : « L'importance de l'exploitation de l'employeur peut jouer sur l'évaluation de ce qui représente un coût excessif ou sur la facilité avec laquelle les effectifs et les installations peuvent s'adapter aux circonstances. » *Hydro-Québec* c. *Syndicat des employé-e-s de techniques professionnelles et de bureau d'Hydro-Québec, section locale 2000 (SCFP-FTQ)*, précité, note 86, par. 12.

94. *Centre universitaire de santé McGill (Hôpital général de Montréal)* c. *Syndicat des employés de l'Hôpital général de Montréal*, précité, note 46, par. 36.

95. *Lachine (Ville de)* c. *Commission des droits de la personne et des droits de la jeunesse*, précité, note 39 – politique anti-népotisme.

Les employeurs qui conçoivent des normes pour le milieu de travail doivent être conscients des différences entre les personnes et des différences qui caractérisent des groupes de personnes. Ils doivent intégrer des notions d'égalité dans les normes du milieu de travail. En adoptant des lois sur les droits de la personne et en prévoyant leur application au milieu de travail, les législatures ont décidé que les normes régissant l'exécution du travail devraient tenir compte de tous les membres de la société, dans la mesure où il est raisonnablement possible de le faire. Les cours de justice et les tribunaux administratifs doivent avoir cela à l'esprit lorsqu'ils sont saisis d'une demande dans laquelle l'existence de discrimination liée à l'emploi est alléguée. La norme qui fait inutilement abstraction des différences entre les personnes va à l'encontre des interdictions contenues dans les diverses lois sur les droits de la personne et doit être remplacée. La norme elle-même doit permettre de tenir compte de la situation de chacun, lorsqu'il est raisonnablement possible de le faire. Il se peut que la norme qui permet un tel accommodement ne soit que légèrement différente de la norme existante, mais il reste qu'elle constitue une norme différente.[96]

Comme le rappelait peu après l'arrêt *Grismer*, l'« incorporation de l'accommodement dans la norme elle-même assure que chaque personne est évaluée selon ses propres capacités personnelles, au lieu d'être jugée en fonction de présumées caractéristiques de groupe »[97]. Usuellement, une norme qui laisse place à une évaluation individuelle et permet d'en tirer des conclusions et des conséquences raisonnables sera reçue favorablement[98]. À l'inverse, l'omission d'accommoder « peut être établie en prouvant notamment que la norme a été fixée arbitrairement ou que l'évaluation individuelle a été refusée de manière déraisonnable »[99].

43 – *Caractère ou vocation de l'employeur* – La nouvelle méthode d'analyse dictée par la Cour suprême devra être adaptée lorsque l'employeur tentera de justifier une exigence, sur la base de la

---

96. *Colombie-Britannique (Public Service Employee Relations Commission)* c. *BCGSEU*, précité, note 51, par. 68.
97. *Colombie-Britannique (Superintendent of Motor Vehicles)* c. *Colombie-Britannique (Council of Human Rights)*, précité, note 76, par. 19.
98. *Colombie-Britannique (Public Service Employee Relations Commission)* c. *BCGSEU*, précité, note 51, par. 64-65 ; *Colombie-Britannique (Superintendent of Motor Vehicles)* c. *Colombie-Britannique (Council of Human Rights)*, précité, note 76.
99. *Colombie-Britannique (Superintendent of Motor Vehicles)* c. *Colombie-Britannique (Council of Human Rights)*, précité, note 76, par. 22 ; *Commission des droits de la personne et des droits de la jeunesse* c. *Systèmes de drainage Modernes inc.*, 2009 QCTDP 10.

deuxième partie de l'article 20 C.d.l.p., par le caractère ou la vocation spécifique de l'institution[100]. L'accent devrait alors être mis sur ces caractéristiques de l'institution plutôt que sur les capacités individuelles des personnes en cause, notamment au niveau de la possibilité d'accommodement. Par ailleurs, cette exception particulière ne saurait être considérée comme un laissez-passer général qui autoriserait l'employeur à pratiquer toute discrimination, autrement illicite, sur quelque base que ce soit. On verrait mal, par exemple, qu'une institution puisse invoquer son caractère philanthropique pour pratiquer une discrimination fondée sur le sexe ou sur l'âge, sans aucune justification. L'exigence devra donc se justifier objectivement quant à sa pertinence par rapport à la finalité de l'institution et à la nature de l'emploi à y occuper[101].

44 – *Contestation d'une loi* – La contestation d'une loi ou d'une règle qui y est assimilable en vertu du troisième alinéa de l'article 56 C.d.l.p., pour cause de discrimination prohibée, pose au tribunal interpellé trois questions essentielles.

La première question vise à déterminer si la loi en cause entraîne une différence de traitement entre le demandeur et d'autres personnes. Dans l'affirmative, la deuxième question a pour objet de déterminer si cette différence de traitement est fondée sur un ou plusieurs motifs prohibés. Le cas échéant, le tribunal doit enfin se demander si la différence de traitement est discriminatoire, c'est-à-dire si elle impose un fardeau au demandeur ou le prive d'un avantage d'une manière qui dénote une application stéréotypée de présumées caractéristiques personnelles ou de groupe, ou qui a pour effet de perpétuer ou de promouvoir l'opinion que la personne affectée est moins capable ou est moins digne d'être reconnue ou valorisée en tant qu'être humain ou comme membre de la société, qui mérite le même intérêt, le même respect et la même considération[102].

---

100. Voir, *supra*, n° 33.
101. *Lachine (Ville de)* c. *Commission des droits de la personne du Québec*, précité, note 43. Voir aussi les *obiters* dans *Commission des droits de la personne du Québec* c. *Collège Mérici*, précité, note 41 et dans *Lusignan* c. *Confédération des syndicats nationaux*, précité, note 52. Selon la loi de la Colombie-Britannique, voir *Kaldwell* c. *Stuart*, [1984] 2 R.C.S. 603.
102. *Law* c. *Canada (Ministre de l'Emploi et de l'Immigration)*, précité, note 17 ; *Lavoie* c. *Canada*, précité, note 21 ; *Québec (Procureur général)* c. *Lambert*, précité, note 44.

2. L'accès à l'égalité

45 – *Généralités* – Les lois sur les droits de la personne envisagent des mesures en vue de corriger graduellement des situations d'inégalité, engendrées par une discrimination systémique antérieure, dans lesquelles des personnes qui ont en commun une ou l'autre des caractéristiques discriminantes prévues par ces lois se trouvent sous-représentées ou autrement défavorisées chez un employeur. Ces mesures de redressement sont désignées par les appellations de « programmes de promotion sociale », « d'action positive » ou « d'accès à l'égalité ». Pour le personnel que ces programmes peuvent concerner dans une entreprise, comme les femmes ou les membres des minorités ethniques ou raciales visibles, ils visent l'atteinte de l'équité, selon un objectif quantifié, au niveau de l'embauchage, des promotions ou des revenus. En somme, ces programmes représentent une « tentative rationnelle d'imposer un correctif systémique à un problème systémique »[103].

46 – *La Charte* – La *Charte des droits et libertés de la personne* aborde les programmes d'accès à l'égalité principalement dans ses articles 86 à 92. Ces programmes sont réputés non discriminatoires s'ils sont établis conformément à la Charte (art. 86, al. 2 C.d.l.p.)[104]. Tout employeur peut prendre l'initiative d'un tel programme. Dans ce cas, la Commission des droits de la personne et des droits de la jeunesse instituée par l'article 57 de la Charte doit, sur demande, apporter son assistance à l'élaboration du programme (art. 87 C.d.l.p.)[105]. En application de l'article 88 C.d.l.p., la Commission peut elle-même, lorsqu'elle constate une situation de discrimination de groupe dans l'emploi, recommander l'implantation d'un programme d'accès à l'égalité. À défaut de l'employeur de suivre cette recommandation, la Commission est autorisée à s'adresser à un tribunal pour obtenir l'élaboration et l'implantation du programme, lequel est déposé

---

103. *Action Travail des femmes* c. *Compagnie des chemins de fer nationaux du Canada*, précité, note 28, p. 1145.
104. Il en est de même à l'endroit d'un programme d'accès à l'égalité en emploi, eu égard à la discrimination fondée sur la race, la couleur, le sexe ou l'origine ethnique, si un tel programme est établi en application de la *Loi sur l'accès à l'égalité en emploi dans des organismes publics et modifiant la Charte des droits et libertés de la personne*, L.Q. 2000, c. 45 (art. 86, al. 3 C.d.l.p.), ainsi que dans le cas des ajustements salariaux et d'un programme d'équité salariale, quant à la discrimination fondée sur le sexe, s'ils sont établis conformément à la *Loi sur l'équité salariale*, RLRQ, c. E-12.001 (art. 19, al. 3 C.d.l.p.).
105. L'entrée en vigueur, éventuellement, du premier alinéa de cet article requerra l'approbation de tout programme par la Commission, à moins qu'il soit imposé par un tribunal.

devant le tribunal qui peut y apporter les modifications qu'il juge adéquates[106]. Le tribunal compétent peut être le tribunal de droit commun ou le Tribunal des droits de la personne institué par la Charte
(art. 91, 100 et 111, al. 1 C.d.l.p.)[107]. Selon l'article 91 C.d.l.p., la survenance de faits nouveaux peut justifier la modification, le report ou
l'annulation d'un programme d'accès à l'égalité, soit par accord écrit
entre la Commission et la personne qui a été requise ou qui a convenu
de l'implanter, soit à la demande de l'une ou l'autre, en cas de désaccord, par le même tribunal que celui auquel la Commission s'est déjà
adressée pour obtenir l'élaboration et l'implantation du programme
en cause[108]. La Commission peut enfin, lorsqu'elle constate qu'un
programme d'accès à l'égalité n'est pas implanté dans le délai imparti
ou qu'il n'est pas observé, retirer son approbation s'il s'agit d'un programme qu'elle a approuvé ou, s'il s'agit d'un programme dont elle a
proposé l'implantation, s'adresser à un tribunal (art. 90 C.d.l.p.).

Un règlement adopté en vertu de la Charte précise le contenu
des programmes d'accès à l'égalité élaborés sous son empire et dicte
diverses mesures destinées à assurer leur application[109]. Ce règlement prévoit notamment l'identification des objectifs du programme
et des mesures pour corriger les effets de la discrimination existante,
soit par l'élimination des pratiques discriminatoires elles-mêmes,
soit en accordant aux victimes de cette discrimination des avantages
temporaires ou en leur apportant des mesures de soutien en vue de
régler certains problèmes d'emploi tout en étant aussi accessibles à
l'ensemble du personnel de l'entreprise[110].

47 – *Autres lois* – Deux autres lois visent la promotion de l'accès à
l'égalité, dans des contextes ciblés. Il s'agit de la *Loi sur l'équité salariale*[111] et de la *Loi sur l'accès à l'égalité en emploi dans des organismes publics et modifiant la Charte des droits et libertés de la
personne*[112]. En vertu de la Charte, tout ajustement ou programme

---

106. *Commission scolaire des Samares* c. *Commission des droits de la personne et des
     droits de la jeunesse*, [2000] R.J.Q. 2542 (C.A.). Le gouvernement est quant à lui
     tenu d'exiger de ses ministères et organismes l'implantation de programmes
     d'accès à l'égalité qui doivent faire l'objet d'une consultation auprès de la Com-
     mission (art. 92 C.d.l.p.).
107. *Ibid.*
108. *Ibid.*
109. *Règlement sur les programmes d'accès à l'égalité*, RLRQ, c. C-12, r. 0.1, art. 2 à
     11.
110. *Ibid.*, art. 3 à 8.
111. Précitée, note 104.
112. *Ibid.*

établi conformément à ces lois et respectant leur objet – à savoir, l'équité salariale et l'accès à l'égalité d'emploi – est réputé non discriminatoire (art. 19, al. 3 et 86, al. 3 C.d.l.p.).

La *Loi sur l'équité salariale* se préoccupe exclusivement de la discrimination systémique subie par les femmes en matière salariale. Elle vise la mise en œuvre de l'article 19 de la Charte prévoyant le droit à « un salaire égal pour un travail équivalent », protection découlant elle-même de l'article 10 de la Charte. À partir du constat qu'historiquement les emplois à prédominance féminine ont été sous-évalués, le législateur commande aux employeurs qui comptent dix salariés ou plus à leur emploi de comparer, au niveau catégoriel, la rémunération des emplois occupés majoritairement par des femmes avec celle d'emplois équivalents occupés majoritairement par des hommes ou indistinctement par des hommes et des femmes. En cas d'écarts défavorables aux femmes, ils doivent être corrigés de façon durable[113].

La Commission de l'équité salariale s'assure du respect et de la mise en œuvre de la *Loi sur l'équité salariale*, notamment en réalisant des enquêtes et en prenant des décisions administratives[114].

La *Loi sur l'accès à l'égalité en emploi dans des organismes publics et modifiant la Charte des droits et libertés de la personne* vise quant à elle à augmenter la présence en emploi dans les organismes publics de groupes qui y sont sous-représentés au regard d'une caractéristique commune aux membres du groupe et qui se rattache à la race, la couleur, le sexe ou l'origine ethnique.

B. Le droit à l'intégrité de la personne

48 – *Contenu* – Le premier alinéa de l'article 1 de la Charte affirme notamment le droit de tout être humain à l'intégrité de sa personne. Cette affirmation doit être considérée avec l'affirmation identique de

---

113. Voir, de façon générale : Linda LAVOIE et Myriam TRUDEL, *Loi sur l'équité salariale annotée*, Cowansville, Éditions Yvon Blais, 2001.
114. Voir, *Péloquin Antoun c. Québec (Conseil du Trésor)*, 2010 QCCRT 0554. Pour des informations complémentaires sur le rôle de la Commission de l'équité salariale, voir : L. MARCHAND, « La Commission de l'équité salariale : bilan et prochains défis », dans Service de la formation continue, Barreau du Québec, *Développements récents en droit du travail 2008*, vol. 293, Cowansville, Éditions Yvon Blais, 2008.

l'article 10 C.c.Q., avec l'énoncé de l'article 46 de la Charte qui reconnaît le droit de toute personne à des conditions de travail qui respectent sa santé, sa sécurité et son intégrité, ainsi qu'avec l'article 2087 C.c.Q. qui impose à l'employeur de « prendre les mesures appropriées à la nature du travail, en vue de protéger la santé, la sécurité et la dignité du salarié »[115].

Le droit à l'intégrité de sa personne peut notamment fonder le refus d'un employé d'exécuter un travail dangereux[116], de continuer à subir un harcèlement psychologique ou encore de se soumettre à un examen médial ou à des soins médicaux. Dans ce dernier cas, l'article 11 C.c.Q. vient aussi justifier le même refus[117].

Selon la Cour suprême, la notion d'intégrité sous-entend que l'atteinte à ce droit revêt une certaine gravité dépassant le simple inconvénient[118].

C. Le droit à la dignité, à l'honneur et à la réputation

49 – *Situations d'application* – Au premier chef, l'imposition d'une sanction disciplinaire ou d'un renvoi à un employé, sans enquête préalable suffisante, ou pour un motif qui se révèle mal fondé ou, encore, avec une diffusion injustifiée, se présente fréquemment comme une occasion d'atteinte à la dignité, à l'honneur ou à la réputation de cet employé, que protège l'article 4 de la Charte[119]. Le harcèle-

---

115. Voir aussi *Commission de la santé et de la sécurité du travail* c. *Canada Mayer inc.*, 2008 QCCQ 5207 – présence de certains gestes ou omissions de la part de l'employeur pouvant mettre sérieusement en péril la santé ou la sécurité d'un travailleur.

116. Voir, *Centre universitaire de santé McGill (CUSM)* et *Association des résidents de McGill*, D.T.E. 2011T-501 (T.A.) – l'obligation pour les médecins résidents de travailler 24 heures consécutives a été considérée comme nocive pour la santé.

117. Exceptionnellement, la personne qui invoque sa condition médicale pour réclamer judiciairement un droit peut être tenue de se soumettre à une évaluation médicale : *Union des employés du transport local et industries diverses, local 931* c. *Delécolle*, [1990] R.D.J. 227 (C.A.) ; *Fraternité des policiers de Baie-Comeau Inc.* c. *Baie-Comeau (Ville de)*, D.T.E. 94T-426 (C.S.) – nullité d'une sentence arbitrale imposant un examen médical ; *Jobin* c. *Ambulance Ste-Catherine J.-C. Inc.*, [1992] R.J.Q. 56 (C.S.) – demande d'injonction enjoignant à l'employeur de ne pas requérir qu'un employé subisse un examen médical, rejetée en l'absence d'un droit clair et après examen de la balance des inconvénients.

118. *Québec (Curateur public)* c. *Syndicat national des employés de l'hôpital St-Ferdinand*, [1996] 3 R.C.S. 211. Voir aussi *Viau* c. *Syndicat canadien de la fonction publique*, [1991] R.R.A. 740 (C.S.).

119. L'article 35 C.c.Q. affirme également le droit de toute personne au respect de sa réputation et l'article 2087 C.c.Q. impose à l'employeur l'obligation de prendre

ment, sexuel ou autre, peut constituer une atteinte au droit à la dignité[120]. La divulgation de l'état de santé de l'employé porteur du VIH peut également être considérée par les tribunaux comme une atteinte à ce droit, en raison notamment de l'exclusion et de la stigmatisation que la divulgation de son état peut entraîner[121].

Certaines actions syndicales peuvent aussi porter atteinte au droit garanti par l'article 4 de la Charte. Il peut en être ainsi envers des tiers victimes d'une privation de services à l'occasion d'une grève[122]. Plus souvent, c'est l'imposition du processus de discipline interne de l'organisation syndicale à l'endroit d'un membre dissident ou la dénonciation de la conduite d'une personne dans le milieu de travail qui sera l'occasion d'une atteinte illicite à la réputation et emportera la responsabilité du syndicat concerné[123].

---

les mesures appropriées à la nature du travail en vue de protéger, notamment, la dignité du salarié. Exemples : *Wilkinson* c. *Commission scolaire Baldwin-Cartier*, [1994] R.J.Q. 2020 (C.S.) ; *Beauparlant* c. *St-Calixte (Corp. municipale de)*, [1992] R.J.Q. 2303 (C.S.) ; *Tremblay* c. *Anjou (Ville d')*, [1991] R.J.Q. 1989 (C.S.).

120. *Dhawan* c. *Commission des droits de la personne et des droits de la jeunesse*, précité, note 69 ; *Commission des droits de la personne et des droits de la jeunesse* c. *Québec (Procureur général)*, [1998] R.J.Q. 3397 (T.D.P.) ; *Rondeau* c. *Syndicat des employées et employés du Centre de services sociaux du Montréal métropolitain*, D.T.E. 95T-688 (T.D.P.). Francine LAMY, « Comment contrer le harcèlement et la violence psychologique au travail », dans *Options CEQ n° 19*, Montréal, CEQ, 1999, p. 115 et s. Voir aussi de façon générale sur le sujet Bernard CLICHE, Paule VEILLEUX, François BOUCHARD, Catherine HOUPERT, Éric LATULIPPE, Isabelle CORMIER, Marie-Pierre RAYMOND, *Le harcèlement et les lésions psychologiques*, Cowansville, Éditions Yvon Blais, 2005.

121. *Commission des droits de la personne et des droits de la jeunesse* c. *Poisson*, 2010 QCTDP 15, par. 112. Sur le sujet, voir également à titre informatif la *Recommandation (n° 200) concernant le VIH et le sida et le monde du travail*, adoptée à Genève, le 17 juin 2010, à la 99e session de la Conférence internationale du travail.

122. *Québec (Curateur public)* c. *Syndicat national des employés de l'hôpital St-Ferdinand*, précité, note 118.

123. Exemples : *West Island Teachers' Association* c. *Nantel*, [1988] R.J.Q. 1569 (C.A.) – exclusion de membres ayant refusé de participer à une grève illégale ; *Association des professeurs de Lignery (A.P.L.), syndicat affilié à la C.E.Q.* c. *Alvetta-Comeau*, [1990] R.J.Q. 130 (C.A.) ; *Dufour* c. *Syndicat des employées et employés du Centre d'accueil Pierre-Joseph Triest (C.S.N.)*, précité, note 42 ; *Courchesne-Genest* c. *Syndicat des employés du cégep Lionel-Groulx*, [1992] R.J.Q. 737 (C.S.).

D. Le droit au respect de la vie privée

50 – *Contenu* – Le droit au respect de la vie privée est affirmé par l'article 5 de la Charte et réitéré à l'article 35 C.c.Q[124]. Dans l'arrêt *Ville de Longueuil*, la Cour suprême explique que l'article 5 C.d.l.p. assure aux individus une sphère limitée d'autonomie personnelle à l'intérieur de laquelle ils peuvent prendre des décisions de nature fondamentalement privée ou intrinsèquement personnelle sans influence externe indue[125]. Peu après, la Cour suprême reconnaissait que le concept de vie privée pouvait être difficile à circonscrire et que la vie privée ne s'arrêtait pas aux limites d'un lieu physique comme le domicile d'une personne[126]. La Cour suprême a décidé, dans l'affaire *Ville de Longueuil*, que le droit de choisir son lieu de résidence était clairement visé par la garantie de la vie privée et, dans l'espèce, que l'obligation imposée par la municipalité à ses employés de résider sur son territoire était injustifiée et contraire à la Charte. La Cour ajoute toutefois que certains objectifs collectifs de grande importance pourraient justifier, selon l'article 9.1 de la Charte, une atteinte au droit garanti par l'article 5 en imposant exceptionnellement un lieu de résidence à certains employés[127]. Sur un autre plan, le choix de ses fréquentations fait normalement partie de la vie privée de l'employé[128].

---

124. Le droit à la vie privée est également reconnu dans la *Charte des droits et libertés de la personne* du Québec par le biais des articles 4 et 46 qui marquent une volonté de reconnaître la dignité de la personne. Pour une analyse du concept de « vie privée », voir : C. MASSÉ-LACOSTE, « La protection de la vie privée : impacts et expérience en relations de travail dans le secteur privé québécois et fédéral », dans Service de la formation continue, Barreau du Québec, *Développements récents en droit du travail 2011*, vol. 333, Cowansville, Éditions Yvon Blais, 2011.

125. *Godbout* c. *Longueuil (Ville de)*, précité, note 6. Voir aussi : *Syndicat de l'enseignement des Deux Rives (SEDR-CSQ)* et *Commission scolaire des Navigateurs (grief syndical)*, D.T.E. 2007T-516 (T.A.) – en installant une caméra vidéo cachée et un dispositif d'écoute électronique dans la salle de classe de l'enseignant, l'employeur a porté atteinte à la vie privée et professionnelle de celui-ci.

126. *Aubry* c. *Éditions Vice-Versa inc.*, [1998] 1 R.C.S. 591.

127. On peut penser ici aux employés dont les fonctions requièrent une disponibilité rapide en cas d'urgence, comme des policiers ou des pompiers ou encore, dans un autre contexte, des ambulanciers. Par ailleurs, un jugement du Tribunal du travail a distingué l'imposition d'une obligation de résidence comme condition de maintien de l'emploi, d'une part, et une politique de préférence d'embauche de ses résidents par une municipalité, d'autre part : *Gilbert* c. *Trois-Rivières Ouest (Ville de)*, D.T.E. 97T-1067 (T.T.). Sur cette question de préférence d'embauche, voir aussi et comparer maintenant : *Lavoie* c. *Canada*, précité, note 21 – légalité d'une politique de préférence d'embauche dans la fonction publique en faveur des citoyens canadiens.

128. *Gagnon* c. *Brasserie La Bulle Inc.*, D.T.E. 85T-933 (C.S.) – congédiement d'une employée en raison de sa fréquentation d'un coemployé. À comparer, toutefois, avec *Banque de Commerce Canadienne Impériale* c. *Boisvert*, [1986] 2 C.F. 431 (C.A.F.).

Le droit à la vie privée intervient également pour limiter certaines actions syndicales. Il a ainsi conduit la Cour d'appel à interdire ou à limiter le piquetage aux abords des résidences des cadres ou dirigeants de l'employeur en conflit de travail[129].

51 – *Intimité* – Le droit à la vie privée emporte comme corollaire indissociable le droit à l'intimité relativement à ce qui en fait partie. L'employeur, au premier chef, et les autres intervenants au milieu de travail doivent donc traiter avec discrétion les informations auxquelles ils peuvent avoir accès et qui appartiennent à l'intimité de l'employé, comme son état de santé[130]. Par ailleurs, l'exigence de ce type de renseignements ne peut se faire que pour un motif sérieux, sans abus, ni discrimination, notamment lorsqu'il s'agit d'avoir accès au diagnostic médical de l'employé[131] ou lorsque les activités de l'entreprise requièrent la mise en place d'un test de dépistage de drogues et d'alcool[132]. Le pouvoir de vérification de l'employeur pourra s'exercer de la sorte lorsque, par exemple, les renseignements demandés sur l'état de santé de l'employé lui permettent d'établir la durée prévisible de son absence, de déterminer la manière appropriée pour le remplacer, ainsi que d'évaluer si ce dernier peut reprendre le travail en toute sécurité[133].

---

129. *Syndicat des communications graphiques, local 41-M* c. *Journal de Montréal, division du groupe Quebecor Inc.*, [1994] R.D.J. 456 (C.A.) – interdiction totale de piquetage ; *Syndicat canadien de la fonction publique, section locale 302* c. *Verdun (Ville de)*, [2000] R.J.Q. 356 (C.A.) – autorisation d'un piquetage limité aux résidences du maire, de conseillers et de cadres.

130. Voir *Gazette (The) (Division Southam inc.)* c. *Valiquette*, [1997] R.J.Q. 30 (C.A.).

131. Sur le pouvoir de vérification de l'employeur concernant un certificat médical, voir *Syndicat des travailleuses et travailleurs du Pavillon St-Joseph – CSN* c. *Laplante*, 2011 QCCS 3426 – l'employeur peut exiger, recevoir et prendre connaissance du diagnostic médical de l'employé qui invoque une absence pour cause de maladie. Il s'agit de l'exercice normal et raisonnable du pouvoir de gérance. Voir aussi, *Syndicat des technologues d'Hydro-Québec (SCFP, section locale 957)* c. *Hydro-Québec*, 2010 CanLII 30632 (QC SAT) – les renseignements demandés dépassent de loin la mention du diagnostic et du traitement prescrit, outrepassant ainsi ce qui devrait être requis dans un certificat médical.

132. *Syndicat des métallos, section locale 7493* et *Poudres métalliques du Québec ltée*, D.T.E. 2011T-556 (T.A.) – exemple d'atteinte à la vie privée justifiée car l'exploitation de l'entreprise comporte des risques élevés d'accidents ; voir aussi, *Shell Canada ltée* et *Travailleurs unis du pétrole du Canada, section locale 121 du SCEP*, D.T.E. 2010T-68 (T.A.) – la validité d'une politique traitant du dépistage de l'alcool et des drogues est déterminée par deux conditions, soit la compatibilité de celle-ci avec la convention collective, la loi et notamment la charte, ainsi que son caractère raisonnable ; *Teamsters Québec, section locale 973 (FTQ)* et *Horizon Milling*, D.T.E. 2008T-182, (T.A.) – l'existence d'un problème de drogue dans l'entreprise justifie la mise en place d'un test de dépistage.

133. *Corporation d'Urgences-santé* et *Syndicat du préhospitalier (CSN)*, D.T.E. 2011T-177 (T.A.).

C'est également dans cet ordre de préoccupation que l'article 36 C.c.Q. dresse une liste d'actes qui peuvent être considérés comme des atteintes à la vie privée d'une personne, qu'il s'agisse de pénétrer chez elle ou d'y prendre quoi que ce soit, d'intercepter ou d'utiliser volontairement une communication privée, de capter ou d'utiliser son image ou sa voix lorsqu'elle se trouve dans des lieux privés, de surveiller sa vie privée par quelque moyen que ce soit, d'utiliser son nom, son image, sa ressemblance ou sa voix à toute autre fin que l'information légitime du public ou d'utiliser sa correspondance, ses manuscrits ou ses autres documents personnels.

52 – *Surveillance* – Le droit à l'intimité sert, en certaines circonstances, à mesurer la portée du droit à la vie privée lui-même, à partir de la notion d'attente légitime ou raisonnable. Il s'agit alors de se demander si une personne raisonnable placée dans la même situation pouvait légitimement s'attendre à ce que ses faits, ses gestes ou ses paroles demeurent privés et privilégiés.

La Cour d'appel a utilisé cette approche à deux occasions pour conclure à l'illégalité et à l'irrecevabilité en preuve, selon l'article 2858 C.c.Q., d'enregistrements de conversations téléphoniques tenues dans un cas à partir du domicile de l'employé et dans l'autre sur les lieux mêmes de travail[134]. Par contre, elle a reconnu la légitimité d'un enregistrement du même type lorsqu'un employeur et sa coordonnatrice nuisaient délibérément à une ex-employée en recherche d'emploi[135]. Elle a de plus reconnu la légitimité d'une filature avec captation d'images hors des lieux de travail d'un employé, en considérant, dans l'espèce, que l'article 9.1 de la Charte pouvait justifier cette atteinte à la vie privée[136]. La Cour d'appel a toutefois posé les conditions auxquelles cette justification est possible : la décision

---

134. *Mascouche (Ville de)* c. *Houle*, [1999] R.J.Q. 1894 (C.A.) – conversations téléphoniques à partir de la résidence, interceptées et enregistrées par un voisin ; *Srivastava* c. *Hindu Mission of Canada (Quebec) Inc.*, [2001] R.J.Q. 1111 (C.A.) – conversations téléphoniques de nature privée, sur les lieux de travail.
135. *Bellefeuille* c. *Morisset*, D.T.E. 2007T-394 (C.A.).
136. *Syndicat des travailleuses et travailleurs de Bridgestone / Firestone de Joliette (C.S.N.)* c. *Trudeau*, [1999] R.J.Q. 2229 (C.A.) ; voir également et comparer : *Syndicat des travailleuses et travailleurs d'abattoir de volaille de St-Jean-Baptiste* c. *Corriveau*, D.T.E. 2001T-206 (C.A.) ; *Syndicat des chauffeurs de la Société de transport de la Ville de Laval (C.S.N.)* c. *Ferland*, D.T.E. 2001T-235 (C.A.). Pour un cas de rejet de la justification de l'atteinte, voir : *Syndicat de l'enseignement des Deux Rives (SEDR-CSQ)* et *Commission scolaire des Navigateurs (grief syndical)*, précité, note 125. Diane VEILLEUX, « Le droit à la vie privée – sa portée face à la surveillance de l'employeur », (2000) 60 *R. du B.* 3.

de l'employeur doit s'appuyer sur des motifs rationnels et les moyens utilisés doivent être raisonnables, c'est-à-dire à la fois nécessaires et le moins attentatoires possible.

Dans un développement jurisprudentiel subséquent, l'arrêt *Ste-Marie* c. *Placements JPM Marquis inc.*[137], la Cour d'appel a pris soin de préciser la portée du droit au respect de la vie privée, ainsi que la notion d'attente légitime et raisonnable sur le lieu de travail. Se penchant sur un cas d'interception de conversation, la Cour d'appel a considéré que l'exécution du travail dans des lieux contrôlés par l'employeur avait un « effet réducteur » sur les expectatives légitimes auxquelles un individu est en droit de s'attendre en vertu de l'article 35 C.c.Q. ou de l'article 5 de la Charte, et ce, même lorsque ces expectatives sont importantes et réelles[138]. De façon générale, il faudra se poser les questions suivantes pour « mesurer » le degré de gravité de l'intrusion de l'employeur : est-ce que l'objectif poursuivi est légitime et important ? Est-ce que la mesure prise est rationnellement liée à l'objectif recherché ? Et finalement, y a-t-il d'autres moyens raisonnables d'atteindre l'objectif ?

Les balises édictées par la Cour d'appel en matière d'atteinte au droit à la vie privée devraient également trouver application dans le contexte de la surveillance électronique, notamment quant au caractère privé des courriels des employés[139].

---

137. *Ste-Marie* c. *Placements JPM Marquis inc.*, [2005] R.J.D.T. 1068.
138. *Ibid.*, par. 27. Dans un arrêt récent de la Cour suprême, *R.* c. *Cole*, 2012 CSC 53, la question du droit au respect de la vie privée des employés s'est posée en lien avec l'utilisation d'un ordinateur portable fourni par l'employeur. Selon l'opinion de la Cour, il faut examiner « l'ensemble des circonstances » afin de déterminer si le respect de la vie privée constitue une attente raisonnable dans un contexte particulier (par. 53). En l'espèce, « [l]'utilisation à des fins personnelles par M. Cole de l'ordinateur portatif fourni pour son travail engendrait des renseignements qui sont significatifs, intimes et reliés organiquement à l'ensemble de ses renseignements biographiques. Bien entendu, à l'opposé on trouve le droit de propriété sur l'ordinateur portatif détenu par le conseil scolaire, les politiques et les pratiques en vigueur dans le milieu de travail, ainsi que la technologie en place à l'école. Ces considérations réduisaient le droit de M. Cole au respect de sa vie privée à l'égard de son ordinateur portatif, [...] mais elles ne l'éliminaient pas complètement » (par. 58).
139. *Université Laval* c. *Association du personnel administratif professionnel de l'Université Laval*, 2011 CanLII 6949 (QC SAT) – exercice abusif des attributions de la direction. La protection due et attendue s'étendait non seulement au message mais aussi à son en-tête qui indiquait l'identité de l'expéditeur et du destinataire. Pour des informations supplémentaires sur les incidences des nouvelles technologies à l'égard du droit à la vie privée au travail, voir : L. LAPLANTE, « Les nouvelles frontières de l'accommodement raisonnable : un casse-tête insoluble ? », dans Service de la formation continue, Barreau du

E. Le droit à des conditions de travail justes et raisonnables

53 – *Étendue et contenu d'application* – Le potentiel de l'article 46 C.d.l.p., qui affirme notamment le droit à des conditions de travail justes et raisonnables, a été peu exploré jusqu'à maintenant, tant au niveau de l'étendue de son application qu'à celui de son contenu.

Relevons d'abord que l'applicabilité de cette disposition transcende la qualification juridique du rapport de travail. À la différence des articles 16 à 20 de la Charte où les termes « employeur », « emploi » et « salarié » indiquent qu'ils visent un contrat de travail, l'article 46 s'adresse, selon son libellé, à toute personne qui travaille[140]. Le facteur déterminant est donc strictement factuel.

Quant à l'effet pratique du droit reconnu à l'article 46 C.d.l.p., il faut écarter qu'il permette aux tribunaux compétents d'ignorer les effets du consensualisme pour y substituer purement et simplement leur propre vision d'une situation. Par contre, ces mêmes instances pourraient être justifiées d'intervenir en présence d'une condition de travail qualifiable d'injuste ou de déraisonnable[141]. Ainsi, toute volonté de bénévolat étant exclue, le défaut de rémunérer une personne pour son travail contreviendrait à l'article 46 C.d.l.p.[142]. Récemment, dans l'affaire *Srivastava*[143], la Cour d'appel s'est référée à l'article 46 de la Charte pour conclure que l'interception et l'enregistrement par l'employeur, sur les lieux de travail, de conversations téléphoniques de nature privée portaient non seulement atteinte au droit à la vie privée de l'employé et de ses interlocuteurs mais violaient aussi le droit de l'employé à des conditions de travail justes et raisonnables, étant donné qu'il était assigné à son travail pendant des journées entières et qu'il devait nécessairement utiliser le téléphone pour des fins personnelles.

Québec, *Développements récents en droit du travail 2008*, vol. 293, Cowansville, Éditions Yvon Blais, 2008 ; Le cahier de la Conférence des arbitres du Québec, *Mes amis Facebook, moi et mon emploi : L'arbitrage de grief à l'ère des réseaux sociaux*, vol. 1, Montréal, Wilson & Lafleur, 2012.

140. Voir : *Association des radiologistes du Québec c. Rochon*, J.E. 99-851, REJB 1999-11398 (C.A.).

141. Voir à ce sujet : *Tremblay c. Syndicat des employées et employés professionnels-les et de bureau, section locale 57*, précité, note 36, par. 17.

142. *Dejoie c. Apollon*, C.A.Q., n° 200-09-000067-873, 4 décembre 1990.

143. *Srivastava c. Hindu Mission of Canada (Quebec) Inc.*, précité, note 134.

F. La liberté d'association

54 – *Chartes* – Alors que la jurisprudence de la Cour suprême reconnaissait historiquement, dans la liberté d'association affirmée par les chartes, une valeur essentiellement individuelle[144], elle lui reconnaît désormais aussi une dimension collective. En effet, le processus de négociation collective des conditions de travail est désormais au cœur de la liberté d'association, nous dit le plus haut tribunal canadien[145].

Un consensus s'était rapidement formé au sein de la Cour suprême voulant que la liberté d'association protégeait d'une part la formation, l'existence et l'organisation du groupe associatif lui-même et, d'autre part, la faculté de tout individu de participer à la formation de l'association ou de s'y joindre pour poursuivre une fin licite[146]. Cette protection, affirmait la Cour, s'étendait à la participation à un exercice collectif d'une activité dont la Constitution garantit l'exercice individuel et à l'exercice collectif de tout acte qu'une personne peut poser légalement à titre individuel[147]. Depuis l'arrêt *Dunmore*[148], cette conception restreinte de la liberté d'association, qui n'inclut que les activités individuelles, est devenue désuète nous dit la Cour suprême dans l'arrêt *Health Services and Support*[149]. En effet, au paragraphe 28 du jugement, la Cour, sous la plume de la juge en chef McLachlin et du juge LeBel, précise que depuis *Dunmore*, la liberté d'association doit inclure certaines activités collectives :

---

144. Dans l'arrêt *R.* c. *Advance Cutting & Coring Ltd.*, 2001 CSC 70, [2001] 3 R.C.S. 209, le juge LeBel écrivait au par. 175 : « Notre Cour est d'avis que, même si le droit d'association représente un phénomène social qui crée un lien entre des personnes, il revient d'abord à l'individu. Ce droit favorise l'accomplissement de soi en permettant à la personne de développer ses qualités en tant qu'être sociable. Le fait de se livrer à des activités légales avec d'autres est protégé par la Constitution. L'analyse est axée sur l'individu, non sur le groupe ». Voir aussi *Delisle* c. *Canada (Sous-procureur général)*, [1999] 2 R.C.S. 989 ; *Lavigne* c. *Syndicat des employés de la fonction publique de l'Ontario*, précité, note 4 ; *Renvoi relatif à la Public Service Employee Relations Act (Alb.)*, précité, note 11.

145. *Health Services and Support – Facilities Subsector Bargaining Assn.* c. *Colombie-Britannique*, précité, note 8.

146. *Renvoi relatif à la Public Service Employee Relations Act (Alb.)*, *ibid.* (j. McIntyre), précité, note 11 ; *Institut professionnel de la Fonction publique du Canada* c. *Territoires du Nord-Ouest (Commissaire)*, [1990] 2 R.C.S. 367.

147. *Renvoi relatif à la Public Service Employee Relations Act (Alb.)*, précité, note 11, p. 408. Voir aussi : *Institut professionnel de la Fonction publique du Canada* c. *Territoires du Nord-Ouest (Commissaire)*, *ibid.* ; *R.* c. *Advance Cutting & Coring Ltd.*, précité, note 144, par. 176-179.

148. *Dunmore* c. *Ontario (Procureur général)*, précité, note 11.

149. *Health Services and Support – Facilities Subsector Bargaining Assn.* c. *Colombie-Britannique*, précité, note 8, par. 28.

Notre Cour a alors rejeté le principe que la liberté d'association ne s'applique qu'aux activités pouvant être accomplies individuellement. Le juge Bastarache a reconnu que « limiter l'application de l'al. 2*d*) aux activités qui peuvent être accomplies individuellement viderait de leur sens ces actes fondamentaux » (par. 16) puisque, comme le souligne en dissidence le juge en chef Dickson dans le *Renvoi relatif à l'Alberta*, certaines activités collectives ne pourraient, en raison de leur nature même, être accomplies individuellement [...].[150]

C'est le cas, nous dit maintenant la Cour, du droit au processus de négociation collective qui est protégé par la liberté d'association sous l'alinéa 2d) de la *Charte canadienne*[151]. Pour en arriver à ce constat, la Cour a écarté systématiquement les motifs antérieurs retenus pas les différents juges composant les formations majoritaires des arrêts de la « trilogie de 1987 »[152] et de l'*IPFPC*[153].

L'arrêt *Health Services and Support*[154], en consacrant la protection constitutionnelle de la négociation collective a créé une certaine

---

150. *Ibid.*
151. *Ibid.*, par. 19.
152. Groupe de trois pourvois rendus simultanément en droit du travail en 1987, appelé la « trilogie » : *Renvoi relatif à la Public Service Employee Relations Act (Alb.)*, précité, note 11 ; *AFPC* c. *Canada*, [1987] 1 R.C.S. 424 et *SDGMR* c. *Saskatchewan*, [1987] 1 R.C.S. 460.
153. *Institut professionnel de la Fonction publique du Canada* c. *Territoires du Nord-Ouest (Commissaire)*, précité, note 146 (« *IPFPC* ») ; en outre, la Cour leur reproche de ne pas avoir tenu compte de l'histoire des relations de travail au Canada (par. 25), d'avoir fait montre d'une trop grande déférence judiciaire (par. 26), d'avoir reconnu que la liberté d'association de la Charte protège uniquement les activités qui peuvent être accomplies individuellement (par. 27), de ne pas avoir reconnu que la poursuite concertée d'une activité constituait l'objectif de cette association (par. 29) et finalement, d'avoir défini l'étendue de la liberté d'association en adoptant une approche insensible à son contexte, contrairement à l'interprétation téléologique donnée à d'autres garanties reconnues par la Charte (par. 30).
154. *Health Services and Support – Facilities Subsector Bargaining Assn.* c. *Colombie-Britannique*, précité, note 8. Au Québec, cet arrêt a eu pour effet d'inciter les juridictions compétentes à concevoir de façon libérale le principe de liberté d'association enchâssé à l'al. 2d) de la *Charte canadienne*. En novembre 2007, la Cour supérieure dans sa décision *Confédération des syndicats nationaux* c. *Québec (Procureur général)*, 2007 QCCS 5513 conclut que la *Loi concernant les unités de négociation dans le secteur des affaires sociales et modifiant la Loi sur le régime de négociation des conventions collectives dans les secteurs public et parapublic*, RLRQ, c. U-0.1, est inconstitutionnelle. En octobre 2008, dans l'affaire *Confédération des syndicats nationaux c. Québec (Procureur général)*, 2008 QCCS 5076, la Cour supérieure a invalidé deux lois : la *Loi modifiant la Loi sur les services de santé et les services sociaux*, L.Q. 2003, c. 12 et la *Loi modifiant la Loi sur les centres de la petite enfance et autres services de garde à l'enfance*, L.Q. 2003, c. 13. Ces dernières ont été considérées comme contraires à la liberté d'association protégée par l'alinéa 2d) de la Charte canadienne et

effervescence dans le milieu des relations de travail[155]. La Cour suprême a jugé bon d'apporter quelques clarifications quant à sa portée dans un arrêt plus récent : *Ontario (Procureur général)* c. *Fraser*[156]. En se prononçant sur la constitutionnalité de la *Loi de 2002 sur la protection des employés agricoles*, la Cour invite à ne pas surestimer la portée du droit protégé à l'alinéa 2d) de la *Charte canadienne*, et rappelle que les juges majoritaires de l'arrêt *Health Services and Support* ont statué sans équivoque sur le fait que cette disposition ne garantissait ni l'application d'un modèle particulier de négociation collective, ni l'obtention d'un résultat donné[157].

En somme, la lecture conjuguée des arrêts *Health Services and Support* et *Fraser*, nous pousse à conclure qu'aucun « modèle particulier de négociation collective » ne sera privilégié par rapport à un autre, aux fins de la liberté d'association telle que prévue à l'alinéa 2d) de la *Charte canadienne*[158]. Dès lors, pour déterminer si une mesure gouvernementale porte atteinte au processus de négociation collective, il faudra prouver que celle-ci constitue une « entrave substantielle »[159]. L'analyse se déroule en deux étapes :

> D'abord, il faut déterminer l'importance que les aspects touchés revêtent pour le processus de négociation collective et, plus particulièrement, la mesure dans laquelle la capacité des syndiqués d'agir d'une seule voix en vue de réaliser des objectifs communs est compromise.

---

l'article 3 de la Charte québécoise, ainsi qu'au droit à l'égalité garanti par l'article 15(1) de la Charte canadienne.

155.   Voir notamment, M. COUTU et J. BOURGAULT, « Constitutional Freedom of Association in Quebec since *B.C. Health* : A new Quiet Revolution ? », (2011) 16(1) *C.L.E.L.J.* 135. Dans l'arrêt *Ontario (Procureur général)* c. *Fraser*, 2011 CSC 20, [2011] 2 R.C.S. 3, la juge Deschamps nous indique que l'arrêt *Health Services and Support* « a nourri des attentes, mais il a aussi causé un certain étonnement » (par. 297). La juge Abella nous indique, pour sa part, qu'il a créé « un univers jurisprudentiel entièrement différent » (par. 325).

156.   *Ontario (Procureur général)* c. *Fraser*, précité, note 155. Pour une analyse de l'arrêt et de ses possibles conséquences au Québec, voir J. BOURGAULT, « L'arrêt *Fraser* : un recul pour les droits des syndiqués ? », dans Service de la formation continue, Barreau du Québec, *Développements récents en droit du travail 2012*, vol. 348, Cowansville, Éditions Yvon Blais, 2012.

157.   *Ibid.*, par. 45.

158.   *Québec (Procureur général)* c. *Confédération des syndicats nationaux (CSN)*, 2011 QCCA 1247, par. 88.

159.   *Health Services and Support – Facilities Subsector Bargaining Assn.* c. *Colombie-Britannique*, précité, note 8, par. 90. Voir aussi, *Travailleurs et travailleuses unis de l'alimentation et du commerce, section locale 501* c. *Johanne L'Écuyer et Pierre Locas*, 2010 QCCRT 0191.

Puis, on doit étudier l'impact de la mesure sur le droit collectif à une consultation et à une négociation menée de bonne foi.[160]

Le droit à la négociation collective continue de bénéficier d'une protection constitutionnelle. Toutefois, cette protection n'est pas illimitée dans sa portée, pas plus qu'elle ne garantit un modèle de négociation unique. Elle semble désormais devoir s'interpréter comme un droit minimal strict à des échanges de bonne foi ayant pour but d'encourager la poursuite d'objectifs communs.

III- LA MISE EN ŒUVRE ET LES RECOURS

A. La Commission des droits de la personne et des droits de la jeunesse

55 – *Composition et fonctions* – L'article 57 C.d.l.p. constitue la Commission des droits de la personne et des droits de la jeunesse (« la Commission »). Elle est composée de 15 membres, dont un président et deux vice-présidents ; ces membres sont nommés par l'Assemblée nationale sur proposition du premier ministre, approuvée par les deux tiers des membres de l'Assemblée (art. 58 C.d.l.p.)[161].

Relativement à la Charte, la Commission est investie de la mission générale de veiller au respect des principes qui y sont énoncés (art. 57, al. 2 C.d.l.p.). L'article 71 C.d.l.p. la charge de différentes responsabilités et la dote de divers pouvoirs. Il y a lieu d'y relever en particulier les obligations d'élaborer et d'appliquer un programme d'information et d'éducation destiné à faire comprendre et accepter l'objet et les dispositions de la Charte et celles de relever les dispositions des lois du Québec qui seraient contraires à la Charte et d'en faire rapport au gouvernement avec les recommandations appro-

---

160. *Health Services and Support – Facilities Subsector Bargaining Assn.* c. *Colombie-Britannique*, précité, note 8, par. 90 et 93.

161. Sept membres, dont un vice-président, sont choisis parmi des personnes susceptibles de contribuer d'une façon particulière à l'étude et à la solution des problèmes relatifs aux droits et libertés de la personne (art. 58.1, al. 1 C.d.l.p.). Sept autres membres, dont un vice-président, doivent être choisis parmi des personnes susceptibles d'apporter la même contribution à l'étude et à la solution des problèmes relatifs à la protection des droits de la jeunesse (art. 58.1, al. 2 C.d.l.p.). Selon l'article 58.2 C.d.l.p., les décisions prises par la Commission en vertu de la Charte doivent l'être également à la majorité de ses membres nommés en application du premier alinéa de l'article 58.1 et celles prises en vertu de la *Loi sur la protection de la jeunesse*, RLRQ, c. P-34.1, doivent l'être également à la majorité des membres nommés en application du deuxième alinéa de l'article 58.1.

priées. Elle peut aussi faire enquête, selon un mode non contradictoire, de sa propre initiative ou lorsqu'une plainte lui est adressée, sur toute situation d'apparence de discrimination au sens des articles 10 à 19 de la Charte, y compris un cas susceptible de justifier l'implantation d'un programme d'accès à l'égalité en vertu de l'article 86, ainsi que sur toute situation d'apparence de violation du droit à la protection contre l'exploitation des personnes âgées ou handicapées protégées par le premier alinéa de l'article 48 (art. 71, al. 2, 1º C.d.l.p.). L'application de la *Loi sur l'équité salariale* échappe toutefois à cette possibilité[162]. S'il y a lieu, la Commission favorise un règlement entre la personne dont les droits auraient été violés et celle à qui cette violation est imputée (art. 71, al. 2, 2º C.d.l.p.). Ultimement, en cas d'échec, elle peut porter l'affaire devant un tribunal (art. 80-82, 100 et 111 C.d.l.p.).

La Commission dispose essentiellement des mêmes pouvoirs et responsabilités aux fins de l'application de la *Loi sur l'accès à l'égalité en emploi dans des organismes publics et modifiant la Charte des droits et libertés de la personne* (art. 57, al. 3 et 111.1 C.d.l.p.)[163].

B. Le régime de responsabilité et de redressement

56 – *Généralités* – Le premier alinéa de l'article 49 C.d.l.p. reconnaît à la victime d'une atteinte illicite à un droit ou à une liberté reconnu par la Charte le droit d'en obtenir la cessation ainsi que la réparation du préjudice, moral ou matériel, qui en résulte. Il faut remarquer que des chevauchements peuvent survenir entre les objectifs d'un recours basé sur l'article 49 de la Charte avec ceux poursuivis par le régime général de la responsabilité civile. À ce sujet, la Cour suprême a récemment insisté sur le fait que même si le concept d'« acte illicite » de l'article 49 de la Charte pouvait se confondre avec celui de la « faute civile », les indemnités possibles en vertu de ces deux régimes « ne pourraient être accordées distinctement », faute d'entraîner une double indemnisation pour les mêmes actes[164]. Toutefois, cela n'empêche pas que le recours à l'article 49 de la Charte puisse se faire de manière autonome[165].

---

162. *Ibid. Loi sur l'équité salariale*, précitée, note 104.
163. Précitée, note 104.
164. *De Montigny* c. *Brossard (Succession)*, [2010] 3 R.C.S. 64, par. 44. Voir également, *Béliveau St-Jacques* c. *Fédération des employées et employés de services publics inc.*, précité, note 70 ; *Augustus* c. *Gosset*, [1996] 3 R.C.S. 268.
165. *De Montigny* c. *Brossard (Succession)*, précité, note 164 – en l'espèce, l'absence de dommages-intérêts compensatoires ne rend pas par elle-même irrecevable la demande de dommages exemplaires pour une atteinte illicite et intentionnelle au droit à la vie.

L'article 52 C.d.l.p. permet par ailleurs de fonder le recours de la victime d'une atteinte qui origine d'une source législative ou que le troisième alinéa de l'article 56 y assimile.

1. La responsabilité

57 – *Éléments constitutifs* – Les éléments classiques d'engagement de la responsabilité civile, à savoir la commission d'une faute, la survenance d'un préjudice et l'existence d'un lien de causalité entre la faute et le dommage doivent être démontrés[166].

Un comportement fautif à l'origine d'une atteinte à un droit protégé par la Charte réside dans la transgression de son auteur soit à une norme de conduite raisonnable imposée par le droit commun, soit à une norme établie par la Charte[167]. La victime n'a cependant pas à établir l'intention répréhensible de l'auteur de la faute[168]. Une telle preuve peut néanmoins devenir nécessaire en présence d'une action isolée et apparemment dépourvue de caractère illicite[169].

Une fois l'existence de l'atteinte illicite établie, la victime pourra obtenir « la réparation du préjudice moral ou matériel qui en résulte » (art. 49, al.1 de la Charte). Le préjudice et le lien de causalité concernent les conséquences réelles du comportement fautif[170]. La victime devra donc démontrer qu'elle a subi un véritable préjudice personnel provenant de l'atteinte illicite d'un droit protégé par la Charte.

---

166. *Aubry* c. *Éditions Vice-Versa inc.*, précité, note 126 ; *Sarrazin* c. *Procureur général du Québec*, 2010 QCCA 996, par. 33.
167. *Québec (Curateur public)* c. *Syndicat national des employés de l'hôpital St-Ferdinand*, précité, note 118, par. 116 : « Pour conclure à l'existence d'une atteinte illicite, il doit être démontré qu'un droit protégé par la *Charte* a été violé et que cette violation résulte d'un comportement fautif. Un comportement sera qualifié de fautif si, ce faisant, son auteur transgresse une norme de conduite jugée raisonnable dans les circonstances selon le droit commun ou, comme c'est le cas pour certains droits protégés, une norme dictée par la *Charte* elle-même [...] ».
168. Voir : *Action travail des femmes* c. *Compagnie des chemins de fer nationaux du Canada*, précité, note 28 ; *Commission ontarienne des droits de la personne* c. *Simpsons-Sears Ltd.*, précité, note 28.
169. Voir : *Commission des droits de la personne du Québec* c. *Communauté urbaine de Montréal*, [1987] R.J.Q. 2024 (C.A.).
170. *Québec (Curateur public)* c. *Syndicat national des employés de l'hôpital St-Ferdinand*, précité, note 118, par. 116.

Malgré les similitudes qui existent entre le droit de la responsabilité civile et le régime instauré par la Charte, il est bon de préciser qu'un comportement attentatoire à un droit garanti par la Charte n'implique pas toujours l'existence d'une faute au sens de la responsabilité civile selon la Cour suprême[171] :

> [...] Il ne faut pas non plus oublier que des régimes législatifs comme la Charte québécoise exigent à l'occasion des interventions qui ne relèvent nullement du droit de la responsabilité civile. Il faut parfois mettre fin à des comportements ou modifier des usages ou des méthodes incompatibles avec la Charte québécoise, même en l'absence de faute au sens du droit de la responsabilité civile. Le droit des libertés civiles peut recourir au droit de la responsabilité civile, dans les conditions qui s'y prêtent. Le droit de la responsabilité délictuelle ne fixe pas pour autant les limites des applications du droit des libertés civiles. Ainsi, dans le cadre de l'exercice des recours appropriés devant les organismes ou les tribunaux compétents, la mise en œuvre de ce droit peut conduire à l'imposition d'obligations de faire ou de ne pas faire, destinées à corriger ou à empêcher la perpétuation de situations incompatibles avec la Charte québécoise.[172]

58 – *Faute et responsabilité partagées* – Il survient des situations qui impliquent plus d'un intervenant à la relation de travail dans la commission d'une atteinte à un droit ou à une liberté protégé par la Charte. Il faut penser ici, dans le contexte des rapports collectifs du travail, à l'employeur et au syndicat qui peuvent contribuer, si on peut dire, à la création d'un problème de discrimination illicite, avec la perspective d'en partager les conséquences.

L'arrêt de la Cour suprême dans l'affaire *Renaud* pose clairement les règles d'analyse de la responsabilité du syndicat et de l'employeur dans un contexte de discrimination[173]. La responsabilité

---

171. *Québec (Commission des droits de la personne et des droits de la jeunesse)* c. *Communauté urbaine de Montréal*, [2004] 1 R.C.S. 789.

172. *Ibid.*, par. 26. Voir également : *Bou Malhab* c. *Diffusion Métromédia CMR Inc.*, 2011 CSC 9, par. 24. Selon la Cour suprême, « [...] encore faut-il que l'atteinte constitue une violation de la norme objective prévue par l'art. 1457 *C.c.Q.* qui est celle du comportement de la personne raisonnable et qu'aucun autre motif ne limite la conclusion concernant la faute, par exemple, l'existence d'une immunité [...] ou la prise en considération de droits concurrents, comme celui de la liberté d'expression » ; *Aubry* c. *Éditions Vice-Versa inc.*, précité, note 126, par. 68 – la Cour suprême indique qu'il ne peut y avoir attribution de dommages moraux pour le seul motif qu'il y a atteinte à un droit garanti par la Charte. Voir également, *Hôpital général juif Sir Mortimer B. Davis* c. *Commission des droits de la personne et des droits de la jeunesse*, précité, note 80, par. 47.

173. *Central Okanagan School Board District No. 23* c. *Renaud*, précité, note 41.

civile du syndicat peut être engagée du fait de sa participation à la formulation d'une règle discriminatoire ou s'il fait obstacle à des tentatives raisonnables d'accommodement de l'employeur[174]. Quant à l'employeur, il n'est autorisé ni à se retrancher derrière une disposition discriminatoire de la convention collective, ni même à invoquer le refus syndical de consentir à une mesure d'accommodement. À défaut d'offrir cet accommodement raisonnable, quitte à outrepasser les dispositions de la convention collective, l'employeur demeurera responsable, avec le syndicat qui lui fait obstacle, des dommages causés[175]. L'analyse de ces situations susceptibles de conduire à un partage de responsabilité entre l'employeur et un syndicat exigera souvent un examen minutieux tant des faits que du droit applicable, comme en témoigne l'affaire *Spreitzer*[176].

59 – *Faute d'un employé* – L'article 1463 C.c.Q. tient l'employeur responsable du préjudice causé par la faute de ses employés dans l'exécution de leurs fonctions.

L'arrêt *Robichaud* de la Cour suprême énonce les conditions auxquelles l'employeur peut ainsi être tenu responsable du harcèlement illicite auquel se livre un de ses employés à l'endroit d'un autre[177].

Le cas échéant, cette responsabilité de l'employeur ne se substitue pas à celle de l'employé fautif. Elle vient plutôt s'y juxtaposer pour la garantir économiquement en offrant à la victime un débiteur supplémentaire[178]. L'article 1463 C.c.Q. ajoute d'ailleurs que l'employeur conserve ses recours contre l'employé fautif, s'il y a lieu.

60 – *Immunités* – Rappelons d'abord que la *Loi sur les accidents du travail et les maladies professionnelles*[179] par ses articles 438 et 442, confère une immunité absolue à l'employeur et aux coemployés de la

---

174. *Ibid.* Voir aussi : *Syndicat canadien des communications, de l'énergie et du papier, section locale 2995* c. *Spreitzer*, [2002] R.J.Q. 111 (C.A.) ; *Commission scolaire régionale de Chambly* c. *Bergevin*, précité, note 22.
175. *Ibid.*
176. *Syndicat canadien des communications, de l'énergie et du papier, section locale 2995* c. *Spreitzer*, précité, note 174.
177. *Robichaud* c. *Canada (Conseil du trésor)*, précité, note 70, p. 94-95. Quoique cet arrêt ait été rendu à partir d'un autre contexte législatif, ses principes demeurent applicables selon le droit du Québec ; C. BRUNELLE, *loc. cit.*, note 65, p. 204-208. Voir aussi : *Gauthier* c. *Beaumont*, [1998] 2 R.C.S. 3, par. 108 ; *Québec (Procureur général)* c. *Allard*, [1999] R.J.Q. 2245 (C.A.), p. 2258.
178. Voir, *infra*, Titre I, chapitre 1, nos 113, 144-145.
179. RLRQ, c. A-3.001.

victime d'une atteinte à un droit garanti par la Charte lorsque cette atteinte provoque une lésion professionnelle au sens de la loi en question. La Cour suprême avait déjà décidé, dans l'arrêt *Béliveau St-Jacques* que la Charte ne permettait pas une double indemnisation, pour les mêmes faits, lorsque la personne avait déjà été indemnisée pour sa lésion professionnelle[180]. La Cour d'appel a par la suite décidé que cette immunité ne pouvait dépendre du choix de la victime et donc qu'elle tenait même en l'absence de demande d'indemnisation selon le régime d'indemnisation des lésions professionnelles[181].

Dans un ordre plus général, l'adoption et l'application de bonne foi par l'État, ou par une autorité exerçant une discrétion qui lui est conférée par la Loi, d'une règle ultérieurement jugée contraire à la Charte bénéficient également d'une immunité. Cette immunité empêche normalement l'octroi de dommages-intérêts à la personne qui a pu souffrir de l'application de la règle jugée contraire à la Charte[182].

2. Les redressements

61 – *Cessation de l'atteinte* – La victime peut d'abord obtenir la cessation de l'atteinte à son droit protégé par la Charte, selon le premier alinéa de l'article 49 C.d.l.p. Cette forme de redressement autorise le tribunal compétent saisi de l'affaire à émettre, dans les limites de ses propres pouvoirs, toute ordonnance ou injonction nécessaire à cette fin, notamment pour contraindre l'auteur de l'atteinte à exécuter une obligation à laquelle il s'est illégalement soustrait. En cas de privation d'emploi, par exemple, il pourrait s'agir d'une ordonnance ou d'une injonction enjoignant l'employeur de réintégrer la victime, voire de l'embaucher[183]. Quelle qu'elle soit, une telle ordonnance doit être suffisamment précise pour que son exécution puisse être contrôlée avec certitude et son inexécution sanctionnée par l'outrage au tribunal, s'il y a lieu[184].

---

180. *Béliveau St-Jacques* c. *Fédération des employées et employés de services publics inc.*, précité, note 70.
181. *Genest* c. *Commission des droits de la personne et des droits de la jeunesse*, précité, note 70.
182. *Montréal (Communauté urbaine de)* c. *Cadieux*, [2002] R.J.D.T. 80 (C.A.), par. 36-41, 55-59, p. 82 ; *Guimond* c. *Québec (Procureur général)*, [1996] 3 R.C.S. 347, par. 13 ; *Schacter* c. *Canada*, [1992] 2 R.C.S. 679 ; *Montambault* c. *Hôpital Maisonneuve Rosemont*, [2001] R.J.Q. 893 (C.A.).
183. *Commission des droits de la personne du Québec* c. *Société d'électrolyse et de chimie Alcan Ltée*, [1987] D.L.Q. 340 (C.A.).
184. *Montréal (Communauté urbaine de)* c. *Cadieux*, précité, note 182, par. 83.

L'instance compétente à l'endroit du litige peut aussi faire cesser l'atteinte en prononçant elle-même la nullité de la règle ou de la mesure à son origine, ou en la déclarant simplement inopposable à la victime, selon la nature de ses propres pouvoirs[185]. Le cas échéant, l'annulation d'une règle de nature législative emporte des conséquences purement prospectives[186].

62 – *Dommages compensatoires* – Les dommages compensatoires, qu'ils soient matériels ou moraux, doivent être prouvés[187]. Ils doivent résulter directement de l'atteinte illicite. L'État en est normalement tenu indemne[188]. Le cas échéant, le tribunal compétent doit les liquider[189].

63 – *Dommages exemplaires ou punitifs* – Le deuxième alinéa de l'article 49 C.d.l.p. permet de condamner à des dommages punitifs l'auteur d'une atteinte illicite et intentionnelle à un droit protégé par la Charte. Ce droit additionnel de la victime a été considéré comme complémentaire à son droit à des dommages compensatoires, demeurant ainsi lié aux principes de la responsabilité civile[190]. Toutefois, le caractère accessoire des dommages-intérêts punitifs semble plus nuancé à la lumière des propos de la Cour suprême dans l'affaire *De Montigny* c. *Brossard (Succession)*[191]. Le juge LeBel exprimant l'opinion majoritaire de la Cour, précise qu'en dehors des cas visés par des régimes publics d'indemnisation :

> [...] rien n'empêche de reconnaître le caractère autonome des dommages exemplaires et, partant, de donner à cette mesure de redressement toute l'ampleur et la flexibilité que son incorporation à la *Charte* com-

---

185. *Québec (Commission des droits de la personne et des droits de la jeunesse)* c. *Communauté urbaine de Montréal*, [2004] 1 R.C.S. 789, par. 25-28 ; *Québec (Procureure générale)* c. *Tribunal des droits de la personne*, [2002] R.J.Q. 583 (C.A.) ; *Québec (Procureure générale)* c. *Tribunal des droits de la personne*, précité, note 38 ; *Montréal (Communauté urbaine de)* c. *Cadieux*, précité, note 182, par. 10 et 19.
186. Voir, *supra*, note 182.
187. *Aubry* c. *Éditions Vice-Versa inc.*, précité, note 126.
188. Voir, *supra*, n° 60.
189. *Montréal (Communauté urbaine de)* c. *Cadieux*, précité, note 182, par. 83.
190. *Béliveau St-Jacques* c. *Fédération des employées et employés de services publics inc.*, précité, note 70 ; *Gordon* c. *Mailloux*, 2011 QCCA 992, par.11 – la Cour d'appel conclut qu'il n'est pas possible d'intenter un recours collectif pour réclamer uniquement les dommages punitifs prévus par la Chartre. Selon la Cour, la diffamation est sanctionnée sur le plan civil par le recours en diffamation, qui s'inscrit dans le régime général de la responsabilité civile (art. 1457 C.c.Q.), et ce n'est pas parce qu'un tel recours se trouve au confluent du C.c.Q. et de la Charte qu'un autre régime de responsabilité devrait s'appliquer.
191. *De Montigny* c. *Brossard (Succession)*, précité, note 164.

mande. En raison de son statut quasi constitutionnel, ce document, je le rappelle, a préséance, dans l'ordre normatif québécois, sur les règles de droit commun. Nier l'autonomie du droit à des dommages exemplaires conféré par la *Charte* en imposant à ceux qui l'invoquent le fardeau supplémentaire de démontrer d'abord qu'ils ont le droit d'exercer un recours dont ils ne veulent, ou ne peuvent pas, nécessairement se prévaloir revient à assujettir la mise en œuvre des droits et libertés que protège la *Charte* aux règles des recours de droit civil. Rien ne justifie que soit maintenu cet obstacle.[192]

La vision que la Cour suprême se fait du concept même des dommages-intérêts punitifs découlant de l'application de la Charte ne s'arrête pas là. Après avoir consacré le caractère autonome de ces dommages, la Cour souligne leur utilité sociale[193]. Désormais, il faut se détacher du carcan dans lequel les tribunaux ont enfermé le concept de dommages exemplaires[194]. En raison de sa fonction sociale et préventive, l'octroi de ces dommages dépasse les seuls objectifs punitifs et dissuasifs évoqués dans la jurisprudence antérieure. Aux fonctions préventive et dissuasive des dommages exemplaires s'ajoute celle de la dénonciation nous dit la Cour suprême :

> [...] la dénonciation constitue un objectif servant à la fois les fonctions rétributive et utilitariste du régime des dommages exemplaires. La fonction rétributive, d'abord, est servie par l'opprobre qui s'attache à la personne du fautif et qui constitue en soi une forme de punition pour sa conduite. La fonction utilitariste, quant à elle, est remplie par l'effet préventif que cette mesure peut avoir sur le type de conduite en question, au bénéfice de la société toute entière. La dénonciation remplit également une fonction déclaratoire, qu'elle partage, dans une moindre mesure, avec l'objectif dissuasif général des dommages exemplaires. Même si, à l'égard de ces fonctions, les objectifs punitif, dissuasif et dénonciateur se recoupent dans une certaine mesure, chacun d'entre eux vise une facette différente du rôle que jouent les dommages exemplaires et peut donc en justifier, à lui seul, l'imposition.[195]

---

192. *Ibid*, par. 45.
193. *Ibid.*, par. 50.
194. *Ibid.*, par. 49. La Cour fait allusion à la conception trop étroite donnée aux dommages exemplaires par les tribunaux québécois : « En raison du caractère exceptionnel de ce droit, les tribunaux québécois ont, jusqu'à maintenant, mis en œuvre de façon assez stricte la fonction préventive que donne aux dommages exemplaires l'art. 1621 *C.c.Q.* en limitant leur emploi à la punition et à la dissuasion (particulière et générale) de comportements jugés socialement inacceptables [...] ».
195. *Ibid.*, par. 52.

Quoi qu'il en soit, l'intention fautive de l'auteur, qui le rend passible de tels dommages, doit se rapporter spécifiquement au résultat de sa conduite ou aux conséquences qu'il était en mesure d'envisager[196].

Dans un autre cadre, il est intéressant de noter qu'une personne morale de droit public ou privé dont les droits et libertés fondamentaux ont été violés peut avoir droit à une indemnité en vertu du deuxième alinéa de l'article 49 de la Charte, et ce, dans la même mesure qu'une personne physique. Au même titre, une personne morale peut se voir contrainte de payer des dommages exemplaires ou punitifs pour une atteinte illicite et intentionnelle commise par l'un de ses employés. Dans l'arrêt *Béliveau St-Jacques*[197], en analysant la responsabilité d'un employeur en matière de dommages punitifs, la Cour suprême accorde une attention particulière au fait que :

> [...] l'employeur ne pourra être tenu solidairement des dommages exemplaires consécutifs à la faute intentionnelle de son employé, que dans la mesure où il y aura eu entre eux une certaine complicité [...] ou encore lorsque l'employé dont il s'agit est en fait un des dirigeants de la compagnie.[198]

Dans certains cas, les liens qui existent entre la personne morale et le dirigeant sont si étroits que la volonté requise pour que la personne morale soit tenue responsable sera présumée[199].

C. Les voies de recours

64 – *Choix* – La victime d'une atteinte à un droit ou une liberté que lui garantit la Charte doit souvent évaluer diverses possibilités de recours. L'exercice est d'autant plus important que les recours ne sont en général pas alternatifs, pour une raison ou pour une autre. Le

---

196. *Québec (Curateur public)* c. *Syndicat national des employés de l'hôpital St-Ferdinand*, précité, note 118. Il en est de même quant à l'employeur d'un employé fautif, le cas échéant : *Gauthier* c. *Beaumont*, précité, note 177 ; *Québec (Procureur général)* c. *Allard*, précité, note 177.
197. *Béliveau St-Jacques* c. *Fédération des employées et employés de services publics inc.*, précité, note 70.
198. *Ibid.*, par. 65 ; *Québec (Commission des droits de la personne et des droits de la jeunesse) c. 9113-0831 Québec Inc.*, EYB 2007-120978 (T.D.P.Q.), par. 100. Voir aussi, *Gauthier* c. *Beaumont*, précité, note 177, par. 105.
199. *Commission des droits de la personne et des droits de la jeunesse* c. *Pigeon*, D.T.E. 2002T-1156 (T.D.P.Q.), par. 88 ; *Commission des droits de la personne et des droits de la jeunesse* c. *Bombardier Inc. (Bombardier Aerospace Training Center)*, précité, note 33, par. 439 ; *Simoneau* c. *Tremblay*, 2011 QCTDP 1, par. 349.

choix du recours approprié à la situation dépend des réponses à quelques questions déterminantes. Le recours envisagé trouve-t-il sa raison d'être exclusivement dans la Charte où celle-ci n'y intervient-elle que pour le soutenir d'une manière peut-être déterminante mais néanmoins accessoire ? De quel droit ou liberté s'agit-il ? Quel est le redressement requis et où peut-il être obtenu ?

65 – *Prescription* – Il est particulièrement important d'avoir à l'esprit dès le départ les règles qui gouvernent la prescription des recours destinés à obtenir la sanction des droits garantis par la Charte. Le recours civil directement fondé sur la Charte se prescrit en général par trois ans, en application des articles 76 C.d.l.p. et 2925 C.c.Q.[200]. Par exception, une poursuite pour atteinte à la réputation se prescrit par un an en vertu de l'article 2929 C.c.Q. Les recours qui naissent d'instruments juridiques autres que le *Code civil du Québec* et la Charte, et que cette dernière peut contribuer à soutenir, se prescrivent par les délais qui leur sont propres. C'est le cas notamment des griefs qui proviennent d'une convention collective.

1. Le recours spécialisé de la Charte

a) L'enquête

66 – *Objet* – L'article 71 C.d.l.p. autorise la Commission des droits de la personne et des droits de la jeunesse à faire enquête, de sa propre initiative ou lorsqu'une plainte lui est adressée, sur toute situation qui lui paraît constituer un cas de discrimination au sens des articles 10 à 19 de la Charte. La même disposition étend ce pouvoir d'enquête de la Commission aux situations susceptibles de justifier un programme d'accès à l'égalité visé à l'article 86 ainsi qu'aux cas de violation du droit des personnes âgées ou handicapées d'être protégées contre l'exploitation, droit énoncé au premier alinéa de l'article 48 de la Charte. Sont par ailleurs exclues les situations couvertes par la *Loi sur l'équité salariale*[201].

67 – *Plainte* – Toute personne qui se croit victime d'une violation d'un droit relevant de la compétence d'enquête de la Commission, donc de discrimination, peut lui adresser une demande écrite d'enquête ; plusieurs personnes peuvent se regrouper à cette fin (art. 74, al. 1 et 2

---

200. Voir et transposer : *Dejoie* c. *Apollon*, précité, note 142 ; *Coutu* c. *Tribunal des droits de la personne*, [1993] R.J.Q. 2793 (C.A.) ; *Gauthier* c. *Beaumont*, précité, note 177.
201. Précitée, note 104.

C.d.l.p.). Avec le consentement écrit de la personne intéressée, tout organisme de défense des droits et libertés de la personne ou voué au bien-être d'un groupement de personnes, comme une association syndicale ou professionnelle, peut adresser la même demande à la Commission (art. 74, al. 3 C.d.l.p.)[202].

68 – *Interruption de la prescription* – L'article 76 C.d.l.p. interrompt la prescription de tout recours civil à compter du dépôt d'une plainte ou du début d'une enquête de la Commission jusqu'à l'une ou l'autre de quatre éventualités : règlement négocié entre les parties ; avis de la saisine d'un tribunal par la Commission ; exercice d'un recours prévu aux articles 49 et 80 par la victime ou le plaignant ; avis de la Commission de son refus d'agir ou de continuer à agir.

69 – *Refus d'agir* – L'article 77 C.d.l.p. enjoint la Commission de refuser ou de cesser d'agir en faveur de la victime lorsque cette dernière ou le plaignant lui en fait la demande ou lorsque l'un d'entre eux a exercé, pour les mêmes fins, un recours prévu aux articles 49 et 80 de la Charte[203]. Le deuxième alinéa de l'article 77 autorise la Commission à refuser ou à cesser d'agir notamment lorsqu'elle juge que la victime ou le plaignant n'a pas un intérêt suffisant ou que la plainte est frivole, vexatoire ou faite de mauvaise foi. Dans tous les cas où elle refuse ou cesse d'agir, la Commission doit en informer par écrit la victime et le plaignant en indiquant les motifs de cette décision et, s'il y a lieu, tout recours qu'elle estime opportun (art. 77, al. 3 C.d.l.p.)[204]. Lorsqu'une plainte est ainsi écartée sans avoir été jugée fondée, le processus de traitement spécialisé élaboré par la Charte prend fin. La victime et le plaignant conservent alors la faculté de s'adresser au tribunal de droit commun[205].

70 – *Phases d'intervention* – Le cas échéant, l'intervention de la Commission se développe en trois phases : l'enquête proprement dite ; la

---

202. Le consentement écrit de la victime ou des victimes n'est pas nécessaire s'il s'agit d'un cas d'exploitation de personnes âgées ou handicapées prévu au premier alinéa de l'article 48.
203. *Centre d'hébergement et de soins de longue durée Champlain – Manoir de Verdun* c. *Commission des droits de la personne et des droits de la jeunesse*, D.T.E. 99T-53 (C.S.) – congédiement contesté par grief.
204. Cette décision est de nature administrative et ne peut conséquemment faire l'objet d'une révision judiciaire : *Trinh* c. *Commission des droits de la personne et des droits de la jeunesse*, D.T.E. 2000T-984 (C.S.).
205. *Ménard* c. *Rivet*, [1997] R.J.Q. 2108 (C.A.) ; *Centre hospitalier St-Joseph-de-la-Malbaie* c. *Dufour*, D.T.E. 98T-1136 (C.A.).

tentative d'un règlement entre les parties ; ultimement, la saisine d'un tribunal[206].

71 – *Enquête* – L'enquête de la Commission est conduite selon un mode non contradictoire (art. 71, al. 2, 1o C.d.l.p.). La Cour d'appel a qualifié de restreinte l'obligation de la Commission d'agir équitablement, qui se limite à fournir aux parties les faits révélés et l'occasion de les commenter[207]. Elle devrait néanmoins faire preuve de minutie et de neutralité[208].

La compétence d'enquête de la Commission est indépendante de toute possibilité de recours pour les mêmes faits, du moins tant que tel recours n'a pas été exercé[209]. La Commission peut par ailleurs enquêter sur toute cause de discrimination, y compris celle qui se trouverait dans une loi[210].

Même si la Commission ne dispose pas de délai de rigueur pour mener à bien son enquête, le Tribunal pourra toutefois soulever d'office le caractère déraisonnable du délai écoulé[211]. La saisine du Tribunal pourrait de par ce fait être assimilée à un abus de procédure et la demande jugée irrecevable, à moins que la Commission ne parvienne à démontrer que des motifs raisonnables justifient la longueur de l'enquête. Quoi qu'il en soit, le Tribunal pourra exercer son pouvoir discrétionnaire dans la mesure où il estime qu'une saine administration de la justice requiert la tenue d'une audience. En pareil cas, la partie défenderesse pourra obtenir, *a minima,* « la tenue d'une audience accélérée au fond ainsi que l'octroi des dépens »[212].

---

206. *Coutu* c. *Tribunal des droits de la personne*, précité, note 200, p. 2798 ; *Québec (Procureure générale)* c. *Commission des droits de la personne et des droits de la jeunesse*, [2002] R.J.D.T. 55 (C.A.), par. 119-121.

207. *Commission des droits de la personne* c. *Québec (Procureure générale)*, J.E. 2000-294 (C.A.).

208. Voir et transposer : *Sosnowski* c. *Canada (Minister of Public Works and Government Services Canada)*, D.T.E. 2002T-125 (C.F. – 1re instance).

209. *Montréal (Communauté urbaine de)* c. *Commission des droits de la personne et des droits de la jeunesse*, D.T.E. 2000T-1108 (C.S.) ; *Centre hospitalier de l'Université de Montréal* c. *Commission des droits de la personne et des droits de la jeunesse*, D.T.E. 2000T-377 (C.S.).

210. *Québec (Procureure générale)* c. *Tribunal des droits de la personne*, précité, note 38 ; *Québec (Procureure générale)* c. *Commission des droits de la personne et des droits de la jeunesse*, précité, note 38 ; *Québec (Procureur général)* c. *Lambert*, précité, note 44 ; voir aussi et transposer : *R.* c. *974649 Ontario inc.*, [2001] 3 R.C.S. 575, 2001 CSC 81.

211. *Commission des droits de la personne et des droits de la jeunesse* c. *Centre de la petite enfance « Le Château des adorables »*, 2009 QCTDP 22.

212. *Commission des droits de la personne et des droits de la jeunesse* c. *Manoir Archer Inc.*, 2009 QCTDP 14, par. 98.

72 – *Règlement ou arbitrage* – Le premier alinéa de l'article 78 C.d.l.p. permet à la Commission, s'il y a lieu, de favoriser la négociation d'un règlement entre les parties, ou de leur proposer d'arbitrer leur différend. Si un règlement intervient, il doit être constaté par écrit (art. 79, al. 1 C.d.l.p.). S'il se révèle impossible, la Commission propose de nouveau l'arbitrage et peut aussi proposer aux parties toute mesure de redressement qui lui paraît appropriée (art. 79, al. 2 C.d.l.p.).

73 – *Conclusions* – Au terme de son enquête et en l'absence de règlement, la Commission peut décider que la plainte est insuffisamment fondée en faits ou en droit et conséquemment qu'il n'y a pas lieu pour elle de poursuivre l'affaire. Une telle décision doit alors être motivée par écrit et notifiée à la victime et au plaignant. Avis de cette décision doit aussi être donné à toute personne à qui une violation de droits était imputée dans la plainte (art. 78, al. 2 C.d.l.p.). La victime conserve alors le droit de s'adresser elle-même à un tribunal compétent[213].

Si elle juge la plainte fondée et lorsque les parties refusent la négociation d'un règlement ou l'arbitrage du différend, ou encore lorsque la proposition de la Commission n'a pas été, à sa satisfaction, mise en œuvre dans le délai imparti, la Commission peut s'adresser à un tribunal, en vertu de l'article 80 C.d.l.p., pour obtenir toute mesure de redressement qu'elle juge appropriée. L'article 81 lui permet en outre, en tout état de cause, de s'adresser à un tribunal pour obtenir d'urgence une mesure de nature à faire cesser une menace à la vie, à la santé ou à la sécurité d'une personne ou destinée à écarter un risque de perte d'un élément de preuve. De même, l'article 82 C.d.l.p. l'autorise à s'adresser à un tribunal pour faire cesser des représailles contre quiconque est impliqué dans le traitement d'un cas de discrimination ou d'exploitation, si nécessaire par une ordonnance de réintégration.

Pour exercer un des recours prévus par les articles 80 à 82 de la Charte au bénéfice d'une personne, la Commission doit avoir obtenu son consentement écrit, à moins qu'il s'agisse d'un cas d'exploitation d'une personne âgée ou handicapée (art. 83 C.d.l.p.).

La Commission peut néanmoins, à l'égard d'une plainte qu'elle juge par ailleurs fondée, exercer la discrétion que lui reconnaît le pre-

---

213. *Ménard* c. *Rivet*, précité, note 205 ; *Centre hospitalier St-Joseph-de-la-Malbaie* c. *Dufour*, précité, note 205.

mier alinéa de l'article 84 C.d.l.p. pour décider de ne pas saisir d'un tribunal de l'un ou l'autre des recours prévus aux articles 80 à 82. Elle doit alors en notifier le plaignant en lui donnant les motifs de cette décision. Ces motifs peuvent tenir, par exemple, au fait que la Commission considère la contravention et ses conséquences de trop peu d'importance, ou que le plaignant a refusé un règlement qui lui paraissait raisonnable ou, encore, que tel redressement particulier ne lui apparaît pas nécessaire[214].

74 – *Saisine d'un tribunal* – Lorsque la Commission décide de s'adresser à un tribunal, elle opte entre le Tribunal des droits de la personne institué par l'article 100 de la Charte et le tribunal de droit commun. Dans le cas où le Tribunal des droits de la personne est saisi par une victime ou par un organisme qui a porté plainte pour le compte de la victime, ceux-ci ne bénéficient pas des mêmes droits que la Commission. Ils ne possèdent pas, notamment, la possibilité de formuler leurs propres demandes et encore moins d'amender les demandes formulées par la Commission dans le cadre d'une demande introductive d'instance[215].

Quelle que soit la juridiction choisie par la Commission, la victime peut y intervenir dans la mesure de son intérêt et en tout état de cause ; dans ce cas, la Commission ne peut se pourvoir seule en appel sans son consentement (art. 85, al. 1 C.d.l.p.). La victime peut aussi se pourvoir seule en appel relativement à tout recours engagé par la Commission en vertu des articles 80 à 82 de la Charte, même si elle n'était pas partie en première instance (art. 85, al. 2 C.d.l.p.).

b) Le Tribunal des droits de la personne

75 – *Généralités* – L'article 100 C.d.l.p. institue le Tribunal des droits de la personne (« le Tribunal »). Il est constitué d'au moins 7 membres nommés par le gouvernement, dont le président qui doit être choisi parmi les juges de la Cour du Québec et des assesseurs (art. 101, al. 1 C.d.l.p.).

Malgré ce que son nom pourrait induire à penser, le Tribunal n'est pas investi d'une compétence totale à l'endroit de l'ensemble des droits et libertés affirmés par la Charte. En termes simples, on peut

---

214. *Turenne c. Québec (Procureur général) (Sûreté du Québec)*, 2007 QCTDP 30.
215. *Commission des droits de la personne et des droits de la jeunesse c. Commission scolaire Marguerite-Bourgeoys*, 2010 QCTDP 13, par. 30.

dire qu'il se présente plutôt comme une juridiction spécialisée et indépendante en matière de discrimination[216], alternative au tribunal de droit commun et réservée au choix et à l'initiative de la Commission des droits de la personne et des droits de la jeunesse, sauf en cas de substitution à cette dernière en vertu de l'article 84 C.d.l.p.

76 – *Compétence et pouvoirs* – La compétence matérielle du Tribunal s'exerce à l'endroit des demandes portées en vertu des articles 80, 81 et 82 de la Charte et qui ont trait notamment à l'emploi, au logement ou aux biens et services ordinairement offerts au public ; elle s'étend aux demandes que les articles 88, 90 et 91 de la Charte rattachent à un programme d'accès à l'égalité (art. 111, al. 1 C.d.l.p.). Elle rejoint aussi celles soumises en vertu des articles 6, 18 ou 19 de la *Loi sur l'accès à l'égalité en emploi dans des organismes publics et modifiant la Charte des droits et libertés de la personne* (art. 111.1 C.d.l.p.)[217].

Il s'agit, dans tous ces cas, de situations à l'égard desquelles la Commission des droits de la personne et des droits de la jeunesse est investie d'un pouvoir d'enquête. En somme, la compétence matérielle du Tribunal des droits de la personne correspond à la compétence d'enquête de la Commission en matière de discrimination[218].

Quant aux pouvoirs du Tribunal, les articles 13, al. 2, 49, 52, 80, 81, 82 et 88 de la Charte offrent de multiples possibilités afin de redresser toute situation empreinte de discrimination. L'émission d'ordonnance en matière de discrimination dans l'emploi semble avoir été perçue de manière suffisamment flexible par les tribunaux, permettant de corriger ou d'empêcher la perpétuation de situations incompatibles avec la Charte[219]. De cette façon, outre l'octroi de dommages-intérêts, le Tribunal pourra imposer la suppression de certaines exigences en matière d'embauche[220], ordonner que l'on cesse d'appliquer une entente patronale-syndicale dont les effets sont dis-

---

216. *Commission des droits de la personne et des droits de la jeunesse* c. *Montréal (Ville de) (Service de police de la ville de Montréal (SPVM)*, 2008 QCTDP 23, par. 23 ; *Commission des droits de la personne et des droits de la jeunesse* c. *Centre hospitalier universitaire de Sherbrooke*, [2010] R.J.D.T. 361, par. 127.
217. Précitée, note 104.
218. *Québec (Procureure générale)* c. *Tribunal des droits de la personne*, précité, note 38 ; *Montréal (Communauté urbaine de)* c. *Cadieux*, précité, note 182, par. 24.
219. *Québec (Commission des droits de la personne et des droits de la jeunesse)* c. *Communauté urbaine de Montréal*, [2004] 1 R.C.S. 789, par. 26 ; voir également : *Commission des droits de la personne et des droits de la jeunesse* c. *Systématix Technologies de l'information inc.*, 2010 QCTDP 18.
220. *Gaz métropolitain inc.* c. *Commission des droits de la personne et des droits de la jeunesse*, précité, note 30.

criminatoires[221], ou encore que l'on mette en place un programme favorisant l'intégration de travailleurs immigrants[222].

77 – *Saisine* – Le droit de saisir le Tribunal d'une demande est en principe réservé à la Commission (art. 111, al. 2 et 111.1, al. 2 C.d.l.p.)[223]. Par exception, la personne qui a porté plainte peut se pourvoir auprès du Tribunal en se substituant à la Commission lorsque cette dernière a jugé la plainte fondée mais a néanmoins choisi de ne pas porter l'affaire devant un tribunal en exerçant la discrétion que lui laisse l'article 84 C.d.l.p.[224]. Le cas échéant, le plaignant dispose d'un délai de 90 jours pour exercer son droit de substitution en vertu du deuxième alinéa de l'article 84 C.d.l.p. Ce délai est de rigueur[225].

78 – *Preuve et procédure* – Les articles 110 ainsi que 112 à 124 de la Charte règlent l'exercice du recours engagé devant le Tribunal des droits de la personne. Ils sont complétés par des règles de procédure et de pratique adoptées en vertu de l'article 110[226]. L'article 104 C.d.l.p. prévoit que les demandes sont entendues par une formation de trois membres, composée du juge qui la préside et de deux assesseurs qui l'assistent.

79 – *Décision* – C'est le juge qui préside la formation entendant la demande qui en décide seul, selon l'article 104 C.d.l.p. *in fine*. Cette décision doit être écrite, motivée et déposée au greffe de la Cour du Québec où la demande a été produite (art. 125, al. 1 C.d.l.p.). Elle peut être rectifiée sans formalité, tant qu'elle n'a pas été exécutée ni portée en appel, pour corriger une erreur d'écriture ou de calcul, ou quelque autre erreur matérielle qui l'entacherait (art. 127 C.d.l.p.). Une décision rendue par le Tribunal peut être modifiée à la suite d'une révision par le Tribunal lui-même ou sur appel à la Cour d'appel. Les

---

221. *Commission des droits de la personne et des droits de la jeunesse* c. *Syndicat des constables spéciaux*, [2010] R.J.Q. 1005 (T.D.P.Q.).
222. *Commission des droits de la personne et des droits de la jeunesse* c. *Calego international inc.*, 2011 QCTDP 4.
223. *Ménard* c. *Rivet*, précité, note 205 ; *Centre hospitalier St-Joseph-de-la-Malbaie*, précité, note 205 ; *Québec (Procureur général)* c. *Lambert*, précité, note 44.
224. *Ibid.*
225. *Marcotte* c. *Canadian Totalisator Inc.*, (1994) 20 C.H.R.R. D/117 (T.D.P.). Sur le calcul de ce délai et son inapplicabilité à la signification à la partie adverse, voir : *Roy* c. *Commission scolaire des draveurs*, J.E. 94-320 (T.D.P.) ; *McKenzie* c. *Collège d'enseignement général et professionnel de Chicoutimi*, [1994] R.J.Q. 2419 (T.D.P.) ; *Archambault* c. *Montréal (Ville de)*, D.T.E. 2009T-371 (T.D.P.Q.).
226. *Règles de procédure et de pratique du Tribunal des droits de la personne*, RLRQ, c. C-12, r. 1.2.

motifs de révision, d'office ou sur demande d'un intéressé, sont énoncés à l'article 128 C.d.l.p. L'appel à la Cour d'appel n'est possible qu'à
l'endroit d'une décision finale du Tribunal et requiert la permission
d'un juge de la Cour d'appel (art. 132 C.d.l.p.). Sans vouloir dresser
une liste exhaustive des cas d'appel, certaines situations de fait et de
droit ont été reconnues comme favorables à la permission d'appeler,
par exemple, lorsqu'il existe : « une question de principe, une question
nouvelle qui n'a pas été tranchée par les tribunaux d'appel, une question d'intérêt général, une question qui divise les tribunaux des droits
de la personne à travers le pays ou la jurisprudence du Tribunal » ou
encore « une question, qui pour les parties elles-mêmes, est sérieuse
et susceptible de répercussions importantes. »[227].

Le cas échéant, les articles 130 et 131 C.d.l.p. prévoient les
modalités selon lesquelles les décisions du Tribunal deviennent exécutoires et la sanction du défaut de les exécuter.

2. Le tribunal de droit commun

80 – *Compétence* – Le tribunal de droit commun est compétent pour
donner effet à tous les droits et libertés affirmés par la Charte, sans
toutefois que cette compétence lui soit exclusive. En matière de discrimination, avons-nous vu, il la partage avec le Tribunal des droits
de la personne[228]. Des tribunaux administratifs spécialisés sont également susceptibles d'être appelés à décider de telles questions de
discrimination.

Par ailleurs et sous réserve de la compétence d'un tribunal
administratif pour en décider accessoirement à un litige qui peut ou
qui doit lui être confié, c'est au tribunal judiciaire de droit commun
que devra s'adresser la personne lésée par une atteinte, autre qu'un
acte de discrimination, à une liberté ou un droit que la charte lui

---

227. *Commission des droits de la personne et des droits de la jeunesse* c. *Provigo Dis-*
      tribution Inc., Division Maxi, D.T.E. 2002T-1041 (T.D.P.Q.), par. 163 : *Commis-*
      sion des droits de la personne et des droits de la jeunesse c. *Provigo Distribution*
      Inc., Division Maxi, [2003] R.J.Q. 22 (C.A.). Voir, au même effet, *Syndicat du*
      transport de Montréal – CSN c. *Commission des droits de la personne et des*
      droits de la jeunesse, 2009 QCCA 141, par. 1 ; *Laurentian Shavings Products*
      (1986) Inc. c. *Commission des droits de la personne et des droits de la jeunesse*,
      2011 QCCA 597, par. 4.
228. Voir, *Audigé* c. *Montréal (Ville de)*, 2011 QCCQ 14471, par. 50 : « Refuser tel
      recours irait à l'encontre d'un des objectifs fondamentaux de l'existence des
      droits et libertés de la personne prévus à la Charte, à savoir leur respect et leur
      sanction, suivant des formalités les plus accessibles ».

garantit, notamment à ceux affirmés aux articles 1 à 9 de la Charte[229].

Le partage de la compétence entre les tribunaux judiciaires de première instance que sont respectivement la Cour supérieure et la Cour du Québec obéit aux règles ordinaires pertinentes. Rappelons à cet égard que seule la Cour supérieure dispose, pour des motifs d'ordre constitutionnel, du pouvoir d'invalider à l'endroit de tous une règle de nature législative[230].

3. Les tribunaux administratifs spécialisés

81 – *Intervention* – Plusieurs litiges naissent d'abord d'une autre source de droit que la Charte tout en soulevant, de façon incidente ou accessoire, une question qui relève de la Charte. Certains de ces litiges sont confiés à des tribunaux administratifs spécialisés dans la matière qui leur donne naissance. C'est le cas, par exemple, des griefs, c'est-à-dire des mésententes relatives à l'interprétation ou à l'application d'une convention collective, que la Loi soumet à l'arbitrage obligatoire[231].

82 – *Compétence à l'endroit de la Charte* – Se pose alors la question suivante : ces tribunaux spécialisés peuvent-ils interpréter ou appliquer la Charte dans la mesure où cette dernière est susceptible de déterminer la solution de l'affaire qui leur est confiée ? La jurisprudence des tribunaux supérieurs répond maintenant unanimement par l'affirmative à cette question dès lors que le tribunal administratif est autorisé par sa loi habilitante à interpréter les lois en général dans l'exercice de sa compétence[232].

---

229. *Montréal (Communauté urbaine de)* c. *Cadieux*, précité, note 182, par. 24.
230. *Ibid.*, par. 10 ; *Québec (Procureure générale)* c. *Tribunal des droits de la personne*, précité, note 38.
231. COLLECTIF, *Le droit à l'égalité : les tribunaux d'arbitrage et le tribunal des droits de la personne*, Montréal, Éditions Thémis, 2001.
232. *R.* c. *974649 Ontario Inc.*, précité, note 210 ; *Weber* c. *Ontario Hydro*, [1995] 2 R.C.S. 929 ; *Central Okanagan School Board District No. 23* c. *Renaud*, précité, note 41 ; *Douglas/Kwantlen Faculty Assn.* c. *Douglas College*, précité, note 4 ; *Cuddy Chicks Ltd.* c. *Ontario (Commission des relations de travail)*, [1991] 2 R.C.S. 5. Comparer avec *Tétreault-Gadoury* c. *Canada (Commission de l'Emploi et de l'Immigration)*, précité, note 40 – absence d'un tel pouvoir. Le cas échéant, ce tribunal administratif ne doit s'attendre à aucune retenue judiciaire à l'endroit de ses déterminations en droit relatives aux chartes ; toute erreur pourra être corrigée par les tribunaux supérieurs.

83 – *Coexistence* – Cette compétence accessoire des tribunaux administratifs pour appliquer la Charte donne lieu à une problématique délicate de coexistence avec la compétence des tribunaux de droit commun ou du Tribunal des droits de la personne. Une compétence écarte-t-elle l'autre ? La compétence peut-elle donner lieu à un partage, par concurrence ou par chevauchement, entre les différentes juridictions en cause ? La jurisprudence rend compte du fait qu'il n'y a pas de réponse unique et universelle à cette problématique. La solution dépend plutôt, dans chaque cas, d'un ensemble de facteurs.

Facteur immuable, ni le tribunal de droit commun ni le Tribunal des droits de la personne ne disposent d'une compétence exclusive à l'endroit de la Charte[233]. De même, tout litige mettant en cause l'application de la Charte n'échappe pas forcément à la compétence de l'arbitre de grief[234].

Un consensus semble également se dégager de la jurisprudence en ce qui concerne la discrimination dans un milieu de travail syndiqué : il faut faire la différence entre une allégation de discrimination intervenue dans le cadre de « l'interprétation ou l'application de la convention collective », ce qui relève de la compétence de l'arbitre de griefs, et une allégation de discrimination intervenue lors de « la formation de la convention collective et sur la validité de celle-ci », qui pourrait fonder la compétence du Tribunal des droits de la personne ou celle des tribunaux de droit commun[235].

Les autres facteurs à considérer et qui sont susceptibles de varier devraient être les suivants :

---

233.   *Québec (Commission des droits de la personne et des droits de la jeunesse)* c. *Québec (Procureur général)*, [2004] 2 R.C.S. 185, par. 11 ; *Université Laval* c. *Commission des droits de la personne et des droits de la jeunesse*, [2005] R.J.Q. 347 (C.A.), par. 36 ; *Résidences Laurendeau, Légaré, Louvain* c. *Tribunal des droits de la personne*, [2005] R.J.Q. 1456 (C.A.), par. 21 ; *Québec (Procureure générale)* c. *Tribunal des droits de la personne*, précité, note 185 ; *Audigé* c. *Montréal (Ville de)*, 2011 QCCQ 14471, par. 36.

234.   *Québec (Commission des droits de la personne et des droits de la jeunesse)* c. *Québec (Procureur général)*, précité, note 233, par. 25. Voir également, *Parry Sound (District), Conseil d'administration des services sociaux* c. *S.E.E.F.P.O., section locale 324*, [2003] 2 R.C.S. 157.

235.   *Québec (Commission des droits de la personne et des droits de la jeunesse)* c. *Québec (Procureur général)*, précité, note 233, par. 24 et 25 ; *Commission des droits de la personne et des droits de la jeunesse* c. *Syndicat des constables spéciaux*, 2010 QCTDP 3, par. 231 et 232 ; *Désir* c. *Québec (Procureur général)*, 2008 QCCA 1755.

- la compétence matérielle du tribunal administratif à l'endroit du litige, défini d'après son essence, c'est-à-dire factuellement[236] ;

- le cas échéant, l'exclusivité de cette compétence matérielle du tribunal administratif, ce facteur étant généralement déterminant[237] ;

- la compétence spécifique du tribunal spécialisé pour interpréter et appliquer la Charte[238] ;

- la compétence personnelle à l'endroit des parties à assigner pour la solution du litige[239] ;

- la disponibilité ou l'indisponibilité, pour des raisons pratiques ou juridiques, du redressement requis[240].

---

236. *Weber* c. *Ontario Hydro*, précité, note 232 ; *Québec (Commission des droits de la personne et des droits de la jeunesse)* c. *Québec (Procureur général)*, précité, note 233 ; *Syndicat canadien des communications, de l'énergie et du papier, section locale 2995* c. *Spreitzer*, précité, note 174 ; *Hydro-Québec* c. *Tremblay*, D.T.E. 2001T-77 (C.A.) ; *Latulippe* c. *Commission scolaire de la Jeune-Lorette*, [2001] R.J.D.T. 26 (C.A.).

237. *Ibid.* Voir également : *Québec (Procureure générale)* c. *Tribunal des droits de la personne*, précité, note 185 ; *Genest* c. *Commission des droits de la personne et des droits de la jeunesse*, précité, note 70.

238. Voir, *supra*, n° 82.

239. *Syndicat canadien des communications, de l'énergie et du papier, section locale 2995* c. *Spreitzer*, précité, note 174. Une assignation mal fondée en droit ne saurait toutefois justifier la compétence du Tribunal des droits de la personne : *Québec (Commission des droits de la personne et des droits de la jeunesse)* c. *Québec (Procureur général)*, précité, note 233, par. 19.

240. La compétence d'un tribunal administratif pour appliquer la Charte emporte normalement qu'il soit habilité à accorder une réparation qui y est prévue : *Weber* c. *Ontario Hydro*, précité, note 232 ; *R.* c. *974649 Ontario*, précité, note 210 ; *Québec (Commission des droits de la personne et des droits de la jeunesse)* c. *Québec (Procureur général)*, précité, note 233, par. 75.

TITRE I

LES RAPPORTS INDIVIDUELS
DE TRAVAIL

CHAPITRE 1
LE CONTRAT DE TRAVAIL

84 – *Rôle* – S'il est indéniable que les conséquences juridiques du contrat de travail sont de plus en plus tributaires de l'effet de ces grandes lois du travail[1] qui, selon les cas, suppléent au silence des parties, ou s'imposent à elles d'autorité, en termes absolus ou minimaux, ou même qui, encore, permettent à une convention collective de supplanter les ententes individuelles[2], il n'en demeure pas moins que le contrat individuel de travail constitue le substrat du rapport de travail[3].

Face au silence des parties et des lois du travail, c'est aux règles générales ou particulières du droit commun qu'on se référera pour déterminer les droits et les obligations de l'employeur et du salarié. Cette référence sera d'autant plus importante à l'endroit des personnes que la plupart des lois du travail soustraient à leur champ d'application, comme c'est le cas des cadres supérieurs des entreprises.

85 – *Évolution* – L'entrée en vigueur, en 1994, de la réforme du droit civil a permis au contrat de travail d'accéder à la modernité. Le *Code civil du Québec* adapte le cadre juridique du contrat de travail à la réalité contemporaine. Ainsi, les articles 2085 à 2097 C.c.Q. légitiment l'appellation « contrat de travail » que l'usage avait substituée à la vieillotte expression « contrat de louage de service personnel » utilisée par les législateurs du XIXe siècle. Dans des termes du vocabu-

---

1. Exemples : *Loi sur les normes du travail*, RLRQ, c. N-1.1 ; *Loi sur la santé et la sécurité du travail*, RLRQ, c. S-2.1 ; *Code du travail*, RLRQ, c. C-27.
2. Sur le rapport entre le contrat individuel de travail et la convention collective, voir, *infra*, titre II, chapitre 7, *La convention collective*, nos 725, 728.
3. Pour une étude sur les relations qui existent entre le contrat de travail et le *Code civil du Québec*, voir R. BONHOMME et M. COURNOYER-PROULX, « Le contrat de travail et le *Code civil du Québec* : 15 ans plus tard », dans Service de la formation continue, Barreau du Québec, *Développements récents en droit du travail 2009*, vol. 310, Cowansville, Éditions Yvon Blais, 2009.

laire juridique ou usuel d'aujourd'hui, ces articles reconnaissent au contrat de travail une relative autonomie comme institution contractuelle, en déterminant ses éléments constitutifs, en précisant les obligations qu'il impose à chacune des parties et en élaborant certaines règles qui lui sont propres.

I- LA NATURE ET LA FORMATION

A. La nature

86 – *Définition* – L'article 2085 C.c.Q. définit le contrat de travail de la manière suivante :

> Le contrat de travail est celui par lequel une personne, le salarié, s'oblige, pour un temps limité et moyennant rémunération, à effectuer un travail sous la direction ou le contrôle d'une autre personne, l'employeur.

Cette définition, tout en désignant les personnes qui y sont parties, identifie les éléments constitutifs essentiels du contrat de travail et rend compte de son insertion dans l'ensemble du droit contractuel.

1. Les éléments constitutifs caractéristiques

87 – *Identification* – Trois éléments constitutifs caractérisent le contrat de travail selon la définition qu'en donne l'article 2085 C.c.Q. : le travail, la rémunération, la subordination.

a) Le travail

88 – *Prestation* – La constatation de la présence ou de l'absence du fait matériel d'une prestation de travail ne suscite normalement pas de difficulté. À cet égard, la nature du travail n'a pas d'importance. Il peut s'agir tout autant d'un travail intellectuel que d'un travail manuel. La prestation peut être régulière ou intermittente, à temps complet ou à temps partiel[4]. Une interruption momentanée du travail à la suite, par exemple, d'une incapacité causée par la maladie de

---

4. *Syndicat professionnel des médecins du gouvernement du Québec* c. *Procureur général du Québec*, [1985] T.T. 127. Voir et comparer : *Atelier de réadaptation au travail de Beauce Inc.* c. *Association des travailleurs de l'A.R.T.B. Inc.*, T.T. Québec, n° 200-28-000216-801, 10 avril 1981 ; *Italglass Corp. Ltée* c. *Union des employés de commerce, local 501 (T.U.A.C.)*, [1987] T.T. 105.

l'employé, d'une mise à pied consécutive à un manque temporaire de travail ou d'une grève, n'emportera pas pour autant la disparition du contrat[5].

b) La rémunération

89 – *Principes généraux* – Le droit de celui qui travaille à une rémunération en contrepartie de sa prestation de travail est une condition essentielle de l'état de salarié[6]. Le salariat exclut toute idée de travail véritablement bénévole[7]. Par ailleurs, la base d'établissement de la rémunération ne constitue pas un critère de distinction entre le salarié et d'autres personnes dont les services sont rémunérés. Que la rémunération soit payable à l'heure, à la semaine, au mois ou à l'année, sur une base forfaitaire ou encore sur une base de commission, ou même de rendement, n'a pas d'importance. La jurisprudence a toujours interprété largement la notion de rémunération eu égard à la forme qu'elle pouvait prendre[8]. L'origine même de la rémunération, comme le fait qu'un salaire soit couvert par une subvention de l'État, n'est pas non plus déterminante dans l'appréciation du statut juridique de salarié[9].

---

5. *Cie de sable Ltée* c. *Commission des normes du travail du Québec*, [1985] C.A. 281.
6. *Italglass Corp. Ltée* c. *Union des employés de commerce, local 501 (T.U.A.C.)*, précité, note 4.
7. *Syndicat des employées et employés professionnels(les) et de bureau, section locale 57 (U.I.E.P.B.) C.T.C.-F.T.Q.* c. *Caisse populaire St-Charles Garnier de Montréal*, [1987] R.J.Q. 979 (C.A.) ; *Commission des normes du travail du Québec* c. *Boggia*, D.T.E. 92T-732 (C.S.). Le bénévolat suppose l'acceptation libre et volontaire de travailler gratuitement : *Commission du salaire minimum* c. *Corporation de l'Hôpital d'Youville de Sherbrooke*, J.E. 80-521 (C.S.).
8. *Office municipal d'habitation de Montréal* c. *Brière*, D.T.E. 92T-1386 (C.S.) – locataires, surveillants d'un édifice d'habitation, payés par une réduction de leur loyer ; *Laiterie Lamothe et Frères Ltée* c. *Breton*, [1998] R.J.D.T. 669 (T.T.) – agents distributeurs rémunérés en conservant une partie du prix de vente de leurs produits. Voir aussi *Syndicat des employés des Publications Québécor (C.S.N.)* c. *Publications Québécor inc.*, [1977] T.T. 46 ; *Commission scolaire de Valleyfield* c. *Syndicat des employés manuels des commissions scolaires de Valleyfield*, [1974] T.T. 63 ; *Zeller's Ltée* c. *Syndicat des commis comptables d'Alma Inc.*, [1972] T.T. 261 ; *Syndicat des vendeurs d'automobiles du district de Québec (C.S.N.)* c. *Giguère Automobiles*, [1967] R.D.T. 321.
9. *Maison L'Intégrale Inc.* c. *Tribunal du travail*, [1996] R.J.Q. 859 (C.A.) ; *Bedford Regional Association of Support Staff* c. *Commission scolaire régionale protestante du district de Bedford*, [1991] T.T. 117 ; *Syndicat canadien de la Fonction publique, section locale 313* c. *Hôpital Rivière-des-Prairies*, D.T.E. 89T-480 (T.T.) ; *Syndicat des travailleuses et travailleurs du C.L.S.C. Le Partage des eaux (C.S.N.)* c. *C.L.S.C. Le Partage des eaux*, D.T.E. 88T-664 (T.T.) ; *Syndicat des employés conseils de la C.E.Q.* c. *Centrale de l'enseignement du Québec*, [1976] T.T. 83 – paiement par un tiers, agent-payeur de l'employeur.

90 – *Statut fiscal* – Le statut fiscal revendiqué par une personne travaillant pour une autre, ou même qui lui est déjà reconnu par les autorités compétentes, peut avoir valeur d'indice, sans plus. Qu'une personne se désigne comme un travailleur autonome plutôt que comme un salarié n'est pas déterminant. Cela ne dispense pas de l'examen de la réalité au regard des facteurs pertinents à la qualification du rapport juridique de travail. Cette solution se justifie du fait que les lois fiscales et les lois du travail poursuivent des objectifs fondamentalement différents, comme la Cour d'appel l'a signalé dans l'arrêt *North American Automobile Association Ltd.*[10].

c) La subordination

91 – *Facteur distinctif* – L'élément de qualification du contrat de travail le plus significatif est celui de la subordination du salarié à la personne pour laquelle il travaille[11]. C'est cet élément qui permet de distinguer le contrat de travail d'autres contrats à titre onéreux qui impliquent également une prestation de travail au bénéfice d'une autre personne, moyennant un prix, comme le contrat d'entreprise ou de service régi par les articles 2098 et suivants C.c.Q. Ainsi, alors que l'entrepreneur ou le prestataire de services conserve, selon l'article 2099 C.c.Q., « le libre choix des moyens d'exécution du contrat » et qu'il n'existe entre lui et son client « aucun lien de subordination quant à son exécution », il est caractéristique du contrat de travail, sous réserve de ses termes, que le salarié exécute personnellement le travail convenu sous la direction de l'employeur et dans le cadre établi par ce dernier[12].

---

10. *North American Automobile Association Ltd.* c. *Commission des normes du travail du Québec*, D.T.E. 93T-429, (1993) 55 Q.A.C. 212 (C.A.) ; *Commission des normes du travail* c. *9002-8515 Québec inc.*, D.T.E. 2000T-432 (C.S.) ; *Ayotte* c. *Grégoire, Bégin, Brunet & Associés*, D.T.E. 2002T-524 (C.Q.) ; *Construction Chamonay inc.* c. *Québec (Sous-ministre du Revenu)*, B.E. 2004BE-998 (C.A.).

11. *Cabiakman* c. *Industrielle-Alliance Cie d'Assurance sur la Vie*, [2004] 3 R.C.S. 195, par. 27-28 :
     Par. 27 : « Une convention peut être qualifiée de contrat de travail lorsque sont réunies les trois composantes suivantes : la prestation de travail du salarié, le versement du salaire par l'employeur et le lien de subordination qui prévaut entre les parties. Ces trois éléments définissent en même temps le contenu fondamental du contrat de travail. »
     Par. 28 : « La subordination juridique du salarié à son employeur constitue la caractéristique la plus importante de la convention, lorsqu'on tente de la qualifier de contrat de travail et de la distinguer d'autres contrats à titre onéreux ».

12. Voir et comparer : *Natrel inc.* c. *Tribunal du travail*, [2000] R.J.Q. 1039 (C.A.) ; *Syndicat démocratique des distributeurs (C.S.D.)* c. *Parmalat Canada inc.*, D.T.E. 2001T-812 (T.T.) ; *Dicom Express* c. *Paiement*, D.T.E. 2009T-266 (C.A.), par. 15 ; « [...] Ce qui constitue le trait distinctif du contrat de travail, et le distingue du contrat de service, est cette caractéristique suivant laquelle

92 – *Appréciation factuelle* – La subordination se vérifie dans les faits. À cet égard, la jurisprudence s'est toujours refusée à retenir la qualification donnée au contrat par les parties :

> Dans le contrat, le distributeur reconnaît lui-même qu'il agit à son compte à titre d'entrepreneur indépendant. Il n'y aura pas lieu de revenir sur ce point, puisque cela ne changerait rien à la réalité ; d'ailleurs ce que l'on prétend être est souvent ce que l'on n'est pas.[13]

Malgré l'existence d'une clause contractuelle précisant la nature des relations entre les parties, les tribunaux iront au-delà des dispositions contractuelles, privilégiant par l'analyse des faits, la détermination de la nature réelle de la relation contractuelle qui s'est instaurée entre les parties[14].

93 – *Notion* – Historiquement, le droit civil a d'abord élaboré une notion de subordination juridique dite stricte ou classique qui a servi de critère d'application du principe de la responsabilité civile du commettant pour le dommage causé par son préposé dans l'exécution de ses fonctions (art. 1054 C.c.B.-C. ; art. 1463 C.c.Q.). Cette subordina-

---

l'exécution du travail du salarié est subordonnée au contrôle et à la direction d'un employeur ».

13. *Pétroles Inc. (Les)* c. *Syndicat international des travailleurs des industries pétrolières, chimiques et atomiques, locaux 9-700, 9-701 [...]*, [1979] T.T. 209, 217 ; *Caisse populaire St-Malo* c. *Syndicat des travailleuses de la Caisse populaire St-Malo (C.S.N.)*, [1986] T.T. 113 ; *Caisse populaire St-Luc de Forestville* c. *Syndicat des travailleurs et travailleuses de caisses populaires de la Côte-Nord (C.S.N.)*, D.T.E. 87T-789 (T.T.). Voir aussi pour des exemples d'appréciation factuelle de la subordination : *Dazé* c. *Messageries dynamiques*, [1991] R.D.J. 195 (C.A.) ; *Leduc* c. *Habitabec inc.*, J.E. 1994-1752 (C.A.) ; *Technologies industrielles S.N.C. inc.* c. *Mayer*, J.E.1999-1146 (C.A.) ; *Natrel inc.* c. *Tribunal du travail*, [2000] R.J.Q. 1039 (C.A.) ; *Services financiers FBN inc.* c. *Mario Chaumont et al.*, [2003] R.J.Q. 365 (C.A.) ; *Wright* c. *Syndicat des techniciennes et techniciens du cinéma et de la vidéo du Québec*, [2004] R.J.Q. 7 (C.A.) ; *Encres d'imprimerie Schmidt ltée* c. *Agence de ventes Bill Sayer inc.*, J.E. 2004-849 (C.A.) ; *Transport Jean Gauthier inc.* c. *Tribunal du travail*, 2005 QCCA 363 (C.A.).

14. *HMI Industries* c. *Santos*, D.T.E. 2010T-244 (C.A.) – la Cour d'appel maintient la décision du juge de la Cour supérieure concluant que le contrat de prestation de services de conseil passé entre le demandeur et l'employeur était un contrat de travail au sens de l'article 2085 C.c.Q. Selon la Cour d'appel, même si le demandeur avait une grande latitude lui permettant d'organiser son horaire et ses activités quotidiennes, il n'avait pas la même liberté qu'un entrepreneur ou encore un prestataire de services au sens de l'article 2099 C.c.Q ; *Dicom Express* c. *Paiement*, précité, note 12. Voir également à ce sujet : L. DESHAIES et J. GERVAIS, « Contrat de travail ou contrat de service : où se situe l'"autonomie" du travailleur autonome ? », dans Service de la formation continue, Barreau du Québec, *Développements récents en droit du travail 2012*, vol. 348, Cowansville, Éditions Yvon Blais, 2012.

tion juridique classique était caractérisée par le contrôle immédiat exercé par l'employeur sur l'exécution du travail de l'employé quant à sa nature et à ses modalités[15]. Elle s'est progressivement assouplie pour donner naissance à la notion de subordination juridique au sens large. La diversification et la spécialisation des occupations et des techniques de travail ont, en effet, rendu souvent irréaliste que l'employeur soit en mesure de dicter ou même de surveiller de façon immédiate l'exécution du travail. On en est ainsi venu à assimiler la subordination à la faculté, laissée à celui qu'on reconnaîtra alors comme l'employeur, de déterminer le travail à exécuter, d'encadrer cette exécution et de la contrôler. En renversant la perspective, le salarié sera celui qui accepte de s'intégrer dans le cadre de fonctionnement d'une entreprise pour la faire bénéficier de son travail[16].

En pratique, on recherchera la présence d'un certain nombre d'indices d'encadrement, d'ailleurs susceptibles de varier selon les contextes : présence obligatoire à un lieu de travail, assignation plus ou moins régulière du travail, imposition de règles de conduite ou de comportement, exigence de rapports d'activité, contrôle de la quantité ou de la qualité de la prestation, propriété des outils, possibilité de profits, risque de pertes, approbation des dates de vacances, etc.[17]. En outre, si le travail à domicile n'exclut pas une telle intégration à

---

15. *Quebec Asbestos Corporation* c. *Couture*, [1929] R.C.S. 489 ; *Lemay Construction Ltée* c. *Dame Poirier*, [1965] B.R. 565.

16. Voir, illustrant cette évolution de la notion de subordination : *Syndicat des vendeurs d'automobiles du district de Québec (C.S.N.)* c. *Giguère Automobiles*, [1967] R.D.T. 321 ; *Syndicat des travailleurs de l'énergie et de la chimie, section locale 145 (F.T.Q.)* c. *Data Service de courrier Ltée*, [1987] T.T. 94 ; *Syndicat des employés des Publications Québécor (C.S.N.)* c. *Publications Québécor Inc.*, précité, note 8 ; *Gaston Breton Inc.* c. *Union des routiers, brasseries, liqueurs douces et ouvriers de diverses industries, local 1999*, [1980] T.T. 471 ; *Syndicat des personnes responsables de milieux résidentiels d'hébergement des Laurentides (C.S.N.)* c. *Centre du Florès*, [2001] R.J.D.T. 1228 (T.T.). Absence, cette fois de contrôle suffisant sur la prestation de travail : *Syndicat des employés de KLM Inc.* c. *Publications du Nord-Ouest*, D.T.E. 83T-55 (T.T.) ; *Union des chauffeurs de taxi, métallurgistes unis d'Amérique, local 9217* c. *Municipale Taxi Inc.*, [1990] T.T. 138. Voir également, dans un contexte de responsabilité civile : *Martel* c. *Hôtel-Dieu St-Vallier*, [1969] R.C.S. 745, à comparer avec *Hôtel-Dieu Notre-Dame de l'Espérance* c. *Laurent*, [1978] R.C.S. 605.

17. *Natrel inc.* c. *Tribunal du travail*, précité, note 12 ; *Commission des normes du travail du Québec* c. *R.B.C. Dominion Valeurs mobilières Inc.*, D.T.E. 94T-707 (C.S.) ; *Laiterie Lamothe et Frères Ltée* c. *Breton*, précité, note 8 ; *Caisse populaire St-Malo* c. *Syndicat des travailleurs de la Caisse populaire St-Malo (C.S.N.)*, précité, note 13 ; *Lessard* c. *Montre International Célébrité inc.*, D.T.E. 2007T-177 (C.R.T.) ; *HMI Industries* c. *Santos*, précité, note 14 ; *Commission des normes du travail* c. *Combined Insurance Company of America*, D.T.E. 2008T-718 (C.Q.).

l'entreprise[18]. Par contre, l'assujettissement à des normes réglementaires ou légales, telles que des règles de déontologie, ne devrait pas jouer quant à la détermination du lien de subordination[19].

94 – *Dépendance économique et exécution personnelle* – Au-delà de la subordination juridique définie plus ou moins libéralement, on s'est aussi interrogé sur la suffisance ou l'insuffisance d'une subordination qualifiée d'économique à l'établissement du statut de salarié. Cette notion de subordination économique a été développée surtout par la doctrine et la jurisprudence des juridictions nord-américaines de common law et a donné naissance au concept d'entrepreneur dépendant (*dependant contractor*), par opposition à celui d'entrepreneur indépendant, ce dernier étant par nature étranger au rapport employeur-salarié. Elle permettrait au droit du travail de rejoindre, au premier chef, ces petits entrepreneurs qui offrent à une clientèle un produit dont le fournisseur, auquel ils sont souvent liés en exclusivité, est en mesure, en faits ou en droit, de fixer le prix d'achat et de revente, exerçant ainsi sur eux un contrôle économique.

Des jugements de l'instance spécialisée qu'était le Tribunal du travail[20] se sont montrés réceptifs à la considération de l'état de dépendance économique pour déceler la présence d'une relation employeur-salarié. Dans la décision *Les Pétroles Inc.*[21], on a certes tenu compte du fait que l'entreprise avait voulu modifier le statut de ses salariés, de celui de chauffeurs-livreurs à celui d'entrepreneurs indépendants, tout en continuant de leur imposer un certain nombre d'obligations ou de contraintes (directives générales, port d'un uniforme, exclusivité de services, disponibilité). On a par ailleurs également retenu l'état de dépendance économique pour conclure à une subordination suffisante pour que soit reconnue la condition de salarié :

> Une personne est considérée comme entrepreneur non pas d'abord en fonction d'une définition purement juridique, ni d'un contrat mais en fonction de critères économiques. On dit : « il est un entrepreneur »,

---

18. *Confection Coger Inc.* c. *Comité paritaire du vêtement pour dames*, [1986] R.J.Q. 153 (C.A.) ; *Commission des normes du travail* c. *International Forums Inc.*, [1985] C.P. 1.
19. *9095-3532 Québec Inc. (La Capitale Saguenay Lac St-Jean)* c. *Daigle*, D.T.E. 2011T-16 (C.S.) ; *Paquin* c. *Services Financiers Groupe Investors Inc.*, D.T.E. 2011T-71 (C.R.T.).
20. Voir *infra*, Titre II, chapitre 1, n° 404.
21. *Pétroles Inc. (Les)* c. *Syndicat international des travailleurs des industries pétrolières, chimiques et atomiques, locaux 9-700, 9-701 [...]*, précité, note 13.

c'est donc une question d'état qui découle d'une volonté d'indépendance et de profit. Être entrepreneur c'est une question économique. Dans un système d'économie libérale, l'entrepreneur sera celui qui par son originalité, sa façon de procéder, son initiative personnelle, son dynamisme, réunira différents éléments de production dans le but de faire des profits. Pour ce faire, il devra prendre des risques et entrer en concurrence avec d'autres.

On voit bien qu'ici, ce n'est pas le cas. Les distributeurs n'ont pas assemblé différents éléments de production. Essentiellement, ils ne font que la livraison pour Irving des produits fabriqués par ces derniers. Ils n'engagent pas, si ce n'est de façon marginale, de la main-d'œuvre, ils ne possèdent pas d'établissements, ni même comme je l'ai souligné, les moyens de production. Ils n'entrent pas en concurrence avec personne (sic). Ils dépendent essentiellement de l'existence d'un contrat avec Irving. Si ce dernier est annulé, ils disparaîtraient comme « entrepreneur » si vraiment ils en étaient.[22]

Dans *Gaston Breton Inc.*[23], tout en optant pour une approche qui se voulait collée à la notion juridique de la subordination, on accepta d'analyser la situation du salarié dans un contexte socio-économique indéniablement évolutif :

[...] à moins de cas exceptionnels, comme un contrat de travail hautement spécialisé ou un contrat d'entreprise avec des clauses spéciales de comportement, le test essentiel est le suivant : quand un individu doit personnellement fournir un rendement de façon régulière à la satisfaction d'un autre pendant la durée de son contrat, il s'agit d'un louage de services et non d'un louage d'ouvrage. Il s'agit là à mes yeux de la façon usuelle d'effectuer, à notre époque moderne, un véritable contrôle sur l'exécution du travail. Inversement celui qui peut se faire remplacer par quelqu'un de son choix pendant une portion importante de la durée de son contrat, m'apparaît avoir convenu simplement d'effectuer un ouvrage et non de fournir ses services. Il jouit d'une autonomie caractéristique de l'entrepreneur.

C'est donc l'obligation personnelle d'être au poste et de fournir soi-même un rendement satisfaisant et vérifiable de façon régulière même s'il y a des interruptions et des remplacements occasionnels, qui permet l'exercice de ce contrôle caractérisant la relation employeur employé.[24]

---

22. *Ibid.*, p. 220. Voir également *Syndicat des employés des Publications Québécor (C.S.N.)* c. *Publications Québécor Inc.*, précité, note 8.

23. *Gaston Breton Inc.* c. *Union des routiers, brasseries, liqueurs douces et ouvriers de diverses industries, local 1999*, précité, note 16.

24. *Ibid.*, p. 480. Voir aussi, validant ou appliquant la même grille d'analyse : *Natrel inc.* c. *Tribunal du travail*, précité, note 12 ; *Laiterie Lamothe et Frères Ltée* c.

Cette solution conduit substantiellement au même résultat que la démarche suivie dans le jugement *Les Pétroles Inc.* Elle retient l'état de subordination économique comme un élément de présomption de fait plutôt que comme une présomption de droit de la condition de salarié et reconnaît, dans ce contexte, la pertinence tant de la notion elle-même et de celle de *dependant contractor*[25] qui s'y rattache, que de la jurisprudence s'y rapportant. L'état de dépendance économique du travailleur par rapport à la personne qui lui fournit le travail se trouve ainsi considéré, selon une approche ou l'autre, comme un indice susceptible de révéler une véritable situation de salariat[26].

Après quelques aléas jurisprudentiels quant à savoir si la dépendance économique pouvait être à l'origine d'un lien de subordination, la Cour d'appel du Québec dans l'arrêt *Dicom Express inc.*[27] apporte un éclairage certain sur la question. La Cour s'exprime comme suit :

> Le critère de subordination juridique se définit difficilement, mais ne doit surtout pas être confondu avec la dépendance économique.
>
> [...]
>
> La notion de subordination juridique contient l'idée d'une dépendance hiérarchique, ce qui inclut le pouvoir de donner des ordres et des directives, de contrôler l'exécution du travail et de sanctionner les manquements. La subordination ne sera pas la même et surtout ne s'exercera pas de la même façon selon le niveau hiérarchique de l'employé, l'étendue de ses compétences, la complexité et l'amplitude des tâches qui lui sont confiées, la nature du produit ou du service offert, le contexte dans lequel la fonction est exercée. L'examen de chaque situation reste individuel et l'analyse doit être faite dans une perspective globale.[28]

Breton, précité, note 8 ; *Boulangeries Weston Québec Inc.* c. *Syndicat international des travailleurs et travailleuses de la boulangerie, de la confiserie et du tabac, section locale 324*, D.T.E. 96T-951 (T.T.).

25. L'article 86.1 L.N.T. codifie désormais cette réalité et accorde un recours, dans certaines situations, aux entrepreneurs dépendants. Voir également *infra*, nos 185-187.

26. *Essences Richelieu Inc.* c. *Comité paritaire de l'industrie de l'automobile de Montréal et du district*, [1986] R.J.Q. 2386 (C.S.) ; *Syndicat des travailleurs de l'énergie et de la chimie, section locale 145 (F.T.Q.)* c. *Data Service de courrier Ltée*, précité, note 16.

27. *Dicom Express* c. *Paiement*, précité, note 12.

28. *Ibid.*, par. 16 et 17.

On peut donc affirmer à la lumière des propos de la Cour d'appel qu'une dépendance économique ne correspond pas nécessairement à la dépendance hiérarchique requise pour conclure à la présence d'une relation de subordination salarié-employeur. L'élément déterminant dont il faudra tenir compte à cette fin sera plutôt le « lien hiérarchique », c'est-à-dire le pouvoir de contrôler l'exécution des tâches, mais aussi de sanctionner leur inexécution.

95 – *Résultat* – L'article 2085 C.c.Q. n'exclut pas le recours, dans les cas-frontières, à l'examen de la situation et des rapports économiques des parties pour arriver à déterminer la nature de leur relation juridique. Il n'autorise toutefois pas à fonder une qualification du contrat de travail sur un état de subordination économique. La subordination qu'il envisage demeure essentiellement juridique. Par contre, même dans ses formes les plus lâches ou les plus atténuées, cette subordination juridique devrait faire basculer la personne qui travaille dans le groupe des salariés. L'exclusion de tout lien de subordination entre le client et l'entrepreneur ou le prestataire de services légitime désormais cette conclusion (art. 2099 C.c.Q.). On notera enfin, de façon incidente, que le statut de salarié peut coexister, chez la même personne et au regard d'une même activité économique ou professionnelle, avec d'autres, comme celui d'actionnaire ou d'administrateur de l'entreprise[29], celui d'entrepreneur indépendant[30] ou même celui d'employeur[31].

2. *Les caractères contractuels communs*

96 – *Généralités* – Le contrat individuel de travail se rattache sous divers aspects à des notions et catégories de la théorie générale des obligations en droit civil. L'article 1377 C.c.Q. l'assujettit expressément aux règles communes aux contrats, sous réserve des règles particulières qui le régissent comme contrat nommé.

---

29. *Lavergne* c. *Bouchard*, D.T.E. 2001T-48 (C.S.) ; *Zucker* c. *Computertime Network Corp.*, [1994] R.J.Q. 1070 (C.S.) ; *Fri Information Services Ltd.* c. *Larouche*, [1982] C.S. 742 ; *Comité paritaire de l'industrie de la boîte de carton* c. *Huron Paper Box Ltd.*, [1959] R.L. 262 (C.S.).

30. *Natrel Inc.* c. *Tribunal du travail*, précité, note 12 ; *Agropur Coopérative, division Natrel* c. *Rancourt*, D.T.E. 2008T-802 (C.A.).

31. *Pétroles Inc. (Les)* c. *Syndicat international des travailleurs des industries pétrolières, chimiques et atomiques, locaux 9-700, 9-701 [...]*, précité, note 13 ; *Gaston Breton Inc.* c. *Union des routiers, brasseries, liqueurs douces et ouvriers de diverses industries, local 1999*, précité, note 16 ; *Croustilles Yum Yum Inc.* c. *Syndicat des travailleurs de l'énergie et de la chimie, section locale 166 (F.T.Q.)*, [1989] T.T. 62.

Le contrat de travail est ainsi soumis à l'exigence de la bonne foi, tant au moment de sa conclusion qu'à celui de son exécution ou de son extinction (art. 1375 C.c.Q.) tout comme à la prohibition parallèle d'abuser des droits qu'il confère (art. 7 C.c.Q.). Dans le même ordre, les obligations abusives qu'il pourrait imposer lorsqu'il constitue un contrat d'adhésion seront réductibles (art. 1379 et 1437 C.c.Q.), tout comme celles résultant d'une clause pénale (art. 1623 C.c.Q.).

Il s'agit, selon les articles 1378 et 1380 C.c.Q., d'un contrat synallagmatique, par lequel les parties s'obligent réciproquement de façon corrélative. Il est à titre onéreux parce que chaque partie retire un avantage en retour de son obligation (art. 1378 et 1381 C.c.Q.)[32]. Il est aussi commutatif en ce que l'étendue des obligations des parties et de ce qu'elles en retirent est certaine et déterminée (art. 1382 C.c.Q.).

97 – *Exécution successive* – Caractéristique particulièrement importante, le contrat de travail est d'exécution successive, au sens de l'article 1383, al. 2 C.c.Q., parce que ses prestations s'exécutent progressivement dans le temps. Il s'ensuit des conséquences pratiques significatives. Ainsi, dans le cas d'un contrat frappé d'une nullité, par exemple pour un motif d'ordre public, l'article 1422 C.c.Q. veut qu'il soit réputé n'avoir jamais existé et que chacune des parties soit tenue de restituer à l'autre les prestations qu'elle a reçues. L'article 1699 C.c.Q. tempère toutefois le principe de la restitution des prestations. Il permet au tribunal de la refuser lorsqu'elle aurait pour effet d'accorder à l'une des parties un avantage indu, ce qui pourrait être le cas de l'employeur qui réclamerait la restitution du salaire versé au salarié sans que le travail fourni par ce dernier puisse, évidemment, faire l'objet d'une restitution réciproque. Les prestations relatives à l'exécution du contrat qui a déjà eu lieu peuvent donc échapper à la restitution, voire être réclamées, par exemple par le salarié pour son travail déjà exécuté[33]. Semblablement, le défaut d'exécution de ses obligations par une partie donnera à l'autre le droit à la résiliation du contrat et donc à la cessation de ses effets pour l'avenir seulement, plutôt qu'à sa résolution qui l'annihilerait totalement et emporterait la restitution des prestations (art. 1604 et 1606 C.c.Q.). Le défaut d'exécution de peu d'importance mais à caractère répétitif peut

---

32. Dans *Italglass Corp. Ltée* c. *Union des employés de commerce, local 501 (T.U.A.C.)*, précité, note 4, on a conclu à l'absence de véritable contrat de travail parce que les sommes versées à la personne qui travaillait ne l'étaient pas en contrepartie de son travail.

33. *Entreprises M.D. de Chicoutimi Inc.* c. *Tremblay*, [1990] R.J.Q. 1533 (C.A.) ; *Office de la construction du Québec* c. *Industries J.A.L. Ltée*, [1989] R.J.Q. 1201 (C.A.).

emporter le droit du créancier à la résiliation du contrat à exécution successive (art. 1604, al. 2 C.c.Q.).

Sur un autre plan, la suspension temporaire des prestations ne signifiera pas nécessairement, selon les circonstances, la disparition du contrat dont l'exécution est échelonnée dans le temps. À cet égard, on peut déplorer que le *Code civil du Québec* ignore totalement, au chapitre du contrat de travail, le phénomène courant de l'interruption temporaire du travail, notamment en cas de maladie du salarié, de mise à pied, ou de suspension disciplinaire ou administrative imposée par l'employeur. Il laisse ainsi la solution de ces situations au jugement des tribunaux en fonction de l'application des principes généraux qui régissent le droit des obligations contractuelles. Parmi ceux-ci, la règle énoncée à l'article 1604 C.c.Q. relativement aux cas d'inexécution de peu d'importance et à la réductibilité des obligations dans ces cas pourra néanmoins s'avérer particulièrement utile.

98 – *Caractère personnel* – On a traditionnellement dit du contrat de travail qu'il s'agissait d'un contrat *intuitu personæ*, c'est-à-dire à caractère personnel, en ce sens qu'il intervenait en considération de l'identité des contractants, particulièrement de celle du salarié pour l'employeur et aussi, parfois, de celle de l'employeur pour le salarié. S'il fut un temps où cette caractéristique se vérifiait couramment, la réalité contemporaine de la grande entreprise, de l'infinie variété des types d'emploi et des pratiques d'embauche souvent impersonnelles, sinon anonymes, a diminué le nombre de situations dans lesquelles l'emploi revêt véritablement un tel caractère personnel. Pourtant, cette caractéristique, comme nous le verrons, a traditionnellement influé, en droit civil, sur la sanction des obligations du contrat de travail, en cas d'inexécution.

99 – *Contenu implicite, interprétation, preuve* – L'article 1434 C.c.Q. donne au contrat de travail un contenu implicite qui comprend tout ce qui en découle d'après sa nature et suivant les usages, l'équité ou la loi[34]. Son interprétation est par ailleurs soumise aux règles d'interprétation énoncées aux articles 1425 à 1432 du Code[35]. Sur le

---

34. *Drouin* c. *Electrolux Canada Ltée, division de Les Produits C.F.C. Ltée*, [1988] R.J.Q. 950 (C.A.) ; *Bernardini* c. *Alitalia Air Lines*, D.T.E. 93T-519 (C.S.) ; *Ouellet* c. *3092-312 Québec inc.*, [2000] R.J.Q. 1889 (C.Q.).

35. Selon l'article 1432 C.c.Q., le contrat s'interprète, dans le doute, en faveur de celui qui s'oblige et, dans tous les cas, en faveur de l'adhérent à un contrat d'adhésion : *Drouin* c. *Electrolux Canada Ltée, division de Les Produits C.F.C. Ltée, ibid.* – doute ; *Ducharme* c. *Construction Fitzpatrick Ltée*, D.T.E. 88T-255 (C.A.) – doute ; *Tremblay* c. *Transfotec international L.B. ltée*, D.T.E. 2002T-771

plan de la preuve, il faut retenir, en particulier, l'admissibilité générale de la preuve testimoniale contre l'employeur relativement à un contrat de travail intervenu dans le cours des activités de son entreprise sous réserve, entre autres, de la règle de la meilleure preuve (art. 2862, al. 2, 2860 et 2863 C.c.Q.).

B. La formation

1. Les parties

100 – *Terminologie* – Les parties au contrat de travail sont, d'une part, le salarié et, d'autre part, l'employeur. Si le choix du terme « employeur » s'imposait sans difficulté, on peut s'interroger sur l'opportunité d'avoir retenu le vocable « salarié » plutôt que le terme « employé » pour désigner la personne au service de l'employeur. L'avantage qu'on a peut-être voulu tirer de l'utilisation de ce terme totalement différent sur le plan phonétique emporte malheureusement des inconvénients liés à l'utilisation par plusieurs lois du travail du terme « salarié » dans un sens circonstancié qui leur est propre[36]. Il s'ensuit qu'il faut plus que jamais particulariser, dans chaque contexte, le sens donné au vocable « salarié ».

101 – *Salarié* – Sans que le Code le dise expressément, le salarié est nécessairement une personne physique. Le type de contrôle inhérent au contrat, l'obligation imposée à l'employeur de protéger la santé, la sécurité et la dignité du salarié (art. 2087 C.c.Q.), l'évocation du décès du salarié comme cause de terminaison de contrat (art. 2093 C.c.Q.), notamment, imposent cette constatation. Il s'ensuit qu'un individu qui choisit librement de se constituer en personne morale et de fournir ses services à un tiers par l'intermédiaire de cette dernière ne saurait être assimilé à un salarié de ce tiers et ainsi autorisé à profiter du meilleur de tous les mondes[37]. Cela n'exclut toutefois pas qu'on puisse reconnaître la réalité d'un contrat de travail derrière les appa-

---

(C.S.) – doute ; *Audet* c. *Corp. des loisirs, secteur N.D.L.*, [1999] R.J.D.T. 461 (C.S.) – contrat d'adhésion ; *Côté* c. *Cie nationale de forage et de sondage Inc.*, D.T.E. 84T-886 (C.S.) – contrat d'adhésion.

36. Exemples : *Loi sur les normes du travail*, précitée, note 1 ; *Code du travail*, précité, note 1 ; *Loi sur les décrets de convention collective*, R.L.R.Q., c. D-2.

37. *Technologies industrielles S.N.C. Inc. (S.N.C. Defense Products Ltd.)* c. *Mayer*, D.T.E. 99T-509 (C.A.) ; *Dazé* c. *Messageries Dynamiques*, D.T.E. 90T-538 (C.A.) ; *103360 Canada Ltd.* c. *Sklar Peppler inc.*, [1989] R.J.Q. 697 (C.S.) ; *Cormier* c. *Desjardins Sécurité financière*, D.T.E. 2006T-41 (C.R.T.). Cette personne ne peut non plus être considérée à la fois l'employeur et son propre employé : *Lalande* c. *Provigo Distribution Inc.*, D.T.E. 98T-1059 (C.A.).

rences, lorsque la constitution d'une société individuelle se révèle un subterfuge pour dépouiller le travailleur de son statut de salarié[38]. Il en est de même, lorsque la personne morale est utilisée par un individu dans le but d'échapper aux obligations que lui impose la loi[39]. Dans pareil cas, la jurisprudence nous enseigne que, de manière exceptionnelle, on pourra faire abstraction de la personnalité morale – en soulevant le « voile corporatif » – pour établir l'existence d'une relation employé-employeur[40].

102 – *Employeur* – Toute personne, physique ou morale, peut acquérir le statut d'employeur. Ce statut peut même être détenu conjointement par plusieurs personnes qui s'associent ou qui joignent leurs entreprises par osmose pour agir ensemble comme un seul et unique employeur[41]. Dans le cas d'un groupe de personnes physiques, il n'est pas nécessaire qu'il jouisse, comme tel, de la personnalité morale[42]. Il peut aussi s'agir d'une société ou d'une association régie par les articles 2186 à 2279 C.c.Q. Par contre, le statut d'employeur ne peut pas être revendiqué lorsque la personne concernée détient également le statut de salarié. Cette situation étant incompatible avec le contrat de travail, c'est la qualité d'employeur qui prévaudra[43].

38. *Leduc* c. *Habitabec Inc.*, D.T.E. 94T-1240 (C.A.).
39. *Dicom Express* c. *Paiement*, précité, note 12, par 20 et 21 – selon la Cour, on peut soulever le voile corporatif « si la constitution en société est un subterfuge imposé par un employeur pour se décharger et échapper aux obligations que la loi lui impose à l'endroit de la personne soumise à sa subordination juridique ». Voir également, *Papaeconomou* c. *177930 Canada inc.*, 2009 QCCQ 13039, par. 66 : « [...] De l'avis du Tribunal, cette décision [l'arrêt *Dicom Express inc.*] doit aussi être appliquée dans les cas où il n'y a pas création d'une société par actions, mais seulement formation d'une entreprise » ; *Conseillers en informatique d'affaires CIA inc.* c. *4108647 Canada inc.*, 2012 QCCA 535, par. 36.
40. *Burrier Pincombe* c. *Immunotec inc.*, 2011 QCCS 5090.
41. *Transport Matte Ltée* c. *Tribunal du travail*, [1988] R.J.Q. 2346 (C.A.) ; *Syndicat des travailleuses et travailleurs de Librairie Garneau (C.S.N.)* c. *Sogides ltée*, D.T.E. 98T-538 (T.T.) ; *Aliments Béatrice inc.* c. *Syndicat des travailleuses et travailleurs des fromages Crescent (production)*, D.T.E. 96T-1394 (T.T) ; *Syndicat des salariés d'autobus Dupont & Bélair (C.S.N.)* c. *Autobus Bélair inc.*, [1986] T.T. 285. Exemples, par ailleurs, de situations conduisant à la reconnaissance d'employeurs distincts malgré la présence de certains liens entre eux : *Transfo-métal inc.* c. *Syndicat des travailleurs de Transfo-métal (C.S.N.)*, [2001] R.J.D.T. 1219 (T.T.) ; *Ville-Marie Pontiac Buick inc.* c. *Syndicat des travailleuses et travailleurs de garage de la région de Montréal*, [1993] T.T. 162 ; *Service sanitaire de la Mauricie Inc.* c. *Syndicat des employés du commerce et des services de Shawinigan (Section services sanitaires)*, D.T.E. 88T-641 (T.T.).
42. *Alliance de la Fonction publique du Canada* c. *Francis*, [1982] 2 R.C.S. 72.
43. *Dicom Express* c. *Paiement*, précité, note 12, par. 29 : « [...] L'on ne peut pas être à la fois le salarié de quelqu'un et l'employeur d'un autre dans l'exécution d'une même tâche, car le type de contrôle que comporte la subordination juridique d'un employeur vis-à-vis son salarié ne peut se satisfaire d'un tel partage [...] ».

103 – *Relations atypiques* – La constatation préalable de l'exécution d'un travail par un salarié demeure le facteur clé de la reconnaissance du statut d'employeur d'une autre personne[44]. Néanmoins, la présence de plusieurs intervenants qui disposent distinctement à l'endroit d'un salarié des différents attributs usuels de l'employeur, peut poser une difficulté d'identification du véritable employeur d'un point de vue juridique, chaque intervenant étant susceptible d'apparaître, sous un aspect ou un autre, comme cet employeur.

Certaines situations demeurent relativement simples, comme celle du prêt temporaire des services d'un salarié par un employeur à un autre. Le lien d'emploi principal ou fondamental demeure alors celui établi entre l'employeur prêteur et le salarié[45]. Ce constat n'écarte toutefois pas qu'on puisse considérer qu'un deuxième employeur intervient, parallèlement au premier, pour la durée et aux fins du prêt de services[46].

D'autres relations tripartites exigent un examen approfondi et délicat des éléments essentiels du contrat de travail (prestation de travail, rémunération, subordination) et des droits et obligations qu'ils génèrent usuellement pour l'employeur, afin d'identifier ce dernier. C'est le cas des multiples formes que peuvent prendre les contrats de fourniture de main-d'œuvre qui ont pour effet de démembrer, entre deux entreprises, les attributs normaux de l'employeur à l'endroit du salarié : recrutement ; formation ; assignation, contrôle et bénéfice du travail ; paiement de la rémunération. Le plus souvent, cette relation triangulaire est caractérisée par la constatation que l'intervenant qui bénéficie de la prestation de travail de l'employé, d'une part, et celui qui le recrute et qui lui verse sa rémunération, d'autre part, sont des personnes différentes. Il devient alors pertinent d'adopter une approche globale et d'examiner l'ensemble des composantes d'une relation employeur-salarié, à savoir la préembauche et l'embauche, la formation, l'assignation des tâches, la supervision, l'évaluation, la discipline, la rémunération et l'intégration dans l'entreprise. Au terme de cet examen, il demeurera légitime d'accorder un poids prépondérant au lien de subordination

---

44. Par exemple : *Coopérative forestière de Ferland-Boileau c. Syndicat des travailleurs forestiers du Saguenay-Lac-Saint-Jean (F.T.F.Q.)*, [1999] R.J.D.T. 1133 (T.T.), confirmé par *Coopérative forestière de Ferland-Boileau c. Tribunal du travail*, [2000] R.J.D.T. 480 (C.S.).

45. *Auberge Le Martinet Inc. c. Arial*, [1972] C.A. 704 ; *Marini c. Université McGill*, D.T.E. 92T-665 (C.S.).

46. *Syndicat du personnel de soutien du collège de Shawinigan enr. (C.S.N.) c. Collège de Shawinigan*, D.T.E. 2000T-517 (T.T.).

juridique et de désigner comme le véritable employeur le titulaire principal du pouvoir de contrôle du travail et des conditions de travail de l'employé[47].

2. L'accord de volontés

104 – *Consensualisme* – Le *Code civil du Québec* ne soumet la conclusion du contrat de travail à aucun formalisme ; il résulte du seul échange de consentement entre des personnes capables de contracter (art. 1385 C.c.Q.)[48]. C'est à titre exceptionnel que l'article 2089 C.c.Q. requiert qu'une stipulation de non-concurrence soit par écrit et en termes exprès[49]. L'accord de volontés doit néanmoins être complet et définitif[50].

Le contrat de travail peut donc être aussi bien verbal qu'attesté par un écrit plus ou moins complet allant de celui qui aménage de façon détaillée les obligations réciproques des parties à la simple signature d'un formulaire d'embauche.

105 – *Négociation* – La conclusion du contrat de travail est parfois le résultat d'une véritable et minutieuse négociation entre l'employeur et le salarié, en particulier au niveau des cadres supérieurs ou des emplois hautement spécialisés. À l'inverse, il peut s'agir d'un contrat d'adhésion (art. 1379 C.c.Q.), généralement imposé par l'employeur, avec les conséquences que le *Code civil du Québec* y rattache : interprétation en faveur de l'adhérent (art. 1432 C.c.Q.)[51] ; possibilité de nullité de la clause externe (art. 1435 C.c.Q.)[52] ; possibilité de nullité

---

47. *Pointe-Claire (Ville de)* c. *Québec (Tribunal du travail)*, [1997] 1 R.C.S. 1015 ; *Syndicat des employés du C.L.S.C. Montréal-Nord* c. *Centre local de services communautaires de Montréal-Nord*, D.T.E. 2000T-62 (T.T.) ; *Bridgestone / Firestone Canada inc.* c. *T.C.A. Canada*, D.T.E. 2002T-433 (T.T.) ; *Gosselin* c. *9089-1557 Québec inc. (Entretien de stationnement MA)*, D.T.E. 2006T-983 (C.Q.) ; *Mercier* c. *Aventure Appalaches inc.*, D.T.E. 2005T-478 (C.Q.).
48. *Durand* c. *Prolab-Bio Inc.*, [2001] R.J.Q. 1037 (C.S.) ; *Jacques* c. *Enseignes Enseicom inc.*, D.T.E. 99T-337 (C.S.) ; *Jananji* c. *Leader Manufacturing Inc.*, D.T.E. 94T-423 (C.S.) – mandat apparent.
49. *Beauregard* c. *Bourque*, D.T.E. 2008T-531 (C.A.).
50. *Latraverse* c. *Centre hospitalier St-Eustache*, [2002] R.J.Q. 1056 (C.S.).
51. *Audet* c. *Corp. des loisirs, secteur N.D.L.*, précité, note 35 ; *Commission des normes du travail du Québec* c. *Centre Lux Ltée*, D.T.E. 94T-999 (C.Q.) ; *Côté* c. *Cie nationale de forage et de sondage Inc.*, précité, note 35 ; *Fédération des caisses Desjardins du Québec* c. *Roy*, D.T.E. 2004T-1161 (C.Q.).
52. *Lemyre* c. *AstraZeneca*, 2009 QCCQ 3651, par. 56 – le Tribunal conclut que les critères sont rencontrés pour appliquer les dispositions contenues au deuxième alinéa de l'article 1435 C.c.Q. et déclarer nulle et inopposable la clause externe invoquée.

d'une clause illisible ou incompréhensible pour une personne raisonnable (art. 1436 C.c.Q.) ; surtout, nullité ou réductibilité de toute clause abusive (art. 1437 C.c.Q.)[53].

106 – *Capacité* – Le consentement doit être donné par une personne qui, au temps où elle le manifeste, est apte à s'obliger (art. 1398 C.c.Q.). Quant à la capacité des parties, l'article 1409 C.c.Q. renvoie aux règles relatives à la capacité de contracter énoncées principalement au livre « Des personnes ». Il est à remarquer, en particulier, l'article 156 C.c.Q. qui répute le mineur de 14 ans et plus majeur aux fins de son emploi[54], l'article 157 C.c.Q. qui permet à un mineur, selon son âge et son discernement, de contracter seul pour satisfaire ses besoins ordinaires et usuels, ainsi que les règles relatives à l'émancipation simple (art. 167 à 174 C.c.Q.) ou à la pleine émancipation par le mariage (art. 175 et 176 C.c.Q.).

Quant à sa qualité, le consentement doit être libre et éclairé, sans être vicié par l'erreur, la crainte ou, dans le cas des mineurs et des majeurs protégés, par la lésion (art. 1399 à 1408 C.c.Q.)[55].

107 – *Cause et objet* – Le contrat de travail et les obligations qu'il génère doivent enfin avoir une cause qui ne soit contraire ni à la Loi ni à l'ordre public (art. 1371, 1385, 1410 et 1411 C.c.Q.) ; il en est de même de leur objet (art. 1371, 1373, 1385, 1412 et 1413 C.c.Q.)[56].

---

53. Voir l'opinion du juge La Forest dans *Godbout* c. *Longueuil (Ville de)*, [1997] 3 R.C.S. 844 – absence de renonciation valide, faute de liberté, à un droit fondamental, en l'occurrence au droit au respect de la vie privée ; *Bérubé* c. *Mutuelle d'Omaha*, D.T.E. 98T-875 (C.S.).

54. *Rodrigue* c. *Ste-Pétronille (Corporation municipale du Village de)*, 2008 QCCQ 4943 – sur la base de l'article 156 C.c.Q., le Tribunal considère une fille mineure de 16 ans réputée majeure pour les actes relatifs à son emploi, en l'occurrence l'acceptation ou le refus de nouvelles conditions de travail.

55. *Ville de Montréal-Est* c. *Gagnon*, [1978] C.A. 100 – erreur sur une considération principale ayant incité au contrat ; *Corporation du Petit Séminaire de St-Georges de Beauce* c. *Cliche*, D.T.E. 85T-285 (C.S.) – mandat pastoral impliquant une absence de consentement à conclure un contrat de travail ; *Ligue des caisses d'économie du Québec (1970)* c. *King*, D.T.E. 83T-19 (C.S.) – erreur résultant du défaut du candidat à l'emploi de révéler une information. Absence cette fois de vice de consentement par suite d'erreur ou de dol : *Aubrais* c. *Laval (Ville de)*, [1996] R.J.Q. 2239 (C.S.) ; *Anjou (Ville d')* c. *Patry*, [1988] R.J.Q. 502 (C.S.) ; *Bourdeau* c. *CSS du Haut-Richelieu Rouville*, 2009 QCCQ 5343 – le Tribunal considère que le contrat de travail est nul pour cause de vice de consentement. Lors de son embauche, le salarié savait qu'il était soumis à une période de probation d'une année. Cependant, il ne pouvait s'attendre à ce qu'il soit congédié après six semaines de travail seulement pour des raisons subites de restructuration.

56. Exemples de contrats contenant une stipulation contraire à la Loi ou à l'ordre public : *Caisse populaire de la cité de Shawinigan* c. *Beaulac*, [1980] C.A. 154 –

II- LES OBLIGATIONS

A. Les obligations du salarié

1. *Les obligations relatives au travail*

108 – *Énoncé* – C'est sans rupture avec le droit antérieur que l'article 2088 C.c.Q. énonce les obligations du salarié :

> Le salarié, outre qu'il est tenu d'exécuter son travail avec prudence et diligence, doit agir avec loyauté et ne pas faire usage de l'information à caractère confidentiel qu'il obtient dans l'exécution ou à l'occasion de son travail.

> Ces obligations survivent pendant un délai raisonnable à la cessation du contrat, et survivent en tout temps lorsque l'information réfère à la réputation et à la vie privée d'autrui.

a) *L'exécution personnelle*

109 – *Principe et limites* – Il s'infère de la nature même du contrat de travail, tel que déjà signalé, que le salarié exécute personnellement le travail convenu, « son travail » comme le mentionne d'ailleurs l'article 2088 C.c.Q.[57]. Cette obligation habituelle du salarié n'empêche toutefois pas les parties de prévoir qu'il puisse ou qu'il doive prendre certaines mesures pour assurer son remplacement en cas d'absence, ces mesures pouvant aller jusqu'à choisir lui-même son substitut. Elle n'exclut pas non plus, sous réserve des termes du contrat ou d'une directive contraire de l'employeur, la possibilité que le salarié se fasse aider, compte tenu de la tâche à accomplir, en embauchant lui-même des aides et en cumulant alors le statut d'employé, d'une part, et celui d'employeur, d'autre part[58].

---

durée ; *Ligue des caisses d'économie du Québec (1970)* c. *King*, précité, note 55 – durée ; *Commission des normes du travail du Québec* c. *Centre Lux Ltée*, précité, note 51 – clause pénale ; *Brasserie Labatt Ltée* c. *Villa*, [1995] R.J.Q. 73 (C.A.) – obligation de déménagement du lieu de résidence de la famille de l'employé ; *Godbout* c. *Longueuil (Ville de)*, précité, note 53 – obligation de résidence dans la municipalité.

57. Voir *supra*, n° 94.

58. *Pétroles Inc. (Les)* c. *Syndicat international des travailleurs des industries pétrolières, chimiques et atomiques, locaux 9-700, 9-701 [...]*, précité, note 13 ; *Gaston Breton Inc.* c. *Union des routiers, brasseries, liqueurs douces et ouvriers de diverses industries, local 1999*, précité, note 16 ; *Croustilles Yum Yum Inc.* c. *Syndicat des travailleurs de l'énergie et de la chimie, section locale 166 (F.T.Q.)*, précité, note 31.

b)   Le devoir d'obéissance

110 – *Nature et source* – Le travail doit être exécuté selon les instructions de l'employeur ou dans le cadre déterminé par celui-ci. Cette
obligation résulte directement du pouvoir de direction ou de contrôle
que l'article 2085 du Code reconnaît à l'employeur. La subordination
du salarié est à l'origine du pouvoir de l'employeur d'imposer des
directives de conduite dans l'entreprise, par exemple en adoptant des
règlements à cet effet, et de l'obligation de l'employé de s'y soumettre.
Le pouvoir de direction de l'employeur ne saurait toutefois s'étendre
jusqu'à lui permettre d'exiger de l'employé qu'il agisse à l'encontre de
la Loi ou de l'ordre public (art. 1413 C.c.Q.)[59]. Ce pouvoir n'autorise
pas non plus l'employeur à imposer au salarié des normes de conduite
qui concernent sa vie privée, du moins en l'absence de justification
étroitement reliée à la nature du travail de l'employé[60].

Le manquement de l'employé à son devoir d'obéissance peut
donner lieu à l'exercice par l'employeur de son pouvoir disciplinaire,
sous forme d'avertissement, de réprimande, de suspension, ou même,
en dernier lieu, de congédiement pour cause d'insubordination.

c)   La prudence et la diligence

111 – *Principe* – L'article 2088 C.c.Q. introduit une norme de prudence et de diligence que le salarié doit satisfaire dans l'exécution de
son travail. L'obligation du salarié, de manière générale, en est une
de moyens dont l'intensité varie selon la nature du travail à fournir,
jusqu'à s'approcher, dans certains cas, d'une obligation de résultat[61].
La prudence requise du salarié l'oblige à travailler d'une façon sécuritaire pour lui-même, pour ses collègues de travail et même pour les
tiers, notamment en se conformant aux lois et règlements applicables, lorsqu'il y a lieu.

---

59.   *Brosseau* c. *Villeneuve*, D.T.E. 90T-850 (C.S.) – refus d'un huissier de signer des
      rapports de signification inexacts ; *Clément* c. *The Phoenix Insurance Co.*,
      (1894) 6 C.S. 502 – refus de l'employé de se livrer à une déclaration mensongère
      injustifiée.
60.   Il y a lieu de tenir compte ici des articles 3 et 35 C.c.q. ainsi que de l'article 5 de
      la *Charte des droits et libertés de la personne*, RLRQ, c. C-12, qui reconnaissent
      le droit de toute personne au respect de sa vie privée. Sur la portée de ce droit
      dans le contexte du travail, voir *supra*, Titre préliminaire, chapitre 2, n°s 51-53.
      Voir également *Gagnon* c. *Brasserie La Bulle Inc.*, D.T.E. 85T-933 (C.S.) – fré-
      quentation d'un employée par une employée.
61.   Cette norme est la même que celle qui s'adresse à l'administrateur du bien
      d'autrui et au mandataire, selon les articles 1309 et 2138 C.c.Q. respective-
      ment.

112 – *Notion de diligence* – La notion de diligence est suffisamment compréhensive pour référer tant à la quantité qu'à la qualité de travail que le salarié devrait normalement fournir et à laquelle l'employeur est légitimement en droit de s'attendre, compte tenu de la nature du travail ou des termes du contrat. Les concepts d'incompétence et d'insuffisance professionnelle (ou insuffisance de rendement) se rattachent au défaut du salarié de fournir à l'employeur un travail raisonnablement satisfaisant. Ce qu'on désigne parfois comme une « obligation de civilité » du salarié, c'est-à-dire son obligation de participer au maintien d'un climat et d'un milieu de travail harmonieux, découle de son devoir général de prudence et de diligence.

Il est un fait établi que l'essence de l'obligation du salarié en vertu du *Code civil du Québec* est celle de fournir une prestation de travail adéquate avec diligence, en contrepartie de la rémunération versée par l'employeur[62]. Ce devoir de diligence a eu l'occasion d'être traité devant les tribunaux dans le contexte d'un phénomène qui s'est développé au cours des dernières années : l'utilisation d'Internet à des fins personnelles en milieu de travail[63]. La question fut essentiellement de savoir dans quelle mesure le salarié faillit à son obligation de diligence lorsqu'il utilise Internet à des fins non professionnelles. La jurisprudence semble avoir dégagé en la matière une ligne directrice qui fait appel à un ensemble de facteurs à considérer. Le congédiement du salarié ne pourra être envisagé que lorsqu'une faute grave, brisant le lien de confiance existant entre lui et son employeur, est commise. Différents facteurs déterminant la gravité de la faute pourront être pris en compte tels que : la fonction occupée par le salarié, son degré d'autonomie, son ancienneté, la présence d'un dossier disciplinaire, les conséquences de la faute sur son travail, sa situation personnelle et le laxisme de l'employeur[64]. Dans tous les cas, il s'agira

---

62. Art. 2085 C.c.Q.
63. Voir à ce sujet les auteurs suivants : S. LEFEBVRE, « Naviguer sur Internet au travail : et si on nageait en eaux troubles ? », dans Service de la formation continue, Barreau du Québec, *Développements récents en droit du travail 2008*, vol. 293, Cowansville, Éditions Yvon Blais, 2008 ; S.P. HÉBERT, « Défis et incidences juridiques des technologies et des médias sociaux en milieu de travail », dans Service de la formation continue, Barreau du Québec, *Développements récents en droit du travail 2012*, vol. 348, Cowansville, Éditions Yvon Blais, 2012. Sur le pouvoir de surveillance de l'employeur, voir S. ROMPRÉ, *La surveillance de l'utilisation d'Internet au travail*, Cowansville, Éditions Yvon Blais, 2009 ; Le cahier de la Conférence des arbitres du Québec, *Mes amis Facebook, moi et mon emploi : L'arbitrage de grief à l'ère des réseaux sociaux*, vol. 1, Montréal, Wilson & Lafleur, 2012.
64. S. LEFEBVRE, *op. cit.*, note 63.

de savoir si l'utilisation d'Internet au travail a été exercée de manière abusive ou inappropriée ; impliquant une perte de productivité, voire un vol de temps ; et portant préjudice à l'employeur au point de briser le lien de confiance qui existe entre lui et son salarié[65].

113 – *Responsabilité* – La faute intentionnelle ou caractérisée du salarié dans l'exécution de son travail peut engager sa responsabilité pour les dommages subis par l'employeur[66].

De même, la faute personnelle du salarié qui cause un préjudice à un tiers le rend responsable envers ce dernier (art. 1457 C.c.Q.). Le cas échéant, cette responsabilité est en quelque sorte garantie économiquement par l'employeur, que l'article 1463 C.c.Q. oblige à réparer le préjudice causé par la faute de ses préposés dans l'exécution de leurs fonctions[67]. Toutefois, l'employeur conserve alors un droit de recours contre le salarié. Le salarié qui agit simplement comme porte-parole ou *alter ego* de l'employeur, sans excéder ses fonctions ni commettre de faute personnelle, n'engage pas sa responsabilité ; l'employeur demeure seul responsable du préjudice subi, s'il y a lieu[68]. Enfin, l'article 442 de la *Loi sur les accidents du travail et les maladies professionnelles* assure une immunité absolue au salarié assujetti à cette loi qui cause une lésion professionnelle, au sens de la Loi, à un coemployé ou à un salarié d'un autre employeur qui y est également assujetti[69].

---

65. Pour des exemples jurisprudentiels relatifs à l'utilisation d'Internet au travail, voir : *Syndicat du personnel de soutien de la Seigneurie des Mille-Îles (CSN)* et *Commission scolaire de la Seigneurie-des-Mille-Îles*, D.T.E. 2008T-149 (T.A.) – téléchargement d'une centaine de vidéos pornographiques ; *Gilles* et *Ciba Spécialités chimiques Canada inc.*, D.T.E. 2008T-330 (C.R.T.) – téléchargement et sauvegarde de matériel à caractère pornographique ; *Bourassa* c. *La Tuque (Ville de)*, D.T.E. 2009T-622 (C.R.T.) – utilisation abusive d'Internet au cours des heures de travail ; *Vidétron ltée* et *Rioux*, D.T.E. 2010T-745 (T.A.) – violation répétée et délibérée des règles d'utilisation d'Internet ; *Badin* c. *MMCC insurance solutions inc. Téléperformance Canada*, 2011 QCCRT 229 – utilisation inappropriée d'Internet ; *Lepage* c. *Syndicat des employé-es de métiers d'Hydro-Québec, section locale 1500 SCFP (F.T.Q.)*, 2011 QCCRT 179 – accès à des fichiers pornographiques ; *Arseneault* c. *Association générale des étudiant(e)s de Bois-de-Boulogne*, 2011 QCCRT 578 – consultation abusive de Facebook ; *Syndicat des salariés des produits de céramique et autres (CSN)* c. *Mapei inc.*, 2011 CanLII 65130 (QC SAT) – perte de temps et de productivité ; *Montour Limitée* et *Syndicat des employé-e-s de la Cie Montour (CSN)*, D.T.E. 2007T-195 (T.A.) – diffusion de propos diffamants sur Internet.
66. *Giroux-Garneau* c. *Wood Gundy Inc.*, D.T.E. 97T-1262 (C.S.).
67. *Gauthier* c. *Chabot*, [1998] R.R.A. 962 (C.A.). Voir aussi, *infra*, n° 144.
68. *Latulippe* c. *Commission scolaire de la Jeune-Lorette*, [2001] R.J.D.T. 26 (C.A.) ; *Legros* c. *Bristol-Myers Squibb Canada inc.*, D.T.E. 2002T-793 (C.S.).
69. *Loi sur les accidents du travail et les maladies professionnelles*, RLRQ, c. A-3.001. *Béliveau St-Jacques* c. *Fédération des employés et employées de*

d) La loyauté, la discrétion et la non-concurrence

114 – *Codification* – L'article 2088 C.c.Q. a codifié des devoirs de loyauté et de discrétion du salarié que la jurisprudence avait déjà largement reconnus. Il en est de même de la survie de ces obligations après la cessation du contrat, qu'envisage le deuxième alinéa de cet article.

115 – *Loyauté* – Le salarié travaille au bénéfice de son employeur, qui le paie en retour. Ce fait et la bonne foi que l'article 1375 C.c.Q. lui impose dans sa conduite commandent naturellement un comportement honnête et loyal envers l'employeur et son entreprise. L'intensité de l'obligation de loyauté variera selon la nature des fonctions et responsabilités confiées aux salariés, ceux qui assument des responsabilités de direction dans l'entreprise ou qui en sont des employés-clés étant tenus à une obligation plus lourde, apparentée à celle des mandataires envers leurs mandants[70], voire à une obligation « quasi-fiduciaire »[71]. Dans tous les cas, le salarié doit s'interdire un comportement malhonnête envers son employeur[72] ou de nature à porter atteinte à sa réputation sans motif valable[73]. De même, il doit éviter toute situation de conflit d'intérêts, notamment en favorisant un concurrent de son employeur ou en profitant lui-même indûment de

---

services publics, [1996] 2 R.C.S. 345 ; *Genest* c. *Commission des droits de la personne et des droits de la jeunesse*, D.T.E. 2001T-99 (C.A.). Voir aussi, *infra*, n° 145.

70. *Banque de Montréal* c. *Kuet Leong Ng*, [1989] 2 R.C.S. 429, 438 ; *Équipements Paramédic (1993) Inc.* c. *Jobidon*, D.T.E. 99T-252 (C.S.) ; *Soquelec Télécommunications ltée* c. *Microvolt Électroniques inc.*, [2002] R.J.Q. 1374 (C.S.) ; *Gravino* c. *Enerchem Transport Inc.*, D.T.E. 2008T-809 (C.A.) ; *Lépine* c. *Goodyear Canada inc.*, 2010 QCCS 4315, par. 150 – l'employé est titulaire d'un poste de confiance et par conséquent, il est tenu de donner l'exemple, sans détournement de pouvoir.

71. *RBC Dominion Securities Inc.* c. *Merrill Lynch Canada Inc.*, 2008 CSC 54.

72. À titre d'exemple, voir l'affaire *Ascenseurs Thyssen Montenay Inc.* c. *Aspirot*, [2008] R.J.Q. 28, EYB 2007-127563 (C.A.). Voir aussi et transposer *McKinley* c. *BC Tel*, [2001] 2 R.C.S. 161, 2001 CSC 38 ; *Provost* c. *The Standard Foundry and Machinery Co.*, (1915) 21 R.L. 433.

73. Voir, dans le cas d'un fonctionnaire, *Fraser* c. *Commission des relations de travail dans la Fonction publique*, [1985] 2 R.C.S. 455. Voir également *Royer* c. *Roy*, (1891) 20 R.L. 323 ; *Association forestière québécoise Inc.* c. *Caron*, T.T. Québec, n° 200-28-000110-806, 12 juin 1980 ; *Anvari* c. *Royal Institution for the Advancement of Learning (McGill University)*, D.T.E. T82-204 (T.A.). Voir aussi, dans le cas d'une présidente d'un syndicat, *Syndicat du personnel de soutien en éducation de la région de Laval (C.S.Q.)* et *Commission scolaire Laval*, D.T.E. 2003T-241(T.A.) (requête pour permission d'appeler rejetée (C.A., 2002-11-06), n° 500-09-012765-020). Requête pour autorisation de pourvoi à la Cour suprême rejetée (2003 CSC 29527).

son emploi au détriment de celui-ci[74]. Dans certains cas, la responsabilité du nouvel employeur concurrent peut également être retenue si celui-ci se rend sciemment complice de la violation de l'obligation de loyauté incombant à l'ex-salarié[75]. C'est en raison de sa mauvaise foi et de son manque d'égards envers une saine concurrence que sa responsabilité pourra être engagée.

Il peut arriver que pour contrer ces pratiques, l'employeur élabore une clause de non-sollicitation faisant partie intégrante du contrat de travail. Ce type de clause visant à empêcher un ancien salarié de solliciter[76] la clientèle de son ex-employeur ne peut avoir pour effet de restreindre indûment les activités du salarié dans le cadre de son nouvel emploi, voire de sa nouvelle entreprise. L'ex-salarié devra également s'abstenir dans le cadre de ses nouvelles activités, de solliciter de manière « pressante et persistante » la clientèle de son ancien employeur[77]. En cas de litige sur la validité de la clause, l'employeur aura le fardeau de démontrer que des actes illégaux de sollicitation ont été commis, c'est-à-dire que l'ex-salarié a posé des gestes récurrents envers sa clientèle, ayant pour effet de favoriser un concurrent ou la nouvelle entreprise de l'ex-salarié[78].

---

74. *Banque de Montréal* c. *Kuet Leong Ng*, précité, note 70 – activités de l'employé pour son propre compte, en utilisant les ressources et la clientèle de l'employeur. Concurrence et conflit d'intérêts : *Soquelec Télécommunications ltée* c. *Microvolt Électroniques inc.*, précité, note 70 ; *Beaulieu, Gagné, Chiasson inc.* c. *Gauvreau*, [1999] R.J.D.T. 1105 (C.S.) ; *Mahoney* c. *Alliance, Cie mutuelle d'assurance-vie*, [1991] R.J.Q. 1115 (C.S.) ; *Atlantipad Inc.* c. *Muratori*, D.T.E. 89T-2 (C.S.) ; *Typoform Inc.* c. *Gignac*, D.T.E. 88T-622 (C.S.). Absence de conflit d'intérêts : *Maheu, Noiseux & Associés* c. *Roneo Vickers Canada Ltd.*, [1988] R.J.Q. 1597 (C.A.) ; *157079 Canada Inc.* c. *Ste-Croix*, [1988] R.J.Q. 2842 (C.S.) ; *Gagné* c. *9011-6641 Québec inc.*, 2008 QCCS 5406 ; *Cavalier Cantine JR inc.* c. *Dulong*, 2011 QCCS 6893.

75. *Freetime Omnimedia inc.* c. *Weekendesk France*, 2009 QCCS 24, par. 53, 54, 62 et 64.

76. Voir A. BUSWELL et A. PAUL-HUS, « Les clauses de non-sollicitation de clientèle et les articles 2088 et 2089 du Code civil : entre la théorie et la réalité commerciale », (2009) 68 *R. du B.* 94-111, 97. Selon ces auteurs, la jurisprudence a interprété la notion de « sollicitation » comme « un effort soutenu et insistant afin d'obtenir ou de conclure un contrat avec une tierce partie. Il faut donc que l'initiative de communication relève du salarié, et non pas du client lui-même, ce qui impliquera normalement un ou plusieurs gestes positifs de la part du salarié ».

77. Voir, M.-A. ST-PIERRE PLAMONDON et M. GRENIER, « Les décisions récentes portant sur la non-concurrence en droit de l'emploi : quelles sont les leçons à tirer », dans Service de la formation continue, Barreau du Québec, *Développements récents en droit de la non-concurrence 2009*, vol. 313, Cowansville, Éditions Yvon Blais, 2009, p. 72 et 73.

78. *THQ Montréal inc.* c. *Ubisoft Divertissements inc.*, 2011 QCCA 2344 – les conséquences normales de la concurrence ne doivent pas être considérées comme une

Sous cette réserve et en l'absence de clause d'exclusivité de service ou de non-sollicitation, l'employeur ne peut lui reprocher d'occuper un autre emploi ou de solliciter sa clientèle[79]. Rien n'interdit non plus au salarié, en principe, de se préparer à pratiquer éventuellement la même activité que son employeur[80], soit pour le compte d'un autre employeur[81], soit pour son propre compte[82], et d'utiliser les connaissances et l'expérience acquises dans son emploi[83]. Il doit toutefois s'abstenir de toute conduite agressive à l'encontre des intérêts de son employeur aussi longtemps qu'il est à son service[84],

sollicitation illégale ; *Exfo Inc.* c. *Réseaux Accedian inc.*, 2011 QCCS 3767, par. 16 et 17 – une annonce faite sur un réseau social ne constitue pas un acte de sollicitation illégale ; *Roulottes A. & S. Lévesque (1993) Inc.* c. *Lévesque*, 2008 QCCS 4221, par. 77 : « Une annonce publicitaire à la radio ou dans les journaux n'est pas une sollicitation active. L'incitation doit aller au-delà de l'invitation générale et impersonnelle ».

79. *Villeneuve* c. *Soutien-Gorge Vogue Inc.*, D.T.E. 86T-739 (C.S.).

80. *Novilco Inc.* c. *Bouchard*, 2010 QCCS 3015 – le fait pour des employés de planifier l'ouverture d'une entreprise concurrente n'équivaut pas nécessairement à une violation de l'obligation de loyauté.

81. *Subra* c. *Mitjavi Canada inc.*, 2011 QCCS 5433, par. 55 : « [...] rien n'oblige un employé à se satisfaire de son sort. Il a parfaitement le droit de chercher un nouvel emploi pourvu qu'il ne soit pas déloyal face à son employeur [...] ».

82. *Protection Incendie Pro du Québec* c. *Bouchard*, 2011 QCCS 6375, par. 294 : selon la Cour supérieure, « [i]l demeure [...] qu'un employé qui quitte un employeur pour créer sa propre entreprise n'agit pas, de ce seul fait, de façon déloyale ».

83. *Archambault* c. *Pétro-Canada Inc.*, D.T.E. 88T-3 (C.A.) ; *Laboratoire Rive-Sud inc.* c. *Rodriguez*, [1999] R.J.D.T. 141 (C.S.) ; *Aloette Cosmétiques de Québec Inc.* c. *Corbeil*, [1998] R.J.D.T. 60 (C.S.) ; *Sérigraphie Concept M.D., division de Dispensaco Inc.* c. *Gauthier*, D.T.E. 98T-705 (C.S.) ; *Chas. Chapman Co.* c. *153291 Canada Inc.*, [1992] R.J.Q. 705 (C.S.) ; *Société Pole-Lite Ltée* c. *Cormier*, [1989] R.J.Q. 1584 (C.S.) ; *Positron Inc.* c. *Desroches*, [1988] R.J.Q. 1636 (C.S.) ; *Gravino* c. *Enerchem Transport inc.*, précité, note 70, par 52 : « [...] l'obligation de loyauté de l'administrateur n'étant pas un substitut légal à une clause contractuelle de non-concurrence, on voit facilement pourquoi, en l'absence de tout conflit d'intérêts en cours (ou très récent), l'emprunt d'une pure et simple idée demeurera sans conséquence. En effet, toute information n'est pas confidentielle ou matière à propriété intellectuelle et, là où la concurrence est permise, il est généralement de bonne guerre de s'inspirer des bonnes idées de la concurrence pour essayer de faire mieux qu'elle. C'est cela aussi, être en concurrence ».

84. *Pro-quai inc.* c. *Tanguay*, D.T.E. 2006T-44 (C.A.) – un représentant aux ventes est congédié pour avoir primé ses propres intérêts avant ceux de son employeur ; *Armanious* c. *Datex Bar Code Systems Inc.*, [2001] R.J.Q. 2820 (C.A.) – appropriation, pendant l'emploi, de listes de clients et d'autres informations destinées à mettre en marche une entreprise concurrente ; destruction également des banques de données de l'employeur pour le paralyser ; *Groupe financier Assbec Ltée* c. *Dion*, D.T.E. 95T-70 (C.A.) ; *Métrivis ltée* c. *Capano*, D.T.E. 2000T-1077 (C.S.), REJB 2000-20701 (C.S.) – mise en place agressive, pendant l'emploi, d'une entreprise destinée à concurrencer l'employeur ; *Rapi-Bouffe Inc.* c. *Henry*, D.T.E. 94T-1227 (C.S.) ; *Assurances Leblanc & Croteau Ltée* c. *Assurance Danis-Corneau Inc.*, [1988] R.J.Q. 1051 (C.S.) ; *Agfor Inc.* c.

et même, à certains égards, après la fin de son emploi[85].

La portée de cette obligation de loyauté post-contractuelle découlant de l'article 2088 C.c.Q. s'appréciera en fonction des circonstances, et devra s'exercer selon les règles de la bonne foi. Si l'employeur ne peut imposer au salarié des restrictions équivalentes à celle d'une clause de non-concurrence, de son côté le salarié ne pourra exercer une concurrence qui porte indûment atteinte aux intérêts de l'employeur. À ce sujet, les tribunaux ont rappelé l'obligation faite au salarié de ne pas se servir des informations confidentielles de son ex-employeur pour lui faire concurrence ; de ne pas utiliser de tactiques de dénigrement ; de ne pas se livrer à des tromperies ; ou encore de ne pas profiter indûment de certaines relations privilégiées avec la clientèle de son ex-employeur[86].

116 – *Discrétion* – La jurisprudence avait déjà associé le devoir de discrétion du salarié à son obligation de loyauté, comme une de ses facettes. L'article 2088 C.c.Q. en fait une obligation formellement distincte. En pratique, le devoir de loyauté et le devoir de discrétion demeureront associés dans la mesure où le premier ne manquera pas d'éclairer la portée concrète du second selon les espèces. Sur ce plan, l'obligation de discrétion dictée par le Code concerne l'information à caractère confidentiel et son usage. Le caractère confidentiel de l'information peut résulter, selon les cas, de sa qualification comme telle, par les parties ou par l'employeur, de son accessibilité restreinte ou privilégiée, ou encore de sa nature, comme dans le cas du secret commercial[87]. Il peut aussi bien s'agir de renseignements sur

---

Laliberté, [1986] R.J.Q. 581 (C.S.). Quant au caractère purement civil de cette question, voir : *John A. MacDonald Railquit Enterprises* c. *Vapor Canada Ltd.*, [1977] 2 R.C.S. 134 ; *Positron Inc.* c. *Desroches*, précité, note 83 ; *9129-3845 Québec Inc.* c. *Dion*, 2012 QCCS 2078, par. 47 à 49 – la Cour supérieure considère que l'employé qui met en place sa propre entreprise et contacte les clients de son employeur avant d'avoir quitté son emploi agit de manière déloyale.

85. *Léonard* c. *Girard*, [1999] R.J.Q. 483 (C.S.) – illégitimité d'une proposition d'engagement de salariés de l'employeur associée à une utilisation intensive de sa clientèle.

86. *Concentrés scientifiques Bélisle inc.* c. *Lyrco Nutrition inc.*, 2007 QCCA 676, par. 42 ; *Valeurs mobilières Desjardins inc.* c. *Lambert*, 2009 QCCS 4278, par. 23 et 24 ; *Lapointe (Lapointe de l'ongle)* c. *Allard*, 2011 QCCQ 54, par. 29 ; *Leclerc* c. *Stal Diffusion inc.*, 2010 QCCS 5599, par. 18 ; *6954014 Canada inc. (Photoderma)* c. *Yoskovitch*, 2012 QCCS 616, par. 12 et 13.

87. Sur la notion de confidentialité, voir : *Matrox Electronic Systems Ltd.* c. *Gaudreau*, [1993] R.J.Q. 2449 (C.S.) ; *Syndicat des fonctionnaires provinciaux du Québec* c. *Procureur général de la province de Québec*, [1979] T.T. 388 ; *Positron Inc.* c. *Desroches*, précité, note 83. En particulier, on ne peut prétendre à la confidentialité d'un renseignement connu de tous ou accessible à tous : *Gestion Marie-Lou (St-Marc) inc.* c. *Lapierre*, D.T.E. 2003T-864(C.A.) ; *Laboratoire*

la situation financière de l'entreprise que sur ses stratégies, ses procédés de fabrication ou sa clientèle[88]. Exceptionnellement, la divulgation par le salarié d'informations confidentielles pourrait être légitimée par des motifs supérieurs qui relèvent de la sauvegarde de l'ordre public et de l'intérêt général. L'article 1472 C.c.Q. le prévoit expressément à l'égard de la divulgation d'un secret commercial. La notion d'ordre public rattachée notamment à la protection du droit à la santé et à la sécurité devrait permettre d'étendre la même immunité à la divulgation d'autres types d'informations.

117 – *Durée* – La survivance des obligations de loyauté et de discrétion après la cessation du contrat de travail varie, quant à sa durée, selon les critères prévus à l'article 2088, al. 2 C.c.Q. Elle est permanente dans le cas de toute information qui se rapporte à la réputation ou à la vie privée d'une personne, comme peut l'être l'information de nature médicale qui la concerne. Dans les autres cas, on fait appel à la notion de délai raisonnable. L'appréciation de ce délai tient compte du niveau hiérarchique ou du degré de responsabilité du salarié chez son ex-employeur, du rattachement de l'obligation au devoir de loyauté ou à celui de discrétion, de la nature du comportement du salarié et de celle de l'information en cause[89]. Elle soulève, en définitive, comme la détermination de l'étendue matérielle de l'obligation, une problématique d'équilibre entre la protection légitime des intérêts de l'employeur et le droit du salarié de gagner sa vie. La Cour

---

Rive-Sud Inc. c. *Rodriguez*, précité, note 83 ; *Ambulair Canada Inc.* c. *Somiper Aviation Inc.*, D.T.E. 96T-719 (C.S.) ; *G. & R. De la Fontaine Inc.* c. *Bouthillette, G. & R. de La Fontaine Inc.*, D.T.E. 95T-928 (C.S.). Sur l'utilisation d'un secret commercial : *ING Canada inc.* c. *Robitaille*, D.T.E. 2007T-239(C.A.) ; *Laboratoires Constant Inc.* c. *Beauchamp*, D.T.E. 99T-578 (C.S.).

88. La jurisprudence protège généralement l'employeur, par le biais de l'obligation de loyauté de l'employé, contre l'utilisation de ses listes de clients, ou de fournisseurs : *Armanious* c. *Datex Bar Code Systems Inc.*, précité, note 84 ; *Frank White Enterprises Inc.* c. *130541 Canada Inc.*, D.T.E. 95T-683 (C.A.) ; *Voyages Robillard Inc.* c. *Consultour / Club Voyages Inc.*, [1995] R.J.Q. 2680 (C.S.) ; *Personnel Marie-Andrée Laforce (2000) inc.* c. *Laforce*, D.T.E. 2004T-848 (C.S.) – dommages-intérêts ; *Setym international inc.* c. *Belout*, D.T.E. 2001T-980 (C.S.) – assimilation, dans l'espèce, à une information confidentielle ; *Freetime Omnimedia inc.* c. *Weekendesk France*, précité, note 75.

89. Dans l'arrêt *Armanious*, précité, note 84, la Cour d'appel a approuvé, à l'endroit de deux employés supérieurs fautifs, un délai de 12 mois commençant à courir au moment où les employés se conformaient à leur obligation. *Réfrigération Protec inc.* c. *Lewis*, D.T.E. 2001T-170 (C.S.) ; *Industries Z-Tech inc.* c. *Ladicani*, D.T.E. 2000T-1154 (C.S.) ; *Leclerc* c. *Stal Diffusion inc.*, précité, note 86, par. 117 : selon la Cour supérieure, l'obligation de loyauté ne subsiste en général que quelques mois après la terminaison du contrat. Il faudrait des circonstances exceptionnelles pour déroger à ce principe.

d'appel a résumé cette problématique et ses paramètres de solution de la façon suivante dans l'arrêt *Excelsior* :

> [...] en règle générale, aucun devoir implicite découlant d'un contrat d'emploi ne saurait empêcher un individu de gagner sa vie en utilisant ses connaissances et ses aptitudes professionnelles chez un concurrent. Ces dernières se rattachent à sa personne et à son patrimoine [...].

> [...]

> Quelle que soit sa source, il demeure que le concept d'obligation de loyauté doit être manié avec discernement. Mis en œuvre sans prudence, il gênerait ou paralyserait la liberté de travail et de concurrence plus sûrement encore, par son indétermination même, que les clauses contractuelles de non-concurrence à l'égard desquelles la jurisprudence s'est montrée sévère, comme on le sait.

> La difficulté de fixer l'étendue et les effets de l'obligation de loyauté se remarque dans les applications jurisprudentielles qui ont été faites. Essentiellement, celles-ci ont visé non pas de simples exécutants, mais des administrateurs, des cadres supérieurs de compagnies ou des personnes exécutant des fonctions impliquant un niveau de responsabilité supérieur ou l'accès à des informations commerciales, techniques ou scientifiques particulièrement importantes. Cette obligation semble reposer soit sur la possession d'informations confidentielles d'importance critique, soit sur la détention d'une responsabilité réelle dans la gestion d'une entreprise. L'obligation de loyauté paraît viser des employés qui disposent d'un pouvoir d'initiative ou assument des responsabilités éloignées du rôle d'obéissance dévolu à de simples préposés. On a parlé souvent de personnes qualifiées, ou de cheville ouvrière d'une entreprise ou d'employés clés.

> [...]

> On ne retrouve guère de précédent, dans le cas de contrats d'emploi, qu'un ancien employé, qui ne détenait pas d'informations commerciales ou techniques, confidentielles, d'importance critique pour l'entreprise, et qui ne remplissait pas un rôle de gestion, soit soumis à une obligation de loyauté telle qu'elle lui interdise toute opération de concurrence à l'égard de son ancien employeur.

> [...]

> Que l'obligation de loyauté provienne d'un mandat [...] ou du contrat d'emploi, on ne saurait encore une fois lui donner une interprétation et un contenu plus inconciliables avec les fondements de l'ordre public économique que les clauses de non-concurrence elles-mêmes. Elle ne

permet pas de consolider un droit de propriété de la clientèle, qui demeure l'objet de la lutte pour le marché, lutte à laquelle l'ancien employé ou mandataire a droit de participer, pourvu qu'il le fasse correctement.[90]

– Les clauses de non-concurrence

118 – *Conditions de validité* – La faculté éventuelle du salarié de concurrencer son ex-employeur peut par ailleurs être limitée conventionnellement par une clause dite de non-concurrence. Les articles 2089 et 2095 C.c.Q. se préoccupent spécifiquement de ce genre de stipulation dont les conditions de légalité et de mise en œuvre ont d'abord été dégagées par les tribunaux en l'absence de toute disposition législative expresse. Dans l'arrêt *Canadian Factors*, la Cour suprême a affirmé la licéité en principe d'une stipulation limitative du droit de concurrence, subordonnément à la raisonnabilité de ses composantes :

> Un contrat ayant pour objet d'interdire à un employé démissionnaire d'entrer au service d'un concurrent de son ancien patron ou de solliciter des clients de celui-ci, est en principe licite. Il ne devient invalide que s'il porte atteinte à la liberté du travail en raison de son étendue excessive dans le temps et dans l'espace et quant à la nature de l'activité interdite à l'intéressé.[91]

> [...]

> En vertu tant du *Code civil du Bas-Canada* que de la common law, les stipulations restrictives de la liberté du travail peuvent être déclarées nulles en raison de leur durée déraisonnable ou de leur portée territoriale déraisonnable, eu égard en chaque cas au domaine des affaires ou des activités visées par les stipulations restrictives.

> [...]

> [...] que ce soit en vertu des dispositions du *Code civil du Bas-Canada* relatives à l'ordre public (art. 13 et 990 par exemple) ou de la common

90. *Excelsior, compagnie d'assurance-vie* c. *Mutuelle du Canada (La), compagnie d'assurance-vie*, [1992] R.J.Q. 2666 (C.A.), 2682-2684. Voir aussi *Groupe financier Assbec Ltée* c. *Dion*, précité, note 84 ; *Canadian Aero Service Ltd.* c. *O'Malley*, [1974] R.C.S. 592 ; *N.F.B.C. National Financial Brokerage Center Inc.* c. *Investors Syndicate Ltd.*, [1986] R.D.J. 164 (C.A.) ; *Resfab Manufacturier de ressort Incé* c. *Archambault*, [1986] R.D.J. 32 (C.A.) ; *Dufresne* c. *Groupe Christie Ltée*, D.T.E. 92T-499 (C.A.) ; *Villeneuve* c. *Automatisation J.R.T. Inc.*, D.T.E. 92T-1019 (C.A.) ; *MF Composites inc.* c. *Morin*, D.T.E. 2007T-597 (C.S.).
91. *Cameron* c. *Canadian Factors Corporation Limited*, [1971] R.C.S. 148, 155 (j. Pigeon).

law (le principe) se fondent sur le bon sens qui commande que l'on concilie les intérêts de l'employeur avec ceux d'un ex-employé relativement aux besoins qu'éprouve celui-là de se protéger sur le plan commercial et celui-ci d'être mobile sur le marché du travail, eu égard à une conception qui tend à s'opposer à toute restriction de la liberté individuelle, spécifiquement de la liberté de profiter des occasions qui s'offrent sur le plan économique ou sur le marché du travail.[92]

Les trois facteurs à considérer, à savoir l'étendue des activités prohibées, la portée territoriale de la prohibition et la durée de celle-ci, sont maintenant codifiés à l'article 2089, al. 2 C.c.Q., qui ajoute que chacun doit être limité « à ce qui est nécessaire pour protéger les intérêts légitimes de l'employeur »[93]. Une jurisprudence abondante rend régulièrement compte de ces exigences[94], et établit que la

---

92. *Ibid.*, p. 162-164 (j. Laskin). Voir aussi *Elsley* c. *J.G. Collins Insurance Agencies Ltd.*, [1978] 2 R.C.S. 916.

93. *Fleurexpert inc.* c. *Trudel*, 2008 QCCQ 6327, par. 96 – il appartient à l'employeur de faire la preuve qu'une clause dont la portée est large est nécessaire pour protéger ses intérêts légitimes.

94. Voir sur le sujet, M.-A. ST-PIERRE PLAMONDON et M. GRENIER, *op. cit.*, note 77. Voir également les jugements suivants : *Shafron* c. *KRG Insurance Brokers (Western) Inc.*, 2009 CSC 6 – selon la Cour suprême, le caractère raisonnable d'une clause restrictive d'emploi s'apprécie selon sa portée géographique, sa durée ainsi que la nature des activités qui y sont interdites. Si l'un de ces éléments est ambigu ou déraisonnable, cette clause ne pourra être entérinée par les tribunaux ; *Gestess Plus (9088-0964 Québec Inc.)* c. *Harvey*, D.T.E. 2008T-175 (C.A.) – absence de définition territoriale et clause pénale inapplicable en l'absence de preuve de préjudice ; *9024-1027 Québec inc.* c. *Drainville*, 2008 QCCS 2984 – le Tribunal estime que la clause est beaucoup trop sévère compte tenu de la nature des affaires de l'employeur et des intérêts légitimes à protéger ; *TQS inc.* c. *Pelletier*, 2009 QCCS 597 – le Tribunal est d'avis que la clause ne passe pas le test de la nécessité de l'article 2089 C.c.Q. et de ses trois facteurs ; *Leclerc* c. *Stal Diffusion inc.*, précité, note 86, par. 114 – la clause a une portée territoriale trop importante, car elle s'applique dans le monde entier sans que la preuve indique la présence d'activité en dehors du Canada ; *Chaumière Baie-St-Paul inc.* c. *Giguère*, 2010 QCCS 3229, par. 29, 35 et 41 – au stade de l'injonction interlocutoire, la clause est déclarée invalide quant à sa durée et quant aux activités visées ; *Service de pneus Desharnais inc.* c. *Bergeron*, 2010 QCCS 746 – la clause est imparfaite car le territoire n'est pas décrit de manière explicite et les activités visées par l'interdiction ne sont pas limitées à ce qui est nécessaire ; *A. Roberge inc.* c. *Cormier*, 2010 QCCS 749 – clause imposée unilatéralement et portant atteinte à la liberté de travail ; *Lapointe (Lapointe de l'ongle)* c. *Allard*, précité, note 86 – la durée de trois ans est excessive ; *Jean* c. *Omegachem inc.*, 2012 QCCA 232, par. 39 et 45 – la clause de non-concurrence présentée au salarié pose un problème au niveau du territoire qu'elle couvre, soit « partout à travers le monde ». Voir également les décisions antérieures suivantes : *Cathild Inc.* c. *Rondeau*, [1995] R.L. 140 (C.A.) – étendue territoriale excessive ; *Bérubé* c. *Mutuelle d'Omaha*, précité, note 53 ; *GS/C Communication inc.* c. *Maurice*, D.T.E. 2007T-964 (C.S.) – effet cumulatif déraisonnable de l'activité prohibée, de sa portée territoriale et de sa durée ; *Équipements Paramédic (1993) Inc.* c. *Jobidon*, précité, note 70 – portée territoriale et durée exces-

défaillance d'un élément essentiel de la clause de non-concurrence emporte son invalidité complète[95]. La recherche de l'équilibre des intérêts en présence invite les tribunaux à soupeser l'intérêt légitime que cherche à protéger l'employeur et l'intérêt tout aussi légitime du salarié de conserver une capacité de gain, malgré l'absence de cette dernière mention à l'article 2089 C.c.Q.[96]. La bonne foi requise de l'employeur et la sauvegarde de l'« ordre public économique » dont la Cour d'appel fait état dans l'arrêt *Excelsior* appellent à considérer la situation du salarié pour mesurer la légitimité des intérêts de l'employeur protégés par la clause[97]. À cet égard, l'étendue des activités prohibées à l'ex-salarié, selon qu'il s'agit de toute participation à une entreprise concurrente ou d'une simple interdiction de sollicitation de la clientèle, pourra influer sur l'appréciation du caractère raisonnable ou déraisonnable de l'étendue et de la durée de l'interdiction.

119 – *Formalisme* – L'article 2089, al. 1 C.c.Q. soumet la stipulation de non-concurrence à un formalisme rigoureux : elle doit être par écrit et en termes exprès. À défaut d'un tel écrit, la stipulation sera frappée d'une nullité relative que l'employé pourra invoquer (art.

---

sives ; *Protection V.A.G. inc.* c. *Turmel*, D.T.E. 2001T-542 (C.S.) – étendue territoriale excessive ; *Graphiques Matrox inc.* c. *Nvidia Corp.*, D.T.E. 2001T-819 (C.S.) – absence de définition territoriale et ambiguïté de la durée ; *Setym international inc.* c. *Belout*, précité, note 88 – absence de limite temporelle ; *Accessoires d'incendie Sécurex 2000 inc.* c. *Dallaire*, D.T.E. 2002T-545 (C.S.) – portée territoriale déraisonnable ; *Micro distribution B.L.S. inc.* c. *Hainault*, D.T.E. 2004T-340 (C.S.) – activités prohibées déraisonnables.

95. *Le restaurant Chez Doc inc.* c. *9061-7841 Québec inc.*, J.E. 2006-202 (C.A.), par. 29 ; *Beauty Stop Distribution inc.* c. *Maillot*, [2001] R.J.D.T. 1145 (C.S.), par. 40 ; *Graphiques Matrox inc.* c. *Nvidia Corp.*, J.E. 2001-1591 (C.S.) ; *9120-0204 Québec inc. (Orange Bleue)* c. *Émond*, 2011 QCCQ 14961, par. 50 et 61.

96. *Guay inc.* c. *Payette*, 2011 QCCA 2282, par. 72 – la Cour d'appel souligne l'importance qu'il y a de sauvegarder un certain équilibre dans le cadre de la relation employeur-employé, besoin qui n'existe pas en matière commerciale ; *Automatisation JRT inc.* c. *Gagné*, 2010 QCCS 2296, par. 25 : « Il s'agit pour le Tribunal de soupeser les différents aspects de la prohibition pour vérifier s'il existe un équilibre entre la protection des intérêts légitimes de l'employeur et ceux du salarié qui doit pouvoir gagner sa vie » ; *A. Roberge inc.* c. *Cormier*, précité, note 94, par. 44 : « [l]'intérêt légitime de l'employeur doit être analysé en soupesant l'impact de la restriction sur l'employé concerné » ; *Spa Bromont inc.* c. *Cloutier*, 2012 QCCS 291, par. 77 et 79 – l'employeur a le fardeau de prouver que l'interdiction imposée à l'employée de le concurrencer est « nécessaire pour protéger ses intérêts légitimes », car « [e]n matière de contrat de travail, ce genre de clause heurte directement la liberté de travailler et de gagner sa vie, deux valeurs fondamentales [qui] ont toujours fait partie intégrante de l'ordre public québécois ».

97. *Excelsior, compagnie d'assurance-vie* c. *Mutuelle du Canada (La), compagnie d'assurance-vie*, précité, note 90. Voir aussi *Beau-T Stop Distribution Inc.* c. *Mailhot*, D.T.E. 2001T-686 (C.S.).

1385, 1416 et 1419 à 1421 C.c.Q.). L'exigence d'une rédaction en termes exprès oblige les tribunaux à juger les stipulations de non-concurrence telles qu'elles ont été rédigées par les parties et à conclure, le cas échéant, à leur nullité, sans possibilité de pallier leurs lacunes par la recherche de l'intention des parties au-delà de ce qu'elles ont exprimé, non plus que d'en réduire l'effet à l'intérieur de limites raisonnables qu'elles se trouveraient à excéder[98]. D'ailleurs, la Cour d'appel invalide depuis l'affaire *Drouin* c. *Surplec inc.*[99] les clauses de non-concurrence dites « par paliers » (aussi appelées « clauses-entonnoirs » ou « clauses-escaliers » où la durée de l'obligation de non-concurrence diminue en fonction de l'hypothèse où elle serait déclarée invalide par la Cour)[100] qui laissent le salarié en état d'incertitude face à ses obligations tant que le tribunal ne s'est pas prononcé sur la clause[101]. Seules les clauses par paliers modulant la période de survie de l'obligation de non-concurrence en fonction de la durée de l'emploi pourraient être acceptées si elles n'empêchent pas le salarié de connaître en tout temps la durée exacte de son obligation de non-concurrence[102].

120 – *Fardeau de preuve* – Dérogeant à la règle établie à l'article 2803 C.c.Q. et modifiant aussi l'état du droit antérieur, l'article 2089, al. 3 C.c.Q. impose désormais à l'employeur le fardeau de prouver la validité de la stipulation de non-concurrence[103]. En cas d'ambiguïté, la

---

98. *Setym international inc.* c. *Belout*, précité, note 88. La Cour d'appel avait déjà conclu à la validité, par interprétation, d'une clause ne comportant pas de limites territoriales expresses : *Letham* c. *Hortibec Inc.*, J.E. 89-49 (C.A.). Par la suite, dans *Cathild Inc.* c. *Rondeau*, précité, note 94, la Cour s'était refusée à fixer les limites territoriales à une clause n'en comportant pas, solution qui découle désormais du texte de l'article 2089 C.c.Q. ; voir également, *Shafron* c. *KRG Insurance Brokers (Western) Inc.*, précité, note 94 ; *Gestess Plus (9088-0964 Québec Inc.)* c. *Harvey*, précité, note 94.

99. *Drouin* c. *Surplec inc.*, [2004] R.J.Q. 1125 (C.A.).

100. Voir au sujet des clauses par paliers : Marie-France BICH, « La viduité post-emploi : loyauté, discrétion et clauses restrictives », dans Service de la formation permanente, Barreau du Québec, *Développements récents en droit de la propriété intellectuelle, 2003*, vol. 197, Cowansville, Éditions Yvon Blais, 2003, p. 243-327, 271 ; Jean PINEAU, Danielle BURMAN, Serge GAUDET, *Théorie des obligations*, 4e éd., par PINEAU et GAUDET, Montréal, Éditions Thémis, 2001, p. 283, no 135.

101. Pour un exemple de clause par paliers non valide, voir *Drouin* c. *Surplec inc.*, précité, note 99, par. 31.

102. *Ibid.*, par. 14 ; *Medisca Pharmaceutique inc.* c. *De Lisio*, 2011 QCCS 2875, par. 20, 21 et 22 : « [...] il n'en demeure pas moins que cette certitude quant au temps n'a pas pour effet de valider cette clause sans plus d'analyse ».

103. *Aliments en vrac M.F. Inc.* c. *St-Onge*, [1995] R.J.Q. 2663 (C.S.) ; *Groupe Biscuits Leclerc Inc.* c. *Rompré*, [1998] R.J.Q. 855 (C.S.) ; *Graphiques Matrox inc.* c. *Nvidia Corp*, précité, note 94 ; *Gestion Centrevision inc.* c. *Laroche*, D.T.E. 2003T-1150 (C.Q.).

clause de non-concurrence s'interprète en faveur du salarié qui a contracté l'obligation et contre l'employeur qui l'a stipulée (art. 1432 C.c.Q.)[104].

121 – *Déchéance* – L'article 2095 C.c.Q. empêche l'employeur de se prévaloir d'une stipulation de non-concurrence s'il a résilié le contrat de travail sans motif sérieux ou s'il a lui-même donné au salarié un tel motif de résiliation[105]. S'agissant de la résiliation par l'employeur d'un contrat de travail à durée indéterminée, il ne lui suffit donc pas de donner au salarié le délai de congé auquel celui-ci a droit, condition usuellement suffisante pour légitimer la terminaison de l'emploi. Il doit, de plus, s'appuyer sur un « motif sérieux ». À cet égard, la rédaction de l'article 2095 C.c.Q. aurait pu être plus heureuse et préciser qu'il s'agit d'un motif sérieux qui lui est donné par le salarié lui-même et non d'un motif qui se rapporte à l'employeur ou à son entreprise comme une nécessité de réduction des effectifs consécutive à des difficultés d'ordre économique. Néanmoins, à la lumière de l'article 1604 C.c.Q. et, surtout, de l'article 2094 C.c.Q., il faut comprendre qu'il s'agit d'un motif qui se rapporte au salarié. L'article 2094 du Code, qui utilise la même expression « motif sérieux » ne laisse pas, lui, de doute à ce sujet[106]. Il serait pour le moins étonnant que le législateur ait utilisé les mêmes termes avec un sens différent dans la disposition législative suivante. Cette conclusion se rapproche d'ailleurs de la voie qui avait été ouverte dans cette direction par quelques jugements appuyés sur les seules notions de bonne foi et d'abus de droit[107].

---

104. *Boily* c. *Système de formation et de gestion Perform Inc.*, [1984] C.S. 433 ; *Aliments F.B.I. Ltée* c. *Valade*, [1987] R.J.Q. 2600 (C.S.) ; *Morden & Helwig Ltée* c. *Perreault-Mathieu & Cie*, [1987] R.J.Q. 1572 (C.S.) ; *Télémédia Communications Inc.* c. *Pascau*, [1990] R.J.Q. 2010 (C.S.) ; *Centre d'équipement orthopédique de St-Eustache* c. *St-Onge*, D.T.E. 2006T-71 (C.S.) ; *Gestion Centrevision inc.* c. *Laroche*, précité, note 103.

105. *Léonard* c. *Girard*, [1999] R.J.Q. 483 (C.S.) ; *Béliveau, Guillemette, Payeur Inc.* c. *Guillemette*, D.T.E. 99T-166 (C.S.). L'article 2095 C.c.Q., a introduit dans le droit civil québécois « une règle d'équité dans les rapports employeurs-salarié, rétablissant entre ces parties un équilibre que leur poids économique respectif nie ou menace fréquemment », selon les propos du ministre de la Justice : Gouvernement du Québec, Commentaires du ministre de la Justice, Tome II, Québec, Les Publications du Québec, 1993, p. 1317.

106. *Sirois* c. *O'Neill*, D.T.E. 99T-598 (C.A.) ; *Girouard* c. *Compagnie Commonwealth Plywood ltée*, [2001] R.J.Q. 1862 (C.S.).

107. *Aliments Humpty Dumpty Ltée* c. *Gagnon*, [1988] R.J.Q. 1840 (C.S.) ; *Morden & Helwig Ltée* c. *Perreault-Mathieu & Cie*, précité, note 104. Voir aussi *Laboratoires Constant inc.* c. *Beauchamp*, J.E. 97-2170 (C.A.) – diminution de la rémunération de l'employé, libérant ce dernier de la clause de non-concurrence ; *Mutuelle du Canada (La), Cie d'assurance sur la vie* c. *Suppa*, D.T.E. 91T-326 (C.S.) – application de la théorie dite des mains propres, l'employeur ayant abusé de ses droits.

2. Les obligations relatives à la rémunération

122 – *Objets* – On peut se surprendre qu'il soit question d'obligations du salarié quant à sa rémunération, cette dernière étant d'abord l'obligation corrélative de l'employeur en retour du travail du salarié. Il s'agit ici en réalité d'envisager des obligations du salarié qui lui résultent du fait de la réception de paiements au titre de rémunération par son employeur. Ces obligations peuvent concerner l'employeur lui-même ou le paiement des créanciers du salarié. Elles impliquent également le traitement fiscal de la rémunération.

a) La restitution de l'indu

123 – *Règles et application* – Le salarié qui reçoit une rémunération par erreur ou à laquelle il n'a pas droit est tenu de la restituer à l'employeur[108]. Cette obligation lui naît directement de la Loi, plus précisément des articles 1491, 1492, 1554 et 1699 C.c.Q.[109]. Si l'on s'en tient à ce qui est prévu par le *Code civil du Québec*, une action en restitution de l'indu, lorsqu'elle est nécessaire, se prescrit par trois ans (art. 2925 C.c.Q.)[110]. Lorsque le paiement de l'indu résulte d'une erreur factuelle, la prescription court à compter de la découverte de cette erreur[111]. Rappelons, néanmoins, l'adage « *lex specialis derogat legi generali* » (la loi particulière prévaut sur la loi générale). En effet, lorsqu'il est prévu une disposition particulière régissant la prescription dans une loi ou une convention collective, le délai prévu

---

108. *Cintech Agroalimentaire, division inspection inc.* c. *Thibodeau*, D.T.E. 2009T-676 ; *Cie Canada Tire inc.* c. *Gravel*, D.T.E. 2009T-620 (C.S.).
109. Jean-Louis BAUDOUIN et Pierre-Gabriel JOBIN, *Les obligations*, 5e éd., Cowansville, Éditions Yvon Blais, 1998, nos 216-217, p. 541-542. *Mathieu* c. *Rénald Mathieu inc.*, [2000] R.J.Q. 274 (C.S.). Voir également, en les transposant du *Code civil du Bas-Canada* sous l'empire duquel ils ont été rendus aux dispositions équivalentes du *Code civil du Québec*, les arrêts suivants de la Cour d'appel : *Syndicat des professionnels et professionnelles du réseau scolaire du Québec (C.E.Q.)* c. *Commission scolaire de La Mitis*, [1989] R.L. 603 (C.A.), p. 609-611 ; *Syndicat des professionnels de la Commission des écoles catholiques de Montréal* c. *Moalli*, D.T.E. 91T-679 (C.A.). Ces arrêts de la Cour d'appel mettent en évidence que le droit de l'employeur à la répétition de l'indu trouve son fondement dans le droit civil même en présence d'une convention collective, sous réserve des termes exprès de cette dernière s'il y a lieu ; précité également : *Orica Canada inc.* c. *Métallurgistes unis d'Amérique, section locale 13148*, [2001] R.J.D.T. 1406 (T.A.), confirmé par *Métallurgistes unis d'Amérique, section locale 13148* c. *Cournoyer*, D.T.E. 2002T-257 (C.S.) ; *Fraternité des policières et policiers de St-Hubert* c. *St-Hubert (Ville de)*, D.T.E. 2002T-650 (T.A.).
110. Jean-Louis BAUDOUIN et Pierre-Gabriel JOBIN, *op. cit.*, note 109, no 217, p. 1014 ; *Boisvert* c. *Assurance-vie Desjardins*, [1996] R.R.A. 194 (C.S.), 200.
111. Jean-Louis BAUDOUIN et Pierre-Gabriel JOBIN, *op. cit.*, note 109, no 217, p. 1019 ; *Boisvert* c. *Assurance-vie Desjardins*, précité, note 110.

dans l'instrument spécifique régissant la relation de travail aura préséance sur les dispositions de la loi générale, en l'occurrence le *Code civil du Québec*[112].

b)   Le paiement des créanciers

124 – *Généralités* – Le salaire de l'employé revêt pour lui et ses dépendants un caractère alimentaire. Il lui sert également à payer ses créanciers de tous ordres. La Loi tient compte de cette double réalité à l'endroit du salaire à être versé au salarié.

125 – *Insaisissabilité* – Le paragraphe 11 de l'article 553 C.p.c. rend insaisissable une portion de la rémunération d'un salarié :

> **553.** Sont insaisissables :
>
> [...]
>
> 11. Les traitements, salaires, et gages bruts, pour les sept-dixièmes de ce qui excède une première portion, elle-même insaisissable :
>
> a) de 180 $ par semaine, plus 30 $ par semaine pour chaque personne à charge, à compter de la troisième, si le débiteur pourvoit aux besoins de son conjoint, s'il a charge d'enfant ou s'il est le principal soutien d'un parent ; ou
>
> b) de 120 $ par semaine, dans les autres cas.
>
> Est considérée comme le conjoint du débiteur, à condition que le débiteur ne soit pas lié par un mariage ou une union civile, la personne, de sexe différent ou de même sexe, avec laquelle il vit maritalement depuis trois ans ou depuis un an si un enfant est issu de leur union.
>
> Dans le calcul des traitements, salaires et gages, il doit être tenu compte de toutes prestations, en argent, en nature ou en services, consenties en contrepartie des services rendus en vertu d'un contrat de travail, de louage de services ou de mandat, à l'exception :
>
> a) des contributions de l'employeur à quelque fonds de pension, d'assurance, ou de quelque service de sécurité sociale ;

---

112.   Au sujet des délais prévus par une convention collective, voir : *Commission scolaire Crie* c. *Leclerc*, D.T.E. 2007T-187 (C.S.) ; *Commission scolaire de la Pointe-de-l'île* c. *Dulude*, D.T.E. 2007T-349 (C.S.) ; *Association des enseignantes et enseignants de Montréal* c. *Piché*, D.T.E. 2006T-388 (C.S.). Concernant les délais découlant de la *Loi sur les normes du travail*, voir : *Marcoux* c. *Terrassement Portugais Inc.*, 2012 QCCA 624.

b) de la valeur de la nourriture et du logement fournis ou payés par l'employeur à l'occasion de déplacements effectués au cours de l'exécution des fonctions ;

c) des laissez-passer donnés par une entreprise de transport à ses employés.

La saisie-arrêt du salaire entre les mains d'un employeur par les créanciers du salarié, selon les articles 625 à 651 C.p.c., doit donc tenir compte de cette limitation[113]. En outre, l'article 650 C.p.c. accorde une autre forme de protection au salarié en interdisant à son employeur de le congédier ou de le suspendre en raison de la saisie-arrêt de son salaire. Le cas échéant, l'employeur est tenu de prouver l'existence d'une autre cause juste et suffisante de suspension ou de congédiement pour renverser la présomption légale selon laquelle le salarié congédié ou suspendu pendant que son salaire est l'objet d'une saisie-arrêt l'a été pour ce motif. Alternativement à une action en dommages-intérêts, selon les règles du droit commun, fondée sur l'article 650 C.p.c., la sanction la plus efficace de cette protection se trouve dans le recours en réintégration du salarié en vertu des articles 122 et 123 de la *Loi sur les normes du travail*[114]. Par ailleurs, le salarié peut éviter la saisie-arrêt de son salaire en choisissant de recourir au dépôt volontaire de sa partie saisissable, selon les articles 652 et suivants C.p.c.

Dans le même ordre de préoccupation, l'hypothèque mobilière autorisée par l'article 2660 C.c.Q. ne peut grever la partie insaisissable du salaire (art. 2668 C.c.Q.) et les instruments de travail nécessaires à l'exercice personnel d'une activité professionnelle peuvent être soustraits à une saisie (art. 2648 C.c.Q.).

126 – *Faillite* – La faillite du salarié donne lieu à l'application de la *Loi sur la faillite et l'insolvabilité* (« L.f.i. »)[115]. L'article 68 de cette loi a pour effet de soustraire du patrimoine du salarié destiné à ses créanciers et dévolu au syndic tout « traitement, salaire ou autre rémunération » à lui être versé avant sa libération[116]. Les amende-

---

113. Selon un jugement de la Cour supérieure, les sommes versées directement dans un régime d'épargne-retraite sont exclues du bénéfice d'insaisissabilité : *Caisse d'économie des pompiers de Montréal* c. *Labonté*, D.T.E. 93T-987 (C.S.).
114. *Loi sur les normes du travail*, précitée, note 1. Voir *infra*, Titre I, chapitre 2, nos 257-261.
115. L.R.C. (1985), ch. B-3.
116. *Wallace* c. *United Grain Growers Ltd.*, [1997] 3 R.C.S. 701.

ments de 1997 à la L.f.i. n'ont rien changé à cet égard[117]. Par une interprétation libérale et cohérente avec l'esprit de la Loi et le caractère social du salaire, la Cour suprême y a assimilé les dommages-intérêts qui peuvent être réclamés par le failli à la suite de son congédiement injustifié :

> À mon avis, pour respecter l'esprit de la Loi, les mots « traitement, salaire ou autre rémunération » figurant au par. 68(1) doivent comprendre des dommages-intérêts accordés pour congédiement injustifié. Les mêmes raisons de principe qui empêchent les traitement, salaire et autre rémunération d'être dévolus automatiquement au syndic doivent sûrement s'appliquer dans le contexte d'un congédiement injustifié, car de tels dommages-intérêts remplissent la même fonction que le salaire ou traitement gagné dans le cours d'un emploi. Conclure le contraire irait à l'encontre de l'intention du législateur de placer les besoins de la famille avant ceux des créanciers.[118]

L'arrêt *Wallace* donne également son aval à la jurisprudence qui a interprété l'expression « traitement, salaire ou autre rémunération » comme comprenant à peu près tous les avantages dont peuvent bénéficier les employés, comme les prestations d'invalidité et une indemnité de départ[119].

L'article 68 L.f.i. permet par ailleurs au syndic de s'adresser au tribunal compétent, de sa seule initiative ou sur l'ordre des créanciers, pour obtenir une ordonnance enjoignant à l'employeur de lui payer la partie du « traitement, salaire ou autre rémunération » que le tribunal détermine après considération des responsabilités familiales et de la situation personnelle du salarié failli. Le cas échéant, le régime de partage ainsi établi s'appliquera à l'égard des sommes qui pourraient être payables au salarié congédié irrégulièrement[120].

---

117. *Desmarais* c. *Gas Equipment Supplies Inc.*, [2001] R.J.Q. 1033 (C.S.) ; Jacques DESLAURIERS, *Loi sur la faillite et l'insolvabilité (Législation – Jurisprudence – Doctrine)*, 4ᵉ éd., Montréal, Wilson & Lafleur, 2004, Collection Alter ego, p. 244.

118. *Wallace* c. *United Grain Growers Ltd.*, précité, note 116, p. 733, par. 69 ; il s'ensuit que le failli peut intenter seul, en son propre nom, une action pour congédiement injustifié : p. 733, par. 71 (il est à noter que le paragraphe 68(1) dont traite le jugement *Wallace* correspond à l'ancienne version de la L.f.i. (1992), qui fut modifiée en 1997 par la *Loi modifiant la Loi sur la faillite et l'insolvabilité, la Loi sur les arrangements avec les créanciers des compagnies et la Loi de l'impôt sur le revenu*, 1997, ch. 12 (P.L. C-5). Il faut désormais référer au régime général de l'article 68 L.f.i.) ; *Weinstein (Syndic de)*, 2002T-980 (C.S.).

119. *Wallace* c. *United Grain Growers Ltd.*, précité, note 116, p. 732, par. 57. À comparer avec : *Théberge (Syndic de)*, [2000] R.J.Q. 2713 (C.S.) – banque de congés de maladie monnayables au départ.

120. *Wallace* c. *United Grain Growers Ltd.*, précité, note 116, p. 733, par. 70.

À remarquer enfin que l'article 66.36 L.f.i. protège la capacité de gain du débiteur consommateur qui soumet une proposition de consommateur, au sens de la Loi, en interdisant à son employeur de le congédier, de le suspendre ou de le mettre à pied pour ce seul motif. On ne relève toutefois pas de mesure équivalente au bénéfice des autres débiteurs qui soumettent des propositions, non plus que des faillis.

c) Le traitement fiscal

127 – *Pertinence et objectif* – Le fisc est un partenaire incontournable du salarié dans le partage du revenu que ce dernier tire de son emploi. Cet intéressement justifie en retour l'intérêt de l'employé et des personnes qui le représentent à connaître certains aspects du régime fiscal applicable au salariat.

Il ne s'agit pas ici de rendre compte, même de façon synthétique, de l'ensemble des règles qui régissent la fiscalité de l'emploi. L'objectif est plutôt de rappeler d'abord les principes fondamentaux sur lesquels le régime d'imposition des revenus d'emploi est élaboré et de signaler en outre quelques règles particulières dont la connaissance peut se révéler déterminante dans le choix et l'élaboration d'un recours ou dans la conclusion d'une transaction pour éviter un litige ou pour le régler.

128 – *Lois harmonisées* – Dans l'ensemble, les régimes d'imposition fédéral et québécois des revenus d'emploi sont harmonisés. Cela signifie que sous réserve de certaines particularités mineures par lesquelles elles peuvent se distinguer l'une de l'autre, la *Loi de l'impôt sur le revenu*[121] (« L.I.R. ») et la *Loi sur les impôts* (« L.I. »)[122] du Québec sont substantiellement au même effet. Par souci de concision et comme c'est usuellement le cas en matière fiscale, l'exposé qui suit se limitera généralement à s'en rapporter à la *Loi* (fédérale) *de l'impôt sur le revenu*[123].

129 – *Universalité et réception* – La première règle qui gouverne l'imposition des salariés peut être identifiée, en termes simples, comme étant celle de l'universalité. Sont ainsi imposables non seule-

---

121. S.C. 1970-71-72, ch. 63 et amendements.
122. RLRQ, c. I-3.
123. Les principaux ouvrages de référence en droit fiscal fournissent les concordances entre les dispositions des lois fédérale et provinciale.

ment le traitement, le salaire et toute autre rémunération payables à l'employé par l'employeur mais également les gratifications de l'employeur qui ne seraient pas juridiquement exigibles de ce dernier (par. 5(1) L.I.R.). La valeur pécuniaire de la plupart des avantages associés à un emploi doit aussi être incluse dans le revenu du salarié tiré de son emploi, dans la mesure prévue par la Loi (art. 6 L.I.R.). Même les montants payés à l'employé à la fin de son emploi pour la perte de ce dernier ou en reconnaissance de ses services, que la Loi qualifie d'« allocation de retraite », sont imposables (par. 248(1) et sous-al. 56(1)a)(ii) L.I.R.)[124].

Un deuxième principe majeur est celui de l'encaissement. Cela signifie qu'en général tout montant sujet à l'imposition est imposé pour l'année fiscale pendant laquelle il est reçu par l'employé (par. 5(1) et 6(1) L.I.R.).

130 – *Paiements rétroactifs* – L'application de la règle de l'encaissement emporte que les paiements rétroactifs sont imposés dans l'année fiscale où ils sont versés. Cela vaut notamment pour les augmentations rétroactives de salaire. Cette règle connaît toutefois une exception lorsque le montant rétroactif est payé en règlement d'un litige, pour annihiler ou atténuer le préjudice fiscal qui en résulterait autrement à l'employé (par. 110.2(1) et art. 120.31 L.I.R.)[125].

131 – *Interdiction d'étalement* – Pour assurer l'intégrité de son application selon son esprit, la Loi refuse de façon générale de reconnaître l'effet fiscal que prétendrait avoir une « entente d'échelonnement du traitement », que définit le paragraphe 248(1) L.I.R. Il y a lieu de retenir de cette définition que l'entente proscrite aurait pour effet de reporter à une année d'imposition ultérieure la rémunération de services rendus au cours de l'année d'imposition où elle intervient et qu'un de ses principaux objets serait d'ainsi reporter l'impôt payable en vertu de la Loi. Le cas échéant, la sanction de la prohibition est nette et simple : la valeur totale de l'entente devra être incluse dans le revenu de l'employé pour l'année d'imposition pendant laquelle elle intervient (al. 6(1)i) et par. 6(11) L.I.R.). La prohibition ne frappe toutefois pas le paiement d'une « allocation de retraite » au sens de la Loi ; cette dernière demeure imposable au moment où elle est versée à l'employé, même si le paiement est échelonné.

---

124.   Voir, *infra*, n° 132.
125.   Voir, *infra*, n° 133.

La définition du paragraphe 248(1) L.I.R. déclare ne pas constituer des ententes d'échelonnement du traitement (prohibées par la Loi) un certain nombre de régimes ou de mécanismes qu'elle identifie et ceux qui peuvent être définis par règlement. Cette dernière disposition a permis de légitimer par règlement, à certaines conditions, les régimes de congés à traitement différé[126].

132 – *Allocation de retraite* – L'« allocation de retraite » est définie au paragraphe 248(1) L.I.R. Cette définition surprend à première vue en excluant la prestation de retraite elle-même, laquelle est néanmoins imposable à titre d'autre source de revenu du contribuable (sous-al. 56(1)a)(i) L.I.R.). La définition vise plutôt comme revenu d'emploi, une somme versée à l'employé à la fin de son emploi, soit en reconnaissance de ses services lorsqu'il prend sa retraite, soit pour la perte de cet emploi, en vertu d'une obligation légale ou contractuelle exécutée volontairement ou à titre de dommages attribués par un tribunal compétent.

Une telle allocation de retraite est imposable dans la mesure, précisément, où elle est justifiée par la perte de l'emploi[127]. L'emploi en question est un emploi actualisé, par opposition à un emploi anticipé ou promis[128]. Les dommages moraux ou exemplaires, lorsqu'il y a lieu, ne sont toutefois pas imposables, même lorsqu'ils sont octroyés à l'occasion d'une perte d'emploi[129].

Une allocation de retraite imposable doit être incluse dans le revenu du particulier pour l'année d'imposition où elle est reçue (sous-al. 56(1)a)(ii) L.I.R.). Pour les employés dont l'emploi a débuté avant 1996, une partie d'une allocation de retraite imposable peut être divertie directement dans un régime enregistré d'épargne-retraite (REÉR), en franchise d'impôt, en vertu de l'alinéa 60j.1) L.I.R. Le montant qui peut ainsi être exempté d'impôt est d'un maximum de 2 000 $ par année ou partie d'année de service antérieure à 1996. Ce montant est majoré d'un maximum de 1 500 $ par année ou partie d'année de service antérieure à 1989, lorsque l'employé n'a pas acquis, pour ces années, le droit à des cotisations de l'employeur à un régime de retraite.

---

126. *Règlement de l'impôt sur le revenu*, art. 6801.
127. Exemple : *Anderson* c. *R.*, 98 D.T.C. 1190 (C.C.I.) – dommages-intérêts incluant le remboursement de dépenses de relocalisation.
128. *Schwartz* c. *Canada*, [1996] 1 R.C.S. 254.
129. *Bédard* c. *Ministre du Revenu national*, 91 D.T.C. 567 (C.C.I.) ; *Mendes-Roux* c. *R.*, [1998] 2 C.T.C. 2274 (C.C.I.) ; *Saardi* c. *R.*, [1999] 4 C.T.C. 2488 (C.C.I.).

133 – *Préjudice fiscal* – La Cour suprême elle-même a reconnu la pertinence, pour un tribunal appelé à déterminer la compensation d'une perte de revenu, de prendre en compte les dimensions et conséquences fiscales de la situation[130]. La jurisprudence du travail des dernières années en a pris acte en indemnisant, le cas échéant, le salarié qui subissait un préjudice fiscal en conséquence de l'inexécution de son contrat de travail par l'employeur[131]. Factuellement, un préjudice fiscal peut être instantané ou à retardement. Il est immédiat lorsqu'en perdant son emploi l'employé se trouve du même coup privé d'avantages fiscaux liés à l'existence de cet emploi. Il en est ainsi de l'employé qui travaille à l'étranger et qui bénéficie, aux conditions prévues par la Loi, du statut de non-résident au Canada et des avantages fiscaux qui s'y rattachent (al. 2(1) et (3), art. 114, al. 115(1) et (2), 126(2.2), 212(5) L.I.R.)[132]. Souvent, un préjudice fiscal ne surviendra qu'au cours d'une année d'imposition ultérieure et se traduira alors par un alourdissement du fardeau fiscal de l'employé à l'égard de sommes qui lui seront versées par l'employeur, en raison du moment de ce paiement et de la majoration du taux d'imposition auquel ces sommes seront soumises. Dans tous les cas, l'indemnisation du dommage fiscal obéit aux règles de la responsabilité civile. Elle requiert donc à la fois que l'employeur ait commis une faute et que le dommage en résulte directement.

L'évaluation du préjudice fiscal instantané est relativement simple en ce qu'elle repose sur le calcul de la valeur des avantages fiscaux perdus. Celle du préjudice qui se matérialise au cours d'une année d'imposition ultérieure est un peu plus délicate. Elle suppose l'examen comparatif, d'une part, du traitement fiscal réel de l'employé et, d'autre part, de celui auquel il aurait été soumis si l'employeur avait respecté ses obligations légales et contractuelles. On peut dire, en termes simples, que le préjudice fiscal correspondra alors à l'excédent de la surcharge fiscale de l'employé, s'il y a lieu, sur

---

130.   *Andrews* c. *Grand & Toy Alberta Ltd.*, [1978] 2 R.C.S. 229, 259.

131.   Exemples : *Laporte* c. *Sofati Ltée*, D.T.E. 90T-228 (C.S.), infirmé pour un motif étranger à cette question par *Sofati Ltée* c. *Laporte*, [1992] R.J.Q. 321 (C.A.) ; *Biorex Groupe conseil Inc.* c. *Closset*, D.T.E. 90T-305 (C.S.) ; *Centre communautaire juridique de la Mauricie Bois-Francs* c. *Syndicat des avocats de l'Aide juridique de la Mauricie Bois-Francs*, D.T.E. 91T-174 (T.A.), confirmé par [1993] R.D.J. 465 (C.A.) ; *Trottier* c. *Centre hospitalier Jacques-Viger*, D.T.E. 99T-838 (T.A.) ; *Syndicat des employés municipaux de la Ville de Hull inc. (C.S.N.)* et *Hull (Ville de)*, D.T.E. 2004T-1169 (T.A.) ; *Saindon* et *Taleo (Canada) inc.*, D.T.E. 2007T-33 (C.R.T.) – préjudice fiscal résultant d'un congédiement illégal ; *Lacoursière* c. *Institut Philippe-Pinel de Montréal*, D.T.E. 2008T-865 (C.Q.).

132.   *Laporte* c. *Sofati Ltée*, *ibid.* ; *Biorex Groupe conseil Inc.* c. *Closset*, *ibid.*

les « économies fiscales » qu'il a pu réaliser pendant la période où l'employeur a été en défaut d'exécuter ses obligations.

C'est en somme cette méthode que retiennent les législations fiscales fédérale et québécoise pour annuler, ou du moins atténuer, le préjudice qui résulterait autrement d'une exécution tardive de ses obligations par l'employeur. Dérogeant à la règle de l'encaissement, la Loi permet de répartir, sur les années d'imposition auxquelles il se rapporte, un montant reçu en exécution d'un jugement d'un tribunal compétent ou d'une transaction par laquelle l'employeur et l'employé mettent fin à une procédure judiciaire (art. 110.2 et 120.31 L.I.R.)[133]. L'article 1479 C.c.Q., qui impose à la victime d'un préjudice l'obligation de le mitiger, requiert que l'employé se prévale de ce mécanisme d'étalement rétroactif.

134 – *Frais juridiques déductibles* – La Loi prévoit que le contribuable employé puisse déduire, dans le calcul de son revenu imposable, les frais juridiques (judiciaires ou extrajudiciaires) qu'il doit assumer pour recouvrer de son employeur ou de son ex-employeur un montant qui constitue soit un traitement, soit une allocation de retraite (incluant une indemnité de départ et des dommages-intérêts) ou pour établir un droit à ceux-ci (al. 8(1)b) et 60o.1) L.I.R.).

La jurisprudence demeure partagée quant à savoir si le droit à la déduction dépend d'un résultat favorable au contribuable dans l'établissement du droit auquel il prétend ou du seul objectif qu'il poursuit par sa démarche[134]. À cet égard, il faut relever qu'une réalité pratique favorise la seule considération de la finalité du recours de l'employé. D'une part, les délais inhérents aux procédures de nature judiciaire empêchent le plus souvent d'en connaître le résultat au moment où les dépenses afférentes sont engagées ; d'autre part, ces dépenses, lorsqu'elles sont déductibles, doivent être déduites dans l'année fiscale où elles sont assumées[135]. Dans le cas particulier d'une déduction relative à la réclamation d'une allocation de retraite, une autre disposition de la Loi rend en fait le droit à la déduction tribu-

---

133. Au niveau fédéral, le montant à répartir sur une période antérieure doit être d'au moins 3 000 $. Au Québec, il doit être d'au moins 300 $ (art. 725.1.2 et 766.2 L.I.).

134. Voir et comparer : *Werle* c. *R.*, [1995] 1 C.T.C. 2336 (C.C.I.) – droit à la déduction malgré le rejet de la poursuite contre l'employeur ; *Turner-Lienaux* c. *R.*, [1996] 3 C.T.C. 2810 (C.C.I.) – nécessité d'établir le droit ; *Plante* c. *Québec (Sous-ministre du Revenu)*, [1997] R.D.F.Q. 348 (C.Q.) – par. 8, nécessité de réussir.

135. *Cornish* c. *Québec (Sous-ministre du Revenu)*, [1997] R.D.F.Q. 303 (C.Q.).

taire du succès de la réclamation de l'employé. La déduction possible est en effet limitée au montant obtenu et inclus dans son revenu ; en revanche, la déduction peut couvrir les frais payés au cours de l'année ou de l'une des sept années d'imposition précédentes (al. 60o.1) L.I.R.).

B. Les obligations de l'employeur

135 – *Objets* – L'article 2087 C.c.Q. dicte les obligations auxquelles l'employeur est tenu :

> L'employeur, outre qu'il est tenu de permettre l'exécution de la prestation de travail convenue et de payer la rémunération fixée, doit prendre les mesures appropriées à la nature du travail, en vue de protéger la santé, la sécurité et le dignité du salarié.

> Ces obligations se rattachent donc soit au travail lui-même, soit à sa rémunération.

1. Les obligations relatives au travail

a) La fourniture du travail

136 – *Valeur et importance du travail* – On tend parfois à sous-évaluer l'importance du travail en lui-même, c'est-à-dire abstraction faite de la rémunération qui peut y être associée. Pour beaucoup de personnes, le travail représente davantage qu'un gagne-pain. Il constitue un moyen de réalisation personnelle et une occasion de valorisation. Les en priver peut donc porter atteinte à leur dignité, voire à l'intégrité de leur santé physique ou mentale. La Cour suprême s'en est montrée consciente et l'a signalé en plusieurs occasions :

> Le travail est l'un des aspects les plus fondamentaux de la vie d'une personne, un moyen de subvenir à ses besoins financiers et, ce qui est tout aussi important, de jouer un rôle utile dans la société. L'emploi est une composante essentielle du sens de l'identité d'une personne, de sa valorisation et de son bien-être sur le plan émotionnel. C'est pourquoi, les conditions dans lesquelles une personne travaille sont très importantes pour ce qui est de façonner l'ensemble des aspects psychologiques, émotionnels et physiques de sa dignité et du respect qu'elle a d'elle-même.[136]

---

136. *Renvoi relatif à la Public Service Employee Relations Act (Alb.)*, [1987] 1 R.C.S. 313, 368 (j. en chef Dickson). Voir également *McKinney* c. *Université de Guelph*, [1990] 3 R.C.S. 229, 300 ; *Wallace* c. *United Grain Growers Ltd.*, précité, note 116, par. 94 ; *Delisle* c. *Canada (Sous-procureur général)*, [1999] 2 R.C.S.

137 – *Contenu de l'obligation* – Selon les termes mêmes de l'article 2087 C.c.Q., l'employeur est tenu de permettre l'exécution de la prestation de travail convenue.

Cette obligation commande d'abord à l'employeur de fournir le lieu de travail et de le garder accessible, ainsi que de mettre à la disposition du salarié les outils, l'équipement ou les autres moyens nécessaires à l'exécution de sa prestation de travail, sous réserve des termes du contrat qui peuvent modifier ces conditions. Plus largement, l'employeur est responsable, en corollaire de son pouvoir de direction, du maintien d'un cadre et de conditions de travail propices à l'exécution de son travail par l'employé[137]. L'employeur qui choisit de ne pas laisser au salarié disponible la possibilité d'exécuter son travail, demeure néanmoins tenu de lui verser son salaire, même s'il prend cette décision de bonne foi et pour une considération légitime[138]. Lorsqu'il s'accompagne d'un arrêt de paiement du salaire, le défaut de fournir son travail au salarié devient assimilable à une résiliation unilatérale du contrat de travail par l'employeur[139].

Le travail à fournir au salarié doit en outre être celui convenu avec lui[140]. Se pose ici la question suivante : dans quelle mesure, s'il en est, l'employeur peut-il modifier la nature du travail du salarié, ses fonctions ou ses responsabilités ? Cette question est de plus en plus importante, notamment en raison du fait que pour le salarié, l'exercice de l'occupation pour laquelle il a été engagé s'avère souvent une considération essentielle de l'emploi, eu égard à la fois à la satis-

---

989, par. 66 ; *T.U.A.C., section locale 1518* c. *Kmart Canada Ltd.*, [1999] 2 R.C.S. 1083, par. 25 ; *Lehouillier* c. *Assurathèque Bernier, Garon, Lemay & Associés inc.*, [2001] R.J.D.T. 658 (C.S.) – atteinte à la dignité par une préretraite forcée.

137. *Côté* c. *Saiano*, [1998] R.J.Q. 1965 (C.A.) ; *Lagacé* c. *Bande Naskapi du Québec*, D.T.E. 94T-237 (C.S.).

138. *Centre communautaire juridique de la Mauricie Bois-Francs* c. *Syndicat des avocats de l'Aide juridique de la Mauricie Bois-Francs*, [1993] R.D.J. 465 (C.A.) ; *Cabiakman* c. *Industrielle-Alliance Cie d'Assurance sur la Vie*, précité, note 11, par. 61 : « L'employeur peut toujours renoncer à son droit de recevoir la prestation du salarié mais il ne peut se soustraire à son obligation de payer le salaire lorsque le salarié demeure disponible pour accomplir un travail dont l'exécution lui est refusée. En choisissant de ne pas mettre un terme au contrat de travail avec les compensations afférentes, fixées selon les principes applicables, l'employeur demeure en principe tenu de respecter ses propres obligations réciproques même s'il n'exige pas la prestation de travail de l'employé ».

139. *Surveyer, Nenniger & Chênevert Inc.* c. *Thomas*, D.T.E. 89T-640 (C.A.).

140. *Poitras (Cuisiniers Nordique)* c. *Longtin*, D.T.E. 2009T-420 (C.Q.) – il appartient à l'employeur de s'assurer que les conditions de travail proposées au salarié correspondent, du moins pour l'essentiel, aux engagements qui ont été contractés lors du contrat d'embauche.

faction qu'il veut légitimement en tirer et à son souci de conserver et de développer ses qualités et son habileté dans son champ d'activité professionnelle. La réponse tient compte d'abord de la nature et des circonstances de l'engagement et, ainsi, de la discrétion laissée explicitement ou implicitement à l'employeur dans l'exercice de son pouvoir de gérance à ce sujet[141]. Au-delà de cette marge de manœuvre que le contrat peut réserver à l'employeur, la substitution d'un travail de qualité nettement inférieure à celui convenu, au regard notamment du statut et des responsabilités de l'employé, ou la modification unilatérale et significative de ses conditions essentielles d'exécution équivaudra, en pratique, à un congédiement déguisé[142]. Dans le même ordre d'idées, l'employeur ne saurait exiger une prestation plus importante, quant à sa quantité ou à sa durée, que celle prévue à l'entente des parties[143].

138 – *Suspension temporaire du travail* – Eu égard à la réalité du monde du travail, se soulève le problème de la suspension temporaire du travail et des prestations de l'employeur à l'occasion en particulier d'une mise à pied ou de l'imposition d'une suspension disciplinaire.

---

141. Reconnaissant le droit de modifier l'assignation de travail du salarié : *Filion* c. *Cité de Montréal*, [1970] R.C.S. 211 ; *Charbonnier* c. *Air Canada Touram*, D.T.E. 90T-407 (C.A.) ; *Thomas* c. *Librairie Laliberté Inc.*, [1977] B.R. 879 ; *Alary* c. *Leibovitz*, [1943] R.L. n.s. 396 (C.S.).

142. *Farber* c. *Cie Trust Royal*, [1997] 1 R.C.S. 846 ; *Tourigny* c. *Institut de recherche et de développement en agroenvironnement inc.*, D.T.E. 2002T-873 (C.S.). Voir également *Guilde de la marine marchande du Canada* c. *Gagnon*, [1984] 1 R.C.S. 509 – rétrogradation vexatoire ; *Bandag Canada Ltée* c. *Syndicat national des employés de Bandag de Shawinigan*, [1986] R.J.Q. 956 (C.A.) ; *Désormeaux* c. *Banque de Montréal*, D.T.E. 87T-210 (C.S.) – rétrogradation ; *Reilly* c. *Hotels of Distinction (Canada) Inc., Hôtel Le Grand/Grand Hotel*, D.T.E. 87T-645 (C.S.) ; *Orvieto* c. *Italy (Government of the Republic of)*, D.T.E. 2006T-513 (C.S.) – rétrogradation humiliante ; *Zocchi* c. *Wang Canada Ltée*, D.T.E. 87T-646 (C.S.) ; *Orchestre métropolitain du Grand Montréal* c. *Rescigno*, D.T.E. 2006T-72 (C.A.) – tracasseries, pressions et ingérence en vue de provoquer la démission ; *Chouinard* c. *Groupe Commerce (Le), Cie d'assurances*, D.T.E. 90T-528 (C.S.) ; *Simsilevich* c. *GSA Management Inc.*, D.T.E. 2006T-202 (C.S.) ; *Drolet* c. *Re/Max Québec inc.*, D.T.E. 2006T-423 (C.S.) ; *Livingston* c. *Acier CMC, division de Crawford Metal Corporation*, D.T.E. 2007T-164 (C.S.) – rétrogradation et diminution de salaire. L'acceptation du salarié peut toutefois légitimer le geste de l'employeur : *Lancup* c. *Société canadienne internationale d'informatique ltée*, [1997] R.J.Q. 494 (C.S.). Voir aussi, pour absence de congédiement déguisé : *Mendez* c. *Éclairage contraste ML inc.*, D.T.E. 2006T-867 (C.S.) ; *Azoulay* c. *Kaufman, Laramée (1994), s.e.n.c.*, D.T.E. 2006T-444 (C.S.) ; *McKerracher* c. *Shire Biochem inc.*, D.T.E. 2007T-42 (C.S.) ; *De Montigny* c. *Valeurs mobilières Desjardins inc.*, 2011 QCCS 235, par. 172 et 173.

143. *Gagnon* c. *Thetford Transport Ltée*, D.T.E. 87T-935 (C.S.) – exigence nouvelle de l'employeur provoquant la démission de l'employé.

Le *Code civil du Québec* demeure muet sur cette problématique propre au contrat de travail. Dans le cas d'une mise à pied, l'entente expresse ou même tacite des parties, compte tenu par exemple du caractère intermittent ou saisonnier du travail, peut donner un fondement contractuel à la suspension temporaire des effets du contrat de travail. Dans les autres cas, le droit civil ne reconnaît toujours pas, en principe, le droit à une partie de suspendre temporairement l'effet du contrat, comme l'a signalé la Cour suprême du Canada[144]. En pratique, le salarié aura le choix d'accepter la mise à pied pour conserver son emploi à long terme ou de résilier le contrat de travail sur la base de l'article 2094 C.c.Q. Dans cette dernière éventualité, l'employeur pourrait peut-être, selon les circonstances, prétendre que sa propre inexécution du contrat n'était que de peu d'importance et ne donnait pas au salarié un motif sérieux de résiliation (art. 2094 et 1604 C.c.Q.).

139 – *Suspension disciplinaire* – Le problème posé par la suspension disciplinaire est sensiblement le même. Dans ce cas cependant, l'employeur pourrait tenter de justifier la légitimité de cette mesure sur la base de l'article 1604 C.c.Q. Invoquant la faute initiale du salarié et son propre droit de direction comme fondement de l'exercice de son pouvoir disciplinaire, il pourrait alors conclure à son droit de sanctionner l'inexécution du salarié par une réduction proportionnelle de son obligation corrélative de lui fournir son travail et son salaire, pendant un certain temps.

140 – *Suspension administrative* – Contrairement à la suspension disciplinaire qui a pour but de sanctionner le salarié pour l'inexécution de ses obligations, la suspension administrative vise la préservation des intérêts légitimes de l'entreprise en suspendant temporairement un employé faisant l'objet d'une enquête. La Cour suprême du Canada est venue clarifier les paramètres d'une telle suspension qui se doit d'être, sauf pour certains cas d'exception, avec solde :

---

144. *Cabiakman* c. *Industrielle-Alliance Cie d'Assurance sur la Vie*, précité, note 11, par. 30 : « En effet, aucun texte législatif, qu'il s'agisse du *Code civil* ou de lois particulières, ne contient de dispositions qui explicitent le fondement du pouvoir de l'employeur de procéder à une suspension du contrat de travail, que ce soit pour des motifs disciplinaires ou des raisons dites administratives ». Par ailleurs, dans *Internote Canada Inc.* c. *Commission des normes du travail*, [1989] R.J.Q. 2097, la Cour d'appel reconnaissait la possibilité de subsistance du contrat de travail, dans une forme atténuée, à la suite d'une mise à pied assortie d'une promesse de rappel au travail. Confirmé par la Cour suprême du Canada dans : *Cabiakman* c. *Industrielle-Alliance Cie d'Assurance sur la Vie*, précité, note 11, par. 37.

Ce pouvoir résiduel de suspendre pour des motifs administratifs en raison d'actes reprochés à l'employé fait partie intégrante de tout contrat de travail mais est limité et doit être exercé selon les conditions suivantes : (1) la mesure prise doit être nécessaire pour protéger les intérêts légitimes de l'entreprise ; (2) la bonne foi et le devoir d'agir équitablement doivent guider l'employeur dans sa décision d'imposer une suspension administrative ; (3) l'interruption provisoire de la prestation de l'employé doit être prévue pour une durée relativement courte, déterminée ou déterminable, faute de quoi elle se distinguerait mal d'une résiliation ou d'un congédiement pur et simple ; (4) la suspension est en principe imposée avec solde, sous réserve de cas exceptionnels qui ne se posent pas en l'espèce.[145]

Ainsi, à la suite de la suspension administrative pour la durée de l'enquête, l'employeur pourra réintégrer le salarié avec ou sans sanction disciplinaire, selon le cas, s'il juge que les intérêts légitimes de son entreprise ne sont plus menacés par sa présence au travail. En cas contraire, il pourra mettre fin à la relation d'emploi en résiliant son contrat de travail[146]. Si la suspension administrative est effectuée sans solde et que le salarié n'y a pas consenti, la Cour suprême est d'avis que ce dernier pourra, en règle générale, considérer la mesure comme un congédiement déguisé[147].

Il est à noter que dans l'affaire *Cabiakman*, le salarié fut acquitté des accusations criminelles auxquelles il faisait face et le tribunal a exigé que le salaire perdu au cours des deux années de suspension lui soit remboursé. Cependant, en affirmant que la suspension administrative doit se faire « en principe » avec solde, la Cour laisse entendre que si le salarié avait été reconnu criminellement

---

145. *Cabiakman* c. *Industrielle-Alliance Cie d'Assurance sur la Vie*, précité note 11, par. 62 ; de plus, la Cour ajoute au paragraphe 65 que les tribunaux peuvent considérer, dans l'évaluation des intérêts légitimes de l'entreprise, certains facteurs tels : « la suffisance du lien entre l'acte reproché et le genre d'emploi occupé ; la nature même des accusations ; l'existence de motifs raisonnables de croire que le maintien, même temporaire, du lien d'emploi serait préjudiciable à l'entreprise ou à la réputation de l'employeur ; la présence d'inconvénients immédiats et importants ne pouvant être contrés de façon pratique par d'autres mesures (par ex. : affecter l'employé à un autre poste). On peut aussi vérifier si la suspension avait pour but de protéger l'image du service que l'employeur a la charge de gérer et tenir compte notamment des facteurs suivants : l'atteinte à la réputation de l'employeur, la nécessité de protéger le public, les motivations et le comportement de l'employeur lors de la suspension, la bonne foi de l'employeur lors de la prise des mesures, l'absence d'intention vexatoire ou discriminatoire. »
146. Voir « la terminaison du contrat à durée indéterminée » à *infra*, nᵒˢ 169-170.
147. *Cabiakman* c. *Industrielle-Alliance Cie d'Assurance sur la Vie*, précité, note 11, par. 72.

coupable, la suspension administrative sans solde aurait pu être considérée valide. En effet, s'étant rendu coupable d'un acte criminel rendant impossible ou trop préjudiciable sa propre prestation de travail, l'employé aurait lui-même provoqué l'inexécution du contrat. La suspension sans solde, dans un tel cas exceptionnel, ne serait plus le seul fait de l'employeur mais la conséquence naturelle et raisonnable du fait fautif du salarié, qui devrait en supporter les conséquences.

Un autre cas exceptionnel de suspension administrative sans solde, tel que le laisse entendre la Cour suprême, pourrait être celui prévu conventionnellement et accepté par le salarié au moment de la formation de son contrat de travail. L'employeur devra cependant respecter les conditions énumérées précédemment, sous peine de voir la règle convenue déclarée abusive par un tribunal.

b) La protection de l'intégrité et de la dignité du salarié

141 – *Santé et sécurité* – La jurisprudence avait déjà reconnu comme partie du contenu implicite du contrat de travail l'obligation de l'employeur d'assurer au salarié des conditions de travail sécuritaires et salubres[148]. L'article 2087 C.c.Q. impose explicitement à l'employeur de « prendre les mesures appropriées à la nature du travail, en vue de protéger la santé, la sécurité et la dignité du salarié ».

Outre cet énoncé, il faut tenir compte des affirmations identiques des articles 10 C.c.Q. et 1 de la *Charte des droits et libertés de la personne*[149] qui consacrent le droit de tout être humain à l'intégrité de sa personne, ainsi que de l'article 46 de la Charte selon lequel toute personne qui travaille a droit, conformément à la loi, à des conditions de travail justes et raisonnables et qui respectent sa santé, sa sécurité et son intégrité. De plus, le législateur a senti le besoin en plusieurs occasions de préciser les conséquences de l'obligation de sécurité de l'employeur par des réglementations particulières dans le contexte de l'exercice de certaines activités. Dans une perspective générale, la *Loi sur la santé et la sécurité du travail* (« L.S.S.T. »)[150] et ses règlements déterminent sous plusieurs aspects le contenu des droits et des obligations de l'employeur et du salarié en matière de santé et sécurité du travail. Le large champ d'application de cette loi a pour effet de dicter, dans la plupart des cas, presque complètement le

---

148. *J.J. Lefebvre Ltée* c. *Trottier*, [1970] C.A. 711.
149. Précitée, note 60.
150. Précitée, note 1.

contenu des obligations qui résultent à l'employeur de l'énoncé de l'article 2087 C.c.Q. On remarquera la similitude des termes utilisés par le législateur à l'article 51 L.S.S.T. et à l'article 2087 C.c.Q. L'interprétation, en particulier, de la dimension active de l'obligation qui incombe à l'employeur de « prendre les mesures nécessaires » pour assurer la santé et la sécurité du salarié, selon l'article 51 L.S.S.T., s'avère pertinente pour mesurer la portée réelle de l'article 2087 C.c.Q. sous cet aspect. En cas d'accident ou de maladie à l'occasion de l'exécution du travail, la situation du salarié se trouve alors régie par les dispositions de la *Loi sur les accidents du travail et les maladies professionnelles* (L.A.T.M.P.)[151] qui vient garantir son indemnisation.

142 – *Dignité* – La notion de sécurité du milieu de travail conduit, si on l'entend dans un sens élargi, à celle de la dignité du salarié, que l'article 2087 C.c.Q. charge expressément l'employeur d'assurer. Si l'article 4 de la *Charte des droits et libertés de la personne* affirme déjà le droit du salarié à la sauvegarde de sa dignité, ce droit se trouve ici amplifié par l'obligation imposée à l'employeur de prendre les mesures nécessaires à cette fin[152]. Minimalement, l'employeur doit offrir au salarié un cadre convenable d'exécution de ses fonctions. Non seulement l'employeur doit-il s'abstenir de porter lui-même atteinte à la dignité du salarié, mais encore doit-il aussi, dans les limites de l'exercice de son pouvoir de direction, protéger le salarié contre toutes formes de harcèlement, pour quelque motif que ce soit, tant de la part des collègues de travail du salarié que de ses propres représentants[153]. Il doit ainsi prendre les moyens raisonnables pour assurer le respect du droit du salarié à un milieu de travail exempt de harcèlement psychologique. Dans cette veine, nous référons également le lecteur à la section portant sur le harcèlement psychologique *infra*, Titre II, chapitre 2, nos 275-294.

---

151. Précitée, note 69.
152. *Charte des droits et libertés de la personne*, précitée, note 60. *Ménard c. 2916754 Canada Inc.*, [1996] R.J.Q. 303 (C.S.) – insuffisance d'enquête sur des allégations mettant en doute l'honnêteté d'employés. Exemple d'atteinte à la dignité du salarié, en l'obligeant à une préretraite : *Lehouillier c. Assurathèque Bernier, Garon, Lemay & Associés inc.*, précité, note 136 – atteinte à la dignité d'un salarié congédié : *Orvieto c. Italy (Government of the Republic of)*, précité, note 142.
153. *Côté c. Saiano*, précité, note 137, p. 1970. Quant à la responsabilité de l'employeur en cas de harcèlement, par ses employés ou représentants, inspiré par un motif prohibé par les Chartes, voir *supra*, Titre préliminaire, chapitre 2, nos 36 et 57-59.

143 – *Vie privée* – À l'instar de l'article 5 de la *Charte des droits et libertés de la personne*[154], les articles 3 et 35 C.c.Q. consacrent le droit de toute personne au respect de sa vie privée. Ces dispositions requièrent de l'employeur une conduite conséquente à l'endroit de ses employés. Selon l'article 36 C.c.Q., peuvent ainsi notamment, selon les circonstances, être considérés comme des atteintes à la vie privée d'une personne, en milieu de travail, le fait d'intercepter ou d'utiliser volontairement une communication privée, de capter ou d'utiliser son image ou sa voix dans des lieux privés, de surveiller sa vie privée par quelque autre moyen que ce soit ou d'utiliser ses documents personnels. Le cas échéant, l'article 2858 C.c.Q. oblige tout tribunal à rejeter, même d'office, tout élément de preuve obtenu dans des conditions qui portent atteinte à ce droit de l'employé et dont l'utilisation est susceptible de déconsidérer l'administration de la justice[155]. Les articles 37 à 41 C.c.Q. précisent les obligations de l'employeur relativement à la tenue de dossiers sur ses employés pour garantir le respect de leur vie privée. Ces dispositions sont d'ailleurs complétées par celles de la *Loi sur la protection des renseignements personnels dans le secteur privé*[156] et celles de la *Loi sur l'accès aux documents des organismes publics et sur la protection des renseignements personnels, dans le secteur public*[157], lesquelles régissent la collecte, la détention, l'utilisation et la communication des renseignements personnels ainsi que l'accès à ces renseignements par les personnes concernées.

c) La responsabilité civile

144 – *Responsabilité pour le fait de l'employé* – Outre le fait que l'employeur soit responsable de l'inexécution de ses obligations envers le salarié, l'article 1463 C.c.Q. le rend également responsable du préjudice causé à un tiers par l'acte fautif du salarié dans l'exécution de ses fonctions[158].

---

154. Précitée, note 60. Voir *supra*, Titre préliminaire, chapitre 2, nos 50-52.
155. *Mascouche (Ville de)* c. *Houle*, [1999] R.J.Q. 1894 (C.A.) – interception et enregistrement de conversations téléphoniques d'une salariée par son voisin ; *Srivastava* c. *Hindu Mission of Canada (Quebec) inc.*, [2001] R.J.Q. 1111 (C.A.) – enregistrement par l'employeur, sur les lieux de travail, de conversations téléphoniques jugées de nature privée. À comparer avec *Ste-Marie* c. *Placements JPM Marquis inc.*, D.T.E. 2005T-389 (C.A.) – légitimité de l'interception d'une conversation téléphonique compromettante sur les lieux et pendant les heures de travail, en relation avec ce dernier ; *Syndicat des travailleuses et travailleurs de Bridgestone/Firestone de Joliette (C.S.N.)* c. *Trudeau*, [1999] R.J.Q. 2229 (C.A.) – filature et captation vidéo, hors des lieux du travail, considérées légitimes et admissibles en preuve, dans l'espèce.
156. RLRQ, c. P-39.1.
157. RLRQ, c. A-2.1.
158. Jean-Louis BAUDOUIN et Patrice DESLAURIERS, *La responsabilité civile*, 5e éd., Cowansville, Éditions Yvon Blais, 1998, nos 646-759.

Cette responsabilité de l'employeur ne se substitue pas à celle de l'employé et ne la fait pas disparaître. Elle s'y ajoute ou s'y juxtapose pour la garantir en faveur de la victime de la faute de l'employé[159]. Il s'agit par ailleurs d'une responsabilité stricte et objective en ce sens qu'elle ne requiert pas que l'employeur ait lui-même commis une faute.

La responsabilité de l'employeur sera engagée si, d'une part, le salarié a commis une faute civile et si, d'autre part, le salarié exécutait ses fonctions, c'est-à-dire s'il agissait pour le compte ou le bénéfice de l'employeur.

L'employeur tenu de réparer le dommage causé par son salarié conserve un droit de recours récursoire contre lui.

En dernier lieu, notons que les recours en responsabilité civile contre l'employeur sont interdits pour tout événement ayant entraîné une lésion professionnelle. En effet, l'employeur dispose d'une immunité civile en vertu de l'article 438 de la *Loi sur les accidents du travail et les maladies professionnelles* (« L.A.T.M.P. »)[160]. Le fondement de cette protection repose sur le fait que la L.A.T.M.P. consacre un régime d'indemnisation fondé sur la responsabilité collective, sans égard à la faute[161].

2. *Les obligations relatives à la rémunération*

a) *Le paiement*

145 – *Objet* – L'obligation de l'employeur de payer au salarié une rémunération découle tant de l'article 2085 C.c.Q. que des termes exprès de l'article 2087 C.c.Q.

---

159. *Gauthier* c. *Chabot*, précité, note 67 ; *Marquis* c. *Auxilium Technologies inc.*, D.T.E. 2001T-940 (C.S.).

160. Précitée, note 69. *Béliveau St-Jacques* c. *Fédération des employées et employés de services publics Inc.*, précité, note 69, p. 410 et 411 – il ne semble faire aucun doute que cette immunité est absolue. Voir aussi *Genest* c. *Commission des droits de la personne et des droits de la jeunesse*, précité, note 69.

161. *Workmen's Compensation Board* c. *Canadian Pacific Railway Co.*, [1920] A.C. 184 ; *Commission du salaire minimum* c. *Bell Telephone Co. of Canada*, [1966] R.C.S. 767, 773-774 ; *Bell Canada* c. *Québec (Commission de la santé et de la sécurité du travail)*, [1988] 1 R.C.S. 749, 763-764.

La notion de rémunération couvre une très large réalité. Elle désigne en fait toute considération ou tout avantage ayant une valeur pécuniaire, que l'employeur est tenu de fournir au salarié en retour de sa prestation de travail[162]. Elle comprend d'abord le salaire ou traitement, au sens le plus étroit, payé en fonction de la durée ou du résultat du travail[163]. Elle inclut aussi, le cas échéant, des avantages tels l'allocation de vacances, le paiement de jours chômés, la participation de l'employeur au coût de certains régimes d'assurance ou de retraite, la commission sur les ventes gagnée par le salarié[164], etc. En somme, ni sa base d'établissement ni sa forme n'affectent la nature juridique de la rémunération dans la mesure où elle constitue le prix exigible pour le travail du salarié, ce prix étant distingué du profit susceptible de résulter de l'entreprise menée par un travailleur indépendant.

L'obligation de l'employeur se limite toutefois à ce à quoi il s'est engagé par entente avec le salarié ou à quoi il est tenu par la Loi. Les gratifications dont il peut prendre seul l'initiative, comme certains bonis, n'en font pas partie[165]. Il en est de même des avances de salaire de la nature d'un prêt[166]. Dans tous ces cas, on s'en rapportera d'abord aux termes du contrat et, au besoin, aux circonstances dans lesquelles une somme a pu être versée par l'employeur.

146 – *Paiement* – Sous réserve de la législation et de la réglementation à caractère d'ordre public, l'employeur doit payer le salaire du salarié selon le montant et la périodicité convenus. Quant au mode de paiement, qu'il soit en espèces, par chèque ou par virement bancaire, il faudra également tenir compte, nous le verrons, de semblables nor-

---

162. *J.B. Charron Ltée* c. *Commission du salaire minimum*, J.E. 80-39 (C.A.) ; *Mathieu* c. *Rénald Mathieu Inc.*, précité, note 109.

163. Voir *supra*, n⁰ 89.

164. *Lemyre* c. *AstraZeneca*, D.T.E. 2009T-370 (C.Q.).

165. La différenciation du salaire exigible et des gratifications de l'employeur est discutée notamment dans les jugements suivants : *CJMS Radio Montréal Limitée* c. *Audette*, [1966] B.R. 756 ; *Atlas Refuse Collectors Inc.* c. *Baehr*, [1966] B.R. 195 ; *Bazinet* c. *Radiodiffusion Mutuelle Ltée*, D.T.E. 85T-640 (C.S.) ; *Comité paritaire du camionnage du district de Québec* c. *Rapid Transport Inc.*, [1967] C.S. 374.

166. Quant à la distinction entre le salaire dû et les avances de salaire consenties par l'employeur, on peut consulter les jugements suivants : *West Coast Woolen Mills Limited* c. *Engel*, [1971] C.A. 20 ; *Mainguy* c. *Société des Artisans*, [1970] C.A. 282 ; *Bean* c. *Placements Collectifs Inc. (Les)*, [1969] B.R. 1139. Les avances de salaire qui anticipent des commissions à être gagnées par un salarié ne sont remboursables à l'employeur par le salarié, en cas d'insuffisance des commissions, que si les parties l'ont expressément stipulé : *Labrosse* c. *Créadis Inc.*, D.T.E. 91T-138 (C.A.).

mes législatives ou réglementaires[167]. En application de l'article 1566 C.c.Q., le salaire est payable chez l'employeur ou à tout autre endroit convenu de façon expresse ou implicite. La preuve de ce paiement obéit aux règles générales en la matière.

147 – *Compensation* – Mode particulier d'extinction des obligations, la compensation, aux conditions arrêtées aux articles 1672 à 1682 C.c.Q., peut être invoquée par l'employeur comme moyen d'exécution de son obligation de paiement du salaire. Cette éventualité suppose l'existence préalable d'une dette certaine, liquide et exigible, du salarié envers l'employeur[168]. Lorsque les conditions de la compensation légale se réalisent, celle-ci a lieu automatiquement. Le deuxième alinéa de l'article 1676 C.c.Q. fait toutefois obstacle à la compensation dans la mesure où la dette a pour objet un bien insaisissable. C'est le cas de la partie du salaire déclarée insaisissable par l'article 553, par. 11. C.p.c., laquelle se trouve ainsi soustraite à la compensation[169].

b) La garantie de la créance salariale

148 – *Généralités* – Le caractère alimentaire du salaire et son importance sociale sont à l'origine de mesures destinées à en garantir la perception par le salarié. Ces mesures prennent diverses formes : droit du salarié dans le produit de son travail, priorisation de sa créance salariale ou responsabilité personnelle des administrateurs d'une personne morale.

149 – *Hypothèque légale* – L'ouvrier qui a participé à la construction ou à la rénovation d'un immeuble dispose d'une hypothèque légale sur cet immeuble « à raison des travaux demandés par le propriétaire de l'immeuble, ou à raison des matériaux ou services [...] fournis ou préparés pour ces travaux » (art. 2726 et 2724, 2° C.c.Q.). Les conditions d'existence et les effets de cette hypothèque légale sont prévus aux articles 2726 à 2732 C.c.Q.

---

167. Voir *infra*, Titre I, chapitre 2, n°s 198-200.
168. *Tassé* c. *St-Sauveur-des-Monts (Municipalité du village de)*, D.T.E. 91T-777 (C.A.) ; *Syndicat des professionnels de la Commission des écoles catholiques de Montréal* c. *Moalli*, précité, note 109 ; *Syndicat des professionnels et professionnelles du réseau scolaire du Québec (C.E.Q.)* c. *Commission scolaire de La Mitis*, précité, note 109 ; *Commission des normes du travail* c. *Martineau*, D.T.E. 2009T-574 (C.Q.).
169. *Bacon* c. *The Laurentides Paper Company*, (1907) 16 B.R. 97 ; *Syndicat des professionnels de la Commission des écoles catholiques de Montréal* c. *Moalli, ibid.*

150 – *Faillite ou liquidation* – En cas de faillite de l'employeur, le plan de répartition établi à l'alinéa 136(1)d) de la *Loi sur la faillite et l'insolvabilité*[170] rend prioritaire au paiement de la plupart des autres créances du failli le paiement des gages, salaires, commissions ou rémunération de tout commis, préposé, voyageur de commerce, journalier ou ouvrier, pour services rendus au cours des six mois qui ont précédé la faillite jusqu'à concurrence de 2 000 $ dans chaque cas et s'il s'agit d'un voyageur de commerce, les sommes que ce dernier a régulièrement déboursées dans et concernant l'entreprise du failli, jusqu'à concurrence d'un montant additionnel de 1 000 $ dans chaque cas, pendant la même période.

La même disposition ajoute que les commissions payables sur expédition, livraison ou paiement de marchandises sont censées avoir été gagnées à cet égard durant la période de six mois, si les marchandises ont été expédiées, livrées ou payées pendant cette période.

La priorité s'adresse à la rémunération de services rendus et exclut conséquemment, selon la jurisprudence, une indemnité de préavis ou de départ qui devient due par le fait de l'interruption des services[171].

L'article 72 de la *Loi sur les liquidations et les restructurations*[172] confère une créance privilégiée aux employés d'une compagnie mise en liquidation à l'égard des salaires dus et impayés au moment de l'ordonnance de mise en liquidation jusqu'à l'équivalent du salaire des trois mois précédant cette dernière. La créance ainsi protégée inclut les vacances dues et les cotisations de l'employeur aux régimes de retraite ou d'assurance. Elle s'étend aussi à l'indemnité de licenciement payable selon les termes d'un contrat mais exclut les dommages pour bris de contrat[173].

151 – *Responsabilité des administrateurs* – Les administrateurs d'une personne morale peuvent être tenus personnellement respon-

---

170. Précitée, note 115. Voir aussi sur le sujet de la faillite de l'employeur : Jacques DESLAURIERS et Pierre VERGE, « L'insolvabilité de l'employeur et l'application des lois régissant les rapports collectifs de travail », (2004) 64 *R. du B.* 415-426.

171. *Nolisair international Inc. (Syndic de)*, D.T.E. 99T-510 (C.A.) ; *Artopex inc. (Syndic de)* c. *K.P.M.G.*, D.T.E. 2001T-300 (C.A.).

172. L.R.C. (1985), ch. W-11.

173. *Alias* c. *Raymond, Chabot, Fafard, Gagnon Inc.*, [1997] R.J.Q. 851 (C.A.).

sables du paiement des salaires impayés aux salariés de cette dernière. En vertu de l'article 154 de la *Loi sur les sociétés par actions* [174] (du Québec), cette responsabilité conjointe et solidaire des administrateurs existe à l'égard d'un maximum de six mois de salaire pour le travail exécuté pendant qu'ils étaient en fonction. Dans la législation fédérale, l'article 119 de la *Loi canadienne sur les sociétés par actions*[175] accorde une protection similaire aux salariés, en des termes qui se rapprochent de ceux de la loi québécoise.

La responsabilité des administrateurs porte sur toutes les sommes qui peuvent être dues au salarié à la fin de son emploi en contrepartie du travail déjà exécuté. Il peut ainsi s'agir du droit acquis à une indemnité de vacances, au paiement de congés de maladie ou à celui du travail exécuté en temps supplémentaire[176]. Relativement à l'application de la loi fédérale, la Cour suprême a décidé que l'indemnité de cessation d'emploi liée au droit du salarié à un délai de congé pour mettre fin à son emploi n'était pas due par l'employeur en raison des services exécutés au profit de la société mais plutôt par suite de l'inexécution d'une obligation contractuelle et, pour ce motif, que les administrateurs n'en étaient pas responsables personnellement[177]. Le fait que l'indemnité soit payable par effet d'une loi d'ordre public n'y change rien[178]. Il en est de même des indemnités dont le paiement est ordonné en même temps que la réintégration du salarié, à la suite d'un recours le permettant, pour compenser le salaire que le salarié a été empêché de gagner pendant la période où il était privé de son emploi[179]. Toutefois, une indemnité de licenciement établie contractuellement et assimilable à une rémunération différée peut être réclamée aux administrateurs[180].

Le cas échéant, il faut, selon la loi québécoise, que la compagnie ait été poursuivie dans l'année qui suit l'échéance et que l'exécution n'ait pu permettre le paiement complet de la créance ou encore que la compagnie ait fait l'objet d'une ordonnance de mise en liquidation ou

---

174. RLRQ, c. S-31.1.
175. L.R.C. (1985), ch. C-44.
176. *Nadeau* c. *Boisvert*, J.E. 84-448 (C.A.) – vacances, congés de maladie et heures supplémentaires ; *Thompson* c. *Masson*, [2000] R.J.D.T. 1548 (C.A.) – bonis, commissions et primes d'assurance non remises à l'assureur.
177. *Barrette* c. *Crabtree (Succession de)*, [1993] 1 R.C.S. 1027.
178. *Thompson* c. *Masson*, précité, note 176.
179. *Hudon* c. *Frishling*, D.T.E. 96T-67 (C.A.).
180. *Alias* c. *Raymond, Chabot, Fafard, Gagnon Inc.*, précité, note 173 ; *Barrette* c. *Crabtree (Succesion de)*, précité, note 177.

soit devenue faillie pendant cette période d'un an et que le salarié ait produit une réclamation conformément à la législation pertinente[181]. En vertu de la loi fédérale, la responsabilité des administrateurs n'est engagée que si le salarié a poursuivi la compagnie dans les six mois de l'échéance salariale et si le jugement n'a pu être satisfait, ou si le salarié a établi l'existence de sa créance dans un délai de six mois suivant une faillite, ou une procédure de liquidation ou de dissolution[182]. Après la condamnation de la société, les moyens de défense que cette dernière pouvait faire valoir ne peuvent plus être plaidés par les administrateurs[183].

Le recours contre les administrateurs d'une personne morale est personnel au salarié, sous réserve des termes exprès d'une loi qui autoriseraient quelqu'un d'autre à l'exercer pour son compte[184].

III- LA DURÉE

152 – *Variabilité* – En mentionnant que le contrat de travail est « pour un temps limité », l'article 2085 C.c.Q. se trouve à interdire la conclusion d'un contrat pour la vie. Selon l'article 2086 C.c.Q., le contrat de travail peut par ailleurs être conclu soit pour une durée prédéterminée, ou susceptible de l'être par la survenance d'une condition ou d'un événement, soit pour une durée indéterminée. Nous reviendrons ci-après sur la qualification de la durée du contrat.

L'examen des règles relatives à la durée du contrat de travail conduit directement à celui de ses modes d'extinction. Certains d'entre eux valent indistinctement à l'endroit du contrat à durée indéterminée comme du contrat de travail à durée déterminée ; d'autres sont propres à l'un ou l'autre des deux types de contrat.

---

181. *Pires* c. *Zaccheo*, [1998] R.J.Q. 2973 (C.A.) ; *Commission des normes du travail* c. *St-Amand*, [1999] R.J.Q. 217 (C.S.).

182. *Turcot* c. *Conso Graber Inc.*, [1990] R.D.J. 166 ; *Barrette* c. *Crabtree (Succession de)*, précité, note 177 ; *Thompson* c. *Masson*, précité, note 176 ; *Commission des normes du travail* c. *Proulx*, [1997] R.J.Q. 2178 (C.S.) – défaut de production d'une réclamation à la suite d'une faillite. Quant au lieu d'assignation des administrateurs, voir *Héritiers de feu H. Roy Crabtree* c. *Crabtree*, C.A. Québec, n° 200-09-000207-883, 7 juin 1988.

183. *Barrette* c. *Crabtree (Succession de)*, précité, note 177 ; *Zieman* c. *Commission des normes du travail*, D.T.E. 96T-94 (C.A.).

184. *Kucer* c. *Comité conjoint de l'industrie de la fabrication du métal en feuille*, [1973] C.A. 341 ; *Shawinigan Lavalin Inc.* c. *Espinosa*, [1990] R.L. 27 (C.A.).

A. Les types de contrat

1. Le contrat à durée déterminée

153 – *Nature et forme* – Le contrat de travail à durée déterminée est celui où les parties ont préalablement fixé une échéance à leur relation contractuelle en prévoyant soit un terme extinctif, soit encore la réalisation d'une condition résolutoire. Dans le premier cas, il peut s'agir simplement de la fixation d'une date d'échéance au contrat, tout comme de la survenance d'un événement certain à une date qui demeure inconnue. Quant à la condition résolutoire, c'est celle par laquelle les parties prévoient que le contrat prendra fin s'il survient un événement incertain : perte d'un équipement de production, réduction des activités de l'entreprise ou de ses profits en deçà d'un niveau préétabli, etc. Pour que le contrat soit considéré comme étant à durée déterminée, il faut que la condition ainsi envisagée soit indépendante de la volonté des parties quant à sa réalisation ; autrement, la condition sera assimilée à une faculté unilatérale de résiliation et le contrat considéré comme un contrat à durée indéterminée[185].

Il n'est par ailleurs pas exclu que le contrat puisse être à durée déterminée en ce qui a trait à une partie et à durée indéterminée pour l'autre qui pourrait alors y mettre fin en tout temps en donnant un délai de congé. Ainsi, dans une affaire *Selick*, la Cour d'appel a qualifié de *sui generis* un contrat qui prévoyait que l'employé pourrait conserver son emploi tant qu'il le désirerait[186].

Le contrat de travail à durée déterminée doit faire l'objet d'une entente expresse à cet effet, qu'elle soit écrite ou verbale[187]. Il ne peut s'inférer du seul fait que les parties ont convenu de conditions de travail pour un certain temps, non plus que de l'établissement du salaire sur la base d'une certaine période de temps, annuelle, mensuelle ou autre ; il faut plutôt, dans chaque cas, rechercher la véritable intention des parties en tenant compte de toutes les stipulations contrac-

---

185. *Thibodeau* c. *Ste-Julienne (Corp. municipale de)*, [1994] R.J.Q. 2819 (C.A.) ; *Shawinigan Lavalin Inc.* c. *Espinosa*, [1990] R.L. 27 (C.A.) ; *St-Laurent* c. *Lapointe*, [1950] B.R. 229.
186. *149244 Canada Inc.* c. *Selick*, [1994] R.J.Q. 2822 (C.A.).
187. *Allaire-Gingras* c. *Hébergement Magog-Orford Inc.*, D.T.E. 92T-1222 (C.S.) – preuve testimoniale de l'entente.

tuelles[188]. C'est la partie qui allègue l'existence d'un contrat à durée déterminée qui a le fardeau de la démontrer[189].

154 – *Effet* – Le contrat à durée déterminée lie les parties jusqu'à son échéance[190]. Celle-ci met normalement fin de plein droit aux relations entre les parties (art. 1517 et 1671 C.c.Q.)[191]. Toutefois, ces dernières peuvent avoir prévu les conditions et les modalités d'un renouvellement du contrat pour une durée elle-même préétablie ou non. En l'absence d'un tel aménagement contractuel, l'article 2090 C.c.Q. rend néanmoins le contrat susceptible d'une reconduction tacite. Cette reconduction légale a lieu lorsque le salarié continue de travailler pour l'employeur sans opposition de la part de ce dernier durant cinq jours après l'arrivée du terme convenu au contrat de travail[192]. Cette condition suppose que le salarié soit en mesure d'exécuter sa prestation, ce qu'exclut évidemment un état d'invalidité[193]. Le contrat reconduit tacitement par effet de la Loi l'est pour une durée indéterminée, avec les conséquences qui s'y rattachent pour y mettre fin.

Par ailleurs, selon les circonstances, une succession ininterrompue de contrats de travail à durée déterminée, que ce soit par suite d'ententes formelles des parties ou en conséquence de renouvellements conventionnels d'un contrat initial, peut révéler la transformation, en réalité, de la relation de travail en rapport à la durée indéterminée, du moins aux fins de l'application des mesures particulières de protection de l'emploi contenues dans diverses lois du travail[194].

---

188. *Thibodeau c. Ste-Julienne (Corp. municipale de)*, précité, note 185 ; *Shawinigan Lavalin Inc. c. Espinosa*, précité, note 184. Voir aussi *Domtar Inc. c. St-Germain*, [1991] R.J.Q. 1271 (C.A.) ; *Montel Inc. c. De Blois*, [1971] C.A. 316 ; *Stewart c. Hanover Fire Insurance Co.*, [1936] R.C.S. 177.

189. *Commission des normes du travail du Québec c. Campeau Corp.*, [1989] R.J.Q. 2108 (C.A.) ; *Commission des normes du travail du Québec c. Hawker Siddeley Canada Inc.*, [1989] R.J.Q. 2123 (C.A.).

190. *Savoie c. Roy*, [1983] C.A. 513.

191. *Chambly (Ville de) c. Gagnon*, [1999] 1 R.C.S. 8 ; *Tinker-Labrecque c. Corporation de l'Hôpital d'Youville de Sherbrooke*, [1986] R.J.Q. 1283 (C.A.).

192. Une loi particulière peut toutefois y faire obstacle : *Valois c. Caisse populaire Notre-Dame-de-la-Merci*, D.T.E. 2000T-4 (C.S.).

193. *Lapointe c. Québec Propane Inc.*, D.T.E. 84T-546 (C.S.).

194. *Moore c. Compagnie Montréal Trust*, [1988] R.J.Q. 2339 (C.A.) ; *Commission scolaire Berthier Nord-Joly c. Beauséjour*, [1988] R.J.Q. 639 (C.A.) : *De Coster c. Cogeco Diffusion inc.*, 2010 QCCS 1054, par. 26 – malgré le fait que la succession de contrats à durée déterminée n'ait pas changé la nature du contrat, la grossesse d'une employée ne doit pas lui faire perdre les avantages auxquels elle aurait eu droit en vertu d'une loi protectrice, en l'occurrence la *Loi sur les normes du travail*.

2. Le contrat à durée indéterminée

155 – *Nature et conséquences* – Il est de l'essence même du contrat de travail à durée indéterminée que chacune des parties puisse y mettre légalement fin à volonté, à la seule condition de donner à l'autre un délai de congé ou préavis raisonnable à cet effet. L'article 2091 C.c.Q. consacre ainsi une règle que l'article 1668 al. 3 C.c.B.C. énonçait à l'endroit de certaines catégories d'employés et que la jurisprudence avait étendue à l'ensemble du salariat[195].

La faculté ainsi donnée à chacune des parties de mettre fin au contrat à durée indéterminée relève de leur discrétion et les laisse donc à l'abri, en principe, de toute poursuite en responsabilité si le délai de congé est suffisant[196]. Cette affirmation demeure néanmoins sujette à une réserve. L'exercice abusif de ce droit, de manière malicieuse, déraisonnable et excessive, ou grossièrement négligente ou imprudente, rend son auteur passible de dommages-intérêts, malgré la suffisance du préavis[197]. On peut donc constater une cohérence entre l'article 2091 C.c.Q. et les articles 6, 7 et 1375 C.c.Q. qui concernent l'exigence de bonne foi dans l'exercice de ses droits civils. À ce sujet, la Cour d'appel a précisé dans l'arrêt *Ponce* c. *Montrusco & Associés Inc.*, la portée de cette obligation d'agir, *bona fide*, dans le cadre des relations de travail. Selon la Cour :

> Commet ainsi un abus de droit l'employeur qui exerce la faculté de résiliation « en vue de nuire à autrui », pour reprendre l'expression de l'article 7 C.c.Q., c'est-à-dire, pour user d'autres termes, avec malice ou

---

195. *Thibodeau* c. *Ste-Julienne (Corp. municipale de)*, précité, note 185 ; *Shawinigan Lavalin Inc.* c. *Espinosa*, précité, note 184 ; *Columbia Builders Supplies Co.* c. *Bartlett*, [1967] B.R. 111 ; *Asbestos Corporation Limited* c. *Cook*, [1933] R.C.S. 86, 91 (j. Rinfret).

196. *Lortie* c. *Global Financial Associates Inc.*, 2010 QCCS 3363, par. 96 : « La résiliation unilatérale par l'employeur d'un contrat à durée indéterminée n'est pas en soi une faute civile, il s'agit d'un droit discrétionnaire accordé par le législateur même si la décision cause un préjudice sérieux ».

197. Voir et transposer : *Houle* c. *Banque Canadienne Nationale*, [1990] 3 R.C.S. 122. Voir aussi *Wallace* c. *United Grain Growers Ltd.*, précité, note 116 ; *Sauvé* c. *Banque Laurentienne du Canada*, [1999] R.J.Q. 79 (C.A.) ; *Société hôtelière Canadien Pacifique* c. *Hoeckner*, [1988] R.L. 482 (C.A.) ; *Marquis* c. *Auxilium Technologies inc.*, précité, note 159 ; *Ponce* c. *Montrusco & Associés Inc.*, D.T.E. 2008T-201 (C.A.), par. 32 – la Cour d'appel tient les propos suivants au sujet de la résiliation unilatérale opérée par l'employeur : « [...] s'il est vrai que celle-ci fut soudaine et immédiate, ce qui est cependant, faut-il le rappeler, une pratique courante, implicitement permise par l'article 2091 C.c.Q., la preuve ne révèle pas qu'elle se soit accompagnée de comportements trompeurs, mensongers, indûment tracassiers ou grossiers ou qu'elle se soit faite d'une façon qui dénote une insouciance ou une négligence fautive ou déréglée ».

mauvaise foi. Commet aussi un abus de droit l'employeur qui, dans l'exercice de cette faculté, commet une faute caractérisée qui, sans être intentionnelle, engendre cependant un préjudice allant au-delà de celui qui découle normalement de la résiliation : c'est en cela seulement que l'employeur peut agir de manière «excessive et déraisonnable» au sens de l'article 7 C.c.Q.[198]

La rédaction même de l'article 2092 C.c.Q. nous permet également de confirmer que la résiliation unilatérale devra s'effectuer en toute bonne foi. En vertu de cette disposition, il est impossible pour le salarié de renoncer à la réparation du préjudice découlant d'une résiliation « faite de manière abusive »[199], ou encore lorsque le délai de congé, qui revêt un caractère d'ordre public, est insuffisant.

Cela n'affecte en rien la capacité pour l'employeur de mettre fin à la relation d'emploi lorsqu'un motif sérieux le justifie (art. 2094 C.c.Q.). Autrement dit, un motif sérieux, au sens de cette disposition, n'est pas constitutif d'un abus de droit[200]. Dès lors, un motif sérieux donné par l'autre partie au contrat de travail à l'autre justifiera cette

---

198. *Ponce* c. *Montrusco & Associés Inc.*, précité, note 197, par. 22. Voir également au sujet de l'abus de droit : *Brouillette* c. *Groupe Gareau inc.*, 2011 QCCS 3634, par. 102 et 103 : « Comme le législateur a déjà prévu le droit pour l'employeur de résilier le contrat de travail en vertu de l'article 2091 C.c.Q., même sans motif sérieux, il n'a pas lieu de conclure à abus de droit simplement parce que l'employeur l'exerce et que le salarié en subit un préjudice [...] Pour conclure à un abus de droit de l'employeur, ce dernier doit avoir commis une faute additionnelle spécifique, génératrice de dommages, et distincte de la simple résiliation du contrat sans motif sérieux. » ; *Scolieri* c. *Gestion Orion ltée / Orion Management Ltd.*, 2010 QCCQ 4088, par. 73, 74 et 76 – il revient à l'employé de démontrer l'existence d'un abus de droit de la part de l'employeur, c'est-à-dire « [...] la présence de préjudice allant au-delà de celui qui découle normalement de la résiliation » et « [...] qui résulte de l'exercice excessif et déraisonnable du droit de résilier le contrat de travail » ; *Basra* c. *Propriétés Belcourt inc.*, 2012 QCCS 1143, par. 14 – un congédiement basé strictement sur une condition économique défavorable n'est pas un abus de droit ; *Al-Salem* c. *Bureau international des droits des enfants*, 2012 QCCS 360 – une interruption de financement pour un projet ne constitue pas un congédiement illégal ; *Bélanger* c. *Xerox Canada ltée*, 2010 QCCS 2651, par. 65 ; *De Montigny* c. *Valeurs mobilières Desjardins inc.*, précité, note 142, par. 306 ; *Gariépy* c. *CGI Group Inc.*, 2011 QCCS 6178, par. 22 et 23 ; *Schiller* c. *Samcon inc.*, 2011 QCCS 4620, par. 139.

199. *O'Connor* c. *Omega Engineering Inc.*, [2000] R.J.Q. 243 (C.S.) ; *Ruxanda* c. *Société Mondo America inc.*, [2001] R.J.D.T. 627 (C.S.) ; *Marquis* c. *Auxilium Technologies inc.*, précité, note 159 ; *Merlitti* c. *Excel Cargo inc.*, [2002] R.J.Q. 995 (C.S.). Une renonciation du salarié à son droit à une indemnité reste toutefois possible sous certaines conditions : voir, *infra* n° 163.

200. *Ponce* c. *Montrusco & Associés Inc.*, précité, note 197, par. 22. Selon la Cour d'appel, « [...] prétendre le contraire enlèverait tout sens à l'article 2091 C.c.Q. ».

dernière de mettre fin immédiatement à leur relation de travail, sans être tenue à l'obligation d'en donner un préavis raisonnable (art. 2094 C.c.Q.). À la différence du salarié, l'employeur peut renoncer purement et simplement à recevoir du salarié un préavis de démission. Pour valoir, cette renonciation doit toutefois être explicite[201].

156 – *Période d'essai* – Le caractère d'ordre public donné au délai de congé en faveur du salarié remet en question une pratique courante du milieu du travail. Il s'agit de l'établissement d'une période d'essai pour le salarié au début de son emploi, période pendant laquelle l'employeur se réserve le droit de mettre fin à l'emploi en tout temps, sans préavis ni indemnité. La jurisprudence à ce sujet n'est pas très concluante, notamment parce qu'elle se rapporte principalement au droit antérieur à l'entrée en vigueur du *Code civil du Québec* et donc à l'attribution d'un caractère d'ordre public au préavis prévu à son article 2091. Elle tend néanmoins à se montrer favorable à une telle période d'essai dans la mesure où elle a été clairement convenue entre les parties[202]. D'un point de vue critique, rien n'empêche en droit l'établissement d'une période d'essai. Toutefois, cette période doit être qualifiée au regard des deux types de contrat de travail envisagés par la Loi. Si elle est garantie, elle constitue un engagement pour une durée déterminée et doit courir jusqu'à son échéance[203]. Si elle ne l'est pas, elle devient par le fait même une période d'engagement à durée indéterminée, donc sujette à l'obligation de donner un préavis raisonnable pour y mettre fin[204]. Dans cette dernière éventualité, l'impact concret demeurera le plus souvent marginal, en raison de la courte durée des services du salarié au moment de la terminaison de son emploi et de l'évaluation conséquente du délai de congé auquel il a droit.

---

201. Voir et transposer : *Drouin* c. *Electrolux Canada Ltée, division de Les Produits C.F.C. Ltée*, précité, note 34 ; *Macaulay* c. *Imperial Life Assurance Co. of Canada*, D.T.E. 84T-395 (C.S.).

202. Voir et comparer : *Lefrançois* c. *Crane Canada Inc.*, D.T.E. 88T-574 (C.S.) ; *Gignac* c. *Trust Général du Canada*, [1991] R.J.Q. 520 (C.S.) ; *Newman* c. *Stokes inc.*, D.T.E. 93T-553 (C.S.) ; *Guillemette* c. *Maison des jeunes du Cap-de-la-Madeleine*, D.T.E. 95T-414 (C.S.) ; *Banque nationale du Canada* c. *Gignac*, D.T.E. 96T-31 (C.A.) ; *Jacobs* c. *Centre de finition Bombardier inc.*, [2000] R.J.D.T. 477 (C.S.) ; *Proulx* c. *Communications Voir inc.*, D.T.E. 2002T-821 (C.S.).

203. *Newman* c. *Stokes Inc.*, précité, note 202.

204. *Légaré* c. *G.E. Leblanc inc.*, D.T.E. 2004T-342 (C.S.), par. 42-43 ; *Bourdeau* c. *CSS du Haut-Richelieu Rouville*, précité, note 55.

B. La continuité du contrat

157 – *Généralités* – L'article 2097 C.c.Q. a apporté au régime juridique du contrat de travail son innovation la plus spectaculaire issue de la réforme du droit civil de 1994. Dérogeant à la règle de l'effet relatif des contrats énoncée à l'article 1440 C.c.Q., il affirme la survie du contrat de travail à l'aliénation de l'entreprise ou à la modification de sa structure juridique.

> **2097.** L'aliénation de l'entreprise ou la modification de sa structure juridique par fusion ou autrement, ne met pas fin au contrat de travail.
>
> Ce contrat lie l'ayant cause de l'employeur.

Cette disposition complète ce qu'on pourrait appeler le « triptyque législatif » du droit de suite en relations du travail, droit de suite attaché à l'entreprise pour laquelle le travail est exécuté. Elle s'ajoute, en effet, aux articles 45 et suivants du *Code du travail*, qui garantissent le maintien des droits individuels et collectifs reliés à un régime de rapports collectifs du travail, et à l'article 97 de la *Loi sur les normes du travail*, qui assure aux salariés la continuité d'application des normes du travail par un nouvel employeur[205]. Ici, c'est le lien d'emploi individuel lui-même qui se trouve directement protégé. L'étendue et les effets de cette protection se mesurent sous l'éclairage de l'abondante jurisprudence à laquelle ont donné lieu tant l'article 45 du *Code du travail* que l'article 97 de la *Loi sur les normes du travail*. L'article 2097 C.c.Q. se démarque toutefois de ses antécédents législatifs apparentés sous certains aspects importants.

158 – *Entreprise* – Le *Code civil du Québec* est presque aussi muet que le *Code du travail* et la *Loi sur les normes du travail* sur la notion-clé d'entreprise, à la base du droit de suite énoncé à l'article 2097 C.c.Q. Ce choix du législateur conserve toute son intégrité à la définition « concrète » ou « organique » de l'entreprise, élaborée dans l'affaire *Mode Amazone*[206] et avalisée par la Cour suprême dans l'arrêt *Bibeault*[207]. Cette définition s'inscrivait d'ailleurs dans une approche

205. *Code du travail*, précité, note 1 ; *Loi sur les normes du travail*, précitée, note 1.
206. *Mode Amazone* c. *Comité conjoint de Montréal de l'Union internationale des ouvriers du vêtement pour dames*, [1983] T.T. 227, 231.
207. *U.E.S., local 298* c. *Bibeault*, [1988] 2 R.C.S. 1048, 1105 ; *Ivanhoe Inc.* c. *TUAC, section locale 500*, [2001] 2 R.C.S. 565, 2001 CSC 47, par. 65 à 70. Voir, *infra*, Titre 2, chapitre 4, nos 587-589. Pour une application de la définition « organique » de l'entreprise, voir notamment : *Raymond* c. *Aéro-Photo (1961) inc.*, 2012 QCCS 1535, par. 71.

essentiellement civiliste de la transmission d'entreprise. La définition de l'« exploitation d'une entreprise », dans le contexte de la détermination des règles relatives aux obligations solidaires, à l'article 1525, al. 3 C.c.Q., n'autorise pas la révision de cette notion d'entreprise :

> **1525.** [...] Constitue l'exploitation d'une entreprise l'exercice, par une ou plusieurs personnes, d'une activité économique organisée, qu'elle soit ou non à caractère commercial, consistant dans la production ou la réalisation de biens, leur administration ou leur aliénation, ou dans la prestation de services.

Cette définition permet, certes, d'entrevoir toute la variété des fins que peut poursuivre l'entreprise, mais elle confirme tout autant que celle-ci est bien cet ensemble organisé, susceptible d'aliénation, déjà décrit par la jurisprudence.

159 – *Transmission par aliénation* – À la différence du *Code du travail* et de la *Loi sur les normes du travail*, le *Code civil du Québec* ne s'adresse qu'aux situations d'aliénation (ou de changement de structure juridique) de l'entreprise. Il exclut ainsi la concession d'entreprise et, donc, le phénomène de la sous-traitance sous toutes ses formes. L'aliénation de l'entreprise implique une mutation des droits reliés à sa propriété et l'existence d'un lien de droit direct, d'où découle cette mutation, entre l'ancien et le nouvel employeur[208]. Cette cession de droits peut toucher la totalité ou une partie de l'entreprise[209]. Que l'article 2097 C.c.Q. n'évoque pas expressément l'éventualité d'une aliénation partielle paraît sans conséquence, eu égard aux principes dégagés par la Cour suprême dans l'arrêt *Bibeault*, si l'opération permet de constater la perpétuation chez le nouvel employeur d'une partie de l'entreprise de son auteur[210]. L'aliénation totale ou partielle de l'entreprise suppose par ailleurs sa survivance, comme exploitation active, chez le nouvel employeur, ce

---

208. *U.E.S., local 298* c. *Bibeault, ibid.*, p. 1112-1115.
209. *Zizian* c. *ECA Quality Verifications Inc.*, D.T.E. 2009T-146 (C.S.), par. 17 – la Cour considère qu'il doit y avoir un transfert du droit de propriété des biens et éléments d'actifs, meubles et immeubles, tangibles et intangibles, de l'entreprise pour conclure à son aliénation. Ce n'est pas le cas en l'espèce.
210. *Ibid.* ; *Alfred Dallaire inc.* c. *Beaudin*, D.T.E. 99T-292 (T.T.), confirmé par *Syndicat des travailleuses et travailleurs d'Alfred Dallaire (C.S.N.)* c. *Alfred Dallaire inc.*, [2002] R.J.D.T. 20 (C.A.). Voir aussi l'article 1767 C.c.Q. qui définit la vente d'entreprise comme celle qui porte sur l'ensemble ou une partie substantielle d'une entreprise.

qui exclut son démembrement par l'acquéreur de ses composantes organiques[211].

L'article 2097 C.c.Q. n'exclut pas la vente en justice comme mode de transmission de l'entreprise susceptible de donner lieu à son application. En principe, le contrat de travail pourrait donc survivre à une vente forcée de l'entreprise[212]. Cette possibilité demeure toutefois subordonnée à la condition essentielle que l'entreprise se poursuive de façon continue, par son exploitation active, malgré cet aléa. Le plus souvent, en effet, l'insolvabilité de l'entreprise qui conduit à sa vente en justice provoquera concurremment son extinction comme activité économique organisée, même si ses éléments constitutifs peuvent ultérieurement permettre à leur acquéreur de donner naissance à une nouvelle entreprise de nature semblable[213].

Outre la vente, la transmission successorale de l'entreprise, notamment, tombe dans l'aire d'application de l'article 2097 C.c.Q.[214].

160 – *Modification de la structure juridique* – La modification de la structure juridique de l'entreprise, que l'article 2097 C.c.Q. vise au même titre que l'aliénation, comprend notamment sa fusion avec une autre entreprise selon le texte même de la disposition législative[215]. Elle inclut indéniablement aussi la division de l'entreprise[216], tout comme d'autres changements qui peuvent être apportés à sa forme ou à son contrôle juridique mais qui la laissent subsister comme exploitation[217].

---

211. Voir, comparer et transposer : *Burns* c. *Compagnie du Trust National Ltée*, D.T.E. 90T-920 (C.A.) ; *Beaudry* c. *Société du Parc des îles*, D.T.E. 2006T-1021 (C.A.) ; *Raymond, Chabot, Martin, Paré & Associés* c. *G.D.I. Inc.*, [1989] R.J.Q. 1791 (C.A.) ; *Syndicat des employés de Métal Sigodec (C.S.N.)* c. *St-Arnaud*, [1986] R.J.Q. 927 (C.A.).
212. Voir, en ce sens : *Beaulieu* c. *9009-1356 Québec Inc.*, [1997] T.T. 232.
213. *Bergeron* c. *Métallurgie Frontenac Ltée*, [1992] R.J.Q. 2656 (C.A.) ; *Garner* c. *Edwin Jeans Canada Ltée*, [1998] R.J.Q. 2373 (C.S.).
214. L'article 1441 C.c.Q. aurait conduit à la même solution à l'endroit des héritiers, mais les articles 739 et 1442 C.c.Q. l'auraient écartée pour les légataires particuliers.
215. Voir, relativement à un licenciement consécutif à une fusion et à une restructuration d'entreprises : *Patenaude* c. *Purdel Inc.*, [1993] R.J.Q. 1205 (C.S.).
216. L'article 97 de la *Loi sur les normes du travail*, précitée, note 1, mentionne la division de l'entreprise comme une des formes de changement de sa structure juridique.
217. *Baril* c. *Investissement Imqua Inc.*, [1999] R.J.Q. 1785 (C.S.) – changement de contrôle *de facto*.

161 – *Effets* – Quelle est la mesure exacte des effets de l'article 2097 C.c.Q. ? Cette disposition garantit-elle en somme aux salariés une sécurité d'emploi absolue à l'occasion d'une aliénation de l'entreprise ? L'employeur et le salarié peuvent-ils convenir à l'avance que le contrat de travail prendra fin en cas de vente de l'entreprise ? L'employeur peut-il, en donnant un délai-congé suffisant, mettre fin à un engagement à durée indéterminée, en prévision d'une vente de son entreprise ?

La détermination de la portée réelle de l'article 2097 C.c.Q. devrait s'apprécier, au premier chef, en fonction de l'état du droit antérieur que le législateur a voulu modifier en l'adoptant. Suivant ce droit antérieur et la règle de l'effet relatif des contrats, que reprend désormais de façon générale l'article 1440 C.c.Q., l'aliénation de l'entreprise mettait fin au contrat de travail et l'acquéreur n'était pas lié par ce dernier[218]. C'est cette situation que l'article 2097 C.c.Q. vient modifier, par exception, à l'endroit du contrat de travail. Déclaratoire, il affirme donc que l'aliénation n'a pas pour effet, par elle-même, de mettre fin au contrat de travail et que, dans ce cas, l'ayant cause de l'employeur est lié par le contrat[219]. Rien par contre ne permet de trouver dans l'article 2097 C.c.Q. une disposition d'ordre public qui interdirait, par exemple, aux parties de prévoir expressément que la vente de l'entreprise mettra fin au contrat de travail, ou à l'une ou l'autre d'entre elles de mettre fin à une relation à durée indéterminée à cette occasion en donnant un préavis suffisant[220]. En l'absence de caractère d'ordre public de l'article 2097 C.c.Q., la liberté contractuelle des parties subsiste. Cette disposition législative garantit en somme qu'un contrat de travail à durée prédéterminée se rendra à l'échéance qui y est prévue, malgré l'aliénation de l'entreprise, et que le contrat à durée indéterminée se poursuivra

---

218. *Syndicat national des travailleurs de la pulpe et du papier de La Tuque Inc.* c. *Commission des relations ouvrières de la province de Québec*, [1958] B.R. 1 – à l'origine de l'adoption de l'article 45 du *Code du travail* ; *Laroche* c. *Després, Laporte Inc.*, D.T.E. 2001T-273 (C.S.).

219. *Vibration et balancement Borgia (3436993 Canada inc.)* c. *Richard*, 2011 QCCQ 3989, par. 49 – la Cour affirme que c'est le contrat de travail dans son ensemble qui survit à l'aliénation.

220. Dans le cas du salarié qui dispose, en vertu d'une loi particulière comme c'est le cas selon les articles 124 et s. de la *Loi sur les normes du travail*, précitée, note 1, du droit d'exiger de l'employeur qu'il justifie son licenciement par l'existence d'une cause juste et suffisante, l'employeur demeurera tenu d'établir cette justification. Il serait contradictoire que le seul fait de l'aliénation de l'entreprise, sans autre considération ou explication, puisse constituer une telle cause juste et suffisante de licenciement, alors que l'article 2097 C.c.Q. affirme le principe de la survie du contrat de travail dans cette éventualité.

chez le nouvel employeur si ni le vendeur ni l'employé ne sont intervenus pour y mettre légalement fin, dans les mêmes circonstances.

Qu'en est-il des obligations de l'employeur originaire encore inexécutées par ce dernier au moment de l'aliénation de l'entreprise ? Le nouvel employeur en est-il rendu responsable du seul fait de l'application de l'article 2097 C.c.Q. ? Une réponse négative paraît s'imposer. La solidarité ne se présume pas ; elle n'existe que lorsqu'elle est expressément stipulée par les parties ou prévue par la Loi (art. 1525, al. 1 C.c.Q.). Aucune disposition du *Code civil du Québec* n'affirme une responsabilité conjointe et solidaire du vendeur et de l'acquéreur d'une entreprise à l'égard des obligations résultant du contrat de travail[221]. L'article 1525, al. 2 C.c.Q. n'a pas d'impact. Il présume la solidarité entre les débiteurs d'une obligation contractée pour le service ou l'exploitation d'une entreprise, ce qui pourrait être le cas d'un contrat de travail. Toutefois, le vendeur et l'acquéreur d'une entreprise ne contractent pas, quant au contrat de travail, simultanément une même obligation pour l'entreprise. Ils y sont plutôt tenus, successivement, par effet de l'article 2097 C.c.Q. à l'exécution d'obligations elles-mêmes successives[222]. La transmission d'entreprise qui se qualifie comme une vente d'entreprise au sens de l'article 1767 C.c.Q. emporte néanmoins des conséquences qui lui sont propres quant à la responsabilité de l'acquéreur. Si les formalités prescrites par le Code pour cette vente n'ont pas été suivies, l'acquéreur pourra être tenu, selon les articles 1776 et 1777 C.c.Q., de payer les créanciers du vendeur, dont ses salariés éventuellement, jusqu'à concurrence de la valeur des biens achetés.

Effet direct et manifeste de l'article 2097 C.c.Q., l'acquéreur d'une entreprise qui voudra ultérieurement mettre fin à un contrat de travail à durée indéterminée devra prendre en considération, dans

---

221. Par comparaison, l'article 96 de la *Loi sur les normes du travail*, précitée, note 1, rend l'ancien employeur et le nouveau conjointement et solidairement responsables d'une réclamation du salarié qui découle de l'application de cette loi pour sa période d'emploi antérieure à l'aliénation de l'entreprise.

222. Voir : *Quénette* c. *Nurun inc.*, [2002] R.J.Q. 1035 (C.S.) – inopposabilité à l'acquéreur de l'entreprise d'une option d'achat d'actions. L'application conjuguée, dans les circonstances le justifiant, des articles 124 et s. de la *Loi sur les normes du travail*, précitée, note 1 et de l'article 2097 C.c.Q. pourrait conduire à une ordonnance de réintégration chez le nouvel employeur d'un salarié congédié par le précédent employeur. Voir et transposer : *Adam* c. *Daniel Roy Limitée*, [1983] 1 R.C.S. 683.

la détermination du préavis à donner, la durée totale des services de l'employé dans l'entreprise[223].

C. La terminaison du contrat

162 – *Variabilité des modes d'extinction* – Le contrat de travail est susceptible de prendre fin de plusieurs manières différentes. Certaines de celles-ci sont communes au contrat à durée déterminée et au contrat à durée indéterminée. Les autres sont propres à l'un ou l'autre de ces deux types de contrat et conséquentes à leur nature.

1. Les modes communs d'extinction

a) L'entente ou la transaction

163 – *Règle et problématique* – Le contrat de travail, comme tout autre contrat, peut prendre fin par entente des parties (art. 1439 C.c.Q.). Surtout dans un contexte litigieux, les parties donneront souvent à cette entente l'effet d'une transaction qui aura entre elles l'autorité de la chose jugée, selon l'article 2633 C.c.Q.

Se soulève ici un questionnement à l'égard de l'entente par laquelle les parties conviennent de mettre fin à un contrat à durée indéterminée. L'article 2092 C.c.Q. rend-il révisable, donc incertaine, une entente de départ entre l'employeur et le salarié réglant la question du délai de congé ou de l'indemnité pour en tenir lieu ? On ne devrait pas attacher automatiquement une telle conséquence à l'article 2092 C.c.Q. Ce dernier vise le contrat de travail lui-même plutôt que l'entente par laquelle les parties peuvent décider d'y mettre fin. Cette protection légale cherche essentiellement à protéger le salarié lorsque sa vulnérabilité pourrait l'amener à renoncer à un droit ultérieur, c'est-à-dire lorsqu'il veut obtenir un emploi ou pendant qu'il occupe cet emploi. Par ailleurs, on peut déduire de la jurisprudence que l'article 2092 C.c.Q. est d'ordre public de protection – par opposition à l'ordre public de direction – et que ce faisant, il est possible d'y renoncer sous réserves de deux conditions : *primo*, l'employé ne doit pas renoncer à l'avance à son droit à une indemnité[224] ; *secundo*, lorsqu'il renonce à l'indemnité que lui garantit le

---

223. *Barbeau* c. *1312316 Ontario inc.*, [2002] R.J.Q. 1323 (C.S.).

224. *Guerchon* c. *Rubble Master Systems Inc. (9218-1445 Québec inc.)*, 2012 QCCS 1093 – les clauses d'un contrat de travail qui prévoient à l'avance la durée d'un préavis ou d'une indemnité en tenant lieu en cas de congédiement ne peuvent être soustraites à l'application de l'article 2092 C.c.Q. ; voir aussi : *Bolduc* c. *Consultants en gestion de patrimoine Blue Bridge Inc.*, 2012 QCCS 2277.

Code civil du Québec, il doit le faire en toute connaissance de cause[225]. L'analyse des circonstances entourant la conclusion de l'entente se révélera nécessaire pour déterminer si l'employé a renoncé validement à cette protection, et notamment s'il y a renoncé « en toute connaissance de cause »[226]. Dans le cas contraire, l'entente intervenue entre l'employeur et le salarié sera sanctionnée par une nullité relative et non par la nullité absolue[227].

Dans le même ordre d'idées, la jurisprudence reconnaît que la partie en faveur de laquelle une mesure d'ordre public est édictée peut y renoncer validement lorsque le bénéfice de cette mesure lui est acquis[228]. La faculté de l'employeur et du salarié de régler par une transaction un litige éventuel ou déjà né relativement à une cessation d'emploi ne devrait donc être subordonnée qu'aux seules règles générales de validité des contrats (art. 2631 et 2633 C.c.Q.)[229].

b) La force majeure

164 – *Principes et application* – L'article 1668, al. 1 C.c.B.-C. prévoyait que l'impossibilité absolue d'exécution du contrat de travail par une partie y mettait fin[230]. L'absence d'une disposition semblable, propre au contrat de travail, dans le *Code civil du Québec* ne conduit pas pour autant à un résultat très différent, sans toutefois que la rupture soit automatique. L'article 1693 C.c.Q. libère, aux conditions qu'il énonce, le débiteur empêché d'exécuter son obligation en raison d'une force majeure, dont la preuve lui incombe, à moins

---

225. *Isidore Garon ltée* c. *Tremblay ; Fillion et Frères (1976) inc.* c. *Syndicat national des employés de garage du Québec inc.*, [2006] 1 R.C.S. 27, par. 60 ; *Garcia Transport Ltée* c. *Cie Royal Trust*, [1992] 2 R.C.S. 499, 530 et 531 ; *Betanzos* c. *Premium Sound 'N' Picture Inc.*, 2007 QCCA 1629, par. 7 – en l'espèce, l'appelant n'a pas renoncé à l'avance à son droit à une indemnité tenant lieu de délai de congé. Il l'a fait en toute connaissance de cause dans le cadre de la transaction intervenue après son congédiement ; *Château inc. (Le)* c. *Niro*, 2009 QCCA 2314, par. 23 – on ne peut renoncer à recevoir un délai de congé raisonnable car c'est contraire à l'ordre public.
226. *Desfossés* c. *Marketing Comunika inc.*, 2009 QCCS 6247, par. 46.
227. *Château inc. (Le)* c. *Niro*, précité, note 225. Pour les notions de « nullité relative » et de « nullité absolue », voir les articles 1417, 1418, 1419 et 1420 C.c.Q.
228. *Garcia Transport Ltée* c. *Cie Royal Trust*, [1993] 2 R.C.S. 499.
229. Voir toutefois et comparer : *O'Connor* c. *Omega Engineering Inc.*, [2000] R.J.Q. 243 (C.S.) – annulation d'une transaction jugée abusive ; *Karasseferian* c. *Bell Canada Inc.*, [2000] R.J.Q. 1452 (C.S.) – affirmation du caractère révisable de toute transaction pour en vérifier la raisonnabilité.
230. *Vachon* c. *Cotton*, [1963] C.S. 167.

qu'il ne se soit expressément chargé des cas de force majeure. De son côté, l'article 1470 C.c.Q. prévoit que toute personne peut se dégager de sa responsabilité pour le préjudice causé à autrui si elle prouve que le préjudice résulte d'une force majeure, à moins qu'elle ne se soit engagée à le réparer. La force majeure y est définie comme un « événement imprévisible et irrésistible » auquel est assimilée « la cause étrangère qui présente ces mêmes caractères ». Ce genre d'événement ou de cause échappe donc au contrôle de celui qui l'invoque et exclut toute faute de sa part. L'inaptitude tant du salarié que de l'employeur, selon les cas, pourra relever de l'ordre de la force majeure, par exemple en cas de maladie. Du point de vue de l'employeur, particulièrement, l'incapacité importante ou définitive du salarié pourra s'avérer un motif sérieux de résiliation unilatérale et sans préavis du contrat, selon l'article 2094 C.c.Q. Par contre, ce n'est que dans des circonstances exceptionnelles qu'une difficulté d'ordre économique, pouvant aller jusqu'à la faillite, sera considérée comme le résultat d'une force majeure libérant l'employeur de ses obligations à l'endroit du salarié[231].

c) Le décès

165 – *Décès du salarié ou de l'employeur* – Suivant l'article 2093 C.c.Q., le décès du salarié met toujours fin au contrat de travail[232]. Celui de l'employeur peut emporter la même conséquence, selon les circonstances. Ces règles confirment le caractère personnel de l'engagement souscrit par le salarié et le fait que la personne de l'employeur puisse, dans certains cas, être une considération essentielle du contrat de travail. Ce serait le cas, par exemple, du contrat intervenu pour veiller sur la sécurité d'une personne ou pour lui prodiguer des soins. Le contrat qui n'est pas éteint par le décès de l'employeur lie sa succession. L'article 2097 C.c.Q., qui affirme la survivance du contrat de travail à l'aliénation de l'entreprise, suffit désormais à justifier cette solution.

---

231. *Holbrook* c. *Gordon*, [1968] C.S. 37. Voir également *Surveyer, Nenniger & Chênevert Inc.* c. *Thomas*, précité, note 139 – absence de preuve par l'employeur du caractère irrésistible d'une récession, même si cette dernière s'était révélée imprévisible ; *Labelle* c. *Experts-conseils Shawinigan Inc.*, D.T.E. 84T-547 (C.S.). Réduction, toutefois, de l'indemnité de préavis en raison des difficultés financières de l'employeur dans *Michel* c. *Welding Institute of Canada / Institut de soudage du Canada*, [1998] R.J.Q. 1579 (C.S.). Sur la notion de force majeure ou de cas fortuit comme cause d'extinction du contrat de travail et d'exonération de l'employeur de ses obligations, voir aussi, *infra*, Titre I, chapitre 2, n° 239.
232. *Vassiliadis* c. *Hôpital Charles-Lemoyne*, D.T.E. 2001T-963 (C.A.).

d) La résiliation pour motif sérieux

166 – *Démission ou congédiement* – L'article 2094 C.c.Q. permet à une partie de résilier unilatéralement et sans préavis le contrat de travail, qu'il soit à durée déterminée ou indéterminée, « pour un motif sérieux ».

Sans égard à leur légalité, la décision du salarié de mettre fin unilatéralement au contrat de travail constitue une démission et celle de l'employeur un congédiement (ou licenciement).

Du côté du salarié, la démission peut être pure et simple ou conditionnelle. La démission assortie de conditions n'en est pas vraiment une, en ce sens qu'elle ne devient parfaite et irréversible que si toutes les conditions posées sont acceptées et que le salarié en est informé. Une telle démission conditionnelle devrait être reçue par l'employeur comme une offre du salarié de mettre fin au contrat ou une proposition de départ négocié, comme l'envisage l'article 1439 C.c.Q., qui devrait être traitée selon les règles des articles 1388 à 1397 C.c.Q. La démission simple peut se manifester factuellement par la désertion de son emploi par le salarié. Elle peut aussi être communiquée à l'employeur avant le moment auquel le salarié entend lui donner effet. Dans ce cas, elle ne lie le salarié qu'à compter du moment où l'employeur en a connaissance[233]. La validité d'une démission est sujette à celle du consentement du salarié qui la présente (art. 1398 à 1408 C.c.Q.). La démission arrachée par subterfuge, menaces, contrainte, ou celle provoquée par des tracasseries, un harcèlement ou une modification significative des conditions de travail essentielles, sera considérée comme un congédiement déguisé[234]. C'est au salarié qui plaide la nullité de sa démission de la démontrer[235].

---

233. *Industries Moplastex (1986) Inc.* c. *Tremblay*, D.T.E. 91T-694 (C.A.).
234. *Farber* c. *Cie Trust Royal*, précité, note 142 ; *S.S.Q.* c. *Robitaille*, [1989] R.R.A. 397 (C.A.) ; *Ross* c. *Hawker-Siddeley Canada Inc.*, [1988] R.L. 228 (C.A.) ; *Hôpital St-Charles de Joliette* c. *Syndicat des employés d'hôpitaux de Joliette Inc.*, [1973] R.D.T. 129 (C.A.) ; *Orvieto* c. *Italy (Government of the Republic of)*, précité, note 142 ; *Desgagné-Bolduc* c. *Provigo Distribution inc.*, D.T.E. 2007T-617 (C.S.) ; *Drolet* c. *Re/Max Québec inc.*, D.T.E. 2006T-423 (C.S.).
235. *Soulière* c. *Aylmer (Ville d')*, D.T.E. 2000T-210 (C.S.). Ce fardeau peut toutefois être renversé une fois la validité de la démission sérieusement mise en question : *Tardif* c. *Montréal (Ville de)*, D.T.E. 90T-530 (C.A.). Voir aussi, *De Montigny* c. *Valeurs mobilières Desjardins inc.*, précité, note 142.

Du côté de l'employeur, la volonté de mettre fin à l'emploi du salarié peut aussi se manifester expressément ou de façon implicite. Dans le second cas, on parlera de licenciement ou de congédiement déguisé, ou par induction[236]. Celui-ci peut être le résultat d'un arsenal de moyens auquel l'employeur de mauvaise foi peut recourir pour provoquer le départ d'un salarié : harcèlement, brimades, vexations, humiliations, menaces, etc. Il peut aussi, même en l'absence de mauvaise foi, être conséquent à une modification substantielle imposée d'autorité par l'employeur aux conditions essentielles du contrat du salarié[237].

La jurisprudence récente semble ériger en principe l'affirmation suivante : le défaut de l'employé de manifester clairement sa désapprobation lorsque l'employeur modifie les conditions qui sont reliées à son travail équivaut à leur acceptation implicite[238]. L'aphorisme, « qui ne dit mot consent », semble trouver ici toute sa force, limitant ainsi le salarié dans sa plainte pour congédiement déguisé. Lorsque celui-ci continue de remplir les tâches qui lui sont assignées malgré une modification substantielle des conditions essentielles du contrat de travail, il accepte malgré lui la nouvelle relation d'emploi imposée par son employeur. Somme toute, la base factuelle du recours à l'encontre d'un congédiement déguisé se développe autour des éléments principaux suivants : les changements apportés au contrat de travail doivent avoir été imposés par l'employeur unilatéralement ; ils doivent être substantiels et concerner les conditions essentielles de la relation d'emploi consentie[239]. Finalement, le salarié

---

236. *Longueuil Nissan* c. *Charbonneau*, D.T.E. 2008T-200 (C.A), par. 21. Au sujet du congédiement déguisé, voir : J.-M. FORTIN, « Tendances en matière de congédiement déguisé », dans Service de la formation continue, Barreau du Québec, *L'ABC des cessations d'emploi et des indemnités de départ*, vol. 299, Cowansville, Éditions Yvon Blais, 2008.

237. *Farber* c. *Cie Trust Royal*, précité, note 142 ; *Guilde de la marine marchande du Canada* c. *Gagnon*, précité, note 142 ; *Tourigny* c. *Institut de recherche et de développement en agroenvironnement inc.*, précité, note 142.

238. *Desruisseaux* c. *Aon-Parizeau inc.*, 2003 CanLII 17322 (QC C.A.) ; *Lebrun* c. *Groupe Promutuel*, 2004 CanLII 4622 (QC C.Q.) ; *Lizotte* c. *Legault*, 2006 QCCS 2246 ; *Drolet* c. *RE/MAX*, 2006 QCCS 1990 ; *Le Groupe Commerce, Fleurexpert inc.* c. *Trudel*, 2008 QCCQ 6327 ; *Savoie* c. *Le Groupe Vertdure inc.*, 2010 QCCRT 288 ; *Bergevin* c. *Gestion Picard, Dubuc inc.*, 2011 QCCS 111.

239. *De Flavis* c. *Federal Express Canada Ltd.*, 2010 QCCS 5946 ; *Charbonneau* c. *J.P. Mallette et Associés inc.*, D.T.E. 2008T-176 (C.A.) – modification unilatérale du mode de rémunération ; *Le Portz* c. *Ethypharm inc.*, D.T.E. 2009T-505 (C.S.) – L'employeur a modifié les responsabilités du salarié et lui a proposé de réduire sa rémunération de 30 %. La Cour estime que toute personne raisonnable placée dans la même situation que celle du salarié en serait arrivée à la conclusion qu'il y a eu modification substantielle des conditions essentielles du contrat de

doit manifester clairement son désaccord dans un délai raisonnable[240].

La décision de l'employeur de mettre fin à l'emploi du salarié n'a effet qu'à compter du moment où elle lui est communiquée et ne peut alors rétroagir[241].

167 – *Défaut d'exécution grave* – Seul le congédiement justifié par un « motif sérieux » peut être fait sans préavis ni indemnité au salarié.

L'expression « motif sérieux » utilisée à l'article 2094 C.c.Q. se démarque de l'emploi par ailleurs courant dans la législation du travail des termes « cause juste et suffisante » pour désigner un motif légitime de renvoi du salarié[242]. Quelle que soit l'expression retenue, il aurait été utile que le législateur précise que la cause de résiliation doit être imputable à l'autre partie, en l'occurrence au salarié en cas de congédiement. Néanmoins, le poids de la jurisprudence tant des instances spécialisées du travail que des tribunaux de droit commun est si significatif relativement aux motifs susceptibles de justifier un licenciement sans indemnité ni préavis que le sens à donner à l'expression « motif sérieux » est celui d'une faute grave commise par le salarié ou d'une cause juste et suffisante qui se rapporte à sa conduite ou à son défaut d'exécuter le travail[243]. Cette interprétation

---

travail ; *Brosseau-Nestor* c. *Raymark Xpert Business Systems Inc.*, D.T.E. 2009T-247 (C.S.) – modification unilatérale des responsabilités et de la rémunération de la salariée sans aucune autre précision.

240. *Rousseau* c. *Postes Canada*, 2011 QCCS 1096 ; *St-Hilaire* c. *Nexxlink Inc.*, 2010 QCCS 2276.

241. *Gagné* c. *Hôtel-Dieu de Québec*, D.T.E. 92T-449 (C.A.). Lorsque les circonstances le justifient, l'employeur pourra relever provisoirement le salarié de ses fonctions, jusqu'à ce qu'il dispose de toute l'information nécessaire pour décider du maintien ou non de son emploi : *Cabiakman* c. *Industrielle Alliance (L'), compagnie d'assurance sur la vie*, précité, note 11 – il y a, sauf exception, obligation de payer le salaire.

242. Exemples : *Loi sur les normes du travail*, précitée, note 1, art. 128 ; *Code du travail*, précité, note 1, art. 17.

243. *Sirois* c. *O'Neill*, précité, note 106 ; *Girouard* c. *Compagnie Commonwealth Plywood ltée*, précité, note 106 ; *Sheppard* c. *Royal Institution for the Advancement of Learning (McGill University)*, D.T.E. 2007T-87 (C.A.) ; *Trudeau* c. *Garderie La Cigogne inc.*, D.T.E. 2006T-490 (C.S.) ; *Gaudet* c. *L. Simard Transport Ltée*, 2011 QCCS 1470, par. 12 : « Un motif sérieux est celui d'une faute grave commise par le salarié qui se rapporte à la conduite ou à son défaut d'exécuter le travail. Ainsi, un employé qui n'exécute pas convenablement, par inaptitude ou incapacité, ses obligations contractuelles peut être privé du préavis » ; *Robillard* c. *Actuaires-conseils Bergeron & associés inc.*, 2010 QCCS 710 ; *Lépine* c. *Goodyear Canada inc.*, précité, note 70, par. 144 et 151 – l'employé a adopté un « comportement dolosif dont la nature, la portée et la gravité justifient un congé-

est d'ailleurs la seule qui puisse se concilier avec le principe général, énoncé à l'article 1604, al. 2 C.c.Q., qui affirme le droit du créancier à la résiliation d'un contrat à exécution successive en cas d'inexécution du débiteur à moins que cette inexécution ne soit de « peu d'importance », auquel cas la résiliation ne peut sanctionner qu'un défaut à caractère répétitif.

La notion de congédiement disciplinaire est associée aux écarts de conduite du salarié et à ses devoirs d'obéissance, de loyauté ou de discrétion[244]. Le congédiement pour incompétence ou insuffisance professionnelle sanctionnera les défauts d'exécution qui échappent à la seule volonté du salarié, se rattachant plutôt à sa capacité d'exécuter le travail[245].

168 – *Motifs illégaux* – Est évidemment exclue de la notion de « motif sérieux » toute raison ou considération pour laquelle la Loi interdit expressément à l'employeur de congédier un salarié. On pense d'abord naturellement aux motifs discriminatoires et illicites prohibés par les chartes. Les grandes lois du travail, dans le champ d'application qui leur est propre, et certaines lois d'intérêt public prohibent à l'employeur le licenciement (et d'autres formes de sanction) d'un salarié pour les motifs qu'elles indiquent. Ces interdictions sont associées soit à l'application de conditions de travail d'ordre public, soit encore à l'exercice d'un droit ou à l'exécution d'un devoir civique. Les lois en question sont parmi celles énumérées à l'Annexe I du *Code du travail*[246]. Il y a lieu ici, à titre illustratif, de relever certaines d'entre elles et les motifs de licenciement qu'elles prohibent :

– *Loi sur les normes du travail* (la « L.N.T. »)[247] : exercice d'un droit prévu par cette loi ou dans le but d'éluder son application ; fourniture de renseignements à la Commission des normes du travail ou témoignage dans une poursuite en vertu de la loi ; saisie-arrêt du salaire ; condition de débiteur alimentaire ; grossesse d'une

---

diement ». Les actes qui lui sont reprochés sont « graves à cause du contexte dans lesquels ils sont posés et de leur effet préjudiciable » et mènent à une rupture du lien de confiance justifiant le congédiement sans préavis.

244. Voir *supra*, n°s 110 et 115-116.
245. Voir *supra*, n°s 111-112.
246. *Code du travail*, précité, note 1.
247. Précitée, note 1, art. 122, 122.1, 122.2. Relativement à l'interdiction de congédier le salarié pour le motif que son salaire fait l'objet d'une saisie-arrêt, voir aussi l'article 650 C.p.c. Voir aussi, *infra*, Titre I, chapitre 2, n°s 235-236, 257-260.

salariée ; refus de travail supplémentaire en raison d'obligations familiales ; mise à la retraite ; maladie.

– *Loi sur la santé et la sécurité du travail*[248] : refus de l'employé d'exécuter un travail dangereux ou exercice de tout droit ou de toute fonction que prévoit cette loi.

– *Loi sur les accidents du travail et les maladies professionnelles*[249] : exercice d'un droit conféré par cette loi ou le fait que l'employé a été victime d'une lésion professionnelle au sens de celle-ci.

– *Loi sur les décrets de convention collective*[250] : fourniture d'un renseignement à un comité paritaire ; plainte ou dénonciation relativement à une infraction à la loi ou à un règlement, ou à l'application d'une convention ou d'un décret, ou témoignage dans une poursuite ou une requête à ce sujet ; geste posé par l'employeur dans l'intention de réengager le salarié dans un emploi inférieur et d'éluder les dispositions du décret en payant un salaire moindre.

– *Charte de la langue française*[251] : méconnaissance d'une langue autre que le français.

– *Loi sur les jurés*[252] : exercice de la fonction de juré.

– *Loi sur les tribunaux judiciaires*[253] : assignation comme témoin devant un tribunal.

– *Loi sur la protection des personnes et des biens en cas de sinistre*[254] : travail d'intervention en cas de sinistre.

– *Loi sur la sécurité incendie*[255] : droit d'agir comme pompier volontaire.

---

248. Précitée, note 1, art. 30 et 227. Voir *infra*, Titre I, chapitre 3, n°s 371-373.
249. Précitée, note 69, art. 32, 252 à 257, 262 à 264, 358 et 390.
250. RLRQ, c. D-2, art. 30 et 30.1.
251. RLRQ, c. C-11, art. 41 à 50. *Hôpital chinois de Montréal* c. *Syndicat canadien de la fonction publique, section locale 2948*, [2000] R.J.D.T. 64 (C.S.) ; *Cloutier* c. *Système électronique Rayco ltée*, D.T.E. 2003T-1149 (C.R.T.) ; *Alliance du personnel professionnel et technique de la santé et des services sociaux* c. *Centre de santé et de services sociaux du Haut-St-François*, D.T.E. 2009T-152 (T.A.).
252. RLRQ, c. J-2, art. 47.
253. RLRQ, c. T-16, art. 5.2.
254. RLRQ, c. P-38.1, art. 49.
255. L.Q. 2000, c. 20, art. 154.

– *Loi électorale*[256] : congé d'agent officiel ou de candidat.

– *Loi sur les élections et les référendums dans les municipalités*[257] : congé d'un candidat.

Ces diverses interdictions sont appuyées par des recours civils auprès d'une instance spécialisée. L'archétype de ces recours est celui prévu au *Code du travail* pour assurer la protection de l'activité syndicale légitime[258]. Lorsque le salarié se trouve dans une situation de fait protégée par la Loi, il bénéficie, en cas de licenciement, d'une présomption d'illégalité de la terminaison de son emploi et l'employeur, pour renverser cette présomption, doit établir l'existence d'une autre cause juste et suffisante. Ce type de recours se démarque de ceux qui pourraient être exercés devant un tribunal de droit commun en ce qu'il permet au salarié tant d'être réintégré dans son emploi que d'être indemnisé pour le préjudice subi.

169 – *Motifs suffisants* – Toute considération d'un motif illégal de licenciement étant écartée, il appartiendra à l'employeur de démontrer l'existence d'un motif sérieux de sa décision de mettre fin à l'emploi du salarié, c'est-à-dire un défaut grave d'exécution de ses obligations par le salarié[259]. À cette fin, l'employeur pourra opposer à

---

256. RLRQ, c. E-3.3, art. 248 et s.
257. RLRQ, c. E-2.2, art. 347 et s.
258. *Code du travail*, précité, note 1, art. 15 et s. Pour une description de cette procédure-type de recours voir, *infra*, Titre II, chapitre 2, n°s 456-468.
259. *Lefrançois* c. *Canada*, 2010 QCCA 1243, par. 59 : « [...] Le congédiement sera justifié si l'inconduite est d'une gravité telle qu'elle est incompatible avec le maintien de la relation d'emploi » ; *Van Den Bulcke* c. *Far-Wic Systèmes ltée*, 2010 QCCS 6654, par. 56, 59 et 61 – la violation par l'employé d'une condition essentielle au contrat de travail sera perçue comme un « motif sérieux ». Ainsi, « [...] l'on s'attend généralement de la personne qui est engagée comme cadre qu'elle possède les qualités requises afin d'accomplir les fonctions lui étant assignées (notamment le sens du leadership), à défaut de quoi, elle pourra être congédiée pour motif sérieux » ; *De Montigny* c. *Valeurs mobilières Desjardins inc.*, précité, note 142, par. 268 et 270 : « La rupture du lien de confiance est une notion importante à considérer lorsqu'on examine le congédiement d'un employé cadre. Selon les circonstances, elle peut à elle seule constituer un motif sérieux [...] Il est logique de conclure que son importance augmente lorsque l'employé est un cadre supérieur » ; *Senécal* c. *Cégep du Vieux-Montréal*, 2012 QCCS 1995 – le fait d'invoquer la perte du lien de confiance ne suffit pas, de ce simple fait, à établir l'existence d'un motif sérieux ; *Lemire* c. *Nault*, 2011 QCCS 5356, par. 99 – le respect du nombre d'heures au travail ne constitue pas, en l'espèce, un motif sérieux ; *Ascenseurs Thyssen Montenay inc.* c. *Aspirot*, D.T.E. 2008T-43 (C.A.) – le salarié a retiré un bénéfice personnel de ses gestes d'insubordination ; *Tanguay* c. *Colmatec inc.*, 2009 QCCS 5677, par. 93 – un mauvais rendement de la part de l'employé ne constitue pas une faute ou un manquement grave envers l'employeur ; *Jean* c. *Omegachem inc.*, précité,

l'ex-salarié, tous les manquements à ses obligations qui existaient lors du congédiement, y compris ceux dont l'employeur n'avait pas connaissance à l'époque[260].

Si le motif en est un d'incapacité, d'incompétence ou d'insuffisance professionnelle, les imperfections et les erreurs de l'employé doivent lui être signalées par l'employeur lorsqu'elles surviennent, de sorte que l'employé puisse améliorer son rendement s'il est en mesure de le faire[261]. Les motifs dits disciplinaires susceptibles de justifier un licenciement sans préavis ni indemnité peuvent résulter d'un fait unique qui porte une atteinte fatale à la relation de travail, ou résulter de plusieurs actes ou omissions dont le caractère répétitif ou cumulatif leur confère le degré de gravité suffisant pour justifier le congédiement[262]. Cette solution s'inscrit dans le cadre de la règle générale énoncée à l'article 1604 C.c.Q., selon laquelle le caractère répétitif d'un défaut d'exécution, même si ce dernier est de peu d'importance, peut justifier la résiliation d'un contrat à exécution successive. En pratique, pour déterminer si le comportement fautif du salarié constitue un motif sérieux de résiliation de son contrat de travail par l'employeur, le tribunal tiendra compte à la fois de considérations liées à l'acte lui-même, comme sa préméditation, le contexte dans lequel il a été commis et ses conséquences, ainsi que de facteurs qui se rattachent au salarié, comme son dossier disciplinaire antérieur, ses années de service et son niveau de responsabilité dans l'entreprise[263].

note 94, par. 45 – dans les circonstances, « congédier sans préavis un salarié qui refuse de signer en cours d'emploi une clause de non-concurrence qu'on lui présente pour la première fois trois ans après son entrée en fonction n'est clairement pas une cause juste et suffisante ».

260. *Perez* c. *Commerce d'automobile GHA Corp. (Mazda Gabriel)*, 2011 QCCA 377.

261. *Coupal* c. *Logiciels Suivitel Inc.*, D.T.E. 92T-564 (C.S.) ; *Barth* c. *B. & Z. Consultants Inc.*, [1989] R.J.Q. 2837 (C.S.) ; *Association des professionnels non enseignants du Québec (C.E.Q.)* c. *Commission scolaire régionale Louis-Hémon*, D.T.E. 85T-59 (C.A.) ; *Chisholm* c. *Bossé, Charbonneau Inc.*, D.T.E. 84T-513 (C.S.) ; *Van Den Bulcke* c. *Far-Wic Systèmes ltée*, précité, note 58 à 60 – sauf circonstances exceptionnelles, l'employé devra se voir offrir la possibilité de corriger ses lacunes. Voir aussi : *Lapointe* c. *Accès Travail*, 2012 QCCQ 1296, par. 58.

262. *McKinley* c. *BC Tel*, précité, note 72 – cadre d'analyse à adopter en cas d'allégation de comportement malhonnête de la part de l'employé ; *Gagnon* c. *Golden Eagle Refining Co. of Canada Ltd.*, [1971] C.A. 743 ; *De Montigny* c. *Valeurs mobilières Desjardins inc.*, précité, note 142, par. 293 – dans certains cas, le motif sérieux que constitue la perte de confiance pourrait justifier que l'on « passe outre les étapes disciplinaires telles, entre autres, les avertissements et les suspensions ».

263. *Ouellet* c. *Restaurant Le Ste-Flavie Inc.*, 2011 QCCS 23 ; *Lefrançois* c. *Canada*, précité, note 259.

En cas de contestation judiciaire de la résiliation du contrat de travail, la Cour d'appel a déjà décidé que le tribunal de droit commun n'était pas habilité, à la différence de certaines instances spécialisées, à réduire le congédiement à une sanction moindre, comme une suspension, lorsque les manquements du salarié lui paraissaient réels mais insuffisants pour justifier son licenciement[264]. Le jugement exclut, en somme, une réponse mitoyenne de la part du tribunal, son rôle s'arrêtant à décider de la suffisance ou de l'insuffisance du motif de licenciement et à en tirer les conséquences qui doivent suivre.

2. L'échéance du contrat à durée déterminée

170 – *Automatisme et réserves* – En principe, l'échéance fixée au contrat de travail à durée déterminée y met fin de plein droit et automatiquement, sans nécessité d'intervention de l'une ou l'autre des parties (art. 1517 et 1671 C.c.Q.)[265].

Cette affirmation demeure sujette à une double réserve. D'une part, pour empêcher la tacite reconduction légale prévue à l'article 2090 C.c.Q. qui transformerait leur contrat en contrat à durée indéterminée, les parties doivent s'abstenir de poursuivre leur relation *de facto* pendant cinq jours après l'arrivée du terme dont elles avaient convenu. D'autre part, il est fréquent qu'un contrat à durée déterminée prévoie son renouvellement automatique à défaut qu'une partie donne à l'autre un avis à l'effet contraire un certain temps avant l'échéance stipulée. Dans ce cas, sous réserve des termes précis de l'acte contractuel, l'avis d'intention doit parvenir à son destinataire à l'intérieur du délai prescrit.

3. La terminaison du contrat à durée indéterminée

171 – *Règle et modalités d'application* – La partie à un contrat de travail à durée indéterminée qui veut y mettre fin peut le faire en tout temps à la condition d'en donner à l'autre un préavis raisonnable et de ne pas abuser de cette faculté en décidant de l'utiliser ou dans la

---

264. *Maheu, Noiseux & Associés* c. *Roneo Vickers Canada Ltd.*, [1988] R.J.Q. 1597 (C.A.) ; *Sauvé* c. *Banque Laurentienne du Canada*, [1994] R.J.Q. 1679 (C.S.).

265. *Chambly (Ville de)* c. *Gagnon*, précité, note 191 ; *Tinker-Labrecque* c. *Corporation de l'Hôpital d'Youville de Sherbrooke*, précité, note 191. Voir *supra*, nos 153-154.

manière de le faire[266]. Les tribunaux ont souligné à plusieurs reprises la double fonction du délai de congé : d'une part, permettre à l'employeur de résilier de manière effective le contrat – c'est-à-dire, sans que l'exercice de ce droit ne soit illusoire – et d'autre part, permettre au salarié de retrouver un nouvel emploi sans subir de contraintes économiques excessives[267].

Rappelons toutefois que l'article 124 L.N.T. impose quand même à l'employeur de démontrer l'existence d'une « cause juste et suffisante » de congédiement lorsque le salarié justifie de deux années de service continu au sein de l'entreprise[268].

La partie qui fait défaut de donner à l'autre le délai de congé auquel elle a droit est passible de dommages-intérêts en réparation du préjudice causé (art. 1607 C.c.Q.). En pratique, le droit de l'employeur de réclamer des dommages-intérêts à la suite du défaut du salarié de lui donner un préavis de démission raisonnable s'avère souvent plus théorique que réel, vu l'obligation de faire la preuve d'un préjudice[269]. L'employeur ne peut invoquer compensation et retenir une partie du salaire dû au salarié par suite du défaut de ce dernier de lui donner un préavis de départ ; la créance de l'employeur, dans ce cas, n'est pas certaine, liquide et exigible[270]. Il pourrait en être autrement si le délai de démission était prédéterminé contractuellement et assorti d'une clause pénale.

Qu'il soit de licenciement ou de démission, le préavis n'est soumis à aucune forme particulière[271]. Il devrait néanmoins être donné

---

266. Voir *supra*, n° 155. Le droit à un délai de congé est acquis dès que la formation du contrat de travail est rendue parfaite, par exemple par l'acceptation d'une offre d'emploi : *Canuel* c. *Union canadienne (L'), compagnie d'assurances*, D.T.E. 98T-900 (C.S.).

267. *Standard Broadcasting Corp* c. *Stewart*, AZ-94011724 (C.A.), p. 5 ; *Lanctôt* c. *Romifal inc. (Nova PB inc.)*, 2010 QCCS 4755, par. 84 et 107 – concernant la notion de « contrainte économique excessive », par exemple, l'employeur n'aura pas à assumer les frais de l'employé reliés à la recherche d'emploi ; *Doucet* c. *Progestion Informatique inc.*, 2009 QCCS 5262, par. 74 : l'indemnité du délai de congé « a pour but de permettre à l'employé congédié de trouver un nouvel emploi sans subir de perte économique. Toutefois, ce délai-congé doit être raisonnable tant pour l'employeur que pour l'employé ».

268. Voir *infra*, Titre I, chapitre 2, n° 262.

269. Exemples d'une telle preuve : *Poirier* c. *Charron*, [1995] R.J.Q. 1197 (C.S.) ; *Paradivision* c. *Blass*, D.T.E. 2001T-418 (C.S.). Voir aussi *Centre des Orchestres du Québec Alex Drolet Ltée* c. *Turgeon*, D.T.E. 86T-1 (C.S.).

270. *Commission du salaire minimum* c. *Bergeron*, C.P. Montréal, n° 500-02-006919-786, 27 septembre 1978.

271. *Beaumont* c. *Weisor Ltée*, [1961] R.L. 551 (Cour de magistrat).

par écrit lorsque le contrat de travail est lui-même dans cette forme[272], ou lorsque l'on souhaite éviter les difficultés de preuve qui pourraient survenir du fait qu'il ait été donné verbalement[273].

Pendant la durée du délai de congé, le contrat se poursuit entre les parties, avec les obligations qui s'y rattachent pour chacune d'elles. On reconnaît par ailleurs que la partie qui veut mettre fin au contrat peut interrompre la relation contractuelle de façon immédiate en versant à l'autre partie une indemnité qui tient lieu de délai de congé[274]. Implicitement, l'article 2092 C.c.Q. confirme la légitimité de cette solution lorsque c'est l'employeur qui met fin au contrat, en consacrant le droit du salarié d'obtenir une indemnité s'il ne reçoit pas un délai de congé suffisant[275]. Dans ce cas, l'indemnité à laquelle le salarié a droit est calculée en tenant compte du salaire et des autres avantages ayant une valeur pécuniaire qu'il aurait reçus pendant la période de délai de congé. Le salarié conserve, toutefois, l'obligation de réduire ses dommages en vertu de l'article 1479 C.c.Q[276].

Enfin, rappelons qu'en vertu de l'article 2094 C.c.Q. le congédiement justifié par un « motif sérieux » peut donner lieu à une résiliation unilatérale du contrat de travail sans préavis ni indemnité pour le salarié[277].

172 – *Durée du préavis* – Quant à sa durée, l'article 2091, al. 2 C.c.Q. prévoit simplement que le délai de congé doit être « raisonnable ». Il mentionne ensuite, de façon non limitative, quelques facteurs qui doivent être pris en considération : la nature de l'emploi, les circonstances particulières dans lesquelles il s'exerce, la durée de la prestation de travail. Cet énoncé rejoint et réactualise ainsi les facteurs à considérer que la jurisprudence avait identifiés et appliqués à partir

---

272. *Bulkens* c. *Municipalité d'Oka*, [1966] R.D.T. 316 (C.S.).
273. *Constantin* c. *Recyclage d'aluminium Québec inc.*, 2010 QCCQ 2993, par. 66.
274. *Aksich* c. *Canadian Pacific Railway*, D.T.E. 2006T-679 (C.A.), par. 120 et 121 – à ce sujet, la Cour d'appel nous invite à faire la distinction entre d'une part, les dommages qu'un salarié est en droit de réclamer lorsque l'employeur exerce son droit de résilier le contrat et d'autre part, les dommages résultant directement de l'exercice abusif de ce droit de résiliation unilatéral.
275. *Hill* c. *Iperceptions inc.*, 2011 QCCS 2692, par. 30 – la Cour supérieure est d'avis qu'« [u]n contrat d'emploi à durée indéterminée assorti d'une période de probation n'exclut pas l'application de l'article 2092 C.c.Q. qui est d'ordre public ».
276. *Evans* c. *Teamsters Local Union No. 31*, [2008] 1 R.C.S. 661.
277. Voir *supra*, n° 167 ; *Gaudet* c. *L. Simard Transport Ltée*, précité, note 243, par. 12 ; *Robillard* c. *Actuaires-conseils Bergeron & associés inc.* précité, note 243 ; *Lépine* c. *Goodyear Canada inc.*, précité, note 70, par. 144 et 151.

de l'arrêt *Columbia Builders Supplies Co.* et des propos suivants du juge Rinfret :

> Dans cette nouvelle perspective, je ne crois pas qu'il soit hors d'ordre pour les tribunaux ayant à décider des cas de ceux qui occupent un rang dans la hiérarchie des employés de considérer les circonstances de l'engagement, la nature et l'importance du travail, le fait que l'employé a quitté un emploi certain rémunérateur, l'intention des parties, la difficulté pour l'une ou l'autre des parties de trouver soit un remplaçant satisfaisant, soit une autre position d'égale importance, et, au regard de ces considérations, de fixer pour l'avis de congé un délai raisonnable.[278]

La Cour d'appel traitait alors du cas des salariés pour lesquels l'ancien article 1668 C.c.B.-C. ne dictait pas expressément la durée du délai de congé. Cette approche vaut désormais à l'égard de tous les emplois, puisque l'article 2091 C.c.Q. rend d'application universelle la notion de délai de congé raisonnable.

La jurisprudence québécoise des dernières années, influencée notamment par celle des autres provinces, a très sensiblement augmenté ses exigences quant à la durée du délai de congé requis de l'employeur pour mettre fin unilatéralement à l'emploi des salariés, plus particulièrement de ceux qui sont âgés et qui comptent de longs états de service et de ceux qui occupent des fonctions de niveau professionnel ou assument des responsabilités de direction. Aux facteurs mentionnés à l'article 2091, al. 2 C.c.Q., s'ajoutent l'âge du salarié, la difficulté relative pour lui de trouver un emploi comparable et l'ensemble de toutes les circonstances pertinentes qui ont pu entourer la conclusion du contrat de travail, la poursuite de relation d'emploi et sa rupture[279]. De surcroît, les tribunaux ont mis en

---

278. *Columbia Builders Supplies Co.* c. *Bartlett*, précité, note 195, p. 119-120. Voir également, l'arrêt *Honda Canada inc.* c. *Keays*, [2008] 2 R.C.S. 362.

279. *Standard Broadcasting Corp.* c. *Stewart*, précité, note 267 ; *Omicron International Translation Systems Inc.* c. *Boyer*, D.T.E. 94T-1223 (C.A.) ; *Hippodrome Blue Bonnets Inc.* c. *Jolicœur*, D.T.E. 95T-185 (C.A.) ; *Groupe Commerce (Le), compagnie d'assurances* c. *Chouinard*, D.T.E. 95T-269 (C.A.) ; *Sauvé* c. *Banque Laurentienne du Canada*, précité, note 197 ; *Banque Laurentienne du Canada* c. *Saulnier*, [1999] R.J.Q. 711 (C.A.) ; *Lanctôt* c. *Romifal inc. (Nova PB inc.)*, précité, note 267, par. 96 ; *Lauzon (Succession de)* c. *Gazaille*, 2009 QCCS 5385, par. 89 – l'indemnité de départ reçue par le salarié dans le cadre d'un emploi antérieur n'est pas un facteur pertinent pour déterminer la durée du délai de congé ; *Vision Globale AR ltée* c. *Harel*, D.T.E. 2008T-461 (C.A.) – la période du contrat de travail à durée déterminée précédant la reconduction du contrat à durée indéterminée n'est pas prise en compte pour le calcul du délai de congé ; *Sow* c. *Centre de la petite enfance Trois P'tits Tours*, 2009 QCCQ 14084, par. 98 – un traitement

exergue l'utilité de retenir comme circonstance pertinente les difficultés économiques pouvant accompagner la relation de travail[280]. La situation doit donc également s'apprécier du point de vue de l'employeur.

Il résulte de la jurisprudence qu'un préavis de 9, 12, 15 ou 18 mois, voire de 24 mois, peut maintenant être envisagé par l'employeur qui veut licencier un salarié sans reproche à son service depuis longtemps et qui exerce des responsabilités significatives dans l'entreprise[281]. L'abus de droit ou la mauvaise foi d'un

---

inéquitable lors de la résiliation du contrat de travail de l'employé peut donner lieu à un prolongement de la durée du préavis. Selon la Cour du Québec, une résiliation « abrupte » du contrat s'accompagnant d'une « confusion » quant aux motifs de congédiement peut constituer un traitement inéquitable ; *Rotchel* c. *Ericsson Canada inc.*, D.T.E. 2009T-490 (C.S) – difficulté à trouver du travail en raison de la désuétude du profil professionnel ; *Bélanger* c. *Xerox Canada ltée*, précité, note 198, par. 29 et 30 – bien que le poste occupé soit un facteur important dans la détermination de la durée du délai de congé, le tribunal doit analyser les fonctions exercées, « au-delà du titre » ; *Frongillo* c. *Traverse de L'Isle-aux-Grues / Municipalité de St-Antoine de L'Isle-aux-Grues*, 2012 QCCQ 3073, par. 71 : « [...] il faut apprécier la durée du délai-congé en fonction de son caractère indemnitaire. C'est dans une perspective globale qu'il faut regarder toutes les circonstances du congédiement survenu [...] ».

280. *Bernatchez* c. *Commonwealth Plywood ltée*, 2012 QCCS 2119, par. 78 à 81 – à cause de la crise financière que connaît le secteur forestier, le Tribunal fixe l'indemnité tenant lieu de délai de congé à 18 mois au lieu de 24 mois ; voir aussi : *Lauzon (Succession de)* c. *Gazaille*, précité, note 279, par. 86 – l'employeur ne peut porter le fardeau des recherches d'emploi infructueuses de son ex-salarié, notamment en période économique difficile. *A contrario*, voir : *Armstrong* c. *Wesco Distribution Canada inc.*, D.T.E. 2008T-360 (C.S.), par. 68 – le tribunal tient compte du fait que l'état du marché lors du congédiement du salarié était « en pleine effervescence ».

281. *Canadian Jewish Congress* c. *Polger*, 2011 QCCA 1169 – la Cour d'appel laisse entendre qu'un délai de 24 mois ne pourrait être justifié que dans des circonstances exceptionnelles ; *Ciampanelli* c. *Syndicat du vêtement, du textile et autres industries*, REJB 2004-69018 (C.S.), par. 184 à 190 – le juge Saint-Pierre résume assez bien la situation qui prévaut en matière de délai de congé : « Un délai de congé de 12 mois n'est pas exceptionnel : un tel délai de congé pour du personnel cadre est chose courante dans la jurisprudence répertoriée [...] Un délai de congé variant de 12 à 18 mois l'est peut-être un peu plus : un tel délai est notamment accordé quand le poste occupé par l'employé congédié fait partie de ceux qui composent la haute direction d'une organisation [...] Un délai de congé de 24 mois se situe au haut de l'échelle applicable mais n'est pas nécessairement déraisonnable » ; *Lachance* c. *Promutuel du Lac au Fjord*, 2010 QCCS 2749, par. 28 et 29 – les circonstances particulières dans lesquelles l'emploi s'exerce ont mené le tribunal à considérer le délai de congé d'un mois comme insuffisant. Voir aussi : *Wallace* c. *United Grain Growers Limited*, précité, note 116 – la Cour suprême a accordé une indemnité de 24 mois . La Cour d'appel a fait de même dans *Aksich* c. *Canadian Pacific Railway*, précité, note 274 ; *Encres d'imprimerie Schmidt ltée / Schmidt Printing Inks Ltd.* c. *Agence de ventes Bill Sayer inc. / Bill Sayer Sales Agency Inc.*, D.T.E. 2004T-396 (C.A.) ; *Groupe DMR inc.* c. *Benoît*, D.T.E.

employeur en mettant fin à l'emploi du salarié peut justifier une prolongation du préavis plutôt que de donner lieu à l'octroi de dommages-intérêts distincts[282]. En définitive, ce sont les faits propres à chaque cas qui permettront d'apprécier la durée d'un délai de congé raisonnable, les précédents ne présentant qu'une valeur indicative[283].

4. Le certificat de travail

173 – *Obligation de l'employeur* – Quelle que soit la manière utilisée pour mettre fin au contrat de travail, l'employeur doit remettre au salarié qui lui en fait la demande un certificat de travail se limitant à identifier les parties au contrat et à attester la nature et la durée de l'emploi (art. 2096 C.c.Q.). Cette obligation recoupe l'exigence semblable édictée par l'article 84 de la *Loi sur les normes du travail*[284].

IV- LES RECOURS

174 – *Généralités* – La mise en œuvre par voie judiciaire des droits de l'employeur et du salarié obéit de façon générale aux règles des articles 1590 et suivants C.c.Q.

Dans les cas qui le permettent, le créancier de l'obligation peut demander que le débiteur soit forcé de l'exécuter en nature (art. 1590 et 1601 C.c.Q.). Lorsque l'exécution en nature n'est pas possible ou lorsque le créancier choisit de ne pas s'en prévaloir, il a droit, en cas d'inexécution grave, à la résiliation du contrat[285]. L'article 2094 C.c.Q. reconnaît alors le droit du créancier de l'obligation à la résiliation du contrat de travail sans poursuite judiciaire. Un défaut d'exécution de peu d'importance permet par ailleurs au créancier d'obtenir

---

2006T-982 (C.A.). La Cour d'appel et la Cour supérieure ont aussi reconnu le droit à un délai-congé de 18 mois, compte tenu de l'espèce : *Sauvé* c. *Banque Laurentienne du Canada*, précité, note 197 ; *Paquette* c. *A.D.T. Canada inc.*, D.T.E. 99T-637 (C.S.) ; *McBrearty* c. *Cerescorp Company*, D.T.E. 2009T-536, (C.S.) – 24 mois ; *Burrier Pincombe* c. *Immunotec inc.*, précité, note 40 – les circonstances en l'espèce justifient un préavis de 15 mois ; *Brouillette* c. *Groupe Gareau inc.*, précité, note 198 – préavis de 12 mois ; *Schiller* c. *Samcon inc.*, précité, note 198 – préavis de 12 mois.

282. *Wallace* c. *United Grain Growers Limited*, précité, note 116 ; *McKinley* c. *BC Tel*, précité, note 72 ; *Brown* c. *Industrielle Alliance valeurs mobilières inc.*, D.T.E. 2007T-401 (C.S.) (24 mois de délai-congé).

283. *Steinberg's Ltd.* c. *Lecompte*, [1985] C.A. 223 (opinion du j. Vallerand).

284. Précitée, note 1. Voir *infra*, Titre I, chapitre 2, n° 238.

285. Il s'agit ici du « motif sérieux » mentionné à l'article 2094 C.c.Q., qui recoupe la notion de défaut d'importance de l'article 1604 C.c.Q.

une réduction proportionnelle de son obligation corrélative ou, si elle n'est pas possible, des dommages-intérêts (art. 1604, al. 2 et 3 C.c.Q.).

Dans tous les cas, le créancier de l'obligation inexécutée a droit à la réparation par des dommages-intérêts du préjudice qu'il subit comme conséquence immédiate et directe de l'inexécution (art. 1590 et 1607 à 1621 C.c.Q.). Ces dommages incluent ceux qui n'étaient pas prévus ou prévisibles lorsque l'obligation a été contractée, s'ils résultent d'une faute lourde ou intentionnelle (art. 1613 C.c.Q.). Les dommages-intérêts peuvent également avoir été liquidés par anticipation au moyen d'une clause pénale (art. 1622 et 1623 C.c.Q.).

175 – *Prescription* – Les recours sont soumis à la prescription générale de trois ans des droits personnels (art. 2925 C.c.Q.). Par exception, la réclamation fondée sur une atteinte à la réputation se prescrit par un an (art. 2929 C.c.Q.).

Il est par ailleurs possible que la partie réclamante dispose d'un délai supplémentaire par effet de l'article 2895 C.c.Q. :

> **2895.** Lorsque la demande d'une partie est rejetée sans qu'une décision ait été rendue sur le fond de l'affaire et que, à la date du jugement, le délai de prescription est expiré ou doit expirer dans moins de trois mois, le demandeur bénéficie d'un délai supplémentaire de trois mois à compter de la signification du jugement, pour faire valoir son droit.

Il en est de même en matière d'arbitrage ; le délai de trois mois court alors depuis le dépôt de la sentence, la fin de la mission des arbitres ou la signification du jugement d'annulation de la sentence.

L'objectif principal de cette disposition est aussi simple qu'équitable : le demandeur ne doit pas être privé de son recours du seul fait qu'il l'ait erronément soumis à un tribunal qui n'était pas compétent pour en décider au fond. Strictement, la règle s'adresse aux tribunaux de droit commun. Son application entre ces derniers ne soulève pas de difficulté particulière. Il devrait en être de même lorsqu'un litige a été porté auprès d'un tribunal spécialisé alors qu'il relevait de la compétence d'un tribunal ordinaire (ou d'un arbitre en tenant lieu en vertu d'une clause compromissoire)[286].

---

286. Voir, *Ghanouchi* c. *Lapointe*, 2009 QCCA 21 – la Cour d'appel a appliqué l'article 2895 C.c.Q. pour permettre au justiciable de se reprendre auprès d'un tribunal de droit commun après que la Commission d'appel en matière de lésions professionnelles se soit déclarée incompétente ; *Syndicat des agents de la paix en services correctionnels du Québec* c. *Québec (Ministère de la Sécurité publique)*,

A. Les recours de l'employeur

176 – *Exécution en nature* – Les circonstances dans lesquelles l'employeur pourra requérir par voie judiciaire l'exécution en nature d'une obligation du salarié demeurent relativement exceptionnelles. Il en est ainsi pour des motifs d'ordre à la fois juridique et pratique.

Sur le plan juridique, la jurisprudence classique développée à partir des dispositions de l'article 1065 C.c.B.-C. a conclu que le caractère personnel du contrat de travail ne permettait pas de demander l'exécution de l'obligation elle-même lorsqu'elle se rapportait à la prestation de travail à fournir :

> Il y a là une question de volonté et de liberté humaine contre lesquelles l'exécution directe est impuissante.[287]

Le régime juridique du contrat de travail du *Code civil du Québec* et les termes de l'article 1601 C.c.Q. laissent ces paramètres inchangés.

D'un point de vue pratique, l'exécution forcée en nature présenterait généralement peu d'intérêt pour l'employeur insatisfait du travail du salarié ou même, encore, victime d'une démission illégale de sa part.

Lorsque les parties ont liquidé à l'avance les dommages qui pourraient résulter d'une inexécution de ses obligations par le salarié, l'employeur pourra recourir à l'exécution directe de la clause pénale sous réserve de la possibilité pour le tribunal de réduire la peine stipulée si l'exécution partielle de l'obligation a profité à l'employeur ou si la clause est abusive (art. 1622 et 1623 C.c.Q.)[288].

D.T.E. 2011T-668 (T.A.) – en l'espèce, la plaignante n'a pas déposé son recours devant le tribunal de droit commun de mauvaise foi afin d'éluder l'application de la convention collective, qui prévoyait un délai de 30 jours pour déposer un grief. Voir aussi et transposer : *Dubé* c. *Secrétariat de l'Action catholique de Joliette*, D.T.E. 2001T-1109 (C.A.) – compétence d'un arbitre en vertu d'une clause d'arbitrage obligatoire dans un contrat individuel. Voir aussi *Fillion & Frères (1976) inc.* c. *Syndicat national des employés de garage du Québec inc.*, [2007] R.J.Q. 700 (C.S.).

287. *Dupré Quarries Ltd.* c. *Dupré*, [1934] R.C.S. 528, 531.
288. L'application d'une clause pénale est subordonnée à la commission d'une faute par le salarié : *Abadie* c. *M.F.Q. Vie*, D.T.E. 2000T-520 (C.Q.). Exemple d'une pénalité abusive : *Marius Lessard Inc.* c. *Assurances J.G. Cauchon & Associés Inc.*, D.T.E. 98T-845 (C.A.).

Les obligations d'abstention qui découlent du fait que le salarié a souscrit à une clause de non-concurrence après la fin de son emploi, ou de son devoir inhérent de loyauté ou de discrétion, peuvent en principe donner ouverture à leur exécution forcée par voie d'injonction, aux conditions usuelles qui gouvernent l'octroi de cette mesure selon qu'elle est sollicitée à titre provisoire ou de façon permanente. Les règles s'appliquant à l'injonction interlocutoire provisoire doivent toutefois s'apprécier avec beaucoup plus de rigueur, dans la mesure où ce type d'injonction ne sera accordé qu'après avoir considéré les critères suivants : l'urgence de la situation, l'apparence d'un droit sérieux, le préjudice irréparable et la balance des inconvénients[289]. Il s'agit d'un recours exceptionnel et discrétionnaire permettant de sauvegarder les droits de l'employeur. La jurisprudence sanctionne couramment par l'injonction des contraventions aux engagements de non-concurrence ou aux devoirs que l'article 2088 C.c.Q. reconnaît désormais comme ceux de loyauté et de confidentialité du salarié[290].

177 – *Dommages-intérêts* – Les recours en dommages-intérêts obéissent aux règles générales énoncées aux articles 1607 à 1621 C.c.Q. L'employeur devra donc prouver une faute civile du salarié, le dommage qui lui en résulte et le lien de causalité entre les deux. La faute du salarié peut avoir été commise à l'endroit de l'employeur lui-même[291]. Elle peut aussi avoir causé un préjudice à un tiers et l'employeur en avoir été tenu responsable en vertu de l'article 1463 C.c.Q. tout en conservant un recours récursoire contre le salarié[292]. Dans tous les cas, l'employeur demeure tenu de mitiger ses dommages (art. 1479 C.c.Q.).

---

289. Voir par exemple, *North Star Ship Chandler Inc.* c. *Kossut*, 2011 QCCS 6759.
290. Voir *supra*, nos 114-121 ; *ING Canada inc.* c. *Robitaille*, D.T.E. 2007T-239 (C.S.) ; *Armanious* c. *Datex Bar Code Systems Inc.*, précité, note 84 ; *Groupe financier Assbec Ltée* c. *Dion*, précité, note 84 ; *2413-8760 Québec inc. (Maison des Encans de Montréal)* c. *Forand*, D.T.E. 2008T-378 (C.S.) ; *Simple Concept inc.* c. *Tremblay*, D.T.E. 2010T-44 (C.S.) ; *Cogeco Diffusion inc.* c. *Lavoie*, D.T.E. 2011T-323, (C.S.).
291. Exemple : *Rondeau* c. *Lamarre Valois International*, C.A. Montréal, no 500-09-000834-754, 26 septembre 1978 – octroi de dommages-intérêts à l'employeur forcé de licencier un employé en raison de son inconduite, avant le terme du contrat ; *Corcoran* c. *Duoject Medical Systems Inc.*, D.T.E. 2008T-939 (C.S.) – refus du salarié de rendre l'ordinateur appartenant à l'employeur.
292. Voir *supra*, nos 144-145.

B. Les recours du salarié

1. *Le licenciement irrégulier*

178 – *Réintégration* – C'est le plus souvent à la suite d'un licenciement qu'il considère irrégulier que le salarié s'adressera au tribunal. Selon la jurisprudence traditionnelle en droit civil, le salarié licencié irrégulièrement ne peut réclamer sa réintégration dans son emploi par ordonnance judiciaire. Cette approche classique s'appuie sur le caractère personnel du contrat de travail, qui s'opposerait à l'exécution forcée en nature de l'obligation de l'employeur de fournir le travail au salarié[293]. On peut ajouter que dans la logique d'un régime qui permet la résiliation unilatérale du contrat de travail à durée indéterminée à la seule condition de donner à l'autre partie un délai de congé raisonnable (art. 2091 C.c.Q.), la réintégration trouve de façon générale aussi peu de justification que d'intérêt pratique. Sauf le cas d'un contrat à durée déterminée dont le terme demeurerait relativement éloigné, la même constatation vaut également à l'égard de ce type d'engagement.

L'incapacité générale du droit civil à maintenir le salarié dans son emploi à la suite d'un congédiement illégal est à l'origine de la multiplication des recours spéciaux en réintégration introduits par diverses lois. Ces dérogations de plus en plus nombreuses aux règles du droit civil qui font obstacle à l'exécution spécifique en faveur du salarié ont amorcé une réflexion des tribunaux sur la pertinence de la solution classique dans le contexte contemporain. Des jugements de la Cour d'appel ont signalé avec justesse qu'aucune disposition n'interdit l'exécution spécifique du contrat de travail en faveur du salarié et que les tribunaux l'ont plutôt écartée en fonction d'une perception qui prévalait à une époque donnée et à laquelle la réalité ne correspond plus dans tous les cas[294]. Donnant effet à cette réflexion, des jugements de la Cour supérieure ont permis, dans des circonstances particulières, à l'employé d'être maintenu dans son emploi[295]. Il

---

293. *Dupré Quarries Ltd.* c. *Dupré*, précité, note 287 ; *Ville de Jacques-Cartier* c. *Tanguay*, [1963] B.R. 852 ; *Capco Shoe Co. Ltd.* c. *Chartré*, [1965] B.R. 836 ; *Renda* c. *Cité de Lachine*, D.T.E. 83T-228 (C.S.).

294. *Rock Forest (Ville de)* c. *Gosselin*, [1991] R.J.Q. 1000 (C.A.) ; *Schacter* c. *Centre d'accueil Horizons de la jeunesse*, [1997] R.J.Q. 1828 (C.A.).

295. *Lavergne* c. *Bouchard*, précité, note 29 – injonction provisoire ordonnant la réintégration d'une dirigeante d'entreprise ; *Leblanc* c. *Fertek inc.*, [2000] R.J.Q. 2921 (C.S.) – ordonnance de réintégration d'un directeur général d'entreprise, en considération de la convention entre actionnaires ; *Aubrais* c. *Laval (Ville de)*, précité, note 55 – ordonnance d'exécution d'une promesse d'embauche ; *Zucker* c.

n'est donc plus exclu que les tribunaux doivent circonstancier leur réponse à une demande du salarié de conserver son emploi.

179 – *Réclamation du salaire* – Le salarié congédié illégalement peut alléguer la subsistance de son contrat de travail, jusqu'à son terme ou jusqu'à la fin du délai de congé auquel il avait droit, et demander l'exécution en nature des obligations pécuniaires qui s'y rattachent :

> L'obligation de payer une somme d'argent n'est pas une obligation de faire mais une obligation de donner et cette obligation de donner, lorsqu'elle n'est pas remplie volontairement, s'exécute en la manière prévue aux lois régissant l'exécution forcée des jugements.[296]

Si le salarié opte pour un tel recours, il devra en principe établir qu'il était disponible pour fournir sa prestation de travail à l'employeur[297].

180 – *Dommages-intérêts* – Le plus souvent, le salarié choisira de réclamer les dommages-intérêts équivalents, pour son préjudice matériel, à la rémunération qui lui aurait été due si l'employeur n'avait pas rompu illégalement le contrat en y mettant fin sans motif sérieux, avant son échéance dans le cas d'un contrat à durée déterminée[298] ou sans délai de congé suffisant dans celui d'un contrat à durée indéterminée[299].

La réparation à laquelle le salarié a droit sous ce chef est intégrale, en ce sens qu'elle couvre l'ensemble des droits ayant une valeur pécuniaire dont le salarié a été privé, comme les primes ou bonis pré-

---

Computertime Network Corp., précité, note 29 – injonction interlocutoire ; *Salazar* c. *Université du Québec à Hull*, D.T.E. 93T-1291 (C.S.) – *mandamus* ; *Boivin* c. *Orchestre symphonique de Laval*, D.T.E. 92T-822 (C.S.) – injonction interlocutoire.

296.   *Cité de Trois-Rivières* c. *Syndicat national des employés municipaux de Trois-Rivières*, [1962] B.R. 510, 512 ; *Panneaux Vicply Inc.* c. *Guindon*, D.T.E. 98T-34 (C.A.) ; *Baril* c. *Indusries Flexart Ltée*, [2001] R.J.Q. 488 (C.S.).

297.   *Savoie* c. *Roy*, précité, note 190. Dans cet arrêt, les deux juges majoritaires ont néanmoins dégagé l'employé de cette obligation pour le motif que l'employeur avait lui-même annulé le contrat et fermé l'entreprise ; dissident, le juge Vallerand s'en tient néanmoins, malgré les circonstances en l'espèce, à l'obligation qu'avait le demandeur d'offrir sa disponibilité à l'employeur. Voir aussi *Fortier* c. *Crémerie Union Inc.*, [1968] C.S. 573.

298.   *Lespérance* c. *Waswanipi Development Corp.*, D.T.E. 99T-81 (C.A.) ; *Klamph* c. *International Brotherhood of Electrical Workers*, [1998] R.J.Q. 717 (C.A.) ; *Cournoyer* c. *Institut national de la recherche scientifique*, [1989] R.J.Q. 251 (C.A.).

299.   *Surveyer, Nenniger & Chênevert Inc.* c. *Thomas*, précité, note 139. Voir aussi nᵒ 168.

déterminés, les avantages sociaux ou le droit d'utilisation d'un véhicule automobile (art. 1458, 1607 et 1613 C.c.Q.)[300].

L'article 1479 C.c.Q. impose au salarié licencié illégalement et qui réclame des dommages-intérêts de mitiger le préjudice qu'il subit, de manière à ne pas recevoir une compensation plus élevée que celle à laquelle il a droit[301]. En pratique, cette obligation implique, d'une part, que l'employé cherche raisonnablement à se trouver un nouvel emploi dans le même domaine ou dans un champ connexe et, d'autre part, qu'il accepte toute offre d'emploi raisonnable dans les circonstances[302]. La Cour suprême reconnaît dans l'arrêt *Evans*[303] que le refus d'un employé d'accepter une offre d'emploi de son employeur à la suite de son congédiement pourra amener le tribunal à conclure qu'il a négligé son devoir d'agir raisonnablement en minimisant ses dommages, et ce faisant, à rejeter sa réclamation en dommages-intérêts. Les fondements de cette obligation à charge du salarié reposent sur le principe de bonne foi qui doit prévaloir dans l'exécution des contrats[304]. La Cour suprême tempère, néanmoins,

---

300. *Vorvis* c. *Insurance Corporation of British Columbia*, [1989] 1 R.C.S. 1085. Voir aussi *Société immobilière Trans-Québec Inc.* c. *Colard*, D.T.E. 95T-411 (C.A.) – réclamation d'une indemnité d'assurance-vie par la succession du salarié ; *Procureur général du Québec* c. *Corriveau*, [1989] R.J.Q. 1 (C.A.) ; *Day & Ross Inc.* c. *Toupin*, D.T.E. 2001T-274 (C.A.) ; *Gilman* c. *Fieldturf Tarkett Inc.*, 2012 QCCS 1429 – un employé qui est congédié sans cause a droit à tous les bénéfices accumulés durant son préavis de départ, y compris à un boni dont le versement dépend entièrement de l'employeur. Même si le versement du boni est discrétionnaire, il peut néanmoins être réclamé par le salarié lorsqu'il a été régulièrement versé par l'employeur durant la période de préavis ; *Lapointe* c. *Accès Travail*, précité, note 261, par. 60 – le fait pour la salariée d'accepter une compensation au moment de son congédiement ne permet pas de soutenir qu'elle a renoncé à son droit de réclamer les sommes dues en vertu de son contrat de travail.

301. *Evans* c. *Teamsters Local Union No. 31*, précité, note 276 ; *Tanguay* c. *Colmatec inc.*, précité, note 259, par. 18. Voir au sujet de l'obligation de mitigation des dommages : P.E. MOREAU, « Application de l'article 1479 C.c.Q. en droit de l'emploi québécois : l'obligation de mitigation des dommages », dans Service de la formation continue, Barreau du Québec, *L'ABC des cessations d'emploi et des indemnités de départ*, vol. 348, Cowansville, Éditions Yvon Blais, 2012.

302. *Klamph* c. *International Brotherhood of Electrical Workers*, précité, note 298 ; *Logiciels Suivitel Inc.* c. *Coupal*, [1995] R.J.Q. 375 (C.A.) ; *Standard Radio Inc.* c. *Doudeau*, [1994] R.J.Q. 1782 (C.A.) ; *Cunningham* c. *Fonderie Poitras ltée*, D.T.E. 2009T-164 (C.Q). La création de sa propre entreprise par l'ex-salarié pourrait constituer une façon de mitiger ses dommages, voir : *Communications Quebecor Inc.* c. *Vignola*, D.T.E. 99T-549 (C.S.) ; *Bieber* c. *Nutech Inc.*, D.T.E. 98T-743 (C.S.).

303. *Evans* c. *Teamsters Local Union No. 31*, précité, note 276.

304. *Van Den Bulcke* c. *Far-Wic Systèmes ltée*, précité, note 259, par. 97.

son propos en indiquant que l'employé « ne doit pas être obligé, pour limiter son préjudice, de travailler dans un climat d'hostilité, de gêne ou d'humiliation »[305]. Pour délimiter la portée de cette exception, il faut se demander si une personne raisonnable, placée dans les mêmes circonstances, accepterait l'offre d'emploi proposée par l'employeur dans le but de minimiser ses dommages[306].

Le fardeau de la preuve sur la mitigation des dommages repose sur l'employeur responsable d'un congédiement illégal ; c'est à lui qu'il incombe de prouver que le salarié aurait pu raisonnablement minimiser la perte alléguée, à moins qu'il ne se contente de laisser cette question à l'appréciation du juge, à la lumière des circonstances révélées par la preuve apportée par le demandeur[307].

Notons également qu'un fort courant de jurisprudence refuse de limiter les dommages dus par l'employeur en défaut d'avoir donné un délai-congé suffisant, au seul temps qui s'est avéré nécessaire à l'employé pour se trouver un nouvel emploi[308]. D'un point de vue critique, l'indemnité légale de licenciement a un caractère prospectif et est payable, en principe, à la cessation de l'emploi. La réduire en fonction du temps pris par le salarié pour se trouver un nouvel emploi est de nature à inciter l'employeur à miser sur cette éventualité.

181 – *Dommages moraux* – L'article 1613 C.c.Q. limite l'octroi de dommages moraux aux cas où le préjudice subi était prévu ou prévisible au moment où l'obligation a été contractée et à ceux où le préjudice résulte d'une faute intentionnelle ou d'une faute lourde. La seule

---

305. *Evans* c. *Teamsters Local Union No. 31*, précité, note 276, par. 30.

306. Voir *Brouillette* c. *Groupe Gareau inc.*, précité, note 198, par 77 – absence d'obligation d'accepter un emploi en particulier car une personne raisonnable aurait trouvé gênant, et même humiliant de revenir au travail dans de telles circonstances ; *Chalifour* c. *IBM Canada ltée*, 2011 QCCS 5777 – le salarié a respecté son obligation de minimiser ses dommages car il serait inhumain d'exiger qu'il occupe un autre poste après l'humiliation et la dégradation subies. « Une personne raisonnable placée dans les mêmes circonstances n'accepterait jamais cette offre » (par. 133).

307. *Red Deer College* c. *Michaels*, [1976] 2 R.C.S. 324 ; *Audet* c. *Corp. des loisirs, secteur N.D.L.*, précité, note 35 ; *Evans* c. *Teamsters Local Union No. 31*, précité, note 276, par. 30 ; *Guerchon* c. *Rubble Master Systems Inc. (9218-1445 Québec inc.)*, précité, note 224, par. 72.

308. Voir notamment : *Lanctôt* c. *Romifal inc. (Nova PB inc.)*, précité, note 267, par. 84 et 107 ; *Doucet* c. *Progestion Informatique inc.*, précité, note 267, par. 74 ; *Lauzon (Succession de)* c. *Gazaille*, précité, note 279, par. 86 ; *Thomas Cook Overseas Ltd.* c. *McKee*, D.T.E. 83T-572 (C.A.) ; *Mormina* c. *St-Léonard (Ville de)*, D.T.E. 87T-757 (C.S.) ; *Deis* c. *S.N.C. Inc.*, D.T.E. 88T-527 (C.S.). *Contra*, toutefois : *Dallaire* c. *Chaîne coopérative du Saguenay*, D.T.E. 97T-603 (C.A.).

absence de motif sérieux ou de préavis suffisant de licenciement n'emporte donc pas automatiquement pour le salarié le droit à des dommages moraux, par exemple pour l'anxiété ou les autres inconvénients qu'il a subis et qui sont normaux, si on peut dire, dans les circonstances[309]. Par contre, le tribunal sanctionnera par l'octroi de tels dommages-intérêts supplémentaires le licenciement abusif, marqué de malice ou d'une conduite déraisonnable et excessive de la part de l'employeur[310]. Il y a lieu enfin de relever que l'article 317 C.c.Q. permet à la victime d'un abus de droit commis par une personne morale d'en tenir également responsables les dirigeants qui y ont participé.

182 – *Dommages punitifs* – L'article 1621 C.c.Q. réserve l'octroi de dommages-intérêts punitifs ou exemplaires aux seuls cas où la Loi le prévoit. C'est ce que fait l'article 49 de la *Charte des droits et libertés de la personne*[311], en autorisant le tribunal compétent à condamner à des dommages punitifs l'auteur d'une atteinte illicite et intentionnelle à une liberté ou à un droit reconnu par la Charte[312].

---

309. *Standard Broadcasting Corp.* c. *Stewart*, précité, note 267 ; *Taxis Coop Québec, 525-5191* c. *Proulx*, [1994] R.J.Q. 603 (C.A.) ; *Société hôtelière Canadien Pacifique* c. *Hoeckner*, précité, note 197 ; *Ponce* c. *Montrusco & Associés Inc.*, D.T.E. 2008T-201 (C.A.) ; *Honda Canada inc.* c. *Keays*, précité, note 278, par. 56 : « [...] La souffrance morale normale causée par un congédiement n'est pas indemnisable » ; *Van Den Bulcke* c. *Far-Wic Systèmes ltée*, précité, note 259, par. 111 et 112 : « À moins d'une preuve claire d'abus de droit par l'employeur, il n'y a pas lieu d'accorder à l'employé des dommages moraux en plus de l'indemnité tenant lieu de préavis [...] le sentiment d'humiliation, la détresse psychologique et l'angoisse constituent une conséquence inhérente à la majorité des congédiements ».

310. Dans *Wallace* c. *United Grain Growers Ltd.*, précité, note 116, la Cour suprême donne une série d'exemples de comportement malicieux ou abusif d'un employeur, à l'origine ou à l'occasion d'un licenciement. Voir aussi : *McKinley* c. *BC Tel*, précité, note 72 ; *Sauvé* c. *Banque Laurentienne du Canada*, précité, note 197 ; *Compagnie canadienne d'équipement de bureau* c. *Blouin*, D.T.E. 94T-563 (C.A.) ; *Imprimeries Stellac Inc.* c. *Plante*, [1989] R.J.Q. 256 (C.A.) ; *Honda Canada inc.* c. *Keays*, précité, note 278 ; *N.D.* c. *Promutuel Prairie-Valmont, société mutuelle d'assurances générales*, 2012 QCCS 1022, par. 65, 67 et 69 – l'employeur a agi de manière précipitée, cavalière et déraisonnable. Il a adopté une conduite fautive et les circonstances dans lesquelles le congédiement a eu lieu dénotent un réel mépris ainsi que de la mauvaise foi. Le tribunal considère que la situation va au-delà du sentiment d'humiliation, de détresse et d'angoisse inhérent à la majorité des congédiements ; *Lachance* c. *Promutuel du Lac au Fjord*, précité, note 281, par. 40 : il n'y a pas eu en l'espèce, « [...] de conduite brutale ou agressive au moment de l'annonce de la décision ou de propos dégradants et diffamatoires après le renvoi » pour justifier des dommages moraux ; *Thompson* c. *RTI Claro inc.*, 2011 QCCS 3051, par. 64 et 65 ; *Bergevin* c. *Gestion Picard, Dubuc inc.*, précité, note 238, par. 84.

311. Précitée, note 60.

312. *Honda Canada inc.* c. *Keays*, précité, note 278, par. 62 : « Les dommages-intérêts punitifs sont accordés uniquement lorsque l'acte fautif délibéré est si malveillant et inacceptable qu'il justifie une sanction indépendante » ; Exemples, dans

2. La rémunération

183 – *Exécution spécifique ou dommages-intérêts* – Le défaut de l'employeur de verser au salarié sa rémunération, sous quelque forme qu'elle prenne, donne ouverture à une demande judiciaire d'exécution en nature de cette obligation (art. 1590 et 1601 C.c.Q.)[313]. Le salarié se pourvoit alors par action en réclamation de salaire. L'injonction n'est en principe pas disponible lorsqu'il s'agit d'obtenir le paiement d'une somme d'argent[314]. Toutefois, l'urgence extrême d'une situation et le caractère alimentaire du salaire pourraient justifier qu'une demande d'injonction interlocutoire soit reçue favorablement, pour empêcher que l'employé subisse un préjudice sérieux et irréparable[315].

Pour avoir droit au salaire qu'il réclame, le salarié doit prouver qu'il a fourni sa prestation de travail ou qu'il était disponible pour le faire[316].

Le salarié peut opter pour une demande de dommages-intérêts équivalents à la rémunération que l'employeur est en défaut de lui payer (art. 1590 et 1607 C.c.Q.)[317]. Le salarié est alors obligé de mitiger ses dommages[318].

Quel que soit le type de recours exercé, la réclamation peut être amendée en cours d'instance pour tenir compte, le cas échéant, de son accroissement. Une même cause d'action ne saurait toutefois donner lieu à des recours successifs en dommages-intérêts[319]. Dans tous les cas, l'employeur en défaut ou en retard de paiement au salarié de la rémunération qui lui est due se rend sujet à une condamnation au paiement de l'intérêt selon l'article 1617 C.c.Q. et de l'indemnité supplémentaire déterminée à l'article 1619 C.c.Q.

---

le contexte d'un congédiement : *Tremblay* c. *Anjou (Ville d')*, [1991] R.J.Q. 1989 (C.S.) ; *Halkett* c. *Ascofigex Inc.*, [1986] R.J.Q. 2697 (C.S.).

313. *Cité de Trois-Rivières* c. *Syndicat national catholique des employés municipaux de Trois-Rivières*, précité, note 296.

314. *Ibid.*

315. *Goulet* c. *Commission scolaire de Ste-Foy*, [1974] R.D.T. 479 (C.S.).

316. *Fortier* c. *Crémerie Union Inc.*, précité, note 297, p. 575-576 ; *Mathieu* c. *Rénald Mathieu Inc.*, précité, note 109. Voir aussi *Centre communautaire juridique de la Mauricie Bois-Francs* c. *Syndicat des avocats de l'Aide juridique de la Mauricie Bois-Francs*, précité, note 138. Comparer les opinions dans *Savoie* c. *Roy*, précité, note 190.

317. *Landry* c. *Radio du Pontiac Inc.*, D.T.E. 83T-200 (C.S.) ; *Martel* c. *Commissaires d'écoles de Wendover*, [1961] C.S. 491.

318. Exemple : *Gagné* c. *Matériaux Frigon Ltée*, D.T.E. 84T-869 (C.S.). Voir aussi, *supra*, no 180.

319. *Corporation de l'Hôpital Bellechasse* c. *Pilote*, J.E. 81-765 (C.A.).

CHAPITRE 2

LES NORMES DU TRAVAIL

184 – *Régime normatif du travail* – Les dernières décennies ont été marquées par une intervention croissante de l'État dans la définition du contenu obligationnel du rapport de travail. Des mesures législatives et réglementaires de plus en plus nombreuses et variées ont progressivement élaboré un régime légal de travail qui se préoccupe à la fois des conditions d'exécution du travail tout comme du maintien, en certaines circonstances, du lien d'emploi lui-même. Les amendements apportés par le législateur en 2003 à la *Loi sur les normes du travail*[1] ont apporté des changements significatifs à un ensemble de règles déjà mis à jour à plusieurs reprises. On compte, dans ces nouveaux changements, un ensemble de règles sur le licenciement collectif ainsi qu'un régime juridique, celui-là unique au Canada, pour le règlement des différends en matière de harcèlement psychologique. Cette loi représente la plus importante loi normative du travail, en regard de l'étendue de son champ d'application et du nombre de sujets dont elle traite. Adoptée en 1979, elle a remplacé la *Loi sur le salaire minimum*[2] dont la portée était beaucoup plus limitée[3]. L'autre pièce maîtresse du régime légal de travail du Québec est la *Loi sur la santé et la sécurité du travail*[4]. Le rattachement aux rapports individuels de travail de l'examen du volet normatif des relations du travail se justifie du fait que ce sont les salariés dont les conditions de travail sont déterminées sur une base individuelle qui en sont les principaux bénéficiaires et que les droits issus de ce régime normatif s'adressent

---

1. RLRQ, c. N-1.1 (ci-après « L.N.T. ») ; Charles CAZA, *Loi sur les normes du travail – législation, jurisprudence et doctrine*, 4e éd., Montréal, Wilson & Lafleur, 2001.
2. RLRQ, c. S-1.
3. Au 1er juillet 2007, les dispositions suivantes de la *Loi sur les normes du travail* n'étaient pas encore en vigueur : les articles 29(6), 39(6) ainsi que 112.
4. RLRQ, c. S-2.1. Voir *infra*, Titre I, chapitre 3, nos 341-344. Une étude complète de la législation normative du travail devrait par ailleurs tenir compte des régimes spéciaux issus des lois suivantes : *Loi sur les décrets de convention collective*, RLRQ, c. D-2 ; *Loi sur les relations du travail, la formation professionnelle et la gestion de la main-d'œuvre dans l'industrie de la construction*, RLRQ, c. R-20 ; *Loi sur la fonction publique*, RLRQ, c. F-3.1.1.

à chaque salarié, directement et individuellement. Signalons toutefois immédiatement que ce substrat légal s'impose de façon générale tout autant à la détermination collective des conditions de travail qu'aux rapports individuels.

I- LE CHAMP D'APPLICATION DES NORMES DU TRAVAIL

A. La couverture

185 – *Principe* – Bien qu'il soit très étendu, le champ d'application de la *Loi sur les normes du travail* n'aborde pas les nouvelles formes de travail, demeurant en général légalement limité aux seuls employeurs et salariés, au sens des définitions données à ces termes par les paragraphes 1(7) et (10) L.N.T. Toutefois, un recours ajouté à la loi en 2002 permet de faire contrôler l'exercice d'un droit de gérance par lequel un employeur change le statut d'un employé de manière à l'exclure du champ d'application de la loi en le transformant en entrepreneur indépendant[5].

186 – *Employeur* – Le terme « employeur » désigne quiconque fait effectuer un travail par un salarié (art. 1(7) L.N.T.)[6]. Le cas échéant, il comprend l'État et les organismes qui en relèvent (art. 2, al. 2 L.N.T.)[7]. Le gouvernement ne peut toutefois être considéré comme l'employeur des personnes nommées à des fonctions de nature judiciaire en vertu de son pouvoir discrétionnaire de nomination ou en application de critères prédéterminés dans une loi ; il ne dispose d'ailleurs pas à l'endroit de ces personnes du pouvoir de direction caractéristique de l'employeur[8].

187 – *Salarié* – La définition du terme « salarié » vise d'abord la situation classique qui donne lieu à un contrat de travail au sens du droit civil : travail subordonné, pour autrui, moyennant rémunération (art. 1(10) L.N.T.)[9]. Plusieurs jugements mettent en évidence le

---

5. Art. 86.1 L.N.T.
6. Voir, à ce sujet, la notion d'employeur au sens du droit civil, *supra*, Titre I, chapitre 1, n°s 86-95 et 102-103 et celle d'employeur au sens, cette fois, du *Code du travail*, RLRQ, c. C-27, *infra*, Titre II, chapitre 1, n°s 386-387.
7. Cette mention était nécessaire du fait que la *Loi d'interprétation*, RLRQ, c. I-16, art. 42, al. 1 prévoit qu'aucune « loi n'a d'effet sur les droits de l'État à moins qu'ils n'y soient expressément compris ».
8. *Québec (Procureure générale)* c. *Monette*, D.T.E. 2002T-132 (C.S.) – membres du Tribunal administratif du Québec ; *Bastien* c. *Gouvernement du Québec*, [1984] T.T. 7 – juges provinciaux.
9. Voir *supra*, Titre I, chapitre 1, n°s 87-95.

caractère déterminant du lien de subordination comme critère d'application de la Loi et l'importance secondaire de la forme de la rémunération pour la même fin[10]. Le travail véritablement bénévole est évidemment exclu[11] ; la renonciation à la rémunération doit alors être réelle et valide[12].

Notons qu'une personne qui choisit de se constituer en personne morale et qui fournit ses services par l'intermédiaire de cette dernière ne peut être à la fois, un employeur et un employé. Ce faisant, lorsque la constitution d'une personne morale est un « subterfuge » ou un « paravent » créé pour échapper aux obligations de la loi, les tribunaux seront enclins à reconnaître la relation employeur-employé afin d'appliquer les règles qui en découlent[13].

---

10. Quant à la subordination, voir : *J.B. Charron Ltée* c. *Commission du salaire minimum*, J.E. 80-39 (C.A.) ; *Paquette & Associés* c. *Côté-Desbiolles*, D.T.E. 97T-1240 (C.S.) ; *Commission des normes du travail* c. *9002-8515 Québec Inc.*, D.T.E. 2000T-432 (C.S.) ; *Fortin* et *9085-3532 Québec inc. (La Capitale Saguenay – Lac Saint-Jean)*, D.T.E. 2009T-453 (C.R.T.) ; *Paquin* c. *Services financiers Groupe Investors inc.*, D.T.E. 2011T-71 (C.R.T.) ; *Belmaaza* et *Centre de recherche du Centre hospitalier de l'Université de Montréal*, 2011 QCCRT 0467. Quant à la rémunération, voir : *Commission des normes du travail* c. *Paquette*, [2000] R.J.D.T. 169 (C.Q.) – pourcentage du montant facturé au client ; *Commission des normes du travail du Québec* c. *R.B.C. Dominion Valeurs mobilières Inc.*, D.T.E. 94T-707 (C.S.) – participation aux profits ; *Commission des normes du travail* c. *International Forums Inc.*, [1985] C.P. 1 – rémunération à la pièce d'un travail à domicile ; *Visionic Inc.* c. *Michaud*, J.E. 82-50 (C.S.) – salaire déguisé, versé sous forme de dividendes à des actionnaires ; *Caisse populaire Desjardins Farnham* c. *Boudreau*, 2011 QCCS 109 – rémunération sous la forme de logement et de nourriture.
11. *Commission du salaire minimum* c. *Zone de ski Mauricie Inc.*, [1980] C.P. 79 ; *Trépanier* c. *Faucher*, [1965] C.S. 325.
12. *Commission des normes du travail* c. *St-Raymond Plymouth Chrysler Inc.*, D.T.E. 86T-935 (C.P.) – renonciation illégale à la rémunération du travail pendant une période d'entraînement ; *Bolduc* et *Conseil de direction de l'Armée du Salut du Canada (Centre Booth de Montréal)*, 2006 QCCRT 0162 – renonciation valide à tout emploi rémunérateur par des ministres du culte.
13. *Dicom Express inc.* c. *Paiement*, 2009 QCCA 611. Voir aussi, *Transport Jean Gauthier* c. *Tribunal du travail*, 2005 QCCA 363, par. 29 et 30 – importance de tenir compte des conséquences juridiques découlant de la constitution d'une compagnie ; *Lalande* c. *Provigo Distribution Inc.*, D.T.E. 98T-1059 (C.A.) – n'est pas un salarié au sens de la Loi, la personne qui a acquis et exploité une franchise ; *Dazé* c. *Messageries Dynamiques*, [1991] R.D.J. 195, EYB 1990-63565 (C.A.) (distingué par *Leduc* c. *Habitabec Inc.*, D.T.E. 94T-1240, EYB 1994-59252 (C.A.) – la Cour d'appel a décidé qu'il ne s'agissait pas d'un salarié ; *Services financiers F.B.N. Inc.* c. *Chaumont*, [2003] R.J.Q. 365, REJB 2003-37127 (autorisation d'appel à la Cour suprême refusée) – dans cette décision, la Cour d'appel a reconnu le statut de salarié. Voir aussi *supra*, Titre I, chapitre 1, n° 101.

La définition inclut nommément le travailleur qui pourrait être considéré comme un « entrepreneur dépendant », c'est-à-dire la personne qui travaille dans un cadre établi par son donneur d'ouvrage, qui fournit les éléments matériels nécessaires à cette fin et qui conserve comme rémunération la différence entre les coûts ainsi encourus et la somme prévue au contrat. Le degré de contrôle exercé par le donneur d'ouvrage devient ici le facteur déterminant de distinction entre cet entrepreneur dépendant et l'entrepreneur indépendant, auquel la Loi demeure inapplicable[14].

Les paragraphes 2(1) et (2) L.N.T. régissent la situation du salarié qui travaille soit partiellement soit totalement à l'extérieur du Québec pour un employeur « dont la résidence, le domicile, l'entreprise, le siège social ou le bureau se trouve au Québec ». Dans le premier cas, la Loi s'applique intégralement et sans condition[15]. Dans le second, elle s'applique seulement au salarié ayant son domicile ou sa résidence au Québec[16].

De surcroît, la L.N.T. étant d'ordre public au regard de son article 93, un employeur et un salarié ne pourront valablement convenir de s'y soustraire[17].

B. Les exclusions

188 – *Sources et étendues variées* – Certains employés sont soustraits, totalement ou partiellement, à l'application de la *Loi sur les normes du travail*. Ces exclusions résultent de cette loi elle-même ou de la réglementation qui la complète et, dans quelques cas, d'autres lois. Il y a lieu de les identifier, ainsi que leur source, et d'en préciser l'étendue.

189 – *Article 3 L.N.T.* – L'article 3 L.N.T. prononce diverses exclusions catégorielles.

---

14. *Girardin* c. *Distribution Danièle Normand Inc.*, D.T.E. 2000T-228 (T.T.) ; *Commission des normes du travail* c. *Coopératives des travailleurs de confection de vêtements 4 Saisons de St-Tite*, 2006 QCCQ 1289, D.T.E. 2006T-287 (C.Q.) – différence entre salarié à domicile et travailleur autonome.

15. Bien que les technologies aient permis d'abolir la distance dans le cadre d'une prestation du travail, la condition posée par le législateur à l'article 2, paragraphe 1 de la Loi quant à l'exécution du travail qui doit être faite « à la fois au Québec et hors du Québec » demeure incontournable : *Holm* c. *Groupe CGI inc.*, 2008 QCCRT 0492, [2008] R.J.D.T. 1631.

16. *Québec (Procureure générale)* c. *Monette*, précité, note 8.

17. *Pelletier* c. *Aisa Corporation*, 2011 QCCRT 0142.

Sont d'abord écartées, les personnes dont la fonction exclusive est, de manière ponctuelle, d'assurer la garde ou de prendre soin d'un enfant, d'un malade, d'une personne handicapée ou âgée, dans le logement de cette personne, sauf si l'employeur poursuit une fin lucrative avec cette activité, ou encore si cette garde est fondée uniquement sur une relation d'entraide familiale[18] (art. 3(2) L.N.T.). Cet employé peut effectuer des travaux ménagers directement liés aux besoins immédiats de la personne dont il a la garde, sans plus ; autrement, il devient assimilable à un domestique au sens de la Loi (art. 1(6) L.N.T.).

L'employeur et le salarié régis par la *Loi sur les relations de travail, la formation professionnelle et la gestion de la main-d'œuvre dans l'industrie de la construction*[19] ne sont assujettis qu'aux dispositions de la Loi qui se rapportent aux obligations familiales de courte ou de longue durée, et ce, même en cas d'accident ou de maladie, aux congés de grossesse et de maternité, au congé de paternité de cinq semaines, de même qu'aux recours qui les garantissent (art. 3(3) L.N.T.). Ils bénéficient en outre des dispositions concernant le harcèlement psychologique et les recours qui s'y rapportent[20].

L'« entrepreneur dépendant » assimilé à un salarié, est néanmoins soustrait à l'application de la Loi lorsque sa rémunération ou le tarif de ses services est fixé par un règlement du gouvernement adopté en vertu d'une autre loi (art. 3(4) L.N.T.)[21].

Est aussi totalement exclu l'étudiant qui travaille au cours de l'année scolaire dans un établissement choisi par une institution d'enseignement, en vertu d'un programme d'initiation au travail approuvé par le ministère de l'Éducation (art. 3(5) L.N.T.).

Le cadre supérieur est exclu de l'application de la Loi, sauf quant aux congés familiaux de courte et de longue durée, aux congés de grossesse et de maternité et au congé de paternité et ainsi qu'aux

---

18. *Commission des normes du travail* c. *Deschênes*, 2007 QCCQ 4811, D.T.E. 2007T-477 (C.Q.) – interprétation de l'expression « de manière ponctuelle ». *Caisse populaire Desjardins Farnham* c. *Boudreau*, précité, note 10 – l'exception énoncée à l'article 3(2) L.N.T. ne s'applique pas car les travaux ménagers exercés, en l'espèce, par la défenderesse, ne sont pas limités aux besoins immédiats des enfants. Par ailleurs la défenderesse, n'exerce pas cette fonction de manière ponctuelle.
19. RLRQ, c. R-20.
20. Art. 81.18 à 81.20 et 123.6 à 123.16 L.N.T.
21. *Paquette & Associés* c. *Côté-Desbiolles*, précité, note 10.

dispositions destinées à faire valoir les droits qui s'y rattachent. Il est également protégé s'il est victime de harcèlement psychologique et pourra bénéficier des recours prévus à cette fin (art. 3(6) L.N.T.). La Loi ne définit pas la notion de cadre supérieur. Selon son sens usuel dans le vocabulaire des relations du travail, elle s'oppose aux notions de « cadre inférieur » et de « cadre intermédiaire » et désigne l'employé qui occupe un poste de niveau hiérarchique élevé dans l'entreprise, généralement sous l'autorité directe d'un conseil d'administration, d'un président ou d'un directeur général, et qui dispose d'un pouvoir participatif et d'une autorité décisionnelle de niveau correspondant[22]. Les cadres inférieurs et intermédiaires sont ponctuellement soustraits, verrons-nous, à l'application de certaines normes particulières dictées par la Loi ou ses règlements[23].

L'article 3.1 L.N.T. laisse aux personnes exclues en vertu de l'article 3 le bénéfice de la protection contre la mise à la retraite obligatoire, le harcèlement psychologique ainsi que les recours qui peuvent devenir nécessaires pour réaliser ces deux protections.

190 – *Articles 88 et 90 L.N.T.* – L'article 88 L.N.T. autorise le gouvernement à exclure, par règlement, toute catégorie de salariés qu'il désigne de l'application totale ou partielle des normes de salaire, lesquelles peuvent alors aussi être remplacées par d'autres. Ce pouvoir est matérialisé dans les exclusions prononcées par l'article 2 du

---

22. G. DION, *Dictionnaire canadien des relations du travail*, 2e éd., Québec, P.U.L., 1986, p. 62. *Commission des normes du travail* c. *Beaulieu*, [2001] R.J.D.T. 10 (C.A.) ; *Morin* et *Carrière Union ltée*, 2006 QCCRT 0182, D.T.E. 2006T-395 (C.R.T.) – par. 39-46 – cadre intermédiaire ; *General Electric Canada Inc.* c. *Couture*, [2002] R.J.Q. 1913 (C.S.) ; *Communications Quebecor inc.* c. *Vignola*, D.T.E. 99T-549 (C.S.) – conclusion négative ; *Letellier* c. *Fédération des coopératives d'habitation de la Mauricie et du Centre du Québec*, D.T.E. 2004T-534 (C.R.T.) ; *Cameron* et *Salluit (Municipalité du village de)*, 2004 QCCRT 0434. La détermination de la présence ou de l'absence du statut de cadre supérieur est une question intra-juridictionnelle pour le tribunal spécialisé appelé à en décider : *Allard* c. *Vignola*, D.T.E. 99T-191 (C.S.) ; *contra* toutefois : *General Electric Canada Inc.* c. *Couture*, précité ; *Commission des normes du travail* c. *Groupe Nexio inc.*, 2006 QCCQ 11963 – certains critères sont utilisés par la jurisprudence afin de déterminer la notion de « cadre supérieur ». La norme de contrôle d'une décision à l'effet de savoir si une personne est un cadre supérieur ou non est celle de la décision raisonnable : *Marier* c. *Caisse d'économie Émérillon*, 2005 QCCA 423, par. 41.

23. Ces cadres sont toutes les personnes qui exercent une fonction de direction, que ce soit à l'endroit d'autres employés ou sous d'autres aspects de la gestion de l'entreprise : *Commission scolaire de Rouyn-Noranda* c. *Lalancette*, [1976] C.A. 201 ; *Entreprises de Pipe-Line Universel Ltée* c. *Prévost*, J.E. 88-804 (C.A.) ; *Commission des normes du travail* c. *Internote Canada Inc.*, [1985] C.S. 383, confirmé sans que cette question soit discutée dans *Internote Canada Inc.* c. *Commission des normes du travail*, [1989] R.J.Q. 2097 (C.A.).

Règlement sur les normes du travail[24]. Le gouvernement peut de la même façon, en vertu de l'article 90 L.N.T., adopter un règlement pour soustraire à l'application totale ou partielle de quelque partie de la Loi ou des règlements les établissements de rééducation physique, mentale ou sociale et, le cas échéant, pour fixer les normes du travail applicables aux salariés qui y travaillent[25]. Les normes de remplacement adoptées selon les articles 88 ou 90 L.N.T. peuvent varier selon la sorte d'activités et le genre de travail (art. 91 L.N.T.)[26].

191 – *Autres lois* – Certaines lois excluent de l'application de la *Loi sur les normes du travail* des personnes appelées à fournir un travail dans un contexte marginalisé. C'est le cas pour les détenus en vertu de la *Loi sur la probation et les établissements de détention*[27], pour les personnes condamnées à des travaux compensatoires conformément au *Code de procédure pénale*[28] et pour celles qui participent à une activité de travail dans le cadre d'une mesure ou d'un programme d'aide à l'emploi en application de la *Loi sur le soutien du revenu et favorisant l'emploi et la solidarité sociale*[29].

II- LE SALAIRE

192 – *Taux applicables* – Le salaire minimum payable aux salariés est fixé par règlement du gouvernement (art. 40 et 89 L.N.T.). Le *Règlement sur les normes du travail*[30] prescrit un taux horaire de salaire minimum général et un taux réduit pour les salariés à pourboire[31]. Selon la Loi, un salarié a droit d'obtenir une somme au moins équivalente à ce salaire minimum (art. 40, al. 2 L.N.T.).

193 – *Exclusions* – Les exclusions sont prononcées par l'article 2 du *Règlement sur les normes du travail* : (1°) les étudiants employés dans un organisme à but non lucratif et à vocation sociale comme une colonie de vacances ou un organisme de loisirs ; (2°) les stagiaires qui participent à un cours de formation professionnelle reconnu par une

---

24. RLRQ, c. N-1.1, r. 3.
25. Voir le *Règlement d'exclusion des établissements visés à l'article 90 de la Loi sur les normes du travail*, RLRQ, c. N-1.1, r. 2.
26. Le gouvernement s'est jusqu'à maintenant abstenu d'adopter de telles normes de remplacement.
27. RLRQ, c. P-26, art. 19.7.
28. RLRQ, c. 25.1, art. 340.
29. RLRQ, c. S-32.001, art. 8.
30. *Règlement sur les normes du travail*, précité, note 24.
31. *Ibid.*, art. 3 et 4 : taux général, 9,90 $ l'heure depuis le 1er mai 2012 ; taux des salariés au pourboire, 8,55 $ l'heure depuis le 1er mai 2012.

loi ; (3°) les stagiaires dans le cadre d'un programme d'intégration professionnelle prévu à l'article 61 de la *Loi assurant l'exercice des droits des personnes handicapées*[32] ; (4°) les salariés entièrement rémunérés à commission qui travaillent dans une activité à caractère commercial en-dehors de l'établissement de l'employeur et dont les heures de travail sont incontrôlables ; (5°) *(paragraphe supprimé)* ; (6°) le salarié affecté principalement à des opérations non mécanisées reliées à la cueillette de légumes de transformation[33]. La Cour d'appel a décidé qu'une fausse déclaration du salarié faisant croire, au moment de son embauche, qu'il est exclu de l'application du salaire minimum est opposable à une réclamation ultérieure de ce salaire minimum[34].

194 – *Exigibilité* – Sous réserve des exclusions, le salaire minimum horaire est payable au salarié même si le contrat entre les parties ne prévoit le versement d'aucune rémunération sur cette base et qu'il conditionne le versement de toute rémunération à l'obtention d'un résultat par le salarié. C'est le cas, par exemple, d'un vendeur dont l'engagement prévoit qu'il sera entièrement rémunéré à commission, mais qui travaille dans l'établissement de l'employeur ou dont les heures de travail sont contrôlables[35].

195 – *Calcul* – Aucun avantage matériel ou autre, comme le bénéfice du gîte ou l'utilisation d'une automobile, ne peut entrer dans le calcul du salaire minimum (art. 41 L.N.T.)[36]. Au-delà de ce dernier, le montant maximum exigible pour la chambre et la pension que l'employeur fournit à un salarié est fixé par règlement du gouvernement (art. 51 L.N.T.)[37]. Plusieurs mesures ont été adoptées par le législateur afin de protéger la totalité de la rémunération du salarié, et surtout pour ceux qui sont payés au salaire minimum. Aux articles

---

32. RLRQ, c. E-20.1. Sur la légalité de cette exclusion au regard de la *Charte des droits et libertés de la personne*, RLRQ, c. C-12, voir : *Québec (Procureur général) c. Lambert*, [2002] R.J.Q. 599 (C.A.).
33. L'article 4.1 du même règlement précise toutefois le salaire minimum payable au salarié affecté principalement à des opérations non mécanisées reliées à la cueillette de framboises, de fraises ou de pommes selon le rendement et les règles qui y sont énoncées. Cet article cessera d'avoir effet le 30 avril 2014.
34. *Corporation Cité-joie Inc. c. Commission des normes du travail du Québec*, [1994] R.J.Q. 2425 (C.A.).
35. *Commission des normes du travail du Québec c. R.B.C. Dominion Valeurs mobilières Inc.*, précité, note 10 ; *Commission des normes du travail c. St-Raymond Plymouth Chrysler Inc.*, précité, note 12 ; *Commission du salaire minimum c. Habitations du Temps Inc.*, J.E. 81-486 (C.P.).
36. *Commission des normes du travail c. Immeubles Yamiro inc.*, D.T.E. 2002T-562 (C.Q.).
37. *Règlement sur les normes du travail*, précité, note 24, art. 6 et 7.

85 et 85.1, la Loi oblige l'employeur à fournir gratuitement aux salariés payés au salaire minimum l'uniforme ou le matériel dont il rend le port ou l'utilisation obligatoire ; il ne peut exiger du salarié une somme d'argent pour l'achat, l'usage ou l'entretien d'un uniforme ou de matériel si cette exigence a pour effet que le salarié reçoive moins que le salaire minimum. L'employeur ne peut en outre exiger du salarié qu'il débourse pour un vêtement qui l'identifie comme un salarié de cet établissement, ni le contraindre à acheter des vêtements ou accessoires dont il fait le commerce (art. 85, al. 3 L.N.T.). De plus, l'employeur ne peut requérir du salarié quelque montant d'argent pour des frais reliés aux charges sociales ou aux opérations de l'entreprise (art. 85.1, al. 3 L.N.T.)[38]. L'article 85.2 L.N.T. affirme l'obligation pour l'employeur de rembourser au salarié les frais encourus lors d'un déplacement ou pour suivre une formation lorsque celle-ci est effectuée à la demande de l'employeur[39]. Finalement, il est interdit à l'employeur d'exiger du salarié les frais pour l'utilisation d'une carte de crédit (art. 50.1 L.N.T.).

196 – *Pourboires* – Le pourboire est par nature une gratification du client pour un service qu'il a reçu. La Loi déclare qu'il appartient exclusivement au salarié et qu'il ne fait pas partie du salaire qui lui est par ailleurs dû par l'employeur (art. 50, al. 1 L.N.T.). Les pourboires que le salarié reçoit n'entrent donc pas dans le calcul du salaire minimum prescrit. Le deuxième alinéa de l'article 50 L.N.T. précise que si l'employeur perçoit le pourboire, il le remet entièrement au salarié et, surtout, affirme que le mot pourboire comprend les frais de service ajoutés à la note du client qui appartiennent donc au salarié, mais ne comprend pas les frais d'administration[40]. Cette dernière

---

38. *Créances garanties du Canada Ltée* c. *Commission des normes du travail*, 2008 QCCA 1428 – la Cour d'appel s'est prononcée sur la portée qui doit être accordée à l'article 85.1 L.N.T. en énonçant que les frais d'opérations « [...] renvoient aux frais découlant des activités normales de l'entreprise dans la réalisation de l'objet dominant qu'elle s'est donnée ». Sont ainsi considérés comme des frais d'opérations, ceux occasionnés pour l'obtention d'un permis d'exercice d'une profession, en l'occurrence agent de recouvrement.

39. *Centre du camion Mabo inc.* c. *Guay*, D.T.E. 2005T-420 (C.Q.), par. 11-14 – la formation offerte par l'employeur et non demandée n'a pas à être payée, au contraire, l'employeur peut en réclamer le remboursement. Même situation dans : *Centre du camion Mabo inc.* c. *Chevalier*, 2006 QCCQ 16212 ; *Ambulance 2522 Inc.* c. *Fédération des paramédics et des employés des services préhospitaliers du Québec*, 2011 QCCS 2168.

40. *Commission des normes du travail* c. *Auberge du lac Sacacomie inc.*, D.T.E 2003T-298 (C.S.) – les frais d'administration appartiennent à l'employeur ; *Manoir Rouville-Campbell* et *Union des chauffeurs, hommes d'entrepôt et autres ouvriers, Teamsters Québec, section locale 106 (F.T.Q.)*, D.T.E. 2004T-1125 (T.A.) – la note du client doit expressément faire mention des frais d'administration afin

mention illustre bien la force de la Loi, qui peut aller jusqu'à ignorer la réalité en la redéfinissant. En effet, les frais de service ajoutés à la note du client sont dépourvus de toute intention de gratification de sa part.

Au regard de ces données légales, une pratique courante, celle du partage des pourboires entre les salariés qui participent au service à divers titres, soulève quelques questions. Par exemple, l'employeur peut-il imposer d'autorité un tel partage ? Le pourboire remis directement par le client à un salarié doit être considéré lui appartenir[41]. En effet, l'alinéa 3 de l'article 50 interdit à l'employeur d'imposer ou d'intervenir dans l'établissement d'une telle convention ; la Loi exige qu'une convention de pourboires soit le résultat du seul consentement libre et éclairé des salariés qui ont rendu le service. Enfin, le mot « pourboire » comprend les frais de service ajoutés à la note du client mais ne comprend pas les frais d'administration ajoutés à cette note[42].

197 – *Salariés à temps partiel* – Les salariés à temps partiel bénéficient, en vertu de l'article 41.1 de la Loi, d'un droit à une égalité de traitement salarial jusqu'à concurrence de deux fois le salaire minimum. L'employeur ne peut, pour le seul motif qu'ils travaillent moins d'heures par semaine, leur accorder un taux de salaire inférieur à celui payé aux autres salariés qui effectuent les mêmes tâches dans le même établissement[43].

198 – *Moment du paiement* – Les articles 43 et 45 de la Loi déterminent le moment où le salaire devient payable. L'employeur dispose d'un mois pour effectuer le premier versement de salaire régulier de l'employé nouvellement entré en fonction (art. 43, al. 2 L.N.T.)[44]. Par la suite, l'intervalle maximum de versement du salaire régulier est de 16 jours[45] ; il peut toutefois être d'un mois dans le cas des cadres et des

---

que l'employeur puisse les retenir ; *Travailleuses et travailleurs unis de l'alimentation et du commerce, section locale 503* c. *Manoir Richelieu ltée.*, 2011 QCCA 870 – il incombe à l'employeur de prouver quels sont les frais d'administration qui ont été ajoutés à la note du client.

41. *Émond* c. *147564 Canada inc.*, D.T.E. 2001T-1154 (C.T.). Voir également et comparer : *Commission des normes du travail* c. *9029-8118 Québec Inc.*, n° 200-22-014143-002, 23 mai 2001 (C.Q.).

42. Art. 50, al. 2 L.N.T.

43. *Maison Simons Inc.* c. *Commission des normes du travail*, D.T.E. 96T-18 (C.A.).

44. *Commission des normes du travail* c. *Beausignol*, [1987] R.J.Q. 688 (C.P.).

45. *Bouberaouat* c. *Groupe Tecnum inc.*, D.T.E. 2005T-989 (C.R.T.), par. 128 – le droit du salarié de réclamer d'être payé à intervalle régulier est une norme de droit public.

« entrepreneurs dépendants » assimilés aux salariés au sens de la Loi (art. 43, al. 1 L.N.T.)[46]. Un paiement irrégulier, comme celui d'une prime pour du temps supplémentaire, gagné au cours de la semaine qui précède le versement du salaire, peut être effectué lors du versement régulier subséquent ou, le cas échéant, au moment prévu par une disposition particulière d'une convention collective ou d'un décret de convention collective (art. 43, al. 1 L.N.T.). Lorsque le jour habituel de paie tombe un jour férié et chômé, l'employeur doit verser le salaire le jour ouvrable précédent (art. 45 L.N.T.).

Les démarches qu'un salarié doit effectuer pour obtenir le versement de sa paie conformément à la Loi constituent l'exercice d'un droit protégé par cette dernière[47].

199 – *Mode de paiement* – Le salaire dû au salarié lui est payable soit en espèces sous enveloppe scellée, soit par chèque ; dans ce dernier cas, le paiement est réputé ne pas avoir été fait au salarié si le chèque n'est pas encaissable par lui dans les deux jours qui suivent sa réception. Quant au paiement par virement bancaire, il peut être prévu par convention écrite, individuelle ou collective, ou par un décret de convention collective (art. 42 L.N.T.)[48].

Sauf s'il est fait par virement bancaire ou s'il est expédié par la poste, le paiement du salaire au salarié doit lui être fait en mains propres sur les lieux du travail et pendant un jour ouvrable (art. 44 L.N.T.). L'article 46 de la Loi énonce toutes les mentions que doit contenir le bulletin de paie obligatoirement remis au salarié en même temps que son salaire. L'acceptation de ce bulletin de paie n'emporte aucune renonciation de la part du salarié (art. 48 L.N.T.). Il est interdit à l'employeur d'exiger toute formalité de signature autre que celle par laquelle le salarié reconnaît que la somme qui lui est remise correspond au salaire indiqué au bulletin de paie (art. 47 L.N.T.).

200 – *Retenues sur le salaire* – L'article 49, al. 1 L.N.T. interdit à l'employeur d'effectuer quelque retenue que ce soit sur le salaire du salarié, à moins d'y être contraint par une loi[49], un règlement, une

---

46. *Ibid.*
47. *Cormier* c. *Groupe L.M.B. Experts-conseils (1992) Inc.*, [1997] T.T. 249.
48. *Commission des normes du travail* c. *Beausignol*, précité, note 44 ; *Giguère* c. *Centura Québec*, [1983] T.T. 455 ; *Commission des normes du travail* c. *Gedden inc.*, *Montréal*, 2009 QCCS 4982.
49. Exemples : *Loi sur l'assurance-emploi*, L.C. 1996, ch. 23, art. 82 ; *Loi sur le régime de rentes du Québec*, RLRQ, c. R-9, art. 50 et 59 ; *Code du travail*, RLRQ, c. C-27, art. 47.

ordonnance d'un tribunal[50], une convention collective, un décret ou un régime complémentaire de retraite à adhésion obligatoire. Il peut cependant y avoir une retenue sur le salaire par l'employeur si le salarié y consent par écrit et pour une fin mentionnée dans cet écrit (art. 49, al. 2 L.N.T.). Sauf si elle se rapporte à un régime d'assurance collective ou à un régime complémentaire de retraite, l'autorisation ainsi donnée par le salarié peut être révoquée en tout temps (art. 49, al. 2 L.N.T.). L'autorisation devant être écrite, la révocation devrait l'être aussi (art. 49, al. 2 L.N.T.). Les sommes retenues et destinées à un tiers doivent lui être remises (art. 49, al. 2 L.N.T.). La Cour d'appel a décidé que cette interdiction légale de retenue sur le salaire n'empêchait pas l'employeur d'invoquer les règles du droit civil (art. 1672 et s. C.c.Q.) pour effectuer la compensation d'une dette certaine, liquide et exigible du salarié envers lui, en retenant une partie du salaire dû au salarié comme mode de paiement de cette dette[51].

III- LA DURÉE DU TRAVAIL

A. La semaine normale de travail

201 – *Durée et effet* – L'article 52 L.N.T. détermine une « semaine normale de travail » dont la seule utilité est de fixer le seuil au-delà duquel l'employé sera considéré travailler en temps supplémentaire et, de ce fait, aura droit à une rémunération majorée. La durée de la semaine normale de travail est ainsi fixée à 40 heures.

202 – *Exceptions* – La règle générale des 40 heures par semaine souffre diverses exceptions. D'abord, elle ne s'applique pas aux salariés mentionnés à l'article 54 de la Loi, parmi lesquels on trouve

---

50. Voir les articles 641 et s. du *Code de procédure civile* (saisie-arrêt de salaire) et le paragraphe 100.12b) du *Code du travail*, *ibid.*

51. *Syndicat des professionnels et professionnelles du réseau scolaire du Québec (C.E.Q.)* c. *Commission scolaire de la Mitis*, [1989] R.L. 603 (C.A.) ; *Syndicat des professionnels de la Commission des écoles catholiques de Montréal* c. *Moalli*, D.T.E. 91T-679 (C.A.). Voir aussi : *Distribution Trans-Canada Kébec Disque* c. *Michaud*, [1996] T.T. 214 ; *Commission des normes du travail* c. *Ballin inc.*, D.T.E. 2002T-503, REJB 2002-31977 (C.Q.) ; *Métivier* c. *R.B.C. Dominion valeurs mobilières inc.*, D.T.E. 2003T-523 (C.S.) ; *Commission des normes du travail* c. *3608336 Canada inc.*, D.T.E. 2003T-856 (C.Q.) ; *Commission des normes du travail* c. *Essor Assurances placements conseils inc.*, 2007 QCCQ 6373, D.T.E. 2007T-591 (C.Q.). Sur la possibilité, dans ce cadre, pour l'employeur, d'imposer à l'employé l'obligation de lui rembourser un déficit de caisse et, le cas échéant, de retenir ce déficit sur le salaire de l'employé, voir : *Comité paritaire de l'industrie de l'automobile de Montréal et du district* c. *Gasoline Stations Montreal Taxicab Ltée*, D.T.E. 91T-1308 (C.A.).

les cadres d'entreprise, les salariés qui travaillent en-dehors de l'établissement et dont les heures de travail sont incontrôlables[52], les travailleurs agricoles[53] et les gardiens dont la fonction exclusive est de prendre soin d'un enfant, d'une personne âgée ou handicapée dans le logement de cette personne sauf si l'employeur poursuit une fin lucrative avec cette activité. En outre, le gouvernement peut déterminer par règlement une semaine normale de travail applicable à toute catégorie de salariés qu'il désigne (art. 54, al. 2 et 89 L.N.T.). C'est ce qu'il a fait pour les gardiens qui ne travaillent pas pour une entreprise de gardiennage (60 heures), pour les salariés qui travaillent dans un endroit isolé ou sur le territoire de la Baie James (55 heures) et pour les salariés d'une exploitation forestière ou d'une scierie (47 heures)[54].

203 – *Étalement* – L'article 53 de la Loi permet par ailleurs de recourir au mécanisme de l'étalement de la durée normale du travail sur une base autre qu'hebdomadaire. Cet étalement peut résulter d'une décision de l'employeur, avec l'autorisation de la Commission des normes du travail[55], ou encore d'une convention collective ou d'un décret de convention collective, sans que l'autorisation de la Commission ne soit alors nécessaire.

204 – *Temps de travail réputé* – Est réputé temps de travail pour le salarié, le temps où il est à la disposition de son employeur sur les lieux du travail alors qu'il est obligé d'attendre qu'on lui fournisse le travail. Ces conditions impliquent à la fois que le salarié soit sur les

---

52. *Commission des normes du travail* c. *Gestion des infrastructures pour l'entretien GIE Technologies inc.*, D.T.E. 2005T-93 (C.Q.) – la C.R.T. conclut que l'exception s'applique lorsque la situation est telle qu'elle crée une impossibilité pour l'employeur de contrôler le temps de l'employé. Voir aussi : *Commission des normes du travail* c. *Sables Dickies inc.*, D.T.E. 2000T-183 (C.Q.) – les heures doivent être incontrôlables et non simplement difficiles à contrôler ; *C.N.T.* c. *Nordikeau inc.*, D.T.E. 2009T-118 (C.Q.).

53. Sur la notion de « travailleur agricole », voir : *Commission des normes du travail* c. *Pépinière Fleur de Lys Inc.*, [1989] R.J.Q. 2249 (C.Q.). Voir également : *Serres du St-Laurent inc., établissement de Ste-Marthe* et *Travailleuses, travailleurs unis de l'alimentation et du commerce, section locale 501*, D.T.E. 2008T-835 (T.A.).

54. *Règlement sur les normes du travail*, précité, note 24, art. 8 à 13.

55. Ce pouvoir de la Commission des normes du travail lui est aussi expressément conféré par le paragraphe 39(12) L.N.T. Pour encadrer l'exercice de cette discrétion, la Commission a adopté une *Politique sur l'étalement des heures de travail*, CA-01 (août 1992, révisée le 2 mars 2001). Cette politique exige de l'employeur qu'il accorde aux salariés un bénéfice d'une autre nature pour compenser la perte de l'avantage que représente le paiement du temps supplémentaire calculé sur une base hebdomadaire. Elle requiert aussi l'accord des salariés au régime d'étalement proposé par l'employeur.

lieux du travail à la demande de son employeur et qu'il y attende que l'employeur lui fournisse le travail à exécuter (art. 57 L.N.T.)[56]. Le salarié est en outre réputé être à son travail lors de pauses accordées par l'employeur, à l'exception du temps consacré pour les repas tel que prévu par l'article 79 L.N.T., à moins qu'il soit tenu de demeurer à son poste[57]. Il est ainsi réputé être à son travail lors d'un déplacement demandé par l'employeur[58] ainsi que pendant la durée de toute formation[59] ou période d'essai exigée par ce dernier.

205 – *Rémunération du temps supplémentaire* – Tout travail exécuté en sus de la semaine normale de travail doit être rémunéré à taux et demi, c'est-à-dire à 150 % du salaire horaire habituel (non du salaire minimum) que touche le salarié, exclusion faite des primes établies sur une base horaire comme les primes de travail de nuit ou de res-

---

56. *Commission des normes du travail* c. *Urgel Bourgie Ltée*, D.T.E. 96T-1409 (C.S.) ; *Syndicat des infirmières et infirmiers de l'Est du Québec* c. *Côté*, D.T.E. 91T-332 (C.S.) ; *Commission des normes du travail* c. *Cie de fiducie Canada Permanent*, D.T.E. 83T-601 (C.P.) ; *Commission des normes du travail* c. *Camping Colonie Notre-Dame Inc.*, D.T.E. 2003T-1601 (C.Q.) ; *Commission des normes du travail* c. *Inventaire de l'Est inc.*, 2007 QCCA 127 – les salariés ne sont pas à la disposition de l'employeur pendant le transport offert par celui-ci. Notons que la présomption qui découle de l'article 57 L.N.T. peut être réfutée par le fait de ne pas respecter l'une de ces trois conditions : *C.N.T.* c. *3979229 Canada inc.*, 2008 QCCS 3616 ; *Rivard* c. *Zaveco ltée*, 2008 QCCRT 0468 ; *Rassemblement des employés techniciens ambulanciers-paramédics du Québec (FSSS-CSN)* c. *Coopérative des employés techniciens ambulanciers de la Montérégie (CETAM) (grief syndical)*, [2009] R.J.D.T. 277 (T.A.).

57. *Commission des normes du travail* c. *Garderie Tantie inc.*, D.T.E. 2003T-276 (C.Q.). Comparer à : *Plastique Micron inc.* c. *Blouin*, D.T.E. 2003T-389 (C.A.). Voir aussi, *Syndicat des employés de magasins et de bureaux de la Société des alcools du Québec* c. *Société des alcools du Québec (griefs syndicaux)*, D.T.E. 2011T-44 (T.A.).

58. *Syndicat national de la sylviculture (S.N.S.-C.S.N.)* et *Aménagement forestier Vertech inc. (grief collectif)*, D.T.E. 2007T-523 (T.A.) ; *Syndicat des professionnelles et des professionnels du gouvernement du Québec, section locale N-03 (SPGQ)* c. *Cégep André-Laurendeau*, D.T.E. 2008T-754 (T.A.) – lorsque les modalités de déplacement dans le cadre d'un colloque sont établies en fonction des considérations personnelles du salarié, l'article 57 L.N.T. ne s'applique pas. Voir également ; *Syndicat national de la sylviculture (SNS-CSN)* c. *Morin*, 2010 QCCS 2930 – le temps de trajet du domicile au lieu de travail n'est pas du temps de travail ; *Commission des normes du travail* c. *Hydro-Québec*, 2012 QCCQ 4424 – le déplacement entre le lieu de rassemblement et le chantier n'était pas exigé par l'employeur et ne constitue donc pas du temps de travail.

59. *Fraternité des policiers de la Ville de Terrebonne inc.* et *Terrebonne (Ville de)*, D.T.E 2005T-230 (T.A.) – interprétation du mot « formation ». La formation doit être requise par l'employeur : *Collines-de-l'Outaouais (MRC des)* c. *Mallette*, 2008 QCCS 4509 ; *Grenier Chayer* c. *Atelka inc.*, 2010 QCCRT 0128 ; *St-Georges (Ville)* c. *Association des policiers de Ville St-Georges inc. (griefs syndicaux)*, D.T.E. 2010T-740 (T.A.).

ponsabilité particulière (art. 55 L.N.T.)[60]. En principe, il appartient à l'employeur de limiter par des instructions appropriées le nombre d'heures de travail que le salarié est autorisé à accomplir[61].

L'absence d'assujettissement du salarié à une semaine normale de travail ne saurait avoir pour effet de l'empêcher de recevoir au moins le salaire minimum pour toutes les heures travaillées[62]. Dans le cas particulier des cadres, il leur demeure possible de convenir d'une rémunération hebdomadaire sans égard au nombre d'heures travaillées[63]. Si leur rémunération est fondée sur un taux horaire, ils pourraient réclamer le paiement de toutes leurs heures travaillées sur la base de ce taux[64].

Sur demande du salarié, ou dans les cas prévus par une convention collective[65] ou un décret, le temps supplémentaire peut être payé par une compensation en temps, c'est-à-dire en accordant au salarié un congé d'une durée équivalente aux heures supplémentaires effectuées, majorée de 50 %[66]. Les congés annuels et les jours fériés, chômés et payés sont assimilés à des jours de travail aux fins du calcul de la semaine normale de travail et des heures supplémentaires (art. 56 L.N.T.).

206 – *Limite au temps supplémentaire* – Le paragraphe 122(6) L.N.T. interdit à l'employeur d'imposer une sanction au salarié pour le motif que celui-ci a refusé de travailler au-delà de ses heures habituelles de travail « parce que sa présence était nécessaire pour remplir des obli-

---

60. *C.N.T.* c. *Technimeca International Corp.*, 2008 QCCQ 9166 – l'article 55 L.N.T. est inapplicable lorsque le salarié n'est pas payé à l'heure et que son salaire hebdomadaire est nettement supérieur aux exigences minimales de la Loi.

61. En vertu de l'article 1(11) et 52 L.N.T., les heures supplémentaires correspondent à tout travail exécuté au-delà de 40 heures dans une période de sept jours consécutifs : *Syndicat des métallos, section locale 7065* c. *Fabnor inc. (griefs individuels, Steven Cormier et autres)*, D.T.E. 2010T-756 (T.A.). Voir également, *Cléroux-Strasbourg* c. *Gagnon*, [1986] R.J.Q. 2820 (C.A.) ; *Commission des normes du travail* c. *Assurexperts Guy Lapointe inc.*, D.T.E. 2002T-934 (C.Q.) ; *Commission des normes du travail* c. *Centre de décoration des sols inc.*, 2009 QCCQ 2587 ; *Commission des normes du travail* c. *Maison de la jeunesse à Val-des-Lacs inc.*, 2007 QCCQ 14678.

62. *Commission des normes du travail du Québec* c. *2861496 Canada Inc.*, D.T.E. 95T-345 (C.Q.).

63. *Commission des normes du travail* c. *Beaulieu*, précité, note 22.

64. *Lalanne* c. *St-Jean-sur-Richelieu (Ville de)*, D.T.E. 2001T-117, REJB 2001-22048 (C.S.).

65. Exemple : *Groupe Jean Coutu (P.J.C.) inc. et Syndicat des travailleuses et travailleurs de P.J.C. Entrepôt (C.S.N.)*, D.T.E. 2005T-33 (T.A.).

66. *S.N.C. Lavalin inc.* c. *Lemelin*, D.T.E. 99T-751.

gations reliées à la garde, à la santé ou à l'éducation de son enfant ou de l'enfant de son conjoint, ou en raison de l'état de santé de son conjoint, de son père, de sa mère, d'un frère, d'une sœur ou de l'un de ses grands-parents, bien qu'il ait pris les moyens raisonnables à sa disposition pour assumer autrement ces obligations ». Il revient au salarié d'en faire la preuve et de démontrer qu'il a pris tous les moyens raisonnables pour que ses obligations parentales soient accomplies autrement qu'en refusant de travailler au-delà de ses heures habituelles[67].

207 – *Heures brisées* – L'article 58 L.N.T. régit ce qu'il est convenu d'appeler les heures brisées. À moins de cas fortuit ou que la rémunération du surtemps lui assure un montant supérieur, le salarié a droit, à chaque présence au travail à la demande de son employeur, à une rémunération minimale de trois heures consécutives à son taux habituel de salaire. Les deuxième et troisième alinéas du même article prévoient des exceptions en des termes assez vagues renvoyant à la nature du travail qui peut requérir son exécution habituelle et normale par heures brisées (par exemple, brigadiers scolaires, chauffeurs d'autobus, surveillants dans les écoles, ou placiers).

208 – *La durée maximale du travail* – Le 1er mai 2003, le législateur a introduit une nouvelle norme octroyant au salarié un droit de refus de travailler au-delà d'un certain nombre d'heures afin de limiter la durée du travail. En effet, l'article 59.0.1 L.N.T., limite le devoir du salarié de faire des heures supplémentaires[68]. Sur une base quotidienne, il peut exercer son droit de refus de travailler après plus de quatre heures au-delà de ses heures de travail habituelles ou plus de quatorze heures de travail par période de vingt-quatre heures, selon la période la plus courte[69]. En ce qui concerne le salarié dont les

---

67. *Perras* c. *Québec (Ministère de la Sécurité publique)*, 2010 QCCRT 0019 ; *Riccardo* c. *Amalee Systèmes Design innovation inc.*, [2001] R.J.D.T. 779 (C.T.) – le simple fait de demander l'aide de ses parents ne suffit pas. Il faut avoir pris « tous les moyens raisonnables », ce qui signifie que l'employé aura demandé également l'aide d'une gardienne, d'un voisin, d'amis ou de connaissances,
68. Exemples : *Mario Duchesne* c. *Corporation Waskahegen inc.*, 2005 QCCRT 0131, par. 51-57. Cependant, le salarié ne peut se prévaloir à l'avance de son droit de refuser de travailler : *Landry* et *Matériaux à bas prix ltée*, 2004 QCCRT 0553, D.T.E. 2004T-1098, par. 18-26.
69. Un tel refus pourrait également être possible en vertu de la *Loi sur la santé et la sécurité du travail*, RLRQ, c. S-2.1, lorsqu'un travail devient dangereux pour le salarié du fait de sa durée excessive (art. 12 et s.). La même loi permet par ailleurs à la Commission de la santé et de la sécurité du travail de déterminer une durée maximale d'exécution de certaines occupations, par jour ou par semaine (art. 223, 12o).

heures de travail quotidiennes sont variables ou discontinues, il peut refuser d'exécuter son travail à compter de douze heures par période de vingt-quatre heures (art. 59.0.1 (1º) L.N.T.). Sous réserve de la possibilité d'étalement des heures prévue à l'article 53 L.N.T., le droit de refus de travailler s'acquiert après cinquante heures de travail hebdomadaires (soixante pour celui qui travaille dans un endroit isolé ou sur le territoire de la région de la Baie-James : art. 59.0.1 (2º) L.N.T.).

Ce droit de refus ne peut s'exercer lorsqu'il y a danger pour la vie, la santé ou la sécurité des travailleurs ou de la population, en cas de risque de destruction ou de détérioration grave de biens meubles ou immeubles ou autres cas de force majeure. Ces règles ne s'appliquent pas non plus si ce refus va à l'encontre du Code de déontologie professionnelle du salarié (art. 59.0.1, al. 3 L.N.T.).

B. Les repos et les congés

1. Les repos

209 – *Pause-café et pause-repas* – La Loi n'impose aucune obligation de prévoir une pause-café (ou santé). Toutefois, si l'employeur accorde au salarié de telles pauses, ce dernier est réputé être à son travail et, en conséquence, a droit d'être rémunéré (art. 57 (2) L.N.T.)[70].

Sous réserve des dispositions contraires qui peuvent être contenues dans une convention collective ou un décret, l'employeur doit accorder au salarié une période minimale de trente minutes pour prendre son repas après chaque période de cinq heures consécutives de travail. Cette période n'est toutefois pas rémunérée, à moins que le salarié soit tenu de demeurer à son poste de travail (art. 79 L.N.T.). Dans ce dernier cas, l'obligation du salarié, qui lui donne le droit d'être payé, se limite à être présent sans qu'il soit tenu de maintenir son rythme de travail[71].

210 – *Repos hebdomadaire* – L'article 78 L.N.T. donne au salarié le droit à un repos hebdomadaire d'une durée minimale de trente-deux heures consécutives, sous réserve de l'application, le cas échéant, d'un régime d'étalement des heures de travail établi en

---

70. *Syndicat des employés de magasins et de bureaux de la Société des alcools du Québec* c. *Société des alcools du Québec (griefs syndicaux)*, D.T.E. 2011T-44 (T.A.).
71. *Domtar Inc.* c. *Syndicat canadien des travailleurs du papier, section locale 1492*, D.T.E. 91T-1406 (C.A.).

vertu du paragraphe 12 de l'article 39, ou de l'article 53. Dans le cas d'un travailleur agricole, cette période de repos peut être reportée à la semaine suivante si le salarié y consent[72].

2. Les congés fériés, chômés et payés

211 – *Désignation* – L'article 60 de la *Loi sur les normes du travail* prévoit sept jours fériés, chômés et payés, qui s'ajoutent à celui de la Fête nationale du 24 juin édicté, avec des modalités analogues, par la *Loi sur la fête nationale*[73].

Ces jours de congé sont les suivants :

1o le 1er janvier ;

2o le vendredi saint ou le lundi de Pâques, au choix de l'employeur ;

3o le lundi qui précède le 25 mai ;

4o le 1er juillet ou, si cette date tombe un dimanche, le 2 juillet ;

5o le premier lundi de septembre ;

6o le deuxième lundi d'octobre ;

7o le 25 décembre.

212 – *Conditions d'application* – Les congés énumérés à l'article 60 L.N.T. et les autres dispositions de la Loi qui s'y rapportent ne s'appliquent pas aux salariés qui sont régis par une convention collective ou un décret de convention collective prévoyant au moins sept jours fériés, chômés et payés, en plus de la Fête nationale, non plus qu'aux autres salariés du même établissement qui bénéficient

---

72. *Société des établissements de plein air du Québec (SEPAQ)* c. *Syndicat de la fonction publique du Québec (SFPQ) (griefs individuels, Frédéric Poudoulec et autres)*, D.T.E. 2010T-804 (T.A.) – l'objectif de l'article 78 L.N.T. est de permettre au salarié de bénéficier d'une période de repos minimale au cours d'une période de sept jours.

73. RLRQ, c. F-1.1. En vertu de la Loi, le 24 juin est un jour férié et chômé. Elle prévoit également que lorsque la date du 24 juin tombe un dimanche, le 25 juin est, à l'égard du salarié pour qui le dimanche n'est pas normalement un jour ouvrable, un jour chômé pour l'application des articles 4 et 6 relatifs au congé compensatoire et au calcul de l'indemnité. Voir aussi, *Commission des normes du travail* c. *Sept-Îles (Ville de)*, [1986] R.J.Q. 543 (C.P.).

d'un nombre de jours chômés et payés au moins égal à celui prévu dans cette convention collective ou ce décret (art. 59.1 L.N.T.)[74].

L'indemnité due au salarié pour chaque jour férié et chômé désigné à l'article 60 L.N.T. est égale à 1/20e du salaire gagné au cours des quatre semaines complètes de paie précédant la semaine du congé, et ce, sans tenir compte des heures supplémentaires. Le calcul de cette indemnité se fait en fonction du salaire gagné augmenté des pourboires, pour les salariés qui en reçoivent (art. 59.1, al. 2 L.N.T.). Pour les salariés qui sont rémunérés à commission, cette indemnité correspond à 1/20e du salaire gagné au cours des douze semaines complètes de paie qui précèdent la semaine du congé férié ou chômé (art. 62 L.N.T.). Le salarié qui doit effectivement travailler ou qui est en vacances un jour férié et chômé a droit à un congé de remplacement ou à une indemnité compensatoire, en plus de la rémunération à laquelle il a déjà droit pour son travail ou pour ses vacances (art. 63 et 64 L.N.T.).

L'article 65 L.N.T. soumet le droit au congé à une condition : l'employé ne doit pas s'absenter du travail le jour qui précède ou qui suit le jour férié, à moins que ce soit avec l'autorisation de l'employeur ou pour une raison « valable ».

3. Le congé annuel

213 – *Acquisition du droit* – Le droit du salarié à une période annuelle de vacances est en fonction de la durée de son « service continu[75] » dans l'entreprise. L'article 77 L.N.T. exclut de l'application des dispositions relatives au congé annuel les catégories suivantes de salariés : les étudiants employés dans une colonie de vacances ou dans un orga-

---

74. *Alde* c. *Fiset*, D.T.E. 2003T-498 (C.A.). Voir également : *Syndicat de l'enseignement de Louis-Hémon* c. *Commission scolaire du Pays-des-Bleuets*, D.T.E. 2008T-602 (T.A.) ; *Syndicat des chauffeures et chauffeurs de la Société de transport de Sherbrooke, section locale 3434 du SCFP* c. *Société de transport de Sherbrooke*, 2010 QCCA 1599, par. 30. Depuis l'amendement du législateur des dispositions de l'article 65 L.N.T. (L.Q. 2002, c. 80, art. 21), abrogeant les mots « un salarié doit justifier de 60 jours de service continu dans l'entreprise », la garantie de l'article 60 L.N.T. s'applique à tous, y compris aux salariés en probation.

75. Exemple de service continu pour un travailleur saisonnier : *Fruits de mer Gascons ltée* c. *Commission des normes du travail*, D.T.E. 2004T-333 (C.A.), [2004] R.J.D.T. 437, par. 9-23 ; *Nieto* et *Travailleurs unis de l'alimentation et du commerce, section locale 501 (TUAC)*, D.T.E. 2008T-858 (C.R.T.).

nisme à but non lucratif et à vocation sociale ou communautaire[76] ; les stagiaires rattachés à un programme de formation professionnelle reconnu par une loi ; les agents immobiliers, les vendeurs de valeurs mobilières et les agents d'assurances lorsqu'ils sont entièrement rémunérés à commission.

L'année de référence sert à déterminer à un moment précis la durée du congé annuel auquel le salarié a droit selon son service continu. Cette année de référence a cours du 1er mai d'une année au 30 avril de l'année suivante, à moins qu'elle soit autrement établie par une convention, individuelle ou collective, ou par un décret de convention collective (art. 66 L.N.T.).

En vertu des articles 67 et 68 L.N.T., le salarié qui compte moins d'un an de service continu dans l'année de référence a droit à un jour de congé par mois de service continu, jusqu'à concurrence de deux semaines, et celui qui compte un an et plus de service continu a droit à deux semaines continues. Le salarié visé à l'article 68 de la Loi a également droit, sur demande de sa part, à un congé annuel supplémentaire sans salaire d'une durée égale au nombre de jours requis pour porter son congé annuel total à trois semaines (art. 68.1 L.N.T.)[77]. Celui qui justifie de cinq ans de service continu acquiert le droit à une troisième semaine de congé continu (art. 69 L.N.T.)[78].

214 – *Fractionnement* – L'article 71 de la Loi régit les possibilités de fractionnement du congé. Un congé d'une semaine ou moins ne peut être fractionné. Au-delà de cette durée, le salarié peut obtenir le fractionnement de son congé annuel à sa demande, sauf si l'employeur ferme son établissement pour une période égale ou supérieure à celle du congé annuel du salarié. De son côté, l'employeur qui, le 30 mars 1995, fermait son établissement pour la période de congé annuel peut imposer au salarié un fractionnement de ses vacances en deux périodes, dont l'une est celle de cette période de fermeture ; une des deux périodes doit toutefois être d'une durée minimale de deux semaines continues. Le congé annuel peut aussi être fractionné en plus de deux périodes si le salarié le demande et si l'employeur y consent. Enfin, selon l'article 71 L.N.T., une disposition particulière d'une conven-

---

76. *Commission des normes du travail* c. *Edphy Inc.*, [1984] C.S. 403 ; *Commission des normes du travail* c. *Outremont (Ville d')*, D.T.E. 86T-482 (C.P.).
77. Le deuxième alinéa de cet article précise que le congé supplémentaire n'a pas à être en continuité de celui prévu à l'article 68, mais qu'il ne peut être ni fractionné, ni remplacé par une indemnité compensatoire.
78. *Bell Rinfret & Cie Ltée* c. *Bernard*, D.T.E. 88T-297 (C.A.).

tion collective ou d'un décret peut prévoir le fractionnement du congé annuel en plus de deux périodes ou l'interdire, sans égard aux articles 68, 69 et 71 L.N.T.

215 – *Fixation des vacances* – Le congé annuel doit être pris dans les 12 mois qui suivent la fin de l'année de référence, à moins que son report soit autorisé par convention collective ou par décret de convention collective (art. 70, al. 1 L.N.T.). Malgré cette disposition, le salarié peut demander à son employeur de lui permettre de prendre ce congé annuel de façon anticipée pendant l'année de référence (art. 70, al. 2 L.N.T.)[79].

En outre, l'employeur peut, à la demande du salarié, reporter le congé annuel à l'année subséquente si, à la fin des douze mois qui suivent la fin d'une année de référence, le salarié est absent ou en congé pour cause de maladie, d'accident ou pour des raisons familiales ou parentales. À défaut d'un tel report, l'employeur doit verser au salarié l'indemnité rattachée au congé annuel (art. 70, al. 3 L.N.T.). Lorsqu'une période de maladie, d'invalidité ou d'assurance-salaire est interrompue par un congé annuel, cette période se continue, s'il y a lieu, après le congé comme si elle n'avait pas été interrompue (art. 70, al. 4 L.N.T.). Le salarié doit connaître la date de son congé au moins quatre semaines à l'avance (art. 72 L.N.T.). Ce dernier droit du salarié ne concerne que le congé annuel qui lui est dû en vertu des dispositions de la Loi, excluant tout excédent auquel l'employeur consentirait volontairement[80].

216 – *Compensation interdite* – Le congé annuel doit être pris en nature, en ce sens qu'il est interdit à l'employeur de le remplacer par une indemnité compensatrice, sous réserve d'une disposition particulière contenue dans une convention collective ou un décret (art. 73, al. 1 L.N.T.). Cette règle est sujette à une exception pour le salarié qui dispose d'une troisième semaine de congé. L'employeur pourra substituer à cette troisième semaine une indemnité compensatoire à la double condition qu'il réponde ainsi à une demande du salarié et que

---

79. *Nestlé Canada inc.* c. *Commission des normes du travail*, 2009 QCCA 1865 – la Cour d'appel a considéré que le salarié qui a pris par anticipation un congé annuel et qui a reçu une indemnité ne peut réclamer des dommages-intérêts, à moins qu'il ne démontre que la prise de congé anticipée lui a causé un préjudice pécuniaire. En l'espèce, l'employeur avait obligé deux de ses salariés à se prévaloir de leur droit au congé annuel pendant l'année de référence plutôt que pendant l'année suivant la fin de l'année de référence.
80. *Acier C.M.C. Inc.* c. *Dawson*, D.T.E. 96T-504 (T.T.).

l'établissement ferme ses portes pour deux semaines à l'occasion du congé annuel (art. 73, al. 2 L.N.T.).

217 – *Indemnité de vacances* – L'article 74 L.N.T. fixe l'indemnité ou la paie de vacances à quatre pour cent du salaire brut du salarié durant l'année de référence lorsque celui-ci a droit à un congé légal de deux semaines continues ou moins et à six pour cent lorsque son service continu lui donne droit à trois semaines continues de vacances[81]. En vertu de l'article 50, al. 4 L.N.T., pour les salariés au pourboire, l'indemnité se calcule à partir du salaire augmenté des pourboires. Lorsqu'une absence pour cause de maladie, d'accident, de congé de maternité ou de paternité a pour effet de diminuer l'indemnité de congé annuel du salarié, ce dernier a droit à une indemnité équivalente à deux ou trois fois la moyenne hebdomadaire du salaire gagné durant la période pendant laquelle il a travaillé au cours de l'année de référence, selon la durée du congé à laquelle il a droit ; la même règle s'applique proportionnellement à celui qui a droit à un congé d'une durée inférieure à deux semaines (art. 74, al. 2 L.N.T.)[82]. L'article 74.1 L.N.T. défend à l'employeur de réduire, de quelque manière que ce soit, tant l'indemnité afférente au congé annuel que la durée de ce dernier dans le cas d'un salarié à temps partiel, pour le seul motif que ce salarié travaille habituellement moins d'heures par semaine.

L'indemnité de vacances doit être versée avant le début du congé et en un seul versement ou, dans le cas d'un travailleur agricole engagé sur une base régulière, être ajoutée à son salaire (art. 75

---

81. *Kraft Limitée* c. *Commission des normes du travail*, [1989] R.J.Q. 2678 (C.A.) ; *Fruits de mer Gascons Ltée* c. *Commission des normes du travail*, précité, note 75. Voir également, *Commission des normes du travail* c. *Stadacona, s.e.c.*, 2009 QCCQ 7061 – le paiement d'indemnités afférentes au congé annuel dépend d'une prestation de travail. Ainsi, un salarié ne pourra la réclamer à même l'indemnité compensatrice tenant lieu de cessation d'emploi qui lui est versée. *Commission des normes du travail* c. *Collège Charlemagne inc.*, D.T.E. 2009T-613 (C.Q.) – les journées pédagogiques d'un enseignant ne doivent pas être prises en compte.

82. *Union des routiers, brasseries, liqueurs douces et ouvriers de diverses industries, section locale 1999 (Teamsters, F.T.Q.)* c. *Lefebvre*, D.T.E. 2004T-708 (C.S.), par. 14-15, 22 – un courant jurisprudentiel est à l'effet qu'une salariée en congé de maternité n'a pas droit à l'indemnité de congé annuel si elle n'a pas fourni de prestation de travail pendant l'année de référence ; *Commission des normes du travail* c. *Chérubins de Médicis inc.*, D.T.E. 2006T-333 (C.Q.), par. 13-14, 21, 26-28 – la Cour a jugé qu'une salariée en retrait préventif selon la *Loi sur la santé et la sécurité au travail* n'a pas droit à l'indemnité afférente au congé annuel car cette situation n'est pas prévue dans le texte de l'article 74, al. 2 L.N.T. ; *Syndicat des employés de Filochrome inc. (CSN)* c. *Filochrome inc. (Jacques Grégoire)*, [2011] R.J.D.T. 218 (T.A.) – une salariée qui est absente de son travail en raison d'un congé de maternité ne doit pas être pénalisée en ce qui a trait au montant hebdomadaire qui lui est alloué à titre de congé annuel.

L.N.T.). Les crédits de congé acquis et non utilisés par le salarié au moment où son contrat de travail prend fin lui sont liquidés conformément aux dispositions de l'article 76 de la Loi.

4. Les congés familiaux et parentaux

a) Les événements familiaux

218 – *Décès, funérailles* – Le salarié peut s'absenter une journée, sans réduction de salaire, à l'occasion du décès ou des funérailles de son conjoint[83], de son enfant ou de celui de son conjoint, de son père, de sa mère, d'un frère ou d'une sœur. Ce congé peut être prolongé pour quatre autres journées, sans solde toutefois (art. 80 L.N.T.). S'il s'agit du décès ou des funérailles d'un gendre, d'une bru, d'un grand-parent, d'un petit-enfant, ou encore du père, de la mère, d'un frère ou d'une sœur de son conjoint, le salarié peut s'absenter pour une journée, sans salaire (art. 80.1 L.N.T.). Dans tous les cas, le salarié doit aviser l'employeur de son absence dès que possible (art. 80.2 L.N.T.).

219 – *Mariage et union civile* – Le salarié qui se marie ou qui s'unit civilement a le droit de s'absenter ce jour-là, avec traitement (art. 81, al. 1 L.N.T.). Le congé devient sans solde le jour du mariage ou de l'union civile de l'un des enfants du salarié, de son père, de sa mère, d'un frère, d'une sœur ou d'un enfant de son conjoint (art. 81, al. 2 L.N.T.). L'employeur doit être avisé de ce motif d'absence du salarié au moins une semaine à l'avance (art. 81, al. 3 L.N.T.).

220 – *Naissance, adoption ou interruption de grossesse* – À l'occasion de la naissance de son enfant, de l'adoption d'un enfant (autre que celui du conjoint) ou lorsque survient une interruption de grossesse à compter de la vingtième semaine de grossesse, le salarié a droit à un congé de cinq jours, dont les deux premiers sont payés s'il justifie de 60 jours de service continu (art. 81.1, al. 1 L.N.T.). Le congé peut être fractionné en journées à la demande du salarié mais il doit être pris avant l'expiration des 15 jours qui suivent l'arrivée de l'enfant à la résidence de son père ou de sa mère ou l'interruption de grossesse

---

83. Le terme « conjoint » désigne les personnes suivantes : celles qui sont liées par un mariage ou une union civile et qui cohabitent, celles qui, étant de sexe différent ou de même sexe, vivent maritalement et sont les père et mère d'un même enfant ainsi que celles, de sexe différent ou de même sexe, qui vivent maritalement depuis au moins un an (art. 1(3) L.N.T.).

(art. 81.1, al. 2 L.N.T.). Dans tous les cas, l'employeur doit être avisé de l'absence du salarié le plus tôt possible (art. 81.1, al. 3 L.N.T.).

221 – *Obligations familiales*[84] – L'article 79.7 L.N.T. reconnaît à tout salarié le droit à dix jours de congé par année, sans salaire, pour remplir des obligations reliées à la garde, à la santé, à l'éducation de son enfant ou de l'enfant de son conjoint, ou en raison de l'état de santé de son conjoint, de son père, de sa mère, d'un frère, d'une sœur ou de l'un de ses grands-parents. Le salarié qui veut invoquer ses obligations familiales pour justifier une absence au travail doit respecter certaines conditions : il doit avoir pris tous les moyens raisonnables pour limiter la prise du congé et la durée de son absence[85] ; et il doit aviser l'employeur le plus tôt possible[86]. Le congé peut être fractionné en journées et, avec le consentement de l'employeur, une journée peut elle-même être fractionnée. Rappelons qu'aux mêmes conditions, le paragraphe 6 de l'article 122 de la Loi autorise indirectement le salarié à refuser de travailler au-delà de son horaire normal de travail, sans que l'employeur puisse lui imposer quelque sanction que ce soit pour cette raison.

Par ailleurs, l'article 79.8 L.N.T régit les absences de longue durée pour raisons familiales. Le salarié qui justifie d'au moins trois mois de service continu a droit à une absence, sans salaire, d'une période d'au plus douze semaines par année lorsque sa présence est requise auprès de son enfant, de son conjoint, de l'enfant de son conjoint, de son père, de sa mère, du conjoint de son père ou de sa

---

84. *Mantegna et Société en commandite Canadelle*, D.T.E. 2007T-390 (C.R.T.), par. 10-12 – la Commission des relations du travail s'est prononcée voulant qu'un salarié déjà en congé de maladie ne peut se prévaloir des articles 79.7 et 79.8 L.N.T. En effet, afin d'être autorisé à s'absenter pour des obligations familiales, le salarié doit être présent ou apte au travail.

85. *Syndicat canadien des communications, de l'énergie et du papier, section locale 589* c. *General Cable (usine de St-Jérôme) (grief syndical)*, D.T.E. 2009T-609 (T.A.) – le salarié peut être tenu d'expliquer les moyens raisonnables qu'il a pris pour limiter la prise et la durée du congé ; *Syndicat canadien des communications, de l'énergie et du papier, section locale 175* c. *Pétro-Canada – Raffinerie de Mont-réal (Serge Perron et grief syndical)*, D.T.E. 2007T-125 (T.A.) – l'obligation d'utiliser des moyens raisonnables pour limiter la durée du congé ne comprend pas le fait d'être rémunéré.

86. *Syndicat des pompières et pompiers du Québec, section locale Ste-Agathe-des-Monts* c. *Ste-Agathe-des-Monts (Ville de) (griefs individuels, Sylvain Tremblay et autres)*, D.T.E. 2008T-670 (T.A.) ; *Mantegna* c. *Société en commandite Canadelle*, 2007 QCCRT 0188 – le fait d'aviser l'employeur le plus tôt possible lui permet de pourvoir au remplacement du salarié, ainsi que de vérifier l'authenticité du motif invoqué ; *Ouellette et SSAB Hardox*, D.T.E. 2006T-572 (C.R.T.), par. 48 – lorsqu'il y a urgence, le salarié n'a pas l'obligation d'obtenir, au préalable, l'autorisation de s'absenter auprès de son employeur.

mère, d'un frère, d'une sœur ou de l'un de ses grands-parents, et ce, en raison d'une grave maladie ou d'un accident[87]. De la même manière que pour les absences de courte durée, le salarié doit aviser son employeur dans les plus brefs délais et doit en plus, à la demande de l'employeur, fournir un document justificatif. Lorsque cette absence est en raison d'une maladie grave, potentiellement mortelle, dont son enfant est atteint, le salarié a droit à une prolongation de son absence jusqu'à concurrence de 104 semaines. Dans cette situation, la maladie dont souffre l'enfant doit être attestée par un certificat médical. Lors d'une absence de longue durée, le salarié a droit de poursuivre sa participation dans les régimes d'assurance collective et de retraite de son lieu de travail. Finalement, au retour du salarié, celui-ci a droit d'être réintégré dans son poste habituel avec les mêmes avantages. Si le poste a été aboli, l'employeur doit lui reconnaître tous les droits et privilèges dont il aurait bénéficié lors de la disparition de son poste, si le salarié avait été au travail à ce moment. La même procédure s'applique dans les cas où l'employeur a effectué des licenciements ou des mises à pied lors de l'absence du salarié et que celui-ci aurait été visé par ces mesures.

b) La grossesse et la maternité

222 – *Grossesse* – À la condition d'en aviser son employeur le plus tôt possible, la salariée enceinte peut s'absenter au besoin du travail, sans salaire, pour subir un examen relié à sa grossesse, si cet examen est effectué par un médecin ou une sage-femme (art. 81.3 L.N.T.).

Le dernier alinéa de l'article 122 L.N.T. oblige par ailleurs l'employeur à prendre l'initiative de déplacer la salariée enceinte si ses conditions de travail comportent des dangers physiques pour elle ou pour l'enfant à naître. La salariée peut alors contrer cette mesure en présentant un certificat médical qui atteste que ses conditions de travail ne présentent pas les dangers allégués par l'employeur. Parallèlement, la *Loi sur la santé et la sécurité du travail*[88] confère à la salariée enceinte un droit de retrait préventif, à sa demande, lorsque les conditions de son travail comportent des dangers physiques pour l'enfant à naître ou, à cause de son état de grossesse, pour elle-même ; elle sera alors affectée à des tâches qui ne comportent pas

---

87. *Vêtements S & F Canada ltée* et *Bureau conjoint de Montréal*, D.T.E. 2005T-543 (T.A.) – interprétation de « présence requise ».
88. *Loi sur la santé et la sécurité du travail*, précitée, note 4.

de tels dangers et qu'elle est en mesure d'accomplir s'il en est[89]. Le cas échéant, l'exercice de ce droit de retrait préventif n'aura pas pour effet de diminuer la durée du congé de maternité auquel la salariée pourra avoir droit en vertu de la *Loi sur les normes du travail*[90].

L'employeur peut, à compter de la sixième semaine précédant la semaine prévue de l'accouchement, prendre l'initiative de vérifier l'aptitude au travail de la salariée en lui demandant de produire un certificat médical à cet effet (art. 81.8 L.N.T.). Si la salariée refuse ou omet de produire un tel certificat dans les huit jours suivants, l'employeur peut lui imposer, sur avis écrit et motivé à cet effet, de prendre immédiatement son congé de maternité.

223 – *Maternité* – La *Loi sur les normes du travail* prévoit un congé de maternité d'une durée maximale de 18 semaines continues sans traitement. Toutefois, à la demande de la salariée, l'employeur peut consentir à une période plus longue (art. 81.4 et s. L.N.T.). En vertu de l'article 81.5 L.N.T., ce congé ne peut commencer avant le début de la seizième semaine qui précède la date prévue de l'accouchement et il se termine au plus tard dix-huit semaines après la semaine de l'accouchement. La salariée peut le répartir à son gré avant ou après la date prévue de l'accouchement, en tenant compte de cette règle (art. 81.4, al. 2). Elle doit aviser son employeur par écrit au moins trois semaines avant la prise de son congé, à moins d'en être empêchée par des circonstances exceptionnelles d'ordre médical (art. 81.6 L.N.T.)[91]. L'avis indique la date du début du congé et celle du retour au travail. Il doit aussi être appuyé par un certificat médical attestant la grossesse et la date prévue de l'accouchement. Lorsque l'accouchement n'a pas lieu à la date prévue mais est retardé, la Loi octroie à la salariée un congé d'au moins deux semaines après l'accouchement (art. 81.4.1 L.N.T.).

La participation de la salariée aux régimes d'assurance collective et de retraite reconnus à son lieu de travail ne doit pas être affectée par son absence, sous réserve du paiement régulier des cotisations exigibles relativement à ces régimes et dont l'employeur assume sa part habituelle (art. 81.15, al. 1). Le gouvernement déter-

---

89. *Loi sur la santé et la sécurité du travail*, précitée, note 4, art. 40 et s. Voir *infra*, Titre 1, chapitre 3, n°s 354-356.
90. *Waterville T.G. Inc.* c. *Houde*, [1991] T.T. 194.
91. Le défaut de donner l'avis requis ne prive pas la salariée du congé auquel elle a droit, l'obligation n'étant pas d'ordre public : *Château Lingerie Mfg. Co. Ltd.* c. *Bhatt*, J.E. 85-158 (C.A.) ; *Buanderie Ste-Agathe Inc.* c. *Bellec*, D.T.E. 83T-873 (T.T.).

mine, par règlement, les autres avantages dont la salariée peut bénéficier pendant le congé de maternité, en particulier relativement à son ancienneté et à la durée de ses vacances ainsi qu'à l'indemnité qui y est afférente (art. 81.15, al. 2 L.N.T.).

La salariée doit revenir au travail à la date indiquée dans son avis de congé. Si elle ne le fait pas, elle sera présumée avoir démissionné (art. 81.14 L.N.T.). À condition d'en aviser l'employeur par écrit au moins trois semaines à l'avance, la salariée peut opter pour un retour au travail anticipé par rapport à la date indiquée dans son avis de congé (art. 81.13, al. 1 L.N.T.). De même, si l'employeur y consent, la salariée peut reprendre son travail à temps partiel ou de façon sporadique pendant son congé de maternité (art. 81.13, al. 2 L.N.T.). La salariée qui revient au travail dans les deux semaines suivant son accouchement peut être tenue de présenter à l'employeur un certificat médical qui atteste son aptitude à reprendre le travail (art. 81.9 L.N.T.).

À la fin de son congé de maternité, la salariée a le droit d'être réinstallée dans son poste, avec les avantages dont elle aurait bénéficié si elle était demeurée au travail (art. 81.15.1, al.1 L.N.T.)[92] ; si le poste qu'occupait la salariée a été aboli au cours de son congé, elle doit être traitée comme elle l'aurait été si elle avait été au travail au moment de cette abolition (art. 81.15.1, al. 2 L.N.T.)[93]. Lorsque, pendant le congé de maternité, l'employeur a procédé à des licenciements ou des mises à pied qui auraient inclus la salariée, celle-ci conserve les mêmes droits que les salariés effectivement licenciés ou mis à pied (art. 81.17 et 79.5 L.N.T.). Cependant, la salariée ne pourra se voir conférer un avantage dont elle n'aurait pas bénéficié si elle était restée au travail (art. 81.17 et 79.6 L.N.T.).

---

92. *De Coster* c. *Cogeco Diffusion inc.*, 2010 QCCS 1054 – la salariée ne doit pas perdre du fait de sa grossesse, les avantages dont elle aurait bénéficié conformément à l'article 81.15.1 L.N.T. ; *Deschênes* c. *MS Restaurant inc.*, 2006 QCCRT 0495 – l'employeur a l'obligation de replacer la salariée au poste que celle-ci occupait au moment de son départ pour son congé de maternité.

93. *Laporte* c. *Côté Tonic inc.*, 2011 QCCRT 0002 – cela inclut une affectation temporaire pour des motifs d'ordre économique ; *Société immobilière Trans-Québec Inc.* c. *Labbée*, D.T.E. 94T-799 (T.T.) ; *Daigneault* c. *Olivetti Canada Ltée*, [1992] T.T. 102 ; *Lavigne & Frères Inc.* c. *Deland*, [1988] T.T. 249 ; *Pavillon du Parc Inc.* c. *Lemaire*, D.T.E. 84T-206 (T.T.) ; *Sayer* c. *General Motors*, [1983] T.T. 238 ; *Manon Chainé* c. *Groupe Historia international inc. (Historia)*, 2006 QCCRT 0141 – modification des conditions de travail au retour de la salariée.

224 – *Interruption de grossesse* – Le 1er mai 2003, le législateur a adopté de nouvelles dispositions concernant le congé de maternité spécial. En cas de risque d'interruption de grossesse ou lorsqu'il y a un danger pour la santé de la mère ou de l'enfant à naître, la Loi permet à la salariée d'obtenir un congé spécial sans salaire (art. 81.5.1 L.N.T)[94]. Quelques conditions se rattachent à ce régime de congé parental. En effet, le risque ou le danger doit être occasionné par la grossesse et doit être attesté par un certificat médical qui indique la durée du congé ainsi que la date prévue pour l'accouchement. Dans ces cas, ce congé spécial est réputé être le congé de maternité débutant la quatrième semaine avant la date anticipée de l'accouchement. En outre, l'employeur doit être avisé le plus tôt possible, par écrit, qu'est survenu une interruption de grossesse ou un accouchement prématuré. Cet avis doit être accompagné d'un certificat médical attestant de cet événement (art. 81.5.3 L.N.T.).

Lorsqu'il y a effectivement interruption de grossesse, le législateur envisage deux situations (art. 81.5.2 L.N.T.). Premièrement, en cas d'interruption de grossesse avant le début de la vingtième semaine précédant la date prévue de l'accouchement, la salariée a droit à un congé de maternité spécial d'une durée maximale de trois semaines, sans salaire. Il peut cependant y avoir prolongation de ce congé si un certificat médical en atteste la nécessité. Deuxièmement, la salariée peut obtenir un congé spécial, sans salaire, d'une durée maximale de dix-huit semaines continues à partir de la semaine de l'interruption de grossesse, lorsque celle-ci survient à compter de la vingtième semaine de grossesse.

225 – *Le congé de paternité* – La Loi prévoit, lors de la naissance d'un enfant, un congé de paternité d'une durée maximale de cinq semaines continues, sans salaire[95]. Le congé de paternité doit être compris dans une période qui débute la semaine de la naissance et se termine, au plus tard, cinquante-deux semaines après celle de la naissance (art. 81.2 L.N.T.). À la suite du congé de paternité, le salarié a droit d'être réintégré dans son poste habituel, avec les mêmes avantages. Si le poste du salarié a été visé par un licenciement ou une mise à pied ou encore s'il a été aboli, l'employeur doit reconnaître au salarié les mêmes droits que s'il avait été au travail (art. 81.15.1 et 81.17 L.N.T.).

---

94. *Commission des normes du travail* c. *Chérubins de Médicis inc.*, précité, note 82, par. 15-20 – distinction entre congé de maternité spécial et retrait préventif.
95. Il y a possibilité pour le salarié d'être admissible à des prestations en vertu de la *Loi sur l'assurance parentale* (L.Q. 2001, c. 9).

c) Le congé parental

226 – *Conditions et durée* – Le père et la mère d'un nouveau-né et toute personne qui adopte un enfant (autre que celui de son conjoint), ont droit à un congé parental d'une durée maximale de 52 semaines continues ; ce congé est sans salaire (art. 81.10 L.N.T.)[96]. Le congé parental débute au plus tôt la semaine de la naissance de l'enfant ou, s'il s'agit d'une adoption, la semaine où celui-ci est confié au salarié ou encore, la semaine où le salarié quitte son travail afin de se rendre à l'extérieur du Québec pour que l'enfant lui soit confié ; il se termine au plus tard 70 semaines après la naissance ou 70 semaines après que l'enfant ait été confié au salarié, s'il s'agit d'une adoption (art. 81.11 L.N.T.). Malgré cette règle, le gouvernement peut établir par règlement des situations dans lesquelles le congé parental peut se terminer au plus tard 104 semaines après la naissance ou 104 semaines après que l'enfant ait été confié au salarié (ou dans lesquelles la période du congé parental peut se proroger jusqu'à 2 ans) (art. 81.11, al. 2 L.N.T.). Comme dans le cas d'un congé de maternité, l'employeur a droit à un préavis écrit de trois semaines avant le début du congé ; cet avis précise la date de départ et celle du retour du salarié (art. 81.12 L.N.T.). Ce préavis pourra être de moindre durée si la présence du salarié auprès de la mère, de l'enfant nouveau-né ou nouvellement adopté est requise par leur état de santé. Le salarié a droit au congé sur demande de sa part et l'employeur ne dispose d'aucun droit de regard sur l'utilisation qu'il en fait[97].

227 – *Retour au travail* – L'article 81.13 L.N.T. autorise le salarié à devancer son retour au travail en donnant un préavis écrit de trois semaines. Cet article lui permet par ailleurs de recommencer à travailler de façon intermittente ou à temps partiel durant le congé parental. Au retour du salarié, l'employeur doit le réinstaller dans son poste habituel, avec le même salaire et les mêmes avantages que ceux auxquels il aurait eu droit s'il était demeuré au travail (art. 81.15.1, al. 1 L.N.T.)[98]. Si le poste habituel du salarié n'existe plus à

---

96. Le bénéficiaire peut toutefois avoir droit à des prestations en vertu de la *Loi sur l'assurance-emploi*, précitée, note 49.

97. *Québec (Ville de)* c. *Blais*, [1999] R.J.D.T. 163 (T.T.) – incarcération, aucune autre condition n'est exigée pour la prise du congé parental.

98. *Jaouhar Fattahi* c. *Ministère de la Sécurité publique*, 2007 QCCRT 0322, par. 92-105, 115 – la Commission vient à la conclusion que le salarié a été déplacé de son poste habituel en raison de son congé parental. Par ailleurs, notons que la jurisprudence considère que l'article 81.15.1 L.N.T. a un effet prospectif et non rétroactif, protégeant les avantages acquis par un salarié au moment de son départ, ainsi que les avantages dont ont bénéficié les autres salariés durant son absence : *Association des policiers de Thetford Mines* c. *Thetford Mines (Ville de)*

son retour, l'employeur doit lui reconnaître tous les droits et privilèges dont il aurait bénéficié au moment de la disparition de son poste, s'il avait alors été au travail (art. 81.15.1, al. 2 L.N.T.). La même procédure s'applique, avec les adaptations nécessaires, lorsque l'employeur a effectué des licenciements ou des mises à pied pendant l'absence du salarié (art. 81.17 et 79.5 L.N.T.). L'article 81.15 L.N.T. s'applique aussi au congé parental. En conséquence, le salarié a droit de continuer à cotiser aux régimes d'assurance collective et de retraite de son lieu de travail dont l'employeur assume sa part habituelle. La loi prévoit aussi que, par le moyen d'un règlement du gouvernement, d'autres avantages peuvent être octroyés au salarié. Le défaut du salarié de se présenter au travail à la fin de son congé emporte la présomption de sa démission (art. 81.14 L.N.T.).

228 – *Hospitalisation* – Le salarié a la possibilité, sur demande, de fractionner en semaines un congé de maternité, parental ou de paternité lorsque son enfant est hospitalisé (art. 81.14.1 L.N.T.). En outre, lorsque l'hospitalisation de l'enfant survient pendant le congé de maternité, parental ou de paternité, celui-ci peut être suspendu, après entente avec l'employeur (art. 81.14.2 L.N.T.). Cette suspension permet au salarié un retour au travail pendant la durée de l'hospitalisation. En transmettant à l'employeur un avis accompagné d'un certificat médical attestant que l'état de santé de l'enfant ou de la salariée, en cas de congé de maternité, l'exige, le salarié peut prolonger son congé pour la durée indiquée à ce certificat (art. 81.14.2, al. 2 L.N.T.). La seule condition à cette prolongation est de faire parvenir cet avis avant l'expiration du congé.

5. *L'absence pour cause de maladie ou d'accident*

229 – *Droit et limites* – Dans un ordre tout à fait différent, les articles 79.1 et suivants L.N.T. apportent une certaine protection à l'employé qui doit s'absenter du travail pour cause de maladie ou d'accident. Cette protection qui est réservée au salarié qui compte au moins

---

(*Carl Dubreuil et un autre*), [2008] R.J.D.T. 548 (T.A.) ; *Syndicat des salariées et salariés de transformation de produits alimentaires de la MRC de Trois-Rivières, salariés de la production et salariés de bureau (CSD)* c. *Fromages Saputo, s.e.n.c.* (*Patrick Leblanc et grief collectif*), D.T.E. 2010T-419 (T.A.) ; *CSSS Pierre-Boucher (CLSC Simonne-Monet-Chartrand)* c. *Alliance du personnel professionnel et technique de la santé et des services sociaux (APTS) (France Legault)*, D.T.E. 2009T-215 (T.A.). Cependant, l'interprétation du caractère prospectif de la disposition ne permet pas d'y inclure l'accroissement de l'ancienneté : *Syndicat des travailleuses et travailleurs des pâtes et papiers d'East Angus inc. (CSN)* c. *Cascade East Angus inc. (Patrick Chenard)*, D.T.E. 2009T-871 (T.A.).

trois mois de service continu (art. 79.1, al. 1 L.N.T.)[99], ne s'applique pas dans le cas d'une lésion professionnelle au sens de la *Loi sur les accidents du travail et les maladies professionnelles*[100] (art. 79.1, al. 2 L.N.T.). Le salarié qui bénéficie de cette protection peut s'absenter de son travail, sans salaire, pour une durée maximale de vingt-six semaines sur une période de douze mois[101].

Le salarié doit informer l'employeur de son indisponibilité et des motifs de celle-ci dans les plus brefs délais (art. 79.2 L.N.T.), mais il n'est pas obligé en principe de lui fournir un diagnostic médical précis aussi rapidement[102].

Le deuxième alinéa de l'article 79.4 atténue quelque peu en faveur de l'employeur la règle énoncée à l'article 79.1 L.N.T. En effet, les conséquences de la maladie ou de l'accident ou le caractère répétitif des absences peuvent constituer une cause juste et suffisante de congédiement, de suspension ou de déplacement du salarié par l'employeur. La démonstration d'une incapacité définitive du salarié de fournir une prestation normale, compte tenu de la nature de son emploi, constituera normalement une justification suffisante. De même, certaines fonctions spécifiques ou à titulaire unique pourront être considérées comme requérant une présence constante au travail.

Durant son absence, le salarié a droit de poursuivre sa participation aux régimes d'assurance collective et de retraite de son milieu de travail en continuant toutefois de payer les cotisations exigibles (art. 79.3 L.N.T.). Lorsque le congé pour cause de maladie ou d'accident se termine, l'employeur a l'obligation de réintégrer le salarié dans son poste habituel en lui conférant les mêmes avantages auxquels il aurait droit s'il était demeuré au travail (art. 79.4, al. 1

---

99. *Gaudreault* et *Placements Melcor inc. (Le Nouvel Hôtel La Saguenéenne)*, D.T.E. 2005T-316 (C.R.T.) – la C.R.T. a décidé que l'exigence de trois mois de service continu est un préalable, c'est-à-dire que le salarié doit avoir accumulé trois mois avant le début de l'absence pour cause de maladie ou d'accident. Cette décision a été appliquée dans : *Sophie St-Onge* c. *Colmatec inc.*, 2005 QCCRT 0631, par. 16 – confirmé par 2006 QCCRT 0156 et 2007 QCCS 403.

100. RLRQ, c. A-3.001.

101. *Lessard* c. *IQT ltée*, D.T.E. 2011T-108 (C.R.T.) – la protection ne s'applique pas à un salarié qui a été congédié avant de s'absenter pour cause de maladie.

102. *Oliva-Zamora* c. *Société d'administration Casco inc.*, D.T.E 2002T-163 (T.T.) ; *Sain* c. *Multi-Démolition S.D.*, [1994] T.T. 248. Par contre, lorsque l'employeur a des doutes sur les motifs invoqués par le salarié, il peut recourir à une expertise médicale à laquelle le salarié n'a d'autre choix que de s'y soumettre : *Duguay* c. *Blais*, 2009 QCCRT 0062.

L.N.T.)[103]. Si le poste du salarié a été aboli ou si l'employeur a procédé à des mises à pied ou des licenciements qui auraient inclus le salarié, ce dernier doit bénéficier de tous droits et privilèges, de la même manière que s'il avait été au travail à ce moment (art. 79.4, al. 2 et 79.5 L.N.T.).

Lorsque le salarié aura épuisé sa période de protection de vingt-six semaines, l'employeur n'obtiendra pas pour autant le droit de congédier automatiquement ce salarié[104]. En effet, l'employeur demeure assujetti à son obligation d'accommodement et doit considérer la situation particulière du salarié, le cas échéant[105]. Le salarié, quant à lui, devra établir sa capacité à revenir travailler dans un avenir raisonnable[106].

6. L'absence par suite d'un acte criminel, d'une disparition ou d'un suicide

230 – *Généralités* – La *Loi modifiant la Loi sur les normes du travail relativement aux absences et aux congés*[107] qui est entrée en vigueur le 18 juin 2007, permet désormais au salarié de s'absenter sans salaire pendant une période prolongée en raison de certaines circonstances tragiques telles que : le fait pour le salarié ou son enfant de subir un

---

103. Le bénéfice de cette disposition prend fin à l'expiration du délai de 26 semaines de l'article 79.1 L.N.T. : *Faustin* c. *Laboratoires Confab inc.*, D.T.E. 2008T-350 (C.R.T.).

104. *Brunet* c. *Arthrolab inc.*, 2010 QCCA 123 – le dépassement de la norme prévue à l'article 79.1 L.N.T., ne permet pas à l'employeur de se dégager de toute responsabilité en cas de congédiement. Il doit toujours démontrer une cause juste et suffisante de congédiement ; *Duguay* c. *Blais*, précité, note 102 – l'absence pour cause de maladie ou d'accident ne constitue pas en soi une cause juste et suffisante de congédiement ; *Pilon* c. *S & C Electric Canada Ltd.*, 2008 QCCRT 0245 – une absence de plus de 26 semaines ne constitue pas nécessairement une cause juste et suffisante de congédiement ; *Feijoo* c. *Société des casinos du Québec inc.*, 2008 QCCRT 0073 – les droits de direction de l'employeur ne lui permettent pas de congédier un salarié qui s'est absenté pour cause de maladie ou d'accident.

105. Transposer et comparer : *Procureur général du Québec* c. *Syndicat des professionnelles et professionnels du gouvernement du Québec (S.P.G.Q.)*, 2005 QCCA 311 ; *Centre universitaire de santé de McGill (Hôpital général de Montréal)* c. *Syndicat des employés de l'Hôpital général de Montréal*, [2007] R.C.S. 161. Voir aussi : *Tecilla* et *Sistemalux inc.*, 2004 QCCRT 0552 ; *Langlois* et *Gaz Métropolitain inc.*, 2004 QCCRT 0297.

106. *Procureur général du Québec* c. *Syndicat des professionnelles et professionnels du gouvernement du Québec (S.P.G.Q.)*, précité, note 105 ; *Centre universitaire de santé de McGill (Hôpital général de Montréal)* c. *Syndicat des employés de l'Hôpital général de Montréal*, précité, note 105.

107. L.Q. 2007, c. 36.

préjudice corporel grave à l'occasion ou résultant directement d'un acte criminel (art. 79.1, 79.2, 79.9, et 79.13 à 79.16 L.N.T.) ; la disparition de son enfant (art. 79.10, 79.13, 79.15 et 79.16 L.N.T.) ; le suicide de son conjoint ou de son enfant (79.11, 79.13, 79.15, 79.16 L.N.T.) et enfin le décès de son conjoint ou de son enfant se produisant à l'occasion ou résultant directement d'un acte criminel (art. 79.12 à 79.16 L.N.T.).

Pour bénéficier de ces dispositions et d'une période d'absence pouvant aller de cinquante-deux à cent quatre semaines, selon les circonstances, le salarié doit avoir trois mois de service continu (art. 79.16 L.N.T.). En outre, il doit aviser son employeur le plus tôt possible de son absence et des motifs de celle-ci. Lorsque les circonstances le justifient, un document attestant les motifs de l'absence peut être demandé par l'employeur (art. 79.16 L.N.T.).

Le salarié peut mettre fin à son absence ou reprendre le travail de façon intermittente après autorisation de l'employeur (art. 79.16 L.N.T.).

En ce qui concerne le salarié ayant subi un préjudice corporel grave lié à un acte criminel, certaines conditions doivent être rencontrées pour qu'il puisse bénéficier des dispositions de la L.N.T., et notamment de la période d'absence de cent quatre semaines. D'une part, il ne doit pas s'agir d'une lésion professionnelle au sens de la *Loi sur les accidents de travail et les maladies professionnelles*[108] (art. 79.1 L.N.T.). D'autre part, le salarié ne doit pas avoir pris part à l'acte criminel ou contribué au préjudice par sa faute lourde (art. 79.1.1 L.N.T.).

7. *Les absences des salariés réservistes*

231 – *Droits et limites* – Depuis 2008, le législateur a prévu de nouveaux motifs d'absence pour les salariés réservistes, c'est-à-dire ceux qui participent à une opération des forces canadiennes au Canada ou à l'étranger. Cette protection est réservée aux salariés qui justifient d'au moins 12 mois de service continu (art. 81.17.1 L.N.T.). Toutefois, l'absence ne doit pas représenter un danger pour la vie, la santé ou la sécurité des autres travailleurs ou de la population, ou encore un risque de destruction ou de détérioration grave de certains biens. Également, si l'absence va à l'encontre du code de déontologie profes-

---

108. RLRQ, c. A-3.001.

sionnelle du salarié ou en cas de force majeure, l'article 81.17.1 L.N.T. ne peut trouver application (art. 81.17.2 L.N.T.).

Sauf en cas de motifs sérieux, le salarié doit aviser l'employeur par écrit au moins quatre semaines à l'avance de la date du début de l'absence (art. 81.17.3 L.N.T.). Ainsi, le salarié qui bénéficie de cette protection peut s'absenter, sans salaire, pour une durée maximale de 18 mois (art. 81.17.1 L.N.T.). Notons que le salarié ne pourra s'absenter de nouveau pour ce motif avant l'expiration d'un délai de 12 mois à compter de la date de son retour au travail (art. 81.17.5 L.N.T.).

Le salarié peut retourner au travail à la date prévue ou antérieurement, à condition d'avoir avisé par écrit l'employeur au moins trois semaines avant la nouvelle date du retour (art. 81.17.3 L.N.T.). L'employeur doit alors réintégrer le salarié dans son poste habituel ou à défaut, il doit reconnaître les droits et avantages auxquels aurait eu droit le salarié s'il avait été au travail[109].

IV- L'ÉGALITÉ DE TRAITEMENT ET LE STATUT DE SALARIÉ

232 – *Clauses « orphelin »* – Les articles 87.1 à 87.3 L.N.T. prohibent, de façon générale et sous réserve de certaines exceptions[110], le fait d'accorder des conditions de travail moins avantageuses aux salariés uniquement en fonction de leur date d'embauche, comparativement à celles consenties à d'autres salariés qui effectuent les mêmes tâches dans le même établissement[111].

Cette interdiction qui ne porte que sur les seules matières qui font l'objet d'une norme du travail au sens de la Loi, cible en première ligne une pratique développée dans les rapports collectifs du travail et désignée par l'expression « clause orphelin ». Pour cette raison,

---

109. Les salariés réservistes bénéficient également des articles 79.4, 79.5 et 79.6 L.N.T. (art. 81.17.6 L.N.T.).
110. Pour un exemple, voir : *Association des pompiers de Laval* c. *Commission des droits de la personne et des droits de la jeunesse*, 2011 QCCA 2041 – la clause de la convention collective en cause prévoyait une double échelle salariale en fonction de la date d'embauche. Cette disparité, qui était de nature temporaire, a été considérée comme étant expressément autorisée par l'article 87.3(2) L.N.T.
111. Voir à titre d'exemple : *Progistix-Solutions inc.* c. *C.N.T.*, [2008] R.J.D.T. 727 (C.Q.), (appel rejeté : [2009] R.J.D.T. 1103 (C.A.), D.T.E. 2009-804 (C.A.) – un employeur ne met pas fin à une disparité dans un délai raisonnable lorsqu'elle a existé durant toute la durée de la convention collective.

nous l'examinerons plus attentivement en traitant de la convention collective[112]. La prohibition rejoint toutefois également les ententes individuelles et les décrets de convention collective. Retenons simplement ici que dans un contexte de rapports individuels, les éléments de preuve requis pour en obtenir la sanction pourraient se révéler difficiles à rassembler.

233 – *Le statut de salarié* – Une nouvelle protection a été insérée par le législateur en mai 2003. Cette protection réfère au droit qu'a un salarié au maintien de son statut de salarié lorsque l'employeur apporte des changements au mode d'exploitation de son entreprise qui n'ont pas pour effet de modifier son statut en celui d'entrepreneur non salarié (art. 86.1 L.N.T.). À ce nouveau droit s'ajoute un recours lorsque le salarié est en désaccord avec l'employeur sur les conséquences que ces changements apportent à son statut. Il peut alors déposer, par écrit, une plainte à la Commission des normes du travail qui se chargera de faire une enquête (art. 86.1, al. 2 L.N.T.). À la suite de son enquête, la C.N.T. défère la plainte du salarié à la Commission des relations du travail si elle accepte d'y donner suite. La C.R.T. se prononcera, dans un délai de soixante jours, sur les conséquences des changements apportés par l'employeur sur le statut du salarié (art. 86.1, al. 3 et 4 L.N.T). Toutefois, dans les cas où la C.N.T. refuse, après enquête, de déférer la plainte du salarié, celui-ci peut porter cette décision en révision conformément aux articles 107 ou 107.1 L.N.T. Lorsque, à la suite de cette révision, le salarié n'est pas satisfait, il peut, dans les 30 jours de cette décision portant sur la révision, demander par écrit à la C.N.T. de déférer sa plainte à la C.R.T. (art. 86.1, al. 3 L.N.T.).

V- LE TRAVAIL DES ENFANTS

234 – *Obligations spécifiques* – Les articles 84.2 à 84.5 L.N.T. encadrent le travail des enfants. Il est ainsi interdit à un employeur de faire effectuer par un enfant un travail disproportionné à ses capacités ou susceptible de compromettre son éducation ou de nuire à sa santé ou à son développement physique ou moral (art. 84.2 L.N.T.). Dans le cas d'un enfant de moins de 14 ans, l'employeur doit obtenir le consentement écrit du titulaire de l'autorité parentale ou du tuteur avant de lui faire effectuer quelque travail que ce soit (art. 84.3 L.N.T.). Si l'enfant est assujetti à l'obligation de fréquentation scolaire, l'employeur doit s'abstenir de le faire travailler durant les heu-

---

112. Voir *infra*, Titre II, chapitre 7, n° 699.

res de classe et faire en sorte que les heures de travail soient telles qu'il puisse être à l'école durant ces heures (art. 84.4 et 84.5 L.N.T.). Il est également interdit de faire effectuer un travail par un enfant entre 23 heures, un jour donné, et 6 heures le lendemain, sauf s'il s'agit d'un enfant qui n'est plus assujetti à l'obligation de fréquentation scolaire ou qui livre des journaux, ou dans tout autre cas déterminé par règlement du gouvernement (art. 84.6 et 89.1 L.N.T.). L'employeur d'un enfant doit en outre faire en sorte que celui-ci puisse être à la résidence familiale pendant les mêmes heures, sauf s'il s'agit d'un enfant qui n'est plus assujetti à l'obligation de fréquentation scolaire ou dans les autres cas qui peuvent être déterminés par règlement du gouvernement (art. 84.7 et 89.1 L.N.T.).

VI- LA PROTECTION DE L'EMPLOI

A. Les pratiques interdites

235 – *Mesures et motifs illégaux* – L'article 122 L.N.T. interdit à un employeur ou à son représentant de congédier, de suspendre ou de déplacer un salarié, d'exercer à son endroit des mesures discriminatoires ou des représailles ou de lui imposer toute autre sanction pour l'un ou l'autre des motifs qui y sont énumérés, savoir :

1º   à cause de l'exercice par ce salarié d'un droit, autre que celui visé à l'article 84.1, qui résulte de la présente loi ou d'un règlement[113] ;

1.1º   en raison d'une enquête effectuée par la Commission dans un établissement de cet employeur ;

2º   pour le motif que ce salarié a fourni des renseignements à la Commission ou à l'un de ses représentants sur l'application des normes du travail ou qu'il a témoigné dans une poursuite s'y rapportant[114] ;

---

113.   Le dépôt d'une plainte à la Commission constitue l'exercice d'un droit résultant de la L.N.T. ou d'un règlement : *Scarpone c. Instruments de musique Efkay ltée*, D.T.E. 2010T-708 (C.R.T.) ; *Charbonneau c. St-Côme (Municipalité de la paroisse de)*, D.T.E. 2009T-658 (C.R.T.) ; *Tremblay c. 9190-0647 Québec inc. (Sushi Enzo)*, D.T.E. 2011T-33 (C.R.T.). Par ailleurs, pour être considéré comme ayant exercé un droit, il n'est pas toujours nécessaire que le salarié ait déposé une plainte : *Rosamilia c. Cégep de Thetford*, D.T.E. 2009T-771 (C.R.T.).
114.   *Jordan-Doherty c. Loblaw Québec ltée (Loblaws)*, D.T.E. 2000T-348 (C.T.) – l'intention du législateur à travers cette disposition est de protéger les salariés qui décident d'entrer en contact avec la Commission.

3o pour la raison qu'une saisie-arrêt a été pratiquée à l'égard du salarié ou peut l'être[115] ;

3.1o pour le motif que le salarié est un débiteur alimentaire assujetti à la *Loi facilitant le paiement des pensions alimentaires* ;

4o pour la raison qu'une salariée est enceinte[116] ;

5o dans le but d'éluder l'application de la présente loi ou d'un règlement[117] ;

6o pour le motif que le salarié a refusé de travailler au-delà de ses heures habituelles de travail parce que sa présence était nécessaire pour remplir des obligations reliées à la garde, à la santé, à l'éducation de son enfant ou de l'enfant de son conjoint, ou en raison de l'état de santé de son conjoint, de son père, de sa mère, d'un frère, d'une sœur ou de l'un de ses grands-parents, bien qu'il ait pris les moyens raisonnables à sa disposition pour assumer autrement ces obligations[118] ;

7o en raison d'une dénonciation faite par un salarié d'un acte répréhensible au sens de la *Loi concernant la lutte contre la corruption* (RLRQ, c. L-6.1) ou de sa collaboration à une vérification ou à une enquête portant sur un tel acte[119].

Ces diverses prohibitions sont sanctionnées par un recours spécifique en indemnisation et, au besoin, en réintégration du salarié, selon l'article 123 de la Loi[120].

236 – *Mise à la retraite* – L'article 84.1 L.N.T. affirme le droit du salarié de demeurer au travail malgré le fait qu'il ait atteint ou dépassé l'âge ou le nombre d'années de service à compter duquel il serait autrement mis à la retraite. Ce droit a préséance sur toute disposition d'une loi générale ou spéciale, d'un régime de retraite, d'une conven-

---

115. *Couture* c. *9164-6182 Québec inc. (Dubé Kia)*, D.T.E. 2010T-291 (C.R.T.).
116. *9110-3309 Québec inc. (Urbana Mobilier urbain)* c. *Commission des relations du travail*, 2006 QCCS 5694 – l'employeur doit démontrer que les motifs d'ordre économique utilisés pour le congédiement de la salariée enceinte ne constituent pas qu'un prétexte pour se débarrasser d'elle.
117. *Payette* c. *Gestion Mimakar inc.*, D.T.E. 2009T-173 (C.R.T.) ; *Di Lillo* c. *Services financiers groupe Investors inc.*, D.T.E. 2009T-158 (C.R.T.).
118. *Perras* c. *Québec (Ministère de la Sécurité publique)*, précité, note 67.
119. *Loi concernant la lutte contre la corruption*, L.Q. 2011, c. 17. Depuis le 1er septembre 2011, ce nouveau motif a été ajouté à l'article 122 L.N.T.
120. Voir *infra*, nos 257-261.

tion individuelle ou collective, ou sur toute pratique ayant cours chez l'employeur[121]. Il est assorti d'une interdiction parallèle adressée à l'employeur de congédier, de suspendre, de mettre à la retraite un salarié, d'exercer à son endroit des mesures discriminatoires ou de représailles sur la base de l'une ou l'autre des considérations prémentionnées (art. 122.1 L.N.T.). Il faut également remarquer que ces dispositions s'appliquent aux catégories d'employés généralement soustraites à l'application de la Loi, comme les cadres supérieurs (art. 3.1 L.N.T.). Par contre, les pompiers et les membres de la Sûreté du Québec ne peuvent les invoquer[122].

L'article 123.1 L.N.T.[123] offre, si besoin en est, un recours en réintégration et en indemnisation au salarié qui perd son emploi malgré les articles 84.1 et 122.1 L.N.T.[124].

B. Le congédiement sans cause juste et suffisante

237 – *Objet et nature du droit* – Le salarié qui compte deux ans de service continu dans la même entreprise et qui croit avoir été congédié sans une cause juste et suffisante dispose, en vertu de l'article 124 de la Loi, d'un recours spécial qui lui permet de faire contrôler la suffisance du motif de son congédiement et, en l'absence d'une telle suffisance, d'être réintégré dans son emploi et indemnisé[125]. La Cour d'appel a considéré cette mesure de protection de l'emploi comme une véritable norme du travail[126].

C. L'avis de cessation d'emploi ou de mise à pied

1. Avis de licenciement individuel

238 – *Avis de licenciement* – L'employeur doit donner un avis écrit au salarié engagé pour une durée indéterminée et qui compte au moins

---

121. *Royal Institution for the Advancement of Learning* c. *Benfey*, D.T.E. 87T-180 (C.A.) ; *Parent* c. *The Gazette (Division of Southam Inc.)*, [1987] R.J.Q. 1291 (C.S.).
122. *Règlement soustrayant certaines catégories de salariés et d'employeurs de l'application de la section VI.I et de l'article 122.1 de la Loi sur les normes du travail*, RLRQ, c. N-1.1, r. 0.1.
123. *Marcel Frigault* c. *Alsco Uniform & Linen Service Ltd.*, 2005 QCCRT 0107, par. 18-23 – la C.R.T. explique le fonctionnement du recours prévu à l'article 123.1 L.N.T. Il y a possibilité d'utiliser la présomption de l'article 17 C.t. en raison du renvoi tel que prévu à l'article 123.4 L.N.T.
124. Voir *infra*, n°s 257-261.
125. Voir *infra*, n°s 262 et s.
126. *Produits Pétro-Canada Inc.* c. *Moalli*, [1987] R.J.Q. 261 (C.A.).

trois mois de service continu avant de mettre fin à son contrat de travail (art. 82 et 82.1(1) et (2) L.N.T.)[127]. Ce préavis est d'une semaine si le salarié justifie de moins d'un an de service continu, de deux semaines s'il justifie d'un à cinq ans de service continu, de quatre semaines s'il justifie de cinq ans à dix ans de service continu et de huit semaines, s'il justifie de dix ans ou plus de tel service (art. 82, al. 3 L.N.T.). Il ne peut être donné au salarié pendant que celui-ci est déjà mis à pied, sauf dans le cas d'un emploi à caractère saisonnier dont la durée n'excède habituellement pas six mois chaque année (art. 82, al. 3 L.N.T.)[128]. Le préavis légal ainsi prescrit revêt un caractère minimal et n'empêche pas le salarié de réclamer un délai-congé plus important auquel il pourrait avoir droit selon les règles du droit civil (art. 82, al. 4 L.N.T.)[129]. Ce sera le cas, le plus souvent, d'un employé exerçant des fonctions de cadre inférieur ou intermédiaire, occupant un emploi à caractère professionnel ou comptant de nombreuses années de service. Le préavis peut être prévu dans la convention collective à la condition d'être conforme ou plus avantageux que celui énoncé dans la Loi. À défaut, il sera frappé de nullité[130].

---

127. L'objectif principal du préavis est de donner un délai raisonnable pour que d'une part, le salarié puisse se trouver un nouvel emploi et d'autre part, pour que l'employeur puisse le remplacer : *Rizzo & Rizzo Shoes Ltd. (Re)*, [1998] 1 R.C.S. 27 ; *C.N.T.* c. *Centre de décoration des sols inc.*, D.T.E. 2009T-293 (C.Q.) ; *Fraternité nationale des forestiers et travailleurs d'usine, section locale 299* c. *Rodi Design inc. (grief collectif)*, D.T.E. 2010T-290 (T.A.). Une mise à pied saisonnière n'interrompt pas le service continu : *Internote Canada Inc.* c. *Commission des normes du travail*, précité, note 23. En principe, une convention collective ne constitue pas un engagement pour une durée déterminée : *Commission des normes du travail* c. *Campeau Corp.*, [1989] R.J.Q. 2108 (C.A.), p. 2115.

128. La notion de mise à pied s'interprète ici restrictivement et exclut entre autres l'invalidité, la grève et le lock-out : *Commission des normes du travail* c. *Bondex International (Canada) Ltée*, [1988] R.J.Q. 1403 (C.S.) – lock-out ; *Commission des normes du travail* c. *Garage Lucien Côté Ltée*, D.T.E. 86T-19 (C.S.) – lock-out ; *Commission des normes du travail* c. *F.X. Drolet Inc.*, D.T.E. 85T-919 (C.P.) – grève ; *Lefebvre* c. *Location de camion Ryder Ltée*, D.T.E. 85T-899 (C.S.) – invalidité ; *Commission des normes du travail* c. *Manufacture Sorel Inc.*, [1984] C.S. 747 – grève.

129. *Dallaire* c. *Chaîne coopérative du Saguenay*, D.T.E. 97T-603 (C.A.) ; *Transports Kingsway Ltée* c. *Laperrière*, D.T.E. 93T-197 (C.A.). Sur le calcul du délai-congé selon le droit civil, voir *supra*, Titre I, chapitre 1, nos 171-172. Les employés exclus de l'application de la *Loi sur les normes du travail*, dont les cadres supérieurs, ainsi que les salariés qui ne comptent pas trois mois de service continu ne pourront s'en remettre qu'à ces règles du droit civil. Voir aussi, *C.N.T.* c. *Centre de décoration des sols inc.*, 2009 QCCQ 2587 – l'avis préalable ou l'indemnité compensatrice en cas d'absence d'un tel avis sont comparables au délai de congé prévu par l'article 2091 C.c.Q.

130. *Syndicat des métallos, section locale 2843 (Métallurgistes unis d'Amérique, section locale 2843)* c. *3539491 Canada inc.*, 2011 QCCA 264.

239 – *Exemptions* – L'employeur est par ailleurs dispensé de l'obligation de donner un préavis au salarié dont le licenciement (ou la mise à pied) résulte d'un cas fortuit ou est justifié par une faute grave imputable au salarié (art. 82.1(3) et (4) L.N.T.). Quant au cas fortuit, il s'agit d'un événement imprévisible et irrésistible qui échappe au contrôle de l'employeur. Sauf exception, des difficultés d'ordre économique rencontrées par l'entreprise ne se qualifieront pas comme cas fortuit exonérant l'employeur[131]. Qu'en est-il de la « faute grave » qui disqualifie le salarié du droit au préavis ? Il faut d'abord distinguer cette notion de celle de « cause juste et suffisante » utilisée à l'occasion du contrôle de la légitimité d'un licenciement en vertu des articles 124 et suivants de la Loi. Cette dernière notion de cause juste et suffisante comprend, certes, celle de la faute grave commise par le salarié, sans toutefois se limiter à elle[132]. Elle peut en effet s'étendre à des motifs qui tiennent à la personne du salarié sans constituer une faute grave de sa part, comme une incapacité involontaire d'accomplir le travail, ou encore à des motifs qui sont totalement indépendants de lui et qui tiennent plutôt à la situation de l'entreprise, comme des difficultés d'ordre économique justifiant une réduction du personnel. La « faute grave » dont il est ici question est assimilée au comportement fautif du salarié qui constitue un manquement suffisamment grave aux obligations qui naissent de son contrat de travail pour justifier sa résiliation – sans indemnité ni préavis – selon les principes du droit civil[133].

---

131. *Commission des normes du travail* c. *Campeau Corp.*, précité, note 127, p. 2119 ; *Internote Canada Inc.* c. *Commission des normes du travail*, précité, note 23 ; *Commission des normes du travail du Québec* c. *Aliments Lido Capri (1988) Inc.*, D.T.E. 92T-1337 (C.S.). À comparer avec *Commission des normes du travail* c. *Hawker Siddeley Canada Inc.*, [1989] R.J.Q. 2123 (C.A.).

132. La conclusion selon laquelle le salarié aurait commis une faute grave comme résultat d'un recours en vertu de l'article 124 L.N.T. ne peut être remise en question à l'occasion de la réclamation d'une indemnité de préavis en vertu de l'article 82 L.N.T. : *Liberty Mutual Insurance Co.* c. *Commission des normes du travail*, D.T.E. 90T-872 (C.A.) ; *Trinh* c. *Hydro-Québec*, D.T.E. 2004T-471 (C.A.).

133. Voir notamment, *McKenna* c. *Société littéraire et historique de Québec (Literary & Historical Society of Quebec)*, 2008 QCCQ 370 – selon la Cour, la notion de motifs sérieux que l'on retrouve à l'article 2094 C.c.Q. recoupe celle de faute grave de l'article 82.1 L.N.T. l'assimilant ainsi à : « [...] un geste posé par l'employé dont la gravité objective est telle qu'il ne puisse être toléré sous aucun prétexte et qu'il soit de nature à briser à tout jamais le lien de confiance nécessaire entre l'employé et l'employeur et ainsi provoquer la cessation immédiate de la relation employeur-employé » (par. 65). Voir aussi : *Syndicat des travailleuses et travailleurs du Réseau du Suroît (CSN)* c. *CSSS du Suroît (Lise Proulx)*, D.T.E. 2008T-30 (T.A.) – l'absentéisme sans faute du salarié ne constitue pas une faute grave ; *Liberty Mutual Insurance Co.* c. *Commission des normes du travail*, précité, note 132 ; *Commission des normes du travail* c. *Centre d'accueil Edmond-Laurendeau*, [1987] R.J.Q. 1449 (C.S.) ; *Commission des normes du travail* c. *Kraft Ltée*, D.T.E. 87T-777 (C.S.) ; *Commission des normes du*

240 – *Indemnité compensatrice* – L'employeur qui ne donne pas au salarié le préavis de fin d'emploi auquel il a droit doit lui verser une indemnité compensatrice correspondant à son salaire habituel, sans tenir compte des heures supplémentaires, pour une période égale à celle du préavis requis[134] (art. 83, al. 1 L.N.T.)[135]. Cette indemnité doit être versée au moment de la cessation de l'emploi du salarié (art. 83, al. 2 L.N.T.)[136]. En revanche, un salarié ne pourra pas réclamer d'indemnité compensatrice lorsque le contrat de travail prend fin à son initiative, c'est-à-dire lorsque le salarié démissionne de façon libre et volontaire[137].

241 – *Mise à pied et droit de rappel* – Les règles de préavis qui viennent d'être exposées relativement à la cessation d'emploi du salarié s'appliquent soit à l'occasion de sa mise à pied prévue pour plus de six mois, soit à l'expiration d'un délai de six mois d'une mise à pied pour une période indéterminée, ou qui était prévue pour une durée inférieure à six mois mais qui excède ce délai (art. 82 et 83, al. 2 L.N.T.). Ces situations de mise à pied donnent lieu à des aménagements particuliers qui tiennent compte du droit usuel de rappel au travail reconnu aux salariés par les conventions collectives.

L'article 83.1 L.N.T. vise les cas où le salarié mis à pied bénéficie d'un tel droit de rappel au travail pendant plus de six mois, en vertu de la convention collective qui lui est applicable. Le salarié n'aura droit à l'indemnité compensatrice prévue par la Loi qu'à compter de l'expiration de son droit de rappel au travail, ou un an après sa mise à

---

travail c. *Automobiles Rimar inc.*, D.T.E. 2004T-670 (C.Q.) – propos racistes à l'endroit d'un collègue.

134. *Commission des normes du travail* c. *S21 inc.*, J.E. 2005-32 (C.Q.), par. 34-45 – le salarié qui démissionne a droit à l'indemnité compensatoire lorsqu'il s'est déclaré disponible pour une certaine période de temps alors que l'employeur met fin à son emploi avant la fin de cette période de disponibilité.

135. Voir, *C.N.T.* c. *Asphalte Desjardins inc.*, 2010 QCCQ 7473 – l'employeur doit verser l'indemnité compensatrice, la L.N.T. étant d'ordre public. Par ailleurs, l'indemnité du salarié principalement rémunéré à commission est établie à partir de la moyenne hebdomadaire de son salaire durant les périodes complètes de paie comprises dans les trois mois qui précèdent sa cessation d'emploi (art. 83, al. 3 L.N.T.).

136. Les administrateurs d'une société ne peuvent en être tenus personnellement responsables : *Thompson* c. *Masson*, [2000] R.J.D.T. 1548 (C.A.).

137. *ChemAction inc.* c. *Clermont*, 2008 QCCQ 7353 ; *C.N.T.* c. *Croisières Charlevoix inc.*, 2008 QCCQ 10733. Toutefois, si la démission est annoncée par le salarié sans pour autant être effective dans l'immédiat, l'employeur qui congédie le salarié pendant cette période où la démission n'a pas encore pris effet devra lui donner un préavis : *C.N.T.* c. *Asphalte Desjardins inc.*, 2010 QCCQ 7473.

pied, selon la première éventualité[138]. Il n'aura pas droit à l'indemnité dans deux cas : (1) s'il est rappelé au travail avant la date à laquelle l'indemnité était exigible et s'il travaille alors pour une durée au moins égale à celle du préavis auquel il aurait eu droit selon l'article 82 L.N.T. ; (2) si son non-rappel au travail résulte d'un cas fortuit (art. 83.1, al. 2 L.N.T.)[139].

L'article 83.2 L.N.T. habilite le gouvernement à déterminer, par règlement, des normes différentes d'avis et d'indemnité compensatrice à l'endroit de ses fonctionnaires non permanents qui bénéficient d'un droit de rappel.

2. Avis de licenciement collectif

242 – *Avis de licenciement* – Le régime du licenciement collectif a été inséré dans la L.N.T. en mai 2003 avec comme objectif de le rendre plus visible et plus accessible aux employeurs (ce régime se retrouvant jusque-là dans la *Loi sur la formation et la qualification professionnelles de la main-d'œuvre*[140]) tout en y ajoutant le droit à une indemnité compensatoire pour le salarié, dans les cas où l'employeur n'observe pas le délai d'avis[141]. Cet avis de licenciement permet de réduire l'impact du licenciement en offrant aux salariés plus de temps pour chercher un nouvel emploi, mais aussi en permettant la mise en place de certaines mesures telles que la constitution d'un comité d'aide au reclassement pour favoriser le maintien ou la réintégration dans l'emploi des salariés[142].

---

138. *Commission des normes du travail* c. *S. Huot inc.*, D.T.E. 2005T-340 (C.Q.) – interprétation de l'expression « un an après la mise à pied » contenue à l'article 83.1, al. 1, par. 2 L.N.T. La Cour a décidé que la mise à pied débute le premier jour où le salarié est sans travail et se termine le premier jour où le salarié effectue le travail demandé par l'employeur.
139. *Aubin* c. *Cartons St-Laurent inc.*, D.T.E. 2002T-582 (C.S.) ; *Métallurgistes unis d'Amérique, section locale 7708* c. *Rondeau*, D.T. E. 2002T-840 (C.S.).
140. RLRQ, c. F-5.
141. *Syndicat national des travailleuses et des travailleurs des pâtes et cartons de Jonquière inc.* c. *9020-7200 Québec inc. (Cascades Fjordcell inc.)*, D.T.E. 2005T-201 (T.A.) – lorsque les salariés visés par le licenciement collectif sont régis par une convention collective, l'arbitre de griefs a compétence pour appliquer le régime prévu dans la L.N.T.
142. *Syndicat canadien des communications, de l'énergie et du papier, section locale 4848 (unité de l'encartage)* c. *Journal de Montréal (grief syndical)*, D.T.E. 2010T-222 (T.A.).

Constitue un licenciement collectif au sens de la L.N.T., la cessation de travail[143] du fait de l'employeur, qui touche au moins dix salariés[144] d'un même établissement[145] au cours d'une période de deux mois consécutifs, y compris une mise à pied pour une durée de six mois ou plus (art. 84.0.1 L.N.T.).

243 – *Exemptions* – L'article 84.0.2 L.N.T. vient préciser les salariés qui ne sont pas touchés par ce régime. Il s'agit de ceux qui ne justifient pas de trois mois de service continu, de ceux dont le contrat d'une durée déterminée ou pour une entreprise déterminée expire et ceux qui ont commis une faute grave. Sont également exclus les salariés qui ne sont pas visés par la L.N.T. en application de l'article 3 L.N.T. et ceux visés à l'article 83 de la *Loi sur la fonction publique*[146]. En sus de l'exclusion de ces catégories de salariés, la Loi prévoit trois situations où les dispositions du licenciement collectif ne s'appliquent pas (art. 84.0.3 L.N.T.). Ainsi, aucun avis de licenciement collectif n'est exigé lorsque la mise à pied de salariés est d'une durée indéterminée, mais effectivement inférieure à six mois, à l'égard d'un établissement dont les activités sont saisonnières ou intermittentes, ainsi qu'à l'égard de l'établissement qui est affecté par une grève ou un lock-out au sens du *Code du travail*.

244 – *Avis au ministre* – Ces dispositions imposent de plus à l'employeur qui veut procéder à un licenciement collectif, l'obligation de faire parvenir un avis au ministre de l'Emploi et de la Solidarité sociale dans un délai établi en fonction du nombre de salariés licenciés (art. 84.0.4 L.N.T). La durée de ce délai varie entre huit et seize semaines[147]. Plus le nombre de salariés licenciés est important,

---

143. *Syndicat des employées et employés des Industries Tanguay (C.S.N.) et Industries Tanguay, une division de Le groupe Canam Manac inc.*, D.T.E. 2007T-544 (T.A.), par. 67-72 – l'arbitre interprète la notion de « cessation de travail » en concluant que les salariés qui sont en situation de mise à pied au moment du licenciement collectif et bénéficiant d'un droit de rappel, ne sont pas visés par ce licenciement.

144. *Syndicat national des travailleuses et des travailleurs des pâtes et cartons de Jonquière inc.* c. *9020-7200 Québec inc. (Cascades Fjordcell inc.)*, précité, note 141.

145. *Syndicat canadien des communications, de l'énergie et du papier* et *Entourage Solutions technologiques*, D.T.E. 2005T-255 (T.A.) – la notion d'« établissement » à l'article 84.0.1 L.N.T. n'a pas le même sens que la notion d'« entreprise » ; *Olymel, s.e.c. – Établissement St-Simon* et *Syndicat des travailleurs d'Olympia (C.S.N.)*, D.T.E. 2007T-473 (T.A.).

146. RLRQ, c. F-3.1.1.

147. *Syndicat canadien des communications, de l'énergie et du papier, section locale 4848 (unité de l'encartage)* c. *Journal de Montréal (grief syndical)*, précité, note 142 – les délais varient en fonction du nombre de salariés. Ni la Loi, ni le Règlement n'interdisent que les délais liés à l'avis donné par l'employeur soient plus longs que ce qui est prévu.

plus la durée de l'avis augmente, et ce, en raison de la difficulté pour ces salariés, qui se retrouvent tous sans emploi en même temps, de réintégrer un nouvel emploi[148]. Au surplus, l'employeur doit envoyer copie de cet avis à la Commission des normes du travail ainsi qu'à l'association accréditée pour représenter les salariés visés par le licenciement collectif. La loi oblige aussi l'employeur à afficher cet avis dans un endroit visible et facilement accessible de l'établissement (art. 84.0.6 L.N.T.). En cas de force majeure ou d'événement imprévu, l'avis au ministre est par ailleurs exigé dès que l'employeur est en mesure de le transmettre (art. 84.0.5 et 84.0.13, al. 3 L.N.T.)[149]. Dans un tel cas toutefois, l'employeur ne sera pas dispensé de compenser les salariés pour tenir lieu de la réduction du délai. Le mode de transmission et le contenu de cet avis de licenciement collectif sont prévus par règlement[150].

245 – *Reclassement* – Ces règles en matière de licenciement collectif augmentent la protection du salarié visé pendant la durée de l'avis. En effet, ce dernier a droit au maintien de ses conditions de travail relatives au salaire et aux régimes d'assurance collective et de retraite reconnus à son lieu de travail. Néanmoins, le salarié visé par le licenciement collectif ou l'association accréditée qui le représente pourra consentir, par écrit, à une telle modification de ses conditions de travail (art. 84.0.8 L.N.T.).

Dans les cas où le licenciement collectif vise cinquante salariés ou plus[151], le ministre de l'Emploi et de la Solidarité sociale peut demander à l'employeur et aux représentants des salariés visés, de mettre sur pied, sans délai, un comité d'aide au reclassement (art. 84.0.9 L.N.T.). Le législateur a énoncé spécifiquement la mission de ce comité (art. 84.0.10 L.N.T.). Il a pour but de fournir les ressources nécessaires afin de minimiser l'impact du licenciement collectif sur les salariés touchés et de favoriser le maintien ou la réintégration en emploi de ces salariés en élaborant et en veillant à la mise en œuvre

---

148. Renée M. GOYETTE, « La réforme de la *Loi sur les normes du travail* : les points saillants », dans Service de la formation permanente, Barreau du Québec, *Développements récents en droit du travail*, vol. 190, Cowansville, Éditions Yvon Blais, 2003, p. 93.

149. Pour une illustration, voir : *Commission des normes du travail* c. *Industries Troie inc.*, 2008 QCCQ 12002 – même si l'expression « événement imprévu » est moins exigeante que celle de « force majeure », elle doit néanmoins être évaluée avec rigueur. Dans cette affaire, la perte subite et importante de contrats a été considérée comme un événement imprévu.

150. Voir les articles 35.0.1 et 35.0.2 du *Règlement sur les normes du travail*, RLRQ, c. N-1.1, r. 3.

151. Art. 84.0.15 L.N.T.

d'un plan de reclassement. L'employeur de l'établissement visé par le licenciement collectif peut être exempté de la constitution d'un tel comité par le ministre s'il offre aux salariés visés des mesures d'aide au reclassement semblables ou supérieures à celles prévues par la L.N.T. (art. 84.0.12 L.N.T.).

246 – *Indemnité compensatrice* – La Loi enjoint à l'employeur qui fait défaut de donner l'avis auquel il est tenu en vertu de l'article 84.0.4 L.N.T. ou qui donne un avis d'une durée insuffisante, de verser une indemnité compensatoire à chaque salarié visé par le licenciement collectif (art. 84.0.13 L.N.T.). Cette indemnité correspond à son salaire habituel pour une période équivalente à celle de la durée de l'avis qui devait être donné ou à la durée résiduaire si l'avis était insuffisant. Cette indemnité est due aux salariés au moment du licenciement collectif, ou à l'expiration d'un délai de six mois d'une mise à pied d'une durée indéterminée ou prévue pour une durée inférieure à six mois mais qui excède ce délai (art. 84.0.13, al. 2 L.N.T.)[152]. L'employeur pourra s'exonérer du versement de cette indemnité seulement dans les cas où il démontre que son défaut résulte d'une force majeure ou d'un événement imprévu. Par ailleurs, le salarié ne peut cumuler cette indemnité avec celle prévue à l'article 83 L.N.T., indemnité accordée dans les cas de mise à pied ou de cessation d'emploi (art. 84.0.14 L.N.T.)[153]. Néanmoins, ce salarié recevra la plus élevée des indemnités auxquelles il a droit. En plus du versement de l'indemnité compensatoire, l'employeur en défaut commet une infraction et pourra être passible d'une amende de 1 500 $ par semaine ou partie de semaine de défaut ou de retard (art. 141.1 L.N.T.).

D. Le certificat de travail

247 – *Teneur* – Sans égard à la cause de la cessation de son emploi, tout salarié peut exiger de son employeur qu'il lui délivre un certificat de travail qui fait état exclusivement de la nature et de la durée de

---

152. *Commission des normes du travail* c. *MPI Moulin à papier de Portneuf inc.*, 2006 QCCS 6201 – dans cette décision, la Cour supérieure a décidé que le régime prévu en cas de licenciement individuel et celui prévu en cas de licenciement collectif sont des régimes d'indemnisation distincts. En conséquence, le délai de l'article 83.1 L.N.T. ne s'applique pas lors d'un licenciement collectif.

153. *Syndicat national de l'automobile, de l'aérospatiale, du transport et des autres travailleuses et travailleurs du Canada (TCA-Canada)* c. *Morin*, 2010 QCCS 564 – les dispositions sur le licenciement collectif créent un régime d'indemnisation distinct de celui qui s'applique aux cas individuels ; *C.N.T.* c. *MPI Moulin à papier de Portneuf inc.*, 2006 QCCS 6201 ; *Vargas* c. *Kelsey's Restaurant Inc.*, D.T.E. 2009T-714 (C.Q.).

son emploi, du début et de la fin de l'exercice de ses fonctions ainsi que du nom et de l'adresse de l'employeur. En aucun cas, ce certificat ne peut faire état de la qualité du travail ou de la conduite du salarié (art. 84 L.N.T.)[154].

VII- L'EFFET DES NORMES

248 – *Caractère d'ordre public et minimal* – Les normes du travail édictées par la *Loi sur les normes du travail* ou par les règlements adoptés sous son empire sont d'ordre public (art. 93, al. 1 L.N.T.). À moins que la Loi ne le permette expressément, nul ne peut y déroger[155]. L'article 93, al. 2 L.N.T. prononce la nullité absolue de toute convention, individuelle ou collective, ou de tout décret de convention collective, qui prétendrait déroger à une norme du travail[156]. La Loi ne définit pas l'expression « norme du travail ». La Cour d'appel a décidé qu'elle se rapportait à tout droit et tout avantage que la Loi confère au salarié[157]. À titre d'exemple, on pourrait ainsi considérer qu'est réputée non écrite, toute disposition conventionnelle non conforme à l'interdiction de congédiement sans cause juste et suffisante d'un salarié justifiant de deux ans de service continu[158].

L'article 94 L.N.T. tempère le caractère d'ordre public des normes du travail. Il autorise une convention ou un décret qui a pour effet d'accorder au salarié une condition de travail plus avantageuse que celle prévue par la norme légale. Cette dernière revêt donc un caractère minimal[159]. L'évaluation d'une condition de travail conventionnelle (ou contenue dans un décret) par rapport à la norme légale

---

154. L'article 2096 C.c.Q. est au même effet. Par ailleurs, lorsque les renseignements demandés s'étendent au-delà de ce qui peut-être inclus dans le certificat de travail, le consentement de la personne concernée est nécessaire : *Bérubé* c. *Québec (Ministère des Transports)*, D.T.E. 2010T-732 (C.F.P.).

155. *Produits Pétro-Canada Inc.* c. *Moalli*, précité, note 126 ; *Martin* c. *Compagnie d'assurances du Canada sur la vie*, [1987] R.J.Q. 514 (C.A.) ; *Ventes Mercury des Laurentides Inc.* c. *Bergevin*, D.T.E. 88T-153 (C.A.) ; *C.N.T.* c. *Gedden inc.*, [2009] R.J.D.T. 1164 (C.S.).

156. *Martin* c. *Compagnie d'assurances du Canada sur la vie, ibid.* ; *Taskos* c. *104880 Canada Inc.*, [1987] R.J.Q. 2574 (C.S.) ; *St-Georges (Ville)* c. *Association des policiers de Ville St-Georges inc. (griefs syndicaux)*, D.T.E. 2010T-740 (T.A.).

157. *Produits Pétro-Canada Inc.* c. *Moalli*, précité, note 126 ; *Commission des normes du travail* c. *S21 inc.*, précité, note 134.

158. Voir, *Syndicat de la fonction publique du Québec* c. *Québec (Procureur général)*, [2010] 2 R.C.S. 61 ; *Syndicat des métallos, section locale 2843 (Métallurgistes unis d'Amérique, section locale 2843)* c. *3539491 Canada inc.*, 2011 QCCA 264 ; *Québec (Ville de)* c. *Ménard*, 2010 QCCS 4918.

159. Voir et transposer : *Cité de Hull* c. *Commission du salaire minimum*, [1983] C.A. 186.

qui lui correspond doit s'effectuer en isolant la stipulation conventionnelle ; celle-ci ne peut compenser sa faiblesse par rapport à la norme légale par d'autres avantages qui peuvent être contenus dans la même entente[160]. La jurisprudence de la Cour d'appel favorise une interprétation libérale de la Loi de façon à permettre la réalisation de ses objectifs selon la règle d'interprétation énoncée à l'article 41 de la *Loi d'interprétation*[161].

249 – *Responsabilité solidaire* – L'article 95 L.N.T. rend l'entrepreneur qui sous-contracte solidairement responsable envers le salarié du sous-entrepreneur des obligations pécuniaires nées de l'application de la Loi ou de ses règlements[162].

En cas d'aliénation ou de concession totale ou partielle de l'entreprise, une réclamation en cours ne sera pas invalidée de ce fait et l'ancien employeur ainsi que le nouveau en deviendront conjointement et solidairement responsables (art. 96 L.N.T.)[163].

250 – *Continuité d'application* – De façon générale, l'aliénation ou la concession de l'entreprise, ou la modification de sa structure juridique par fusion, division ou autrement, « n'affecte pas la continuité

---

160. *Montreal Standard* c. *Middleton*, [1989] R.J.Q. 1101 (C.A.) ; *Commission des normes du travail du Québec* c. *Compagnie minière I.O.C. Inc.*, D.T.E. 95T-397 (C.A.) ; *Commission scolaire des Trois-Lacs* c. *Fernand Morin*, D.T.E. 2003T-1024 (C.S.), par. 30-33.

161. Précitée, note 7 ; *Produits Pétro-Canada Inc.* c. *Moalli*, précité, note 126 ; *Martin* c. *Compagnie d'assurances du Canada sur la vie*, précité, note 155 ; *Syndicat des professionnels de la Commission des écoles catholiques de Montréal* c. *Moalli*, précité, note 51. Des jugements antérieurs avaient plutôt adopté une interprétation restrictive : *Cité de Hull* c. *Commission du salaire minimum*, précité, note 159 et *Cie de sable Ltée* c. *Commission des normes du travail*, [1985] C.A. 281.

162. La notion de sous-traitance implique ici la présence de trois intervenants : un donneur d'ouvrage, un entrepreneur et un sous-contractant. Voir aussi, *C.N.T.* c. *Landry*, 2010 QCCQ 3790 – lorsque la responsabilité d'un administrateur d'une compagnie qui a agi comme entrepreneur est mise en cause, la Commission doit apporter des éléments de preuve ayant un caractère grave, précis et concordant sur le fait qu'il était également administrateur du sous-traitant et donc solidairement responsable du paiement des employés.

163. *Papazafiris* c. *Muriel Raymond Inc.*, [1983] T.T. 449 ; *Commission des normes du travail* c. *Villa Notre-Dame de Lourdes*, [1988] R.J.Q. 1965 (C.P.) ; *Neiderer* c. *Small*, [1987] R.J.Q. 2671 (C.P.). La notion de « nouvel employeur » suppose que le salarié soit transféré ou maintenu en place chez l'acquéreur de l'entreprise : *U.E.S., local 298* c. *Bibeault*, [1988] 2 R.C.S. 1048, 1108. En vertu de l'article 96 L.N.T., le salarié a la faculté de poursuivre l'un ou l'autre des deux employeurs, ou même les deux à la fois. Il y aura obligation solidaire lorsque la réclamation a été faite par le salarié avant l'aliénation ou la concession de l'entreprise : *C.N.T.* c. *3979229 Canada inc.*, [2008] R.J.D.T. 1058 (C.S.).

de l'application des normes du travail » (art. 97 L.N.T.)[164]. En somme, c'est le rattachement du salarié à l'entreprise plutôt qu'à la personne de l'employeur qui détermine l'étendue de ses droits, notamment de ceux qui sont liés à la durée de son service continu[165]. Selon les principes énoncés par la Cour suprême dans l'arrêt *Bibeault*[166] et réitérés dans *Ivanhoe Inc.*[167], pour que la disposition s'applique on doit constater une continuité de l'entreprise et suivre un lien de droit entre l'ancien et le nouvel employeur[168].

On peut enfin se demander si l'article 97 L.N.T. garantit au salarié, dans les situations qu'il envisage, le maintien de son emploi chez le nouvel employeur. Ce dernier est-il tenu de poursuivre la rela-

---

164. *Produits Pétro-Canada Inc.* c. *Moalli*, précité, note 126 ; *C.N.T.* c. *3979229 Canada inc.*, 2008 QCCS 3616 – l'article 97 L.N.T. est d'ordre public et ses dispositions visent à assurer la continuité de l'application des normes du travail ; *Roy* c. *9188-8206 Québec inc. (Manoir Bellerive)*, 2010 QCCRT 0305 – la continuité des normes du travail est assurée malgré le changement d'employeur ; *Cloutier* c. *2740-9218 Québec inc. (Resto Bar Le Club Sandwich)*, 2008 QCCRT 0101.

165. *Ibid.* ; *Martin* c. *Compagnie d'assurances du Canada sur la vie*, précité, note 156.

166. *U.E.S., local 298* c. *Bibeault*, précité, note 163.

167. *Ivanhoe Inc.* c. *TUAC, section locale 500*, [2001] 2 R.C.S. 565, 2001 CSC 47.

168. *Bergeron* c. *Métallurgie Frontenac Ltée*, [1992] R.J.Q. 2656 (C.A.) – absence de lien de droit et de continuité de l'entreprise ; *C.N.T.* c. *3979229 Canada inc.*,précité, note 164 – la présence d'un lien de droit est une condition essentielle pour conclure à l'application de l'article 97 L.N.T. ; *Banque Royale du Canada* c. *Perry*, [1992] T.T. 429 – absence de continuité d'entreprise ; *St-Martin* c. *Gestion Cromwell inc.*, 2008 QCCRT 0224 – en l'absence d'une aliénation, d'une concession ou d'une modification de la structure juridique, il n'y a pas continuité d'entreprise ; *Garneau* c. *Soeurs de la Charité d'Ottawa*, 2008 QCCRT 0278 – la vente d'un immeuble constitue une aliénation d'entreprise. Ainsi, l'aliénation d'entreprise ne brise pas le lien d'emploi du salarié, de même qu'elle n'interrompt pas la durée de son service continu ; *Fournier* c. *Corporation de développement de la rivière Madeleine*, 2007 QCCRT 0319 ; *Plante* c. *177881 Canada inc. (Lady Sandra du Canada ltée)*, 2007 QCCRT 0260 ; *Vlayen* et *Régie intermunicipale de police de Montcalm*, D.T.E. 2004T-332 (C.R.T.), confirmé par D.T.E. 2005T-549 (C.S.), par. 30-38 – en l'espèce, il y a absence de lien de droit car il y a absence de volonté des parties de transférer les activités, même décision dans : *Québec (Procureur général)* c. *Commission des relations du travail*, D.T.E. 2005T-1049 (C.S.), par. 46-72 – absence de lien de droit lors de l'abolition d'un service de police municipal ; *Fournier* et *Corporation de développement de la rivière Madeleine*, D.T.E. 2007T-624 (C.R.T.), par. 30-42 – il y a absence de lien de droit entre les deux employeurs car il s'agit d'une cessation de l'exploitation de l'entreprise. Exemple d'une continuité de l'entreprise et de liens de droits successifs du failli au syndic d'abord et de ce dernier à un nouvel acquéreur et exploitant par la suite : *Delisle* c. *2544-0751 Québec inc.*, D.T.E. 2001T-1156 (C.T.) ; *Commission des normes du travail* c. *Mécanique M. Blanchet inc.*, D.T.E. 2004T-508 (C.Q.) ; *Plante* et *177881 Canada inc. (Lady Sandra du Canada ltée)*, D.T.E. 2007T-546 (C.R.T.), par. 16-21. Absence de lien de droit entre la société dissoute et l'association des nouveaux partenaires : *Hélène D. Frigon* c. *Moisan Aubert Gagné Daigle*, 2003 QCCRT 0611.

tion de travail commencée par son vendeur, sous réserve de la possibilité de justifier une cessation de l'emploi ? Avant l'entrée en vigueur du *Code civil du Québec* en 1994, la jurisprudence avait refusé de reconnaître un tel effet à l'article 97 de la Loi[169]. Néanmoins, une réponse affirmative s'imposait à l'égard du salarié qui, en raison de son service continu, pouvait se prévaloir du recours à l'encontre d'un congédiement sans cause juste et suffisante, en vertu de l'article 124 de la Loi. En effet, selon l'arrêt *Produits Pétro-Canada Inc.* de la Cour d'appel, cette mesure de sécurité relative d'emploi constitue pour le salarié une norme de travail qui bénéficie de l'application de l'article 97 de la Loi[170]. Cette affirmation est inconciliable avec la prétention que l'employeur-vendeur puisse, pour le seul motif qu'il aliène l'entreprise, mettre fin à l'emploi du salarié, d'une part, et que l'acquéreur de l'entreprise soit dispensé de toute justification pour ne pas garder le salarié dans son emploi, d'autre part. Adopté en 1994, l'article 2097 C.c.Q. apporte une nouvelle dimension à l'article 97 L.N.T., puisqu'il prévoit que l'aliénation de l'entreprise ou la modification de sa structure juridique par fusion ou autrement ne met pas fin au contrat de travail, lequel lie l'ayant cause de l'employeur[171].

---

169. *Speer Canada (1988) Inc.* c. *Cloutier*, D.T.E. 90T-1203 (C.S.) ; *Commission des normes du travail* c. *Vêtements Victorivaille Inc.*, [1988] R.J.Q. 555 (C.P.) ; *Commission des normes du travail* c. *L.S. Tarshis Ltée*, [1985] C.P. 267 ; *Côté* et *Centre local de développement de la Ville de Saguenay*, D.T.E. 2005T-217 (C.R.T.) – l'embauche des ex-employés ne constitue pas un élément déterminant afin de conclure à une aliénation, en conséquence, il n'y a pas d'obligation pour le nouvel employeur de les embaucher. Décision à l'effet contraire : *Moncion* et *Marché Jean Renaud inc.*, D.T.E. 94T-313 (C.T.) – le commissaire rejette l'application de l'interprétation civiliste de la relativité des contrats pour conclure que l'employeur-vendeur détient le droit de licencier ses salariés ; toutefois, l'acquéreur doit fournir une cause juste et suffisante pour ne pas réembaucher un ou plusieurs ex-employés car en l'absence d'une telle cause, il y a congédiement déguisé. *Commission des normes du travail* c. *3979229 Canada inc.*, 2008 QCCS 3616 : « Pour constater la continuité de l'entreprise originale par le nouvel employeur, il faut examiner certains critères tels que : le lieu de l'établissement, les moyens d'action, l'ensemble de l'équipement commercial, les biens en stock, les services offerts, les fournisseurs, la clientèle, le nom du commerce et la finalité de l'entreprise ».

170. *Produits Pétro-Canada Inc.* c. *Moalli*, précité, note 126.

171. *Veilleux* c. *2000414 Ontario inc.*, D.T.E. 2003T-348 (C.R.T.) ; *Lazaro* c. *9049-8833 Québec inc.*, D.T.E. 2003T-1134 (C.R.T.) ; *Beaudry* c. *Société du Parc des îles*, D.T.E. 2005T-200 (C.S.), par. 22-36 – l'article 2097 C.c.Q. offre une protection aux salariés même dans les cas d'aliénation partielle. Voir également, *C.N.T.* c. *3979229 Canada inc.*, précité, note 164 – les notions que l'on retrouve à l'article 97 L.N.T. sont des concepts juridiques qui relèvent du droit civil et doivent s'interpréter de façon libérale ; *Boulianne* c. *3087-9373 Québec inc.*, D.T.E. 96T-1152 (C.T.) – l'article 2097 C.c.Q. va dans le même sens que l'article 97 L.N.T.

Cette disposition n'interdit toutefois pas, du moins expressément, au vendeur de l'entreprise de licencier, dans les cas qui le permettent, ses salariés en prévision de l'aliénation.

VIII- LA SURVEILLANCE ET LA SANCTION DES NORMES

A. La surveillance : la Commission des normes du travail

251 – *Rôle* – La *Loi sur les normes du travail* confie la surveillance de la mise en œuvre et de l'application des normes du travail à un organisme institué par l'article 4 de la Loi, la Commission des normes du travail (la « C.N.T. »). Cette dernière a plus particulièrement pour fonctions :

– d'informer et de renseigner la population sur ces normes ;

– d'informer et de renseigner les salariés et les employeurs sur leurs droits et leurs obligations prévus à la Loi ;

– d'en surveiller l'application et de transmettre au besoin des recommandations au ministre ;

– de recevoir les plaintes des salariés et de les indemniser dans la mesure prévue par la Loi et les règlements ;

– de tenter d'amener les employeurs et les salariés à résoudre leurs mésententes relatives à l'application de la Loi et des règlements.

252 – *Composition et statut* – La C.N.T. est composée d'au plus 13 membres, nommés par le gouvernement, dont un président et au moins une personne provenant de chacun des neuf groupes identifiés à l'article 8 L.N.T. Ces neuf membres sont nommés après consultation d'associations ou d'organismes représentatifs de leur groupe respectif (art. 8, al. 2 L.N.T.). En outre, les membres, autres que le président, doivent provenir en nombre égal du milieu des salariés et de celui des employeurs (art. 8, al. 3 L.N.T.). Le mandat des membres de la Commission et l'exercice de leurs pouvoirs sont régis par les articles 9 à 28 de la Loi. Un règlement fixe les règles de régie interne de la Commission[172].

---

172. *Règlement de régie interne de la Commission des normes du travail*, RLRQ, c. N-1.1, r. 5.1.

La Commission des normes du travail est une personne morale au sens du *Code civil du Québec* (art. 6 L.N.T.). Elle est investie des pouvoirs généraux d'une telle personne morale et des pouvoirs particuliers qui lui sont conférés par la Loi, plus particulièrement à l'article 39. La C.N.T. dispose également des pouvoirs de réglementation énoncés à l'article 29 L.N.T., parmi lesquels celui de rendre obligatoires pour les employeurs un système d'enregistrement et la tenue d'un registre où doivent être inscrits les renseignements jugés utiles à l'application de la Loi (art. 29(3) L.N.T.) ainsi que celui de fixer le taux de la cotisation à percevoir de la plupart des employeurs, sur la base de la rémunération versée à leurs salariés (art. 29(7) L.N.T.)[173]. Cette cotisation sert au financement de la Commission. Celui-ci est complété par le montant additionnel de 20 % de toute somme due en vertu de la Loi, montant que la C.N.T. peut réclamer en sus d'une telle somme à l'occasion d'un recours civil contre un employeur défaillant (art. 114 L.N.T.)[174].

B. La sanction civile des normes

1. Les réclamations pécuniaires

253 – *Action du salarié* – Les recours en réclamation de sommes dues à un salarié en raison des normes de salaire et de durée du travail fixées par la Loi ou par les règlements peuvent être exercés par le salarié lui-même auprès du tribunal de droit commun compétent. Pour le salarié, les normes constituent une obligation créée directement par la Loi, obligation dont il est le créancier et l'employeur, le débiteur (art. 1372 C.c.Q.). Plusieurs salariés peuvent cumuler leurs recours en une seule demande et le total réclamé détermine alors la compétence du tribunal tant en première instance qu'en appel, que les réclamations donnent lieu à un mandat ou qu'elles soient simplement juxtaposées (art. 119 L.N.T.)[175]. Selon la jurisprudence, la division des petites créances de la Cour du Québec n'est cependant pas compétente lorsque la C.N.T., dans le cadre d'une réclamation fondée sur la *Loi sur les normes du travail* ou ses règlements, agit pour le compte du salarié[176].

---

173. Les articles 39.0.1 à 39.0.6 L.N.T. déterminent les employeurs assujettis à cette cotisation et les modalités de paiement de cette dernière.
174. Voir *infra*, n° 255.
175. *Amyot* c. *Arseneau*, D.T.E. 2000T-190 (C.A.).
176. Voir, *Commission des normes du travail* c. *9092-5553 Québec Inc.*, REJB 2004-71995 (C.A.).

Le droit de poursuite des salariés pour réclamer l'exécution d'une obligation de payer de l'employeur est subordonné à l'abstention de la C.N.T. de l'avoir fait elle-même aux conditions prévues par la Loi, comme nous le verrons ci-après. L'action civile intentée en vertu de la Loi ou de ses règlements se prescrit par un an à compter de chaque échéance (art. 115, al. 1 L.N.T.)[177]. Cette prescription remplace celle de trois ans de l'article 2925 C.c.Q.[178].

254 – *Intervention de la C.N.T.* – La Commission des normes du travail est expressément autorisée, sous certaines conditions, à agir elle-même en justice pour le compte d'un salarié et à intervenir dans une instance en cours relativement à l'application de la Loi ou d'un règlement (art. 39(8) à (10) L.N.T.).

La C.N.T. peut faire enquête de sa propre initiative (art. 105 L.N.T.). Elle peut aussi être saisie d'une plainte d'un salarié relativement à l'application de la Loi ou d'un règlement (art. 102, al. 1 L.N.T.)[179]. Lorsque le salarié est assujetti à une convention collective ou à un décret de convention collective, l'article 102, al. 2 L.N.T. l'oblige, sauf exception, à démontrer à la Commission qu'il a épuisé les recours découlant de cette convention ou de ce décret. Cette obligation d'épuisement des recours n'intervient que dans la mesure où le contenu de la convention collective (ou du décret) permet au salarié de fonder une réclamation au moins équivalente à celle qu'il pourrait justifier par la Loi elle-même, sur le même sujet[180]. Elle n'a par ail-

---

177. *Internote Canada Inc.* c. *Commission des normes du travail*, précité, note 23 ; *Fruits de mer Gascon ltée* c. *Commission des normes du travail*, précité, note 75, par. 24-30 – le point de départ pour le calcul de la prescription concernant la réclamation de congés annuels est l'année suivant l'année de référence.

178. Voir *supra*, Titre I, chapitre 1, n° 175. Voir aussi, *Gaboriault* c. *Contact P. Buick GMC (division de Complexe auto 440 de Laval inc.)*, 2009 QCCQ 142, par. 36 et 37 : « [...] si la poursuite a pour base la « LNT », c'est la prescription d'un an qui prévaut. Par ailleurs, si le litige est plutôt enclenché en vertu des articles 2085 C.c.Q. et suivants, c'est la prescription de trois ans qui reçoit application » (par. 36). La Cour nous indique également que « [l]es seules décisions ou la jurisprudence a accepté le recours d'un salarié en vertu des dispositions du *Code civil du Québec* et a appliqué la prescription de 3 ans de l'article 2925 C.c.Q. sont celles où il ressortait clairement que le salarié n'avait pas fait appel à la *Commission des normes du travail* contre son employeur » (par. 37).

179. La réserve exprimée à cet alinéa quant à l'application des articles 123 et 123.1 L.N.T., lesquels se rapportent à des plaintes qui allèguent une cessation d'emploi ou une autre sanction pour un motif interdit par la Loi, implique que dans ces cas le salarié doive plutôt s'adresser à la Commission des relations du travail instituée par le *Code du travail* en y déposant sa plainte dans le délai prescrit. Voir *infra*, n°s 257-258.

180. Le fondement dans la convention peut être direct et explicite ou encore par implication ou par incorporation des normes : *Commission des normes du travail*

leurs d'effet qu'à l'endroit des recours civils envisagés à la section I du Chapitre V de la *Loi sur les normes du travail* et n'a aucune répercussion sur une plainte à l'encontre d'une pratique interdite soumise en vertu des articles 123 ou 123.1 L.N.T.[181]. L'obligation d'épuisement des recours peut faire problème au salarié régi par une convention collective en ce que, d'une part, elle lui est personnelle et, d'autre part, elle est généralement tributaire de la participation d'une tierce partie, en l'occurrence le syndicat signataire de la convention collective.

L'exception évoquée à l'article 102, al. 2 L.N.T. se rapporte à une plainte alléguant une contravention à l'article 87.1 L.N.T. (clause « orphelin »). Dans ce cas, le plaignant doit au contraire démontrer à la C.N.T. qu'il n'a pas utilisé les recours fondés sur la convention collective ou le décret ou que, les ayant utilisés, il s'en est désisté avant qu'une décision finale n'ait été rendue[182].

L'enquête de la Commission, qu'elle soit entreprise de sa propre initiative ou à la suite d'une plainte d'un salarié, est menée selon la procédure prévue aux articles 103 ainsi que 108 à 110 L.N.T. inclusivement, avec les pouvoirs que ces derniers lui confèrent[183].

255 – *Résultat de l'enquête* – Selon les faits révélés par l'enquête, la Commission peut décider d'y mettre fin ou de mettre l'employeur en demeure de payer. Elle mettra un terme à son enquête si elle est d'avis que la plainte à son origine, lorsqu'il y a lieu, est frivole ou faite de mauvaise foi, ou encore si elle constate qu'elle n'est pas fondée (art. 107 L.N.T.). Elle doit alors en aviser le salarié par courrier recommandé ou certifié en lui précisant les motifs de sa décision et en

---

c. *Chantiers Davie Ltée*, [1987] R.J.Q. 1949 (C.A.) ; *Commission des normes du travail du Québec* c. *Campeau Corp.*, précité, note 127 ; *Commission des normes du travail* c. *Domtar Inc.*, [1989] R.J.Q. 2130 (C.A.) ; *Yelle* c. *Commission des normes du travail*, D.T.E. 95T-558 (C.A.) ; *Commission des normes du travail* c. *Compagnie de papier de St-Raymond Ltée*, [1997] R.J.Q. 366 (C.A.) ; *Villeneuve* c. *Saguenay (Ville de)*, 2005 QCCRT 0305.

181. *Balthazard-Généreux* c. *Collège Montmorency*, [1997] T.T. 118 ; *Lecavalier* c. *Montréal (Ville de)*, D.T.E. 97T-460 (T.T.).

182. *Commission des normes du travail* c. *Sherbrooke (Ville de)*, 2006 QCCQ 3364 – application de l'exception prévue à l'article 102, al. 2 L.N.T, à savoir les plaintes fondées sur une condition de travail interdite par l'article 87.1 L.N.T.

183. Sur la constitutionnalité des pouvoirs de fouille et de saisie prévus aux articles 109 et 110 L.N.T., au regard de l'article 8 de la *Charte canadienne des droits et libertés* et de l'article 24.1 de la *Charte des droits et libertés de la personne*, RLRQ, c. C-12, voir, par analogie, *Comité paritaire de l'industrie de la chemise* c. *Potash*, [1994] 2 R.C.S. 406.

l'informant de son droit de demander une révision de cette dernière décision (art. 106 et 107 L.N.T.). Selon l'article 107.1 L.N.T., le plaignant peut demander par écrit la révision de la décision de la Commission, dans les 30 jours de sa réception ; la C.N.T. rend alors une décision finale dans les 30 jours de la réception de la demande du plaignant.

La C.N.T. dispose d'une large faculté d'appréciation pour décider si elle donnera suite ou non à la plainte d'un salarié. Elle n'a pas l'obligation d'entreprendre des recours illusoires ou qu'elle juge tout simplement mal fondés, quoique de bonne foi. La responsabilité de la Commission à l'endroit du salarié ne sera engagée que dans la mesure où ce dernier pourra démontrer que sa plainte a été traitée de façon discriminatoire, de mauvaise foi ou avec une négligence grossière[184]. Par ailleurs, en exerçant contre un employeur un recours qu'elle savait ou qu'elle devait raisonnablement savoir mal fondé, la C.N.T. violerait la Loi et se rendrait responsable des dommages ainsi causés à cet employeur[185].

Lorsque la Commission des normes du travail est d'avis qu'une somme d'argent est due à un salarié en vertu de la Loi ou d'un règlement, elle procède de la façon suivante :

– Elle met l'employeur en demeure, par courrier recommandé ou certifié, de lui payer cette somme dans les 20 jours de la mise à la poste de cette mise en demeure (art. 111 et 120 L.N.T.) ; l'employeur ne peut alors faire remise valablement qu'auprès de la Commission, à moins que l'action ait déjà été intentée par le salarié lui-même. Lorsque la C.N.T. met en demeure un employeur, elle avise en même temps le salarié concerné du montant réclamé pour son compte (art. 111, al. 2 L.N.T.). Tout règlement d'une réclamation entre un employeur et un salarié qui comporte une réduction du montant réclamé est nul de nullité absolue (art. 101 L.N.T.).

– La Commission peut exercer le recours pour le compte du salarié à l'expiration du délai de 20 jours suivant la mise à la poste de la mise en demeure adressée à l'employeur (art. 39(8) et 113 L.N.T.). La mise en demeure de l'employeur par la C.N.T. et l'écoulement

---

184. Voir le jugement de première instance dans l'affaire *Yelle* c. *Commission des normes du travail*, précité, note 180.
185. Voir, par analogie, dans le cas d'une plainte en vertu des articles 124 et s. L.N.T. : *Club de golf Murray Bay Inc.* c. *Commission des normes du travail*, [1986] R.J.Q. 950 (C.A.).

du délai de 20 jours prévu à l'article 111 L.N.T. sont des conditions préalables nécessaires à la naissance du droit d'action de la Commission[186]. La C.N.T. agit alors en son propre nom[187] en vertu d'une subrogation légale *sui generis* dans les droits du salarié[188]. Le salarié est considéré partie à cette action, avec les conséquences usuelles qui s'ensuivent[189]. L'employeur peut opposer à l'action de la C.N.T. tout moyen qu'il pourrait faire valoir contre le salarié lui-même[190]. Il ne peut cependant se porter demandeur reconventionnel contre la C.N.T. à l'égard d'une créance qu'il prétendrait détenir contre le salarié personnellement[191]. Ce dernier peut toutefois être assigné pour interrogatoire au préalable ou après défense en vertu des articles 397 et 398 C.p.c., la C.N.T. étant considérée agir en vertu d'un titre analogue au sens du paragraphe 397(3) C.p.c.[192].

---

186. *Commission des normes du travail du Québec* c. *Campeau Corp.*, précité, note 127.

187. *Commission des normes du travail* c. *9092-5553 Québec inc.*, D.T.E. 2004T-1072 (C.A.), par. 21-42 ; *Commission des normes du travail* c. *Holmes Publication inc.*, D.T.E. 2004T-235 (C.Q.) ; *Commission des normes du travail* c. *9033-8484 Québec inc.*, D.T.E. 2004T-719 (C.Q.) – la réclamation de la Commission n'est pas une petite créance car la Commission agit en son nom mais aussi pour le compte du salarié. Dans cette décision le juge a scindé la demande principale de la Commission, qui n'est pas une petite créance, et la demande reconventionnelle de l'employeur, qui est une petite créance. Décision à l'effet contraire : *Commission des normes du travail* c. *9045-1782 Québec inc.*, D.T.E. 2004T-363 (C.Q.).

188. *Maltais* c. *Corp. du parc régional du Mont Grand-Fonds inc.*, D.T.E. 2002T-385 (C.A.).

189. *Ibid. Commission des normes du travail* c. *Ventes Morstowe International ltée*, J.E. 2004-2104 (C.Q.), règlement hors cour – demande reconventionnelle contre le salarié.

190. *Commission des normes du travail* c. *Emco Ltd.*, D.T.E. 99T-1174 (C.Q.) – acceptation d'une défense de compensation ; *Commission des normes du travail* c. *Urgel Bourgie ltée*, D.T.E. 96T-1512 (C.Q.) – rejet d'une défense de compensation ; *Commission des normes du travail* c. *Ballin inc.*, précité, note 51 – rejet d'une demande de compensation ; *Commission des normes du travail* c. *Essor Assurances placements conseils inc.*, D.T.E. 2007T-591 (C.Q.), par. 24-34 – l'employeur peut opposer la compensation légale opérée avant l'exercice du recours contre la Commission mais non la compensation judiciaire.

191. *Commission des normes du travail* c. *Toutant*, D.T.E. 84T-14 (C.P.).

192. *Commission des normes du travail* c. *Groupe Explo-Nature,* D.T.E. 84T-454 (C.A.) ; *Commission des normes du travail* c. *Lalancette*, 2006 QCCQ 1054 – c'est le total de la réclamation de la Commission qui octroie ou non le droit à un interrogatoire avant défense et non les réclamations individuelles. Décision à l'effet contraire : *Commission des normes du travail* c. *Kamal*, D.T.E. 2004T-631 (C.Q.) – la Cour a décidé que la Commission n'agit pas en vertu d'un titre analogue et, de plus, il s'agit d'une réclamation constituée de douze réclamations toutes inférieures à 25 000 $, ce qui est contraire à l'article 396.1 C.p.c.

– Fait important à signaler, l'article 114, al. 1 L.N.T. autorise la Commission des normes du travail, lorsqu'elle exerce les recours prévus par les articles 112 et 113 de la Loi, à réclamer de l'employeur un montant additionnel égal à 20 % de la somme due en vertu de la Loi ou d'un règlement, montant qui lui appartient alors en entier. La réclamation de ce montant additionnel est de nature civile et soumise à la discrétion du tribunal[193]. Les sommes dues au salarié portent intérêt à compter de la mise en demeure de la Commission au taux prévu par l'article 114, al. 2 de la Loi[194].

– La C.N.T. n'est pas limitée à réclamer de l'employeur le seul salaire minimum dû à un salarié. La Loi l'autorise à réclamer à l'employeur le salaire réel qu'il doit au salarié et qui demeure impayé, même si ce salaire excède le salaire minimum (art. 98 et 113 L.N.T.). Pour ce qui est des autres avantages qui ont une valeur pécuniaire, la Commission ne peut poursuivre que pour ceux qui résultent de l'application de la Loi ou d'un règlement ; la réclamation est néanmoins calculée sur la base du salaire horaire habituel du salarié (art. 99 L.N.T.). Selon l'article 113, al. 2 de la Loi, la C.N.T. peut également exercer à l'encontre des administrateurs d'une personne morale les recours qu'un salarié peut exercer envers eux[195]. Cette disposition vise les recours prévus par l'article

---

193. *Commission des normes du travail* c. *Béatrice Foods Inc.*, D.T.E. 97T-1172 (C.Q.) ; *Commission des normes du travail* c. *Paquette*, précité, note 10 ; *Commission des normes du travail* c. *Assurexperts Guy Lapointe inc.*, précité, note 61 ; *Commission des normes du travail* c. *Cousineau*, D.T.E. 2004T-1021, par. 25 – l'employeur peut être exempté du paiement de l'indemnité si la question juridique soulevée présente des difficultés ou si l'employeur a fait preuve de diligence raisonnable afin de se conformer à la loi ; *Commission des normes du travail* c. *S2I inc.*, D.T.E. 2005T-20 (C.Q.), par. 54-66 – la Cour décide d'écarter l'octroi de l'indemnité. Il y a lieu de comparer la rédaction de l'article 114, al. 1 L.N.T., d'une part, et du paragraphe 81c) de la *Loi sur les relations du travail, la formation professionnelle et la gestion de la main-d'œuvre dans l'industrie de la construction* (précitée, note 4), d'autre part, qui porte sur un objet semblable. Cette dernière disposition a, quant à elle, été interprétée par la Cour d'appel comme créant une sanction de nature pénale attachée à une infraction de responsabilité stricte, à laquelle l'employeur peut opposer une défense de diligence raisonnable : *Constructions Bouladier Ltée* c. *Office de la construction du Québec*, [1985] C.A. 505. Sur l'inapplicabilité de l'article 97 L.N.T. à la réclamation de ces 20 % à un nouvel employeur, voir *Commission des normes du travail* c. *Cie de gestion Thomcor Ltée*, D.T.E. 86T-265 (C.S.). Les administrateurs d'une société ne peuvent être tenus personnellement responsables du paiement de ce montant, le cas échéant : *Commission des normes du travail* c. *Burak*, D.T.E. 2002T-813 (C.S.).

194. Sur la constitutionnalité de cette disposition, voir *Internote Canada Inc.* c. *Commission des normes du travail*, précité, note 23.

195. *Pyrogenesis inc. (Proposition de)*, D.T.E. 2005T-239 (C.S.) – la Commission des normes du travail peut poursuivre les administrateurs d'une entreprise faillie pour salaire dû.

154 de la *Loi sur les sociétés par actions*[196] (du Québec) et par la mesure équivalente dans la législation fédérale, l'article 119 de la *Loi canadienne sur les sociétés par actions*[197].

256 – *Prescription* – Comme celle prise par le salarié lui-même, l'action civile intentée par la C.N.T. se prescrit par un an à compter de chaque échéance (art. 115, al. 1 L.N.T.)[198]. Un avis d'enquête de la Commission des normes du travail, expédié à l'employeur par courrier recommandé ou certifié, suspend la prescription pour une période de six mois à compter de sa mise à la poste (art. 116 L.N.T.)[199]. Un tel avis d'enquête ne peut être donné qu'une fois. En cas de fraude, la prescription ne court contre la Commission qu'à compter du moment où elle prend connaissance de cette fraude (art. 118 L.N.T.).

2. Les pratiques interdites

257 – *Interdictions* – Comme nous l'avons vu, l'article 122 L.N.T. interdit à l'employeur d'imposer une sanction au salarié pour l'un ou l'autre des motifs qui y sont prévus et l'article 122.1 L.N.T. lui prohibe de mettre le salarié à la retraite contre son gré[200].

258 – *Plainte et prescription* – L'article 123 L.N.T. prévoit un recours en indemnisation et, si nécessaire, en réintégration[201], en faveur du

---

196. RLRQ, c. S-31.1.
197. *Loi sur les compagnies*, RLRQ, c. C-38 ; *Loi sur les sociétés par actions*, L.R.C. (1985), ch. C-44. Exemples : *Amyot* c. *Arseneau*, précité, note 175 ; *Commission des normes du travail* c. *Gauthier*, [1998] R.J.D.T. 125 (C.S.). Les conditions imposées par ces lois sont opposables à la Commission : voir *supra*, Titre I, chapitre 1, n° 151 ; *Thompson* c. *Masson*, précité, note 136 ; *Commission des normes du travail* c. *Proulx*, [1997] R.J.Q. 2178 (C.S.) ; *Commission des normes du travail* c. *Burak*, précité, note 193. La C.N.T. dispose du même délai de prescription que celui qui serait applicable au salarié s'il agissait personnellement : *Commission des normes du travail* c. *Legault*, [1997] R.J.Q. 2086 (C.A.).
198. *Internote Canada Inc.* c. *Commission des normes du travail*, précité, note 23. *Boisvert* c. *Fabspec inc.*, 2007 QCCQ 6239 ; *C.N.T.* c. *Coencorp Consultant Corporation*, D.T.E. 2005T-737 (C.Q.).
199. *Commission des normes du travail* c. *Bondex International (Canada) Ltée*, précité, note 128 ; *Yelle* c. *Commission des normes du travail*, précité, note 180 ; *Commission des normes du travail* c. *Coencorp Consultant Corporation*, D.T.E. 2005T-737 (C.Q.), par. 37-38. L'annulation formelle par la C.N.T. de son avis d'enquête annulerait également l'interruption de la prescription : voir et transposer *Commission du salaire minimum* c. *Mitchell Lincoln Packaging Ltd.*, J.E. 81-411 (C.S.).
200. Voir *supra*, n°s 235-236.
201. La réintégration ne peut être ordonnée à l'égard d'un domestique ou d'une personne dont la fonction exclusive est d'assumer la garde ou de prendre soin d'un enfant, d'un malade, d'une personne handicapée ou d'une personne âgée dans le logement de l'employeur (art. 123.4, al. 3 L.N.T.).

salarié qui croit avoir été victime d'une pratique interdite par l'article 122 L.N.T. Ce recours se prescrit par 45 jours[202]. L'article 123.1 L.N.T. rend le recours de l'article 123 L.N.T. disponible au salarié qui croit avoir été congédié, suspendu, mis à la retraite ou avoir été l'objet de mesures discriminatoires ou de représailles contrairement à l'article 122.1 L.N.T. La plainte se prescrit alors par 90 jours.

Dans tous les cas, le salarié doit soumettre sa plainte à la Commission des normes du travail par écrit[203]. Toutefois, le fait qu'elle ait été déposée auprès de la Commission des relations du travail instituée par le *Code du travail* (la « C.R.T. »), dans le délai prescrit, plutôt qu'à la C.N.T. ne peut être opposé au plaignant (art. 123, al. 2 L.N.T.)[204].

259 – *Intervention de la C.N.T.* – La Commission des normes du travail est susceptible d'intervenir de deux façons relativement à une plainte portée en vertu de l'article 123 ou de l'article 123.1 de la Loi. Elle peut d'abord, avec l'accord des parties, déclencher une phase de conciliation en nommant une personne qui tentera de régler la plainte à la satisfaction des parties (art. 123.3 L.N.T.)[205]. Cette personne ne doit pas avoir agi dans le dossier à un autre titre, ce qui n'exclut pas qu'il puisse s'agir d'un employé de la C.N.T. Les informations recueillies par cet intervenant bénéficient d'une protection de confidentialité selon l'article 123.3, al. 3 L.N.T[206]. Par la suite, à l'étape de l'adjudication par la Commission des relations du travail, si aucun règlement n'est intervenu entre les parties, la C.N.T. peut intervenir pour représenter le salarié plaignant si ce dernier ne fait

---

202. *Aversa* c. *Chaussures Rallye inc.*, 2009 QCCRT 0200 ; *Forcier* c. *Classified Media (Canada) Holdings Inc.*, 2005 QCCRT 0531.

203. Voir *infra*, Titre II, chapitre 1, nos 431, 433.

204. La Cour d'appel a reconnu qu'un tribunal spécialisé peut exercer concurremment la compétence qui lui résulte de l'article 123 ou 123.1 L.N.T. et celle qui lui est semblablement attribuée par d'autres dispositions législatives pour contrôler la légalité d'un congédiement ou d'une sanction dont un salarié est victime et qu'il peut décider, sur la base d'une plainte dont il est validement saisi, de la légalité d'une mesure au regard d'une loi ou d'une autre : *Villeneuve* c. *Tribunal du travail*, [1988] R.J.Q. 275 (C.A.).

205. *Kasmi* c. *Centre de géomatique du Québec Inc.*, D.T.E. 2004T-361 (C.R.T.), 2004 QCCRT 0101 – la Commission a décidé qu'une telle entente peut être verbale, valoir à titre de transaction et mettre fin au litige.

206. *Denis Jomphe* c. *Syndicat national de l'automobile, de l'aérospatiale et des autres travailleuses et travailleurs du canada (TCA-Canada)*, D.T.E. 2004T-769 (C.R.T.) ; *Société hôtelière Hunsons inc.* c. *Lungarini*, D.T.E. 2004T-740 (T.T.), par. 38 – les discussions faites par l'intermédiaire d'un médiateur sont confidentielles.

pas partie d'un groupe de salariés visés par une accréditation accordée en vertu du *Code du travail* (art. 123.5 L.N.T.).

260 – *Modalités du recours* – L'exercice du recours du salarié obéit essentiellement aux mêmes règles et modalités que celles qui s'appliquent à l'exercice d'un recours en vertu des articles 15 et suivants du *Code du travail* (art. 123, al. 1 L.N.T.)[207]. Le plaignant doit démontrer à la Commission des relations du travail : (1) qu'il est un salarié au sens de la Loi, au regard de la mesure dont il se plaint[208] ; (2) qu'il a été le sujet d'une mesure visée par les articles 122 ou 122.1 L.N.T.[209] ; (3) qu'il se trouvait dans l'une ou l'autre des situations de fait envisagées par ces dispositions.

Lorsque ces éléments sont établis, le salarié bénéficie d'une présomption qui renverse le fardeau de la preuve sur l'employeur. Ce dernier est alors tenu de justifier la mesure imposée au salarié par l'existence d'une autre cause juste et suffisante, c'est-à-dire un motif réel et sérieux qui ne s'avère pas un prétexte, pour que la plainte soit renvoyée[210]. L'allégation par l'employeur d'une abolition de poste

---

207. Pour une étude détaillée de ces règles et modalités, voir *infra*, Titre II, chapitre 2, nos 455-468. Transposer *Mueller Canada* c. *Ouellet*, [2004] C.L.P. 237 (C.A.).
208. *Byrne* c. *Yergeau*, D.T.E. 2002T-870 (C.A.) ; *Lalande* c. *Provigo Distribution inc.*, D.T.E. 98T-1059 (C.A.).
209. Le refus d'embauche initiale n'est pas une mesure visée par l'article 122 L.N.T. : *Byrne* c. *Yergeau, ibid.*
210. Relativement à l'article 122 L.N.T. et aux motifs illégaux de sanction rattachés à ses différents paragraphes, voir entre autres les décisions suivantes : par. 1o : *Giguère* c. *Centura Québec*, [1983] T.T. 455 – droit du salarié d'être payé en argent ; *Chartray* c. *U.A.P. Inc.*, [2000] R.J.D.T. 1653 (T.T.) – congé parental et absences pour remplir des obligations familiales à l'endroit d'un enfant ; *Hugues et Entreprise de soudure Aérospatiale inc.*, 2006 QCCRT 0312, par. 37-52 – congédiement pour cause de maladie ; *Gravel* c. *Centre de la petite enfance la Veilleuse*, [2003] R.J.D.T. 1236 (C.R.T.) – absence pour maladie ; *Bouberaouat* c. *Groupe Tecnum Inc.*, précité, note 45 – réclamation de salaire à la C.N.T. ; par. 3o : *Dionne* c. *Caisse populaire Desjardins St-Léon – Val-Brillant*, D.T.E. 2003T-1011 (C.R.T.) ; par. 4o : *Sylvie Lessard* c. *9110-3309 Québec inc. (Urbana Mobilier urbain)*, 2005 QCCRT 0099, confirmé par 2006 QCCS 5694 – salariée enceinte ; *Zellers Inc.* c. *Dybka*, D.T.E. 2001T-510, REJB 2001-23703 (T.T.) – salariée en période d'essai ; par. 5o : *Mathias* c. *Conso Graber Canada Inc.*, D.T.E. 86T-934 (T.T.) – intention du salarié de réclamer le paiement de temps supplémentaire ; quant à l'imminence de l'acquisition par le salarié du droit de recours selon l'article 124 L.N.T., après trois ans de service continu, voir *Thibault* c. *La Reine*, [1994] T.T. 362 ; *Mirabel (Ville de)* c. *Blais*, D.T.E. 94T-1097 (T.T.) ; *Bouchard* c. *La Reine*, D.T.E. 95T-342 (T.T.) ; par. 6o : *Riccardo* c. *Amalee Systèmes Design Innovation Inc.*, [2001] R.J.D.T. 779 (C.T.). Voir aussi, *Université du Québec à Trois-Rivières* et *Syndicat des professeures et des professeurs de l'Université du Québec à Trois- Rivières*, D.T.E. 2008T-298 (T.A.) – en l'espèce, il a été considéré que l'employeur n'a pas respecté l'article 122 L.N.T. en décidant de retirer de ses fonctions un salarié qui avait déposé un grief de

rendue nécessaire par sa situation financière nécessitera qu'il justifie son choix du salarié plaignant pour réfuter la présomption[211]. Par ailleurs, la présomption ne sera pas repoussée lorsque la mesure imposée par l'employeur est motivée par un motif illicite, même si celui-ci coexiste avec un motif licite[212].

Quoi qu'il en soit, il semble que même si la C.R.T. détient de larges pouvoirs en vertu des articles 118 et 119 C.t., la mesure de réparation privilégiée faisant suite à un congédiement restera celle de la réintégration du salarié conformément à l'article 15 a) du *Code du travail*, c'est-à-dire une réintégration avec remboursement du salaire perdu et des autres avantages reliés à l'emploi[213]. S'il renonce à la réintégration, le salarié ne pourra pas réclamer une indemnité de fin d'emploi[214].

La décision de la C.R.T. est sans appel (art. 134 C.t.). Elle peut toutefois faire l'objet d'une révision ou d'une révocation par la Commission des relations du travail elle-même, pour l'un ou l'autre des trois motifs mentionnés à l'article 127 du *Code du travail*[215].

---

harcèlement psychologique pour la durée des procédures judiciaires ; *Perras* c. *Québec (Ministère de la Sécurité publique)*, précité, note 67. À remarquer que l'article 123.2 L.N.T. prévoit que la présomption continue de s'appliquer pour au moins 20 semaines après le retour au travail à la fin d'un congé de maternité, de paternité ou d'un congé parental. L'établissement de la présomption à l'occasion d'une plainte fondée sur les articles 122.1 et 123.1 L.N.T. requiert que le plaignant prouve qu'il est un salarié, que son emploi a été interrompu et que cette mesure se rapportait à une mise à la retraite contre son gré. Il doit aussi démontrer l'existence d'une disposition ou d'une pratique en usage chez l'employeur qui prévoit un âge ou un nombre d'années de service pour la retraite ainsi que l'atteinte de cet âge ou de ce nombre d'années de service : *Paquet* et *Carrefour FM Portneuf*, 2005 QCCRT 0335 ; *Marcel Frigault* c. *Alsco Uniform & Linen Service Ltd.*, 2005 QCCRT 0107, par. 18-23 ; *Ranger* c. *Bureau d'expertise des assureurs ltée*, [2001] R.J.D.T. 1911 (C.T.) ; voir aussi et comparer : *Boutique de cartes Coronet Carlton Ltd.* c. *Bourque*, [1985] T.T. 322.

211. *Grégoire* c. *Joly*, [2000] R.J.D.T. 625 (T.T.) ; *Ericsson Canada* c. *Plante*, D.T.E. 2004T-930 (C.S.) – l'employeur, dans un cas de licenciement, n'a pas justifié le choix de la plaignante et, en conséquence, est présumé l'avoir congédiée pour le motif qu'elle était enceinte.

212. *Silva* c. *Centre hospitalier de l'Université de Montréal – Pavillon Notre-Dame*, 2007 QCCA 458 – en l'espèce, l'employeur n'a pas réussi à établir que la mesure disciplinaire imposée provenait d'une seule cause qui aurait été juste et suffisante. La Cour considère que les activités syndicales de l'appelant n'étaient pas étrangères à la sévérité de la mesure disciplinaire. Voir aussi, *Demas Solutions inc.* c. *De Voyer*, 2009 QCCS 5016.

213. Voir notamment : *S.D.* c. *Québec (Gouvernement du) (Société de l'assurance automobile du Québec)*, [2009] R.J.D.T. 205 (C.R.T.).

214. Voir notamment : *Doyon* c. *Entreprises Jacques Despars Inc.*, 2007 QCCRT 345 ; *Goulet* c. *Cuisine Idéal inc.*, 2007 QCCRT 0220.

215. Sur la nature du pourvoi en révision, voir *infra*, Titre II, chapitre 1, nos 427-429.

261 – *Cumul de recours* – Le dépôt d'une plainte à l'encontre d'une pratique interdite n'empêche pas le salarié d'exercer d'autres recours, particulièrement à la suite d'un renvoi. Cette plainte peut ainsi coexister avec une action civile, avec un grief selon une convention collective ou avec une plainte à l'encontre d'un congédiement sans cause juste et suffisante selon les articles 124 et suivants L.N.T. Outre que le remède recherché puisse dans certains cas être différent, l'explication réside avant tout dans la spécificité des questions posées aux différents décideurs[216].

3. Le congédiement sans cause juste et suffisante

262 – *Généralités* – Les articles 124 et suivants de la *Loi sur les normes du travail* instituent un recours à l'encontre d'un congédiement fait sans cause juste et suffisante. Il s'agit d'une mesure de protection de l'emploi qui s'apparente à celle dont bénéficient généralement les salariés syndiqués régis par une convention collective. La Cour d'appel y a vu une norme substantielle de travail[217].

a) Les conditions d'ouverture

263 – *Trois conditions* – L'article 124 L.N.T. pose trois conditions à l'ouverture du recours à l'encontre d'un congédiement fait sans cause juste et suffisante. Ces conditions ont trait à la durée du service continu du salarié dans l'entreprise, au fait de son congédiement et à l'absence d'un autre recours équivalent.

i) Le service continu

264 – *Notion et durée* – Le recours selon les articles 124 et suivants L.N.T. est réservé au salarié, au sens de la Loi, qui justifie de deux ans de service continu dans la même entreprise[218]. Le « service continu » signifie « la durée ininterrompue pendant laquelle le salarié est lié à l'employeur par un contrat de travail, même si l'exécution du travail a été interrompue sans qu'il y ait résiliation du contrat (art. 1(12)

---

216. *Vézina* c. *Valeurs mobilières Desjardins Inc.*, J.E. 98-1417 (C.S.) – plainte et action civile ; *Robitaille* c. *Société des alcools du Québec*, [1997] T.T. 597 – plainte et grief. Voir aussi *infra*, n° 276.

217. *Produits Pétro-Canada Inc.* c. *Moalli*, précité, note 126.

218. *Desrochers* c. *Corporation de distribution des fonds d'éducation Globale*, D.T.E. 2006T-782 (C.R.T.), par. 7-15 – c'est le plaignant qui doit démontrer qu'il est un salarié au sens de la L.N.T.

L.N.T.)[219]. L'élément essentiel de cette définition se trouve, on le constate, dans la durée ininterrompue de la relation contractuelle de travail entre le salarié et l'employeur. À moins d'une « interruption qui, dans les circonstances, permette de conclure à un non-renouvellement de contrat », selon le texte même de la Loi, le service continu court même si le lien d'emploi est maintenu par l'effet de plusieurs contrats à durée déterminée successifs[220]. La seule interruption temporaire du travail, alors que subsiste la relation employeur-employé, soit en raison de la nature même de l'occupation, comme dans le cas du travail saisonnier, soit à la suite d'un incident ponctuel comme une maladie, une mise à pied[221] ou une grève, n'influe pas sur la durée du service continu[222]. Par contre, les contrats provisoires ou ponctuels qui, par leur nature, n'engagent en rien les parties au-delà de leur stricte durée d'exécution, sont incompatibles avec la notion de service continu[223].

---

219. *Martin* c. *Compagnie d'assurances du Canada sur la vie*, précité, note 155 ; *Internote Canada Inc.* c. *Commission des normes du travail*, précité, note 23.

220. Voir : *Commission scolaire Berthier-Nord-Joli* c. *Beauséjour*, [1988] R.J.Q. 639 (C.A.) ; *Collège d'affaires Ellis Inc.* c. *Lafleur*, D.T.E. 83T-535 (C.S.), confirmé en appel à partir d'un autre motif : *Collège d'affaires Ellis Inc.* c. *Lafleur*, C.A. Montréal, n° 500-09-000620-831, 11 octobre 1984 ; *Lapointe* et *J.R. Benny enr.*, 2004 QCCRT 0382, par.13-16 – chauffeur-livreur ayant des contrats successifs à durée déterminée ; *Deschesnes* c. *Commission scolaire de Laval*, D.T.E. 2009T-863 (C.R.T.) – la définition de « service continu » s'applique malgré les règles issues de rapports contractuels privés et même des rapports collectifs de travail. Cependant, cette notion ne comprend pas le contrat de travail à durée déterminée sans clause de reconduction tacite : *Commission scolaire des Chênes* c. *Lemire*, 2011 QCCRT 0054 ; *Bélanger* c. *Commission scolaire des Rives-du-Saguenay*, D.T.E. 2008T-574 (C.R.T.).

221. *Martel* et *Bois d'énergie*, 2006 QCCRT 0333 – une mise à pied de plus de six mois constitue un licenciement et peut donc avoir pour effet de faire perdre le bénéfice des années de service continu car il y a rupture de lien d'emploi ; *Martin Gauvin* c. *Lagran Canada inc.*, 2003 QCCRT 0380.

222. *Société d'électrolyse et de chimie Alcan Ltée* c. *Commission des normes du travail du Québec*, D.T.E. 95T-448 (C.A.) – reconnaissance de la permanence du lien d'emploi d'une salariée affectée à des remplacements ; *Technologies industrielles S.N.C. Inc.* c. *Vaillancourt*, D.T.E. 97T-781 (C.S.). Dans le cas de la grève, voir l'article 110 du *Code du travail*, (précité, note 6) et *Syndicat de la boîte de carton de Québec Inc. (C.S.N.)* c. *Cartonniers Standard Ltée*, J.E. 82-758 (C.A.) ; *Bérard* et *Commission scolaire du Pays-des-Bleuets*, 2006 QCCRT 0163, par. 69-80 – l'inscription de la salariée sur la liste de priorité pour la rentrée suivante assure la continuité du lien d'emploi, et ce, malgré une interruption du travail pendant l'été.

223. *Commission scolaire des Mille-Îles* c. *Commission des normes du travail du Québec*, D.T.E. 94T-797 (C.A.) ; *Commission des normes du travail* c. *Commission des écoles catholiques de Québec*, D.T.E. 95T-887 (C.A.) ; *Murdochville (Ville de)* c. *Poirier*, D.T.E. 95T-724 (T.T.) ; *Bouledroua* et *Bodycote essais de matériaux Canada inc.*, 2006 QCCRT 0138 – en l'espèce, un contrat à durée déterminée suivi d'un contrat à durée indéterminée n'ont pas été jugés successifs.

265 – *Changement d'employeur* – En cas de vente ou d'autre forme d'aliénation ou de concession, totale ou partielle, de l'entreprise, le service acquis par l'employé auprès de l'employeur-vendeur sera opposable au nouvel employeur (art. 97 et 124 L.N.T.)[224]. Le cas échéant, l'acquéreur devra être mis en cause par la plainte portée selon l'article 124 de la Loi dès la réalisation de la transmission d'entreprise envisagée à l'article 97 L.N.T.[225].

266 – *Effet et détermination* – Le caractère d'ordre public que l'article 93 L.N.T. confère aux normes du travail fait obstacle à toute renonciation du salarié au bénéfice éventuel du recours selon les articles 124 et suivants de la Loi, lorsqu'il aura accumulé le service continu requis[226]. L'appréciation en droit de cette condition d'ouverture au recours à l'encontre d'un congédiement injuste qu'est le service continu du salarié plaignant et, en particulier, la détermination de l'applicabilité de l'article 97 de la Loi au calcul de ce service continu, constituent des questions de compétence sur lesquelles la Commission des relations du travail ne peut commettre d'erreur, sous peine de révision judiciaire[227].

ii) Le congédiement

267 – *Notion et formes* – Le salarié qui porte plainte selon l'article 124 L.N.T. doit prouver le fait de son congédiement[228]. La notion de

---

224. Voir *supra*, n° 248. *Produits Pétro-Canada Inc.* c. *Moalli*, précité, note 126 ; *Ventes Mercury des Laurentides Inc.* c. *Bergevin*, précité, note 155 ; *Chauvette* et *Méthot (Résidence Louis Bourg)*, 2006 QCCRT 0150, par. 23-30 ; *Marshall* et *Jesta I.S. inc.*, 2004 QCCRT 0119, par. 23-38 – le fait qu'une société exerce sa garantie hypothécaire et continue l'exploitation de l'entreprise n'affecte pas le service continu du salarié ; *Riopel* et *Versant Média inc.*, 2004 QCCRT 0055, par. 54-62 – la Commission a soulevé le voile corporatif et décidé que la salariée avait plus de deux ans de service continu dans la même entreprise.

225. Voir et transposer : *Adam* c. *Daniel Roy Ltée*, [1983] 1 R.C.S. 683. L'acquéreur devient partie solidairement avec l'employeur : *Plante* et *177881 Canada inc. (Lady Sandra du Canada ltée)*, précité, note 168, par. 22-23 ; *Veilleux* et *2000414 Ontario inc.*, précité, note 171 – lors d'une vente par un syndic, l'acquéreur peut se faire opposer une plainte en vertu de l'article 124 L.N.T.

226. Voir *supra*, n° 246. *Martin* c. *Compagnie d'assurances du Canada sur la vie*, précité, note 155 – nullité d'une clause d'un contrat de travail prévoyant la faculté de l'employeur de mettre fin à volonté à l'emploi alors que le salarié comptait la durée de service continu requise par la Loi.

227. *Produits Pétro-Canada Inc.* c. *Moalli*, précité, note 126 ; *Bergeron* c. *Métallurgie Frontenac Ltée*, précité, note 168 ; *Boucher* c. *Centre de placement spécialisé du Portage (C.P.S.P.)*, D.T.E. 92T-552 (C.A.).

228. L'existence du recours sera tributaire du congédiement : *Gulrajani* c. *Future Électronique inc.*, 2011 QCCRT 0079 ; *Bernier* c. *CCI, Consultantes en remplacement inc.*, 2009 QCCRT 0231 ; *Milette* c. *9081-2017 Québec inc. (Transport MRB)*, 2008 QCCRT 0282.

congédiement implique une rupture définitive, par l'employeur, d'un contrat de travail qui a cours[229]. L'appellation formelle donnée à son geste par l'employeur n'a pas d'importance. Le congédiement peut ainsi être direct, explicite. En certaines circonstances, le refus de l'employeur de renouveler un contrat de travail à son échéance tombera dans cette catégorie[230]. Le congédiement peut aussi être déguisé ou fait par induction. Il prendra alors le plus souvent l'apparence d'une démission alors que celle-ci a été arrachée sous la contrainte ou la menace, ou qu'elle a été provoquée soit par des manœuvres vexatoires, soit par l'imposition d'autorité de modifications substantielles à des conditions importantes du contrat de travail[231]. Pour qu'on puisse conclure à un congédiement, il n'est pas nécessaire qu'une modification significative des conditions de travail par l'employeur ait été marquée de mauvaise foi de sa part[232]. Il n'est pas essentiel non plus, dans ce cas, que le salarié ait renoncé à son emploi, à la condition qu'il ait manifesté son refus des changements décidés par l'employeur[233].

---

229. *Byrne* c. *Yergeau*, précité, note 208 ; *Savoie* c. *Groupe Vertdure inc. (9161-7068 Québec inc.)*, 2010 QCCRT 0288 – pour conclure à un congédiement en vertu de l'article 124 L.N.T., il faut examiner l'intention de l'employeur.

230. *Commission scolaire Berthier-Nord-Joli* c. *Beauséjour*, précité, note 220. Voir aussi et transposer : *École Weston Inc.* c. *Tribunal du travail*, [1993] R.J.Q. 708 (C.A.) ; *Moore* c. *Cie Montréal Trust*, [1988] R.J.Q. 2339 (C.A.) ; *Irvin Brandwein* c. *Congrégation Beth-El*, 2002 QCCRT 0052, par. 114-122, confirmé par 2005 QCCA 330 ; *Trochet* et *Université de Sherbrooke*, 2004 QCCRT 0461, par. 78-83, confirmé par D.T.E. 2005T-575 (C.S.).

231. *Industries Moplastex (1986) Inc.* c. *Tremblay*, D.T.E. 91T-694 (C.A.) – démission ; *Lamy* c. *Kraft Ltée*, D.T.E. 91T-49 (C.A.) – prétendu licenciement administratif pour un motif d'ordre économique ; *Bilodeau* c. *Bata Industries Ltd.*, [1986] R.J.Q. 531 (C.A.) – rétrogradation ; *Joyal* c. *Hôpital du Christ-Roi*, [1997] R.J.Q. 38 (C.A.) – rétrogradation ; *Vigie informatique 2000 Inc.* c. *Girard*, [1998] R.J.D.T. 99 (C.S.) – rétrogradation ; *Jean* et *Boulangerie-pâtisserie Le Viennois inc.*, 2006 QCCRT 0536 – rétrogradation ; *Opdekamp* et *Services Ultramar inc.*, 2005 QCCRT 0616 – comportement inacceptable et injustifié de la part du supérieur de la salariée ; *Carin* et *Sobeys Québec inc.*, 2005 QCCRT 0516 – refus de la rétrogradation par le salarié ; *Clermont* et *Banque Nationale du Canada*, D.T.E. 2011T-663 (T.A.) – modification unilatérale des conditions de travail et attitude du supérieur ; *Rodrigue* et *Magasin Pierre St-Jacques inc.*, 2011 QCCRT 0510 – le déplacement du poste de vendeuse à celui de caissière constitue une modification importante des conditions de travail et donc, un congédiement déguisé. Voir aussi : *Cabiakman* c. *Industrielle-Alliance Cie d'Assurance sur la Vie*, [2004] 3 R.C.S. 195, par. 71-72 – dans un contexte de contrat individuel de travail, la Cour suprême a décidé qu'une suspension administrative sans solde peut être un congédiement déguisé.

232. *Farber* c. *Cie Trust Royal*, [1997] 1 R.C.S. 846 ; *Vigie informatique 2000 Inc.* c. *Girard*, précité, note 231.

233. *Joyal* c. *Hôpital du Christ-Roi*, précité, note 231. Cette solution est cohérente avec l'obligation du salarié de mitiger ses dommages : *Polysos* c. *Wallmaster Cleaning Services*, [1987] R.D.J. 448 (C.A.).

268 – *Licenciement* – Dans le contexte particulier de l'article 124 L.N.T., l'expression « congédiement » exclut, selon la jurisprudence, la terminaison d'emploi justifiée par des motifs d'ordre financier ou économique à l'origine d'une réduction du personnel. On distingue ainsi le « congédiement » du « licenciement » entendu dans un sens plus étroit associé à une motivation économique[234]. Une fois constatée la réalité de cette motivation économique, sans qu'il s'agisse d'une manœuvre pour déguiser un congédiement, le tribunal administratif n'a plus compétence et il serait illégal qu'il se substitue à l'employeur pour déterminer le choix du salarié à licencier, par exemple en fonction d'une règle d'ancienneté dépourvue d'assises juridiques[235]. Néanmoins, le tribunal spécialisé demeure autorisé à considérer les critères utilisés par l'employeur ou généralement reconnus en milieu de travail, pour décider si l'allégation du motif d'ordre économique comme cause de la fin d'emploi est réelle ou si elle ne sert pas plutôt à camoufler un congédiement déguisé[236].

269 – *Compétence* – Il est maintenant bien établi que c'est au forum spécialisé chargé de décider de la plainte du salarié selon l'article 124 L.N.T. qu'il appartient, dans l'exercice de sa compétence, de qualifier les faits qui lui sont soumis et de décider s'ils constituent un congédie-

---

234. *Léandre Landry* c. *Eutectic Canada inc.*, 2003 QCCRT 0090, par. 33-37 – la Commission fait la distinction entre la notion de « congédiement » et celle de « licenciement » ; *Jbeily* c. *Le groupe Sterling Intimité inc.*, 2006 QCCRT 0377.
235. *Donohue Inc.* c. *Simard*, [1988] R.J.Q. 2118 (C.A.) ; *Bassant* c. *Dominion Textile Inc.*, D.T.E. 92T-1374 (C.A.) ; *Blais* c. *Bélanger*, [1998] R.J.D.T. 42 (C.A.) ; *Ambulance Témiscaming inc.* c. *Monette*, D.T.E. 2004T-512 (C.S.) ; *Dirrado* et *Groupe Pages jaunes Cie*, 2005 QCCRT 0600 ; *Fraser* c. *Axor Construction Canada inc.*, D.T.E. 2003T-115 (C.R.T.). Dominic ROUX, « Le recours en vertu de l'article 124 de la *Loi sur les normes du travail* dans un contexte de licenciement : vers un renforcement de la protection d'emploi du salarié ? », dans Service de la formation permanente, Barreau du Québec, vol. 153, *Développements récents en droit du travail*, Cowansville, Éditions Yvon Blais, 2001, p. 31 et s.
236. *Bousquet* c. *Desjardins*, D.T.E. 97T-1375 (C.A.) ; *St-Georges* c. *Deschamps Pontiac Buick G.M.C. Ltée*, D.T.E. 97T-1342 (C.A.) ; *Boyer* c. *Hewitt Equipment Ltd.*, [1988] R.J.Q. 2112 (C.A.) ; *Commission des normes du travail* c. *Mia Inc.*, D.T.E. 85T-590 (C.A.) ; *Cloutier* c. *Alsco, division de Western Linen Supply Co. Ltd.*, 2005 QCCA 1150 ; *Kopczynski* c. *RSW inc.*, 2007 QCCA 992 ; *Laflamme* c. *Commission des normes du travail*, 2007 QCCS 998 ; *Ericsson Canada inc.* c. *Vaillancourt*, D.T.E 2004T-607 (C.S.), par. 17-37 – c'est le non-respect de la procédure de licenciement qui amène à la conclusion d'un congédiement déguisé ; *Long* et *Héma-Québec*, 2011 QCCRT 0333 – abolition du poste du seul fait qu'une autre personne était en mesure d'exécuter ces fonctions. Voir, cependant, *Décarie* c. *Produits pétroliers d'Auteuil Inc.*, [1986] R.J.Q. 2471 (C.A.) ; *Busque & Laflamme inc.* c. *Lanseigne*, 2009 QCCS 1525 – des préoccupations financières peuvent, dans certaines circonstances, n'être qu'un subterfuge visant à camoufler un congédiement illégal.

ment au sens de la Loi ou une autre forme de fin d'emploi[237]. Cette appréciation est révisable par les tribunaux supérieurs suivant la norme de la décision raisonnable[238].

iii) L'absence de recours équivalent

270 – *Signification* – Le recours de l'article 124 L.N.T. n'est ouvert au salarié que lorsque ce dernier ne dispose pas d'une procédure de réparation, autre qu'un recours en dommages-intérêts, prévue ailleurs dans la *Loi sur les normes du travail*, dans une autre loi ou dans une convention, individuelle ou collective.

La rédaction de cette partie de l'article 124 L.N.T. est loin d'être lumineuse. Certes, on y perçoit assez facilement que cette autre procédure de réparation doive revêtir un caractère judiciaire ou quasi judiciaire, en confiant le litige à un tiers impartial dont la décision sera exécutoire, et qu'elle conduise à une solution qui peut comporter la réintégration du salarié[239]. Faut-il, par ailleurs, prendre en considération l'objet de l'autre recours et, en particulier, son caractère spécifique ou général ? En d'autres termes, la voie de redressement autrement offerte au salarié doit-elle ouvrir une perspective d'appréciation des motifs de son congédiement au moins aussi large que pourrait le faire l'adjudication en vertu des articles 126 et suivants L.N.T. ? La réponse est affirmative et repose sur la finalité propre de chaque type de recours, à savoir ceux, d'une part, qui se limitent à la vérification de la présence d'un motif de congédiement que la Loi déclare expressément illégal et ceux, d'autre part, qui consistent à faire décider du caractère juste ou approprié du congédiement, compte tenu de toutes les circonstances de l'espèce, par la juridiction compétente. C'est cette solution qu'a retenue la Cour d'appel, en décidant que seul un recours qui permet une appréciation des motifs de

---

237. *Lamy* c. *Kraft Ltée*, précité, note 231. Voir aussi précité, note 228.
238. *Busque & Laflamme inc.* c. *Lanseigne,* précité, note 236.
239. *De Lorimier* c. *Université Laval*, D.T.E. 90T-874 (C.A.) ; *General Motors du Canada Limitée* c. *Tremblay*, D.T.E. 82T-323 (C.A.) ; *Institut de l'énergie et de l'environnement de la francophonie* c. *Commission des relations de travail*, D.T.E. 2004T-694 (C.S.) – absence d'indépendance (infirmé en Cour d'appel pour un autre motif). Exemple : *Louis D'Amours* c. *Commission scolaire de Kamouraska-Rivière-du-Loup École secondaire de Rivière-du-Loup*, 2005 QCCRT 0227 – recours jugé équivalent malgré une limite fixée à l'indemnité pouvant être octroyée. À noter également que la Commission ne s'est pas penchée sur le fait que le recours jugé équivalent laissait l'employeur décider du poste en cas de réintégration, donnant ainsi ouverture à des résultats potentiellement différents de ceux découlant d'un recours en vertu de la L.N.T. ; *Pierre Dussault* c. *Commission scolaire de Montréal*, 2006 QCCRT 0410, par. 14-22.

congédiement semblable à celle à laquelle donne lieu l'application des articles 124 et suivants L.N.T. écarte cette dernière[240]. Récemment, la Cour suprême a affirmé que « [p]our conclure à l'équivalence des recours, on doit retrouver chez l'un et l'autre des décideurs la capacité de réviser la décision de l'employeur et celle d'ordonner des réparations appropriées, et ce, dans un cadre procédural d'une efficacité comparable »[241]. Elle a considéré que « [l]'article 124 L.n.t. n'exige pas l'identité parfaite des recours, mais la reconnaissance de leur caractère équivalent [...] »[242]. L'arbitrage de griefs, selon les normes usuelles des conventions collectives, répondra en général positivement à ce critère[243].

Le recours jugé équivalent, lorsqu'il y a lieu, doit être accessible au salarié pour lui être opposable à l'encontre d'une plainte selon l'article 124 L.N.T.[244]. S'agit-il alors d'une disponibilité strictement juridique ou plutôt factuelle lorsque la participation d'un tiers, comme un syndicat en présence d'une convention collective, est nécessaire à l'exercice du recours ? Il semble qu'on doive s'en tenir à la disponibilité juridique du recours[245]. Cette solution est cohérente à la fois avec le régime d'administration des griefs et avec la possibilité pour le salarié mal représenté par son syndicat de se prévaloir ultimement des mécanismes prévus au *Code du travail* pour obtenir l'arbitrage[246]. De toute manière, la compétence de l'arbitre de griefs sur le litige lui serait exclusive et écarterait tout autre forum[247].

---

240. *Commission scolaire Chomedey de Laval* c. *Dubé*, [1997] R.J.Q. 1203 (C.A.) ; *Provost* c. *Hakim*, D.T.E. 97T-1315 (C.A.) ; *Giguère* c. *Cie Kenworth du Canada (division de Paccar du Canada Ltée)*, [1990] R.J.Q. 2485 (C.A.).

241. *Syndicat de la fonction publique du Québec* c. *Procureur général du Québec*, [2010] 2 R.C.S. 61, par. 51.

242. *Ibid*, par. 52.

243. *Université du Québec à Hull* c. *Lalonde*, D.T.E. 2000T-411 (C.A.) ; *Ton-That* c. *Québec (Ministère des Ressources naturelles)*, 2004 QCCRT 139 ; *Villeneuve* c. *Saguenay (Ville de)*, 2005 QCCRT 0305. Sur d'autres recours jugés équivalents, dont l'arbitrage, voir : *Dubé* c. *Secrétariat de l'action catholique de Joliette*, D.T.E. 2001T-1109 (C.A.) ; *De Lorimier* c. *Université Laval*, précité, note 239 ; *Hôpital Royal Victoria* c. *Marchand*, D.T.E. 95T-422 (C.S.) ; *Centre hospitalier régional de l'Outaouais* c. *Carrier*, D.T.E. 90T-825 (C.S.) ; *Stryker Bertec médical inc.* c. *Bernier*, J.E. 2004-1099 (C.S.).

244. *Joyal* c. *Hôpital du Christ-Roi*, précité, note 231 ; *Commission scolaire Chomedey de Laval* c. *Dubé*, précité, note 240 ; *Malo* c. *Côté-Desbiolles*, [1995] R.J.Q. 1686 (C.A.).

245. *Dumouchel* c. *Racicot*, [1997] R.J.Q. 1045 (C.S.).

246. Voir *infra*, Titre II, chapitre 4, nos 595-597.

247. Voir *infra*, Titre II, chapitre 8, nos 742-744.

Le salarié qui fait défaut d'exercer en temps et de manière utiles un recours équivalent auquel il a accès ne peut soumettre par la suite une plainte selon l'article 124 L.N.T.

b) La procédure

271 – *Plainte et délais* – Le salarié qui désire se prévaloir du recours des articles 124 et suivants L.N.T. doit déposer sa plainte par écrit[248] auprès de la Commission des normes du travail dans les 45 jours de son congédiement (art. 124, al. 1 L.N.T.)[249]. Si la plainte est soumise dans ce délai à la Commission des relations du travail instituée par le *Code du travail*, le défaut de l'avoir soumise à la C.N.T. ne peut être opposé au plaignant (art. 124, al. 2 L.N.T.)[250]. Le délai de 45 jours est de rigueur[251], et commence à courir à la date à laquelle l'emploi du salarié prend fin [252]. Précisons que le point de départ du délai de rigueur se situe à la date à laquelle l'employeur communique au salarié la décision ferme et définitive que son emploi est terminé[253]. La C.N.T. peut alors exiger de l'employeur une attestation par écrit des motifs du congédiement ; le salarié en obtient une copie sur demande de sa part (art. 125, 2e al. L.N.T.). Avec l'accord des parties, la C.N.T. peut nommer une personne qui tentera de régler la plainte à la satisfaction des intéressés (art. 125, al. 1 L.N.T.). En l'absence de règlement, la C.N.T. défère sans délai la plainte à la Commission des relations du travail instituée par le *Code du travail* (art. 126

---

248. *Bélanger* et *Future Électronique inc.*, 2005 QCCRT 0570 – la plainte soumise par courriel par le biais du site Internet de la Commission des normes du travail a été jugée recevable.

249. *Joly* c. *Rehau Industries Inc.*, 2005 QCCRT 0206 – la compétence de la C.N.T. et de la C.R.T. est octroyée par la plainte du salarié. En conséquence, tant que celle-ci existe, elles seront compétentes pour la traiter même si le salarié est postérieurement réintégré. Seul un désistement, un règlement ou une transaction entre les parties peut mettre fin à l'existence de la plainte.

250. *Dominique* c. *Kraft Ltée*, [1991] T.T. 63.

251. Lorsqu'un recours a été porté devant une instance n'ayant pas compétence pour l'entendre, l'article 2895 C.c.Q. pourra trouver application afin d'accorder un délai supplémentaire au requérant de manière à soumettre sa demande devant l'instance appropriée ; *Tanguay* c. *Université du Québec à Trois-Rivières*, [2009] R.J.D.T. 194 (C.R.T.).

252. *Lavergne* c. *Industries Fermco ltée*, D.T.E. 2009T-100 (C.R.T.) – dans la situation plus complexe d'un congédiement déguisé, le point de départ commencera, par exemple, au jour où le salarié prétend avoir subi une modification substantielle des conditions essentielles de son contrat de travail : *Chalifour* et *IBM Canada ltée.*, 2008 QCCRT 0226.

253. *Lavergne* c. *Industries Fermco ltée*, précité, note 252 ; *Financement d'équipement GE Canada* c. *Commission des relations du travail*, D.T.E. 2011T-546 (C.S.) – le point de départ du délai se situe à la date de réception de l'avis de congédiement.

L.N.T.)[254], qui, à son tour, pourra proposer une conciliation pré-décisionnelle (art. 121 à 123 C.t.).

272 – *Enquête et audition* – L'article 126.1 L.N.T. autorise la C.N.T. à représenter un salarié qui ne fait pas partie d'un groupe de salariés visé par une accréditation accordée en vertu du *Code du travail*, tant devant la Commission des relations du travail que dans toute autre instance relative à cette plainte et à l'application des articles 124 à 131 L.N.T.

Devant la Commission des relations du travail, la procédure d'enquête est essentiellement la même que celle qui a cours devant un arbitre de griefs saisi d'un semblable litige en vertu d'une convention collective. La C.R.T. dispose des mêmes pouvoirs que l'arbitre[255]. Le fardeau de la preuve de l'existence d'un motif juste et suffisant de congédiement incombe à l'employeur.

c) *La décision*

273 – *Appréciation* – La Commission des relations du travail dispose d'un large pouvoir d'appréciation des motifs de congédiement qui lui sont soumis par l'employeur[256].

274 – *Redressement* – Lorsque la C.R.T. juge que le salarié a été congédié sans cause juste et suffisante, elle dispose d'un pouvoir de réparation qui lui permet de le réintégrer dans son emploi, de l'indemniser pour le salaire perdu et de rendre toute autre décision qui lui paraît juste et raisonnable compte tenu de toutes les circonstances de l'affaire (art. 128, al. 1 L.N.T.)[257]. Comme la Cour d'appel l'a expliqué, la réparation s'articule autour de deux objectifs : d'une part, le remboursement du salaire perdu à la date de la décision et, d'autre part, de manière prospective la réintégration ou une mesure de rechange appropriée dans les circonstances[258]. La réintégration s'im-

---

254. La nouvelle rédaction de l'article 126 L.N.T est un énoncé impératif pour la C.N.T. et rend caduc l'arrêt *Club de golf Murray Bay Inc.* c. *Commission des normes du travail*, précité, note 185.
255. L.N.T., art. 127, lequel renvoie notamment à l'article 100.12 du *Code du travail*, précité, note 6. Voir aussi, sur les pouvoirs d'enquête de la Commission des relations du travail *infra*, Titre II, chapitre 1, n° 419 et sur les pouvoirs de l'arbitre de grief *infra*, Titre II, chapitre 8, n°s 775, 784-786, 788-789.
256. La situation de la C.R.T. est à cet égard semblable à celle de l'arbitre de grief agissant en vertu du *Code du travail*. Voir *infra*, titre II, chapitre 8, n° 770.
257. *Blanchard* c. *Control Data Canada Limitée*, [1984] 2 R.C.S. 476.
258. *Immeubles Bona Limitée (Les)* c. *Labelle*, [1995] R.D.J. 397 (C.A.).

pose généralement comme mode normal de réparation d'un congédiement injuste[259]. La Loi l'exclut cependant dans le cas d'un domestique, celui d'une personne dont la fonction exclusive est d'assumer la
garde ou de prendre soin d'un enfant, d'un malade, d'une personne
handicapée ou d'une personne âgée (art. 128, al. 2 L.N.T.)[260]. Un salarié qui pourrait la demander peut choisir d'y renoncer[261].

La réintégration du salarié peut se heurter à la disparition du
poste du salarié[262] ou au défaut de ce dernier de détenir un permis
exigé par la Loi. La C.R.T. n'a pas le pouvoir de contraindre l'employeur à créer un poste pour donner effet à son ordonnance de réintégration[263]. Cela dit, la réintégration reste le remède qui s'impose
lorsqu'une plainte en vertu de l'article 124 L.N.T. est accueillie ; et
seules des circonstances particulières dont la preuve incombe à celui
qui les invoque pourront empêcher cette réintégration[264]. Face à une
exigence légale de permis, elle peut ordonner à l'employeur de poser
des actes nécessaires, s'il y a lieu, pour permettre la délivrance de ce
permis[265]. Quoi qu'il arrive, l'ordonnance de réintégration doit être
respectée dans son intégralité[266].

---

259. *Skorski* c. *Rio Algom Ltée*, D.T.E. 85T-840 (C.A.) ; *Radex Ltée* c. *Morency*, D.T.E.
85T-922 (C.A.) ; *Tecilla* c. *Sistemalux inc.*, D.T.E. 2005T-492 (C.R.T.), par. 30 –
la commissaire résume les circonstances dans lesquelles un décideur peut refuser d'ordonner la réintégration.

260. La Commission des relations du travail peut alors ordonner le paiement au salarié d'une indemnité correspondant au salaire et aux autres avantages dont il a
été privé par le congédiement.

261. Exemples : *Bon L Canada Inc.* c. *Béchara*, [2004] R.J.Q. 2359, REJB 2004-69780
(C.A.) (autorisation d'appel à la Cour suprême refusée) ; *Paquet* c. *Gabriel Mercier Ltée*, D.T.E. 2000T-493 (C.A.) ; *Jobin* c. *Grenier*, [1999] R.J.D.T. 468 (C.S.).
Certaines décisions jugent que le salarié qui renonce à sa réintégration, lorsque
l'employeur lui offre un poste, n'a pas droit à l'indemnité pour perte d'emploi :
Goulet c. *Cuisine Idéal inc.*, précité, note 214, par. 64-75 – requête en révision
judiciaire à la Cour supérieure ; *Bissonnette* c. *Novartis Pharma Canada inc.*,
[2008] R.J.D.T. 1217 (C.R.T.).

262. Exemple : *Browne* c. *Nordic Development Corporation Inc.*, 2005 QCCRT 0407.

263. *Dodd* c. *3M Canada Ltd.*, [1997] R.J.Q. 1581 (C.A.).

264. *Nieto* c. *Travailleurs unis de l'alimentation et du commerce, section locale 501*,
2008 QCCRT 0432, par. 94 – l'abolition d'un poste en raison d'une réorganisation administrative ne constitue pas une circonstance particulière permettant
que le salarié ne soit pas réintégrer. En l'espèce, l'employeur aurait dû proposer
au salarié un autre poste lui permettant de continuer son travail au Centre.

265. *Commission scolaire Kativik* c. *Côté-Desbiolles*, D.T.E. 2001T-972 (C.A.).

266. L'employeur qui n'a pas respecté l'ordonnance de réintégration en plaçant le
plaignant dans un autre emploi que celui visé, même de façon temporaire, peut
être trouvé coupable d'outrage au tribunal : *Lessard* c. *Société de transport de
Montréal*, 2011 QCCS 4932.

La réintégration peut être écartée par la C.R.T. pour des raisons d'opportunité qui relèvent de son appréciation et qui se présentent le plus souvent lorsque l'exécution du travail suppose une relation de confiance interpersonnelle, comme chez certains cadres qui bénéficient du recours[267]. La C.R.T. peut alors lui préférer une indemnité compensatrice de perte d'emploi pour le salarié lésé (art. 128, al. 13º L.N.T.)[268]. La détermination de cette indemnité peut être distincte de toute autre ou prendre en compte celle qui est accordée pour compenser la perte de salaire depuis le congédiement, s'il y a lieu, à condition que le montant total accordé demeure raisonnable[269]. Elle peut enfin, si la preuve le justifie, ordonner la réparation des dommages supplémentaires subis par le salarié, que ces dommages soient ou non pécuniaires et qu'ils soient de nature contractuelle ou extracontractuelle[270].

275 – *Forme et effets* – La décision de la Commission des relations du travail doit être écrite et motivée[271]. L'article 131 L.N.T. exige qu'une copie conforme en soit transmise aux parties et à la Commission des normes du travail. La décision rendue est sans appel et elle lie l'employeur et le salarié (art. 130 L.N.T. ; *Code du travail*, art. 134). Elle peut cependant faire l'objet d'une révision ou d'une révocation

---

267. *A contrario : Richelieu (Ville de) c. Commission des relations du travail*, [2004] R.J.D.T. 937 (C.S.).

268. *Immeubles Bona Ltée (Les) c. Labelle*, précité, note 258 ; *U.A.P. inc.* c. *Commission des relations du travail*, J.E. 2004-609 (C.S.) ; *Francis International Trading (Canada) Inc.* c. *Commission des relations du travail (Moses et Compagnie commerciale Francis international (Canada) inc.*, 2011 QCCS 3987 ; Johanne SAVARD, « Les indemnités ordonnées par les commissaires du travail en vertu de l'article 128 de la *Loi sur les normes du travail* : compensations justifiées ou indemnités punitives ? », dans Service de la formation permanente, Barreau du Québec, vol. 153, *Développements récents en droit du travail*, Cowansville, Éditions Yvon Blais, p. 219 et s.

269. *Bon L Canada Inc.* c. *Béchara*, précité, note 261, par. 27-32 ; *Bergeron* c. *Collège de Shawinigan*, D.T.E. 99T-908 (C.A.) ; *Paquet* c. *Gabriel Mercier Ltée*, précité, note 261.

270. Voir de façon générale à ce sujet, le pouvoir semblable de l'arbitre de griefs agissant en vertu du *Code du travail* (précité, note 6), *infra*, Titre II, chapitre 8, nᵒˢ 785-789. Voir aussi : *Buffet King Chow Inc.* c. *Bibeault*, D.T.E. 97T-928, (C.S.) – frais d'avocat ; *Lachapelle* c. *Laval (Société de transport de la Ville de)*, D.T.E. 90T-738 (C.S.) ; *Langlois* c. *Gaz Métropolitain inc.*, D.T.E. 2005T-317 (C.R.T.) ; *Porter et Trial Design inc.*, 2012 QCCRT 0194 – attribution de dommages non pécuniaires sans qu'il soit nécessaire de prouver l'abus de droit ou la mauvaise foi de l'employeur.

271. *Code du travail*, précité, note 6, art. 132. La motivation n'implique pas que tous les moyens soulevés par les parties soient traités ; il suffit qu'elle soit intelligible quant à la démarche qui conduit à la conclusion : *Pelletier* c. *Coopérative des travailleurs en loisir du Bas Saguenay*, D.T.E. 2001T-559 (C.A.).

conformément à l'article 127 du *Code du travail*[272]. Si nécessaire, son exécution peut être assurée par son dépôt au bureau du greffier de la Cour supérieure selon les modalités prévues à l'article 129 du *Code du travail*, avec les conséquences qui y sont prévues.

d) La cœxistence d'autres recours

276 – *Coordination* –Le dépôt d'une plainte selon les articles 124 et suivants L.N.T. n'écarte pas la possibilité d'exercice d'un autre recours lié au même congédiement.

La plainte à l'encontre d'un congédiement fait sans cause juste et suffisante peut ainsi être coordonnée avec un recours qui cherche à vérifier la présence d'un motif spécifique et prohibé de congédiement, que ce soit en vertu de la *Loi sur les normes du travail* ou selon une autre loi[273]. En pratique, dans un tel cas, on devrait d'abord disposer de la plainte pour congédiement illégal. Si cette dernière est accueillie, la poursuite du recours en vertu de l'article 124 L.N.T. deviendra normalement sans objet ; dans le cas contraire, il y aura lieu d'en disposer à son tour[274]. Même dans l'éventualité où la plainte de congédiement sans cause juste et suffisante serait d'abord entendue et rejetée, celle de pratique interdite pourrait néanmoins subsister, leurs objets respectifs étant différents[275].

Le recours de l'article 124 L.N.T. peut aussi coexister avec une action civile portée devant le tribunal de droit commun. Entrent toutefois ici en jeu les notions de litispendance et de chose jugée ; plus précisément, les deux instances ne sauraient être susceptibles de rendre des décisions contradictoires[276]. Ainsi, un tel recours civil ne

---

272. Voir *infra*, Titre II, chapitre 1, nᵒˢ 427-429.
273. *Giguère* c. *Cie Kenworth du Canada (division de Paccar du Canada Ltée)*, précité, note 240 ; *Commission scolaire Chomedey de Laval* c. *Dubé*, précité, note 240 ; *Provost* c. *Hakim*, précité, note 240 – cumul des recours selon les articles 123 et 124 L.N.T ; *Souchhiv Liv* c. *F.A.B.E. Custom Downstream Systems inc.*, 2004 QCCRT 0505.
274. Sur l'articulation de l'exercice de recours concomitants selon les articles 123 et 124 L.N.T. et sur les difficultés auxquelles cette articulation peut donner lieu, voir *Tennis La Bulle Enrg.* c. *Ouellet*, [1995] T.T. 393 et *Davignon* c. *Rousseau*, D.T.E. 2000T-279 (T.T.).
275. *Court* c. *Collège Stanislas inc.*, D.T.E. 2001T-956 (T.T.). La possibilité, désormais, que plusieurs affaires nées d'un même faisceau de faits et relevant de la compétence de la Commission des relations du travail y soient jointes devrait en simplifier le traitement (art. 131 C.t.).
276. Sur les conditions de litispendance (et de chose jugée), voir *Valois* c. *Caisse populaire Notre-Dame-de-la-Merci (Montréal)*, D.T.E. 95T-1260 (C.A.). Dans cette cause particulière, la Cour d'appel a conclu à une absence de litispendance pour

saurait remettre en question les conclusions du recours en vertu de la *Loi sur les normes du travail* quant au fait que le salarié a commis une faute grave constituant une cause juste et suffisante de son congédiement[277]. Par contre, l'échec d'un recours en vertu des articles 124 et suivants L.N.T. qui serait motivé par la constatation que le salarié a été licencié pour des motifs d'ordre économique pourrait conduire à un recours civil devant le tribunal de droit commun, en réclamation de dommages-intérêts pour défaut de préavis suffisant[278]. De même, un rejet de la plainte de congédiement fondé sur l'existence d'une faute grave commise par le salarié pourrait néanmoins laisser place à une intervention du tribunal civil pour corriger le préjudice causé par une faute de l'employeur dans la manière de congédier le salarié[279]. Par ailleurs, au terme d'un procès en responsabilité civile devant les tribunaux de droit commun, la C.R.T. peut appliquer le principe de la chose jugée, en ne permettant pas à l'employeur de présenter sa contestation dans le cadre du recours fondé sur l'article 124 L.N.T., lorsque cette contestation a précédemment été rejetée par la Cour[280]. Enfin, le recours pour congédiement sans cause juste et suffisante peut aussi être cumulé avec celui fondé sur le harcèlement psychologique (art. 81.18 et 123.6 L.N.T.)[281].

C. Le harcèlement psychologique

1. Généralités

277 – *Nouvelles dispositions* – Le harcèlement psychologique est un concept nouvellement intégré dans la L.N.T. qui en donne une définition et prescrit des obligations et des mesures remédiatrices visant

le motif que l'employeur mettait en doute la compétence de l'instance du travail pour disposer du recours selon l'article 124 L.N.T.

277. *Liberty Mutual Insurance Co.* c. *Commission des normes du travail*, précité, note 132 ; *C.U.M.* c. *Internoscia*, [1985] C.A. 498 ; *Proulx* c. *Automobiles Rallye Ltée*, [1989] R.J.Q. 2184 (C.S.). Comparer avec *Vachon* c. *Collège d'enseignement général et professionnel de Rimouski*, D.T.E. 94T-494 (C.S.).

278. *Migneron* c. *Zellers Inc.*, D.T.E. 2005T-285 (C.S.) ; *Brassard* c. *Centre hospitalier Saint-Vincent-de-Paul*, D.T.E. 83T-617 (C.S.).

279. *Gervais* c. *Agence de sécurité de Montréal Ltée*, [1997] R.J.Q. 2986 (C.S.).

280. *Lagacé* c. *9132-5126 Québec inc.*, 2011 QCCRT 0437 – l'employeur a présenté devant la Cour du Québec la preuve qu'il jugeait pertinente et suffisante. Ayant échoué, on ne saurait lui permettre de recommencer cette démonstration « [...] sans porter atteinte aux principes d'économie, de cohérence, de caractère définitif des instances et d'intégrité de l'administration de la justice » (par. 47).

281. Exemples : *Binette* et *Réno-Dépôt inc.*, 2007 QCCRT 0290 ; *Malette* et *3948331 Canada inc. (Allure Concept Mode)*, 2007 QCCRT 0085 ; *Cox* c. *Entreprise Robert Thibert inc.*, 2011 QCCRT 0323.

son élimination. Ces dispositions sont entrées en vigueur le 1er juin 2004[282]. Antérieurement, seules les situations de harcèlement psychologique reliées à une cessation d'emploi pouvaient être évoquées en vertu des articles 122 et 124 L.N.T. Il s'agit d'une législation unique en Amérique de Nord qui résulte d'une volonté d'octroyer aux salariés une protection plus efficace, tant du point de vue de la prévention que de celui de la réparation. Ces nouvelles dispositions unifient la juridiction en matière de harcèlement psychologique au travail auprès de la Commission des relations du travail et de l'arbitre de griefs.

Avant ces amendements, le *Code civil du Québec*, la *Loi sur les accidents du travail et les maladies professionnelles*[283], la *Loi sur la santé et la sécurité du travail*[284] et la *Charte des droits et libertés de la personne*[285] offraient déjà certains recours afin de pallier de manière générale le harcèlement psychologique. Le Code civil reconnaît que chaque personne détient les droits de la personnalité tels que le droit à l'inviolabilité et à l'intégrité de sa personne (art. 3 C.c.Q.). Concernant le contrat de travail, le Code civil, à son article 2087, impose l'obligation pour l'employeur de protéger la santé, la sécurité et la dignité du salarié. Par ailleurs, afin de voir le harcèlement psychologique sanctionné, le salarié pouvait fonder son recours sur l'article 1457 C.c.Q. relatif à la responsabilité contractuelle, tout en utilisant la notion de la responsabilité du commettant pour la faute de son préposé (art. 1463 C.c.Q.). La L.A.T.M.P. prévoit aussi une indemnisation du salarié victime de harcèlement psychologique, pourvu qu'il entraîne une lésion professionnelle au sens de la loi (art. 2 L.A.T.M.P.)[286]. Quant à la L.S.S.T., la victime de harcèlement psychologique pouvait utiliser son droit de refuser de travailler prévu à l'article 12. Semblable au Code civil, l'article 51 de la L.S.S.T. oblige l'employeur à prendre les mesures nécessaires pour protéger le droit de l'employé de bénéficier de conditions de travail qui respectent sa santé, sa sécurité et son intégrité physique (art. 9 L.S.S.T). Le harcè-

---

282. *Loi modifiant la Loi sur les normes du travail et modifiant d'autres dispositions législatives*, L.Q. 2002, c. 80.
283. RLRQ, c. A-3.001 (ci-après L.A.T.M.P.).
284. RLRQ, c. S-2.1.
285. RLRQ, c. C-12.
286. *Calcuttawala* c. *Conseil du Québec – United Here*, 2006 QCCRT 478, par. 15-24 – la Commission a décidé qu'il n'y a pas litispendance entre un recours pour lésion professionnelle en vertu de la L.A.T.M.P. et un recours en cas de harcèlement psychologique en vertu de la L.N.T. ; *Ha* c. *Hôpital chinois de Montréal*, D.T.E. 2007T-549 (C.R.T.) – il y a absence d'identité de cause et d'objet entre le mandat de la C.L.P. et de la C.S.S.T. et celui de la C.R.T.

lement psychologique est également interdit par la *Charte des droits et libertés de la personne*[287] s'il est fondé sur un des motifs de discrimination énumérés à son article 10 (art. 10.1). De façon générale, les articles 1 et 4 de la Charte protègent le droit à l'intégrité et à la dignité de la personne. Finalement, concernant les conditions de travail, la Charte, à son article 46, établit le droit, pour un salarié, de travailler dans des conditions justes et raisonnables qui respectent sa santé, sa sécurité et son intégrité physique.

2. Définition et conditions d'application du harcèlement psychologique dans la L.N.T.

a) Définition du harcèlement psychologique

278 – *Définition* – L'article 81.18 L.N.T. définit le harcèlement psychologique comme étant une conduite vexatoire qui se manifeste par des comportements, des paroles, des actes ou des gestes répétés, qui sont hostiles ou non désirés. Cette conduite porte atteinte à la dignité ou à l'intégrité psychologique ou physique du salarié et crée pour ce dernier un milieu de travail néfaste. La L.N.T. précise qu'une seule conduite grave peut constituer du harcèlement psychologique (art. 81.18, al. 2 L.N.T.).

La loi énumère donc cinq composantes entrant dans la définition du harcèlement psychologique :

1- Une conduite vexatoire ;

2- Le caractère répétitif ou grave de la conduite ;

3- Le caractère hostile ou non désiré de la conduite ;

4- Une atteinte à la dignité, à l'intégrité psychologique ou physique ;

5- Un milieu de travail néfaste.

b) Conditions d'application du harcèlement psychologique

279 – *Fardeau de la preuve* – Le fardeau de la preuve reposant sur le salarié, il devra démontrer, par prépondérance de preuve, l'existence

---

287. Précité, note 285.

de ces cinq composantes pour voir sa plainte accueillie par la C.R.T.[288]; s'il réussit, l'employeur devra, pour se défendre, démontrer qu'il a respecté son obligation prévue à l'article 81.19 L.N.T. qui lui impose autant de prévenir le harcèlement psychologique en prenant des moyens raisonnables pour y parvenir que de faire cesser une telle conduite lorsque portée à sa connaissance[289]. Le harcèlement psychologique ne s'interrompant pas le jour du dépôt de la plainte, des éléments de faits postérieurs pourront être produits en preuve s'ils sont en lien avec les événements qui ont déclenché l'action[290].

280 – *Un milieu de travail néfaste* – Est néfaste le milieu qui s'avère défavorable, nuisible, malsain, négatif ou dommageable[291]. L'isolement de la victime de harcèlement psychologique peut être un exemple d'une atmosphère de travail néfaste.

281 – *Une conduite vexatoire* – La conduite vexatoire découle de gestes, de paroles, d'actes ou de comportements. Il s'agit d'une conduite qui humilie, diminue, dénigre et offense le salarié, qui le blesse dans son amour-propre et lui cause du tourment[292]. Selon la définition de la loi, le résultat qu'entraîne la conduite est donc le facteur à considérer pour juger du caractère vexatoire de celle-ci. L'appréciation de ce caractère doit se faire sans tenir compte de l'intention malicieuse ou du motif qui anime l'auteur du harcèlement[293]. Toutefois, cette intention pourra être prise en considération pour l'octroi de dommages et intérêts punitifs[294]. Pour que la conduite reprochée soit de nature vexatoire, elle doit engendrer deux effets sur le salarié : 1) elle doit porter atteinte à sa dignité ou à son intégrité, et 2) elle doit entraîner

---

288. Les éléments de preuve doivent être considérés les uns par rapport aux autres, et non pas de manière séparée : *Eugeni Fiziev* c. *Service national d'information d'entreprises (NBIE) inc.*, 2010 QCCRT 0306.
289. *Breton* et *Compagnie d'échantillons « National » ltée*, 2006 QCCRT 0601, par. 150.1-150.2 – requête en révision judiciaire continuée *sine die*.
290. *Syndicat national des employés de bureau d'Agropur (CSN)* c. *Agropur, Coopérative agro-alimentaire*, AZ-50599521 (T.A.).
291. *A* et *Restaurant A*, 2007 QCCRT 0028, D.T.E. 2007T-160 (C.R.T.), par. 37-38 – exemple d'une conséquence d'un milieu de travail néfaste : la salariée pleurait chez elle et au restaurant.
292. *Jobin* c. *Groupe conseil en PVA – Automation inc.*, 2011 QCCRT 0320 – même s'il y a eu échange de propos abusifs, il y a eu une absence de conduite vexatoire. En l'espèce, il s'agissait plutôt d'un conflit entre collègues.
293. *Robichaud* c. *Conseil du trésor du Canada*, [1987] 2 R.C.S. 84 ; *Habachi* c. *Commission des droits de la personne du Québec*, [1999] R.J.Q. 2522 (C.A.) ; *Centre hospitalier régional de Trois-Rivières (Pavillon Saint-Joseph)* c. *Syndicat des infirmières et infirmiers Mauricie / Cœur-du-Québec*, D.T.E. 2006T-209 (T.A.) ; *Annette Chouinard et Marjolaine Beaulieu* c. *Ressourcerie de Lévis,* 2009 QCCRT 0288.
294. *Breton* et *Compagnie d'échantillons « National » ltée*, précité, note 289.

un milieu de travail néfaste[295]. Pour acquérir ce caractère vexatoire, et alors être qualifiés de harcèlement psychologique, les paroles, gestes, actes ou comportements doivent être répétitifs, hostiles ou non désirés[296].

282 – *Caractère répétitif ou grave de la conduite* – Le décideur doit analyser cette conduite globalement dans une perspective d'ensemble, chaque geste pris isolément pouvant sembler anodin mais, en raison de son effet répétitif, devenir significatif[297].

S'il est vrai que l'ensemble et l'accumulation des paroles, comportements, actes ou gestes peuvent permettre de conclure à une situation de harcèlement, il ne s'agit pas toutefois d'une composante essentielle, car une seule conduite grave peut produire des effets néfastes, nuire au salarié et constituer, dès lors, une situation de harcèlement[298]. Les effets nocifs continus d'un acte, geste, parole ou comportement servent, selon l'article 181.18 L.N.T., à mesurer le niveau de gravité de cette conduite.

283 – *Caractère hostile ou non désiré de la conduite* – Le caractère hostile réfère à un comportement défavorable, menaçant, empreint d'un sentiment d'inimitié et d'opposition[299]. Une conduite non désirée est, pour sa part, une manifestation qui n'est pas souhaitée, voulue par le salarié[300]. Le fait que la victime n'ait pas exprimé son désaccord n'est pas un moyen de défense par lui-même suffisant, le refus pouvant être implicite[301]. Le caractère non désiré des faits reprochés devra être perçu objectivement en vertu des critères de la jurisprudence[302].

---

295. *Ibid.*, par. 150.4.
296. *Bangia* et *Nadler Danino, s.e.n.c.,* 2006 QCCRT 0419 ; *Breton* et *Compagnie d'échantillons « National » ltée*, précité, note 289.
297. *Ibid.*
298. *Habachi* c. *Commission des droits de la personne du Québec*, précité, note 293 ; *Ville de Sherbrooke* c. *Syndicat canadien de la fonction publique, Section locale 1114 et Réjean Lessard,* AZ-50567833 (T.A.), 22 juin 2009 (Serge Brault) – la conduite vexatoire doit être d'une gravité exceptionnelle. Exemple où l'arbitre a jugé que la conduite n'était pas suffisante : *Capital HRS* et *Teamsters Québec, section locale 69 (F.T.Q.)*, D.T.E. 2006T-231 (T.A.).
299. *Bangia* et *Nadler Danino, s.e.n.c.,* précité, note 296 ; *Breton* et *Compagnie d'échantillons « National » ltée*, précité, note 289.
300. *Ibid.*
301. *Commission des droits de la personne et des droits de la jeunesse* c. *Provigo Distribution Inc., division Maxi,* D.T.E. 2002T-1041 (T.D.P.Q.).
302. *Habachi* c. *Commission des droits de la personne du Québec*, précité, note 293.

284 – *Une atteinte à la dignité, à l'intégrité psychologique ou physique*– Pour qu'un comportement vexatoire soit qualifié de harcèlement psychologique en vertu de la loi, il doit porter atteinte à la dignité, à l'intégrité psychologique ou psychique de la victime. La dignité réfère à un sentiment de respect et d'estime de soi qui constitue l'un des éléments de l'intégrité psychologique et physique[303]. Elle peut ainsi avoir pour effet de dévaloriser la victime ou de la marginaliser[304]. Des décisions arbitrales se sont prononcées sur le caractère de permanence requis par la loi, statuant que l'atteinte devait affecter l'équilibre émotif de la victime d'une manière plus que fugace, sans pour autant qu'il ne soit requis qu'elle laisse des séquelles permanentes[305].

c) Analyse des conditions d'application par les tribunaux

285 – *Victime raisonnable* – Le critère utilisé par les tribunaux dans l'analyse des différentes conditions d'application de la notion de harcèlement psychologique, est l'objet d'une tendance fortement majoritaire des tribunaux. La Cour suprême, dans une affaire où elle devait disposer d'une question de discrimination, a développé et utilisé le critère de la personne raisonnable placée dans une situation similaire à celle de la victime et présentant des attributs semblables, en tenant compte des facteurs contextuels[306]. Ce critère de la victime raisonnable, c'est-à-dire le critère de la personne raisonnable placée dans les mêmes circonstances que la victime et qui pourrait raisonnablement conclure qu'il s'agit de harcèlement psychologique, a été appliqué de façon uniforme par les tribunaux dans le contexte du harcèlement psychologique. Ce critère s'est avéré utile et légitime tout en permettant d'écarter comme facteur d'analyse la seule perception du plaignant qui se croit victime d'un harcèlement[307].

---

303. *Law c. Ministre de l'Emploi et l'Immigration*, [1999] 1 R.C.S. 497, 530. Voir, par exemple : *Lori Landesman c. Encore Automotive*, 2007 QCCRT 0184.
304. *Janzen c. Platy Entreprises Ltd.*, [1989] 1 R.C.S. 1252 ; *Breton et Compagnie d'échantillons « National » ltée*, précité, note 289, par. 155.
305. *Syndicat national des employés de l'Hôpital St-Ferdinand (C.S.N.) c. Procureur général du Québec*, [1996] 3 R.C.S. 211 ; *Bangia et Nadler Danino, s.e.n.c.*, précité, note 296 ; *Breton et Compagnie d'échantillons « National » ltée*, précité, note 289.
306. *Law c. Canada (Ministre de l'Emploi et de l'Immigration)*, [1999] 1 R.C.S. 497.
307. *Bangia et Nadler Danino, s.e.n.c.*, précité, note 296. Pour d'autres exemples, voir : *Chaput c. Centre de traitement des dépendances Le Rucher*, 2009 QCCRT 0112 ; *Louise Serret c. Compagnie de la Baie d'Hudson (Centre de distribution de Pointe-Claire)*, 2009 QCCRT 0164 – il faut plus que les impressions du plaignant pour pouvoir conclure à du harcèlement. La preuve doit ainsi être appréciée selon un modèle dit « subjectif-objectif » : *Bangia c. Nadler Danino S.E.N.C.*, 2006 QCCRT 0419 ; *Rezler c. 6543731 Canada inc.*, 2011 QCCRT 260 – lorsque

286 – *Droit de gérance normal et légitime* – Plusieurs jugements reconnaissent qu'un employé ne peut pas invoquer les règles relatives au harcèlement psychologique pour contester l'exercice légitime par l'employeur de son droit de gérance. La définition d'une relation d'emploi présuppose un lien de subordination entre l'employeur et le salarié et, de ce fait, l'acceptation d'un tel pouvoir de direction par le salarié[308]. Même si ce droit de l'employeur peut amener des inconvénients ou des situations déplaisantes pour le salarié, son exercice normal doit être distingué du harcèlement psychologique[309]. L'exercice du pouvoir de direction doit être déraisonnable ou discriminatoire pour constituer un abus et devra, pour être assimilé à du harcèlement psychologique, remplir les cinq conditions d'application de la définition prévue à l'article 81.18 L.N.T.[310]. Ainsi, ne constitue pas du harcèlement psychologique le fait pour l'employeur de commenter le travail du salarié[311] et d'imposer des mesures disciplinaires appropriées[312], ni de sanctionner le manque de ponctualité[313] ou de gérer l'attribution des tâches. En outre, le stress, les atteintes anodines à la dignité et les conflits ne doivent pas être confondus avec le harcèlement psychologique[314]. Enfin, le salarié victime de harcèlement

---

rien dans la preuve objective prépondérante ne soutient la perception subjective de dénigrement de la victime, la plainte est rejetée.

308. *Cabiakman* c. *Industrielle-Alliance Cie d'Assurance sur la Vie*, précité, note 231, par. 28, 55 ; *Bangia* et *Nadler Danino, s.e.n.c.*, précité, note 296.

309. *Simon Dessureault* c. *La Revue de Terrebonne inc.*, 2010 QCCRT 94 ; *Jean-Luc Roy* c. *Alphonse Lepage inc.*, 2011 QCCRT 0562.

310. *Centre hospitalier régional de Trois-Rivières (Pavillon St-Joseph)* et *Syndicat professionnel des infirmières et infirmiers de Trois-Rivières (Syndicat des infirmières et infirmiers Mauricie – Cœur-du-Québec)*, précité, note 293 ; *Binette* et *Réno-Dépôt inc.*, D.T.E. 2007T-721 (C.R.T.) ; *Chouinard* c. *Ressourcerie de Lévis*, 2009 QCCRT 0288, par. 136 : « La gestion est si rigide qu'elle en devient humiliante pour les employés qui sont traités comme des enfants [...] ».

311. *Dessureault* c. *Revue de Terrebonne inc.*, D.T.E. 2010T-225 (C.R.T.) – signification du rendement insatisfaisant d'un salarié ; *St-Pierre* c. *Accès-Travail-Femmes inc.*, 2011 QCCRT 0398 – demande de modification du comportement formulée de façon maladroite.

312. *Pierre Wilson Belfort* et *Château Cartier Sheraton*, C.L.P. 187324-07-0207, 13 juin 2003 ; *Bangia* et *Nadler Danino, s.e.n.c.*, précité, note 296 ; *Côté* c. *CHSLD de la MRC de Champlain*, 2007 QCCRT 0174.

313. *Fédération des infirmières et infirmiers du Québec (F.I.I.Q.)* et *Centre de santé et de services sociaux du Québec-Nord (C.L.S.C. Orléans)*, D.T.E. 2007T-66 (T.A.) ; *Bourque* et *Centre de santé des Etchemins*, 2006 QCCRT 0104 ; *Salaberry-de-Valleyfield (Ville de)* et *Syndicat des Cols Bleus de la Ville de Salaberry-de-Valleyfield (C.S.N.)*, AZ-50363570 ; *Roy* c. *McCarthy Tétrault S.E.N.C.R.L.*, 2007 QCCRT 0189. Par contre, certaines situations où l'employeur administre la discipline sont assimilées à du harcèlement psychologique : *Albert J. Lalonde* c. *Les pavages Chenails inc.*, 2007 QCCRT 0191 ; *Ville A* et *Syndicat des cols bleus de la Ville A (C.S.N.)*, D.T.E. 2007T-515 (T.A.).

314. Julie BOURGAULT, *Le harcèlement psychologique au travail : les nouvelles dispositions de la Loi sur les normes et leur intégration dans le régime légal préexistant*, Montréal, Wilson & Lafleur, 2006, p. 77-81.

psychologique dû à un exercice anormal du droit de direction de l'employeur ne possède pas le droit de refuser de travailler tant que ce harcèlement ne constitue pas un danger pour sa santé ou son intégrité psychologique[315].

d) Les obligations de l'employeur

287 – *Prévention* – Le droit du salarié à un milieu de travail exempt de harcèlement psychologique, prévu à l'article 81.19 L.N.T., a comme corollaire l'obligation de l'employeur de prendre les moyens raisonnables pour prévenir le harcèlement psychologique (art. 81.19, al. 2 L.N.T.). L'employeur est tenu à une obligation de moyens et non de résultat.

288 – *Mesures de redressement* – Dans le cas où une situation de harcèlement psychologique lui est rapportée ou vient à sa connaissance, il doit de plus prendre les mesures appropriées pour faire cesser une telle conduite[316]. Dès 1987, la Cour suprême a reconnu cette responsabilité de l'employeur en cas de harcèlement puisqu'il est la seule partie qui soit en mesure de redresser cette situation de la meilleure manière possible[317]. L'employeur est d'ailleurs responsable du harcèlement fait par un de ses salariés envers un autre[318] et du préjudice qui en découle[319]. Lorsque le salarié a fait la preuve de toutes les composantes de la définition prévue à l'article 81.18 L.N.T., l'employeur peut s'exonérer de sa responsabilité en démontrant par exemple qu'il a effectué une enquête rigoureuse, qu'il a imposé des mesures disci-

---

315. *Syndicat canadien de la fonction publique, section locale 2915 (S.C.F.P.)* et *Baie-Comeau (Ville de)*, D.T.E. 2005T-1118 (T.A).
316. *Landesman* et *Encore Automotive*, 2007 QCCRT 0184 – l'employeur a fait défaut de faire une enquête adéquate et a lui-même porté des accusations gratuites contre celle-ci ; *Clair Foyer inc.* c. *Syndicat régional des travailleuses et travailleurs de Clair Foyer inc. (C.S.N.)*, D.T.E. 2005T-1119 – l'employeur ne s'est pas déchargé de son obligation de prendre les moyens raisonnables pour faire cesser le harcèlement en engageant un consultant pour évaluer la situation ; *Larivière* c. *Collectif de psychothérapie populaire de la Rive-Sud*, 2012 QCCRT 0111 – absence d'enquête de la part de l'employeur après la dénonciation d'une situation de harcèlement psychologique concernant une de ses salariées.
317. *Robichaud* c. *Conseil du Trésor du Canada*, [1987] 2 R.C.S. 84.
318. *Janzen* c. *Platy Entreprises Ltd.*, précité, note 304 ; *Syndicat des employées et employés de métiers d'Hydro-Québec, section locale 1500 (S.C.F.P.-F.T.Q.)* et *Hydro-Québec*, D.T.E. 2006T-302 (T.A.) – l'employeur devra en effet répondre de sa responsabilité peu importe la source du harcèlement, que ce soit le fait de ses représentants ou de syndiqués ; *Capital HRS* et *Teamsters Québec, section locale 69 (F.T.Q.)*, précité, note 298. par. 26.
319. Voir à cet effet l'article 1463 C.c.Q. qui édicte l'obligation de l'employeur de réparer le préjudice pour les fautes de ses employés dans l'exécution de leur travail.

plinaires ou administratives ou qu'il a adopté et mis en œuvre une politique contre le harcèlement dans l'entreprise[320].

Quelques décisions ont établi que l'employé a le devoir d'informer l'employeur le plus tôt possible d'une situation de harcèlement afin que l'employeur remédie à la situation par des mesures adéquates[321].

3. Les recours en cas de harcèlement psychologique

a) Forum compétent

289 – *Généralités* – Le harcèlement psychologique peut être l'œuvre soit de collègues, seuls ou en groupe, soit de l'employeur directement ou de ses représentants, soit du syndicat[322] ou même de tiers, par exemple des clients, des fournisseurs ou des visiteurs. Le recours prévu à la L.N.T. bénéficie à la victime, que celle-ci soit syndiquée ou non syndiquée. Toutefois, le tribunal chargé de l'adjudication sur la plainte n'est pas le même selon que le plaignant est syndiqué ou non.

i) Les salariés non syndiqués

290 – *La C.R.T.* – En vertu de l'article 123.6 L.N.T., le salarié qui croit avoir été victime de harcèlement psychologique, ou un organisme sans but lucratif de défense des droits des salariés ayant obtenu un consentement écrit, adresse, par écrit, une plainte à la C.N.T. dans un délai de 90 jours de la dernière manifestation de la conduite de harcèlement (art. 123.7 L.N.T.) sous peine d'être déclarée irrecevable

---

320. Bernard CLICHE, Paule VEILLEUX, François BOUCHARD, Catherine HOUPERT, Éric LATULIPPE, Isabelle CORMIER, Marie-Pierre RAYMOND, *Le harcèlement et les lésions psychologiques*, Cowansville, Éditions Yvon Blais, 2005, p. 167-168. *Centre hospitalier régional de Trois-Rivières (Pavillon St-Joseph)* et *Syndicat professionnel des infirmières et infirmiers de Trois-Rivières (Syndicat des infirmières et infirmiers Mauricie – Cœur-du-Québec)*, précité, note 293.

321. *Conseil canadien des Teamsters* et *Purolator Courrier Ltée*, D.T.E. 2005T-87 (T.A.) ; *Clair Foyer inc.* et *Syndicat des employés de Clair Foyer inc.*, D.T.E. 2005T-983 (T.A.) ; *Mathieu Garneau c. Les Viandes P.P. Hallé ltée*, 2008 QCCRT 0196 ; *Mireille Raymond c. C. Lamond et fils ltée*, 2009 QCCRT 0330 – lorsque les présumés harceleurs sont les dirigeants, on ne peut reprocher à la victime de ne pas avoir averti la direction.

322. Exemple : *Syndicat des employées et employés de métiers d'Hydro-Québec, section locale 1500 (S.C.F.P.-F.T.Q.) c. Fontaine*, 2006 QCCA 1642 – recours civil selon l'article 1457 C.c.Q. car le syndicat a eu une conduite harcelante envers le salarié ; *Dufour c. Syndicat des employées et employés de centre d'accueil Pierre-Joseph Triest (C.S.N.)*, [1999] R.J.D.T. 1559.

par la C.R.T[323]. Toutefois, le non-respect de ce délai ne peut être invoqué d'office par la C.R.T., car il s'agit d'un délai de prescription et non de déchéance[324]. La C.N.T. évalue les conditions de recevabilité du recours, tel le statut de salarié du plaignant, puis si elles sont remplies, fait une enquête. L'enquête de la C.N.T. vise à vérifier l'existence d'une forme de harcèlement dans l'entreprise et le traitement accordé à la situation par l'employeur, notamment en vérifiant l'existence d'une politique de protection en cette matière et en recueillant certains faits relatifs au bien-fondé de la plainte[325]. Si elle accepte de donner suite à cette plainte, elle la défère à la C.R.T. (art. 123.8 et 123.12 L.N.T.). Lorsque, à la suite de son enquête, la C.N.T. refuse de donner suite à la plainte du salarié, celui-ci dispose d'un recours en révision selon les articles 107 et 107.1 L.N.T. Si la décision à la suite de cette révision est négative, le salarié peut demander par écrit à la C.N.T. de déférer sa plainte à la C.R.T. dans les 30 jours. Dans ce cas toutefois, la C.N.T. ne représentera pas le salarié devant la C.R.T. Puisque l'article 123.14 L.N.T. réfère aux dispositions du *Code du travail* relatives à la C.R.T., cette dernière a compétence exclusive pour entendre les plaintes fondées sur le harcèlement psychologique. Ce recours est ouvert au cadre supérieur, à tout salarié et à tout employeur (art. 3(6º) et 3.1 L.N.T.).

Précisons que dans certains cas, la C.R.T. doit céder le pas à la Commission des lésions professionnelles lorsqu'elle a conclu à la survenance d'une lésion professionnelle (art. 123.16 L.N.T.)[326].

---

323. *Dupuis* c. *Commission des relations du travail*, 2010 QCCS 481 ; *Bronsard* c. *École secondaire François-Bourrin*, 2011 QCCRT 0389.

324. *Global Credit & Collection Inc.* c. *Rolland*, 2011 QCCA 2278.

325. Guy POIRIER et Robert L. RIVEST, « Les nouvelles normes de protection en cas de harcèlement psychologique au travail : une approche moderne », dans Service de la formation permanente, Barreau du Québec, vol. 205, *Développements récents en droit du travail*, Cowansville, Éditions Yvon Blais, 2004, p. 226.

326. *Goulet* c. *Coopérative de services à domicile Beauce-Nord*, 2012 QCCRT 0138 – la C.R.T. a conclu qu'il n'y avait pas identité d'objet et de cause entre un recours exercé en vertu de la *Loi sur les accidents du travail et les maladies professionnelles* et la plainte pour harcèlement psychologique dont elle est saisie. Par conséquent « la Commission [...] a compétence exclusive pour déterminer les obligations de l'employeur dans les cas de harcèlement psychologique, sauf en ce qui a trait à l'indemnisation. Pour éviter la double indemnisation, et comme le harcèlement peut entraîner une lésion professionnelle, la compétence de la Commission sur cette seule matière spécifique est subsidiaire à celle de la CLP qui peut être appelée à indemniser les conséquences du harcèlement prohibé » (par. 96). Voir aussi, *Rajeb* c. *Solutions d'affaires Konica Minolta (Montréal) inc.*, 2011 QCCRT 0397 – la C.R.T. a agi dans un cadre précis à savoir le harcèlement psychologique tel que défini à l'article 81.18 L.N.T.

291 – *La Commission de la fonction publique* – En ce qui concerne les employés de l'État qui ne sont pas syndiqués de même que les membres et les dirigeants d'organismes gouvernementaux, ils devront exercer leur recours devant la Commission de la fonction publique (art. 81.20, al. 3 et 4 L.N.T.). L'article 123.10 L.N.T. prévoit un processus de médiation si les parties y consentent.

292 – *Parties intéressées* – Récemment, il a été décidé que le présumé harceleur ne pouvait pas être partie au débat mais qu'il pouvait cependant intervenir dans l'instance à titre de mis en cause[327]. Également, dans certains cas exceptionnels[328], l'intervention d'une tierce partie sera permise lorsqu'elle se révèle essentielle[329].

293 – *Pouvoirs de la C.R.T.* – Lorsque la C.R.T. fait droit à la plainte du salarié, elle dispose des pouvoirs énumérés à l'article 123.15 L.N.T. soit :

1- ordonner à l'employeur de réintégrer le salarié ;

2- ordonner à l'employeur de payer au salarié une indemnité jusqu'à un maximum équivalant au salaire perdu ;

3- ordonner à l'employeur de prendre les moyens raisonnables pour faire cesser le harcèlement ;

---

327. *Syndicat du soutien scolaire Bellimont (C.S.N.)* et *Commission scolaire de la Côte-du-Sud*, D.T.E. 2005T-674 (T.A.) – dans le cadre d'un grief contestant du harcèlement psychologique, l'auteur de ce harcèlement a des intérêts suffisants pour intervenir au débat notamment, car les faits reprochés peuvent porter atteinte à ses droits garantis par la Charte ; *McDonald* c. *Arshinoff & Cie ltée*, D.T.E. 2007T-396 (C.A.) – confirme la décision de la Commission des lésions professionnelles (D.T.E. 2006T-604 (C.L.P.) ; *Marois* et *Commission des droits de la personne et des droits de la jeunesse*, 2006 QCCRT 0359, confirmé par la Cour supérieure, n° 500-17-032266-069, 13 novembre 2006, AZ-50403924 – la C.R.T. autorise le présumé harceleur, en l'occurrence, le président de la C.D.P.J., à intervenir à titre de partie au litige en raison de la nature de ses fonctions exercées et de l'impact direct sur son droit à la sauvegarde de sa dignité, de son honneur et de sa réputation ; *Alliance internationale des employés de scène, de théâtre, de techniciens de l'image, artistes et métiers connexes des États-Unis, ses territoires et du Canada, section locale 514, F.A.T.-C.O.I., C.T.C., F.T.Q.* et *Spiderwick Productions inc.*, D.T.E. 2006T-976 (C.R.T.).

328. *Syndicat du transport de Montréal* c. *Métromédia CMR Plus inc. et autres*, 2010 QCCA 98 – la Cour d'appel insiste sur le caractère exceptionnel d'une telle intervention.

329. L'intervention d'un tiers ne portera que sur des éléments pertinents et les droits qui le concernent spécifiquement : *Association des médecins résidents de Québec et Centre hospitalier universitaire de Québec* c. *Dr Jacques E. Leclerc, Dr François Thuot et Dr Richard Bussières*, AZ-50615741 (T.A.), par. 66.

4- ordonner à l'employeur de verser au salarié des dommages et intérêts punitifs et moraux ;

5- ordonner à l'employeur de verser au salarié une indemnité pour perte d'emploi ;

6- ordonner à l'employeur de financer le soutien psychologique requis par le salarié pour une période raisonnable qu'elle détermine ;

7- ordonner la modification du dossier disciplinaire du salarié victime de harcèlement psychologique.

Ces pouvoirs n'étant pas limitatifs, la C.R.T. peut également rendre toute décision qu'elle juge juste et raisonnable en tenant compte de toutes les circonstances (art. 123.15 L.N.T.), par exemple, le remboursement des honoraires d'avocats. Il est à noter cependant que les paragraphes 2º, 4º et 6º de cet article ne s'appliquent pas pour la période au cours de laquelle le salarié est victime d'une lésion professionnelle au sens de la L.A.T.M.P. qui résulte du harcèlement psychologique (art. 123.16, al. 1 L.N.T.). Dans le même ordre d'idées, lorsque la C.R.T. estime probable que le salarié ait été victime d'une telle lésion, elle réserve sa décision au regard de ces paragraphes (art. 123.16, al. 2 L.N.T.).

ii) Les salariés syndiqués

294 – *L'arbitre de griefs* – La *Loi sur les normes du travail* prévoit que les dispositions concernant le harcèlement psychologique sont réputées faire partie intégrante de toute convention collective (art. 81.20, al. 1 L.N.T.). En conséquence, le salarié syndiqué procède par voie de grief auprès de l'arbitre lorsqu'il veut déposer une plainte pour harcèlement psychologique[330]. Cet article, qui fige le forum pour les personnes syndiquées, vient résoudre une ambiguïté qui subsistait jusque-là dans la jurisprudence des tribunaux supérieurs[331]. La même procédure s'applique pour les salariés du gouvernement qui sont régis par une convention collective.

---

330. *Syndicat des enseignants de Beauce-Appalaches* et *Collège de Beauce-Appalaches*, D.T.E. 2006T-815 (T.A.).
331. Diane SABOURIN, « Récents développements jurisprudentiels en matière d'arbitrage de griefs », dans Service de la formation permanente, Barreau du Québec, vol. 205, *Développements récents en droit du travail*, Cowansville, Éditions Yvon Blais, 2004, p. 304-312, p. 281-322.

295 – *Représentation syndicale* – Le salarié syndiqué sera alors représenté par son syndicat, qui devra respecter son devoir de juste représentation prévu à l'article 47.2 C.t. Si le syndicat contrevient à ce devoir, le salarié qui se croit victime de harcèlement psychologique pourra s'adresser à la Commission des relations du travail en vertu de l'article 47.3 C.t. pour signaler ce manquement du syndicat et demander que sa réclamation soit déférée à l'arbitrage. L'article 47.3 C.t. impose un délai de six mois au salarié pour se prévaloir de ce recours.

296 – *Pouvoirs de l'arbitre de griefs* – Lors d'un recours en harcèlement psychologique, l'arbitre de griefs disposera des mêmes pouvoirs que la C.R.T. et pourra donc rendre une ou plusieurs des sept ordonnances prévues à l'article 123.15 L.N.T. (art. 81.20, al. 1 L.N.T.) en plus de son pouvoir de rendre toute autre décision qu'il juge juste et raisonnable dans les circonstances de l'affaire. Toutefois, l'arbitre de griefs saisi d'une plainte en harcèlement psychologique est lié par le principe de la chose jugée à l'égard d'une décision de la Commission des lésions professionnelles concluant à l'absence de harcèlement psychologique au regard de la *Loi sur les accidents du travail et les maladies professionnelles*[332].

L'arbitre de griefs est également compétent pour entendre le grief soumis par le salarié harceleur afin de contester la mesure disciplinaire qui lui a été imposée par l'employeur[333].

D. La sanction pénale des normes

297 – *Procédure et prescription* – Les contraventions aux obligations imposées par la *Loi sur les normes du travail* peuvent donner lieu à des poursuites pénales intentées selon le *Code de procédure pénale*,

---

332. *Syndicat canadien des communications, de l'énergie et du papier – SCEP* c. *Amdocs Gestion de services canadiens*, 2009 QCCS 467. Toutefois, deux courants jurisprudentiels se sont développés quant à l'exercice de la compétence qui est dévolue à l'arbitre en matière de harcèlement psychologique par l'article 81.20 L.N.T. En effet, depuis l'arrêt *Syndicat canadien des communications, de l'énergie et du papier – SCEP* c. *Amdocs Gestion de services canadiens*, certaines décisions concluent à l'autorité de la chose jugée (*Cargill ltée* et *Travailleuses et travailleurs unis de l'alimentation et du commerce, section locale 500*, D.T.E. 2009T-540 (T.A.), alors que dans d'autres décisions, elle n'a pas été reconnue (*Syndicat de la fonction publique du Québec – unité fonctionnaires* et *Québec (Gouvernement du) (Ministère de la Justice)*, D.T.E. 2012T-89 (T.A.).

333. Bernard CLICHE, Paule VEILLEUX, François BOUCHARD, Catherine HOUPERT, Éric LATULIPPE, Isabelle CORMIER, Marie-Pierre RAYMOND, *Le harcèlement et les lésions psychologiques*, précité, note 320, p. 179-191.

par le Procureur général ou par une personne autorisée par un juge[334]. Les infractions se prescrivent par un an à compter de la date de la connaissance par le poursuivant de la perpétration de l'infraction, mais aucune poursuite ne peut être intentée plus de cinq ans après la date de l'infraction (art. 144 L.N.T.). Le tribunal compétent est la chambre pénale et criminelle de la Cour du Québec[335].

---

334. *Code de procédure pénale*, RLRQ, c. C-25.1, art. 9 et 10.
335. Voir *infra*, Titre II, chapitre 1, nos 444-445.

CHAPITRE 3
LA SANTÉ ET LA SÉCURITÉ DU TRAVAIL

298 – *Risques associés au travail* – Comme la plupart des activités humaines, le travail présente parfois des occasions de risque ou de danger pour la santé et la sécurité de la personne qui l'exécute, ce qui amènera le législateur à intervenir pour imposer certaines balises en la matière.

299 – *Obligation de sécurité* – Historiquement, le *Code civil du Bas-Canada* a permis d'identifier une obligation contractuelle de l'employeur de veiller à la sauvegarde de la santé et de la sécurité de ses employés, en prenant des mesures raisonnables à cette fin, et la même obligation de l'employé de veiller à sa propre sécurité et à celle de son milieu de travail[1]. La jurisprudence québécoise a cependant surtout mis en évidence le fondement extracontractuel de l'obligation de sécurité de l'employeur, reconnaissant à l'employé un recours en responsabilité, sur la base des articles 1053 et suivants C.c.B.-C., en cas de faute de l'employeur[2]. Cependant, la notion de santé et de sécurité au travail a beaucoup évolué. La Cour suprême dans son arrêt *Bell Canada c. Québec (Commission de la santé et de la sécurité du travail)*[3] fait état de cette évolution dans les termes suivants :

> Les régimes d'indemnisation des accidents du travail, en général, qu'il s'agisse de celui de la Colombie-Britannique, de celui du Québec et de ceux de toutes les provinces ou de la plupart d'entre elles, sont des régimes législatifs d'assurance et de responsabilité collective sans faute, qui remplacent les anciens régimes de responsabilité civile individuelle fondés sur la faute. Ils sont généralement financés, du moins

---

1. *Trottier* c. *J.L. Lefebvre Ltée*, [1973] R.C.S. 609 ; *Litgens* c. *Jean*, [1973] R.C.S. 723.
2. Exemples : *Trottier* c. *J.L. Lefebvre Ltée, ibid.* ; *Canadian Shade Tree Service Limited* c. *Diabo*, (1966) 61 B.R. 501 ; *Chauvin* c. *Hardee Farms Ltd.*, [1965] C.S. 27 ; *Degray* c. *Procureur général de la province de Québec*, [1964] R.L. 45 (C.S.).
3. *Bell Canada* c. *Québec (Commission de la santé et de la sécurité du travail)*, [1988] 1 R.C.S. 749.

en partie, par des contributions des employeurs. Ils créent un système complexe de recours statutaires directs et de recours subrogatoires qui ont peu à voir avec les anciens recours de droit commun. Ils sont axés sur l'indemnisation et donc sur une forme de liquidation plus ou moins définitive des recours.[4]

Cette évolution du régime de prévention et de réparation des lésions professionnelles s'est cependant produite par étapes et nécessita plusieurs modifications législatives au fil du temps.

300 – *Évolution du régime de santé et de sécurité du travail* – Le législateur québécois constata rapidement que le régime de responsabilité civile du droit commun, fondé sur la preuve de la commission d'une faute et du lien de causalité entre cette faute et le préjudice subi par le réclamant, se révélait inapproprié au milieu du travail. Dès 1909, il adoptait un premier régime d'indemnisation encadrant les recours civils, la *Loi concernant la responsabilité pour les accidents subis par les travailleurs dans le cours de leur emploi et la compensation pour les blessures en résultant*[5]. Cependant, « la loi de 1909 n'était pas parfaite, loin de là »[6]. On lui reprochait notamment le faible niveau d'indemnisation des travailleurs accidentés[7], que rien dans la loi n'assimilait les maladies professionnelles aux accidents de travail[8] et que la loi ne traitait pas des moyens de prévention qui devraient être pris par les employeurs pour éviter les accidents[9]. Un autre inconvénient était que l'application de cette loi relevait de la juridiction des tribunaux de droit commun (Cour supérieure), ce qui avait pour effet de permettre des appels jusqu'à la Cour suprême du Canada par les employeurs et de surcroît, de reporter « indûment l'accès à des indem-

---

4. *Ibid.*, par. 294. Sur l'évolution historique du droit de la santé et de la sécurité au Québec, voir Bernard CLICHE, Serge LAFONTAINE et Richard MAILHOT, *Traité de droit de la santé et de la sécurité du travail : le régime juridique des accidents du travail et des maladies professionnelles*, Cowansville, Éditions Yvon Blais, 1993, p. 1 à 35 ; Bernard CLICHE, Martine GRAVEL, *Les accidents du travail et les maladies professionnelles*, Cowansville, Éditions Yvon Blais, 1997, p. 80 à 84. Voir également, Katherine LIPPEL, *Le droit de l'accidenté à une indemnité : analyse historique et critique*, Montréal, Éditions Thémis, 1986, p. xiii.

5. S.Q. 1909, c. 66.

6. Bernard CLICHE, Serge LAFONTAINE et Richard MAILHOT, *op. cit*, note 4, p. 17.

7. *Ibid.*, p. 17-18.

8. *Ibid.*, p. 20.

9. *Ibid.*

nités pour les travailleurs victimes d'accidents du travail qui, le plus souvent, n'avaient pas les moyens de comparaître en appel »[10].

À la suite de ces reproches, la Commission d'enquête Roy[11] fut instaurée en 1925 et mena à l'adoption en 1928 de la *Loi concernant la Commission des accidents du travail*[12] ayant pour but de créer un organisme administratif chargé d'appliquer la *Loi concernant l'indemnisation des accidents de travail*[13]. Ainsi, la nouvelle Commission des accidents du travail devenait désormais l'organisme administratif exclusif de dernier ressort[14] pour toutes les affaires se rapportant à l'octroi des bénéfices et des indemnités prévus par la *Loi concernant l'indemnisation des accidents de travail*[15]. Cette dernière, pour sa part, stipulait que les employeurs devaient assumer les coûts de réparation associés aux accidents du travail dans leur propre entreprise et introduisait pour la toute première fois, un régime intégré de réparation avec un barème des taux d'incapacité permanente[16]. On ne retrouvait toutefois à cette époque aucune disposition relative aux maladies dites industrielles ou professionnelles[17]. Ce régime fut en place jusqu'en 1931, année où on adopta la *Loi des accidents du travail*[18]. La loi de 1931 innovait sur deux aspects

---

10. K. LIPPEL, « L'expérience du processus d'appel en matière de lésions professionnelles telle que vécue par les travailleuses et les travailleurs », dans Service de la formation continue, Barreau du Québec, *Développements récents en droit de la santé et de la sécurité au travail*, vol. 220, Cowansville, Éditions Yvon Blais, 2006, p. 123.

11. *Rapport de la Commission d'étude sur la réparation des accidents du travail (Rapport Roy)*, Québec, Imprimeur du Roi, 1925.

12. 1928 (Qué.), 18 Geo. V, c. 80.

13. 1928 (Qué.), 18 Geo. V, c. 79. Voir aussi Bernard CLICHE, Serge LAFONTAINE et Richard MAILHOT, *op. cit*, note 4, p. 22.

14. De manière générale, il en fut ainsi jusqu'en 1977, année où la *Loi modifiant la Loi des accidents du travail et la Loi sur l'indemnisation des victimes d'amiantose et de silicose dans les mines et carrières et modifiant de nouveau la Loi de la Commission des affaires sociales*, L.Q. 1977, c. 42, instaura un appel à un organisme externe, la Commission des affaires sociales (C.A.S.). Par la suite, les modifications législatives de 1985 introduisirent le bureau de révision paritaire (B.R.P.) et transférèrent la compétence d'appel de la C.A.S. à la Commission d'appel en matière de lésions professionnelles (C.A.L.P.). Finalement, en 1998, le B.R.P. fut remplacé par la Direction de la révision administrative (D.R.A.), et la juridiction d'appel de la C.A.L.P. fut transférée à la Commission des lésions professionnelles (C.L.P.). Voir K. LIPPEL, *loc. cit.*, note 10, p. 123-124.

15. 1928 (Qué.), 18 Geo. V, c. 80, art. 12. Voir aussi Bernard CLICHE, Serge LAFONTAINE et Richard MAILHOT, *op. cit.*, note 4, p. 22-23.

16. Bernard CLICHE, Serge LAFONTAINE et Richard MAILHOT, *op. cit.*, note 4, p. 23 ; K. LIPPEL, *loc. cit.*, note. 10.

17. *Ibid.* Voir également, B. CLICHE et M. GRAVEL, *op. cit.*, note 4, p. 82.

18. 1931 (Qué.), 21 Geo. V, c. 100.

majeurs[19] : tout d'abord, un fonds d'indemnisation alimenté par les
employeurs au moyen d'une cotisation annuelle fut créé, mutualisant
ainsi pour ces employeurs les risques financiers inhérents à la poursuite d'activités économiques. En revanche, ils ne pourront dès lors
plus être poursuivis devant les tribunaux par un travailleur blessé.
Puis, à l'instar des législations française et britannique[20], une section
spécifique traitant des maladies industrielles fut instaurée[21]. Si le
travailleur devenait totalement incapable d'exercer son emploi après
avoir contracté une maladie associée à tel emploi, contenu à la Cédule
3, les dispositions concernées créaient une présomption de relation
entre le travail exercé et la maladie qui affectait le travailleur et ce
dernier était indemnisé[22].

Par la suite, se sont successivement ajoutées les modifications
provenant de la *Loi sur les établissements industriels et commerciaux*[23] (élargissement de l'application des dispositions aux activités
de commerce), de la *Loi pour protéger les travailleurs atteints de silicose*[24] (précision des critères sur lesquels devait être basé le diagnostic clinique de silicose), ainsi que plusieurs règlements concernant la
surveillance de la condition pulmonaire des travailleurs miniers en
vertu de la *Loi des mines de Québec*[25], la *Loi sur l'indemnisation des
victimes d'amiantose et de silicose dans les mines et les carrières*[26]
(indemnités plus généreuses que la *Loi des accidents du travail* pour
les travailleurs victimes d'amiantose et de silicose), l'adoption en
1979 de la *Loi sur la santé et la sécurité du travail* (ci-après, la
« L.S.S.T. ») qui est actuellement une composante majeure du régime
normatif de travail du Québec, détaillant l'essentiel des règles de
mise en œuvre du droit du travailleur à sa santé, à sa sécurité et à son
intégrité physique[27]. Et finalement, l'adoption de la *Loi sur les acci-*

---

19. Bernard CLICHE, Serge LAFONTAINE et Richard MAILHOT, *op. cit.*, note 4,
     p. 25.
20. F.P. WALTON, *The Workmen's Compensation Act, 1909, of the Province of
     Quebec, with a Commentary*, Montréal, J. Lovell and Son, 1910, p. 54.
21. 1931 (Qué.), 21 Geo. V, c. 100, art. 2(1)(1), 105, ainsi que la cédule 3.
22. Bernard CLICHE, Serge LAFONTAINE et Richard MAILHOT, *op. cit.*, note 4,
     p. 25.
23. 1934 (Qué.), 24 Geo. V, c. 55.
24. 1938 (Qué.), 2 Geo. VI, c. 89.
25. S.R. 1941, c. 196 ; modifiée par : 1949 (Qué.), 13 Geo. VI, c. 57.
26. L.Q. 1975, c. 55.
27. L.Q. 1979, c. 63. De manière générale, voir : Jean-Pierre VILLAGGI, *La protec-
     tion des travailleurs – L'obligation générale de l'employeur*, Cowansville, Édi-
     tions Yvon Blais, 1996 ; Bernard CLICHE, Serge LAFONTAINE et Richard
     MAILHOT, *op. cit.*, note 4.

dents du travail et les maladies professionnelles (ci-après, la
« L.A.T.M.P. ») qui est entrée en vigueur le 19 août 1985[28].

301 – *Autres sources du droit à la sécurité* – La *Charte des droits et
libertés de la personne* du Québec affirme de façon générale le droit de
tout être humain à la vie, à la sûreté et à l'intégrité de sa personne[29].
Son article 46 reconnaît en outre à toute personne qui travaille le
« droit, conformément à la loi, à des conditions de travail [...] qui respectent sa santé, sa sécurité et son intégrité physique »[30]. Les articles
2087 et 2088 du *Code civil du Québec* codifient désormais de leur côté
des obligations respectives de sécurité de l'employeur et du salarié[31].

302 – *Développements législatifs* – Bien que certaines sources législatives se greffent volontiers aux relations de travail qui interviennent
entre l'employeur et le salarié, les deux lois les plus importantes
au Québec en matière de santé et sécurité au travail restent la
L.A.T.M.P. qui a marqué l'aboutissement d'une ambitieuse réforme
dans le domaine ; et la L.S.S.T. qui exprime la volonté du législateur
de faire de la santé et de la sécurité du travail un droit fondamental
pour les travailleurs et une responsabilité collective.

Plusieurs modifications législatives sont venues amender, au fil
des ans, autant la L.A.T.M.P. que la L.S.S.T. Ainsi, récemment, la *Loi
modifiant le régime de santé et de sécurité du travail afin notamment
de majorer certaines indemnités de décès et certaines amendes et
d'alléger les modalités de paiement de la cotisation pour les
employeurs*[32], qui a été sanctionnée le 10 juin 2009, a modifié la
L.A.T.M.P. en matière d'indemnisation et de paiement de cotisation.
La modification la plus substantielle fut celle apportée à la L.S.S.T.
car le montant des amendes a été significativement augmenté.

---

28. RLRQ, c. A-3.001. En ce qui concerne les aspects majeurs de la L.A.T.M.P., voir :
    Denis BRADET, Bernard CLICHE, Martin RACINE et France THIBAULT, *La
    Loi sur les accidents du travail et les maladies professionnelles : aspects prati-
    ques et juridiques*, 6e éd, Cowansville, Éditions Yvon Blais, 2007 ; B. CLICHE et
    M. GRAVEL, *op. cit.*, note 4 ; Michel SANFAÇON, *L'indemnisation des victimes
    d'accidents du travail et des maladies professionnelles, aspects juridiques en
    droit québécois*, Montréal, Wilson & Lafleur, 2000.
29. RLRQ, c. C-12, art. 1.
30. Relativement aux moyens de mise en œuvre de la Charte, voir *supra*, Titre préli-
    minaire, chapitre 2, nos 55-83. Voir aussi *Rhéaume c. Association profession-
    nelle des optométristes du Québec*, [1986] D.L.Q. 57 (C.S.).
31. Voir *supra*, Titre I, chapitre 1, nos 111-113 et 141.
32. *Loi modifiant le régime de santé et de sécurité du travail afin notamment de
    majorer certaines indemnités de décès et certaines amendes et d'alléger les moda-
    lités de paiement de la cotisation pour les employeurs*, L.Q. 2009, c. 19.

Nous aborderons sommairement les principaux aspects de ces deux textes législatifs.

I- L'OBJET ET LE CHAMP D'APPLICATION DE LA L.A.T.M.P.

A. L'objet et les conditions d'application

303 – *Objectifs et ordre public* – La L.A.T.M.P. poursuit l'objectif de réparer les lésions professionnelles et les conséquences qu'elles entraînent pour les travailleurs qui bénéficient de son régime. Elle vise à compenser les pertes financières subies par le travailleur victime d'une lésion professionnelle, mais aussi à favoriser sa réadaptation et son retour au travail (art. 1 L.A.T.M.P.). En raison de son caractère social et réparateur, les tribunaux ont généralement favorisé une interprétation large et libérale de ses dispositions[33].

De surcroît, la L.A.T.M.P. étant une loi d'ordre public, une convention collective ne pourra pas contenir de dispositions dont l'effet serait d'entraîner une protection moindre que celle prévue par le régime de la L.A.T.M.P. (art. 4, al. 2 L.A.T.M.P.)[34].

304 – *Conditions d'application* – Ce sont les articles 7 et 8 qui prévoient les conditions générales d'application de la L.A.T.M.P. L'examen de ces dispositions législatives laisse voir trois types de situations donnant lieu à l'application de la Loi. Les éléments suivants sont pris en compte : la résidence du travailleur ; l'emplacement où celui-ci a subi un accident ou a contracté une maladie

---

33. La Cour suprême du Canada dans son arrêt *Béliveau St-Jacques* c. *Fédération des employées et employés de services public Inc.*, [1996] 2 R.C.S. 345, a rappelé le caractère particulier de la L.A.T.M.P. en ces termes : « L'évolution et les caractéristiques de cet ensemble normatif permettent de conclure à sa large autonomie face au droit commun. Il transpose un compromis social, longuement mûri, entre diverses forces contradictoires [...] » (par. 114). Voir également : *Boies* et *CSSS Québec-Nord*, 2011 QCCLP 2775, par. 64 : « La loi a pour principal objet la réparation des lésions professionnelles et des conséquences qu'elles entraînent pour les bénéficiaires. Considérant le caractère social et réparateur de la loi, les protections qu'elle offre en matière de lésion professionnelle se doivent donc d'être interprétées de manière large et libérale conformément à l'article 41 de la *Loi d'interprétation* » : *Antenucci* c. *Canada Steamship Lines Inc.*, [1991] R.J.Q. 968 (C.A.) ; *Chaput* c. *S.T.C.U.M.*, [1992] C.A.L.P. 1253 (C.A.) ; *Commission scolaire des Mille-Îles et Robillard*, [1991] C.A.L.P. 923 ; *CSST* et *Tremblay*, [1991] C.A.L.P. 1308 ; *Jean* c. *C.A.L.P.*, [1994] C.A.L.P. 453 (C.S.) ; *Lajoie* c. *CLP*, [2002] C.L.P. 476 (C.A.).

34. *Provigo distribution (div. Maxi)* et *CSST*, [2001] C.L.P.

professionnelle ; et le lieu de l'établissement de l'employeur[35]. De manière générale, l'accident du travail ou la maladie professionnelle devront prendre leur source au Québec, alors que le travailleur y est domicilié et que son employeur y tient son établissement (art. 7 L.A.T.M.P.). Toutefois, il faut préciser qu'un travailleur qui est victime d'un accident du travail ou d'une maladie professionnelle prenant sa source à l'extérieur du Québec pourra bénéficier de la protection de la Loi, s'il est domicilié au Québec et que l'employeur y tient son établissement au moment de la survenance de l'accident ou de la contraction de la maladie (art. 8, al. 1 L.A.T.M.P.). Le travailleur qui n'est pas domicilié au Québec bénéficiera également de la protection de la Loi lorsque les conditions suivantes sont remplies : il était domicilié au Québec au moment de son affectation à un emploi en-dehors de la province ; la durée du travail effectué a été inférieure à cinq ans lorsqu'est survenu l'accident ou lorsqu'a été contractée la maladie ; et son employeur avait alors son établissement au Québec (art. 8, al. 2 L.A.T.M.P.).

Notons qu'il est possible de prévoir, par le biais d'une entente, des exceptions aux conditions d'application se trouvant aux articles 7 et 8. Cette possibilité reste ouverte par la conjonction des articles 8.1 L.A.T.M.P. et 170 L.S.S.T.

305 – *Partage de compétences* – La L.A.T.M.P. trouve application tant à l'endroit des entreprises qui relèvent de la compétence législative du gouvernement fédéral en matière de relations du travail que de celles qui sont soumises à la compétence de principe et générale du Québec. Il en est ainsi parce que son caractère véritable la qualifie comme régime d'indemnisation plutôt que comme une loi relative aux conditions de travail[36].

---

35. En faisant une lecture conjuguée des articles 2 L.A.T.M.P. et 1 L.S.S.T., il faut comprendre la notion d'« établissement », comme « L'ensemble des installations et de l'équipement groupés sur un même site et organisés sous l'autorité d'une même personne ou de personnes liées, en vue de la production ou de la distribution de biens ou de services, à l'exception d'un chantier de construction ; ce mot comprend notamment une école, une entreprise de construction ainsi que les locaux mis par l'employeur à la disposition du travailleur à des fins d'hébergement, d'alimentation ou de loisirs, à l'exception cependant des locaux privés à usage d'habitation ». Pour une illustration, voir : *Romaguer* et *Excel Human Resources*, 2009 QCCLP 3012.

36. *Workmen's Compensation Board* c. *Canadian Pacific Railway Co.*, [1920] A.C. 184 ; *Commission du salaire minimum* c. *Bell Telephone Co. of Canada*, [1966] R.C.S. 767, 773-774 ; *Bell Canada* c. *Québec (Commission de la santé et de la sécurité du travail)*, [1988] 1 R.C.S. 749, 763-76.

B. Les personnes assujetties à la L.A.T.M.P.

306 – *La notion de « travailleur »* – La définition qui se trouve à l'article 2 de la Loi conçoit le « travailleur » comme « une personne physique qui exécute un travail, pour un employeur, moyennant rémunération, en vertu d'un contrat de travail ou d'apprentissage »[37]. Cette conception du travailleur se rapproche de celle du salarié prévu à l'article 2085 du Code civil[38]. Pour être considéré comme travailleur au sens de la L.A.T.M.P., il faut donc accomplir une prestation de service personnelle en contrepartie d'une rémunération, le tout, sous l'autorité de l'employeur[39]. Il faut remarquer qu'en vertu de l'article 5 L.A.T.M.P., l'employeur qui loue ou prête les services d'un de ses salariés demeure l'employeur de celui-ci, et doit, par conséquent, en assumer les coûts lorsque survient un accident de travail ou une maladie professionnelle[40].

Sous l'égide de la L.A.T.M.P. et plus particulièrement des articles 9 à 17, la notion de « travailleur » est également élargie, de manière conditionnelle, à certains groupes de personnes tels que : les travailleurs autonomes, les étudiants, les personnes considérées à l'emploi du gouvernement, les personnes incarcérées qui exécutent un travail rémunéré dans le cadre d'un programme d'activité, les bénévoles et les personnes visées dans une entente.

307 – *Le travailleur autonome* – En ce qui concerne le cas particulier du travailleur autonome, l'article 9 L.A.T.M.P. prévoit qu'un travailleur autonome sera reconnu comme travailleur, lorsque dans le cours de ses affaires, il exécute pour le compte d'une personne physique ou

---

37. Notons que la définition de « travailleur » à l'article 2 L.A.T.M.P. contient des exclusions parmi lesquelles se retrouvent : les domestiques, les personnes physiques effectuant du gardiennage, les sportifs professionnels et les dirigeants de personne morale.

38. *Chalet du Boisé Varennois inc.* et *CSST*, [2009] C.L.P. 719 ; *Ndayizeye et Université de Montréal*, 2012 QCCLP 3236.

39. *Mantha* et *Arsenault-Mantha*, [1988] C.A.L.P. 282 – selon la preuve en l'espèce, il y avait présence d'un lien de subordination entre le travailleur et l'employeur, ce dernier gardant le pouvoir de supervision des travaux et donnant les directives quant à ses exigences. Le travailleur, quant à lui, devait fournir la prestation de travail à laquelle il s'était engagé en contrepartie de laquelle il recevait un salaire horaire. Voir également : *Lemay* et *Fenêtres Alsco ltée*, [1990] C.A.L.P. 1261 ; *Mutuelle de prévention ARQ* et *Duhaime*, [2007] C.L.P. 1193 – la présence d'un lien de subordination est un élément essentiel au contrat de travail ; *9008-1951 Québec inc.* et *CSST*, [2007] C.L.P. 279 ; *Davila* et *9135-7103 Québec inc.*, 335150-61-0712, 09-04-03, [2009] C.L.P. 19 – présence des trois éléments distinctifs caractérisant un contrat de travail.

40. *Guay inc.* et *Transport J. Lecavalier international inc.*, [2005] C.L.P. 568.

morale des activités connexes ou similaires à celles exercées par cette personne dans son établissement[41]. Dans pareils cas, les coûts reliés à un accident de travail seront alors imputés à l'entreprise pour laquelle le travail est exercé, à moins que les exceptions prévues à l'article 9 L.A.T.M.P. ne trouvent application[42].

Ainsi, il est possible qu'un travailleur autonome qui effectue des travaux pour une entreprise soit assimilé à un salarié de cette entreprise. Mis à part les éléments de l'article 9 L.A.T.M.P., remarquons que la jurisprudence tient également compte de la définition de « travailleur » que l'on retrouve à l'article 2 L.A.T.M.P., des critères énoncés à l'article 2095 C.c.Q. identifiant les éléments constitutifs essentiels du contrat de travail, ainsi que des articles 2098 et 2099 C.c.Q. qui définissent le contrat d'entreprise et prévoient ses principales caractéristiques[43]. Finalement, pour savoir si un « travailleur » peut être considéré comme un « travailleur autonome » au sens de la L.A.T.M.P, il faudra déterminer, selon les circonstances de chaque cas, quelle est la nature du contrat liant les parties. S'il s'agit d'un réel contrat d'entreprise ou de services, l'entrepreneur ne pourra pas bénéficier de la protection de la Loi car le lien de subordination sera ténu, voire inexistant[44].

308 – *Les personnes inscrites à la C.S.S.T.* – La L.A.T.M.P. prévoit la possibilité pour certaines personnes de s'inscrire auprès de la Commission de la santé et de la sécurité du travail (ci-après, la

---

41. Voir, *Agropur, Coopérative (Division Natrel)* c. *CLP,* [2007] C.L.P. 1962 (C.S.), appel rejeté, [2010] C.L.P. 293 (C.A.) ; *Hébert* et *6758762 Canada inc.,* 2011 QCCLP 5404.

42. Art. 9 L.A.T.M.P. : « Le travailleur autonome qui, dans le cours de ses affaires, exerce pour une personne des activités similaires ou connexes à celles qui sont exercées dans l'établissement de cette personne est considéré un travailleur à l'emploi de celle-ci, sauf : 1° s'il exerce ces activités : a) simultanément pour plusieurs personnes ; b) dans le cadre d'un échange de services, rémunérés ou non, avec un autre travailleur autonome exerçant des activités semblables ; c) pour plusieurs personnes à tour de rôle, qu'il fournit l'équipement requis et que les travaux pour chaque personne sont de courte durée ; ou 2° s'il s'agit d'activités qui ne sont que sporadiquement requises par la personne qui retient ses services ».

43. *Transport accessible du Québec* et *Commission de la santé et de la sécurité du travail (C.L.P., 2009-12-08),* 2009 QCCLP 8378 ; *Garage Carrey & Fils ltée* et *Commission de la santé et de la sécurité du travail (C.L.P., 2013-01-08),* 2013 QCCLP 57 ; *Spa Énergie-Forme inc.* et *Commission de la santé et de la sécurité du travail (C.L.P., 2012-03-07),* 2012 QCCLP 1684.

44. Voir notamment, *Centre musical de Lanaudière enr.* et *CSST,* [2007] C.L.P. 851 ; *Brizard* et *Pétrole Provinciale inc.,* 229073-63-0403, 04-11-09 ; *Québec inc.* et *CSST,* [2007] C.L.P. 1039.

« C.S.S.T. »), et ce, dans le but de bénéficier des indemnités et autres avantages découlant de la Loi lorsqu'ils subissent une lésion professionnelle ou contractent une maladie dans le cadre de leur travail (art. 20 L.A.T.M.P.). Parmi ces personnes se trouvent notamment, le travailleur autonome, le domestique, l'employeur, le dirigeant ou le membre du conseil d'administration d'une personne morale (art. 18 L.A.T.M.P.). Élément intéressant de la Loi, l'alinéa 2 de l'article 19 donne la possibilité à un particulier d'inscrire le travailleur autonome qu'il embauche.

La procédure d'inscription est prévue à l'article 21 de la Loi. Elle se fait au moyen d'un avis écrit produit devant la C.S.S.T. et dont le contenu inclut les éléments suivants : « le nom et l'adresse de la personne à inscrire, le lieu, la nature et la durée prévue des travaux et le montant pour lequel la protection est demandée »[45].

La personne bénéficiant de la protection de la Loi par inscription peut y mettre fin en envoyant à la C.S.S.T. un avis écrit (art. 23 L.A.T.M.P.). De même, la personne qui fait défaut de payer sa cotisation verra son inscription échue (art. 23, al. 2 L.A.T.M.P.).

309 – *L'employeur* – À l'instar de la définition de travailleur, l'article 2 L.A.T.M.P. nous offre une définition plutôt générale de l'employeur : « une personne qui, en vertu d'un contrat de travail ou d'un contrat d'apprentissage, utilise les services d'un travailleur aux fins de son établissement ». Dès lors, pour mieux cerner cette notion, il est essentiel de prendre en considération les critères développés par la jurisprudence. Sur le sujet, la Cour suprême dans l'affaire *Ville de Pointe-Claire* c. *Le Syndicat des employées et employés professionnels-les et de bureau, local 57*, estime que chaque loi du travail comporte un objet et une finalité spécifique[46]. Dans le contexte des rapports collectifs régis par le *Code du travail*, la Cour suprême prône une approche globale pour identifier le véritable employeur ; approche selon laquelle il faut examiner qui exerce dans les faits le plus grand contrôle sur tous les aspects du travail[47]. *In concreto*, cela revient à prendre en compte notamment les éléments suivants : le processus de sélection, l'embauche, la discipline, la formation, l'évaluation, l'assignation des fonctions et la durée des services, la fourni-

---

45. Art. 21 L.A.T.M.P.
46. *Pointe-Claire (Ville)* c. *Québec (Tribunal du travail)*, [1997] 1 R.C.S. 1015, par. 61.
47. *Ibid.*, par. 48.

ture du matériel[48]. Bien que la L.A.T.M.P. poursuit une finalité différente de celle du *Code du travail*, il n'en demeure pas moins que l'identification de l'employeur sera généralement soumise aux mêmes critères[49]. En plus du lien de subordination juridique, il faudra aussi prendre en considération les éléments caractéristiques au contrat de travail, tels que la rémunération.

C. Les lésions professionnelles

310 – *La notion de lésion professionnelle* – Une lésion professionnelle consiste en une blessure ou une maladie qui survient par le fait ou à l'occasion d'un accident du travail ou d'une maladie professionnelle, y compris la récidive, la rechute ou l'aggravation de cette blessure ou maladie (art. 2 L.A.T.M.P.)[50]. On peut constater que la notion de « lésion professionnelle » telle que définie par la Loi englobe à la fois les cas d'accidents du travail et ceux des maladies professionnelles[51].

La L.A.T.M.P. définit l'« accident du travail » comme « un événement imprévu et soudain attribuable à toute cause, survenant à une personne par le fait ou à l'occasion de son travail et qui entraîne pour elle une lésion professionnelle »[52]. Les tribunaux ont souvent inter-

---

48. *Ibid.* ; *Comeau* et *La Lâcheté*, C.L.P., 2008-02-08, par. 27 et 28 – la notion de subordination doit être considérée de manière générale et large. Voir aussi, *Transport accessible du Québec* et *Commission de la santé et de la sécurité du travail*, 2009 QCCLP 8378.

49. *Fondrémy inc.* et *Service de personnel Antoine inc.*, [2005] C.L.P. 1133 ; *Aliments Danac inc.* et *Service de personnel Antoine*, [2005] C.L.P. 1186 ; *Les viandes Guy Chevalier inc.* et *Service de personnel Antoine inc.*, [2005] C.L.P. 1206 ; *Nostrano inc.* et *Service de personnel Antoine inc.*, [2005] C.L.P. 1228.

50. L'article 31 L.A.T.M.P. considère également comme lésion professionnelle, les blessures ou maladies lorsqu'elles surviennent « par le fait ou à l'occasion des soins qu'un travailleur reçoit pour une lésion professionnelle ou de l'omission de tels soins » ou encore par le fait ou à l'occasion « d'une activité prescrite au travailleur dans le cadre des traitements médicaux qu'il reçoit pour sa lésion professionnelle ou dans le cadre de son plan individualisé de réadaptation ».

51. B. CLICHE et M. GRAVEL, *op. cit.*, note 4, p. 79.

52. Voir à ce sujet, M.-C. RIOU,« À l'occasion du travail, à l'occasion de son travail : qu'en pense la C.L.P. ? », dans Service de la formation continue, Barreau du Québec, *Développements récents en droit de la santé et sécurité au travail*, vol. 346, Cowansville, Éditions Yvon Blais, 2012. Concernant les critères utilisés par la jurisprudence pour déterminer la présence d'un accident de travail, voir notamment : *Métro Richelieu Fruits et légumes* et *Henderic*, C.L.P., 2011-05-27 ; *Iannantuoni* et *Société de transport de Montréal*, C.L.P., 2011-09-30 ; *Chayer Laroche* et *Supermarché Mascouche*, C.L.P., 2011-07-12 ; *CSSS de la Pointe-de-l'Île* et *Lanoue*, C.L.P., 2011-05-17 ; *Boivin* et *Centre communautaire de l'Estrie*, C.L.P., 2011-04-11 ; *Chouinard Therrien* et *CSSS St-Jérôme*, C.L.P., 2011-04-08 ; *Chartier* et *CHSLD Jeanne Le Ber*, C.L.P., 2011-02-28 ; *Brissette* et *Gestion S. Bourgeault*, C.L.P., 2011-01-13 ; *Pisanelli* et

prété d'une manière large la première de ces conditions, à savoir un événement imprévu et soudain, l'étendant dans certains cas aux lésions attribuables à des microtraumatismes c'est-à-dire, à la superposition d'événements isolés sur une période de temps plus ou moins longue et qui peut aussi servir à l'analyse de certaines lésions psychologiques[53]. Ils ont aussi rappelé que ce n'est pas la manifestation d'une douleur qui doit être imprévue et soudaine mais bien l'événement[54]. Le simple fait qu'un travailleur ressente une douleur au travail n'équivaut pas à un accident de travail. Il faut faire la preuve de l'événement qui est imprévu et soudain, ainsi que celle du lien entre l'événement en question et la lésion subie[55]. Cela relève essentiellement d'une question de fait dont la mise en preuve peut se faire par tous les moyens légaux, y compris par présomption[56].

Le travailleur peut également faire la preuve d'une lésion professionnelle s'il a contracté une maladie par le fait ou à l'occasion de son travail, qui est caractéristique de ce travail ou reliée directement aux risques particuliers de celui-ci (art. 30 L.A.T.M.P.)[57]. Il faut

---

Novartis Pharma Canada inc., C.L.P., 2011-01-11 ; *Pasalic* et *Société en commandite Gaz Métro Plus*, 2010 QCCLP 996 ; *C.P.E. Montgolfière inc.* et *Louani*, 2010 QCCLP 3274 ; *Société de Transport de Montréal* et *Carrière*, 2011 QCCLP 1000 ; *Desrochers* et *Agence du revenu du Canada*, 2011 QCCLP 7562 ; *Société en commandite Six Flags Montréal (La Ronde)* c. *Commission des lésions professionnelles*, 2011 QCCS 6724 – le fait de discuter avec son supérieur immédiat, en l'occurrence de l'organisation du travail, sur le trajet du travail peut être considéré aux fins de déterminer si un accident de travail est survenu.

53. Sur la théorie des « microtraumatismes », voir B. CLICHE et M. GRAVEL, *op. cit.*, note 4, p. 121 à 130. Voir aussi, *Cadieux* et *B.O.L.D.,* C.L.P. 216395-64-0309, 04-06-01, par. 18 – « [...] il faut d'abord identifier clairement les microtraumatismes reprochés, établir leur existence et par la suite, prouver selon la balance des probabilités, qu'ils sont à l'origine de la lésion diagnostiquée » ; *Doucet* et *Centre dentaire Roux Nappert & ass.,* [2008] C.L.P. 610.

54. Voir notamment, *Antenucci* c. *Canada Steamship Lines Inc.,* précité, note 33 ; *Chaput* c. *S.T.C.U.M.,* précité, note 33 ; *Bossé* et *Atelier Gérard Laberge inc.,* 2009 QCCLP 1257.

55. Voir, B. CLICHE et M. GRAVEL, *op. cit.,* note 4, p. 169 : « Pour qu'une lésion puisse être indemnisée à titre d'accident du travail, il doit exister un lien réel entre l'exécution du travail et les activités exercées lors de l'événement ayant causé la lésion ». ; *R.S.* et *Compagnie A,* 2007 QCCLP 63 ; *Métro Richelieu Fruits et légumes* et *Hendericx,* 2011 QCCLP 3663 – existence d'un lien de connexité avec le travail.

56. *Antenucci* c. *Canada Steamship Lines Inc.,* précité, note 33 ; *Chaput* c. *S.T.C.U.M.,* précité, note 33 ; *Keenan* et *Casino de Montréal,* C.L.P. 285232-62-0603, 07-11-15. Notons également, en ce qui concerne la présomption de faits, que l'article 2849 C.c.Q. trouvera application : « Les présomptions qui ne sont pas établies par la loi sont laissées à l'appréciation du tribunal qui ne doit prendre en considération que celles qui sont graves, précises et concordantes ».

57. Un travailleur qui n'exerce pas un travail prévu à l'annexe 1 de la Loi peut néanmoins prouver qu'il a contracté une maladie professionnelle. Voir à ce sujet :

entendre par l'expression « caractéristique de ce travail », une maladie récurrente touchant les travailleurs exerçant le même travail dans des conditions similaires[58]. En outre, la maladie sera « reliée directement aux risques particuliers du travail », lorsque celle-ci se rattache aux tâches accomplies par le travailleur et à son environnement de travail[59].

Notons, à toutes fins utiles, que la jurisprudence ne semble pas réticente à l'idée de considérer que la théorie du « crâne fragile » s'applique dans le cadre de l'indemnisation des lésions professionnelles. Ainsi, il pourra être tenu compte de la présence d'une condition personnelle préexistante pour déterminer la présence d'une lésion professionnelle, lorsque l'aggravation survient à la suite d'un accident du travail ou d'une maladie professionnelle[60].

311 – *La négligence grossière et volontaire* – Par ailleurs, un élément dont il ne faut pas mésestimer l'importance est la possibilité d'une négligence grossière et volontaire du travailleur survenant de son fait[61]. L'article 27 L.A.T.M.P. stipule qu'« une blessure ou une

---

Deschênes et Société canadienne des postes, [1989] C.A.L.P. 891 (C.S.) ; *Tanguay et Cegep Beauce-Appalaches,* [1998] C.L.P. 374.

58.   B. CLICHE et M. GRAVEL, *op. cit.,* note 4, p. 319 : « [...] les instances décisionnelles devront rechercher si la maladie diagnostiquée chez le réclamant est un élément distinctif reconnaissable chez d'autres travailleurs exerçant un travail similaire ou, du moins, de même nature ». Voir également, *Baghdad Souahel et Compagnie de chemins de fer nationaux du Canada,* [1987-88] B.R.P. 389 (suivi : C.A.L.P. 06764-61-8803) ; *Versabec Inc.* et *Levasseur,* C.A.L.P. 39198-60-9204, 94-06-29 ; *Canada* et *Laverdière,* C.L.P. 112259-62B-9903, 02-04-17 ; *Poulin* et *Fabrique de la paroisse de Ste-Ursule,* C.L.P. 151915-31-0011, 03-12-04 ; *Cie d'échantillons National Ltée* et *Hébert,* [2004] C.L.P. 501 ; *Bélanger* et *Centre dentaire Gaston Bourret,* 2011 QCCLP 2900.

59.   *Société canadienne des postes* et *Grégoire-Larivière,* [1994] C.A.L.P. 285 ; *Grenier* et *Meubles Blondeau,* 2011 QCCLP 6252.

60.   *Chaput c. S.T.C.U.M.,* précité, note 33 – selon la Commission d'appel en matière de lésions professionnelles, « [à] moins de circonstances particulières, il faut prendre la personne humaine comme elle est, avec son âge, avec ses faiblesses, avec ses vicissitudes [...] Autrement, il faudrait juger suivant une norme de la personne en parfaite santé et condition physique, ce qui ne correspondrait sûrement pas aux objectifs de la Loi » (p. 1265). Voir aussi, *Antenucci c. Canada Steamship Lines Inc.,* précité, note 33.

61.   Voir, *Lajoie c. CLP,* [2002] C.L.P. 476 (C.A.), par. 39 : « L'article 27 est la seule disposition qui évoque les circonstances dans lesquelles la cause déterminante d'un accident ou d'une maladie a pour conséquence de dépouiller pareille atteinte de son effet générateur de droit envers la victime ». Voir aussi, M.A. LECAVALIER, « L'application de l'article 27 L.A.T.M.P. par la C.L.P. », dans Service de la formation continue, Barreau du Québec, *Développements récents en droit de la santé et de la sécurité au travail,* vol. 318, Cowansville, Éditions Yvon Blais, 2010.

maladie qui survient uniquement à cause de la négligence grossière et volontaire du travailleur qui en est victime n'est pas une lésion professionnelle, à moins qu'elle entraîne le décès du travailleur ou qu'elle lui cause une atteinte permanente grave à son intégrité physique ou psychique ». Cette disposition fait supporter clairement au travailleur les conséquences de son geste personnel[62]. La jurisprudence semble avoir appréhendé la notion de « négligence grossière et volontaire » de la façon suivante : d'abord, elle définit le terme « négligence » comme « [...] une faute non intentionnelle résultant d'un manque de vigilance, de soin, consistant à ne pas accomplir un acte qu'on aurait dû accomplir et, par voie de conséquence, à accomplir un acte qu'on n'aurait pas dû accomplir »[63]. Ensuite, elle apparente son caractère « grossier et volontaire », à un comportement empreint d'insouciance déréglée et de témérité[64] ; impliquant une faute, par action ou omission, dont le caractère est suffisamment grave et important pour qu'elle ne puisse être qualifiée de simple[65].

312 – *Présomption* – La L.A.T.M.P. prévoit des présomptions en faveur du travailleur, quant à la détermination de ce que constitue une lésion professionnelle dans les cas de blessures (art. 28 L.A.T.M.P.) et de maladies professionnelles (art. 29 L.A.T.M.P.)[66]. En effet, lorsque la blessure arrive sur les lieux du travail alors que le travailleur exerce ses fonctions, elle est présumée constituer une lésion professionnelle. L'utilisation des mots « alors que le travailleur est à son travail » à l'article 28 L.A.T.M.P., implique que soit faite la preuve d'une certaine corrélation temporelle entre, d'une part, le

---

62. *Pratt & Whitney Canada Inc. et Éthier*, C.A.L.P. 31685-60-9107, 93-05-13 – « [...] le comportement d'un individu lui appartient et ses excès de comportement lui appartiennent aussi » ; *Wilfrid Paquet & Fils ltée et Poulin*, 2011 QCCLP 2436 – les blessures subies par le travailleur sont survenues uniquement à cause de sa négligence grossière et volontaire.

63. *Agence Route canadienne Inc. et Savard*, [1996] C.A.L.P. 1644. Voir aussi : *Albert et Toitures Trois Étoiles inc.*, 2009 QCCLP 8879, par. 77 : « La notion de négligence grossière et volontaire ne doit pas être interprétée comme équivalant à des tendances suicidaires ou à de l'automutilation volontaire, puisqu'il s'agirait alors d'un événement prévu, souhaité et voulu, ce qui empêcherait de conclure à une lésion professionnelle à défaut d'événement imprévu et soudain ».

64. *Communications Westower ltée et Têtu*, [2009] C.L.P. 629.

65. *Agence Route canadienne inc. et Savard*, précité, note 63 ; *Olymel et Lebreux*, [2008] C.L.P. 475.

66. Voir à ce sujet, B. CLICHE et M. GRAVEL, *op. cit.*, note 4, p. 189 et s. (sur la présomption de l'art. 28 L.A.T.M.P.), p. 234 et s. (sur la présomption de l'art. 29 L.A.T.M.P.). Voir également, *Antenucci c. Canada Steamship Lines Inc.*, précité, note 33 ; *Chaput c. S.T.C.U.M.*, précité, note 33 ; *Forex inc. c. Deschamps*, [1987] C.A.L.P. 328 ; *Houde c. La compagnie Price ltée*, [1993] C.A.L.P. 540 ; *Michaud c. CLP*, [2001] C.L.P. 156 (C.S.).

moment où survient la blessure et, d'autre part, l'exécution par la victime de son travail[67]. Il en va de même lorsque le travailleur est atteint d'une maladie caractéristique de son travail. La Loi stipule qu'une maladie énumérée à son annexe I est réputée constituer une maladie professionnelle lorsque le travailleur effectue le travail correspondant à la description prévue à cette annexe.

En ce qui concerne les conditions d'application de ces présomptions, la jurisprudence a souligné la nécessité de s'en tenir strictement au contenu du texte de la Loi, sans ajouter des conditions supplémentaires[68]. Ainsi, au stade de l'application de la présomption d'une maladie professionnelle, la preuve devra établir les facteurs de risque choisis par le législateur[69]. Dans le cadre de l'application de la présomption d'une lésion professionnelle, le travailleur devra démontrer, par une preuve prépondérante, trois éléments : une blessure subie sur les lieux de son travail, alors qu'il exécute ses fonctions principales ou accessoires[70]. Selon la jurisprudence, il faut comprendre généralement la notion de « blessure » comme une lésion provoquée par une cause externe de nature physique ou chimique, dont l'apparition est soudaine[71]. La preuve de la blessure sera favorisée par l'établissement d'un diagnostic clair[72]. Toutefois, il peut

---

67. *Campeau* c. *Ville de Montréal*, [2002] C.L.P. 866.

68. *Boies* et *CSSS Québec-Nord*, précité, note 33, par. 73.

69. *Langevin* et *Cuisine MRS inc.*, 2010 QCCLP 6995, par. 58 : [...] Il faut effectivement se garder d'ajouter des conditions au texte simple que le législateur a choisi à l'annexe 1 pour permettre la mise en œuvre de cette présomption. Souvent désavantagé face à un employeur dont les moyens sont plus considérables, une telle présomption permet au travailleur de rétablir l'équilibre des forces en présence [...] ».

70. Voir, *Boies* et *CSSS Québec-Nord*, précité, note 33, par. 185 – certains indices pourront être pris en compte lors de l'appréciation de la démonstration de ces trois conditions, notamment : la crédibilité du travailleur, la présence de conditions personnelles, le moment où le travailleur invoque la survenance de la blessure, la poursuite des activités normales de travail, etc. Voir également : B. CLICHE et M. GRAVEL, *op. cit.*, note 4, p. 190 et s.

71. Voir, *Boies* et *CSSS Québec-Nord*, précité, note 33, par. 154. Par ailleurs, la Commission « [...] conclut [...] que la notion de « blessure » doit s'interpréter de façon à favoriser l'application de la présomption de lésion professionnelle et non à la stériliser » (par. 164) ; *Gélinas* et *ministère de la Sécurité publique*, C.L.P. 139149-04-0005, 03-09-04 – la dépression n'est pas considérée comme une blessure.

72. Voir à ce sujet, *Communauté urbaine de Montréal* et *Frénette*, [1987] C.A.L.P. 110 ; *Alix* et *Centre hospitalier Honoré Mercier*, [1996] C.A.L.P. 709 ; *Bellefleur* et *Câble Canada Ltée*, C.A.L.P. 44553-61-9107, 94-05-04 ; *Durand* et *Fruit of the Loom Canada Inc.*, C.L.P. 112050-04-9903, 00-03-20 ; *Gélinas* et *Leclair Americana Inc.*, C.L.P. 158159-04B-0104, 01-09-25 ; *Centre hospitalier de l'Université de Montréal* et *Blouin*, C.L.P. 202326-63-0303, 03-10-01.

arriver que la pathologie soit de nature « mixte », c'est-à-dire qu'elle peut être qualifiée soit de blessure, soit de maladie[73]. Dans pareil cas, le travailleur devra démontrer, par une preuve prépondérante, que sa pathologie de nature mixte est apparue à un moment précis, de manière subite et non de façon progressive ou insidieuse comme ce pourrait être le cas pour une maladie[74].

Le deuxième élément dont le travailleur doit apporter la preuve pour bénéficier de la présomption est le fait qu'il se trouvait sur les lieux de son travail au moment où survient la lésion. Cela implique qu'il se trouve sur les lieux physiques de l'établissement de son employeur[75]. Lors de l'appréciation de cette preuve, le tribunal prendra en compte tous les lieux auxquels le travailleur a eu accès pendant l'exécution de son travail[76].

Finalement, dans le cadre du troisième élément, le travailleur doit démontrer qu'il était effectivement à son travail, c'est-à-dire que l'événement ayant causé la lésion est survenu dans le cadre de ses fonctions, alors même qu'il accomplissait les tâches reliées à son travail. La Cour d'appel dans l'affaire *Desrochers* c. *Hydro-Québec*[77], résume assez bien l'interprétation que l'on doit donner à l'expression « être à son travail » :

> [...] Rien dans la Loi ne fait voir que l'expression « être à son travail » se limite au poste habituel de travail.
>
> Le but de la présomption est de couvrir les blessures survenues au moment où un travailleur exécute ses fonctions par opposition aux situations où le travailleur ne serait pas encore au travail, participerait à une activité spéciale comme par exemple un cours ou encore serait à une pause.[78]

---

73. *Boies* et *CSSS Québec-Nord*, précité, note 33, par. 133.
74. *Ibid.*, par. 134.
75. Voir aussi, *Poitras* et *Clinique dentaire Caroline Bennett*, C.L.P., 2011-08-04 – « [...] de façon générale, les voies d'accès intérieures ou extérieures menant au travail sont protégées, et les accidents y survenant sont considérés comme étant liés au travail, dans la mesure où les entrées et les sorties se font dans un délai raisonnable précédant ou suivant le quart de travail ».
76. *Zakaib* et *Modes Sugar Kaine Ltée*, [1998] C.L.P. 1159 ; *Club des petits déjeuners du Québec* et *Frappier*, 2009 QCCLP 7647.
77. *Desrochers* c. *Hydro-Québec*, [1992] C.A.L.P. 1241 (C.A.Q.).
78. *Ibid.*, p. 1244-1245. Voir également : *Mathieu* et *Centre de santé et de services sociaux de Laval*, [2005] C.L.P. 984 – il faut qu'un élément rattaché au travail soit venu transformer le risque personnel en risque professionnel ou qu'il soit venu ajouter un risque professionnel au risque personnel ; *Lévesque* et *Ministère du Revenu*, C.L.P., 2007-07-20 ; *Revenu Québec* et *Carrier*, C.L.P.,

Ainsi, le travailleur sera considéré « être à son travail », toutes les fois où il exerce ses fonctions principales et accessoires[79]. La jurisprudence récente tend à mettre en exergue la nécessité d'une finalité professionnelle lorsque survient le risque. Somme toute, il faut démontrer qu'il existe un élément rattaché au travail qui soit venu transformer le risque personnel en risque professionnel ou encore qu'un risque professionnel se soit ajouté au risque personnel[80].

313 – *Renversement de la présomption* – Une fois la démonstration des conditions d'application des articles 28 et 29 L.A.T.M.P. faite, le travailleur sera dispensé de démontrer soit l'accident de travail, soit la maladie professionnelle. Il est important de signaler que le libellé de ces dispositions législatives indique que la présomption est simple – par opposition à une présomption absolue – et donc réfragable. C'est-à-dire qu'elle peut être renversée par une preuve contraire et prépondérante, démontrant l'absence de lien causal entre la blessure ou la maladie et les circonstances entourant l'apparition de la présumée lésion. Autrement dit, l'employeur pourra repousser les présomptions des articles 28 et 29 L.A.T.M.P., en faisant la preuve que le geste posé par le travailleur n'est pas survenu à l'occasion des tâches accomplies dans le cadre de son travail[81] ; que la gravité de la lésion est disproportionnée par rapport au geste posé ; ou encore, que la lésion présumée provient d'une cause étrangère au travail.

2010-11-17 ; *Chayer Laroche* et *Supermarché Mascouche,* C.L.P., 2011-07-12. Voir aussi, B. CLICHE et M. GRAVEL, *op. cit.,* note 4, p. 209.

79. *Boies* et *CSSS Québec-Nord*, précité, note 33, par. 182 : « [...] l'expression « être à son travail » n'inclut pas le fait de se rendre à l'extérieur par exemple des lieux de travail pour prendre sa pause, ni le fait d'entrer ou de sortir du lieu de travail ». Voir aussi, *Dupuis* et *Ville de Laval*, C.L.P., 2011-10-06.

80. **En ce qui concerne les pauses,** voir : *Chayer Laroche* et *Supermarché Mascouche*, précité, note 78 ; *Poitras* et *Clinique dentaire Caroline Bennett*, C.L.P., 2011-08-04 ; *CSSS de la Pointe-de-l'Île* et *Lanoue*, C.L.P., 2011-05-17 ; *Beaudry* et *Sleeman Unibroue inc.*, C.L.P., 2011-01-21 ; *Chartier* et *CHSLD Jeanne Le Ber*, C.L.P., 2011-02-28 ; *Chouinard Therrien* et *CSSS St-Jérôme*, C.L.P., 2011-04-08 ; *Hydro-Québec (Gestion accident du travail)* et *Larouche*, C.L.P., 2011-05-02. **En ce qui concerne les accidents sur le trajet,** voir : *Iannantuoni* et *Société de transport de Montréal*, C.L.P., 2011-09-30 ; *Fraser* et *STM (Réseau des autobus)*, C.L.P., 2011-03-30 ; *Pierre-Antoine* et *Sécurité – Policiers*, C.L.P., 2011-04-12 ; *Champigny* et *STM (réseau du métro)*, C.L.P., 2011-11-07 ; *Dupuis* et *Ville de Laval*, C.L.P., 2011-10-06 ; *Pisanelli* et *Novartis Pharma Canada inc.*, C.L.P., 2011-01-11 ; *Métro Richelieu Fruits et légumes* et *Henderickx*, C.L.P., 2011-05-27 ; *MPI-Moulin à papier Portneuf* et *Jean-François Sylvestre*, C.L.P., 2011-01-25. **En ce qui concerne les accidents à domicile :** *Quebecor Média inc.* et *Delgadillo*, C.L.P., 2011-07-18 ; *Nadeau* et *Investigation Nadeau inc.*, C.L.P., 2011-03-31.

81. *Gilbert* et *Bexel (1979) Inc.*, C.A.L.P. 03642-62-8706, 91-07-03 ; *Compagnie de chemins de fer nationaux du Canada* c. *Thériault*, C.A.L.P. 1505-01-8612, 05-01-88.

Toutes les fois où l'employeur désire utiliser une preuve médicale pour démontrer l'absence de lien causal, celle-ci devra être suffisamment précise et détaillée, les tribunaux étant réticents à considérer une preuve médicale purement théorique[82]. Par ailleurs, une preuve destinée à mettre en lumière l'absence d'événement imprévu et soudain comme cause de la lésion ne permettra de renverser la présomption que dans de rares cas[83].

314 – *La rechute, la récidive ou l'aggravation* – La rechute, la récidive ou l'aggravation constituent également une lésion professionnelle en vertu de l'article 2 L.A.T.M.P. Cela dit, la Loi reste muette sur le sens qu'il convient de donner à ces notions. Les tribunaux ont estimé que la notion de « rechute, récidive ou aggravation » pouvait être apparentée à une recrudescence, réapparition ou reprise évolutive d'une lésion professionnelle[84]. En tout état de cause, l'une des conditions *sine qua non* pour la reconnaissance de ce type de lésion est la présence d'une lésion antérieure entérinée soit par la C.S.S.T., soit par une instance supérieure[85]. De plus, il faudra, de manière complémentaire, démontrer l'existence d'un lien entre la lésion d'origine et l'événement générateur de la rechute, récidive ou aggravation[86].

D. Avis et procédure de réclamation

315 – *Obligations d'information* – Le travailleur qui est victime d'une lésion professionnelle doit en aviser immédiatement ou dès que pos-

---

82. *Boies* et *CSSS Québec-Nord*, précité, note 33.
83. *Dalpé* et *Courier Purolator*, C.L.P. 42272-62-9206, 01-03-94.
84. Voir, *Lapointe* et *Compagnie Minière Québec-Cartier*, [1989] C.A.L.P. 38 ; *Morel* et *Le Centre Routier Inc.*, [1989] C.A.L.P. 1171 ; *Marshall* et *Adam Lumber Inc.*, [1998] C.L.P. 1216 ; *Durand* et *Construction Randard Inc.*, C.L.P. 119349-05-9906, 00-04-20. Pour une analyse approfondie sur la question, voir J. SAMSON, « Quand on récidive dans l'interprétation, on rechute ou on aggrave la situation ? », dans Service de la formation continue, Barreau du Québec, *Développements récents en droit de la santé et sécurité au travail*, vol. 346, Cowansville, Éditions Yvon Blais, 2012.
85. Voir, *Latoures* et *Saima Maçonnerie Inc.*, C.A.L.P. 82334-64-9608, 1997-10-17 ; *Dufresnes* et *G.D. Construction & Fils Inc.*, C.L.P. 141787-01B-0006, 01-07-18 ; *Langlois* et *Construction DCL Ltée*, C.L.P. 121404-63-9908, 00-06-01.
86. *Boisvert* et *Halco*, [1995] C.A.L.P. 19 – un certain nombre d'éléments permettent de déterminer s'il y a relation ou non avec la lésion initiale, soit : la gravité de la lésion initiale ; la continuité de la symptomatologie ; l'existence ou non d'un suivi médical ; le retour au travail ou sans limitation fonctionnelle ; la présence ou l'absence d'une atteinte permanente à l'intégrité physique ou psychique ; la présence ou l'absence de conditions personnelles ; la compatibilité de la symptomatologie alléguée au moment de la rechute, récidive ou aggravation avec la nature de la lésion initiale ; le délai entre la rechute, récidive ou aggravation et la lésion initiale. Voir aussi, *Pratte* et *Transport Matte ltée*, 2011 QCCLP 7552 – absence de preuve prépondérante.

sible son employeur (art. 265 L.A.T.M.P.)[87]. Cet avertissement se fera sous la forme d'un avis identifiant le travailleur, l'endroit et les circonstances entourant la survenance de la lésion (art. 266 L.A.T.M.P.). Si la lésion subie ne permet pas au travailleur de reprendre son emploi, il devra également remettre à son employeur une attestation médicale, tel que prévu à l'article 199 L.A.T.M.P.

Dès que l'employeur reçoit l'avis du travailleur, il doit aviser la C.S.S.T. de l'incapacité de celui-ci à exercer son travail au-delà de la journée où est survenue la lésion professionnelle (art. 268 L.A.T.M.P.). Les informations contenues dans cet avis sont prévues à l'article 268, al. 3 L.A.T.M.P. Elles portent essentiellement sur les circonstances de la lésion professionnelle, le travailleur et sur le médecin en charge de son dossier médical.

316 – *La réclamation du travailleur* – En vertu de la L.A.T.M.P., la réclamation que le travailleur doit produire auprès de la C.S.S.T., dépend de trois situations. La première d'entre elles est prévue à l'article 270 de la Loi qui spécifie que le travailleur qui, en raison d'une lésion professionnelle, est incapable d'exercer son emploi pendant plus de 14 jours complets, ou subit une atteinte permanente à son intégrité physique ou psychique, doit produire sa réclamation dans les six mois suivant la lésion. Le délai de la réclamation commence donc à courir à partir de l'incapacité du travailleur[88].

La deuxième situation qui est encadrée par l'article 271 de la Loi prévoit le cas du travailleur qui, ayant subi une lésion professionnelle, reste capable d'exercer son emploi au-delà de la journée au cours de laquelle s'est manifestée la lésion ; ou celui à qui aucun employeur n'est tenu de verser un salaire en vertu de l'article 60 de la Loi. Il devra produire sa réclamation dans les six mois suivant la survenance de sa lésion, s'il y a lieu, c'est-à-dire dès qu'il possède un intérêt réel et actuel à le faire soit parce qu'il a dû engager des frais de traitements ou de médication[89].

---

87. Voir à ce sujet, Denis BRADET, Bernard CLICHE, Martin RACINE et France THIBAULT, *op. cit.*, note 28.

88. *Ostaficzuk* et *La Presse*, [1993] C.A.L.P. 11 ; *St-Laurent* et *Hôtel-Dieu de Québec*, [1993] C.A.L.P. 547 ; *Éthier* et *Rolland Inc.*, 20613-64-9007, 94-01-26 ; *Forget* et *Arshinoff & Cie Ltée*, [1997] C.A.L.P. 1195.

89. *Barrette* et *G.E. Canada Inc.*, 45066-09-9211, 94-10-20 ; *Simard* et *Via Rail Canada Inc.*, [1996] C.A.L.P. 1447 ; *Rousseau* et *Les Excavations Rousseau Inc.*, 81624-03-9608, 97-01-24 ; *Gravel* et *A.C.R.G.T.Q.*, 122537-32-9908, 02-06-27 ; *Harvey* et *G.G. Livreurs Enr.*, 212488-72-0307, 05-01-24.

La troisième et dernière situation couvre le cas du travailleur qui est atteint d'une maladie professionnelle ou, s'il décède des suites de cette maladie, celui du bénéficiaire. L'article 272 L.A.T.M.P. prévoit que la réclamation doit être produite dans un délai de six mois à compter de la connaissance de la maladie professionnelle par le travailleur ou de la connaissance du décès de celui-ci par le bénéficiaire[90].

E. Les modalités de réparation

317 – *L'indemnité de remplacement de revenu* – Lorsque le travailleur est victime d'une lésion professionnelle, la L.A.T.M.P. prévoit plusieurs catégories d'indemnités pécuniaires. Il aura ainsi droit, selon les circonstances, à l'indemnité de remplacement du revenu (ci-après, l'« I.R.R. »), l'indemnité pour dommages corporels, l'indemnité de décès et autres indemnités pour dommages matériels.

L'I.R.R. permet au travailleur de toucher une forme de revenu lorsqu'il a subi une lésion professionnelle et qu'il est incapable d'exercer son emploi en raison de cette lésion (art. 44 L.A.T.M.P.)[91]. Le travailleur aura alors droit à une indemnité équivalant à 90 % du revenu net retenu qu'il tire annuellement de son emploi (art. 45 L.A.T.M.P.), tant que sa lésion ne sera pas consolidée (art. 46 L.A.T.M.P.), c'est-à-dire, stabilisée ou guérie[92] ; et qu'il ne sera pas en mesure d'exercer son emploi ou un emploi « équivalent »[93]. La Loi prévoit que lorsque le travailleur redevient capable d'exercer son emploi, il conserve le droit à l'I.R.R. jusqu'à ce qu'il réintègre son emploi ou un

---

90. Le diagnostic médical sera la source privilégiée à cette fin. Voir notamment, *Fantini – Scenna* et *Daymor Dress Inc.*, [1987] C.A.L.P. 228 ; *Dumaresq* et *Cegelec Entreprises*, [1997] C.A.L.P. 1379 ; *Loma Ltée* et *Harvey*, [1994] C.A.L.P. 1402 ; *Belval* et *Communauté urbaine de Montréal*, 74772-05-9511, 96-11-08 ; *Thiro Ltée* et *Pacwood*, C.L.P. 94124-62C-9802 ; *Structures G.B. Ltée (Les)* et *Fiola*, C.L.P. 160639-01A-0105, 02-07-18 ; *Chacon* et *Moulage d'aluminium Howmet Ltée*, C.L.P. 198258-71-0301, 04-02-24.

91. L'incapacité du travailleur s'analyse par rapport à l'emploi qu'il occupe au moment où survient la lésion professionnelle. Voir, par exemple, *Ianeri* et *Entretien Servimax Inc.*, [1995] C.A.L.P. 521 ; *Alain* et *Agrivente Enr.*, C.L.P. 165420-32-0107, 01-11-16.

92. Notons, par ailleurs, qu'en vertu de l'article 2 de la Loi, la « consolidation » est définie comme : « la guérison ou la stabilisation d'une lésion professionnelle à la suite de laquelle aucune amélioration de l'état de santé du travailleur victime de cette lésion n'est prévisible ».

93. L'emploi « équivalent » est celui qui possède des caractéristiques semblables à celles de l'emploi qu'occupait le travailleur au moment de sa lésion professionnelle relativement aux qualifications professionnelles requises, au salaire, aux avantages sociaux, à la durée et aux conditions d'exercice (art. 2 L.A.T.M.P.).

emploi équivalent ou jusqu'à ce qu'il refuse, sans raison valable, de le faire. Néanmoins, ce droit à l'I.R.R. prendra fin un an après la date à laquelle il devient capable d'exercer son emploi (art. 48 L.A.T.M.P.).

Si le travailleur se retrouve dans l'incapacité d'exercer son emploi mais, par contre, devient capable d'exercer à plein temps un emploi « convenable »[94], son I.R.R. sera réduite du revenu net retenu qu'il pourrait tirer de cet emploi. Lorsque pareil emploi n'est pas disponible, le travailleur aura droit à l'I.R.R. jusqu'à ce qu'il en occupe un, ou jusqu'à ce qu'il refuse, sans raison valable, de le faire. Il faut noter que ce droit à l'I.R.R. prend fin un an après la date à laquelle il devient capable d'exercer un emploi convenable (art. 49 L.A.T.M.P.).

La Loi contient également des dispositions particulières au niveau de l'indemnisation pour le travailleur exerçant un nouvel emploi et celui qui est âgé de 55 ans ou plus (art. 52 et 53 L.A.T.M.P.).

En ce qui concerne le paiement de l'indemnité, il revient à l'employeur au service duquel se trouve le travailleur lorsqu'il est victime d'une lésion professionnelle, de supporter le paiement du salaire du travailleur pendant les premiers 14 jours (art. 59 et 60 L.A.T.M.P.). Néanmoins, le versement du salaire par l'employeur pour cette période sera sujet à un remboursement subséquent par la C.S.S.T., une fois l'avis de réclamation reçu. C'est cette dernière qui prendra la relève après le quinzième jour ; elle versera l'indemnité sous forme de rente une fois par deux semaines (art. 124 et 125 L.A.T.M.P.).

Pour finir, l'article 57 L.A.T.M.P. prévoit que le droit à l'indemnité s'éteint « lorsque le travailleur redevient capable d'exercer son emploi ». Selon la jurisprudence, ce moment correspond au moment où le travailleur retourne exercer son emploi et non au moment où la C.S.S.T. prend la décision de cesser de verser l'indemnité tel que prévu à l'article 132 L.A.T.M.P.[95].

---

94. Il faut entendre par emploi « convenable » : « un emploi approprié qui permet au travailleur victime d'une lésion professionnelle d'utiliser sa capacité résiduelle et ses qualifications professionnelles, qui présente une possibilité raisonnable d'embauche et dont les conditions d'exercice ne comportent pas de danger pour la santé, la sécurité ou l'intégrité physique du travailleur compte tenu de sa lésion » (art. 2 L.A.T.M.P.).

95. *Société canadienne des postes* c. *Morissette*, 2010 QCCA 291, par. 48, 49 et 50. Voir également à ce sujet : E. THIBAUDEAU et M.-P. MARCHETERRE, « L'arrêt *Morissette* : révolution ou simple précision quant à la fin du droit à l'indemnité », dans Service de la formation continue, Barreau du Québec, *Développements récents en droit de la santé et sécurité au travail*, vol. 346, Cowansville, Éditions Yvon Blais, 2012.

318 – *L'indemnité pour dommages corporels* – En plus de recevoir une I.R.R., un travailleur victime d'une lésion professionnelle peut également obtenir une certaine forme de dédommagement pour une atteinte permanente à son intégrité physique ou psychique découlant de sa lésion professionnelle (art. 83 L.A.T.M.P.). Cette indemnité correspond à un montant forfaitaire égal à la somme des pourcentages de l'atteinte permanente déterminés par le *Règlement sur le barème des dommages corporels*[96], par laquelle on multiplie le montant prévu à l'annexe II de la L.A.T.M.P. déterminé en fonction de l'âge et de la situation de la personne.

319 – *L'indemnité de décès* – Les personnes qui étaient à la charge du travailleur décédé des suites d'une lésion professionnelle, ou disparu par le fait ou à l'occasion de son travail dans des circonstances qui font présumer son décès, ont le droit de recevoir les indemnités de décès prévues à la L.A.T.M.P. (art. 96 et 97 de la Loi). Il s'agit du conjoint, des enfants, des parents et des personnes pour lesquelles le travailleur pourvoyait à leurs besoins.

La L.A.T.M.P. crée par ailleurs une présomption voulant que le travailleur qui décède alors qu'il reçoit une I.R.R. par suite d'une maladie professionnelle pouvant entraîner un décès, est décédé en raison de cette maladie (art. 95 L.A.T.M.P.).

320 – *Les autres indemnités* – Sur production des pièces justificatives, le travailleur victime d'une lésion professionnelle aura droit selon les circonstances à des indemnités établies par Règlement, notamment pour des dommages matériels causés à ses vêtements, pour des prothèses ou orthèses et frais de déplacement et de séjour pour recevoir des soins (art. 112 à 116 L.A.T.M.P.).

F. L'assistance médicale

321 – *Obligations et contenu* – Le travailleur qui est victime d'une lésion professionnelle a droit à l'assistance médicale que requiert son état en raison de sa lésion (art. 188 L.A.T.M.P.). En vertu de la Loi, l'employeur est soumis à une obligation de premiers secours lorsque le travailleur est victime d'une lésion professionnelle dans son établissement (art. 190 L.A.T.M.P.).

---

96. (1987) *G.O.* II, 5576 et (1998) *G.O.* II, 2829 et 3561.

Il faut noter que cette assistance médicale peut comporter des services de professionnels de la santé, divers soins ou traitements, médicaments, produits pharmaceutiques, prothèses ou orthèses qui sont prévus par Règlement (art. 189 L.A.T.M.P.). Les coûts qui découlent de cette assistance médicale seront assumés par la C.S.S.T. (art. 194 L.A.T.M.P.).

G. La procédure d'évaluation médicale

322 – *Obligations du médecin traitant* – La L.A.T.M.P. prévoit une série de règles encadrant l'évaluation médicale du travailleur. Le médecin qui a charge du travailleur, communément appelé médecin traitant, se voit confier plusieurs responsabilités en plus de son évaluation médicale. En effet, il doit notamment préparer une attestation médicale sur laquelle il indique le diagnostic posé, ainsi que le délai de consolidation de la lésion professionnelle (art. 199 L.A.T.M.P.). De plus, dans les six jours suivant le premier examen du travailleur, le médecin doit faire parvenir à la C.S.S.T. un rapport sommaire indiquant certains éléments tels que la date de l'accident de travail, le diagnostic, les soins reçus ou prescrits, la période prévisible de consolidation et la possibilité que des séquelles permanentes subsistent (art. 200 L.A.T.M.P.).

323 – *Contestation* – Notons que la C.S.S.T. et l'employeur seront liés par l'opinion du médecin traitant, sauf si ces derniers font appel à leur droit de contestation conformément aux dispositions de la L.A.T.M.P.[97]. En effet, ils peuvent exiger que le travailleur soit soumis à leur propre évaluation médicale et ainsi contester, s'il y a lieu, l'évaluation médicale du médecin traitant (art. 204, 205 et 212 L.A.T.M.P.). Le rapport du médecin désigné servira de fondement à leur contestation. Lorsqu'il infirme une des conclusions du médecin traitant, ce dernier dispose d'un délai de 30 jours pour produire un rapport complémentaire expliquant les raisons qui sont à l'origine de ses conclusions, ainsi qu'un rapport de consultation médicale motivé, le cas échéant, concernant l'atteinte permanente résultant de la lésion professionnelle subie par le travailleur (art. 205.1 et 212.1 L.A.T.M.P.).

---

97. Voir les articles 224 et 358 L.A.T.M.P. Voir également : *Mollah* et *Les Industries Acadiennes Inc.*, C.A.L.P. 27720-60-9104, 93-09-28 ; *Labonté* et *Les entretiens Yves Labonté*, C.L.P. 93841-04-9802, 1999-03-31 ; *Rodgers* et *Les Ailes de Gaspé Inc.*, C.L.P. 120759-09-9907, 00-02-10.

Les articles 206 et 212.1, al. 2 de la Loi prévoient également que dans le cas de rapports contradictoires quant aux aspects médicaux d'un dossier, la C.S.S.T. peut prendre l'initiative de déférer le dossier au Bureau d'évaluation médicale (ci-après, « B.E.M. ») qui est composé de professionnels de la santé habilités par le ministre du Travail à rendre des avis (art. 216 L.A.T.M.P.). Le professionnel membre du B.E.M. doit rendre un avis écrit et motivé dans les 30 jours de la réception du dossier du travailleur (art. 222 L.A.T.M.P.), qui infirme ou confirme les conclusions du médecin traitant ou du médecin désigné (art. 221 L.A.T.M.P.). La C.S.S.T. sera liée par cet avis et doit rendre en conséquence les décisions qui s'imposent (art. 224.1 L.A.T.M.P.)[98].

324 – *Les maladies pulmonaires*[99] – La L.A.T.M.P. prévoit une procédure particulière d'évaluation médicale spécifique aux maladies professionnelles pulmonaires aux articles 226 à 233 de la Loi[100]. Lorsque le travailleur allègue qu'il est atteint d'une maladie professionnelle pulmonaire, sa réclamation est transmise par la C.S.S.T. à un comité des maladies professionnelles pulmonaires dans un délai de 10 jours (art. 226 L.A.T.M.P.)[101]. Le comité devra examiner le travailleur dans les 20 jours de la demande et faire rapport par écrit de son diagnostic dans les 20 jours de l'examen. Si le diagnostic se révèle positif, alors le rapport doit faire état des limitations fonctionnelles, du pourcentage d'atteinte à l'intégrité et de la tolérance du travailleur à un contaminant au sens de la L.S.S.T., qui a provoqué sa maladie ou qui risque de l'exposer à une récidive, une rechute ou une aggravation (art. 230 L.A.T.M.P.).

Après avoir été reçu par la C.S.S.T., le rapport qui a été produit par le comité des maladies professionnelles pulmonaires est soumis à un comité spécial composé de trois personnes désignées parmi les

---

98. Une décision de la C.S.S.T. rendue en vertu de l'article 224.1, « remplace les décisions d'admissibilité antérieures lorsque la condition du travailleur évolue et que le diagnostic est modifié » ; voir : *Griffiths* c. *Arschinoff & Cie arschinoff & cie ltée*, 2007 QCCA 1682, par. 28.

99. Voir, Denis BRADET, Bernard CLICHE, Martin RACINE et France THIBAULT, *op. cit.*, note 28, p. 25-31.

100. Voir à ce sujet ; F. BDIOUI, « La reconnaissance, à des fins de réparation, des maladies professionnelles pulmonaires liées à l'amiante au Québec », dans Service de la formation continue, Barreau du Québec, *Développements récents en droit de la santé et de la sécurité au travail*, vol. 318, Cowansville, Éditions Yvon Blais, 2010.

101. L'article 227 L.A.T.M.P. prévoit que « [l]e ministre forme au moins quatre comités des maladies professionnelles pulmonaires qui ont pour fonction de déterminer si un travailleur est atteint d'une maladie professionnelle pulmonaire ».

présidents des comités des maladies professionnelles pulmonaires, à l'exception du président du comité qui a fait le rapport. Le comité spécial peut infirmer ou confirmer le diagnostic et les autres constatations du comité et y substituer les siens, s'il y a lieu. L'avis du comité spécial écrit et motivé sera transmis à la C.S.S.T. dans les 20 jours de la date de soumission du dossier au comité (art. 231 L.A.T.M.P.).

H. La réadaptation

325 – *Généralités* – La L.A.T.M.P. prévoit que le travailleur victime d'une lésion professionnelle et qui subit une atteinte permanente à son intégrité physique ou psychique en raison de cette lésion, a droit à la réadaptation que requiert son état en vue de sa réinsertion sociale et professionnelle (art. 145 L.A.T.M.P.). Certaines modalités encadrent l'exercice de ce droit, notamment, la préparation et la mise en œuvre d'un plan individualisé de réadaptation, un programme de réadaptation physique, sociale ou professionnelle (art. 146 L.A.T.M.P.). Le coût de la réadaptation est assumé par la C.S.S.T. mais imputé au dossier de l'employeur au même titre que les autres indemnités versées au travailleur.

Notons que l'interprétation des tribunaux de l'article 146 L.A.T.M.P., nous permet d'y inférer une obligation de collaboration de la part du travailleur dans le cadre de sa réadaptation, et plus particulièrement lorsqu'il s'agit de lui attribuer un emploi convenable[102]. La C.S.S.T. peut également suspendre le plan de réadaptation ou y mettre fin lorsque le travailleur omet ou refuse de se soumettre à une des mesures s'y trouvant (art. 183 L.A.T.M.P.). Dans ce cas, elle doit lui faire parvenir un avis de cinq jours francs qui l'informe de la sanction qu'elle entend prendre s'il ne se conforme pas au plan.

326 – *La réadaptation physique* – La réadaptation physique a pour but d'éliminer ou d'atténuer l'incapacité physique du travailleur et de lui permettre de développer sa capacité résiduelle afin de pallier les limitations fonctionnelles résultant de sa lésion professionnelle (art. 148 L.A.T.M.P.).

---

102. Voir à ce sujet : *D.B.* et *Compagnie A*, 2010 QCCLP 3289 ; *Lucas* et *Entreprises agricoles et forestières de la Péninsule inc.*, 2010 QCCLP 132 ; *Acluche* et *Entretien ménager Jaspe inc.*, 2011 QCCLP 6545 ; *Brais* et *Med-I-Pant inc.*, 2011 QCCLP 5986 ; *Asselin* et *Entretien ménager Philippe Paquet*, 2012 QCCLP 392 ; *Poupart* et *Filtro-Net enr.*, 2012 QCCLP 835 ; *Sicard* et *Réparations Jocelyn Marcil inc.*, 2012 QCCLP 1560 ; *Landry* et *Agro Distributions inc.*, 2012 QCCLP 1323.

C'est le médecin traitant du travailleur qui évalue les besoins nécessaires à sa réadaptation. Celle-ci pourra inclure notamment, des soins médicaux et infirmiers, des traitements de physiothérapie, ergothérapie, exercices d'adaptation à une prothèse ou orthèse ou tout autre soin nécessaire (art. 149 L.A.T.M.P.).

327 – *La réadaptation sociale* – La réadaptation sociale vise à aider le travailleur à surmonter les conséquences personnelles et sociales de sa lésion professionnelle, à s'adapter à sa nouvelle situation et à redevenir autonome dans l'accomplissement de ses activités habituelles (art. 151 L.A.T.M.P.).

Dans la poursuite de ces objectifs, certaines mesures pourront faire partie du programme de réadaptation sociale, particulièrement des services professionnels d'intervention psychosociale, une adaptation du domicile et du véhicule du travailleur à sa capacité résiduelle ; ou le paiement de frais d'aide personnelle à domicile ; le remboursement de frais de garde d'enfants et le remboursement du coût des travaux d'entretien courant du domicile (art. 152 L.A.T.M.P.).

Cette aide qui est accordée pour la réadaptation sociale du travailleur sera réévaluée périodiquement, de manière à ce qu'elle corresponde toujours à ses besoins. L'aide prend fin lorsque les exigences de l'article 158 de la Loi ne sont plus satisfaites (art. 162 L.A.T.M.P.).

328 – *La réadaptation professionnelle* – La réadaptation professionnelle a pour but de faciliter l'intégration du travailleur dans son emploi ou dans un emploi équivalent ou, si ce but ne peut être atteint, l'accès à un emploi convenable (art. 166 L.A.T.M.P.). Lorsque la C.S.S.T. évalue la capacité du travailleur à reprendre un emploi équivalent, il faudra déterminer si ce nouvel emploi possède des caractéristiques semblables à l'emploi qu'occupait le travailleur au moment de sa lésion professionnelle (art. 2 L.A.T.M.P.). Pour ce faire, divers éléments seront pris en considération tels que les qualifications professionnelles requises, le salaire, les avantages sociaux, la durée et les conditions d'exercice de l'emploi [103].

Les mesures de réadaptation peuvent comprendre : un programme de recyclage, de formation professionnelle, d'évaluation, des

---

103. B. CLICHE et M. GRAVEL, *op. cit.*, note 4, p. 466 : « Les critères énoncés dans cette définition sont propres à la notion d'emploi équivalent. Il faut donc éviter de les utiliser pour circonscrire la notion d'emploi convenable ».

services de support en recherche d'emploi, le paiement de diverses subventions et l'adaptation d'un poste de travail (art. 167 L.A.T.M.P.).

Si le travailleur demeure incapable de reprendre son emploi ou un emploi équivalent, malgré la mise en place des différentes mesures de réadaptation, la C.S.S.T. devra vérifier avec le concours de l'employeur s'il existe un emploi convenable disponible dans l'entreprise (art. 170 L.A.T.M.P.). La notion d' « emploi convenable » est définie à l'article 2 de la Loi de la façon suivante :

> [...] un emploi approprié qui permet au travailleur victime d'une lésion professionnelle d'utiliser sa capacité résiduelle et ses qualifications professionnelles, qui présente une possibilité raisonnable d'embauche et dont les conditions d'exercice ne comportent pas de danger pour la santé, la sécurité ou l'intégrité physique du travailleur compte tenu de sa lésion.

Chacune des caractéristiques prévues dans cette définition doit être rencontrée pour que l'on puisse considérer un emploi comme convenable[104]. La jurisprudence a élaboré certaines lignes directrices à ce sujet : un emploi « approprié » est celui qui tient compte notamment et, dans la mesure du possible, des caractéristiques personnelles du travailleur[105] ; la « capacité résiduelle » du travailleur s'évalue essentiellement en fonction de ses limitations fonctionnelles[106] ; les « qualifications professionnelles » supposent toutes connaissances requises pour exercer l'emploi en question, y compris la formation académique, l'expérience professionnelle et les habiletés requises[107] ; la « possibilité raisonnable d'embauche » doit s'apprécier au moment de l'adoption du plan individualisé de réadaptation et dépendra d'un certain nombre de critères tels que l'âge du travailleur, sa formation, son expérience, ses limitations fonctionnelles[108] ; les conditions

---

104. *Ibid.*, p. 467.
105. B. CLICHE et M. GRAVEL, *op. cit.*, note 4, p. 467. Voir également, *Provost et Laboratoires Ville-Marie Inc.*, C.A.L.P. 33847-04-9111, 92-05-27 ; *Moreau et C. & G. Fortin Inc.*, C.A.L.P. 15553-04-8911, 92-06-05 ; *Transport L.R.L. Inc. et Jeanson*, C.L.P. 160781-08-0105, 02-05-08,
106. B. CLICHE et M. GRAVEL, *op. cit.*, note 4, p. 469. Voir aussi, *Babin et Impegrilo Atlas Ltée*, C.A.L.P. 32625-62-9110, 92-06-22 ; *Drouin et Les planches de gypse Ray Inc. et CSST*, C.L.P. 35062-03-9112, 93-08-26 ; *Stewart et Hôpital général de Montréal*, C.L.P. 165725-71-0107, 02-05-13 ; *Fortin et Entr. Peinturlure Inc.*, C.L.P. 200948-01A-0302, 04-10-31 ; *Aubé et IAMGOLD-Mine Doyon*, 2011 QCCLP 7035 ; *Mitchelson et Patrick Morin inc.*, 2011 QCCLP 5489.
107. *Pépin et Garage J.-P. Pépin*, C.L.P. 188585-31-0208, 02-09-23 ; *Brais et Med-I-Pant inc.*, 2011 QCCLP 5986.
108. B. CLICHE et M. GRAVEL, *op. cit.*, note 4, p. 477. *Villeneuve et Ressources Aunore Inc.*, [1992] C.A.L.P. 06 ; *Quirion et Minnova Inc. (Division Opemiska)*,

d'exercice de l'emploi ne doivent pas favoriser chez le travailleur la réapparition ou l'aggravation de ses symptômes[109].

329 – *L'assignation temporaire* – Une autre forme de réadaptation est prévue à la L.A.T.M.P., afin de réintégrer le plus rapidement possible dans son milieu de travail le travailleur incapable d'occuper son emploi en raison d'une lésion professionnelle. Il s'agit de l'assignation temporaire qui permet à un employeur d'attribuer au travailleur, à titre de mesure provisoire, des travaux légers avec l'accord de son médecin traitant (art. 179 L.A.T.M.P.). Outre l'existence d'un lien d'emploi entre les deux parties[110], il faut également que le travailleur soit raisonnablement en mesure d'accomplir le travail ; que celui-ci ne comporte aucun danger pour sa santé, sa sécurité et son intégrité physique ; et pour finir, que le travail en question soit favorable à sa réadaptation (art. 179 de la Loi).

Une fois ces conditions rencontrées, l'employeur sera alors tenu de verser au travailleur le salaire et les avantages liés à l'emploi qu'il occupait au moment où s'est manifestée la lésion professionnelle (art. 180 L.A.T.M.P.).

I. Le droit au retour au travail

330 – *Un droit de réintégration prioritaire* – La L.A.T.M.P. prévoit la possibilité pour le travailleur qui a été victime d'une lésion professionnelle, de réintégrer son emploi et de conserver certains avantages comme s'il n'avait jamais été absent[111]. Lorsque celui-ci devient capable d'exercer son emploi, il possède un droit de réintégration prioritaire dans l'établissement où il exerçait ses fonctions au moment de la lésion, ou si ce n'est pas possible, dans un des établisse-

---

C.L.P. 12106-02-8906, 93-01-14 ; *Croteau* et *Gestion Yor Enr.*, [1995] C.A.L.P. 1772 ; *Mennonna* et *Uniformes Legrand (1983) Inc.*, C.A.L.P. 64311-60-9411, 96-12-20 ; *Charest* et *Isolation & Ventilation Lemieux Inc. (fermé)*, C.L.P. 174296-04B-0112, 02-03-14. Pour les critères, voir notamment : *Gemme* et *Inter Net Ltée*, C.A.L.P. 25905-62-9011, 93-01-18 ; *Martin* et *Ameublement El Ran Ltée*, C.A.L.P. 45962-62-9210, 94-07-14 ; *Ficara* et *Marché Bonanza Inc.*, [1997] C.A.L.P. 43 ; *Dufour* et *Station service Verdun*, C.L.P. 136089-64-0004, 01-06-15 ; *Gasbaro* et *Aluminium Welding Ltée (fermée)*, C.L.P. 135506-71-0004, 01-03-21 ; *Muller* et *Cirque du Soleil*, 2012 QCCLP 634.

109. *Gagnon* et *O. Boucher & Fils Ltée*, C.A.L.P. 35771-64-9112, 93-11-15 ; *Chagnon* et *Boyau Associated Inc.*, C.A.L.P. 46576-62-9211, 23-03-94 – le danger appréhendé ne doit pas être que théorique.

110. *Veranda Jardin RP Inc.* et *Sylvie Fournier*, C.L.P. 115569-04B-9904 et 115570-04B-9904, 00-01-24 ; *Réjean Grenier* et *Simon Lussier Ltée*, C.L.P. 166717-63-0108, 02-05-08.

111. B. CLICHE et M. GRAVEL, *op. cit.*, note 4, p. 555 et s.

ments de l'employeur pour un emploi équivalent (art. 236 L.A.T.M.P.)[112]. Au même titre, lorsque le travailleur demeure incapable d'exercer à nouveau son emploi en raison de sa lésion professionnelle, il conserve néanmoins le droit d'occuper le premier emploi convenable qui sera disponible dans un des établissements de l'employeur (art. 239 L.A.T.M.P.). Le délai d'exercice du droit au retour au travail est prévu à l'article 240 de la Loi. Cette dernière disposition fait la distinction entre la situation du travailleur œuvrant dans un établissement de 20 travailleurs ou moins, dans ce cas, le délai d'exercice du droit au retour étant d'un an ; et la situation du travailleur exerçant ses fonctions dans un établissement de plus de 20 travailleurs, auquel cas, le délai étant alors de deux ans.

Il faut noter que la L.A.T.M.P. nuance l'obligation d'accommodement de l'employeur selon la nature du contrat de travail. L'article 237 de la Loi prévoit que le travailleur dont le contrat est à durée déterminée a le droit de réintégrer son emploi – et incidemment de bénéficier des avantages qui en découlent – lorsqu'il devient à nouveau capable de l'exercer, et ce, pour la durée restante du contrat. Le travailleur dont le contrat est à durée indéterminée aura, quant à lui, le droit de réintégrer son emploi ou un emploi équivalent dans les délais prévus à l'article 240 de la Loi. Lorsque la réintégration du travailleur est complète, celui-ci bénéficie à nouveau du salaire et des avantages qui prévalaient avant l'apparition de la lésion professionnelle, aux mêmes taux et mêmes conditions (art. 242 L.A.T.M.P.).

Précisons également qu'une convention collective peut encadrer l'application du droit au retour au travail (art. 244 L.A.T.M.P.)[113]. Cependant, il faut rappeler que la L.A.T.M.P. étant d'ordre public, les modalités d'application de la réintégration du travailleur prévue dans la convention collective ne pourront s'exercer au détriment de la protection accordée par la Loi (art. 4, al. 2 L.A.T.M.P.).

---

112. *Syndicat des cols bleus regroupés de Montréal (SCFP, 301)* et *Kirkland (Ville de) (Alain Tremblay)*, D.T.E. 2008T-383 (T.A.) – le « droit de réintégrer prioritairement son emploi » prévu à l'article 236 L.A.T.M.P. n'impose pas à l'employeur une obligation de réintégration automatique et absolue du salarié redevenu apte au travail.
113. Pour une illustration, voir : *Union internationale des travailleuses et travailleurs unis de l'alimentation et du commerce, section locale 1991-P (FATCOI-CTC-FTQ, TUAC Canada)* et *Transformation BFL (9071-3975 Québec inc.)*, D.T.E. 2012T-83 (T.A.).

J. Les recours

1. *Responsabilité civile*

331 – *Immunité de l'employeur* – Il faut préciser que la L.A.T.M.P. exclut la possibilité pour le travailleur victime d'une lésion professionnelle d'exercer un recours de droit commun contre son employeur ou contre ses collègues de travail en raison de cette lésion[114]. La Loi accorde à l'employeur une immunité à l'égard de toute lésion professionnelle au sens de cette loi (accident du travail ou maladie professionnelle). Cette immunité est absolue à l'égard d'une lésion professionnelle subie par son propre employé (art. 438 L.A.T.M.P.). L'arrêt *Béliveau St-Jacques* ne laisse place à aucune ambiguïté :

> Les articles 438 et 442 L.A.T.M.P. doivent nécessairement constituer le point de départ de l'analyse. L'immunité civile de l'employeur et du coemployé qui en résulte est de grande portée, et elle vise le recours en dommages, [...] qui prendrait appui sur les événements constitutifs de la lésion professionnelle.
>
> [...]
>
> Permettre à la victime d'une lésion professionnelle de faire valoir un recours en responsabilité civile [...] contre son employeur ou contre un coemployé reviendrait nécessairement à remettre en question le compromis formalisé par la L.A.T.M.P. Cette loi repose en effet sur le principe de la responsabilité sans faute, et prévoit un mécanisme d'indemnisation forfaitaire, mais partielle.[115]

Les poursuites civiles intentées par le travailleur contre l'employeur ou le coemployé en raison d'une lésion professionnelle sont donc complètement écartées. Toutefois, cette immunité ne s'applique

---

114. À cet effet et sur le rapport entre ce régime d'indemnisation sans égard à la faute et les principes de la responsabilité civile, voir *Béliveau St-Jacques* c. *Fédération des employées et employés de services publics inc.*, [1996] 2 R.C.S. 345 – employée victime de harcèlement au travail. Sur la constitutionnalité d'une telle mesure au regard de la *Charte canadienne des droits et libertés*, voir : *Re Workers' Compensation Act, (1983) T.-N.*, [1989] 1 R.C.S. 922. Les articles 441 et 442 L.A.T.M.P. ont pour effet de limiter à quelques situations marginales la possibilité pour l'employé lésé de poursuivre un employeur, autre que le sien, assujetti à la Loi ou ses employés. Voir également, B. CLICHE et M. GRAVEL, *op. cit.*, note 4, p. 733 à 743.

115. *Béliveau St-Jacques* c. *Fédération des employées et employés de services publics Inc.*, précité, note 114, p. 410 et 411. Voir aussi *Genest* c. *Commission des droits de la personne et des droits de la jeunesse*, D.T.E. 2001T-99 (C.A.) ; voir aussi : *Normandin* c. *Banque Laurentienne du Canada*, 2010 QCCA 1167.

pas lorsque la réclamation vise à réparer une atteinte à la réputation découlant de propos diffamatoires tenus ou publiés[116].

En outre, lorsqu'une lésion professionnelle est causée à un salarié d'un autre employeur assujetti à la Loi, la responsabilité de l'employeur n'est engagée qu'aux conditions et dans les limites fixées à l'article 441 L.A.T.M.P[117].

Il faut signaler que la *Loi sur les accidents du travail et les maladies professionnelles* trouve application tant à l'endroit des entreprises qui relèvent de la compétence législative du gouvernement fédéral en matière de relations du travail que de celles qui sont soumises à la compétence de principe et générale du Québec. Il en est ainsi parce que son caractère véritable la qualifie comme régime d'indemnisation plutôt que comme une loi relative aux conditions de travail[118].

2. La compétence de la C.S.S.T.

332 – *Une compétence exclusive* – Diverses instances jouent un rôle accru dans l'accomplissement des objectifs de la L.A.T.M.P. Cela dit, la C.S.S.T. est l'organisme ayant une compétence exclusive pour décider de toute demande faite en vertu de la L.A.T.M.P. (art. 349). Cette compétence de première instance lui permet de décider de toute demande d'indemnisation, de classification, d'imputation de coûts et de toute plainte des travailleurs.

333 – *Le recours en vertu de l'article 32 L.A.T.M.P.* – La C.S.S.T. dispose d'une compétence exclusive pour décider des recours formés en vertu de l'article 32 de la Loi (art. 252). Cette disposition prévoit qu'un employeur ne peut pas congédier, suspendre ou déplacer un

---

116. *Ghanouchi* c. *Lapointe*, 2009 QCCA 21.
117. Art. 441 L.A.T.M.P. : « Un bénéficiaire ne peut intenter une action en responsabilité civile, en raison d'une lésion professionnelle, contre un employeur assujetti à la présente loi, autre que celui du travailleur lésé, que : 1° si cet employeur a commis une faute qui constitue une infraction au sens du *Code criminel* (Lois révisées du Canada (1985), chapitre C-46) ou un acte criminel au sens de ce code ; 2° pour recouvrer l'excédent de la perte subie sur la prestation ; 3° si cet employeur est une personne responsable d'une lésion professionnelle visée dans l'article 31 ; ou 4° si cet employeur est tenu personnellement au paiement des prestations [...] ».
118. *Workmen's Compensation Board* c. *Canadian Pacific Railway Co.*, [1920] A.C. 184 ; *Commission du salaire minimum* c. *Bell Telephone Co. of Canada*, [1966] R.C.S. 767, 773-774 ; *Bell Canada* c. *Québec (Commission de la santé et de la sécurité du travail)*, [1988] 1 R.C.S. 749, 763-764.

travailleur, exercer à son endroit des mesures discriminatoires ou des représailles parce qu'il a été victime d'une lésion professionnelle ou à cause de l'exercice d'un droit que lui confère la Loi[119]. Lorsque le travailleur croit avoir été victime de telles représailles, il peut à sa convenance soit déposer un grief en vertu de sa convention collective, soit déposer une plainte auprès de la C.S.S.T. (art. 253 de la Loi)[120]. S'il opte pour une plainte, celle-ci doit être écrite et soumise à la C.S.S.T. dans un délai de 30 jours de la connaissance des mesures, représailles ou sanctions dont il se plaint. Une copie doit aussi être transmise à son employeur.

Dans le même ordre d'idées, lorsqu'il est démontré à la satisfaction de la C.S.S.T. que le travailleur a fait l'objet d'une sanction ou d'une mesure visée à l'article 32 L.A.T.M.P. dans les six mois suivant la lésion professionnelle ou l'exercice d'un droit conféré par la Loi, la sanction est présumée avoir été imposée en raison de sa lésion ou de l'exercice de son droit (art. 255 L.A.T.M.P.)[121]. Cette présomption a pour effet de renverser le fardeau de la preuve sur l'employeur, qui devra prouver qu'il a pris la sanction ou la mesure dont se plaint le travailleur pour une autre cause juste et suffisante (art. 255, al. 2 L.A.T.M.P.)[122]. Dès lors que la présomption a été établie, la C.S.S.T. peut rendre une décision interlocutoire ordonnant à l'employeur de réintégrer le travailleur dans son emploi avec tous ses droits et privilèges et de lui verser son salaire et les autres avantages liés à l'emploi jusqu'à ce qu'elle dispose de sa plainte par décision finale (art. 256 L.A.T.M.P.).

---

119. Notons que ce recours n'est pas applicable à l'endroit de la Couronne fédérale et de ses agents visés par la *Loi sur l'indemnisation des agents de l'État*. Voir, *Purolator Courrier ltée* c. *Hamelin*, [2002] R.J.Q. 310 ; D.T.E. 2002T-197 (C.A.).

120. Il ne peut y avoir cumul de recours. Voir notamment, *Maurice* et *Versabec Inc.*, 13823-60-8909, 90-05-29 ; *Lamothe* et *Transports Provost Inc.*, [1990] C.A.L.P. 145 ; *Panval Inc.* et *Daigle*, [1992] C.A.L.P. 120 ; *Bossé* et *Donohue Inc.*, [1997] C.A.L.P. 1426. Par ailleurs, la Cour d'appel a rappelé l'absence de compétence de l'arbitre de griefs sur les questions qui relèvent exclusivement de la C.S.S.T. : *Syndicat canadien des communications, de l'énergie et du papier, section locale 427* c. *Tembec, usine de Matane*, 2012 QCCA 179.

121. L'exercice d'un droit par le travailleur suppose que ce dernier ait posé un geste quelconque : *Théberge* c. *Habitat Ste-Foy (1982) Inc.*, [1991] R.J.Q. 1616 (C.A.).

122. Voir, B. CLICHE et M. GRAVEL, *op. cit.*, note 4, p. 725 et 726. La jurisprudence relative à l'interprétation de l'article 255 L.A.T.M.P., a tenu compte des principes retenus par les tribunaux supérieurs dans le cadre de l'application des articles 15, 16 et 17 du *Code du travail* ; l'expression « autre cause juste et suffisante » que l'on retrouve dans la L.A.T.M.P. étant similaire à la notion utilisée dans le *Code du travail*. Voir aussi, *Canron Inc.* et *CSST*, [1987] R.J.Q. 346 (C.S.) ; *Mécano soudure Drummond Ltée* et *Paré*, [1997] C.A.L.P. 587 ; *Pomerleau Bouygues Inc.* et *Forand*, [1996] C.A.L.P. 206.

Il est aussi possible que la plainte du travailleur soit éventuellement accueillie sans que la présomption de l'article 255 L.A.T.M.P. ait été établie en sa faveur. Il pourrait en être ainsi, par exemple, si l'exercice par le travailleur d'un droit ou d'une fonction lui résultant de la Loi remontait à plus de six mois avant la date de la mesure dont il se plaint et qu'une preuve positive convainquait néanmoins la C.S.S.T. que l'exercice de ce droit ou de cette fonction constituait le véritable motif de sanction de la part de l'employeur, ce dernier ayant agi en quelque sorte à retardement[123].

Lorsqu'elle dispose d'une plainte selon l'article 32 L.A.T.M.P., la C.S.S.T. peut ordonner à l'employeur de réintégrer le travailleur dans son emploi avec tous ses droits et privilèges, annuler la sanction, ordonner la cessation des mesures discriminatoires ou des représailles ou ordonner à l'employeur de verser au travailleur l'équivalent du salaire et avantages dont il a été privé (art. 257 L.A.T.M.P.). Dans tous les cas où il est ordonné le paiement du salaire ou le paiement d'avantages dont le travailleur a été privé, la C.S.S.T. peut aussi, en parallèle, ordonner le paiement d'un intérêt sur ces sommes (art. 261 L.A.T.M.P.).

334 – *Décisions* – La C.S.S.T. rend une décision écrite et motivée (art. 358.5 L.A.T.M.P.), et peut tenir compte de l'équité et du mérite réel de la cause (art. 351 L.S.S.T.)[124]. La décision est rendue après audition, dans un délai de 30 jours suivant la soumission de la plainte (art. 262 L.A.T.M.P.), sans que ce délai soit toutefois de rigueur[125]. Elle prend effet immédiatement, sans être suspendue par l'appel d'une partie devant la Commission des lésions professionnelles (art. 262, al. 2 L.A.T.M.P.), et l'employeur devra se conformer à la décision dans un délai maximum de huit jours après notification (art. 263 L.A.T.M.P.). Si nécessaire, le travailleur concerné peut déposer la décision au greffe de la Cour supérieure du district où est situé l'établissement de l'employeur, pour la rendre exécutoire comme s'il s'agissait d'un jugement final et sans appel de la Cour supérieure (art. 264 L.A.T.M.P.)[126].

---

123. Voir et transposer les jugements suivant rendus à partir des articles 228, 229 et 230 L.S.S.T. tels qu'ils se lisaient alors : *Landry Automobiles Ltée* c. *Tremblay*, [1982] T.T. 478 confirmé par *Landry Automobiles Ltée* c. *Tremblay*, D.T.E. 85T-725 (C.A.).
124. *Lapointe* c. *C.L.P.*, C.A. Montréal, n° 500-09-013413-034, 04-03-19, par. 23.
125. *Produits chimiques Magnus Ltée* c. *Richard*, [1987] R.J.Q. 1580, EYB 1987-78421 (C.S.).
126. Le dépôt peut être effectué dans les 15 jours de la notification de ladite décision, s'il s'agit d'une ordonnance provisoire rendue selon l'article 256 L.A.T.M.P. et en

Par ailleurs, il est loisible à la C.S.S.T. de reconsidérer ses décisions dans les circonstances prévues à l'article 365 de la Loi[127]. Il s'agit là d'un pouvoir qui s'exerce de manière discrétionnaire[128]. Les personnes visées par une décision de la C.S.S.T. peuvent, en outre, demander sa révision administrative, à condition que la demande de révision soit effectuée dans un délai de 30 jours suivant la notification (art. 358 L.A.T.M.P.). La révision de la décision se fera sur dossier, la Direction de la révision administrative réexaminant entièrement le dossier et la preuve documentaire qui lui est soumise pour confirmer la décision initiale, l'infirmer ou la modifier (art. 358.3 L.A.T.M.P.)[129]. La décision rendue pourra être contestée dans un délai de 45 jours devant la Commission des lésions professionnelles conformément à l'article 359.1 L.A.T.M.P., par toute personne qui se croit lésée par celle-ci (art. 228, al. 2 L.A.T.M.P.)[130].

3. La Commission des lésions professionnelles

335 – *Institution et compétences* – La Commission des lésions professionnelles (ci-après, la « C.L.P. ») est un tribunal administratif spécialisé et indépendant de la C.S.S.T., institué par l'article 367 L.A.T.M.P. (art. 1 L.S.S.T.). La L.A.T.M.P. donne à la C.L.P. une compétence exclusive sur les recours formés en vertu des articles 359, 359.1, 450 et 451, mais aussi sur les recours formés en vertu des articles 37.3 et 193 de la L.S.S.T. (art. 369 L.A.T.M.P.). Plus spécifiquement, il s'agit d'un pouvoir général de révision des décisions de la C.S.S.T. (art. 359 L.A.T.M.P.).

---

tout temps, s'il s'agit d'une décision finale rendue selon les articles 257, 259 ou 261 L.A.T.M.P.

127. Art. 365 L.A.T.M.P. : « La Commission peut reconsidérer sa décision dans les 90 jours, si celle-ci n'a pas fait l'objet d'une décision rendue en vertu de l'article 358.3, pour corriger toute erreur.
   Elle peut également, de sa propre initiative ou à la demande d'une partie, si sa décision a été rendue avant que soit connu un fait essentiel, reconsidérer cette décision dans les 90 jours de la connaissance de ce fait.
   Avant de reconsidérer une décision, la Commission en informe les personnes à qui elle a notifié cette décision.
   Le présent article ne s'applique pas à une décision rendue en vertu du chapitre IX. ».
128. *Plourde* et *Hyco Canada UCL*, C.L.P. 196053-04B-0212, 03-03-20.
129. Certaines décisions ne sont pas révisables, notamment celles qui refusent la reconsidération en vertu de l'article 365, al. 1 de la Loi (art. 358, al. 2 L.A.T.M.P.), ainsi que les décisions visant une question médicale prévue à l'article 224 de la Loi qui lie la C.S.S.T.
130. La décision de la C.S.S.T. n'est pas sujette à une révision par cette dernière en vertu de l'article 358 (art. 358, al. 2 L.A.T.M.P.).

La C.L.P. siège en deux divisions, la première étant celle du financement et la deuxième celle de la prévention et de l'indemnisation des lésions professionnelles (art. 370 L.A.T.M.P.). Les recours susmentionnés qui sont formés selon les articles 37.3 ou 193 L.S.S.T., ainsi que ceux formés selon l'article 359.1 L.A.T.M.P., sont décidés par la division de la prévention et de l'indemnisation des lésions professionnelles (art. 372 L.A.T.M.P.). Les recours sont instruits et décidés par un commissaire unique, appelé également juge administratif (art. 373 et 429.49 L.A.T.M.P.)[131]. Toutefois, dans la division de la prévention et de l'indemnisation des lésions professionnelles, deux membres siègent auprès du juge administratif pour le conseiller, l'un étant issu des associations d'employeurs et l'autre des associations syndicales (art. 374 L.A.T.M.P.).

336 – *Procédures et décisions* – Les recours intentés devant la C.L.P. s'exercent au moyen d'une requête, de la façon prévue par les articles 429.22 et 429.23 L.A.T.M.P. Ils sont instruits par un juge administratif qui est investi des pouvoirs et de l'immunité prévue par la *Loi sur les commissions d'enquête* (art. 373 et 378 L.A.T.M.P.). Bien qu'il soit assisté d'un membre issu du milieu syndical et d'un membre issu du milieu patronal (art. 374 L.A.T.M.P.), la décision de la C.L.P. sera endossée par le juge seul (art. 429.2 et 429.49 L.A.T.M.P.). Par ailleurs, dans le cadre de ses procédures, la C.L.P. avise dans un délai raisonnable les parties de la tenue de l'audience et les informe également de leur droit à être représentées ou assistées lors de son déroulement (art. 429.37 L.A.T.M.P.). Notons en ce qui concerne la présence des parties à l'audience que, d'une part, le juge administratif pourra procéder sans autre avis ni délai, malgré l'absence d'une partie lorsque celle-ci n'a pas valablement justifié son absence. D'autre part, la C.S.S.T. peut intervenir à l'audience à tout moment, et ce, jusqu'à la fin de l'enquête et de l'audition, pour autant qu'elle produise un avis à cet effet (art. 429.16 L.A.T.M.P.). Une fois ces formalités complétées, elle deviendra une partie à part entière au litige, possédant tous les droits et les obligations relevant de son statut[132].

Lors de l'audience, toute la preuve pertinente peut être soumise, y compris toute preuve de nature testimoniale, audio-visuelle et documentaire[133]. Au terme de celle-ci, le juge administratif, dispo-

---

131. Une affaire peut toutefois être entendue par plus d'un commissaire : art. 429.49, al. 2 L.A.T.M.P.
132. *McKenna* c. *C.L.P.*, [2001] C.L.P. 491 (C.A.).
133. Voir : *Règles de preuve, de procédure et de pratique de la Commission des lésions professionnelles*, (2000) *G.O.* II, 1627, art. 18.

sant d'un pouvoir de décision sur toute question de droit ou de fait nécessaire à l'exercice de sa compétence, confirmera ou infirmera la décision, l'ordre ou l'ordonnance qui lui a été soumis ; ou encore, il rendra toute décision qui aurait dû être rendue (art. 377 L.A.T.M.P.). Cette décision est finale et sans appel (art. 429.49 L.A.T.M.P.) et bénéficie de la protection d'une clause privative en cas d'intervention des tribunaux supérieurs, sauf sur une question de compétence (art. 429.59 L.A.T.M.P.). À cet égard, il est bon de rappeler que les décisions de la C.L.P. sont soumises au pouvoir de contrôle et de surveillance des tribunaux supérieurs, et cela, au même titre que toutes les décisions rendues par les tribunaux administratifs[134]. Déposée au greffe de la Cour supérieure, la décision devient exécutoire comme un jugement final et sans appel de la Cour supérieure (art. 429.58 L.A.T.M.P.).

337 – *Révision* – De la manière indiquée par l'article 429.57 L.A.T.M.P., la C.L.P. peut réviser ou révoquer toute décision qu'elle a rendue, pour l'un ou l'autre des motifs suivants : la découverte d'un fait nouveau ; l'impossibilité pour une partie d'avoir été entendue ; un vice de fond ou de procédure de nature à invalider la décision (art. 429.56 L.A.T.M.P.)[135].

338 – *Conciliation* – La L.A.T.M.P. prévoit une procédure de conciliation, conditionnelle au consentement des parties (art. 429.44 L.A.T.M.P.). Le contenu de la conciliation ne peut être mis en preuve lors d'une audition sans que les parties y consentent (art. 429.45 L.A.T.M.P.). L'accord qui sera issu de ce mode alternatif de règlement

---

134. Pour un éclairage sur la problématique reliée à ce pouvoir de surveillance et plus particulièrement sur les compétences et pouvoirs d'un tribunal administratif, en l'occurrence la C.L.P., voir notamment : C. VERGE, « La distinction fondamentale entre la compétence et les pouvoirs d'un tribunal administratif : principe et application, notamment dans le contexte de la Commission des lésions professionnelles », dans Service de la formation continue, Barreau du Québec, *Développements récents en droit de la santé et sécurité au travail*, vol. 334, Cowansville, Éditions Yvon Blais, 2011. Voir également, *Commission scolaire de la Riveraine* c. *Dupuis*, 2012 QCCA 626 – la Cour supérieure aurait dû faire preuve de déférence, notamment à l'égard de l'interprétation du concept d' « accident du travail » et de celui de « lien de causalité ». Or, elle n'a pas respecté son devoir de déférence en se livrant à un réexamen de la preuve et en substituant sa conclusion à celle de la C.L.P.

135. En ce qui concerne les conditions d'exercice de ce pouvoir de révision, voir : *Renaud* c. *Québec (Commission des affaires sociales)*, [1999] 3 R.C.S. 855 ; *Société de l'assurance-automobile du Québec* c. *Hamel*, [2001] R.J.Q. 961 (C.A.) ; *Épiciers unis Métro-Richelieu inc.* c. *Régie des alcools, des courses et des jeux*, [1996] R.J.Q. 608 (C.A.) ; *Provigo inc.* c. *Lachapelle*, D.T.E. 2006T-766 (C.A.) ; *Chevalier* c. *CSST*, [2008] C.L.P. 281 (C.A.).

des litiges doit être écrit et signé par toutes les parties, ainsi que par le conciliateur (art. 429.46 L.A.T.M.P.) ; et devra recevoir la « sanction » du juge administratif pour avoir valeur de décision (art. 429.46, al. 2 L.A.T.M.P.). En cas d'échec de la conciliation, on procédera à une audition dans les meilleurs délais.

K. Les dispositions pénales

339 – *Contraventions et amendes*[136] – Il est prévu au chapitre XV de la L.A.T.M.P. (art. 458 à 474), diverses dispositions pénales assorties d'amendes. Les plaintes reliées à ces infractions peuvent être portées à l'endroit de toute personne physique ou morale.

L'article 458 L.A.T.M.P. vise l'employeur qui contrevient à certaines dispositions de la Loi, telles que :

– le fait d'imposer une sanction à un travailleur parce qu'il a été victime d'une lésion professionnelle ou à cause de l'exercice d'un droit que lui confère la présente Loi (art. 32 L.A.T.M.P.) ;

– le fait d'exiger ou de recevoir une contribution d'un travailleur pour une obligation que la présente Loi lui impose (art. 33 L.A.T.M.P.) ;

– faire défaut à l'obligation de verser les sommes dues à une victime d'une lésion professionnelle, tel que prévu aux articles 59, 60 ou 61 L.A.T.M.P. ;

– ne pas fournir les premiers soins à un travailleur victime d'une lésion professionnelle ou si nécessaire, le transport que requiert son état dans un établissement de santé, ou de maintenir les services de premiers soins et de secours (art. 190 et 191 L.A.T.M.P.) ;

– ne pas transmettre au travailleur les rapports médicaux obtenus (art. 215 L.A.T.M.P.) ;

– ne pas continuer d'assurer la participation du travailleur qui est absent pour cause de lésion professionnelle aux régimes de retraite ou d'assurance collective (art. 235 L.A.T.M.P.) ;

---

136. Voir, B. CLICHE et M. GRAVEL, *op. cit.*, note 4.

– ne pas participer au processus de réclamation prévu à la Loi (art. 266, 268, 269 et 270 L.A.T.M.P.) ;

– ne pas contracter et maintenir en vigueur une garantie de paiement des prestations, advenant le cas où il ne pourrait plus le faire (art. 334 L.A.T.M.P.).

L'amende qui pourra être imposée à une personne physique trouvée coupable d'une contravention à ces dispositions sera au minimum de 500 $ et au maximum de 1 000 $. S'il s'agit d'une personne morale, l'amende variera de 1 000 $ à 2 000 $.

L'article 459 L.A.T.M.P. vise quant à lui le maître d'œuvre s'il déroge à son obligation de fournir les premiers soins et le transport que requiert l'état d'un travailleur victime d'une lésion professionnelle, ou de maintenir les services de premiers soins prévus par règlements (art. 190 et 191 L.A.T.M.P.). L'amende que pourra encourir une personne physique ou une personne morale est la même que celle prévue à l'article 458 L.A.T.M.P.

Les articles 460 et 461 L.A.T.M.P. sanctionnent quant à eux l'employeur qui d'une part, tente de retarder ou empêcher l'exercice du droit de retour au travail du travailleur, tel que prévu aux articles 234 et suivants L.A.T.M.P. et d'autre part, qui fait défaut aux obligations suivantes :

– aviser la C.S.S.T. de la réintégration du travailleur dans son emploi ou dans un emploi équivalent (art. 275 L.A.T.M.P.) ;

– tenir à jour le registre des accidents de travail ayant entraîné une perte de temps de moins d'une journée, et de le mettre à la disposition de la C.S.S.T. (art. 280 de la L.A.T.M.P.) ;

– déclarer à la C.S.S.T. tous les renseignements nécessaires concernant sa cotisation, ainsi que le délai prévu pour l'acquittement de ladite cotisation (art. 290 à 292 de la L.A.T.M.P.) ;

– acquitter sa cotisation un mois après son échéance et fournir des garanties appropriées de solvabilité pour les employeurs tenus personnellement au paiement des cotisations (art. 334 L.A.T.M.P.).

En ce qui concerne la contravention à l'article 460 L.A.T.M.P. les amendes varient de 500 $ à 1 000 $ pour une personne physique, et de 1 000 $ à 2 000 $ pour une personne morale. Les amendes liées à l'article 461 L.A.T.M.P. sont de 300 $ minimum à 500 $ maximum pour une personne physique, et de 500 $ minimum à 1 000 $ pour une personne morale.

L'article 462 L.A.T.M.P. concerne les professionnels de la santé ou les établissements de santé qui refusent ou négligent de faire une attestation, un avis ou un rapport prévu par les articles 199 à 203 ou 208 L.A.T.M.P. Les travailleurs sont également concernés quand ils refusent de se soumettre à un examen médical demandé par l'employeur ou de faire les déclarations qu'ils doivent faire. L'amende qui pourrait être imposée est de 300 $ minimum à 500 $ maximum pour une personne physique et de 500 $ minimum à 1 000 $ maximum pour une personne morale.

Il est également prévu dans la L.A.T.M.P. des infractions d'ordre plus général. C'est le cas, par exemple, de l'article 463 L.A.T.M.P. qui prévoit une sanction pour quiconque agit ou omet d'agir en vue d'obtenir un avantage auquel il sait ne pas avoir droit, ou de se soustraire à une obligation que la L.A.T.M.P. lui impose. L'amende pour cette infraction varie de 500 $ à 2 000 $ pour une personne physique, et de 2 000 $ à 8 000 $ pour une personne morale. L'article 465 L.A.T.M.P. qui est aussi d'ordre général sanctionne quiconque contrevient à une disposition de la Loi ou des règlements et pour laquelle aucune peine n'est prévue. Sans prévoir d'amende minimum, l'article prévoit toutefois une amende maximum de 300 $ et 500 $ selon qu'il s'agit d'une personne physique ou morale.

Outre ces dispositions, le législateur a voulu sanctionner toute entrave ou tentative d'entrave à l'application de la Loi (art. 464 L.A.T.M.P.), la complicité (art. 466 L.A.T.M.P.) et la récidive (art. 467 L.A.T.M.P.).

340 – *Procédure et fardeau de la preuve* – Aux termes des dispositions de la L.A.T.M.P., c'est à la C.S.S.T. que reviendra la responsabilité d'intenter toute poursuite pénale pour les contraventions à la Loi (art. 473 L.A.T.M.P.). Les poursuites pénales sont intentées dans l'année de la connaissance de la perpétration de l'infraction. Dans tous les cas, aucune poursuite ne pourra être entreprise au-delà d'une période de cinq ans à partir du moment de la perpétration de l'infraction.

Mis à part le fait que la procédure applicable est celle du *Code de procédure pénale*[137], les infractions prévues à la L.A.T.M.P. sont des infractions de « responsabilité stricte », c'est-à-dire que le poursuivant n'aura pas à mettre en preuve l'intention coupable du contrevenant (la « *mens rea* »)[138].

II- L'OBJET ET LE CHAMP D'APPLICATION DE LA L.S.S.T.

A. L'objet

341 – *Objet et qualification constitutionnelle* – La L.S.S.T. se donne pour objet, à son article 2, l'élimination à la source même des dangers pour la santé, la sécurité et l'intégrité physique des travailleurs[139]. D'un cadre bien déterminé, celui du travail, elle se veut avant tout préventive des accidents et de la maladie. Néanmoins, appelée à la qualifier et à la classifier au plan constitutionnel, la Cour suprême, tout en lui reconnaissant cette finalité, a constaté que son contenu et les moyens qu'elle retenait pour atteindre son objectif affectaient si directement et massivement les conditions de travail, les relations de travail et la gestion des entreprises qu'ils en faisaient une véritable loi du travail[140]. La conséquence est claire : la L.S.S.T. est constitutionnellement inapplicable aux entreprises soumises à la compétence législative fédérale[141].

---

137. RLRQ, c. P-25.1. Voir aussi, B. CLICHE et M. GRAVEL, *op. cit.*, note 4, p. 792.
138. À ce sujet, voir l'arrêt de principe dans le domaine : *R. c. Sault Ste-Marie*, [1978] 2 R.C.S. 1299. Voir également, B. CLICHE et M. GRAVEL, *op. cit.*, note 4, p. 791.
139. Pour un historique de la Loi, voir Bernard CLICHE, Serge LAFONTAINE et Richard MAILHOT, *op. cit.*, note 4, p. 1 à 35.
140. *Bell Canada c. Québec (Commission de la santé et de la sécurité du travail)*, précité, note 3 ; *Compagnie des chemins de fer nationaux du Canada c. Courtois*, [1988] 1 R.C.S. 868. Voir également, au même effet, relativement au régime préventif des accidents du travail de la Colombie-Britannique : *Alltrans Express Ltd. c. British Columbia (Workers' Compensation Board)*, [1988] 1 R.C.S. 897.
141. *Bell Canada c. Québec (Commission de la santé et de la sécurité du travail)*, *ibid.* – inapplicabilité, plus particulièrement, des articles 33, 36, 37 et 40 à 45 de la Loi, relatifs au retrait préventif de la travailleuse enceinte ; *Compagnie des chemins de fer nationaux du Canada c. Courtois*, *ibid.* – inapplicabilité, cette fois, des articles 62 et 177 à 193, relatifs aux rapports d'accident ainsi qu'aux enquêtes et avis de correction qui peuvent faire suite aux accidents ; *Tessier Ltée c. Québec (Commission de la santé et de la sécurité du travail)*, 2012 CSC 23 – la Cour suprême du Canada en vient à la conclusion que la plus grande partie des activités de Tessier sont de juridiction provinciale. Ainsi, ses employés sont soumis à la législation provinciale en matière de santé et sécurité au travail, et non à la réglementation fédérale.

342 – *Caractère d'ordre public* – Dans leur champ d'application, la Loi et la réglementation adoptées sous son empire revêtent un caractère minimal et d'ordre public ; de là, la nullité, de plein droit, de toute disposition d'une convention, individuelle ou collective, ou d'un décret de convention collective, qui prétendrait stipuler des conditions moins avantageuses pour la santé, la sécurité ou l'intégrité physique des travailleurs (art. 4 L.S.S.T.).

B. Le champ d'application

343 – *Travailleur et employeur* – Le champ d'application de la Loi est délimité au départ par les définitions législatives, à son article 1, des termes « travailleur » et « employeur ».

Quant au travailleur, il s'agit d'abord d'une personne qui exécute un travail pour un employeur, c'est-à-dire un travail subordonné, caractéristique du contrat de travail que connaît le droit civil[142]. Ce travail peut être effectué soit en vertu d'un contrat de travail selon l'appellation du *Code civil du Québec*, soit en vertu d'un contrat d'apprentissage. Le contrat n'a toutefois pas à être assorti de rémunération. Le contrat d'apprentissage en vertu duquel l'apprenti fournit son travail gratuitement est ainsi soumis à l'application de la Loi. Il semble d'ailleurs qu'il s'agisse de la seule éventualité où la Loi puisse s'appliquer à l'égard d'un travail non rémunéré, excluant ainsi le véritable travail bénévole. En effet, la définition législative pose d'abord comme condition d'applicabilité de la Loi que le travail soit exécuté en vertu de l'un ou l'autre des types de contrat qu'elle identifie. Le contrat de travail étant à titre onéreux, il ne reste donc que la possibilité du contrat d'apprentissage où peuvent coexister l'exigence initiale posée par la Loi et l'absence de rémunération.

La définition du terme « travailleur » exclut d'autre part, dans des termes semblables à ceux utilisés par le Code du travail, le personnel de gérance ainsi que les administrateurs ou officiers d'une personne morale à l'exception de ceux qui agissent à ce titre auprès de leur employeur après avoir été désignés par les travailleurs ou une association accréditée[143]. Quant à ces personnes qui se trouvent ainsi exclues de la compréhension du terme « travailleur », il faut signaler qu'elles ne se trouvent pas pour autant totalement soustraites à

---

142. Sur la notion de subordination, voir *supra*, Titre I, chapitre 1, nᵒˢ 90-95.
143. Sur la portée d'une telle exclusion, voir *infra*, Titre II, chapitre 1, nᵒˢ 348-352.

l'application de la Loi. Elles sont d'abord assujetties aux obligations imposées aux travailleurs tant en vertu de la Loi que de ses règlements (art. 8 L.S.S.T.) [144]. Elles bénéficient en retour, selon l'article 11 L.S.S.T., des droits généraux reconnus au travailleur (art. 9-10 L.S.S.T.) ainsi que des droits dits de « retrait préventif » et de « retrait préventif de la travailleuse enceinte ou qui allaite » (art. 32 à 48 L.S.S.T.). Elles ne disposent toutefois pas du droit de refus aménagé par les articles 12 à 31 de la Loi.

La définition de l'« employeur » est en corrélation directe avec celle donnée au terme « travailleur » par la Loi. Jointe à la disposition expresse de l'article 6 à cet effet, elle inclut le gouvernement, ses ministères et les organismes mandataires de l'État[145].

344 – *Entrepreneur* – La personne physique qui travaille à son compte, pour autrui et sans l'aide de travailleurs n'échappe pas totalement à l'application de la Loi. Lorsqu'elle exécute des travaux sur un lieu de travail où se trouvent des travailleurs assujettis à la Loi, elle est elle-même tenue aux obligations imposées à un travailleur en vertu de la Loi et des règlements (art. 7, al. 1 L.S.S.T.). Elle doit alors, en outre, se conformer aux obligations que la Loi ou les règlements imposent à un employeur relativement aux produits, procédés, équipements, matériels, contaminants ou matières dangereuses (art. 7, al. 2 L.S.S.T.).

III- LES DROITS ET OBLIGATIONS DU TRAVAILLEUR

345 – *Généralités* – Ces droits et obligations, à l'exception du droit de refus, s'adressent tant au personnel de gérance et aux employés qui sont administrateurs ou officiers d'une personne morale, exclus de la définition du travailleur donnée à l'article 1 L.S.S.T., qu'aux travailleurs au sens de cette même définition (art. 8 et 11 L.S.S.T.).

---

144. Voir *Commission de la santé et de la sécurité du travail* c. *Structures SYMM inc.*, [2009] R.J.D.T. 102 (C.Q.).
145. *Procureur général du Québec* c. *Nantel,* [1984] C.S. 1132 – plainte pénale contre le gouvernement.

A. Les droits

1. Les droits généraux

346 – *Généralité et diversité* – L'article 9 de la Loi affirme un droit général du travailleur à des conditions de travail qui respectent sa santé, sa sécurité et son intégrité physique. L'article 10 L.S.S.T. énonce quant à lui le droit du travailleur au bénéfice, d'une part, de services de formation, d'information et de conseil en matière de santé et de sécurité du travail et, d'autre part, de services de santé préventifs et curatifs en fonction des risques auxquels il peut être exposé. Il lui garantit en outre le droit de recevoir son salaire pendant qu'il se soumet à un examen de santé en cours d'emploi, lorsque cet examen est exigé en application de la Loi ou des règlements.

2. Le droit de refus

347 – *Nature et étendue* – Le droit de refus représente un droit capital conféré par l'article 12 L.S.S.T. Ce dernier reconnaît au travailleur le droit de refuser d'exécuter un travail s'il a des motifs raisonnables de croire que l'exécution de ce travail l'expose à un danger pour sa santé, sa sécurité ou son intégrité physique ou peut avoir l'effet d'exposer une autre personne à un même danger[146]. La jurisprudence est partagée quant à savoir si le danger envisagé ici se rapporte exclusivement à une atteinte physique ou s'il peut mettre en cause la santé mentale[147]. Les faits et circonstances qui ont pu porter le travailleur à croire à l'existence d'un danger seront appréciés de façon libérale[148].

---

146. *Mutual Steel Corporation* c. *Synotte*, [1981] T.T. 282 ; *Landry Automobiles Ltée* c. *Tremblay*, [1982] T.T. 478 ; *Homelite Terry Textron* c. *Lalonde*, D.T.E. T82-832 (T.T.) ; *Société d'électrolyse et de chimie Alcan Limitée* c. *Marcotte*, D.T.E. T82-831 (T.T.) ; *Entreprises Jean-Robert Girard Inc.* c. *Masson*, D.T.E. 84T-323 (T.T.) ; *Québec (Procureur général)* c. *Commission d'appel en matière de lésions professionnelles du Québec*, [1988] C.A.L.P. 241 (C.S.) ; *Girard* et *Québec (Ville de)*, [2004] C.L.P. 1209, révision rejetée : [2005] C.L.P. 892. Les articles 12 et 13 L.S.S.T. ne permettent pas à un syndicat d'exercer ce droit. Seul un travailleur peut exercer un droit de refus. Voir : *Syndicat des Métallos (Local 9700)* et *Alu-minerie de Bécancour inc.*, 2011 QCCLP 5078. Plus généralement sur le droit de refus, voir : Pierre TRÉPANIER, *Le droit de refus*, dans Canadian Institute, *Santé et sécurité au travail, refus de travailler et milieux de travail contaminés*, Montréal, le 24 mai 1989, Toronto, The Institute, 1989, p. C-1-C27.

147. *Imbeau* c. *Collège Maisonneuve*, [1995] C.A.L.P. 262 (C.A.L.P.) – atteinte physique seulement ; *Forget-Chagnon* c. *Marché Bel-Air inc.*, [2000] C.L.P. 388 (C.L.P.) – acceptation d'un danger pour la santé mentale dans un contexte de harcèlement.

148. *Villeneuve* c. *Gouvernement du Québec (Ministère des Transports)*, [1986] T.T. 274 ; *Société d'électrolyse et de chimie Alcan Ltée* et *Syndicat national des*

Si la seule croyance de bonne foi du salarié à l'existence d'un danger peut légitimer son refus d'exécuter le travail, ce danger doit néanmoins, selon la jurisprudence, procéder des conditions de travail elles-mêmes ; il ne saurait résulter exclusivement de la condition physique ou de l'état de santé du travailleur[149]. Une erreur commise de bonne foi par le travailleur en appréciant une situation et en la jugeant dangereuse ne l'empêchera pas d'exercer légitimement son droit de refus et de demeurer à l'abri d'une sanction ultérieure de la part de l'employeur[150]. Le danger doit être réel et objectif et il doit présenter une probabilité de se réaliser, sans nécessairement qu'il soit pour autant plus probable qu'improbable. La seule appréhension subjective ou la vague possibilité résultant de conditions non encore matérialisées sont insuffisantes pour constituer un danger au sens de cette disposition[151]. L'exercice du droit de refus fait appel à la responsabilité du travailleur. Une erreur d'appréciation considérée injustifiable de sa part pourra conduire à conclure qu'il a abusé de son droit, le rendant ainsi sujet à une sanction[152].

---

employés de l'aluminium d'Arvida Inc., D.T.E. 89T-255 (T.A.), p. 18 ; *Syndicat des fonctionnaires municipaux de Montréal (SCFP-FTQ) et Montréal (Ville de), service des travaux publics et de l'environnement*, D.T.E. 2001T-680 (T.A.), par. 82.

149. *Bootlegger Inc.* c. *Couture*, D.T.E. 84T-171 (C.S.) ; *Hôtel-Dieu de Québec* c. *Lévesque*, D.T.E. 84T-457 (T.T.) ; *Maisonneuve* c. *Steinberg Inc.*, [1985] T.T. 440. Il ne s'ensuit toutefois pas nécessairement que le changement dans la condition physique du travailleur qui résulte lui-même du travail ou de ses conditions d'exécution ne puisse autoriser le travailleur à exercer son droit de refus. On peut ainsi penser à l'état de fatigue causé par une longue période de travail et susceptible de rendre sa poursuite dangereuse pour le travailleur. Voir aussi : *Villeneuve* c. *Gouvernement du Québec (Ministère des Transports), ibid.* Sur le fait que le droit de refus ne peut reposer uniquement sur un motif relevant de l'état de santé du salarié, voir : *Lafontaine et Waterville TG Inc.*, 2007 QCCLP 1059 ; *TCA – Québec, section locale 1849 (FTQ) et Thales Optronique Canada*, D.T.E. 2011T-46 (T.A.).

150. *Syndicat canadien de la Fonction publique, section locale 1500* c. *Hydro-Québec*, [1993] T.T. 83 ; *Landry Automobiles Ltée* c. *Tremblay*, D.T.E. 85T-725 (C.A.) ; *Homelite Terry Textron* c. *Lalonde*, D.T.E. 82T-832 (T.T.) ; *Entreprises Jean Robert Girard* c. *Masson*, D.T.E. 84T-323 (T.T.). Voir aussi : *Québec (Procureur général)* c. *Commission d'appel en matière de lésions professionnelles du Québec*, précité, note 146. Un jugement a déjà affirmé qu'une erreur de droit du travailleur quant aux conditions d'existence de son droit de refus ne le laisserait pas à l'abri d'une sanction : *Maisonneuve* c. *Steinberg Inc.*, précité, note 149.

151. *Girard et Québec (Ville de)*, [2004] C.L.P. 1209, par. 125 ; *Société de l'assurance automobile du Québec et Provencher et al.*, [1998] C.L.P. 745 ; *Henrichon et Ville de Montréal*, [2003] C.L.P. 53 ; *Lavigne et Détention Montréal-Ministère de la Sécurité publique (santé et sécurité)*, 2010 QCCLP 7861 ; *Huard et Installations Focus inc.*, 2012 QCCLP 3939.

152. *Commission des transports de la Communauté urbaine de Montréal* c. *Toupin*, [1985] T.T. 306 ; *Syndicat des fonctionnaires municipaux de Montréal (SCFP-FTQ) et Montréal (Ville de), service des travaux publics et de l'environnement*, précité, note 148.

348 – *Exceptions* – L'article 13 L.S.S.T. prévoit deux situations d'exception dans lesquelles le droit de refus ne peut être exercé : (1) d'une part, lorsque le refus d'exécuter le travail met en péril immédiat la vie, la santé, la sécurité ou l'intégrité physique d'une autre personne ; (2) d'autre part, lorsque les conditions d'exécution de ce travail sont normales dans le genre de travail exercé par le travailleur. Pour utiliser légitimement le droit de refus, le travailleur doit s'assurer de l'inexistence de ces exceptions dans sa situation[153].

349 – *Modalités d'exercice* – Le cas échéant, la décision du travailleur de refuser d'exécuter un travail doit immédiatement être communiquée à l'employeur (art. 15 L.S.S.T.)[154]. Il n'est pas nécessaire que l'exercice du droit de refus par le travailleur donne lieu à une déclaration formelle de sa part à cet effet. Il suffit que l'on puisse percevoir le refus d'exécuter un travail et que ce refus soit motivé par une crainte raisonnable d'un danger pour le travailleur lui-même ou pour une autre personne[155]. Cette décision produit un double effet. D'une part, le travailleur ne peut être contraint de reprendre le travail avant qu'une décision exécutoire n'ait été rendue à cet effet ; d'autre part, l'employeur ne peut faire exécuter le travail qui fait l'objet d'un refus par un autre travailleur ou même par une personne qui travaille habituellement hors de l'établissement, sauf dans les conditions expressément prévues par la Loi (art. 14 L.S.S.T.)[156]. Cette interdiction ne s'appliquerait cependant pas à un représentant de

---

153. *Syndicat canadien de la Fonction publique, section locale 1500* c. *Hydro-Québec*, précité, note 150. Voir aussi : *Bootlegger Inc.* c. *Couture*, précité, note 149 ; *Hôtel-Dieu de Québec* c. *Lévesque*, précité, note 149 ; *Maisonneuve* c. *Steinberg Inc.*, précité, note 149 ; *Gagnon* et *Ministère Sécurité publique*, 2011 QCCLP 1537 ; *CSSS du Nord de Lanaudière* et *Chartier*, 2011 QCCLP 6060.

154. *Hunter-Douglas Canada Ltée* c. *Berthiaume*, D.T.E. 84T-246 (T.T.) ; *Syndicat des teinturiers de Drummondville (C.S.N.)* c. *Teinturiers Élite inc.*, D.T.E. 2000T-54 (T.A.) – nécessité de donner un avis ; *Trudel* et *Fédération des travailleurs du Québec*, [2003] C.L.P. 1204 – l'avis doit être suffisamment explicite. Sur l'obligation d'avertir son supérieur : *Durocher* et *Provigo Distribution inc.*, C.L.P. 265078-71-0506, 27 septembre 2005 ; *Syndicat des travailleurs de câbles d'acier de Pointe-Claire (CSN)* et *Industries de câbles d'acier ltée*, D.T.E. 2010T-170 (T.A.).

155. *Hydro-Québec* c. *Valiquette*, D.T.E. 85T-232 (T.T.) ; *Lecofilms (Leco inc.)* et *Bourgoin*, [1991] C.A.L.P. 1029, par. 46 ; *Gagnon* et *Ministère Sécurité publique*, 2011 QCCLP 1537.

156. L'interdiction vise spécifiquement l'exécution du travail ; la seule manipulation d'un appareil en cause, à d'autres fins, ne tombe pas sous ses effets : *Commission de la santé et de la sécurité du travail du Québec* c. *Montréal (Ville de)*, [1990] T.T. 284 ; *St-Denis et Corporation Urgences-Santé* et *Imbeault*, 240667-71-0407, 06-03-23 – l'employeur ne pouvait pas sanctionner le travailleur parce qu'il refusait d'exécuter une tâche jugée dangereuse et qui avait fait l'objet d'un droit de refus de la part de son collègue.

l'employeur ou à un de ses administrateurs puisqu'ils ne sont pas considérés comme étant des « travailleurs » au sens de la L.S.S.T., et l'article 11 L.S.S.T. ne leur confère pas un droit de refus[157]. La situation d'un travailleur qui a exercé un droit de refus se trouve alors traitée de la façon suivante :

- tant qu'il exerce son droit de refus, le travailleur est réputé être au travail et il en est de même pour les autres travailleurs qui se trouvent privés de travail par suite de l'exercice de son droit de refus (art. 14 et 28 L.S.S.T.). Il peut alors s'ensuivre pour l'employeur une obligation de payer des heures supplémentaires ;

- l'employeur peut cependant exiger que le travailleur qui a exercé son droit de refus demeure disponible sur les lieux de travail et il peut l'affecter temporairement à toute autre tâche qu'il est raisonnablement en mesure d'accomplir (art. 25 L.S.S.T.)[158] ;

- après avoir été avisé par le travailleur conformément à l'article 15, le supérieur immédiat, l'employeur ou son représentant convoque le représentant à la prévention pour examiner la situation. En l'absence de représentant à la prévention, celui-ci est remplacé par un représentant de l'association accréditée ou par un autre travailleur (art. 16 L.S.S.T.)[159] ;

- si l'examen de la situation par le représentant à la prévention ou celui qui le remplace n'apporte pas de solution, l'intervention d'un inspecteur peut être requise soit par le travailleur qui persiste dans son refus d'exécuter le travail, soit par le représentant à la prévention ou la personne qu'il l'a remplacé s'il croit que l'exercice du droit de refus est justifié, soit encore par l'employeur ou son représentant s'il est d'avis que l'exécution du travail ne justifie pas

---

157. Toutefois, malgré le fait que ces représentants et administrateurs ne disposent pas d'un droit de refus, l'employeur demeure tenu de prendre les mesures appropriées en vue de protéger leur santé, sécurité, dignité et intégrité physique (art. 2087 C.c.Q. et 46 C.d.l.p.).
158. Les articles 12 et 14 L.S.S.T. interdisent, par implication nécessaire, que l'employeur force le travailleur qui a exercé son droit de refus à exécuter lui-même le travail déjà refusé : *Syndicat canadien de la Fonction publique, section locale 1500* c. *Hydro-Québec*, précité, note 150.
159. Le défaut de l'employeur d'engager le mécanisme des articles 15 ou 16 L.S.S.T. l'empêche de faire exécuter le travail par qui que ce soit et d'imposer une mesure disciplinaire au travailleur qui a exercé son droit de refus : *Commission de la santé et de la sécurité du travail du Québec* c. *Hôtel-Dieu de Québec*, J.E. 88T-753 (T.T.).

l'exercice du droit de refus par le travailleur en cause (art. 18 L.S.S.T.)[160] ;

- l'inspecteur détermine dans les plus brefs délais s'il existe ou non un danger justifiant le travailleur à refuser d'exécuter son travail (art. 19, al. 1 L.S.S.T.). Il peut alors ordonner au travailleur de reprendre le travail ou prescrire des mesures temporaires et exiger que des corrections soient apportées dans les délais qu'il détermine[161]. L'inspecteur peut aussi conclure que le refus de travailler est justifié dans le cas particulier du travailleur en cause mais ne le serait pas pour un autre travailleur (art. 19, al. 2 L.S.S.T.). La décision de l'inspecteur doit être motivée et confirmée par écrit[162] ; elle doit être transmise au travailleur, au représentant à la prévention ou à la personne qui l'a remplacé ainsi qu'à l'employeur ou à son représentant (art. 19, al. 3 L.S.S.T.)[163] ;

- la décision de l'inspecteur est sujette, successivement, à une demande de révision et à une contestation devant la Commission des lésions professionnelles (art. 20, al. 1 L.S.S.T.) ;

- le recours en révision s'exerce devant la Commission de la santé et de la sécurité du travail (la « C.S.S.T. »), instituée par l'article 137 L.S.S.T., sur demande à cet effet dans les dix jours de la notification de l'ordre ou de la décision de l'inspecteur et selon les dispositions des articles 358.1 à 358.5 de la *Loi sur les accidents du travail*

---

160. Quant à cet inspecteur, voir *infra* n° 370. L'intervention de l'inspecteur est nécessaire pour que l'employeur puisse ultérieurement prétendre à un exercice abusif du droit de refus par le travailleur et le sanctionner : *Bélanger* c. *Aluminerie de Bécancour Inc.*, D.T.E. 93T-272 (T.T.).

161. L'avis de correction doit s'adresser à l'employeur du travailleur en danger : *Produits forestiers Donohue inc.* c. *Commission de la santé et de la sécurité du travail*, [2000] C.L.P. 948 (C.L.P.). L'inspecteur doit constater l'absence de danger pour que l'employeur puisse éventuellement imposer une sanction disciplinaire au travailleur qui aurait abusé de son droit de refus : *Villeneuve* c. *Gouvernement du Québec (Ministère des Transports)*, précité, note 148 ; voir également *Commission des transports de la Communauté urbaine de Montréal* c. *Toupin*, précité, note 152. Sur la distinction entre les critères appliqués par l'inspecteur pour déterminer l'existence d'un danger et ceux qui permettent d'évaluer la légitimité de l'exercice d'un droit de refus par le travailleur, voir *Québec (Procureur général)* c. *Commission d'appel en matière de lésions professionnelles du Québec*, précité, note 146.

162. *R.E.T.A.Q. et Corp. Urgences-Santé région Mtl*, [2005] C.L.P. 1461 ; *FTQ Construction et Hydro-Québec (Gestion Acc. Trav.)*, 2010 QCCLP 8337.

163. *Syndicat des agents de la paix des services correctionnels du Québec et Québec (Ministère de la Sécurité publique)*, 2011 QCCLP 4960 – obligation pour l'inspecteur de communiquer le résultat.

et les maladies professionnelles[164]. La décision de l'inspecteur a toutefois effet immédiatement et demeure exécutoire tant qu'elle n'a pas été révisée, le cas échéant, par la C.S.S.T. (art. 20, al. 2 L.S.S.T.). Cette dernière doit procéder d'urgence (art. 191.2 L.S.S.T.) ;

– la décision rendue par la C.S.S.T. est elle-même sujette à une contestation devant la Commission des lésions professionnelles (la « C.L.P. »), instituée par la *Loi sur les accidents du travail et les maladies professionnelles*[165] (art. 1, 20 et 193 L.S.S.T.). Ce recours doit être exercé dans les dix jours de la notification de la décision de la C.S.S.T. (art. 193 L.S.S.T.). Cette dernière est néanmoins exécutoire immédiatement, malgré une telle contestation (art. 192 L.S.S.T.).

350 – *Substitution d'un autre travailleur* – L'article 14 L.S.S.T. interdit en principe à l'employeur de faire exécuter par un autre travailleur ou par une personne travaillant hors de l'établissement le travail déjà refusé par un travailleur en invoquant son droit de refus. La même disposition laisse néanmoins place à ce que l'employeur puisse procéder à une telle substitution dans des situations envisagées aux articles 17, 19 et 26 L.S.S.T. Il s'agit d'abord des cas où le représentant de l'employeur et le représentant à la prévention sont tous deux d'avis qu'il n'existe pas de danger justifiant le refus du travailleur ou encore que ce refus repose sur des motifs qui sont acceptables dans le cas du travailleur concerné mais ne justifient pas un autre travailleur de refuser d'exécuter le travail (art. 17 L.S.S.T.). Par ailleurs, le seul avis de l'inspecteur parvenant aux mêmes conclusions laisse également cette faculté de substitution à l'employeur (art. 19, al. 2 L.S.S.T.). Enfin, lorsqu'au moins deux autres travailleurs ne peuvent exercer leur travail par suite de l'exercice du droit de refus d'un travailleur et que l'inspecteur ne se présente pas sur les lieux dans les six heures après que son intervention a été requise, l'employeur peut faire exécuter le travail par un autre travailleur (art. 26 L.S.S.T.).

Dans les diverses éventualités que nous venons d'évoquer, à l'exception de celle où l'inspecteur ordonne au travailleur de reprendre son travail, deux conditions supplémentaires s'imposent à l'employeur qui veut faire exécuter le travail par un autre travailleur. Il doit d'abord informer le travailleur à qui il veut confier le travail

---

164. Précitée, note 28.
165. *Ibid.*, art. 367 et s.

déjà refusé du fait et des motifs de l'exercice du droit de refus ; le travailleur sollicité et informé par l'employeur doit aussi consentir librement à exécuter le travail (art. 17, 19, al. 2 et 26, al. 2 L.S.S.T.).

351 – *Protection* – Le droit de refus du travailleur est protégé contre d'éventuelles représailles de l'employeur. L'article 30, al. 1 L.S.S.T. interdit à l'employeur d'imposer diverses mesures de sanction ou de représailles au travailleur pour le motif qu'il a exercé son droit de refus[166]. Cette protection est mise en œuvre, au besoin, par le mécanisme de recours des articles 227 et suivants L.S.S.T., sur lequel nous reviendrons. Le représentant à la prévention dans l'établissement jouit de la même protection (art. 31 L.S.S.T.). Le seul fait qu'une mesure prise par l'employeur fasse suite à l'exercice d'un droit de refus ne suffit pas à la qualifier de discriminatoire au sens envisagé par l'article 30 L.S.S.T.[167].

Les articles 30, al. 2 et 31, al. 2 L.S.S.T. reconnaissent expressément à l'employeur une faculté de sanction tant à l'endroit du travailleur que du représentant à la prévention, par suite d'une utilisation abusive des droits qui leur sont reconnus par la Loi, à la condition que cette sanction soit imposée dans les dix jours d'une décision finale de l'inspecteur, de la C.S.S.T. ou de la Commission des lésions professionnelles, selon le cas[168].

3. Le retrait préventif en raison d'un contaminant

352 – *Conditions d'exercice* – L'article 32 L.S.S.T. permet au travailleur dont la santé présente des signes d'altération en corrélation avec son exposition à un contaminant de demander d'être affecté à des tâches qui ne comportent pas telle exposition et qu'il est en mesure

---

166. *Syndicat des métallurgistes unis d'Amérique, section locale 6658* et *Lafarge Canada inc. (Robert Cormier et Sylvain Poissant)*, D.T.E. 2005T-1015 (T.A.) ; *Goodyear Canada inc.* et *Syndicat des communications, de l'énergie et du papier, section locale 143*, D.T.E. 2003T-1035 (T.A.).

167. *Société d'électrolyse et de chimie Alcan Ltée* c. *Tremblay*, D.T.E. T82-805 (T.T.) – demande de l'employeur de compenser le temps non travaillé à la suite de l'exercice d'un droit de refus ; refus par les salariés ; imposition d'une sanction disciplinaire ; plainte rejetée.

168. *Villeneuve* c. *Gouvernement du Québec (Ministère des Transports)*, précité, note 148 ; *Syndicat canadien de la Fonction publique, section locale 1500* c. *Hydro-Québec*, précité, note 150. Voir également *Québec (Procureur général)* c. *Commission d'appel en matière de lésions professionnelles du Québec*, précité, note 146 ; *Syndicat des travailleuses et travailleurs de Lavo ltée (CSN)* et *Lavo inc. (Michel Poudrier)*, D.T.E. 2008T-716 (T.A.).

d'accomplir. Ce retrait a alors lieu jusqu'à ce que son état de santé lui permette de réintégrer ses fonctions antérieures et que les conditions de travail soient conformes aux normes établies par règlement à l'endroit du contaminant en cause.

Pour exercer ce droit de retrait préventif, le travailleur doit fournir à l'employeur un certificat attestant l'existence des conditions prémentionnées. Ce certificat est délivré par un médecin, qu'il s'agisse du médecin responsable des services de santé de l'établissement ou d'un autre médecin, conformément aux conditions de l'article 33 L.S.S.T.[169].

Si l'employeur n'affecte pas immédiatement le travailleur à une autre fonction, ce dernier peut cesser de travailler jusqu'à ce que l'affectation soit faite ou jusqu'à ce que son état de santé et les conditions de son travail lui permettent de réintégrer ses fonctions (art. 35 L.S.S.T.). Sous réserve des conditions plus avantageuses qui peuvent être prévues par convention, le travailleur, s'il doit cesser de travailler, a alors le droit d'être rémunéré à son taux de salaire régulier pendant une première période de cinq jours ouvrables (art. 36, al. 1 L.S.S.T.). Il a ensuite droit à l'indemnité de remplacement du revenu à laquelle il aurait droit en vertu de la *Loi sur les accidents du travail et les maladies professionnelles*[170], comme s'il était alors incapable d'exercer son emploi en raison d'une lésion professionnelle au sens de cette loi (art. 36, al. 2 L.S.S.T.).

Le travailleur affecté à d'autres tâches par son employeur en vertu de l'article 32 peut, s'il croit ne pas être raisonnablement en mesure d'accomplir ces tâches, demander un examen de sa situation selon les dispositions de l'article 37. La décision rendue à la suite d'un tel examen est sujette à révision par la C.S.S.T. et ensuite à une contestation devant la Commission des lésions professionnelles (art. 37.1 à 37.3 L.S.S.T.).

353 – *Droits garantis* – Les articles 38 et 39 L.S.S.T. assurent au travailleur la conservation des avantages liés à son emploi habituel.

Si le travailleur est affecté à d'autres tâches, il conserve tous les avantages liés à l'emploi qu'il occupait avant son affectation temporaire et continue de bénéficier des avantages sociaux, sous réserve du

---

169.   *Robert* et *Rôtisseries de la Chaudière inc.*, 2010 QCCLP 4867.
170.   Précitée, note 28.

paiement des cotisations exigibles dont l'employeur continue d'assumer sa part de son côté (art. 38, al. 1 L.S.S.T.). L'employeur doit réintégrer le travailleur dans son emploi régulier lorsque cesse la cause du retrait préventif (art. 38, al. 2 L.S.S.T.).

Le travailleur qui a cessé de travailler dispose en substance des mêmes droits, sous réserve des distinctions suivantes. Sa rémunération et, le cas échéant, l'indemnité qui la remplace sont sujettes aux dispositions des deux premiers alinéas de l'article 36 L.S.S.T. La conservation des avantages reliés à l'emploi, y compris le droit à la réintégration, est limitée à une période d'un an suivant la date de cessation du travail, sauf dans le cas où les conditions de travail du travailleur ne sont pas conformes aux normes établies par règlement pour le contaminant en cause (art. 39 L.S.S.T.).

4. Le retrait préventif de la travailleuse enceinte ou qui allaite

354 – *Conditions d'existence du droit* – Les articles 40 à 48 de la Loi élaborent, au bénéfice de la travailleuse enceinte ou qui allaite son enfant, un régime spécial de retrait préventif, dont les modalités s'apparentent à celles du retrait préventif motivé par la présence d'un contaminant.

Le droit au retrait préventif existe, selon l'article 40 L.S.S.T., en faveur de la travailleuse enceinte lorsque les conditions de son travail comportent des « dangers physiques » soit pour elle-même, soit encore pour l'enfant à naître. L'existence d'un semblable danger pour l'enfant allaité donne ouverture au même droit à la travailleuse qui l'allaite (art. 46 L.S.S.T.).

Pour exercer son droit de retrait préventif, la travailleuse doit produire à l'employeur un certificat médical dont la teneur et la forme sont déterminées par règlement (art. 40, al. 2 et 46, al. 2 L.S.S.T.)[171]. Le certificat est délivré soit par le médecin responsable des services de santé de l'établissement dans lequel la salariée travaille, soit par

---

171. *Règlement sur le certificat délivré pour le retrait préventif de la travailleuse enceinte ou qui allaite*, RLRQ, c. S-2.1, r. 2.2. Les formulaires de ce certificat sont disponibles à la C.S.S.T. Voir également, *Ministère Sécurité publique* et *Blondel*, [2009] C.L.P. 290, par. 41 – le droit au retrait préventif constitue un droit individuel ; *Gagné* et *Ville de Granby*, 2011 QCCLP 6350 – le retrait préventif de la travailleuse enceinte ne naît qu'à partir du moment où le certificat est remis à l'employeur.

un autre médecin (art. 40 et 33, al. 1 L.S.S.T.). Dans cette deuxième éventualité, le médecin qui délivre le certificat doit préalablement consulter le médecin responsable de l'établissement ou, à défaut, le directeur de santé publique de la région (ou un médecin désigné par celui-ci), comme l'exige l'article 33, al. 3 L.S.S.T.[172].

La notion de « dangers physiques » inclut tous les facteurs inhérents aux conditions de travail qui peuvent compromettre la santé de la travailleuse ou du fœtus[173]. Un facteur étranger aux conditions de travail, comme celui qui ne résulte que de la condition personnelle de la travailleuse, ne peut justifier l'exercice du droit de retrait préventif[174]. La C.L.P. a précisé les notions de « danger » et de « risque » dans l'affaire *Centre hospitalier de St. Mary* et *Iracani*[175] où le banc, formé de trois commissaires, affirme que la « théorie du risque zéro » devait céder le pas à celle du « danger réel et non virtuel » puisque ce dernier courant jurisprudentiel respecte davantage les objectifs poursuivis par le législateur dans le contexte de la loi[176] :

> [87] Le tribunal en vient également à la conclusion qu'il ne faut pas interpréter l'article 40 de la loi comme signifiant qu'aucun risque ne doit être présent. L'exigence d'une preuve de « risque zéro » viderait de son sens l'article 40. Le droit prévu à l'article 40 est celui de demander d'être affecté à des tâches ne comportant pas de « dangers » pour la travailleuse enceinte ou l'enfant à naître. Si l'on interprétait la notion de « danger » comme signifiant qu'aucun risque ne devrait être présent, il deviendrait impossible de réaffecter la travailleuse. Elle devrait tout simplement cesser de travailler pendant toute la durée de sa grossesse. Pourtant, le tribunal a depuis longtemps reconnu que « d'indemniser une travailleuse lorsqu'il y a absence de danger serait contraire au but du droit au retrait préventif » (*Cité de la santé de Laval* et *Houle*, [1988] C.A.L.P. 843).[177]

---

172. *Tremblay* c. *Conseil du travail Saguenay Lac St-Jean*, D.T.E. 89T-320 (C.A.L.P.). Si la consultation est requise, elle n'est cependant pas soumise à un processus formel.

173. Exemples : *Pelletier-Renaud* c. *Autobus Léger Ltée*, [1990] C.A.L.P. 1173 – conduite d'un autobus ; *Côté* c. *Cégep La Pocatière*, [1989] C.A.L.P. 498 – fumée ; *Commission des affaires sociales*, décision AT-54836, 16 décembre 1985, [1985] C.A.S. 621 ; *Comeau* et *Hôpital Santa Cabrini*, C.L.P.E. 2005LP-134 (C.L.P.).

174. *Commission des affaires sociales*, décision AT-13913, 27 mai 1987, [1987] C.A.S. 330 ; *Commission des affaires sociales*, décision AT-12078, 29 mai 1985, [1985] C.A.S. 274.

175. [2007] C.L.P. 395 (C.L.P.). Voir également, *Gagnon* et *Ministère de la Sécurité publique*, 2011 QCCLP 1537 ; *Ministère de la Sécurité publique* et *Gagnon* et *CSST*, 2011 QCCLP 3062 ; *CSSS du Nord de Lanaudière* et *Chartier*, 2011 QCCLP 6060 ; *Institut Philippe Pinel de Montréal* et *Comtois*, 2012 QCCLP 4254.

176. *Ibid.*, par. 81.

177. *Ibid.*, par. 87.

En favorisant cette approche, la C.L.P. est d'avis que le législateur parle de deux réalités différentes lorsqu'il utilise les termes « risque » et « danger »[178]. Elle ajoute qu'une distinction s'impose entre ces termes et que c'est sciemment que le législateur a choisi le mot « danger » à l'article 40 L.S.S.T. et non le mot « risque ».

Par ailleurs, la commission ajoute que les deux notions sont interreliées puisque, plus les risques identifiés sont susceptibles de se concrétiser, plus la menace de danger apparaît réelle[179]. Le risque serait donc, en quelque sorte, un « outil » pour évaluer le degré de probabilité que le danger s'actualise.

Ainsi, pour donner droit au retrait préventif, le danger allégué doit dépasser la simple inquiétude, crainte ou appréhension fondée sur une pure possibilité, et plutôt se révéler réel ou probable[180]. Chaque cas est donc un cas d'espèce et doit faire l'objet d'une évaluation.

Quoi qu'il en soit, c'est à l'occasion d'une demande d'indemnisation de la salariée, selon l'article 36 de la Loi, que la C.S.S.T. pourra examiner l'existence du danger allégué au certificat médical. À cet égard, la force probante de ce dernier a fait problème dans la jurisprudence. On a d'abord imposé à la travailleuse la responsabilité d'établir par une preuve prépondérante le bien-fondé de la conclusion du certificat médical relative à l'existence d'un danger physique pour elle ou pour l'enfant à naître[181]. Des décisions ultérieures ont renversé le fardeau de la preuve sur l'employeur ou sur la C.S.S.T., ceux-ci devant établir l'inexistence du danger allégué[182]. Puis, une

---

178. *Ibid.*, par. 81. Voir également, *Dostie et Laval (Ville de)*, 2009 QCCLP 3657.
179. *Ibid.*, par. 86.
180. Exemples : *C.S.S.T. Laurentides c. Centre dentaire Luc Daigneault*, [1995] C.A.L.P. 704 (C.A.L.P.) ; *Hôpital Jean-Talon c. Lauzon*, D.T.E. 95T-1310 (C.A.L.P.) ; *Dubuc* c. *Hôpital Ste-Justine*, [1993] C.A.L.P. 1658 (C.A.L.P.) ; *Blais* c. *Ministère de l'Énergie et des Ressources*, [1990] C.A.L.P. 940 (C.A.L.P.) ; *Centre hospitalier de St. Mary et Iracani*, précité, note 175 ; *Caron et Québec (Ministère de la Sécurité publique)*, 2008 QCCLP 4737 ; *Santiago et Centre universitaire de santé McGill (Hôpital Royal Victoria)*, [2008] C.L.P. 499 (C.L.P) ; *Dostie et Laval (Ville de)*, 2009 QCCLP 3657 ; *Giroux et Commission scolaire de la Jonquière*, 2011 QCCLP 409 ; *Gagné et Ville de Granby*, 2011 QCCLP 6350.
181. Exemples : *Haché* c. *Garderie Trotte-Menu*, D.T.E. 88T-917 (C.A.L.P.) ; *Accident de travail – 66*, [1984] C.A.S. 592.
182. Voir : *Commission de la santé et de la sécurité du travail c. Commission d'appel en matière de lésions professionnelles*, [1989] C.A.L.P. 239 (C.S.) ; *Hôpital Royal Victoria c. Commission d'appel en matière de lésions professionnelles*, [1989] C.A.L.P. 1218 (C.S.).

décision rendue dans une affaire *Cité de la santé de Laval* a marqué un tournant dont les effets subsistent encore[183]. La C.S.S.T. ou l'employeur peut contester le retrait préventif en démontrant que les conditions de travail alléguées au certificat médical ne correspondent pas à la réalité. Les conclusions médicales elles-mêmes font par ailleurs preuve *prima facie* de l'existence du danger et seule une preuve contraire prépondérante et convaincante permettra de leur faire échec[184].

Au niveau procédural, l'article 42 L.S.S.T. renvoie aux articles 36 à 37.3 relatifs à une demande de retrait préventif en présence d'un contaminant et qui ont été examinés précédemment.

355 – *Objet du droit* – Le droit au retrait préventif consiste pour la travailleuse en celui d'être affectée à d'autres tâches, sans danger et qu'elle est capable d'accomplir (art. 40, al. 1 L.S.S.T.). La travailleuse n'a pas droit au retrait préventif si son état de santé ne lui permet d'accomplir aucun autre travail que ce soit[185]. La travailleuse ne peut refuser une réaffectation pour des motifs d'indisponibilité[186] et cette réaffectation peut impliquer des modifications à certaines conditions de travail comme son horaire de travail[187].

---

183.   *Cité de la santé de Laval* c. *Houle*, [1988] C.A.L.P. 843 (C.A.L.P.) ; révision judiciaire refusée : *Cité de la santé de Laval* c. *Commission d'appel en matière de lésions professionnelles*, [1989] C.A.L.P. 655 (C.S.) ; *Lachance* et *CLSC des Trois-Saumons*, [1996] C.A.L.P. 970 ; *Amos* et *Hôpital Montréal pour enfants*, [2000] C.L.P. 1155 ; *Bagrianova* et *Centre hospitalier Fleury*, 167154-72-0108, 02-03-22 ; *Ménard* et *C.H.Université de Montréal*, [2003] C.L.P. 1588 ; *Dumont* et *Commission scolaire Riverside*, 225846-71-0401, 04-03-01.

184.   *Guindon* c. *Clinique dentaire des Khatchadourian*, C.L.P. 128271-64-9911, 10 février 2000, par. 30-34 ; *Marchand* c. *Waterville T.G. inc.*, C.L.P. 127657-05-9911, 24 janvier 2000, par. 31 ; *Bouchard* c. *Salon bar La Casba Enrg.*, [1989] C.A.L.P. 282 (C.A.L.P.) ; *Asselin* c. *Garderie Trottineurs Inc.*, [1989] C.A.L.P. 484 (C.A.L.P.) ; *Côté* c. *Cégep La Pocatière*, [1989] C.A.L.P. 498 (C.A.L.P.) ; *Nicolas* c. *Direct Film*, [1989] C.A.L.P. 588 (C.A.L.P.) ; *Dubé* c. *Service de réadaptation du Sud-Ouest*, [1989] C.A.L.P. 346 (C.A.L.P.).

185.   *Hémond-Fraser* c. *Hôtel-Dieu de Rivière-du-Loup*, [1986] C.A.L.P. 144 (C.A.L.P.) ; *Giroux* c. *Société hôtelière Canadien Pacifique*, [1986] C.A.L.P. 141 (C.A.L.P.) ; *Shean* et *I.G.A.*, [1988] C.A.L.P. 631 ; *Legros* et *Centre hospitalier régional de l'Outaouais*, [1989] C.A.L.P. 401 ; *Castelli* et *International Building Maintenance*, [1992] C.A.L.P. 1521.

186.   *Therrien* et *Restaurant les 3 Moussaillons inc.*, C.L.P. 171690-03B-0110, 14 décembre 2001.

187.   *Centre hospitalier St-Joseph de Trois-Rivières* c. *Lafontaine*, [1993] C.A.L.P. 142 (C.A.L.P.), confirmé par *Lafontaine* c. *Commission d'appel en matière de lésions professionnelles du Québec*, [1994] R.J.Q. 1523 (C.A.) ; *Therrien* c. *Restaurant Les 3 Moussaillons inc.*, CLPE 2001LP-159 (C.L.P.) ; *Leclerc* et *Cératec inc.*, 2011 QCCLP 5427.

Lorsqu'elle survient, la réaffectation de la travailleuse peut elle-même soulever des difficultés. La travailleuse peut d'abord considérer qu'elle n'est pas raisonnablement en mesure d'accomplir les tâches auxquelles elle est réaffectée. Les articles 37 à 37.3 L.S.S.T. trouveront alors application. La travailleuse peut demander au comité de santé et de sécurité ou, à défaut de comité, au représentant à la prévention et à l'employeur d'examiner et de décider de la question en consultation avec le médecin responsable des services de santé de l'établissement ou, à défaut, avec le directeur de santé publique de la région ; en l'absence de comité et de représentant à la prévention, la travailleuse adressera sa demande directement à la C.S.S.T. (art. 37 L.S.S.T.). Toute personne qui se croit lésée par une décision rendue en vertu de l'article 37 peut en demander la révision par la C.S.S.T. elle-même, dont la décision pourra ultimement être contestée devant la Commission des lésions professionnelles (art. 37.1 et 37.3 L.S.S.T.).

Qu'advient-il par ailleurs lorsque la travailleuse prétend que sa nouvelle affectation comporte elle-même des dangers pour elle ou pour l'enfant à naître ? L'allégation de la subsistance, dans sa nouvelle affectation, des mêmes dangers que ceux précédemment constatés au certificat médical, pourrait donner droit à la travailleuse de cesser de travailler et de demander une indemnisation en vertu de l'article 36, la C.S.S.T. conservant sa compétence initiale sur l'affaire pour apprécier la situation tant à l'égard des conditions de travail d'origine que de celles de la nouvelle affectation[188]. L'apparition, d'après la travailleuse, de nouveaux dangers liés à la réaffectation pourrait l'obliger à reprendre le processus d'exercice de son droit de retrait préventif en produisant un nouveau certificat médical conformément à la Loi[189].

Si l'employeur ne réaffecte pas la travailleuse qui a droit à un retrait préventif comme elle le demande, cette dernière peut cesser de travailler jusqu'à ce que l'affectation soit effectuée ou jusqu'à la date de son accouchement (art. 41 L.S.S.T.). L'article 36 de la Loi trouve alors application.

---

188. Voir et comparer : *Blais* c. *Ministère de l'Énergie et des Ressources*, [1990] C.A.L.P. 940 (C.A.L.P.) ; *Dumont* c. *Commission d'appel en matière de lésions professionnelles*, [1989] C.A.L.P. 951 (C.S.) ; *Amos* c. *Hôpital de Montréal pour enfants*, [2000] C.L.P. 1155 (C.L.P.).

189. *Petitclerc* c. *Centre hospitalier St-François d'Assise*, [1989] C.A.L.P. 720 (C.A.L.P.) ; *Noël* c. *Centre hospitalier Saint-Laurent*, [1991] C.A.L.P. 675 (C.A.L.P.).

356 – *Effets* – Les conditions applicables pendant et à la suite de la période de réaffectation ou de cessation du travail, selon le cas, sont les mêmes que celles prévues pour le travailleur qui bénéficie d'un retrait préventif en raison de la présence d'un contaminant (art. 42, 43, 47 et 48 L.S.S.T.)[190].

L'exercice par une travailleuse de son droit au retrait préventif conformément à la *Loi sur la santé et la sécurité du travail* ne peut réduire son droit au congé de maternité prévu par la *Loi sur les normes du travail*[191]. Il y a lieu également de rappeler que la *Loi sur les normes du travail* impose de son côté à l'employeur l'obligation de prendre lui-même l'initiative de déplacer une salariée enceinte, si ses conditions de travail comportent, d'après lui, des dangers physiques pour elle ou pour le fœtus. Une telle initiative de l'employeur peut être contrée par la salariée en présentant un certificat médical qui atteste, cette fois, que les conditions de travail ne présentent pas les dangers perçus par l'employeur[192].

B. Les obligations

357 – *Diversité* – L'article 49 L.S.S.T. énonce les diverses obligations du travailleur dans la mise en œuvre des mécanismes de prévention des accidents et des maladies établis par la Loi, parmi lesquelles celle de prendre les mesures nécessaires pour protéger sa santé, sa sécurité ou son intégrité physique, celle de veiller à ne pas mettre en danger la santé, la sécurité ou l'intégrité physique des autres personnes qui se trouvent sur les lieux de travail ou à proximité de ces derniers, celle de se soumettre aux examens de santé exigés pour l'application de la Loi et de ses règlements et celle de participer à l'identification et à l'élimination des risques d'accidents du travail et de maladies professionnelles sur le lieu de travail. En outre, en cas d'exercice d'un droit de refus par un travailleur, un autre travailleur ne peut accepter de lui être substitué dans le travail refusé que dans les situations et aux conditions prévues aux articles 17, 19 ou 26 de la Loi.

III- LES DROITS ET OBLIGATIONS DE L'EMPLOYEUR

358 – *Droit général d'information* – En vertu de l'article 50 L.S.S.T., l'employeur se voit reconnaître un droit général à des services de for-

---

190.   Voir *supra*, nos 352-353.
191.   RLRQ, c. N-1.1. Voir *supra*, Titre I, chapitre 2, no 223. *Waterville. T.G. Inc. c. Houde*, [1991] T.T. 194.
192.   *Loi sur les normes du travail*, précitée, note 191, art. 122, al. 2.

mation, d'information et de conseil en matière de santé et de sécurité du travail, conformément à la Loi et aux règlements[193].

359 – *Obligation générale de sécurité* – L'article 51 L.S.S.T. impose à l'employeur l'obligation générale de prendre les mesures nécessaires pour protéger la santé et assurer la sécurité et l'intégrité physique du travailleur. Il s'agit d'une obligation dynamique en ce sens que l'employeur doit rechercher les dangers potentiels et mettre en œuvre les moyens appropriés pour les éliminer[194]. L'article 51 détaille et spécifie cette obligation de plusieurs manières, sans pour autant restreindre sa généralité. L'employeur doit ainsi, notamment, s'assurer que les établissements sur lesquels il a autorité sont équipés et aménagés de façon à assurer la protection du travailleur[195]. À cet égard, la Cour d'appel a récemment précisé que la L.S.S.T. couvre un « spectre plus large que la relation traditionnelle d'emploi au sens le plus strict » ; et qu'elle est une Loi sociale d'ordre public devant recevoir une interprétation large et libérale afin d'atteindre l'objectif d'éliminer « à la source même » les dangers pour la santé, la sécurité et l'intégrité physique des travailleurs[196].

L'employeur est aussi tenu de s'assurer que l'organisation du travail et les méthodes et techniques utilisées pour l'accomplir sont sécuritaires et ne portent pas atteinte à la santé du travailleur. La portée de cette dernière obligation est considérable. Le seul constat de l'utilisation d'une technique non sécuritaire crée une présomption de manquement par l'employeur à son obligation[197]. Pour renverser la présomption, l'employeur devra prouver qu'il a eu recours à tous les moyens raisonnables, dans les circonstances, ou encore que le travailleur a commis une faute lourde, comme le fait de ne pas utiliser un dispositif de sécurité efficace à sa disposition, malgré des directives et une surveillance adéquates[198]. Une simple négligence du travailleur

---

193. *Ville de Drummondville* et *Regroupement des pompiers(ières) de Drummondville*, 2011 QCCLP 7941.
194. *C.S.S.T.* c. *G.T.E. Sylvania Canada Ltée*, [1984] T.T. 382.
195. Cette obligation est toutefois limitée aux lieux que l'employeur contrôle lui-même : *Couture* c. *Hydro-Québec*, D.T.E. 82T-62 (T.T.).
196. *Sobeys Québec inc.* c. *Commission de la santé et de la sécurité du travail*, 2012 QCCA 1329, par. 53 – en l'espèce, il a été considéré que l'employeur avait l'obligation d'aménager les lieux de travail, de manière à assurer une protection suffisante à tout travailleur appelé à se rendre dans son établissement, y compris à l'égard des sous-traitants.
197. *Syndicat de la fonction publique du Québec* c. *Québec (Procureure générale)*, D.T.E. 2000T-676 (T.T.) ; *Dagobert Schnubel (C.S.S.T.)* c. *Mines Noranda Ltée*, D.T.E. 84T-55 (T.T.) ; *Couture* c. *Arno Somec Ltée*, D.T.E. T82-63 (T.T.).
198. *Commission de la santé et de la sécurité du travail* c. *9043-3491 Québec inc.*, D.T.E. 2001T-110 (T.T.) ; *Couture* c. *Arno Somec Ltée, ibid.* ; *Dagobert Schnubel*

ne suffira pas à disculper l'employeur[199]. Par contre, les choix faits par le travailleur dans l'exercice normal de ses fonctions n'engagent pas la responsabilité de l'employeur[200]. Si des règlements sont applicables, l'employeur doit se conformer à leurs normes[201]. En l'absence de réglementation particulière, il doit faire preuve d'une prudence raisonnable[202]. L'employeur doit aussi fournir gratuitement au travailleur les moyens et équipements de protection nécessaires[203] et s'assurer que le travailleur utilise ces moyens et équipements. En tout état de cause, l'employeur doit informer adéquatement le travailleur sur les risques reliés à son travail[204].

360 – *Interdictions et obligations particulières* – L'article 53 L.S.S.T. interdit à l'employeur de faire exécuter un travail par un travailleur qui n'a pas atteint l'âge déterminé par règlement pour l'exécution de ce travail, ou au-delà de la durée maximale quotidienne ou hebdomadaire fixée par règlement, ou encore par une personne qui n'a pas subi les examens de santé ou ne détient pas le certificat de santé qui peuvent être exigés par les règlements. Les articles 52 ainsi que 54 à 57 imposent diverses obligations à caractère plus administratif qui ont

---

(C.S.S.T.) c. *Mines Noranda Ltée, ibid.* ; *Moisan* c. *Aliments Ault Ltée*, [1982] T.T. 266. Exemple de réception d'une défense de diligence raisonnable : *Commission de la santé et de la sécurité du travail* c. *Construction Pagaro Inc.*, D.T.E. 86T-865 (C.S.).

199. *Bourdages* c. *Constructions du St-Laurent Ltée*, [1984] T.T. 305 ; *Société en commandite Tafisa Canada* et *Trépanier*, [2008] C.L.P 1283.

200. *Syndicat de la fonction publique du Québec* c. *Québec (Procureure générale)*, D.T.E. 2000T-675 (T.T.).

201. Le *Règlement sur la santé et la sécurité du travail*, RLRQ, c. S-2.1, r. 19.01, est de portée générale. Comme l'annonce son article 3, il traite de conditions aussi diverses que la qualité de l'air, la température, l'humidité, la ventilation, l'éclairage, le bruit, les installations sanitaires, les matières dangereuses, les machines et outils, notamment. D'autres règlements visent des secteurs d'activité spécifiques comme la construction, les mines et les travaux forestiers. Voir : *Communauté urbaine de Montréal* c. *Commission de la santé et de la sécurité du travail*, D.T.E. 87T-86 (C.A.) ; *Commission de la santé et de la sécurité du travail* c. *J.R. Weir Ltée*, [1986] T.T. 341.

202. *Commission de la santé et de la sécurité du travail* c. *Cie Inspection sous-marine J.P.B. Ltée*, D.T.E. 85T-9 (T.T.).

203. *Commission de la santé et de la sécurité du travail* c. *9043-3491 Québec inc.*, précité, note 198 ; *Papeterie Reed Ltée* c. *Commission de la santé et de la sécurité du travail*, D.T.E. 83T-123 (C.S.) ; *Ressources Long Lac Ltée, Mine de Bousquet* c. *Brassard*, D.T.E. 83T-534 (C.S.) ; *I-MAG Energies inc.* c. *Commission de la santé et de la sécurité du travail*, D.T.E. 2009T-176 (C.S.).

204. *Commission de la santé et de la sécurité du travail* c. *Eddy*, D.T.E. 85T-10 (T.T.) ; *Commission de la santé et de la sécurité du travail* c. *Compagnie Abitibi-Consolidated du Canada*, D.T.E. 2008T-36 (C.Q.) – absence de formation suffisante. Voir également : *Ville de Drummondville* et *Regroupement des pompiers(ières) de Drummondville*, 2011 QCCLP 7941.

trait à la tenue d'un registre sur les postes de travail ainsi qu'à la construction, à l'ouverture et à l'utilisation d'un établissement.

361 – *Sanction* – Les diverses obligations et prohibitions adressées à l'employeur sont sanctionnées par les infractions créées, en cas de contravention, par les articles 236 et 237 L.S.S.T. L'article 236 réprime notamment, de façon générale, toute contravention à la Loi ou aux règlements[205]. Quant à l'article 237, il sanctionne toute action ou omission de quiconque compromettant directement et sérieusement la santé, la sécurité ou l'intégrité physique d'un travailleur[206].

---

205. Voir, à titre d'exemple, la jurisprudence pénale relative aux contraventions aux obligations imposées par l'article 51 de la Loi : *Commission de la santé et de la sécurité du travail* c. *Équipements d'excavation Quatre-saisons inc.*, D.T.E. 2007T-480 (C.Q.) ; *Commission de la santé et de la sécurité du travail* c. *Bardeaux Lajoie inc.*, D.T.E. 2006T-821 (C.Q.) ; *Commission de la santé et de la sécurité du travail* c. *9047-3968 Québec inc.*, D.T.E. 2005T-1107 (C.Q.) ; *Commission de la santé et de la sécurité du travail* c. *9043-3491 Québec inc.*, précité, note 198 ; *Syndicat de la fonction publique du Québec* c. *Québec (Procureure générale)*, précité, note 200 ; *Commission de la santé et de la sécurité du travail du Québec* c. *General Motors du Canada Ltée (Division diesel)*, [1988] T.T. 438 ; *Sidbec-Dosco Inc.* c. *Commission de la santé et de la sécurité du travail*, [1986] R.J.Q. 2227 (C.S.). De manière générale sur l'application de l'article 236 L.S.S.T., voir : *Association des pompiers professionnels de Québec inc.* c. *Québec (Ville de)*, D.T.E. 2007T-627 (C.Q.) ; *Commission de la santé et de la sécurité du travail* c. *Dollarama, s.e.c.*, 2011 QCCS 5630 ; *Sobeys Québec inc.* c. *Commission de la santé et de la sécurité du travail*, précité, note 196 ; *Commission de la santé et de la sécurité du travail* c. *Constructions Infrabec inc.*, 2009 QCCQ 14459 ; *B. Frégeau et Fils inc.* c. *Commission de la santé et de la sécurité du travail*, 2009 QCCS 6559.

206. *Structures universelles inc.* c. *Commission de la santé et de la sécurité du travail*, D.T.E. 2006T-441 (C.A.) ; *Commission de la santé et de la sécurité du travail* c. *Matériaux de construction Oldcastle Canada*, 2006 QCCQ 6083 (C.Q.) ; *Commission de la santé et de la sécurité du travail* c. *Fabricants de plastique Fédéral ltée*, 2006 QCCQ 3158 (C.Q.) ; *Commission de la santé et de la sécurité du travail* c. *Maçonneries TA inc.*, D.T.E. 2005T-441 (C.Q.) ; *Commission de la santé et de la sécurité du travail* c. *Bilodeau*, [1986] R.J.Q. 2302 (C.A.) ; *Commission de la santé et de la sécurité du travail* c. *Acton Vale (Ville d')*, [2000] R.J.D.T. 596 (T.T.) ; *Commission de la santé et de la sécurité du travail du Québec* c. *Développement Interstate (Canada) Inc.*, [1989] T.T. 17. Le comportement fautif de l'employeur au regard de l'article 237 peut se manifester de multiples manières qui, toutes, constitueront une infraction au sens de cet article et pourront, le cas échéant, constituer une récidive : *Consolidated Bathurst Ltée* c. *Commission de la santé et de la sécurité du travail*, D.T.E. 87T-430 (C.S.). Voir également sur l'application de l'article 237 L.S.S.T : *Commission de la santé et de la sécurité du travail* c. *9075-5836 Québec inc.*, 2010 QCCQ 11568 ; *R.* c. *Matador Convertisseurs Cie ltée*, 2011 QCCQ 1827 ; *Commission de la santé et de la sécurité du travail* c. *Hydro-Québec*, 2011 QCCA 1314 ; *Commission de la santé et de la sécurité du travail* c. *3766063 Canada inc.*, 2011 QCCQ 8895 ; *Commission de la santé et de la sécurité du travail* c. *Société d'énergie de la Baie James*, 2011 QCCQ 8896 ; *Commission de la santé et de la sécurité du travail* c. *R. Cossette Soudeur (2000) ltée*, 2011 QCCQ 8162.

L'infraction créée par l'article 237 L.S.S.T. est de responsabilité stricte. La poursuite doit prouver hors de tout doute raisonnable l'élément matériel de l'infraction, savoir que certains gestes ou certaines omissions pouvaient éventuellement mettre en péril la sécurité, sans pour autant que cette dernière ait été effectivement compromise. Une fois cette preuve faite, il appartient à l'inculpé de s'exonérer en présentant une défense de diligence raisonnable démontrant qu'il a pris, dans les circonstances, toutes les précautions qu'une personne raisonnable pouvait prendre[207]. Les notions de prévoyance et de comportement raisonnables n'impliquent pas que l'employeur doive tout prévoir, au point de mettre ses travailleurs à l'abri d'une erreur grossière et de gestes manifestement absurdes, sinon suicidaires, de leur part[208]. Il faut enfin relever que l'article 239 L.S.S.T. engage la responsabilité pénale de l'employeur dès lors que la preuve est faite qu'une infraction a été commise par son représentant ou son mandataire ou par un travailleur à son emploi, à moins qu'il établisse que cette infraction a été perpétrée à son insu, sans son consentement et malgré les dispositions prises pour prévenir sa commission[209].

IV- LES INTERVENANTS

362 – *Généralités* – La mise en œuvre de la *Loi sur la santé et la sécurité du travail* fait appel à une pluralité d'intervenants qui assument diverses responsabilités à différents niveaux. Il convient de les identifier et de situer succinctement leur rôle.

A. La Commission de la santé et de la sécurité du travail

363 – *Institution et responsabilités* – La C.S.S.T. est constituée selon les articles 137 à 165 L.S.S.T. Elle agit comme maître d'œuvre de la mise en application tant du régime de santé et de sécurité du travail instauré par la *Loi sur la santé et la sécurité du travail* que du régime

---

207. *Constructions Zanetti Inc.* c. *Commission de la santé et de la sécurité du travail*, D.T.E. 95T-465 (C.A.) ; *Beaulieu* c. *Cholette*, D.T.E. 96T-604 (T.T.) ; *Groupe Forage Major International* c. *Commission de la santé et de la sécurité du travail*, D.T.E. 2009T-44 (C.S.).

208. *Sintra Inc.* c. *Commission de la santé et de la sécurité du travail*, D.T.E. 86T-484 (C.S.) ; *Scierie des Outardes* c. *Commission de la santé et de la sécurité du Québec*, C.S. Baie-Comeau, n° 655-36-000001-946, 5 avril 1995.

209. *Commission de la santé et de la sécurité du travail* c. *Constructions Arno inc.*, D.T.E. 99T-243 (T.T.).

d'indemnisation des lésions professionnelles élaboré par la *Loi sur les accidents du travail et les maladies professionnelles*[210].

En matière de santé et de sécurité du travail, les fonctions de la C.S.S.T. lui sont dévolues par les articles 166 à 176 L.S.S.T. Elle a généralement charge d'élaborer, de proposer et de mettre en œuvre des politiques relatives à la santé et à la sécurité des travailleurs de façon à assurer une meilleure qualité des milieux de travail (art. 166 L.S.S.T.). L'article 107 L.S.S.T. lui confie la tâche d'élaborer des programmes de santé devant s'appliquer sur les territoires ou aux établissements ou catégories d'établissements qu'elle détermine ainsi qu'un contrat type à intervenir entre elle et les régies régionales de la santé et des services sociaux pour la mise en application des programmes de santé. L'article 109 L.S.S.T. prévoit la conclusion d'un contrat de services entre la C.S.S.T. et chaque régie régionale aux termes duquel cette dernière s'engage à assurer les services nécessaires à la mise en application des programmes de santé au travail sur son territoire ou aux établissements ou catégories d'établissements qui y sont identifiés.

364 – *Pouvoirs* – La Commission jouit de larges pouvoirs réglementaires énoncés à l'article 223 L.S.S.T. ainsi qu'à diverses autres dispositions de la Loi, comme à l'article 34 relativement au retrait préventif et aux contaminants. Elle exerce également des pouvoirs juridictionnels de première instance en matière de retrait préventif (art. 37 L.S.S.T.), de retrait préventif de la travailleuse enceinte ou qui allaite (art. 42 et 48 L.S.S.T.), de même qu'à l'endroit des plaintes qui lui sont adressées selon les articles 227 et 228 de la Loi. L'article 176 affirme le caractère exclusif de cette compétence[211], dont les modalités d'exercice sont précisées notamment par les articles 172 et 173.

La C.S.S.T. dispose d'un pouvoir de révision des décisions qu'elle-même et son personnel sont appelés à rendre dans l'administration de la Loi (art. 37.1, 37.2, 42, 48, 191.1 à 192 L.S.S.T.)[212].

---

210. Précitée, note 28.
211. *Commission de la santé et de la sécurité du travail* c. *Groupe Lechasseur Ltée*, [1986] T.T. 216.
212. Voir toutefois l'exception dictée à l'article 358, al. 2 L.A.T.M.P.

B. La Commission des lésions professionnelles

365 – *Institution et compétence* – La Commission des lésions professionnelles est instituée par l'article 367 de la L.A.T.M.P. (art. 1
L.S.S.T.).

La Commission des lésions professionnelles exerce une compétence exclusive, en matière de santé et de sécurité du travail, pour
décider de toute contestation formée en vertu des articles 37.3 et 193
de la *Loi sur la santé et la sécurité du travail* (art. 369, 2°
L.A.T.M.P.)[213]. Cette compétence s'exerce aussi à l'endroit d'un
recours formé selon l'article 359.1 L.A.T.M.P. pour contester une
décision rendue par la C.S.S.T. en application de la section III du
chapitre VII de cette loi (art. 369, 1° L.A.T.M.P.)[214].

C. Les comités de santé et de sécurité

366 – *Formation et rôle* – Ces comités de santé et de sécurité sont
formés dans les établissements qui comptent plus de 20 travailleurs
et qui appartiennent à une catégorie identifiée à cette fin par règlement de la Commission de la santé et de la sécurité du travail (art. 68
L.S.S.T.)[215]. La C.S.S.T. peut, de toute façon, exiger la formation d'un
comité de santé et de sécurité sans égard au nombre de travailleurs
dans l'établissement, lorsqu'elle le juge opportun (art. 69, al. 2
L.S.S.T.). Le cas échéant, la constitution d'un comité s'opère conformément aux articles 70 à 75. Ses fonctions ont trait à l'établissement
d'un programme de prévention et de programmes de formation et
d'information en matière de santé et de sécurité du travail, à l'approbation d'un programme de santé élaboré par le médecin responsable
et au choix de ce médecin responsable (art. 78 L.S.S.T.).

---

213. Il s'agit ici respectivement de la contestation des décisions de révision rendues
      par la C.S.S.T. en matière de retrait préventif en présence d'un contaminant et
      de retrait préventif de la femme enceinte ou qui allaite, d'une part, et relative-
      ment à un ordre ou une décision d'un inspecteur quant à l'application des règles
      de sécurité ou à l'élimination des dangers pour celle-ci, d'autre part.
214. Sont ici visées les décisions de la C.S.S.T. rendues selon l'article 228 L.S.S.T.,
      lequel renvoie à l'article 359.1 L.A.T.M.P.
215. L'article 3 du *Règlement sur les comités de santé et de sécurité du travail*, RLRQ,
      c. S-2.1, r. 6.1, limite la portée réelle de l'obligation aux catégories d'établis-
      sements décrites à l'annexe 1 de ce règlement.

D. Le représentant à la prévention

367 – *Désignation et fonctions* – Lorsqu'un comité de santé et de sécurité est en place dans un établissement, un ou plusieurs représentants à la prévention sont désignés parmi les travailleurs et deviennent membres d'office du comité (art. 87 L.S.S.T.)[216]. S'il n'y a pas de comité de santé et de sécurité, une association accréditée en vertu du *Code du travail* ou un groupe de travailleurs peut désigner un ou plusieurs représentants à la prévention (art. 88 L.S.S.T.). Dans tous les cas, les représentants à la prévention sont nommés de la même manière que le sont les représentants des travailleurs au sein d'un comité de santé et de sécurité (art. 89 L.S.S.T.)[217].

Les fonctions du représentant à la prévention lui sont attribuées par l'article 90 de la Loi. Il agit, de façon générale, comme un inspecteur local des conditions de santé et de sécurité. Sa plus importante occasion d'intervention demeure probablement celle de l'exercice d'un droit de refus par un travailleur, selon les modalités prévues aux articles 16 à 18 de la Loi.

E. Le médecin responsable des services de santé d'un établissement

368 – *Choix et responsabilités* – Ce médecin responsable est choisi par accord des représentants de l'employeur et de ceux des travailleurs au sein du comité de santé et de sécurité de l'établissement lorsqu'un tel comité existe ; à défaut d'accord des représentants des parties, il est désigné par la C.S.S.T. après consultation du directeur de santé publique (art. 118, al. 1 L.S.S.T.). S'il n'y a pas de comité, c'est le directeur de santé publique qui procède à sa désignation (art. 118, al. 2 L.S.S.T.)[218].

Le médecin responsable des services de santé d'un établissement doit élaborer un programme de santé spécifique à cet établissement (art. 112-113 L.S.S.T.) et voir par la suite à sa mise en application (art. 122, al. 2 L.S.S.T.). L'article 124 L.S.S.T. le charge aussi d'informer le travailleur de toute situation l'exposant à un

---

216. *Règlement sur le représentant à la prévention dans un établissement*, RLRQ, c. S-2.1, r. 18.01.
217. *Règlement sur les comités de santé et de sécurité du travail*, précité, note 215, art. 4 à 17.
218. *Ibid.*, art. 118.

danger pour sa santé, sa sécurité ou son intégrité physique ainsi que de toute altération à sa santé.

F. Le directeur de santé publique

369 – *Responsabilités* – L'article 127 L.S.S.T. charge le directeur de santé publique de la mise en application sur le territoire desservi par la régie régionale de la santé et des services sociaux du contrat visé dans l'article 109, par lequel cette dernière s'engage à assurer les services nécessaires à la réalisation des programmes de santé au travail sur son territoire ou aux établissements ou catégories d'établissements qui y sont identifiés. Il doit ainsi notamment voir à l'application des programmes de santé spécifiques aux établissements, évaluer ces programmes et faire les recommandations appropriées à la C.S.S.T., aux médecins responsables et aux comités de santé et de sécurité concernés, coordonner l'utilisation des ressources du territoire, faire réaliser des études d'état de situation et s'assurer de la conservation du dossier médical d'un travailleur pendant une période d'au moins 20 ans après la fin de son emploi ou de 40 ans après le début de celui-ci, selon la plus longue durée.

G. Les inspecteurs

370 – *Statut et pouvoirs* – Le chapitre X de la *Loi sur la santé et la sécurité du travail* prévoit la nomination d'inspecteurs chargés de surveiller l'application de la Loi et des règlements. Ces inspecteurs sont des fonctionnaires de la Commission de la santé et de la sécurité du travail (art. 177 L.S.S.T.). Ils sont d'abord investis de pouvoirs d'enquête en vertu des articles 179 et 180 de la Loi[219]. Ils disposent en outre d'importants pouvoirs d'intervention et de redressement. Ils peuvent ainsi enjoindre à une personne de se conformer à la Loi par l'émission d'un avis de correction et l'imposition d'un délai pour s'y conformer (art. 182 et 184 L.S.S.T.)[220]. Ils peuvent également ordon-

---

219.   *Tremblay* c. *Gaudreault*, D.T.E. 2009T-20 (C.S.).

220.   Sur la légalité d'un point de vue constitutionnel, la nature et l'étendue de ce pouvoir, voir : *Domtar Inc.* c. *Commission d'appel en matière de lésions professionnelles du Québec*, [1990] R.J.Q. 2190 (C.A.) ; *Kruger Inc.* c. *Commission de la santé et de la sécurité du travail*, D.T.E. 85T-204 (C.A.) ; *Connoly & Twizell (Eastern) Ltd.* c. *Commission de la santé et de la sécurité du travail*, D.T.E. 85T-203 (C.A.). Sur l'obligation de l'inspecteur de fixer un délai d'exécution comme condition de validité d'un avis de correction, voir : *Société des alcools du Québec* c. *Syndicat des employés de magasins et de bureaux de la S.A.Q.*, D.T.E. 95T-890 (C.A.). Le défaut de l'employeur de se conformer à un avis de correction dans le délai imparti constitue par la suite une infraction de nature continue de jour en jour : *Syndicat des employés de magasins et de bureaux de la S.A.Q.* c.

ner la suspension des travaux ou la fermeture en tout ou en partie d'un lieu de travail[221] ; les travaux ne peuvent alors reprendre ou le lieu de travail être réouvert que sur autorisation de l'inspecteur (art. 186 à 189 L.S.S.T.)[222]. De la même façon, ils peuvent ordonner la cessation de la fabrication, de la fourniture, de la vente, de la location, de la distribution ou de l'installation d'un produit, procédés, équipements, matériel, contaminant ou matières dangereuses jusqu'à décision contraire (art. 190 L.S.S.T.). Ces ordonnances doivent s'appuyer sur le constat préalable d'un manquement à la Loi[223].

Société des alcools du Québec, [1992] R.J.Q. 675 (C.S.). Quant aux pouvoirs de l'inspecteur relatifs à l'appréciation d'un danger pour la santé mentale du travailleur, la jurisprudence s'est montrée, à ses débuts, plutôt réticente sur le sujet. Voir, par exemple, *Imbeau* c. *Collège Maisonneuve*, précité, note 147 – le rôle de l'inspecteur est de vérifier l'existence d'un danger objectif et objectivable et il n'a aucune compétence professionnelle pour déterminer si la santé mentale d'un individu est menacée. À l'heure actuelle, il subsiste un débat quant aux pouvoirs de l'inspecteur à l'égard de la santé mentale en milieu de travail. Voir notamment, *Forget Chagnon* c. *Marché Bel-Air inc.*, précité, note 147, par. 315 – « [...] bien que l'objectivation des dangers pouvant compromettre la santé mentale d'un travailleur puisse nécessiter une analyse plus soutenue, l'inspecteur est qualifié pour apprécier les faits et conclure à l'existence ou non d'un danger. A titre d'exemple, en l'instance, l'inspecteur aurait pu apprécier à partir des faits, au même titre que le tribunal l'a fait, l'existence ou non du harcèlement pouvant constituer un danger pour la santé mentale de la travailleuse. Il n'est point nécessaire d'être psychologue et encore moins psychiatre pour apprécier ces faits [...] ». Toujours selon la Commission, « [f]aute de précision législative quant à la nature de la compétence professionnelle des inspecteurs, il appartient à l'administration à partir des objectifs de la LSST de choisir et de former ses fonctionnaires en conséquence ». Sur la question, voir également : A.-M. LAFLAMME, « La protection de la santé mentale : une question de santé et de sécurité au travail ? », dans Service de la formation continue, Barreau du Québec, *Développements récents en droit de la santé et sécurité au travail*, vol. 284, Cowansville, Éditions Yvon Blais, 2008, p. 116.

221. *Structure Lavalong inc.* c. *CSST*, [2002] C.L.P. 28. L'interdiction de circuler émise par l'inspecteur aux camions de l'employeur s'apparente à la suspension des travaux ou à la fermeture en tout ou en partie d'un lieu de travail mentionnée à l'article 186 : *Marquis* c. *9094 6880 Québec inc.*, [2003] C.L.P. 60 ; *T.G.C. inc.* et *9123-7511 Québec inc.*, 2012 QCCLP 762 – ce pouvoir doit être exercé avec discernement.

222. La constatation de l'existence d'un danger est une condition préalable essentielle à l'émission d'un ordre de suspension ou de fermeture : *Gaétan Mathurin (C.S.S.T.)* c. *Les Coffrages Dominic Ltée*, [1983] T.T. 250.

223. *Commission de la santé et de la sécurité du travail* c. *Zinc électrolytique du Canada Ltée*, D.T.E. 86T-431 (T.T.). Le fait que l'équipement utilisé soit conforme à une réglementation applicable n'empêche pas l'inspecteur de constater qu'il représente néanmoins une source de danger au sens de la Loi et d'ordonner son élimination par un avis de correction approprié : *Domtar Inc.* c. *Commission d'appel en matière de lésions professionnelles du Québec*, précité, note 220. En l'absence de danger objectif toutefois, la Loi n'autoriserait pas l'émission d'une ordonnance visant à faire disparaître tout risque pour le travailleur : *Hydro-Québec* c. *Brassard*, [1992] C.A.L.P. 1227 (C.S.).

Les ordres donnés ou les décisions rendues par un inspecteur peuvent donner lieu à une demande de révision par la C.S.S.T. conformément aux articles 358 à 358.5 de la *Loi sur les accidents du travail et les maladies professionnelles* (art. 191.1 L.S.S.T.). Ces ordres ou décisions ont toutefois effet immédiatement malgré une telle demande de révision (art. 191 L.S.S.T.)[224]. Le cas échéant, la décision de la C.S.S.T. sur la demande de révision peut être contestée devant la Commission des lésions professionnelles (art. 193 L.S.S.T.). Elle demeure néanmoins applicable pendant une telle contestation (art. 192 L.S.S.T.).

À l'occasion de l'exercice d'un droit de refus par un travailleur, l'intervention de l'inspecteur obéit sensiblement aux mêmes règles (art. 19 et 20 L.S.S.T.)[225].

V- LES RECOURS

A. Les recours civils

371 – *Objets* – La plupart des droits substantiels reconnus par la *Loi sur la santé et la sécurité du travail* peuvent être réclamés selon les mécanismes qui accompagnent leur affirmation et qui ont en commun, comme nous l'avons vu, de conduire à une adjudication de la C.S.S.T. et, ultimement, de la Commission des lésions professionnelles.

Les articles 227 et 228 L.S.S.T. offrent de leur côté un recours particulier au travailleur, en vue d'assurer sa protection à l'occasion de l'exercice d'un droit ou d'une fonction qui lui résulte de la Loi elle-même ou des règlements. Ce recours est à la disposition du travailleur en cas de congédiement, de suspension, de déplacement, de mesures discriminatoires ou de représailles ou de toute autre sanction dont il croit avoir été victime à cause de l'exercice d'un droit ou d'une fonction conformément à la Loi. Le travailleur régi par convention collective peut choisir d'exercer son recours selon la procédure de griefs prévue à cette convention collective ou en portant plainte à la C.S.S.T.

---

224. L'article 191.2 oblige la C.S.S.T. à procéder d'urgence à l'endroit de certaines révisions.
225. Voir *supra*, n°s 347-350.

372 – *Grief* – L'article 227 L.S.S.T. permet au travailleur d'opter pour la procédure de griefs de sa convention collective, lorsqu'il y a lieu. Le travailleur exerce alors un droit que la Loi lui confère personnellement. Toutefois, la convention collective elle-même peut subordonner l'exercice de ce recours à la participation de l'association accréditée, voire à l'existence de conditions de fond étrangères à la *Loi sur la santé et la sécurité du travail* et que le travailleur ne satisfait pas[226]. Le travailleur qui doute de son droit à l'arbitrage selon les termes de sa convention collective devrait, par sécurité, diriger sa plainte vers la C.S.S.T.

373 – *Plainte à la C.S.S.T.* – Lorsque le travailleur choisit d'exercer son recours auprès de la C.S.S.T., l'article 228 L.S.S.T. prévoit que la plainte est traitée comme s'il s'agissait d'une plainte soumise en vertu de l'article 32 de la *Loi sur les accidents du travail et les maladies professionnelles* et que la section III du chapitre VII de cette loi s'y applique avec les adaptations nécessaires[227]. Cette plainte doit être portée dans les 30 jours de la connaissance de l'acte, de la sanction ou de la mesure dont le travailleur se plaint (art. 253 L.A.T.M.P.).

B. Les poursuites pénales

374 – *Généralités* – Les infractions à la *Loi sur la santé et la sécurité du travail* et à la réglementation adoptée sous son empire sont traitées selon les articles 234 à 246 de cette loi.

C'est la Chambre pénale et criminelle de la Cour du Québec qui exerce la compétence de première instance pour disposer des poursuites pénales et la procédure est régie par les dispositions du *Code de procédure pénale* (ci-après « C.p.p. »)[228]. Les infractions se prescrivent par un an[229].

---

226. Un jugement a ainsi subordonné l'exercice de cette option par le travailleur aux dispositions de la convention collective elle-même qui, en l'occurrence, lui niait l'accès à l'arbitrage pour contester son congédiement en raison de son statut de salarié à l'essai : *Syndicat des travailleurs unis de Columbia international (C.S.N.)* c. *Dulude,* [1988] R.J.Q. 1400 (C.S.) ; ce jugement a été rendu relativement à l'article 32 L.A.T.M.P., rédigé en des termes semblables à ceux de l'article 227 L.S.S.T.
227. Voir *supra*, n° 333.
228. RLRQ, c. P-25.1. Voir aussi *infra*, Titre II, chapitre 1, n°s 444-445.
229. *Code de procédure pénale, ibid.*, art. 14 à 16.

375 – *Procédure pénale* – Les poursuites peuvent être intentées par la C.S.S.T. ou par une association de salariés accréditée en vertu du *Code du travail* (art. 242 L.S.S.T.). Elles peuvent l'être aussi par le procureur général ou par une personne autorisée par un juge[230].

Les poursuites sont intentées par constat (art. 144 C.p.p.) et signifiées au défendeur par huissier, agent de la paix ou encore par courrier recommandé, certifié ou prioritaire (art. 19 et 20 C.p.p.), voire par tout autre mode autorisé par le juge (art. 24 C.p.p.). Le poursuivant, en l'occurrence la C.S.S.T., aura le choix d'intenter les poursuites dans le district judiciaire du lieu de l'infraction, ou encore dans le district où le défendeur a sa résidence ou son siège social. Avec le consentement de ce dernier, la poursuite pourra être entreprise dans tout autre district judiciaire (art. 142 C.p.p.).

Le défendeur aura 30 jours à partir de la signification du constat pour transmettre son plaidoyer (art. 160 C.p.p.). Dans le cas où celui-ci plaide coupable, il doit joindre à son plaidoyer le paiement de l'amende et les frais supplémentaires prévus au constat. S'il ne donne aucune précision quant à son plaidoyer tout en ayant payé l'amende et les frais, l'article 162 C.p.p. prévoit qu'il est réputé avoir plaidé coupable. Il en va de même, lorsque le contrevenant n'enregistre aucun plaidoyer et qu'il ne fait parvenir aucun paiement (art. 163 C.p.p.). Malgré son défaut, l'instruction de la poursuite se poursuivra sans que le défendeur ne soit avisé (art. 166 C.p.p.), un jugement étant rendu *in fine* (art. 188 C.p.p.).

376 – *Sanctions pénales* – Il faut souligner l'existence d'un pouvoir exceptionnel octroyé à la juridiction compétente pour entendre les poursuites fondées sur la *Loi sur la santé et la sécurité du travail*. En effet, des pénalités, prenant la forme d'amendes, peuvent être imposées en vertu des articles 236 et 237 L.S.S.T.[231]. Ces articles sont au cœur même de l'objectif de prévention que poursuit le législateur à travers la L.S.S.T.[232]. Ils méritent d'être cités, *in extenso*, de manière

---

230. *Ibid.*, art. 9 et 10.
231. En vertu de l'article 246 L.S.S.T., les amendes appartiennent à la C.S.S.T., sauf lorsque le Procureur général a intenté la poursuite pénale. Il faut également noter que le montant de ces amendes a doublé le 1er juillet 2010, pour ensuite passer au triple le 1er janvier 2011. Ce montant est revalorisé annuellement à compter du 1er janvier 2012.
232. Voir, T. DESJARDINS, « Les infractions prévues aux articles 236 et 237 de la *Loi sur la santé et la sécurité du travail* : détermination des contours et limites de la responsabilité pénale », dans Service de la formation continue, Barreau du Québec, *Développements récents en droit de la santé et sécurité au travail*, vol. 334, Cowansville, Éditions Yvon Blais, 2011.

à pouvoir en saisir toute l'importance. Ainsi, les infractions aux articles 236 et 237 L.S.S.T. sont énoncées comme suit :

236. Quiconque contrevient à la présente loi ou aux règlements ou refuse de se conformer à une décision ou à un ordre rendu en vertu de la présente loi ou des règlements ou incite une personne à ne pas s'y conformer commet une infraction et est passible :

1o   dans le cas d'une personne physique, d'une amende d'au moins 600 $ et d'au plus 1 500 $ dans le cas d'une première infraction, d'une amende d'au moins 1 500 $ et d'au plus 3 000 $ dans le cas d'une récidive et d'une amende d'au moins 3 000 $ et d'au plus 6 000 $ pour toute récidive additionnelle ;

2o   dans le cas d'une personne morale, d'une amende d'au moins 1 500 $ et d'au plus 3 000 $ dans le cas d'une première infraction, d'une amende d'au moins 3 000 $ et d'au plus 6 000 $ dans le cas d'une récidive et d'une amende d'au moins 6 000 $ et d'au plus 12 000 $ pour toute récidive additionnelle.[233]

237. Quiconque, par action ou par omission, agit de manière à compromettre directement et sérieusement la santé, la sécurité ou l'intégrité physique d'un travailleur commet une infraction et est passible :

1o   dans le cas d'une personne physique, d'une amende d'au moins 1 500 $ et d'au plus 3 000 $ dans le cas d'une première infraction, d'une amende d'au moins 3 000 $ et d'au plus 6 000 $ dans le cas d'une récidive et d'une amende d'au moins 6 000 $ et d'au plus 12 000 $ pour toute récidive additionnelle ;

2o   dans le cas d'une personne morale, d'une amende d'au moins 15 000 $ et d'au plus 60 000 $ dans le cas d'une première infraction, d'une amende d'au moins 30 000 $ et d'au plus 150 000 $ dans le cas d'une récidive et d'une amende d'au moins 60 000 $ et d'au plus 300 000 $ pour toute récidive additionnelle.[234]

---

233.   Pour un bon exemple d'application de l'article 236 L.S.S.T., voir : *Commission de la santé et de la sécurité du travail* c. *Dollarama, s.e.c.*, précité, note 205.

234.   En ce qui concerne la fixation des peines, l'amende maximale demeure de nature exceptionnelle ; *Commission de la santé et de la sécurité du travail* c. *Constructions Ferclau inc.*, D.T.E. 2003T-831 (T.T.) ; voir également : *Commission de la santé et de la sécurité du travail* c. *Constructions E. Huot inc.*, D.T.E. 2009T-364, (C.Q.).

Ces infractions étant de responsabilité stricte[235], le poursuivant n'aura pas à faire la preuve de l'intention coupable (*mens rea*) du contrevenant[236]. Seule une preuve hors de tout doute raisonnable que l'acte prohibé (*actus reus*) a été commis sera requise pour entraîner une présomption d'infraction. Les éléments constitutifs de l'infraction se retrouveront au constat et le défendeur pourra renverser la présomption en démontrant qu'il a agi avec diligence raisonnable dans les circonstances[237].

Notons que la preuve d'un danger dans le cadre de l'infraction commise en vertu de l'article 236 L.S.S.T. ne constitue pas dans tous les cas une condition *sine qua non* à l'établissement de l'infraction[238]. En effet, cette disposition semble avoir un caractère général lorsqu'elle énonce que « [q]uiconque contrevient à la présente loi ou aux règlements ou refuse de se conformer à une décision ou à un ordre rendu en vertu de la présente loi ou des règlements ou incite une personne à ne pas s'y conformer commet une infraction ». Les dispositions de la Loi ou de l'un de ses règlements n'impliquent pas toutes une notion de danger. Dès lors, la nécessité de faire la preuve d'un danger réel pour la santé et la sécurité du travailleur sera dépendante du contenu de la disposition de la Loi enfreinte ou de l'un de ses règlements. Ce sera le cas, par exemple, dans le cadre des obligations imposées à l'employeur au titre de l'article 51 L.S.S.T., concernant les mesures nécessaires que celui-ci doit prendre pour protéger la santé et assurer la sécurité et l'intégrité physique du travailleur[239]. Il s'agit de situations comportant un danger réel et prévisible que le législateur a voulu prévenir en imposant à l'employeur de prendre toutes les dispositions nécessaires afin que ce danger ne se réalise pas[240].

---

235. Bernard CLICHE, Serge LAFONTAINE et Richard MAILHOT, *op. cit.*, note 4, p. 378 : « Les infractions prévues à la loi entrent dans la catégorie des infractions de responsabilité stricte. La nature des infractions [...] de même que la procédure et la sanction [...] amènent à conclure dans ce sens ».

236. Voir, *C.S.S.T.* c. *Poudrier et Boulet Ltée*, D.T.E. 83T-122 (C.S.) ; *C.S.S.T.* c. *Constructions Zanetti inc.*, précité, note 207 ; *C.S.S.T.* c. *Couverture Beauport inc.*, 2008 QCCS 2514, par. 14 à 16. Au sujet des différents types de responsabilité pénale, voir l'arrêt de principe dans le domaine : *R.* c. *Sault Ste-Marie*, précité, note 138.

237. *R.* c. *Sault Ste-Marie*, précité, note 138, par. 44 – la défense de diligence raisonnable doit être établie selon la prépondérance des probabilités.

238. Voir, *C.S.S.T.* c. *B. Frégeau et Fils inc.*, 2008 QCCQ 7792, par. 100 et s.

239. Voir notamment, *C.S.S.T.* c. *Excavation Bergevin & Laberge inc.*, 2009 QCCS 526, par. 13.

240. *Commission de la santé et de la sécurité du travail* c. *Construction NRC inc.*, 2011 QCCQ 3981, par. 39 et 40 – le mot « risque » doit être interprété selon son sens usuel. Il s'agit d'un danger éventuel plus ou moins prévisible.

Les conditions d'application de l'article 237 L.S.S.T. sont quelque peu différentes car elles concernent plus spécifiquement et plus directement la préservation de la santé, de la sécurité ou de l'intégrité physique du travailleur[241]. Ainsi, il faudra que le tribunal soit convaincu hors de tout doute raisonnable que le contrevenant, par son action ou par son omission, a agi dangereusement c'est-à-dire, « de manière à compromettre directement et sérieusement la santé, la sécurité ou l'intégrité physique d'un travailleur » (art. 237 L.S.S.T.)[242].

Lorsqu'une personne est déclarée coupable en vertu des articles 236 et 237 L.S.S.T., le tribunal ordonne au contrevenant de se conformer aux exigences de la Loi ou des règlements dans le délai fixé ou d'exécuter une mesure qu'il juge susceptible de contribuer à la prévention des accidents du travail ou des maladies professionnelles[243].

L'employeur pourra être tenu responsable pénalement du fait de son représentant, de son mandataire ou de tout travailleur à son service, « à moins qu'il n'établisse que cette infraction a été commise à son insu, sans son consentement et malgré les dispositions prises pour prévenir sa commission » (art. 239 L.S.S.T.). À toutes fins utiles, signalons également que, malgré le fait que le maître d'œuvre soit assujetti aux mêmes obligations que l'employeur[244], notamment à l'obligation de prendre les mesures nécessaires pour protéger la santé, la sécurité et l'intégrité physique du travailleur (art. 196

---

241. *R. c. Sintra inc.*, précité, note 208, p. 3 et 4 – « Uniquement pour apprécier la portée de l'article 237, je crois utile de signaler que l'accusation intentée est différente de celle basée sous l'article 236 de la même loi. Celle-ci rend passible de sanction et crée une infraction pour toute personne qui contrevient soit à la *Loi sur la santé et la sécurité du travail*, soit à ses règlements. Les deux dispositions (art. 236 et 237) visent certes le même objectif, soit la protection du travailleur, mais ce qui distingue l'article 237 de l'autre, c'est l'utilisation des mots « directement » et « sérieusement ». Ils impliquent un rapport direct entre l'action ou l'omission et ses résultats ou conséquences normalement prévisibles ».

242. Bernard CLICHE, Serge LAFONTAINE et Richard MAILHOT, *op. cit.*, note 4, p. 390 à 394.

243. Sur les conditions d'obtention d'une telle ordonnance en vertu de l'article 238 L.S.S.T., voir : *Commission de la santé et de la sécurité du travail c. Goulet*, [1989] T.T. 155 ; *Lapointe c. Sidbec-Dosco Ltée*, D.T.E. 86T-652 (C.S.) ; *Commission de la santé et de la sécurité du travail du Québec c. Malenfant*, D.T.E. 85T-763 (T.T.).

244. Voir notamment, *Commission de la santé et de la sécurité du travail c. Hydro-Québec*, 2011 QCCA 1314 ; *Commission de la santé et de la sécurité du travail c. Société d'énergie de la Baie James*, 2011 QCCQ 8896.

L.S.S.T.), il ne sera pas tenu responsable pénalement dans la même mesure que l'employeur[245].

C. Les poursuites criminelles

377 – *Généralités* – Le *Code criminel*[246] prévoit le cas des poursuites criminelles en cas d'infraction grave aux normes de santé et de sécurité au travail.

378 – *L'origine* – La *Loi C-21* (*Loi modifiant le Code criminel* (*responsabilité pénale des organisations*)) (projet de Loi C-45), qui est entrée en vigueur le 31 mars 2004, a modifié la preuve nécessaire pour engager la responsabilité criminelle de l'employeur lorsqu'un de ses salariés est blessé ou tué. Cette modification du *Code criminel* par la *Loi C-21* répondit directement au besoin de faciliter les poursuites criminelles, en associant explicitement la négligence marquée de l'employeur au chapitre de la sécurité au travail à de la négligence criminelle (art. 217.1 C.cr.), ainsi qu'en jetant les bases d'une présomption de participation criminelle envers l'organisation (art. 22.1 C.cr.).

379 – *Définitions* – Le législateur est venu définir les notions d'«*organisation*», d'«*agent*» et de «*cadre supérieur*» à l'article 2 C.cr. :

« **organisation** » Selon le cas :

a) corps constitué, personne morale, société, compagnie, société de personnes, entreprise, syndicat professionnel ou municipalité ;

b) association de personnes qui, à la fois :

    (i) est formée en vue d'atteindre un but commun,

    (ii) est dotée d'une structure organisationnelle,

    (iii) se présente au public comme une association de personnes.

« **agent** » S'agissant d'une organisation, tout administrateur associé, employé, membre, mandataire ou entrepreneur de celle-ci.

---

245. Voir, *Commission de la santé et de la sécurité du travail* c. *Société d'énergie de la Baie James*, 2010 QCCQ 5985, par. 139 : « On doit retenir également que pour autant le maître d'œuvre n'est pas l'employeur et que l'on ne doit pas exiger de lui qu'il endosse et assume sans réserve tant les tâches que les responsabilités de ce dernier dans le contexte de l'article 237 ».
246. L.R.C. (1985), ch. C-46.

« **cadre supérieur** » Agent jouant un rôle important dans l'élaboration des orientations de l'organisation visée ou assurant la gestion d'un important domaine d'activités de celle-ci, y compris, dans le cas d'une personne morale, l'administrateur, le premier dirigeant ou le directeur financier.

Ces définitions sont suffisamment larges pour viser la plupart des intervenants de tout type d'« *organisation* ».

Il faut cependant se demander si la notion d'agent comprend les sous-entrepreneurs collaborant aux fins de l'organisation. En effet, si on considère qu'un sous-entrepreneur est un agent, alors celui-ci par sa faute ou sa négligence pourrait entraîner la responsabilité criminelle de l'organisation en cas d'accident causant des blessures corporelles à autrui. Le critère dont il faut tenir compte pour engager la responsabilité de l'organisation est celui du contrôle exercé sur la situation[247].

Ainsi, si le sous-entrepreneur exécute son travail sur le site de l'organisation et sous les directives de ses représentants, l'organisation pourra être tenue responsable de ces gestes. En définitive, le contrôle qu'exerce l'organisation sur des individus risque de conférer à ces derniers le statut d'agent de l'organisation au sens du *Code criminel*. Il faut donc que l'organisation soit vigilante et exerce un contrôle efficace de ses sous-entrepreneurs, notamment par l'intermédiaire des contrats et de ses superviseurs postés sur les lieux du travail afin d'éviter que sa responsabilité criminelle ne soit engagée en sus de sa responsabilité civile.

380 – *Présomptions* – Les articles 22.1 et 22.2 C.cr. créent de nouvelles présomptions :

22.1 S'agissant d'une infraction dont la poursuite exige la preuve de l'élément moral de négligence, toute organisation est considérée comme y ayant participé lorsque :

a) d'une part, l'un de ses agents a, dans le cadre de ses attributions, eu une conduite – par action ou omission – qui, prise individuellement ou collectivement avec celle d'autres de ses agents agissant également dans le cadre de leurs attributions, vaut participation à sa perpétration ;

---

247. Sur la notion de « contrôle », voir : *R. c. Sault Ste-Marie*, précité, note 138.

b)   d'autre part, le cadre supérieur dont relève le domaine d'activités de l'organisation qui a donné lieu à l'infraction, ou les cadres supérieurs, collectivement, se sont écartés de façon marquée de la norme de diligence qu'il aurait été raisonnable d'adopter, dans les circonstances, pour empêcher la participation à l'infraction.

En fait, l'« *organisation* » est maintenant présumée avoir participé au crime de négligence si les deux conditions suivantes sont réunies :

(i)   un de ses « *agents* » a une conduite équivalant à un tel crime de négligence ;

(ii) le ou les cadres supérieurs n'ont pas agi avec diligence pour empêcher la participation à l'infraction.

À titre d'exemple pour l'application de cet article 22.1, observons le cas suivant : à la suite d'un incident dans une usine, un employé décède. Il est mis en preuve que le décès aura pu être évité n'eut été le débranchement de trois systèmes de sécurité. Si les trois systèmes ont été débranchés par un seul employé, ce dernier pourrait être inculpé de négligence criminelle ayant causé la mort. L'employeur pourrait, quant à lui, être trouvé coupable de la même infraction si, par exemple, l'administrateur ayant la responsabilité desdits systèmes de sécurité n'a pas donné à l'employé négligent la formation nécessaire à l'accomplissement de cette tâche. L'absence de formation sur un aspect névralgique de la sécurité des activités peut constituer, dans de telles circonstances, un écart marqué de la norme de diligence attendue d'un employeur pour prévenir des accidents.

Par ailleurs, l'article 22.2 C.cr. crée une seconde présomption selon laquelle l'« *organisation* » est présumée participer à un crime lorsque le Code requiert la preuve d'une telle intention.

22.2 S'agissant d'une infraction dont la poursuite exige la preuve d'un élément moral autre que la négligence, toute organisation est considérée comme y ayant participé lorsque, avec l'intention, même partielle, de lui en faire tirer parti, l'un de ses cadres supérieurs, selon le cas :

a)   participe à l'infraction dans le cadre de ses attributions ;

b) étant dans l'état d'esprit requis par la définition de l'infraction, fait en sorte, dans le cadre de ses attributions, qu'un agent de l'organisation accomplisse le fait – action ou omission – constituant l'élément matériel de l'infraction ;

c) sachant qu'un tel agent participe à l'infraction, ou est sur le point d'y participer, omet de prendre les mesures voulues pour l'en empêcher.

Cet article recherche davantage une implication directe du « *cadre supérieur* » et nécessite la preuve d'une intention de faire profiter l'« *organisation* » de l'infraction. Le poursuivant devra donc démontrer soit :

(i) la participation du « *cadre supérieur* » à l'infraction ;

(ii) un acte posé par le « *cadre supérieur* » pour que l'un de ses « *agents* » commette l'infraction ;

(iii) l'omission du « *cadre supérieur* » de prendre les mesures voulues pour empêcher un « *agent* » de participer à l'infraction alors qu'il sait que ce dernier y participe ou est sur le point d'y participer.

381 – *Le devoir de sécurité* – L'article 217.1 C.cr. impose aussi à l'« *organisation* » le devoir d'assurer la sécurité de ses préposés :

> **217.1** Il incombe à quiconque dirige l'accomplissement d'un travail ou l'exécution d'une tâche ou est habilité à le faire de prendre les mesures voulues pour éviter qu'il n'en résulte de blessure corporelle pour autrui.

Ainsi, s'il y a manquement à cette disposition, s'il y a mépris de la vie ou de la sécurité des gens et que ce manquement résulte en des blessures ou un décès, une personne qui dirige l'accomplissement d'un travail ou l'exécution d'une tâche ou est habilitée à le faire peut être reconnue coupable de négligence criminelle causant la mort et se voir imposer une peine pouvant aller jusqu'à l'emprisonnement à perpétuité ou être reconnue coupable de négligence criminelle causant des blessures corporelles, par un emprisonnement d'une durée maximale de 10 ans. L'organisation est donc justifiée de prendre des mesures pour éviter qu'il n'en résulte des blessures corporelles pour autrui, ce qui peut inclure de faire passer des tests à son personnel, d'imposer un plafond d'heures de travail hebdomadaires et même de prendre les sanctions disciplinaires nécessaires contre un employé fautif[248].

Cet article s'ajoute à ceux du *Code criminel* concernant plus généralement les crimes de négligence (art. 219, 220 et 221 C.cr.).

219. (1) Est coupable de négligence criminelle quiconque :

a)   soit en faisant quelque chose ;

b)   soit en omettant de faire quelque chose qu'il est de son devoir d'accomplir, montre une insouciance déréglée ou téméraire à l'égard de la vie ou de la sécurité d'autrui.

(2)   Pour l'application du présent article, « devoir » désigne une obligation imposée par la loi.

220. Quiconque, par négligence criminelle, cause la mort d'une autre personne est coupable d'un acte criminel passible :

a)   s'il y a usage d'une arme à feu lors de la perpétration de l'infraction, de l'emprisonnement à perpétuité, la peine minimale étant de quatre ans ;

b)   dans les autres cas, de l'emprisonnement à perpétuité.

221. Est coupable d'un acte criminel et passible d'un emprisonnement maximal de dix ans quiconque, par négligence criminelle, cause des lésions corporelles à autrui.

---

248.   *Syndicat des employés de Montel inc.* c. *Montel inc.*, D.T.E. 2006T-852 (T.A.) – la dangerosité de l'emploi d'opérateur de chariot élévateur à la tôlerie et l'absence d'expérience pertinente du plaignant fondaient l'employeur à exiger que ce dernier se soumette à un test avant de lui accorder le poste par supplantation ; *Syndicat national des employés de la Compagnie du gypse du Canada, une division de C.G.C. inc. (C.S.N.)* c. *Compagnie du gypse du Canada, une division de C.G.C. inc.*, D.T.E. 2005T-662 (T.A.) – la directive de l'employeur limitant à 60 heures le temps pendant lequel les salariés peuvent exercer leurs fonctions au cours d'une semaine et ayant pour but d'assurer la sécurité de ces derniers est justifiée ; *Syndicat des travailleuses et travailleurs des pâtes et cartons d'East Angus inc. (C.S.N.)* c. *Cascades Groupe Carton plat – East Angus*, D.T.E. 2007T-606 (T.A.) – suspension de deux jours justifiée ; *Santerre* c. *Maisons usinées Côté inc.*, D.T.E. 2006T-906 (C.R.T.) – le congédiement au motif que le travailleur refuse de porter le harnais de sécurité exigé par l'employeur et la C.S.S.T. est justifié ; *Syndicat des travailleuses et travailleurs d'Orica (C.S.N.)* c. *Orica Canada inc.*, D.T.E. 2006T-286 (T.A.) – le congédiement d'un travailleur qui donne un coup de pied sur une boîte contenant des détonateurs est justifié car son geste constitue un manquement grave aux règles de sécurité.

L'article 217.1 permet donc d'associer la négligence de l'employeur au niveau de la sécurité du travail à de la négligence criminelle.

Ainsi, la participation de l'« *organisation* » sera présumée si, à la suite de la négligence d'un employeur, un salarié est victime d'un accident du travail ou d'une maladie professionnelle. Soulignons que ce devoir de diligence s'applique également aux tierces personnes.

382 – *La norme de diligence raisonnable* – Ce sont les risques inhérents au monde du travail qui déterminent la norme de diligence applicable. Cette obligation de diligence se compose des trois éléments :

1. le devoir de prévoyance (identifier les risques reliés au travail et les contrôler) ;

2. le devoir d'efficacité (l'employeur doit mettre en œuvre les mesures de sécurité appropriées) ;

3. le devoir d'autorité (l'employeur doit appliquer correctement son droit de gérance et doit imposer les sanctions disciplinaires afin que les règles de sécurité soient respectées).

Pour éviter toute responsabilité criminelle, les employeurs devront notamment s'assurer de leur conformité aux exigences et normes applicables en matière de santé et sécurité au travail, élaborer des politiques et des procédures encadrées et soutenues par un système de gestion efficace en santé et sécurité, former tous les employés aux procédures et au processus de gestion de la santé et de la sécurité mis en œuvre par l'entreprise, assurer et démontrer une maîtrise et un contrôle efficace de leur système de gestion de la santé et sécurité au travail, et enfin disposer de données permettant de confirmer qu'ils ont bien fait preuve de la diligence raisonnable attendue en santé et sécurité.

La notion de diligence raisonnable en matière de santé et sécurité au travail prend, depuis ces modifications législatives, une importance sans précédent dans la prévention des accidents graves qui pourront donner lieu à des poursuites criminelles ou pénales et, selon le cas, à la possibilité d'un casier judiciaire pour la direction et les gestionnaires reconnus coupables de telles infractions.

383 – *Les peines* – Le législateur a aussi introduit de nouvelles dispositions concernant les conditions de probation auxquelles une « *organisation* » peut être soumise ainsi que les facteurs à considérer pour l'imposition d'une peine. À ce sujet, nous vous référons aux articles 718.21, ainsi qu'aux paragraphes 3.1 et 3.2 de l'article 732.1 C.cr.

> **718.21** Le tribunal détermine la peine à infliger à toute organisation en tenant compte également des facteurs suivants :
>
> *a)* les avantages tirés par l'organisation du fait de la perpétration de l'infraction ;
>
> *b)* le degré de complexité des préparatifs reliés à l'infraction et de l'infraction elle-même et la période au cours de laquelle elle a été commise ;
>
> *c)* le fait que l'organisation a tenté de dissimuler des éléments d'actif, ou d'en convertir, afin de se montrer incapable de payer une amende ou d'effectuer une restitution ;
>
> *d)* l'effet qu'aurait la peine sur la viabilité économique de l'organisation et le maintien en poste de ses employés ;
>
> *e)* les frais supportés par les administrations publiques dans le cadre des enquêtes et des poursuites relatives à l'infraction ;
>
> *f)* l'imposition de pénalités à l'organisation ou à ses agents à l'égard des agissements à l'origine de l'infraction
>
> *g)* les déclarations de culpabilité ou pénalités dont l'organisation – ou tel de ses agents qui a participé à la perpétration de l'infraction – a fait l'objet pour des agissements similaires ;
>
> *h)* l'imposition par l'organisation de pénalités à ses agents pour leur rôle dans la perpétration de l'infraction ;
>
> *i)* toute restitution ou indemnisation imposée à l'organisation ou effectuée par elle au profit de la victime ;
>
> *j)* l'adoption par l'organisation de mesures en vue de réduire la probabilité qu'elle commette d'autres infractions.
>
> **732.1 (3.1)** Le tribunal peut assortir l'ordonnance de probation visant une organisation de l'une ou de plusieurs des conditions ci-après, intimant à celle-ci :

a) de dédommager toute personne de la perte ou des dommages qu'elle a subis du fait de la perpétration de l'infraction ;

b) d'élaborer des normes, règles ou lignes directrices en vue de réduire la probabilité qu'elle commette d'autres infractions ;

c) de communiquer la teneur de ces normes, règles et lignes directrices à ses agents ;

d) de lui rendre compte de l'application de ces normes, règles et lignes directrices ;

e) de désigner celui de ses cadres supérieurs qui veillera à l'observation de ces normes, règles et lignes directrices ;

f) d'informer le public, selon les modalités qu'il précise, de la nature de l'infraction dont elle a été déclarée coupable, de la peine infligée et des mesures – notamment l'élaboration des normes, règles ou lignes directrices – prises pour réduire la probabilité qu'elle commette d'autres infractions ;

g) d'observer telles autres conditions raisonnables qu'il estime indiquées pour empêcher l'organisation de commettre d'autres infractions ou réparer le dommage causé par l'infraction.

(3.2) Avant d'imposer la condition visée à l'alinéa (3.1)*b)*, le tribunal doit prendre en considération la question de savoir si un organisme administratif serait mieux à même de superviser l'élaboration et l'application des normes, règles et lignes directrices mentionnées à cet alinéa.

L'organisation pourrait également se voir imposer une amende allant jusqu'à 100 000 $ et n'ayant aucune limite dans les cas graves[249].

735. (1) Sauf disposition contraire de la loi, l'organisation déclarée coupable d'une infraction est passible, au lieu de toute peine d'emprisonnement prévue pour cette infraction, d'une amende :

a) dont le montant est fixé par le tribunal, si l'infraction est un acte criminel ;

b) maximale de cent mille dollars, si l'infraction est punissable sur déclaration de culpabilité par procédure sommaire.

---

249. *R.* c. *Transpavé inc.*, 2008 QCCQ 1598 – une entreprise de fabrication de dalles et de blocs de béton reconnue coupable de négligence criminelle ayant causé la mort d'un employé, se voit imposer une amende de 100 000 $.

TITRE II

LES RAPPORTS COLLECTIFS DE TRAVAIL

CHAPITRE 1

LE *CODE DU TRAVAIL* :
CHAMP ET AUTORITÉS D'APPLICATION

384 – *Régime collectif limité* – Le *Code du travail* (« C.t. »)[1] exprime une volonté du législateur québécois de favoriser l'aménagement de rapports collectifs du travail.

Le régime collectif que le *Code du travail* élabore et privilégie n'est toutefois pas accessible à tous ceux et celles qui travaillent pour un employeur. Son champ d'application est réservé, comme nous le verrons au présent chapitre, à une partie seulement, encore qu'importante, de ceux et celles qui sont des employés. Il s'agit des salariés au sens du *Code du travail*.

385 – *Articulation du régime* – Le *Code du travail* du Québec est conçu d'après un modèle commun à toutes les lois équivalentes au Canada et même en Amérique du Nord. Il s'appuie sur la reconnaissance et la protection de la liberté d'association de ceux et celles auxquels il s'adresse (chapitre 2). Il leur propose de se choisir un représentant collectif dans leurs relations avec l'employeur et de faire attester par l'autorité publique le statut de ce représentant collectif au moyen de l'accréditation (chapitre 3). L'accréditation investit les syndicats d'un pouvoir et d'un devoir de représentation, exclusifs et relativement stables, des salariés qu'elle vise dans l'entreprise (chapitre 4). L'accréditation des associations syndicales est orientée entièrement vers la négociation de conditions collectives de travail (chapitre 5). Cette négociation peut donner lieu à des conflits qui se manifesteront notamment par la grève ou le lock-out (chapitre 6). Les conditions de travail négociées seront éventuellement énoncées dans une convention collective (chapitre 7). L'interprétation et l'application de cette dernière feront appel, au besoin, à un forum spécialisé, l'arbitre de griefs (chapitre 8).

---

1. RLRQ, c. C-27.

I- LE CHAMP D'APPLICATION

A. Le cadre général

386 – *Employeurs et salariés* – Le champ d'application du *Code du travail* est délimité par les définitions données aux termes « employeur » et « salarié » aux paragraphes 1k) et l) C.t. À leur base, ces notions correspondent à celles d'employeur et de salarié qui découlent de la définition classique du contrat de travail du droit civil[2]. Le salarié est donc nécessairement une personne physique qui, contre rémunération, fournit son travail à une autre personne, à laquelle elle est subordonnée. L'employeur est toute personne, y compris l'État, pour laquelle travaille un salarié.

387 – *Relations atypiques* – Certaines relations tripartites dans lesquelles au moins deux personnes se partagent les attributs usuels de l'employeur posent parfois une difficulté supplémentaire de détermination du lien juridique employeur-salarié, comme nous l'avons déjà vu. Cette détermination procède alors d'un examen global des éléments constitutifs du contrat de travail. Dans le contexte spécifique du *Code du travail* et de son objectif d'établissement d'un régime de négociation collective des conditions de travail, cette analyse reconnaît une importance prépondérante à la subordination juridique et au contrôle des conditions de travail[3]. La personne qui, d'une manière ou d'une autre, se désigne un mandataire pour gérer son personnel, en conservant elle-même l'ultime pouvoir de direction et de décision dans les matières qui touchent de façon essentielle ce personnel, se

---

2. Voir *supra*, Titre I, chapitre 1, n°s 86-95 et 100-103.
3. *Pointe-Claire (Ville de)* c. *Québec (Tribunal du travail)*, [1997] 1 R.C.S. 1015 ; *Centre universitaire de santé McGill* et *Association accréditée du personnel non enseignant de l'Université McGill/McGill University Non-Academic Certified Association (MUNACA)*, 2011 QCCRT 0428, par. 53 : « Lorsqu'il s'agit d'identifier le véritable employeur dans le cade d'une relation tripartite, le tribunal doit apprécier les faits à la lumière d'un certain nombre de critères qui ont été identifiés par la Cour suprême dans l'arrêt *Ville de Pointe-Claire* c. *Québec (Tribunal du travail)*, [1997] 1 R.C.S. 1015 » ; *Professionnelles et professionnels en soins de santé unis (FIQ)* et *Hôpital Maisonneuve-Rosemont*, 2011 QCCRT 0447 ; *Agence MD santé inc.* et *Professionnelles et professionnels en soins de santé unis (FIQ)*, 2012 QCCRT 0082. Voir également, *Université Laval* c. *St-Arnaud*, D.T.E. 98T-427 (C.S.) ; *Syndicat canadien de la fonction publique, section locale 306* et *Mongrain, McClure, Gibeau*, D.T.E. 2004T-584 (C.R.T.) ; *Université de Montréal* c. *Tribunal du travail*, D.T.E. 2005T-970 (C.S.) ; *Syndicat des employés de garage du Québec inc. (CSD)* c. *Cloutier Pontiac Buick ltée*, 2007 QCCRT 0404 ; *Syndicat des infirmières, infirmières auxiliaires et inhalothérapeutes de l'Est du Québec (CSQ)* c. *Centre de santé et de services sociaux de La Mitis*, 2009 QCCRT 233.

verra reconnaître la qualité d'employeur[4]. À l'opposé, un véritable contrat de gestion d'entreprise ou de personnel, par lequel un propriétaire laisse toute latitude décisionnelle au gestionnaire, transportera à ce dernier le statut d'employeur[5]. On rencontre aussi des situations où le propriétaire de l'entreprise et son mandataire se partagent les pouvoirs et responsabilités de gestion de manière telle qu'ils sont conjointement l'employeur[6].

B. Les exclusions

388 – *Généralités* – Le champ d'application du *Code du travail* trouve sa spécificité dans une série d'exclusions catégorielles parmi les personnes qui sont néanmoins des employées (art. 1l), 1° à 7° C.t.). Cet aspect privatif de la définition du « salarié » s'appuie, selon les cas, sur deux ordres de motifs. Quelques-unes des personnes exclues sont soumises à un autre régime de rapports collectifs. Le plus souvent toutefois, l'exclusion exprime une appréhension de conflit d'intérêts qui pourrait naître pour les personnes en cause de leurs fonctions et responsabilités, au service de l'employeur, d'une part, et de la négociation collective de leurs conditions de travail, d'autre part.

L'article 39 C.t. confie à une instance spécialisée, la Commission des relations du travail, l'adjudication des litiges auxquels peut donner lieu la détermination du statut d'employeur ou de salarié, au sens du Code, et notamment l'interprétation et l'application des exclu-

---

4. *Propriétés Trizec Ltée* c. *Prud'homme*, [1998] R.J.D.T. 72 (C.S.) ; *Loisirs St-Jacques* c. *Syndicat des fonctionnaires municipaux de Montréal (S.C.F.P.)*, [2002] R.J.D.T. 625 (T.T.) ; *Métallurgistes unis d'Amérique, section locale 9324* c. *Métromédia C.M.R. Plus Inc.*, [1998] R.J.D.T. 167 (T.T.) ; *Sodem Inc.* c. *Syndicat des employés manuels de la Ville de St-Léonard*, [1993] T.T. 472 ; *Syndicat des travailleuses et travailleurs des Suites Faubourg St-Laurent (CSN)* c. *LGF maintenance inc.*, 2007 QCCRT 0031, par. 61-90.

5. *Syndicat des travailleuses et travailleurs du Manoir Richelieu* c. *Caron*, D.T.E. 97T-384 (C.A.) ; *Syndicat des travailleuses et travailleurs de l'Hôtel Westin Mont-Royal Montréal* c. *Kuo Hôtels Canada Inc.*, [1997] T.T. 221 ; *Gestion Sinomonde Inc.* c. *Syndicat des travailleuses et travailleurs du Holiday Inn Select Sinomonde (C.S.N.)*, D.T.E. 2001T-561 (T.T.) ; *Capitole de Québec inc.* c. *Alliance internationale des employés de la scène, de théâtre et de cinéma des États-unis et du Canada, section locale 523 (I.A.T.S.E.)*, D.T.E. 2003T-203 (C.R.T) ; *Syndicat des employées et employés de la Société des casinos du Québec (C.S.N.)* et *Logistique Johanne Lavoie inc.*, 2004 QCCRT 0290.

6. Exemple : *Syndicat des travailleuses et travailleurs en centre d'accueil privé – région de Québec (C.S.N.)* c. *9094-8357 Québec Inc.*, D.T.E. 2003T-403 (C.R.T.) – partage des décisions stratégiques (propriétaire) et des décisions d'exécution (gestionnaire). Voir aussi, *infra*, Titre II, chapitre 3, n°s 511-519.

sions prononcées au paragraphe l) de l'article 1 C.t[7]. À cet égard, ce sont les fonctions et responsabilités réellement exercées par l'employé qui seront déterminantes, indépendamment des descriptions, qualifications ou titres de fonctions élaborés par l'employeur[8]. Même une entente à ce stade entre un syndicat et l'employeur sur le statut de certains employés demeurera sans effet sur la compétence de la C.R.T.[9]. C'est par ailleurs à la partie qui prétend à une exclusion – généralement l'employeur – d'établir les faits qui la justifient, par prépondérance de preuve[10].

1. Le personnel de gérance

389 – *Formes de gérance* – La plus importante des exclusions est celle du personnel de gérance (art. 1l), 1o C.t.). Il n'y a pas de distinction vraiment significative qui tienne entre le gérant et le surintendant, d'une part, ou encore entre le contremaître et le représentant de l'employeur dans ses relations avec ses salariés, d'autre part. En fait, l'exclusion frappe toutes les personnes qui exercent une fonction de gérance dans l'entreprise, que les prérogatives de gérance se manifestent ou s'exercent à l'endroit du personnel, ou à l'endroit des tiers,

---

7. *Syndicat des travailleuses et travailleurs de Kildair – CSN* et *Kildair Service ltée*, 2011 QCCRT 0532 – les exclusions prévues à l'article 1 l) C.t. doivent être interprétées de façon restrictive.

8. Exemples : *St-Lin (Corporation municipale de la paroisse de)* c. *Burns*, D.T.E. 84T-121 (C.A.) ; *Commission scolaire Seigneurie* c. *Syndicat canadien de la Fonction publique, section locale 2416*, D.T.E. 83T-289 (T.T.) ; *Université du Québec à Montréal* c. *Syndicat des professeurs de l'Université du Québec (Montréal)*, [1971] T.T. 216 ; *Syndicat canadien de la fonction publique (SCFP-section locale 4755)* c. *Centres de la jeunesse et de la famille Batshaw*, 2009 QCCRT 248.

9. *Thyssen Marathon Canada, division de Thyssen Canada ltée* c. *Association internationale des machinistes et des travailleuses et travailleurs de l'aérospatiale, district 11*, D.T.E. 2001T-415 (T.T.) ; *Syndicat canadien des officiers de la marine marchande (F.A.T.-C.O.I.-C.T.C.)* c. *International Union of District 50, United Mine Workers of America*, [1971] T.T. 163 ; *Syndicat national de l'automobile, de l'aérospatiale, du transport et des autres travailleuses et travailleurs du Canada (TCA-Canada)* et *Agence Kyoto ltée (St-Eustache Toyota)*, 2006 QCCRT 0372.

10. *Groupe T.C.G. (Québec) Inc.* c. *Tribunal du travail*, D.T.E. 86T-320 (C.S.) ; *Institut des sourds de Charlesbourg Inc.* c. *Association des éducateurs de l'enfance inadaptée (C.E.Q.)*, [1979] T.T. 365 ; *Société canadienne de la Croix-Rouge, division de Québec* c. *Syndicat canadien de la Fonction publique, section locale 1971 (F.T.Q.)*, [1977] T.T. 208 ; *Copak (Montréal) Ltd.* c. *Construction & Supply Drivers & Allied Workers, Teamsters, local 903*, [1975] T.T. 369 ; *Travailleuses et travailleurs unis de l'alimentation et du commerce, section locale 501* et *Fédération des caisses Desjardins du Québec*, 2003 QCCRT 0052 ; *Syndicat des professionnelles et professionnels municipaux de Montréal (SPPMM)* et *Montréal (Ville de)*, 2007 QCCRT 0241, par. 44-47.

ou encore par la faculté de déterminer les politiques de gestion et d'exploitation de l'entreprise.

390 – *Gestion du personnel* – Relativement au pouvoir de gérance exercé auprès du personnel de l'entreprise, la notion de « représentant de l'employeur dans ses relations avec ses salariés » est certes beaucoup plus significative dans le contexte contemporain que le terme « contremaître ».

À cet égard, il importe d'abord de retenir qu'il n'est pas nécessaire, selon la jurisprudence, de posséder les pouvoirs discrétionnaires d'engagement et de congédiement pour être considéré comme un représentant de l'employeur ; la présence dans les fonctions de l'employé de différents éléments constitutifs du pouvoir de gérance comme la faculté d'assigner le travail, d'en contrôler l'exécution, de le surveiller et de l'évaluer pourra suffire[11]. Encore là, l'importance des pouvoirs exercés, la fréquence de leur exercice, le caractère décisionnel ou consultatif des interventions ainsi que le degré d'autonomie ou de discrétion de l'employé pourront être pris en considération[12]. Il est toutefois reconnu que la simple autorité à caractère professionnel d'un employé à l'égard de salariés ne suffit pas à le priver lui-même de ce statut de salarié[13]. Cette autorité à caractère professionnel peut ainsi prendre la forme d'une responsabilité de répartition du travail entre des salariés, de planification, de direction et même de surveil-

---

11. Exemples : *Centre local de services communautaires Seigneurie de Beauharnois c. Syndicat des travailleurs du Centre local de services communautaires Seigneurie de Beauharnois (C.S.N.)*, D.T.E. 2002T-42 (T.T.) ; *Papeterie Reed Ltée c. Syndicat canadien des travailleurs du Papier (S.C.T.P.), local 137*, D.T.E. 84T-376 (T.T.) ; *Drain Clair Enrg.* c. *Union des employés du transport local et industries diverses, local 931*, D.T.E. 83T-36 (T.T.) ; *Wabasso Ltée c. Syndicat démocratique des salariés de la Wabasso de Shawinigan (C.S.D.)*, D.T.E. 82T-884 (T.T.) ; *Québec Téléphone* c. *Syndicat des agents de maîtrise de Québec Téléphone*, D.T.E. 82T-862 (T.T.) ; *Cité de Charlesbourg* c. *Syndicat des employés municipaux de la Cité de Charlesbourg*, [1974] T.T. 414 ; *Métallurgistes unis d'Amérique, section locale 9414* c. *Emballage performant Inc.*, D.T.E. 2003T-1147 (C.R.T.) ; *Travailleuses et travailleurs unis de l'alimentation et du commerce, section locale 503* c. *Wal-Mart Canada, Corp.*, 2004 QCCRT 0145 ; *Syndicat canadien des communications, de l'énergie et du papier (SCEP), section locale 148 et Campor inc.*, 2005 QCCRT 0322, par. 36-57 – dans les faits, le répartiteur est assimilé à un gérant ; *Syndicat canadien de la fonction publique (SCFP-section locale 4755)* c. *Centres de la jeunesse et de la famille Batshaw*, précité, note 8.
12. *Syndicat des travailleuses(eurs) des centres de la petite enfance de Montréal et Laval (CSN)* c. *CPE de Pointe Saint-Charles*, 2012 QCCRT 492.
13. *Syndicat des employés(es) de bureau du CRSSSR (CSN)* c. *Centre de santé et de services sociaux de Rimouski-Neigette*, 2009 QCCRT 14.

lance de la qualité de ce travail. Cette situation se rencontrera particulièrement dans les activités à caractère technique et professionnel[14].

Dans l'ensemble, la jurisprudence se révèle plutôt restrictive
lorsqu'il s'agit de reconnaître le statut de salariés à des employés qui
disposent de quelque attribut rattaché à la gérance vis-à-vis d'autres
employés[15]. Des décisions isolées ont tenté d'ouvrir de nouvelles perspectives de reconnaissance du statut de salarié en faveur des
employés qualifiés de cadres inférieurs ou intermédiaires qui assument certaines responsabilités administratives dépassant la simple
autorité professionnelle[16]. Ces décisions soulignaient que la hiérarchie administrative s'est grandement raffinée, diversifiée et dif-
fusée au cours des dernières décennies, laissant généralement place
pour plusieurs cadres intermédiaires entre la direction générale
d'une entreprise et les salariés qui en assurent les services ou la production[17]. La Cour d'appel a désavoué cette approche. En qualifiant
d'abord les employés concernés de « cadres subalternes et subordonnés » et en décidant ensuite qu'ils étaient néanmoins des salariés au
sens du *Code du travail*, l'instance du travail aurait créé une nouvelle
catégorie de salariés non prévue par le Code et ainsi excédé sa compétence[18]. La tentative d'élargir la classe des employés syndicables
aurait peut-être connu un dénouement différent si, au lieu de qualifier ces employés de cadres subalternes et subordonnés, on avait plutôt opté pour une démonstration du fait que leurs pouvoirs ou

---

14. Exemples : *P.T.R. Inc.* c. *Syndicat national de l'automobile, de l'aérospatiale, du
transport et des autres travailleurs du Canada (T.C.A.-Canada)*, D.T.E.
2001T-269 (T.T.) – chefs d'équipe sans véritable autorité administrative ; *Association des médecins cliniciens enseignants du Québec* c. *Université Laval*,
[1975] T.T. 30 – directeurs de programmes et de départements universitaires
assumant un rôle d'ordre professionnel ; *Service familial de la Rive-Sud* c. *Syndicat des employés du Service familial de la Rive-Sud*, [1972] T.T. 71 ; *Syndicat
canadien des communications, de l'énergie et du papier (S.C.E.P.), section locale
148* et *Campor inc.*, précité, note 11, par. 15-35 – le responsable de l'atelier de
mécanique est un salarié puisqu'il n'exerce qu'une autorité technique et professionnelle.
15. Voir, par exemple, *Wabasso Ltée* c. *Syndicat démocratique des salariés de la
Wabasso de Shawinigan (C.S.D.)*, D.T.E. 82T-884 (T.T.) ; *Québec Téléphone* c.
Syndicat des agents de maîtrise de Québec Téléphone, précité, note 11.
16. *Institut des sourds de Charlesbourg Inc.* c. *Association des éducateurs de
l'enfance inadaptée (C.E.Q.)*, [1979] T.T. 365 ; *Syndicat des cadres des hôpitaux
de la région de Montréal (C.S.N.)* c. *Hôpital du Sacré-Cœur*, T.T. Montréal,
nᵒ 500-28-001092-774, 7 décembre 1979.
17. *Institut des sourds de Charlesbourg Inc.* c. *Association des éducateurs de
l'enfance inadaptée (C.E.Q.)*, *ibid.*, p. 373.
18. *Syndicat des cadres des hôpitaux de la région de Montréal (C.S.N.)* c. *Hôpital du
Sacré-Cœur Montréal*, [1983] C.A. 144.

responsabilités ne les élevaient pas au rang de représentants de l'employeur.

391 – *Gestion administrative ou politique* – Il faut garder à l'esprit que seront également exclus du groupe des salariés au sens du *Code du travail*, à titre de gérants ou de surintendants, ceux qui sans avoir de salariés sous leur contrôle disposent néanmoins d'un pouvoir significatif, soit en engageant l'employeur à l'endroit de tiers de leur seule autorité[19], soit en participant à l'orientation et à la marche des activités de l'entreprise. Par exemple, on a décidé que la coordonnatrice des services bénévoles d'un hôpital n'était pas une salariée au sens du *Code du travail*, en raison des fonctions de gérance qu'elle exerçait en dirigeant un service important de l'hôpital, même si son personnel n'était pas rémunéré[20]. Par contre, la simple autonomie fonctionnelle, même dans des matières importantes, ne devrait pas priver l'employé de son statut de salarié au sens du *Code du travail*, en l'absence de responsabilités administratives[21]. En somme, la frontière juridique séparant salariés et gérants au sens du *Code du travail* n'est pas, non plus, facile à tracer et la jurisprudence du travail témoigne de cette difficulté par des décisions qui divergent notamment sur l'importance des pouvoirs dont doit être investi un employé pour être qualifié de gérant[22].

---

19. *Syndicat national des employés de garage du Québec inc. (CSD)* et *Qué-Bourg Auto (1984) ltée*, 2005 QCCRT 0363.
20. *Hôpital St-Augustin* c. *Syndicat des employés de l'Hôpital St-Augustin*, [1977] T.T. 180.
21. *Syndicat canadien de la fonction publique, section locale 306* c. *Longueuil (Ville de)*, D.T.E. 94T-1422 (T.T.) – évaluateur et percepteur des amendes ; *Syndicat national de l'automobile, de l'aérospatiale, du transport et des autres travailleuses et travailleurs du Canada (TCA-Canada)* c. *Prévost Car Inc.*, 2003 QCCRT 0468, par. 49-50 – approvisionneur professionnel ; *Syndicat canadien de la fonction publique (section locale 3783)* c. *Corporation ID Biomédicale du Québec*, 2008 QCCRT 493 ; *Syndicat canadien de la fonction publique, section locale 4134* c. *Ville de Saint-Jean-sur-le-Richelieu*, 2005 QCCRT 222, par. 29-32.
22. Le cas des agents de crédit à l'emploi des caisses populaires et qui sont autorisés à accorder de leur propre chef des prêts jusqu'à concurrence de certains montants illustre bien la difficulté. Des jugements ont conclu au statut de salariés de ces agents de crédit : *Caisse populaire Ste-Famille de Sherbrooke* c. *Syndicat des employés de la Caisse populaire Ste-Famille de Sherbrooke*, [1988] T.T. 487 ; *Syndicat des employés professionnels et de bureau, section locale 57 (U.I.E.P.B., C.T.C. – F.R.Q.)* c. *Caisse populaire de Duvernay*, D.T.E. 87T-104 (T.T.) – annulé par révision judiciaire ; *Caisse populaire St-Rédempteur de Matane* c. *Syndicat des employées et employés professionnels-les et de bureau, section locale 57, S.E.P.B., U.I.E., C.T.C., F.T.Q.*, D.T.E. 88T-523 (T.T.). Ont, au contraire, affirmé qu'il s'agissait de gérants exclus : *Syndicat des travailleuses(eurs) de la Caisse populaire d'Amqui (C.S.N.)* c. *Caisse populaire d'Amqui*, D.T.E. 87T-638 (T.T.) ; *Syndicat des travailleurs(euses) des caisses populaires de la Mauricie (C.S.N.)* c. *Caisse populaire Le Rocher*, D.T.E. 87T-639 (T.T.).

392 – *Conclusion* – Les recueils de jurisprudence d'application du *Code du travail* contiennent de très nombreuses décisions relatives à l'exclusion du personnel de gérance ; toutes se réclament de l'application des mêmes règles d'appréciation fondamentales. L'examen de ces décisions permet certaines constatations. Jusqu'à maintenant, les instances du travail ont suivi une politique de cas par cas dans la détermination du statut de salarié ou de non-salarié au sens du *Code du travail*. On ne peut retrouver dans la jurisprudence l'énoncé de principes ou de guides qui soient à la fois généraux dans leur application et relativement précis dans leur contenu, quant à l'existence d'un certain degré d'autorité nécessaire à l'exclusion du groupe des salariés. On souhaiterait pouvoir se rapporter à certaines normes ou à certains critères d'appréciation d'un tel degré d'autorité eu égard à la structure décisionnelle de l'entreprise, à la nature et à l'importance des pouvoirs exercés par l'employé, à la fréquence de leur exercice, à leur caractère décisionnel ou consultatif, primaire ou final, discrétionnaire ou normalisé. Si on peut relever certaines constances dans la jurisprudence, la pratique suivie jusqu'à maintenant laisse cours, sous le couvert de l'analyse cas par cas, à des conclusions qui peuvent sensiblement varier selon la conception que se fait chaque décideur de la gérance[23].

---

23. À titre d'exemple, parmi tant d'autres, on peut consulter les décisions suivantes qui concluent à l'existence ou à l'absence du statut de salarié. **Décisions concluant au statut de salarié** : *P.T.R. Inc.* c. *Syndicat national de l'automobile, de l'aérospatiale, du transport et des autres travailleurs du Canada (T.C.A.-Canada)*, précité, note 14 ; *Commission scolaire Seigneurie* c. *Syndicat canadien de la Fonction publique, section 2416*, D.T.E. 83T-289 (T.T.) – responsable du service des taxes et de l'équipement ; absence de véritable autonomie administrative malgré l'importance du poste et les responsabilités étendues confiées par l'employeur ; *Union internationale des journaliers d'Amérique du Nord, local 62* c. *Durastal Installations Ltd.*, [1975] T.T. 51 – contremaîtres assimilés à des chefs d'équipes, en raison de leur responsabilité à caractère surtout technique et de leur soumission, d'autre part à l'autorité de surintendants dans l'exercice du pouvoir disciplinaire sur les lieux de travail ; *Alliance compagnie mutuelle d'assurance-vie* c. *Bertrand*, [1974] T.T. 351 – simple preuve de distribution du travail et d'enseignement occasionnel de la façon de l'exécuter, à l'endroit de quelques salariés ; *Dufour Ready-Mix Inc.* c. *Syndicat des employés de Dufour Ready-Mix Inc. (C.S.N.)*, [1974] T.T. 65 – répartiteurs de travail chargés de le distribuer techniquement, sans autre pouvoir décisionnel ; *Centre d'accueil Notre-Dame du Perpétuel Secours* c. *Syndicat des employés du Centre d'accueil Notre-Dame du Perpétuel Secours*, [1973] T.T. 483 – coordonnateurs dotés d'un simple pouvoir de recommandation et exerçant des tâches administratives mineures normalisées ; *Service social de l'Outaouais Inc.* c. *Syndicat des professeurs du service social de l'Outaouais Inc.*, [1972] T.T. 63 – directeurs de services chargés d'un rôle d'animation plutôt que d'administration ; *Université du Québec à Montréal* c. *Syndicat des professeurs de l'Université du Québec (Montréal)*, [1971] T.T. 216 – vice-doyen limité à un rôle de consultation, d'animation et d'encadrement ; directeur de département et de

2. Les administrateurs et les dirigeants d'une personne morale

393 – *Conditions* – Le sous-paragraphe 1l), 2º C.t. exclut les administrateurs et les dirigeants d'une personne morale. Cette exclusion concerne toutes les personnes morales, qu'elles soient de droit privé ou de droit public comme les municipalités et les commissions sco-

_____

recherche à responsabilité professionnelle ; *Syndicat professionnel de l'agence (C.S.N.)* c. *Agence régionale de mise en valeur des forêts privées du Bas St-Laurent*, 2003 QCCRT 0696 – secrétaire de direction et technicienne-contrôleure en administration qui n'ont pas d'autorité décisionnelle. *Syndicat des travailleuses et travailleurs de Kildair (CSN)* c. *Kildair service ltée*, 2011 QCCRT 532 – les opérateurs et les préposés ne sont pas des représentants de l'employeur ; *Syndicat national des employés de garage de Québec inc. (CSD)* c. *Trois-Rivières Chevrolet Buick GMC Cadillac inc.*, 2011 QCCRT 78 – la salariée remplace occasionnellement le contrôleur mais n'assume pas de pouvoirs qui justifient un statut de cadre ou de représentante de l'employeur dans ses relations avec ses salariés. **Décisions concluant au statut de non-salarié** : *Centre local de services communautaires Seigneurie de Beauharnois* c. *Syndicat des travailleurs du Centre local de services communautaires Seigneurie de Beauharnois (C.S.N.)*, précité, note 11 – évaluation du personnel et du travail fourni, quantitativement et qualitativement, et participation à la gestion administrative et budgétaire ; *Syndicat des travailleurs(euses) de la Caisse populaire St-Joseph (C.S.N.)* c. *Caisse populaire St-Joseph*, D.T.E. 85T-660 (T.T.) – agents de crédit disposant d'un pouvoir discrétionnaire et décisionnel de consentir des prêts relativement importants ; *Papeterie Reed Ltée* c. *Syndicat canadien des travailleurs du Papier (S.C.T.P.), local 137,* précité, note 11 – contremaîtres de factions responsables des opérations et assumant l'autorité immédiate de l'employeur à l'endroit des salariés ; *Drain Clair Enrg.* c. *Union des employés du transport local et industries diverses, local 931*, précité, note 11 – employé exerçant une fonction générale de surveillance relativement importante et autonome ; *Québec Téléphone* c. *Syndicat des agents de maîtrise de Québec Téléphone*, précité, note 11 – contremaîtres et surveillants ; pouvoirs administratifs jugés suffisants malgré leur encadrement et leur limitation par des pratiques administratives et des directives dans une structure hiérarchisée ; *Le Soleil Limitée* c. *Syndicat des journalistes de Québec Inc.*, [1973] T.T. 292 – chef de l'édition régionale et chefs de pupitre participant directement à l'élaboration des politiques de l'employeur et chargés de la surveillance de leur application ; *Bureau des services financiers* c. *Syndicat canadien de la fonction publique, section locale 4582*, D.T.E. 2003T-685 (C.R.T.) – chefs d'équipe jouant un rôle important dans la gestion du personnel ; *Association internationale des machinistes et des travailleurs et travailleuses de l'aérospatiale, section locale 1660* c. *Générale électrique du Canada*, 2008 QCCRT 0345 – les planificateurs d'opérations sont des gérants et ne sont donc pas des salariés ; *Travailleurs et travailleuses unis de l'alimentation et du commerce, section locale 501* c. *Brown's fine food services inc.*, 2011 QCCRT 169 – les attributions de la chef responsable en cuisine font d'elle une réelle représentante de l'employeur et, à ce titre, elle doit être exclue de la liste des personnes visées par l'accréditation : *Syndicat des employées et employés professionnels-les et de bureau, section locale 574, SEPB CTC-FTQ* c. *Association des policiers provinciaux du Québec*, 2012 QCCRT 393 – rôle d'intermédiaire joué entre les employés et la direction.

laires[24]. La seule nomination au poste d'administrateur ou de dirigeant n'entraîne toutefois pas l'exclusion ; encore faut-il que la personne concernée agisse de fait à ce titre et soit investie de pouvoirs significatifs[25]. D'autre part, l'exclusion ne vise pas l'employé qui agit comme administrateur ou dirigeant à l'égard de son employeur s'il a été désigné par les salariés ou par une association de salariés accréditée. Enfin, elle n'affecte pas le simple actionnaire d'une société quelle que soit l'importance du capital-actions qu'il détient[26].

3. Les fonctions confidentielles dans la fonction publique

394 – *Particularité* – En règle générale, le seul caractère confidentiel des fonctions exercées par un employé ne suffit pas à le priver de son statut de salarié au sens du *Code du travail*[27]. Il en va autrement dans la fonction publique. Tout fonctionnaire du gouvernement du Québec qui exerce une fonction à caractère confidentiel, selon l'appréciation de la C.R.T., perd le statut de salarié au sens du *Code du travail* (art. 1l), 3º C.t.)[28]. Cette exclusion ne rejoint pas les employés de sociétés qui sont la propriété du gouvernement ou sous son contrôle.

---

24. Dans le cas de municipalités, comparer les conclusions contraires dans *Ville d'Alma* c. *Syndicat national des employés municipaux d'Alma*, [1978] T.T. 129 et dans *Ville de Pincourt* c. *Syndicat national des employés de Pincourt*, D.T.E. 82T-359 (T.T.).

25. *Syndicat canadien de la fonction publique, section locale 2968* c. *Société d'exploitation de la centrale de traitement d'eau Chambly, Marieville*, [1998] R.J.D.T. 1187 (T.T.) ; *Syndicat des employées et employés professionnels et de bureau, section locale 57* c. *Chambre des notaires du Québec*, D.T.E. 96T-87 (T.T.) – absence de statut de dirigeant ; *Presses de l'Est du Québec Inc.* c. *Syndicat des travailleurs des Presses de l'Est du Québec*, D.T.E. 90T-1213 (T.T.) – affirmation du statut d'administrateur. Voir aussi *St-Lin (Corporation municipale de la paroisse de)* c. *Burns*, précité, note 8 ; *Syndicat des travailleuses et travailleurs de la ville de Portneuf (C.S.N.)* c. *Portneuf (Ville de)*, 2006 QCCRT 0289 – absence de statut de dirigeant de la municipalité.

26. Voir, par analogie, s'agissant de travailleurs membres d'une coopérative de travailleurs qui les emploie : *Coopérative forestière de Ferland-Boileau* c. *Tribunal du travail*, D.T.E. 2000T-306 (C.S.) ; *Syndicat canadien des travailleurs du papier, section locale 2995 (F.T.Q.-C.T.C.)* c. *Industries James MacLaren*, [1990] T.T. 469 ; *Association coopérative forestière de St-Louis* c. *Fraternité unie des charpentiers, menuisiers d'Amérique, section locale 2817*, [1986] T.T. 330.

27. *Syndicat des employées et employés professionnels et de bureau, section locale 57* c. *Barreau du Québec*, [1994] T.T. 482 ; *Laval Fortin Ltée* c. *Métallurgistes unis d'Amérique, local 7287*, D.T.E. 83T-782 (T.T.) ; *Syndicat des employés de bureau du plastique (C.S.N.)* c. *Les Plastics Canron Limitée*, [1973] T.T. 234 ; *Travailleuses et travailleurs unis de l'alimentation et du commerce, section locale 501* et *Fédération des caisses Desjardins du Québec*, 2003 QCCRT 0052.

28. Sur les notions de « fonction publique » et de « fonctionnaire », voir *Syndicat des professionnels du gouvernement du Québec* c. *Fonds F.C.A.C. pour l'aide et le soutien à la recherche*, D.T.E. 82T-725 (T.T.).

395 – *Confidentialité et discrétion* – Le caractère de confidentialité de certaines fonctions se distingue de l'obligation générale de discrétion du fonctionnaire. Il ne suffit pas en somme que l'exercice des fonctions de l'employé lui donne l'occasion de prendre connaissance d'informations qui ne doivent pas être révélées. La véritable confidentialité s'attache à une forme de participation quelconque au processus d'élaboration de décisions privilégiées. Elle s'apprécie essentiellement en fonction de la perception d'une possibilité ou non de conflits d'intérêts pour le fonctionnaire entre l'exercice de ses fonctions et son appartenance syndicale[29]. Il faut aussi signaler que l'exclusion pour cause de confidentialité dans la fonction publique ne vise que les fonctionnaires dont le travail se rapporte à la fonction exécutive de l'État, sans atteindre ceux qui servent plutôt la fonction judiciaire comme les secrétaires des juges de la Cour supérieure[30].

Tout litige relatif à l'application du sous-paragraphe 1l), 3° C.t. et au statut de salarié ou de non-salarié d'un fonctionnaire est tranché par la Commission des relations du travail[31].

4. Les exclusions nommées

396 – *Fonctions visées* – Sont automatiquement exclus du groupe des salariés qui peuvent être syndiqués en vertu du *Code du travail*, sans égard au caractère confidentiel ou non de leurs fonctions, les fonctionnaires du ministère du Conseil exécutif ou du Conseil du trésor, sauf dans les cas que le gouvernement peut déterminer par décret, ainsi que ceux qui occupent certaines fonctions à l'Institut de la statistique

---

29. **Décisions concluant au statut de salarié, en l'absence de caractère confidentiel :** *Syndicat de professionnelles et de professionnels du gouvernement du Québec c. Procureur général du Québec*, D.T.E. 91T-286 (T.T.) ; *Syndicat de professionnels du gouvernement du Québec (S.P.G.Q.) c. Procureur général du Québec*, D.T.E. 86T-760 (T.T.) ; *Syndicat des fonctionnaires provinciaux du Québec Inc. c. Procureur général du Québec*, D.T.E. 84T-747 (T.T.) ; *Syndicat des professionnels du gouvernement du Québec c. Québec (Procureur général)*, D.T.E. 82T-444 (T.T.) ; *Syndicat des professionnels du gouvernement du Québec c. Québec (Procureur général)*, [1981] T.T. 287. **Exclusions pour cause de confidentialité :** *Syndicat des fonctionnaires provinciaux du Québec Inc. c. Procureur général du Québec*, D.T.E. 84T-326 (T.T.) ; *Syndicat des fonctionnaires provinciaux du Québec Inc. c. Procureur général du Québec*, D.T.E. 84T-327 (T.T.) ; *Syndicat des professionnels du gouvernement du Québec c. Québec (Procureur général)*, D.T.E. 82T-535 (T.T.) ; *Syndicat des employées et employés du Centre hospitalier de l'Université de Montréal-C.S.N. et Centre hospitalier de l'Université de Montréal*, 2006 QCCRT 0279.
30. *Hétu c. Syndicat des fonctionnaires provinciaux du Québec*, décision de la Commission des relations de travail 11772, 12 juin 1968.
31. *Loi sur la fonction publique*, RLRQ, c. F-3.1.1, art. 65, al. 2 et 66, al. 4.

du Québec (art. 1l), 3.1º, 3.2º et 3.3º C.t.). Il en est de même pour les substituts permanents du procureur général nommés en vertu de la *Loi sur les substituts du procureur général*, les membres de la Sûreté du Québec, les membres du personnel du Directeur général des élections et les agents de relations du travail ou les enquêteurs de la Commission des relations du travail (art. 1l), 4º à 7º C.t.). Ces diverses exclusions s'interprètent restrictivement[32].

397 – *Détermination du statut* – Le statut de salarié d'une personne peut être mis en question devant la Commission des relations du travail, à tout moment, par une requête en vertu de l'article 39 du Code. Le plus souvent, la question est soulevée à l'occasion d'une demande d'accréditation présentée par une association syndicale, lorsqu'il s'agit de déterminer quelles sont les personnes comprises dans le groupe qu'elle veut représenter, ainsi que nous le verrons. Il sera d'ailleurs généralement opportun de faire décider de cette question au stade de l'accréditation, lorsqu'elle se pose déjà. En effet, il pourra s'avérer beaucoup plus difficile, postérieurement à l'accréditation, de faire reconnaître une personne comme salariée au sens du *Code du travail* si, à la connaissance de la partie requérante, cette personne était au travail sans que par ailleurs son nom paraisse sur la liste des salariés dressée au cours de la procédure d'accréditation. Il en serait de même pour l'employeur cherchant par la suite à faire exclure une personne dont le nom était inscrit sur la liste des salariés qu'il a lui-même fournie. À moins de circonstances exceptionnelles, la partie requérante aura alors le fardeau de démontrer que depuis l'accréditation les fonctions et les responsabilités de l'employé concerné ont été modifiées[33].

C. Le changement de statut

398 – *Avis d'intention* – Si la réforme du *Code du travail* adoptée en 2001 a laissé tout à fait intacte la substance de la définition du sala-

---

32. *Syndicat des fonctionnaires provinciaux du Québec Inc.* c. *Procureur général du Québec*, [1991] T.T. 423 ; *Syndicat des professionnels du gouvernement du Québec* c. *Québec (Procureur général)*, précité, note 29 ; *Syndicat des fonctionnaires provinciaux du Québec Inc.* c. *Québec (Procureur général)*, [1975] T.T. 148.

33. *Syndicat des professionnelles et professionnels des affaires sociales du Québec (C.S.N.)* c. *Centre de réadaptation Montérégie Inc.*, D.T.E. 92T-482 (T.T.). Le paragraphe 28d) C.t. permet de ne pas retarder l'octroi de l'accréditation lorsque le caractère représentatif de l'association requérante n'est pas affecté par un litige entre les parties relativement à certaines personnes visées par la requête en accréditation. L'accréditation peut alors être émise pour l'unité de négociation sur laquelle l'employeur et le syndicat en sont venus à un accord, le cas échéant. L'inclusion ou l'exclusion de telle ou telle personne dans cette unité de négociation sera alors référée à la C.R.T. pour décision.

rié, elle s'est par ailleurs préoccupée des changements susceptibles d'affecter le statut de salarié au sens du *Code du travail* en édictant le nouvel article 20.0.1. Ce dernier oblige l'employeur projetant d'apporter au mode d'exploitation de son entreprise des changements qui auraient pour effet, selon lui, de modifier le statut d'un salarié en celui d'entrepreneur non salarié à en donner un avis préalable écrit qui décrit les changements envisagés ; ont droit à cet avis d'intention, s'il y a lieu, tant l'association de salariés déjà accréditée que celle qui a soumis une demande d'accréditation (art. 20.0.1, al. 1 C.t.).

399 – *Contestation immédiate* – Toute association de salariés qui a le droit de recevoir l'avis d'intention peut, si elle ne partage pas l'opinion de l'employeur sur les conséquences des changements qu'il projette sur le statut des salariés concernés, demander à la Commission des relations du travail de se prononcer sur cette question, dans les 30 jours qui suivent la réception de l'avis ; le cas échéant, l'association de salariés doit transmettre sans délai une copie de sa demande à l'employeur (art. 20.0.1, al. 2 C.t.).

400 – *Statu quo* – Le troisième alinéa de l'article 20.0.1 assure le *statu quo*, du moins temporairement. Il interdit en effet à l'employeur de mettre en application les changements qu'il projette avant la réalisation de l'une ou l'autre des conditions suivantes, selon la première éventualité à survenir :

– l'expiration du délai de 30 jours dont dispose une association pour s'adresser à la Commission des relations du travail, sans que ce droit ait été exercé ;

– la conclusion d'une entente, avec toute association de salariés intéressée, quant aux conséquences des changements projetés sur le statut de salariés des personnes concernées ;

– la décision de la Commission des relations du travail, quelle que soit sa teneur.

401 – *Décision* – La décision de la Commission des relations du travail doit être rendue dans les 60 jours de la réception de la demande dont elle dispose (art. 20.0.1, al. 4 C.t.)[34]. Cette décision revêtira normalement un caractère essentiellement déclaratoire, mais non

---

34. Ce délai devrait prévaloir sur celui de 90 jours, à compter du début du délibéré, mentionné à l'article 133, al. 3 C.t., dont la seule lecture pourrait laisser croire qu'il serait ici celui qui est applicable.

moins décisif quant au projet annoncé par l'employeur. Ce dernier pourra, si le changement qu'il projetait ne conduit pas à la conclusion d'un changement du statut de salarié en celui d'entrepreneur non salarié, tirer de la décision rendue des enseignements utiles à la préparation d'un nouveau projet destiné à atteindre le même objectif et qui sera soumis aux mêmes exigences procédurales.

II- LES AUTORITÉS D'APPLICATION

402 – *Administration et adjudication* – L'application du *Code du travail* fait appel à l'intervention, d'une part, d'une autorité administrative (A.) et, d'autre part, à celle de diverses instances ou autorités juridictionnelles pour le règlement des litiges (B.).

A. L'autorité administrative

403 – *Ministre du Travail* – Les articles 10 et 11 de la *Loi sur le ministère du Travail*[35] confient au titulaire de ce ministère la responsabilité du domaine des relations du travail et de l'application des lois qui s'y rapportent. Le *Code du travail* lui-même identifie diverses fonctions de nature administrative qui relèvent du ministre du Travail et, par lui, de son ministère, fonctions destinées à surveiller et à soutenir le régime de rapports collectifs du travail mis en place par le Code.

C'est au ministre du Travail qu'il faut adresser certaines demandes comme celles de la nomination d'un conciliateur ou d'un médiateur pour faciliter la conclusion d'une convention collective, ou encore d'un arbitre de différend pour dénouer une impasse de négociation ; le cas échéant, c'est le ministre qui nomme ces intervenants[36]. De même, à défaut d'accord entre les parties, le ministre sera appelé à nommer un arbitre de griefs pour trancher tout litige relatif à l'interprétation ou à l'application d'une convention collective[37].

Il revient au ministre du Travail de dresser la liste des personnes qu'il pourra nommer à titre d'arbitre de différend ou de grief (art. 77, 99, 100, al. 2 C.t.).

Le ministre du Travail est le destinataire obligatoire de diverses informations, avis ou préavis. Il doit être informé du déclenchement

---

35. RLRQ, c. M-32.2.
36. Voir *infra*, Titre II, chapitre 5, nᵒˢ 624-627, 634-642.
37. Voir *infra*, Titre II, chapitre 8, nᵒ 747.

de toute grève ou de tout lock-out (art. 58.1 C.t.). Dans les services publics, le ministre doit être préavisé de toute grève, tout comme de la renonciation à y recourir au moment annoncé (art. 111.0.23 et 111.0.23.1 C.t.). Le ministre est également tenu informé du cheminement et de l'aboutissement de tout processus de médiation ou d'arbitrage de différend qu'il a engagé[38]. Dans un autre ordre, il doit être préavisé de la décision d'un commissaire de la Commission des relations du travail de ne pas voir son mandat renouvelé ou de démissionner (art. 137.19 et 137.23 C.t.).

Dans les services publics, c'est au ministre du Travail qu'il appartient de prendre l'initiative de recommander au gouvernement la désignation de ceux qui devront maintenir des services essentiels en cas de grève (art. 111.0.17 C.t.)[39].

L'article 14 de la *Loi sur le ministère du Travail*[40] autorise le ministre à enquêter, par lui-même ou par une personne qu'il désigne, sur toute matière de sa compétence. Des dispositions du *Code du travail* particularisent ce pouvoir d'enquête. Il peut ainsi faire vérifier si les interdictions d'utiliser des briseurs de grève sont respectées (art. 109.4 C.t.). Il peut également demander au Conseil de la justice administrative de faire enquête pour déterminer si un commissaire de la Commission des relations du travail est affecté d'une incapacité permanente qui l'empêche de remplir de manière satisfaisante les devoirs de sa charge (art. 137.25 C.t.) ou si le président ou un vice-président de cette commission devrait être révoqué de sa charge administrative pour un manquement dans l'exercice de ses attributions administratives (art. 137.46 C.t.).

B. Les autorités juridictionnelles

404 – *Généralités* – L'application du *Code du travail* suscite de nombreux litiges juridiques dont la solution requiert l'intervention de diverses instances d'adjudication, de nature civile ou pénale.

Au niveau civil, la réforme mise en vigueur en 2002 a eu pour effet d'abolir le régime à deux paliers que constituaient les commissaires du travail comme forum de première instance et le Tribunal du travail comme juridiction d'appel de leurs décisions finales. Cette

---

38. Voir *infra*, Titre II, chapitre 5, n°s 635-642.
39. Voir *infra*, Titre II, chapitre 6, n° 654.
40. Précitée, note 35.

réforme les a remplacés par une instance unique d'adjudication sur les litiges civils qui naissent du *Code du travail*, ainsi qu'à l'endroit de divers recours individuels prévus par d'autres lois. Il s'agit de la Commission des relations du travail (ci-après, la « C.R.T. ») (art. 1i) C.t.). La réforme s'est également répercutée sur le traitement des poursuites pénales, et avait par ailleurs laissé intacte la compétence surspécialisée qui était déjà dévolue au Conseil des services essentiels. Toutefois, il faut préciser que depuis le 1er octobre 2011, les pouvoirs autrefois dévolus au Conseil des services essentiels ont été transférés à la C.R.T. comprenant depuis, une division des « services essentiels ».

1. La Commission des relations du travail

a) Le statut de la C.R.T.

405 – *Institution et immunités* – Le 25 novembre 2002, la Commission des relations du travail a été instituée par l'article 112 C.t. Elle est un tribunal spécialisé exerçant une compétence civile d'attribution qui lui est dévolue à la fois par le *Code du travail* lui-même et par d'autres lois[41]. La mission confiée à la C.R.T. et les pouvoirs dont le législateur l'a dotée pour remplir ses objectifs constituent un changement fondamental pour les rapports collectifs du travail[42].

À la différence du bureau du commissaire général du travail, qu'elle remplace aussi et qui relevait du ministère du Travail, la C.R.T. est une entité juridiquement distincte du ministère et auto-

---

41. Parmi les nombreux recours, on trouve notamment les recours déposés en vertu des articles 86.1, 123.4, 123.9, 123.12 et 126 de la *Loi sur les normes du travail* (chapitre N-1.1) ; du deuxième alinéa de l'article 72 de la *Loi sur les cités et villes* (chapitre C-19) ; des articles 12, 20, 22, 42.5, 56, 57, 58 et 59.1 de la *Loi sur le statut professionnel et les conditions d'engagement des artistes de la scène, du disque et du cinéma* (chapitre S-32.1) ; voir l'annexe I du C.t.

42. Voir R. CÔTÉ, « La Commission des relations du travail – Un tribunal spécialisé aux nombreuses spécialités ! », dans Service de la formation continue, Barreau du Québec, *Développements récents en droit du travail*, vol. 348, Cowansville, Éditions Yvon Blais, 2012. Aux pages 67 et 68, l'auteur exprime avec justesse toute l'ampleur des évolutions dont a fait l'objet la C.R.T. depuis sa création : « Presque dix ans plus tard, la Commission n'est plus tout à fait ce qu'elle était au départ. L'ajout successif de nouvelles compétences, la création de nouveaux recours, l'élargissement de certains autres, de même que le transfert de plusieurs compétences à l'occasion de l'abolition d'autres tribunaux, ont entraîné d'importantes modifications. D'aucuns se sont inquiétés de cette multiplication de nouvelles compétences tant en regard du maintien de l'expertise spécialisée spécifique à chacune d'elles, qu'en ce qui concerne les conséquences sur le plan de l'efficacité de la Commission. ».

nome. Son siège est situé dans la Ville de Québec ; elle doit aussi y tenir un bureau ainsi que sur le territoire de la Ville de Montréal (art. 113 C.t.).

La Commission, ses commissaires et les membres de son personnel bénéficient d'une immunité générale contre toute poursuite en justice qui résulterait d'un acte accompli de bonne foi dans l'exercice de leurs fonctions (art. 137.52 C.t.). La C.R.T., ses commissaires et les membres de son personnel qui font enquête disposent en outre de l'immunité spéciale des commissaires nommés en vertu de la *Loi sur les commissions d'enquête*[43] (art. 120 et 137.48c) C.t.).

b) Les divisions de la C.R.T.

406 – *Les nouvelles divisions et compétences de la C.R.T.* – La C.R.T. comporte dorénavant trois divisions (art. 115.1 C.t.) : la division des relations du travail, la division de la construction et de la qualification professionnelle et la division des services essentiels. Les compétences de la « division des relations du travail » sont nombreuses et variées. Elles portent notamment sur les plaintes de congédiement sans cause juste et suffisante, les plaintes de harcèlement psychologique, le réexamen des décisions rendues par la Commission de l'équité salariale, la reconnaissance d'une association d'artiste[44], l'exigence du bilinguisme dans l'emploi requis par la *Charte de la langue française*[45].

Les deux autres divisions ont été créées plus récemment. En effet, c'est en décembre 2006 que le gouvernement a, par le nouvel article 115.1 C.t., créé une deuxième division au sein de la Commission, à savoir la « division de la construction et de la qualification professionnelle »[46]. Cette modification a eu pour effet d'abolir la fonction de Commissaire de l'industrie de la construction, et de rendre compétente la C.R.T. à l'égard des questions qui étaient du ressort du Commissaire. Il revient particulièrement à la division de la construction et de la qualification professionnelle d'entendre les plaintes en

---

43. RLRQ, c. C-37.
44. En 2009, le législateur a aboli la Commission de reconnaissance des associations d'artistes et des associations de producteurs pour confier cette compétence à la C.R.T. Voir, *Loi modifiant la Loi sur le statut professionnel et les conditions d'engagement des artistes de la scène, du disque et du cinéma, et d'autres dispositions législatives*, L.Q. 2009, c. 32.
45. RLRQ, c. C-11, art. 46.
46. *Loi modifiant le Code du travail et d'autres dispositions législatives*, L.Q. 2006, c. 58, D. (2008) 140 *G.O.* II, 1367.

matière de discrimination à l'embauche dans le domaine de la construction[47].

En dernier lieu, notons la création de la « division des services
essentiels » qui est intervenue en octobre 2011, remplaçant ainsi le
Conseil des services essentiels. Dans un même registre, la nouvelle
division veille aux intérêts de la population lorsqu'un différend survient dans le cadre des rapports collectifs de travail, en particulier
dans le cas d'une grève. Lorsque pareil cas se produit, la division des
services essentiels peut intervenir de sa propre initiative (art. 111.16
C.t.), et sensibiliser les « belligérants » relativement au maintien des
services essentiels (art. 111.21 C.t.).

c) La composition de la C.R.T.

407 – *Direction et membres* – Selon l'article 115 C.t., la « Commission
est composée d'un président, de deux vice-présidents, de commissaires, ainsi que des membres de son personnel chargés de rendre des
décisions en son nom ». Dans le dernier cas, il s'agit en fait des agents
de relations du travail, qui sont habilités à rendre certaines décisions
à l'égard des demandes d'accréditation.

i) Le président et les deux vice-présidents

408 – *Généralités* – Ces personnes sont nommées par le gouvernement, après consultation des associations syndicales et d'employeurs
les plus représentatives (art. 137.40 C.t.). Elles deviennent par le fait
même commissaires de la Commission avec charge administrative, et
doivent donc remplir les exigences de connaissances et d'expérience
énoncées à l'article 137.12 du Code. Le président et le vice-président
peuvent siéger dans toute division de la C.R.T. Leur mandat est d'une
durée maximale de cinq ans et il est renouvelable (art. 137.41 C.t.).
Par exception et en raison du travail requis pour l'implantation de la
C.R.T., le gouvernement a été autorisé à prolonger, lors de sa nomination, la durée du premier mandat du premier président. Le président
et les vice-présidents doivent exercer leurs fonctions à temps plein
(art. 137.43 C.t.).

---

47. Art. 105 de la *Loi sur les relations du travail, la formation professionnelle et la
gestion de la main-d'œuvre dans l'industrie de la construction*, RLRQ, c. R-20.
Voir à titre illustratif : *Drolet* c. *Lachance (F. Lachance Ventilation)*, 2007
QCCRT 0344 – la C.R.T. considère que lorsqu'un employeur examine la candidature d'un travailleur, il doit le faire sans égard à son appartenance syndicale ;
voir aussi, *Langevin* c. *Bezeau*, 2011 QCCRT 0053.

409 – *Responsabilités administratives du président* – Le président est responsable de l'administration et de la direction générale de la C.R.T. (art.137.47 C.t.). L'article 137.38 C.t. le charge d'édicter des règles de régie interne pour la conduite des affaires administratives de la Commission, après consultation des vice-présidents et en vue de leur approbation par le gouvernement[48]. Il doit conseiller le gouvernement sur l'adoption d'un code de déontologie applicable aux commissaires (art. 137.33 C.t.). Il lui appartient personnellement, selon l'article 137.48, de nommer des agents de relations du travail chargés d'exercer les diverses fonctions qui y sont prévues, dont celles d'enquête, ou d'autres qu'il peut leur confier. C'est aussi le président qui affecte les commissaires aux différentes divisions, qui répartit entre eux les affaires ; et qui détermine celles qui seront décidées par une formation de trois commissaires plutôt que par un seul d'entre eux (art. 124, 137.47, al. 2, 4o, 137.49 C.t.). Il peut autoriser la jonction de plusieurs affaires pour leur traitement (art. 131 C.t.). Il reçoit et tranche les demandes de récusation qui peuvent viser un commissaire (art. 137.10 C.t.)[49]. Le président a également autorité pour prolonger le délai dans lequel une décision doit être rendue par la C.R.T. (art. 133, al. 4 C.t.) ou pour dessaisir un commissaire d'une affaire dans laquelle sa décision n'a pas été rendue dans le délai imparti (art. 125 C.t.).

410 – *Responsabilité qualitative* – Dans un ordre de préoccupation de politique juridique, le président se voit expressément confier la mission de favoriser la participation des commissaires à l'élaboration d'orientations générales en vue de « maintenir un niveau élevé de qualité et de cohérence des décisions » de la Commission des relations du travail (art. 137.47, al. 2, 3 C.t.).

L'objectif de cohérence de ses décisions est d'autant plus crucial pour la crédibilité d'un tribunal spécialisé comme la C.R.T. que l'existence et la subsistance d'opinions contradictoires en son sein ne

---

48. *Règles de régie interne de la Commission des relations du travail*, (2002) 134 G.O. II, 8047.
49. *Travailleuses et travailleurs unis de l'alimentation et du commerce, section locale 503* c. *Bélanger*, D.T.E. 2003T-94 (C.R.T.) – le pouvoir de récusation d'un commissaire est personnel au président et n'est pas révisable par la C.R.T. au regard de l'article 127 C.t. ; transposer : *Canada (Procureur général)* c. *Ste-Marie*, D.T.E. 2003T-20, REJB 2002-36779 (C.A.) ; *Dubé* et *Syndicat de professionnelles et professionnels du gouvernement du Québec*, D.T.E. 2007T-224 (C.R.T.) ; *Les Viandes Première inc.* c. *Jafar Gharamane Manesh*, 2008 QCCRT 0242.

suffit pas à justifier l'intervention des tribunaux supérieurs pour y mettre fin par révision judiciaire[50].

La cohérence souhaitable peut être atteinte notamment en recourant à la consultation institutionnelle entre les membres du tribunal spécialisé. La Cour suprême en a reconnu la légitimité, à certaines conditions[51]. Ces conditions sont les suivantes : (1) la consultation ne peut être imposée d'autorité ; (2) elle doit porter sur des questions de principe ou de droit ; (3) les décideurs doivent rester maîtres des décisions qu'ils ont à rendre[52]. Dans ce cadre, la consultation institutionnelle légitime emporte néanmoins une conséquence au niveau du droit des parties d'être entendues (*audi alteram partem*). Le décideur qui a entendu une affaire et qui s'oriente vers une détermination motivée par une considération nouvelle qui n'a pas été abordée par les parties devrait en aviser ces dernières en leur offrant l'occasion de lui soumettre leurs représentations[53].

411 – *Vice-présidents* – Les vice-présidents exercent les attributions qui peuvent leur être dévolues ou déléguées par le président, sous l'autorité de ce dernier lorsqu'il s'agit de fonctions administratives ; ils conseillent et assistent en outre le président dans l'exercice de ses propres fonctions (art. 137.51 C.t.). L'un d'entre eux est désigné par le ministre du Travail pour assurer la suppléance, lorsqu'il y a lieu, du président ou de l'autre vice-président (art. 137.44 C.t.).

ii) Les commissaires

412 – *Nomination et responsabilités* – Les commissaires sont des membres de la C.R.T. et rendent des décisions en son nom (art. 115 C.t.). Ils sont nommés par le gouvernement, après consultation des associations de travailleurs et des associations d'employeurs les plus représentatives (art. 137.11 C.t.). Pour être nommée commissaire, une personne doit posséder à la fois une connaissance jugée suffi-

---

50. *Domtar inc.* c. *Québec (Commission d'appel en matière de lésions professionnelles)*, [1993] 2 R.C.S. 756 ; *Syndicat des travailleurs d'Olymel Vallée Jonction* c. *Bélanger*, C.S. Beauce, n° 350-17-000032-048, 3 décembre 2004, j. Bouchard – il n'y a pas lieu à révision judiciaire lorsque la Commission se réfère à une décision arbitrale.

51. *Ellis-Don Ltd.* c. *Ontario (Commission des relations du travail)*, [2001] 1 R.C.S. 221 ; *Tremblay* c. *Québec (Commission des affaires sociales)*, [1992] 1 R.C.S. 952 ; *S.I.T.B.A.* c. *Consolidated-Bathurst Packaging Ltd.*, [1990] 1 R.C.S. 282.

52. *Ellis-Don Ltd.* c. *Ontario (Commission des relations du travail)*, *ibid.*, par. 26-31.

53. *Ibid.*, par. 32-34.

sante de la législation applicable et dix années d'expérience pertinente dans les matières qui relèvent de la compétence de la
commission (art. 137.12 C.t.). Sur cette base, la personne candidate
doit en outre avoir été déclarée apte conformément aux articles
137.13 à 137.16[54].

Sous réserve de certaines exceptions, le mandat d'un commissaire est de cinq ans et il est renouvelable pour la même durée
(art. 137.17-137.22 C.t.). Le gouvernement peut destituer ou
démettre autrement un commissaire pour l'un ou l'autre des motifs
prévus aux articles 137.24 ou 137.25 du Code.

Les commissaires sont tenus à des obligations déontologiques et
d'impartialité posées par le *Code du travail* lui-même ou par le *Code
de déontologie* qu'il habilite le gouvernement à adopter (art. 137.32 à
137.37 C.t.). Leur rémunération et leurs autres conditions de travail
sont déterminées conformément aux articles 137.27 à 137.31 C.t.

iii) Les agents de relations du travail

413 – *Fonctions* – En termes simples, on peut dire qu'en 2002, les
agents de relations du travail succèdent, dans le cadre et aux fins du
processus d'accréditation, aux agents d'accréditation. Ils sont ainsi
chargés de tenter d'amener les parties à s'entendre, sur la description
de l'unité de négociation ou sur les personnes visées et de s'assurer du
caractère représentatif de toute association de salariés en cause, ou
de son droit à l'accréditation au regard des dispositions pertinentes
du *Code du travail*. Ils peuvent en outre, à la demande du président
de la C.R.T. et même de leur propre initiative dans les affaires dont ils
sont saisis, effectuer une enquête sur une contravention appréhendée à l'article 12 du Code, ou encore un sondage ou une recherche
sur toute question relative à l'accréditation et à la protection ou à
l'exercice du droit d'association (art. 137.48, al. 1 C.t.). Le cas échéant,
leur rapport est versé au dossier de l'affaire et transmis aux parties
intéressées (art. 28-30, 35 C.t.). Le président de la Commission peut
enfin confier aux agents de relations du travail toute autre fonction
(art. 137.48, al. 2 C.t.).

414 – *Statut* – Le statut des agents de relations du travail se présente
comme une réalité quelque peu hybride. D'une part, dans la mesure

---

54. *Règlement sur la procédure de recrutement et de sélection des personnes aptes à
    être nommées commissaires à la Commission des relations du travail*, (2002) 134
    G.O. II, 2969.

où ils rendent des décisions au nom de la C.R.T., l'article 112 du *Code du travail* les identifie à la Commission elle-même, au même titre que son président, ses vice-présidents et ses commissaires. D'autre part, au regard de leurs autres fonctions et de diverses dispositions du Code, ils sont plutôt assimilés au personnel de la Commission et, conséquemment, ils sont nommés et rémunérés suivant la *Loi sur la fonction publique*[55] (art. 137.47, 137.52, 137.54 C.t.). Rappelons enfin que les agents de relations du travail (et les enquêteurs) sont exclus de la définition des salariés syndicables en vertu du *Code du travail* (art. 1l), 7° C.t.).

iv) Les membres du personnel

415 – *Fonctions et statut* – Outre les agents de relations du travail dont il vient d'être question, la C.R.T. dispose d'un personnel à des fins spécifiques d'enquête ou de conciliation dans les litiges (art. 121 C.t.) et pour son administration en général. Ce personnel est nommé et rémunéré suivant la *Loi sur la fonction publique*[56] (art. 137.54 C.t.).

d) Le rôle et la compétence de la C.R.T.

i)   Le *Code du travail*

416 – *Compétence civile intégrée et exclusive* – À la différence des commissaires du travail et du Tribunal du travail qu'elle remplace et qui ne disposaient à l'endroit du *Code du travail* que d'une compétence qui leur était attribuée en quelque sorte à la pièce, c'est-à-dire par recours, demande ou matière, la Commission des relations du travail s'est vue confier globalement la responsabilité d'assurer l'application diligente et efficace de l'ensemble du Code (art. 114, al. 1 C.t.)[57]. Elle

---

55. Précitée, note 31.
56. *Ibid.*
57. *Abouelella* et *Société hôtelière Hunsons Inc.*, 2009 QCCRT 85, par. 15 : « [...] L'article 114 du Code énonce que la Commission doit assurer l'application diligente et efficace du Code et de la loi. Il s'agit d'un des principes premiers de la Commission. Sauf s'il y a un problème de compétence ou que des éléments du dossier justifient une suspension, la Commission doit commencer l'enquête ». Sur la notion de « célérité », voir, *Desfossés* c. *Bar Wotton,* 2005 QCCRT 0439, par. 26 : « La CRT s'est par ailleurs dotée d'une politique concernant les remises d'audience, dont l'objectif est : de favoriser l'utilisation maximale des ressources de la Commission, de contribuer à l'objectif de célérité que la Commission s'est fixé, de respecter, le cas échéant, les délais prévus par le *Code du travail* et d'éviter que les remises puissent être utilisées à des fins dilatoires. » ; *Syndicat national des travailleuses et travailleurs des pâtes et cartons de Jonquière inc.* c. *Cascades Canada inc. (Cascades Canada inc.* c. *Commission des relations du*

est en conséquence investie d'une compétence civile générale à l'égard de toute plainte alléguant une contravention au *Code du travail*, de tout recours formé en application de ses dispositions et de toute demande qui lui est faite conformément au Code, sauf à l'égard des conflits dans les services publics et dans les secteurs public et parapublic ; le cas échéant, la compétence de la C.R.T. lui est exclusive (art. 114, al. 2 C.t.). Désormais, on peut affirmer que pratiquement tous les litiges relevant des rapports collectifs ou d'autres dispositions du *Code du travail* pourront être entendus par le tribunal spécialisé qu'est la C.R.T.[58], y compris toute question ayant trait à la validité constitutionnelle d'une disposition du Code[59].

Ce changement radical d'approche dans la définition de la compétence civile de la C.R.T. emporte des conséquences pratiques considérables, probablement les plus significatives avec celles découlant de ses pouvoirs d'ordonnance et de réparation, comme résultat de la réforme. Ce changement élargit matériellement l'aire d'intervention du forum spécialisé qu'est la C.R.T., dans des situations qui lui auraient autrement échappé sous le régime juridictionnel antérieur. Il en est ainsi, par exemple, des grèves, des ralentissements de travail ou des lock-out qui contreviennent au Code, tout comme de l'utilisation de briseurs de grève en contravention de son article 109.1. C'est aussi le cas à l'égard d'un manquement par l'association accréditée à son obligation de représentation, à une occasion autre que celle de l'imposition d'une mesure disciplinaire à un salarié ou de son renvoi (art. 116, al. 2 C.t.), tout comme d'une ingérence illégitime de l'employeur dans les affaires d'un syndicat (art. 12, al. 1 C.t.) ou du défaut d'une partie de négocier une convention collective avec diligence et bonne foi (art. 53, al. 2 C.t.).

---

travail), 2007 QCCA 1765, par. 8 : « La C.R.T. a compétence pour interpréter ses propres règles de procédure sans être tenue à une rigidité procédurale qui risquerait de contrevenir à l'objectif de célérité associé au traitement des affaires qui lui sont soumises d'urgence [...] » ; *Québec (Ville de)* c. *Commission des relations du travail*, 2011 QCCS 4754 – la Cour supérieure considère qu'il est essentiel, dans l'intérêt élémentaire de la justice, qu'une décision concernant l'inhabilité d'un commissaire soit rendue le plus tôt possible afin que l'on puisse disposer de la plainte.

58. *Procureur général du Québec* c. *Syndicat de la fonction publique du Québec et Laplante*, 2008 QCCA 1046 ; *Pedneault* c. *Compagnie Wal-Mart du Canada*, [2006] R.J.Q. 1266 (C.A.).

59. *Travailleuses et travailleurs unis de l'alimentation et du commerce, section locale 501* c. *Commission des relations du travail*, D.T.E. 2008T-316 (C.S.) ; *Syndicat des employées et employés professionnels et de bureau, section locale 573 (CTC-FTQ)* c. *Québec (Procureur général)*, 2011 QCCS 5773.

La réforme n'a laissé aux tribunaux ordinaires, somme toute, qu'une compétence résiduelle dans l'application du *Code du travail*. Cette compétence d'exception pourrait se justifier par les pouvoirs propres à ces tribunaux, comme celui de prononcer la nullité d'une loi ou d'un autre instrument juridique. Compte tenu des larges pouvoirs d'intervention et de redressement dont la C.R.T. est elle-même investie, notamment par les articles 118 et 119 du Code, les occasions d'intervention des tribunaux deviendront vraisemblablement rarissimes. Leur compétence résiduelle s'exprimera principalement dans les litiges qui peuvent survenir lors des rapports collectifs mais qui ne trouvent pas de fondement dans le *Code du travail*[60]. C'est le cas, par exemple, en ce qui concerne le piquetage illégal à l'occasion d'une grève qui est par ailleurs légale[61] ; ou les situations qui concernent « la vie associative », y compris, les questions de régie interne d'une association de salariés[62].

La C.R.T. devra cependant prendre en compte sa cohabitation, dans la maison des rapports collectifs du travail, avec cet autre occupant décisionnel important qu'est l'arbitre de griefs[63]. Le législateur l'a déjà fait lorsqu'il a rédigé l'alinéa 118, 2o C.t. qui permet à la C.R.T. de refuser de statuer sur le mérite d'une plainte lorsqu'elle estime que celle-ci peut être réglée par une sentence arbitrale de grief, reconnaissant ainsi implicitement l'exclusivité et la préséance de la compétence de l'arbitre, en conformité avec la jurisprudence des tribunaux supérieurs[64].

---

60. *Syndicat International Woodworkers of America (I.W.A. Canada), section locale 1-400* c. *Produits forestiers Coulonge Inc.*, D.T.E. 2003T-1144, REJB 2003-50218 (C.A.) – par exemple, les tribunaux ordinaires conservent leur compétence sur les litiges concernant un piquetage illégal durant une grève légale ; *Union canadienne des travailleurs en communication* c. *Carter*, [2005] R.J.Q. 512, par. 178-191, infirmé en Cour d'appel pour d'autres motifs, 2005 QCCA 264 – les tribunaux de droit commun ont compétence pour entendre un litige concernant la régie interne des associations, en l'espèce, la légalité de la destitution et de la nomination des administrateurs du syndicat. Voir également ; *Otis* c. *Syndicat canadien de la fonction publique, section locale 2915*, 2010 QCCA 758.
61. *Syndicat International Woodworkers of America (I.W.A. Canada), section locale 1-400* c. *Produits forestiers Coulonge Inc.*, D.T.E. 2003T-1144 (C.A.).
62. Voir notamment : *Otis* c. *Syndicat canadien de la fonction publique, section locale 2915*, 2010 QCCA 758 ; *Syndicat de l'industrie du journal de Québec Inc.* c. *Lepage*, 2011 QCCA 952.
63. Par exemple, voir : *Syndicat des chargées et chargés de cours de l'UQAM (CSN)* c. *Commission des relations du travail*, 2011 QCCS 5932 – la C.R.T. est allée trop loin en statuant sur l'interprétation de la convention collective.
64. Voir *infra*, no 383. Voir également, *Syndicat des travailleuses et travailleurs du Centre jeunesse de la Montérégie – CSN* et *Beaulieu*, 2011 QCCRT 0441 – en

À un autre niveau, l'exclusivité de la compétence de la C.R.T. (art. 114 C.t.), le caractère final et sans appel de ses décisions (art. 134 C.t.) et les clauses privatives explicites et complètes qui les protègent (art. 139-140 C.t.) lui assureront, sauf sur une question de compétence, le plus haut niveau de retenue de la part des tribunaux supérieurs en cas de demande de contrôle judiciaire. La Cour suprême ne laisse pas de doute à ce sujet :

> Le Code contient des clauses privatives générales intégrales, indiquant clairement l'intention du législateur de laisser aux instances administratives le soin de trancher de façon définitive tous les litiges reliés au Code.[65]

ii) Les autres lois

417 – *Recours individuels* – La réforme a réuni sous la compétence unique, exclusive et finale de la C.R.T. l'exercice des recours à caractère individuel formés en vertu de quelque 31 lois (art. 114, al. 2 et Annexe I C.t.)[66].

Les recours les plus fréquemment utilisés sont ceux prévus à la *Loi sur les normes du travail*[67], plus précisément à ses articles 123 (pratiques interdites), 123.1 (mise à la retraite), 123.12 (harcèlement psychologique) et 126 (congédiement sans cause juste et suffisante).

418 – *Compétences diverses* – En vertu de l'article 60 du *Code de procédure civile*[68], c'est à la Commission des relations du travail qu'il revient d'attester qu'un syndicat qui n'est pas constitué en personne morale est une association de salariés au sens du *Code du travail*, ce qui lui permettra d'agir en justice en demande.

La *Loi sur la fonction publique*[69] donne pour sa part compétence à la C.R.T. pour révoquer toute accréditation en vigueur dans la fonction publique et en accorder une nouvelle et pour décider de l'inclusion effective d'un fonctionnaire dans un groupe visé par une accréditation[70].

---

l'espèce, il n'y a pas lieu pour la C.R.T. d'exercer ce pouvoir discrétionnaire que lui confère l'article 118, al. 2 C.t.

65. *Ivanhoe Inc.* c. *TUAC, section locale 500*, [2001] 2 R.C.S. 566, 2001 CSC 47, par. 25 ; voir aussi le par. 32. Voir *infra*, n° 441.

66. Quant à l'objet spécifique de certains de ces recours, voir *supra*, Titre I, chapitre 1, n° 168.

67. RLRQ, c. N-1.1.

68. RLRQ, c. C-25.

69. Précitée, note 31.

70. *Ibid.*, art. 65 à 67.

En vertu de la *Loi sur l'équité salariale*[71], la Commission des relations du travail a compétence pour entendre et disposer de toute demande qui lui est adressée relativement à l'application de cette loi[72]. Sont visés ici en particulier les constats par la Commission de l'équité salariale qu'une disposition de la Loi n'a pas été respectée[73] ainsi que la contestation de la détermination ou de l'application des mesures d'équité salariale qui ont été arrêtées par la Commission de l'équité salariale[74].

La C.R.T. est également habilitée par la *Loi sur les relations du travail, la formation professionnelle et la gestion de la main-d'œuvre dans l'industrie de la construction*[75] à prononcer les ordonnances envisagées à ses articles 74, 75 et 105 pour qu'une sentence arbitrale soit rendue, déposée ou transmise aux parties de la manière prévue par la Loi. Elle décide aussi des contestations des décisions du président de la Commission de la construction du Québec sur une question d'admissibilité ou de montant d'une prestation découlant des régimes complémentaires d'avantages sociaux dans l'industrie de la construction[76].

Enfin, la Commission connaît et dispose des recours énumérés aux paragraphes 0.1 à 30 de l'annexe I du *Code du travail*[77] qui concernent notamment : les décrets des conventions collectives ; l'équité salariale ; les unités de négociations dans le secteur des affaires sociales ; la représentation des ressources de type familial, de certaines ressources intermédiaires et le régime de négociation d'une entente collective les concernant.

e)   Les pouvoirs de la C.R.T.

i)   Le pouvoir d'enquête

419 – *Nature et exercice* – La C.R.T. dispose d'importants pouvoirs d'enquête. À cette fin, elle-même et ses commissaires sont investis des pouvoirs et de l'immunité des commissaires nommés en vertu de la *Loi sur les commissions d'enquête*[78] sauf du pouvoir d'ordonner

---

71. RLRQ, c. E-12.001.
72. *Ibid.*, art. 112.
73. *Ibid.*, art. 106.
74. *Ibid.*, art. 104 et 105.
75. RLRQ, c. R-20.
76. *Ibid.*, art. 93.
77. RLRQ, c. C-27.
78. Précitée, note 43.

l'emprisonnement (art. 120 C.t.)[79]. Ils sont aussi tenus indemnes pour tout acte posé de bonne foi à cette occasion (art. 137.52 C.t.).

En pratique, les pouvoirs d'enquête de la C.R.T. sont le plus souvent exercés en son nom par les agents de relations du travail. Un agent de relations du travail peut en effet, à la demande du président de la C.R.T. ou de sa propre initiative dans une affaire qui lui a été confiée, effectuer une enquête sur une contravention appréhendée à l'article 12 du Code, ou encore un sondage ou une recherche sur toute question relative à l'accréditation ou à l'exercice du droit d'association (art. 137.48, al. 1, c) C.t.).

Lorsqu'il y a eu enquête de la C.R.T., le rapport d'enquête est versé au dossier de l'affaire et une copie doit en être transmise à toutes les parties intéressées ; le président et les vice-présidents ne peuvent alors ni entendre ni décider seuls de cette affaire (art. 137.5 C.t.).

En matière d'accréditation, la C.R.T. est tenue d'exercer son pouvoir d'enquête pour décider du caractère représentatif de l'association requérante, par tout moyen qu'elle juge opportun (art. 32, al. 3 C.t.)[80].

ii) Le pouvoir de conciliation

420 – *Conditions et conséquences* – Les nouveaux articles 121 à 123 C.t. prévoient la possibilité d'une conciliation prédécisionnelle volontaire de la part des parties à une affaire, avec la collaboration de la Commission, en vue d'éviter la nécessité d'une adjudication. Les articles 122 et 137.53 C.t. garantissent la confidentialité de ce qui a été dit, écrit ou appris en conciliation[81].

Le cas échéant, tout accord est constaté par écrit ; il est signé par le conciliateur et par les parties et lie ces dernières (art. 123, al. 1 C.t.). À la demande de l'une ou l'autre des parties, l'accord peut être soumis à l'approbation de la C.R.T. ; cette dernière l'approuvera, s'il

---

79. Une déclaration de culpabilité d'outrage au tribunal pourrait donner lieu à un appel devant la Cour d'appel selon le paragraphe 3 de l'article 26 du *Code de procédure civile*. Voir *Bédard* c. *Dufault*, [1994] T.T. 243.
80. Voir *infra*, Titre II, chapitre 3, n°s 522-538, 542, 545-549.
81. *Optimal Robotics (Canada) Corp.* c. *George Wyke*, D.T.E. 2004T-141 (C.R.T.), par. 28-33.

est conforme à la Loi (art. 118, 7º et 123, al. 2 C.t.)[82]. Il est à noter que la commission peut désormais aussi entériner un accord conforme à la loi, et ce, même si les parties n'ont pas emprunté le chemin de la conciliation prédécisionnelle[83]. Dans ce cas bien précis, l'accord n'aura pas à être signé par le conciliateur (art. 123, al. 1 *a contrario* C.t.).

À défaut que l'accord soit soumis à l'approbation de la Commission dans les 12 mois suivant la date à laquelle il a été conclu, il met alors fin à l'affaire devant la C.R.T. (art. 123, al. 3 C.t.). Il ne s'ensuit toutefois pas pour autant que l'accord devienne caduc ou inexécutoire. Il demeure en principe et par nature une transaction au sens du *Code civil du Québec* (art. 2631 et s. C.c.Q.)[84]. Enfin, la Commission détient, par le biais de l'article 134 C.t., le pouvoir d'ordonner à une partie de se conformer à l'accord prédécisionnel[85].

iii) Le pouvoir de décision

421 – *Décideurs* – Le pouvoir décisionnel de la C.R.T. est exercé en son nom soit par ses agents de relations du travail, soit par ses commissaires agissant seuls ou en formation de trois (art. 115 et 124 C.t.). Les décisions rendues par les agents de relations du travail sont celles par lesquelles ils octroient une accréditation, ou s'en abstiennent, en application des articles 28 à 30 du *Code du travail*. Quant aux commissaires, leur assignation aux affaires dont est saisie la Commission relève de son président (art. 137.47, 4º et 137.49 C.t.). Il

---

82. *Wyke* c. *Optimal Robotics (Canada) Corp.*, [2003] R.J.D.T. 1273 (C.R.T.), par. 60-69 – exigence d'un écrit signé par les parties et le conciliateur ; *St-Pierre* et *Technologie Dentalmatic Inc.*, 2003 QCCRT 0720 – la signature du conciliateur n'est pas qu'une simple formalité. Comparer à *Bérubé* c. *Campus Notre-Dame-de-Foy*, D.T.E. 2004T-635 (C.R.T.) – déclaration verbale emportant désistement d'une plainte.

83. Voir : QUÉBEC, ASSEMBLÉE NATIONALE, Commission permanente de l'économie et du travail, Journal des débats, « Étude détaillée du projet de loi nº 51 – *Loi modifiant le Code du travail et d'autres dispositions législatives* (1) », dans *Journal des débats de la Commission permanente de l'économie et du travail*, vol. 39, nº 23 (30 novembre 2006) – le ministre du Travail de l'époque, M. Laurent Lessard, explique ainsi le but recherché de la suppression, dans le paragraphe 7º de l'art. 118 C.t., des mots « de conciliation » : « Alors donc, la disposition proposée [...] vise à habiliter la Commission des relations du travail à entériner un accord entre les parties à un dossier dont elle est saisie, même si l'accord ne résulte pas d'une conciliation menée par elle, mais pourvu que l'accord soit conforme toutefois à la loi. Alors donc, il n'y a pas eu de conciliation, mais il y a eu un accord. Alors, si l'accord est conforme, bien on veut être capable aussi de l'entériner. ».

84. *St-Pierre* et *Technologie Dentalmatic Inc.*, précité, note 82.

85. *Patel* et *Abrama inc. (Hôtel Taj Mahal)*, 2007 QCCRT 0061.

en est de même du choix de recourir à une formation de trois commissaires ; une telle formation doit compter au moins un commissaire qui est avocat ou notaire et qui la présidera (art. 124, al. 2 C.t.). La décision est alors rendue à la majorité (art. 124, al. 3 C.t.). L'article 137.49 du Code permet au président de la C.R.T. de tenir compte des connaissances et de l'expérience spécifique des commissaires en leur assignant les affaires. Cet article permet au président d'affecter de manière temporaire un commissaire auprès d'une autre division pour la bonne expédition des affaires de la Commission.

422 – *Types de décisions* – Diverses dispositions du *Code du travail* définissent la nature des décisions que la C.R.T. peut prendre relativement à un recours ou un litige particulier auquel ces dispositions se rattachent. Les articles 118 et 119 C.t. sont quant à eux de portée générale en ce que leur rédaction les adresse à toute plainte, toute demande et tout recours dont la C.R.T. peut être saisie[86], sauf lorsque les dispositions du Code en vertu desquelles le recours est exercé prévoient des mesures de réparation spécifiques, comme c'est le cas, par exemple, aux articles 15 à 17 C.t., qui permettent le dépôt d'une plainte par un salarié qui croit avoir été l'objet de représailles de la part de l'employeur alors qu'il a exercé un droit qui lui résulte du Code[87].

Il y a lieu de nous arrêter d'abord aux seules décisions qui n'emportent pas en elles-mêmes une intervention de la C.R.T. Cette dernière peut ainsi :

– rejeter sommairement toute demande, plainte ou procédure qu'elle juge abusive ou dilatoire (art. 118, 1o C.t.)[88] ;

---

86. *Syndicat des salariés de la scierie Crête – division St-Roch-de-Mékinac (CSD)* c. *Gérard Crête et Fils Inc.*, [2005] R.J.D.T. 241 (C.R.T.) – les pouvoirs d'ordonnance de la Commission sont incidents et accessoires à l'exercice d'une compétence prévue au C.t.

87. *Plourde* c. *Compagnie Wal-Mart du Canada Inc.*, 2009 CSC 54, par. 35 : « [...] Ce recours a été ajouté au Code pour remédier aux lacunes que comportaient, du point de vue des salariés, les dispositions pénales interdisant aux employeurs tout comportement antisyndical [...] ».

88. *Boulangerie Au Pain doré ltée* c. *Syndicat international des travailleuses et travailleurs de la boulangerie, confiserie, tabac et meunerie, section locale 333 (F.A.T.-C.O.I.-C.T.C.-F.T.Q.)*, D.T.E. 2004T-48 (C.R.T.), par. 23-26 – sera rejetée, la requête qui est manifestement vouée à l'échec. Voir également sur le sujet, *Vigeant* c. *Syndicat de professionnelles et professionnels du gouvernement du Québec (SPGQ)*, D.T.E. 2008T-121 (C.A.) ; *Pronovost* et *Centre Dollard-Cormier – Institut universitaire sur les dépendances*, 2011 QCCRT 0005 ; *Perron* et *Fraternité interprovinciale des ouvriers en électricité*, 2011 QCCRT 0478.

– refuser de statuer sur le mérite d'une plainte lorsqu'elle estime que celle-ci peut être réglée par une sentence arbitrale disposant d'un grief, sauf s'il s'agit d'une plainte visée à l'article 16 du Code ou aux articles 123 et 123.1 de la *Loi sur les normes du travail* ou d'une plainte logée en vertu d'une autre loi (art. 118, 2o C.t.)[89]. Le Code rend compte ici de l'existence et de l'exclusivité de la compétence arbitrale. S'il ne le faisait pas, cette dernière s'imposerait néanmoins selon la jurisprudence des tribunaux supérieurs et exclurait du même coup l'intervention de la C.R.T.[90]. En somme, le « peut » introductif de l'article 118 C.t. devient ici un « doit » ;

– décider de toute question de droit ou de fait nécessaire à l'exercice de sa compétence (art. 118, 4o C.t.). Comme l'ensemble de l'article 118 C.t. le révèle, c'est là un pouvoir de la C.R.T. plutôt qu'une source indépendante et additionnelle de compétence pour elle. Son utilisation, comme disposition de service, présuppose que la C.R.T. agisse déjà à l'intérieur de sa compétence ;

– entériner un accord, s'il est conforme à la Loi (art. 118, 7o C.t.)[91].

iv) Les pouvoirs d'ordonnance et de réparation

423 – *Généralités* – Les articles 118 et 119 C.t., qu'il faut lire ensemble, dotent la Commission des relations du travail de pouvoirs généraux d'intervention par ordonnance et de réparation qui y sont définis en termes très larges. La jurisprudence a constaté la « vaste portée » de ces pouvoirs de redressement[92]. Cela dit, pour que ces pouvoirs soient mis en œuvre, il faudra que le *Code du travail* fasse l'objet de l'intervention demandée à la C.R.T., qu'il soit au cœur de sa compétence[93]. Autrement dit, il faudra une contravention au *Code du*

---

89. *Syndicat des chargées et chargés de cours de l'Université du Québec à Chicoutimi (C.S.N.)* c. *Syndicat des professeures et professeurs de l'Université du Québec à Chicoutimi*, D.T.E. 2005T-651 (C.R.T).
90. Voir *infra*, Titre II, chapitre 8, nos 742-744.
91. Voir *supra*, no 420.
92. *Métallurgistes unis d'Amérique, section locale 9414* c. *Castonguay*, 2007 QCCA 1766, par. 15. Voir aussi, *Boudreault* c. *Syndicat des salariées et salariés de l'entrepôt Bertrand, distributeur en alimentation inc. Chicoutimi (CSN)*, 2011 QCCA 1495 – la Cour d'appel en vient à la conclusion que tant la lettre que l'esprit du *Code du travail* permettent d'affirmer que la C.R.T. a le pouvoir d'accorder une indemnité pour les frais et honoraires extrajudiciaires encourus lors de la demande de révision interne et lors des procédures judiciaires subséquentes.
93. *Martin* c. *Syndicat des travailleurs(euses) de l'industrie et du commerce, numéro 705*, 2007 QCCA 899. Sur la nécessité du lien entre les pouvoirs de la C.R.T. et le

travail ou à une loi dont l'application relève de la C.R.T. pour que celle-ci intervienne et utilise les pouvoirs que lui confèrent les articles 118 et 119 C.t[94].

De l'article 118, il faut retenir ici que son alinéa 3o autorise la C.R.T. à « rendre toute ordonnance, y compris une ordonnance provisoire, qu'elle estime propre à sauvegarder les droits des parties »[95], et que son alinéa 6o lui permet de « rendre toute décision qu'elle juge appropriée ». L'octroi d'une ordonnance de sauvegarde provisoire devrait répondre aux mêmes conditions de principe que celles qui gouvernent l'injonction interlocutoire : clarté ou au moins apparence du droit ; urgence ; risque de préjudice sérieux et irréparable et balance des inconvénients[96]. La nécessité, voire la possibilité, de s'adresser aux tribunaux ordinaires aux mêmes fins s'en trouve réduite d'autant.

En vertu du nouveau paragraphe 8o de l'article 118 C.t., la C.R.T. dispose également, depuis janvier 2007, du pouvoir de « pro-

Code du travail, voir : *Syndicat des professeurs du Collège d'enseignement général et professionnel de St-Laurent et Maïcas*, D.T.E. 2007T-85 (C.R.T.), par. 54 : « [...] les pouvoirs de réparation et de redressement prévus notamment aux articles 118 et 119 du Code, bien qu'ils puissent être interprétés largement, ne peuvent être exercés qu'aux fins de disposer des recours s'appuyant sur l'exercice d'un droit prévu au Code [...] » ; *Hamilton et QIT – Fer et titane Inc.*, D.T.E. 2007T-946 (C.R.T.), par. 31 : « [...] les pouvoirs généraux qui lui sont attribués aux articles 118 et 119 permettent à la Commission d'assurer l'application des dispositions du Code et non l'exécution de ses propres décisions » ; *Travailleuses et travailleurs unis de l'alimentation et du commerce, section locale 501* c. *Commission des relations du travail*, D.T.E. 2008T-316 (C. S.) – la C.R.T. est le tribunal compétent pour trancher des questions constitutionnelles relatives à des dispositions du *Code du travail*.

94. *Fédération des paramédics et des employées et employés des services préhospitaliers du Québec (FPESPQ) et Corporation des services d'ambulance du Québec (CSAQ)*, 2011 QCCRT 0051.

95. *Syndicat des métallos, section locale 9471 et Manac inc.*, 2012 QCCRT 001, par. 20 – l'ordonnance provisoire rendue en vertu de l'article 118, al. 3 C.t. a pour objectif, tout particulièrement en matière de rapports collectifs du travail, de rétablir l'équilibre entre les parties afin de leur permettre de régler le litige qui les oppose.

96. *Association patronale des concessionnaires d'automobiles Inc.* c. *Commission des relations du travail*, D.T.E. 2004T-137 (C.S.) ; *Travailleuses et travailleurs unis de l'alimentation et du commerce, section locale 501* c. *Commission des relations du travail*, 2007 QCCS 3797 ; *Syndicat des travailleuses et travailleurs de Four Points Sheraton Centre-ville – CSN et 3794873 Canada Ltée (Four Points by Sheraton Montréal Centre-ville)*, D.T.E. 2008T-822 (C.R.T.) ; *Travailleurs unis du pétrole du Canada, section locale 121 du Syndicat canadien des communications, de l'énergie et du papier* et *Shell Canada Ltée*, 2010 QCCRT 0558 ; *Bolduc et Pharmalab (1982) Inc.*, 2010 QCCRT 0137.

noncer la dissolution d'une association de salariés » lorsqu'elle détient la preuve que cette association « a participé à une contravention à l'article 12 »[97].

L'article 119 du Code cible au premier chef les situations de conflits de travail (sauf dans les services publics ou dans les secteurs public et parapublic). Son utilisation ne se limite toutefois pas à ces situations. Les alinéas 2o et 3o de l'article 119 permettent respectivement à la C.R.T. d'exiger la réparation d'un acte ou d'une omission ayant contrevenu à une disposition du Code et de choisir le mode de réparation qu'elle juge le plus approprié[98]. La Commission peut aussi ordonner à une personne, à un groupe de personnes, à une association ou un groupe d'associations de cesser de faire, de ne pas faire ou d'accomplir un acte pour se conformer au Code (art. 119, 1o C.t.) ; une semblable ordonnance peut même viser une situation appréhendée s'il s'agit d'une grève, d'un ralentissement d'activités ou d'un lock-out qui contreviendrait au Code (art. 119, 4o C.t.). La C.R.T. peut enfin ordonner que soit accélérée ou modifiée la procédure de grief et d'arbitrage prévue à une convention collective (art. 119, 5o C.t.)[99]. Elle pourrait recourir à cette solution, par exemple, lorsqu'une détermination arbitrale préalable lui apparaît nécessaire pour décider d'une question qui relève de sa propre compétence ou pour la mise en œuvre d'un mécanisme ou d'une procédure que prévoit le Code.

En somme, les articles 118 et 119 C.t. peuvent fonder tout autant des ordonnances de la nature d'une injonction que la condam-

---

97. Voir, *Loi modifiant le Code du travail et d'autres dispositions législatives*, L.Q. 2006, c. 58, art. 17. Il s'agit d'un pouvoir qui était exercé auparavant par le Tribunal du travail et par la Cour du Québec, en vertu de l'article 149 C.t. Par le passé, ce recours n'a donné lieu qu'à très peu de décisions ; voir notamment : *Confédération des syndicats nationaux* c. *Association des artisans de reliure Transaction inc.*, [1991] T.T. 235, AZ-91147061 ; *Regroupement des ex-travailleurs des centres de distribution Steinberg* c. *Union internationale des travailleurs et travailleuses unis de l'alimentation et du commerce, section locale 501*, [1993] AZ-93147063 (T.T.) ; *Bisson* c. *Association des employés de la Résidence du bonheur*, [1997] AZ-98147011 (T.T.) ; *Confédération des syndicats nationaux* c. *Syndicat des employés de Victor Innovatex inc.*, [2001] AZ-50098477 (T.T.).

98. *Sobey's Québec Inc.* c. *Travailleuses et travailleurs unis de l'alimentation et du commerce, section locale 501*, D.T.E. 2003T-899 (C.R.T.). Voir également, *Syndicat des employées et employés professionnels et de bureau, section locale 575, SEPB-CTC-FTQ* et *Caisse Desjardins Thérèse-de-Blainville*, D.T.E. 2009T-107 (C.R.T.).

99. *Syndicat canadien des communications, de l'énergie et du papier (S.C.E.P.)* c. *Entourage Solutions Technologiques Inc.*, D.T.E. 2004T-25 (C.R.T.), par. 34-37 – ce pouvoir ne sera utilisé que lors de circonstances exceptionnelles, tels le refus d'une partie de collaborer et l'urgence de la situation.

nation à des dommages-intérêts ou l'imposition d'un autre mode de réparation comme sanction d'une contravention au *Code du travail*.

424 – *Latitude de la C.R.T.* – La rédaction des articles 118 et 119 C.t. laisse une large latitude à la C.R.T. dans le choix d'une mesure d'intervention par ordonnance ou d'un mode de réparation *a posteriori*. Ce qu'écrivait la Cour suprême il y a quelques années à propos de l'ancien Conseil canadien des relations du travail et d'autres conseils semblables vaut maintenant pleinement à l'endroit de la Commission des relations du travail :

> Il ressort du texte de la loi que le législateur a clairement conféré au Conseil canadien des relations du travail de vastes attributions en matière de réparation. Le libellé du par. 99(2) n'apporte pas de limitations précises à la compétence du Conseil. En fait, le Conseil peut, afin d'assurer la réalisation des objectifs du Code, rendre toute ordonnance qu'il est «juste» de rendre obligeant une partie à prendre des mesures. À mon avis, le législateur a agi ainsi pour donner au Conseil toute latitude pour tenir compte des circonstances toujours différentes des litiges très variés dans le domaine délicat des relations du travail.

> [...]

> Les conseils des relations du travail ont beaucoup de compétences et d'expérience dans un domaine dynamique, complexe et délicat. Les cours de justice ne disposent généralement pas d'autant de compétences et d'expérience dans ce champ d'activités difficile et en perpétuelle mutation.

> [...]

> [...], la réparation est une question qui relève directement de la compétence spécialisée des conseils des relations du travail. Peut-être plus que toutes les autres fonctions, la recherche de la réparation convenable fait appel aux connaissances spécialisées et à la vaste expérience de ces conseils. Aucun autre organisme n'a les compétences et l'expérience requises en relations du travail pour trouver une solution juste et pratique qui permette aux parties de régler définitivement leur différend. Les ordonnances réparatrices représentent une partie importante des attributions du Conseil.[100]

---

100. *Royal Oak Mines Inc.* c. *Canada (Conseil des relations du travail)*, [1996] 1 R.C.S. 369, 402-404 (j. Cory) ; *Martin* c. *Syndicat des travailleuses et travailleurs de l'industrie et du commerce, numéro 705*, précité, note 93.

425 – *Limites* – Toute grande qu'elle soit, la discrétion de la C.R.T. dans le choix d'une ordonnance ou d'une réparation n'est pas illimitée. La Cour suprême a posé quatre bornes qui délimitent l'espace de légalité d'une ordonnance ou d'une mesure réparatrice :

> Il existe quatre cas dans lesquels une ordonnance réparatrice sera tenue pour manifestement déraisonnable : (1) lorsque la réparation est de nature punitive ; (2) lorsque la réparation accordée porte atteinte à la *Charte canadienne des droits et libertés* ; (3) lorsqu'il n'y a pas de lien rationnel entre la violation, ses conséquences et la réparation ; et (4) lorsque la réparation va à l'encontre des objectifs du Code.[101]

Le choix d'une mesure de réparation par la C.R.T. devrait aussi considérer que certaines dispositions du Code prévoient des redressements propres aux recours auxquels elles se rattachent. Il en est ainsi de l'article 15 C.t., en cas de représailles de l'employeur à la suite de l'exercice par un salarié d'un droit qui lui résulte du *Code du travail*, ou de l'article 47.5 qui répond à un défaut de représentation de l'association accréditée à l'occasion de l'imposition d'une sanction disciplinaire à un salarié ou de son renvoi. La destination spécifique de ces redressements limite d'autant leur applicabilité et devrait conduire la C.R.T. à refuser de les appliquer dans d'autres situations que celles auxquelles ils s'adressent. Les pouvoirs généraux de la C.R.T., comme celui de rendre toute décision qu'elle juge appropriée, ne suffisent pas à justifier qu'elle agisse autrement.

426 – *Autres lois* – Les pouvoirs de redressements que la C.R.T. possède en vertu des autres lois, sont également importants. On notera à titre illustratif, la possibilité pour la Commission d'octroyer des dommages et intérêts punitifs, en plus des dommages moraux dans le cadre du harcèlement psychologique, tel qu'encadré par l'article 123.15, al. 4 de la *Loi sur les normes du travail*[102]. D'autres dispositions législatives prévoient l'attribution de dommages punitifs dans des cas particuliers : l'article 46 de la *Charte de la langue française*[103], l'article 31 de la *Loi sur les décrets de convention collective*[104], et l'article 107 de la *Loi sur les relations du travail, la formation profes-*

---

101. *Royal Oak Mines Inc.* c. *Canada (Conseil des relations du travail)*, précité, note 100, p. 409. Sur les limites résultant des droits garantis par les chartes ainsi que de l'exigence d'un lien rationnel entre la contravention et ses conséquences d'une part et la réparation d'autre part, voir également *Banque Nationale du Canada* c. *Union internationale des employés de commerce*, [1984] 1 R.C.S. 269.

102. Précitée, note 67.

103. Précitée, note 45.

104. RLRQ, c. D-2.

sionnelle et la gestion de la main-d'œuvre dans l'industrie de la construction[105]. Finalement, la C.R.T. a le pouvoir d'ordonner le paiement de dommages punitifs en s'appuyant sur l'article 49 de la *Charte des droits et libertés de la personne*[106].

v) Le pouvoir de révision ou de révocation

427 – *Objet et demande* – L'article 127, al. 1 C.t. permet à la C.R.T. de réviser ou de révoquer une décision, un ordre ou une ordonnance qu'elle a rendu. Les décisions rendues au nom de la C.R.T. par les agents de relations du travail en matière d'accréditation peuvent faire l'objet d'une telle révision ou révocation[107].

La révision ou la révocation d'une décision ne peut survenir qu'à la suite d'une demande d'une partie ou de quiconque aurait dû l'être compte tenu de la nature de l'affaire et de ses droits substantiels dans cette dernière. La demande de révision ou de révocation est formée par requête déposée à l'un des bureaux de la Commission dans un délai raisonnable à partir ou bien de la décision visée, ou bien de la connaissance du fait nouveau qui justifierait une décision différente[108] ; cette requête identifie la décision visée, expose les motifs qui la soutiennent et fournit tout autre renseignement qui peut être exigé par les règles de preuve et de procédure (art. 128, al. 1 C.t.). La notion de délai raisonnable devrait s'apprécier dans chaque cas en considérant toutes les circonstances et tous les facteurs pertinents à l'affaire[109].

428 – *Motifs* – Les motifs de révision ou de révocation sont limités et expressément identifiés à l'article 127 C.t. :

1° lorsqu'est découvert un fait nouveau qui, s'il avait été connu en temps utile, aurait pu justifier une décision différente ;

---

105. Précitée, note 75.
106. RLRQ, c. C-12.
107. Voir et transposer : *Union des employés de commerce, local 500 c. Conseil des employés de commerce du Québec*, [1973] T.T. 385 ; *Syndicat des chargées et chargés de cours de l' U.Q.A.C. (C.S.N.) c. Syndicat des professeures et professeurs de l'Université du Québec à Chicoutimi*, 2005 QCCRT 0029 – confirmé successivement par *Syndicat des professeures et professeurs de l'Université du Québec à Chicoutimi c. Commission des relations du travail*, D.T.E. 2006T-151 (C.S.) et *Syndicat des professeures et professeurs de l'Université du Québec à Chicoutimi c. Syndicat des chargées et chargés de cours de l'U.Q.A.C. (C.S.N.)*, D.T.E. 2007T-458 (C.A.).
108. *Parquets Dubeau ltée* et *Lambert*, 2012 QCCRT 0089, par. 23 – à propos du délai raisonnable, la Commission considère qu'« [i]l faut assurer un équilibre entre le droit de contester une décision et la stabilité des décisions ».
109. Voir *infra*, n° 432.

2⁰ lorsqu'une partie intéressée n'a pu, pour des raisons jugées suffisantes, présenter ses observations ou se faire entendre ;

3⁰ lorsqu'un vice de fond ou de procédure est de nature à l'invalider.

La rédaction de cet article est semblable à celle de dispositions équivalentes qu'on retrouve dans des lois récentes régissant des tribunaux administratifs[110]. Les motifs énoncés à l'article 127 C.t. sont attributifs de compétence[111].

Dans le cadre du premier motif, la partie qui allègue la découverte d'un fait nouveau doit prouver que ce fait existait lorsque l'affaire a été entendue et décidée, qu'il n'a été d'aucune façon porté à sa connaissance, et finalement qu'il est déterminant quant à la décision à intervenir[112].

Le second motif vise, quant à lui, un bon nombre de situations telles qu'une défaillance dans la convocation d'une partie intéressée, une erreur de bonne foi de cette dernière ou un malentendu sur la suite d'une enquête[113]. Cependant, il ne couvre pas le défaut d'une partie de soumettre ses moyens ou ses représentations en temps utile[114].

Le troisième motif est de la nature et de la gravité de ceux qui justifieraient une révision judiciaire de la décision rendue. Il doit être évident, déterminant et sérieux[115], et doit s'apparenter à l'un des

---

110. Exemples : *Loi sur la justice administrative*, RLRQ, c. J-3, art. 154 ; *Loi sur les accidents du travail et les maladies professionnelles*, RLRQ, c. A-3.001, art. 429.56. Voir, pour une énumération des autres lois du Québec dotées d'un semblable pouvoir de révision interne : *Commission de la santé et de la sécurité du travail* c. *Fontaine*, [2005] R.J.Q. 2203 (C.A.).

111. Voir et transposer : *Épiciers Unis Métro-Richelieu Inc.* c. *Régie des alcools, des courses et des jeux*, [1996] R.J.Q. 608 (C.A.), 612-613 ; *Bourassa* c. *Commission des lésions professionnelles*, [2003] R.J.Q. 2411 (C.A.).

112. *Municipalité de Notre-Dame-de-Lourdes* c. *Hétu*, 2004 QCCRT 152, par. 22 ; *Methamen* c. *Restaurant Porto Fiorentino Inc.*, 2004 QCCRT 104, par. 13.

113. *Marois* c. *Alliance internationale des employés de scène, de théâtre et de cinéma des États-Unis et du Canada (I.A.T.S.E.), section locale 523 (Québec)*, D.T.E. 2003T-1174 (C.R.T.) ; *Compumédia Design (1995) Inc.* c. *Ladouceur*, 2003 QCCRT 478 ; *Groupe Labelle* c. *Leduc*, 2004 QCCRT 180.

114. *Désormiers* c. *Syndicat des employées et employés professionnels-les et de bureau, section locale 575, SIEPB CTC-FTQ*, 2004 QCCRT 0170, par. 26-29 ; *Syndicat canadien de la fonction publique, section locale 4707* c. *Val-David (Municipalité du Village de)*, D.T.E. 2007T-615 (C.A.).

115. *Épiciers Unis Métro-Richelieu Inc.* c. *Régie des alcools, des courses et des jeux*, précité, note 111, p. 613-614 ; *Bourassa* c. *Commission des lésions professionnelles*, précité, note 111 ; *Commission de la santé et de la sécurité du travail* c. *Touloumi*, [2005] C.L.P. 921, EYB 2005-96474 (C.A.).

motifs de révision judiciaire suivants : absence de compétence initiale, excès de pouvoir, manquement à une règle de justice fondamentale, détermination déraisonnable ou incorrecte selon le cas, absence
totale de preuve et ignorance d'une règle de droit claire ou d'une
preuve évidente, notamment[116].

Dans tous les cas, il est impératif que la demande de révision
interne ne constitue pas une tentative d'appel déguisé. Elle ne doit
pas non plus donner lieu à une substitution d'opinion de la part de la
formation qui s'occupe de la révision, en particulier concernant les
faits ou les questions de droit en cause[117].

En ce qui concerne la révision d'une décision interlocutoire de la
C.R.T., il faut noter que la jurisprudence semble partagée entre deux
courants. D'un côté, on considère qu'une partie ne peut demander ce
type de révision que lorsqu'un vice de fond ou de procédure « dispose,
au moins partiellement de la plainte, du recours ou de la demande de
la partie qui souhaite s'en prévaloir »[118]. D'un autre côté, on soutient
que la révision d'une décision interlocutoire avant la décision finale
ne devrait intervenir que dans des circonstances exceptionnelles[119].

La disponibilité du recours en révision interne fait-elle obstacle
à une demande immédiate de révision judiciaire ? Pas automatiquement. Néanmoins, la Cour supérieure, exerçant sa discrétion, peut
juger ce recours prématuré[120]. Une décision rendue en révision
interne par la C.R.T. est soumise, dans sa substance, à un examen en

---

116. *Hiep c. Thibault*, [2003] R.J.D.T. 1255 (C.R.T.) ; *Syndicat canadien de la fonc-
    tion publique, section locale 313* c. *Syndicat des travailleuses et travailleurs
    de l'Hôpital Rivière-des-Prairies*, [2003] R.J.D.T. 1641 (C.R.T.), confirmé par
    [2004] R.J.D.T. 497 (C.S.) ; *Syndicat canadien de la fonction publique, section
    locale 4479* c. *Syndicat des travailleurs et travailleuses des Centres jeunesse de
    Montréal (STTCJM-CSN)*, 2003 QCCRT 0142 ; *Syndicat des employées et
    employés du groupe Olymel CSN et Olymel, s.e.c.*, D.T.E. 2006T-662 (C.R.T.).
117. Voir, *Tribunal administratif du Québec c. Godin*, [2003] R.J.Q. 2490, REJB
    2003-46180 (C.A.) ; *Hiep c. Thibault*, précité, note 116 ; *Syndicat canadien de la
    fonction publique, section locale 4479* c. *Syndicat des travailleurs et travailleuses
    des Centres jeunesse de Montréal (STTCJM-CSN)*, précité, note 116.
118. *9089-2167 Québec Inc. et Syndicat des travailleurs des Autobus Léo Auger
    (CSN)*, 2006 QCCRT 191, par. 8.
119. *Syndicat des employées et employés des Centres Marronniers (CSN) et Gagnon*,
    2006 QCCRT 0337, par. 69 ; *Autorité des marchés financiers et Association des
    juristes de l'État*, D.T.E. 2009T-229 (C.R.T.).
120. *Compagnie Wal-Mart du Canada c. Commission des relations du travail*, D.T.E.
    2006T-367 (C.A.).

révision judiciaire selon la norme de la décision raisonnable *simpliciter*[121].

429 – *Traitement et décision* – La révision ou révocation d'une décision de la C.R.T. doit être demandée par une des parties au litige, ou par toute autre personne possédant des droits procéduraux ou substantiels au regard de l'affaire en cause. La demande de révision ou de révocation doit être déposée dans un délai raisonnable à l'un des bureaux de la C.R.T. La requête devra identifier la décision visée, exposer les motifs qui la soutiennent et fournir tout autre renseignement qui peut être exigé par les règles de preuve et de procédure (art. 128, al. 1 C.t.). Précisons que la règle 52 des *Règles de preuve et procédure de la Commission des relations du travail* prévoit que toute demande présentée plus de 30 jours après la date de la décision initiale doit indiquer les motifs qui ont empêché de la présenter plus rapidement[122]. Dans pareil cas, le délai s'appréciera en fonction des enseignements dégagés par la jurisprudence en application de l'article 835.1 C.p.c.[123].

Sur réception d'une requête en révision ou en révocation, la C.R.T. en transmet copie aux autres parties, qui peuvent y répondre par écrit dans les trente jours de la réception de cette copie (art. 128, al. 2 C.t.). Le dépôt d'une telle requête n'emporte pas suspension de l'exécution de la décision contestée ; la C.R.T. peut cependant accueillir une demande de sursis[124]. La C.R.T. procède à la révision sur dossier, à moins qu'une partie demande d'être entendue ou qu'elle juge elle-même approprié d'entendre les intéressés (art. 128, al. 3 C.t.). Lorsque la demande de révision allègue un vice de fond ou de procédure de nature à invalider la décision déjà rendue, elle ne peut être décidée que par une formation de trois commissaires excluant celui qui a rendu la décision contestée (art. 127, al. 2 C.t.). En rendant sa décision, la C.R.T. peut confirmer, modifier ou infirmer la décision contestée et rendre celle qui, à son avis, aurait dû être rendue en premier lieu (art. 118, 5° C.t.).

---

121. *Commission de la santé et de la sécurité du travail* c. *Fontaine*, précité, note 110 ; *Commission de la santé et de la sécurité du travail* c. *Touloumi*, D.T.E. 2005T-969 (C.A.) ; *Gaborean* c. *Commission des relations du travail*, 2009 QCCS 263.
122. Voir à ce sujet, *9092-5397 Québec Inc.* c. *Kérouack*, 2003 QCCRT 0400.
123. *Poulin* c. *Québec (Ministère des Ressources naturelles)*, D.T.E. 2005T-496 (C.R.T.).
124. *Scabrini Média Inc.* c. *Syndicat canadien des communications, de l'énergie et du papier, section locale 145 (S.C.E.P.)*, D.T.E. 2003T-361 (C.R.T.).

vi) Les pouvoirs discrétionnaires

430 – *Pouvoirs administratifs ou judiciaires* – Ces pouvoirs se rattachent soit à une discrétion judiciaire soit à une discrétion de nature administrative. Par exemple, le choix d'un mode de redressement ou de réparation, dans les limites de la Loi, relève de la première catégorie. Il en est de même du pouvoir de la C.R.T. de surveiller la tenue d'un scrutin parmi un groupe de salariés pour accepter ou refuser les dernières offres faites par l'employeur dans le cadre d'une négociation collective (art. 58.2 C.t.), ou celles qui régiront l'intégration des salariés à une liste d'ancienneté fusionnée par suite d'une transmission d'entreprise (art. 46, al. 4 C.t.). Quant à sa discrétion de nature administrative, il y a lieu de signaler en particulier que la Commission dispose d'un pouvoir de réglementation, à la majorité de ses commissaires, qui lui permet d'édicter des règles de preuve et de procédure précisant les modalités d'application de celles établies par la Loi. Elle peut aussi édicter des règles déterminant les documents, renseignements ou informations que doit comporter ou qui doivent accompagner une plainte, un recours ou une demande faite à la Commission ou qu'elle peut juger approprié d'exiger par la suite, ainsi que des règles concernant le mode de transmission et l'endroit du dépôt de tout document à la C.R.T. ; ces règlements, le cas échéant, sont soumis à l'approbation du gouvernement (art. 138, al. 2 et 3 C.t.).

f) Le processus décisionnel

i) L'introduction de la demande

431 – *Dépôt* – Toute demande adressée à la C.R.T. est introduite par son dépôt, en temps utile, à l'un des bureaux de la Commission, à Québec ou à Montréal (art. 112 et 130, al. 1 C.t.). Dans le cas d'une requête d'une association, le Code lui-même ou un règlement du gouvernement peut exiger qu'elle fournisse certaines informations ou soit accompagnée de certains documents (art. 25, al. 2 et 138, al. 1e) C.t.).

Sauf pour les fins d'application de la règle du premier dépôt à l'occasion d'une requête en accréditation (art. 27.1 C.t.), une demande est réputée avoir été déposée à la C.R.T. le jour de sa mise à la poste par courrier recommandé ou certifié (art. 27.1 et 130, al. 2 C.t.). Une demande peut aussi être produite par tout autre mode de transmission déterminé par un règlement de la Commission soumis à l'approbation du gouvernement (art. 130, al. 2 et 138, al. 3 C.t.). Et la télécopie ? La jurisprudence antérieure à la réforme du *Code du travail* reconnaissait dans sa réception un dépôt valide de la demande en cause[125]. Il est improbable que le législateur ait voulu remettre en question la validité de cette forme de dépôt en la subordonnant à une autorisation réglementaire. Cette dernière exigence paraît plutôt limitée à l'utilisation de nouveaux modes de communication apportés par le développement technologique.

432 – *Délais* – Les délais applicables à la soumission des demandes demeurent multiples et disséminés dans les dispositions du Code qui traitent de la matière particulière qui donne lieu à une demande, à une plainte ou à un recours. Il est regrettable à cet égard que la réforme n'ait aucunement simplifié la gestion des délais de prescription, d'autant plus qu'elle a laissé des vides à ce niveau. On ne trouve en effet aucune disposition d'application générale et supplétive, sous une forme ou sous une autre, en matière de prescription. C'est ainsi en vain qu'on chercherait une règle ou un délai prédéterminé qui soit applicable à l'exercice, notamment, d'un recours consécutif à une ingérence illégitime de l'employeur dans les affaires syndicales (art. 12 C.t.), au défaut d'une partie de négocier une convention collective avec diligence et bonne foi (art. 53, al. 2 C.t.), au défaut de l'employeur de retenir sur le salaire de tout salarié la cotisation syndicale, ou son équivalent, et de remettre le montant ainsi prélevé à l'association accréditée (art. 47 C.t.), à une réclamation à la suite d'une grève, d'un ralentissement de travail, d'un lock-out ou de l'utilisation de briseurs de grève en contravention du Code (art. 105 à 109.1 C.t.), ou encore à toute demande en vertu de l'article 39 C.t.

Dans tous les cas où le *Code du travail* ne fixe pas de délai à l'exercice d'un recours, la conclusion qui s'impose est que ce recours devra être entrepris dans un délai raisonnable. Il faut rappeler ici les propos que tenait le juge LeBel, alors à la Cour d'appel, dans l'arrêt *Ville de Saint-Hubert* :

> Le *Code du travail* ne comporte certes aucun délai précis d'exercice du recours prévu à l'article 45. Celui-ci s'insère cependant dans un système législatif où le législateur indique une volonté claire que l'ensemble des droits découlant soit du Code lui-même, soit des actes

---

125. *Caisse populaire Ste-Agathe-des-Monts* c. *Association des travailleurs et travailleuses de l'industrie et du commerce, local 614 (A.T.T.I.C.)*, [1990] T.T. 187 – requête en accréditation ; *Syndicat des travailleuses et travailleurs de Zeller's (C.S.N.)* c. *Zeller's Inc.*, [2000] R.J.D.T. 987 (T.T.), confirmé par *Zeller's Inc.* c. *Lesage*, D.T.E 2001T-213 (C.S.) – déclaration d'appel.

passés sous son application, comme les conventions collectives, s'exercent dans des temps précis ou des courts délais.

[...]

L'économie du *Code du travail* s'accommode mal des longs délais. Elle recherche plutôt la promptitude fixant dans le temps les droits des parties et qu'évoluent les relations qui s'articulent à partir de celles-ci. Il est incompatible avec la politique juridique qu'exprime l'ensemble de ces dispositions que le syndicat accrédité n'ait pas l'obligation implicite d'exercer avec diligence, même avec rapidité, le recours en vertu de l'article 45 C.tr. Il ne s'agit pas d'imposer à l'employeur l'obligation de prouver une renonciation formelle, mais plutôt d'examiner si le syndicat a agi positivement dans des délais susceptibles d'être considérés comme raisonnables.

[...]

Il faut que le syndicat exerce ses droits dans des délais relativement courts, qu'il n'importe pas de définir précisément ici, et qui devront être évalués dans chaque cas [...]. S'il ne le fait pas, une demande [...] doit être écartée par les juridictions spécialisées du travail. La violation de cette obligation de diligence conduit à une application déraisonnable des règles du *Code du travail*, à l'égard de laquelle l'intervention des tribunaux supérieurs est justifiée.[126]

La diligence de la partie requérante s'appréciera donc au cas par cas en tenant compte de toutes les circonstances. Les facteurs à considérer seront notamment la nature de la question soulevée par la demande, son importance et celle de ses conséquences pour les parties et leurs rapports, le moment à partir duquel les parties ont été pleinement au courant de la problématique mise en question par la demande et leur conduite par la suite, ainsi que les droits des tiers dans certains cas[127].

433 – *Calcul des délais* – Le calcul de tout délai imparti par le *Code du travail*, le cas échéant, doit prendre en considération les dispositions des articles 151.1 à 151.4 du Code. Le jour qui marque le point de départ n'est pas compté, mais celui de l'échéance l'est (art. 151.3, 1. C.t.). Les jours non juridiques, énumérés à l'article 151.1, sont comp-

---

126. *Syndicat des cols bleus de Ville de Saint-Hubert c. Saint-Hubert (Ville de)*, [1999] R.J.D.T. 76 (C.A.), 90-91.

127. Voir, à titre d'illustration particulière, dans le contexte d'une demande selon l'article 39 C.t. : *Compagnie de la Baie d'Hudson c. Syndicat des travailleuses et travailleurs de Zellers (C.S.N.)*, D.T.E. 2002T-942 (T.T.).

tés, sauf lorsque le délai n'excède pas 10 jours (art. 151.3, 2. et 151.4 C.t.). Toutefois, lorsque le dernier jour tombe un jour non juridique, le délai est prorogé au premier jour juridique suivant (art. 151.3, 2. C.t.). Enfin, le samedi est assimilé à un jour non juridique, de même que le 2 janvier et le 26 décembre (art. 151.3, 3. C.t.)[128].

ii) Le traitement de la demande

434 – *Accréditation* – S'agissant d'une demande d'accréditation, celle-ci est d'abord confiée à un agent de relations du travail qui la traite selon un mode principalement inquisitoire, mais en étant tenu de permettre aux parties intéressées de présenter leurs observations et de produire, s'il y a lieu, des documents pour compléter leur dossier (art. 28, 117, al. 2 et 124 C.t.).

Lorsque quelque condition que ce soit exigée par le Code empêche l'agent de relations du travail d'octroyer une accréditation, la demande est instruite et décidée, s'il y a lieu, par un commissaire ou par une formation de trois commissaires[129]. Il en est de même pour toute autre demande, toute plainte et tout recours fondés sur le Code (art. 115, 124 C.t.).

435 – *Jonction d'affaires* – Relevons ici que l'article 131 C.t. autorise le président de la C.R.T. ou une personne qu'il désigne à joindre, aux conditions qu'il fixe, plusieurs affaires dans lesquelles les questions en litige sont en substance les mêmes ou dont les matières pourraient être convenablement réunies, qu'elles soient mues ou non entre les mêmes parties. Une telle ordonnance peut être révoquée par la Commission lorsqu'elle entend l'affaire, si elle est d'avis que les fins de la justice seront mieux servies.

436 – *Audition ou décision sur dossier* – Le traitement de toute affaire contestée procède selon un mode contradictoire entre les parties intéressées. Se pose alors la question de l'application de la règle *audi alteram partem* et plus particulièrement celle du droit à une audition. L'examen comparatif de diverses dispositions du nouveau *Code du travail*, notamment de ses articles 117 et 127, 2° ainsi que du 3e alinéa de l'article 128, permet d'en retenir les constatations et conclusions suivantes :

---

128. *Ideal Builders Hardware Corp.* c. *Brière*, J.E. 81-387 (C.S.) ; *Monpain* c. *The Salvation Army Men's Social Service Center*, [1980] T.T. 414 ; *Marceau* c. *Myriad Détergents Inc.*, [1979] T.T. 193.
129. Voir *infra*, Titre II, chapitre 3, n°s 540-549.

– le *Code du travail* envisage deux façons de procéder pour la C.R.T. avant qu'elle rende une décision : soit de tenir une audition des parties intéressées, soit de procéder sur dossier (art. 117, al. 1 et 128, al. 3 C.t.) ;

– en principe, les parties ont droit à une audition et ce n'est qu'avec leur consentement unanime et si la Commission le juge approprié que cette dernière pourra procéder sur dossier (art. 117, al. 1 C.t.) ;

– la règle est quelque peu modifiée dans le cas particulier d'une demande de révision ou de révocation de décision, le principe voulant alors plutôt que la Commission procède sur dossier, sauf si elle juge approprié d'entendre les parties ou si l'une de celles-ci demande d'être entendue (art. 128, al. 3 C.t.) ;

– procéder sur dossier suppose néanmoins que les parties intéressées aient l'occasion de soumettre leurs observations, lesquelles feront partie du dossier, le cas échéant (art. 117, 127, 2º et 128, al. 2 et 3 C.t.).

La jurisprudence nous rappelle également que l'audition devant la C.R.T. est un processus de nature judiciaire ou quasi-judiciaire dont la tenue doit s'articuler autour de la règle de justice naturelle *audi alteram partem* ; comprenant notamment le droit, pour les justiciables, à la communication du dossier ou des éléments de preuve pertinents et importants détenus par le tribunal[130].

437 – *Conférence préparatoire et avis d'audition* – Avant la tenue d'une audition, l'article 135 C.t. autorise la Commission à convoquer les parties à une conférence préparatoire dont les objets sont identifiés à l'article 136 et les conséquences prévues à l'article 137. L'article 137.3 impose la transmission d'un préavis raisonnable d'audition aux parties et dicte son contenu. L'article 137.1 permet à la C.R.T. de procéder à l'instruction de l'affaire et de rendre une décision malgré l'absence, sans motif valable, d'une partie dûment avisée ou son refus

---

130. Voir, *Syndicat des employés d'Au Dragon forgé inc.* c. *Commission des relations du travail*, 2011 QCCS 3202, par. 42 : « Le refus du Commissaire de communiquer les rapports de l'agent (et donc l'identité des salariés dont les noms étaient retranchés du calcul des effectifs du Syndicat CSN) ainsi que le rapport sur le caractère représentatif et les données concernant le nombre des adhérents, était une violation de la règle *audi alteram partem*. Le Syndicat Dragon était privé d'informations pertinentes et importantes dans le litige devant le Commissaire [...] ».

de se faire entendre[131]. Néanmoins, une obligation générale d'équité procédurale s'impose à la C.R.T.[132].

438 – *Preuve et procédure* – La C.R.T. peut entendre les parties par tout moyen prévu à ses règles de preuve, de procédure et de pratique (art. 137.4 et 138, al. 2 C.t.). En l'absence de règle applicable à un cas particulier, elle peut y suppléer par toute procédure compatible avec le Code lui-même et ses règles de procédure (art. 137.2 C.t.). Le cas échéant, le rapport de toute enquête effectuée par la Commission fait partie du dossier de l'affaire (art. 137.5 C.t.). Les articles 137.6 et 137.7 régissent l'audition des témoins, le premier visant également la production de documents et renvoyant en outre aux règles de preuve et de procédure adoptées par la Commission en vertu des deuxième et troisième alinéas de l'article 138.

iii) La décision

439 – *Forme et formalités* – La C.R.T. doit rendre des décisions en termes clairs et concis (art. 132, al. 1 C.t.). De plus, toute décision de la C.R.T. qui termine une affaire à l'égard d'une personne doit être écrite, motivée, signée et notifiée aux personnes ou parties intéressées (art. 132, al. 2 C.t.). Quant à sa motivation, une décision n'a pas à disposer de tous les arguments avancés par les parties ; il suffit qu'elle soit intelligible et permette de suivre le cheminement qui conduit à sa conclusion[133]. La personne qui a rendu une décision entachée d'une erreur d'écriture ou de calcul ou de quelque autre erreur matérielle peut la corriger sans autre formalité (art. 126, al. 1 C.t.)[134]. En cas d'impossibilité pour cette personne de procéder à la correction, celle-ci peut être confiée par le président à un autre commissaire ou agent de relations de travail, selon le cas (art. 126, al. 2 C.t.).

---

131.   Il existe une politique écrite de la C.R.T. qui indique qu'une remise demandée dans les 45 jours de l'avis d'audience sera généralement accordée. Ce délai écoulé, la remise devra être justifiée par des motifs sérieux : *Hébergement d'urgence violence conjugale Vaudreuil-Soulanges* c. *Vallée*, D.T.E. 2005T-474 (C.R.T.) ; *Bar Central Wotton (2004) Inc.* c. *Commission des relations du travail*, D.T.E. 2005T-833 (C.S.).

132.   *Éditions Trait d'union Inc.* c. *Commission des relations du travail*, [2004] R.J.Q. 155 (C.S.) – la C.R.T. a violé les règles de justice naturelle en refusant de permettre une remise d'audience.

133.   *Pelletier* c. *Coopérative des travailleurs en loisir du Bas Saguenay*, D.T.E. 2001T-559 (C.A.) ; *Northwestern Utilities Ltd.* c. *Edmonton (Ville d')*, [1979] 1 R.C.S. 684 ; *Blanchard* c. *Control Data Canada Ltée*, [1984] 2 R.C.S. 476. Exemple de motivation insuffisante : *Association des employés de Molson* c. *Brasserie Molson du Québec Ltée*, D.T.E. 84T-217 (T.T.).

134.   Exemple : *Gillis* c. *Les gravures Adams limitée*, 2003 QCCRT 0587.

440 – *Délais* – L'article 133 C.t. a pris effet le 1ᵉʳ septembre 2003. Depuis cette date, il impose à la C.R.T. l'obligation de rendre ses décisions à l'intérieur de certains délais qui varient selon la nature de l'affaire. Une demande d'accréditation doit être tranchée dans les 60 jours de son dépôt ; dans les secteurs public et parapublic toutefois, la décision doit être rendue au plus tard à la date d'expiration d'une convention collective en cours ou de ce qui en tient lieu (art. 133, al. 1 C.t.). Une demande qui vise à faire déterminer si les articles 45 à 45.3 C.t. trouvent application doit être décidée dans les 90 jours de son dépôt à la Commission (art. 133, al. 2 C.t.). Le troisième alinéa de l'article 133 prévoit que dans toute autre affaire, de quelque nature qu'elle soit, la décision doit être rendue dans les 90 jours de la prise en délibéré. Pourtant, le quatrième alinéa de l'article 20.0.1 affirme de son côté que la Commission doit rendre sa décision dans les 60 jours de la réception d'une demande qui lui est adressée en vertu de cet article[135].

Malgré les termes impératifs des dispositions qui les édictent, ces délais revêtent un caractère indicatif (ou incitatif) et le défaut de les respecter ne fait perdre compétence ni à la Commission, ni au commissaire chargé de l'affaire[136]. Le président de la C.R.T. peut les prolonger, avant comme après leur expiration, en tenant compte des circonstances et de l'intérêt des personnes ou parties intéressées (art. 133, al. 4 C.t.). Il peut aussi, de sa propre initiative ou sur demande d'une partie, dessaisir le commissaire chargé de l'affaire en tenant compte, ici encore, des circonstances et de l'intérêt des parties (art. 125 C.t.).

441 – *Effet* – À moins qu'elle soit ultérieurement révisée ou révoquée selon les articles 127 et 128 C.t., toute décision de la C.R.T. est par elle-même finale, sans appel et immédiatement exécutoire (art. 134 C.t.). Le défaut de s'y conformer constitue une contravention à l'article 144 ou à l'article 146.1 du Code, selon le cas[137]. L'effet contraignant de la décision peut en quelque sorte être renforcé par son dépôt au bureau du greffier de la Cour supérieure du district du domicile d'une partie visée par la décision ; tel dépôt doit toutefois être demandé par une partie intéressée[138] et autorisé par la

---

135. Dans le cas d'une modification du statut de salarié selon l'article 20.0.1 C.t.

136. Voir et transposer : *Air Care Ltd.* c. *United Steelworkers of America*, [1976] 1 R.C.S. 2 ; *Gosselin* c. *General Motors of Canada*, D.T.E. 82T-794 (C.A.).

137. Voir et transposer : *Boucher* c. *Logistik Unicorp. Inc.*, [2001] R.J.D.T. 1 (C.A.).

138. *Legris* c. *Messagerie de presse Benjamin enr.*, D.T.E. 2003T-297 (C.R.T.) – la partie qui demande ce dépôt doit justifier d'un intérêt concret pour le faire.

C.R.T.[139] dans un délai de 12 mois de la date de sa décision (art. 129, al. 1 C.t.)[140]. Le cas échéant, le dépôt de la décision de la C.R.T. lui confère tous les effets d'un jugement final de la Cour supérieure (art. 129, al. 2 C.t.)[141]. En matière d'obligation de payer, le dépôt permet de procéder à l'exécution forcée de la décision de la même manière qu'on le ferait pour tout jugement semblable de la Cour supérieure, en vertu des règles du *Code de procédure civile*[142]. Le troisième alinéa de l'article 129 C.t. concerne les décisions contenant une ordonnance de faire ou de ne pas faire. Une ordonnance de réintégration, notamment, tombe dans cette catégorie. Le défaut de s'y conformer rend passible d'une condamnation pour outrage au tribunal[143].

442 – *Contrôle judiciaire* – Sur un autre plan, le dépôt effectué en application de l'article 129 C.t. ne fait pas obstacle à l'exercice d'un recours en contrôle judiciaire, en cas d'absence ou d'excès de compétence de la C.R.T.[144]. Les décisions de la C.R.T. bénéficient cependant des effets d'une clause privative complète et rigoureuse à l'encontre d'une demande de révision judiciaire, par l'effet conjugué des articles 114, 134, 139, 139.1 et 140 C.t.[145]. C'est dans ce contexte que s'exercera le pouvoir de contrôle et de surveillance de la Cour supérieure, selon les principes généraux dégagés par la jurisprudence du contentieux administratif. Essentiellement, ce n'est donc qu'en cas

---

139. *Syndicat national des employés de garage du Québec Inc. (C.S.D.) c. Association patronale des concessionnaires d'automobiles Inc.*, D.T.E. 2003T-301 (C.R.T.), par. 12-19 – cette autorisation relève de la discrétion de la C.R.T ; *Syndicat canadien de la fonction publique, section locale 1707* et *Corporation du Collège St-Paul*, 2005 QCCRT 0437 ; *Syndicat général des professeures et professeurs de l'Université de Montréal* et *Université de Montréal*, 2009 QCCRT 563.

140. Un délai similaire a déjà été jugé comme étant de déchéance. Voir et transposer : *Emballages Duopac c. Perrazzino*, D.T.E. 99T-270 (C.S.).

141. *Boucher c. Logistik Unicorp. Inc.*, précité, note 137. Sur la constitutionnalité de cette disposition législative, voir : *Procureur général de la province de Québec c. Progress Brand Clothes Inc.*, [1979] C.A. 326, 331 ; *United Nurses of Alberta c. Procureur général de l'Alberta*, [1992] 1 R.C.S. 901. On peut anticiper que les tribunaux seront appelés à décider si l'injonction subsiste comme mode alternatif de raffermissement du caractère exécutoire des décisions de la C.R.T., avec ou sans le concours de cette dernière et pendant ou après l'écoulement du délai de 12 mois de l'article 129 C.t.

142. *Labrosse c. Gosselin*, [1986] R.J.Q. 1972 (C.P.).

143. La condamnation d'un contrevenant, pour outrage civil ou pour outrage criminel, est sujette aux conditions exposées dans l'arrêt *United Nurses of Alberta c. Procureur général de l'Alberta*, précité, note 141. L'outrage civil est lui-même de nature quasi pénale et est conséquemment traité selon les principes fondamentaux du droit pénal : *Pavillon du Parc inc. c. Ferland*, D.T.E. 2001T-1099 (C.A.).

144. *Procureur général de la province de Québec c. Progress Brand Clothes Inc.*, précité, note 141.

145. Voir *supra*, n° 416.

d'absence de compétence, matérielle ou personnelle, de défaut d'exercer une compétence, de violation d'un principe de justice naturelle, d'excès de pouvoir, ou encore de détermination déraisonnable ou incorrecte sur une question ne relevant pas de son expertise spécialisée que les décisions de la Commission des relations du travail seront susceptibles d'être annulées par voie de contrôle judiciaire[146].

Il faut noter qu'en matière de révision judiciaire, la Cour suprême a instauré, dans l'affaire *Dunsmuir*[147], une nouvelle norme de « raisonnabilité » unifiant les anciennes normes de la détermination « manifestement déraisonnable » et celle du « raisonnable *simpliciter* ». La plus haute instance judiciaire du Canada a défini la nouvelle norme de la « décision raisonnable » en fonction d'éléments bien précis, tels que l'expriment les propos des juges Bastarache et LeBel :

> La norme déférente du caractère raisonnable procède du principe à l'origine des deux normes antérieures de raisonnabilité : certaines questions soumises aux tribunaux administratifs n'appellent pas une seule solution précise, mais peuvent plutôt donner lieu à un certain nombre de conclusions raisonnables. Il est loisible au tribunal administratif d'opter pour l'une ou l'autre des différentes solutions rationnelles acceptables. La cour de révision se demande dès lors si la décision et sa justification possèdent les attributs de la raisonnabilité. Le caractère raisonnable tient principalement à la justification de la décision, à la transparence et à l'intelligibilité du processus décisionnel, ainsi qu'à l'appartenance de la décision aux issues possibles acceptables pouvant se justifier au regard des faits et du droit ».[148]

---

146. Voir notamment, de façon générale : *Ivanhoe Inc.* c. *TUAC, section locale 500*, précité, note 65, par. 24-30 ; *Pointe-Claire (Ville de)* c. *Québec (Tribunal du travail)*, [1997] 1 R.C.S. 1015 ; *Royal Oak Mines Inc.* c. *Canada (Conseil des relations du travail)*, précité, note 100 ; *U.E.S., local 298* c. *Bibeault*, [1988] 2 R.C.S. 1048 ; *Bibeault* c. *McCaffrey*, [1984] 1 R.C.S. 176 ; *Adam* c. *Daniel Roy Ltée*, [1983] 1 R.C.S. 683 ; *Gaborean* c. *Commission des relations du travail*, précité, note 121. Sur les conditions auxquelles un juge de la Cour d'appel peut, en vertu de l'article 140 du *Code du travail*, annuler sommairement un jugement de la Cour supérieure prononcé contrairement aux clauses privatives des articles 139 et 139.1, voir : *Syndicat des salariés de Métro-Lebel* c. *Alimentation Lebel Inc.*, [1994] R.J.Q. 2427 (C.A.) ; *Dodd* c. *3M Canada Ltd.*, D.T.E. 94T-763 (C.A.).
147. *Dunsmuir* c. *Nouveau-Brunswick*, [2008] 1 R.C.S. 190.
148. *Ibid.*, par. 47. Par ailleurs, notons que la norme de la décision « correcte » n'a pas été altérée par la Cour suprême et de ce fait, coexiste avec celle de la décision « déraisonnable ».

Dans le contexte du *Code du travail*, la jurisprudence récente a résolument emboîté le pas quant à l'application de la nouvelle norme de la décision « raisonnable » aux décisions de la C.R.T[149].

2. Le Conseil des services essentiels

443 – *Compétence* – La réforme de 2001-2002 avait laissé intact le Conseil des services essentiels (le « C.S.E. ») qui était constitué par l'article 111.0.1 C.t. La compétence du C.S.E. s'exerçait à l'endroit des conflits de négociation, des moyens de pression qui pouvaient les marquer et des services essentiels qui pouvaient alors devoir être maintenus, dans les services publics et dans les secteurs public et parapublic[150]. Ces questions étaient soustraites de la compétence de la Commission des relations du travail.

Le 1er octobre 2011, le C.S.E. a cessé d'exister en tant qu'organe autonome. Les pouvoirs qui étaient, autrefois, l'apanage du Conseil ont été confiés à la C.R.T. au sein de laquelle fut créée une division des services essentiels. Les pouvoirs de la C.R.T. dans le domaine des services essentiels demeurent les mêmes que ceux qui étaient confiés au C.S.E., à savoir : assurer le maintien des services essentiels pour préserver la santé ou la sécurité du public lorsque surviennent des grèves légales, sans toutefois empêcher l'exercice de ce droit, et intervenir dans tout conflit survenant dans les services publics ou les secteurs public et parapublic de façon à s'assurer du rétablissement des services auxquels la population a droit.

3. Les instances pénales

444 – *Première instance et procédure* – Par effet conjugué de la *Loi sur les tribunaux judiciaires*[151], du *Code de procédure pénale* (« C.p.p. »)[152] et de l'abolition du Tribunal du travail par la réforme de 2001, la compétence pénale de première instance à l'endroit des

---

149.   Voir à titre d'exemples : *Union des employées et employés de service, section locale 800* c. *Association démocratique des ressources à l'enfance du Québec (CSD) – Mauricie-Centre-du-Québec*, 2011 QCCA 2383 ; *Association professionnelle des ingénieurs du gouvernement du Québec (APIGQ)* c. *Commission des relations du travail*, 2012 QCCS 37 ; *Syndicat des travailleuses et des travailleurs du Centre de protection et de réadaptation de la Côte-Nord – CSN* c. *Commission des relations du travail*, 2012 QCCS 346.
150.   Voir *infra*, Titre II, chapitre 6, nos 651-663, 694.
151.   RLRQ, c. T-16, art. 79, 80, 82.
152.   RLRQ, c. C-25.1, art. 3.

contraventions au *Code du travail* appartient à la chambre pénale et criminelle de la Cour du Québec. Seuls les juges de cette cour désignés par son juge en chef exercent cette compétence[153].

Les poursuites obéissent aux dispositions du *Code de procédure pénale* et à quelques règles particulières édictées au *Code du travail*. Elles se prescrivent par un an à compter de la date de l'infraction (art. 14 à 16 C.p.p.). Elles peuvent être intentées par le Procureur général ou par une personne autorisée par un juge (art. 9 et 10 C.p.p.)[154].

Lorsque le poursuivant est le représentant d'une personne morale ou d'une personne assimilée à une personne morale, agissant à ce titre, l'article 70 C.p.p. crée en sa faveur une présomption d'autorisation de la part de la personne morale et le dispense de faire la preuve de son mandat à moins que la partie défenderesse le conteste. Un jugement a signalé que le texte de la dénonciation doit mentionner le nom de la personne morale représentée pour que la présomption joue et que le défendeur en soit prévenu[155].

La jurisprudence a adapté progressivement au contexte particulier du *Code du travail* l'obligation du poursuivant de divulguer sa preuve à la défense, obligation imposée originellement par la Cour suprême dans l'arrêt *Stinchcombe*[156].

445 – *Appels* – La partie insatisfaite du jugement de la Cour du Québec peut se pourvoir de plein droit à la Cour supérieure sur une

---

153. *Loi sur les tribunaux judiciaires*, L.R.O. 1990, ch. C.43, art. 113, dernier alinéa.

154. L'article 11 C.p.p. permet au Procureur général d'intervenir soit pour arrêter une poursuite, soit pour en assurer la conduite. Une association de salariés, même si elle n'est pas constituée en personne morale, est une personne susceptible d'être autorisée en vertu de l'article 10 C.p.p. à intenter une poursuite pour une infraction au *Code du travail* : *Syndicat des employées et employés professionnels et de bureau, section locale 57 c. Presse (La)*, [1994] T.T. 497. Par exception, la seule personne qu'un juge peut autoriser, selon l'article 10 C.p.p., à intenter une poursuite pour une infraction à l'article 20.2 ou 20.3 C.t. est un membre de l'association accréditée compris dans l'unité de négociation (art. 148 C.t.).

155. *Paré c. Simard*, [1992] T.T. 114 ; voir aussi, quant au mandat de représentation d'une association accréditée : *Syndicat national de l'automobile, de l'aérospatiale, du transport et des autres travailleurs et travailleuses du Canada (T.C.A.-Canada) c. Tardif*, [1999] R.J.D.T. 1155 (T.T.).

156. *R. c. Stinchcombe*, [1991] 3 R.C.S. 326 ; *Syndicat des travailleurs de Villa Les Tilleuls c. Ratle*, [1993] T.T. 239 ; *Syndicat des employées et employés professionnels et de bureau, local 57 c. Presse (La)*, précité, note 154 ; *Syndicat international des communications graphiques, section locale 41M c. Journal de Montréal, division de Groupe Québécor Inc.*, [1994] T.T. 372.

question de faits ou de droit (art. 266 et s. C.p.p.). Le Procureur général dispose du même droit, même s'il n'était pas partie à cette première instance (art. 268 C.p.p.). Le jugement de la Cour supérieure peut à son tour être porté en appel devant la Cour d'appel, sur une question de droit seulement et avec la permission d'un juge de cette Cour (art. 291 C.p.p.)[157]. Enfin, la Cour suprême peut accorder la permission d'en appeler devant elle du jugement de la Cour d'appel[158].

---

157. *Société de la Place des Arts de Montréal* c. *Turgeon*, D.T.E. 2001T-44, REJB 2000-21744 (C.A.) – questions de fait ou mixtes de fait et de droit. Peuvent interjeter cet appel, les parties en Cour supérieure et le Procureur général. Sur l'appel des décisions rendues en cours d'instance relativement à la preuve, voir l'article 292 C.p.p.

158. *Loi sur la Cour suprême du Canada*, L.R.C. (1985), ch. S-26, art. 40.

CHAPITRE 2
LA LIBERTÉ D'ASSOCIATION

446 – *Condition prérequise* – La liberté d'association est prérequise à l'établissement d'un régime de rapports collectifs que le *Code du travail* cherche à favoriser. Cette liberté se présente sous la forme d'une double protection pour le salarié : d'abord, une protection individuelle assurant au salarié le droit de s'associer à d'autres salariés notamment au sein d'un syndicat et aussi de participer aux activités syndicales ; ensuite, une protection collective dont l'objet est de garantir un certain nombre de droits pour les salariés agissant en tant que collectivité.

Cette liberté suppose elle-même, pour être viable, qu'elle soit garantie par des recours efficaces pour la faire valoir lorsque cela devient nécessaire. L'évolution jurisprudentielle au Québec fait de la liberté d'association un droit véritablement opposable et non un droit purement théorique. En somme et à rebours, la réalité tient dans ces quelques constatations : pas de recours, pas de liberté syndicale viable ; pas de liberté syndicale, pas de syndicats ; pas de syndicats, pas de régime de rapports collectifs.

447 – *Sources législatives* – La jurisprudence a rappelé à quelques reprises que le modèle *Wagner* – inspiré par la « *Loi Wagner* »[1], adoptée aux États-Unis pendant la dépression – prédomine au Canada depuis les années 1930 et n'a pas été sans influence au Québec. En effet, les différentes lois en vigueur (notamment, le *Code du travail*) qui encadrent les rapports collectifs de travail dans la province, reconnaissent en général le droit du salarié d'appartenir au syndicat de son choix, exigent que les associations de salariés soient accréditées au terme d'un processus bien défini, protègent les activités associatives contre la coercition et l'ingérence de l'employeur, imposent des obligations spécifiques telles que la négociation de bonne foi et la représentation adéquate des salariés et prévoient la

---

1. *National Labor Relations Act*, U.S., C.372, 49 Stat. 449 (1935).

possibilité de mettre en place un mécanisme de résolution des différends en cas d'impasse. Malgré l'influence du modèle *Wagner*, on doit faire remarquer que ce régime n'est pas le seul qui prévaut au Québec[2], ni, par ailleurs, ne constitue un régime protégé par la liberté d'association élevée au rang de liberté fondamentale par la *Charte canadienne des droits et libertés* (C.c.d.l.) et la *Charte des droits et libertés de la personne* du Québec (C.d.l.p.)[3]. Celles-ci élèvent toutes deux le droit d'association au rang de liberté fondamentale, dans l'aire d'application et aux fins qui leur sont propres.

C'est sur cette trame, principalement tissée par les chartes, que s'inscrit l'intervention du *Code du travail*. Ce dernier réitère le droit d'association lui-même, tant en faveur des salariés que des employeurs (art. 3 et 10 C.t.). Il détermine ou précise et il aménage ou conditionne l'exercice de l'activité syndicale légitime et, le cas échéant, le droit de l'employeur de s'associer à d'autres. Il garantit enfin cet exercice du droit d'association par divers recours de nature civile ou pénale.

Le *Code criminel* (C.cr.) – on l'oublie parfois parce qu'on y recourt rarement – interdit spécifiquement à l'employeur certains comportements abusifs à l'endroit de ses employés en raison de l'exercice de leur droit d'association syndicale.

Malgré des assises législatives bien ancrées, la liberté d'association continue, à l'heure actuelle, de faire l'objet de bien des débats quant à sa portée et à son contenu.

---

2. *Québec (Procureur général)* c. *Confédération des syndicats nationaux (CSN)*, 2011 QCCA 1247, par. 87 : « Il est exact qu'au Québec une proportion importante de salariés bénéficie du processus d'accréditation apparu avec le *Code du travail* de 1964. L'on peut dire de ce régime des rapports collectifs du travail qu'il est en quelque sorte le régime de droit commun. Issu du modèle Wagner [...] il est caractéristique de la législation sur les relations du travail en vigueur Amérique du Nord et il diffère notablement de régimes en vigueur ailleurs, par exemple en Europe. Mais ce modèle n'est pas le seul en existence ici ».

3. *Charte canadienne des droits et libertés* (C.c.d.l.) : *Loi de 1982 sur le Canada*, 1982, c. 11 (R.-U) dans L.R.C. (1985), App. II, n° 44, art. 2d) ; *Charte des droits et libertés de la personne*, RLRQ, c. C-12, art. 3. Voir *supra*, Titre préliminaire, chapitre 2. Sur la question de constitutionnalité ou plutôt de la non-constitutionnalité du modèle *Wagner* à titre de régime particulier, voir *Ontario (Procureur général)* c. *Fraser*, 2011 CSC 20.

I- LES DROITS INDIVIDUELS

A. Le contenu

1. Le droit d'appartenance et de participation

448 – *Code criminel* – Le paragraphe 425a) C.cr. interdit à tout employeur et à tout représentant d'un employeur de refuser d'employer ou de congédier une personne en raison de son appartenance à un syndicat ouvrier légitime ou à une « association ou alliance légitime d'ouvriers ou d'employés formée pour l'avancement licite de leurs intérêts et organisée pour les protéger dans la réglementation des salaires et des conditions de travail ». Le paragraphe 425b) prohibe le recours, aux mêmes fins, à l'intimidation, à la menace de la perte d'un emploi, à la perte réelle de l'emploi ou à la menace ou l'imposition d'une peine pécuniaire. Cette protection s'applique à l'ensemble des employés et non seulement à ceux et celles d'entre eux qui sont des « salariés », au sens du *Code du travail*[4]. Pour que les employés puissent l'invoquer, il suffit qu'ils s'allient pour la défense de leurs intérêts ; il n'est pas nécessaire que cette alliance prenne la forme d'un groupement de fait structuré ou qui a acquis une personnalité juridique distincte[5]. Relativement au paragraphe 425a) C.cr., l'employeur y contrevient, selon son énoncé, lorsque le congédiement ou le refus d'emploi a eu lieu « pour la seule raison » qu'un employé appartient à un syndicat ou à une alliance légitime d'ouvriers ou d'employés. La Cour d'appel a interprété cette expression « pour la seule raison » comme signifiant le motif déterminant ou la raison principale d'agir de l'employeur[6].

449 – *Chartes* – À l'origine, la liberté d'association fut considérée comme une protection individuelle à portée limitée. Les moyens collectifs que pouvait utiliser un groupement de salariés dans la poursuite de ses objectifs, tels que la négociation collective et le recours à la grève, étaient limités. La liberté d'association permettait tout au plus de former une association, d'y adhérer et de la maintenir pour y accomplir des actes individuels licites. Cette conception limitée et strictement individuelle de la liberté d'association a été entérinée par la Cour suprême en 1987 dans le *Renvoi relatif à la*

---

4. *Savard* c. *Séguin*, [1964] R.D.T. 353 (C.S.).

5. *Regina ex rel. Perreault* c. *Alex Pelletier and Sons Ltd.*, (1960) 33 C.R.R. 84 (C. Mag.).

6. *Society Brand Clothes Ltd.* c. *Regem*, [1942] B.R. 535 ; à comparer avec : *Canadair Ltd.* c. *R.*, [1948] 5 C.R. 67 (C.A.).

Public Service Employee Relations Act (Act)[7]. Sur le sujet, la Cour s'exprima comme suit :

> Ce que la liberté d'association vise à protéger, ce ne sont pas les activités de l'association en tant qu'activités particulières, mais la liberté des individus d'interagir avec d'autres êtres humains, de les aider et d'être aidés par eux dans les diverses activités qu'ils choisissent d'exercer. Mais ce n'est pas là une autorisation constitutionnelle illimitée pour toute activité collective. Le simple fait qu'une activité puisse être exercée par plusieurs personnes ensemble, aussi bien qu'individuellement, ne signifie pas que cette activité se voit conférer une protection constitutionnelle contre toute interdiction ou réglementation législative.[8]

Cette interprétation restrictive fut au gré du temps et des arrêts renversée. Les arrêts *Dunmore*[9] en 2001 et *Health Services and Support*[10] en 2007 sont significatifs à cet égard. Les juges majoritaires dans le premier arrêt reconnurent que la protection octroyée par la liberté d'association pouvait couvrir des activités collectives et imposer à l'État de protéger ce droit positif par des mesures concrètes. En effet, « [...] étant donné que les besoins et priorités des syndicats tendent à se distinguer de ceux de leurs membres individuels, ils ne peuvent fonctionner si la loi protège exclusivement ce qui pourrait être des "activités licites d'un individu" [...] »[11]. De surcroît « [...] certaines activités collectives doivent être reconnues pour que la liberté de constituer et de maintenir une association ait un sens [...] »[12].

Dans l'arrêt *Health Services and Support*, la Cour suprême déclara que la négociation collective était un droit protégé par la liberté d'association telle que prévue à l'alinéa 2d) de la Charte canadienne. L'implication de cette reconnaissance est majeure car les salariés disposent désormais du droit constitutionnel de s'unir, de présenter collectivement des demandes à leur employeur et de participer à des négociations en vue d'atteindre les objectifs fixés dans le cadre de leur relation d'emploi. L'exercice individuel de cette liberté n'est plus le seul à bénéficier d'une protection constitutionnelle.

---

7. *Renvoi relatif à la Public Service Employee Relations Act (Alb.)*, [1987] 1 R.C.S. 313.
8. *Ibid.*, par. 88.
9. *Dunmore c. Procureur général de l'Ontario*, [2001] 3 R.C.S. 1016.
10. *Health Services and Support – Facilities Subsector Bargaining Assn. c. Colombie-Britannique*, 2007 CSC 27.
11. *Dunmore c. Procureur général de l'Ontario*, précité, note 9, par. 17.
12. *Ibid.*

Cependant, l'arrêt *Fraser*[13] est venu poser des limites à l'exercice des droits collectifs des syndicats lorsqu'il y a négociations, notamment en considérant que la reconnaissance du droit de négociation collective n'entraînait pas le droit de revendiquer une méthode particulière de négociation. Autrement dit, la Charte protège le droit de s'associer afin de réaliser des objectifs collectifs, mais n'impose pas au législateur d'accorder aux travailleurs des droits de négociation collective d'un type particulier pour permettre un exercice réel de leur liberté d'association.

450 – *Code du travail* – Le *Code du travail* du Québec reconnaît, à son article 3, le droit de tout salarié « d'appartenir à une association de salariés de son choix et de participer à la formation de cette association, à ses activités et à son administration »[14]. L'énoncé de l'article 3 C.t. est sans ambiguïté. Le fait d'empêcher les salariés de choisir librement leur association a pour effet de les priver de leur liberté d'association. Ainsi, ce n'est que de façon exceptionnelle qu'une association pourra refuser l'adhésion d'un ou de plusieurs salariés. Ce sera le cas notamment lorsque cette adhésion met en danger la cohésion organisationnelle de l'association, voire son existence même[15].

L'universalité de ce principe connaît une autre exception : les policiers municipaux ne peuvent être membres que d'une association formée exclusivement de policiers municipaux (art. 4 C.t.).

Les articles 12, 13 et 14 C.t. proscrivent diverses interventions de nature à compromettre l'exercice par les salariés de leur liberté d'association[16]. L'article 12 C.t. interdit à l'employeur et à toute per-

---

13. *Ontario (P.G.)* c. *Fraser*, précité, note 3.
14. La jurisprudence des dernières années n'est cependant pas unanime sur la question de savoir si ce droit du salarié impose une obligation corollaire pour l'association d'accepter tout salarié comme membre et de lui permettre de participer à son administration ou ses activités : *Bernard* et *Alliance internationale des employés de scène, de théâtre et de cinéma des États-Unis et du Canada (IATSE), section locale 523, Québec*, D.T.E. 2005T-717 (C.R.T.) – une association accréditée doit par ailleurs recevoir et examiner toute demande d'adhésion conformément à ses statuts ; *Gilbert* et *Syndicat des chauffeurs de la Société de transport de la Ville de Laval (C.S.N.)*, D.T.E. 2005T-838 (C.R.T.) – l'association n'a pas cette obligation corrélative d'accepter un salarié sur son simple désir d'y adhérer ; *Cusson* et *Syndicat des employées et employés de Soucy international inc.*, D.T.E. 2005T-393 (C.R.T.) – l'article 3 C.t. crée des obligations corrélatives au syndicat. Voir également *Allard* et *Syndicat national des employés de garage du Québec Inc.*, 2009 QCCS 3188.
15. *Syndicat national des employés de garage du Québec Inc.* c. *Allard*, 2010 QCCA 1368.
16. Ces litiges relèvent de la compétence exclusive de la C.R.T. : *Pednault* c. *Compagnie Wal-Mart du Canada*, D.T.E. 2006T-511 (C.A.), par. 32-54 ; *Travail-*

sonne agissant pour son compte de chercher notamment à dominer ou à entraver la formation et les activités d'une association de salariés. Il est aussi interdit à quiconque d'user d'intimidation ou de menaces pour amener une autre personne à s'abstenir de devenir membre ou à cesser d'être membre d'un syndicat (art. 13 C.t.)[17]. L'article 14 C.t. est à la fois plus précis et plus large. D'une part, il cible l'employeur et toute personne agissant pour son compte. D'autre part, il leur prohibe entre autres de chercher, par toute mesure de représailles ou menace d'y recourir, à contraindre un salarié à s'abstenir ou à cesser d'exercer un droit que lui reconnaît le Code, dont son droit d'appartenance syndicale énoncé à l'article 3.

Les menaces interdites à l'employeur peuvent prendre des formes extrêmement variées, plus ou moins subtiles selon les circonstances[18]. La menace de fermer purement et simplement l'entreprise si les salariés décident de se syndiquer tombera sous le coup de la prohibition[19]. Rien n'empêche toutefois l'employeur de fermer de fait son entreprise à la suite de l'arrivée d'un syndicat[20]. L'annonce d'une

---

leuses et travailleurs unis de l'alimentation et du commerce, section locale 503 et *Compagnie Wal-Mart du Canada (établissement de Jonquière)*, D.T.E. 2006T-891 (T.A.).

17. La législation anti-harcèlement a aussi été utilisée à cet effet pour juguler les tentatives répétées d'un syndicat d'empêcher la réintégration d'un membre. Voir *Dufour c. Syndicat des employées et employés de centre d'accueil Pierre-Joseph Triest (C.S.N)*, [1999] R.J.D.T. 1559.

18. Voir, par exemple l'arrêt *Groupe Aldo* et *Conseil du Québec (Unite Here)*, D.T.E. 2006T-365 (C.R.T.), sur l'obligation de se conformer à l'article 13 C.t. (utilisation de menaces ou d'intimidation concernant l'adhésion à une association) ; et l'arrêt *Plourde c. Compagnie Wal-Mart du Canada Inc.*, 2009 CSC 54, sur la portée des articles 12 à 14 C.t. (entrave à l'activité syndicale).

19. *Côté c. Compagnie F.W. Woolworth*, [1978] R.L. 439 (C.S.) ; *Lagacé c. Laporte*, [1983] T.T. 354 ; *Syndicat des travailleurs en communication électronique, électricité, techniciens et salariés du Canada (C.T.C.-F.T.Q.) c. Schwartz*, [1986] T.T. 165. Voir également, *Plourde c. Compagnie Wal-Mart du Canada Inc.*, précité, note 18 – la Cour suprême a également mis en évidence la distinction qu'il y avait entre le droit de fermer une entreprise et les conséquences que peut avoir l'exercice de ce droit lorsqu'il constitue une pratique déloyale interdite par les articles 12 à 14 C.t. Si c'est le cas, la plainte pour pratique déloyale instituée par le syndicat ou le salarié, pour contester la fermeture de l'entreprise pourrait démontrer que la décision de l'employeur résulte de motivations antisyndicales. Par ailleurs, si la C.R.T. conclut à l'existence de pratiques déloyales de travail, elle peut accorder des mesures de réparation larges par l'intermédiaire des articles 118 et 119 C.t. Pour une analyse de l'arrêt, voir : F. MORIN, « Droit du travail. Un commentaire de l'arrêt *G. Plourde c. Cie Wal-Mart du Canada Inc.*, [2009] 3 R.C.S. 465 », (2010) 69 *R. du B.* 223.

20. *City Buick Pontiac (Montréal) Inc. c. Roy*, [1981] T.T. 22 ; *Caya c. 1641-9749 Québec Inc.*, D.T.E. 85T-242 (T.T.) ; *A.I.E.S.T., locale de scène n°56 c. Société de la Place des Arts de Montréal*, [2004] 1 R.C.S. 43, par. 28-31. Toutefois, la ferme-

modification des conditions de travail au désavantage des salariés s'ils décident d'adhérer à un syndicat constituera une menace illégale[21].

La prohibition du recours à la menace et à l'intimidation fait contrepoids à la liberté d'expression dont dispose l'employeur, comme toute autre personne. La conciliation des libertés d'expression et d'association, particulièrement dans le contexte délicat d'une période d'organisation syndicale, ne relève pas toujours de l'évidence. Démarquer la conduite menaçante ou intimidante interdite à l'employeur du simple exercice de sa liberté d'expression peut parfois se révéler difficile. Le jugement *Disque Améric Inc.*[22] fixe les paramètres de la marge de manœuvre dont dispose l'employeur pour faire connaître son opinion sur une question syndicale sans porter atteinte à la liberté d'association telle qu'elle est protégée par le *Code du travail*. L'employeur ne doit ainsi, en aucun cas, faire appel à son autorité pour contraindre les salariés à entendre ses propos antisyndicaux[23]. Son discours doit être exempt de promesses ou de menaces, directes ou indirectes[24]. L'exposé doit être rigoureusement exact sur les faits, sans mensonge ni exagération[25]. Le message doit s'adresser

---

ture de l'établissement ne doit pas être « artificielle », c'est-à-dire qu'elle ne doit pas constituer un stratagème utilisé par l'employeur dans le but d'éluder les obligations qui lui sont imposées par le *Code de travail* : *Syndicat des travailleuses et travailleurs des Couche-Tard de Montréal et Laval – CSN* et *Couche-Tard inc.*, 2011 QCCRT 0449.

21. *Syndicat des employés de la Société d'entretien Impar Ltée (C.S.N.)* c. *Union des employés de service, local 298 (F.T.Q.)*, [1977] T.T. 221.

22. *Syndicat canadien des communications, de l'énergie et du papier, section locale 194* c. *Disque Améric Inc.*, [1996] T.T. 451 ; *Travailleuses et travailleurs unis de l'alimentation et du commerce, section locale 501* c. *Charcuterie Tour Eiffel Inc. (division charcuterie de Bretagne)*, D.T.E 2004T-262 (C.R.T.), par. 42-43.

23. *Ibid.* ; voir aussi *Syndicat des travailleuses et travailleurs du Pavillon St-Joseph* c. *Pavillon St-Joseph, Infirmerie des Sœurs de Ste-Croix*, [1996] T.T. 593.

24. *Ibid.* ; *Hôtel Travelodge Montréal-Centre* c. *Union des employées et employés de la restauration, métallurgistes unis d'Amérique, section locale 9400*, [1997] T.T. 261 ; *Fleury* c. *Épiciers unis Métro-Richelieu Inc.*, D.T.E. 96T-1140 (T.T.) ; *Syndicat de la fonction publique, section locale 4290* c. *Ste-Béatrix (Municipalité de)*, D.T.E. 2004T-1080 (C.R.T.).

25. *Syndicat canadien des communications, de l'énergie et du papier, section locale 194* c. *Disque Améric Inc.*, précité, note 22 ; *Fleury* c. *Épiciers unis Métro-Richelieu Inc., ibid.* ; *Bernard* et *Métallurgistes unis d'Amérique, section locale 9414*, [2003] R.J.D.T. 1243 ; D.T.E. 2003T-835 (C.R.T.) ; *Syndicat des employées et employés de l'Université Concordia, secteur technique (C.S.N.)* et *Université Concordia*, D.T.E. 2005T-997 (C.R.T.) ; *Syndicat des travailleuses et travailleurs du Mount Stephen Club (C.S.N.)* et *Mount Stephen Club*, 2011 QCCRT 0005.

à la raison plutôt qu'aux émotions et s'abstenir de s'attaquer à l'institution syndicale et à sa crédibilité[26]. Dans ce cadre, l'employeur pourra s'autoriser de sa liberté d'expression, par exemple, pour redresser les inexactitudes d'une propagande qui le vise ou, encore, pour exposer simplement les conditions de travail existantes dans l'entreprise[27]. Il y aura toujours lieu cependant de garder à l'esprit que la Loi veut laisser au seul salarié les décisions relatives à son appartenance à un syndicat et que les gestes et les paroles de l'employeur seront également qualifiés en fonction de leurs effets prévisibles sur une personne raisonnable, dans le contexte concret où ils surviennent[28].

Relevons enfin, du côté de l'employeur, que l'article 10 C.t. affirme, par mesure de réciprocité, son droit d'appartenir à une association d'employeurs de son choix et de participer à sa formation, à ses activités et à son administration. Les articles 12 et 13 C.t. empêchent que ce droit puisse être contré par une intervention externe indue, notamment de la part d'un syndicat.

2. Le droit d'abstention

451 – *Chartes* – La liberté d'association affirmée par les chartes comporte-t-elle une dimension négative, c'est-à-dire le droit de ne pas être forcé de s'associer et donc, en l'occurrence, le droit de refuser d'appartenir à une organisation à caractère syndical ? L'arrêt *Lavigne*[29] n'avait pas permis de dégager une réponse claire et ferme à cette question, les sept juges qui avaient participé au jugement s'étant divisés à trois contre trois alors que le septième était d'avis qu'il n'était pas nécessaire de répondre à cette question pour disposer du pourvoi tout en manifestant qu'il était porté à reconnaître dans la liberté d'association un droit de non-association. Le jugement dans *Advance Cutting & Coring Ltd.* a dissipé l'incertitude, huit des neuf

---

26. *Ibid.* ; *Université Concordia* et *Syndicat des employées et employés de soutien de l'Université Concordia / Concordia University Support Staff Union*, D.T.E. 2008T-140 (C.R.T.),

27. *Syndicat des employés de soutien de l'Université Bishop (C.S.N.)* c. *Université Bishop*, [1990] T.T. 39.

28. *Syndicat canadien des communications, de l'énergie et du papier, section locale 194* c. *Disque Améric Inc.*, précité, note 22 ; *Syndicat de la fonction publique, section locale 4290* c. *Ste-Béatrix (Municipalité de)*, précité, note 24.

29. *Lavigne* c. *Syndicat des employés de la fonction publique de l'Ontario*, [1991] 2 R.C.S. 211.

juges reconnaissant l'existence du droit négatif de ne pas être contraint de s'associer[30].

452 – *Code du travail* – La rédaction de l'article 3 C.t. est orientée vers la dimension positive de la liberté d'association en ce qu'elle affirme le « droit d'appartenir » à une association de salariés et de participer à sa formation, à ses activités et à son administration. La liberté d'abstention du salarié fait néanmoins l'objet d'une certaine préoccupation. L'article 13 C.t. interdit en effet à quiconque d'user d'intimidation ou de menace pour l'amener à devenir membre d'une association de salariés.

La question se présentera par ailleurs différemment dans l'éventualité où une convention collective obligera le salarié, par une clause dite de sécurité syndicale, à devenir membre du syndicat signataire et à le demeurer. L'article 63 C.t. reconnaît implicitement la validité de ces clauses, sous certaines réserves[31]. La légalité ni de ces clauses d'appartenance syndicale obligatoire ni de l'article 63 C.t. dans lequel elles pourraient chercher leur légitimité n'a toutefois jamais été testée devant les tribunaux supérieurs au regard de la liberté d'abstention garantie par les chartes.

B. La sanction

1. *Les recours pénaux*

453 – *Articles 13 et 14 C.t.* – Sans oublier complètement l'existence de l'article 425 C.cr. et la possibilité d'en obtenir la sanction sur déclaration de culpabilité par procédure sommaire en vertu de ce Code, c'est

---

30. *R. c. Advance Cutting & Coring Ltd.*, 2001 CSC 70, [2001] 3 R.C.S. 209. À l'origine de cette affaire, était en cause l'obligation faite aux travailleurs de la construction par la *Loi sur les relations du travail, la formation professionnelle et la gestion de la main-d'œuvre dans l'industrie de la construction* (RLRQ, c. R-20) d'être membres de l'un ou l'autre des groupes syndicaux présents et reconnus dans ce secteur d'activités. Cette exigence est reconnue constitutionnellement valide à la majorité de cinq juges contre quatre. Un juge de la majorité est d'avis que la liberté d'association n'inclut que le droit positif de s'associer. Trois considèrent qu'il n'y a pas d'atteinte au droit de non-association parce que la preuve ne démontre pas que l'obligation d'appartenance s'accompagne d'une contrainte idéologique ou menace un autre droit protégé constitutionnellement. Enfin, un juge conclut que la Loi porte atteinte à la dimension négative de la liberté d'association mais que cette atteinte est justifiée en vertu de l'article 1 C.c.d.l., pour des motifs d'ordre historique et parce qu'elle demeure minimale dans les circonstances.
31. Voir *infra*, Titre II, chapitre 7, n°s 700, 709.

usuellement au *Code du travail* qu'on fera appel pour punir une atteinte illégale au droit individuel d'association.

En contrevenant aux articles 13 ou 14 C.t., une personne se rend coupable d'une infraction prévue à l'article 143 du Code, infraction passible d'une amende de 100 $ à 1 000 $ pour chaque jour ou fraction de jour qu'elle dure. Chacune des interventions prohibées représente une infraction distincte, encore que certains actes puissent être constitutifs de l'une ou l'autre des infractions. Dans le cas de l'article 14 du Code, le contrevenant ne peut être que l'employeur lui-même ou une personne qui agit pour son compte ou pour le compte d'une association d'employeurs. Sont parties à l'infraction au même titre que la personne qui la commet, toute personne qui aide à la commettre ou conseille de la commettre et tout directeur, administrateur, gérant ou officier d'une personne morale qui approuve l'acte constituant l'infraction ou qui y acquiesce (art. 145 C.t.)[32]. Toute personne qui participe à une conspiration en vue de commettre une infraction est également coupable de chaque infraction commise dans la poursuite de la commune intention (art. 146 C.t.). L'intention coupable est requise pour commettre l'infraction mais elle peut se déduire de la nature des actes posés[33]. Les plaintes sont portées, en première instance, devant la chambre pénale et criminelle de la Cour du Québec, selon les règles générales prévues par le *Code du travail* et par le *Code de procédure pénale*[34].

2. Les recours civils

a) Les recours généraux

454 – *Chartes et Code du travail* – L'atteinte au droit d'association (incluant le droit au processus de négociation collective)[35] garanti par les chartes donne ouverture aux recours et réparation que ces dernières permettent[36]. Le *Code du travail* rend aussi disponibles divers recours semblables que les circonstances pourraient requérir[37].

---

32. *Schnaiberg c. Métallurgistes unis d'Amérique, section locale 8990*, [1993] R.J.Q. 55 (C.A.) ; *Chamendi c. Wylie*, [1997] T.T. 403.
33. *Syndicat des employés de la Société chimique Laurentides Inc. c. Lambert*, D.T.E. 85T-523 (T.T.).
34. *Voir supra*, Titre II, chapitre 1, nos 444-445.
35. *Health Services and Support – Facilities Subsector Bargaining Assn. c. Colombie-Britannique*, précité, note 10.
36. *Voir supra*, Titre préliminaire, chapitre 2, nos 25 et s.
37. La violation des articles 13 ou 14 C.t. peut, par exemple, entraîner une plainte de pratique déloyale de travail.

Seule la Commission des relations du travail pourra alors en disposer, à l'exclusion de tout autre tribunal (art. 114, al. 2 C.t.). La plainte doit être déposée dans les 30 jours de la connaissance de la contravention alléguée (art. 116, al. 1 C.t.). Les réparations seront celles que permettent les articles 15, 118 et 119 C.t.[38]

b) Le recours spécifique

455 – *Objet* – Les articles 15 et suivants C.t. instituent et aménagent un recours particulier en faveur du salarié victime d'une sanction visée à l'article 15 à cause de l'exercice de sa liberté syndicale. Ce recours est devenu l'archétype de plusieurs autres semblables destinés à contrôler et à sanctionner un motif de sanction proscrit par la Loi[39]. S'il y a lieu, le redressement prend la forme d'une ordonnance d'exécution spécifique adressée à l'employeur, comme la réintégration du salarié dans son emploi, et d'indemnisation de la perte pécuniaire subie par le salarié.

456 – *Plainte* – Le salarié qui désire exercer le recours prévu à l'article 15 C.t. doit soumettre une plainte par écrit auprès de la Commission des relations du travail (art. 16 C.t.). La réglementation précise le contenu de cette plainte écrite, c'est-à-dire :

– le nom et l'adresse du plaignant ;

– le nom et l'adresse de l'employeur contre qui la plainte est portée ;

– l'indication de la date de la sanction ou de la mesure visée par la plainte ;

– une déclaration du plaignant alléguant qu'il croit avoir été illégalement l'objet de la mesure ou de la sanction visée par la plainte à cause de l'exercice par lui d'un droit lui résultant du *Code du travail*[40].

La jurisprudence a fait preuve de souplesse dans l'application des exigences relatives au contenu de la plainte, considérant qu'elles

---

38. Voir *supra*, Titre II, chapitre 1, nos 416, 421-425.
39. Voir *supra*, Titre I, chapitre 1, no 168 et chapitre 2, nos 257-260.
40. *Règlement sur l'exercice du droit d'association conformément au Code du travail*, RLRQ, c. C-27, r. 3, art. 28. Des formulaires de plainte sont disponibles à la Commission des relations du travail.

sont d'ordre procédural[41]. Le défaut de les respecter strictement n'entraîne pas automatiquement le rejet de la plainte dans la mesure, toutefois, où cette dernière satisfait aux conditions essentielles qui résultent de l'article 16 du Code lui-même.

La plainte doit émaner du salarié personnellement. Elle peut néanmoins être signée par un mandataire, pour et au nom du salarié ; l'essentiel demeure qu'elle résulte de sa volonté personnelle[42]. Dans tous les cas, l'identification même du plaignant constitue néanmoins une condition d'existence de la plainte et elle doit être suffisamment précise pour ne pas laisser de place à l'équivoque[43].

Le défaut d'allégation formelle de la croyance du salarié d'avoir été l'objet de la mesure dont il se plaint à raison de l'exercice d'un droit lui résultant du Code n'est pas fatal, à condition que certains éléments de la plainte permettent de comprendre que la Commission des relations du travail a compétence sur cette plainte en vertu de l'article 15 C.t.[44] ou, à tout le moins, en vertu d'une autre disposition législative lui permettant de décider de la légalité de la mesure dont se plaint le salarié[45].

---

41. En vertu de l'article 151 C.t., aucun acte de procédure fait en vertu du Code ne doit être considéré comme nul ou rejeté pour vice de forme ou irrégularité de procédure. Voir, sur la portée de cette disposition : *Villeneuve* c. *Tribunal du travail*, [1988] R.J.Q. 275 (C.A.) ; *Dar* c. *Manufacturier de bas Iris Inc.*, D.T.E. 2000T-1055, REJB 2000-20350 (T.T.) – recevabilité d'une plainte collective ; *Pilon* et *Bristol (Municipalité de)*, D.T.E. 2003T-514 (C.R.T.) – la C.R.T. a le pouvoir de convertir une plainte en vertu de l'article 124 L.N.T. en plainte fondée sur les articles 267.0.1 et s. du *Code municipal du Québec* ; *Guilbault* et *Syndicat des salariées et salariés de La Survivance (C.S.D.)*, D.T.E. 2004T-417 (T.T.), par. 23-26 – la procédure est recevable malgré le fait que l'intitulé soit erroné ; *Duval* et *Association internationale des machinistes et travailleurs de l'aérospatiale, section locale 2133*, D.T.E. 2006T-364 (C.R.T.) – par. 15-17.
42. *Simic* c. *Shirtmate Canada Ltée*, [1981] T.T. 131 – validité d'une plainte signée par le procureur de la plaignante. Voir aussi et transposer : *Union des employés de service, local 298 (F.T.Q.)* c. *Erfle Bus Line Ltd.*, [1976] T.T. 101 ; comparer avec *Nightingale Saro Inc.* c. *Paquet*, [1985] T.T. 252, où on a conclu à l'irrecevabilité d'une plainte collective déposée par un syndicat pour un groupe de salariés, en l'absence de mandats personnels de leur part.
43. *Duval* c. *Beacon Ribbon Mills Ltd.*, D.T.E. 83T-680 (T.T.).
44. *Ireco of Canada* c. *Thibodeau*, [1979] T.T. 167. L'instance du travail aurait même l'obligation d'enquêter à ce sujet lorsque, sans être explicite, la plainte laisse place à cette possibilité : *Dar* c. *Manufacturier de bas Iris Inc.*, précité, note 41.
45. La Cour d'appel a en effet décidé qu'une instance du travail pouvait exercer concurremment la compétence qui lui est attribuée par des lois différentes en matière de congédiement ; conséquemment, elle peut constater l'illégalité d'un congédiement en vertu d'une disposition législative particulière alors même que la plainte aurait été portée selon une autre disposition : *Villeneuve* c. *Tribunal du travail*, précité, note 41 ; *Pilon* et *Bristol (Municipalité de)*, précité, note 41.

La plainte doit être acheminée à la Commission des relations du travail (art. 16 C.t.). Sa transmission à un autre destinataire peut constituer un vice fatal[46]. Le dépôt de la plainte s'effectue soit par sa mise à la poste, par courrier recommandé ou certifié, soit par sa réception à l'un des bureaux de la C.R.T. (art. 130, al. 2 C.t.)[47]. En cas de perte de l'original de la plainte, la preuve secondaire pourra en être admise au besoin[48].

457 – *Prescription* – La plainte doit être déposée dans les 30 jours de la mesure ou de la sanction que le salarié conteste (art. 16 C.t.). Il s'agit d'un court délai et la jurisprudence est constante sur son caractère de déchéance[49]. On a toutefois déjà décidé que l'impossibilité absolue d'agir du plaignant pouvait en suspendre l'écoulement[50]. Le délai ne court pas contre le salarié tant que la sanction dont il veut se plaindre n'est pas effectivement imposée ou n'est pas purgée[51]. Par ailleurs, en considérant que la réalité de la mesure commence à se matérialiser à compter du moment où le salarié est avisé de la décision de son employeur, la plainte déposée entre cet avis et le moment de sa prise d'effet sera jugée recevable ; ne sera prématurée et irrecevable que la plainte soumise en l'absence d'une véritable décision de l'employeur[52].

---

46. Dans *Tardif* c. *Agence de surveillance de L'Estrie Inc.*, [1980] T.T. 179, on a jugé irrecevable une plainte qui avait été adressée et acheminée à un destinataire autre que l'instance du travail compétente, mais à la même adresse. Voir, dans le même sens : *Giroux* c. *Montréal (Ville de)*, D.T.E. 2000T-285 (T.A.) – on ne peut invoquer l'article 151 du *Code du travail* pour contourner les exigences impératives de l'article 16 C.t. Par contre, on a jugé recevable une plainte adressée au ministre du Travail mais qui fut effectivement soumise en temps utile à l'instance du travail : *Ireco of Canada* c. *Thibodeau*, précité, note 44. Voir également *Dominique* c. *Kraft Ltée*, [1991] T.T. 63, où on a conclu à la validité d'une plainte de congédiement pour activité syndicale acheminée à la Commission des normes du travail, en considérant que cette dernière aurait dû la déférer au tribunal spécialisé compétent.
47. Voir *supra*, Titre II, chapitre 1, n° 388.
48. *Ideal Builders Hardware Corp.* c. *Brière*, J.E. 81-387 (C.S.).
49. *Dupuis* et *Transport de Montréal*, 2008 QCCRT 0080.
50. *H. (B.)* c. *P. Inc.*, [1995] T.T. 164.
51. *Stone Consolidated Inc., division Port-Alfred* c. *Émond*, D.T.E. 95T-321 (T.T.) ; *De Verville-Côté* et *Québec (Ministère de l'Emploi et de la Solidarité sociale)*, D.T.E. 2003T-568 (C.R.T.) – dès le moment où la décision de l'employeur est communiquée verbalement au salarié, le délai pour déposer une plainte commence à courir.
52. *Poliquin* c. *Collège O'Sullivan de Limoilou Inc.*, [1981] T.T. 225 ; *Ford Chambly Automobiles (1969) Inc.* c. *Beaupré*, D.T.E. 84T-734 (T.T.). Voir aussi : *Forms* c. *Béliveau et Couture*, [1978] T.T. 259. Quant au calcul du délai, voir *supra*, Titre II, chapitre 1, n° 433.

458 – *Présomption légale* – L'article 17 C.t. crée une présomption légale au bénéfice du salarié qui exerce une activité syndicale légitime. Cette présomption dispense le salarié de l'obligation de prouver la motivation illicite de l'employeur comme cause de la décision qu'il conteste. Dès lors que le salarié prouve qu'il a exercé un droit qui lui résulte du Code, la présomption veut que la sanction ou la mesure qui lui a été imposée par l'employeur l'ait été en raison de l'exercice de ce droit[53]. Cette présomption peut toutefois être renversée par l'employeur, s'il établit l'existence d'une autre cause, juste et suffisante, de son geste.

Pour bénéficier de la présomption, le plaignant doit prouver les éléments suivants :

– il est un salarié au sens du *Code du travail* ;

– il a exercé un droit lui résultant du Code, c'est-à-dire une activité syndicale légitime ;

– il s'est vu imposer par l'employeur une mesure visée à l'article 15 du Code ;

– il y a concomitance, ou une autre relation plausible, entre son activité syndicale et la mesure dont il se plaint.

459 – *Salarié* – Les conditions auxquelles une personne peut être considérée comme un salarié au sens du *Code du travail* sont déjà connues[54]. Le plaignant doit jouir de ce statut de salarié au moment où intervient la mesure qu'il veut contester[55]. Cette exigence suppose d'abord l'existence d'un contrat de travail parfait[56]. Il faut signaler

---

53. *Vallée* c. *Hôpital Jean-Talon*, [1999] R.J.Q. 1926 (C.A.). Voir à titre d'exemple, *Lagacé* et *Centre de santé et de services sociaux de Papineau*, 2011 QCCRT 0493 – le fait de ne pas effectuer le remboursement des libérations syndicales suffit à déclencher l'application de la présomption légale ; *Cabana* et *Institut Philippe-Pinel de Montréal*, 2012 QCCRT 0144 – la salariée est suspendue un mois plus tard, après avoir rédigé et signé le tract syndical à titre de présidente du syndicat. Il s'agit pourtant de l'exercice d'activités syndicales qui résultent du *Code du travail*.

54. Exemple : *Transport Jean Gauthier inc.* c. *Tribunal du travail*, D.T.E. 2005T-394 (C.A.).

55. *Martineau* c. *Commission scolaire Kativik*, [1992] T.T. 201.

56. Voir et transposer : *Byrne* c. *Yergeau*, D.T.E. 2002T-870 (C.A.) ; *Paul* c. *Collège français (1965) Inc.*, D.T.E. 2003T-257 (C.R.T.) – le fait que le salarié soit en période de probation ne fait pas obstacle au recours ; *Plourde* et *Centre de la petite enfance Premiers pas de La Tuque*, D.T.E. 2003T-1017 (C.R.T.) ; *Gauthier* c. *Matane (Municipalité régionale de comté de)*, D.T.E. 2004T-698 (C.R.T.) – décision au même effet.

qu'on ne saurait opposer à un employé, qui veut se prévaloir du mécanisme des articles 15 et suivants du Code, son exclusion du groupe des salariés, si cette exclusion a été prononcée à l'occasion d'une procédure à laquelle il n'était pas personnellement partie, par exemple une procédure d'accréditation. Il demeure alors possible à l'employé de remettre en question la détermination de son statut de salarié au sens du *Code du travail*[57].

460 – *Activité syndicale légitime* – La participation du salarié à une action syndicale illégale ne saurait servir de base à l'établissement de la présomption et peut même constituer une cause juste et suffisante de sanction par l'employeur[58]. La notion d'activité syndicale légitime est par ailleurs très large. Elle couvre non seulement l'adhésion à un syndicat et la sollicitation auprès d'autres salariés en vue de les recruter, mais aussi toutes les formes de participation du salarié à la formation, à l'administration et aux activités de ce syndicat[59]. Compte tenu de l'article 3 du Code en particulier, de simples démarches préliminaires en vue de devenir membre d'une association de salariés ou d'en former une suffisent pour que le salarié jouisse de la protection de la Loi[60]. Le statut de dirigeant ou de représentant syndical peut, selon les circonstances, constituer par lui-même l'exercice de l'activité syndicale nécessaire à l'établissement de la pré-

57. *Lessard* c. *Hilton Québec Ltée*, [1980] T.T. 488 ; *Hardy* c. *Centre des services sociaux de Québec*, [1986] T.T. 60.

58. *Lafrance* c. *Commercial Photo Service Inc.*, [1980] 1 R.C.S. 536.

59. *Jetté* c. *Les Boutiques San Francisco Inc./Les Ailes de la mode Inc.*, D.T.E. 2003T-517 (C.R.T.), par. 70-73 ; *Lambert* c. *Paul Demers & Fils Inc.*, D.T.E. 2004T-241 (C.R.T.) ; *Bourgeois* et *Compagnie Wal-Mart du Canada*, D.T.E. 2005T-840 (C.R.T.) – requête pour permission d'appeler accueillie ; *Coupal* et *St-Jérôme (Ville de)*, D.T.E. 2006T-340 (C.R.T.) – la participation du salarié à titre de président du syndicat aux négociations en vue du renouvellement de la convention collective constitue à elle seule l'exercice d'un droit résultant du C.t. ; *Harvey* c. *Québec (Société des alcools)*, 2005 QCCRT 0419, par. 6-15 – la participation à une activité caritative organisée par le syndicat n'est pas couverte par l'article 15 C.t.

60. *Ed. Darche & Fils Inc.* c. *Boyer*, D.T.E. 89T-444 (T.T.) ; *Arco Construction Inc.* c. *Plante*, [1980] T.T. 7 ; *Labrecque* c. *J. Alleyn Ltée*, [1979] T.T. 252 ; *Allaire* c. *Laboratoire Du-Var Inc.*, D.T.E. 2003T-1176 (C.R.T.), par. 27-29 – un salarié qui pose sa candidature à un poste de délégué syndical exerce un droit en vertu du C.t. et bénéficie de la présomption ; *Proulx* c. *Industries P.P.D. inc.*, 2005 QCCRT 0084, par. 17-24 – la C.R.T. a décidé que la relation d'amitié avec le salarié ayant fait des démarches pour établir un syndicat, conjuguée avec la perte d'emploi au même moment, font en sorte que celui qui appuie ce salarié dans sa démarche bénéficie de la présomption de l'article 17 C.t. ; *Roy* et *Québec (Ministère de la Sécurité publique) – Établissement de détention de Montréal*, D.T.E. 2006T-768 (C.R.T.) – la nomination d'un salarié à un poste de délégué syndical constitue l'exercice d'un droit reconnu par le C.t.

somption[61]. Il pourrait aussi s'agir de démarches du salarié en vue de faire reconnaître son inclusion dans une unité d'accréditation et son assujettissement à une convention collective ou tout autre droit[62]. L'activité syndicale invoquée par le salarié doit être antérieure à la mesure dont il se plaint[63], mais elle peut toutefois avoir été exercée chez un autre employeur que celui qui a pris la mesure faisant l'objet de la plainte[64].

L'affaire *Gauvin* illustre la difficulté que peut parfois présenter la qualification d'une activité syndicale comme activité protégée ou non par l'article 3 C.t. Dans cette affaire, quatre employés avaient prêté leur concours à une campagne syndicale d'appel au boycottage des produits-maison de leur employeur, une chaîne de magasins d'alimentation. Selon le jugement de l'instance du travail, cet appel au boycottage, en l'absence de grève et de lock-out et qui n'était justifié par aucun motif d'intérêt public comme le souci d'attirer l'attention sur une situation dangereuse, ne pouvait être considéré comme une activité légitime du syndicat bénéficiant de l'immunité accordée par l'article 3 C.t. En révision judiciaire, la Cour supérieure reprocha à ce jugement de ne pas avoir fait bénéficier l'interprétation de cet article 3 du Code de l'éclairage de la liberté d'expression affirmée par l'article 3 de la *Charte des droits et libertés de la personne* et de ne pas avoir ainsi reconnu que l'appel au boycottage constituait une manifestation de cette liberté d'expression exercée non pas dans

---

61. *Locweld Inc.* c. *Hanssement*, D.T.E. 83T-607 (T.T.) – agent de grief ; *Québec (Ministère du Tourisme)* c. *Lalonde*, D.T.E. 90T-1274 (T.T.) – représentants syndicaux ; *Nepveu* c. *Commission de la construction du Québec*, [1989] T.T. 80 – représentant syndical à un comité prévu par la convention collective. Comparer toutefois avec : *Vallée* c. *Hôpital Jean-Talon*, précité, note 53 ; *Cie Price Ltée* c. *Auclair*, D.T.E. 88T-688 (C.S.) ; *St-Lin-Laurentides (Ville de)* c. *Lanthier*, D.T.E. 2003T-228 (T.T.) – vice-président du syndicat ; *S.D.* c. *Québec (S.A.A.Q.)*, 2009 QCCRT 34 – délégué syndical.

62. *Ste-Foy (Ville de)* c. *Beauchamp*, D.T.E. 90T-947 – requête fondée sur l'article 39 C.t. ; *Brossard (Ville de)* c. *Couvrette*, [1997] T.T. 89 – plainte selon l'article 59 C.t. ; *St-Hilaire* c. *Sûreté du Québec*, D.T.E. 2003T-1068 (C.R.T.) – dépôt d'un grief ; *Poulin* c. *Université Concordia*, D.T.E. 2004T-28 (C.R.T.) – dépôt d'une plainte en vertu de l'article 47.3 C.t. (requête en révision rejetée, 2004 QCCRT 0250 (C.R.T.) ; *Montagano* c. *Centre Miriam et services*, D.T.E. 2004T-936 (C.R.T.) – dépôt d'un grief.

63. *Corbeil* c. *Autobus de la Diligence Inc.*, [1981] T.T. 34. La présomption sera établie si le salarié prouve qu'il a exercé une activité syndicale avant que l'employeur lui ait communiqué l'imposition de la mesure, même si l'employeur affirme de son côté qu'il avait déjà pris sa décision auparavant : *Rondeau* c. *Centura Québec Ltée*, [1989] T.T. 288.

64. *Convoyeur continental et usinage Ltée* c. *Gosselin*, D.T.E. 97T-1359 (T.T.) ; *General Motors of Canada Limited* c. *Allaire*, [1979] T.T. 45 ; *Hôpital du Saint-Sacrement, Québec* c. *Lesage*, [1975] T.T. 320.

le seul but de nuire à l'employeur, mais pour faire connaître publiquement un désaccord sur une pratique de ce dernier et rétablir un rapport de force entre les parties[65].

Si la règle générale veut que la preuve de l'exercice d'un droit lui résultant du Code soit faite par le salarié pour lui permettre de bénéficier de la présomption, il ne s'ensuit pas nécessairement que la plainte doive être rejetée s'il appert que le salarié n'a pas personnellement exercé une activité syndicale mais qu'une preuve directe démontre clairement que le motif de l'employeur est l'exercice, prévu ou appréhendé, d'un droit lui résultant du Code[66]. S'il en était autrement, on assurerait l'impunité de l'employeur qui chercherait à faire obstacle à l'organisation syndicale en imposant rapidement des sanctions aux salariés avant qu'ils aient pu exercer leur droit.

461 – *Sanction* – Le salarié doit aussi démontrer la réalité d'une sanction envisagée par l'article 15 du Code, qu'il s'agisse d'un congédiement, d'une suspension, d'un déplacement, d'une mesure discriminatoire ou de représailles, ou de toute autre sanction que ce soit, comme un simple avis disciplinaire. Le refus d'embauche ne fait pas partie des mesures visées[67].

En ce qui a trait au congédiement, la jurisprudence l'assimile très concrètement à la perte définitive de l'emploi, quelle qu'en soit la forme, à l'initiative de l'employeur[68].

On a ainsi décidé qu'une mise à pied sans rappel au travail de tel salarié alors que quelqu'un d'autre se trouve par la suite engagé pour

---

65. *Gauvin* c. *Épiciers unis Métro-Richelieu Inc.*, [1996] T.T. 207, annulé par *Gauvin* c. *Tribunal du travail*, [1996] R.J.Q. 1603 (C.S.).
66. *Opérations forestières Lafontaine Inc.* c. *Miville*, [1982] T.T. 401.
67. Transposer : *Byrne* c. *Yergeau*, précité, note 56. *Opérations forestières de la Mauricie Inc.* c. *Falardeau*, D.T.E. 82T-726 (T.T.) ; *Ross* c. *Université du Québec à Rimouski*, D.T.E. 84T-716 (T.T.).
68. *United Last Company Ltd.* c. *Tribunal du travail*, [1973] R.D.T. 423, 435 (C.A.). Cet arrêt, demeuré marquant en droit du travail, souligne le caractère exorbitant et d'ordre public de ce mécanisme particulier de protection par rapport au droit commun. En ce sens et quant à son applicabilité en faveur d'un salarié en période probatoire, voir : *Beaulieu* c. *La Fleur d'Oranger Inc.*, [1983] T.T. 112 ; *Power Battery (Iberville) Ltd.* c. *Larouche*, D.T.E. 90T-51 (T.T.). Par exemple, il a été décidé qu'une suspension sans solde et sans éventuel retour au travail est assimilée à un congédiement : *Gosselin* et *Centre local de services communautaires – Centre d'hébergement et de soins longue durée Les Eskers*, D.T.E. 2004T-72 (C.R.T.). De la même manière, une mise à pied sans possibilité de retour au travail est assimilable à une rupture d'emploi : *Cassista* et *Poutrelles internationales Inc.*, D.T.E. 2003T-688 (C.R.T.).

exécuter le même travail devient un congédiement au sens de l'article 15 C.t., à compter du moment où le rappel au travail était possible. Il en est de même s'il appert que sous l'apparence d'une mise à pied se cache une véritable manœuvre de congédiement pour se défaire d'un salarié en raison de ses activités syndicales ; au-delà des termes utilisés, c'est la réalité révélée par la preuve qui est déterminante[69]. En principe, l'échéance d'un contrat de travail à durée déterminée n'est pas assimilable à un congédiement[70]. Ce principe ne doit cependant pas être appliqué avec un automatisme aveugle, au risque de compromettre le but véritablement recherché par le législateur. À la limite, en effet, on pourrait supposer un contrat de travail originel d'un mois ou même d'une semaine et qui aurait été reconduit sans formalité sur une très longue période. Il faut donc, dans chaque cas, en tenant compte de toutes les circonstances de l'espèce, déterminer si la relation de travail s'était de fait transformée en relation à durée indéterminée et si l'employé pouvait normalement s'attendre à ce qu'elle se poursuive, à moins de cause juste et suffisante pour l'employeur d'y mettre fin. La Cour d'appel a reconnu la légitimité de cette approche[71].

La démission s'oppose directement à la notion de congédiement. Il s'agit du départ volontaire du salarié. Pour contrer l'allégation de congédiement du salarié, sa démission doit être réelle et juridiquement valide[72]. La seule présence d'un acte apparent de démission ne suffit donc pas à faire obstacle à la recevabilité d'une plainte pour congédiement. C'est au tribunal spécialisé qu'il appartiendra, au besoin, de qualifier une terminaison d'emploi comme démission ou congédiement[73].

---

69. *Distinctive Leather Goods Ltd.* c. *Dubois*, [1976] C.A. 648. Voir aussi, par analogie, dans le contexte d'un recours selon l'article 124 de la *Loi sur les normes du travail*, RLRQ, c. N-1.1 : *Investissements Trizec Ltée* c. *Hutchison*, D.T.E. 87T-764 (C.A.).

70. *Procureur général de la province de Québec* c. *Tribunal du travail*, [1978] C.A. 103 ; *Blouin* c. *Institut québécois de la recherche sur la culture*, [1983] T.T. 329.

71. *École Weston Inc.* c. *Tribunal du travail*, [1993] R.J.Q. 708 (C.A.) ; *Moore* c. *Compagnie Montréal Trust*, [1988] R.J.Q. 2339 (C.A.) ; *Commission scolaire Berthier Nord-Joli* c. *Beauséjour*, [1988] R.J.Q. 639 (C.A.).

72. Voir *supra*, Titre I, chapitre 1, n° 166.

73. *École Weston Inc.* c. *Tribunal du travail*, précité, note 71 ; *Centre hospitalier Régina Ltée* c. *Prud'homme*, [1988] R.J.Q. 253 (C.A.), confirmé par *Centre hospitalier Régina Ltée* c. *Tribunal du travail*, [1990] 1 R.C.S. 1330 ; *Investissements Trizec Ltée* c. *Hutchison*, précité, note 69 ; *Keane* c. *Imbeau*, D.T.E. 87T-896 (C.A.). La preuve *prima facie* d'une démission du salarié renverse sur lui le fardeau de démontrer la nullité ou l'inopposabilité de cette démission apparente ; voir et comparer : *Perzow* c. *Dunkley*, D.T.E. 82T-262 (T.T.) ; *Bleasdell* c. *Hilton*

On a par ailleurs rejeté depuis longtemps la prétention que l'acceptation par un salarié d'une indemnité pour tenir lieu de préavis de congédiement selon les règles du droit civil emporterait renonciation de sa part à une plainte de congédiement en vertu des articles 15 et suivants C.t.[74]

L'existence d'une suspension, d'un déplacement, d'une mesure discriminatoire ou de représailles ou de toute autre sanction susceptible de donner ouverture au recours prévu aux articles 15 et suivants du Code s'apprécie, comme celle d'un congédiement, d'après les circonstances concrètes de l'espèce et à l'analyse de la véritable nature du geste posé par l'employeur à l'endroit du salarié. En particulier, les mesures discriminatoires ou les représailles peuvent prendre des formes aussi variées que la réduction ou la modification des heures de travail[75], l'altération des fonctions, des responsabilités ou des conditions de travail[76] du salarié[77], le non-renouvellement du contrat de travail[78] ou toute autre riposte de l'employeur à l'activité syndicale du salarié[79].

462 – *Concomitance* – La jurisprudence a rappelé régulièrement la nécessité pour le plaignant d'établir une certaine relation logique, ou du moins plausible, entre l'exercice de son activité syndicale et la mesure dont il se plaint. En termes concrets, c'est le plus souvent la proximité dans le temps de l'activité syndicale du salarié et de la sanction vraisemblablement illégale qui établira ce lien logique ou plausible entre les deux. Quelques décisions ont exigé l'établissement d'une telle concomitance[80]. D'autres ont plutôt posé, de façon plus

---

Canada Ltd., D.T.E. 83T-58 (T.T.) ; *Brandonoe c. A.E.S. Date Ltée*, D.T.E. 83T-125 (T.T.). Voir aussi *supra*, Titre I, chapitre 1, nº 166. Exemple : *Fonderie Fondalco inc. et Poulin*, D.T.E. 2004T-50 (T.T.).

74. *Industrial Tractors and Supply Ltd.* c. *Duval*, [1979] T.T. 360.
75. *Normandeau* c. *Cie T. Eaton Ltée*, D.T.E. 90T-17 (T.T.) – réduction des heures de travail ; *2540-4773 Québec Inc.(Restaurant Ming Wong Enr.)* c. *Doiron*, D.T.E. 91T-1241 (T.T.) – nouvel horaire de travail ; *Hill et Delastek inc.*, D.T.E. 2004T-188 (C.R.T.) – transfert de la salariée au quart de nuit.
76. *Montagano* c. *Centre Miriam et services*, précité, note 62.
77. *Produits vétérinaires Dispar Canada Ltée* c. *Sicard*, [1989] T.T. 297 ; *Roy et Québec (Ministère de la Sécurité publique) – Établissement de détention de Montréal*, précité, note 60.
78. *St-Hilaire et Sûreté du Québec*, précité, note 62.
79. *Tessier et Centre de santé et de services sociaux Vallée-de-la-Batiscan*, D.T.E. 2007T-263 (C.R.T.). – l'employeur n'a pas procédé à une évaluation objective et sérieuse du plaignant, vice-président du syndicat.
80. Exemple : *Foucault* c. *Hôpital régional de la Mauricie*, [1973] T.T. 438. Un jugement de la Cour supérieure a affirmé que la concomitance constituait un élément essentiel d'établissement de la présomption et a annulé une décision qui

nuancée, que si l'existence d'un certain lien entre l'activité syndicale et la mesure contestée est nécessaire, la simple relation temporelle entre les deux faits ne représente pas un élément essentiel de la preuve requise du plaignant aux fins de l'établissement de la présomption[81]. Le jugement *Electrovert Limitée*[82] rapproche et concilie ces différentes affirmations ; on peut en retenir les indications suivantes :

– en principe, il faut établir un lien chronologique suffisant entre l'activité syndicale et la mesure attaquée ;

– le salarié n'a cependant pas le fardeau d'établir la relation causale entre les deux faits[83] ;

– le principe de l'exigence d'une certaine concomitance suffisante ne peut cependant avoir pour effet d'autoriser une stratégie de répression à retardement de la part de l'employeur, stratégie qui pourrait révéler une absence totale d'explication du geste de ce dernier ;

– une preuve de concomitance sera particulièrement nécessaire lorsque l'activité syndicale du salarié s'est limitée à sa simple appartenance à un syndicat[84]. Elle a été jugée superflue lorsque le plaignant est un officier ou un représentant syndical en exercice[85].

---

avait accueilli une plainte en l'absence, selon la Cour, de concomitance, commettant ainsi une erreur manifestement déraisonnable : *Hôtel-Dieu de Montréal* c. *Langlois*, D.T.E. 92T-1296 (C.S.) ; *Veilleux* c. *Couvoir Scott ltée*, 2007 QCCRT 0281– la C.R.T. a conclu au rejet de la plainte de la salariée vu l'absence de preuve de concomitance entre les activités syndicales et la mesure.

81. *Bouffard* c. *Transport Matane Inc.*, [1975] T.T. 223 ; voir aussi *Convoyeur continental et usinage Ltée* c. *Gosselin,* précité, note 64.

82. *Electrovert Limitée* c. *Loke,* T.T. Montréal, nº 500-28-000022-814, 30 juillet 1981. Voir aussi : *Bouffard* c. *Transport Matane Inc.*, *ibid.* ; *86725 Canada Ltée* c. *Marcotte*, D.T.E. 93T-1113 (T.T.) ; *Gaz Métropolitain Inc.* c. *Fleurant*, D.T.E. 87T-867 (T.T.) ; *Air Cargo Service Sept-Îles Inc.* c. *Bouchard*, D.T.E. 82T-187 (T.T.) ; *Aubé* c. *Hébergement La passerelle*, D.T.E. 2003T-566 (C.R.T.).

83. Autrement, la présomption perdrait toute utilité : *Vallée* c. *Hôpital Jean-Talon*, précité, note 53.

84. *Doyon* c. *Laval Chrysler Plymouth Ltée*, [1978] T.T. 379 ; *Neudorfer* c. *Les Ateliers d'ingénierie Dominion Textile*, [1980] T.T. 437.

85. *Locweld Inc.* c. *Hanssement*, précité, note 61. Voir toutefois *Vallée* c. *Hôpital Jean-Talon*, précité, note 53. Voir aussi : *Jetté* et *Boutiques San Francisco inc./Ailes de la mode inc.*, précité, note 59, par. 69-70 – la C.R.T. a jugé que le rôle important du salarié dans la campagne d'organisation du syndicat lui accorde le bénéfice de la présomption de l'article 17 C.t.

Retenons enfin que le salarié n'est pas tenu d'établir les fondements de sa croyance selon laquelle la mesure dont il se plaint lui a été imposée à cause de l'exercice d'une activité syndicale légitime[86].

463 – *Présomptions de fait* – La connaissance de l'activité syndicale de l'employé par l'employeur ne constitue pas un élément de preuve essentiel à l'établissement de la présomption de l'article 17 C.t.[87]. L'addition de cet élément de preuve, le cas échéant, à celui de la concomitance entre l'activité syndicale du salarié et la décision de l'employeur ajoutera une présomption de fait à la présomption légale[88]. Du côté de l'employeur, la preuve de son ignorance de l'activité syndicale du salarié lui permettra, à défaut d'échapper à la présomption de l'article 17 C.t., d'appuyer la crédibilité de son explication de la véritable raison de la mesure prise, la cause juste et suffisante, autre que l'activité syndicale, nécessaire au renversement de cette présomption légale.

Une preuve d'animosité antisyndicale de l'employeur créera semblablement une présomption de fait que l'activité syndicale du salarié est à l'origine de la mesure dont il se plaint et affectera d'autant la crédibilité ou l'appréciation du motif invoqué ou des explications fournies par l'employeur[89]. Rappelons d'ailleurs qu'une preuve directe de la motivation antisyndicale de l'employeur dispensera le plaignant de la nécessité d'établir la présomption en sa faveur et sera nettement déterminante[90].

464 – *Fardeau de preuve de l'employeur* – L'employeur peut renverser la présomption créée à l'article 17 du Code en prouvant que la mesure prise à l'endroit du salarié l'a été pour une cause juste et suffisante, autre que son activité syndicale. La preuve ainsi requise de l'em-

---

86. *Commission des écoles catholiques de Montréal* c. *Gendreau*, T.T. Montréal, n° 500-28-000061-796, 9 mai 1979, p. 31.

87. *Syndicat des travailleurs en mécanique de suspension (C.S.N.)* c. *Service de ressort moderne Inc.*, [1985] T.T. 156.

88. *General Motors of Canada Limited* c. *Allaire*, précité, note 64 ; *Hôpital du Saint-Sacrement, Québec* c. *Lesage*, précité, note 64 ; *Gaspé Cooper Mines Ltd.* c. *Auclair*, [1974] T.T. 296.

89. Exemple : *Court* c. *Collège Stanislas Inc.*, D.T.E. 2001T-956 (T.T.) ; *David et Brunet Béton ltée*, D.T.E. 2004T-847 (C.R.T.). Cette preuve n'est toutefois pas exigée : *Quessy* et *Safety-Kleen Canada inc.*, D.T.E. 2003T-1038 (C.R.T.).

90. *Bouffard* c. *Transport Matane Inc.*, précitée, note 81. Par ailleurs, le Tribunal du travail a déjà décidé que l'animus antisyndical n'était pas un facteur pertinent lors de l'établissement de la présomption de l'article 17 C.t. : *St-Lin-Laurentides (Ville de)* c. *Lanthier*, précité, note 61.

ployeur est une preuve prépondérante appréciée selon les facteurs usuels[91].

La notion de « cause juste et suffisante » a donné lieu à une controverse dans la jurisprudence. Cette controverse portait sur l'appréciation par la juridiction du travail de la cause juste et suffisante dont la preuve est requise de l'employeur pour renverser la présomption de l'article 17 C.t. S'agissait-il de vérifier l'existence d'une autre cause réelle, plutôt qu'un motif futile ou un prétexte, ou encore d'apprécier le caractère juste et suffisant de cette cause, du point de vue d'un employeur raisonnable placé dans la même situation ?

L'arrêt *Commercial Photo* de la Cour suprême a tranché la controverse : le rôle de l'instance du travail consiste à « déterminer si l'autre cause invoquée par l'employeur est une cause sérieuse par opposition à un prétexte, et si elle constitue la cause véritable du congédiement »[92]. Elle n'a pas à se prononcer sur la rigueur de la sanction imposée par l'employeur eu égard à la faute de l'employé. Une fois convaincue de l'existence d'un tel « motif réel et sérieux » justifiant la mesure prise par l'employeur, l'instance du travail doit considérer sa compétence épuisée, s'abstenir de substituer son appréciation à celle de l'employeur sur l'opportunité de la mesure et donc rejeter la plainte du salarié[93]. Réitérant la même position dans l'arrêt *Hilton Québec*, la Cour suprême refusait cette fois de casser le jugement attaqué parce que ce dernier en était venu de toute façon à la conclusion que la cause invoquée par l'employeur n'était ni une cause sérieuse ni la véritable cause du congédiement, mais qu'elle s'avérait plutôt un prétexte saisi par l'employeur[94].

Tenant compte de ces deux arrêts de la Cour suprême, il demeure possible et légitime pour la Commission des relations du travail de soupeser tous les aspects qui peuvent permettre, précisé-

---

91. *Collège Stanislas inc.* c. *Tribunal du travail*, D.T.E. 2001T-22 ; *Urgence médicale André Douillette Inc.* c. *Veilleux*, [1990] T.T. 198 ; *Steinberg Inc. (division Miracle Mart)* c. *St-Pierre*, [1985] T.T. 338. Il appartient à l'employeur de dissiper les doutes que la preuve peut raisonnablement laisser quant à la véracité de la cause qu'il invoque : *Ricard* c. *Société de radio-télévision du Québec (Radio-Québec)*, [1997] T.T. 526.

92. *Lafrance* c. *Commercial Photo Service Inc.*, précité, note 58, p. 547.

93. *Ibid.* Voir aussi : *Turpin* c. *Collège d'enseignement général et professionnel de St-Laurent*, D.T.E. 88T-381 (C.A.) ; *Décarie* c. *Produits pétroliers d'Auteuil Inc.*, [1986] R.J.Q. 2471 (C.A.) ; *Gosselin* et *Centre local de services communautaires – Centre d'hébergement et de soins longue durée Les Eskers*, précité, note 68, par. 157-159.

94. *Hilton Québec Ltd.* c. *Fortin*, [1980] 1 R.C.S. 548.

ment, de déterminer si le motif allégué par l'employeur est la véritable cause de la mesure contestée et non un prétexte. Parmi les facteurs susceptibles de révéler une opération de camouflage, on pourrait compter la discrimination injuste, la négligence dans l'examen des faits et même la sévérité excessive. Le tout n'est pas, en effet, pour l'employeur de prouver, par exemple, qu'il y a eu faute de la part du salarié ; encore faut-il qu'il soit établi que c'est cette faute qui a été la cause de la sanction[95]. Il est donc erroné de prétendre que le débat doive s'arrêter dès que la preuve est faite que le salarié a commis quelque bévue. Même en présence d'une faute réelle et sérieuse de la part du salarié, la plainte de ce dernier sera accueillie s'il apparaît néanmoins que cette faute n'est pas la véritable cause du congédiement, dont le motif véritable a plutôt été l'exercice d'un droit résultant du *Code du travail* par le salarié[96].

S'il s'agit de justifier le choix du salarié parmi plusieurs comme sujet de la mesure ayant donné lieu à la plainte, l'employeur devra en pratique démontrer une faute ou une responsabilité particulière du salarié, en matière disciplinaire[97], ou encore l'application des règles et des procédures habituellement suivies dans l'entreprise, si la mesure revêt plutôt un caractère administratif comme en cas de réduction de personnel[98].

---

95. *Carrier* et *Centre local de développement (C.L.D.) Les Etchemins*, D.T.E. 2005T-494 (C.R.T.) ; *Lépine* et *Réseau de transport de la Capitale*, D.T.E. 2005T-776 (C.R.T.).
96. *Barrette-Chapais Ltée* c. *Brière*, D.T.E. 82T-562 (C.A.) ; *Commission des normes du travail* c. *Mia Inc.*, D.T.E. 85T-590 (C.A.) ; *Fleury* c. *Épiciers unis Métro-Richelieu Inc.*, [1987] R.J.Q. 2034 (C.A.) ; *Silva* et *Centre hospitalier de l'Université de Montréal*, D.T.E. 2004T-960 (C.R.T.), confirmé par *Silva* c. *Centre hospitalier de l'Université de Montréal – Pavillon Notre-Dame*, D.T.E. 2007T-308 (C.A.) ; *Coupal* et *St-Jérôme (Ville de)*, précité, note 59 ; *Biondo* et *Centre hospitalier de l'Université de Montréal*, D.T.E. 2007T-551 (C.R.T.) ; *Desfossés* c. *Société de transport de Sherbrooke*, 2011 QCCA 229.
97. *Hôpital Royal Victoria* c. *Rudner*, D.T.E. 84T-397 (T.T.) ; *Hôpital Victoria* c. *Duceppe*, D.T.E. 84T-398 (T.T.).
98. La Cour d'appel a reconnu la légitimité d'une telle approche par le tribunal spécialisé, qui peut ainsi tenir compte de l'usage et du bon sens, notamment de l'ancienneté relative des salariés même en l'absence de convention collective, pour apprécier si une décision de licenciement est raisonnable, et donc les véritables motifs de l'employeur : *Commission des normes du travail* c. *Mia Inc.*, précité, note 96 ; *Quintin* c. *Tribunal du travail*, [1989] R.J.Q. 1471 (C.A.) ; *Marza* et *Centre Marcel-de-la-Sablonnière*, D.T.E. 2004T-418 (C.R.T.) ; *Harvey* et *Maison de Job inc.*, D.T.E. 2005T-299 (C.R.T.) – l'application d'une disposition de la convention collective par l'employeur de façon arbitraire constitue un prétexte ; *Arsenault* et *C&D Aerospace*, D.T.E. 2007T-103 (C.R.T.) – lors d'un licenciement, les critères de sélection de l'employeur doivent être objectifs, raisonnables et exempts de discrimination.

Le cas échéant, il n'y aura pas lieu pour la C.R.T. de départager les considérations licites et illicites qui ont pu concourir dans la motivation de l'employeur. La décision entachée d'un motif illégal est irrémédiablement viciée, sans qu'il soit question de déterminer si le motif illégal a été déterminant[99].

465 – *Cumul de recours* – La Commission des relations du travail dispose du pouvoir d'apprécier la véracité et le sérieux du motif invoqué par l'employeur, qu'il soit d'ordre disciplinaire ou administratif. Un arbitre de griefs agissant en vertu d'une convention collective jouira généralement d'une marge d'intervention beaucoup plus large à l'égard des mêmes faits et des deux ordres de motifs. Par exemple, la C.R.T. pourrait considérer qu'une réduction de personnel consécutive à une diminution de clientèle constitue dans l'espèce dont elle est saisie la cause juste et suffisante renversant la présomption et rejeter en conséquence la plainte du salarié. Un arbitre de griefs pourrait alors néanmoins accueillir un grief du salarié s'il venait à la conclusion que l'employeur a mal interprété ou appliqué la convention collective à son endroit en procédant à sa mise à pied ou à son licenciement.

Le salarié peut donc cumuler une plainte en vertu des articles 15 et suivants C.t. et un grief selon sa convention collective[100]. Même si l'objet de ces deux recours peut être différent, il faut noter qu'ils peuvent être cumulés. L'article 118, 2° C.t. en témoigne. Il ne permet pas à la C.R.T. de refuser de statuer sur une telle plainte parce qu'elle est d'avis qu'elle pourrait être réglée par un grief. Si chacun des

---

99.   Voir, par analogie : *Bertrand* c. *L.D.G. Inc.*, [1980] T.T. 96. Une motivation anti-syndicale n'empêchera toutefois pas l'employeur de fermer définitivement son entreprise *City Buick Pontiac (Montréal) Inc.* c. *Roy*, précité, note 20 ; *Caya* c. *1641-9749 Québec Inc.*, précité, note 20 ; *Silva* c. *Centre hospitalier de l'Université de Montréal – Pavillon Notre-Dame*, D.T.E. 2007T-308 (C.A.), confirmant D.T.E. 2004T-960 (C.R.T.) – la Cour d'appel affirme que la présomption de l'article 17 C.t. ne sera pas repoussée s'il existe un motif illicite, et ce, même en présence d'un motif légal ; *Biondo* et *Centre hospitalier de l'Université de Montréal*, précité, note 96.

100.   *Gosselin* et *Centre local de services communautaires – Centre d'hébergement et de soins longue durée Les Eskers*, précité, note 68, par. 156-157 – il n'y a pas chose jugée entre une sentence arbitrale, se prononçant sur la validité des sanctions disciplinaires, et une plainte en vertu de l'article 216 C.t. en raison du défaut d'identité de cause, d'objet et de parties ; *Syndicat des employés municipaux de la région de Thetford Mines inc. (F.I.S.A.)* et *Thetford Mines (Ville de)*, D.T.E. 2004T-940 (T.A.) ; *Syndicat de l'enseignement de la Rivière-du-Nord* et *Commission scolaire de la Rivière-du-Nord*, D.T.E. 2007T-332 (T.A.) – il y a possibilité de cumul des recours puisque l'arbitre de griefs et la C.R.T. ne répondent pas à la même question.

recours est susceptible d'amener l'examen d'une même question, comme la commission d'une faute par le salarié, le recours spécifique en vertu du *Code du travail* procédera par préséance, l'arbitrage du grief devant en attendre le résultat, si nécessaire[101]. Rien ne s'opposera par ailleurs à l'exercice simultané des compétences respectives de la C.R.T. et de l'arbitre de griefs si les questions qui leur sont soumises sont indépendantes l'une de l'autre[102].

466 – *Audition* – L'audition devant la Commission des relations du travail, lorsqu'il y a lieu, se déroule selon le mode contradictoire usuel. C'est le plaignant qui présente d'abord sa preuve complète sur le fond du litige, en cherchant non seulement à établir les éléments requis à la naissance de la présomption mais encore tous les autres faits susceptibles de soutenir ses allégations, comme la connaissance de son activité syndicale par l'employeur ou l'animosité de ce dernier à l'endroit de l'institution syndicale. L'employeur présente ensuite sa preuve et le plaignant dispose d'un droit de contre-preuve. Le commissaire entend enfin les plaidoiries selon le même ordre d'intervention[103].

C'est le plus souvent après avoir entendu toute la preuve et tous les arguments des parties que la C.R.T. décidera du sort de la plainte par une seule décision. La jurisprudence de la Cour d'appel invite, de façon générale, les tribunaux spécialisés à adopter une attitude prudente et même circonspecte avant de disposer des litiges qui leur sont confiés à partir de moyens de droit soulevés préliminairement, sans avoir entendu toute la preuve qui pourrait se révéler pertinente pour en décider[104]. Cela n'exclut toutefois pas que la C.R.T. puisse en certaines circonstances décider *in limine litis* d'une objection qui met directement en cause sa compétence[105].

---

101. *Ludger Harvey Limitée* c. *Cossette*, [1969] B.R. 91 ; *Ludger Harvey Limitée* c. *Cossette*, [1972] C.A. 619 ; *General Motors of Canada Ltd.* c. *Gosselin*, [1978] T.T. 350. Voir aussi, par analogie, *Giguère* c. *Cie Kenworth du Canada (division de Paccar du Canada Ltée)*, [1990] R.J.Q. 2485 (C.A.) ; *Gestion A.C.D. (1996) inc. (Campement Nemiscau)* et *Union des routiers, brasseries, liqueurs douces et ouvriers de diverses industries, section locale 1999 (Teamsters Québec)*, D.T.E. 2005T-685 (T.A.).

102. *Syndicat national des employés de la filature de Montréal* c. *J. & P. Coats (Canada) Ltée*, [1981] C.A. 163 ; *Caluori* et *Entourage Solutions technologiques*, D.T.E. 2005T-261 (C.R.T.).

103. *Léger-Gilles-Jean* c. *Centre d'accueil Denis-Benjamin Viger*, D.T.E. 91T-414 (T.T.) ; *Bouliane* c. *Brasserie Le Boucanier Inc.*, [1989] T.T. 46.

104. Voir et transposer : *Bandag Canada Ltée* c. *Syndicat national des employés de Bandag de Shawinigan*, [1986] R.J.Q. 956 (C.A.).

105. *White Sister Uniform Inc.* c. *Tribunal du travail*, [1976] C.A. 772.

467 – *Ordonnance provisoire de sauvegarde* – Lorsque les circonstances le justifient, la C.R.T. peut prononcer une ordonnance provisoire de nature à sauvegarder en l'occurrence les droits du salarié plaignant (art. 118, 3o C.t.)[106]. Cette demande peut être faite soit par le plaignant lui-même ou par son syndicat[107]. Avant la réforme du *Code du travail*, ce type de mesure intérimaire était disponible auprès de la Cour supérieure qui lui a donné une suite favorable lorsque cela lui paraissait nécessaire pour parer à une situation d'urgence créée par l'employeur en imposant des sanctions interdites par l'article 15 C.t.[108]. Une telle mesure provisoire peut être particulièrement opportune lorsque les agissements de l'employeur risquent de compromettre la formation et l'existence d'une association syndicale, par exemple, par l'imposition de congédiements massifs[109].

Il demeure toutefois douteux que la C.R.T. puisse viser par ce type d'ordonnance des mesures qu'elle appréhenderait de la part de l'employeur[110].

468 – *Réparation* – Lorsqu'elle juge la plainte du salarié bien fondée, la C.R.T. dispose du pouvoir de redressement prévu à l'article 15 C.t., dont la nature varie concrètement selon la mesure imposée au salarié par l'employeur. Il est important de noter que la C.R.T., dans le cadre

---

106. Voir *supra*, Titre II, chapitre 1, no 423.
107. *Syndicat des travailleuses et travailleurs de la Coopérative funéraire du Bas-St-Laurent (C.S.N.)* et *Coopérative funéraire du Bas-St-Laurent*, D.T.E. 2004T-191 (C.R.T.) ; *Syndicat des opérateurs de bétonnière Montréal – Rive-Nord (C.S.N.)* et *Béton provincial ltée*, D.T.E. 2004T-519 (C.R.T.).
108. *Bissonnette* c. *P.P.D. Rim-Spec Inc.*, D.T.E. 91T-1115 (C.A.) ; *Union des employés de commerce 503* c. *Baribeau*, [1976] R.D.T. 367 (C.S.) ; *Union des vendeurs d'automobiles et employés auxiliaires, local 1974* c. *Montmorency Ford Sales Limitée*, [1976] R.D.T. 1 (C.S.) ; *Union des employés de commerce (500)* c. *Salaison Rivard Inc.*, [1975] R.D.T. 499 (C.S.).
109. *Ibid. Syndicat des travailleuses et travailleurs de la Coopérative funéraire du Bas-St-Laurent (C.S.N.)* et *Coopérative funéraire du Bas-St-Laurent*, précité, note 107 – la C.R.T. ordonne la réintégration provisoire du plaignant, le président du syndicat, car en l'absence d'une telle ordonnance, les activités syndicales seraient paralysées ; *Syndicat des opérateurs de bétonnière Montréal – Rive-Nord (C.S.N.)* et *Béton provincial ltée*, précité, note 107 – la C.R.T. ordonne la réintégration provisoire des plaignants car ils sont les seuls délégués syndicaux ; *Travailleuses et travailleurs unis de l'alimentation et du commerce, section locale 501* et *Léguminière YC inc.*, D.T.E. 2006T-916 (C.R.T.) – ordonnance de réintégration provisoire du principal organisateur de la campagne de syndicalisation.
110. Par comparaison, l'article 119 C.t. autorise expressément la C.R.T. à prévenir, par une ordonnance appropriée, une grève, un ralentissement d'activités ou encore un lock-out appréhendés.

des compétences qui lui sont attribuées au terme de l'article 15 C.t., ne peut accorder les mesures réparatrices générales qui sont prévues aux articles 118 et 119 C.t. Elle doit se limiter aux remèdes spécifiques circonscrits par la disposition particulière que constitue l'article 15 C.t[111].

S'agissant d'un congédiement, d'une suspension ou d'un déplacement, la C.R.T. peut ordonner à l'employeur de réintégrer le salarié dans son emploi (ou dans ses fonctions) avec tous ses droits et privilèges, dans les huit jours de la signification de la décision[112]. L'ordonnance de la C.R.T. peut lier l'acquéreur de l'entreprise même si le geste illégal a été posé par son vendeur[113]. Si la mesure prise par l'employeur n'a pas eu pour effet de priver le salarié de son travail, l'exécution spécifique pourra prendre la forme d'une ordonnance d'annulation de la sanction ou, au besoin, de cessation des mesures dont se plaignait le salarié.

Dans tous les cas, les pertes pécuniaires encourues par le salarié peuvent donner lieu à une ordonnance d'indemnisation. L'indemnité due à la suite d'un congédiement, d'une suspension ou d'un déplacement couvre toute la période depuis le moment où la mesure a pris effet jusqu'à celui de l'exécution de l'ordonnance de réintégration ou jusqu'à ce que le salarié soit en défaut de reprendre son emploi après avoir été dûment rappelé par l'employeur[114]. L'indemnité correspond au salaire et aux autres avantages pécuniaires, s'il y a lieu, dont le salarié a été privé par le congédiement, la suspension ou le déplacement ; elle est réduite du salaire gagné ailleurs, le cas échéant, dans

---

111. *Marleau* c. *Municipalité de Pontiac*, 2006 QCCRT 0476 ; *Lavoie* c. *Avensys Inc. (Omnitronix Ltée)*, 2004 QCCRT 0568 ; *Plourde* c. *Compagnie Wal-Mart du Canada Inc.*, précité, note 19.

112. *Marleau* et *Pontiac (Municipalité de)*, précité, note 111 – lors d'un congédiement, la réparation appropriée est la réintégration accompagnée d'une indemnité pour salaire et avantages perdus.

113. *Adam* c. *Daniel Roy Ltée*, [1983] 1 R.C.S. 683 ; *Groulx* c. *155252 Canada Inc.*, D.T.E. 95T-1288 (T.T.) ; *Savard* et *Parc commémoratif de Montréal inc.*, D.T.E. 2000T-883 (C.T.). La protection de l'article 15 C.t. peut être poursuivie contre l'acquéreur des droits d'une entreprise faillie : *Engrenage P.Y.G.* c. *Malette*, D.T.E. 2003T-426 (C.S.) ; *Banque nationale du Canada* c. *Syndicat des travailleuses et travailleurs de Les jardins Laval (CSN)*, D.T.E. 92T-683 (T.T.).

114. Le tribunal spécialisé ne dispose d'aucune discrétion pour réduire cette période : *Lachapelle* c. *Caisse populaire Desjardins de Lavaltrie*, [2002] R.J.D.T. 235 (T.T.). Il lui appartient toutefois de l'apprécier : *Artel Inc.* c. *Lesage*, D.T.E. 91T-1057 (C.A.). En cas d'aliénation de l'entreprise, c'est le nouvel employeur qui est tenu de payer la totalité de l'indemnité due au salarié : *Groulx* c. *155252 Canada Inc., ibid.*

un emploi de remplacement[115] et des cotisations syndicales qu'il aurait payées s'il était resté au travail[116]. Quant à la perte d'avantages pécuniaires autres que le salaire proprement dit, il peut s'agir, par exemple, de l'indemnité de vacances prévue par la Loi ou par convention entre les parties[117], ou encore de pourboires[118]. Par ailleurs, la jurisprudence courante applique au calcul de l'indemnité le principe de droit commun obligeant la victime à mitiger ses dommages, ce qui implique que l'indemnité pourra être réduite si l'employé, par exemple en cas de congédiement, a négligé de se chercher du travail ou en a refusé[119]. Cette solution a subsisté malgré que la Cour d'appel ait déjà souligné que le remède apporté par l'article 15 C.t. est « en quelque sorte une pénalité imposée à raison de l'acte illégal posé et qui va beaucoup plus loin, malgré les apparences premières, que simplement replacer les parties dans la situation juridique dans laquelle elles se trouvaient avant le congédiement »[120].

Les sommes dues au salarié en vertu d'une ordonnance d'indemnisation sont le plus souvent déterminées par entente des parties. À défaut de telle entente, la question est tranchée par la C.R.T. sur requête de l'employeur ou du salarié (art. 19, al. 1 C.t.). Ces sommes sont sujettes au paiement d'un intérêt au taux légal à compter du dépôt de la plainte. S'y ajoute une indemnité supplémentaire qui vise à combler l'écart entre le taux d'intérêt légal et celui fixé selon l'article 28 de la *Loi sur le ministère du Revenu* : un pourcentage égal à l'excédent du taux d'intérêt fixé suivant cette disposition législative sur le taux légal d'intérêt est ajouté au montant de l'intérêt légal, depuis le dépôt de la plainte (art. 19 C.t.)[121].

---

115.   La considération des autres gains se rapporte globalement à la période couverte par l'indemnité, sans égard au fait qu'à certains moments les gains du salarié ont été réduits ou sont inexistants : *Abattoir Jacques Forget Ltée* c. *Thibault*, [1994] T.T. 351. Ni les prestations d'assurance-emploi ni celles d'aide à l'emploi versées au salarié à titre de mesures sociales ne sont du salaire à déduire de l'indemnité : *Gaudreau* c. *Jardin Jouvence inc. / Floralies Jouvence enr.*, [1999] R.J.D.T. 171 (T.T.).

116.   *Gibeault* et *Pierrefonds (Ville de)*, D.T.E. 2004T-807 (C.R.T.).

117.   *Antoine Guertin Ltée* c. *St-Germain*, [1988] T.T. 328 ; *Publications Québécor Inc.* c. *Laplante Bohec*, [1979] T.T. 268.

118.   *2540-4773 Québec* c. *Milhomme*, [1992] T.T. 484.

119.   *Lachapelle* c. *Caisse populaire Desjardins de Lavaltrie*, précité, note 114 ; *Vestshell Inc.* c. *Agudelo*, D.T.E. 83T-910 (T.T.) ; *Publications Québécor Inc.* c. *Laplante Bohec*, précité, note 117 ; *Woo* c. *160148 Canada inc.*, D.T.E. 2004T-787 (C.R.T.) ; *Fréchette* c. *Ambulance Waterloo inc.*, D.T.E. 2004T-419 (C.R.T.) ; *Fonderie Fondalco inc.* et *Poulin*, précité, note 73.

120.   *United Last Company Ltd.* c. *Tribunal du travail*, précité, note 68, p. 436.

121.   *Loi sur le ministère du Revenu*, RLRQ, c. M-31. Sur l'absence de discrétion pour ordonner le paiement de l'intérêt légal et de l'indemnité additionnelle, lorsqu'il y

Notons que les décisions de la C.R.T. rendues en application des articles 15 ou 19 C.t. peuvent faire l'objet d'une révision par la C.R.T. elle-même, ou par les tribunaux supérieurs, le cas échéant[122].

II- LES DROITS ASSOCIATIFS

469 – *Objets* – L'expression « droits associatifs » désigne ici les droits dont dispose l'association syndicale elle-même comme entité distincte de ses membres ainsi que ceux que les salariés peuvent exercer collectivement par l'intermédiaire ou sous la direction de l'association dont ils sont membres ou qui les représente.

A. Le contenu

1. Le droit d'existence

470 – *Fondement* – Pas d'association, pas de liberté d'association. Cette affirmation coule de source. En reconnaissant à l'unanimité que la liberté d'association des individus comporte la liberté de constituer une association, d'y appartenir et de la maintenir, la Cour suprême consacrait du même coup le droit d'existence des associations syndicales[123]. Mais il y a plus. L'association a droit à une existence viable. Cette dimension supplémentaire et nouvelle s'infère de la reconnaissance du droit des individus de se livrer, sous la protection des chartes, à des activités légitimes qui sont nécessairement collectives, sans quoi leur liberté d'association perdrait son sens[124]. Il s'ensuit, verrons-nous, certaines conséquences au niveau des moyens d'action collective, qui pourraient en certaines circonstances réclamer la protection des chartes.

2. Le droit de recrutement

471 – *Encadrement* – L'objectif le plus immédiat d'une association de salariés sera normalement de recruter des membres pour assurer son

---

a lieu, voir *Pneus supérieur Inc.* c. *Léonard*, [1999] R.J.D.T. 1657 (T.T.). Exemple du mode de calcul de l'intérêt : *Pavages Chenail Inc.* c. *Rougeau*, D.T.E. 94T-357 (T.T.).

122. Voir *supra*, titre II, chapitre 1, section II, sous-section d).

123. *Renvoi relatif à la Public Service Employee Relations Act (Alb.)*, précité, note 7, p. 363, 391, 407 ; *Institut professionnel de la Fonction publique du Canada* c. *Territoires du Nord-Ouest (Commissaire)*, [1990] 2 R.C.S. 367, p. 402.

124. *Dunmore* c. *Ontario (Procureur général)*, précité, note 9, par. 17 ; *Health Services and Support – Facilities Subsector Bargaining Assn.* c. *Colombie-Britannique*, précité, note 10.

maintien et en nombre suffisant pour prendre charge d'un régime de rapports collectifs du travail selon les conditions de majorité posées à cet égard par le *Code du travail*. Le Code lui-même tient compte de cette réalité. D'une part, il facilite le recrutement syndical en affirmant et protégeant la liberté individuelle d'adhésion des salariés, comme nous l'avons vu. D'autre part, il pose certaines limites à la faculté ou à l'activité de recrutement. Seule une association qui ne compte comme membres que des policiers municipaux pourra les recruter (art. 4 C.t.). Il est par ailleurs interdit à une association de salariés de solliciter des adhésions sur les lieux du travail, pendant les heures de travail (art. 5 C.t.)[125].

472 – *Refus d'admission* – L'association syndicale peut en principe refuser l'admission à un salarié qui veut en devenir membre. C'est là une conséquence incontournable de la reconnaissance par la Cour suprême de la dimension négative de la liberté d'association, c'est-à-dire du droit de non-association, que le syndicat peut lui aussi invoquer[126]. En d'autres termes, le droit négatif de ne pas s'associer est bi-directionnel[127].

La discrétion du syndicat sera toutefois réduite s'il accède au statut d'association de salariés accréditée en vertu du *Code du travail*. La grille d'analyse de la légitimité de son refus d'admettre un salarié comme membre devra alors prendre en compte que la Loi réserve des droits importants aux seuls membres de l'association accréditée, comme celui d'élire ses officiers ou dirigeants (art. 20.1 C.t.), celui d'autoriser une déclaration de grève (art. 20.2 C.t.), celui d'accepter ou de refuser les dernières offres de l'employeur à l'occasion d'une négociation (art. 58.2 C.t.) et celui d'autoriser la signature d'une convention collective (art. 20.3 C.t.). En outre, l'article 47.2 C.t. commande à l'association accréditée de ne pas agir de mauvaise foi ou de manière arbitraire ou discriminatoire et de ne pas faire preuve de négligence grave à l'endroit des salariés compris dans l'unité de négociation qu'elle représente, peu importe qu'ils soient ses membres ou non[128]. Cette norme de conduite rejoint également une décision rela-

---

125. Une contravention à cette interdiction rend l'association fautive passible d'une sanction pénale mais n'invalide pas les adhésions en cause et n'affecte pas le droit à l'accréditation de l'association, s'il y a lieu : *L'Espérance* c. *National Metal Finishing Canada Ltd.*, D.T.E. 2000T-1103 (T.T.).

126. Voir et transposer à partir du droit à la liberté d'expression dont bénéficient les personnes morales : *R.* c. *Big M Drug Mart Ltd.*, [1985] 1 R.C.S. 295 ; *Irwin Toy Ltd.* c. *Québec (Procureur général)*, [1989] 1 R.C.S. 927.

127. Exemple : *Beaudoin* c. *Syndicat des travailleurs spécialisés en charcuterie de Magog*, D.T.E. 2000T-685.

128. Voir *infra*, Titre II, chapitre 4, nos 557-589, 593.

tive à l'admission d'un salarié comme membre[129]. Ces restrictions supplémentaires ne devraient pas empêcher l'association accréditée de refuser, en toute légitimité, l'admission d'un salarié lorsque sa cohésion organisationnelle, voire son existence, pourrait être compromise.

3. Le droit d'affiliation

473 – *Nature* – On entend par affiliation l'adhésion d'une association de salariés à une structure ou une organisation syndicale élargie, qu'il s'agisse d'une union, d'une fédération ou d'une centrale. Le but alors recherché est de participer à l'élaboration de revendications communes à divers niveaux, de coordonner l'action syndicale et de réunir ainsi que de partager certaines ressources. La Cour suprême a évoqué ce genre de regroupement comme un des moyens d'expression collective de la liberté d'association des individus[130]. On pourrait aussi dire que l'affiliation constitue l'exercice par le syndicat de son propre droit d'association.

474 – *Restrictions* – Le *Code du travail* n'ignore pas la réalité de l'affiliation, encore que ce ne soit probablement pas dans le sens usuel et contemporain du terme. De fait, les articles 73 et 111.4 C.t. évoquent l'affiliation, sans la définir, pour la soumettre à une restriction. En substance et dans leurs aires respectives d'application, ces articles interdisent à une association accréditée qui a conclu une convention collective ainsi qu'à un « groupe de salariés » régis par une telle convention ou par un instrument qui en tient lieu, de faire des « démarches en vue de devenir membre d'une autre association ou de s'y affilier », sauf dans les périodes de remise en question de l'accréditation. Sans élaborer davantage, vu l'importance marginale de la question, il y a lieu de retenir de la jurisprudence que : (1) la rédaction actuelle des articles 73 et 111.4 est le résultat d'incongruités historiques associées aux modifications successives apportées au *Code du travail* et plus particulièrement aux conditions de reconnaissance des conventions collectives ayant valeur légale ; (2) que ces articles, malgré les apparences, ne visent pas les démarches d'un syndicat

---

129. Exemple d'une expulsion et d'un refus de réadmission illégaux et abusifs : *Dufour c. Syndicat des employées et employés du centre d'accueil Pierre-Joseph Triest (C.S.N.)*, [1999] R.J.Q. 2674 (C.S.) ; *Bernard et Alliance internationale des employés de scène, de théâtre et de cinéma des États-Unis et du Canada (I.A.T.S.E.), section locale 523, Québec*, précité, note 14 – l'association doit examiner toute demande d'adhésion.
130. *Dunmore c. Ontario (Procureur général)*, précité, note 9, par. 17.

pour s'affilier à un regroupement d'autres syndicats[131] ; (3) que les démarches prohibées à un « groupe de salariés » sont des démarches collectives qui ne comprennent pas les changements individuels d'adhésion, quel qu'en soit le nombre[132].

Les syndicats qui demeurent dans le doute quant à la légalité de leur affiliation à un regroupement syndical peuvent contourner assez facilement la difficulté. À défaut de contracter une union formelle et complète, ils opteront pour un concubinage à l'essai, sous la couverture pudique d'une « entente de services ».

L'article 4 C.t. interdit aux policiers municipaux non seulement d'être membres d'une association de salariés qui ne serait pas formée exclusivement de policiers municipaux mais aussi de celle qui serait affiliée « à une autre organisation ». Il semble bien que cette « autre organisation » en soit une qui ne regroupe exclusivement soit des policiers municipaux eux-mêmes, soit des syndicats de policiers municipaux.

4. Le droit d'action collective

a) Les chartes

475 – *Reconnaissance du processus de négociation collective* – Dans le *Renvoi relatif à l'Alberta*, la Cour suprême avait exclu que la garantie constitutionnelle de la liberté d'association s'étende aux faits, objets et moyens de l'action collective[133]. Sur cette base, elle avait par la suite exclu du bénéfice de la protection des chartes les moyens collectifs et par ailleurs légitimes d'action syndicale que sont la négociation collective et le recours à la grève[134].

---

131. *Syndicat des salariés d'Emballages Mitchel-Lincoln (division Drummondville) (F.I.S.A.)* et *Fédération indépendante des syndicats autonomes*, D.T.E. 2004T-515 (C.R.T.) ; *Association des musiciennes et des musiciens de l'Orchestre symphonique de Québec* et *Guilde des musiciens de Québec*, D.T.E. 2007T-372 (C.R.T.), par. 25-33.

132. *Syndicat des travailleurs de l'industrie et du commerce, numéro 425* c. *Syndicat canadien des communications, de l'énergie et du papier (SCEP), section locale 193*, [2000] R.J.D.T. 212 (T.T.) ; *Barrette-Chapais Ltée* c. *Bouchard*, [1981] T.T. 177 ; *Union des ouvriers du textile d'Amérique, local 1730* c. *Syndicat des employés et salariés de Celanese*, [1975] T.T. 257.

133. *Renvoi relatif à la Public Service Employee Relations Act (Alb.)*, précité, note 7. Voir aussi : *Dunmore* c. *Ontario (Procureur général)*, précité, note 9, par. 14 ; *R.* c. *Advance Cutting & Coring Ltd.*, précité, note 30, par. 179.

134. *Renvoi relatif à la Public Service Employee Relations Act (Alb.)*, précité, note 7 ; *Institut professionnel de la Fonction publique du Canada* c. *Territoires du Nord-Ouest*, précité, note 123. Dans Christian BRUNELLE et Pierre VERGE, « L'inclusion de la liberté syndicale dans la liberté (générale) d'association : un

Depuis lors, les arrêts *Dunmore*[135] et *Health Services and Support*[136], ont changé la donne. Adoptant une position évolutive, la Cour suprême retient que certaines activités sont par nature collectives et qu'elles peuvent être vitales pour l'exercice de la liberté individuelle d'association[137]. Dans *Health Services and Support*[138], elle vient à la conclusion que le processus de négociation collective est protégé par l'alinéa 2d) de la Charte canadienne.

Pour ce faire, la Cour suprême invoque l'histoire des relations du travail au Canada qui révèle la nature fondamentale de la négociation collective (par. 40 à 68), s'appuie sur les engagements internationaux du Canada qui protègent la négociation collective en tant que partie inhérente de la liberté d'association (par. 69 à 79) et conclut que la protection du processus de négociation collective est compatible avec la promotion des valeurs reconnues par la Charte, notamment celles de dignité, d'autonomie de la personne, d'égalité et de démocratie (par. 80 à 86).

La Cour précise cependant que c'est le processus de la négociation collective qui est protégé et non son résultat et que l'alinéa 2d) confère le droit de participer à un processus général de négociation collective et non le droit de revendiquer un modèle particulier de relations du travail ou une méthode particulière de négociation[139]. De plus, l'alinéa 2*d)* de la Charte ne protège pas tous les aspects de l'activité associative liée à la négociation collective ; la Cour précise, au paragraphe 90 que seules les « entraves substantielles » seront sanctionnées :

---

pari constitutionnel perdu ? », (2003) 82 *R. du B. can.* 723, les auteurs résumaient la chose ainsi : « En définitive, si l'on devait tracer l'itinéraire des rapports collectifs de travail en droit canadien, celui-ci aurait pour point de départ la formation du syndicat et pour point d'arrivée la convention collective dûment négociée ou, à défaut, l'exercice du droit de grève afin de faire débloquer les négociations. Or, selon l'interprétation retenue par la Cour, la protection constitutionnelle offerte pas la liberté d'association s'arrête en chemin puisqu'elle comporte des limites intrinsèques qui font que le droit de négocier collectivement et le droit de grève en sont exclus. »

135. *Dunmore* c. *Ontario (Procureur général)*, précité, note 9.
136. *Health Services and Support – Facilities Subsector Bargaining Assn.* c. *Colombie-Britannique*, précité, note 10.
137. *Dunmore* c. *Ontario (Procureur général)*, précité, note 9.
138. *Health Services and Support – Facilities Subsector Bargaining Assn.* c. *Colombie-Britannique*, précité, note 10.
139. *Ibid.*, par. 91 ; voir aussi sur le sujet de la non-protection d'un modèle particulier de relation du travail *Delisle* c. *Canada (Sous-procureur général)*, [1999] 2 R.C.S. 989.

L'alinéa 2d) de la Charte ne protège pas tous les aspects de l'activité associative liée à la négociation collective. Il protège uniquement contre les « entraves substantielles » à l'activité associative, selon le critère élaboré dans *Dunmore* par le juge Bastarache, [...] (par. 23). En d'autres termes, il s'agit de déterminer si l'acte de l'État vise ou touche l'activité associative, « décourageant ainsi la poursuite collective d'objectifs communs » (*Dunmore*, par. 16). Il n'est cependant pas nécessaire de démontrer l'intention de porter atteinte au droit d'association lié à la négociation collective pour établir la violation de l'al. 2d) de la Charte. Il suffit que la loi ou l'acte de l'État ait pour *effet d'entraver de façon substantielle* l'activité de négociation collective, décourageant ainsi la poursuite collective d'objectifs communs. En conséquence, l'État doit s'abstenir d'empêcher un syndicat d'exercer une véritable influence sur les conditions de travail par l'entremise d'un processus de négociation collective menée de bonne foi. [...].[140]

Donc, la Cour précise que, de manière générale, il faut d'abord déterminer l'importance que les aspects touchés revêtent pour le processus de négociation collective et, plus particulièrement, la mesure dans laquelle la capacité des syndiqués d'agir d'une seule voix en vue de réaliser des objectifs communs est compromise. Puis, il faut étudier l'impact de la mesure sur le droit collectif à une consultation et à une négociation menée de bonne foi[141].

La Cour précise enfin que l'atteinte au processus de négociation collective peut parfois se justifier en vertu de l'article premier de la Charte :

Même lorsqu'une atteinte à l'al. 2d) est établie, l'examen de la question ne s'arrête pas là : il demeure possible que les restrictions imposées au droit garanti par l'al. 2d) constituent, en vertu de l'article premier de la Charte, des limites raisonnables dont la justification peut se démontrer dans le cadre d'une société libre et démocratique. Exceptionnellement et généralement de façon temporaire, une interférence dans le processus de négociation collective reste donc permise, par exemple dans des situations mettant en cause des services essentiels ou des aspects

---

140. *Ibid.*, par. 90 ; dans cette affaire, cela impliquait donc une obligation positive aux employeurs du secteur public d'accepter de discuter avec l'association de travailleurs : par. 89 : « L'alinéa 2d) impose aux employeurs du secteur public des obligations correspondantes d'accepter de rencontrer les employés pour discuter avec eux. » ; par. 90 : « Le droit des employés de négocier collectivement impose donc à l'employeur des obligations correspondantes. Il implique que l'employeur et les employés se rencontrent et négocient de bonne foi en vue de réaliser leur objectif commun d'accommodement par des moyens pacifiques et productifs. »
141. *Ibid.*, par. 93.

vitaux de l'administration des affaires de l'État, ou dans le cas d'une impasse manifeste ou d'une crise nationale.[142]

Finalement, il faut garder à l'esprit que, même si les tribunaux jugent qu'il y a bel et bien atteinte à la liberté de négocier collectivement et que cette atteinte n'est pas justifiée en vertu de l'article premier de la Charte, il sera toujours loisible au Parlement ou à la législature d'une province de se soustraire à cette obligation pour une période maximale de cinq ans, en adoptant une disposition dérogatoire (clause « nonobstant ») selon l'article 33 C.c.d.l.[143]. Il est également à noter que le Parlement ou une législature provinciale peut adopter de nouveau une telle disposition dérogatoire à l'expiration du délai de cinq ans, le tout selon les mêmes conditions.

476 – *L'impact de l'arrêt* Health Services and Support *au Québec* – Dans la décision *Health Services and Support*[144], comme observé précédemment, la Cour suprême franchit un pas qu'elle s'était jusqu'alors refusée à franchir : elle reconnaît désormais le droit à un processus de négociation collective à l'alinéa 2d) de la Charte canadienne, renversant du même coup une vingtaine d'années de jurisprudence[145]. Ce phénomène, décrit en doctrine comme étant la « constitutionnalisation du droit du travail »[146] semble plus que jamais au cœur des préoccupations de notre plus haut tribunal. Basant majoritairement son argumentation sur l'historique des relations de travail, la portée du droit international du travail et la compatibilité avec les valeurs protégées par la Charte pour justifier

---

142. *Ibid.*, par. 108 ; voir aussi *supra*, Titre préliminaire, chapitre 2, n°s 25 et s.

143. Voir *Ford* c. *Québec (Procureur général)*, [1988] 2 R.C.S. 712 ; voir aussi, sur le fonctionnement de l'article 33 C.c.d.l. : P.W. HOGG, *Constitutional Law of Canada*, vol. 2, loose-leaf ed., Scarborough, Ont., Carswell, 2006 (Fifth Edition Supplemented), chapter 39 ; Henri BRUN et Guy TREMBLAY, *Droit constitutionnel*, 4e éd., Cowansville, Éditions Yvon Blais, 2002.

144. *Health Services and Support – Facilities Subsector Bargaining Assn.* c. *Colombie-Britannique*, précité, note 10.

145. *Renvoi relatif à la Public Service Employee Relations Act (Alb.)*, précité, note 7 ; *AFPC* c. *Canada*, [1987] 1 R.C.S. 424 ; *SDGMR* c. *Saskatchewan*, [1987] 1 R.C.S. 460 ; *Institut professionnel de la Fonction publique du Canada* c. *Territoires du Nord-Ouest (Commissaire)*, précité, note 123.

146. Voir à ce sujet Christian BRUNELLE, Michel COUTU, Gilles TRUDEAU, « La constitutionnalisation du droit du travail : un nouveau paradigme », (2007) 48 *C. de D.* 5-42 ; Harry W. ARTHURS, « Labour and the « Real » Constitution », (2007) 48 *C. de D.* 43-64 ; Guylaine VALLÉE et Dalia GESUALDI-FECTEAU, « La constitutionnalisation du droit du travail : une menace ou une opportunité pour les rapports collectifs de travail ? », (2007) 48 *C. de D.* 153-188. Voir aussi Pierre VERGE, Gilles TRUDEAU et Guylaine VALLÉE, *Le droit du travail par ses sources*, Montréal, Éditions Thémis, 2006.

cette « constitutionnalisation » du processus de négociation collective, la Cour ouvre désormais toute grande la porte à une constitutionnalisation prochaine de plusieurs éléments du système de relations du travail actuel.

De ce fait, puisque deux des trois éléments constitutifs de la liberté syndicale sont désormais protégés constitutionnellement (la liberté d'association et le droit au processus de négociation collective), il est à prévoir, dans un débat prochain, qu'il soit demandé à la Cour suprême de compléter la protection de cette liberté syndicale par la reconnaissance constitutionnelle du droit de grève.

Au Québec, les organismes publics et parapublics sont assujettis à la Charte canadienne. Pour les autres employeurs, la liberté d'association, aussi reconnue par la Charte québécoise à son article 3, pourrait également inclure le droit à un processus de négociation collective et potentiellement un droit de grève. En effet, l'historique du droit du travail, la portée du droit international du travail et la compatibilité des valeurs du droit du travail avec la Charte canadienne sont vraisemblablement des arguments transférables et applicables à la liberté d'association de la Charte québécoise. À ce propos, la Cour affirme, au paragraphe 79 de l'arrêt *Health Services and Support*, que les accords internationaux auxquels le Canada est partie reconnaissent que le droit des syndiqués de participer à des négociations collectives bénéficie de la protection accordée à la liberté d'association et qu'il est donc raisonnable d'inférer que l'alinéa 2d) de la Charte canadienne confère au moins le même degré de protection à ce droit. Il en découle donc que la liberté d'association de la Charte québécoise ne saurait elle non plus avoir une valeur moindre que la liberté d'association reconnue dans les accords internationaux auxquels le Canada est partie. De surcroît, on ne saurait non plus interpréter la liberté d'association de la Charte québécoise comme ayant une valeur moindre que celle de la Charte canadienne.

Dans cette perspective et compte tenu du fait que les libertés et droits garantis par la Charte québécoise s'imposent, à la différence de la Charte canadienne, tant aux relations entre personnes privées, physiques et morales, qu'à celles entre le gouvernement et ses administrés, le droit au processus de négociation collective s'appliquerait donc aussi aux relations collectives de travail privées. Une atteinte substantielle au droit de négocier collectivement par un employeur du secteur privé envers un syndicat pourrait donc être sanctionnée par l'article 3 de la Charte québécoise, au même titre que la sanction de la Charte canadienne, avec les nuances qui s'imposent. L'employeur conserverait toutefois la possibilité de justifier cette atteinte sous l'article 9.1 Charte québécoise qui établit un critère de proportionnalité et de lien rationnel analogue à l'article premier de la Charte canadienne[147]. L'extension du principe à d'autres dimensions de la liberté d'association prévue par la Charte québécoise demeure à définir

L'arrêt *Health Services and Support* a eu pour effet concret d'inciter les diverses instances judiciaires à adopter une attitude plus libérale face à la liberté positive d'association. Les premières conséquences de cet arrêt apparaissent en octobre 2008, lorsque dans une décision de première instance, *Confédération des syndicats nationaux* c. *Québec (Procureur général)*[148], deux lois sont déclarées inconstitutionnelles car contraires à la liberté d'association tel que conçue à l'alinéa 2d) de la Charte canadienne et à l'article 3 de la Charte québécoise, faute d'avoir pu offrir à certaines catégories particulières de travailleurs un véritable processus de négociation collective.

La première initiative législative, la *Loi modifiant la Loi sur les services de santé et les services sociaux*[149], également nommée « Loi 7 », créait un régime spécial à l'intention des personnes agissant à titre de « ressources intermédiaires » ou dans le cadre de familles d'accueil (« ressources de type familial »). La seconde loi, la *Loi modifiant la Loi sur les centres de la petite enfance et autres services de garde à l'enfance*[150], désignée comme la « Loi 8 » visait les responsables de services de garde qui, à leur domicile, offraient des services de garde d'enfants. Basant son raisonnement sur le *ratio* de la Cour suprême dans l'arrêt *Health Services and Support*, la Cour conclut que les Lois 7 et 8 constituent une entrave substantielle pour les travailleurs visés par ces lois, de négocier collectivement leurs conditions de travail[151]. À la suite de l'invalidation des deux lois, un régime

---

147. *Ford* c. *Québec (Procureur général)*, précité, note 143, par. 63 : « En l'espèce, la Cour supérieure et la Cour d'appel ont conclu que l'art. 9.1 était une disposition justificative correspondant à l'article premier de la Charte canadienne et que son application était soumise à un critère semblable de proportionnalité et de lien rationnel. La Cour souscrit à cette conclusion. »
148. *Confédération des syndicats nationaux* c. *Québec (Procureur général)*, 2008 QCCS 5076.
149. L.Q. 2003, c. 12.
150. L.Q. 2003, c. 13.
151. Voir, *Confédération des syndicats nationaux* c. *Québec (Procureur général)*, précité, note 148, par. 217 à 223.

particulier de négociation collective sera établi à travers la *Loi sur la représentation de certaines personnes responsables d'un service de garde en milieu familial et sur le régime de négociation collective les concernant*[152], et la *Loi sur la représentation de type familial et de certaines ressources intermédiaires et sur le régime de négociation d'une entente collective les concernant*[153].

Par la suite, la Commission des relations du travail sera amenée à se prononcer sur la validité constitutionnelle de l'article 21, al. 5 C.t. excluant les employés de ferme de son application[154]. Encore une fois, l'interprétation libérale de la liberté d'association contenue dans les chartes a prévalu. La Commission dans son interprétation de la liberté d'association inspirée de l'arrêt *Health Services and Support* considère que :

> L'exclusion d'un grand nombre de travailleurs agricoles saisonniers du régime de reconnaissance et de protection qu'offre le Code entrave, par le fait même, le droit de ces personnes de s'engager dans de véritables négociations collectives avec leur employeur.
>
> [...]
>
> Il ne suffit cependant pas, pour que soit véritablement exercée la liberté d'association, que les travailleurs aient pu adhérer à un syndicat si par la suite l'association née de la volonté des salariés ne peut s'imposer auprès de l'employeur comme interlocuteur légitime, voire obligé, des salariés pour la négociation des conditions de travail de ces derniers.[155]

Sur ces considérations, l'article 21, al. 5 C.t. est déclaré « inopérant » car en contravention avec la liberté d'association, et cela sans justification raisonnable.

En 2011, dans son arrêt *Fraser*[156], la Cour suprême précise le jugement rendu dans l'arrêt *Health Services and Support*[157]. En se

---

152. RLRQ, c. R-24.0.1.
153. RLRQ, c. R-24.0.2.
154. *Travailleurs et travailleuses unis de l'alimentation et du commerce, section locale 501* c. *L'Écuyer*, 2010 QCCRT 0191.
155. *Ibid.*, par. 303 et 305.
156. *Ontario (Procureur général)* c. *Fraser*, précité, note 3.
157. Pour une analyse de l'arrêt *Fraser* et de ses possibles conséquences au Québec, voir J. BOURGAULT, « L'arrêt *Fraser* : un recul pour les droits des syndiqués ? », dans Service de la formation continue, Barreau du Québec, *Développements récents en droit du travail*, vol. 348, Cowansville, Éditions Yvon Blais, 2012.

prononçant sur la validité constitutionnelle de la *Loi de 2002 sur la protection des employés agricoles*[158], la majorité de la Cour estime qu'il ne faut pas « surestimer » la portée de la liberté d'association protégée à l'alinéa 2d) de la Charte canadienne[159]. Il faut entendre par là que seules les activités associatives sont protégées et non un processus ou encore un résultat particulier[160]. Selon la Cour, la reconnaissance du droit de négociation collective ne vise pas la consécration d'un type de système de négociation collective en particulier. Seule une loi qui entrave « substantiellement » la capacité de réaliser des objectifs collectifs aura pour effet de restreindre la liberté d'association, la privant ainsi de son essence.

Afin d'éviter tout imbroglio juridique quant à la portée et les limites de l'alinéa 2d), il est fort à parier que, dans un futur proche, des développements substantiels sur la question prendront place sur la scène judiciaire. Déjà, au Québec, la Cour d'appel dans une décision récente a utilisé l'interprétation plus restrictive suggérée par la Cour suprême dans *Fraser* pour faire renaître de ses cendres la *Loi concernant les unités de négociation dans le secteur des affaires sociales et modifiant la Loi sur le régime de négociation des conventions collectives dans les secteurs public et parapublic*, dite aussi « Loi 30 »[161]. Rappelons que cette loi avait été déclarée inconstitutionnelle car elle prévoyait notamment un modèle de représentation unique dans le secteur de la santé et des services sociaux, en limitant à quatre le nombre d'accréditations dans chaque établissement. De même, elle prescrivait dans le cadre de la négociation des conventions collectives les stipulations qui seront négociées à l'échelle locale ou régionale. Désormais, il faut comprendre des enseignements de la Cour d'appel qu'il n'y aura pas d'atteinte à la liberté d'association de la part du législateur lorsque la loi en cause se contente de fixer les contours des unités de négociation, sans contraindre les salariés à devenir membres d'une association particulière[162].

---

158. L.O. 2002, ch. 16.
159. *Ontario (Procureur général)* c. *Fraser*, précité, note 3, par. 45.
160. *Ibid.*, par. 47.
161. RLRQ, c. U-0.1. Voir *Québec (Procureur général)* c. *Confédération des syndicats nationaux (CSN)*, précité, note 2. Cet arrêt de la Cour d'appel renverse la décision de la Cour supérieure rendue en 2008, en concluant que la fixation par voie de législation des unités de négociation n'entrave pas le droit des associations de négocier de bonne foi, droit qui par ailleurs est protégé par la liberté d'association.
162. *Syndicat des employées et employés professionnels et de bureau, section locale 573 (CTC-FTQ)* c. *Québec (Procureur général)*, 2011 QCCS 4286, par. 48.

Cela étant dit, même si l'arrêt *Fraser* semble limiter les activités associatives protégées par les Chartes, la liberté d'association telle que prévue par le *Code du travail* et, accessoirement, le *Code criminel* demeure effective et efficace au Québec.

b) Le Code du travail

477 – *Reconnaissance et encadrement* – Non seulement le *Code du travail* reconnaît les actions collectives, il est tout orienté vers leur exercice. D'une part, il favorise les plus importantes d'entre elles, c'est-à-dire la négociation, la conclusion et l'application de conventions collectives de travail. D'autre part, il en encadre d'autres comme la grève et le lock-out.

5. Le droit à l'autonomie

478 – *Absence d'entrave et d'ingérence* – L'autonomie syndicale suppose à la fois l'absence d'entrave à l'action collective légitime et celle d'une ingérence indue dans cette action. Le groupement syndical qu'est l'association de salariés doit ainsi pouvoir se former, s'organiser et s'administrer sans obstacle ni ingérence de la part de l'employeur, sous le seul contrôle et par la seule volonté des salariés dont il est destiné à défendre les intérêts[163]. C'est cette dimension proprement collective du droit d'association que le législateur avait en vue, en édictant l'article 12, al. 1 C.t. Ce dernier interdit en effet à l'employeur et à toute personne agissant pour lui de chercher, de quelque manière, à entraver, dominer ou financer la formation ou les activités d'une association de salariés, ou à y participer.

479 – *Entrave* – L'entrave illégale de l'employeur à la formation ou aux activités du syndicat peut revêtir de multiples formes. Le recours à l'intimidation, aux menaces ou aux contraintes qui sont elles-mêmes prohibées par les articles 13 et 14 du Code[164] peut constituer une entrave ou une tentative d'entrave au sens de l'article 12 C.t.[165].

---

163. *APTS – Alliance du personnel professionnel et technique de la santé et des services sociaux (CPS et APTMQ)* et *Centre de santé et des services sociaux de Rimouski-Neigette*, 2011 QCCRT 0285.
164. Voir *supra*, Titre II, chapitre 2, n° 450.
165. *Côté* c. *Compagnie F.W. Woolworth*, [1978] R.L. 439 (C.S.). Voir également, *Syndicat des employées et employés de techniques professionnelles et de bureau d'Hydro-Québec, section locale 2000, Syndicat canadien de la fonction publique* et *Hydro-Québec*, 2012 QCCRT 0084 – il est illégal d'user de son droit de direction afin d'exercer des mesures de représailles ou d'entraver les activités syndicales. En l'espèce, une lettre est envoyée au syndicat lui indiquant qu'il n'est pas assez conciliant et qu'il va en payer le prix.

Se soulève ici, tel que nous l'avons déjà évoqué, une problématique d'équilibre entre la liberté d'expression de l'employeur et la liberté d'association garantie aux salariés et à leur organisation syndicale[166]. La seconde impose à l'employeur une attitude de réserve pour assurer son respect[167]. Au stade de l'implantation d'un syndicat, l'employeur pourrait chercher à faire obstacle à l'accréditation en utilisant des salariés complaisants comme prête-noms pour s'immiscer dans une dimension du dossier – le contrôle de la représentativité de l'association – dont l'employeur est exclu par la Loi[168], ou en permettant à des salariés de faire signer, sur les lieux et pendant les heures de travail, une pétition visant à répudier le syndicat récemment accrédité[169], ou encore en intervenant auprès des salariés de toute manière agressive et susceptible de les désintéresser d'une syndicalisation[170]. L'employeur qui ignore ou qui cherche à contourner l'association accréditée comme unique représentante collective des salariés entrave également l'activité de cette dernière[171], tout comme

166. Voir aussi *Association démocratique des ressources à l'enfance du Québec (CSD) Saguenay-Lac-St-Jean* et *Fédération des familles d'accueil et des ressources intermédiaires du Québec*, 2011 QCCRT 0515 – l'interdiction d'ingérence dans les activités du syndicat doit s'apprécier en tenant compte de la recherche d'un équilibre entre la liberté d'expression et la liberté d'association.

167. *Syndicat canadien des communications, de l'énergie et du papier, section locale 194* c. *Disque Améric Inc.*, précité, note 22 ; *Syndicat des employées et employés professionnels et de bureau, section locale 57* c. *Caisse populaire Desjardins de Côte St-Paul*, [1993] T.T. 435 ; *Schnaiberg* c. *Métallurgistes unis d'Amérique, section locale 8990*, précité, note 32.

168. *Schnaiberg* c. *Métallurgistes unis d'Amérique, section locale 8990*, précité, note 32 ; *Syndicat des salariés de Métro Lebel* c. *Alimentation Lebel Inc.*, D.T.E. 94T-626 (T.T.).

169. *Travailleurs unis de l'alimentation et du commerce (T.U.A.C., section locale 501)* c. *J. Pascal Inc.*, D.T.E. 90T-770 (T.T.).

170. *Syndicat canadien des communications, de l'énergie et du papier, section locale 194* c. *Disque Améric Inc.*, précité, note 22 ; *Gauthier* c. *Sobeys Inc. (numéro 650)*, [1995] T.T. 131, D.T.E. 95T-60 (T.T.) ; *Bernard* et *Métallurgistes unis d'Amérique, section locale 9414*, précité, note 25 – les salariés doivent avoir la liberté d'écouter ou non les propos de l'employeur ; *Syndicat des travailleuses et travailleurs de l'environnement Safety-Kleen (C.S.N.)* c. *Safety-Kleen Canada inc.*, D.T.E. 2004T-1158 (T.T.) – constitue une violation de l'article 12 C.t., la convocation par l'employeur d'une réunion des salariés, sans la présence des représentants syndicaux, en leur demandant de lui remettre leur carte d'adhésion ; *Travailleuses et travailleurs unis de l'alimentation et du commerce, section locale 501* et *Charcuterie Tour Eiffel inc. (division Charcuterie de Bretagne)*, précité, note 22 ; *Fleurent* et *Compagnie Wal-Mart du Canada*, D.T.E. 2005T-466 (C.R.T.).

171. Voir et comparer : *Fleury* c. *Épiciers unis Métro-Richelieu Inc.*, précité, note 24 – lettre de l'employeur aux salariés relativement au déroulement des négociations ; *Syndicat des employées et employés professionnels et de bureau, section locale 57* c. *Caisse populaire Desjardins de Côte St-Paul*, précité, note 167 – intervention directe auprès des salariés en vue de les amener à faire pression sur leur syndicat pour qu'il accepte les offres patronales ; *Syndicat des travail-*

celui qui cherche à s'immiscer dans la désignation des représentants syndicaux ou à empêcher un salarié d'exercer une fonction syndicale[172]. Se rend également responsable d'une entrave illégale, l'employeur qui participe étroitement aux activités de formation de l'association[173]. Il faut néanmoins rappeler qu'une fermeture d'entreprise ne constitue pas une violation des articles 15 à 17 C.t. dans la mesure où celle-ci est « réelle et définitive »[174].

L'infraction d'entrave ou de tentative d'entrave requiert une intention coupable, dont la présence peut toutefois se trouver tout autant dans un acte d'imprudence grave que dans un geste délibéré, dès lors qu'un employeur raisonnable ne pouvait en ignorer les conséquences[175]. L'interdiction ne rejoint pas la simple maladresse commise par des représentants de l'employeur sans la connaissance de ce dernier[176]. Il n'est pas nécessaire que l'intervention fautive ait été fructueuse ; il suffit qu'il y ait eu tentative d'entrave[177].

480 – *Ingérence* – La Loi interdit tout autant l'intervention apparemment favorable de l'employeur dans les affaires syndicales. Cette

---

leuses et travailleurs du Pavillon St-Joseph c. *Pavillon St-Joseph, Infirmerie des Sœurs de Ste-Croix*, précité, note 23 – intervention auprès d'un groupe de salariés en vue de faire modifier un vote de rejet des offres patronales ; *Travailleurs unis de l'alimentation et du commerce, local 501* c. *Steinberg Inc.*, D.T.E. 89T-617 (T.T.) – envoi d'une lettre aux salariés en grève leur demandant, à l'insu de leurs dirigeants syndicaux, de faire en sorte que la composition de l'équipe de négociation syndicale soit modifiée ; *Vitriers-travailleurs du verre, locale 1135* c. *J.B. Charron (1975) Ltée*, [1990] T.T. 549 – rencontre de l'employeur avec un syndicat requérant en accréditation, associée au refus de discuter avec l'association toujours accréditée ; *Syndicat des employées et employés de soutien de l'Université Concordia, secteur technique (C.S.N.)* c. *Université Concordia*, précité, note 25 – l'employeur a transmis des courriels aux salariés afin de miner la crédibilité du syndicat en période de négociation ; *Syndicat général des professeures et professeurs de l'Université de Montréal* c. *Université de Montréal*, 2009 QCCRT 230 – envoi d'un courriel comportant un lien hypertexte donnant accès à de l'information non transmise au syndicat.

172. *Black* c. *Forcier*, [1997] R.J.Q. 2019 (C.S.). Voir aussi *Société Radio-Canada* c. *Canada (Conseil des relations du travail)*, [1995] 1 R.C.S. 157 ; *Pouliot* c. *Collège Shawinigan*, D.T.E. 2004T-318 (C.R.T.).
173. *Syndicat des employés de Camtruck* et *Camtruck*, 2011 QCCRT 0456.
174. *Plourde* c. *Compagnie Wal-Mart du Canada Inc.*, précité, note 19.
175. *Syndicat des employées et employés professionnels et de bureau, section locale 57* c. *Caisse populaire Desjardins de Côte St-Paul*, précité, note 167 ; *Beauclair* c. *Kirouac*, D.T.E. 93T-194 (T.T.).
176. *Syndicat national de l'automobile, de l'aérospatiale, du transport et des autres travailleurs et travailleuses du Canada (TCA-Canada)* c. *Tardif*, [1999] R.J.D.T. 1155 (T.T.) – affichage de la lettre d'un client annulant sa commande en raison d'une grève appréhendée ; acquittement.
177. *Pelletier* c. *Hydro-Québec*, D.T.E. 2001T-461 (T.T.).

immixtion compromet l'indépendance du groupement syndical dans tous les cas ; elle peut aussi, en certaines circonstances, constituer un moyen d'entrave à l'action d'une autre association syndicale. Tout financement d'un syndicat est ainsi interdit à l'employeur. L'octroi d'avantages matériels comme la fourniture gratuite d'équipement ou de locaux, ou la libération sans frais de salariés pendant leurs heures de travail pour recueillir des adhésions pourra aussi représenter, selon les circonstances, une manœuvre d'ingérence de l'employeur dans l'activité du syndicat. Le syndicat régulièrement accrédité peut toutefois se voir reconnaître légitimement dans la convention collective qu'il négocie certains avantages lui permettant d'assumer plus facilement son rôle de représentant collectif des salariés, par exemple l'utilisation d'un local de l'employeur à des fins syndicales ou la libération, sans perte de salaire, de certains salariés chargés de participer à l'administration de la convention collective. Plus particulièrement, au stade de la formation d'une association de salariés et de son recrutement initial, une rapidité et une facilité d'organisation seront susceptibles de révéler une participation indue de l'employeur[178]. Dans tous les cas, la commission de l'infraction suppose que l'intervention ait été commandée par l'employeur ou du moins connue de lui[179]. La participation accidentelle de quelques non-salariés à l'organisation du syndicat ne rencontre pas ces conditions[180].

Le *Code du travail* rend l'association de salariés responsable de son autonomie. Celle qui, activement ou passivement, laisse cours à l'ingérence de l'employeur dans ses affaires devient une association dominée par l'employeur[181]. Elle perd irrémédiablement le droit à l'accréditation (art. 29 et 31 C.t.)[182]. Pour qu'une association encourre

---

178. *Association des travailleurs et travailleuses de l'industrie et du commerce, local 303 (A.T.T.I.C.)* c. *Travailleurs unis de l'alimentation et du commerce, local 503 (C.T.C.-F.T.Q.) (T.U.A.C.)*, [1989] T.T. 404 ; *Syndicat des employées et employés de Tremcar Iberville* c. *Métallurgistes unis d'Amérique, section locale 9414*, D.T.E. 99T-220 (T.T.) ; *Syndicat des employés de Mauricie Toyota* et *Syndicat national de l'automobile, de l'aérospatiale, du transport et des autres travailleuses et travailleurs du Canada (TCA-Canada)*, D.T.E. 2007T-613 (C.R.T.).
179. *Alamy* c. *Syndicat des travailleurs de Zohar plastique (C.S.N.)*, D.T.E. 99T-1055 (T.T.).
180. *Placements J.N. Laurent Dupras Inc.* c. *Union des employés de commerce, local 502 (U.I.E.C.)*, D.T.E. 82T-791 (T.T.) ; *Eerdmans* c. *Teamsters, employés de laiterie, boulangerie, produits alimentaires, ouvriers du meuble, employés de stations-service, section locale 973*, [1998] R.J.D.T. 692 (T.T.).
181. *Union des employés de commerce, local 500, T.U.A.C.(U.F.C.W.)* c. *Syndicat des employés d'alimentation Legardeur Inc.*, [1984] T.T. 81.
182. *Association des travailleurs et travailleuses de l'industrie et du commerce, local 303 (A.T.T.I.C.)* c. *Travailleurs unis de l'alimentation et du commerce, local 503 (C.T.C.-F.T.Q.) (T.U.A.C.)*, précité, note 178 ; *Syndicat des employées et employés de Tremcar Iberville* c. *Métallurgistes unis d'Amérique, section locale*

cette sanction, il ne suffit pas que l'employeur soit intervenu, même de façon marquée, en sa faveur ; il faut qu'elle ait accepté cette intervention[183].

B. La sanction

1. Les recours civils

481 – *Nature et compétence* – La compétence intégrée de la Commission des relations du travail à l'endroit de l'ensemble du *Code du travail* lui donne désormais compétence pour sanctionner civilement toutes les formes de contravention aux droits associatifs affirmés ou encadrés par le Code. La C.R.T. pourra ainsi, selon les circonstances, recourir à son pouvoir d'ordonnance pour enjoindre un contrevenant de poser un acte, de s'en abstenir ou d'y mettre fin ; elle pourra aussi, lorsqu'il y a lieu, déterminer le mode de réparation qui lui paraît approprié (art. 114, 118 et 119 C.t.)[184]. Toute plainte à la C.R.T. reliée à l'application de l'article 12 C.t. doit être déposée dans les 30 jours de la connaissance de la contravention alléguée (art. 116, al. 1 C.T.). Toutefois, même en l'absence de plainte, toute problématique reliée à une contravention à l'article 12 C.t. peut être soulevée à l'initiative de l'agent des relations du travail ou de la C.R.T.

Par ailleurs, l'association qui se rend coupable d'une contravention à l'article 12 C.t. court le risque de perdre le droit d'être accréditée selon les articles 29 et 31 C.t[185]. Autre conséquence civile dans pareil cas, l'association peut être dissoute par la C.R.T. en application de l'article 118, al. 8 C.t.

9414, précité, note 178 ; *Syndicat des employés de Mauricie Toyota* et *Syndicat national de l'automobile, de l'aérospatiale, du transport et des autres travailleuses et travailleurs du Canada (TCA-Canada)*, précité, note 178.

183. *Legendre* c. *Syndicat des travailleurs de McDonald's (C.S.N.)*, D.T.E. 82T-168 (T.T.) ; *Confédération des syndicats nationaux* c. *Union des employés de restauration du Québec, local 102*, [1983] T.T. 177.

184. Voir *supra*, Titre II, chapitre 1, nos 422-426.

185. Voir par exemple, *Association des travailleurs et travailleuses de l'industrie et du commerce, local 303 (A.T.T.I.C.)* c. *Travailleurs unis de l'alimentation et du commerce, local 503 (C.T.C.-F.T.Q.) (T.U.A.C.)*, précité, note 178 ; *Syndicat des employées et employés de Tremcar Iberville* c. *Métallurgistes unis d'Amérique, section locale 9414*, précité, note 178 ; *Association des cadres et professionnels de l'Université de Montréal – accréditée* c. *Université de Montréal*, 2009 QCCRT 122.

2. Les poursuites pénales

482 – *Règles générales et spécificités* – Ici encore, les diverses contraventions auxquelles l'action associative peut donner lieu seront traitées de façon générale selon les règles communes aux infractions au *Code du travail*[186].

Relativement à l'article 12 C.t., chacune des interventions prohibées à l'employeur constitue une infraction pénale qui rend son auteur passible d'une amende de 100 $ à 1 000 $ pour chaque jour ou fraction de jour que dure l'infraction (art. 143 C.t.). Notons quelques éléments à retenir dans le cadre de cette infraction pénale : pour qu'il y ait infraction, l'intervention doit être le fait d'un employeur ou d'une association d'employeurs, ou d'une personne qui agit pour leur compte[187] ; il n'est pas nécessaire que le geste d'entrave ou d'intimidation ait porté ses fruits car seule la tentative de faire obstacle à la liberté d'association suffit ; l'intention coupable doit être prouvée, hors de tout doute raisonnable, et peut se déduire de la nature des gestes posés[188], notamment lorsqu'ils constituent un acte d'imprudence grave ou un geste délibéré dont la réalisation des conséquences ne pouvait être raisonnablement ignorée[189] ; finalement, l'association syndicale qui participe à l'ingérence illégale de l'employeur dans ses activités se rend passible des mêmes poursuites pénales que l'employeur (art. 145 C.t.).

483 – *Dissolution d'un syndicat* – L'article 149 C.t. revêt un caractère mixte de sanction pénale et civile. Il prévoit en effet la dissolution de l'association syndicale qui se laisse dominer par l'employeur. Cette dissolution peut viser tout autant l'association qui n'est pas encore accréditée que celle qui l'est déjà.

---

186. *Voir supra*, Titre II, chapitre 1, nos 444-445.
187. *Schnaiberg c. Métallurgistes unis d'Amérique, section locale 8990*, précité, note 32 ; *Eerdmans c. Teamsters, employés de laiterie, boulangerie, produits alimentaires, ouvriers du meuble, employés de stations-service, section locale 973*, précité, note 180.
188. *Syndicat canadien des communications, de l'énergie et du papier, section locale 194 c. Disque Améric Inc.*, précitée, note 22 ; *Gauthier c. Sobeys Inc. (numéro 650)*, précité, note 170 ; *Schnaiberg c. Métallurgistes unis d'Amérique, section locale 8990*, précité, note 32 ; *Lavallée c. Elbert*, [1993] T.T. 612 – enregistrement des délibérations d'une assemblée syndicale ; *Syndicat des travailleuses et travailleurs de l'environnement Safety-Kleen (C.S.N.) c. Safety-Kleen Canada inc.*, précité, note 170.
189. *Syndicat des employées et employés professionnels et de bureau, section locale 57 c. Caisse populaire Desjardins de Côte St-Paul*, précité, note 167 ; *Beauclair c. Kirouac*, précité, note 175.

Les changements juridictionnels apportés par la réforme de 2001 ont rendu caduques certaines déterminations de la jurisprudence antérieure. Le Tribunal du travail, emporté par la réforme, exerçait alors la compétence pénale de première instance à l'endroit du *Code du travail*. L'article 149 C.t. fait partie des dispositions pénales du Code. Le Tribunal du travail avait décidé qu'il pouvait prononcer la dissolution d'une association selon l'article 149 C.t. au terme d'une demande qui lui avait été adressée spécifiquement à cette fin, qu'il considérait de nature civile et dont le résultat obéissait à l'application de la règle civile de la prépondérance de preuve[190]. Ce sont ces déterminations qui doivent maintenant être réévaluées au regard des constatations suivantes : (1) la C.R.T. ne dispose d'aucune compétence pénale ni du pouvoir spécifique de prononcer la dissolution d'une association de salariés[191] ; (2) l'article 149 C.t. est une disposition pénale ; (3) le tribunal habilité à prononcer la dissolution de l'association est celui auquel on aurait prouvé sa participation à une infraction à l'article 12 et qui pourrait en outre imposer toute autre peine. Il semble donc que la dissolution éventuelle d'un syndicat en vertu de l'article 149 C.t. doive désormais être associée à une plainte pénale lui reprochant d'avoir enfreint l'article 12 du Code. Le cas échéant, la dissolution judiciaire d'un syndicat entraînera sa disparition juridique et l'anéantissement de tous les droits dont il pouvait être titulaire, y compris ceux liés à une convention collective dont il était le signataire[192].

---

190. Voir *Bisson* c. *Association des employés de la Résidence du bonheur*, D.T.E. 98T-194 (T.T.).

191. *Travailleurs et travailleuses unis de l'alimentation et du commerce, section locale 500* c. *Provigo Distribution Inc.*, D.T.E. 2003T-687 (C.R.T.), par. 36.

192. *Confédération des syndicats nationaux* c. *Association des artisans de Reliure Travaction Inc.*, [1991] T.T. 235.

CHAPITRE 3
LA PROCÉDURE D'ACCRÉDITATION

484 – *Généralités* – On peut définir l'accréditation comme étant l'acte par lequel la puissance publique habilite une association de salariés à représenter les salariés ou un groupe de salariés d'un employeur, en raison de sa représentativité, aux fins de l'établissement d'un régime collectif de travail. Il s'agit en quelque sorte d'un permis d'exercice des rapports collectifs du travail selon le *Code du travail*.

C'est par requête que l'accréditation est demandée. Cette requête est soumise à diverses conditions de recevabilité. L'accréditation est accordée à l'endroit d'une unité de négociation, c'est-à-dire un groupe de salariés d'un employeur, jugée appropriée aux fins de la négociation collective. Son octroi dépend essentiellement du caractère représentatif dont doit jouir l'association de salariés parmi les salariés compris dans l'unité de négociation.

Quoique l'instance à laquelle le législateur a confié l'application de la procédure d'accréditation, la Commission des relations du travail, soit tenue à plusieurs égards d'agir judiciairement, la procédure d'accréditation est un processus davantage apparenté au type administratif qu'au type judiciaire[1]. La raison en est simple.

---

1. *Magasins Wise Inc.* c. *Syndicat international des travailleurs et travailleuses unis de l'alimentation et du commerce, section locale 503*, [1992] T.T. 337 ; *Aliments Supra Inc.* c. *Union internationale des travailleurs et travailleuses unis de l'alimentation et du commerce, section locale 501*, [1992] T.T. 658 ; *Lanshire Manufacturing Inc.* c. *Syndicat des salariés(es) de Lanshire (C.S.D.)*, [1989] T.T. 336 ; *Industries plastiques Polar Ltée (Polar Plastic Industries Ltd.)* c. *Burns*, [1986] R.J.Q. 2211 (C.S.) ; *Bureau en gros (Business Depot)* c. *Travailleuses et travailleurs unis de l'alimentation et du commerce, section locale 500*, D.T.E. 2002T-20 (T.T.), par. 49, 59 ; *Travailleuses et travailleurs unis de l'alimentation et du commerce, section locale 500* et *Bureau en gros (Business Depot)*, D.T.E. 2001T-636 (C.T.), par. 58. Voir aussi, à partir de la législation applicable à cette époque : *Commission des relations de travail* c. *Civic Parking*, [1965] B.R. 657, 662 et 670.

I- LA REQUÊTE EN ACCRÉDITATION

A. L'association requérante

485 – *Association de salariés* – La requête en accréditation doit d'abord être soumise par une « association de salariés », selon la définition qu'en donne le paragraphe 1a) C.t. Cette définition comporte trois éléments d'identification de l'association de salariés : sa composition, sa finalité et sa forme.

Quant à la composition de l'association, celle-ci doit regrouper des salariés au sens du *Code du travail*. L'association ne saurait réunir indifféremment de tels salariés et d'autres personnes qui n'en sont pas, comme du personnel de gérance ou des travailleurs autonomes (art. 1.1 C.t.). On a ainsi jugé irrecevable, parce qu'elle n'était pas soumise par une association de salariés, une requête en accréditation déposée par un groupement dont les statuts et les règlements le définissaient comme une fédération, c'est-à-dire un groupement d'associations de salariés, et ne prévoyaient pas l'adhésion et la participation de salariés à titre individuel[2]. Par ailleurs, l'appartenance ou la participation accidentelle, de bonne foi, de quelques non-salariés à une association de salariés ne saurait lui faire perdre ni son caractère ni son droit, le cas échéant, à l'accréditation[3].

Pour ce qui est de sa finalité, l'association doit s'intéresser aux intérêts économiques, sociaux et éducatifs de ses membres et viser particulièrement la négociation et l'application de conventions collectives[4]. Cette finalité commande le contrôle de l'association par les salariés qui en sont membres. L'appartenance d'un syndicat à une société à but lucratif, avec abandon à cette dernière de son contrôle,

---

2. *Fédération des professionnels des services administratifs et personnels des institutions d'enseignement du Québec* c. *Association des professionnels de l'orientation du Québec*, T.T. Québec, 75-135, 25 février 1976. Sur la distinction entre une association de salariés et une fédération, voir également : *Québec (Procureur général)* c. *Centrale de l'enseignement du Québec*, D.T.E. 84T-341 (T.T.).

3. *Eerdmans* c. *Teamsters, employés de laiterie, boulangerie, produits alimentaires, ouvriers du meuble, employés de stations-service, section locale 973*, [1998] R.J.D.T. 692 (T.T.). À plus forte raison en est-il ainsi lorsque la participation de non-salariés est indépendante de l'employeur et n'influe pas sur le caractère représentatif de l'association requérante : *Lukian Plastic Closures Quebec Ltd.* c. *Lesage*, D.T.E. 99T-20 (C.S.). Cette situation pourrait néanmoins donner lieu à une vérification de la qualité des adhésions des salariés à l'association : *Lafrenière* c. *Syndicat québécois de l'imprimerie et des communications, section locale 145*, D.T.E. 90T-506 (T.T.).

4. *Donofsky* c. *Ouvriers unis des textiles d'Amérique*, [1973] T.T. 158.

est incompatible avec la poursuite des fins envisagées par le *Code du travail* et empêche de reconnaître dans ce syndicat une association de salariés au sens du Code[5].

Le *Code du travail* est très souple en ce qui a trait à la forme juridique de l'association de salariés : il laisse aux salariés et à leur groupement le choix de la forme et de la structure que prendra ce dernier[6]. Il n'est donc pas nécessaire que le syndicat soit constitué en personne morale. En pratique, plusieurs syndicats sont constitués en syndicats professionnels en vertu de la *Loi sur les syndicats professionnels*[7], qui leur confère alors une personnalité juridique distincte. Le syndicat qui n'est pas constitué en personne morale mais formé simplement *de facto* pourra ester en justice en suivant les prescriptions de l'article 60 du *Code de procédure civile*[8]. L'association requérante en accrédita-

---

5. *Syndicat des travailleurs et travailleuses de l'industrie et du commerce, section locale 705 c. Aliments Prolimer Inc.*, D.T.E. 2005T-467 (C.R.T.), confirmé par *Martin c. Syndicat des travailleuses et travailleurs de l'industrie et du commerce, numéro 705*, 2007 QCCA 899 ; *Travailleurs unis de l'alimentation et du commerce, local 500 c. Association des travailleurs et travailleuses de l'industrie et du commerce, local 469 (A.T.T.I.C.)*, D.T.E. 90T-709 (T.T.) – confirmé par *Association des travailleurs et travailleuses de l'industrie et du commerce, local 469 (A.T.T.I.C.) c. Tribunal du travail*, D.T.E. 91T-133 (C.S.). Une affiliation à un organisme à but lucratif laissant le contrôle de l'association de salariés à ses membres pourrait justifier sa légitimité : *T.U.A.C., section locale 500 c. Association des travailleurs(euses) du Marché Sabrevois*, [1991] T.T. 123 ; *S.T.E. Syndicat des travailleurs(euses) d'entreprises, local 105 c. Union des camionneurs de construction et apprentis mécaniciens d'automobiles et aides, employés de stations-service et de parcs de stationnement et salariés divers, local 903*, [1991] T.T. 201, confirmé par *Union des camionneurs de construction et apprentis mécaniciens d'automobiles et aides, employés de stations-service et de parcs de stationnement et salariés divers, local 903 c. Tribunal du travail*, D.T.E. 91T-1285 (C.S.). Voir aussi : *Travailleurs et travailleuses unis de l'alimentation et du commerce, local 500 c. Syndicat des travailleurs de l'alimentation et du commerce (S.T.A.C.)*, [1991] T.T. 345 – nécessité de faire prononcer la nullité de la formation ou de l'existence d'une association qui entretient des rapports illégitimes avec un organisme à but lucratif.

6. *S.T.E. Syndicat des travailleurs(euses) d'entreprises, local 105 c. Union des camionneurs de construction et apprentis mécaniciens d'automobiles et aides, employés de stations-service et de parcs de stationnement et salariés divers, local 903, ibid.* ; *Union des camionneurs de construction et apprentis mécaniciens d'automobiles et aides, employés de stations-service et de parcs de stationnement et salariés divers, local 903 c. Tribunal du travail, ibid.* ; *Travailleuses et travailleurs unis de l'alimentation et du commerce, section locale 501 c. Syndicat des travailleuses et travailleurs indépendants du Québec*, D.T.E. 2002T-767 (T.T.) ; *Syndicat national catholique des employés des institutions religieuses de St-Hyacinthe et Soeurs de St-Joseph de St-Hyacinthe, maison-mère (grief syndical et Martine Brouillard)*, D.T.E. 2010T-458 (T.A.), par. 90.

7. RLRQ, c. S-40.

8. *Règlement sur l'exercice du droit d'association conformément au Code du travail*, RLRQ, c. C-27, r. 3, art. 31. Pour agir en justice en demande, cette association doit

tion doit néanmoins exister réellement. Un minimum de conditions demeurent requises au constat de cette existence, comme la tenue d'une réunion de formation, la signature de cartes de membres, le paiement de cotisations syndicales, l'adoption d'une constitution ou de statuts et l'élection de dirigeants[9].

Il faut enfin signaler que le fait qu'une association de salariés soit déjà accréditée pour un groupe de salariés ne s'oppose pas à la recevabilité d'une requête en accréditation de sa part, pour le même groupe de salariés, si elle a fait l'objet de maraudage par une autre association qui a pu mettre en danger sa représentativité en déposant une requête en accréditation, comme nous le verrons[10]. Le dépôt d'une telle requête par l'association déjà en place ne saurait toutefois avoir pour effet de faire perdre à l'association rivale le droit à un vote au scrutin secret que cette dernière aurait acquis en vertu de l'article 37 C.t., par le fait du dépôt préalable de sa propre requête en accréditation. En d'autres termes, la requête de l'association déjà accréditée ne revêt qu'un caractère défensif destiné à obtenir la tenue d'un vote[11]. Une association peut aussi déposer une nouvelle requête lors-

---

se pourvoir, en vertu de l'article 60 C.p.c., d'un certificat délivré par la Commission des relations du travail, attestant qu'elle constitue une association de salariés au sens du *Code du travail* : *Syndicat des travailleuses et travailleurs de l'Hôtel Méridien de Montréal* c. *Tribunal du travail*, D.T.E. 92T-990 (C.S.). La délivrance de cette attestation par la C.R.T. est étrangère à l'administration du *Code du travail* : *S.T.E. Syndicat des travailleurs(euses) d'entreprises, local 105* c. *Union des camionneurs de construction et apprentis mécaniciens d'automobiles et aides, employés de stations-service et de parcs de stationnement et salariés divers, local 903*, précité, note 5.

9. Voir et comparer les décisions suivantes : *Ferme Carnaval Inc.* c. *Union des employés de commerce, section locale 500*, [1986] T.T. 41 ; *Association des employés de GE-AD Inc.* c. *Syndicat des salariés en alimentation en gros (C.S.N.)*, D.T.E. 85T-458 (T.T.) ; *Vaudry* c. *Syndicat des travailleurs du commerce de l'électricité*, [1981] T.T. 618.

10. *Union typographique de Québec, local 302* c. *Syndicat des employés de bureau du Saguenay (C.S.N.)*, [1978] T.T. 222 ; *Woolworth F.W. & Co.* c. *Union des employés de commerce, local 503*, C.T.C.-F.T.Q., D.T.E. 82T-639 (T.T.) ; *Syndicat des salariés d'Autobus Voltigeurs* et *Syndicat des salariés, travailleuses et travailleurs d'Autobus Voltigeurs*, D.T.E. 95T-758, p. 14, 19 (C.T.).

11. *Syndicat canadien des travailleurs du papier, section locale 100* c. *Syndicat national des travailleurs de la pulpe et du papier de Kénogami Inc.*, [1980] T.T. 406. Par ailleurs, même en l'absence de dépôt d'une nouvelle requête en accréditation par l'association en place, la jurisprudence reconnaît à cette dernière le droit à la tenue d'un vote au scrutin secret si elle démontre qu'elle a reconquis son caractère majoritaire avant l'expiration du délai de recevabilité d'une requête en accréditation : *Travailleurs et travailleuses unis de l'alimentation et du commerce, section locale 501* c. *Magasins Pascal Ltée*, D.T.E. 92T-116 (T.T.) ; *Travailleurs canadiens de l'alimentation et d'autres industries (Canadian Food and Allied Workers), local P-546* c. *Syndicat des employés de Canada Packers*

que son accréditation est mise en péril par une demande de révocation par un groupe de salariés qu'elle représente et ce, avant même que la décision sur la révocation soit rendue[12].

B. Les délais de recevabilité

486 – *Multiplicité* – La recevabilité d'une requête en accréditation est d'abord conditionnée par son dépôt à l'intérieur de l'un ou l'autre de certains délais déterminés à cette fin par le *Code du travail*.

Le régime général de recevabilité des requêtes en accréditation est issu des règles énoncées aux articles 22, 27.1, 40 et 72 C.t. Ce régime fait l'objet de quelques particularisations dans les secteurs public et parapublic.

1. Le régime général

a) Le premier dépôt

487 – *Champ libre* – Un groupe de salariés qui n'est pas encore représenté par une association accréditée est dit « en champ libre ». Il peut, en tout temps, être l'objet d'une requête en accréditation. Cette règle, énoncée à l'article 22a) C.t., est toutefois sujette à une réserve. En effet, la même disposition législative assujettit la recevabilité de la requête au fait que le groupe de salariés qui en est l'objet ne soit pas déjà visé, en totalité ou en partie, par une autre requête en accréditation. Il s'agit là de la règle dite du premier dépôt ou du « guichet fermé », que viennent compléter les dispositions de l'article 27.1 C.t. Ce dernier prononce l'irrecevabilité absolue de toute requête en accréditation qui chevauche en totalité ou en partie, même infime, une première requête qui lui est antérieure et qui vise un groupe de salariés qui n'est pas encore représenté par une association accréditée[13].

Ltd. (C.S.N.), D.T.E. 82-147 (T.T.). Toutefois une requête purement préventive de l'association déjà en place, avant que son accréditation soit mise en péril par une association rivale, est irrecevable ; *Syndicat des employés de manutention et de services* c. *Solamco*, D.T.E. 2003T-379 (C.R.T.) ; *Travailleuses et travailleurs unis de l'alimentation et du commerce, section locale 503* c. *Verret*, 2008 QCCRT 0435.

12. *Zellers inc.* c. *Syndicat des travailleuses et travailleurs du magasin Zellers d'Aylmer-C.S.N.*, 2006 QCCA 331 ; *Travailleuses et travailleurs unis de l'alimentation et du commerce, section locale 503* et *Verret*, 2008 QCCRT 0435, par. 28.

13. Sur la reconnaissance de la validité de cette règle au regard de la liberté d'association affirmée à l'article 2 de la *Charte canadienne des droits et libertés* et à l'article 3 de la *Charte des droits et libertés de la personne* du Québec, voir :

Pour ainsi fermer la porte à une requête ultérieure, une première requête doit être juridiquement existante et, à cette fin, satisfaire aux conditions de sa recevabilité[14]. Par ailleurs, son rejet éventuel pour un motif de fond, ayant trait au caractère inapproprié de l'unité de négociation proposée ou au défaut de représentativité de l'association requérante, ne compromet en rien l'application de la règle[15]. De même, le fait que l'une ou l'autre des requêtes vise en totalité ou en partie seulement les salariés pour lesquels aucune accréditation n'a été octroyée demeure sans pertinence ; le seul constat de superposition des requêtes à l'égard d'un groupe de salariés non organisé du même employeur suffit à rendre irrecevable toute autre requête que la première[16].

Aux fins d'application de cette règle du premier dépôt, une requête en accréditation est considérée comme déposée au jour de sa réception à un bureau de la C.R.T. (art. 27.1, al. 2 et 130, al. 2 C.t.)[17]. Deux requêtes déposées le même jour coexisteront donc et seront traitées concurremment.

La requête rendue irrecevable par l'article 27.1 C.t. pourra faire l'objet soit d'un rejet par la C.R.T., soit d'un désistement de la part de l'association requérante qui constate son irrecevabilité[18]. Par excep-

---

Association des employés de Pyradia Inc. c. Pyradia Inc., [1988] T.T. 32 ; Association des employés de Maisons usinées Brouillette Inc. c. Syndicat des employé(es) de Maisons usinées Brouillette Inc. (C.S.N.), D.T.E. 88T-246 (T.T.).

14. Syndicat des employées et employés de la Société des casinos du Québec c. Resto-Casino Inc., [1997] T.T. 379 ; Montreal Newspaper Guild local 30111 c. The Montreal Gazette Group inc., 2003 QCCRT 0715, par. 12-15 ; Union des employées et employés de service, section locale 800 c. Association démocratique des ressources à l'enfance du Québec (CSD) – Mauricie – Centre-du-Québec, 2011 QCCA 2383.

15. Syndicat des employées et employés de la Société des casinos du Québec c. Resto-Casino Inc., précité note 14 ; Fraternité nationale des charpentiers-menuisiers, forestiers et travailleurs d'usine c. Gaston Brouillette Inc., D.T.E. 85T-92 (T.T.).

16. Association des employés de Galénica c. Syndicat national de l'automobile, de l'aérospatiale, du transport et des autres travailleurs et travailleuses du Canada (T.C.A.), [2000] R.J.D.T. 1623 (T.T.). L'article 27.1 C.t. n'a pas d'effet à l'encontre d'une demande d'inclusion dans une unité d'accréditation existante, par interprétation selon l'article 39 C.t. : Centres jeunesse de Montréal c. Syndicat québécois des employées et employés de service, section locale 298, D.T.E. 2001T-1091 (T.T.).

17. Association des employés de Hebdo Litho c. Syndicat international des communications graphiques, section locale 555, [1999] R.J.D.T. 1633 (T.T.) – requête reçue un dimanche, par télécopie. Voir infra, nos 523-527.

18. Travailleuses et travailleurs unis de l'alimentation et du commerce, section locale 509 et Syndicat indépendant des salariés du Marché Port-Royal, 2009 QCCRT 0417 – le désistement de l'association syndicale n'influe en rien sur

tion, dans l'un ou l'autre cas, l'association victime de l'irrecevabilité de sa requête en raison de l'article 27.1 C.t. ne sera pas soumise au délai d'attente de trois mois normalement imposé par l'article 40 C.t. avant de pouvoir renouveler sa demande d'accréditation[19]. Eu égard à la perspective d'un tel renouvellement de sa requête, l'association qui subit les effets de l'article 27.1 C.t. se trouve en pratique dans la situation suivante : elle peut, dans une nouvelle requête en accréditation, contourner en quelque sorte les salariés touchés par la règle du premier dépôt. Elle peut aussi choisir d'attendre le sort réservé à la requête de l'association rivale qui a bénéficié de la règle et compter sur son éventuel rejet, ou sur un désistement, pour retrouver le champ libre[20].

La règle du premier dépôt vise un objectif aussi manifeste que simple : accélérer le processus d'accréditation à l'endroit des salariés en champ libre, en écartant toute possibilité de délai pouvant résulter de requêtes successives à l'égard d'un même groupe, en tout ou en partie, tant qu'une accréditation n'a pas été octroyée. Toutefois, manipulée habilement sinon malicieusement, cette règle peut produire des effets secondaires non désirés par le législateur. Par exemple, le dépôt hâtif d'une première requête, suivi d'une longue contestation conduisant au rejet de la requête, pourra faire obstacle un certain temps à toute accréditation d'une association[21]. La même tactique utilisée par un petit groupe de salariés pourrait aussi, selon les cas, retarder l'accréditation pour un groupe plus étendu, conduire à la constitution d'unités de négociation autrement inopportunes et même lui permettre d'échapper à toute accréditation. À l'inverse, la règle peut servir à inclure dans une large unité de négociation un groupe aux intérêts distincts, malgré sa volonté et sans qu'il puisse réagir par le moyen d'une demande d'accréditation pour former une unité autonome.

---

l'application de l'article 27.1 C.t., une fois qu'il est déposé auprès de la C.R.T., et ce, indépendamment de la décision qui le confirme.

19. *Métallurgistes unis d'Amérique, section locale 7625 c. Recmix inc.*, 2003 QCCRT 0563.

20. Exemples : *Ferme Carnaval Inc.* c. *Union des employés de commerce, section locale 500*, précité, note 9 ; *Association indépendante des agentes et agents de télévente Molson-O'Keefe* c. *Syndicat des employées et employés professionnels et de bureau, section locale 57*, D.T.E. 93T-1286 (T.T.) – désistement ; *Jeno Neuman & Fils Inc.* c. *Tribunal du travail*, [1994] R.J.Q. 2321 (C.S.) – prise d'effet d'un désistement ; *Caisse* c. *Centre de réadaptation Lisette-Dupras*, 2006 QCCS 1351, par. 67.

21. Voir l'affaire *Fraternité nationale des charpentiers-menuisiers, forestiers et travailleurs d'usine* c. *Gaston Brouillette Inc.*, précité, note 15.

488 – *Entreprise existante* – La Loi n'impose aucun nombre minimal de salariés chez un nouvel employeur pour qu'une accréditation puisse être demandée. Toutefois, l'accréditation doit s'adresser à une entreprise existante et la jurisprudence distingue la phase de mise en place de la nouvelle entreprise et celle de son exploitation active. L'accréditation qui serait demandée à l'endroit des salariés affectés aux travaux préliminaires d'implantation ne visera éventuellement que ceux-ci ; elle ne saurait rejoindre les salariés qui seront appelés à réaliser les objectifs de l'entreprise après sa mise en marche[22]. Quant à ces derniers, ils pourront faire l'objet d'une demande d'accréditation dès qu'ils formeront un noyau minimal suffisant pour caractériser les activités de la nouvelle entreprise ou de la partie de cette dernière que vise la requête[23].

b) L'inefficacité de l'association accréditée

489 – *Délai d'action* – Le législateur a voulu permettre la remise en question de l'accréditation d'une association qu'il juge inefficace et inactive en négociation. Une demande d'accréditation peut ainsi être dirigée contre une association nouvellement accréditée après 12 mois de la date de son accréditation, si elle n'a pas réussi à conclure une convention collective et si le différend à ce sujet n'a pas été soumis à l'arbitrage ou, à défaut, s'il ne fait pas l'objet d'une grève ou d'un lock-out permis par le Code (art. 22b.1) C.t.)[24]. Lorsque l'accréditation a été octroyée sans que la description de l'unité de négociation ait été complètement réglée, le délai de 12 mois ne court qu'à compter de la décision de la Commission des relations du travail qui détermine cette question (art. 22b.2) et 28d.1) C.t.). À l'occasion du renouvellement d'une convention collective, le délai accordé à l'association de salariés est réduit à neuf mois de la date d'expiration de la convention collective échue, aux mêmes conditions (art. 22c) C.t.).

---

22. *Syndicat canadien des communications, de l'énergie et du papier, section locale 2005* c. *Interquisa Canada inc.*, D.T.E. 2003T-1015 (C.R.T.) ; *Bitumar Inc.* c. *Union des camionneurs de construction et approvisionnement, mécaniciens d'auto et aides, employés de stations-service et de parcs de stationnement et salariés divers*, D.T.E. 88T-865 (T.T.) ; *Molson Canada 2005* et *Travailleuses et travailleurs unis de l'alimentation et du commerce, section locale 501 – FTQ*, 2007 QCCRT 0335, par. 32.

23. *Syndicat des employées et employés de la Société des casinos du Québec* c. *Resto-Casino Inc.*, précité, note 14 ; *Syndicat canadien de la fonction publique, section locale 3900* c. *Syndicat des travailleuses et travailleurs du Casino de Hull*, [1996] T.T. 504 ; *Syndicat canadien des communications, de l'énergie et du papier, section locale 2005* et *Interquisa Canada inc.*, 2003 QCCRT 0098, par. 39.

24. Exemple du calcul de ce délai : *Syndicat des travailleurs de Sac Drummond* c. *Sac Drummond Inc.*, D.T.E. 2005T-517 (C.R.T.).

Ces diverses dispositions postulent que l'association accréditée puisse, comme solutions de rechange à la conclusion d'une convention collective, soumettre le différend à l'arbitrage ou, à défaut, recourir à la grève.

490 – *Grève ou lock-out* – Un jugement *Pyrofax Gas Limited*, suivi et appliqué pendant plusieurs années, a d'abord décidé que l'exercice du droit de grève ou de lock-out à un certain moment avait pour effet d'interrompre la course du délai accordé à l'association en place avant que son accréditation devienne vulnérable, ce délai recommençant à courir et à être calculé à compter du moment où la grève ou le lock-out avait cessé[25]. Cette interprétation fut remise en question et désavouée par un jugement ultérieur, selon lequel il suffit de constater l'expiration de la période (de 12 ou de 9 mois) allouée à l'association accréditée et la réalisation des autres conditions prévues par la Loi pour conclure à la recevabilité d'une requête en accréditation, sans qu'il soit question de tenir compte de la survenance d'une grève ou d'un lock-out qui aurait ensuite pris fin[26].

491 – *Arbitrage* – À quel moment, par ailleurs, un différend est-il jugé soumis à l'arbitrage, pour l'application des délais prévus aux paragraphes b.1), b.2) et c) de l'article 22 C.t. ? Qu'il s'agisse d'un arbitrage obligatoire à la demande d'une seule partie, comme c'est le cas pour les policiers ou les pompiers ou à l'occasion de la négociation d'une première convention collective, ou qu'il s'agisse d'un arbitrage volontaire à la demande conjointe des deux parties dans les autres cas[27], c'est à la date de la décision du ministre du Travail, par laquelle celui-ci répond positivement à la demande qui lui a été adressée, que le différend est considéré comme déféré à l'arbitrage (art. 75, 93.3 et 98 C.t.)[28].

---

25. *Pyrofax Gas Limited* c. *Syndicat international des travailleurs des industries pétrolières, chimiques et atomiques, local 9-618*, [1971] T.T. 252.
26. *Syndicat des travailleurs(euses) de Robert et Robert (C.S.N.)* c. *Syndicat des salariés du bois ouvré de Robert et Robert (C.S.D.)*, [1987] T.T. 204. La fermeture temporaire de l'entreprise ne suspend pas non plus l'écoulement du délai : *Syndicat des employés de bureau et de commerce de Chicoutimi (C.S.N.)* c. *Syndicat d'alimentation, section locale 107 (F.S.A.)*, [1988] T.T. 481 ; *Association internationale des machinistes et des travailleurs de l'aérospatiale, section locale 2300* et *Union des chauffeurs de camions, hommes d'entrepôts et autres ouvriers, Teamsters Québec, section locale 106 (F.T.Q.)*, D.T.E. 2000T-878 (C.T.), par. 30.
27. Sur l'arbitrage de différend, voir *infra*, Titre II, chapitre 5, n°s 634 et s.
28. *Syndicat des travailleurs d'Entreprises Philip (C.S.N.)* c. *Union des chauffeurs de camions, hommes d'entrepôts et autres ouvriers, section locale 106 (F.T.Q.)*, D.T.E. 98T-328 (T.T.) ; *Syndicat québécois des employées et employés de service, section locale 29* c. *Association des employés de la Résidence du Bonheur*, D.T.E. 97T-1011 (T.T.). Ces décisions représentent un revirement jurisprudentiel

c) L'expiration d'une convention collective

492 – *Convention collective de courte durée* – Le paragraphe d) de l'article 22 C.t. prévoit une période automatique de remise en question de l'accréditation, lorsque les conditions de travail ont été déterminées collectivement pour une durée de trois ans ou moins. Cette période s'étend du 90e au 60e jour précédant la date d'expiration d'une sentence arbitrale tenant lieu de convention collective, ou la date d'expiration d'une convention collective ou du renouvellement d'une convention collective dont la durée est de trois ans ou moins. Ce délai, comme les autres délais prévus à l'article 22 C.t., est d'ordre public et a évidemment préséance sur toute convention. Il s'ensuit, par exemple, qu'une modification conventionnelle de la durée de la convention collective ou d'un accord donnant lieu au renouvellement de celle-ci ne saurait faire obstacle à son application29. Le calcul de ce délai, comme celui des autres délais fixés par le Code, tient compte des dispositions des articles 151.1 à 151.3 C.t., qui peuvent avoir pour effet de le prolonger30.

493 – *Convention de longue durée* – L'article 22e) C.t. s'adresse aux situations où les parties ont conclu une convention collective dont la durée est de plus de trois ans. Dans tous ces cas, il y a ouverture à une demande d'accréditation du 180e au 150e jour précédant la date d'expiration de la convention collective. En outre, pendant la durée d'une telle convention collective, l'accréditation peut être remise en question à intervalles réguliers après un certain temps31. Il en sera

---

quant à une demande conjointe d'arbitrage ; comparer : *City Buick, Pontiac (Mtl) Limitée* c. *Union des vendeurs d'automobiles et employés auxiliaires, local 1974 R.C.I.A.*, [1979] T.T. 66 ; *Syndicat des salariés du Château Bonne-Entente (C.S.N.)* c. *Union des employés de restauration du Québec, local 102*, [1983] T.T. 408.

29. *Teamsters du Québec, chauffeurs et ouvriers de diverses industries, section locale 69* c. *Syndicat des travailleuses et travailleurs de Bois linière (C.S.N.)*, D.T.E. 99T-193 (C.A.) ; *Syndicat des travailleuses et des travailleurs de ADT (C.S.N.)* c. *Fraternité internationale des ouvriers en électricité, section locale 1604*, D.T.E. 2005T-414 (C.R.T.) ; *Syndicat des employés de l'Imprimerie Veilleux Ltée* c. *Syndicat international des arts graphiques, local 509*, [1984] T.T. 4 ; *Syndicat national des travailleurs des pâtes et papier de Portneuf Station inc. (CSD)* c. *Commission des relations du travail*, 2008 QCCS 2980.

30. *Association des employés de Bertrand Croft Inc.* c. *Syndicat des employés(es) de Bertrand Croft (C.S.N.)*, D.T.E. 87T-864 (T.T.). Ce jugement précise que la prolongation du délai par application des articles 151.2 et 151.3 C.t. valide le dépôt lui-même de la requête en accréditation, sans du même coup changer la date à laquelle on se rapportera pour calculer les effectifs syndicaux conformément à l'article 36.1 du Code. Voir *supra*, Titre II, chapitre 1, no 433.

31. Exemple, *Syndicat des employés de manutention et de services (SEMS)* c. *Syndicat des employés de Garage Montplaisir*, [2002] R.D.J.T. 1600 (C.T.) – convention collective de trois ans et un jour.

ainsi du 180e au 150e jour précédant le sixième anniversaire de la signature de la convention collective et chaque deuxième anniversaire subséquent (le 8e, le 10e et ainsi de suite), à moins qu'une telle période d'ouverture ne se trouve à prendre fin à 12 mois ou moins de celle qui précédera l'expiration de la convention collective, c'est-à-dire du 180e jour précédant cette date d'expiration. Ici encore, le calcul de ces délais prend en considération les dispositions des articles 151.1 à 151.3 C.t.

Par ailleurs, lorsqu'une ambiguïté subsiste autour de la date d'expiration de la convention collective, l'article 52.2, al. 3 C.t. accorde à la C.R.T. le pouvoir de déterminer cette date, que la convention collective soit de courte ou de longue durée[32].

494 – *Convention collective transférée* – Lorsqu'une convention collective est transférée à un nouvel employeur à l'occasion d'une concession partielle d'entreprise, elle est réputée expirer le jour de la prise d'effet de cette concession. Une accréditation pourra être demandée neuf mois après la date de cette prise d'effet en vertu de l'article 22c) C.t.

d) Le défaut de déposer une convention collective

495 – *Mesure incitative* – L'article 72 C.t. incite à procéder au dépôt d'une convention collective ou de ses modifications comme il l'exige[33]. Cette incitation est principalement dirigée vers l'association accréditée signataire. À défaut que le dépôt soit effectué dans les 60 jours de la signature et jusqu'à ce qu'il ait été fait, une association rivale peut demander l'accréditation (art. 72, al. 2 C.t.)[34]. On est parfois porté à oublier que la même conséquence s'attache au défaut de déposer les modifications apportées à la convention collective qu'à celui de la déposer elle-même[35].

496 – *Renouvellement d'une requête* – La recevabilité d'une requête en accréditation à l'intérieur de l'un ou l'autre des délais auxquels nous venons de nous arrêter demeure par ailleurs soumise à une restriction particulière. En vertu de l'article 40 C.t., une association

---

32. *Gosselin et Teamsters Québec, section locale 1999*, D.T.E. 2009T-243 (C.R.T.).

33. À titre d'exemple, voir : *Syndicat canadien des communications, de l'énergie et du papier, sections locales 137 et 250 (FTQ)* et *Papiers White Birch, division Stadacona, s.e.c.*, D.T.E. 2009T-213 (T.A.).

34. Exemple, *Union des agents de sécurité du Québec, local 8922* c. *Union des agents de sécurité du Québec*, [1984] T.T. 225.

35. Voir, à ce sujet, *Prévost Car Inc.* c. *Tremblay*, [1976] C.S. 32.

qui se voit refuser sa demande d'accréditation ou qui choisit de s'en désister ne peut en reformuler une autre à l'endroit du même groupe qu'après une période d'attente de trois mois suivant le rejet ou le désistement[36]. L'application de cette sanction demeure toutefois limitée. D'abord, l'article 40 C.t. exclut expressément cette application lorsque le rejet ou le désistement fait suite à l'irrecevabilité de la requête par effet de la règle du premier dépôt énoncée à l'article 27.1 C.t., ainsi que lorsqu'un désistement est produit à la suite d'un regroupement de municipalités ou de commissions scolaires, d'une intégration de personnel dans une communauté urbaine ou de la création d'une société de transport. En outre, la jurisprudence s'est refusée à imposer le moratoire de trois mois dans tous les cas où le rejet ou le désistement de la requête en accréditation n'est pas lié à un motif de fond, mais plutôt à une simple défaillance procédurale[37], ou au non-respect des formalités prévues à l'article 25 C.t.[38]. L'article 40 C.t. n'impose pas ce délai de trois mois à l'endroit d'un groupe de salariés résiduaire, lorsque la requête en accréditation est accueillie partiellement[39]. Il existe un autre cas où cet article ne trouve pas application : à la suite d'une révocation d'accréditation en vertu de l'article 41 C.t.[40].

Il existe un moyen technique pour échapper à l'application, le cas échéant, de l'article 40 C.t. Il s'agit de créer de toutes pièces un nouveau syndicat avec un nouveau nom, un nouveau conseil d'administration, etc. Le nouveau requérant en accréditation doit toutefois se présenter comme une entité syndicale réellement distincte de celle qu'il remplace en quelque sorte, même si ses membres et certains de ses officiers se retrouvent dans les mêmes personnes[41].

---

36. *Institut technique Aviron* c. *Syndicat des professeurs de métier et de technique de l'Institut Aviron (C.S.N.)*, D.T.E. 84T-191 (T.T.).
37. *Syndicat des travailleurs de Sac Drummond* c. *Sac Drummond Inc.*, précité note 24 ; *Syndicat indépendant Weldco* c. *Weldco Inc.*, [1986] T.T. 360. Voir aussi *infra*, nos 505, 508. Cette disposition doit être interprétée de manière restrictive, voir notamment : *Syndicat du personnel du Collège Saint-Sacrement-CSN* c. *Collège Saint-Sacrement*, 2008 QCCRT 0185.
38. Notamment lorsque l'association de salariés n'a pas d'existence légale ; *Syndicat indépendant des salariés du CLD des Etchemins* c. *Centre local de développement (CLD) des Etchemins*, 2003 QCCRT 0730.
39. *Recmix Inc.* c. *Vignola*, D.T.E. 2004T-495, REJB 2004-55087 (C.S.).
40. *Syndicat des travailleuses et travailleurs de l'Immaculée-Conception (C.S.N.)* c. *Œuvre du Père Marcel-de-la-Sablonnière, Centres des loisirs Immaculée-Conception*, 2004 QCCRT 0021.
41. Comparer à ce sujet les jugements suivants qui aboutissent à des constats différents : *Ferme Carnaval Inc.* c. *Union des employés de commerce, section locale 500*, précité, note 9 ; *Institut technique Aviron* c. *Syndicat des professeurs de métier et de technique de l'Institut Aviron (C.S.N.)*, précité, note 36 ; *Gravel & Fils Ltée* c. *Syndicat d'entreprises funéraires*, [1983] T.T. 386.

497 – *Application successive* – Il faut comprendre que les diverses périodes de recevabilité des requêtes en accréditation sont d'application successive. Cela signifie, par exemple, qu'une requête déposée dans la période qui précède l'expiration d'une convention collective (art. 22d) ou 22e) C.t.) aura préséance sur une requête déposée plus tard, après l'échéance de cette convention collective (art. 22c) C.t.), ou après la conclusion d'une nouvelle convention collective et le défaut de la déposer (art. 72 C.t.)[42]. Par ailleurs, des requêtes déposées dans un même délai de recevabilité seront traitées en juxtaposition, c'est-à-dire comme si elles avaient été déposées au même moment, sans préséance de l'une sur l'autre[43]. À la fin du délai de recevabilité, il reviendra à la C.R.T. de déterminer, parmi les différentes associations, celle qui dispose du caractère le plus représentatif[44].

L'article 27 C.t. charge la C.R.T. de mettre une copie de toute requête en accréditation à la disposition du public par tout moyen qu'elle juge approprié.

2. Le régime applicable aux secteurs public et parapublic

498 – *Définition* – Les délais de recevabilité des requêtes en accréditation varient sous certains aspects dans les « secteurs public et parapublic », selon la définition qu'en donne l'article 111.2 du *Code du travail*. Il s'agit du gouvernement, de ses ministères et des organismes du gouvernement dont le personnel est nommé suivant la *Loi sur la fonction publique*[45], ainsi que des collèges, des commissions scolaires et des établissements du secteur de la santé et des services sociaux visés par la *Loi sur le régime de négociation des conventions collectives dans les secteurs public et parapublic*[46].

499 – *Expiration d'une convention collective* – L'article 111.3 C.t. substitue à la période mentionnée au paragraphe d) de l'article 22 celle entre le deux cent soixante-dixième et le deux cent quaran-

---

42. *Conseil des employés de commerce du Québec, section matériaux de construction* c. *Union des employés de commerce, local 502*, [1983] T.T. 206 ; *Syndicat des employés de SOPEQ* c. *Union des agents de sécurité du Québec*, D.T.E. 83T-558 (T.T.).

43. *Ibid. Syndicat des travailleurs de Sac Drummond* c. *Sac Drummond Inc.*, précité note 24. La représentativité de chaque association demeurera néanmoins appréciée, comme nous le verrons, à la date du dépôt de sa requête.

44. *Travailleuses et travailleurs unis de l'alimentation et du commerce, section locale 503* et *Verret*, précité, note 11.

45. RLRQ, c. F-3.1.1.

46. RLRQ, c. R-8.2.

tième jour précédant la date d'expiration d'une convention collective ou de ce qui en tient lieu, comme période statutaire de maraudage. Quoique le législateur ait utilisé à l'article 111.3 l'expression « entre le deux cent soixante-dixième et le deux cent quarantième jour [...] » plutôt que l'expression « *du* quatre-vingt dixième *au* soixantième jour [...] » selon la formule déjà employée au paragraphe d) de l'article 22, on a décidé que dans ce cas, le mot « entre » devait être interprété comme étant inclusif et que, conséquemment, les deux cent soixante-dixième et deux cent quarantième jours étaient compris dans la période où l'accréditation peut être demandée en vertu de l'article 111.3 C.t.[47]

500 – *Délai de négociation* – Sur un autre plan, le délai d'ouverture envisagé au paragraphe c) de l'article 22 C.t. paraît inapplicable à une partie des secteurs public et parapublic.

L'article 111.1 C.t. énonce en effet, sous réserve de certaines exceptions qui y sont prévues, que les dispositions du Code s'appliquent aux relations du travail dans les secteurs public et parapublic, sauf dans la mesure où elles sont inconciliables avec celles de la section relative à ces secteurs.

Une telle inconciliabilité peut être, selon les cas, explicite ou implicite. Explicitement ou techniquement, l'application du paragraphe c) de l'article 22 C.t. n'est inconciliable avec aucune règle particulière contenue aux articles 111.1 et suivants du Code. Ce sont plutôt les postulats qui sous-tendent la règle d'ouverture de l'article 22c) C.t. qui, à l'analyse, se révèlent implicitement incompatibles avec le régime de négociation applicable aux secteurs public et parapublic. La sanction que représente cette ouverture au maraudage de l'association accréditée vraisemblablement inefficace est indissociable du régime de négociation applicable à cette association et, surtout, de la possibilité que ce régime lui offre de recourir à l'un ou l'autre des moyens lui permettant de se mettre à l'abri de cette sanction, à savoir la conclusion d'une convention collective, le recours à la grève, ou le renvoi du différend à l'arbitrage par sa seule volonté ou même avec le seul accord de l'employeur visé par l'accréditation. Or, verrons-nous, le régime spécial de négociation des secteurs public et parapublic déroge à plusieurs égards au régime général et soumet

---

47. *Association des techniciens en diététique du Québec Inc.* c. *Centre hospitalier de Matane*, [1979] T.T. 127 ; *Syndicat professionnel des techniciens en radiologie médicale du Québec (S.P.T.R.M.Q.)* c. *Alliance professionnelle des para-médicaux (C.S.N.)*, [1980] T.T. 201.

plusieurs associations accréditées de ces secteurs à des modalités et conditions de négociation qui les dépouillent, à toutes fins utiles, de leurs pouvoirs directs et usuels sur la négociation et sur les moyens auxquels celle-ci peut faire appel. Cette réalité sera particulièrement évidente lorsque la Loi impose une négociation sectorielle unique à l'échelle nationale entre plusieurs interlocuteurs patronaux et syndicaux, ou une négociation divisée entre ce palier national et le niveau local[48].

C. Les formalités

1. La teneur

501 – *Sources* – Les formalités auxquelles est assujettie la demande d'accréditation sont dictées par les articles 25 et 26 C.t. ainsi que par le *Règlement sur l'exercice du droit d'association conformément au Code du travail*[49]. Elles ont essentiellement trait à la production de divers documents.

a) La requête

502 – *Contenu* – L'accréditation se demande par requête déposée à la Commission des relations du travail, à son bureau de Québec ou de Montréal (art. 25, al. 1 C.t.)[50]. Cette requête doit identifier le groupe de salariés que l'association veut représenter et être signée par ses représentants mandatés (art. 25, al. 2 C.t.)[51]. Elle doit aussi désigner l'employeur par son nom en mentionnant l'adresse de l'établissement ou des établissements visés[52]. Cette dernière identification pose par-

---

48. *Syndicat de professionnelles et professionnels du gouvernement du Québec* c. *Syndicat québécois des employées et employés de service, section locale 298 (F.T.Q.)*, D.T.E. 2000T-652 (C.T.) ; *Syndicat national des employés de l'Hôpital Saint-Charles Borromée* c. *Les infirmières et infirmiers unis Inc.*, [1981] T.T. 9 ; *Alliance professionnelle des para-médicaux, affiliée à la Confédération des syndicats nationaux (C.S.N.)* c. *Centre Hospitalier Maisonneuve-Rosemont*, T.T. nᵒ 500-28-000509-802, 15 juin 1981. Voir *infra*, Titre II, chapitre 6, nᵒˢ 658-663.

49. Précité, note 8.

50. *Ibid.*, art. 9 et 3, et annexe 1. Sur le mode de transmission de la requête à la C.R.T., voir *supra*, Titre II, chapitre 1, nᵒ 431.

51. Quant à l'exigence de signature, voir *Restaurants Châtelaine Ltée* c. *Lesage*, D.T.E. 84T-505 (C.S.).

52. *Règlement sur l'exercice du droit d'association conformément au Code du travail*, précité, note 8, art. 9. Toutefois, le fait de ne pas inscrire l'établissement visé n'est pas un vice fatal puisque seule la nécessité de fournir l'adresse de l'employeur est imposée à l'article 9 du Règlement : *Carrières Ducharme inc.* c. *Marchand*, 2006 QCCS 5258.

fois une difficulté, lorsque plusieurs personnes ou entités se partagent ou exercent conjointement les différentes prérogatives usuelles d'un employeur à l'endroit de ses salariés. Dans ces circonstances, une désignation erronée de l'employeur par l'association requérante pourra être corrigée à la lumière des faits révélés ultérieurement à l'occasion de l'examen de la demande d'accréditation par la C.R.T., sans que le droit à l'accréditation soit compromis du fait de l'erreur initiale[53].

b) La résolution

503 – *Existence essentielle* – En vertu du deuxième alinéa de l'article 25 C.t., la requête en accréditation doit être autorisée par une résolution de l'association. Un arrêt de la Cour suprême a souligné le fait que cette résolution doit être adoptée par l'association qui demande l'accréditation et non par les salariés de l'unité de négociation pour laquelle cette association cherche à obtenir l'accréditation[54]. Par exemple, s'agissant d'un syndicat d'envergure régionale, c'est l'assemblée générale formée de l'ensemble des membres du syndicat qui devra adopter la résolution, ou encore l'exécutif de ce dernier, selon les dispositions qui peuvent être prévues à cet effet par les statuts ou les règlements du syndicat. Pour des raisons pratiques évidentes, c'est d'ailleurs à cette dernière solution que l'on fait généralement appel. Le cas échéant, c'est à la C.R.T. qu'il appartiendra d'apprécier si la résolution a été adoptée conformément aux statuts et aux règlements de l'association requérante[55]. La résolution décrit elle-même l'unité de négociation à l'égard de laquelle l'association est autorisée à demander l'accréditation. Elle désigne aussi habituellement les mandataires qui agiront au nom de l'association et signeront notamment la requête en accréditation. L'existence d'une résolution

---

53. *Syndicat des travailleurs de l'énergie et de la chimie, local 105 (F.T.Q.) c. Transport Matte Ltée*, [1988] R.J.Q. 2346 (C.A.) ; *Association des employés de Galénica c. Syndicat national de l'automobile, de l'aérospatiale, du transport et des autres travailleurs et travailleuses du Canada (T.C.A.)*, précité, note 16 ; *Union des employés d'hôtels, restaurants et commis de bars, section locale 31 (C.T.C.) c. Syndicat des travailleurs et travailleuses du Holiday Inn Select Sinomonde (C.S.N.)*, D.T.E. 2001T-562 (T.T.) ; *Carrières Ducharme inc. c. Marchand*, 2006 QCCS 5258.

54. *Association internationale des commis du détail, local 486 c. Commission des relations du travail du Québec*, [1971] R.C.S. 1043 ; *Doucet c. Syndicat national du transport routier* (T.T., 2001-04-09), SOQUIJ AZ-50085248, par. 31.

55. *Travailleurs unis de l'alimentation et du commerce, local 501 c. Bourgeois*, [1991] R.J.Q. 951 (C.A.) ; *Syndicat de professionnelles et professionnels du gouvernement du Québec et Syndicat des professionnelles et professionnels de la Société québécoise de développement de la main-d'œuvre, section locale 3838 (S.C.F.P.)*, D.T.E. 98T-255 (C.T.), p. 13.

qui répond aux exigences de la Loi représente une condition de fond à la recevabilité de la requête en accréditation[56].

504 – *Accompagnement* – L'article 25, al. 2 C.t. requiert que la requête soit accompagnée de tout document ou information exigé par un règlement du gouvernement. L'article 9 du Règlement[57], qui continue de s'appliquer, exige que la requête en accréditation soit accompagnée d'une copie certifiée conforme de la résolution. Alors que cette obligation ne trouvait aucun fondement direct dans la Loi elle-même, on a jugé que le défaut de la satisfaire ne constituait qu'une simple irrégularité de procédure, que l'article 151 C.t. permettait de couvrir[58].

c) *Les formules d'adhésion et les autres informations*

505 – *Formules d'adhésion* – L'article 25, al. 2 C.t. exige de l'association requérante que sa demande d'accréditation soit accompagnée des formules d'adhésion mentionnées au paragraphe b) du 1er alinéa de l'article 36. C.t. ou de copies de ces formules. La Loi distingue du même coup la requête elle-même et les documents qui devront l'accompagner. Elle ne précise toutefois pas ce qu'elle entend par la notion d'accompagnement. Le sens de cette exigence a été circonstancié par la jurisprudence. On a déjà ainsi décidé qu'il n'était pas nécessaire que les formules d'adhésion ou leurs copies soient jointes physiquement à la requête en accréditation et qu'il suffisait que ces documents soient transmis le même jour que la requête[59]. En l'absence des originaux ou des copies des formules d'adhésion qui doivent accompagner la requête en accréditation, la jurisprudence,

---

56. *Rodrigues c. Bibeault*, [1986] R.J.Q. 2243 (C.S.) ; *De Sousa c. Syndicat des ouvriers unis de l'électricité, radio et machinerie d'Amérique, section locale 568*, [1986] T.T. 17 ; *Ouvriers unis de Shefford Textiles Ltée c. Syndicat démocratique des salariés de Shefford Textiles Ltée (C.S.D.)*, [1983] T.T. 378. Corrélativement, le désistement d'une requête en accréditation doit aussi être appuyé d'une résolution d'autorisation de l'association : *Jeno Neuman & Fils Inc. c. Tribunal du travail*, précité, note 20.

57. *Règlement sur l'exercice du droit d'association conformément au Code du travail*, précité, note 8. Voir aussi les *Règles de preuve et de procédure de la Commission des relations du travail*, RLRQ, c. C-27, art. 3, 42 à 46. Ces règles ont été adoptées par les commissaires, mais elles sont en attente d'être approuvées par le gouvernement, en application de l'article 138 C.t.

58. *Tétreault c. Lecavalier*, C.A. Montréal, n° 500-09-001052-869, 26 février 1988 ; *Rodrigues c. Bibeault*, précité, note 56.

59. *Syndicat des infirmières et infirmiers de l'Est du Québec (S.I.I.E.Q.) c. Syndicat des infirmières et infirmiers du C.L.S.C. de la Vallée (F.I.I.Q.)*, D.T.E. 91T-99 (T.T.) ; *Union des employés de service, local 298 (F.T.Q.) c. Syndicat national des employés de l'Hôpital Charles Lemoyne (F.A.S.-C.S.N.)*, D.T.E. 90T-1150 (T.T.).

plutôt que de conclure au rejet pur et simple de la requête pour ce motif, a décidé qu'elle devait simplement être déclarée inexistante, « donc n'avoir jamais été faite, avec toutes les conséquences juridiques que cela implique »[60]. Cette solution permet à l'association fautive d'éviter la sanction prévue à l'article 40 C.t., qui lui imposerait autrement d'attendre l'expiration du moratoire de trois mois avant de renouveler sa demande d'accréditation. On a ensuite étendu cette conclusion d'inexistence de la requête à l'absence d'une résolution conforme à la Loi et aux règlements[61], puis à d'autres causes d'irrecevabilité[62].

506 – *Autres documents* – Outre les formules d'adhésion, l'obligation de communication de l'association pourra éventuellement s'étendre à tout document ou information exigé par un règlement du gouvernement. C'est toutefois seulement sur demande expresse de la C.R.T. que l'association requérante sera tenue de déposer ses statuts et ses règlements (art. 26 C.t.). Elle pourra être appelée à le faire, par exemple, pour établir la réalité de son existence ou sa finalité[63].

d) La copie à l'employeur et ses obligations

507 – *Obligations d'affichage* – C'est la C.R.T. elle-même qui transmet à l'employeur une copie de la requête en accréditation, avec toute information qu'elle juge appropriée (art. 25, al. 1 C.t.). Il peut être opportun cependant pour l'association requérante d'aviser elle-même l'employeur du dépôt de sa requête en accréditation, notamment en vue d'établir au besoin la connaissance par l'employeur, dès ce moment, de l'activité syndicale en cours dans son entreprise.

---

60. *Syndicat des employés du Séminaire Marie-Reine du Clergé* c. *Commissaire général du travail*, [1983] T.T. 382 ; *Fraternité nationale des charpentiers, menuisiers, forestiers et travailleurs d'usine, section locale 99* c. *Syndicat canadien des travailleurs du papier, section locale 2995*, D.T.E. 84T-630 (T.T.).

61. *Syndicat indépendant Weldco* c. *Weldco Inc.*, précité, note 37 ; *De Sousa* c. *Syndicat des ouvriers unis de l'électricité, radio et machinerie d'Amérique, section locale 568*, précité, note 56 ; *Alma (Ville d')* c. *Syndicat canadien de la Fonction publique, section 2876*, D.T.E. 85T-949 (T.T.).

62. *Syndicat des employées et employés de la Société des casinos du Québec* c. *Resto-Casino Inc.*, précité, note 14 – requête irrecevable vu le défaut d'une entreprise existante ; *Syndicat des travailleurs de Sac Drummond* c. *Sac Drummond Inc.*, précité note 24 – première requête déposée hors délai.

63. Eu égard aux dispositions de la *Charte de la langue française*, RLRQ, c. C-11, la constitution et les règlements de l'association n'ont pas à être rédigés dans la langue officielle : *Lagacé* c. *Union des employés de commerce, local 504 (T.U.A.C.-F.T.Q.)*, [1988] R.J.Q. 1791 (C.A.) ; *Bell Canada* c. *Syndicat des travailleurs et travailleuses en communications et en électricité du Canada*, D.T.E. 90T-1388 (C.A.), p. 10 ; *Gagné* c. *Commission scolaire de Chicoutimi*, D.T.E. 96T-78 (C.A.), p. 3.

Au plus tard le jour ouvrable suivant celui de sa réception, l'employeur est tenu d'afficher une copie de la requête et de l'avis d'audience à la C.R.T. dans un endroit bien en vue de son entreprise, pendant au moins cinq jours consécutifs (art. 25, al. 3 C.t.). La durée d'affichage est une nouvelle exigence qui a été mise en vigueur le 13 janvier 2007[64]. Il doit aussi, dans les cinq jours de la réception de cette copie, afficher dans un endroit bien en vue la liste complète des salariés visés par la demande d'accréditation, avec leur fonction, en transmettre aussitôt une copie à l'association requérante et en garder une autre à la disposition de l'agent de relations du travail qui sera saisi de la requête[65].

2. Le contrôle

508 – *Principes généraux* – L'examen et l'appréciation du respect, par l'association requérante, des formalités arrêtées aux articles 25 et 26 C.t. relèvent de la compétence de la Commission des relations du travail. À moins que son pouvoir ait été exercé de façon déraisonnable, les tribunaux supérieurs refuseront d'intervenir à l'encontre de ses décisions à ce sujet[66].

Le contentieux des formalités auxquelles est soumise la requête en accréditation soulève deux difficultés particulières. L'une a trait à l'identité des intervenants et l'autre à l'accès aux moyens de preuve.

Par effet de l'article 32 C.t., sur lequel nous reviendrons, l'employeur se voit expressément dénier tout droit d'intervention, au cours de la procédure d'accréditation, quant au caractère représentatif des associations de salariés en cause. Sont seuls autorisés à discuter de la représentativité des associations, comme condition de leur accréditation, les associations elles-mêmes et les salariés visés par une requête en accréditation. On trouve des décisions où l'on a assimilé assez simplement à l'examen du caractère représentatif la vérification de certaines formalités exigées par l'article 25 C.t., notamment l'existence de la résolution qui doit autoriser la requête

64. *Loi modifiant le Code du travail et d'autres dispositions législatives*, Projet de loi n° 51, 2006, c. 58, art. 3.
65. Sur l'affichage de la liste, voir *Syndicat des travailleurs(euses) de A.M.D. (C.S.N.)* c. *A.M.D. Ltée*, D.T.E. 82T-244 (T.T.).
66. *Travailleurs unis de l'alimentation et du commerce, local 501* c. *Bourgeois*, précité, note 55.

en accréditation[67] et la question de la production des cartes d'adhésion avec la requête[68]. Il faut toutefois reconnaître que le problème a été le plus souvent envisagé sous l'angle de l'admissibilité d'une preuve que voulait soumettre l'employeur ou de l'accessibilité de cette preuve à cet employeur. Ces questions se distinguent pourtant du droit lui-même de discuter de la recevabilité d'une requête en accréditation, en fonction des formalités requises par l'article 25 C.t. La recevabilité de la requête en accréditation est une question qu'aucun texte législatif ne soustrait comme telle au droit de contestation de l'employeur[69]. Cette distinction étant acceptée, il ne s'ensuit pas pour autant que toute difficulté disparaisse. La vérification des conditions de recevabilité de la requête en accréditation est susceptible de requérir l'examen de divers éléments factuels directement rattachés au caractère représentatif d'une association, c'est-à-dire à ses relations avec les salariés. La C.R.T. sera alors en droit d'interdire à l'employeur l'accès à la preuve des éléments du caractère représentatif des syndicats[70]. Au surplus, cette partie de l'enquête de la C.R.T. demeurera, à l'égard de tout intervenant, sujette à l'interdiction que l'article 36 C.t. fait à quiconque de révéler l'appartenance d'une personne à une association de salariés au cours de la procédure d'accréditation, sauf à la C.R.T. elle-même, à un membre de son personnel ou à un juge saisi d'un recours en révision judiciaire[71].

---

67. Exemple : *Loranger et Leblanc c. Union des employés de commerce, local 501, R.C.I.A.*, [1978] T.T. 250. Voir aussi *Chomedey Hyundai c. Fraternité canadienne des cheminots, employés des transports et autres ouvriers, section locale 511*, [1988] T.T. 460 – inadmissibilité de l'employeur à l'enquête relative au processus d'adoption d'une résolution de désistement d'une requête en accréditation.

68. *Ferme Carnaval Inc. c. Union des employés de commerce, section locale 500*, précité, note 9 ; *Industries plastiques Polar Ltée (Polar Plastic Industries Ltd.) c. Burns*, précité, note 1.

69. Voir : *Luc Inc. c. Union des employés de commerce, local 501*, [1985] T.T. 360 ; *Institut technique Aviron c. Syndicat des professeurs de métiers de technique de l'Institut Aviron (C.S.N.)*, précité, note 36. Voir aussi cependant : *Ferme Carnaval Inc. c. Union des employés de commerce, section locale 500*, précité, note 9.

70. *Lukian Plastic Closures Quebec Ltd. c. Lesage*, précité, note 3 ; *Aliments Supra Inc. c. Union internationale des travailleurs et travailleuses unis de l'alimentation et du commerce, section locale 501*, précité, note 1 ; *Magasins Wise Inc. c. Syndicat international des travailleurs et travailleuses unis de l'alimentation et du commerce, section locale 503*, précité, note 1 ; *Luc Inc. c. Union des employés de commerce, local 501, ibid.* ; *Chomedey Hyundai c. Fraternité canadienne des cheminots, employés des transports et autres ouvriers, section locale 511*, précité, note 67.

71. *Ibid.* Voir aussi *infra*, n° 478. Sur les mesures de protection de la confidentialité de l'adhésion syndicale des salariés, lorsque certains d'entre eux, parties intéressées au caractère représentatif d'un syndicat requérant, réclament des documents syndicaux, comparer les approches différentes adoptées dans *Samson c.*

Dans le même ordre d'idées, lorsqu'il est impossible à l'employeur de contre-interroger les témoins d'une association syndicale, de peur que la preuve ne divulgue l'appartenance d'une personne à une association, les tribunaux seront réticents à accepter la présentation d'une telle preuve. Toutefois, le contre-interrogatoire sera possible s'il y a renonciation expresse de la part de la personne concernée[72]. Toute partie à une enquête sur une allégation d'ingérence illicite de l'employeur dans les activités du syndicat demeure néanmoins en droit de connaître tous les éléments de preuve au dossier[73].

II- L'UNITÉ DE NÉGOCIATION

509 – *Règles de base* – C'est à l'association de salariés, requérante en accréditation, qu'il appartient de proposer une description du groupe de salariés – l'unité de négociation – qu'elle veut représenter chez l'employeur. Le *Code du travail* ne dicte pas de contenu obligatoire à une unité de négociation. Un seul salarié peut suffire à former une telle unité (art. 21, al. 4 C.t.).

L'article 21, al. 3 C.t. énonce les règles fondamentales à partir desquelles seront déterminées les unités de négociation. Ces règles sont les suivantes :

– D'abord, le droit à l'accréditation existe soit à l'égard de la totalité des salariés de l'employeur, soit à l'égard d'un groupe de salariés qui forme un groupe distinct aux fins du Code. L'unité peut donc être générale, ce que l'on appelait autrefois l'unité industrielle, ou être formée d'un groupe distinct de salariés identifié selon les critères que nous verrons ci-après, ce que l'on appelait à l'origine l'unité de métier.

– L'unité de négociation peut être déterminée par accord entre l'employeur et l'association de salariés au niveau de l'agent de

---

Métallurgistes unis d'Amérique, section locale 8990, [1995] T.T. 549 et dans *Delorme* c. *Syndicat des travailleurs professionnels et techniques du vêtement, des services et de la santé, section locale 278*, D.T.E. 95T-1126 (T.T.). L'expression « au cours de la procédure d'accréditation » ne se limite pas à l'examen de la requête en accréditation : *Boutin* c. *Wal-Mart Canada Inc.*, [2005] R.D.J.T. 1636, par. 18-25 (C.R.T.).

72. *Boutin* et *Wal-Mart Canada inc.*, 2006 QCCS 5272, par. 26 et 27.

73. *Charte des droits et libertés de la personne*, RLRQ, c. C-12, art. 23 ; *Guilde des employés de Super Carnaval (Lévis)* c. *Tribunal du travail*, [1986] R.J.Q. 1556 (C.A.).

relations du travail. Le constat de cet accord par l'agent de relations du travail a alors un effet déclaratoire de droit.

– À défaut d'accord entre l'association de salariés et l'employeur lors de l'intervention de l'agent de relations du travail, c'est à la C.R.T. elle-même qu'il appartient de déterminer l'unité appropriée, qu'elle soit générale ou distincte. À ce stade, la C.R.T. a pleine latitude quant à la détermination de l'unité ; même une entente entre l'employeur et le syndicat ne saurait la lier et ne pourrait avoir qu'une valeur indicative[74]. À plus forte raison, une entente entre deux syndicats sur la description de l'unité de négociation ne peut avoir aucun effet contraignant sur la décision de la C.R.T., à supposer même que l'employeur n'intervienne pas sur la question[75].

Eu égard à ces règles générales, il faut signaler que l'article 4 C.t. apporte tout de même une restriction indirecte à la détermination de certaines unités de négociation, du fait qu'il interdit aux policiers municipaux d'appartenir à un syndicat qui n'est pas formé exclusivement de policiers municipaux ou qui est affilié à une autre organisation. Autre restriction exceptionnelle, la formation des unités de négociation qui regroupent des employés du gouvernement du Québec obéit aux règles précises édictées par les articles 64 à 67 de la *Loi sur la fonction publique*[76]. Plus marginalement encore, tous les salariés de la Commission de la construction du Québec ne doivent former ensemble qu'une seule unité d'accréditation[77]. Depuis le 18 décembre 2003, dans les établissements du secteur des affaires sociales, seules quatre unités de négociation peuvent être formées regroupant respectivement le personnel des soins infirmiers, celui du soutien technique et matériel, celui du soutien administratif et les techniciens et professionnels de la santé[78]. Il faut noter que dans un

---

74. *Syndicat des employés de Uniroyal (C.S.N.)* c. *Uniroyal Limitée*, [1974] C.A. 366 (même si, en l'espèce, deux juges estimaient que, de toute façon, il n'y avait pas eu de telle entente entre les parties) ; *Syndicat des enseignantes et enseignants du Séminaire St-François* c. *Corp. du Séminaire St-François*, D.T.E. 98T-1201 (T.T.) – suggestion commune des parties.
75. *Infirmières et infirmiers unis Inc.* c. *Union des employés de service, section locale 298 (F.T.Q.)*, [1976] T.T. 35.
76. Précitée, note 45. Exemple d'application : *Association professionnelle des ingénieurs du gouvernement du Québec* c. *Québec (Procureur général)*, [1988] T.T. 475.
77. *Loi sur les relations du travail, la formation professionnelle et la gestion de la main-d'œuvre dans l'industrie de la construction*, RLRQ, c. R-20, art. 85.
78. *Loi concernant les unités de négociation dans le secteur des affaires sociales et modifiant la Loi sur le régime de négociation des conventions collectives dans*

jugement rendu le 30 novembre 2007, la Cour supérieure avait déclaré inconstitutionnelle et invalide la *Loi concernant les unités de négociation dans le secteur des affaires sociales et modifiant la Loi sur le régime de négociation des conventions collectives dans les secteurs public et parapublic*, dite aussi « Loi 30 », au motif qu'elle violait le droit à la liberté d'association[79]. Toutefois, la Cour d'appel a récemment infirmé cette décision, redonnant ainsi vie à la loi[80]. Le fondement de l'arrêt est qu'il n'y a pas d'atteinte à la liberté d'association de la part du législateur lorsque la loi en cause se contente de fixer les contours des unités de négociations[81]. Autrement dit, la fixation législative des unités de négociations n'entrave pas le droit des associations de négocier de bonne foi, droit qui par ailleurs est protégé par la liberté d'association.

A. Les incidences de la description de l'unité de négociation

510 – *Importance* – La description de l'unité de négociation revêt une importance capitale à plusieurs égards, tant pour l'employeur que pour la partie syndicale.

D'abord, le droit même à l'accréditation est subordonné à l'existence d'un groupe habile à négocier collectivement ou, en d'autres termes, d'une unité de négociation appropriée[82]. Dans plusieurs cas, la détermination de l'unité de négociation donne lieu à de véritables stratégies rattachées, en réalité, à l'établissement éventuel du caractère représentatif de l'association syndicale à l'intérieur de l'unité

---

les secteurs public et parapublic, L.Q. 2003, c. 25, art. 1-11. *Syndicat des travailleuses et des travailleurs des Centres jeunesse de Montréal (C.S.N.) c. Centres jeunesse de Montréal*, [2004] R.D.J.T. 707 (C.R.T.).

79. *Confédération des syndicats nationaux* c. *Québec (Procureur général)*, D.T.E. 2008T-2 (C.S.) (requête pour permission d'appeler accueillie), 2008 QCCA 161.
80. Voir, *Québec (Procureur général)* c. *Confédération des syndicats nationaux (CSN)*, 2011 QCCA 1247.
81. *Ibid.* Voir aussi, *Syndicat des employées et employés professionnels et de bureau, section locale 573 (CTC-FTQ)* c. *Québec (Procureur général)*, 2011 QCCS 4286, par. 48.
82. Voir *Canada Packers Inc.* c. *Union des employés de commerce, local 501*, D.T.E. 86T-641 (T.T.) ; *Gestion des déchets Malex Inc.* c. *Union des employés et employées de service, section locale 800*, 2007 QCCRT 0166 – l'unité ne doit pas être nécessairement la plus appropriée ; *Association of Research Employees – Lady Davis Institute for Medical Research (ARE-LDI) / Alliance de la fonction publique du Canada (AFPC)* et *Institut Lady Davis de recherches médicales*, 2012 QCCRT 0209 – la C.R.T. ne doit pas déterminer l'unité la plus appropriée mais plutôt l'unité appropriée en fonction de celle proposée par le syndicat.

retenue. Par la description de l'unité de négociation, le syndicat pourra chercher à s'assurer une majorité et, à l'inverse, l'employeur à la lui faire perdre. En effet, il est facile de comprendre, en ayant à l'esprit que pour obtenir l'accréditation le syndicat doit être majoritaire à l'intérieur de l'unité, que la proportion des appuis au syndicat peut changer sensiblement selon l'étendue de l'unité. Pour l'employeur qui cherche à empêcher l'octroi de l'accréditation, le débat sur l'unité de négociation (et les personnes qu'elle vise), lorsqu'il croit que l'appui au syndicat se situe autour du point critique de la majorité, prend une importance déterminante, puisqu'il constitue le seul sujet sur lequel il est autorisé par le *Code du travail* à intervenir et à apporter une contestation quant au fond de la requête. L'employeur est en effet exclu, comme nous le verrons, de tout débat sur la question de la représentativité du syndicat ou des syndicats en présence (art. 32, al. 4 C.t.).

Enfin, il faut aussi garder à l'esprit qu'en cas de rejet d'une requête en accréditation ou de désistement de la part du syndicat requérant, que ce soit en raison du caractère inapproprié de l'unité recherchée ou du défaut de majorité, le syndicat concerné devra attendre l'écoulement d'un délai de trois mois avant de déposer une nouvelle requête (art. 40 C.t.).

B. La détermination du caractère approprié de l'unité de négociation

511 – *Étendue maximale* – L'article 21 C.t., avons-nous vu, envisage l'existence soit d'une unité générale formée de l'ensemble des salariés d'un employeur, soit encore d'unités particulières correspondant à des groupes de salariés jugés distincts à l'intérieur de l'entreprise.

L'étendue maximale d'une unité de négociation sous l'empire du *Code du travail* correspond à l'ensemble des salariés d'un employeur. En effet, le Code n'envisage pas l'accréditation multipatronale, donc la formation d'unités qui regrouperaient les salariés de plus d'un employeur[83]. Il n'est toutefois pas exclu que plusieurs entités juridiques associées dans l'exploitation d'une entreprise commune constituent conjointement un « employeur unique » aux fins de l'accréditation. Pour conclure que plusieurs personnes, physiques ou morales, sont ensemble un seul employeur aux fins de l'accréditation, il faut plus qu'une association, même étroite, entre ces personnes

---

83. Voir *Inter-Cité Gaz Corp.* c. *Caron*, D.T.E. 82T-118 (C.S.).

dans la poursuite d'un objectif commun pour leur avantage mutuel[84].
Leurs entreprises apparemment distinctes doivent être fonctionnel-
lement intégrées au point de n'en former véritablement qu'une seule,
par osmose[85].

512 – *Unité générale* – En principe, l'unité générale, celle qui
regroupe la totalité des salariés d'un employeur, ne devrait pas soulever de difficulté, du moins lorsque le champ de l'accréditation est
libre[86]. Ce type d'unité de négociation, même en champ libre, ne jouit
toutefois pas d'un droit absolu de reconnaissance. La formation d'une
unité générale pourra être refusée lorsque les circonstances révèlent
qu'elle serait inappropriée au regard des critères usuels de détermination des unités de négociation qui sont examinés ci-après[87]. De son
côté, l'employeur ne peut exiger la formation d'une unité générale
lorsque l'association de salariés a plutôt opté pour une unité plus

---

84. *Transfo-métal inc.* c. *Syndicat des travailleurs de Transfo-métal (C.S.N.)*,
   [2001] R.J.D.T. 1219 (T.T.) ; *Ville-Marie Pontiac Buick inc.* c. *Syndicat des travailleuses et travailleurs de garage de la région de Montréal*, [1993] T.T. 162 ;
   Service sanitaire de la Mauricie Inc. c. *Syndicat des employés du commerce et
   des services de Shawinigan (Section services sanitaires)*, D.T.E. 88T-641 (T.T.).
85. *Transport Matte Ltée* c. *Tribunal du travail*, [1988] R.J.Q. 2346 (C.A.) ; *Teamsters / Conférence des communications graphiques, section locale 41M F.T.Q.
   C.T.C. (CCG / 41M)* c. *Journal de Montréal*, 2006 QCCRT 0529 ; *Syndicat des
   employés(es) de l'aluminerie de Bécancour (FSSA)* c. *Aluminerie de Bécancour
   inc.*, 2003 QCCRT 0722 ; *Syndicat canadien des communications, de l'énergie et
   du papier, section locale 1209 (F.T.Q.)* c. *Delastek Inc.*, D.T.E. 2004T-92
   (C.R.T.), par. 168 et s. ; *Syndicat des travailleuses et travailleurs de Librairie
   Garneau (C.S.N.)* c. *Sogides Ltée*, D.T.E. 98T-538 (T.T.) ; *Aliments Béatrice Inc.*
   c. *Syndicat des travailleuses et travailleurs des fromages Crescent (production)*,
   D.T.E. 96T-1394 (T.T.) ; *Syndicat des salariés d'Autobus Dupont & Bélair
   (C.S.N.)* c. *Autobus Bélair inc.*, [1986] T.T. 285. Le *Code canadien du travail*,
   L.R.C. (1985), ch. L-2, par comparaison, est beaucoup plus souple. Son article 35
   laisse discrétion au Conseil canadien des relations industrielles pour déclarer
   employeur unique deux ou plusieurs employeurs fédéraux associés dans
   l'exploitation active d'une entreprise commune : *Air Canada et autres*, [2000]
   CCRI nᵒ 78 ; *Air Canada et autres*, [2000] CCRI nᵒ 79 ; *Syndicat des tra-
   vailleurs(euses) de Murray Hill-Connaisseur (C.S.N.)* c. *Service de limousine
   Murray Hill Ltée*, (1988) 74 di 127.
86. *Institut de réadaptation de Montréal* c. *Syndicat des employé(es) de l'Institut de
   réadaptation de Montréal (C.S.N.)*, T.T. Montréal, nᵒ 500-28-000559-799,
   13 mars 1980, p. 15 ; *Nash Shirt Limitée* c. *Syndicat des salariés du vêtement
   St-Léonard d'Aston (C.S.D.)*, T.T. Québec, nᵒ 200-28-000088-812, 17 juin 1981 ;
   Boischatel (Municipalité de) c. *Fraternité des policiers de Boischatel*, D.T.E.
   95T-1124 (T.T.) ; *98638 Canada inc.* c. *Union des routiers, brasseries, liqueurs
   douces et ouvriers de diverses industries, section locale 1999 (Teamsters)*, D.T.E.
   2001T-164 (T.T.).
87. Exemple d'un tel refus, compte tenu de certains aspects juridiques et fonction-
   nels de l'organisation de l'employeur : *Barreau du Québec* c. *Syndicat des
   employé(e)s du Barreau du Québec (C.S.N.)*, D.T.E. 86T-625 (T.T.).

restreinte qui s'avère en elle-même appropriée[88]. Certaines unités relativement larges seront en pratique assimilées à des unités générales, sans en être au sens strict. Telles sont les unités de négociation qui visent à regrouper l'ensemble des salariés de la production d'une entreprise industrielle[89].

513 – *Unités distinctes* – La formation des groupes distincts a amené la jurisprudence à définir des critères d'appréciation du caractère approprié de ces groupes aux fins de l'établissement d'un régime collectif de travail, donc de la détermination du droit à l'accréditation. Cinq critères ont été originalement déterminés dans deux décisions de la première Commission des relations de travail[90]. Ils ont depuis lors été constamment repris et appliqués, quoique parfois différemment pondérés, pour apprécier le caractère approprié des unités de négociation proposées par les associations de salariés requérantes, quelle que soit l'étendue de ces unités proposées[91]. Il y a lieu de rappeler ces cinq critères et de les expliciter.

• La communauté d'intérêts au plan des relations de travail entre les salariés

514 – *Critère essentiel* – L'existence d'une communauté d'intérêts entre les salariés du groupe recherché ou à déterminer est toujours apparue comme une condition essentielle à la reconnaissance du caractère approprié et homogène d'une unité de négociation. Cette

---

88. *Entreprises H. Pépin (1991) Inc.* c. *Union des employés du secteur industriel, section locale 791*, D.T.E. 94T-171 (T.T.) ; *Aluminerie de Bécancour Inc.* c. *Syndicat des employés de l'aluminium de Bécancour*, D.T.E. 91T-494 (T.T.). À comparer avec *Fraternité canadienne des cheminots, employés des transports et autres ouvriers, local 535* c. *Transport Sonar Inc.*, [1989] T.T. 139 – refus d'une unité partielle, jugée inappropriée dans les circonstances.

89. Voir : *Nash Shirt Limitée* c. *Syndicat des salariés du vêtement St-Léonard d'Aston (C.S.D.)*, précité, note 86 ; *Aluminerie de Bécancour Inc.* c. *Syndicat des employés de l'aluminium de Bécancour, ibid.* ; *Akstel Inc.* c. *Syndicat des travailleurs d'Akstel (C.S.N.)*, D.T.E. 92T-212 (T.T.).

90. *Sicard Inc.* c. *Syndicat national des employés de Sicard (C.S.N.)*, [1965] R.D.T. 353 ; *International Union of Brewery, Flour, Cereal, Soft Drink and Distillery Workers of America (local 239)* c. *Coca-Cola Ltd.*, [1978] R.L. 391.

91. Exemples récents de renvoi et d'application des critères de l'affaire *Sicard* : *Syndicat des travailleuses et travailleurs de Barry Callebaut laboratoire-C.S.N.* c. *Barry Callebaut Canada Inc. (Usine de Saint-Hyacinthe)*, 2003 QCCRT 0184, par. 117 et s. ; *Syndicat national de l'automobile, de l'aérospatiale, du transport et des autres travailleurs et travailleuses du Canada (T.C.A.-Canada)*, D.T.E. 2004T-542 (C.R.T.) ; 2004 QCCRT 0177, par. 33 ; *Travailleurs et travailleuses unis de l'alimentation et du commerce, section locale 503* c. *Wal-Mart Canada, corp.*, 2004 QCCRT 0145, par. 8-11 ; *Teamsters / Conférence des communications graphiques, section locale 41M* c. *Quebecor World Inc.*, 2009 QCCRT 98.

communauté d'intérêts s'apprécie en tenant compte, notamment, de la nature des fonctions exercées par les salariés, de l'interrelation entre ces fonctions, des qualifications requises, de la structure des relations de travail et de l'autorité appliquée aux salariés, du partage de mêmes conditions de travail, d'une cohésion interne du groupe, des salaires et des formes de rémunération, ou encore de la mobilité du personnel[92].

Il ne peut y avoir reconnaissance d'un groupe distinct accréditable sans communauté d'intérêts entre les salariés de ce groupe. Toutefois, la communauté d'intérêts ne suffit pas à elle seule à ouvrir le droit à l'accréditation d'un groupe distinct. Ce dernier doit se présenter comme approprié aux fins de la pratique de la négociation collective, en fonction des autres critères de détermination des unités de négociation[93].

Enfin, la présence ou l'absence de la communauté d'intérêts à l'intérieur d'un groupe ne se présume pas ; elle ne donne pas lieu, non plus, à l'imposition d'un fardeau de preuve à la charge de l'une ou l'autre des parties au débat d'accréditation. Elle est appréciée, selon les cas, par l'instance d'accréditation à partir des éléments dont elle dispose et qui comprennent ceux que chacune des parties juge opportun de lui soumettre[94]. L'application du critère de la communauté d'intérêts pourra conduire, en certaines circonstances, à soustraire d'un groupe des employés liés ou apparemment liés à l'employeur, comme ses proches parents, sans pour autant nier leur statut de salariés au sens du *Code du travail*[95].

---

92. Voir, *Association of Research Employees – Lady Davis Institute for Medical Research (ARE-LDI) / Alliance de la fonction publique du Canada (AFPC)* et *Institut Lady Davis de recherches médicales*, précité, note 82.

93. Voir *Canada Packers Inc.* c. *Union des employés de commerce, local 501*, D.T.E. 86T-641 (T.T.) ; *Société Trader* c. *Commission des relations du travail*, 2010 QCCS 2593, par. 83.

94. *98638 Canada inc.* c. *Union des routiers, brasseries, liqueurs douces et ouvriers de diverses industries, section locale 1999 (Teamsters)*, précité, note 86 ; *Auto-stock Inc. (division Monsieur Muffler)* c. *Métallurgistes unis d'Amérique, section locale 8990*, D.T.E. 99T-76 (T.T.) ; *Syndicat canadien de la Fonction publique, local 330* c. *St-Hubert (Ville de)*, [1986] T.T. 252 ; *Barreau du Québec* c. *Syndicat des employé(e)s du Barreau du Québec (C.S.N.)*, précité, note 87.

95. Sur la légalité d'une telle détermination au regard de la *Charte des droits et libertés de la personne*, voir *Logistik Unicorp Inc.* c. *Tribunal du travail*, D.T.E. 98T-960 (C.S.). Voir également : *Association coopérative forestière de St-Louis* c. *Fraternité unie des charpentiers, menuisiers d'Amérique, section locale 2817*, [1988] T.T. 330 – salariés membres d'une coopérative qui les emploie ; *Rôtisserie Laurier Inc.* c. *Métallurgistes unis d'Amérique, local 8470*, [1987] T.T. 363 ; *Boulangerie Bissonnette Ltée* c. *Métallurgistes unis d'Amérique, local 8917*, D.T.E.

• L'histoire des relations de travail dans l'entreprise et les
précédents dans les entreprises du même secteur

515 – *Facteur de stabilité* – Appliquée à l'intérieur de l'entreprise
elle-même, la considération dite historique tient compte des unités de
négociation préexistantes et du vécu des relations collectives du travail[96]. On peut considérer que ce critère est à l'origine de la règle
jurisprudentielle selon laquelle l'association qui veut modifier une
situation préexistante en matière d'unités de négociation (fractionnement, fusion ou autre modification) doit justifier le bien-fondé de sa
demande si elle fait l'objet d'une contestation, par application des
autres critères, suivant les circonstances[97]. C'est également ce facteur qui peut permettre de considérer comme appropriée une unité
dite résiduaire, c'est-à-dire groupant des salariés laissés de côté en
quelque sorte dans la constitution d'autres unités de négociation[98].
Ce phénomène est le plus souvent la résultante de la formation
d'unités de négociation par accord des parties sur la base de considérations ponctuelles. Dans le même ordre de préoccupations, il faudrait aussi tenir compte de l'incidence de la règle du premier dépôt
dans l'appréciation du caractère approprié des unités de négociation
dont la proposition par les associations requérantes a été soumise
aux restrictions qui leur découlaient de cette règle.

Par ailleurs, en examinant l'ensemble des entreprises du même
secteur d'activités, le facteur historique tend à la reconnaissance
d'unités relativement semblables d'une entreprise à l'autre[99].

87T-930 (T.T.) ; *130957 Canada Inc.* c. *Union des employés de service, local 298
(F.T.Q.)*, D.T.E. 87T-931 (T.T.) ; *Marché Sabrevois Inc.* c. *Union des employés de
commerce, local 500, Travailleurs unis de l'alimentation et du commerce*, D.T.E.
86T-28 (T.T.) ; *Placements G.P.C. Inc.* c. *Union des employés de commerce, local
504 (T.U.A.C.-F.T.Q.)*, D.T.E. 86T-912 (T.T.) ; *Bois de Roberval Enr.* c. *Syndicat
des employés de Bois de Roberval (C.S.N.)*, [1986] T.T. 439.

96. *Autostock Inc. (division Monsieur Muffler)* c. *Métallurgistes unis d'Amérique,
section locale 8990*, précité, note 94.
97. Sur le fractionnement des unités existantes, voir *infra*, n° 521.
98. *Équipement fédéral Inc.* c. *Syndicat des travailleurs d'Équipement fédéral-
Québec (C.S.N.)*, D.T.E. 2003T-278 (T.T.) ; *Syndicat des travailleurs et travailleuses de l'Hôtel Gouverneur de Trois-Rivières-C.S.N.* c. *Hôtel Gouverneur
Trois-Rivières*, 2003 QCCRT 0356, par. 7 ; *Fraternité internationale des peintres
et métiers connexes, local 349* c. *Administration Miro Inc.*, [1987] T.T. 390 ; *Distribution aux consommateurs Ltée* c. *Union des employés de commerce, local 503*,
D.T.E. 87T-53 (T.T.) ; *Syndicat des travailleurs de la R.I.O. (C.S.N.)* c. *Régie des
installations olympiques*, [1982] T.T. 437.
99. *Aluminerie de Bécancour Inc.* c. *Syndicat des employés de l'aluminium de
Bécancour*, précité, note 89 ; *Distribution aux consommateurs Ltée* c. *Union des
employés de commerce, local 503, ibid.* ; *Syndicat des employés de l'École d'agriculture de Ste-Croix* c. *Corporation de l'École d'agriculture de Ste-Croix*, D.T.E.
84T-510 (T.T.).

• Le désir manifesté par les salariés en cause

516 – *Nécessaire mais insuffisant* – La volonté des salariés de former une unité de négociation se mesure à partir de l'appui dont jouit l'association requérante au sein du groupe proposé. Même si cette évaluation recoupe celle du caractère représentatif, dont il sera question plus loin, elle poursuit une finalité différente et survient à un stade antérieur dans le processus de contrôle du droit à l'accréditation[100]. S'il est souvent déterminant, dans la mesure où il est nécessaire pour assurer la viabilité de l'unité de négociation, le désir des salariés ne suffit pas à lui seul à justifier la reconnaissance d'un groupe qui serait autrement inapproprié au regard d'autres critères[101].

• Le critère géographique ou la structure territoriale de l'entreprise

517 – *Viabilité* – Il s'agit du critère par lequel on tient compte de l'existence de plusieurs établissements de l'employeur ou de plusieurs lieux de travail distincts sur un territoire plus ou moins grand[102]. On apprécie ainsi l'opportunité ou la viabilité de l'unité de négociation proposée en fonction de son autonomie de gestion relative, de la mobilité ou de l'absence de mobilité de la main-d'œuvre entre les établissements ou les lieux en cause, de la simple distance qui peut séparer ces établissements ou ces lieux[103]. En champ libre,

100. *Syndicat des travailleuses et travailleurs du C.L.S.C. Mercier-Est Anjou c. Syndicat professionnel des diététistes du Québec*, D.T.E. 2000T-163 (T.T.).

101. *Autostock Inc. (division Monsieur Muffler) c. Métallurgistes unis d'Amérique, section locale 8990*, précité, note 94 ; *Canada Packers Inc. c. Union des employés de commerce, local 501*, précité, note 93 ; *Union des employés de service, local 298 (F.T.Q.) c. Syndicat national des employés de l'Hôpital Charles Lemoyne (F.A.S.-C.S.N.)*, précité, note 59.

102. *Corps canadien des commissionnaires Plaza Laurier c. Union des agents de sécurité du Québec*, D.T.E. 84T-58 (T.T.).

103. *Autostock Inc. (division Monsieur Muffler) c. Métallurgistes unis d'Amérique, section locale 8990*, précité, note 94 ; *Hebdos Télémédia Inc. c. Syndicat des journalistes des Hebdos Télémédia*, D.T.E. 92T-1413 (T.T.) ; *Service de surveillance S.G.S. Inc. c. Syndicat des travailleurs de l'énergie et de la chimie, local 720 (F.T.Q.)*, [1988] T.T. 467 ; *Barreau du Québec c. Syndicat des employé(e)s du Barreau du Québec (C.S.N.)*, précité, note 87 ; *Distribution aux consommateurs Ltée c. Union des employés de commerce, local 503*, précité, note 99 ; *Restaurants Scott Québec c. Union des employés de commerce, local 502 (T.U.A.C.)*, D.T.E. 88T-496 (T.T.) ; *Syndicat des travailleuses et travailleurs de l'Exode-C.S.N. c. Maison de réhabilitation l'Exode Inc.*, D.T.E. 2005T-1028 (C.R.T.) ; *Syndicat des employées et employés de Victor Innovatex (C.S.N.) et Victor Innovatex inc.*, 2003 QCCRT 0174 – la C.R.T. vient à la conclusion que l'employeur exploite deux entreprises distinctes. En conséquence, il doit y avoir deux unités de négociation ; *Travailleuses et travailleurs unis de l'alimentation et du commerce,*

l'unité qui regroupe tous les salariés d'un établissement distinct de l'employeur sera en principe considérée comme appropriée si elle est demandée par l'association requérante[104].

• L'intérêt de la paix industrielle, en évitant de créer une multiplicité indue d'unités de négociation

518 – *Sens et conséquences* – On mesure ici les conséquences sur l'entreprise de la création d'un certain nombre d'unités de négociation, en tenant compte de la négociation à mener pour chaque unité de négociation, des risques correspondants de conflits pouvant aboutir à une grève ou à un lock-out sur un cycle de quelques années, de l'administration de diverses conventions collectives, etc.

Ce critère de la recherche de la paix industrielle a d'abord été présenté comme le principe majeur devant prévaloir en matière de définition des unités de négociation dans la décision *Coca-Cola Ltd.*[105]. Il a par la suite été ramené à un rang d'égalité avec les autres critères par la décision *Sicard*[106] et l'ensemble de la jurisprudence postérieure, encore que, suivant les circonstances, sa considération ait pu s'avérer plus ou moins déterminante[107].

---

section locale 501 et Charcuterie Tour Eiffel inc. (Division Charcuterie de Bretagne), 2004 QCCRT 0060 – une seule unité de négociation réunissant les deux établissements de l'employeur n'est pas appropriée.

104. *Entreprises H. Pépin (1991) Inc.* c. *Union des employés du secteur industriel, section locale 791*, précité, note 88. Des facteurs particuliers peuvent même justifier le fractionnement d'une unité existante plus large et permettre l'accréditation à l'endroit d'un établissement distinct : *Syndicat des travailleuses et travailleurs de l'industrie touristique Gaspésie (C.S.N.)* c. *Syndicat de la fonction publique du Québec (S.F.P.Q.)*, D.T.E. 2002T-1037 (T.T.).

105. *International Union of Brewery, Flour, Cereal, Soft Drink and Distillery Workers of America (local 239)* c. *Coca-Cola Ltd.*, précité, note 90.

106. *Sicard Inc.* c. *Syndicat national des employés de Sicard (C.S.N.)*, précité, note 90.

107. *Patro Le Prévost Inc.* c. *Syndicat québécois des employées et employés de service, section locale 298 (F.T.Q.)*, [1999] R.J.D.T. 1628 (T.T.) ; *Syndicat des travailleurs et travailleuses en communication et en électricité du Canada (C.T.C.-F.T.Q.)* c. *Union canadienne des travailleurs en communication*, D.T.E. 90T-48 (T.T.) – refus d'un fractionnement d'unité qui menacerait la paix industrielle ; *Syndicat des employés de l'Hôpital de Chicoutimi (C.S.N.)* c. *Syndicat professionnel des infirmières et infirmiers de Chicoutimi*, [1989] T.T. 322 – acceptation d'un regroupement nécessaire pour assurer la paix industrielle ; *Centres jeunesse de Montréal* c. *Syndicat québécois des employées et employés de service, section locale 298*, D.T.E. 2001T-1091 (T.T.) – regroupement d'unités justifié par la recherche de la paix industrielle à la suite de la fusion de plusieurs établissements ; *Syndicat des employées et employés du Regroupement de la santé et des services sociaux de la Municipalité régionale de comté de Maskinongé (C.S.N.)* et *Regroupement des services de la santé et des services sociaux de la Municipalité*

De façon générale, l'application de ce critère emporte dans la jurisprudence deux conséquences. D'une part, la création d'une unité relativement petite devra s'appuyer sur une volonté claire des salariés du groupe ; d'autre part, les autres facteurs étant égaux ou relativement égaux, l'unité plus étendue sera préférée à l'unité restreinte[108]. Phénomène particulier et circonstanciel, on a autorisé certains fractionnements d'unités de négociation sur une base professionnelle dans le secteur hospitalier, d'une part parce que de tels regroupements avaient bénéficié d'une reconnaissance historique dans ce milieu et, d'autre part, parce que la centralisation des négociations au niveau national atténuait les craintes que l'on aurait pu autrement entretenir pour la paix industrielle comme résultat d'une balkanisation syndicale[109].

519 – *Conclusions* – La jurisprudence des relations collectives présente régulièrement des exemples variés d'application des critères de détermination des unités de négociation. La lecture de ces décisions et l'expérience permettent d'acquérir progressivement une capacité générale d'apprécier le caractère approprié des unités de négociation proposées.

---

        régionale de comté de Maskinongé, 2003 QCCRT 0510 – en l'espèce, la paix industrielle sera favorisée par la formation d'une seule unité de négociation regroupant tous les salariés de l'employeur.

108.   Voir, par exemple, les décisions suivantes : *Syndicat des employés de l'École d'agriculture de Ste-Croix* c. *Corporation de l'École d'agriculture de Ste-Croix*, précité, note 99 ; *Syndicat des travailleurs(euses) de la Station touristique du Mont-Tremblant (C.S.C.)* c. *Association indépendante des employés de la Station touristique du Mont-Tremblant Inc.*, D.T.E. 84T-16 (T.T.) ; *Syndicat des professionnels et des techniciens de la santé du Québec (S.P.T.S.Q.)* c. *Union des employés de service, local 298 (F.T.Q.)*, [1984] T.T. 413 ; *Distribution aux consommateurs Ltée* c. *Union des employés de commerce, local 503*, précité, note 99.

109.   *Syndicat des employés de l'Hôtel-Dieu d'Alma (C.S.N.)* c. *Syndicat des intervenants professionnels de la santé du Québec*, [1999] R.J.D.T. 1143 (T.T.) ; *Syndicat national des employées et employés de l'Hôpital Pierre-Janet (C.S.N.)* c. *Association professionnelle des technologistes médicaux du Québec*, D.T.E. 99T-965 (T.T.) ; *Syndicat des employées et employés du Centre local de services communautaires Arthur-Buies (C.S.N.)* c. *Syndicat des physiothérapeutes et des thérapeutes en réadaptation physique du Québec*, D.T.E. 99T-831 (T.T.) ; *Association of Research Employees – Lady Davis Institute for Medical Research (ARE-LDI) / Alliance de la fonction publique du Canada (AFPC)* et *Institut Lady Davis de recherches médicales*, précité, note 82 – le critère de la paix industrielle permet d'éviter une multiplication incontrôlée des unités de négociation et des conflits dans l'entreprise.

Une unité qui regroupe l'ensemble des salariés de la production est généralement jugée appropriée[110]. Habituellement l'accréditation par établissement est considérée comme naturelle[111]. Les employés de bureau sont aussi le plus souvent reconnus comme pouvant former un groupe distinct dans l'entreprise[112]. On acceptera fréquemment que les employés à temps complet et les employés travaillant régulièrement à temps partiel forment ensemble une unité appropriée ; parfois même, l'interdépendance des fonctions et la paix industrielle imposeront cette solution[113]. Le traitement à donner aux employés occasionnels se présente quelque peu différemment. Au stade initial d'une syndicalisation, leur nombre et leurs intérêts propres, susceptibles de leur faire craindre une diminution du recours à leurs services, peuvent conduire l'association requérante à demander leur exclusion et à la justifier[114]. D'autres facteurs pourront mener à leur adjonction aux salariés réguliers, particulièrement si c'est à la demande de l'association requérante[115]. Les données qui précèdent demeurent susceptibles d'être modifiées soit par un accord des parties sur la description de l'unité de négociation, pour toutes sortes de considérations, soit par des décisions fondées sur les facteurs propres à l'espèce, ou même justifiées par une absence de preuve pertinente.

Pour que le droit à l'accréditation existe, il n'est pas nécessaire que l'unité de négociation proposée soit la plus appropriée, par rapport à d'autres possibilités qui pourraient être envisagées. Du moins

---

110. Exemples : *Aluminerie de Bécancour Inc.* c. *Syndicat des employés de l'aluminium de Bécancour*, précité, note 89 ; *Literie Primo Cie* c. *Métallurgistes unis d'Amérique, section locale 8990*, [1995] T.T. 512.

111. *Syndicat des travailleuses et travailleurs de l'Exode-C.S.N.* c. *Maison de réhabilitation l'Exode Inc.*, précité, note 103, par. 25.

112. Exemple : *Disque Americ Inc.* c. *Syndicat national de l'automobile, de l'aérospatiale, du transport*, D.T.E. 2000T-373 (T.T.).

113. *Fraternité canadienne des cheminots, employés des transports et autres ouvriers, local 535* c. *Transport Sonar Inc.*, précité, note 88. Voir aussi *Hebdos Télémédia Inc.* c. *Syndicat des journalistes des Hebdos Télémédia*, précité, note 103.

114. Exemples : *Hôpital Ste-Rita Inc.* c. *Union des employés de service d'édifices (F.T.Q.)*, [1971] T.T. 225 ; *Syndicat national des employés de l'Hôpital Ste-Marie de Trois-Rivières* c. *J.C. Lucien Pilon*, [1972] T.T. 315 ; *Hôpital Jean-Talon* c. *Syndicat professionnel des infirmières de Montréal*, [1972] T.T. 372 ; *Hebdos Télémédia Inc.* c. *Syndicat des journalistes des Hebdos Télémédia*, précité, note 103 – collaborateurs.

115. *Boischatel (Municipalité de)* c. *Fraternité des policiers de Boischatel*, précité, note 86 ; *Fraternité canadienne des cheminots, employés des transports et autres ouvriers, local 535* c. *Transport Sonar Inc.*, précité, note 88 ; *Union des routiers, brasseries, liqueurs douces et ouvriers de diverses industries, local 1999* c. *Serres Rougemont Inc.*, [1976] R.D.T. 251 ; *Warshaw Fruit Market Inc.* c. *Union des employés de commerce, local 500*, [1976] T.T. 256.

en champ libre, il suffit que l'unité demandée par l'association requérante soit appropriée en elle-même, comme la jurisprudence le rappelle régulièrement[116]. Dans cette perspective, l'étude du caractère approprié de l'unité de négociation, si elle s'avère nécessaire, s'effectuera de façon prépondérante à partir de l'unité telle qu'elle est proposée par le syndicat requérant[117]. Néanmoins, l'axiome selon lequel l'unité n'a pas à être la plus appropriée ne saurait autoriser la reconnaissance comme unité distincte d'un groupe restreint, créé sur la base d'une communauté d'intérêts minimale entre ses membres, en faisant abstraction de la structure de l'entreprise et des caractères de ce groupe qui sont communs à ceux d'autres salariés[118].

C. Les modifications à l'unité de négociation

1. Les modifications à l'unité demandée par requête

520 – *Réduction ou élargissement* – L'article 21, al. 3 C.t. affirme que le droit à l'accréditation existe à l'égard de chaque groupe de salariés qui forme un groupe distinct aux fins du Code, suivant l'accord intervenu entre l'employeur et l'association de salariés (et constaté par l'agent de relations de travail), « ou suivant la décision de la Commission ». L'article 32, al. 1 C.t. donne compétence à la C.R.T. pour décider « de toute question relative à l'unité de négociation et aux personnes qu'elle vise ». Cette même disposition ajoute que la C.R.T. « peut à cette fin modifier l'unité proposée par l'association requérante ».

La Commission des relations du travail étant autorisée à modifier elle-même l'unité de négociation proposée par l'association requérante, il n'est pas nécessaire que cette dernière procède formel-

---

116. *Entreprises H. Pépin (1991) Inc.* c. *Union des employés du secteur industriel, section locale 791*, précité, note 88 ; *Jay Norris Canada Inc.* c. *Vitriers travailleurs du verre, local 1135 de la Fraternité internationale des peintres et métiers connexes*, [1991] T.T. 47. Voir aussi *Agence de sécurité générale Inc.* c. *Union des agents de sécurité*, [1978] T.T. 1 ; *Nash Shirt Limitée* c. *Syndicat des salariés du vêtement St-Léonard d'Aston*, précité, note 89.

117. *Ibid.* Voir aussi : *Syndicat des salariés des Produits progressifs Ltée (C.S.D.)* c. *Produits progressifs Ltée*, [1981] T.T. 294, 299-300 ; *Montreal Amateur Athletic Association* c. *Union des employés d'hôtels, restaurants et commis de bars, local 31*, [1987] T.T. 274.

118. *Transport Jean-Guy Fortin Limitée* c. *Teamsters du Québec, chauffeurs et ouvriers de diverses industries, local 69*, T.T. Québec, n° 200-28-000106-804, 17 décembre 1980 ; *Union des employés de commerce, local 502* c. *J. Pascal Inc.*, D.T.E. 86T-818 (C.S.).

lement à un amendement de sa requête lorsqu'elle anticipe que la
C.R.T. lui refusera l'unité demandée. La réduction de cette dernière
ne soulève aucune difficulté réelle. Il en va autrement pour son élargissement, qui ne devrait pas être illimité par rapport à la substance
initiale de la requête. La subsistance du cadre général déterminé à
l'origine par l'association dans sa requête s'impose comme limite tant
à la faculté d'amendement de l'association qu'au pouvoir de modification de la C.R.T., surtout après l'expiration d'un délai de recevabilité
auquel la requête était soumise[119].

La modification de la phraséologie ou de la forme du libellé de la
description de l'unité de négociation recherchée dans la requête en
accréditation ne fait pas problème. Il en est de même des ajustements
apportés par l'ajout de fonctions ou de salariés tout en conservant à la
demande d'accréditation son caractère initial. On ne saurait cependant accepter qu'une association s'introduise dans un processus
d'accréditation par le biais d'une demande clairement inappropriée
ou irréaliste et en comptant sur la possibilité d'amendement ou sur
l'initiative de la C.R.T. pour bonifier et valider une requête fondamentalement défectueuse. Les règles relatives aux délais de recevabilité des requêtes en accréditation paraissent imposer d'elles-
mêmes une restriction aux possibilités de modifier l'unité recherchée
dans la requête déposée. Par exemple, s'agissant d'une requête
rendue recevable par le paragraphe d) de l'article 22 C.t., comment
accepter, après l'expiration de ce délai, une modification qui aurait
pour effet de l'étendre au-delà de sa portée intentionnelle initiale[120] ?
Il faut aussi tenir compte des limites qui résultent de l'application de
la règle du premier dépôt (art. 22a) et 27.1 C.t.).

---

119. *Gaston Breton Inc.* c. *Union des routiers, brasseries, liqueurs douces et ouvriers de diverses industries, local 1999*, [1980] T.T. 471 ; *Services de traductions simultanées International* c. *Association de « Les Services de traductions simultanées International », section locale 622 de l'Association nationale des employés et techniciens en radiodiffusion*, [1982] T.T. 206.

120. Dans *Supermarché Reid & Frères Inc.* c. *Galipeau*, [1981] C.A. 151, on avait jugé recevable un amendement de substance à une requête déposée en champ libre (art. 22a) C.t.) ; la Cour d'appel a reconnu la légitimité de cette décision. Par ailleurs, dans *Syndicat des travailleurs de la mine Noranda (C.S.N.)* c. *Noranda Mines Limited*, [1979] T.T. 10, il s'agissait cette fois d'une requête déposée à l'encontre d'une association déjà accréditée, dans le délai de l'article 22d) C.t. ; l'instance d'accréditation fut toutefois d'avis que la véritable intention du syndicat requérant était, dès l'origine, de viser la même unité de négociation que celle pour laquelle le syndicat en place était déjà accrédité, et que l'amendement avait pour effet de rendre la requête conforme à cette intention. Voir aussi, *Travailleuses et travailleurs unis de l'alimentation et du commerce, section locale 500* et *Marché Port-Royal inc.*, 2009 QCCRT 0255.

Que l'étendue d'une unité de négociation soit modifiée à l'initiative de la C.R.T. ou à la suite d'un amendement par l'association requérante, le calcul des effectifs de l'association qui devra suivre continuera de se rapporter à la date du dépôt de la requête originale[121]. Signalons finalement que lorsque l'association requérante se prévaut de la possibilité d'amender sa requête, l'amendement doit être appuyé d'une nouvelle résolution pour satisfaire aux exigences de l'article 25 C.t.[122]

2. *Les modifications aux unités existantes*

521 – *Fractionnement ou accroissement* – Les modifications à la substance des unités de négociation existantes sont demandées à l'occasion des périodes de remise en question de l'accréditation, selon les articles 22, 72 ou 111.3 C.t. La jurisprudence a toujours affirmé l'immuabilité, en principe, des unités de négociation hors ces périodes de remise en question de l'accréditation[123].

La demande de modification d'une unité de négociation doit être le fait d'une association de salariés ; elle ne peut être formulée par l'employeur[124]. La modification demandée peut avoir pour objet soit le morcellement ou le fractionnement d'une unité existante pour former un ou des groupes distincts, soit son agrandissement par fusion avec une autre unité, par annexion d'une partie d'une autre unité, ou encore par l'adjonction d'un groupe de salariés qui ne sont pas encore représentés par une association accréditée.

---

121. Dans l'arrêt *Supermarché Reid & Frères Inc.* c. *Galipeau, ibid.*, la Cour d'appel a plutôt affirmé qu'à la suite d'un amendement substantiel apporté à une requête en accréditation, le calcul des effectifs syndicaux devait s'effectuer à la date de l'amendement. Néanmoins, ayant considéré qu'il s'agissait d'un *obiter* et après avoir réanalysé la question, le Tribunal du travail d'alors a persisté à calculer les effectifs à la date du dépôt de la requête originale ; voir particulièrement : *Cinémas Odéon Limitée* c. *Union canadienne des travailleurs unis des brasseries, de la farine, des céréales, des liqueurs douces et distilleries, local 303*, [1981] T.T. 207.
122. Voir, par exemple, *Syndicat des travailleurs de la mine Noranda (C.S.N.)* c. *Noranda Mines Limited*, précité, note 120.
123. Voir, parmi tant d'autres, les décisions suivantes : *Syndicat des professeurs de l'Université du Québec à Montréal* c. *Université du Québec à Montréal*, [1975] T.T. 182 ; *Uniroyal Limited* c. *Synthetic Rubber Workers Union, section locale 318*, [1975] T.T. 429 ; *Syndicat des employés conseils de la C.E.Q.* c. *Centrale de l'enseignement du Québec*, [1976] T.T. 83.
124. *Ville de Québec* c. *Syndicat professionnel de la police municipale de Québec*, T.T. Québec, n° 200-28-000121-803, 26 mars 1981, p. 13-15. Voir aussi *Montreal Amateur Athletic Association* c. *Union des employés d'hôtels, restaurants et commis de bars, local 31*, précité, note 117.

Eu égard au fractionnement, la jurisprudence lui est en principe réticente, au nom de la paix industrielle et de la stabilité des rapports collectifs. Elle favorise le maintien de l'unité préexistante en la faisant bénéficier d'une présomption de fait comme unité appropriée[125]. Elle impose à la partie qui demande le fractionnement le double fardeau d'établir le caractère approprié de l'unité fractionnée qu'elle recherche et, à des degrés variables, l'opportunité de procéder au fractionnement, par exemple en raison de la piètre qualité des services de l'association en place aux salariés concernés[126]. La perte du caractère adéquat de l'unité existante peut résulter d'un défaut de représentation d'un groupe de salariés ou d'un changement important des circonstances dans lesquelles l'unité a été formée[127]. Ces principes valent non seulement lorsqu'un petit groupe recherche son autonomie en se dissociant d'une unité existante mais aussi à l'égard d'un fractionnement par lequel une majorité du groupe existant chercherait à se délester d'un groupe minoritaire[128].

---

125. *Conseil conjoint du Québec – Syndicat du vêtement, textile et autres industries (SVTI)* c. *Camoplast Inc. (Groupe Composite récréatif)*, 2004 QCCRT 0157, par. 121 ; *Syndicat des travailleurs de Partagec (C.S.N.)* c. *Syndicat canadien de la fonction publique, section locale 2682*, D.T.E. 84T-378 (T.T.).

126. *Conseil conjoint du Québec – Syndicat du vêtement, textile et autres industries (SVTI)* c. *Camoplast Inc. (Groupe Composite récréatif)*, précité note 125, par. 117 et s. ; *Syndicat des employés de l'Hôtel-Dieu d'Alma (C.S.N.)* c. *Syndicat des intervenants professionnels de la santé du Québec*, précité, note 109 ; *Syndicat des travailleuses et travailleurs de la clinique communautaire de Pointe-St-Charles (C.S.N.)* c. *Syndicat des professionnelles et professionnels de la clinique communautaire de Pointe-St-Charles*, D.T.E. 99T-832 (T.T.) – inaptitude du syndicat en place ; *Syndicat national des services hospitaliers de Rivière-du-Loup* c. *Syndicat des professionnelles et professionnels et des techniciens de la santé du Québec*, [1992] T.T. 691 ; *Syndicat des fonctionnaires municipaux de Montréal, section locale 429 (S.C.F.P.)* c. *Syndicat des professionnels de la Ville de Montréal et de la Communauté urbaine de Montréal*, [1990] T.T. 147 ; *Syndicat des travailleurs et travailleuses en communication et en électricité du Canada (C.P.C.-F.T.Q.)* c. *Union canadienne des travailleurs en communication*, précité, note 107. En certaines circonstances, le fractionnement apparaîtra non seulement légitime mais aussi comme une mesure positive pour assurer la paix industrielle : *Union des employés d'hôtels, restaurants et commis de bar, local 31 (C.T.C.)* c. *Syndicat des travailleurs(euses) du Bonaventure*, [1989] T.T. 497 ; *Alliance des professionnels de la Ville de Longueuil (FISA)* c. *Commission des relations du travail*, D.T.E. 2010T-96 (C.S.).

127. *Syndicat des fonctionnaires municipaux de Montréal, Section locale 429 (S.C.F.P.)* c. *Syndicat des professionnels de la Ville de Montréal et de la Communauté urbaine de Montréal*, précité, note 126 ; *Conseil conjoint du Québec – Syndicat du vêtement, textile et autres industries (SVTI)* c. *Camoplast Inc. (Groupe Composite récréatif)*, précité, note 125, par. 122-125 ; *Syndicat des travailleuses et des travailleurs de la S.T.M.-C.S.N.* c. *Société de transport de Montréal*, D.T.E. 2003T-354 (C.R.T.), par. 55-65.

128. *Union des employés de service, local 298 (F.T.Q.)* c. *Syndicat national des employés de l'Hôpital Charles Lemoyne (F.A.S.-C.S.N.)*, précité, note 59.

Quant aux fusions ou aux annexions de groupes, elles doivent normalement satisfaire l'exigence d'un appui majoritaire parmi le groupe additionnel de salariés recherchés. Une association ne saurait faire simplement appel à la supériorité numérique du groupe qu'elle représente déjà pour s'adjoindre, surtout contre sa volonté, un groupe moins nombreux dans une unité qui pourrait être appropriée et même souhaitable[129]. On a parfois décrit cette condition comme celle d'une double majorité de l'association requérante, à savoir, une majorité au sein du groupe qu'elle veut s'adjoindre et une autre dans l'ensemble de l'unité de négociation élargie qu'elle recherche. Ce n'est pourtant pas le cas et d'ailleurs une telle règle de double majorité n'a pas de fondement juridique. Il s'agit plutôt de vérifier le caractère approprié de l'unité élargie proposée en tenant compte du critère de la volonté des salariés du groupe qu'on veut y joindre[130]. Une fois établi le caractère approprié de l'unité recherchée sur la base de l'ensemble des critères pertinents, la majorité requise sera évaluée par rapport à l'ensemble de cette unité[131].

III- LE CARACTÈRE REPRÉSENTATIF

522 – *Généralités* – La vérification du caractère représentatif du syndicat est la dernière étape du processus qui permet de décider de l'octroi ou du refus de l'accréditation.

Il importe d'abord de rappeler la confidentialité qu'assure l'article 36 C.t. à l'appartenance d'une personne à une association de salariés[132]. En corollaire, l'article 35 C.t., qui définit le contenu du

---

129. *Syndicat des employés de magasin et de bureau de la Société des alcools du Québec* c. *Syndicat des ouvriers de la Société des alcools du Québec*, [1980] T.T. 335 ; *Syndicat des travailleuses et travailleurs du C.L.S.C. Mercier-Est Anjou* c. *Syndicat professionnel des diététistes du Québec*, précité, note 100 ; *Syndicat canadien de la fonction publique, section locale 313* c. *Syndicat des travailleuses et travailleurs de l'Hôpital Rivières-des-Prairies (C.S.N.)*, D.T.E. 2003T-423 (C.R.T.).
130. *Syndicat national des employées et employés du Centre hospitalier de Buckingham (C.S.N.)* c. *Syndicat québécois des employées et employés de service, section locale 298 (F.T.Q.)*, D.T.E. 2000T-975 (T.T.).
131. *Syndicat des travailleuses et travailleurs du C.L.S.C. Mercier-Est Anjou* c. *Syndicat professionnel des diététistes du Québec*, précité, note 100 ; *Syndicat des employés de l'Hôpital de Chicoutimi (C.S.N.)* c. *Syndicat professionnel des infirmières et infirmiers de Chicoutimi*, précité, note 107 ; *Syndicat des employés du Carrefour des jeunes de Montréal* c. *Union des employés de service, local 298*, [1990] T.T. 398 ; *Centres jeunesse de Montréal* c. *Syndicat québécois des employées et employés de service, section locale 298*, D.T.E. 2001T-1091 (T.T.), par. 52.
132. Voir *supra*, n° 508.

dossier de l'enquête, prévoit expressément que ce dossier ne comprend pas la liste des membres des associations en cause non plus que les pièces ou les documents qui identifient l'appartenance d'un salarié à une association de salariés[133].

Il faut immédiatement noter qu'à l'égard de toute cette question de la vérification du caractère représentatif du syndicat ou des syndicats en cause, l'employeur n'est pas une partie intéressée, suivant l'article 32, al. 4 C.t. Nous reviendrons sur cette exclusion de l'employeur en examinant le traitement de la requête par enquête et audition de la C.R.T., lorsqu'il y a lieu.

Quant à la vérification du caractère représentatif du syndicat, le *Code du travail* prévoit deux moyens, mentionnés à l'article 21, al. 1 et 2 : le calcul des effectifs syndicaux et le vote au scrutin secret. Dans l'un et l'autre cas, la représentativité du syndicat se trouve établie du fait qu'il dispose de l'appui d'une majorité des salariés concernés, c'est-à-dire de plus de 50 pour cent d'entre eux. L'utilisation courante de l'expression 50 % plus 1 pour définir cette majorité est donc en réalité inexacte[134].

A. Le calcul des effectifs

523 – *Méthode et conditions* – Le calcul des effectifs syndicaux est le moyen normal et premier de vérification du caractère représentatif de l'association requérante en accréditation, comme de toute association rivale lorsqu'il en est[135]. Il consiste simplement à déterminer le

---

133. L'article 36 C.t. étend expressément cette obligation de confidentialité à la procédure de révocation d'accréditation (art. 41 C.t.). Sur la reconnaissance des effets de cette disposition par les tribunaux supérieurs, voir : *Aliments Papineau (1983) Inc.* c. *Beaudry*, D.T.E. 85T-692 (C.S.) ; *Sniderman Ventes de radio et service Ltée (Sam the Record Man)* c. *Beaudry*, D.T.E. 85T-440 (C.S.) ; *Cie T. Eaton Ltée* c. *Beaudry*, [1985] C.S. 185. Quant à la légalité de cette mesure au regard des chartes, voir : *Association des employés de Pyradia Inc.* c. *Pyradia Inc.*, [1987] T.T. 382 ; *Villa Ste-Geneviève (1986) Inc.* c. *Syndicat des salariés de la Villa Ste-Geneviève*, D.T.E. 88T-59 (T.T.).

134. La majorité sera par exemple de 4 pour un groupe de 7 salariés, et non de 5 comme elle le deviendrait en calculant 50 % plus 1 et en complétant la fraction comme il se devrait : *Syndicat des salariés de Garant St-François de Montmagny (C.S.D.)* c. *Travailleurs et travailleuses unis de l'alimentation et du commerce, section locale 509*, D.T.E. 2003T-890 (C.R.T.).

135. *Syndicat de l'Alliance des infirmiers et infirmières de l'Hôtel-Dieu d'Arthabaska (C.S.N.)* c. *Syndicat des infirmiers et infirmières de l'Hôtel-Dieu d'Arthabaska*, [1989] T.T. 510 ; *Delorme* c. *Syndicat des travailleurs professionnels et techniques du vêtement, des services et de la santé, section locale 278*, D.T.E. 95T-1126 (T.T.), p. 48 ; *Syndicat canadien des communications, de l'énergie et du papier, section locale 197 (SCEP)* et *Solive ajourée 2000 inc.*, 2007 QCCRT 0582, par. 65.

nombre de membres que compte l'association parmi les salariés compris dans l'unité de négociation jugée appropriée, de façon à voir si elle y dispose de la majorité.

Le calcul des effectifs est régi par les règles énoncées à l'article 36.1 C.t. La Cour d'appel a jugé que cette disposition législative ne contrevenait ni à l'article 2d) de la *Charte canadienne des droits et libertés* ni à l'article 3 de la *Charte des droits et libertés de la personne* du Québec, qui affirment la liberté d'association[136]. Cet article 36.1 énonce quatre conditions auxquelles une personne sera reconnue membre de l'association aux fins de l'établissement ou de la vérification de son caractère représentatif :

a) elle est un salarié compris dans l'unité de négociation visée par la requête ;

b) elle a signé une formule d'adhésion, contenant notamment les informations prescrites par un règlement du gouvernement, qui n'a pas été révoquée avant le dépôt de la requête en accréditation (ou la demande de vérification du caractère représentatif en vertu de l'article 41 C.t.) ;

c) elle a payé personnellement une cotisation syndicale égale ou supérieure au montant fixé par un règlement du gouvernement dans les 12 mois précédant le dépôt de la requête en accréditation (ou la demande de vérification du caractère représentatif) ;

d) elle a rempli les conditions a), b) et c) qui précèdent le jour ou avant le jour du dépôt de la requête en accréditation (ou de la demande de vérification du caractère représentatif).

C'est la Commission des relations du travail qui détient la compétence afin d'apprécier la réalisation de ces quatre conditions[137].

524 – *Salarié* – Aux fins de l'application de l'article 36.1, al. 1a) C.t., la jurisprudence requiert une prestation effective de travail au moment du dépôt d'une requête en accréditation ou, du moins, une probabilité prochaine d'une telle prestation, comme condition de reconnaissance

---

136. *Gaylor* c. *Couture*, [1988] R.J.Q. 1205 (C.A.) ; *Lapalme* c. *Union des producteurs agricoles* (C.S., 2000-03-09), SOQUIJ AZ-00021339, p. 76.

137. *Syndicat des travailleurs d'Air liquide, Centre de distribution de Varennes-C.S.N.* c. *Air liquide Canada Inc.*, D.T.E. 2005T-554 (C.A.).

du statut de salarié. Cette exigence concerne les salariés absents du travail le jour du dépôt de la requête en accréditation, sans que leur lien d'emploi ou leur contrat de travail soit par ailleurs juridiquement rompu avec l'employeur, ainsi que les employés occasionnels. Le but visé est d'écarter de l'appréciation du caractère représentatif des associations les salariés dont la présence au travail trop sporadique ou incertaine empêche de les considérer comme suffisamment intégrés à l'entreprise et à l'unité de négociation concernée pour qu'on leur reconnaisse la faculté de décider de l'accréditation d'un syndicat.

Les interruptions de travail consécutives aux congés, aux vacances, aux absences pour cause de maladie ou d'accident et qui permettent de prévoir un retour éventuel du salarié, ainsi que celles qui résultent d'une grève ou d'un lock-out, ne touchent pas le statut de salarié pendant leur durée. Les salariés qui se trouvent dans cette situation à la date du dépôt d'une requête en accréditation doivent donc être considérés, aux fins de l'établissement du caractère représentatif, comme ceux mis à pied temporairement pour une durée déterminée[138].

La mise à pied d'une durée indéterminée est plus problématique puisqu'elle peut, selon les circonstances, se transformer en licenciement. Il faut alors évaluer la probabilité prochaine d'un retour au travail du salarié mis à pied, compte tenu de toutes les circonstances, pour déterminer s'il doit être considéré aux fins de l'établissement du caractère représentatif[139]. Le cas des travailleurs sur liste d'appel est

138. *154663 Canada Inc.* c. *Union des employées et employés de la restauration, Métallurgistes unis d'Amérique, section locale 9200*, D.T.E. 93T-1011 (T.T.) ; *Syndicat des travailleurs et travailleuses du Centre d'accueil Anne-Le-Seigneur (C.E.Q.)* c. *Syndicat des employés et employées du service Bétournay (C.S.N.)*, [1990] T.T. 481 ; *Union internationale des travailleurs et travailleuses unis de l'alimentation et du commerce, F.A.T.-C.O.I.-C.T.C.-T.U.A.C., section locale 1991-P* c. *Les meubles Saint-Damase inc.*, 2003 QCCRT 0511.

139. Voir, comparer et transposer lorsqu'il y a lieu : *Syndicat des employés municipaux de St-Romuald, section locale 2334 (S.C.F.)* c. *Syndicat des employés manuels de la Ville de Lévis (F.I.S.A.)*, D.T.E. 2002T-504 (T.T.) ; *Syndicat des travailleurs et travailleuses du Centre d'accueil Anne-Le-Seigneur (C.E.Q.)* c. *Syndicat des employés et employées du service Bétournay (C.S.N.)*, *ibid.* – proposition de reconnaissance du statut de salarié à l'employé dont la mise à pied indéfinie laisse prévoir son retour au travail dans l'année qui la suit ; *Saint-Pacôme (Corporation municipale de)* c. *Union des employés de service, section locale 298*, D.T.E. 84T-459 (T.T.) ; *Association des perfusionnistes du Québec Inc.* c. *Syndicat national des employés de l'hôpital Hôtel-Dieu de Montréal (C.S.N.)*, [1983] T.T. 215 ; *Service maritime Coulombe Ltée* c. *Teamsters du Québec, chauffeurs et ouvriers de diverses industries, local 69*, D.T.E. 82T-360 (T.T.) ; *Syndicat canadien des communications, de l'énergie et du papier, section locale 3057-47 (SCEP)* c. *Eaux vives Water Inc.*, D.T.E. 2011T-35 (C.R.T.).

assimilable à celui des salariés occasionnels ou par intermittence. Par définition, ce type de travail exclut la régularité et rend d'autant plus difficile d'évaluer la probabilité d'un prochain retour au travail des salariés. La jurisprudence a donc élaboré un critère plus mécanique, la règle 7/13. Il s'agit de vérifier si le salarié a travaillé au cours d'au moins sept des treize semaines précédant le dépôt de la requête en accréditation[140]. Ce critère mécanique, souvent utilisé par les agents de relation du travail de la C.R.T., demeure toutefois purement supplétif et son utilisation ne devrait pas avoir pour effet d'écarter du choix de la représentation syndicale les salariés que leur situation rattache réellement à l'entreprise malgré le caractère périodique de leur prestation de travail[141].

525 – *Adhésion non révoquée* – En vertu du paragraphe b) du premier alinéa de l'article 36.1, le salarié doit avoir signé une formule d'adhésion qu'il n'a pas révoquée avant le dépôt de la requête en accréditation. Cette formule d'adhésion accompagnera éventuellement, rappelons-le, la demande d'accréditation (art. 25, al. 2 C.t.). Le texte législatif ajoute que la formule d'adhésion devra, s'il y a lieu, contenir les informations qui pourraient être prescrites par un règlement du gouvernement. En tout état de cause, la formule d'adhésion doit permettre à une personne raisonnablement alerte de réaliser la nature du geste qu'elle fait en la signant.

L'adhésion donnée par un salarié à un syndicat peut lui servir, tant qu'elle n'est pas révoquée, aux fins de plusieurs demandes d'accréditation auprès du même employeur ou d'employeurs différents[142]. L'absence de révocation d'une adhésion déjà donnée réfère

---

140. *Association professionnelle des technologistes médicaux du Québec* c. *Syndicat du personnel clinique du Centre hospitalier La Providence de Magog et Foyer Sacré-Cœur*, D.T.E. 99T-528 (T.T.) ; *Syndicat des travailleurs et travailleuses du Centre d'accueil Anne-Le-Seigneur (C.E.Q.)* c. *Syndicat des employés et employées du service Bétournay (C.S.N.)*, précité, note 138.

141. Voir : *Travailleurs ambulanciers syndiqués Beauce Inc. (T.A.S.B.I.)* c. *Rassemblement des employés techniciens-ambulanciers du Québec métropolitain (R.E.T.A.Q.) (F.S.S.S.-C.S.N.)*, [2003] R.D.J.T. 277 (C.R.T.) ; *Syndicat des employés du Centre local de services communautaires Chaleurs (C.S.N.)* c. *Association professionnelle des technologistes médicaux du Québec*, [2000] R.J.D.T. 603 (T.T.) ; *Sobeys Inc.* c. *Syndicat des travailleuses et travailleurs de Sobeys de Baie-Comeau*, [1995] T.T. 306 ; *Syndicat régional des employés de soutien (C.E.Q.)* c. *Syndicat de soutien scolaire du Saguenay (F.E.M.S.Q.)*, [1986] T.T. 324 ; *Université Laval* c. *Syndicat des chargés de cours de l'Université Laval*, [1986] T.T. 351.

142. *Union des routiers, brasseries, liqueurs douces et ouvriers de diverses industries, local 1999 (Teamsters)* c. *Arcosud Int'l Inc.*, D.T.E. 2003T-184 (C.R.T.).

au phénomène couramment désigné comme celui des démissions syndicales. Ces dernières méritent quelques remarques.

D'abord, elles doivent avoir été portées à la connaissance de l'association à laquelle elles s'adressent pour lui être opposables[143]. Cette exigence de la connaissance de la démission par l'association qui en est l'objet suppose qu'elle l'ait reçue ; elle exclut, comme insuffisante, sa seule mise à la poste, même par courrier recommandé ou certifié, au jour de référence du calcul des effectifs[144]. Le droit du salarié de révoquer son adhésion à une association syndicale est une composante de sa liberté fondamentale d'association, d'ordre public ; il ne peut y renoncer. Est donc sans effet la démission signée par un salarié avant même qu'il ait adhéré à l'association dont on prétendrait ultérieurement le faire démissionner en faisant alors signifier la révocation d'adhésion signée d'avance[145].

Le *Code du travail* ne prévoit pas de modalités particulières de signification des démissions. Il suffit, selon la jurisprudence, qu'elles soient portées à la connaissance de l'association visée, que ce soit en les remettant à un de ses officiers ou représentants ou encore en les laissant à son siège ou à son bureau pendant les heures d'ouverture, dans la mesure où le mode choisi ne se révèle pas un stratagème visant à priver le syndicat de l'information à laquelle il a droit[146].

---

143. *Fraternité unie des charpentiers-menuisiers d'Amérique, local 2877* c. *Conseil conjoint québécois de l'Union internationale des ouvriers et ouvrières du vêtement pour dames*, [1987] T.T. 191 ; *Grondin* c. *Syndicat des employés professionnels et de bureau, section locale 57 (U.I.E.P.B.-C.T.C.-F.T.Q.)*, D.T.E. 86T-146 (T.T.) ; *Iacovelli* c. *Union des routiers, brasseries, liqueurs douces et ouvriers de diverses industries, local 1999*, D.T.E. 82T-1 (T.T.) ; *Syndicat professionnel des diététistes du Québec* c. *Murphy*, [1979] T.T. 74 ; *Union des ouvriers du textile d'Amérique, local 1730* c. *Celanese Canada Limitée*, [1975] T.T. 257 ; *United Cement, Lime and Gypsum Workers International Union* c. *Miron Limitée*, [1974] T.T. 114.

144. *Syndicat professionnel des diététistes du Québec* c. *Murphy, ibid.* ; *IGA des Sources Ste-Catherine* c. *Travailleuses et travailleurs unis de l'alimentation et du commerce, section locale 503*, [2005] R.D.J.T. 874 (C.R.T.).

145. *Fraternité unie des charpentiers-menuisiers d'Amérique, local 2877* c. *Conseil conjoint québécois de l'Union internationale des ouvriers et ouvrières du vêtement pour dames*, précité, note 143.

146. *Syndicat des employés de la Rôtisserie Saint-Hubert du Haut Richelieu Saint-Jean (C.S.N.)* c. *Union des employés de commerce, local 502 (T.U.A.C.)*, [1987] T.T. 70. La signification de démissions sous l'huis de la porte des bureaux du syndicat peu avant minuit n'est pas acceptable : *Syndicat des travailleurs et travailleuses de Steinberg Québec, division Bas-St-Laurent (C.S.N.)* c. *Travailleurs et travailleuses unis de l'alimentation et du commerce, section locale 503*, [1992] T.T. 92. La signification de démissions à la porte des bureaux du syndicat

Dans une lutte intersyndicale, les démissions prennent souvent une importance considérable et, dans certains cas, peuvent devenir lourdes de conséquences. En effet, dans une situation de maraudage, le syndicat requérant cherche non seulement à recueillir un nombre suffisant d'adhésions pour établir son caractère représentatif, mais encore, simultanément, à obtenir des démissions du syndicat rival de façon à lui faire perdre le sien et à éviter la tenue d'un vote au scrutin secret. L'association menacée réplique généralement par la même tactique et il peut s'ensuivre un chassé-croisé d'adhésions et de démissions d'une association à l'autre. Particulièrement si la situation se trouve compliquée par la survenance d'une demande de révocation d'accréditation en vertu de l'article 41 C.t., il peut arriver qu'aucune des associations en cause ne réussisse à compter, au moment opportun, sur un nombre d'appuis suffisant. Les salariés peuvent se retrouver éventuellement sans association accréditée. Même en tenant compte de la règle selon laquelle l'adhésion minimale de 35 % des salariés de l'unité de négociation à une association requérante permettra la tenue d'un scrutin secret (art. 28 C.t.), des situations hasardeuses ou inextricables peuvent être créées par le jeu des démissions[147].

---

après les heures d'ouverture est nulle : *Syndicat des travailleurs unis du Québec, section locale 9-1-1 (STUQ)* c. *RASMCQ/9089-5442 Québec Inc.*, D.T.E. 2005T-919 (C.R.T.) ; *Union des chauffeurs de camions, hommes d'entrepôts et autres ouvriers Teamsters Québec, section locale 106 (F.T.Q.)* c. *Commission des relations du travail*, D.T.E. 2007T-84 (C.S.) – la signification doit se faire au syndicat ou à l'un de ses représentants. Dans certains cas, la signification en dehors des heures d'ouverture a été considérée comme valide : *Syndicat des employés d'Au Dragon forgé inc.* c. *Commission des relations du travail*, 2011 QCCS 3202 – la décision de la Commission validant la notification des démissions sur la porte du vice-président vers 21 h est raisonnable ; *Section locale 145 du Syndicat canadien des communications, de l'énergie et du papier (Section locale 145, SCEP)* c. *Syndicat indépendant des employés de production de J. Houle & fils inc.*, 2011 QCCRT 0234 – la notification par courriel avant minuit, date limite du dépôt, est valide.

147. *Syndicat des employés de l'aluminium de Shawinigan (F.S.S.A.)* c. *Syndicat des employés de l'aluminium de Shawinigan Inc. et al.*, [1977] T.T. 72 – révocation de l'accréditation par suite de démissions à l'occasion d'un maraudage ; interaction du dépôt d'une requête en accréditation et d'une demande de révocation ; *Syndicat des enseignants de la Rive-Sud* c. *Syndicat des enseignants de Champlain et Commission scolaire de Chambly*, [1977] T.T. 84 – rejet de la demande d'accréditation du syndicat requérant et révocation de l'accréditation du syndicat en place ; *United Cement, Lime and Gypsum Workers International Union, local 415* c. *Union des opérateurs de machinerie lourde du Québec et Miron Limitée*, précité, note 143 – révocation de l'accréditation de l'association en place et rejet de la requête en accréditation de l'association rivale. Les démissions ne respectant pas l'article 36.1 C.t., l'association accréditée et l'association requérante ont toutes deux la majorité, ce qui force la tenue d'un scrutin : *Syndicat des salariés de RONA l'entrepôt (C.S.D.)* c. *Union des routiers, brasseries, liqueurs*

526 – *Cotisation* – Il faut porter une attention particulière à l'exigence de l'article 36.1, al. 1c) C.t. Le salarié devra avoir payé personnellement, à titre de cotisation syndicale, la somme minimale fixée par règlement du gouvernement, dans les 12 mois précédant la demande d'accréditation[148]. Une irrégularité ou un stratagème quant au paiement de cette somme pourrait entraîner le rejet de la requête en accréditation dans la mesure où les salariés en défaut seront exclus dans la considération du caractère représentatif du syndicat. Il est donc prohibé, par exemple, qu'un représentant syndical fournisse, d'une façon ou d'une autre, l'argent nécessaire au paiement de cette cotisation. Rien n'interdit cependant à un salarié d'emprunter ce montant[149]. Le fait que le paiement ait été effectué par voie de retenue à la source sur le salaire en vertu d'une clause de convention collective ou de l'article 47 C.t. n'a pas d'influence sur sa qualité[150]. La somme versée par le salarié à l'association accréditée ne perd pas, non plus, son caractère de cotisation syndicale si l'association la transmet à l'organisation à laquelle elle est affiliée[151].

En cas de réadhésion d'un salarié à un syndicat après en avoir démissionné, il suffit qu'il ait versé à ce syndicat à titre de cotisation syndicale la somme minimale requise dans les 12 mois précédant le dépôt éventuel de la requête en accréditation, sans qu'il soit nécessaire de verser cette somme à l'occasion de sa réadhésion[152].

527 – *Date* – La date à laquelle est calculé l'effectif syndical au regard des conditions qui précèdent est celle du dépôt de la requête en accré-

---

douces et ouvriers de diverses industries, local 1999 (Teamsters), 2003 QCCRT 0397, par. 9-15.

148. Jusqu'à l'adoption d'un tel règlement, la somme en question demeure de 2 $ dans le *Code du travail*.

149. *Allard* c. *Syndicat national de l'automobile, de l'aérospatiale, du transport et des autres travailleuses et travailleurs du Canada (T.C.A.-Canada)*, D.T.E. 2001T-270 (T.T.) ; *Hébert* c. *Syndicat des travailleurs de Remtec Inc. (C.S.N.)*, [1985] T.T. 345 ; *Alliance internationale des employés de scène, de théâtre et de cinéma des États-Unis et du Canada (I.A.T.S.E.), section locale 523, Québec* c. *Cinémas Famous Players Inc.*, 2004 QCCRT 0218, par. 15-46.

150. *Infirmières et infirmiers unis Inc. (I.I.U.)* c. *Syndicat des infirmières et infirmiers de la Cité de la santé de Laval (S.Q.I.I.)*, [1986] T.T. 200 ; *Cie de construction de logement Turret Inc.* c. *Union des employés de service, local 298*, D.T.E. 85T-614 (T.T.) ; *Syndicat de l'hôtellerie et de la restauration, métallos 9400* et *Manoir St-Castin*, D.T.E. 2009T-148 (T.A.).

151. *Bouchard* c. *Syndicat des travailleurs des Viandes Montcalm (C.S.N.)*, [1991] T.T. 360.

152. *Syndicat canadien des travailleurs du papier, section locale 100* c. *Syndicat national des travailleurs de la pulpe et du papier de Kénogami Inc.*, précité, note 11.

ditation à la C.R.T. (art. 36.1, al. 1d) C.t.)[153]. Les effectifs syndicaux sont en quelque sorte gelés à cette date ; conséquemment, les adhésions ou les démissions postérieures à ce jour ne seront pas prises en considération[154]. On tiendra toutefois compte, en principe, de ces adhésions ou de ces démissions si elles sont complétées au cours de la journée de référence, même si c'est postérieurement au moment où la requête en accréditation a été déposée[155]. Cette règle est sujette à une exception ou, plus exactement, à une adaptation, lorsque la requête en accréditation fait l'objet d'un amendement de substance, en supposant qu'il soit recevable. L'effectif syndical devrait alors, selon la Cour d'appel, être calculé à la date de l'amendement[156].

528 – *Absence d'autres conditions* – Il faut enfin retenir que l'article 36.1, al. 2 C.t. interdit à la C.R.T. de tenir compte de quelque autre condition que celles auxquelles nous venons de nous arrêter, qui serait exigible selon les statuts ou règlements de l'association de salariés[157].

B. Le scrutin secret

529 – *Finalité* – Le vote au scrutin secret constitue un moyen de connaître le choix syndical des salariés d'une unité de négociation là où le dénombrement des effectifs n'a pu permettre de déterminer leur volonté d'être représentés par un syndicat en particulier.

---

153. Lorsque la requête est envoyée par courrier recommandé, le jour à considérer est celui de la mise à la poste : *Syndicat des employé-es du Loews Hotel Québec (C.S.N.)* c. *Métallurgistes unis d'Amérique, section locale 9400,* 2005 QCCRT 0009.
154. *Boutique Tristan & Iseut inc.* c. *Syndicat des travailleuses et travailleurs de Tristan & América (CSN),* 2011 QCCRT 0279.
155. *Syndicat des travailleurs et travailleuses de Steinberg Québec, division Bas-St-Laurent (C.S.N.)* c. *Travailleurs et travailleuses unis de l'alimentation et du commerce, section locale 503,* précité, note 146 ; *Syndicat des infirmières et infirmiers de l'Est du Québec (S.I.I.E.Q.)* c. *Syndicat des infirmières et infirmiers du C.L.S.C. de la Vallée (F.I.I.Q.),* précité, note 59 ; *Syndicat des salariés de Québec Poultry St-Jean-Baptiste* c. *Cie Québec Poultry Ltée,* [1975] T.T. 359.
156. Voir *supra,* n° 520.
157. Cette disposition, édictée en 1977, a rendu inapplicable au contexte du *Code du travail* du Québec, l'arrêt de la Cour suprême dans l'affaire *Metropolitan Life Insurance Co.* c. *International Union of Operating Engineers, local 7961,* [1970] R.C.S. 425. On y avait décidé que la Loi de l'Ontario ne permettait pas à l'autorité chargée d'octroyer l'accréditation de s'en remettre à une notion réglementaire de « membre de l'association » mais qu'il fallait plutôt dans chaque cas vérifier si le salarié était réellement membre du syndicat suivant les exigences d'adhésion posées par celui-ci : *Syndicat des enseignantes et enseignants du Séminaire St-François* c. *Corp. du Séminaire St-François,* précité, note 74.

La principale différence entre le vote au scrutin secret et la méthode de calcul des effectifs réside dans le fait que tous les membres de l'unité de négociation retenue sont appelés à y participer. Qu'ils soient membres ou non d'une association en cause, tous les salariés pourront donner leur opinion et décider s'ils désirent qu'un syndicat les représente collectivement (art. 21 et 38 C.t.).

1. *Les situations de recours au vote par scrutin secret*

a) *Par un agent de relations du travail*

530 – *Deux catégories de situations* – L'article 28b) C.t. prescrit d'abord la tenue d'un vote par l'agent de relations du travail en présence des conditions suivantes :

— il n'y a qu'une association requérante ;

— il y a accord entre l'employeur et l'association sur l'unité de négociation et sur les personnes qu'elle vise ;

— le calcul des effectifs révèle qu'il y a entre 35 % et 50 % des salariés de cette unité qui sont membres de l'association.

Si l'association requérante obtient la majorité absolue des voix, l'agent l'accrédite.

Une deuxième catégorie de situations de recours au vote au scrutin secret par l'agent de relations du travail est envisagée à l'article 28e) C.t. Les éléments suivants la caractérisent :

— il y a déjà une association accréditée, ou il y a plus d'une association requérante ;

— il y a accord entre l'employeur et toute association en cause sur l'unité de négociation et sur les personnes qu'elle vise ;

— aucune association ne groupe la majorité absolue des salariés.

L'agent de relations du travail tient alors le vote selon les dispositions de l'article 37 du Code et, s'il y a lieu, octroie l'accréditation à l'association qui y a droit en vertu de l'article 37.1[158].

---

158.   Voir *infra*, n° 541.

b) Par la Commission des relations du travail

531 – *Discrétion judiciaire* – L'article 32, al. 3 C.t. attribue à la C.R.T. un pouvoir général d'ordonner la tenue d'un vote au scrutin secret en lui donnant compétence pour décider du caractère représentatif de l'association requérante par tous moyens d'enquête et notamment par le recours à un tel vote. S'agissant d'un moyen d'enquête, comme la Loi l'énonce clairement, la C.R.T. jouit donc d'un très large pouvoir d'appréciation pour décider de la tenue d'un vote[159]. Elle peut y recourir chaque fois qu'elle le juge opportun et, en particulier, lorsqu'elle est d'avis qu'une contrainte a été exercée pour empêcher un certain nombre de salariés d'adhérer à un syndicat ou pour les forcer à y adhérer[160]. Il en est de même lorsque des salariés sont membres de plus d'un syndicat en nombre suffisant pour influer sur la décision à rendre ; ce genre de situation peut survenir tout autant lorsque deux associations rivales déposent une requête en accréditation le même jour que lorsqu'une association accréditée récupère sa majorité après l'avoir perdue au profit d'un syndicat concurrent au cours d'une période prévue à l'article 22 C.t.

Les motifs qui précèdent ne sont pas limitatifs et tout doute sur les adhésions ou leur qualité peut motiver le recours au vote[161]. La C.R.T. doit cependant fonder toute ordonnance de vote sur des motifs juridiques pouvant la justifier et il ne saurait être question qu'une telle ordonnance soit purement arbitraire[162]. On a ainsi jugé que le

---

159. *Syndicat des chargés de cours de l'Université de Montréal (C.S.N.)* c. *Université de Montréal*, D.T.E. 85T-896 (C.A.) – opinion du j. Monet, p. 7.

160. *Syndicat des travailleurs et travailleuses en communication et en électricité du Canada (C.T.C.-F.T.Q.)* c. *Gestetner Inc.*, D.T.E. 90T-840 (T.T.) ; *Union des routiers, brasseries, liqueurs douces et ouvriers de diverses industries, local 1999* c. *Syndicat des salariés des Laboratoires Aérosol (C.S.D.)*, [1986] T.T. 265 ; *Syndicat des employés de la Société d'entretien Impar Ltée (C.S.N.)* c. *Union des employés de service, local 298 (F.T.Q.)*, [1977] T.T. 221 ; *Syndicat des quincailleries et commerces de Québec inc. (C.S.D.)* et *Travailleuses et travailleurs unis de l'alimentation et du commerce, section locale 503*, D.T.E. 2001T-932 (C.T.), par. 35.

161. *Alamy* c. *Syndicat des travailleurs de Zohar Plastique (C.S.N.)*, D.T.E. 99T-1055 (T.T.) ; *Syndicat des employé-es du Regroupement de la SSS de la MRC de Maskinongé (C.S.N.)* c. *Regroupement de la santé et des services sociaux de la MRC de Maskinongé*, D.T.E. 2003T-1117 (C.R.T.), par. 60-62.

162. On peut consulter, à titre d'exemples parmi d'autres : *Syndicat de l'Alliance des infirmiers et infirmières de l'Hôtel-Dieu d'Arthabaska (C.S.N.)* c. *Syndicat des infirmiers et infirmières de l'Hôtel-Dieu d'Arthabaska*, précité, note 135 ; *Syndicat des travailleurs de l'Hôpital du Haut-Richelieu et Centre d'accueil St-Jean (C.S.N.)* c. *Association des employés de l'Hôpital de St-Jean et de l'Hôpital du Haut-Richelieu (C.S.D.)*, [1980] T.T. 47 ; *Lamothe Québec Inc.* c. *Caron*, J.E. 80-251 (C.S.) ; *Lallemand Inc.* c. *Rhéaume*, J.E. 81-135 (C.S.) ; *Travailleurs et*

simple fait qu'un vote au scrutin secret n'avait pas permis à la seule association en cause d'obtenir la majorité requise ne pouvait légitimer l'ordonnance de la tenue d'un nouveau vote[163].

Il ne s'ensuit pas pour autant que la C.R.T. ne puisse recourir au vote plus d'une fois, lorsque les circonstances le justifient selon elle (et que le Code ne l'y oblige pas déjà)[164]. Un nouveau vote peut être motivé, par exemple, par des irrégularités survenues dans le déroulement du scrutin[165] ou par le constat d'abstentions qui laissent un doute sur la volonté des salariés[166].

532 – *Vote obligatoire* – Le législateur a prévu deux types de situations où la C.R.T. est obligée d'ordonner un vote au scrutin secret. Le premier est envisagé à l'article 37 C.t. et caractérisé par les éléments suivants :

– au moins une association requérante compte comme membres entre 35 % et 50 % des salariés compris dans l'unité de négociation ;

– s'il y a plusieurs associations en présence, aucune d'entre elles ne regroupe la majorité absolue des salariés de cette unité de négociation.

Ont alors le droit de participer au scrutin chaque association requérante, s'il y en a plus d'une, qui regroupe au moins 35 % des salariés concernés ainsi que l'association accréditée qui, le cas échéant, représente déjà le groupe. On remarquera, à l'article 37, al. 1 C.t., que l'association accréditée jouit alors d'un certain privilège en

---

     travailleuses unis de l'alimentation et du commerce, section locale 501 c. Syndicat des travailleuses et travailleurs Nord-Ben – CSN, 2011 QCCRT 0184.

163. *Lamothe Québec Inc.* c. *Caron, ibid.*

164. *Couture* c. *C. Monette et Fils Ltée*, D.T.E. 86T-951 (C.A.) ; *Panofor Inc.* c. *Tremblay*, [1985] C.S. 189 ; *Garda du Québec* c. *Lorrain*, D.T.E. 83T-641 (C.S.) ; *Montreal Newspaper Guild, Local 30111* et *Montreal Gazette Group Inc., A Division of Southam Publications, A. Canwest Co.*, D.T.E. 2001T-661 (C.T.), par. 23.

165. *Métallurgistes unis d'Amérique, section locale 9414* c. *Bernard*, D.T.E. 2003T-1175 (C.R.T.).

166. *Syndicat canadien des communications, de l'énergie et du papier, section locale 3001-Q* c. *Coopérative de travail Rollet*, 2003 QCCRT 0071. Comparer les décisions suivantes : *Syndicat professionnel des infirmières et infirmiers auxiliaires des Laurentides* c. *Syndicat canadien de la Fonction publique, section locale 2105*, [1983] T.T. 95 ; *Syndicat professionnel des infirmières et infirmiers de Chicoutimi (S.P.I.I.C.)* c. *Syndicat des infirmières et infirmiers du Centre hospitalier de Jonquière (C.S.N.)*, [1983] T.T. 317.

participant au vote sans être astreinte à la condition de regrouper au moins 35 % des salariés de l'unité[167].

La C.R.T. doit aussi, en vertu de l'article 37.1 C.t., ordonner la tenue d'un nouveau vote dans une autre situation bien déterminée :

– un vote au scrutin secret a déjà été tenu ;

– ce vote mettait en présence plus de deux associations de salariés ;

– ces associations ont obtenu ensemble la majorité absolue des voix ;

– aucune association n'a pu obtenir seule cette majorité absolue.

Dans ces cas, le nouveau tour de scrutin a lieu sans la participation de l'association qui a obtenu le moins de voix au tour précédent.

2. Les modalités du vote

533 – *Réglementation et compétence de la C.R.T.* – Les modalités d'organisation et de tenue du vote au scrutin secret sont en bonne partie arrêtées par la réglementation[168]. Pour le surplus, elles relèvent de la compétence de la C.R.T.

Sans examiner chacune de ces modalités, il faut signaler l'importante différence qui existe alors avec la méthode de calcul des effectifs, quant au moment où l'on se situera dans le temps pour mesurer l'appui au syndicat. Lorsqu'il s'agit de calculer les effectifs du syndicat, on se place toujours nécessairement à la date du dépôt de la requête en accréditation, déterminée selon l'article 130, al. 2 C.t. (ou à la date d'une demande de révocation en vertu de l'article 41 C.t.). La date à laquelle on doit se reporter pour dresser la liste des salariés qui seront habiles à voter lors du scrutin est celle arrêtée soit par entente entre les parties, soit par décision de la Commission des relations du travail (art. 39 C.t.)[169]. La C.R.T. a toute latitude pour fixer la date à laquelle l'employeur devra dresser la liste des salariés

---

167. *Syndicat des travailleurs de l'Hôpital du Haut-Richelieu et Centre d'accueil St-Jean (C.S.N.)* c. *Association des employés de l'Hôpital de St-Jean et de l'Hôpital du Haut-Richelieu (C.S.D.)*, précité, note 162.

168. *Règlement sur l'exercice du droit d'association conformément au Code du travail*, précité, note 8, art. 13 à 25.

169. *Ibid.*, art. 14 et 17.

devant servir au scrutin. Toutefois, dans ce cas comme dans celui de la décision d'ordonner la tenue du vote lui-même, la C.R.T. doit motiver sa décision juridiquement[170]. En pratique, elle tiendra compte de facteurs comme ceux de l'arrivée et du départ d'un certain nombre de salariés depuis le dépôt de la requête en accréditation ou de la possibilité d'un retour éventuel au travail en ce qui concerne les salariés absents[171]. Cette question est importante puisque, par exemple, si la liste est dressée au jour du dépôt de la requête et si, depuis lors, plusieurs salariés ont quitté l'entreprise, ces derniers ne seraient pas habiles à voter, mais seraient néanmoins pris en compte pour établir la majorité requise[172]. Depuis le 13 janvier 2007, un nouvel article a été ajouté au *Code du travail* : l'article 37.2 C.t. Cet article mentionne que lorsque la C.R.T. procède ou ordonne un vote au scrutin secret, elle en détermine les règles applicables et peut prendre toute mesure ou donner toute instruction afin d'assurer l'efficacité et la régularité du scrutin[173].

534 – *Réunion préparatoire* – Lorsqu'un vote doit être tenu, c'est un agent de relations du travail qui agit comme président du scrutin (art. 137.48 C.t.)[174]. Ce dernier convoque alors les parties intéressées à une réunion préparatoire en vue de déterminer les modalités de tenue du scrutin[175]. Le vote au scrutin secret se rattachant au caractère représentatif des associations de salariés, l'employeur est en principe exclu de cette réunion préparatoire à laquelle seuls les syndicats intéressés peuvent exiger de participer[176]. Légalement obligé de faciliter la tenue du scrutin, l'employeur doit fournir au président du scrutin la liste des salariés habiles à voter selon l'unité de négocia-

---

170. *Métallurgistes unis d'Amérique, section locale 7765 c. Association des employés de Ski-Roule Wickham*, [1974] T.T. 395 ; *Association des employés de la Résidence St-Antoine c. Syndicat des employés de la Résidence St-Antoine*, [1974] T.T. 38.

171. *Union des employés des industries diverses et connexes à la construction, Teamsters local 1791 (F.T.Q.) et Syndicat des travailleuses et travailleurs d'Onyx industries – C.S.N.*, 2005 QCCRT 0511.

172. *Règlement sur l'exercice du droit d'association conformément au Code du travail*, précité, note 8, art. 18.

173. *Loi modifiant le Code du travail et d'autres dispositions législatives*, précitée, note 64, art. 4.

174. Précité, note 8, art. 13.

175. Précité, note 8, art. 14.

176. *Syndicat des chargés de cours de l'Université de Montréal (C.S.N.) c. Université de Montréal*, précité, note 159 ; *Syndicat international des communications graphiques, local 555 – Montréal (C.T.C.-F.T.Q.-C.T.M.) c. Margo Corp.*, [1986] R.J.Q. 2123 (C.A.) ; *Corporation Margo c. Syndicat international des communications graphiques, local 555*, D.T.E. 87T-546 (T.T.).

tion convenue entre les parties, ou selon la décision de la C.R.T. (art. 38 C.t.)[177]. L'assemblée préparatoire au vote donne lieu à l'établissement de la liste définitive des votants en fonction de la Loi et des directives, le cas échéant, de la C.R.T. sur la tenue du vote, ainsi qu'à la détermination des diverses modalités du scrutin comme la date, les heures et l'endroit où il sera tenu, ou encore les modalités de propagande des parties au vote, dans les limites imposées par la réglementation. Cette dernière disposition interdit en effet toute forme de propagande aux parties dans les 36 heures qui précèdent l'ouverture des bureaux de scrutin et jusqu'à la fermeture de ceux-ci[178].

L'assemblée préparatoire au vote conduit souvent à diverses ententes entre les parties sur le déroulement du scrutin, comme le recours au vote postal[179], ententes attestées par le procès-verbal, qui doit faire mention de tout sujet de désaccord entre les parties (art. 17 C.t.). Malgré les ententes qui peuvent intervenir entre les parties, le scrutin demeure celui de la C.R.T. et cette dernière n'est pas, non plus que l'agent de relations du travail, liée par ces ententes dans l'exercice de son pouvoir[180]. En particulier, qu'il y ait souscrit ou non, l'employeur ne peut acquérir le statut de partie intéressée au caractère représentatif des associations par le biais de ces ententes en alléguant leur violation[181].

Entre les parties au scrutin, la contravention aux dispositions réglementaires qui régissent la tenue du vote au scrutin secret ou aux ententes qui s'y rapportent peut fonder une contestation du résultat et conduire à l'annulation et à la reprise du scrutin[182]. Néanmoins, si

---

177. *Règlement sur l'exercice du droit d'association conformément au Code du travail*, précité, note 8, art. 15 à 17. Quant au droit des syndicats d'obtenir une copie de cette liste comportant l'adresse des salariés habiles à voter, voir : *Travailleuses et travailleurs unis de l'alimentation et du commerce, section locale 503* c. *Marchés des Trois-Rivières Inc. (Métro Jean XXIII)*, R.D.J.T. 755 (C.R.T.).

178. *Règlement sur l'exercice du droit d'association conformément au Code du travail*, précité, note 8, art. 20.

179. Exemple : *Syndicat canadien des communications, de l'énergie et du papier, section locale 3001-Q* c. *Coopérative de travail Rollet*, précité, note 166.

180. *Syndicat international des communications graphiques, local 555 – Montréal (C.T.C.-F.T.Q.-C.T.M.)* c. *Margo Corp.*, précité, note 176 ; *Corporation Margo* c. *Syndicat international des communications graphiques, local 555*, précité, note 176.

181. *Ibid.* ; *Syndicat des chargés de cours de l'Université de Montréal (C.S.N.)* c. *Université de Montréal*, précité, note 159.

182. Exemples : *Ouvriers unis des textiles d'Amérique, local 371* c. *Syndicat démocratique des salariés du textile de Grand-Mère (C.S.D.)*, [1974] T.T. 42 ; *Union des employés de commerce, local 500 (T.U.A.C.-U.F.C.Q.)* c. *Association des employés du Marché Provigo de l'Annonciation*, [1982] T.T. 468.

la victime de l'irrégularité remporte le vote, il n'y aura pas lieu de reprendre ce dernier[183]. En outre, aucune disposition n'autorise la C.R.T. à exclure une association fautive d'un nouveau vote tenu par suite de l'annulation d'un précédent[184].

535 – *Vote* – Sont seuls habiles à voter les salariés inscrits sur la liste des votants et qui sont encore salariés au jour du scrutin[185]. Ni le *Code du travail*, ni la réglementation actuelle ne prévoient la forme que doit prendre le bulletin de vote. Dans le cas où une seule association est en cause, la question posée aux salariés est simplement de savoir s'ils désirent oui ou non être représentés par le syndicat en cause. Par ailleurs, lorsque deux ou plusieurs associations sont en présence, on demande simplement aux salariés par laquelle ils désirent être représentés. Dans ce cas, le salarié qui ne veut pas être représenté par quelque syndicat que ce soit n'a d'autre choix que d'annuler son vote. La réunion préparatoire tenue en vertu de l'article 14 du Règlement peut cependant donner lieu à une entente sur la forme du bulletin de vote et sur le mode d'expression du vote. On pourrait donc prévoir la possibilité pour le salarié d'exprimer son désir de n'être représenté par aucun syndicat, encore que les syndicats en cause, seuls participants légalement intéressés, y trouveraient très peu d'intérêt pratique[186].

3. Les obligations des parties

536 – *Vote obligatoire* – Le vote de tous les salariés prend d'autant plus d'importance que la règle de base dictée par le *Code du travail* sur la majorité requise est fondée sur le nombre de salariés habiles à voter plutôt que sur le nombre de ceux qui exercent effectivement

---

183. *Syndicat des employées et employés municipaux de Beauport, section locale 2224 (S.C.F.P.)* c. *Syndicat des fonctionnaires municipaux de la Ville de Québec (C.S.N.)*, D.T.E. 2002T-521 (T.T.).
184. *Ibid.*
185. *Règlement sur l'exercice du droit d'association conformément au Code du travail*, précité, note 8, art. 18.
186. Quant au mode d'expression de la volonté du salarié sur le bulletin de vote, voir les décisions suivantes : *Union des employés d'hôtels, restaurants et commis de bar, local 31* c. *Fraternité canadienne des cheminots, employés de transport et autres ouvriers*, [1981] T.T. 48 ; *Union des employés d'hôtels, restaurants et commis de bar, section locale 31* c. *Syndicat des travailleurs du Motel Carillon (C.S.N.)*, D.T.E. 83T-148 (T.T.) ; *Union des employés de commerce, local 500 (T.U.A.C.-U.F.C.W.)* c. *Association des employés du Marché Provigo de l'Annonciation*, [1982] T.T. 468 ; *Syndicat professionnel des infirmières et infirmiers auxiliaires des Laurentides* c. *Syndicat des travailleurs du Centre hospitalier St-Michel de Montréal (C.S.N.)*, D.T.E. 84T-168 (T.T.).

leur droit de vote. La Loi impose en conséquence aux salariés concernés l'obligation de voter, à moins d'une excuse légitime, et à l'employeur celle de faciliter la tenue du scrutin (art. 38 C.t.)[187].

L'obligation faite aux salariés de voter autorise le président du scrutin à recevoir par anticipation le vote de salariés qui, autrement, ne pourraient voter[188]. La jurisprudence ne révèle pas de cas où l'on ait intenté une poursuite pénale contre un employé qui s'était abstenu d'aller voter. L'abstention constitue une forme d'irrégularité susceptible d'entraîner la reprise d'un scrutin qui n'a pas été concluant[189]. Cette conséquence n'est toutefois pas automatique et dans certaines circonstances, le défaut de majorité provoqué par des abstentions pourra conduire à l'absence de toute accréditation[190].

Pour faciliter la tenue du scrutin, l'employeur doit en particulier préparer une liste des salariés conformément à la réglementation et aux directives de la C.R.T. s'il y a lieu et permettre aux salariés de se rendre voter pendant la durée du scrutin. Il ne peut par ailleurs exiger d'être présent dans le bureau de vote, non plus que d'assister au dépouillement des bulletins, la tenue du vote se rattachant au caractère représentatif du syndicat ou des syndicats en cause[191].

4. La majorité et l'effet du vote

537 – *Majorité absolue ou simple* – En principe, pour avoir droit à l'accréditation à la suite d'un vote au scrutin secret, une association de salariés doit y obtenir la majorité absolue (plus de la moitié) des voix des salariés qui étaient habiles à voter. Cette règle fondamentale énoncée à l'article 21, al. 1 C.t. est sujette à une exception prévue au deuxième alinéa du même article qui renvoie aux dispositions de l'article 37.1, al. 2 C.t. La majorité simple des voix exprimées suffit à une association à l'occasion de tout vote au scrutin secret qui met en

---

187. *Syndicat des chargés de cours de l'Université de Montréal (C.S.N.)* c. *Université de Montréal*, précité, note 159 ; *Syndicat international des communications graphiques, local 555 – Montréal (C.T.C.-F.T.Q.-C.T.M.)* c. *Margo Corp.*, précité, note 176.

188. *Sobeys Inc. (numéro 650)* c. *Syndicat des travailleuses et travailleurs de Sobeys de Baie-Comeau*, D.T.E. 96T-433 (T.T.).

189. *Panofor Inc.* c. *Tremblay*, précité, note 164 ; *Couture* c. *C. Monette et Fils Ltée*, précité, note 164.

190. *Ibid.* Voir aussi *supra*, Titre I, chapitre 1, n° 155.

191. *Syndicat du textile des employés de Malibu (C.S.N.)* c. *Malibu Fabrics of Canada Limited*, [1970] T.T. 146.

présence deux associations, dès lors que ces deux associations obtiennent ensemble la majorité absolue des voix des salariés habiles à voter.

538 – *Droit à l'accréditation* – Le droit à l'accréditation en faveur de l'association de salariés qui obtient la majorité requise par la Loi, selon les cas, est expressément affirmé à l'article 21, al. 1 et 2 C.t. Il faut néanmoins que le vote ait été tenu régulièrement et que l'association qui veut en invoquer le résultat y ait participé de bonne foi. L'article 31, al. 1 C.t. interdit expressément à la C.R.T. d'accorder l'accréditation lorsque l'article 12 C.t., qui prohibe notamment l'ingérence patronale dans les affaires syndicales, n'a pas été respecté[192]. Cette disposition fait directement obstacle à l'association qui prétendrait invoquer le résultat d'un vote au scrutin secret en sa faveur pour obtenir l'accréditation alors qu'elle est dominée ou financée par l'employeur[193].

La décision d'accréditer sur la foi du résultat du scrutin secret est celle de la Commission des relations du travail (art. 115 et 117 C.t.). S'il y a lieu, c'est cette dernière qui doit trancher toute contestation relative au vote ou à son résultat[194].

IV- LE TRAITEMENT DE LA REQUÊTE

A. L'agent de relations du travail

539 – *Objet de l'intervention* – Sitôt après avoir reçu une requête en accréditation, la C.R.T. doit dépêcher sans délai un agent de relations du travail auprès des parties (art. 28a) C.t.). L'intervention de l'agent de relations du travail vise d'abord à constater l'état du dossier quant à la détermination de l'unité de négociation et des personnes qu'elle vise et quant à la représentativité de l'association ou des associations en cause. Elle lui permet aussi d'octroyer l'accréditation dans les

---

192. Voir *supra*, Titre II, chapitre 2, n°s 478-480.
193. Sur le refus d'accréditer une association dominée par l'employeur, après un vote majoritaire en sa faveur : *Association des employés de fabrication de portes et châssis* c. *Vitriers et travailleurs du verre, local 1135 de la Fraternité internationale des peintres et métiers connexes*, [1975] T.T. 1 ; *Union des employés de commerce, local 500 (T.U.A.C.-U.F.C.W.)* c. *Syndicat des employés d'alimentation Legardeur Inc.*, [1984] T.T. 181.
194. *Union des employés de commerce, local 503* c. *Union des employés de restauration du Québec, local 104*, D.T.E. 83T-854 (C.A.) ; *Syndicat des chargés de cours de l'Université de Montréal (C.S.N.)* c. *Université de Montréal*, précité, note 159.

situations non contentieuses ou dans celles où l'issue d'un litige n'est pas susceptible de compromettre le droit à l'accréditation[195].

540 – *Accord ou désaccord sur l'unité* – L'agent des relations du travail doit vérifier auprès des parties s'il y a accord entre elles quant à la description de l'unité de négociation et aux personnes qu'elle vise et, le cas échéant, constater cet accord par écrit. Il est fréquent qu'un agent aide les parties à s'entendre finalement sur ces questions, lorsque les divergences d'opinions sont mineures et qu'il croit l'entente possible.

L'article 28c) C.t. oblige l'employeur à faire connaître par écrit son désaccord sur l'unité de négociation demandée et à proposer lui-même alors l'unité qu'il croit appropriée. L'opposition de l'employeur doit être motivée, l'objet du désaccord devant être suffisamment précisé pour permettre à l'autre partie d'en connaître la nature et, au besoin, d'agir en conséquence. Il ne saurait donc être question que l'employeur se limite à une dénégation générale du caractère approprié de l'unité demandée ou motive son opposition par une vague référence aux structures de son entreprise[196].

À défaut d'opposition écrite et suffisante de la part de l'employeur dans le délai de dix jours que la Loi lui accorde, l'article 28c) C.t. présume son accord sur l'unité recherchée[197]. Cette présomption peut toutefois être repoussée par l'employeur s'il démontre son incapacité d'agir[198].

541 – *Accord sur l'unité et les personnes* – S'il y a accord, exprimé ou présumé, total ou partiel, sur l'unité de négociation et les personnes qu'elle vise, l'agent de relations du travail statue sur le dossier de l'une ou l'autre des manières qui suivent, selon l'éventualité.

• S'il n'y a qu'une association requérante et qu'il constate son caractère majoritaire en calculant ses effectifs, il l'accrédite sur-le-

---

195. *Cecere* c. *Garant*, [2000] R.J.D.T. 129 (C.S.).
196. *Industries Raymond Payer Ltée* c. *Commissaire du travail*, D.T.E. 83T-678 (C.A.) ; *Syndicat des travailleurs de C.L.S.C. Métro (C.S.N.)* c. *Centre local de service communautaire (C.L.S.C.) Métro*, [1981] T.T. 198.
197. *Commissaire général du travail* c. *Hôpital de Montréal pour enfants*, D.T.E. 85T-556 (C.A.) ; *Université de Montréal* c. *Syndicat général des professionnels de l'Université de Montréal*, D.T.E. 88T-445 (T.T.).
198. *Autobus scolaire Fortier inc.* c. *Syndicat des chauffeurs d'autobus scolaires, région de Québec (C.S.D.)*, D.T.E. 2002T-505 (T.T.).

champ par écrit en décrivant l'unité de négociation (art. 28a) C.t.)[199].

- S'il n'y a, encore une fois, qu'une seule association requérante, mais que le calcul de ses effectifs révèle qu'elle regroupe entre 35 % et 50 % des salariés de l'unité de négociation, il procède à un scrutin. Il accrédite l'association si celle-ci obtient la majorité absolue des voix lors du scrutin (art. 28b) C.t.). Sinon, il fait rapport à la C.R.T. (art. 30 C.t.)[200].

- Si l'association requérante jouit du caractère représentatif à l'intérieur de l'unité de négociation sur laquelle il y a accord avec l'employeur, mais que les parties ne s'entendent pas sur un certain nombre de personnes visées par la requête, sans que le caractère majoritaire du syndicat puisse en être compromis, il accrédite l'association et fait rapport à la C.R.T. Cette dernière décidera ultérieurement de l'inclusion ou de l'exclusion des personnes sur lesquelles il y a désaccord entre l'employeur et le syndicat (art. 28d) C.t.)[201].

- S'il y a désaccord partiel seulement quant à la description de l'unité de négociation, si l'association requérante est majoritaire dans l'unité de négociation qu'elle demande et s'il estime qu'elle conservera son caractère représentatif quelle que soit la décision éventuelle de la C.R.T. sur la description de l'unité de négociation, il accrédite l'association sur-le-champ, fait rapport à la C.R.T. et en transmet une copie aux parties (art. 28d.1) C.t.).

- Le texte législatif en cause ici est apparemment simple. Il manque toutefois de précision. L'employeur qui refuse son accord à l'unité de négociation proposée par une association syndicale le fait soit en la déclarant trop étendue et en proposant une unité plus

---

199. Un accord à ce stade sur la liste des salariés visés par l'accréditation sollicitée est déterminant et ne pourra être remis en question par une prétention ultérieure qui le contredit quant à la portée de l'accréditation octroyée : *Syndicat des professionnelles et professionnels des affaires sociales du Québec (C.S.N.)* c. *Centre de réadaptation Montérégie Inc.*, D.T.E. 92T-482 (T.T.).

200. Une allégation d'ingérence de l'employeur en violation de l'article 12 C.t. peut également interrompre l'enquête de l'agent de relations du travail (art. 29 C.t.).

201. *Interfriction Canada Inc.* c. *Syndicat des travailleurs en communication, électronique, électricité, techniciens et salariés du Canada*, D.T.E. 86T-237 (T.T.). En vertu de l'article 53.1 C.t., l'employeur ou l'association accréditée ne peut refuser de négocier ou retarder la négociation au seul motif qu'il y a désaccord entre les parties sur les personnes visées par l'accréditation.

restreinte, soit en la jugeant trop petite et en proposant une unité plus large, soit encore en estimant que l'unité demandée devrait être scindée en deux unités ou plus et en demandant cette division. Le paragraphe d.1) peut-il trouver application dans chacune de ces trois hypothèses ? Son texte envisage simplement celle où « l'employeur refuse son accord sur une partie de l'unité de négociation ». Cet énoncé impose deux constatations : (1) le désaccord s'apprécie par référence à l'unité de négociation demandée par l'association requérante ; (2) le désaccord se rapporte à une partie de cette même unité de négociation. Il s'ensuit que seule l'hypothèse selon laquelle l'employeur trouve l'unité de négociation demandée trop étendue et demande qu'elle soit réduite devrait commander l'application du paragraphe d.1). Les deux autres éventualités de désaccord portent en fait sur la totalité de la proposition syndicale plutôt que sur une partie seulement de cette dernière.

• S'il y a lieu, l'agent de relations du travail accrédite l'association à l'égard de l'unité de négociation que cette dernière a demandée. Une telle accréditation ne peut toutefois permettre à l'association d'engager aussitôt un processus de négociation collective. Elle emporte par contre l'obligation immédiate de l'employeur de percevoir et de remettre à l'association le précompte syndical, conformément à l'article 47 C.t.

• S'il y a déjà une association accréditée, ou plus d'une association requérante, et s'il y a accord entre l'employeur et toute association en cause sur l'unité de négociation et sur les personnes qu'elle vise, il accrédite l'association qui groupe la majorité absolue des salariés ou, à défaut, il procède à un scrutin secret selon l'article 37 et accrédite conséquemment celle qui a droit à l'accréditation en application de l'article 37.1, al. 2 C.t.

542 – *Caractère représentatif* – La vérification du caractère représentatif de toute association de salariés mise en cause par une demande d'accréditation incombe d'abord à l'agent de relations du travail. Ce dernier recourt en premier lieu à la méthode du calcul des effectifs syndicaux. Il procède à la vérification des livres et des archives de l'association. Il compare la liste des membres du syndicat, en tenant compte des dispositions de l'article 36.1 C.t., avec la liste des salariés fournie par l'employeur suivant l'article 25 C.t. L'article 28a) C.t. l'autorise à agir de la même manière tant à l'endroit de l'association requérante que de toute autre association en cause. L'agent de relations du travail peut également questionner les salariés sur la qualité de leur adhésion et sur tout autre fait pertinent[202]. L'article 28 C.t., avons-nous vu, prévoit les éventualités dans lesquelles il pourra procéder à la tenue d'un vote au scrutin secret. Dans le cas d'une association requérante en accréditation, il vérifie en outre si la résolution mentionnée à l'article 25 C.t. a été adoptée comme exigée, et ce, conformément aux règlements du syndicat. Retenons enfin que l'article 29 C.t. interdit à l'agent de relations du travail d'accréditer une association dès qu'il a des raisons de croire que l'article 12 n'a pas été respecté ou qu'il est informé qu'une plainte a été déposée en vertu de cet article.

543 – *Décisions* – Les décisions par lesquelles un agent de relations du travail octroie une accréditation sont réputées celles de la C.R.T. elle-même (art. 115 et 117 C.t.). Lorsque l'agent de relations du travail arrive à la conclusion qu'il ne peut accorder l'accréditation, il ne la refuse pas à proprement parler ; il s'abstient simplement de l'octroyer. Dans tous ces cas, il fait rapport à la C.R.T. avec copie aux parties en cause (art. 28 et 30 C.t.). Ces dernières disposent alors d'un délai de 5 jours pour présenter leurs observations (art. 30, al. 2 C.t.). S'il y a lieu, la suite de l'affaire relèvera du processus décisionnel de la C.R.T.[203].

Le rôle de l'agent de relations du travail en matière d'accréditation est essentiellement technique. Ses pouvoirs sont d'abord de nature administrative et leur exercice, nous l'avons vu, est lié à l'existence de conditions prédéterminées. Normalement, il ne sera pas appelé à trancher un litige ni à rendre une décision de nature judiciaire[204]. Son obligation à l'endroit des parties se limite à leur permettre de présenter leurs observations et, s'il y a lieu, de produire des documents pour compléter leur dossier (art. 117, al. 2 C.t.). Néanmoins, l'appréciation de l'existence des conditions d'exercice de ses pouvoirs peut amener l'agent de relations du travail à rendre une décision de nature judiciaire. Il peut en être ainsi lorsqu'il s'agit d'apprécier, par exemple, la légalité ou la qualité d'une adhésion syndicale, aux fins du calcul des effectifs, ou encore la validité d'une opposition écrite de l'employeur à l'unité de négociation proposée[205].

---

202. La Loi ne prévoit aucune modalité particulière pour la vérification des adhésions : *Cecere* c. *Garant*, précité, note 195.
203. Voir *supra*, Titre II, chapitre 1, nos 431-441.
204. *Union des employés de commerce, local 503* c. *Union des employés de restauration du Québec, local 104*, précité, note 194.
205. *Miron Inc.* c. *Rhéaume*, [1981] C.S. 748 ; *Canadian Foundry Supplies and Equipment Ltd.* c. *Lampron*, [1981] C.S. 398.

Ces décisions peuvent donner lieu, en cas de défaut ou d'excès de compétence, à l'exercice du pouvoir de contrôle et de surveillance de la Cour supérieure[206]. Elles peuvent en outre faire l'objet d'une révision par la C.R.T., lorsqu'elles conduisent à l'octroi d'une accréditation, pour l'un ou l'autre des motifs prévus à l'article 127 C.t.[207]

B. La Commission des relations du travail

544 – *Distinction* – Lorsqu'un commissaire ou une formation de trois commissaires de la C.R.T. doit décider d'une affaire d'accréditation, l'article 32 C.t. distingue le traitement des questions relatives à l'unité de négociation et aux personnes qu'elle vise, d'une part, et l'examen du caractère représentatif des associations, d'autre part.

1. L'unité de négociation et les personnes visées

545 – *Parties intéressées* – L'article 32, al. 2 C.t. réserve le statut de parties intéressées quant à l'unité de négociation et aux personnes qu'elle vise à l'association ou aux associations en cause de même qu'à l'employeur. Sont ainsi exclus les employés concernés, à titre individuel[208]. Pour être considérée comme « en cause », une association doit ou bien être déjà accréditée, ou bien requérante en accréditation pour le même groupe ou pour une partie de ce groupe.

546 – *Compétence* – À ce stade, la Commission des relations du travail n'est pas liée par une entente qui peut intervenir entre l'employeur et le syndicat sur la description de l'unité de négociation ni, à plus forte raison, par une pareille entente entre deux ou plusieurs syndicats, à supposer même que l'employeur n'intervienne pas (art. 32, al. 1 C.t.)[209]. Ce n'est pas à dire que l'accord de l'employeur et d'un syndicat requérant ne soit d'aucun effet devant la C.R.T. D'une part, à moins qu'une unité ne soit manifestement illégale ou inappropriée, la C.R.T. aura raison de ne pas s'interroger sur la pertinence d'une unité

---

206. *Ibid.*
207. Voir *supra*, Titre II, chapitre 1, n°s 427-429.
208. Cette solution, maintenant explicite, avait été retenue par la Cour suprême sous l'application du texte antérieur de l'article 32 C.t. : *Bibeault c. McCaffrey*, [1984] 1 R.C.S. 176, 190.
209. *Union des routiers, brasseries, liqueurs douces et ouvriers de diverses industries, section locale 1999 (Teamsters) c. Hydro-Québec*, D.T.E. 92T-1271 (T.T.) ; *Infirmières et infirmiers unis Inc. c. Union des employés de service, section locale 298 (F.T.Q.)*, précité, note 75.

non contestée[210]. D'autre part, en présence d'un litige intersyndical, l'accord de l'employeur à une unité de négociation proposée par l'une des associations en présence constituera une considération pertinente dans l'appréciation du caractère approprié de l'unité de négociation[211]. Quant au fardeau de la preuve, il incombe généralement à la partie qui s'oppose à une unité de négociation proposée[212]. Néanmoins, il se trouvera reporté sur la partie qui cherche à modifier la situation préexistante, comme dans le cas de la demande de fractionnement d'une unité de négociation[213].

La compétence de la C.R.T. demeure également totale pour décider de l'inclusion d'une personne dans une unité de négociation, ou de son exclusion, en présence d'une entente entre les parties à ce sujet[214].

2. Le caractère représentatif

547 – *Parties intéressées* – L'article 32, al. 4 C.t. ne reconnaît comme parties intéressées à l'examen du caractère représentatif d'une association de salariés que les seuls salariés de l'unité de négociation ainsi que toute association de salariés intéressée. L'employeur se trouve ainsi exclu de cette partie du débat et toute tentative de sa part en vue de s'introduire dans l'examen du caractère représentatif du syndicat ou des syndicats en présence sera normalement repoussée[215]. Une manœuvre par laquelle l'employeur chercherait à profiter de la collusion de certains salariés pour s'immiscer, par leur intermédiaire, dans le débat sur la représentativité sera assimilée à une ingérence illicite dans les activités de l'association requérante[216].

---

210. *Astico Inc.* c. *Union des employés de service, local 298*, T.T. Québec, n° 78-1893, 12 février 1979.
211. *Syndicat des employés du C.L.S.C. des Trois-Saumons* c. *Syndicat professionnel des techniciens en radiologie du Québec (S.P.T.R.M.Q.)*, [1980] T.T. 216.
212. *Astico Inc.* c. *Union des employés de service, local 298*, précité, note 210.
213. Voir *supra*, n° 521.
214. *Thyssen Marathon Canada, division de Thyssen Canada Ltée* c. *Association internationale des machinistes et des travailleuses et travailleurs de l'aérospatiale, district 11*, D.T.E. 2001T-415 (T.T.).
215. *Bibeault* c. *McCaffrey*, précité, note 208, p. 186 ; *Zellers Inc. (Val-d'Or n° 467)* c. *Lalonde*, D.T.E. 2001T-159, REJB 2001-22171 (C.A.) ; *Syndicat des travailleurs d'Air liquide, Centre de distribution de Varennes-C.S.N.* c. *Air liquide Canada Inc.*, précité, note 137.
216. *Syndicat des salariés de Métro Lebel* c. *Alimentation Lebel Inc.*, D.T.E. 94T-626 (T.T.).

548 – *Étendue de la notion* – La notion de caractère représentatif a alimenté, quant à son étendue, une jurisprudence abondante. Dans l'affaire *Laval Chrysler Plymouth Ltée*, suivie constamment depuis lors, on a décidé que la partie patronale n'avait aucun droit d'exiger de consulter la résolution autorisant la requête en accréditation, la constitution et les règlements de l'association requérante[217]. La jurisprudence ultérieure a donné à cette notion de caractère représentatif une compréhension large qui recouvre toutes les questions concernant la capacité représentative du syndicat et ses relations avec les salariés, en plus de la qualité, la validité et les circonstances entourant leur adhésion[218]. L'article 31 C.t. empêche la C.R.T. d'accréditer une association de salariés si elle vient à la conclusion que l'article 12 n'a pas été respecté et que l'association a participé à cette violation[219].

549 – *Enquête* – L'article 32, al. 1 C.t. laisse à la C.R.T. une grande latitude dans la conduite de la partie de son enquête qui porte sur le caractère représentatif. Elle n'est en somme tenue qu'à l'observance des règles de justice naturelle (art. 117 et 128, al. 3 C.t.)[220]. Ce pouvoir de la C.R.T. comporte toutefois sa contrepartie. Il lui incombe de s'assurer qu'elle dispose des éléments d'information nécessaires pour rendre une décision[221].

---

217. *Laval Chrysler Plymouth Ltée* c. *Union des employés de commerce, local 500 (R.C.I.A.)*, [1972] T.T. 29. Il pourrait toutefois en être autrement dans la mesure nécessaire pour décider de la recevabilité même d'une requête en accréditation, qu'aucune disposition du *Code du travail* n'interdit à l'employeur de contester : *Institut technique Aviron* c. *Syndicat des professeurs de métier de technique de l'Institut Aviron (C.S.N.)*, précité, note 36.

218. *Lukian Plastic Closures Quebec Ltd.* c. *Lesage*, précité, note 3 ; *154663 Canada Inc.* c. *Union des employées et employés de la restauration, Métallurgistes unis d'Amérique, section locale 9200*, précité, note 138 ; *Aliments Supra Inc.* c. *Union internationale des travailleurs et travailleuses unis de l'alimentation et du commerce, section locale 501*, précité, note 1 ; *Magasins Wise Inc.* c. *Syndicat international des travailleurs et travailleuses unis de l'alimentation et du commerce, section locale 503*, précité, note 1 ; *Chomedey Hyundai* c. *Fraternité canadienne des cheminots, employés de transports et autres ouvriers, section locale 511*, précité, note 67 ; *Garda du Québec Ltée* c. *Lorrain*, précité, note 164 ; *Zellers Inc. (Val-d'Or nº 467)* c. *Lalonde*, précité, note 215.

219. Exemple : *Syndicat des employées et employés de Tremcar Iberville* c. *Métallurgistes unis d'Amérique, section locale 9414*, D.T.E. 99T-220 (T.T.).

220. *Websters* c. *Syndicat des travailleuses et travailleurs du McDo (C.S.N.)*, D.T.E. 2001T-491 (T.T.) ; *L'Espérance* c. *National Metal Finishing Canada Ltd.*, [2000] R.J.D.T. 991 (T.T.).

221. *Association Laurentienne des travailleurs de l'enseignement* c. *Syndicat des travailleurs de l'enseignement des Laurentides*, [1977] T.T. 89 ; *Union des chauffeurs de camions, hommes d'entrepôts et autres ouvriers, local 106* c. *Corporation municipale de St-Nicéphore*, D.T.E. 82T-588 (T.T.).

V- LA DÉCISION

550 – *Délai et employeur visé* – La décision qui fait suite à une requête en accréditation doit être rendue dans les 60 jours du dépôt de cette requête à la C.R.T. (art. 133, al. 1 C.t.)[222].

En principe, la décision qui octroie une accréditation s'adressera à la personne qui a la qualité d'employeur à la date à laquelle la décision est rendue, que cette personne soit la même que celle visée à l'origine par la requête en accréditation ou qu'il s'agisse d'un nouvel employeur qui lui a été substitué par application de l'article 45 C.t.[223]. Exceptionnellement, en cas de concession d'entreprise survenant durant la procédure en vue de l'obtention d'une accréditation, la C.R.T. est autorisée à décider que l'employeur cédant et le concessionnaire sont successivement liés par l'accréditation (art. 46, al. 5 C.t.)[224]. Il ne s'ensuit pas pour autant que l'accréditation reçoive un effet rétroactif immédiat. Cette mesure vise plutôt à prévoir un éventuel retour de la concession à l'employeur cédant de telle sorte que celui-ci soit alors lié par l'accréditation[225].

La décision de la C.R.T. relative à la requête en accréditation peut être remise en question par une demande en révision selon l'article 127 C.t. ou par un recours en contrôle judiciaire à la Cour supérieure.

---

222. Toutefois, dans le cas d'une requête visée à l'article 111.3 C.t. (secteurs public et parapublic), la décision devra être rendue au plus tard à la date d'expiration de la convention collective applicable ou de ce qui en tient lieu. L'article 133 C.t. permet également au président de la C.R.T. de prolonger le délai, dépendamment des circonstances. Pour un exemple, voir : *Syndicat des Métallos, section locale 7625* c. *Opsis services aéroportuaires inc.*, 2008 QCCRT 526.

223. Voir et adapter, compte tenu de l'amendement ultérieur apporté à l'article 46 C.t. en cas de concession d'entreprise : *Syndicat des travailleuses et travailleurs d'Alfred Dallaire (C.S.N.)* c. *Alfred Dallaire inc.*, [2002] R.J.D.T. 20 (C.A.), par. 47 et 54, REJB 2002-27887 (C.A.).

224. *Ibid.*, par. 56.

225. Voir *infra*, Titre II, chapitre 4, n°s 591, 593.

CHAPITRE 4
LA VIE DE L'ACCRÉDITATION

551 – *Acte public* – Acte de la puissance publique, l'accréditation revêt un caractère d'ordre public. Sauf dans les cas où la Loi le permet expressément, sa portée et ses effets ne peuvent être modifiés par les parties qu'elle vise, que ce soit par le biais d'une convention collective, par quelque autre forme d'entente, ou par leur comportement[1]. Le syndicat titulaire d'une accréditation ne peut y renoncer, ni en s'en désistant ni par un comportement passif ou négligent[2].

---

1. *Foyer St-Antoine* c. *Lalancette*, [1978] C.A. 349 ; *Union des chauffeurs de camions, hommes d'entrepôts et autres ouvriers, section locale 106 (F.T.Q.)* c. *Association des employés de Atlas idéal métal (FISA)*, D.T.E. 2001T-843 (T.T.) – absence d'effet d'un élargissement par entente particulière ; *Syndicat canadien de la fonction publique, section locale 3187* c. *École de technologie supérieure*, D.T.E. 92T-1387 (T.T.) – inefficacité d'une lettre d'entente ; *Syndicat des employés du Cegep régional de la Côte-Nord* c. *Agence Pinkerton*, [1977] T.T. 36, 40 ; *Coronet Carpets Limited* c. *Syndicat des employés de Coronet Farnham (C.S.D.)*, [1974] T.T. 257. Voir également, *Syndicat des métallos, section locale 2008* et *Praxair Canada inc.*, 2011 QCCRT 0396, par. 20 : « Il convient de rappeler que l'accréditation est d'ordre public que les parties ne peuvent en modifier la portée quelque soit leur comportement. Seule la Commission peut accréditer une association de salariés ou modifier la portée d'une accréditation ou la révoquer suivant la procédure appropriée [...] ».
2. *Laverdure* c. *Union des opérateurs de machineries lourdes, local 791 (F.T.Q.)*, REJB 2001-24615, [2001] R.J.D.T. 1127 (C.A.), par. 25 ; *Alliance du personnel professionnel et administratif de Ville de Laval* c. *Syndicat des employés de bureau en service technique et professionnel de Ville de Laval*, D.T.E. 97T-1357 (T.T.) ; *Syndicat canadien des travailleurs du papier, section locale 100* c. *Syndicat national des travailleurs de la pulpe et du papier de Kénogami Inc.*, [1980] T.T. 406 ; *Association Laurentienne des travailleurs de l'enseignement* c. *Syndicat des travailleurs de l'enseignement des Laurentides*, [1977] T.T. 89, 94. La dissolution volontaire de l'association accréditée laisse néanmoins aux salariés de l'unité de négociation les droits qui leur résultent d'une convention collective : *Confédération des syndicats nationaux* c. *Association des artisans de Reliure Travaction Inc.*, [1991] T.T. 235 ; *Syndicat des professionnelles et professionnels du Centre jeunesse Montérégie (C.S.Q.)* c. *Centre jeunesse de la Montérégie*, D.T.E. 2003T-1118 (C.R.T.) ; *Travailleuses et travailleurs de l'alimentation et du commerce, section locale 509* et *Sinatra Inc. (Région de Laval Laurentides Centre Asfab)*, D.T.E. 2006T-808 (C.R.T.).

L'accréditation produit ses effets à compter du moment où elle est octroyée ; elle n'est ni rétroactive, ni déclaratoire[3]. Comme son octroi, la vie de l'accréditation et son extinction obéissent à un ensemble de règles dictées par le *Code du travail*.

I- LES DROITS, POUVOIRS ET OBLIGATIONS DE L'ASSOCIATION ACCRÉDITÉE

552 – *Généralités* – L'accréditation confère au syndicat le pouvoir légal et, en contrepartie, l'obligation, légale aussi, de représenter tous les salariés compris dans l'unité de négociation, qu'ils soient ou non membres du syndicat, aux fins de la négociation, de la conclusion et de l'application d'une convention collective[4]. Quelques autres droits et obligations spécifiques se rattachent accessoirement à l'accréditation.

A. Les droits et pouvoirs

1. Le pouvoir de représentation

553 – *Nature, origine et étendue* – L'accréditation investit le syndicat d'un pouvoir de représentation qui en fait le représentant collectif et exclusif de tous les salariés compris dans l'unité de négociation, qu'ils soient ou non ses membres. Dès 1959, dans l'arrêt *Paquet*, la Cour suprême soulignait l'origine et l'étendue particulières du pouvoir légal de représentation du syndicat accrédité. Le juge Judson rappelait ainsi l'origine statutaire de ce pouvoir :

> [...] the collective representative represents all employees, whether union members or not, not because of a contractual relation of mandate

---

3. De façon tout à fait exceptionnelle, le dernier alinéa de l'article 46 C.t. permet qu'une accréditation lie successivement l'employeur originaire et son successeur lorsqu'une concession d'entreprise est survenue pendant la procédure d'accréditation : *Syndicat des travailleuses et travailleurs d'Alfred Dallaire (C.S.N.)* c. *Alfred Dallaire inc.*, [2002] R.J.D.T. 20 (C.A.), par. 56. Voir *supra*, Titre II, chapitre 3, nº 550 et *infra*, nº 594.
4. Au sujet de la légalité constitutionnelle, en regard des chartes, du pouvoir de représentation conféré par l'accréditation, consulter : *Lavigne* c. *Syndicat des employés de la Fonction publique de l'Ontario*, [1991] 2 R.C.S. 211. Le concept de représentation collective créé par la Loi comme conséquence de l'accréditation se distingue de celui d'association, au sens strict, en ce qu'il n'implique pas l'appartenance des salariés au groupement associatif. Le pouvoir de représentation du syndicat existe en effet à l'endroit de l'ensemble des salariés sans égard à leur adhésion individuelle.

between employees and union but because of a status conferred upon the union by the legislation.[5]

Quant à son étendue, le juge Judson écrivait :

The Union is [...] the representative of all the employees in the unit for the purpose of negotiating the labour agreement. There is no room left for private negotiation between employer and employee. Certainly to the extent of the matters covered by the collective agreement, freedom of contract between master and individual servant is abrogated.[6]

Cette compréhension du pouvoir de représentation du syndicat accrédité justifia dans l'espèce, entre autres motifs, la reconnaissance par la Cour suprême de la légalité d'une clause de « formule Rand », c'est-à-dire une clause de convention collective dont l'objet est d'imposer à tous les salariés de l'unité de négociation le paiement à l'association accréditée de leur cotisation syndicale, ou de son équivalent s'ils n'en sont pas membres[7]. La Cour suprême a rappelé et réitéré en plusieurs occasions cette caractérisation de la représentation collective[8].

Le monopole de représentation du syndicat accrédité s'exerce à toutes les phases du régime de rapport collectif du travail. Il oblige d'abord l'employeur à négocier avec lui, en toute diligence et bonne foi, en vue de la conclusion d'une convention collective déterminant les conditions de travail des salariés de l'unité de négociation. Le syndicat accrédité devient ensuite le seul interlocuteur aux fins de l'application de cette convention collective[9].

2. Les autres droits

554 – *Précompte syndical* – En 1977, le législateur québécois ajoutait deux facettes complémentaires au pouvoir de représentation de

---

5. *Syndicat catholique des employés de magasins de Québec Inc.* c. *Cie Paquet Ltée*, [1959] R.C.S. 206, 214.
6. *Ibid.*, 212.
7. Voir aussi, plus récemment, *Lavigne* c. *Syndicat des employés de la Fonction publique de l'Ontario*, précité, note 4.
8. *Canadian Pacific Railway Co.* c. *Zambri*, [1962] R.C.S. 609, 624 ; *McGavin Toastmaster Limited* c. *Ainscough*, [1976] 1 R.C.S. 718 ; *General Motors of Canada Ltd.* c. *Brunet*, [1977] 2 R.C.S. 539, 549 ; *Guilde de la marine marchande du Canada* c. *Gagnon*, [1984] 1 R.C.S. 509 ; *Hémond* c. *Coopérative fédérée du Québec*, [1989] 2 R.C.S. 962, 975 ; *Noël* c. *Société d'énergie de la Baie James*, [2001] 2 R.C.S. 207, 2001 CSC 39, par. 42 et 43 ; *Isidore Garon Ltée* c. *Tremblay* ; *Fillion et Frères (1976) Inc.* c. *Syndicat national des employés de garage du Québec Inc.*, 2006 CSC 2, D.T.E. 2006T-132.
9. *Noël* c. *Société d'énergie de la Baie James*, *ibid.*

l'association accréditée : le précompte syndical obligatoire et l'interdiction à l'employeur de recourir à des briseurs de grève en cas de grève légale ou de lock-out. En vertu de l'article 47 C.t., l'association accréditée a le droit de percevoir, par l'entremise de l'employeur qui la retient sur le salaire des salariés et la lui remet, la cotisation qu'elle fixe pour ses membres, ou une somme équivalente dans le cas des salariés qui ne sont pas ses membres[10]. Ce précompte syndical constitue une facette complémentaire au pouvoir de représentation de l'association accréditée. La « formule Rand », dont les syndicats devaient auparavant négocier l'inclusion dans une convention collective, se trouve ainsi imposée par la Loi depuis 1977. L'article 47 C.t. confère au syndicat le droit au précompte syndical du seul fait de son accréditation, sans égard à la conclusion d'une convention collective.

La notion de cotisation syndicale s'interprète largement de façon à couvrir la perception de toute somme à l'acquit du syndicat lui-même pour la poursuite de ses activités naturelles, qu'il s'agisse d'une cotisation régulière ou d'une cotisation spéciale, ou encore qu'elle soit destinée à un fonds distinct appartenant au syndicat[11]. L'affectation des sommes ainsi perçues par le syndicat accrédité n'est pas limitée aux fins immédiates de la représentation des salariés auprès de leur employeur. Elle peut se rapporter à des objectifs plus vastes et plus lointains que l'association juge pertinents quant à sa mission et qui ont un lien rationnel avec cette dernière[12].

Le défaut de l'employeur de s'acquitter des obligations qui lui incombent en vertu de l'article 47 C.t. donne ouverture à une réclamation de la part de l'association accréditée[13]. Cette réclamation est portée auprès de la Commission des relations du travail (art. 114, al. 2 C.t.) à moins que la convention collective ne reprenne en subs-

---

10. *Syndicat des métallos, section locale 9414* et *Sodem inc.*, 2011 QCCRT 0474, par. 18 – l'employeur a l'obligation de retenir et de verser les cotisations syndicales à l'association qui a été accréditée, et cela en application de l'art. 47 C.t.

11. *Syndicat des ouvriers du fer et du titane (C.S.N.)* c. *Q.I.T. fer et titane Inc.*, [1985] T.T. 115 ; *Côté* c. *Hôpital Notre-Dame*, D.T.E. 88T-348 (C.S.) ; *Métallurgistes unis d'Amérique, section locale 7625* et *Carrières Ducharme Inc.*, D.T.E. 2006T-124 (C.R.T.) – l'employeur est tenu de remettre la cotisation syndicale malgré le fait qu'il conteste la décision accréditant l'association de salariés. L'employeur ne pouvait pas mettre les sommes perçues dans un compte en fidéicommis, mais devait les remettre au syndicat accrédité.

12. *Lavigne* c. *Syndicat des employés de la Fonction publique de l'Ontario*, précité, note 4. Voir aussi *Côté* c. *Hôpital Notre-Dame, ibid.* ; *British Columbia Teachers' Federation* c. *British Columbia (Attorney General)*, 2009 BCSC 436.

13. Exemple : *Union des vendeurs d'automobiles et employés auxiliaires, local 1974, R.C.I.A.* c. *Mont-Royal Ford Vente Ltée*, [1980] C.S. 712.

tance les termes de l'article 47 C.t.[14]. La même défaillance de l'employeur peut également donner lieu à une poursuite pénale en vertu de l'article 144 du Code[15].

555 – *Monopole du travail* – L'article 109.1 C.t. confère pour sa part à l'association accréditée, comme nous le verrons ultérieurement[16], un véritable monopole sur le travail exécuté par les salariés membres de l'unité de négociation qu'elle représente, dans la mesure où il décrète l'arrêt total du travail dans une unité de négociation visée par une grève légale déclenchée par le syndicat ou par un lock-out que lui impose l'employeur.

556 – *Préavis d'intention* – Le *Code du travail* raffermit le monopole de représentation de l'association accréditée en obligeant l'employeur à lui donner un avis préalable de son intention d'apporter à l'exploitation de son entreprise des changements susceptibles de modifier les conditions de travail des salariés. Il en est ainsi quant aux changements qui auraient pour effet, selon l'employeur, de modifier le statut d'un salarié visé par une accréditation (ou par une requête en accréditation) en celui d'entrepreneurs non salariés (art. 20.0.1 C.t.)[17].

B. Les obligations

1. *L'obligation de représentation*

a) *La source*

557 – *Origine et fondement* – En droit du travail nord-américain, c'est d'abord la jurisprudence qui a reconnu l'obligation syndicale de juste représentation et qui en a défini les contours[18]. Les tribunaux y ont

---

14. Dans cette éventualité, l'arbitre de griefs s'imposera comme seul forum compétent : *Ste-Anne Nackawic Pulp & Paper Co.* c. *Section locale 219 du Syndicat canadien des travailleurs du papier*, [1986] 1 R.C.S. 704 ; art. 118, 2° C.t.

15. Exemples : *Travailleurs unis de l'alimentation et du commerce, section locale 501* c. *J. Pascal Inc.*, [1988] T.T. 349 ; *Syndicat des employés du Renfort Inc. (C.S.N.)* c. *Renfort Inc.*, D.T.E. 91T-1121 (T.T.). L'inclusion du salarié dans l'unité de négociation pour laquelle l'association est accréditée est un élément essentiel à l'obligation de l'employeur et à la commission de l'infraction : *Syndicat des employées et employés de soutien de l'Université Concordia* c. *Université Concordia*, D.T.E. 94T-321 (T.T.).

16. Voir *infra*, Titre II, chapitre 6, n°s 672-682.

17. Voir *supra*, Titre II, chapitre 1, n°s 398-401.

18. *Vaca* c. *Sites*, (1967) 386 U.S. 171 ; *Fisher* c. *Pemberton*, (1970) 8 D.L.R. (3d) 521 ; *Syndicat des agents de la paix de la Fonction publique* c. *Richer*, [1983] C.A. 167 ; *Guilde de la marine marchande du Canada* c. *Gagnon*, précité, note 8.

vu la contrepartie du pouvoir exclusif de représentation de l'ensemble des salariés d'une unité de négociation dont dispose l'association syndicale légalement reconnue[19]. Par exemple, dans l'affaire *Fisher*[20] provenant de la Colombie-Britannique, le tribunal accorda des dommages et intérêts nominaux de 1 $ à l'employé dont le grief avait été abandonné avant l'étape de l'arbitrage par le syndicat, sans motif raisonnable. En l'occurrence, Fisher participait à ce moment à l'organisation d'une association rivale. Étant donné le mauvais dossier de travail de l'employé, le juge n'accorda que des dommages nominaux en considérant que ses chances d'obtenir gain de cause et l'annulation de son congédiement par un arbitre étaient relativement minimes.

Par la suite, les tribunaux québécois, comme ceux de juridictions canadiennes, ont suivi la même approche. La jurisprudence a ainsi progressivement identifié, selon les cas, la négligence, l'insouciance, la mauvaise foi ou la malhonnêteté du syndicat comme causes d'engagement de sa responsabilité envers ses représentés[21]. C'est cet état du droit jurisprudentiel que le législateur québécois a codifié il y a quelque 25 ans en adoptant l'article 47.2 C.t., qui énonce qu'une association accréditée ne doit pas agir de mauvaise foi ou de manière arbitraire ou discriminatoire, ni faire preuve de négligence grave à l'endroit des salariés compris dans une unité de négociation qu'elle représente, peu importe qu'ils soient ses membres ou non.

558 – *Naissance et extinction* – Directement relié à l'accréditation, le devoir légal de représentation du syndicat naît au moment où une accréditation lui est octroyée ou, à l'endroit d'un salarié en particulier, lorsque ce salarié devient couvert par cette accréditation. L'obligation s'éteint soit par la perte de l'accréditation, soit par le détachement du salarié de cette accréditation. Dans ce dernier cas toutefois, elle subsiste à l'égard de la période d'emploi pendant laquelle le salarié était représenté par l'association accréditée :

> La nature continue de cette obligation à l'égard de l'ensemble d'unités susceptibles de se modifier continuellement ne permet pas de conclure

---

19. *Guilde de la marine marchande du Canada* c. *Gagnon*, précité, note 8, p. 527. Voir aussi *Noël* c. *Société d'énergie de la Baie James*, précité, note 8, par. 46-55.
20. *Fisher* c. *Pemberton,* précité, note 18.
21. *Herder* c. *G. Lapalme Inc.*, C.S. Montréal, n° 777-401, 24 février 1972 ; *Brais* c. *Association des contremaîtres de la C.E.C.M.*, C.S. Montréal, n° 813-850, 29 mai 1972 ; *Hamilton* c. *Union des Arts graphiques de Montréal*, C.S. Montréal, n° 816-113, 6 septembre 1973, confirmé par C.A. Montréal, n° 500-09-000773-73, 7 janvier 1980 ; *Dionne* c. *Centrale de l'enseignement du Québec*, C.S. Sept-Îles, n° 650-05-00436-75, 4 juillet 1977.

que le départ d'un salarié fait disparaître toute conséquence de l'exécution de l'obligation de représentation à son endroit. Une situation juridique peut s'être constituée de telle façon que le syndicat devra continuer à agir et à représenter le salarié pour en régler les conséquences. La reconnaissance d'une telle obligation découlant à l'origine de l'exécution du devoir de représentation s'imposerait d'autant plus que le syndicat continue alors à détenir le pouvoir exclusif de négociation à l'égard de l'employeur et, le plus souvent, à contrôler l'accès à la procédure de grief ainsi que son déroulement. La persistance, sous une telle forme, d'une obligation résiduelle de représentation à l'égard des employés qui cessent de travailler dans l'entreprise, au sujet de problèmes découlant de leur période d'emploi, correspond à l'économie générale de ce système de représentation exclusive et collective.[22]

C'est l'accréditation elle-même, en somme, qui délimite l'aire d'application de l'obligation de représentation, dans le temps et dans l'espace-personnes[23].

b) La teneur

559 – *Obligation négative et de moyens* – On peut d'abord dire de l'obligation de représentation qu'elle constitue généralement une obligation de moyens par opposition à une obligation de résultat[24]. L'article 47.2 C.t. la définit d'ailleurs dans ce sens par son énoncé négatif. Il interdit en effet à l'association accréditée d'agir de mauvaise foi ou de manière arbitraire ou discriminatoire, ou de faire preuve de négligence grave à l'endroit des salariés compris dans une

---

22. *Tremblay* c. *Syndicat des employées et employés professionnels-les et de bureau, section locale 57*, D.T.E. 2002T-455, 2002 CSC 44, par. 21. L'exécution du devoir de représentation peut aussi se rapporter à des situations antérieures à l'obtention de l'accréditation syndicale lorsqu'il s'agit d'entreprendre ou de poursuivre l'exercice d'un droit de recours déjà né en faveur d'un salarié : *Gendreau* c. *Fraternité interprovinciale des ouvriers en électricité (secteur communications)*, [1983] T.T. 366.

23. Le débiteur de l'obligation de représentation ne peut être nul autre que le syndicat accrédité. Voir et comparer : *Union canadienne des travailleurs en communication, unité 4* c. *Mayville*, D.T.E. 2001T-212 (C.A.) ; *Conseil central des syndicats nationaux de Lanaudière (C.S.N.)* c. *Simard*, D.T.E. 2001T-1066 (C.A.).

24. *Tremblay* c. *Syndicat des employées et employés professionnels-les et de bureau, section locale 57*, précité, note 22, par. 19-20, 22. Voir aussi : *Syndicat canadien des communications, de l'énergie et du papier, section locale 2995* c. *Spreitzer*, [2002] R.J.Q. 111 (C.A.), par. 89 ; *Syndicat national des employés et employées du Centre de soins prolongés Grace Dart (C.S.N.)* et *Holligin-Richards*, D.T.E. 2006T-200 (C.A.) – la Commission des relations du travail ne doit pas substituer sa propre opinion mais doit s'assurer que le choix du syndicat a fait l'objet d'un examen sérieux.

unité de négociation qu'elle représente, peu importe que ces salariés soient ses membres ou non[25]. Il y a lieu de préciser la nature de ces divers comportements interdits par l'article 47.2 C.t.

560 – *Conduites interdites* – La mauvaise foi implique un élément intentionnel par lequel l'association cherche malicieusement ou avec hostilité à nuire à un salarié qu'elle doit représenter[26]. Une telle attitude résultera le plus souvent d'un sentiment d'animosité à l'endroit du salarié qui en est victime. Elle peut aussi être inspirée par le désir injustifiable de favoriser les intérêts d'un autre intervenant[27].

La discrimination, dans le contexte de l'article 47.2 C.t., s'entend d'abord des distinctions fondées sur des considérations prohibées par les chartes, sans égard à l'intention de leur auteur. Elle ne s'arrête toutefois pas là et rejoint toute considération injustifiée au regard de la situation objective du salarié, comme le fait qu'il ne soit pas membre de l'association accréditée, voire qu'il s'agisse d'un dissident ou d'un adversaire. Comme la mauvaise foi, elle exprime alors le plus souvent une hostilité du syndicat envers le salarié[28].

L'arbitraire s'approche de la négligence grave et se confond souvent avec elle. Il traduit une attitude désinvolte et on le trouve ainsi dans le cas où les agissements de l'association accréditée ne peuvent s'expliquer par aucun facteur objectif ou raisonnable : confiance aveugle dans les informations fournies par l'employeur, absence de considération des prétentions ou des intérêts de l'employé ou défaut d'en vérifier le fondement en faits ou même en droit, etc.[29].

---

25. Voir notamment, *Brown* et *Association internationale des machinistes et des travailleurs en aérospatiale, section locale 712 (AIMTA)*, 2011 QCCRT 0249, par. 53 et 69 – en l'espèce, le juge administratif considère qu'il n'y a aucune preuve de mauvaise foi ou de discrimination ; que les gestes syndicaux n'ont pas été arbitraires et ne constituaient pas de la négligence grave.

26. *Noël* c. *Société d'énergie de la Baie James*, précité, note 8, par. 48 et 52 ; *Boutin* c. *Syndicat international des travailleurs en électricité, de radio et de machinerie F.A.T.-C.O.I.-C.T.C. (S.I.T.E.), section 522*, [1979] T.T. 91 – comportement malicieux des représentants syndicaux ; *Asselin* c. *Travailleurs amalgamés du vêtement et du textile, local 1838*, [1985] T.T. 74 – admission faite de mauvaise foi devant l'arbitre.

27. *Legault* c. *Syndicat des travailleurs amalgamés du vêtement et du textile, local 644*, [1979] T.T. 375.

28. *Noël* c. *Société d'énergie de la Baie James*, précité, note 8, par. 49 et 52 ; *Belisle* c. *Syndicat des travailleuses et travailleurs de l'Hôtel Méridien de Montréal (C.S.N.)*, [1992] T.T. 205 ; *Lessard* c. *Union des chauffeurs et ouvriers de diverses industries, local 69*, D.T.E. 84T-768 (T.T.).

29. *Noël* c. *Société d'énergie de la Baie James*, précité, note 8, par. 50 et 52 ; *Péloquin* c. *Syndicat des agents de la paix en services correctionnels du Québec*, [2000] R.J.Q. 2215 (C.A.) – défaut du syndicat d'examiner, selon sa politique habi-

Reste la notion de négligence grave, faute par omission ou maladresse, dont les caractères sont beaucoup plus délicats à identifier, ainsi que le révèle l'examen de la jurisprudence. C'est ici l'aspect qualitatif de la représentation syndicale qui est mis en cause. On peut d'abord dire que l'obligation légale du syndicat accrédité n'en est pas une de la meilleure compétence dans l'exercice de sa fonction de représentation. Il serait aussi irréaliste qu'inopportun d'imposer aux représentants syndicaux que leurs décisions et leurs actes soient conformes aux plus hautes normes de compétence professionnelle en la matière[30]. Les erreurs commises de bonne foi et qui ne peuvent être qualifiées de fautes grossières ou caractérisées ne sont normalement pas assimilables à la négligence grave[31]. La représentation syndicale doit cependant refléter des connaissances et une habileté normales, d'un point de vue objectif et indépendamment des personnes en cause[32]. En principe, la négligence se distingue de ses effets. Y a-t-il

tuelle, tous les faits pertinents et de les soumettre à l'avocat appelé à fournir un avis juridique ; *A.(P.)* c. *Syndicat des travailleurs de l'énergie et de la chimie, section locale 143*, D.T.E. 94T-593 (T.T.) ; *Guillemette* c. *Syndicat des travailleurs de la métallurgie de Québec Inc.*, D.T.E. 94T-1151 (T.T.) – enquête rapide et superficielle ; *Ayotte* c. *Syndicat des employés du secteur des services et de l'hospitalité*, D.T.E. 94T-1424 (T.T.) ; *Dallaire* c. *Métallurgistes unis d'Amérique, local 6833*, [1984] T.T. 402 ; *Colenbier* c. *Syndicat canadien des communications, de l'énergie et du papier, section locale 145*, [2004] R.J.D.T. 1545 (T.T.) – insuffisance d'enquête.

30. *Barabé* c. *Commission des relations du travail*, D.T.E. 2005T-445 (C.S.), par. 62-64 ; *Amyotte* c. *Syndicat des employé-e-s de soutien de la Commission scolaire des Laurentides CSN*, D.T.E. 2010T-440 (C.R.T.).

31. *Noël* c. *Société d'énergie de la Baie James*, précité, note 8, par. 51 et 52 ; *Lahaie* c. *Syndicat canadien de la fonction publique, section locale 301 (cols bleus)*, D.T.E. 96T-1013 (T.T.) – erreur dans le calcul des délais de grief ; *Gaudreault* c. *Syndicat des employés de commerce de la Baie-des-Ha ! Ha !*, [1991] T.T. 364 – erreur dans le calcul d'un délai de grief ; *Leclerc* c. *Syndicat catholique des ouvriers du textile de Magog Inc.*, D.T.E. 88T-1056 (C.Q.) – rédaction fautive des conclusions recherchées par un grief ; *Jacques* c. *Travailleurs canadiens de l'alimentation, local P-551*, [1981] T.T. 85 – erreur dans le calcul des délais d'arbitrage ; *Bécotte* c. *Syndicat canadien de la Fonction publique, local 301*, [1979] T.T. 231 – erreur dans la soumission d'un grief à l'employeur, attribuée au manque d'expérience des représentants syndicaux ; *Syndicat national de l'automobile, de l'aérospatial, du transport et des autres travailleuses et travailleurs du Canada (TCA-Canada), sections locales 187, 728, 1163* c. *Brideau*, 2007 QCCA 805 – conclusion du syndicat que le grief collectif est mal fondé.

32. Voir *Guilde de la marine marchande du Canada* c. *Gagnon*, précité, note 8, p. 527-535. La Cour suprême s'y trouve satisfaite du fait que l'association syndicale ait fondé sa décision sur un avis juridique motivé, sans qu'il soit nécessaire de décider si cet avis était bien ou mal fondé. Dans le même sens, voir : *Charbonneau* c. *Syndicat des agents de conservation de la faune du Québec*, [1997] T.T. 538. Un avis juridique ne met toutefois pas le syndicat automatiquement à l'abri de toute responsabilité : *Péloquin* c. *Syndicat des agents de la paix en services correctionnels du Québec*, précité, note 29 – avis juridique incomplet, vu l'omission du syndicat de fournir tous les faits pertinents ; *A.(P.)* c. *Syndicat*

lieu, par ailleurs, de tenir compte des conséquences concrètes pour le salarié d'une négligence commise par le syndicat pour en apprécier la gravité ? Après certaines hésitations des instances du travail[33], la Cour suprême a clairement posé que l'importance d'un recours et de ses conséquences pour le salarié constitue un facteur pertinent d'appréciation de l'exécution par le syndicat de son devoir légal de représentation, tout comme, par ailleurs, les intérêts légitimes du syndicat, qui peuvent diverger de ceux d'un salarié en particulier. La Cour résume ainsi les principes qui gouvernent le contrôle de la conduite du syndicat dans un tel contexte :

1. Le pouvoir exclusif reconnu à un syndicat d'agir à titre de porte-parole des employés qui font partie d'une unité de négociation comporte en contrepartie l'obligation de la part du syndicat d'une juste représentation de tous les salariés compris dans l'unité.

2. Lorsque, comme en l'espèce et comme c'est généralement le cas, le droit de porter un grief à l'arbitrage est réservé au syndicat, le salarié n'a pas un droit absolu à l'arbitrage et le syndicat jouit d'un pouvoir discrétionnaire appréciable.

3. Ce pouvoir discrétionnaire doit être exercé de bonne foi, de façon objective et honnête, après une étude sérieuse du grief et du dossier, tout en tenant compte de l'importance du grief et des conséquences pour le salarié, d'une part, et des intérêts légitimes du syndicat d'autre part.

4. La décision du syndicat ne doit pas être arbitraire, capricieuse, discriminatoire ou abusive.

5. La représentation par le syndicat doit être juste, réelle et non pas seulement apparente, faite avec intégrité et compétence, sans négligence grave ou majeure, et sans hostilité envers le salarié.[34]

---

des travailleurs de l'énergie et de la chimie, section locale 143, D.T.E. 94T-593 (T.T.) – insuffisance d'enquête et d'information à l'avocat consulté ; Belzile c. Teamsters du Québec, chauffeurs et ouvriers de diverses industries, local 69, D.T.E. 85T-14 (T.T.).

33. Voir et comparer : Courchesne c. Syndicat des travailleurs de la Corporation de batteries Cegelec, [1978] T.T. 328 ; Boulay c. Fraternité des policiers de la Communauté urbaine de Montréal Inc., [1978] T.T. 319.

34. Guilde de la marine marchande du Canada c. Gagnon, précité, note 8, p. 527. Voir aussi, dans le même sens : Noël c. Société d'énergie de la Baie James, précité, note 8, par. 52-55 ; Roy et Syndicat canadien de la fonction publique, section locale 1500 SCFP, 2011 QCCRT 0332.

561 – *Discrétion syndicale* – Les principes précités, dégagés par la Cour suprême dans l'arrêt *Guilde de la marine marchande du Canada*, laissent au syndicat accrédité, en tous contextes, une importante marge d'appréciation discrétionnaire qui lui permet notamment de soupeser les intérêts respectifs d'un salarié et de l'ensemble du groupe[35]. Revenant sur cet aspect dans l'arrêt *Centre hospitalier Régina Ltée*, madame la juge L'Heureux-Dubé écrivait pour la Cour suprême :

> [...] le syndicat doit, lors même qu'il agit à titre de défenseur des droits (bien fondés selon son évaluation) d'un salarié, tenir compte des intérêts de l'ensemble de l'unité d'accréditation dans l'exercice de sa discrétion de poursuivre ou non un grief. Le syndicat jouit d'une discrétion afin de soupeser ces intérêts divergents et apporter la solution qui lui apparaît la plus juste. Cette discrétion n'est cependant sans limites. En effet, affirmer sans autres nuances que le syndicat a le droit ou le pouvoir de « sacrifier » n'importe quel grief, qu'il considère bien fondé à ce stade, au cours de négociations avec l'employeur, afin d'obtenir en concession de meilleures conditions de travail ou autres bénéfices pour l'ensemble de l'unité d'accréditation, semble aller à l'encontre de l'obligation de représentation diligente du syndicat à l'égard du salarié concerné. D'autre part, rejeter complètement la possibilité pour le syndicat et l'employeur de régler un maximum de griefs lors des négociations en vue d'une nouvelle convention collective, ou à d'autres occasions, serait ignorer une réalité courante et nécessaire en matière de relations de travail.[36]

Madame L'Heureux-Dubé citait ensuite avec approbation un extrait d'une décision du Conseil canadien des relations de travail, qui avait rejeté une plainte de défaut de représentation d'un salarié en signalant qu'il n'y avait pas de preuve que le grief du plaignant avait été troqué contre un grief sans rapport d'autres employés ou contre une promesse avantageuse pour toute l'unité de négociation. Elle concluait ainsi :

> Cet extrait illustre bien la nécessité d'une certaine discrétion de la part du syndicat à l'occasion de négociations collectives pour traiter les griefs comme monnaie d'échange, lors même qu'ils apparaissent bien fondés.[37]

---

35. Voir également en ce sens, *Syndicat des fonctionnaires municipaux de Montréal (SCFP)* c. *Cinq-Mars*, 2011 QCCA 606.
36. *Centre hospitalier Régina Ltée* c. *Tribunal du travail*, [1990] 1 R.C.S. 1330, 1349.
37. *Ibid.*, p. 1350.

En 2001, dans une affaire *Noël*, la Cour suprême conservait la même approche :

> L'abandon de certains griefs, en principe bien fondés, s'impose parfois en raison des intérêts de l'unité de négociation dans son ensemble, [...]

> Les intérêts concurrents des autres salariés dans l'unité de négociation constituent un facteur important dans l'évaluation de la conduite syndicale. Cet élément reflète la nature collective des relations du travail, y compris dans l'administration de la convention collective. Les intérêts de l'ensemble de l'unité pourront justifier des comportements du syndicat par ailleurs désavantageux pour certains salariés en particulier.[38]

c) L'application

562 – *Zones d'impact* – Les normes de conduite que l'article 47.2 C.t. impose à l'association accréditée se répercutent d'abord sur ses activités de représentation collective auxquelles elle est tenue par la Loi. D'autres services, facultatifs ceux-là, en ressentent aussi certains effets. Finalement, la gestion interne des affaires syndicales doit les prendre en compte.

i) Les services obligatoires

563 – *Représentation collective* – L'article 47.2 C.t. s'adresse d'abord à l'ensemble des actes accomplis par le syndicat dans l'exercice de son pouvoir légal de représentation. Le syndicat y est tenu à toutes les phases de la représentation collective, tant à l'occasion de la négociation du contenu de la convention collective[39] que lorsque le syndicat lui-même ou le salarié cherchera à en obtenir l'application, soit en

---

38. *Noël* c. *Société d'énergie de la Baie James*, précité, note 8, par. 55. Voir aussi, au même effet : *Métras* c. *Tribunal du travail*, D.T.E. 2002T-317 (C.A.), par. 56 ; *Métallurgistes unis d'Amérique, section locale 5778* et *Allard*, D.T.E. 2008T-309 (C.A.).

39. *Tremblay* c. *Syndicat des employées et employés professionnels-les et de bureau, section locale 57*, précité, note 22, par. 19-24 ; *Noël* c. *Société d'énergie de la Baie James*, précité, note 8 ; *Syndicat canadien des communications, de l'énergie et du papier, section locale 2995* c. *Spreitzer*, précité, note 24. Voir aussi et comparer : *Nolin* c. *Syndicat des employés de Molson*, [1988] T.T. 99 ; *Lessard* c. *Syndicat des employés municipaux de Beauport, section locale 2244 (S.C.F.P.)*, D.T.E. 86T-779 (T.T.) ; *Ouellet* c. *Syndicat des travailleurs et travailleuses du Deauville*, D.T.E. 83T-436 (T.T.) ; *Association patronale des centres de la petite enfance (APCPE)* c. *Syndicat des travailleuses et travailleurs des centres de la petite enfance de Montréal et Laval – CSN*, 2011 QCCA 607. En droit américain, voir l'arrêt de la Cour suprême des États-Unis dans *Ford Motor Co.* c. *Huffman*, (1953) 345 U.S. 330.

recourant d'abord à la procédure arbitrale et même ensuite, s'il y a lieu, au stade d'une demande de révision judiciaire de la décision de l'arbitre[40].

564 – *Négociation* – La négociation d'une convention collective constitue une phase cruciale de la représentation collective. Ses résultats peuvent être déterminants pour l'avenir tant du syndicat lui-même que des conditions de travail des salariés qu'il représente. L'exercice se particularise par le fait qu'aucune des parties n'est jamais assurée d'avoir obtenu le maximum de ce qui était possible. Cette incertitude impose, à certains moments, des choix difficiles. Pour le syndicat accrédité, il pourra alors s'agir, par exemple, de départager les intérêts de sous-groupes compris dans l'unité de négociation et de donner préséance à certains d'entre eux, serait-ce au détriment d'autres. Comme l'a écrit le juge LeBel pour la Cour suprême :

> [...] dans le cadre d'une négociation collective, en exécutant son obligation de représentation, le syndicat accrédité fait souvent face aux conséquences de l'histoire et des problèmes vécus par le groupe qu'il représente. Certains intérêts peuvent s'être constitués, des situations juridiques s'être cristallisées, des engagements avoir été pris. Dans ce contexte bien que l'obligation de représentation s'exécute dans le présent, mais dans la perspective de l'avenir prévisible de l'entente à négocier, il arrivera parfois que le syndicat doive prendre en compte ces intérêts ou ces droits dans la définition des solutions auxquelles la convention donnera forme et effet pour le futur.[41]

En somme, c'est à l'occasion de la négociation collective que la discrétion syndicale devrait commander le plus de respect dès lors qu'elle est exercée honnêtement.

565 – *Application de la convention collective* – C'est le plus fréquemment l'application de la convention collective qui donne lieu à l'examen de l'exécution de son devoir de représentation par l'association accréditée, que ce soit au stade de l'accès au recours à l'arbitrage de griefs, ou dans la conduite de ce recours après qu'il eut été engagé.

---

40. *Noël* c. *Société d'énergie de la Baie James*, précité, note 8, par. 56-63 ; *Syndicat des professionnelles et professionnels des commissions scolaires de Richelieu-Yamaska* c. *Commission scolaire du Val-des-Cerfs*, D.T.E. 2001T-271 (T.T.).
41. *Tremblay* c. *Syndicat des employées et employés professionnels-les et de bureau, section locale 57*, précité, note 22, par. 21. Voir aussi : *Métras* c. *Tribunal du travail*, précité, note 38.

Le salarié ne dispose pas d'un droit absolu à ce que le syndicat réclame pour son compte un droit qu'il croit lui résulter de la convention collective[42] ; même une apparence de droit qui pourrait justifier l'arbitrage de son grief ne suffit pas pour qu'il soit en position d'exiger du syndicat d'entreprendre et de mener à terme cet arbitrage sous peine d'engager sa responsabilité[43]. C'est le cas notamment lors du refus par un syndicat de porter un grief en matière de harcèlement psychologique entre collègues membres de la même unité de négociation[44]. À plus forte raison, l'association accréditée ne saurait être tenue de poursuivre des recours frivoles ou même seulement douteux[45]. Par contre, une fois démontré un droit apparent du salarié, le refus ou l'omission de l'association syndicale de le représenter pour faire valoir ce droit, ou son défaut de faire les actes nécessaires à cette fin, doit reposer sur une justification raisonnable de sa part, compte tenu de toutes les circonstances, pour qu'elle soit dégagée de sa responsabilité[46]. Il reviendra au salarié qui invoque un défaut, quant au devoir de représentation du syndicat, d'en faire la preuve[47].

Le salarié, de son côté, doit se montrer diligent, faire connaître ses intentions au syndicat en temps utile, et lui apporter toute sa

---

42. *Labelle* et *Syndicat des cols bleus de Gatineau (CSN)*, 2012 QCCRT 0220 – le salarié n'a pas un droit absolu à l'arbitrage et le syndicat possède une discrétion appréciable dans l'appréciation du comportement reproché. Il pourra notamment tenir compte des chances de succès d'un grief.

43. *Guilde de la marine marchande du Canada* c. *Gagnon,* précité, note 8 ; *Noël* c. *Société d'énergie de la Baie James*, précité, note 8, par. 54 ; *Métras* c. *Tribunal du travail*, précité, note 38 ; *Simard* c. *Syndicat national des travailleurs et travailleuses de l'automobile, de l'aérospatial et de l'outillage agricole du Canada (T.C.A. Canada)*, [1991] T.T. 229.

44. *Raymond* c. *Syndicat national de l'automobile, de l'aérospatiale, du transport et des autres travailleuses et travailleurs du Canada (TCA-Canada)*, D.T.E. 2005T-996 (C.R.T.). Dans le même sens, voir, *Mailley* et *Syndicat des employées et employés du Centre universitaire de santé McGill – CSN/McGill University Health Center Employees' Union – CSN*, 2012 QCCRT 0142 – le syndicat décide de ne pas déposer un grief pour harcèlement psychologique au nom du plaignant, exerçant ainsi son pouvoir discrétionnaire.

45. Exemple : *Belzile* c. *Teamsters du Québec, chauffeurs et ouvriers de diverses industries, local 69*, précité, note 32.

46. *Langlois* c. *Syndicat des employés de Transport St-Marc,* [2002] R.J.D.T. 239 (T.T.) – forte apparence de droit, démarches syndicales minimes et conséquences graves ; *Roy* c. *Association des salariés des autobus de l'Estrie Inc.*, [1985] T.T. 110 ; *Pelletier* c. *Union des travailleurs de contrôle hydraulique de Sept-Îles Ltée*, D.T.E. 84T-255 (T.T.).

47. *Mailley* et *Syndicat des employées et employés du Centre universitaire de santé McGill – CSN/McGill University Health Center Employees' Union – CSN*, précité, note 44.

collaboration[48]. La preuve de ces éléments incombe également au salarié[49]. Il ne sera cependant pas tenu d'épuiser les recours d'appel à l'intérieur de la structure syndicale avant de porter plainte contre son association[50], et l'approbation des agissements d'un représentant syndical, même par l'assemblée générale des membres, ne suffira pas à couvrir la responsabilité du syndicat[51].

En définitive, chaque cas s'appréciera à la lumière de toutes les circonstances, que ce soit quant à la nature du droit que le salarié voulait faire reconnaître avec le concours de son syndicat, quant aux agissements du salarié lui-même ou quant au comportement de l'association syndicale et de ses représentants[52].

566 – *Mauvaise foi* – La jurisprudence ne recèle que quelques cas qu'elle a qualifiés de mauvaise foi dans le traitement des réclamations de salariés. Cette mauvaise foi a déjà pris la forme d'une admission faite en cours d'arbitrage[53]. La préférence donnée aux intérêts d'un dirigeant syndical a mérité la même qualification[54].

---

48. *Jouin* c. *Syndicat des chauffeurs d'autobus, opérateurs de métro et employés des services connexes de la Société de transport de la Communauté urbaine de Montréal, section locale 1983 (S.C.F.P.)*, [2002] R.J.D.T. 255 (T.T.) – omission du salarié de solliciter l'aide du syndicat ; *Drolet* c. *Syndicat des employés du Supermarché Roy Inc.*, [1979] T.T. 221 – négligence et désintérêt de la requérante à soulever son grief ; *Cipro* c. *Syndicat des employé-e-s de la Société des casinos du Québec – C.S.N.*, 2004 QCCRT 0081, par. 22-23 – défaut du salarié d'informer le syndicat de son intention de déposer un grief ; *Ye* c. *Syndicat canadien de la fonction publique, section locale 1294*, D.T.E. 2005T-5 (C.R.T.) – absence de demande précise adressée au syndicat.

49. Voir notamment, *Vigeant* et *Syndicat des professionnelles et professionnels du gouvernement du Québec (SPGQ)*, 2008 QCCA 163 ; *Bédard* et *Syndicat des employés manuels de la ville de Québec – section locale 1638 (SCFP)*, D.T.E. 2008T-356 (C.R.T.).

50. *Milhomme* c. *Aubé*, [1984] C.A. 1.

51. *Rivest* c. *Association internationale des pompiers, section locale 1121 (F.A.T., C.I.O., C.T.C.)*, [1980] T.T. 276. Voir aussi *Dagenais* c. *Ouvriers unis de caoutchouc liège, linoléum et plastique d'Amérique, local 930 (A.F.L.-C.I.O.-C.L.C.)*, D.T.E. 91T-1129 (T.T.).

52. *Rivest* c. *Association des pompiers de Montréal Inc.*, [1999] R.J.D.T. 525 (T.T.) – toxicomanie ; entente prévoyant le congédiement sans droit de grief en cas de rechute ; refus justifié du syndicat de déférer un grief à l'arbitrage ; *Syndicat des travailleuses et travailleurs du Centre de réadaptation en déficience intellectuelle du Saguenay–Lac-St-Jean (CSN)* c. *Fortier*, 2011 QCCA 582 – lorsque la C.R.T. analyse le bien-fondé du grief, il est raisonnable qu'elle tienne compte de l'ensemble des démarches entreprises par l'association syndicale.

53. *Asselin* c. *Travailleurs amalgamés du vêtement et du textile, local 1838*, précité, note 26.

54. *Legault* c. *Syndicat des travailleurs amalgamés du vêtement et du textile, local 644*, précité, note 27.

567 – *Discrimination* – Outre ceux prohibés par les chartes, constituent des motifs discriminatoires prohibés par l'article 47.2 C.t. les considérations, généralement agressives, associées à la personne du salarié et qui sont étrangères au fondement de sa réclamation. C'est le cas d'une attitude revancharde à l'endroit de salariés ayant déjà travaillé comme briseurs de grève[55]. Comble de la discrimination et de la mauvaise foi, un syndicat a déjà refusé de porter un grief à l'encontre de la suspension d'un salarié qui avait appuyé une association rivale, suspension que le syndicat avait lui-même demandé à l'employeur d'imposer au salarié[56].

568 – *Arbitraire* – Le refus de voir l'évidence dans un texte de la convention collective favorable au salarié et, conséquemment, de porter sa réclamation à l'arbitrage relève de l'arbitraire[57]. Il en est de même des décisions prises en l'absence d'évaluation réelle du dossier, en fait et en droit, ou après une enquête rapide et superficielle[58].

Le recours à une opinion juridique par l'association accréditée pour justifier son refus de procéder en faveur d'un salarié ne constitue pas pour elle un rempart de protection infranchissable. Faute de fournir au conseiller juridique consulté toute l'information pertinente à une opinion circonstanciée et particularisée, le syndicat pourrait voir sa décision entachée d'arbitraire ou de négligence grave[59]. Le règlement rapide d'un grief sans communication avec la personne salariée, sans réévaluation du dossier et sans consultation extérieure a déjà été jugé un comportement arbitraire[60]. Au même titre, le fait

---

55. *Belisle* c. *Syndicat des travailleuses et travailleurs de l'Hôtel Méridien de Montréal (C.S.N.)*, [1992] T.T. 205. Voir aussi *Lessard* c. *Union des chauffeurs et ouvriers de diverses industries, local 69*, D.T.E. 84T-768 (T.T.).
56. *Lessard* c. *Union des chauffeurs et ouvriers de diverses industries, local 69, ibid.*
57. *Petit* c. *T.C.A. – Québec, section locale 1911*, D.T.E. 2001T-752 (T.T.) ; *Dallaire* c. *Métallurgistes unis d'Amérique*, précité, note 29.
58. *Guillemette* c. *Syndicat des travailleurs de la métallurgie de Québec Inc.*, précité, note 29 ; *Boily* c. *Syndicat des travailleurs en garderie du Saguenay-Lac St-Jean (C.S.N.)*, [1991] T.T. 185 ; *Cormier* c. *Union des routiers, brasseries, liqueurs douces et ouvriers de diverses industries, section locale 1999*, [1989] T.T. 449 ; *Boivin* c. *Syndicat des travailleuses et travailleurs de la C.S.N.*, D.T.E. 88T-687 (T.T.) ; *Hudon* c. *Métallurgistes unis d'Amérique, section locale 9414*, 2003 QCCRT 0588 ; *Roy* c. *Association des employées et employés de Camoplast (Roski)*, 2003 QCCRT 0689.
59. *Péloquin* c. *Syndicat des agents de la paix en services correctionnels du Québec*, précité, note 29 ; *A.(P.)* c. *Syndicat des travailleurs de l'énergie et de la chimie, section locale 143*, précité, note 29.
60. *Montigny* c. *Syndicat national des employés de l'Hôpital Régina (C.S.N.)*, D.T.E. 85T-254 (T.T.), confirmé par *Centre hospitalier Régina Ltée* c. *Tribunal du travail*, précité, note 36.

pour le syndicat de favoriser certains salariés sur le plan de l'ancienneté pourrait être considéré comme arbitraire et discriminatoire[61].

569 – *Négligence grave* – Dans le traitement d'une réclamation, la négligence grave peut être assimilée à une attitude marquée par : une erreur grossière, une faute lourde, une omission ou une méconnaissance inexcusable, un manque d'habileté notoire et évident, ou encore une insouciance manifeste dénotant une certaine incapacité de la part de l'association syndicale à défendre sérieusement et efficacement les intérêts des salariés dont elle a la charge[62]. Ses conséquences, avons-nous vu, participent à sa qualification[63].

La jurisprudence est constante dans sa reconnaissance de l'obligation du syndicat d'examiner sérieusement le dossier d'un grief que le salarié voudrait porter en arbitrage, que ce soit quant aux faits ou quant au fondement juridique de la réclamation[64]. L'inaction totale

---

61. *Bornazai* et *Teamsters / Conférence des communications graphiques, section locale 555M*, 2011 QCCRT 0544 – le syndicat a agi de façon arbitraire et discriminatoire car il a négocié une liste d'ancienneté qui ne reconnaît pas les années de service accumulées par les plaignants.

62. *Pellerin* et *Syndicat des employées et employés du groupe Olymel CSN*, 2012 QCCRT 0177, par. 44.

63. *Ibid.*, par. 57 – le manque de précaution du syndicat est inexcusable en l'espèce, car il entraîne de lourdes conséquences pour le salarié.

64. *Péloquin c. Syndicat des agents de la paix en services correctionnels du Québec*, précité, note 29 ; *Guillemette c. Syndicat des travailleurs de la métallurgie de Québec Inc.*, précité, note 29 ; *Blanchette c. Union canadienne des travailleurs en communication*, D.T.E. 97T-574 (T.T.), confirmé par D.T.E. 97T-1012 (C.S.) ; *Tremblay c. Syndicat des employées et employés en hôtellerie de Roberval (C.S.N.)*, D.T.E. 2001T-298 (T.T.) ; *Peters c. Syndicat canadien des communications, de l'énergie et du papier, local 145*, D.T.E. 2001T-417 (T.T.) – défaut de recueillir la version des faits du salarié ; *Boutin c. Syndicat international des travailleurs en électricité, de radio et de machinerie F.A.T.-C.O.I.-C.T.C. (S.I.T.E.), section 522*, précité, note 26 – appréciation du grief sur la seule base du dossier constitué par l'employeur. Voir également, *Laplante* et *Syndicat des travailleuses et travailleurs des Centres jeunesse de Montréal – CSN*, 2011 QCCRT 0311, par. 105 – en l'espèce, le syndicat a procédé à une enquête sérieuse et convenable car la représentante syndicale a rencontré la plaignante à plusieurs reprises et a examiné toute la documentation pertinente : *Dufour* et *Association du personnel administratif professionnel de l'Université Laval inc.*, 2012 QCCRT 0109 – le refus du syndicat de procéder à la révision judiciaire sur la foi de l'avis juridique reçu est considéré, en l'espèce, comme sérieux ; *Bah* et *Syndicat canadien de la fonction publique, section locale 2051*, 2011 QCCRT 0546 – le syndicat s'est limité aux arguments utilisés par l'employeur sans tenir une enquête sérieuse ; *Landry* et *Teamsters Québec, section locale 1999*, 2012 QCCRT 0026 – le syndicat n'a pas suffisamment poussé son investigation de manière à pouvoir apprécier la sévérité de la sanction imposée au plaignant ; *Pelletier* et *Syndicat des employées et employés du Centre hospitalier de l'Université de Montréal – CSN*, 2012 QCCRT 0226, par. 42 : « En matière de traitement des griefs, une des premières exigences de l'application de l'article 47.2 est, pour une association accréditée, de faire une enquête sérieuse ».

ou quasi totale de l'association emporte évidemment une négligence grave de sa part[65]. Que son défaut d'agir résulte de l'absence de personnel syndical de fonctionnement ou de l'ignorance de ce fonctionnement ne déchargera pas l'association de sa responsabilité[66]. Un traitement superficiel, sommaire ou imprudent de la réclamation du salarié, sur le plan procédural ou en cours d'arbitrage, a été fréquemment assimilé à une négligence grave[67]. C'est le cas d'un défaut, jugé inexcusable, de suivre les étapes d'une procédure de grief établie à la convention collective ou, ultimement, de le porter à l'arbitrage[68]. Le syndicat manquera aussi à son devoir de représentation en se désistant, à l'insu du salarié, ou sans son consentement, d'un grief indivi-

---

65. *Langlois* c. *Syndicat des employés de Transport St-Marc*, [2002] R.J.D.T. 239 (T.T.) ; *Payant* c. *Syndicat des cols bleus de la Ville de Salaberry-de-Valleyfield (C.S.N.)*, [2001] R.J.D.T. 128 (T.T.) – défaut total de faire un suivi et d'informer sur la représentation syndicale ; *Boily* c. *Syndicat des travailleurs en garderie du Saguenay-Lac St-Jean (C.S.N.)*, précité, note 58 ; *Gendreau* c. *Syndicat international des travailleurs de la boulangerie, confiserie et du tabac, local 335*, [1980] T.T. 192 ; *Courchesne* c. *Syndicat des travailleurs de la Corporation de batteries Cegelec*, précité, note 33.

66. *Paquin* c. *Fraternité des policiers de St-Donat*, [1998] R.J.D.T. 1659 (T.T.) – insuffisance de personnel syndical ; *Bordeleau* c. *Syndicat des professeurs du Collège du Nord-Ouest*, [1979] T.T. 133 – absence d'exécutif syndical ; *Tremblay* c. *Syndicat des employés des Commissions scolaires de Charlevoix*, [1982] T.T. 410 – ignorance d'un changement dans la procédure d'acheminement des griefs par la structure syndicale.

67. Exemples : *Lefebvre* c. *Ambulances Granby, division Dessercom Inc.*, REJB 2002-35844 (C.A.), D.T.E. 2003T-5 – le grief de congédiement a été soumis tardivement à l'employeur ; *Lamadeleine* c. *Syndicat des travailleuses et travailleurs de Pro-Conversion (C.S.N.)*, D.T.E. 2003T-834 (C.R.T.) – ignorance de délai de grief ; *Thivierge* c. *Syndicat indépendant de Feutre national*, D.T.E. 2000T-851 (T.T.) – erreur inexcusable en concluant à la tardiveté d'un grief ; *Lauzon* c. *Syndicat national des travailleurs et travailleuses de l'automobile, de l'aérospatiale et de l'outillage agricole du Canada, section locale 750 (T.C.A.)*, D.T.E. 99T-78 (T.T.) – erreur procédurale grossière, en l'absence de toute précaution pour assurer un suivi des dossiers ; *Péloquin* c. *Syndicat des agents de la paix en services correctionnels du Québec*, précité, note 29 – absence d'enquête sérieuse ; *Lelièvre* et *Syndicat national des employés de la Ville de Port-Cartier (CSN)*, D.T.E. 2009T-576 (C.R.T.) – le refus de la part du syndicat de contester le congédiement d'un salarié accusé de harcèlement est arbitraire car le syndicat a manqué de rigueur et d'objectivité dans son enquête.

68. Exemples : *Bilodeau* c. *Syndicat des travailleurs de Transport J.G. Fortin*, D.T.E. 92T-120 (T.T.) – omission de donner suite au grief après son dépôt à la première étape de la procédure de grief ; *Jourdain* c. *Infirmières et infirmiers unis (Fédération des infirmières et infirmiers du Québec)*, D.T.E. 91T-1130 (T.T.) – oubli de soumettre le grief à l'arbitrage ; *Asselin* c. *Travailleurs amalgamés du vêtement et du textile, local 1838*, précité, note 26 – négligence d'un représentant syndical à faire corriger un grief qu'il considérait comme défectueux ; *Dupuis* c. *Section locale 130 du Syndicat canadien des communications, de l'énergie et du papier (SCEP)* et *Polyone Canada inc.*, 2003 QCCRT 0192 – défaut de suivre les étapes de la procédure de grief dont le délai.

duel qui emporte pour ce dernier des conséquences importantes, comme la perte de son emploi, pour des motifs étrangers aux faits du grief[69] ou sans consultation suffisante[70].

Toute idée de mauvaise foi, de discrimination ou d'arbitraire étant écartée, l'appréciation de la présence ou de l'absence d'une négligence grave de la part de l'association accréditée pourrait dépendre, en certaines circonstances, de l'exclusivité de son contrôle sur la mécanique de grief et d'arbitrage ou de la possibilité pour le salarié de s'en prévaloir seul. Signalons à cet égard que l'arrêt de principe de la Cour suprême dans *Guilde de la marine marchande du Canada* fut rendu à partir d'un contexte où le droit de porter un grief à l'arbitrage était réservé au syndicat et que la Cour jugea utile d'en faire mention[71].

ii) Les services facultatifs

570 – *Réalité et justification* – Il est maintenant courant que les associations syndicales grossissent le panier de services qu'elles offrent aux salariés, en excédent de ceux directement reliés à la représentation collective. Il peut ainsi s'agir de services de conseil ou de représentation dans des matières aussi diverses que la santé et la sécurité du travail, de l'assurance-emploi, des assurances collectives ou de la retraite, etc.

L'intervention syndicale trouve alors sa justification et même, dans une mesure variable, ses conditions soit dans les statuts constitutifs ou les règlements de l'association, soit dans une pratique qu'elle a établie *de facto*[72], soit encore dans une décision ponctuelle prise, par exemple, en raison de l'intérêt collectif que présente la situation particulière d'un salarié. Le cas échéant et selon l'origine de la pratique, il s'ensuit certaines conséquences au niveau de la disponibilité des services, d'une part, et de la responsabilité du syndicat qui les fournit, d'autre part.

---

69. *Centre hospitalier Régina Ltée* c. *Tribunal du travail*, précité, note 36 ; *Cormier* c. *Union des routiers, brasseries, liqueurs douces et ouvriers de diverses industries*, précité, note 58.
70. *Peters* c. *Syndicat canadien des communications, de l'énergie et du papier, local 145*, précité, note 64.
71. *Guilde de la marine marchande du Canada* c. *Gagnon*, précité, note 8, p. 527.
72. *Syndicat des employés(es) de Firestone de Joliette* c. *Dyotte*, [1996] R.R.A. 41 (C.A.).

571 – *Disponibilité* – En principe, le syndicat qui offre régulièrement des services auxquels il n'est pas légalement tenu devrait les rendre accessibles à tous les salariés de l'unité de négociation qu'il représente. Même si on désigne usuellement l'énoncé de l'article 47.2 C.t. comme étant celui du devoir légal de représentation de l'association, associé à son pouvoir représentatif dans le cadre du régime de rapports collectifs du travail, il n'en demeure pas moins que cet énoncé a une portée beaucoup plus large et rejoint toutes les actions de l'association accréditée. Le fait que tous les salariés de l'unité de négociation soient tenus de participer au financement du syndicat (art. 47 C.t.) converge vers la même conclusion.

Cela ne veut pas dire que le syndicat ne puisse aucunement réserver certains droits, avantages ou privilèges à ses seuls membres. Cela signifie plutôt simplement qu'il ne pourra le faire qu'à la double condition qu'il y ait un lien, objectif et rationnel, entre l'avantage réservé et le statut de membre, d'une part, et que les autres salariés n'en souffrent pas de préjudice, d'autre part.

572 – *Responsabilité du syndicat* – Ce qui est en cause ici c'est l'aspect qualitatif de la fonction de conseil ou de représentant que le syndicat accepte d'assumer au-delà de sa fonction représentative selon le *Code du travail*. Dans ce rôle légal, avons-nous vu, seule une négligence grave engage la responsabilité de l'association accréditée. Hors de ce champ, le syndicat peut être tenu à un niveau de compétence plus élevé.

On peut dire de façon générale que la relation juridique qui se crée entre un salarié et le syndicat qui lui fournit un service dit facultatif de conseil ou de représentation est de la nature d'un contrat de mandat au sens des articles 2130 et s. C.c.Q. La responsabilité syndicale obéira donc aux règles qui régissent ce type de contrat et aux principes généraux de la responsabilité civile[73]. On comprendra donc facilement qu'il soit prudent, selon les circonstances, de consigner par écrit la nature, l'étendue et les conditions du mandat ainsi conféré au syndicat. On pourra se rapporter aux statuts et règle-

---

73. *Syndicat des employées et employés de la Société Asbestos Ltée* c. *Rousseau*, D.T.E. 96T-45 (C.A.) – manquement à une obligation de renseignement assumée par le syndicat à l'endroit d'un salarié, relativement à un programme de préretraite.

ments du syndicat à titre supplétif, lorsqu'il y a lieu[74]. Les règles du *Code civil du Québec* s'appliqueront aussi à titre supplétif.

iii) La gestion interne du syndicat

573 – *Admission et discipline* – L'article 47.2 C.t. rejoint enfin quelques aspects importants de la gestion interne des affaires syndicales. Ses normes de conduite s'imposent d'abord à l'admission des salariés qui demandent de devenir membres du syndicat[75]. Elles conditionnent également les mesures à caractère disciplinaire que le syndicat peut prendre à l'endroit de dissidents, qu'ils soient ses membres ou non[76].

d) La sanction

574 – *Généralités* – Toute contravention par l'association accréditée aux obligations que lui impose l'article 47.2 C.t. constitue une infraction qui donne ouverture à une poursuite pénale en vertu de l'article 144 C.t.

Depuis le 1er janvier 2004, le *Code du travail* dirige auprès d'un seul forum, la Commission des relations du travail, l'exercice de tous les recours civils alléguant un manquement par un syndicat à son devoir de représentation (art. 47.3, 114, al. 2 et 116, al. 2 C.t.)[77]. Dans

---

74. Entre le salarié et le syndicat dont il est membre, les statuts et règlements de ce dernier font contrat : *Berry* c. *Pulley*, D.T.E. 2002T-454, 2002 CSC 40. Il pourrait en être de même à l'égard d'un salarié qui n'est pas membre du syndicat, mais est néanmoins informé des règles pertinentes de ses statuts et règlements.

75. Exemple d'un refus de réadmission jugé illégal et abusif : *Dufour* c. *Syndicat des employées et employés du centre d'accueil Pierre-Joseph Triest (C.S.N.)*, [1999] R.J.Q. 2674 (C.S.). Voir *supra*, Titre II, chapitre 2, n° 472.

76. Voir : *West Island Teachers' Association* c. *Nantel*, [1988] R.J.Q. 1569 (C.A.) – exclusion illégitime de membres ayant refusé de participer à une grève illégale ; *Association des professeurs de Lignery (A.P.L.), syndicat affilié à la C.E.Q.* c. *Alvetta-Comeau*, [1990] R.J.Q. 130 (C.A.) – expulsion abusive de membres ayant refusé de participer à une grève illégale ; *Dufour* c. *Syndicat des employées et employés du centre d'accueil Pierre-Joseph Triest (C.S.N.)*, *ibid.* – expulsion et ostracismes abusifs.

77. Sur le caractère exclusif de cette compétence de la C.R.T., voir et transposer : *Gendron* c. *Syndicat des approvisionnements et services de l'Alliance de la fonction publique du Canada, section locale 50057*, [1990] 1 R.C.S. 1298 ; *Auger* c. *Syndicat international des communications graphiques, section locale 555*, [2003] R.J.Q. 2444, REJB 2003-46899 (C.A.) ; *Syndicat des enseignantes et enseignants du Cégep de St-Félicien* c. *Spina*, D.T.E. 2004T-581, REJB 2004-62171 (C.A.) ; *Lepage* c. *Syndicat canadien des communications, de l'énergie et du papier, section locale 50*, [1998] R.J.D.T. 1520 (C.A.). Toutefois, les tribunaux conservent leur compétence concernant les questions qui vont au-delà de

tous les cas, le recours devra être exercé par le salarié[78] dans les 6 mois de sa connaissance des faits[79] à l'origine de sa plainte (art. 47.3 et 116, al. 2 C.t.) ; il s'agit d'un délai de rigueur qui emporte déchéance du recours[80]. Le salarié plaignant devra alors prouver ses allégations[81].

i) Les cas de renvoi ou de mesure disciplinaire

575 – *Contextes visés* – L'utilisation des articles 47.3 à 47.6 C.t. demeure réservée aux seules situations où le salarié est victime d'une violation du devoir syndical de représentation à l'occasion de son renvoi, de l'imposition d'une mesure disciplinaire (art. 47.3 C.t.) ou de harcèlement psychologique au sens de la *Loi sur les normes du travail*[82].

---

ce qui est prévu par le *Code du travail*, voir en ce sens : *Dupuis c. Syndicat canadien des communications, de l'énergie et du papier, section locale 130*, D.T.E. 2008T-440 (C.A.), par. 71 : « [...] Il s'agissait d'un recours en dommages et intérêts, et non d'un recours en annulation de la sanction de congédiement et réintégration au travail. L'appelant, privé de la possibilité de faire valoir ses droits sur ces points, se retourne contre son syndicat par les fautes de qui il a perdu ces droits. Saisie d'un tel recours, la Cour supérieure avait toute l'expertise voulue pour déterminer les chances de succès sur le fond du grief et le bien-fondé de la sanction imposée, comme elle le fait, par exemple, dans le cas d'un recours pour comportement abusif d'un salarié non couvert par une convention collective ».

78. *Fortier-Thériault* et *Syndicat des employés du Centre de services sociaux du Montréal métropolitain (C.S.N.)*, D.T.E. 2007T-102 (C.R.T.) – une plainte faite en vertu de l'article 47.2 C.t. peut être signée par un mandataire du salarié, l'important étant que cette plainte découle de la volonté du salarié.

79. *Maltais* et *Section locale 22 du Syndicat canadien des communications, de l'énergie et du papier (S.C.E.P.)*, 2006 QCCRT 0316, par. 36-42.

80. *Payant c. Syndicat des cols bleus de la Ville de Salaberry-de-Valleyfield (C.S.N.)*, précité, note 65 ; *Jourdain c. Infirmières et infirmiers unis (Fédération des infirmières et infirmiers du Québec)*, précité, note 68 ; *Asselin c. Travailleurs amalgamés du vêtement et du textile, local 1838*, précité, note 26, p. 80-82. Ce délai est de rigueur et emporte déchéance ; voir et transposer : *Désormeaux c. Tribunal du travail*, D.T.E. 84T-585 (C.A.) ; *Lapierre c. Tribunal du travail*, D.T.E. 2003T-72, REJB 2003-36557 (C.A.) ; *Dupuis c. Section locale 130 du Syndicat canadien des communications, de l'énergie et du papier (S.C.E.P.)*, 2003 QCCRT 0192 ; *Lamadeleine c. Syndicat des travailleuses et travailleurs de Pro-Conversion – C.S.N.*, précité, note 67 ; *Ye c. Syndicat canadien de la fonction publique, section locale 1294*, précité, note 48.

81. *Tremblay c. Syndicat des employées et employés professionnels-les et de bureau, section locale 57*, précité, note 22, par. 19 et 24. Voir également : *Union des employés du transport local et industries diverses, section locale 931 c. Tribunal du travail*, D.T.E. 94T-198 (C.S.) ; *Drolet c. Syndicat des employés du Supermarché Roy Inc.*, précité, note 48 ; *Veilleux c. Syndicat des employés du Métro Marquis de Repentigny 2001 et Supermarché Marquis Repentigny*, 2006 QCCRT 0042.

82. RLRQ, c. N-1.1, art. 81.18.

La jurisprudence a interprété largement le terme « renvoi ». Celui-ci rejoint toutes les situations où l'employeur refuse de fournir son travail au salarié et de le rémunérer en conséquence, sans égard aux motifs, que ce refus soit définitif ou temporaire, total ou partiel[83]. Ainsi, l'interruption de travail par mise à pied et l'omission de rappel au travail à la suite de telle mise à pied sont-elles considérées comme un renvoi[84]. Le refus, en certaines circonstances, de renouveler un contrat à durée déterminée peut aussi constituer un renvoi[85]. Il en est de même d'un changement radical dans la nature du lien d'emploi, comme à l'occasion de la substitution d'un statut d'emploi précaire à un statut d'emploi à caractère régulier, lorsque ce changement s'accompagne d'une privation de travail[86]. Par contre, la seule perte de l'ancienneté n'a pas été assimilée à un renvoi au sens entendu par la disposition législative[87]. L'article 47.3 C.t. ne rejoint pas le refus d'embauche vu l'absence de lien d'emploi, ce que présuppose un renvoi[88].

---

83. *Levine* c. *Pearson Teachers Union*, D.T.E. 2003T-425 (T.T.) ; *Romulus* c. *Fédération régionale des infirmières et infirmiers du Québec*, D.T.E. 2004T-654 (T.T.), par. 26-31 ; *Coutu* c. *Syndicat canadien des communications, de l'énergie et du papier, section locale 4545 (unité d'expédition)*, D.T.E. 2003T-1141 (C.S.) ; *Cloutier* c. *Syndicat de l'enseignement de l'Estrie*, 2004 QCCRT 0079.

84. *Blais* c. *Union internationale des travailleurs et travailleuses unis de l'alimentation et du commerce, section locale 1991*, [1994] T.T. 253 – mise à pied indéfinie ; comparer à *Guérin* c. *Union des routiers, brasseries, liqueurs douces et ouvriers de diverses industries, section locale 1999 (Teamsters)*, D.T.E. 94T-199 (T.T.) ; *Grammenidou* c. *Vanier College Teachers' Association (F.A.C.)*, D.T.E. 91T-1320 – privation d'un droit de rappel. Sur la nécessité d'une réduction du temps de travail pour conclure à une mise à pied, voir *Canada Safeway Ltd.* c. *S.D.G.M.R., section locale 454*, [1998] 1 R.C.S. 1079 ; *Battlefords and District Co-operatives Ltd.* c. *S.D.G.M.R., section locale 544*, [1998] 1 R.C.S. 1118.

85. *Cloutier* c. *Syndicat de l'enseignement de l'Estrie*, [2004] R.J.D.T. 655 (C.R.T.) ; *Boulangerie Racine Ltée* c. *Geoffroy*, [1985] C.S. 14 ; *Normand* c. *Syndicat des professionnels des affaires sociales du Québec*, T.T. Québec, n° 200-28-000283-804, 13 novembre 1981 – solution contraire, compte tenu des circonstances. Voir aussi et transposer : *Commission scolaire Berthier-Nord-Joly* c. *Beauséjour*, [1988] R.J.Q. 639 (C.A.) ; *Moore* c. *Cie Montréal Trust*, [1988] R.J.Q. 2339 (C.A.) ; *École Weston Inc.* c. *Tribunal du travail*, [1993] R.J.Q. 708 (C.A.).

86. *Lortie* c. *Syndicat des travailleuses et travailleurs d'Épiciers unis Métro-Richelieu*, D.T.E. 96T-837 (T.T.) ; *Boivin-Wells* c. *Syndicat professionnel des infirmières et infirmiers de Chicoutimi*, [1987] T.T. 307 ; la Cour supérieure avait annulé ce jugement mais la Cour d'appel l'a rétabli : *Boivin-Wells* c. *Syndicat professionnel des infirmières et infirmiers de Chicoutimi*, [1992] R.J.Q. 331 (C.A.).

87. *Gamache* c. *Union des employés de service, section locale 800*, [1991] T.T. 54. Un jugement de la Cour supérieure a refusé d'assimiler à un renvoi, comme l'avait implicitement fait la juridiction du travail, la situation d'un salarié temporaire se plaignant de n'avoir pu accéder à un poste permanent : *École de technologie supérieure* c. *Brière*, D.T.E. 95T-155 (C.S.), annulant le jugement favorable au salarié *Rouzier* c. *Syndicat canadien de la fonction publique, section locale 3187*, [1994] T.T. 375.

88. *Lefebvre* c. *Syndicat canadien des communications, de l'énergie et du papier, section locale 1313*, 2004 QCCRT 0075.

La notion de mesure disciplinaire permet, quant à elle, de couvrir l'ensemble des mesures qui, formellement ou à l'examen, traduisent une intention de réprobation ou de répression du comportement ou de la conduite du salarié, ou une volonté de punir ce dernier[89].

La qualification d'une situation aux fins de l'application de l'article 47.3 C.t. relève de la compétence de la Commission des relations du travail éventuellement saisie de la plainte du salarié[90]. Le cas échéant, une telle situation de renvoi ou de sanction disciplinaire doit donner ouverture à un grief en vertu d'une convention collective régissant le salarié pour que ce dernier ait accès au régime des articles 47.3 à 47.6 C.t.[91]. Il doit aussi s'agir d'une mesure disciplinaire ou d'un renvoi qui procède d'une décision de l'employeur et non d'une décision exclusivement syndicale[92].

576 – *Condition supplémentaire d'ouverture* – Ce régime spécial de recours est orienté vers l'exercice éventuel par la C.R.T. du pouvoir de réparation spécifique que lui confère l'article 47.5 C.t.[93]. Ce dernier lui permet d'autoriser le salarié à soumettre sa réclamation à un arbitre pour qu'il en décide selon la convention collective, comme s'il

---

89. *Syndicat canadien de la fonction publique, section locale 1299* c. *Duguay*, D.T.E. 2001T-94, REJB 2001-21830 (C.A.) – retrait temporaire d'une liste de rappel ; *Petit* c. *Association des employés du Supermarché Boucher Inc.*, D.T.E. 2001T-191 (T.T.) – exercice par l'employeur de son pouvoir de gérance pour réduire la semaine de travail ; absence de caractérisation comme sanction disciplinaire ; *Cagliesi* c. *Travailleurs unis de l'automobile (T.U.A.), local 1580*, D.T.E. 84T-460 (T.T.) – déplacement ne constituant pas une sanction ; *Boisvert* c. *Association internationale des machinistes et des travailleurs de l'aérospatiale*, [1992] T.T. 191 – absence de sanction à l'origine d'une rétrogradation.

90. *Centre hospitalier Régina Ltée* c. *Tribunal du travail*, précité, note 36 ; *Boivin-Wells* c. *Syndicat professionnel des infirmières et infirmiers de Chicoutimi*, précité, note 86.

91. *Lépine* c. *Association des employés de Marque Liberté*, D.T.E. 89T-240 (T.T.) ; *Nolin* c. *Syndicat des employés de Molson*, [1988] T.T. 99 ; *Amyot* c. *Syndicat des publications et des communications du Québec, local 302*, D.T.E. 83T-709 (T.T.). Voir aussi *Larouche* c. *Boulangerie Racine Ltée*, [1987] R.L. 330 (C.A.) ; *Centre hospitalier Régina Ltée* c. *Tribunal du travail*, précité, note 36 ; *Sikiotis* c. *Syndicat des agents de la paix en services correctionnels du Québec*, 2004 QCCRT 0023.

92. *Amyot* c. *Syndicat des publications et des communications du Québec, local 302*, ibid. ; *Imbeault* c. *Syndicat des professeurs du Collège de Maisonneuve*, [1979] T.T. 340.

93. *Boudreault* c. *Syndicat des salariées et salariés de l'entrepôt Bertrand, distributeur en alimentation inc. Chicoutimi (CSN)*, 2011 QCCA 1495 – la Cour d'appel a reconnu dans son jugement la compétence de la C.R.T. pour ordonner le remboursement de frais postérieurs à l'ordonnance rendue en vertu de l'article 47.5 C.t., ainsi que le remboursement des frais engagés par le salarié pour présenter sa réclamation devant l'arbitre.

s'agissait d'un grief. La Cour suprême du Canada a décidé que ce redressement et, conséquemment, le recours qui y conduit ne pouvaient exister lorsque l'arbitrage avait déjà eu lieu et que l'arbitre avait décidé du grief du salarié[94].

Cette conclusion ne s'impose toutefois que dans la mesure où l'arbitre a été appelé à décider du grief au fond. Elle ne change pas les situations où le processus d'arbitrage n'a pu être mené à son terme normal, soit parce que l'arbitre a dû constater l'irrecevabilité du grief en raison de l'agir ou de l'omission de l'association, soit encore lorsque cette dernière a purement et simplement retiré le grief avant que l'arbitrage ne soit complété et qu'une décision ne soit rendue[95].

Le salarié victime d'une représentation inadéquate par le syndicat lors de l'arbitrage et qui, de ce fait, subit le préjudice d'une décision arbitrale au fond qui lui est défavorable pourra en obtenir réparation sous une autre forme, notamment par l'octroi de dommages-intérêts (art. 114, al. 2 et 3, 116, al. 2, 118, 119 C.t.). Néanmoins et exceptionnellement, si le processus d'arbitrage a été fondamentalement vicié, par exemple par la fraude, la mauvaise foi ou la collusion entre le syndicat et l'employeur, le salarié qui en est victime pourrait envisager de coordonner un recours en annulation de la sentence arbitrale[96] et un recours auprès de la C.R.T. pour se faire remettre le contrôle de son grief[97].

---

94. *Gendron* c. *Municipalité de la Baie-James*, [1986] 1 R.C.S. 401, 407-414. Il en est de même lorsqu'un grief a été réglé par une entente dont le salarié recherche en définitive l'annulation : *Benoît* c. *Syndicat des travailleuses et travailleurs des Épiciers unis Métro-Richelieu (C.S.N.)*, [1999] R.J.D.T. 1640 (T.T.).

95. *Centre hospitalier Régina Ltée* c. *Tribunal du travail*, précité, note 36. Voir aussi : *Gendron* c. *Municipalité de la Baie-James*, *ibid.*, p. 411-412 ; *Milhomme* c. *Aubé*, précité, note 50 ; *Desrochers* c. *Syndicat québécois des employées et employés de service, section locale 298 (F.T.Q.)*, [2003] R.J.Q. 2085 (C.A.).

96. *Noël* c. *Société d'énergie de la Baie James*, précité, note 8, par. 68. L'ordonnance de la C.R.T. autorisant un recours en révision judiciaire par le salarié ne sera cependant rendue que dans des cas extrêmement rares : *Bertrand Laguë* c. *Syndicat du personnel scolaire du Val-des-Cerfs (C.S.N.) et Commission scolaire du Val-des-Cerfs*, 2005 QCCRT 0636, par. 36 ; *Ross et Syndicat des enseignants de Champlain et Commission scolaire Marie-Victorin*, 2006 QCCRT 0083, par. 43.

97. Voir *Forgues et Syndicat des employés manuels de la Ville de Québec, section locale 1638 – Syndicat canadien de la fonction publique*, D.T.E. 2006T-295 (C.R.T.) – toutefois, le recours en révision judiciaire à la Cour supérieure demeure l'apanage des parties. La Commission des relations du travail n'a pas la compétence pour confier la décision arbitrale au contrôle judiciaire de la Cour supérieure.

577 – *Redressement* – Si la C.R.T. est d'avis que l'association a violé son obligation de représentation dans le contexte d'un renvoi ou d'une mesure disciplinaire, elle peut autoriser le salarié, selon l'article 47.5 C.t., à soumettre sa réclamation à un arbitre nommé par le ministre du Travail pour décision selon la convention collective, comme s'il s'agissait d'un grief[98]. La dernière phrase de l'article 47.5, al. 1 C.t. ajoute que l'association paie les frais supportés par le salarié[99]. Par implication, le salarié serait ainsi autorisé à choisir lui-même le procureur qui le représentera à l'arbitrage, solution cohérente avec le fait que la réclamation est désormais la sienne et non plus un grief sous le contrôle de l'association accréditée[100].

La jurisprudence s'est divisée quant au caractère, automatique ou non, du droit du salarié de choisir son représentant et de l'obligation de l'association d'en assumer les frais. Selon une première interprétation, l'article 47.5, al. 1 C.t. ne laisse aucune discrétion, ni pour priver le salarié de son droit de recourir au procureur de son choix, ni pour soustraire l'association à l'obligation d'en assumer les frais[101]. Un autre courant de pensée se refuse à cet automatisme et il s'autorise de l'article 47.5, al. 2 C.t., qui habilite par ailleurs le tribunal spécialisé à rendre toute autre ordonnance qu'il juge nécessaire

---

98.   *Centre hospitalier Régina Ltée* c. *Tribunal du travail*, précité, note 36 ; *Syndicat canadien des officiers de la marine marchande* c. *Martin*, D.T.E. 87T-599 (C.A.) ; *Syndicat national de l'automobile, de l'aérospatiale, du transport et des autres travailleurs et travailleuses du Canada (TCA-Canada) locaux 187, 728, 1163* c. *Brideau*, 2007 QCCA 805 (avec dissidence), par. 77 – la juridiction du Tribunal du travail n'usurpe pas la compétence de l'arbitre de griefs lorsqu'elle tient compte des chances de succès d'un grief.

99.   Cette obligation couvre, le cas échéant, les frais afférents à une contestation judiciaire de la décision de l'instance du travail : *Syndicat des soutiens de Dawson* c. *Baena*, D.T.E. 2002T-351 (C.A.). L'arrêt *Noël* c. *Société d'énergie de la Baie James*, précité, note 8, imposerait la même conclusion dans l'éventualité d'une contestation judiciaire de la sentence de l'arbitre. Voir également, *Boudreault* c. *Syndicat des salariées et salariés de l'entrepôt Bertrand, distributeur en alimentation inc. Chicoutimi (CSN)*, précité, note 93.

100.   Tant le droit du salarié de choisir lui-même son procureur que l'obligation de l'association accréditée d'en payer les frais supposent la conclusion préalable que l'association a commis une faute grave dans l'exercice de son devoir de représentation : *Carrier* c. *Fraternité des policiers et pompiers de la Ville de Tracy*, [1998] R.J.D.T. 1207 (T.T.) ; *Boulanger* c. *Syndicat des employées et employés de métiers d'Hydro-Québec, section locale 1500 (S.C.F.P.-F.T.Q.)*, [1998] R.J.D.T. 1646 (T.T.). L'arbitrage individuel autorisé est un arbitrage normal, compte tenu des circonstances, et il ne laisse pas au salarié tout loisir d'engager les meilleurs experts et les frais qu'ils commandent : *Mallet* c. *Syndicat national des employés de Velan Inc.*, [1996] T.T. 582 ; *Bisson* et *Syndicat des chauffeurs d'autobus, opérateurs de métro et employés des services connexes au transport de la S.T.M., section locale 1983, S.C.F.P.*, 2006 QCCRT 0195.

101.   *Paquin* c. *Fraternité des policiers de St-Donat*, [1998] R.J.D.T. 1659 (T.T.).

dans les circonstances[102], pour permettre au syndicat accrédité de représenter le salarié lors de l'arbitrage de sa réclamation dans les cas qui le permettent à son jugement, notamment en l'absence de mauvaise foi, de discrimination ou d'arbitraire de la part de l'association[103]. Quoi qu'il en soit, un fait demeure : le recours exercé par le salarié ne peut avoir comme unique objet le paiement de ses frais personnels de représentation par le syndicat[104].

À d'autres égards, la jurisprudence se montre hésitante relativement à l'utilisation du pouvoir ancillaire conféré par l'article 47.5, al. 2 C.t. On trouve d'abord des décisions contradictoires quant à la possibilité de faire appel à ce pouvoir accessoire pour enjoindre au syndicat d'assumer, partiellement ou totalement, l'indemnité qui pourrait être accordée par l'arbitre au salarié, le cas échéant[105]. Quant au moment où ce pouvoir s'exercerait, un jugement a d'abord indiqué que ce ne pourrait l'être dans le cadre d'une deuxième instance, après que le tribunal spécialisé aurait épuisé sa compétence en rendant une première ordonnance qu'on voudrait ainsi faire compléter[106]. Un jugement ultérieur s'est ensuite limité à refuser de trancher immédiatement une demande d'un employeur, jugée hypothétique, relativement à un partage avec le syndicat accrédité des dommages que l'arbitre pourrait octroyer au salarié[107]. Finalement, une dernière décision a posé que l'on pouvait, par le biais de l'article 47.5, al. 2 C.t., requérir des ordonnances visant à répondre à des

102. *Desrochers* c. *Syndicat québécois des employées et employés de service, section locale 298 (F.T.Q.)*, D.T.E. 2003T-784 (C.A.) – la cour affirme que le pouvoir de rendre « toute autre ordonnance » prévu à l'article 47.5 C.t. est indicatif du pouvoir de prononcer des ordonnances supplémentaires à celle du renvoi à l'arbitrage nécessaires à la sauvegarde des droits des parties impliquées.
103. *Lauzon* c. *Syndicat national des travailleurs et travailleuses de l'automobile, de l'aérospatiale et de l'outillage agricole du Canada, section locale 750 (T.C.A.)*, D.T.E. 99T-78 (T.T.).
104. *Farivard* c. *Association des professeurs de l'Université Concordia*, D.T.E. 88T-473 (T.T.).
105. Réponses affirmatives dans *Dallaire* c. *Métallurgistes unis d'Amérique, local 6833*, [1984] T.T. 402 ; *Belisle* c. *Syndicat des travailleuses et travailleurs de l'Hôtel Méridien de Montréal (C.S.N.)*, précité, note 55. Réponses négatives dans *Tremblay* c. *Syndicat des employés des Commissions scolaires de Charlevoix, La Malbaie*, [1982] T.T. 410 ; *St-Laurent* c. *Syndicat des employés de soutien du Cégep de St-Jérôme*, [1985] T.T. 353 ; *Lauzon* c. *Syndicat national des travailleurs et travailleuses de l'automobile, de l'aérospatiale et de l'outillage agricole du Canada, section locale 750 (T.C.A.)*, ibid.
106. *Gaucher* c. *Syndicat national de l'amiante d'Asbestos*, [1990] T.T. 455.
107. *Royer* c. *Union internationale des travailleurs et travailleuses unis de l'alimentation et du commerce, section locale 504*, D.T.E. 92T-1308 (T.T.).

situations nouvelles, engendrées par suite d'une décision favorable au salarié[108].

Lorsque la plainte du salarié est accueillie par la C.R.T. et que cette dernière renvoie l'affaire à un arbitre, il faut remarquer la disposition exceptionnelle de l'article 47.6 C.t., selon laquelle l'employeur ne peut opposer l'inobservation par l'association de la procédure et des délais prévus à la convention collective pour le règlement des griefs. Quant à la prescription de six mois de l'article 71 C.t., dont il n'est pas fait mention à l'article 47.6 C.t., elle ne peut davantage être invoquée. La réclamation du salarié qui se trouve déférée à l'arbitrage n'est pas issue de la convention collective, mais plutôt de la Loi elle-même et de l'ordonnance de la C.R.T., qui la défère à l'arbitrage pour décision selon la convention collective, comme s'il s'agissait d'un grief (art. 47.5 C.t.)[109]. Lorsque la plainte est rejetée, et même lorsque la plainte du salarié est jugée abusive, la C.R.T. n'a pas compétence pour octroyer des dommages et intérêts au syndicat[110].

ii) Les autres cas

578 – *Contextes et redressements* – Qu'en est-il des situations dans lesquelles l'association accréditée aurait manqué à son devoir de représentation, mais qui ne donnent pas ouverture à l'application des articles 47.3 à 47.6 C.t. ? Ce serait le cas d'un manquement syndical survenu à l'occasion d'une négociation collective ou d'une réclamation rattachée à l'application de la convention collective, mais qui ne se rapporte ni à un renvoi ni à une mesure disciplinaire.

La plainte auprès de la C.R.T. recherchera alors une réparation différente de celle permise par l'article 47.5 C.t. La spécificité de ce dernier remède paraît exclure qu'il puisse être utilisé dans d'autres circonstances que celles auxquelles il est destiné. En pratique, cela se

---

108. *Mallet* c. *Syndicat national des employés de Velan Inc.*, précité, note 100 – détermination relative aux frais d'arbitre et d'avocat ; *Syndicat des salariées et salariés de l'entrepôt D. Bertrand et Fils Chicoutimi (C.S.N.)* et *Boudreault*, 2007 QCCRT 0098 – requête en révision judiciaire, 2007-03-26 (C.S.), n° 150-17 001302-071 ; *Métallurgistes unis d'Amérique, local 9414* c. *Commission des relations du travail*, 2006 QCCS 1359 – ordonnance de remboursement des frais extrajudiciaires payés par le salarié devant la C.R.T.

109. *Gendron* c. *Municipalité de la Baie-James*, précité, note 94, 409 ; *Courchesne* c. *Syndicat des travailleurs de la Corporation de batteries Cegelec*, précité, note 33, p. 333.

110. *Syndicat des professeurs du Collège d'enseignement général et professionnel de Saint-Laurent* et *Maïcas*, D.T.E. 2007T-85 (C.R.T.), 2006 QCCRT 0633.

traduira le plus souvent par l'octroi de dommages-intérêts au salarié victime d'un défaut de représentation. Il n'est pas à exclure, non plus, que la C.R.T. puisse faire appel à son pouvoir d'ordonnance provisoire pour enjoindre à un syndicat de procéder au dépôt d'un grief, s'il en est encore temps (art. 118, 3°, 6° et 119, 1°, 3° C.t.)[111]. De façon tout à fait exceptionnelle et selon les circonstances, on pourrait aussi envisager des recours auprès du tribunal de droit commun, par exemple pour faire prononcer la nullité d'une disposition d'une convention collective ou pour faire ordonner au syndicat de poser un geste d'une extrême urgence si la C.R.T. n'est pas en mesure d'y pourvoir.

2. Les autres obligations

579 – *Démocratie et informations* – Diverses dispositions du *Code du travail* imposent à l'association accréditée des obligations accessoires qui visent principalement à garantir l'exercice démocratique de son pouvoir de représentation.

L'article 20.1 C.t. exige ainsi le recours au scrutin secret pour toute élection à une fonction à l'intérieur d'une association accréditée[112]. Celle-ci doit aussi, en vertu de l'article 47.1 C.t., divulguer chaque année à ses membres ses états financiers et en remettre gratuitement une copie à tout membre qui en fait la demande[113]. Ainsi que nous le verrons, le recours à la grève et la signature d'une convention collective par un syndicat accrédité sont assujettis à une acceptation préalable des salariés qui en sont membres, par un vote au scrutin secret (art. 20.2 et 20.3 C.t.)[114]. Le syndicat doit aussi aviser le ministre du Travail du déclenchement d'une grève (art. 58.1 C.t.).

II- LES EFFETS SUR LES ACCRÉDITATIONS EXISTANTES ET LA CONVENTION COLLECTIVE

580 – *Annulation et subrogation* – L'article 43 C.t. affirme que l'accréditation d'un syndicat annule de plein droit celle de toute autre

---

111. *Centre hospitalier Régina Ltée* c. *Tribunal du travail*, précité, note 36 ; *Noël* c. *Société d'énergie de la Baie James*, précité, note 8 ; *Laguë* c. *Syndicat du personnel scolaire du Val-des-Cerfs (C.S.N.)*, D.T.E. 2006-2, [2006] R.J.D.T. (C.R.T.).

112. *Gagnon* c. *Bériault*, D.T.E. 92T-629 (C.S.) ; *Hawkins* c. *Flamand*, D.T.E. 92T-821 (C.S.).

113. *Bolduc* et *Union internationale des opérateurs ingénieurs, section locale 484*, 2011 QCCRT 0577 – la C.R.T. a statué que le salarié n'a pas le droit d'exiger que le syndicat lui remette une copie de ses états financiers en français.

114. Voir *infra*, Titre II, chapitre 6, n° 648 et chapitre 7, n° 717.

association pour le groupe visé par la nouvelle accréditation. Une décision d'accréditation emporte donc automatiquement cette conséquence, qu'elle n'a pas à prononcer formellement[115].

À l'égard de la convention collective, le syndicat nouvellement accrédité est subrogé de plein droit, en vertu de l'article 61 C.t., dans tous les droits et obligations résultant d'une convention collective en vigueur conclue par un autre syndicat. Cette subrogation substitue notamment l'association qui obtient l'accréditation à celle qu'elle remplace dans l'exercice de tous les recours entrepris ou à entreprendre en vertu de la convention collective conclue par l'association déplacée.

L'article 61 C.t. autorise également l'association nouvellement accréditée à mettre fin à cette convention collective ou à la déclarer non avenue. Ce dernier pouvoir est rarement utilisé, compte tenu du fait que l'accréditation d'une nouvelle association coïncide le plus souvent avec l'échéance de la convention collective. On laissera alors généralement la convention venir à échéance et le nouveau syndicat accrédité entreprendra plutôt la négociation de son renouvellement. Il pourrait en être autrement lorsqu'un syndicat profitera d'une période prévue au paragraphe 22e) C.t. pour supplanter l'association signataire d'une convention collective de longue durée. Par exception, dans les exploitations forestières, lorsque la convention collective est d'une durée de trois ans ou moins, et dans les secteurs public et parapublic, l'association nouvellement accréditée demeurera liée par la convention collective conclue par l'association qu'elle déplace, jusqu'à son échéance (art. 61.1 et 111.3, al. 2 C.t.).

III- LE RATTACHEMENT À L'ENTREPRISE

581 – *Importance et origine* – Les articles 45 à 46 du *Code du travail* revêtent une importance considérable par leurs effets tant en droit des affaires qu'en droit du travail. S'agissant, par exemple, de l'acquisition ou de la vente d'une entreprise, ou encore de la conclusion d'un contrat de services ou de sous-traitance entre deux entreprises, il est de première importance d'évaluer les effets susceptibles de résulter de ces dispositions. Les enjeux pratiques liés à leur application expli-

---

115. *Marché Bouchor Inc.* c. *Syndicat des salariés de Lavaltrie*, [1990] T.T. 301 ; *Syndicat des employés de l'Office municipal d'habitation de Montréal* c. *Office municipal d'habitation de Montréal*, [1997] T.T. 375.

quent sans doute dans une bonne mesure le nombre et l'âpreté des débats juridiques qu'elles ont alimentés.

La compréhension des objectifs recherchés par le législateur en édictant l'article 45 C.t. appelle une référence au contexte dans lequel cet article fut adopté. Celui-ci prit d'abord la forme d'un amendement apporté, en 1961, à la *Loi des relations ouvrières*[116], que le *Code du travail* devait remplacer en 1964. La cause directe de cette intervention législative fut l'arrêt rendu quelques années auparavant par la Cour d'appel dans l'affaire *Syndicat national des travailleurs de la pulpe et du papier de La Tuque Inc.*[117]. La Cour d'appel y constatait que, comme conséquence de la règle civiliste de l'effet relatif des contrats, les contrats individuels de travail, l'accréditation et la convention collective se trouvaient invalidés, à tous égards, à la suite de l'aliénation ou de la concession de l'entreprise de l'employeur auquel ils se rattachaient.

C'est cet état du droit que voulut corriger le législateur dans une démarche en deux temps qu'on trouve à l'actuel article 45 C.t. Au premier alinéa de cet article, la Loi annihile les conséquences de la règle commune de l'effet relatif des contrats, en prévoyant que ni l'accréditation ni la convention collective ne seront invalidées du fait de l'aliénation ou de la concession de l'entreprise. Ensuite, au deuxième alinéa, le législateur énonce positivement la nouvelle règle de droit applicable, selon laquelle l'accréditation suivra l'entreprise dans ses déplacements d'un employeur vers un autre. En somme, l'article 45 C.t. rattache l'accréditation et la convention collective à l'entreprise, plutôt qu'à la personne juridique de l'employeur[118].

C'est dans le même ordre de préoccupation qu'a été adopté, en 2001, l'article 45.3 C.t. qui cible, quant à lui, le passage d'une entreprise de la compétence législative fédérale à celle du Québec en matière de relations du travail.

---

116. S.R.Q. 1941, c. 162A, art. 10a).
117. *Syndicat national des travailleurs de la pulpe et du papier de La Tuque Inc.* c. *Commission des relations ouvrières de la province de Québec*, [1958] B.R. 1.
118. Pour un résumé des principes s'appliquant dans le cadre de la mise en œuvre de l'art. 45 C.t., voir *9172-0904 Québec inc.* c. *Commission des relations du travail*, 2010 QCCS 3397, par. 58.

A. La mesure d'ordre public

582 – *Portée* – La jurisprudence reconnaît unanimement dans l'article 45 C.t. une disposition d'ordre public à laquelle il ne saurait être question de renoncer, du moins à l'avance, que ce soit par une stipulation d'une convention collective ou par quelque autre entente[119]. Toutefois, en vertu du deuxième paragraphe du nouvel article 45.2 C.t., il y a possibilité de renoncer à l'application de l'article 45 C.t. dans les cas de concession partielle d'entreprise. L'article 45 C.t. s'applique à toutes les entreprises, qu'il s'agisse d'une entreprise privée ou d'un corps public, comme une municipalité ou une commission scolaire[120]. Cette dernière affirmation est sujette à une exception en faveur du gouvernement, auquel on ne peut opposer une accréditation lorsqu'il devient, au sens de l'article 45 C.t., le nouvel employeur d'un groupe de salariés[121]. Cette exception est cependant unidirectionnelle : l'article 45 C.t. produit tous ses effets à l'égard d'un nouvel employeur auquel le gouvernement du Québec cède une partie de ses activités visées par une accréditation octroyée conformément aux dispositions de la *Loi sur la fonction publique*[122].

583 – *Relations avec la convention collective* – Le caractère d'ordre public de l'article 45 C.t. ne fait pas obstacle à ce que la convention collective, sans y contrevenir, conditionne ou aménage l'aliénation ou la concession de l'entreprise, notamment pour garantir certains droits aux salariés dans ces éventualités. Ce type d'engagement contractuel demeure distinct du mécanisme d'application de l'article 45 du *Code du travail*[123].

---

119. *Sept-Îles (Ville de)* c. *Québec (Tribunal du travail)*, [2001] 2 R.C.S. 670, 2001 CSC 48, par. 27 ; *Charron Excavation Inc.* c. *Syndicat des employés de la Ville de Ste-Thérèse*, D.T.E. 89T-114 (T.T.) ; *Transport de l'Anse Inc.* c. *Syndicat des chauffeurs d'autobus du Bas Saint-Laurent (C.S.N.)*, [1986] T.T. 207.

120. Exemples : *Sept-Îles (Ville de)* c. *Québec (Tribunal du travail)*, *ibid.* ; *Ville de Dollard des Ormeaux* c. *Fraternité des policiers de Roxboro*, [1971] T.T. 56.

121. Cette exception résulte de l'origine législative des accréditations à l'endroit des fonctionnaires du gouvernement, selon la *Loi sur la fonction publique*, RLRQ, c. F-3.1.1, art. 64 et s. *Gouvernement du Québec, ministère des Terres et Forêts* c. *Syndicat national des mesureurs, assistants-mesureurs, gardes forestiers et forestiers du Québec*, [1980] T.T. 269.

122. RLRQ, c. 3.1.1. *Syndicat des professionnels du gouvernement du Québec* c. *Centre d'insémination artificielle du Québec (C.I.A.Q.) Inc.*, [1988] R.J.Q. 265 (C.A.) ; *Syndicat des fonctionnaires provinciaux du Québec* c. *Centre d'insémination artificielle du Québec (C.I.A.Q.) Inc.*, [1988] R.J.Q. 623 (C.A.).

123. *Sept-Îles (Ville de)* c. *Québec (Tribunal du travail)*, précité, note 119, par. 27-28 ; *Université McGill* c. *St-Georges*, [1999] R.J.D.T. 9 (C.A.) ; *Association des ingénieurs et scientifiques des télécommunications* c. *Sylvestre*, [2002] R.J.Q. 310 (C.A.) ; *Syndicat des travailleuses et travailleurs du Manoir Sully inc. (C.S.N.)* c. *Laflamme*, D.T.E. 2003T-11 (C.A.), par. 45-46.

B. L'application automatique

584 – *Compétence juridictionnelle et effet* – L'article 46, al. 1 C.t. donne compétence à la Commission des relations du travail pour trancher, sur requête d'une partie intéressée, toute question relative à l'application de l'article 45 C.t. Cette disposition précise qu'à cette fin, la C.R.T. peut en déterminer l'applicabilité[124].

L'article 45 C.t. opère de plein droit la transmission des droits et obligations qu'il concerne lorsqu'une éventualité qu'il vise se réalise[125]. Le cas échéant, la décision qui reconnaît et constate l'application de l'article 45 C.t. revêt un caractère déclaratoire.

Est-ce à dire qu'il ne soit pas nécessaire d'obtenir cette constatation formelle de l'application de l'article 45 C.t., sur requête soumise en vertu de l'article 46 C.t. ? Une telle constatation demeure nécessaire, même lorsque l'applicabilité de l'article 45 n'est pas contestée. Retenons en effet qu'une personne titulaire de droits, même d'ordre public, peut y renoncer, par son comportement ou son inaction, une fois réalisées les conditions d'ouverture à ces droits. Cette constatation formelle s'impose également pour assurer la clarté et la sécurité de la situation juridique de l'association syndicale dont les droits peuvent être maintenus. L'entrée en vigueur d'une nouvelle convention collective, postérieurement à un transfert de droits et d'obligations selon l'article 45 C.t., supposera que l'accréditation de l'association ait été modifiée pour qu'y apparaisse le nom du nouvel employeur (art. 72 C.t.). Un jugement de la Cour supérieure affirme enfin l'inopposabilité au nouvel employeur des conclusions d'une procédure d'exécution de la convention collective entreprise contre l'employeur originaire, en l'absence d'une constatation de transmission des droits et obligations par le tribunal spécialisé[126]. Même si le

---

124. Cet énoncé joint à ceux des clauses privatives des articles 139 à 140 C.t. assujettit le contrôle judiciaire des décisions rendues à la norme rigoureuse de l'erreur manifestement déraisonnable : *Ivanhoe Inc.* c. *TUAC, section locale 500*, [2001] 2 R.C.S. 566, 2001 CSC 47, par. 24 à 30 ; *Maison L'Intégrale Inc.* c. *Tribunal du travail*, [1996] R.J.Q. 859 (C.A.).

125. *Syndicat des employés de la Ville de Brossard* c. *Services d'entretien Fany Inc.*, [1995] T.T. 423 ; *Syndicat des travailleurs du Holiday Inn Ste-Foy (C.S.N.)* c. *Prime Hospitality Inc.*, [1991] T.T. 40 ; *Fraternité internationale des ouvriers en électricité* c. *National Cable Vision Ltd.*, [1967] R.D.T. 314 ; *9172-0904 Québec inc.* c. *Commission des relations du travail*, précité, note 118 – l'application de plein droit de l'art. 45 C.t. nécessite « une situation factuelle actuelle, concrète et certaine pour sa mise en œuvre » (par. 203).

126. *Investissements Opticlair Inc.* c. *Syndicat des employés de Unisol (C.S.N.), division Veracon*, J.E. 82-535 (C.S.).

Code du travail ne prévoit pas de délai, un syndicat doit faire preuve de diligence et réclamer les droits qu'il croit lui résulter de l'application de l'article 45 C.t. dans un délai raisonnable[127]. À cet égard, rappelons qu'en 2003, le législateur a abrogé l'article 45.1 C.t. qui prévoyait un délai de 90 jours pour faire une demande de constat à la C.R.T. en cas d'aliénation ou de concession d'entreprise[128]. Dès lors, pour interpréter la notion de « délai raisonnable » en la matière, il faut désormais consulter la jurisprudence qui existait à l'époque et qui, à maintes reprises, a permis d'énoncer ce qui suit : compte tenu de l'économie du *Code du travail*, c'est avec diligence et célérité que le syndicat doit exercer le recours de l'article 45 C.t., chaque cas comportant des circonstances particulières[129]. De manière générale, la jurisprudence a évalué à 90 jours le délai raisonnable dans lequel un syndicat doit agir pour faire valoir ses droits, à moins de circonstances exceptionnelles[130]. On s'est par ailleurs refusé à sanctionner le retard d'un syndicat s'il ne traduisait pas une renonciation à ses droits, ou s'il s'expliquait par des circonstances particulières, ou n'avait pas d'impact sur les droits des autres parties[131].

Il y a lieu de signaler une conséquence précise de l'effet automatique de l'application de l'article 45 C.t. même si cette dernière doit faire l'objet d'une constatation. Lorsqu'une convention collective se

---

127. *Syndicat des cols bleus de la Ville de St-Hubert c. St-Hubert (Ville de)*, [1999] R.D.J.T. 76, REJB 1998-09610 (C.A.) ; *Syndicat des travailleurs et travailleuses des Plastiques Simport (C.S.N.) c. Les plastiques MDJ inc.*, 2005 QCCRT 0347, D.T.E. 2005T-630 (C.R.T.).

128. *Loi modifiant le Code du travail*, L.Q. 2003, c. 26, art. 3 (en vigueur le 1er février 2004).

129. *Syndicat des cols bleus de la Ville de St-Hubert c. St-Hubert (Ville de)*, précité, note 127 ; *Syndicat régional des infirmières et infirmiers du Québec (SRIIQ) et Hôpital Hôtel-Dieu de St-Jérôme*, 2004 QCCRT 0536, par. 24 ; *Syndicat des travailleuses et travailleurs des Plastiques Simport CSN et Plastiques MDJ inc.*, 2005 QCCRT 0347, par. 59 et 60 ; *Syndicat de professionnelles et professionnels du gouvernement du Québec et Commission de la santé et de la sécurité du travail*, 2008 QCCRT 0168, par. 14 et 15 ; *Garneau et Soeurs de la Charité d'Ottawa*, 2008 QCCRT 0278, par. 54 ; *Loiselle et Parentèle de Laval inc.*, 2010 QCCRT 0148, par. 90 et 106. Voir également, *supra*, Titre II, chapitre 1, nos 432 et 433.

130. *St-Léonard (Ville de) c. Syndicat des employés manuels de la Ville de St-Léonard (C.S.D.)*, D.T.E. 99T-830, REJB 1999-11545 (T.T.) ; *Sodem Inc. c. Syndicat national des employés de la Ville d'Anjou (C.S.N.)*, D.T.E 2000T-900 (T.T.) (requête en révision judiciaire rejetée).

131. *Syndicat des travailleuses et travailleurs d'Épiciers unis Métro-Richelieu c. Épiciers unis Métro-Richelieu Inc.*, [1997] T.T. 129, REJB 1997-02133 ; *Société immobilière du patrimoine architectural de Montréal c. Syndicat des fonctionnaires municipaux de Montréal*, D.T.E. 95T-319 (T.T.) ; *Hippodrome Blue Bonnets Inc. c. Syndicat des travailleurs de Blue Bonnets (C.S.N.)*, [1987] T.T. 312.

trouve transférée chez un nouvel employeur, il faut agir aussitôt envers ce nouvel employeur, quant à l'application de la convention, comme on l'aurait fait à l'égard de l'ancien employeur, particulièrement quant au respect des délais pour produire des griefs, s'il en survient[132]. Si l'application de l'article 45 C.t. est contestée, on ne saurait attendre qu'une décision tranche le litige. Les griefs pourraient alors être prescrits, puisque la décision de la C.R.T. aura pour effet de constater que les droits et obligations ont été transférés au moment de la concession ou de l'aliénation de l'entreprise[133].

C. Les conditions d'application

585 – *Changement et continuité* – L'application de l'article 45 C.t. repose sur deux conditions essentielles : le changement d'employeur et la continuité de l'entreprise chez le nouvel employeur auquel elle a été transmise.

1. Le changement d'employeur

586 – *Nouvel employeur* – Les dispositions de l'article 45 C.t. visent fondamentalement, comme nous l'avons vu, à parer aux conséquences qui résulteraient autrement de la substitution d'un nouvel employeur à la direction de l'entreprise. Leur application suppose donc l'intervention d'un nouvel employeur[134]. Cependant, ce nouvel employeur peut être une personne en puissance de le devenir, c'est-à-dire qui ne compte pas de salariés à son service au moment du transfert d'entreprise, mais pourrait s'en adjoindre par la suite[135]. Les restructurations, les déménagements et les autres changements internes qui demeurent le fait du même employeur, comme ceux qui se rapportent au nom de l'employeur, à son adresse ou à la localisation de l'entreprise ou de ses établissements, sont traités selon les dispositions de l'article 39 C.t., comme nous le verrons plus loin[136].

---

132. *Syndicat des employé(es) des magasins Zellers d'Alma et de Chicoutimi* c. *Commission des relations du travail*, 2006 QCCS 4628.

133. Exemple : *Paquet* c. *Syndicat des travailleurs du ciment (C.S.D.)*, [1983] T.T. 183.

134. *Syndicat des salariés de distribution de produits pharmaceutiques* c. *Médis, services pharmaceutiques et de santé Inc.*, [2000] R.J.D.T. 943 (C.A.). Voir aussi : *Syndicat national de l'amiante d'Asbestos Inc.* c. *Mine Jeffrey Inc.*, [2003] R.J.Q. 420, REJB 2003-37078 (C.A.).

135. *Autobus Jean Bélanger Inc.* c. *Syndicat du transport de la région du Grand-Portage (C.S.N.)*, [2004] R.J.Q. 381, REJB 2004-52740 (C.A.).

136. *Syndicat des salariés de distribution de produits pharmaceutiques* c. *Médis, services pharmaceutiques et de santé Inc.*, précité, note 134 ; *Métallurgistes unis d'Amérique, section locale 8917* c. *Schneider Canada Inc.*, D.T.E. 2000T-877

2. La continuité de l'entreprise

a) L'entreprise

587 – *Identification et définition* – Pour qu'il y ait lieu d'appliquer l'article 45 C.t., il faut que l'on retrouve, en tout ou en partie, chez deux employeurs successifs la même entreprise ; d'où la nécessité d'identifier et de définir l'entreprise dont il s'agit.

C'est sans hésitation que la Cour suprême a identifié l'entreprise concernée : il s'agit de l'entreprise de l'employeur visé par une accréditation et lié, le cas échéant, par une convention collective[137].

Le législateur s'est abstenu de définir le terme « entreprise ». Cette abstention a été à l'origine d'une controverse jurisprudentielle et d'une longue saga judiciaire jusqu'en Cour suprême, vu l'importance juridique et pratique de la définition à donner à l'entreprise dans l'application de l'article 45 C.t. :

> Dans le contexte de l'article 45, l'entreprise se présente comme l'élément le plus important du cadre tripartite postulé par le législateur : la continuité de l'entreprise est la condition essentielle de l'application de l'article 45. Il convient dès lors d'aborder l'interprétation de l'article 45 par le biais de la définition de l'entreprise.[138]

Historiquement, deux thèses se sont opposées relativement à la notion d'entreprise. Une première école de pensée proposait de définir l'entreprise, aux fins d'application de l'article 45 C.t., comme une réalité essentiellement « fonctionnelle » ou « occupationnelle », retenant les tâches, les fonctions, les occupations ou activités comme éléments caractéristiques dominants, voire uniques de l'entreprise[139].

(T.T.) ; *Association des employées et employés de Natrel Trois-Rivières* c. *Syndicat des travailleuses et travailleurs de Natrel Shawinigan*, [1996] T.T. 315 ; *Syndicat international des ouvriers de l'aluminium, de la brique et du verre, section locale 274* c. *Ipex Inc.*, [1996] T.T. 361. Rien ne s'oppose à ce que la juridiction du travail traite une situation concurremment ou alternativement selon les articles 45 et 46 ou 39 C.t. ; exemple : *Olymel, société en commandite* c. *Union internationale des travailleuses et travailleurs unis de l'alimentation et du commerce, section locale 1991-P*, [2002] R.J.D.T. 27 (C.A.).

137. *U.E.S., local 298* c. *Bibeault*, [1988] 2 R.C.S. 1048, 1117 et 1119 ; *Ivanhoe Inc.* c. *TUAC, section locale 500*, précité, note 124, par. 63.

138. *U.E.S., local 298* c. *Bibeault, ibid.*, p. 1103.

139. Cette approche avait prévalu chez une majorité des juges du Tribunal du travail dans le jugement *Services ménagers Roy Ltée* c. *Syndicat national des employés de la Commission scolaire régionale de l'Outaouais (C.S.N.)*, [1982] T.T. 115, jugement à l'origine de l'arrêt *U.E.S., local 298* c. *Bibeault*, précité, note 137.

Selon la deuxième thèse, l'entreprise était envisagée d'une façon concrète ou « organique », tenant compte des caractéristiques essentielles de chaque entreprise, au regard de la finalité de son activité et des éléments humains, matériels ou intellectuels qui la constituent[140]. La Cour suprême, dans l'arrêt *Bibeault*, désavoua totalement la définition dite « fonctionnelle » de l'entreprise, la jugeant désincarnée, imprécise et irréconciliable avec l'article 45 C.t. ; elle retint plutôt la définition « organique » qu'en avait proposée le juge Lesage dans l'affaire *Mode Amazone*[141]. Cette définition est la suivante :

> L'entreprise consiste en un ensemble organisé suffisant des moyens qui permettent substantiellement la poursuite en tout ou en partie d'activités précises. Ces moyens, selon les circonstances, peuvent parfois être limités à des éléments juridiques ou techniques ou matériels ou incorporels. La plupart du temps, surtout lorsqu'il ne s'agit pas de concession en sous-traitance, l'entreprise exige pour sa constitution une addition valable de plusieurs composantes qui permettent de conclure que nous sommes en présence des assises mêmes qui permettent de conduire ou de poursuivre les mêmes activités : c'est ce qu'on appelle le *going concern*. Dans *Barnes Security*, le juge René Beaudry, [...] n'exprimait rien d'autre en mentionnant que l'entreprise consistait en « l'ensemble de ce qui sert à la mise en œuvre des desseins de l'employeur ».[142]

Il s'ensuit que la vérification de la continuité de l'entreprise requiert la détermination, dans chaque cas, des éléments essentiels de l'entreprise en cause, en pondérant chaque élément selon son importance, compte tenu de la nature de l'entreprise et du type de transmission présumée, totale ou partielle, par aliénation pure et simple ou par concession[143].

---

140. Voir, à cet effet, les opinions minoritaires dans *Services ménagers Roy Ltée* c. *Syndicat national des employés de la Commission scolaire régionale de l'Outaouais (C.S.N.)*, ibid. ; *Mode Amazone* c. *Comité conjoint de Montréal de l'Union internationale des ouvriers du vêtement pour dames*, [1983] T.T. 227, 231 ; *Barnes Security Service Ltd.* c. *Association internationale des machinistes et des travailleurs de l'aéroastronautique, local 2235*, [1972] T.T. 1, 9.

141. *U.E.S., local 298* c. *Bibeault*, précité, note 137, p. 1105 ; *Ivanhoe Inc.* c. *TUAC, section locale 500*, précité, note 124, par. 61 et s.

142. *Mode Amazone* c. *Comité conjoint de Montréal de l'Union internationale des ouvriers du vêtement pour dames*, précité, note 140, p. 231.

143. *U.E.S., local 298* c. *Bibeault*, précité, note 137, p. 1107 ; *Ivanhoe Inc.* c. *TUAC, section locale 500*, précité, note 124, par. 66 à 70. Voir aussi *Union des employées et employés de la restauration, Métallurgistes unis d'Amérique, local 8470* c. *Ultramar Canada Inc.*, [1999] R.J.D.T. 110 (C.A.) – absence de transmission d'éléments caractéristiques suffisants pour conclure à une continuité d'entreprise ; *Syndicat des travailleuses et des travailleurs de Provigo, entrepôt*

Dans cette perspective, au regard des éléments matériels qui peuvent constituer l'entreprise, un simple transfert de l'équipement ne saurait être assimilé à un transport d'entreprise[144], pas plus qu'un simple transfert d'inventaire[145]. Par ailleurs, la présence d'équipement ou d'une technologie caractéristique d'une entreprise chez un nouvel employeur présumé pourrait représenter un indice significatif d'un transfert de l'entreprise[146].

Pour ce qui est des ressources humaines de l'entreprise, la présence, chez les employeurs présumément successifs, du même personnel de direction, en tout ou en partie, peut être révélatrice de la continuité de l'entreprise[147]. Quant aux salariés visés par l'accréditation, on devrait retrouver leurs fonctions ou leurs occupations chez le nouvel employeur[148]. Il ne s'ensuit pas qu'il faille exiger la présence individuelle des mêmes salariés, présence qui constituera par ailleurs un facteur pertinent pour soutenir une conclusion de transmission d'entreprise[149].

Armand-Viau Québec (CSN) et *Provigo Distribution inc.*, 2012 QCCRT 0108, par. 50 – l'accréditation du syndicat ne survivra que s'il y a eu transfert ou déménagement de suffisamment d'éléments et moyens essentiels constituant l'entreprise.

144. Dans *Syndicat des travailleuses et travailleurs du Manoir Richelieu c. Caron*, D.T.E. 97T-384, la Cour d'appel souligne qu'il ne faut pas confondre la propriété d'un équipement (un établissement hôtelier) et la propriété de l'entreprise active qui exploite cet équipement. *Syndicat des employés de commerce et des services de Shawinigan (section Service sanitaire) (C.S.N.) c. Service sanitaire de la Mauricie*, [1989] T.T. 491 ; *Syndicat des employés de garage de Montmagny c. J.P. Simard Autos Inc.*, D.T.E. 83T-346 (T.T.). Voir aussi *Lester (W.W.) (1978) Ltd. c. Association unie des compagnons et apprentis de l'industrie de la plomberie et de la tuyauterie, section locale 740*, [1990] 3 R.C.S. 644.

145. *Olymel, société en commandite c. Union internationale des travailleuses et travailleurs unis de l'alimentation et du commerce, section locale 1991-P*, D.T.E. 2002T-238 (C.A.), par. 74.

146. *Syndicat national des travailleurs de l'automobile, de l'aérospatiale et de l'outillage agricole du Canada (T.C.A.-Canada) c. Fabrication Bricofil Inc.*, [1990] T.T. 294 ; *Alimentation de la Seigneurie Inc. c. Union des employés de commerce, local 500*, D.T.E. 83T-694 (T.T.) ; *Syndicat des employés de l'imprimerie de la région de l'Amiante (C.S.N.) c. Imprimerie Roy et Laliberté Inc.*, [1980] T.T. 503.

147. *Olymel, société en commandite c. Union internationale des travailleuses et travailleurs unis de l'alimentation et du commerce, section locale 1991-P*, précité, note 136, par. 73 – en l'espèce, il n'y a eu aucun transfert de personnel cadre ou de personnel salarié.

148. *Syndicat des employés de l'imprimerie de la région de l'Amiante (C.S.N.) c. Imprimerie Roy & Laliberté Inc.*, *ibid.* ; *Union des employés d'hôtels, restaurants et commis de bars, local 31 c. Métallurgistes unis d'Amérique, local 8470*, D.T.E. 89T-325 (T.T.). Comparer : *Association des travailleurs du pétrole c. Ultramar Canada*, [1987] T.T. 348.

149. Voir à ce sujet, *Syndicat national des employés de garage du Québec Inc. (CSD) et Clinique d'esthétique automobile Inc.*, D.T.E. 2009T-618 (C.R.T.).

L'allégation d'une transmission totale d'entreprise par aliénation suppose la poursuite de sa finalité par le nouveau propriétaire[150]. L'abandon, au contraire, de la mission poursuivie par l'entreprise emporte le constat de son extinction et exclut du même coup toute prétention de continuité[151]. Cette exigence ne saurait être la même dans les cas de transmission partielle, que ce soit par aliénation ou par concession. La finalité propre de l'entreprise du nouvel employeur pourrait alors être différente de celle poursuivie par l'employeur originaire. L'analyse mettra plutôt l'accent sur la finalité de la partie d'entreprise transférée. En outre, dans les situations de concession partielle, on retrouvera une permanence de finalité dans la convergence de l'objectif poursuivi par l'intervention du tiers employeur avec la finalité poursuivie par l'employeur principal et originaire, que cette intervention sert en définitive à réaliser[152].

b) La transmission

588 – *Aliénation ou concession* – Le premier alinéa de l'article 45 C.t. prévoit son application en cas d'aliénation ou de concession, totale ou partielle, de l'entreprise[153].

Les termes « aliénation » et « concession » n'ont pas été définis par le législateur. Chacun de ces termes évoque, manifestement, l'idée d'une transmission de droits qui se rapportent, en l'occurrence, à l'entreprise. Cette transmission, par ailleurs, implique-t-elle

---

150.   *Union des employés d'hôtels, restaurants et commis de bars, local 31* c. *Métallurgistes unis d'Amérique, local 8470, ibid.* ; *Syndicat québécois des employées et employés de service, section locale 298* c. *Centre hospitalier de soins de longue durée Drapeau & Deschambault*, D.T.E. 97T-1465 (T.T.).

151.   Voir : *Raymond, Chabot, Martin, Paré & associés* c. *G.D.I. Inc.*, [1989] R.J.Q. 1791 (C.A.) ; *Burns* c. *Compagnie du Trust national Ltée*, D.T.E. 90T-920 (C.A.). Selon ces arrêts, une prise de possession de l'entreprise par un créancier, en réalisation de ses garanties, dans le seul but de liquider l'actif de l'entreprise et sans en poursuivre les activités comme entreprise active, ne saurait être assimilée à une transmission d'entreprise visée par l'article 45 C.t. Poursuite, néanmoins, de l'exploitation active de l'entreprise par le créancier dans : *Banque Toronto-Dominion* c. *Union des employées et employés de service, section locale 800*, D.T.E. 95T-925 (T.T.) ; *2744-4165 Québec Inc.* c. *Union des agents de sécurité du Québec*, D.T.E. 92T-1270 (T.T.) ; *Burns* c. *Compagnie du Trust national Ltée*, précité, ci-dessus.

152.   *Ivanhoe Inc.* c. *TUAC, section locale 500*, précité, note 124, par. 73-81. Voir aussi : *Centrale de chauffage Enr.* c. *Syndicat des employés des institutions religieuses de Chicoutimi Inc.*, [1970] T.T. 236 ; *Services sanitaires Orléans Inc.* c. *Syndicat des employés des commissions scolaires Orléans*, [1974] T.T. 14.

153.   Pour la distinction entre aliénation et concession, voir : *Solutions Mindready inc.* c. *Nortel Networks inc.*, 2003 QCCRT 0539, par. 15-29.

l'existence d'un lien juridique entre les titulaires successifs de ces droits dans l'entreprise ? En d'autres termes, la transmission de droits doit-elle résulter d'un accord de volontés entre l'employeur lié par l'accréditation et celui qui lui succède dans l'exploitation de l'entreprise ? Après avoir divisé la jurisprudence des juridictions spécialisées[154], la question a été tranchée par une réponse positive de la Cour suprême dans l'arrêt *Bibeault* ; la Cour suprême y pose clairement que les termes « aliénation » et « concession » doivent recevoir le sens que leur attribue le droit civil :

> L'existence d'une aliénation ou d'une concession de l'entreprise ne peut être établie que par recours au droit civil.
>
> [...]
>
> [...] il est impossible d'ignorer le droit civil quand il s'agit d'interpréter une disposition qui a pour objectif de déroger à l'une des règles de ce droit, celle de la relativité des contrats, d'autant plus que pour y parvenir le législateur emprunte précisément la terminologie du droit privé.[155]

La conséquence coule de source. L'aliénation et la concession ont en commun d'impliquer, d'une part, la volonté du titulaire originaire des droits dans l'entreprise de s'en départir et, d'autre part, celle du nouvel employeur de les acquérir. Le lien juridique entre les employeurs successifs se crée donc par un acte consensuel de leur part[156].

Un droit purement précaire de l'employeur originaire dans l'entreprise et ses composantes ne peut donner lieu à une transmission à un tiers qui serait visée par l'article 45 C.t.[157]. Par ailleurs,

---

154. Voir *Services ménagers Roy Ltée* c. *Syndicat national des employés de la Commission scolaire régionale de l'Outaouais (C.S.N.)*, précité, note 139. La thèse de l'absence de nécessité d'un lien de droit avait d'abord été avancée dans *Schwartz Service Station* c. *Teamsters Local Union 900*, [1975] T.T. 125.

155. *U.E.S., local 298* c. *Bibeault*, précité, note 137, p. 1112-1113.

156. *Ibid.*, p. 1110-1120 ; *Ivanhoe Inc.* c. *TUAC, section locale 500*, précité, note 124, par. 44. Il n'est pas pour autant exclu qu'une loi particulière tienne lieu de cet accord de volontés entre les employeurs successifs en prononçant elle-même la continuité d'entreprise : *Ivanhoe Inc.* c. *TUAC, section locale 500*, précité, note 124, par. 91. Voir aussi et comparer : *Syndicat des employés de la Communauté régionale de l'Outaouais* c. *Collines-de-l'Outaouais (Municipalité régionale de comté des)*, [1999] R.J.D.T. 97 (C.A.) ; *Maison L'Intégrale Inc.* c. *Syndicat canadien de la fonction publique, section locale 313*, D.T.E. 94T-959 (T.T.), confirmé par *Maison L'Intégrale Inc.* c. *Tribunal du travail*, précité, note 124.

157. *Union des employées et employés de la restauration, Métallurgistes unis d'Amérique, section locale 8470* c. *Ultramar Canada Inc.*, précité, note 143.

l'exigence d'un lien de droit entre les employeurs successifs n'écarte pas pour autant « la possibilité qu'un intermédiaire intervienne dans la relation juridique »[158] et si la volonté de se départir du droit de propriété ou d'exploitation de l'entreprise est essentielle, il est par contre « de peu d'importance que cette volonté soit immédiate ou conditionnelle : il suffit que le titulaire des droits dans l'entreprise consente à l'acquisition de la propriété de l'entreprise ou à son exploitation par autrui »[159].

i)   L'aliénation

589 – *Notion et mode* – La notion de droit civil d'aliénation se rapporte à la cession de droits reliés à la propriété[160]. Cette cession peut être totale ou partielle[161]. Par nature, elle revêt en principe un caractère définitif.

Depuis le 15 juillet 2001, l'article 45 C.t. n'écarte plus la vente en justice comme mode de transmission de l'entreprise susceptible de provoquer son application[162]. La disparition de cette exception laisse place désormais à une vérification dans chaque cas de la continuation

---

158.   *U.E.S., local 298* c. *Bibeault*, précité, note 137, p. 1114. Exemples d'absence de lien de droit : *Dimension Composite Inc.* c. *Syndicat des salariés d'acrylique de Beauce (C.S.D.)*, D.T.E. 99T-419, REJB 99-11697 (T.T.) ; *Syndicat des employés de commerce et des services de Shawinigan (section Service sanitaire) (C.S.N.)* c. *Service sanitaire de la Mauricie Inc.*, précité, note 144 ; *Boucher* c. *Centre de placement spécialisé du Portage (C.P.S.P.)*, D.T.E. 92T-552 (C.A.). Exemples de constatation d'un accord de volontés : *Union des employées et employés de la restauration, métallurgistes unis d'Amérique, section locale 8470* c. *Tribunal du travail*, [1997] R.J.Q. 1511 (C.A.) – réalisation d'une garantie fiduciaire ; *129410 Canada Inc.* c. *Union des employées et employés de la restauration, métallurgistes unis d'Amérique, section locale 8470*, D.T.E. 96T-953 (T.T.) – prise en paiement ; *Banque Toronto-Dominion* c. *Union des employées et employés de service, section locale 800*, précité, note 151 – réalisation des garanties consenties par acte de fiducie et acte hypothécaire avec clause de prise en paiement.

159.   *U.E.S., local 298* c. *Bibeault*, précité, note 137, p. 1115 ; *Ivanhoe Inc.* c. *TUAC, section locale 500*, précité, note 124, par. 94-96. Voir aussi, *Syndicat des travailleuses et travailleurs du Ritz-Carlton* c. *Hôtel RCM*, D.T.E. 2008T-547 (C.R.T.).

160.   *U.E.S., local 298* c. *Bibeault*, précité, note 137, p. 1113-1114.

161.   Exemple : *Transport de l'Anse Inc.* c. *Syndicat des chauffeurs du Bas St-Laurent*, [1986] T.T. 207 – vente d'un circuit d'autobus.

162.   La jurisprudence avait décidé que toute vente forcée constituait une vente en justice au sens de l'article 45 C.t., que cette vente soit effectuée sous l'autorité d'un jugement ou sous celle de la Loi, par un officier de justice ou par un officier public, comme le syndic à la faillite : *Syndicat des employés de Métal Sigodec (C.S.N.)* c. *St-Arnaud*, [1986] R.J.Q. 927 (C.A.) ; *Bergeron* c. *Métallurgie Frontenac Ltée*, [1992] R.J.Q. 2656 (C.A.) ; *Bélanger* c. *Moulin à papier Portneuf Inc.*, D.T.E. 2009T-123 (C.A.).

de l'entreprise comme entité organique active, dans le cadre d'analyse définie par la Cour suprême, malgré et par-delà l'aléa de sa déconfiture économique et de sa vente en justice[163]. L'exception de la vente en justice a disparu, mais l'exigence de continuité de l'entreprise subsiste. À cet égard, le constat d'une activité purement conservatoire de l'actif, orientée vers le démembrement ou la liquidation de l'entreprise, suffira à écarter la prétention de sa continuité[164].

Dans un autre ordre de considérations, l'application de l'article 45 C.t. ne devrait pas susciter de difficulté particulière lorsque la vente en justice survient dans le cadre des règles générales de droit qui relèvent de la compétence législative du Québec. Il ne faudrait toutefois pas se surprendre d'une mise en question de l'applicabilité constitutionnelle du nouvel énoncé de l'article 45 lorsque la vente en justice de l'entreprise fait suite à sa faillite, eu égard au fait que la faillite est une matière sujette à la compétence législative fédérale, compétence exprimée dans la *Loi sur la faillite et l'insolvabilité* (L.F.I.)[165].

Dans cette éventualité, l'applicabilité constitutionnelle de l'article 45 en contexte de faillite devrait se voir reconnue, essentiellement pour deux raisons. D'abord, on ne saurait sérieusement douter que le « caractère véritable » de l'article 45 C.t. en fait une mesure relative au droit du travail et plus particulièrement aux relations collectives de travail, validement adoptée par le Québec[166]. Ensuite, cette mesure ne présente aucune incompatibilité avec la *Loi sur la faillite et l'insolvabilité* et plus particulièrement avec ses dispositions qui identifient des « créanciers garantis » (art. 2 L.F.I.) et celles qui établissent un ordre de répartition de l'actif entre différentes catégories de créanciers (art. 136 L.F.I.)[167].

---

163. Exemple d'une telle survie dans le contexte de l'application d'une autre loi du travail : *Delisle* c. *2544-0751 Québec inc.*, D.T.E. 2001T-1156 (C.T.).

164. Voir et comparer, par analogie : *Raymond, Chabot, Martin, Paré & associés* c. *G.D.I. Inc.*, précité, note 151 ; *Burns* c. *Compagnie du Trust national Ltée*, précité, note 151 ; *Syndicat des employés de Métal Sigodec (C.S.N.)* c. *St-Arnaud*, *ibid.* Sur l'effet d'une ordonnance de liquidation d'une société selon la *Loi sur les liquidations*, L.R.C. (1985), ch. W-11, voir *Syndicat des employés de coopératives d'assurance-vie* c. *Raymond, Chabot, Fafard, Gagnon Inc.*, [1997] R.J.Q. 776 (C.A.).

165. L.R.C. (1985), ch. B-3.

166. Voir *supra*, Titre préliminaire, chapitre 1, nos 3, 15.

167. Art. 72(1) L.F.I. *Husky Oil Operations Ltd.* c. *Ministre du Revenu national*, [1995] 3 R.C.S. 453, par. 32-39 et 87 ; *Restaurant Ocean Drive inc. (Syndic de)*, [1998] R.J.Q. 30 (C.A.), p. 38-41 ; *Caron, Bélanger, Ernst & Young Inc.* c. *Syndicat canadien des travailleurs du papier, section locale 204*, [1993] T.T. 317.

ii) La concession

590 – *Notion et conditions d'application* – La version anglaise du *Code du travail* rend le concept de concession par l'expression «*operation by another*», beaucoup plus évocatrice. Dans l'arrêt *Bibeault*, le juge Beetz en relevait la souplesse en signalant simplement que sa définition civiliste y voit un mot dont le sens juridique peut varier selon les situations et qui se rapporte à l'octroi, par une personne à une autre, de la jouissance d'un droit ou d'un avantage particulier[168]. Il n'hésitait par ailleurs pas à décrire génériquement les droits mis en cause par une concession d'entreprise comme des droits qui se rapportent à son exploitation par autrui[169].

La concession d'entreprise se distingue de son aliénation en ce qu'elle n'implique pas le droit de propriété de l'entreprise et qu'elle revêt ainsi un caractère réversible ou temporaire[170]. L'application par les juridictions du travail des principes énoncés par la Cour suprême dans l'arrêt *Bibeault* a conduit à un certain flottement dans le traitement du phénomène de la sous-traitance, entendu comme la participation d'un tiers et de ses salariés à l'exécution d'une activité de l'entreprise par ailleurs couverte par une accréditation. La jurisprudence traditionnelle antérieure à l'arrêt *Bibeault* avait reconnu uniformément l'application de l'article 45 C.t. à une situation où l'employeur visé par une accréditation transférait à un tiers l'exécution de travaux couverts par cette accréditation et exécutés par ses salariés. Le terme « concession » recevait ainsi un sens large lui permettant de couvrir, dans ces conditions, toute forme d'impartition[171]. Après l'arrêt *Bibeault*, deux courants de pensée se développèrent à l'endroit du phénomène dit de la sous-traitance.

Une première interprétation, restrictive et demeurée très minoritaire, trouva dans les notions d'entreprise et d'aliénation d'entreprise exposées par la Cour suprême dans l'arrêt *Bibeault* le fondement d'une distinction entre, d'une part, la concession partielle

---

168. *U.E.S., local 298* c. *Bibeault*, précité, note 137, p. 1114-1115.

169. *Ibid.*, p. 1115.

170. *Ivanhoe Inc.* c. *TUAC, section locale 500*, précité, note 124, par. 91 ; *Syndicat des travailleuses et travailleurs d'Alfred Dallaire (C.S.N.)* c. *Alfred Dallaire inc.*, précité, note 3.

171. *Centrale de chauffage Enr.* c. *Syndicat des employés des institutions religieuses de Chicoutimi Inc.*, précité, note 152, p. 239 ; *Barnes Security Service Ltd.* c. *Association internationale des machinistes et des travailleurs de l'aéroastronautique, local 2235*, précité, note 140, p. 12 ; *Syndicat national des employés de l'aluminium d'Arvida Inc.* c. *J.R. Théberge Ltée*, [1965] R.D.T. 449 (C.R.T.).

d'entreprise visée par l'article 45 C.t. et, d'autre part, la « simple sous-traitance », qui aurait échappé à cette disposition législative[172]. La véritable concession partielle d'entreprise atteindrait cette dernière dans son intégrité organique, emportant son démembrement. L'objet de la transaction aurait pu être celui d'une aliénation et on retrouverait chez le nouvel employeur présumé des éléments de l'entreprise originaire suffisamment importants pour constituer par eux-mêmes une entreprise autonome viable, une miniaturisation en quelque sorte de l'entreprise d'origine. La « simple sous-traitance », elle, ne constituerait qu'une atteinte superficielle à l'entreprise, généralement caractérisée par l'absence de transfert d'éléments significatifs de cette dernière et par la cession, temporaire, d'un droit d'exploiter ou de gérer une partie de ses activités. La concession totale demeure relativement rare. Elle implique en effet que l'employeur originaire conserve la propriété de son entreprise tout en laissant son exploitation « clé en main » à son concessionnaire, en pleine autorité et pour son propre compte.

La grande majorité des décisions des instances spécialisées s'en tinrent essentiellement à la politique d'application de l'article 45 C.t. telle qu'elle avait été développée à l'endroit de la sous-traitance avant l'arrêt *Bibeault*. Selon cette approche plus large et libérale, le démembrement partiel de l'entreprise qui résulte de son abandon et de la cession à un tiers de moyens ou d'activités normalement nécessaires à la poursuite de sa fin constitue une concession partielle. Les éléments caractéristiques de la partie d'entreprise concédée peuvent se limiter au simple droit conféré au tiers d'exploiter et de gérer une partie de l'affaire de son donneur d'ouvrage et à la similitude des fonctions de travail nécessaires à cette fin[173].

---

172. *Syndicat des travailleurs de l'énergie et de la chimie, section locale 140 (F.T.Q.)* c. *Atelier industriel St-Jean Inc.*, [1990] T.T. 117 ; *Syndicat national des travailleurs de l'automobile, de l'aérospatiale et de l'outillage agricole du Canada (T.C.A.-Canada)* c. *Fabrication Bricofil Inc.*, précité, note 146 ; *Soudure Re-De Inc.* c. *Syndicat national des travailleurs et travailleuses de l'automobile, de l'aérospatiale et de l'outillage agricole du Canada (T.C.A.-Canada)*, D.T.E. 90T-768 (T.T.).

173. *Entreprises Chando-Net Enr.* c. *Union des employés-es de service, local 800 (F.T.Q.)*, [1992] T.T. 620 ; *Gatineau (Ville de)* c. *Syndicat des cols bleus de Gatineau*, [1992] T.T. 599 – octroi de territoires à des entrepreneurs pour y fournir des services municipaux ; *Services alimentaires C.V.C. Ltée* c. *Syndicat des employés du Cégep Lionel-Groulx*, D.T.E. 93T-154 (T.T.) – concession de services alimentaires ; *Buanderie Blanchelle Inc.* c. *Syndicat canadien de la fonction publique, section locale 2105*, D.T.E. 97T-354 (T.T.) – collecte et distribution de linge dans un hôpital.

Certaines décisions qui avaient retenu cette approche furent par la suite annulées par la Cour supérieure qui leur reprocha d'avoir ainsi réintroduit la notion « fonctionnelle » de l'entreprise, écartée par la Cour suprême dans l'affaire *Bibeault*[174]. Plusieurs dossiers soulevant la question de la sous-traitance se retrouvèrent simultanément en Cour d'appel. Celle-ci, par l'effet combiné de quatre jugements rendus à la fin de l'année 1998 et au début de 1999, avalisa la politique d'interprétation dominante dans les instances du travail à l'endroit de la sous-traitance, plus particulièrement quant à l'octroi de contrats d'entretien ménager d'immeubles et d'impartition de travaux municipaux[175].

Le litige fut finalement porté en Cour suprême par les affaires *Ivanhoe Inc.*[176], d'une part, et *Ville de Sept-Îles*[177], d'autre part. Les arrêts de la Cour suprême dans ces deux affaires confirment ceux de la Cour d'appel. En ressortent notamment les enseignements suivants :

– En présence d'une allégation de transmission partielle d'entreprise, la vérification de la continuité d'entreprise s'effectue à partir des éléments caractéristiques de la partie d'entreprise concernée, en les pondérant selon sa nature et l'importance relative de ses composantes[178].

– Il n'est pas nécessaire que la partie d'entreprise concédée soit essentielle ou vitale pour la réalisation de la finalité principale de l'entreprise cédante[179]. Il suffit que les activités concédées soient normales et habituelles pour le donneur d'ouvrage[180].

---

174. Exemples : *For-Net Inc.* c. *Tribunal du travail*, [1992] R.J.Q. 445 (C.S.) ; *C.E.G.E.P. du Vieux-Montréal* c. *Ménard*, [1992] R.J.Q. 1603 (C.S.) ; *Commission scolaire Ancienne-Lorette* c. *Auclair*, D.T.E. 92T-1269 (C.S.).

175. *Ivanhoe Inc.* c. *Union internationale des travailleurs et travailleuses unis de l'alimentation et du commerce, section locale 500*, [1999] R.J.Q. 32 (C.A.) ; *Syndicat des employées et employés professionnels et de bureau, section locale 57 (S.I.E.P.B.-C.T.C.-F.T.Q.)* c. *Commission scolaire Laurenval*, [1999] R.J.D.T. 1 (C.A.) ; *Université McGill* c. *St-Georges*, précité, note 123 ; *Syndicat canadien de la fonction publique, section locale 2589* c. *Sept-Îles (Ville de)*, C.A. Québec, nº 200-09-000814-969, 16 mars 1999.

176. *Ivanhoe Inc.* c. *TUAC, section locale 500*, précité, note 124.

177. *Sept-Îles (Ville de)* c. *Québec (Tribunal du travail)*, précité, note 119.

178. *Sept-Îles (Ville de)* c. *Québec (Tribunal du travail), ibid.*, par. 20 ; *Ivanhoe Inc.* c. *TUAC, section locale 500*, précité, note 124, par. 65-70.

179. *Ivanhoe Inc.* c. *TUAC, section locale 500, ibid.*, par. 73-76.

180. *Ibid.*, par. 52, 71 et 126. Voir aussi à ce sujet l'opinion du juge LeBel, alors à la Cour d'appel : *Ivanhoe Inc.* c. *Union internationale des travailleurs et travailleuses unis de l'alimentation et du commerce, section locale 500,* précité, note 175 ;

– La partie d'entreprise concédée n'a pas à se présenter comme une sorte de miniaturisation de celle d'où elle origine, non plus qu'à constituer une entité économiquement viable par elle-même[181].

– Le concessionnaire doit cependant disposer d'une autonomie juridique suffisante, particulièrement dans ses relations avec les salariés, pour être considéré comme leur nouvel employeur. Cette exigence ne suppose pas son contrôle complet sur les activités qui lui sont confiées, non plus qu'elle exclut parallèlement l'exercice d'un droit de contrôle du donneur d'ouvrage sur leur réalisation[182].

– Un droit d'exploitation, entendu comme celui d'effectuer des tâches précises à un endroit précis et dans un but spécifique, peut être l'objet d'une concession au sens de l'article 45 C.t.[183].

– En application des énoncés qui précèdent, il n'est ni contraire à l'arrêt *Bibeault* ni manifestement déraisonnable de conclure à l'application de l'article 45 C.t. lorsqu'un concessionnaire reçoit un droit d'exploitation sur une partie de l'entreprise de son concédant visé par une accréditation et qu'il fait exécuter des fonctions similaires à celles qu'effectuaient jusque-là le concédant et ses salariés[184].

591 – *Rétrocession* – L'aliénation et, le plus souvent, la concession de l'entreprise peuvent éventuellement donner lieu à sa rétrocession. L'application de l'article 45 C.t. n'annule pas l'accréditation chez l'employeur cédant. Elle la laisse en état latent tout en transportant ses effets chez le cessionnaire. Ainsi, en présence d'une accréditation

---

      Société des loteries et courses du Québec (Loto-Québec) c. *Syndicat des professionnelles et professionnels du gouvernement du Québec*, D.T.E. 2000T-162 (T.T.) ; *Hôpital Rivière-des-Prairies* c. *Syndicat canadien de la fonction publique, section locale 313 (F.T.E.)*, [1998] R.J.D.T. 696 (T.T.) ; *Stationnement « Ta Place »* c. *Association du personnel de soutien du Collège Marie-Victorin*, [1997] T.T. 273.

181. *Ivanhoe Inc.* c. *TUAC, section locale 500*, précité, note 124, par. 78-81 ; *Sept-Îles (Ville de)* c. *Québec (Tribunal du travail)*, précité, note 119, par. 20.

182. *Ivanhoe Inc.* c. *TUAC, section locale 500, ibid.* ; *Sept-Îles (Ville de)* c. *Québec (Tribunal du travail), ibid.*, par. 21-23. En l'absence d'autonomie suffisante du tiers intervenant, l'employeur originaire sera réputé conserver cette qualité : *Loisirs St-Jacques* c. *Syndicat des fonctionnaires municipaux de Montréal (S.C.F.P.)*, [2002] R.J.D.T. 625 (T.T.) ; *Propriétés Trizec Ltée* c. *Prud'Homme*, [1998] R.J.D.T. 72 (C.S.) ; voir aussi *A.I.E.S.T., local de scène n° 56* c. *Société de la Place des Arts de Montréal*, [2004] 1 R.C.S. 43, 2004 CSC 2.

183. *Ivanhoe Inc.* c. *TUAC, section locale 500*, précité, note 124, par. 51, 71 et 78.

184. *Ibid.*, par. 62-81 ; *Sept-Îles (Ville de)* c. *Québec (Tribunal du travail)*, précité, note 119, par. 18.

qui lie l'employeur cédant et qui se trouve transmise par l'article 45 C.t. chez un nouvel employeur, la fin de la concession ramènera les activités concédées sous le couvert de l'accréditation qui les visait originalement. L'employeur initial peut alors les reprendre à sa charge ou les confier à un autre exploitant, ce qui déclenchera une nouvelle application de l'article 45 C.t. entre lui et ce dernier[185].

Il s'ensuit qu'en cas de concessions successives, ni l'employeur originaire cédant, ni un nouveau concessionnaire ne sera lié par une convention collective conclue par un concessionnaire précédent : l'article 45 C.t. n'assure alors que le maintien et le transfert à un nouveau concessionnaire de l'accréditation accordée originellement à l'endroit du donneur d'ouvrage redevenu un employeur potentiel à la fin de la première concession[186]. Autre conséquence, une accréditation émise directement à l'endroit du sous-contractant cesse purement et simplement d'avoir effet lorsque le donneur d'ouvrage reprend lui-même les activités à sa charge à la fin du contrat.

Sans invalider ni désavouer de quelque manière cette théorie classique de la rétrocession, la Cour suprême suggère clairement qu'un autre raisonnement, fondé sur le caractère essentiellement temporaire de la concession d'entreprise, pourrait justifier l'assimilation de la fin d'un sous-contrat à une concession du concessionnaire vers son donneur d'ouvrage, consentie à l'avance et conforme aux principes déjà dégagés par la Cour suprême[187]. Dans cette éventualité, le donneur d'ouvrage pourrait se retrouver tout aussi bien avec une convention collective conclue par son concessionnaire qu'avec une accréditation octroyée directement à son endroit.

Outre les cas d'aliénation ou de concession de l'entreprise, l'article 45, al. 2 C.t. assure le maintien de l'accréditation dans certai-

---

185. *Ivanhoe Inc.* c. *TUAC, section locale 500*, précité, note 124, par. 83-101 ; *Propriétés Trizec Ltée* c. *Prud'Homme*, précité, note 182 ; *Syndicat des travailleurs du Holiday Inn Ste-Foy (C.S.N.)* c. *Prime Hospitality Inc.*, [1991] T.T. 40.
186. Voir : *Laliberté et associés Inc.* c. *Syndicat des employées et employés de l'Université Laval, section locale 2500 (F.T.Q.-C.T.C.)*, D.T.E. 98T-597 (T.T.) ; *Syndicat des employés de la Ville de Brossard* c. *Services d'entretien Fany Inc.*, [1995] T.T. 423 ; *Conciergerie C.D.J. (Québec) Inc.* c. *Fraternité canadienne des cheminots, employés des transports et autres ouvriers, section locale 277*, D.T.E. 92T-1043 (T.T.).
187. *Ivanhoe Inc.* c. *TUAC, section locale 500*, précité, note 124, par. 94-96. La Cour suprême avait déjà donné son aval à cette approche dans le contexte de la législation ontarienne : *Ajax (Ville)* c. *TCA, section locale 222*, [2000] 1 R.C.S. 538, 2000 CSC 23.

nes situations de transformation d'entreprise, qu'il s'agisse de sa division en entités différentes, de sa fusion avec une autre entité ou de quelque autre changement qui touche son identité juridique[188].

D. Les effets

1. Les droits collectifs

a) Le régime général

592 – *Substitution d'employeur* – En mots simples, le nouvel employeur se trouve substitué à l'employeur-cédant, dans l'état où ce dernier se trouvait au moment de l'aliénation ou de la concession[189]. Il en est ainsi quant aux procédures en vue de l'obtention d'une accréditation[190]. C'est également le cas du processus de négociation en vue de la conclusion d'une convention collective ou de son renouvellement[191]. Par exemple, un état de grève légale ou de lock-out en cours chez l'employeur cédant au moment de la concession pourrait se trouver transporté, sans autre formalité, chez le concessionnaire à l'égard des travaux transférés[192]. Quant à la convention collective, s'il y a lieu, elle suivra généralement mais non nécessairement l'accréditation. La Cour suprême expose à ce sujet :

> Lorsque, comme en l'espèce, des protections contractuelles ont été négociées en faveur des salariés, qui ne subissent aucun désavantage à la suite de la concession en sous-traitance, le commissaire peut examiner l'ensemble des difficultés entraînées par l'application de l'article 45

---

188. Exemple de fusion : *Syndicat des employés du Carrefour des jeunes de Montréal c. Union des employés de service, local 298*, [1990] T.T. 398. Exemple de changement de structure juridique : *Camions White Québec c. Syndicat national des travailleurs et travailleuses de l'automobile, de l'aérospatiale et de l'outillage agricole du Canada (T.C.A.-Canada)*, D.T.E. 90T-902 (T.T.).
189. *9172-0904 Québec inc. c. Commission des relations du travail*, précité, note 118 – la transmission doit se faire entre deux employeurs successifs pour que l'art. 45 C.t. s'applique.
190. *Syndicat des travailleuses et travailleurs d'Alfred Dallaire (C.S.N.) c. Alfred Dallaire inc.*, précité, note 3, par. 46 et 54. Voir aussi : *Association des ingénieurs et scientifiques des télécommunications c. Sylvestre*, précité, note 123, par. 42.
191. *Syndicat national catholique des employés des institutions religieuses de St-Hyacinthe Inc. c. Laliberté et Associés Inc.*, D.T.E. 96T-1316 (T.T.) ; *Gestion P.F.L. Inc. c. Syndicat national du lait Inc.*, [1983] T.T. 218.
192. *Société de la Place des Arts de Montréal c. Alliance internationale des employés de scène et de théâtre, du cinéma, des métiers connexes et des artistes des États-Unis et du Canada, local de scène numéro 56*, D.T.E. 2001T-1025 (C.A.), par. 115.

et, s'il le juge approprié, il a le pouvoir de refuser le transfert de la convention collective.

Bien que le sort de la convention suivra généralement celui de l'accréditation, les articles 45 et 46 permettent de distinguer entre le transfert de l'accréditation et l'opportunité, qui s'apprécie par la suite, de transférer dans son intégralité la convention collective. Les dispositions contractuelles visant à protéger les salariés en cas de concession d'entreprise, ainsi que la situation concrète qui prévaut dans l'entreprise et dans l'industrie en général, constituent des facteurs pertinents que le commissaire pourra examiner au moment de décider du transfert de la convention collective.[193]

Les procédures d'exécution de la convention collective, par voie de grief en particulier, se poursuivront auprès du nouvel employeur, son droit d'intervention tenant compte de l'état du dossier[194].

En aucun cas, une déclaration d'application de l'article 45 C.t. ne saurait avoir pour effet d'élargir la portée matérielle de l'accréditation transférée, par exemple en visant des salariés que l'accréditation n'aurait pas visés chez l'employeur originaire[195].

Quant à l'employeur cédant, il est important de retenir que l'accréditation et la convention collective le liant originalement gardent toute leur potentialité à son endroit et continuent de le toucher. On comprend ainsi, comme déjà mentionné précédemment, comment le retour d'une concession à l'employeur cédant visé par une accréditation ramènera sous l'empire de cette dernière les opérations concédées et ensuite rapatriées[196].

---

193. *Sept-Îles (Ville de)* c. *Québec (Tribunal du travail)*, précité, note 119, par. 30-31. Voir aussi *Ivanhoe Inc.* c. *TUAC, section locale 500*, précité, note 124, par. 102-110.

194. *Banque Nationale du Canada* c. *Syndicat des travailleurs du bois usiné de St-Raymond (C.S.N.)*, [1985] T.T. 1. L'article 46 C.t. pourrait néanmoins permettre d'autoriser l'employeur originaire à poursuivre lui-même un grief patronal dont il est l'auteur et qui ne présenterait pas le même intérêt pour son successeur : *Rassemblement des employés techniciens ambulanciers du Québec métropolitain (F.S.S.S.-C.S.N.)* c. *Ambulance St-Raymond inc.*, [2002] R.J.D.T. 246 (T.T.).

195. *Syndicat des cols bleus de Ville de St-Hubert* c. *St-Hubert (Ville de)*, précité, note 127 (j. LeBel) ; *9172-0904 Québec inc.* c. *Commission des relations du travail*, précité, note 118 – l'art. 45 C.t. vise à maintenir l'accréditation et non à étendre sa portée.

196. Voir *supra*, n° 547. *Association internationale des travailleurs du métal en feuilles, local 116* c. *Les Moulées Vigor Ltée*, [1978] T.T. 384, 388-389.

L'application de l'article 45 C.t. n'entraîne pas, au sens strict, un fractionnement de l'accréditation originale donnant naissance à deux accréditations distinctes. Elle commande toutefois, tant qu'elle subsiste, un traitement autonome des relations entre chacun des employeurs en cause et l'association accréditée, notamment quant au maintien du caractère représentatif de cette dernière auprès des salariés de chacun des deux employeurs[197].

b) Le régime propre à la concession partielle

593 – *Particularités* – Le nouvel article 45.2 C.t. instaure un sous-régime qu'il réserve aux cas de concession partielle d'une entreprise, c'est-à-dire notamment et concrètement aux cas de sous-traitance ou d'impartition[198]. Ce régime déroge sous deux aspects majeurs aux règles générales énoncées à l'article 45 et qui pourraient autrement trouver application, savoir quant à la possibilité de renoncer à l'application de l'article 45, d'une part, et quant à la durée d'une convention collective transférée au nouvel employeur, d'autre part.

Le paragraphe 2° du premier alinéa de l'article 45.2 C.t. tempère largement le caractère d'ordre public de l'article 45. Il permet en effet aux parties intéressées de négocier et de conclure une entente sur les conditions auxquelles une concession partielle sera traitée et qui peuvent même comprendre une clause selon laquelle elles renoncent à demander l'application de l'article 45. Le cas échéant, une telle clause lie la C.R.T., sans droit de regard de sa part sur le contenu de l'entente et sa qualité[199]. L'entente doit porter sur une concession particulière qui y est identifiable. La prudence voudrait que le cessionnaire, nouvel employeur potentiel ou éventuel, souscrive à l'entente si cette dernière prévoit des obligations qu'il devra assumer. Le cas échéant, une clause de renonciation à l'application de l'article 45 n'influera pas sur la portée, chez l'employeur cédant, de l'accré-

---

197. *Ivanhoe Inc.* c. *TUAC, section locale 500*, précité, note 124, par. 125-127 ; *Syndicat des employés de la Ville de Brossard* c. *Services d'entretien Fany Inc.*, précité, note 186 ; *Association internationale des travailleurs du métal en feuilles, local 116* c. *Les Moulées Vigor Ltée, ibid.*, p. 390.

198. Le terme « concession » est un synonyme de sous-traitance et d'impartition dans la mesure où une « concession » constitue un « [a]cte juridique qui consiste à accorder à autrui, en tout ou en partie l'opération d'une industrie qu'on effectuait soi-même auparavant ». Voir, G. DION, *Dictionnaire canadien des relations du travail*, 2e éd., Québec, Les Presses de l'Université Laval, 1986, p. 103.

199. Il n'est toutefois pas à exclure que la C.R.T. soit conduite à examiner le contenu d'une telle entente à partir d'une allégation de manquement par le syndicat à son obligation légale de représentation (art. 47.2 C.t.).

ditation du syndicat qui y consent. La Loi prévoit ainsi l'éventualité d'une rétrocession en garantissant le maintien des conséquences que la jurisprudence actuelle lui reconnaît.

En vertu du paragraphe 1o du premier alinéa de l'article 45.2, la convention collective qui est transférée chez le nouvel employeur et qui n'est pas expirée lors de la prise d'effet de la concession partielle d'entreprise est réputée expirer le jour de cette prise d'effet et ce, aux fins des relations du travail entre le nouvel employeur et l'association de salariés. La convention collective se trouve ainsi transférée par la Loi elle-même chez le nouvel employeur, qui devra ensuite continuer d'en appliquer les conditions selon l'article 59 C.t. En conséquence, la période de remise en question de l'allégeance syndicale ne pourra commencer que neuf mois après la date de prise d'effet de la concession (art. 22c) C.t.). Toutefois, la C.R.T. peut décider que le nouvel employeur demeurera lié par la convention collective jusqu'à la date prévue pour son expiration, à deux conditions : (1) que la demande lui en ait été faite par une partie intéressée, dans un délai de trente jours suivant la prise d'effet de la concession partielle d'entreprise, selon le sixième alinéa de l'article 46 C.t. ; (2) qu'elle juge que la concession a été faite dans le but principal d'entraver la formation d'une association de salariés ou de porter atteinte au maintien de l'intégralité d'une association de salariés accréditée. Les règles qui précèdent, quant à la durée de la convention collective, ne s'appliquent pas dans le cas d'une concession entre employeurs des secteurs public et parapublic au sens du paragraphe 1 de l'article 111.2 C.t. (art. 45.2, al. 2 C.t.).

Il est prévisible que cette nouvelle permissivité consentie au traitement de la concession partielle d'entreprise devienne l'enjeu de débats sur la qualification d'une transmission d'entreprise à ce titre plutôt qu'à celui de concession totale ou d'aliénation.

Sur un autre plan, la concession d'entreprise, qu'elle soit cette fois totale ou partielle, donne lieu à une autre particularité lorsqu'elle survient durant la procédure en vue de l'obtention d'une accréditation. La C.R.T. a alors discrétion pour décider que l'employeur cédant et le concessionnaire sont successivement liés par l'accréditation (art. 46, al. 5 C.t.)[200].

---

200.   Cette nouvelle possibilité répond en quelque sorte au constat de la Cour d'appel dans l'affaire *Syndicat des travailleuses et travailleurs de Alfred Dallaire* c. *Alfred Dallaire inc.*, précité, note 3. Voir aussi *supra*, Titre II, chapitre 3, no 550.

D'autre part, le *Code du travail* soustrait complètement certaines concessions partielles d'entreprise du régime légal de l'article 45 C.t. À cet effet, l'article 45, al. 3 C.t. se lit comme suit :

> Le deuxième alinéa ne s'applique pas dans un cas de concession partielle d'entreprise lorsque la concession n'a pas pour effet de transférer au concessionnaire, en plus de fonctions ou d'un droit d'exploitation, la plupart des autres éléments caractéristiques de la partie d'entreprise visée.

Adopté en février 2004, ce régime de concession partielle, prévu à l'article 45.2 C.t., vise essentiellement la sous-traitance et l'impartition ; posant une limite législative à la libéralité de l'interprétation donnée jusque-là par les tribunaux à la notion de concession d'entreprise. Selon le ministre du Travail de l'époque, M. Michel Després, une des raisons qui ont poussé le gouvernement à ajouter cette exigence au transfert de la convention collective et de l'accréditation était la clarification juridique, en faisant échec à l'orientation qu'avaient prise les tribunaux[201]. L'affaire *Ville de Sept-Îles* est un bon exemple de cette orientation : la Cour a jugé l'application automatique de l'article 45 C.t. lorsque seul le droit d'exploitation était concédé[202]. De plus, ce régime particulier a été mis en place dans le but d'adapter les rapports collectifs à la nouvelle réalité que constitue une concession partielle d'entreprise en faisant en sorte que les acteurs puissent renégocier la convention collective rapidement. En effet, dans les cas où l'article 45.2, par. 1 C.t. s'applique, l'association accréditée ou l'employeur peut donner un avis de négociation dans les 30 jours suivant l'expiration réputée de la convention (art. 52, al. 4 C.t.).

Ce nouvel alinéa postule l'existence d'une pluralité d'éléments caractéristiques de la partie d'entreprise donnée en sous-traitance et oblige à les considérer dans la détermination de l'application de l'article 45 C.t. La Loi exige ainsi le transfert de la plupart de ces éléments caractéristiques comme condition d'application des droits et obligations de succession selon l'article 45, al. 2 C.t. Même avant ces amendements et suivant les principes dégagés par la Cour suprême dans l'arrêt *Bibeault*[203], les juridictions du travail exigeaient le transfert d'éléments caractéristiques de la partie d'entreprise concédée en

---

201. *Ibid.*
202. *Sept-Îles (Ville de)* c. *Québec (Tribunal du travail)*, précité, note 119.
203. *U.E.S., local 298* c. *Bibeault*, précité, note 137.

sous-traitance externe afin d'y reconnaître l'application de l'article 45 C.t.[204]. Toutefois, la jurisprudence n'imposait pas cette condition lorsque la sous-traitance était interne, c'est-à-dire lorsque le travail continue de s'exécuter chez le donneur d'ouvrage.

Pour que l'article 45.2 C.t. s'applique en cas de concession partielle d'entreprise, il faut donc que, outre les fonctions et le droit d'exploitation, d'autres éléments de l'entreprise visée aient fait l'objet d'un transfert[205]. On peut entendre par « autres éléments caractéristiques » le personnel, les produits, les équipements ou le savoir-faire[206].

Quoique sa formulation puisse soulever plusieurs interrogations annonciatrices de litiges, l'alinéa 3 de l'article 45 C.t. n'a suscité que peu de débats d'interprétation devant la C.R.T. depuis son adoption. Notons, toutefois, une source de divergence : comment s'appréciera le transfert de ces « autres éléments caractéristiques » ? Les appréciera-t-on de façon purement quantitative ou en les pondérant selon leur importance relative ? À l'heure actuelle, la C.R.T. n'est pas unanime sur ce point[207].

En adoptant l'article 45, al. 3 C.t., le législateur n'a pas tenu compte du lieu d'exécution du travail. Dans l'arrêt *Ivanhoe Inc.*, la Cour suprême l'avait pourtant considéré comme un élément intrinsèque à la concession d'un droit d'exploitation[208] et la C.R.T. l'avait

---

204. Exemples : *Syndicat national des travailleurs de l'automobile, de l'aérospatiale et de l'outillage agricole du Canada (T.C.A. Canada)* c. *Fabrication Bricofil Inc.*, précité, note 146 ; *Syndicat des employés de magasins et de bureaux de la Société des alcools du Québec* c. *3924688 Canada Inc.*, D.T.E. 2004T-541 (C.R.T.) ; *Association internationale des machinistes et des travailleurs de l'aérospatiale, section locale 2133* c. *Metal-Eze Fabrication Inc.*, D.T.E. 2004T-1049 (C.R.T.) ; *Travailleuses et travailleurs unis de l'alimentation et du commerce, section locale 501* c. *Inventaires Laparé Inc.*, D.T.E. 2005T-1027 (C.R.T.).

205. *Union des employés et employées de service, section locale 800* c. *9066-7148 Québec inc. (faisant affaire sous le nom de Services CB Star)*, 2006 QCCRT 0383, D.T.E. 2006T-189 (C.R.T.), par. 108-117 (demande de révision selon l'article 127 C.t. rejetée, 2007 QCCRT 0069).

206. *Ibid.*

207. Voir : *Syndicat national du lait inc. CSD* c. *Laiterie Royala inc.*, 2004 QCCRT 0602, [2005] R.J.D.T. 259 (C.R.T.), par. 20, où la C.R.T. a privilégié un examen strictement quantitatif, comparer avec : *Union des employés et employées de service, section locale 800* c. *9066-7148 Québec inc. (faisant affaire sous le nom de Services CB Star)*, précité, note 205, par. 112, où la C.R.T. a décidé qu'il fallait faire une pondération pour tenir compte de l'importance relative de chaque élément caractéristique plutôt qu'un examen purement quantitatif ; *Union des employées et employés de service, section locale 800* c. *École Maïmonide (garderie)*, D.T.E. 2006T-1010 (T.A.).

208. *Ivanhoe Inc.* c. *TUAC, section locale 500*, précité, note 124, par. 51, 71, 78.

traité comme un facteur distinct lorsqu'il était joint à d'autres[209]. Quant à l'identité des salariés, la jurisprudence a toujours considéré la présence des mêmes salariés comme un simple indice de transfert d'entreprise. Sauf exception, on imagine difficilement que l'individualité des salariés devienne un élément caractéristique d'une partie d'entreprise concédée en sous-traitance.

Le transfert d'éléments caractéristiques requis par le 3e alinéa de l'article 45 C.t. n'implique pas celui du droit de propriété de ces mêmes éléments ; l'octroi d'un droit d'utilisation suffit[210].

L'exception relative à la concession partielle d'entreprise demeure sans effet dans deux contextes particuliers. Premièrement, lorsque la concession partielle a été faite dans le but principal d'entraver la formation d'une association de salariés ou deuxièmement, de porter atteinte au maintien de l'intégralité d'une association accréditée. Dans ces deux cas, la C.R.T. peut rendre toute décision pour favoriser l'application du 2e alinéa de l'article 45 C.t. (art. 46, al. 6, 1er par. C.t.). Une partie intéressée doit, à cet effet, déposer une requête précise dans les trente jours suivant la prise d'effet de la concession partielle (ou de la connaissance qu'elle en a)[211].

2. Les droits individuels

594 – *Principe et application* – Sur un autre plan, on en est naturellement venu à se demander si l'application de l'article 45 C.t. avait pour effet de rendre certains droits individuels opposables au nouvel employeur. On songe alors principalement au droit de chaque salarié à son emploi[212]. Pendant plusieurs années, la jurisprudence des

---

209. *Cima+Senc* c. *Syndicat des fonctionnaires municipaux de Montréal (S.C.F.P.)*, D.T.E. 2004T-69 (C.R.T.).

210. *U.E.S., local 298* c. *Bibeault*, précité, note 137, p. 1114-1115 ; *Ivanhoe Inc.* c. *TUAC, section locale 500*, précité, note 124, par. 91. Exemples : *Cima+Senc* c. *Syndicat des fonctionnaires municipaux de Montréal (S.C.F.P.)*, précité, note 209 – utilisation de données de l'auteur de la sous-traitance.

211. *Union des employés et employées de service, section locale 800* c. *9066-7148 Québec inc. (faisant affaire sous le nom de Services CB Star)*, précité, note 205, par. 119-124. L'article 46 C.t. indique que la cause d'action est la prise d'effet de la concession partielle. Le syndicat doit faire preuve de diligence afin de prendre connaissance de la cause d'action.

212. L'article 2097 C.c.Q. affirme la subsistance du contrat de travail malgré l'aliénation de l'entreprise ou la modification de sa structure juridique. Voir *supra*, Titre I, chapitre 1, n°s 157-161.

instances du travail a insisté sur les droits collectifs, rattachés à l'accréditation ou à la convention collective, dont l'article 45 C.t. assurait la subsistance.

Dans l'arrêt *Daniel Roy Limitée*, la Cour suprême a fait nettement ressortir les dimensions individuelles des droits que l'article 45 C.t. garantit par implication[213]. À l'origine de cette affaire, la juridiction du travail avait accueilli une plainte de congédiement pour activités syndicales d'une salariée, congédiement survenu en cours de négociation d'une première convention collective. Du fait que l'employeur qui avait procédé au congédiement avait par la suite vendu son entreprise, le tribunal avait ordonné que la salariée soit réintégrée dans son emploi chez le nouvel employeur. La Cour d'appel fut d'avis que l'article 45 C.t. n'avait pour objet que d'assurer la subsistance de l'accréditation (et de la convention collective) auprès du nouvel employeur[214]. La Cour suprême rejeta carrément cette conception jugée « trop étroite » des objets de l'article 45 C.t. :

> [...] Le congédiement illégal d'un représentant syndical, membre du Comité de négociation, durant le cours des négociations en vue de la conclusion d'une première convention collective est de toute évidence un acte présumé avoir pour objet de faire obstacle à la bonne marche des négociations et à la prompte conclusion d'une convention.
>
> La plainte pour congédiement illégal et l'ordonnance de réintégration, qui en sont la contrepartie, ont pour objet de rétablir l'équilibre et de favoriser la poursuite des négociations et la conclusion d'une convention collective.
>
> Cette plainte occasionnée par le geste de l'employeur et l'ordonnance sont, selon moi, des procédures en vue d'une convention collective ou tout au moins qui s'y rapportent. Les articles 14 à 16 (15 à 17, maintenant) du *Code du travail* ne visent pas autre chose. Ils visent à permettre l'exercice harmonieux des droits conférés aux salariés par le *Code du travail* dont la formation en association, l'obtention de l'accréditation et la conclusion d'une convention collective. Déterminer que le congédiement est illégal et n'a pour cause que la participation de l'employé aux activités menant à la formation du syndicat, à l'obtention de l'accréditation et à la conclusion d'une première convention collective, consiste précisément à déterminer que ce congédiement se rapporte à l'accréditation et à la convention.
>
> [...]

---

213. *Adam* c. *Daniel Roy Limitée*, [1983] 1 R.C.S. 683.
214. *Daniel Roy Limitée* c. *Adam*, [1981] C.A. 409.

L'intimé a soumis par ailleurs que « la protection donnée par l'article 36 (45, maintenant) est donnée à l'association de salariés uniquement [...].

Il est exact que c'est à l'association qu'il appartient de déposer une requête en accréditation, de détenir un certificat et de poser les autres actes mentionnés. Il n'en reste pas moins que l'accréditation et la convention confèrent aussi des droits aux salariés eux-mêmes et rien dans le texte de l'article 36 (45, maintenant) ne me paraît justifier l'affirmation que « la protection [...] est donnée à l'association de salariés uniquement.[215]

C'est dire que rattachés à l'accréditation ou à la convention collective par le processus d'organisation syndicale ou de négociation, ou encore fondés directement sur les dispositions d'une convention collective déjà conclue, les droits individuels des salariés pourront survivre auprès du nouvel employeur par l'effet de l'article 45 C.t.[216] Sous réserve des termes de la convention collective applicable, l'article 45 C.t. ne confère pas par lui-même aux salariés touchés le droit de choisir leur employeur, entre le cédant et le cessionnaire[217].

595 – *Autres lois* – Il est désormais bien établi que l'art. 45 C.t. produit des effets protecteurs à l'égard des droits individuels des salariés[218]. Il faut également garder à l'esprit que les articles 96 et 97 de la *Loi sur les normes du travail*[219] traitent de la « survie » des obli-

---

215. *Adam* c. *Daniel Roy Limitée*, précité, note 213, p. 693-694 ; *Ivanhoe Inc.* c. *TUAC, section locale 500*, précité, note 124, par. 102.

216. *Distribution Réal Chagnon Inc.* c. *Prud'Homme*, D.T.E. 90T-838 (C.A.) ; *Boily* c. *Centre commercial Place du Royaume Inc. (Centroshop Properties Inc.)*, [1991] T.T. 280 ; *Union internationale des travailleurs unis de l'alimentation et du commerce (TUAC), local 301 W (F.T.Q.)* c. *Brasserie Molson-O'Keefe (Les Brasseries Molson)*, D.T.E. 91T-914 (T.T.) ; *Industries du Frein Total Ltée* c. *Syndicat international des travailleurs unis de l'automobile, de l'aérospatiale et de l'outillage agricole d'Amérique, (T.U.A.-F.T.Q.-C.T.C.), section locale 1900*, [1985] T.T. 220, 224 ; *Gestion Teffannel Inc.* c. *Gagnon*, D.T.E. 84T-500 (C.S.). Voir également, *Syndicat des employées et employés des magasins Zellers d'Alma et de Chicoutimi* c. *Zellers Inc.*, D.T.E. 2009T-228 (C.A.), par. 65 : « [...] l'accréditation ne fait pas que conférer des droits à l'association de travailleurs, elle en crée aussi en faveur des salariés eux-mêmes. À l'instar des droits collectifs, les droits individuels liés à l'accréditation sont transférés chez un nouvel employeur lorsqu'il y a lieu d'appliquer l'article 45 C.T. [...] » ; *Bélanger* c. *Moulin à papier de Portneuf inc.*, précité, note 162, par. 45 : « L'article 45 *C.T.* vise à protéger tout autant les droits de l'association de salariés que les droits des salariés, y compris le droit au paiement des vacances ».

217. *Association des ingénieurs et scientifiques des télécommunications* c. *Sylvestre*, précité, note 123.

218. *Adam* c. *Daniel Roy Limitée*, précité, note 213 ; *Syndicat des employées et employés des magasins Zellers d'Alma et de Chicoutimi* c. *Zellers Inc.*, précité, note 216.

219. *Loi sur les normes du travail*, RLRQ, c. N-1.1.

gations pécuniaires de l'employeur lors de la transmission d'entreprise ; ainsi que l'article 2097 du *Code civil du Québec* qui prévoit que « l'aliénation de l'entreprise ou la modification de sa structure juridique par fusion ou autrement, ne met pas fin au contrat de travail ». Somme toute, dans le cadre d'une transmission d'entreprise, le nouvel employeur devra considérer non seulement les droits collectifs des salariés mais également leurs droits individuels liés à l'accréditation, leurs droits découlant des différents contrats de travail, et enfin toute obligation imposée par une autre loi[220].

3. Le règlement des difficultés

596 – *Négociation* – Des situations fonctionnelles complexes suivent parfois une transmission de droits et d'obligations en vertu de l'article 45 C.t. On peut ainsi penser à la possibilité d'affrontement entre les syndicats en présence et à l'administration de conventions collectives différentes pour des salariés qui exécutent sensiblement le même travail, que ce soit quant aux montants des retenues syndicales à effectuer, quant à l'administration des régimes de prévoyance collective ou quant à l'application des règles relatives à la sécurité d'emploi ou aux mouvements de personnel. Des difficultés peuvent également survenir lorsque les unités de négociation se chevauchent à un point tel qu'il soit pratiquement impossible de déterminer quelle association représente un salarié[221].

L'article 46, al. 2 C.t. privilégie la solution négociée des conséquences susceptibles de résulter de l'application de l'article 45 C.t. Dans cette perspective, il habilite la C.R.T. à rendre toute décision nécessaire à la mise en œuvre d'une entente entre les parties intéressées, que ce soit sur la description des unités de négociation, sur la désignation d'une association pour représenter le groupe de salariés visés par une unité de négociation décrite dans l'entente ou sur toute autre question d'intérêt commun. En principe, la C.R.T. devrait s'abstenir d'intervenir lorsqu'une difficulté a déjà été réglée par négociation entre les nouveaux interlocuteurs au régime collectif de

---

220. À titre d'exemple, l'art. 34 de la *Loi sur les accidents du travail et les maladies professionnelles,* RLRQ, c. A-3.001, prévoit que le nouvel employeur assume les obligations qu'avait l'ancien employeur, notamment le paiement de la cotisation due au moment de l'aliénation ou de la concession.

221. Voir, *Investissement Québec* et *Syndicat de la fonction publique du Québec,* 2011 QCCRT 0509 – selon la Commission, lorsque c'est le cas et que les unités ne sont plus appropriées, alors la situation doit être corrigée.

travail[222]. Les syndicats, singulièrement, doivent alors tenir compte de leur devoir de juste représentation, selon l'article 47.2 C.t., à l'endroit de l'ensemble des salariés qu'ils représentent. En cas de défaillance syndicale réelle, présumée ou raisonnablement appréhendée, à ce niveau, les salariés pourront justifier d'un intérêt suffisant pour se porter partie auprès de la C.R.T.[223]. Rappelons par ailleurs que lorsqu'une concession d'entreprise survient durant la procédure en vue de l'obtention d'une accréditation, la C.R.T. peut décider que l'employeur cédant et le concessionnaire sont successivement liés par l'accréditation, si elle est octroyée (art. 46, al. 5 C.t.).

597 – *Adjudication* – Abondance de biens ne nuit pas. Cet adage convient à la nouvelle rédaction de l'article 46 du *Code du travail* issue de la réforme de 2001.

Dans l'arrêt *Ivanhoe Inc.*[224], la Cour suprême a reconnu que l'article 46 C.t. tel qu'il se lisait avant la réforme laissait à l'instance du travail une large discrétion dans le choix des solutions aux problématiques résultant de l'application de l'article 45, avalisant du même coup des solutions aussi diverses que la redéfinition des unités de négociation, la fusion de listes d'ancienneté et même le refus de faire suivre une convention collective. Ce jugement est survenu alors que la loi réformant le *Code du travail* venait tout juste d'être adoptée et sanctionnée.

La nouvelle facture de l'article 46 C.t. renforce le pouvoir d'intervention de la C.R.T. pour régler les difficultés découlant de l'application de l'article 45. Son deuxième alinéa l'autorise à agir « de la façon qu'elle estime la plus appropriée »[225]. Sans restreindre pour

---

222. *Arbour* c. *Syndicat des employés de Montréal d'Ultramar (Division de l'est)*, [1990] T.T. 56 ; *Cloutier* c. *Sécur Inc.*, D.T.E. 90T-1247 (T.T.). Toutefois, une entente entre les parties ne lie pas la C.R.T., sauf s'il s'agit d'une entente particulière conclue en application de l'article 45.2, al. 1, 2e par. C.t. à l'occasion d'une concession partielle : *Syndicat des salariés de la Caisse Desjardins de l'Érable (CSD)* c. *Caisse Desjardins de l'Érable*, D.T.E. 2005T-442 (C.R.T.).
223. *Épiciers unis Métro-Richelieu Inc.* c. *Lesage*, D.T.E. 95T-629 (C.S.). Voir aussi *Fortin* c. *Provigo Distribution Inc. (Groupe distribution)*, D.T.E. 97T-20 (T.T.).
224. *Ivanhoe Inc.* c. *TUAC, section locale 500*, précité, note 124.
225. Toutefois, la jurisprudence s'accorde pour dire que les pouvoirs qui sont conférés à la C.R.T. en vertu de l'art. 46 C.t. ne lui permettent pas d'importer d'une autre loi un processus que le législateur n'a pas prévu dans le *Code du travail*. Voir, par exemple, *Syndicat des employées et employés professionnels et de bureau, section locale 575, SEPB CTC-FTQ* et *Caisse Desjardins Pierre-Le Gardeur*, 2011 QCCRT 0313, par. 25 et 26 – l'article 21 de la *Loi concernant les unités de négociation dans le secteur des affaires sociales*, RLRQ, c. U-0.1, prévoit un vote au scrutin secret lorsque, à la suite d'une fusion, l'unité de négociation groupera

autant la portée de ce pouvoir général, le troisième alinéa détaille diverses solutions auxquelles la C.R.T. peut recourir lorsque plusieurs associations de salariés sont mises en présence, qu'il s'agisse d'accorder ou de modifier une accréditation, de décrire ou de modifier une unité de négociation, de fusionner des unités de négociation et de déterminer la convention collective qui demeurera en vigueur, en la modifiant ou en l'adaptant si nécessaire, et, s'il y a lieu en conséquence de ce qui précède, d'accréditer une association de salariés parmi celles mises en présence.

En cas de fusion d'unités de négociation, l'article 46, al. 3 garantit la fusion, également, des listes d'ancienneté qui s'y rattachaient et l'intégration des salariés à la liste fusionnée, selon les règles à être déterminées par la C.R.T.

Pour intervenir, la C.R.T. doit être saisie par requête d'une partie intéressée (art. 46, al. 2 C.t.). Outre les employeurs et les syndicats en cause, les salariés concernés peuvent se voir reconnaître ce statut lorsque les circonstances de l'espèce le justifient. L'intervention de la C.R.T. présuppose aussi l'existence d'une difficulté réelle, non d'un simple inconvénient, dont la preuve incombe à la partie qui l'allègue[226] et dont la cause directe est l'application de l'article 45[227]. À cet égard, on a décidé que la situation économique du nouvel employeur ne constituait pas une difficulté de l'ordre de celles envisagées par l'article 46 C.t. et qui pourrait justifier une modification de la convention collective transférée[228].

E. Le changement de compétence législative

598 – *Éventualités visées* – L'article 45.3 C.t. a pour objet d'assurer le maintien des droits syndicaux à l'occasion du passage d'une entreprise de la compétence fédérale à celle du Québec en matière de relations du travail. Il s'agit en quelque sorte d'une mesure de réciprocité

---

des salariés syndiqués avec d'autres qui ne l'étaient pas. Cette solution peut être difficilement importée par la C.R.T. dans le cadre d'application du *Code du travail*, car le législateur ne l'a pas prévu.

226. *Syndicat des employés de la Commission scolaire Les Deux-Rives* c. *Commission scolaire de la Jonquière*, D.T.E. 90T-1040 (T.T.). Voir aussi *Syndicat canadien de la fonction publique, section locale 3520* c. *Centre de réadaptation en déficience intellectuelle K.R.T.B.*, [1995] T.T. 428.

227. *Commission scolaire de St-Eustache* c. *Syndicat de l'enseignement de la région des Mille-Îles*, D.T.E. 92T-1412 (T.T.).

228. *Société en commandite Gaz métropolitain* c. *Syndicat des employés(ées) professionnels(les) et de bureau, section locale 463*, [2001] R.J.D.T. 1213 (T.T.).

puisque le paragraphe 44(3) du *Code canadien du travail*[229] prévoit substantiellement les mêmes solutions à l'occasion d'un mouvement inverse.

Hormis l'éventualité de changements constitutionnels, plutôt rares et incertains, modifiant le partage des compétences respectives des deux ordres de gouvernement, ou celle de jugements emportant le même effet, l'article 45.3 C.t. trouvera application en pratique à la suite d'une restructuration d'entreprise. Il pourrait s'agir, par exemple, de réorganiser une entreprise de transport opérant tant à l'intérieur qu'à l'extérieur du Québec et dont les relations de travail avec l'ensemble de ses salariés sont régies par la législation fédérale par effet de la règle dite de l'indivisibilité, de telle manière qu'on puisse reconnaître dorénavant deux entreprises distinctes, en l'occurrence l'une de transport à l'intérieur du Québec et l'autre de transport interprovincial ou international[230].

L'article 45.3 C.t. envisage deux hypothèses : celle où l'employeur demeure le même et celle où le changement d'assujettissement législatif s'accompagne d'un changement d'employeur, par exemple à la suite d'une aliénation ou d'une concession partielle de l'entreprise d'origine[231]. Dans le premier cas, tout ce qui se rapporte à une accréditation, à une convention collective ou à son exécution, et qui tire son origine du *Code canadien du travail* se poursuit simplement conformément au *Code du travail*, avec les adaptations nécessaires (art. 45.3, par. 1 et 3 C.t.) ; dans la deuxième éventualité, la situation est traitée comme elle aurait dû l'être au regard des articles 45 et 45.2 C.t. (art. 45.3, par. 2 et 4 C.t.).

S'il y a lieu, l'applicabilité de l'article 45.3 C.t. et le règlement des difficultés susceptibles de découler de son application relèvent de la compétence de la C.R.T. (art. 46, al. 2 et 3 C.t.). Cette dernière a décidé qu'une requête demandant l'application de l'article 45.3 C.t. doit lui être soumise dans les neuf mois suivant la connaissance des faits sur lesquels se fonde cette requête[232].

---

229.   L.R.C. (1985), ch. L-2.
230.   Sur la règle d'indivisibilité de l'entreprise et sur la possibilité de reconnaître des entreprises distinctes sous le contrôle d'un même employeur, voir *supra*, Titre préliminaire, chapitre 1, nos 19-20.
231.   *Syndicat des employés d'exécution de Québec-Téléphone, section locale 5044 (S.C.F.P.)* c. *Télécon Inc.*, D.T.E. 2003T-686 (C.R.T.).
232.   *Ibid.*

IV- L'ACTUALISATION

599 – *Généralités* – L'article 39 C.t. confère à la Commission des relations du travail de très larges pouvoirs en matière d'accréditation. On peut même dire que cette disposition est la source législative générale et la plus fondamentale de la compétence dévolue à la C.R.T. relativement à l'accréditation. En effet, elle habilite cette dernière, en particulier, à décider si une personne est un salarié ou un membre d'une association, ou encore si elle est comprise dans une unité de négociation ; surtout, elle lui permet de trancher « toutes autres questions relatives à l'accréditation ». En cours d'enquête, la C.R.T. peut décider de ces questions de sa seule initiative. Elle peut également le faire en tout temps sur requête d'une partie intéressée[233]. Ce n'est en fait que très progressivement qu'on a reconnu et utilisé le potentiel juridictionnel de l'article 39 C.t.

600 – *Interprétation ou application* – Après l'octroi d'une accréditation, le recours le plus fréquent à l'article 39 C.t. a pour objet l'interprétation ou l'application de cette accréditation en vue d'en faire déterminer la portée concrète. Même si l'on cherche à ce que les libellés des décisions d'accréditation soient suffisamment clairs quant à la description de l'unité de négociation, il arrive qu'il soit nécessaire de faire décider si les personnes qui exercent certaines fonctions sont comprises dans l'unité de négociation, eu égard à la nature de leurs fonctions, ou encore si un employé se trouve ou non visé par une accréditation en raison de son statut de salarié ou de non-salarié.

Le syndicat ou l'employeur peut alors en tout temps s'adresser, par requête en vertu de l'article 39 C.t., à la C.R.T. pour que cette dernière tranche la difficulté d'interprétation ou d'application de l'accréditation soulevée entre les parties[234]. La compétence de la C.R.T. lui permet de se prononcer sur toute situation passée, pré-

---

233. Dans l'une ou l'autre des circonstances, la compétence de la C.R.T. lui est exclusive : *Syndicat des chargées et des chargés de cours de l'Université du Québec à Chicoutimi (C.S.N.)* c. *Tremblay*, D.T.E. 2003T-463, REJB 2003-39884 (C.A.), par. 5 à 7 ; *Pointe-Claire (Ville de)* c. *Québec (Tribunal du travail)*, [1997] 1 R.C.S. 1015, REJB 1997-00587. Voir également, *Syndicat québécois des employées et employés de service, section locale 298 (FTQ)* et *Centre de réadaptation Lisette-Dupras*, 2011 QCCRT 0297.

234. *Syndicat des professionnelles et professionnels des Commissions scolaires de Richelieu-Yamaska* c. *Commission scolaire du Val-des-Cerfs*, [2001] R.J.D.T. 148 (T.T.) ; *Syndicat des professionnelles et professionnels du gouvernement du Québec* c. *Collège d'enseignement général et professionnel d'Alma*, D.T.E. 2003T-896 (C.R.T.).

sente ou même future, exposée dans la demande qui lui est adressée, dans la mesure où il est pertinent qu'elle le fasse pour régler une difficulté réelle et pratique entre les parties[235]. La partie requérante demeure néanmoins tenue à une obligation d'agir avec diligence à partir du moment où elle connaît la situation problématique[236].

Il faut bien comprendre que le rôle de la C.R.T. doit alors se limiter à interpréter l'accréditation et à tirer les conséquences qui en résultent. Il ne peut généralement être question d'utiliser l'article 39 C.t. pour élargir le champ de l'accréditation, compte tenu, notamment, des délais imposés à cet égard par l'article 22 C.t. Plusieurs décisions rappellent ainsi qu'une requête en vertu de l'article 39 C.t. ne peut en principe rechercher la modification de la substance d'une accréditation[237].

---

235. *Goodyear Canada Inc.* c. *Métallurgistes unis d'Amérique, section locale 919*, D.T.E. 2000T-307 (T.T.) ; *Union des employés de services, local 298 (F.T.Q.)* c. *Services d'édifices Pritchard Ltée*, D.T.E. 85T-257 (T.T.). Sur l'effet déclaratoire de la décision, voir : *Syndicat du personnel de soutien du Collège d'enseignement général et professionnel de Victoriaville* c. *Morency*, [1998] R.J.D.T. 1 (C.A.) ; *Syndicat des salariés de distribution de produits pharmaceutiques (F.I.S.A.)* c. *Médis, services pharmaceutiques et de santé Inc.*, précité, note 134 ; *Association des personnes membres des comités permanents du Syndicat des fonctionnaires provinciaux du Québec* c. *Syndicat de la fonction publique du Québec*, 2004 QCCRT 0490 – la C.R.T. estime opportun de poursuivre l'examen du statut des salariés membres du comité et ce, malgré le fait qu'ils soient tous licenciés ; *Syndicat des employées et employés d'Urgences-santé (SEUS FAS-CSN)* et *Corporation d'Urgences-santé de la région de Montréal métropolitain*, 2011 QCCRT 0248 – même si l'art. 39 C.t. accorde de larges pouvoirs à la C.R.T., il ne lui permet d'intervenir qu'en cas de difficulté « réelle et pratique », tel que l'exige par analogie l'article 46 C.t.

236. *Travailleurs et travailleuses unis de l'alimentation et du commerce, section locale 503* c. *Café Séléna Inc.*, 2004 QCCRT 0216, par. 55 ; *Syndicat des travailleuses et travailleurs des Plastiques Simport C.S.N.* c. *Les plastiques MDJ inc.*, précité, note 127 ; *Syndicat des employées et employés de techniques professionnelles et de bureau d'Hydro-Québec, section locale 2000* et *Commission des relations du travail*, D.T.E. 2005T-443 (C.S.) – la Cour applique la théorie des mains propres pour rejeter la requête d'un syndicat.

237. Voir notamment : *Métro-Richelieu 2000 Inc.* c. *Syndicat des travailleuses et travailleurs d'Épiciers unis Métro-Richelieu*, D.T.E. 2000T-1129 (T.T.), confirmé par *Syndicat des travailleuses et travailleurs d'Épiciers unis Métro-Richelieu (C.S.N.)* c. *Tribunal du travail*, D.T.E. 2003T-618, REJB 2003-42342 (C.A.) ; *Syndicat canadien de la Fonction publique, section locale 2115* c. *Centre d'accueil Miriam-Miriam Home*, [1989] T.T. 271 ; *Syndicat des employés-conseil de la C.E.Q.* c. *Centrale de l'enseignement du Québec*, [1976] T.T. 83. Une telle modification de substance peut toutefois exceptionnellement être rendue nécessaire et être accordée, par exemple à l'occasion de l'adjonction d'un groupe syndiqué à des salariés non syndiqués ou lorsque la coexistence de deux syndicats pour représenter une même catégorie de salariés soulève des difficultés réelles et sérieuses : *Union des chauffeurs de camions, hommes d'entrepôts et autres*

601 – *Portée intentionnelle* – C'est la recherche de la portée intentionnelle de l'accréditation qui constitue la règle cardinale de son interprétation ; et la C.R.T. pourra statuer sur toute question en lien avec l'accréditation, pourvu qu'elle n'altère pas la portée intentionnelle de l'accréditation[238]. Cette règle de la « portée intentionnelle » suppose que, quelle que soit la portée du texte littéral de l'accréditation, il faille rechercher, à la lumière des circonstances dans lesquelles l'accréditation a été octroyée, quelles étaient véritablement les catégories d'emplois ou de fonctions que l'on entendait viser. À titre illustratif, dans l'affaire *Hôtel-Dieu de Roberval*[239], l'accréditation du syndicat se lisait comme suit :

> [...] tous les employés masculins et féminins salariés au sens du *Code du travail*, à l'exception des gardes-malades, graduées, des constables et des employés étudiants temporaires.

Le syndicat, par requête en vertu de l'article 39 C.t., demanda de déclarer que certaines religieuses, autres que des religieuses-infirmières, étaient comprises dans l'unité de négociation. Après avoir affirmé que par-delà le sens courant des mots, il faut rechercher la portée intentionnelle de l'accréditation, le juge Quimper, tenant compte de la preuve que les religieuses en cause n'apparaissaient pas sur la liste des salariés au moment de l'octroi de l'accréditation et de l'attitude des parties depuis l'accréditation, qui démontrait qu'elles n'avaient jamais considéré les religieuses comme étant comprises dans l'unité, en vint à la conclusion que ces dernières n'étaient pas visées par l'accréditation. Il notait ce qui suit :

> Dans ces conditions, la requête de l'intimé visant à faire déclarer que ces religieuses sont aujourd'hui comprises dans l'unité, équivaut à demander que l'accréditation en vigueur soit modifiée de façon à couvrir un groupe de personnes qui ne l'est pas et qui en avait été exclu.

> Or, un groupe exclu ne peut être intégré à une unité de négociation par voie de requête en vertu de l'article 30 (maintenant 39).[240]

---

ouvriers, section locale 106 (F.T.Q.) c. *Association des employés de Atlas idéal métal (FISA)*, précité, note 1 ; *Syndicat des travailleuses et travailleurs des Épiciers unis Métro-Richelieu (C.S.N.)* c. *Métro-Richelieu*, [2005] R.J.D.T. 213 (C.R.T.), confirmé par 2007 QCCA 128, D.T.E. 2007T-163.

238. *Association des juristes de l'État* et *Agence du revenu du Québec*, 2012 QCCRT 0062.

239. *Hôtel-Dieu de Roberval* c. *Syndicat national des employés de l'Hôtel-Dieu de Roberval*, [1970] T.T. 1.

240. *Ibid.*, p. 5-6. Sur la recherche de la portée intentionnelle de l'accréditation, en général, voir : *Union des employés du transport local et industries diverses, section locale 931* c. *Aviscar inc.*, D.T.E. 2001T-1159 (T.T.) – libellé général ; *Beloit*

En somme, deux facteurs sont éminemment révélateurs de la portée intentionnelle de l'accréditation : (1) les circonstances dans lesquelles l'accréditation a été octroyée[241] ; (2) la conduite des parties après l'octroi de l'accréditation, surtout si elle a été constante sur une longue période[242].

602 – *Accroissement naturel* – La règle de la recherche de la portée intentionnelle n'exclut pas une interprétation dynamique et évolutive de l'accréditation. La portée de cette dernière est d'abord susceptible d'un accroissement naturel. Ainsi, dans une affaire *Institut Mont d'Youville*, on décida qu'une accréditation de portée générale, c'est-à-dire visant tous les salariés de l'entreprise, pouvait permettre de couvrir une fonction qui n'existait pas lors de son octroi, lorsqu'il appert par ailleurs qu'il s'agit d'une fonction reliée à l'objectif poursuivi par l'entreprise, du moins tel que cet objectif existait au moment de l'accréditation[243]. Selon la même approche, l'accréditation concer-

---

Canada Ltée c. *Syndicat national de l'industrie métallurgique de Sorel Inc. (C.S.N.)*, D.T.E. 92T-481 (T.T.) ; *Val Bélair (Ville de)* c. *Syndicat des employés municipaux de la ville de Val Bélair (FISA)*, [1991] T.T. 332 – accréditation de portée générale ; *Syndicat des travailleuses et travailleurs d'Épiciers unis Métro-Richelieu (C.S.N.)* c. *Tribunal du travail*, précité, note, 237 ; *Travailleurs et travailleuses unis de l'alimentation et du commerce, section locale 503* c. *Café Séléna Inc.*, précité, note 236.

241.   Sur l'effet d'une entente sur la liste des salariés visés par une demande d'accréditation aux fins ultérieures de l'interprétation de cette accréditation, voir : *Union des employés du transport local et industries diverses, section locale 931* c. *Aviscar inc.*, *ibid.* ; *Syndicat des professionnelles et professionnels des affaires sociales du Québec (C.S.N.)* c. *Centre de réadaptation Montérégie Inc.*, D.T.E. 92T-482 (T.T.).

242.   *Union des employés du transport local et industries diverses, section locale 931* c. *Aviscar inc.*, précité, note 240 ; *Syndicat canadien de la Fonction publique, section locale 1113* c. *Syndicat des travailleurs et travailleuses en loisirs de Ville de Laval (C.S.N.)*, D.T.E. 87T-884 (T.T.) ; *Coopérative étudiante Laval* c. *Syndicat des travailleurs et travailleuses de la Coopérative étudiante Laval*, D.T.E. 88T-522 (T.T.) ; *Beloit Canada Ltée* c. *Syndicat national de l'industrie métallurgique de Sorel Inc. (C.S.N.)*, précité, note 240 ; *Syndicat des travailleuses et travailleurs de la scierie de Maniwaki (C.S.N.)* et *Bowater Pâtes et papiers Canada inc.*, 2003 QCCRT 0099 ; *Travailleurs et travailleuses unis de l'alimentation et du commerce, section locale 503* c. *Café Séléna Inc.*, précité, note 236, par. 51-58 ; *Syndicat des Placeurs et Ouvreuses de la Place des Arts (C.S.N.)* c. *Société de la Place des Arts de Montréal*, D.T.E. 2004T-239 (C.R.T.).

243.   *Institut Mont d'Youville* c. *Syndicat des employés du Mont d'Youville*, [1973] T.T. 47 ; voir aussi, entre autres : *Hôpital Notre-Dame* c. *Syndicat des travailleurs-travailleuses de l'Hôpital Notre-Dame (C.S.N.)*, D.T.E. 91T-797 (T.T.) ; *C.S.R. de l'Outaouais* c. *Syndicat national des employés de la C.S.R. de l'Outaouais (C.S.N.)*, D.T.E. 82T-512 (T.T.) ; *Commission scolaire Baldwin-Cartier* c. *Syndicat des employés professionnels et de bureau, section locale 57 (U.I.E.T.B.-C.T.C.-F.T.Q.)*, D.T.E. 82T-676 (T.T.) ; *Syndicat des travailleuses et travailleurs de la scierie de Maniwaki (C.S.N.)* c. *Bowater Pâtes et papiers*

nera de nouvelles catégories de fonctions issues d'un changement technologique et remplaçant, dans le processus de production, celles établies dans le libellé de l'accréditation :

> [...] à moins d'indications déterminantes, dans la preuve, le tribunal est d'avis que les changements technologiques doivent, autant que possible, se faire sans bouleverser les accréditations existantes.[244]

603 – *Parties intéressées* – Seuls le syndicat accrédité et l'employeur sont considérés comme parties intéressées pour demander l'interprétation de l'accréditation en vertu de l'article 39 C.t. Le salarié ne dispose pas individuellement de cette faculté pour faire décider s'il est inclus dans l'unité de négociation ou s'il en est exclu, que ce soit en raison de son statut ou au regard de la description de l'unité[245]. Il ne s'ensuit pas pour autant que l'employé ne puisse en aucune circonstance mettre lui-même en question son statut de salarié ou de non-salarié au sens du *Code du travail*. Il faudra cependant que cette question soit soulevée de façon accessoire ou incidente à l'occasion d'une procédure à l'égard de laquelle l'employé jouit déjà du statut de partie intéressée. Il pourrait ainsi s'agir, par exemple, d'une plainte en vertu des articles 15 et suivants ou encore des articles 47.3 et suivants du Code. On a ainsi déjà décidé qu'on ne saurait opposer à l'employé la décision rendue sur son statut de salarié ou de non-salarié à l'issue d'une instance à laquelle il n'était pas partie, s'il s'avère ultérieurement que cet employé a un intérêt immédiat et personnel à faire décider de ce statut pour faire valoir un droit indivi-

---

Canada Inc., précité, note 242 ; *Fraternité internationale des ouvriers en électricité, section locale 1388* c. *Syndicat canadien des communications, de l'énergie et du papier, section locale 11*, D.T.E. 2003T-764 (C.R.T.) ; *Syndicat canadien des communications, de l'énergie et du papier, section locale 502 Q* c. *Louisiana-Pacific Canada Ltd., division Québec Chambord-OSB*, 2005 QCCRT 0490 ; *Métallurgistes unis d'Amérique, local 7046* c. *Metra aluminium inc.*, 2007 QCCRT 0360.

244. *Union typographique de Québec, local 302* c. *Syndicat des employés du personnel de soutien de la rédaction du Soleil (C.S.N.)*, [1975] T.T. 84, confirmé par *Confédération des syndicats nationaux* c. *Tribunal du travail*, [1975] C.A. 377 ; *Syndicat des fonctionnaires municipaux de la Ville de Montréal, section locale 429* c. *Syndicat des professionnels de la Ville de Montréal et de la Communauté urbaine de Montréal*, [1997] T.T. 602 ; *Syndicat des travailleurs de Acier Leroux Inc. (C.S.N.)* c. *Acier Leroux Inc.*, D.T.E. 2000T-683 (T.T.). Les exclusions sont également sujettes à une interprétation évolutive : *Villa de l'Essor* c. *Syndicat national des employés de la Villa de l'Essor*, [1991] T.T. 303 ; *Travailleurs et travailleuses unis de l'alimentation et du commerce, section locale 503* c. *Café Séléna Inc.*, précité, note 236.

245. *Christian Picotin & associés* c. *Gareau*, [1990] R.J.Q. 2373 (C.A.). Voir aussi *Bibeault* c. *McCaffrey*, [1984] 1 R.C.S. 176, 189-190.

duel, comme à l'occasion d'une plainte de congédiement pour activités syndicales[246].

604 – *Actualisation* – On a d'abord utilisé l'article 39 C.t. pour apporter à l'accréditation des corrections ou des modifications rendues nécessaires, par exemple, en cas de changement du nom de l'employeur ou du syndicat, ou de l'adresse de l'établissement visé. On a ensuite accepté de donner effet à un changement de structure syndicale qui avait amené la fusion de deux associations pour en former une troisième en acceptant que les accréditations des deux associations fusionnées soient portées au nom de la nouvelle association issue de la fusion. Cette décision se situait elle-même par rapport à l'ensemble de la jurisprudence antérieure de la façon suivante :

> [...] la jurisprudence actuelle du tribunal est à l'effet que l'article 30 (art. 39) ne puisse être utilisé pour modifier ou amender le contenu même de l'accréditation, le commissaire ne pouvant qu'en apprécier le sens et la portée par la recherche, s'il y a lieu, de sa portée intentionnelle. Toutefois, en mettant de côté des situations affectant le fond même de l'accréditation (puisque ce n'est pas le cas ici), il m'apparaît juste d'affirmer que par cette disposition, le législateur a voulu l'intervention du commissaire pour régler tout autre genre de problèmes découlant de l'accréditation et sur lequel le législateur ne se serait pas spécifiquement penché.[247]

Dans la foulée, mais dans une perspective beaucoup plus large encore, la jurisprudence accepta d'interpréter les pouvoirs dévolus par l'article 39 C.t. comme permettant une véritable actualisation de l'accréditation en fonction des circonstances et des exigences de la paix industrielle, qu'il s'agisse de mettre à jour la terminologie descriptive de l'étendue de l'unité de négociation ou même de redéfinir, par fusion ou autrement, les unités de négociation sans modifier la substance de leur portée d'ensemble[248]. Un jugement énumère les conditions précises auxquelles une fusion d'unités d'accréditation peut être accordée dans le cadre de l'article 39 C.t. : (1) le respect de la

---

246. *Lessard* c. *Hilton Québec Ltée*, [1980] T.T. 488. Voir également, dans l'hypothèse où se soulèverait une question de compétence : *Hardy* c. *Centre des services sociaux de Québec*, [1986] T.T. 60.

247. *East End Teachers Association* c. *Commission scolaire régionale Le Royer*, [1980] T.T. 249, 257.

248. *Villa Notre-Dame de Grâce* c. *Syndicat des employés de la Villa Notre-Dame de Grâce (C.S.N.)*, [1983] T.T. 390. Voir aussi *Syndicat des travailleurs et des travailleuses de Hilton Québec (C.S.N.)* c. *Hilton Canada Inc.*, D.T.E. 88T-828 (T.T.) ; *Syndicat des salariés d'Autobus Dupont et Bélair (C.S.N.)* c. *Autobus Bélair Inc.*, [1986] T.T. 28.

portée intentionnelle des accréditations existantes ; (2) le caractère approprié de la nouvelle unité fusionnée recherchée, à partir d'un vécu syndical convergent ou, à défaut d'un tel vécu, à partir d'une volonté commune des parties syndicale et patronale ; (3) le consentement des salariés intéressés ; (4) le respect des droits des tiers[249].

La jurisprudence reconnaît maintenant que l'article 39 C.t. permet à la juridiction du travail de répondre à tous les besoins d'actualisation de l'accréditation, dont les situations de réorganisation, de restructuration ou de reconfiguration interne de l'entreprise, comme une fusion de services ou d'établissements, ou leur déménagement, de la même manière que les articles 45 et 46 C.t. lui permettraient de le faire si ces changements résultaient d'une transmission de l'entreprise à un nouvel employeur[250]. Notons, toutefois, que les modifications apportées aux paramètres essentiels d'une accréditation ne peuvent s'effectuer qu'au moyen d'une nouvelle requête en accréditation[251].

---

249. *Résidence Sorel-Tracy* c. *Syndicat des travailleuses et travailleurs de la Résidence Sorel-Tracy*, [1997] T.T. 418. La possibilité de fusionner des unités de négociation n'est pas limitée aux cas où les accréditations sont détenues par un même syndicat : *Syndicat du personnel de soutien du Collège Édouard-Montpetit* c. *Collège Édouard-Montpetit*, [1995] T.T. 147.

250. *Syndicat des salariés de distribution de produits pharmaceutiques (F.I.S.A.)* c. *Médis, services pharmaceutiques et de santé Inc.*, précité, note 134 ; *Union des chauffeurs de camions, hommes d'entrepôts et autres ouvriers, section locale 106 (F.T.Q.)* c. *Association des employés de Atlas idéal métal (FISA)*, précité, note 1 ; *Métro Richelieu 2000 inc.* c. *Tribunal du travail*, D.T.E. 2002T-896 (C.A.). Voir aussi et comparer : *Olymel, société en commandite* c. *Union internationale des travailleuses et travailleurs unis de l'alimentation et du commerce, section locale 1991*, précité, note 136 – validation d'une conclusion de démantèlement plutôt que de déménagement ; *Métallurgistes unis d'Amérique, section locale 8917* c. *Schneider Canada Inc.*, précité, note 136 ; *Association des employées et employés de Natrel Trois-Rivières* c. *Syndicat des travailleuses et travailleurs de Natrel Shawinigan*, précité, note 136, confirmé par *Natrel Inc.* c. *Tribunal du travail*, [1998] R.J.D.T. 104 (C.S.) ; *Syndicat international des ouvriers de l'aluminium, de la brique et du verre, section locale 274* c. *Ipex Inc.*, précité, note 136 ; *Syndicat des travailleuses et travailleurs d'Épiciers unis Métro-Richelieu (C.S.N.)* c. *Tribunal du travail*, précité, note 237 ; *Syndicat national de biscuiterie de Montréal (section Viau)* c. *Dare Foods Limited*, [2004] R.J.D.T. 669 (C.R.T.) ; *Syndicat des travailleuses et des travailleurs des Épiciers unis Métro-Richelieu (C.S.N.)* c. *Commission des relations du travail*, D.T.E. 2006T-633 (C.S.) – le 1er commissaire dispose d'un large pouvoir discrétionnaire, il peut donc imposer une solution qui ne lui a pas été présentée par les parties et ce, sans porter atteinte aux règles de justice naturelle.

251. *Syndicat des fonctionnaires municipaux de Québec (FISA) et Québec (Ville de)*, 2011 QCCRT 0556.

V- LA RÉVOCATION

605 – *Initiative* – La révocation de l'accréditation, c'est son extinction prononcée formellement par la Commission des relations du travail selon les dispositions de l'article 41 C.t. Cette révocation ne peut cependant survenir qu'à l'une ou l'autre des périodes de remise en question fixées à l'article 22 C.t. (ou à l'article 111.3 C.t., dans les secteurs public et parapublic)[252].

L'article 41 C.t. fait exception à la règle posée par l'article 32, al. 4 C.t., selon laquelle l'employeur n'est pas considéré comme une partie intéressée quant au caractère représentatif d'un syndicat. Il autorise en effet l'employeur à demander lui-même la révocation de l'accréditation, pour l'un ou l'autre des motifs prévus à l'article 41 C.t.[253]. En outre, le *Code du travail* n'exige aucun intérêt particulier de la personne qui demande la révocation de l'accréditation[254] de sorte que n'importe qui peut formuler cette demande, y compris, évidemment, un salarié[255]. L'article 41 C.t. a même été interprété comme obligeant la juridiction du travail à révoquer l'accréditation de son propre chef, dès lors qu'elle constate la présence d'une situation prévue à cet article[256].

Un syndicat déjà accrédité peut déposer une nouvelle requête en accréditation lorsqu'il fait l'objet d'une requête en révocation et ce, avant même que soit rendue la décision qui révoque ou non son accréditation[257].

606 – *Motifs et procédure* – L'accréditation peut être révoquée pour l'un ou l'autre des deux motifs énoncés à l'article 41 C.t. : (1) l'association a cessé d'exister ; (2) elle ne groupe plus la majorité des salariés de l'unité de négociation pour laquelle elle a été accréditée.

---

252. *Syndicat des travailleuses et travailleurs de l'industrie et du commerce, section locale 705 c. Garant*, D.T.E. 2006T-294 (C.S.) – l'article 41 C.t. a préséance sur les dispositions réparatrices prévues aux articles 114 et 118 C.t.
253. *Entreprises Rolland Bergeron Inc. c. Geoffroy*, [1987] R.J.Q. 2331 (C.A.) ; *Travailleurs unis de l'électricité, de la radio et de la machinerie du Canada, section locale 556 c. Meubles S. Roblin Inc.*, D.T.E. 92T-358 (T.T.).
254. *Entreprises Rolland Bergeron Inc. c. Geoffroy, ibid.*
255. *Syndicat national des employés du Comité paritaire de l'alimentation au détail – région de Montréal c. Desrosiers*, [1973] T.T. 204.
256. *Métallurgistes unis d'Amérique c. Syndicat démocratique des salariés Industries Valcartier (C.S.D.)*, D.T.E. 82T-565 (T.T.). Cette éventualité pourrait survenir à l'occasion d'un échange de démissions entre syndicats rivaux : voir *supra*, Titre II, chapitre 3, n° 525.
257. *Zellers inc. c. Commission des relations du travail*, 2006 QCCA 331.

Au regard de la preuve nécessaire au soutien d'une demande de révocation d'accréditation, il s'agira donc, selon les cas, de démontrer ou bien que l'association qui avait été accréditée a purement et simplement cessé d'exister, ou bien qu'elle ne groupe plus la majorité des salariés de l'unité de négociation. Dans le premier cas, la disparition du syndicat peut résulter de sa dissolution formelle ou s'inférer de la cessation de ses activités normales[258]. Dans la deuxième hypothèse, on procédera au calcul des effectifs conformément aux dispositions de l'article 36.1 C.t., au jour du dépôt de la demande de révocation (art. 36.1d) et 130, al. 2 C.t.)[259]. On retiendra alors, le cas échéant, les réadhésions à l'association complétées le jour du dépôt de la demande, même après le moment où ce dépôt a été effectué[260]. Ni l'article 36.1, ni l'article 41 C.t. n'exigent qu'une demande de révocation soit signifiée par le requérant à l'association de salariés qu'elle vise. Les démissions des salariés doivent, elles, être notifiées au syndicat concerné en temps utile, c'est-à-dire au plus tard au jour du dépôt de la requête en révocation[261], et ne doivent laisser planer aucun doute quant à leur caractère « libre et volontaire »[262]. En cas de doutes à cet égard, il est toujours possible d'ordonner un vote de manière à déceler l'intention des salariés de rester syndiqués ou pas.

Les démissions déposées simplement à la C.R.T. avec la demande de révocation, sans être autrement portées à la connais-

---

258. *Corp. Quno, division Baie-Comeau* c. *Syndicat national des employés en forêt de la Compagnie de papier Québec et Ontario Ltée*, [1994] T.T. 231 ; *Syndicat des travailleuses et travailleurs de l'alimentation en gros de Québec Inc.* c. *Épiciers unis Métro-Richelieu Inc. (Division Servit Enr.)*, D.T.E. 93T-1220 (T.T.) ; *Groupe C.N.P. inc.* et *Syndicat des employées du Groupe C.N.P. inc. (C.S.N.)*, 2003 QCCRT 0681.

259. Sur le mode de transmission de la demande à la C.R.T., voir *supra*, Titre II, chapitre 1, n° 431.

260. Voir : *Union des routiers, brasseries, liqueurs douces et ouvriers de diverses industries, local 1999* c. *Iacovelli*, D.T.E. 83T-177 (C.A.).

261. *Union des routiers, brasseries, liqueurs douces et ouvriers de diverses industries, local 1999* c. *Iacovelli, ibid.* ; *Grondin* c. *Syndicat des employés professionnels et de bureau, section locale 57 (U.I.E.P.B.-C.T.C.-F.T.Q.)*, D.T.E. 86T-146 (T.T.) ; *IGA des Sources Ste-Catherine* c. *Travailleurs et travailleuses unis de l'alimentation et du commerce, section locale 503*, 2005 QCCRT 0156. Relativement à la signification des démissions, voir *supra*, Titre II, chapitre 3, n° 525.

262. *Lauzon-Planchers de bois exclusifs inc.* et *Syndicat canadien des communications de l'énergie et du papier, section locale 299-191 (SCEP)*, 2011 QCCRT 0455, par. 42 – en l'espèce, la Commission s'interroge sur la validité des démissions, notamment en ce qui concerne la sollicitation des démissions sur les lieux du travail, l'utilisation des ressources de l'employeur et le rôle de conseil exercé par le responsable des ressources humaines auprès des dirigeants du mouvement de désyndicalisation.

sance de l'association, ne seront pas prises en considération[263]. La signification à l'association d'une copie certifiée conforme de la requête en révocation et des démissions est par ailleurs suffisante[264].

Sur réception d'une demande de révocation d'accréditation, la C.R.T. charge un agent de relations du travail de vérifier le caractère représentatif de l'association. Cet agent transmet une copie de son rapport au requérant, à l'association concernée et à l'employeur qui peuvent le contester en exposant par écrit leurs motifs à la C.R.T. dans les 10 jours de sa réception (art. 41, al. 3 C.t.). Quoique le texte de l'article 41 C.t. ne le mentionne pas expressément, la vérification du caractère représentatif d'une association accréditée visée par une demande de révocation peut conduire à la tenue d'un vote au scrutin secret parmi les salariés lorsque les circonstances le justifient, par exemple, pour vérifier la qualité des démissions des salariés[265].

607 – *Absence de salariés* – Le traitement d'une demande de révocation d'accréditation en l'absence de salariés dans l'entreprise à la suite d'une cessation d'activités, définitive ou temporaire, a posé problème. On a d'abord décidé, dans une affaire *Courrier Trans-Québec Inc.*[266], que la fermeture de l'entreprise de l'employeur pouvait donner lieu à révocation de l'accréditation. La jurisprudence s'est ensuite ravisée et a jugé qu'en l'absence de salariés, on ne pouvait révoquer l'accréditation parce qu'on ne pouvait conclure à la perte de son caractère majoritaire par l'association accréditée[267]. Dans l'affaire *Entre-*

---

263. *Union des employés de service, local 298 (F.T.Q.) c. Membres de l'U.E.S., local 298*, [1975] T.T. 47.

264. *Syndicat des ouvriers unis de l'électricité, radio et de la machinerie d'Amérique, section locale 532 c. Meo*, [1979] T.T. 43.

265. *Syndicat des travailleurs et travailleuses en communication et en électricité du Canada (C.T.C.-F.T.Q.) c. Gestetner Inc.*, D.T.E. 90T-840 (T.T.) ; *Bernard c. Métallurgistes unis d'Amérique, section locale 9414*, [2003] R.J.D.T. 1243 ; D.T.E. 2003T-834 (C.R.T.).

266. *Syndicat des employés de Courrier Trans-Québec (C.S.N.) c. Courrier Trans-Québec Inc.*, [1977] T.T. 94.

267. *Union canadienne des travailleurs unis des brasseries, farine, céréales, liqueurs douces et distilleries, local 301 c. Coopérative fédérée du Québec*, [1982] T.T. 423 ; *Syndicat des employés de Zeller's (C.S.N.) c. Zeller's Ltée*, [1982] T.T. 111 ; *Cartonnerie Standard Ltée, Standard Paper Box Ltd. c. Syndicat de la Boîte de carton de Québec Inc. (C.S.N.)*, [1979] T.T. 78 ; *Francon Division de Canfarge Limitée c. Syndicat national des employés de Francon (C.S.N.)*, [1979] T.T. 357 ; *Dessercom inc. c. Rassemblement des employés techniciens ambulanciers du Québec – C.S.N.*, 2005 QCCRT 0210 ; *3539491 Canada inc. et Syndicat des métallos, section locale 2843*, 2012 QCCRT 0028 – on ne peut accepter la révocation d'une association syndicale lorsqu'elle fait l'objet d'un arrêt prolongé de ses activités car, dans pareil cas, on permet à l'employeur de s'immiscer dans le droit d'accréditation de l'association et celui des salariés à être représentés par l'association de leur choix.

prises Rolland Bergeron Inc.[268], le tribunal spécialisé est allé jusqu'à déclarer purement et simplement irrecevable la requête de l'employeur dans ces circonstances, faute d'intérêt. Ce jugement a été annulé par la Cour d'appel, qui a estimé que le tribunal avait erronément fait défaut d'exercer sa compétence, sans plus[269]. Dans l'exercice de sa compétence, l'instance du travail pouvait donc continuer à rejeter au fond une requête en révocation d'accréditation soumise en l'absence de salariés, pour tout motif rationnel au regard des faits de l'espèce et du droit applicable. Dans l'arrêt *Ivanhoe Inc.*, la Cour suprême a validé la position selon laquelle, pendant la durée d'une concession temporaire d'entreprise, c'est le concessionnaire qui doit présenter une requête en vertu de l'article 41 C.t. et c'est chez celui-ci que la vérification du caractère représentatif du syndicat concerné doit s'effectuer[270].

608 – *Effets* – La révocation de l'accréditation annihile les droits du syndicat qui lui résultaient de son statut d'association accréditée, par exemple son droit au précompte syndical en vertu de l'article 47 C.t. La généralité de cet énoncé n'est tempérée que dans la mesure nécessaire pour assurer la continuité d'exécution des droits des salariés. Ainsi, le pouvoir et le devoir de représentation du syndicat pourraient subsister à l'égard des griefs nés antérieurement à la révocation de l'accréditation[271].

---

268. *Entreprises Rolland Bergeron Inc.* c. *Syndicat du transport d'écoliers des Laurentides (C.S.N.)*, D.T.E. 87T-927 (T.T.).
269. *Entreprises Rolland Bergeron Inc.* c. *Geoffroy*, précité, note 253 ; *Ivanhoe Inc.* c. *TUAC, section locale 500*, précité, note 124, par. 120.
270. *Ivanhoe Inc.* c. *TUAC, section locale 500*, précité, note 124, par. 124-127. Voir aussi *Corp. Quno, division Baie-Comeau* c. *Syndicat national des employés en forêt de la Compagnie de papier Québec et Ontario Ltée*, précité, note 258 ; *Syndicat des travailleuses et travailleurs de l'alimentation en gros de Québec Inc.* c. *Épiciers unis Métro-Richelieu Inc. (Division Servit Enr.)*, précité, note 258 ; *Emballages Smurfit-Stone Canada inc.* et *IWA-Canada – Local 1-1000*, 2005 QCCRT 0489.
271. *Jubinville* c. *Syndicat canadien des officiers de marine marchande (F.T.Q.)*, [1988] T.T. 501. Voir aussi et transposer, quant à la réclamation de droits résiduels : *Tremblay* c. *Syndicat des employées et employés professionnels-les et de bureau, section locale 57*, précité, note 22, par. 21.

CHAPITRE 5

LA NÉGOCIATION COLLECTIVE ET L'ARBITRAGE DES DIFFÉRENDS

609 – *Droit à la négociation collective* – Historiquement, c'est par leur seule cohésion interne que les groupements à caractère syndical se sont imposés aux employeurs comme interlocuteurs pour la négociation collective des conditions de travail des salariés qu'ils représentaient. Cette situation prévaut encore aujourd'hui à l'égard des employés, comme les cadres, pour lesquels la Loi n'aménage pas de régime collectif de rapports du travail assorti d'une obligation de négocier collectivement à l'adresse de l'agent négociateur des salariés et, surtout, de l'employeur. Depuis le jugement de la Cour suprême dans l'affaire *Health Services and Support*[1], il est reconnu que le droit au processus de négociation collective jouit d'une protection constitutionnelle sous l'alinéa 2d) de la *Charte canadienne des droits et libertés*[2]. La Cour, évoquant l'histoire des relations du travail au Canada (par. 40 à 68), les engagements internationaux du Canada (par. 69 à 79) et la compatibilité du droit de négocier collectivement avec les valeurs reconnues par la Charte canadienne (par. 80 à 86), en vient à la conclusion que la liberté d'association comporte le droit à un processus de négociation collective. Ce processus de négociation collective est donc désormais protégé au même titre que les autres droits et libertés de la Charte canadienne.

610 – *Code du travail* – Le *Code du travail du Québec* affirme le droit à la négociation collective en faveur de l'association de salariés accréditée (art. 52 et 53 C.t.). Sous son empire, c'est généralement entre un syndicat et un employeur, pour une unité de négociation, que s'engagera la négociation collective. Ce n'est qu'exceptionnellement que le Code mettra en présence plusieurs employeurs négociant par

---

1. *Health Services and Support – Facilities Subsector Bargaining Assn.* c. *Colombie-Britannique*, 2007 CSC 27.
2. *Charte canadienne des droits et libertés* (C.c.d.l.) : *Loi de 1982 sur la Canada*, 1982, c. 11 (R.-U.) dans L.R.C. (1985), App. II, nº 44, art. 2d). Voir *supra*, Titre II, chapitre 2, nᵒˢ 449 et 475.

l'intermédiaire d'une association d'employeurs et une même association accréditée qui représente des salariés chez ces divers employeurs (art. 10, 11 et 68 C.t.)[3]. La Loi ne fait cependant pas obstacle à la négociation regroupée volontairement par les intéressés. Cette négociation peut alors mettre en présence soit plusieurs employeurs et un ou plusieurs syndicats, soit encore un seul employeur et plusieurs syndicats ou un même syndicat représentant plusieurs unités de négociation. Dans tous ces cas, la négociation conduira néanmoins, ultimement, à la conclusion d'une convention collective juridiquement distincte à l'égard de chaque groupe accrédité (art. 1d), 67 et 68 C.t.)[4].

I- LA NÉGOCIATION COLLECTIVE

A. L'avis de négociation

611 – *Première négociation* – En vertu de l'article 53 du *Code du travail*, la phase des négociations commence au moment où un avis de négociation est donné suivant l'article 52 C.t. ou est réputé être donné selon l'article 52.2 C.t[5].

S'il s'agit de la négociation d'une première convention collective entre une association nouvellement accréditée et l'employeur, l'avis de négociation peut être envoyé en tout temps après l'accréditation du syndicat, par l'une ou l'autre des parties (art. 52, al. 1 C.t.)[6]. Cet avis doit être donné par écrit. Il doit être d'au moins huit jours et indiquer la date, l'heure et le lieu où la partie, ou ses représentants, sera prête à rencontrer l'autre partie ou ses représentants[7]. La partie qui donne un avis de négociation doit le transmettre à son destinataire par télécopieur, messagerie ou courrier recommandé ou certifié, ou le

---

3. Dans le cas des secteurs public et parapublic, pour lesquels la Loi prévoit une négociation élargie, voir *infra*, n° 634.
4. Voir *infra*, Titre II, chapitre 7, n°s 727-729.
5. Voir, *Syndicat des employées et employés de soutien de l'Université de Sherbrooke, section locale 7498, SCFP et Université de Sherbrooke*, 2011 QCCRT 0558.
6. *Beaulieu* c. *Produits hydrauliques de Varennes Inc.*, [1987] T.T. 245. Par exception, lorsqu'une accréditation est octroyée par un agent de relations du travail selon le paragraphe 28d.1) C.t., alors que subsiste un désaccord partiel sur la description de l'unité de négociation, le syndicat ne pourra donner un avis de négociation à l'employeur avant la décision finale de la C.R.T. sur la description de l'unité de négociation : voir *supra*, Titre II, chapitre 3, n° 541.
7. Relativement au calcul de la durée de cet avis préalable et, plus particulièrement, à l'inapplicabilité de l'article 151.4 C.t., voir et transposer : *Ville de St-Hubert* c. *Syndicat canadien de la fonction publique, section locale 330*, [1983] T.T. 432.

lui faire signifier par un huissier (art. 52.1 C.t.). Ce geste est extrêmement important, puisque la date de réception de l'avis marque le point de départ du délai d'acquisition du droit de grève ou de lock-out, selon l'article 58 C.t.[8]. Si l'association nouvellement accréditée ne donne pas à l'employeur d'avis de négociation suivant l'article 52 C.t., l'avis est réputé avoir été reçu 90 jours après la date d'obtention de l'accréditation (art. 52.2, al. 2 C.t.)[9]. Lorsque l'accréditation est octroyée en vertu de l'article 28 d.1) C.t., l'avis de négociation ne peut être donné par l'association accréditée qu'à compter de la décision de la C.R.T. statuant sur le désaccord partiel relatif à l'unité de négociation.

612 – *Renouvellement d'une convention collective* – Lorsqu'il s'agit plutôt de renouveler une convention collective qui vient à échéance entre l'association accréditée signataire et l'employeur, l'avis de négociation peut être donné par l'une ou l'autre des parties dans les 90 jours qui précèdent l'expiration de cette convention, à moins qu'un autre délai n'y soit prévu (art. 52, al. 2 C.t.)[10]. La même règle prévaut à l'occasion de l'échéance d'une sentence arbitrale de différend qui tient lieu de convention collective entre les parties (art. 52, al. 3 C.t.). L'avis est alors donné selon les mêmes modalités que celles déjà décrites à l'égard de la négociation d'une première convention collective (art. 52.1 C.t.). La transmission d'un avis de négociation plus de 90 jours avant l'expiration de la convention collective, si cette dernière le permet, ne peut cependant avoir pour effet de permettre d'acquérir le droit de grève ou de lock-out, par le seul écoulement du délai de l'article 58 C.t., avant l'échéance de la convention. L'article 107 C.t., qui interdit la grève et le lock-out pendant la durée d'une convention collective, aura alors pour effet de retarder l'acquisition du droit de grève et de lock-out jusqu'après l'expiration de la convention. La Cour d'appel a jugé qu'il faut rattacher la même conséquence à un avis de négociation prématuré au regard de l'article 52 C.t., mais auquel les parties ont donné suite en entamant la négociation[11].

---

8.   Voir *infra*, Titre II, chapitre 6, n° 647.
9.   Dans le cas d'une accréditation octroyée en vertu du paragraphe 28d.1) C.t., l'avis devrait être réputé avoir été reçu 90 jours après la décision de la C.R.T. tranchant le désaccord partiel sur l'unité de négociation.
10. Dans les secteurs public et parapublic, cette phase des négociations commence 180 jours avant l'expiration de la convention collective (art. 111.7 C.t.).
11. *Syndicat des travailleuses et travailleurs du Hilton Québec (C.S.N.)* c. *Union des municipalités régionales de comté et des municipalités locales du Québec Inc.*, [1992] R.J.Q. 1190 (C.A.). Un tel avis ne peut toutefois légalement contraindre l'autre partie à entreprendre la négociation.

Si aucun avis de négociation du renouvellement de la convention n'est donné par une partie à l'autre selon la Loi, cet avis est alors réputé avoir été donné le jour de l'expiration de la convention collective ou de la sentence arbitrale qui en tient lieu (art. 52.2, al. 1 C.t.)[12]. En cas de doute sur la date d'expiration de la convention collective, lorsque cette date ne s'y trouve pas clairement indiquée, tout intéressé peut s'adresser à la Commission des relations du travail en vue de la faire déterminer (art. 52.2, al. 3 C.t.)[13].

La substitution, à la fin d'une convention collective, d'une nouvelle association accréditée à celle qui était signataire de la convention qui se termine mérite une attention particulière. La nouvelle association accréditée sera normalement appelée à négocier le renouvellement de la convention collective conclue par l'association qu'elle déplace. L'article 61 C.t. prévoit même qu'elle est subrogée de plein droit dans tous les droits et obligations qui résultent de la convention conclue par l'autre association, si cette convention est encore en vigueur au moment de son accréditation. Relativement au déclenchement du processus de négociation, on peut donc se demander si la situation doit alors être traitée comme une renégociation d'une convention collective ou comme une première négociation. C'est cette dernière solution que le *Code du travail* impose.

Le texte de l'article 52.2, al. 2 C.t. oblige à conclure que toute association de salariés nouvellement accréditée doit entamer le processus de négociation comme une négociation d'une première convention collective, à partir du point zéro, puisqu'il prévoit qu'à défaut par une telle association d'avoir donné un avis de négociation, ce dernier sera réputé avoir été reçu 90 jours après la date d'obtention de l'accréditation[14]. On peut aussi relever que l'article 61 C.t. se limite à subroger l'association nouvellement accréditée dans les droits et obligations qui résultent d'une convention collective conclue par l'autre

---

12. *Syndicat des travailleuses et travailleurs du Hilton Québec (C.S.N.)* c. *Union des municipalités régionales de comté et des municipalités locales du Québec Inc.*, *ibid.* ; *Syndicat national catholique des employés des institutions religieuses de St-Hyacinthe Inc.* c. *Laliberté et associés Inc.*, D.T.E. 96T-1316 (T.T.).

13. *Gosselin* c. *Teamsters Québec, local 1999*, 2009 QCCRT 61.

14. Par concordance avec l'article 52 C.t., qui permet également à l'employeur de donner l'avis de négociation, l'article 52.2 C.t. devrait prévoir que l'avis est réputé avoir été reçu, au moment indiqué, lorsque ni l'association de salariés ni l'employeur ne l'ont eux-mêmes donné. Cette omission est toutefois sans conséquence, puisque subsiste la règle primaire de validité d'un avis de négociation donné par l'employeur, selon l'article 52 C.t., voir : *Beaulieu* c. *Produits hydrauliques de Varennes Inc.*, précité, note 6, p. 247.

association, sans mention des droits et des obligations rattachés à un processus de négociation déjà engagé. Il s'ensuit que l'association nouvellement accréditée à la place d'une autre ne peut se prétendre substituée à celle-ci dans le processus de négociation du renouvellement de la convention collective, que ce processus ait été ou non entamé par l'association déplacée[15].

613 – *Avis unique* – Un seul avis de négociation, qui répond aux conditions de validité prévues au *Code du travail*, suffit à engager le processus de négociation et à obliger l'autre partie à négocier. Les diverses rencontres de négociation demandées par l'une ou l'autre des parties après le début de la négociation ne sont pas sujettes à l'envoi de nouveaux avis de négociation qui devraient répondre aux conditions de l'avis initial[16].

B. L'obligation de négocier

1. Le contenu

614 – *Nature de l'obligation* – Selon l'article 53 C.t., après qu'un avis de négociation a été reçu ou est réputé avoir été reçu, les négociations doivent commencer et se poursuivre avec diligence et bonne foi sans quoi les tribunaux pourraient être justifiés d'intervenir, comme nous l'indique la Cour suprême dans un passage très imagé de l'arrêt *Health Services and Support* :

> « Aux propos du sénateur Walsh, selon lesquels [TRADUCTION] « la loi ne fait que conduire les représentants syndicaux à la porte de l'employeur », nous ajoutons que parfois les tribunaux peuvent néanmoins vérifier ce qui se passe derrière cette porte pour s'assurer que les parties négocient de bonne foi.[17]

---

15. *Beaulieu* c. *Produits hydrauliques de Varennes Inc.*, précité, note 6 ; *Canadelle Inc.* c. *Conseil conjoint québécois de l'Union internationale des ouvriers et ouvrières du vêtement pour dames*, [1988] T.T. 178 ; *Association des salariés de la Corporation pharmaceutique professionnelle* c. *Corporation pharmaceutique professionnelle*, [1983] T.T. 434 – poursuite pénale ; *contra* voir : un jugement de la Cour supérieure sur une requête en injonction interlocutoire dans le même contexte : *Association des employés de la Corporation pharmaceutique professionnelle* c. *Corporation pharmaceutique professionnelle*, [1984] C.S. 126.
16. *North Island Laurentian Teachers' Union* c. *Commission scolaire Laurenval*, [1981] T.T. 237, 243.
17. *Health Services and Support – Facilities Subsector Bargaining Assn.* c. *Colombie-Britannique*, précité, note 1, par. 105. Pour les remarques du sénateur Walsh, président du comité sénatorial sur la *Loi Wagner*, voir : 79 Cong. Rec. 7659. Voir aussi : F. MORIN, J.-Y. BRIÈRE et D. ROUX, *Le droit de l'emploi au Québec*, 3e éd., Montréal, Wilson & Lafleur, 2006, p. 1026 et 1027.

L'obligation de négocier a été largement discutée par les auteurs et la jurisprudence. On peut en retenir que l'un des éléments fondamentaux consiste en l'obligation de tenir des rencontres et de consacrer du temps au processus[18], et qu'il s'agit d'une obligation de moyens, essentiellement intellectuelle en ce sens qu'elle fait appel à l'état d'esprit des parties qui doivent rechercher ensemble la conclusion d'une convention collective :

> Tous les codes des relations du travail fédéral et provinciaux contiennent une disposition semblable à l'article 50 du *Code canadien du travail* qui oblige les parties à se rencontrer et à négocier de bonne foi. Pour que la négociation collective soit un processus équitable et efficace, il est essentiel que l'employeur et le syndicat négocient dans le cadre des règles établies par le code du travail applicable. Dans le contexte du devoir de négocier de bonne foi, chaque partie doit s'engager à chercher honnêtement à trouver un compromis. Les deux parties doivent se présenter à la table des négociations avec de bonnes intentions.[19]

L'obligation de négocier ne contraint ni l'une ni l'autre des parties à céder quelque point que ce soit ; cette obligation n'implique donc pas celle de s'entendre[20]. En effet, les parties restent libres de mener des négociations serrées, c'est-à-dire d'adopter une « ligne dure dans l'espoir de pouvoir forcer l'autre partie à accepter les conditions qui lui sont offertes »[21]. Selon le contexte des négociations, l'obligation de négocier de bonne foi ne serait pas non plus incompatible avec l'adoption d'un rapport de force recherchant l'adhésion de l'autre partie et même avec une rupture des négociations[22]. Cependant, les

---

18. *Health Services and Support – Facilities Subsector Bargaining Assn.* c. *Colombie-Britannique*, précité, note 1, par. 100.

19. *Royal Oak Mines Inc.* c. *Canada (Conseil des relations du travail)*, [1996] 1 R.C.S. 369, par. 41 (j. Cory).

20. *Services d'assurances Les Coopérants Inc.* c. *Syndicat des employés de coopératives d'assurance-vie (C.S.N.)*, D.T.E. 85T-487 (C.S.) ; *Tremblay* c. *Syndicat des employées et employés professionnels-les et de bureau, section locale 57*, D.T.E. 2002T-455, 2002 CSC 44, par. 23 ; *Health Services and Support – Facilities Subsector Bargaining Assn.* c. *Colombie-Britannique*, précité, note 1, par. 103.

21. *Ibid.* ; *Syndicat canadien des la Fonction publique* c. *Conseil des relations du travail (Nouvelle-Écosse)*, [1983] 2 R.C.S. 311, 341

22. Voir : D. CARTER *et al.*, *Labour Law in Canada*, 5e éd., Markham, Butterworths, 2002, p. 302 : « Les parties engagées dans la négociation peuvent en arriver à un point où la poursuite des discussions serait vaine. Dans ce cas, la décision de rompre les négociations ou d'adopter l'attitude « à prendre ou à laisser » ne serait probablement pas considérée comme allant à l'encontre des négociations de bonne foie. ». Voir aussi : *Health Services and Support – Facilities Subsector Bargaining Assn.* c. *Colombie-Britannique*, précité, note 1, par. 102.

parties ne peuvent afficher une attitude d'inflexibilité et d'intransigeance telle que cela mettrait en péril l'existence de la négociation collective, attitude aussi connue sous le vocable de négociations de façade[23]. De plus, une partie sera en faute si elle cherche à éviter la conclusion d'une convention collective. Cette intention se traduira soit par un refus pur et simple de négocier sous un prétexte quelconque, soit par une absence de diligence à le faire, perceptible par des manœuvres à caractère dilatoire, soit encore par une attitude de mauvaise foi dans la négociation elle-même[24].

615 – *Refus* – Le refus clair et net de négocier est relativement rare. C'est plutôt dans le défaut de se présenter aux négociations, dans la formulation de conditions préalables injustifiées ou dans diverses manœuvres pour retarder les rencontres qu'on pourra reconnaître le refus de négocier ou le manque de diligence à le faire[25]. La qualification de la conduite de la partie en cause répond ici à une norme subjective qui doit tenir compte de toutes les circonstances de l'espèce[26].

---

23. *Health Services and Support – Facilities Subsector Bargaining Assn.* c. *Colombie-Britannique*, précité, note 1, par. 104 ; *Royal Oak Mines Inc.* c. *Canada (Conseil des relations du travail)*, précité, note 19, par. 46 ; *Syndicat canadien des la Fonction publique* c. *Conseil des relations du travail (Nouvelle-Écosse)*, précité, note 21, p. 341.

24. Voir, par analogie et de façon générale : *Royal Oak Mines Inc.* c. *Canada (Conseil des relations du travail)*, précité, note 19 ; *Syndicat canadien de la Fonction publique* c. *Conseil des relations du travail (Nouvelle-Écosse)*, [1983] 2 R.C.S. 311.

25. Par exemple, le fait de demander le retrait d'un représentant en contrepartie d'une négociation, voir : *Association patronale des concessionnaires d'automobiles Inc.* c. *Syndicat national des employés de garage du Québec Inc. (C.S.D.)*, D.T.E. 2003T-597 (C.R.T.). Voir également : *Systèmes et câbles d'alimentation Prysmian Canada ltée* et *Syndicat des métallos, section locale 7016*, D.T.E. 2009T-677 (C.R.T.) – refus de reconnaître le représentant de l'employeur ; *Nexans Canada Inc.* et *Syndicat des métallos, section locale 6687*, D.T.E. 2006T-1046 (C.R.T.) – refus de se présenter à une séance de conciliation ; *Syndicat national des employés de garage du Québec inc.* et *Automobiles Roberge ltée (Beauport Hyundai)*, 2009 QCCRT 0198 – refus de négocier en raison de la contestation du caractère représentatif du syndicat. Voir cependant : *Systèmes et câbles d'alimentation Prysmian Canada ltée* et *Syndicat des métallos, section locale 7016*, 2009 QCCRT 0405 – annulation d'une rencontre de conciliation afin d'évaluer si une nouvelle position de l'autre partie ne contrevient pas, en l'espèce, à l'article 53 C.t.

26. Voir les motifs du juge Cory dans *Royal Oak Mines Inc.* c. *Canada (Conseil des relations du travail)*, précité, note 19, par. 37 et 42, constatant l'illégitimité de la conduite de l'employeur qui avait refusé de négocier avec le syndicat accrédité tant qu'il n'aurait pas été disposé d'une demande d'accréditation d'une association rivale. *North Island Laurentian Teachers' Union* c. *Commission scolaire Laurenval*, précité, note 16 ; *Projectionnistes de vues animées de Montréal de l'Alliance internationale des employés de théâtre et des opérateurs de machines à vues animées, local 262* c. *France Film*, [1984] T.T. 374 – défaut de donner suite

616 – *Bonne foi* – L'absence de bonne foi dans la négociation sera révélée par l'ensemble des gestes et des attitudes d'une partie, en les évaluant objectivement[27]. Pourront d'abord être mis en cause divers comportements incompatibles avec les principes fondamentaux ou avec des règles expresses du régime de rapports collectifs du travail, comme une tentative de négocier directement avec les salariés ou avec un autre interlocuteur que le syndicat accrédité[28], un recours prématuré au lock-out, une modification unilatérale des conditions de travail des salariés en violation des dispositions de l'article 59 C.t.[29] ou la formulation d'une demande d'inclure une clause illégale dans la convention collective[30]. Imposer ou tenter d'imposer des mesures punitives à l'endroit de salariés qui ont participé à une action syndicale légitime pourra aussi révéler un comportement de mauvaise foi[31]. L'obligation de négocier de bonne foi rejoint aussi le contenu lui-même de la négociation et des positions des parties. Une partie peut ainsi, malgré son discours, trahir sa véritable intention de ne pas conclure de convention collective, notamment en refusant de

---

à un avis de négociation et demande de délai pour entamer la négociation interprétés comme constituant un manque de diligence.

27. *Royal Oak Mines Inc.* c. *Canada (Conseil des relations du travail)*, précité, note 19, par. 42.

28. Quant à la négociation directe avec les salariés, voir : *Arsenault* c. *Boudreau*, D.T.E. 87T-152 (C.S.) ; *Nunez* c. *Lloyd's Electronics Limitée*, [1978] T.T. 193, 206, infirmé pour un autre motif par *Lloyd's Electronics Limitée* c. *Nunez*, C.S. Montréal, nº 500-36-000154-784, 25 janvier 1979 ; *Syndicat de la santé et des services sociaux d'Arthabaska-Érable (C.S.N.)* c. *Centre de santé et de services sociaux d'Arthabaska-Érable*, D.T.E. 2006T-634 (C.R.T.) ; *Syndicat canadien de la fonction publique, section locale 4290* c. *Ste-Béatrix (Municipalité de)*, D.T.E. 2004T-1080 (C.R.T.). Comparer : *Travailleurs unis de l'alimentation et du commerce, local 501* c. *Steinberg Inc.*, D.T.E. 89T-617 (T.T.). Sur la négociation avec une autre association que le syndicat accrédité, voir : *Vitriers-travailleurs du verre, local 1135* c. *J.B. Charron (1975) Ltée*, [1990] T.T. 549.

29. *Projectionnistes de vues animées de Montréal de l'Alliance internationale des employés de théâtre et des opérateurs de machines à vues animées, local 262* c. *France Film*, précité, note 26 – implantation d'un changement technologique, après une demande d'ajournement de la négociation par l'employeur, pour mettre le syndicat devant le fait accompli.

30. *Syndicat des employées et employés professionnels et de bureau, section locale 575, SEPB-CTC-FTQ* et *Caisse Desjardins Thérèse-de-Blainville*, 2009 QCCRT 0019, par. 19 : « L'employeur a certes proposé comme solution de rechange une convention collective ne comportant aucune disposition sur la mobilité du personnel, mais il faut voir dans cette démarche une stratégie visant à accentuer la pression sur le syndicat pour qu'il consente à inclure une clause illégale dans la nouvelle convention ».

31. *Royal Oak Mines Inc.* c. *Canada (Conseil des relations du travail)*, précité, note 19, par. 38-39 – tentative de l'employeur d'imposer une période probatoire aux employés ayant participé à une grève légale ; *Section locale 175 du Syndicat canadien des communications, de l'énergie et du papier (SCEP)* et *Pétro-Canada*, D.T.E. 2008T-509 (C.R.T.).

considérer des demandes[32], de formuler des contre-propositions[33], de formaliser dans un écrit une entente clairement intervenue sur le contenu de la convention[34], de signer l'entente de principe intervenue entre les parties[35] ou encore en adoptant une position inflexible et objectivement déraisonnable à l'égard d'une condition de travail communément acceptée dans l'ensemble des entreprises ou dans le secteur d'activité concerné :

> S'il est de notoriété publique que l'absence d'une telle clause serait inacceptable pour tout syndicat, alors il n'est pas possible d'affirmer qu'une partie comme l'appelante en l'espèce a négocié de bonne foi.[36]

Dans la même veine, le caractère inflexible et déraisonnable d'une position prise dans le cadre des négociations sera considéré comme de la mauvaise foi lorsqu'elle entraîne une négociation « fermée », c'est-à-dire lorsqu'elle ne laisse aucune place à un « véritable dialogue »[37], par lequel on s'engage à chercher « honnêtement un compromis », ou encore à avoir une attitude démontrant un « effort véritable et réel d'entente »[38]. Une négociation « fermée » pourrait

---

32. *Nexans Canada Inc.* et *Syndicat des métallos, section locale 6687*, précité, note 25 – refus d'aborder certains sujets de négociation, en violation d'une ordonnance de la Commission des relations du travail.

33. *Syndicat canadien de la Fonction publique* c. *Conseil des relations du travail (Nouvelle-Écosse)*, précité, note 21.

34. *Di Paolo* et *Section locale 145 du Syndicat canadien des communications, de l'énergie et du papier*, D.T.E. 2008T-379 (C.R.T.).

35. *Syndicat canadien de la fonction publique, section locale 145 (SCEP)* et *Scabrini Média inc.*, 2002 QCCRT 0044 ; *Syndicat canadien de la fonction publique, section locale 306* c. *Entreprises Aquaplash inc.*, 2007 QCCRT 0076 ; *Section locale 299 – SCEP* et *Eacom Timber Corporation*, 2012 QCCRT 0168 ; *Travailleuses et travailleurs unis de l'alimentation et du commerce, section locale 503* et *Miralis inc.*, 2012 QCCRT 0211, par. 84 : « [...] la Commission établit que le refus de signer une convention collective reflétant l'entente de principe intervenue entre les parties doit être assimilé un manquement à l'obligation de négocier de bonne foi ».

36. *Royal Oak Mines Inc.* c. *Canada (Conseil des relations du travail)*, précité, note 19, par. 43 ; *Re Tandy Electronics Ltd.* et *United Steelworkers of America*, (1980) 115 D.L.R. (3d) 197 (Ont. Div. Ct.) – refus par l'employeur d'une clause de retenue volontaire des cotisations syndicales ; *Syndicat des employées et des employés professionnels et de bureau, section locale 575, SEPB-CTC-FTQ* et *Caisse Desjardins Thérèse-de-Blainville*, D.T.E. 2009T-107 (C.R.T.).

37. *Health Services and Support – Facilities Subsector Bargaining Assn.* c. *Colombie-Britannique*, 2007 CSC 27, par. 101 : « Les parties ont l'obligation d'établir un véritable dialogue : elles doivent être disposées à échanger et expliquer leurs positions. Elles doivent faire un effort raisonnable pour arriver à un contrat acceptable [...] » ; *Royal Oak Mines Inc.* c. *Canada (Conseil des relations du travail)*, précité, note 19 – les parties doivent se présenter à la table des négociations avec de bonnes intentions.

38. *Lloyd's Electronics Limitée* c. *Nunez*, précité, note 28, p. 199 : « Négocier de bonne foi implique un comportement de nature à engager une discussion (ou

également être apparentée à ce que la Cour suprême a appelé une « négociation de façade ». Dans l'affaire *Health Services and Support*[39], la Cour s'exprime comme suit :

> [...] Dans certaines circonstances, même si une partie participe à la négociation, les propositions et positions qu'elle présente peuvent être « inflexible[s] et intransigeante[s] au point de mettre en péril l'existence même de la négociation collective » (*Royal Oak Mines Inc.*, par. 46). Cette attitude d'inflexibilité est souvent décrite sous le vocable de « négociation de façade ». La Cour a expliqué la distinction entre la négociation serrée, qui est légale, et la négociation de façade, qui contrevient à l'obligation de négocier de bonne foi :
>
>> Il est souvent difficile de déterminer s'il y a eu violation de l'obligation de négocier de bonne foi. Les parties à des négociations collectives reconnaissent rarement vouloir éviter de conclure une convention collective. La jurisprudence reconnaît une différence importante entre la « négociation serrée » et la « négociation de façade » [...]. La négociation serrée ne constitue pas une violation de l'obligation de négocier de bonne foi. C'est l'adoption d'une ligne dure dans l'espoir de pouvoir forcer l'autre partie à accepter les conditions qui lui sont offertes. La négociation serrée n'est pas une violation de l'obligation parce qu'elle comporte une intention véritable de poursuivre les négociations collectives et de conclure une convention. Par contre, on dit qu'une partie pratique la « négociation de façade » lorsqu'elle feint de vouloir conclure une convention alors qu'en réalité elle n'a pas l'intention de signer une convention collective et elle souhaite détruire les rapports de négociation collective. La négociation de façade est une infraction à la Loi à cause de ses objectifs irréguliers. La ligne de démarcation entre la négociation serrée et la négociation de façade peut être ténue [...] (*Syndicat canadien de la Fonction publique*, p. 341 ; voir également *Royal Oak Mines Inc.*, par. 46.).[40]

Même si les parties ne sont, pas tenues à l'impossible dans le cadre d'une négociation collective[41], les tribunaux semblent

---

négociation) positive en vue de conclure une convention collective de travail ; une recherche apparente de solution bilatérale et synallagmatique, une attitude démontrant un effort véritable et réel d'entente ».

39. *Health Services and Support – Facilities Subsector Bargaining Assn.* c. *Colombie-Britannique*, précité, note 37.

40. *Ibid.*, par. 104.

41. *Ibid.*, par. 102.

s'accorder sur le fait que l'intransigeance d'une position est mauvaise conseillère en la matière[42].

Par ailleurs, des comportements constitutifs d'un défaut de négocier avec diligence et bonne foi pourront aussi être considérés comme une entrave pure et simple à l'activité du syndicat accrédité, contrairement aux dispositions des articles 12 à 14 C.t.[43]. Enfin, un défaut de négocier avec diligence et bonne foi de la part d'un syndicat ne saurait, bien entendu, lui non plus être accepté[44].

2. La durée

617 – *Mutation et extinction* – La finalité de l'obligation de négocier étant la conclusion d'une convention collective, il s'ensuit que cette obligation ne s'éteindra que lorsque cet objectif aura été atteint par les parties ou encore lorsqu'on aura eu recours au substitut à la négociation que représente la soumission du différend à l'arbitrage. L'acquisition du droit de grève et de lock-out ne mettra donc pas fin à l'obligation des parties de négocier de bonne foi, particulièrement si elles ont renoncé à s'en prévaloir dans l'immédiat. La grève, le lock-out et l'intervention d'un conciliateur étant des moyens de parvenir à une entente, la subsistance de ce dernier objectif justifie l'obligation de continuer à négocier de bonne foi, sous réserve d'apprécier l'exécution de cette obligation en tenant compte du con-

---

42. Voir notamment, *Association des juristes de l'État* et *Québec (Gouvernement du) (Direction des relations professionnelles, Conseil du Trésor)*, 2012 QCCRT 0043 – exemple de négociation « fermée » dans le secteur public ; *Syndicat des travailleuses et travailleurs du Mount Stephen Club – CSN* et *Mount Stephen Club (9166-1389 Québec inc.)*, 2011 QCCRT 0499 – exemple de négociation « serrée ».

43. Exemples : *Syndicat des travailleuses et travailleurs du Pavillon St-Joseph* c. *Pavillon St-Joseph, Infirmerie des Sœurs de Ste-Croix*, [1996] T.T. 593 – intervention de l'employeur auprès de salariés pour faire renverser un vote rejetant ses offres ; *Fleury* c. *Épiciers unis Métro-Richelieu Inc.*, D.T.E. 96T-1140 (T.T.) – lettre de l'employeur envoyée au domicile des salariés. Voir aussi : *Travailleurs(euses) unis de l'alimentation et du commerce, local 501* c. *Steinberg Inc.*, [1989] R.J.Q. 603 ; D.T.E. 89T-221 (C.S.) ; *Vitriers-travailleurs du verre, local 1135* c. *J.B. Charron (1975) Ltée*, précité, note 28 ; *Pelletier* c. *Hydro-Québec*, D.T.E. 2001T-461 (T.T.) ; *Syndicat des travailleurs de l'information de La Presse (CSN)* et *Presse ltée (La)*, D.T.E. 2009T-843 (C.R.T.).

44. *Travailleurs unis de l'alimentation et du commerce, local 501 (T.U.A.C.)* c. *Steinberg Inc.*, D.T.E. 89T-221 (C.S.). Voir aussi l'évolution du manquement à la diligence et à la bonne foi dans les négociations par le syndicat dans : *Nexans Canada inc.* c. *Syndicat des métallos, section locale 6687*, précité, note 25 ; *Nexans Canada inc.* c. *Syndicat des métallos, section locale 6687*, D.T.E. 2007T-4 (C.R.T.).

texte et des circonstances ponctuelles[45]. Même la cessation des activités de l'entreprise (donc, l'absence de salariés) ne mettra pas fin, théoriquement du moins, au devoir de négocier[46].

Éteinte par la conclusion d'une convention collective ou par la soumission du différend à l'arbitrage, l'obligation de négocier peut renaître avec toutes ses implications si une clause de la convention collective ou de la sentence arbitrale en permet la réouverture pendant sa durée (art. 107 C.t.)[47].

3. Les sanctions

a) La sanction pénale

618 – *Marécage procédural* – Jusqu'à maintenant, l'obligation de négocier a trouvé sa sanction usuelle, sinon exclusive, dans une poursuite pénale en vertu du *Code du travail*. À cet égard, la jurisprudence s'est révélée hésitante sur le plan procédural, en particulier quant aux exigences de preuve. L'origine du mal se trouve dans les textes législatifs eux-mêmes, sous un double chef. D'une part, l'énoncé même de l'obligation de négocier, à l'article 53, al. 2 C.t., paraît maladroit. En affirmant que les négociations doivent « commencer » et « se poursuivre » et en introduisant par la suite les notions de « diligence » et de « bonne foi », le texte porte à croire que chacun de ces termes sert à identifier des infractions distinctes. D'autre part, ce sont deux dispositions différentes du *Code du travail*, les articles 141 et 144, qui créent les infractions qui se rattachent à la violation de l'obligation de négocier. L'article 144 C.t. vise l'infraction commise par le syndicat alors que l'article 141 C.t., qui impose des peines plus lourdes, s'adresse à l'employeur. Pour ajouter un peu de confusion, ce dernier article crée une infraction supplémentaire pour l'employeur, s'il fait défaut de reconnaître comme représentants des salariés à son emploi les représentants d'une association accréditée ; il n'en faut pas

---

45. *Travailleurs unis de l'alimentation et du commerce, local 501* c. *Steinberg Inc.*, précité, note 44 ; *Burke* c. *Gasoline Station Limited*, [1973] T.T. 13 ; *North Island Laurentian Teachers' Union* c. *Commission scolaire Laurenval*, précité, note 16. *Contra*, concluant à l'extinction de l'obligation de négocier lors de l'acquisition du droit de grève et de lock-out, voir le jugement de la Cour supérieure dans *Lloyd's Electronics Limitée* c. *Nunez*, précité, note 28.

46. Voir, par analogie : *Pièces d'automobile Cougar du Canada Ltée* c. *Dufresne*, D.T.E. 84T-545 (C.S.).

47. *Services d'assurances Les Coopérants Inc.* c. *Syndicat des employés de coopératives d'assurance-vie (C.S.N.)*, précité, note 20. Il pourrait en être de même d'une déclaration de nullité de certaines clauses d'une convention collective, voir *infra*, Titre II, chapitre 7, n° 703.

plus pour que se soulève la difficulté d'identifier l'infraction commise par un employeur qui refuse d'entamer la négociation avec une association accréditée parce que cette dernière est représentée par une personne dont il n'agrée pas la présence en négociation[48].

Sur le plan procédural, la difficulté première, sinon le défi, est donc d'opter pour la plainte qui sera jugée appropriée à la situation.

Dans l'affaire *Coopérative Dorchester*[49], on a décidé qu'en présence d'un refus de l'employeur de rencontrer le syndicat pour entamer les négociations, que ce soit ouvertement, par le défaut de se présenter ou par le recours à des subterfuges, il faut porter une plainte pour défaut de reconnaître plutôt qu'une plainte pour refus de négocier de bonne foi. Selon le jugement, le refus de négocier de bonne foi exigeait nécessairement une rencontre des parties à une table de négociation[50]. La Cour supérieure a renversé la situation, dans l'affaire *Martineau*[51]. Elle a cassé la plainte qui reprochait à l'employeur d'avoir fait défaut de reconnaître le syndicat accrédité en refusant d'entamer avec lui la négociation. Selon le jugement, la plainte appropriée aurait été celle pour défaut de négocier de bonne foi, non celle de refus pour reconnaître le syndicat.

Par la suite, deux jugements ont adopté des voies différentes. Dans *Forum de Montréal*[52], il a été décidé que l'infraction générale de

---

48. Un jugement de première instance a vu dans cette attitude de l'employeur un défaut de reconnaître les représentants d'un syndicat accrédité comme représentants des salariés à son emploi, au sens de l'article 141 C.t. : *Charbonneau c. Shell Canada Ltée*, [1980] T.T. 327. Cette décision a été infirmée en appel par la Cour supérieure, dont le jugement a été maintenu par un arrêt majoritaire de la Cour d'appel, pour le motif que la conduite de l'employeur n'impliquait pas nécessairement un refus de reconnaître cette personne déléguée par l'association accréditée comme représentant les salariés à son emploi, mais plutôt un refus de négocier même s'il pouvait reconnaître le statut du représentant syndical : *Charbonneau c. Shell Canada Ltée*, [1982] C.A. 413 (dans le dossier n° 500-10-000336-808, confirmant, sur cette question, *Shell Canada Ltée c. Charbonneau*, C.S. Montréal, n° 500-36-000110-802, 8 juillet 1981).

49. *Syndicat des employés de l'alimentation et du commerce de St-Anselme c. Coopérative Dorchester*, [1969] R.D.T. 292 (C.S.P.).

50. Cette opinion a été suivie dans un certain nombre de jugements dont : *Burke c. Gasoline Station Limited*, précité, note 45 ; *Lépine c. Tremblay*, [1973] T.T. 404, 406.

51. *Commission scolaire régionale des Vieilles-Forges c. Martineau*, C.S. Trois-Rivières, division criminelle d'appel, n° 400-27-2026-75, 3 février 1976, infirmant *Martineau c. Commission scolaire régionale des Vieilles-Forges*, [1975] T.T. 337.

52. *Desrochers c. Forum de Montréal*, T.T. Montréal, n° 500-28-000446-799, 12 novembre 1980.

défaut de négocier de bonne foi se décompose en plusieurs infractions distinctes se rattachant elles-mêmes soit à l'article 141 C.t., soit à l'article 144 C.t. Les infractions seraient celles de défaut de reconnaître, de défaut de commencer la négociation, de défaut de la poursuivre avec diligence et de défaut de négocier de bonne foi. L'article 141 C.t. créerait les infractions de défaut de reconnaître et de défaut de négocier de bonne foi de la part de l'employeur. Les autres infractions, qu'elles soient commises par l'employeur ou par le syndicat, seraient issues de l'article 144 C.t.

Un jugement ultérieur a quelque peu simplifié la situation. Dans l'affaire *Commission scolaire Laurenval*[53], on arrive en effet à la conclusion que la Loi ne crée qu'une seule obligation globale, celle de négocier, dont la diligence et la bonne foi sont des éléments constitutifs. L'unique infraction serait donc celle de défaut de négocier. Le refus d'entamer la négociation ou de la poursuivre, le manque de diligence et l'absence de bonne foi ne seraient que des façons différentes de manquer à cette obligation unique. Cette interprétation harmonise l'intention véritable du législateur et les textes par lesquels il a cherché à l'exprimer.

619 – *Preuve* – L'article 141 C.t. crée une infraction continue de jour en jour, tant que dure l'infraction de défaut de négocier. Toutefois, si une partie a manqué à son obligation de plusieurs manières au cours d'une même journée, il n'y a qu'une seule infraction[54].

Le poursuivant est-il tenu de prouver l'intention coupable de l'intimé, outre sa conduite fautive ? Une réponse affirmative ne paraît pas contestable lorsque la plainte se rapporte à une absence de bonne foi ou même de diligence dans le déroulement de la négociation. Cette preuve de la mauvaise foi ou de l'intention dilatoire reposera en définitive sur l'appréciation des attitudes et des comportements extérieurs de la partie intimée[55]. Quant au défaut pur et

---

53. *North Island Teachers' Union* c. *Commission scolaire Laurenval*, précité, note 16.

54. *Syndicat international des ouvriers de l'aluminium, de la brique et du verre, section locale 218* c. *Briqueterie St-Laurent, une division de Briques Jannock Ltée*, [1992] T.T. 647.

55. Exemples : *Burke* c. *Gazoline Station Limited*, précité, note 45 ; *Lépine* c. *Tremblay*, précité, note 50 ; *Projectionnistes de vues animées de Montréal de l'Alliance internationale des employés de théâtre et des opérateurs de machines à vues animées, local 262* c. *France Film*, précité, note 26. Voir également : *R.* c. *Davidson Rubber Co. Inc.*, 69 C.L.L.C., par. 14190, (1970) 7 D.L.R. (3d) 385 (Ont. Prov. Ct.).

simple de donner suite à un avis de négociation donné conformément à la Loi, il y aurait lieu d'appliquer, en les adaptant, les principes retenus par la Cour suprême relativement à une plainte de participation à une grève illégale contre un salarié en défaut de se présenter au travail, dans l'arrêt *Strasser*[56]. Cet arrêt a alors posé qu'une fois la preuve faite de l'élément matériel de l'infraction, il appartenait à la partie intimée de dégager sa responsabilité en démontrant qu'elle avait pris toutes les précautions raisonnables pour éviter la survenance du fait fautif ou qu'elle croyait, pour des motifs raisonnables, à un état de fait inexistant qui aurait rendu son omission innocente[57].

b) La sanction civile

620 – *Compétence* – En 2002, une nouvelle voie de recours, de nature civile cette fois, se présente désormais à la partie qui se croit victime d'un défaut de négocier, comme le Code l'exige. Cette possibilité résulte de la réforme en 2001 du *Code du travail*. Le recours s'exercera devant de la nouvelle Commission des relations du travail, sur la base de la compétence générale qui lui est dévolue pour l'application du Code (art. 114, al. 2 C.t.).

621 – *Redressement* – Dans l'exercice de cette compétence particulière, la C.R.T. pourra faire appel à ses pouvoirs généraux d'ordonnance et de réparation, selon les articles 118 et 119 C.t., pour répondre à la situation de la façon qu'elle jugera la plus appropriée[58]. Dès lors, elle peut, notamment, ordonner à l'employeur de cesser de communiquer directement avec ses employés et de négocier avec le syndicat accrédité[59], voire ordonner la suspension des effets d'une accréditation ou la cessation provisoire des négociations entamées en vue de conclure une convention collective[60].

---

56. *Strasser* c. *Roberge*, [1979] 2 R.C.S. 753.
57. *Ibid.* ; *R.* c. *Sault Ste-Marie*, [1978] 2 R.C.S. 1299.
58. Sur le cadre d'exercice de ces pouvoirs, voir *supra*, Titre II, chapitre 1, nos 421-425.
59. *Syndicat canadien de la fonction publique, section locale 4290* c. *Ste-Béatrix (Municipalité de)*, précité, note 28 ; *Université Concordia et Syndicat des employées et employés de soutien de l'Université Concordia*, 2008 QCCRT 0029 – ordonnance de la C.R.T. de transmettre aux salariés, par courriel, une copie de la décision de la C.R.T. et d'une lettre dont la Commission a dicté le contenu ; *Section locale 175 du Syndicat canadien des communications, de l'énergie et du papier (SCEP) et Pétro-Canada*, 2008 QCCRT 246.
60. *Alliance québécoise des techniciens de l'image et du son (AQTIS) et Alliance internationale des employés de scène, de théâtre, techniciens de l'image, artistes et métiers connexes des États-Unis, ses territoires et du Canada, section locale 667 (AIEST) (FAT-COI-CTC-FTQ)*, D.T.E. 2006T-979 (C.R.T.).

En principe, tout étendus qu'ils soient, les pouvoirs d'ordonnance et de réparation de la C.R.T. ne devraient pas lui permettre de prescrire une convention collective complète sur les questions demeurant en litige comme le ferait un arbitre de différend[61]. Néanmoins, une fois démontrée la violation par une partie de son obligation de négocier, cette partie ne saurait exiger la même liberté de négociation que celle dont elle disposait jusque-là[62].

En s'inspirant des solutions déjà retenues par d'autres organismes régulateurs des rapports collectifs du travail au Canada qui disposent de pouvoirs semblables aux siens, la C.R.T. pourrait, par exemple, ordonner à la partie fautive de matérialiser, en la formalisant, une entente considérée comme déjà intervenue[63]. Elle pourrait de même lui enjoindre, de retirer des demandes jugées déraisonnables en raison de leur substance ou par leur nombre et leur tardiveté[64], ou encore de soumettre des propositions[65]. Il lui sera également possible d'envisager une nouvelle présentation d'une proposition déjà soumise, puis retirée, y compris en lui apportant certaines modifications précises[66]. La C.R.T. pourrait enfin, face à une impasse dont la responsabilité serait imputable aux deux parties et pour éviter de se substituer à ces dernières, fixer des délais d'échange de nouvelles propositions et prévoir la soumission du différend à l'arbitrage obligatoire dans l'éventualité où l'impasse subsisterait à l'échéance des délais ainsi fixés[67]. Notons que ces pouvoirs doivent être exercés avec réserve et circonspection, compte tenu du fait que la convention

---

61. *Syndicat canadien de la Fonction publique* c. *Conseil des relations du travail (Nouvelle-Écosse)*, précité, note 21, p. 324-325 ; *Re Tandy Electronics Ltd.* et *United Steelworkers of America*, précité, note 36.
62. *Royal Oak Mines Inc.* c. *Canada (Conseil des relations du travail)*, précité, note 19, par. 88 ; *Brewster Transport Co.*, (1986) 66 di 1.
63. Voir : *F.G.T. 2000 Inc.*, [2000] CCRI n° 87.
64. Voir : *Royal Oak Mines Inc.* c. *Canada (Conseil des relations du travail)*, précité, note 19 ; *Re Tandy Electronics Ltd.* et *United Steelworkers of America*, précité, note 36 ; *Association des employeurs maritimes*, [1999] CCRI n° 26.
65. Voir et comparer : *Royal Oak Mines Inc.* c. *Canada (Conseil des relations du travail)*, précité, note 19 ; *Syndicat canadien de la Fonction publique* c. *Conseil des relations du travail (Nouvelle-Écosse)*, précité, note 21 ; *Syndicat des employées et des employés professionnels et de bureau, section locale 575, SEPB-CTC-FTQ* et *Caisse Desjardins Thérèse-de-Blainville*, précitée, note 36.
66. Voir et comparer : *Royal Oak Mines Inc.* c. *Canada (Conseil des relations du travail)*, précité, note 19 ; *Brewster Transport Co.*, précité, note 62 ; *Iberia, Lignes aériennes d'Espagne*, (1990) 80 di 165 ; *Eastern Provincial Airways Ltd.*, (1983) 54 di 172.
67. *Royal Oak Mines Inc.* c. *Canada (Conseil des relations du travail)*, précité, note 19. Voir, pour une application récente, les décisions *Nexans* de la C.R.T. : *Nexans Canada inc.* c. *Syndicat des métallos, section locale 6687*, précitées, note 44.

collective constitue la pierre d'assise des rapports collectifs issus du régime du travail en vigueur au Québec.

C. Le déroulement de la négociation

622 – *Pratiques* – Il n'existe pas de règles régissant le déroulement de la négociation entre les parties[68]. Certaines pratiques sont toutefois largement répandues.

C'est le plus souvent la partie syndicale qui soumet son projet de convention collective, à partir duquel s'entamera la négociation. Parfois, on soumettra un projet complet incluant les dispositions salariales, alors que, dans d'autres cas, on les soumettra progressivement, sujet par sujet. Il demeure plutôt rare que la négociation s'engage sur la base d'un projet patronal, la pratique la plus fréquente étant plutôt que l'employeur réponde aux demandes syndicales par des contre-propositions sur des clauses particulières ou même sur des sujets ou des chapitres complets. L'expérience récente révèle l'émergence d'une attitude plus agressive de la part des employeurs à l'occasion du renouvellement des conventions collectives. Il n'est plus rare que l'entreprise se présente elle aussi à la table de négociation avec des revendications. Les demandes ne sont plus l'apanage de la partie syndicale.

On négocie habituellement en premier les clauses dites normatives, sans incidence pécuniaire, réservant pour la phase finale de la négociation le traitement des questions salariales. On cherchera, en effet, à entamer la négociation sur des questions moins susceptibles de s'avérer litigieuses, comme la reconnaissance des droits syndicaux, le calcul de l'ancienneté ou la procédure de règlement des griefs.

Selon une pratique très répandue, les parties constatent leurs accords, en cours de négociation, en paraphant les clauses sur lesquelles elles se sont entendues, c'est-à-dire en apposant leurs initiales en marge des textes visés. Parapher une clause emporte un engagement moral et pratique envers l'autre partie. Légalement, toutefois, rien n'empêche de revenir sur un texte paraphé, au prix,

---

68. Il en va toutefois autrement dans les secteurs public et parapublic, selon les dispositions du chapitre VI du *Code du travail* et de la *Loi sur le régime de négociation des conventions collectives dans les secteurs public et parapublic*, RLRQ, c. R-8.2. Voir *infra*, n° 633.

peut-être, d'une concession sur une question en suspens[69]. Seule la signature de l'entente complète devant constituer la convention collective mettra un terme au processus de négociation et donnera force légale aux dispositions paraphées.

623 – *Comportements* – La négociation fait tout autant appel à la connaissance objective du droit et du milieu de travail concerné qu'à des habiletés ou aptitudes du négociateur, notamment sur le plan de la psychologie.

D'un point de vue juridique, la négociation requiert une capacité du négociateur de mesurer les conséquences pratiques des textes auxquels il souscrit. La négociation suppose également des concessions. Quelle que soit la partie qu'on représente, il est donc nécessaire d'établir les objectifs prioritaires de la négociation. Cette détermination des priorités, pour l'employeur et le syndicat, exige des négociateurs une bonne connaissance de l'entreprise et du milieu de travail. À titre d'exemple, on comprendra facilement que l'obligation pour l'employeur de donner un préavis de mise à pied d'une semaine au salarié n'aura pas les mêmes conséquences dans une entreprise où le besoin en main-d'œuvre est relativement stable, telle une société d'assurances, et dans une entreprise dont les activités sont directement reliées à un facteur variable et imprévisible, comme les conditions météorologiques[70].

Sur le plan de l'approche, il faut garder à l'esprit en tout temps que l'exercice de négociation diffère de celui de la représentation devant un tribunal quant à un aspect fondamental, voire vital pour sa réussite. Devant un tribunal, l'objectif du plaideur est de convaincre un tiers impartial et indépendant de la justesse de sa position. En négociation, l'objectif à atteindre est d'amener son vis-à-vis à

---

69. Toutefois, le refus de consigner des ententes déjà conclues ou de les formaliser par la signature d'une convention collective pourrait révéler, selon les circonstances, une absence de bonne foi. Voir : *Lavoie c. Planchers Beauceville Inc.*, [1973] T.T. 376 ; *Syndicat canadien des communications, de l'énergie et du papier, section locale 145 (S.C.E.P.) c. Scabrini Média inc.*, D.T.E. 2003T-235 (C.R.T.) ; *Syndicat canadien de la Fonction publique, section locale 306 c. Entreprises Aquasplash inc. (Aquajou – arrondissement Brossard)*, D.T.E. 2007T-208 (C.R.T.).

70. On peut obtenir des informations précises sur le contenu habituel des conventions collectives dans un secteur d'activité donné en faisant appel à l'une ou l'autre des deux banques de conventions collectives, celle du Centre de relations industrielles de l'Université McGill ou celle du Service d'analyse de conventions collectives du Département des relations industrielles de l'Université Laval.

un point de rencontre en le convainquant de la viabilité, tous facteurs pertinents étant pesés, d'une solution. La sauvegarde d'un climat de confiance, généralement nécessaire à la conclusion d'une entente, proscrit en particulier deux types de conduite : le bris de la parole donnée ; l'humiliation de l'interlocuteur.

D. La conciliation

624 – *Étape facultative ou obligatoire* – La conciliation n'est pas une condition à l'acquisition du droit de grève et de lock-out. Elle demeure cependant une étape nécessaire préalablement à l'imposition de l'arbitrage de différend, en vertu des articles 93.1 et suivants C.t., comme solution à la négociation d'une première convention collective.

À tout stade des négociations, l'une ou l'autre des parties peut demander au ministre du Travail de désigner un conciliateur pour les aider à parvenir à une entente (art. 54, al. 1 C.t.). La conciliation est demandée par l'envoi d'une demande écrite au ministre ; avis de cette demande doit être donné le même jour à l'autre partie (art. 54, al. 2 C.t.). Des formulaires à cette fin sont disponibles au ministère du Travail. On doit y fournir un certain nombre de renseignements tels que la description de l'unité de négociation, le nombre de salariés concernés par la négociation, les dates des rencontres antérieures entre les parties, etc. Il est de pratique courante de soumettre également, avec la demande de conciliation, les documents échangés entre les parties, telles les demandes respectives et les propositions soumises par écrit. Sur réception de la demande, le ministre doit désigner un conciliateur (art. 54, al. 3 C.t.). Le ministre peut en outre désigner d'office un conciliateur à toute phase des négociations ; il doit alors en informer les parties (art. 55 C.t.).

625 – *Obligations des parties* – En vertu de l'article 56 C.t., les parties sont obligées d'assister à toutes les réunions auxquelles le conciliateur les convoque. Selon la jurisprudence, la teneur de l'obligation créée par l'article 56 C.t. se limite à une présence physique à la rencontre[71]. L'absence d'une partie dûment convoquée à une séance de conciliation la rendra passible d'une condamnation pénale[72]. En outre, l'obligation de négocier avec diligence et bonne foi subsiste

---

71. *Burke* c. *Gasoline Station Limited*, [1972] T.T. 382.
72. *Burke* c. *Gasoline Station Limited*, [1972] T.T. 384.

elle-même, comme nous l'avons vu, malgré l'intervention du conciliateur[73].

Quoique le recours à la conciliation ne soit plus obligatoire, il faut reconnaître que, dans la plupart des cas, l'intervention du conciliateur permet un rapprochement des parties. L'expérience de la négociation enseigne que, dans plusieurs cas où il semble que les parties n'aient plus rien à se dire, la négociation par l'intermédiaire d'un conciliateur, le tact et les qualités personnelles de ce dernier et son expérience antérieure en négociation deviennent des facteurs importants pour débloquer la situation et parvenir à une entente. Le négociateur doit toutefois s'en tenir à son mandat et garder le contrôle de ses positions. Il ne faut pas hésiter en effet, lorsqu'un conciliateur « pousse » à un règlement, à garder la situation bien en mains et à le lui faire savoir.

626 – *Médiateur* – Le ministre du Travail peut, en vertu de ses pouvoirs généraux, désigner un médiateur dans des dossiers délicats de négociation qui justifient ce mode d'intervention[74]. Dans la pratique, la médiation intervient soit lorsque la conciliation a échoué ou que manifestement, elle est vouée à l'échec. Les parties ou l'une d'elles peuvent prendre l'initiative de demander la nomination d'un médiateur ou même d'un conseil de médiation. Toutefois, la décision finale appartient au ministre du Travail. Bien que possible dans les situations où le Code n'exige pas une conciliation obligatoire, soit aux fins de l'arbitrage de différend dans le cas d'une première convention collective, le ministre du Travail privilégiera la conciliation avant la médiation ; ce n'est que de façon exceptionnelle qu'il acceptera de désigner un médiateur dans un dossier de négociation dans lequel il n'y a pas eu intervention d'un conciliateur. La médiation peut aussi être confiée à un conseil de médiation dont les membres sont désignés par le ministre du Travail. Dans une telle situation également exceptionnelle, le conseil de médiation sera composé de trois médiateurs, chaque partie recommandant la nomination de son représentant au conseil de médiation. Le ministre du Travail conserve sa discrétion de nommer ou non le représentant suggéré par chaque partie. Finalement, le ministre du Travail désigne également le président de ce

---

73. *Brossard Honda* c. *Syndicat international des métiers, section locale 2817 (Québec)*, D.T.E. 2005T-638 (C.R.T.), par. 30 ; *Association patronale des concessionnaires d'automobiles Inc.* c. *Syndicat national des employés de garage du Québec Inc. (C.S.D.)*, précité, note 25, par. 42 ; *Burke* c. *Gasoline Station Limited*, précité, note 45, p. 28.

74. *Loi sur le ministère du Travail*, RLRQ, c. M-32.2, art. 13, 1°.

conseil de médiation. Le médiateur évaluera alors l'état du différend entre les parties et leur proposera généralement des moyens de règlement. Il ne dispose toutefois d'aucun pouvoir de contrainte, son intervention ne pouvant conduire, sur un strict plan juridique, qu'à la production d'un rapport au ministre. La *Loi sur le ministère du Travail* assure la confidentialité des relations des parties avec un conciliateur ou un médiateur, ces derniers ne pouvant être contraints de divulguer ce qui leur a été révélé ou ce dont ils ont eu connaissance dans l'exercice de leurs fonctions, ni de produire un document fait ou obtenu dans cet exercice devant un tribunal ou un arbitre, ou devant un organisme, ou une personne exerçant des fonctions judiciaires ou quasi judiciaires[75].

E. La suspension de la négociation

627 – *Occasions et effets* – L'article 42 C.t. autorise la Commission des relations du travail à suspendre les négociations et les délais qui s'y rapportent lorsque survient une requête en accréditation, une requête en révision ou une requête en révocation d'accréditation, en vertu des articles 25, 127 et 128 ou de l'article 41 C.t., ou encore une requête qui porte sur une question relative à une transmission d'entreprise selon l'article 45 C.t. De la même manière, le renouvellement d'une convention collective peut lui-même être empêché jusqu'au règlement de la remise en question de l'accréditation. Cela relève du pouvoir discrétionnaire de la C.R.T. Dans pareil cas, elle tiendra compte du poids des inconvénients pour les intervenants en présence, mais aussi du fait qu'un contexte d'incertitude quant à l'accréditation n'est pas favorable à la négociation[76].

Selon l'article 42, al. 2 C.t., dans tous les cas où une ordonnance suspend les négociations ou empêche le renouvellement d'une convention collective, les conditions de travail se trouvent gelées, comme elles le seraient par l'application de l'article 59 C.t., et l'article 60 C.t. s'applique en corrélation, jusqu'à la décision de la C.R.T. relativement à la cause ayant justifié la suspension des négociations.

---

75. *Ibid.*, art. 15. Sur l'affirmation de la conformité d'une telle disposition avec les dispositions des chartes, voir : *Société de transport de la Rive-Sud de Montréal* c. *Frumkin*, [1991] R.J.Q. 757 (C.S.).
76. *Syndicat des employées et employés du Loews Hôtel Québec (C.S.N.)* c. *Loews Hôtel Québec Inc.*, D.T.E. 2004T-540 (C.R.T.) ; *Syndicat des salariés d'Imprimerie Vincent et Syndicat international des peintres et métiers connexes, travailleurs industriels, section locale 349-A*, D.T.E. 2008T-925 (C.R.T.).

F. Le maintien des conditions de travail

628 – *Circonstances et objet* – Le dépôt d'une requête en accréditation emporte automatiquement, dans tous les cas, un gel complet des conditions de travail, en vertu de l'article 59, al. 1 C.t. L'employeur doit continuer à appliquer les conditions de travail qui existent à ce moment, que ces dernières résultent d'ententes individuelles, de politiques de l'entreprise ou d'une convention collective alors en vigueur. L'article 59, al. 2 C.t. décrète un gel semblable des conditions de travail à compter de l'expiration de toute convention collective, même en l'absence de dépôt d'une requête en accréditation par une association rivale de l'association signataire de la convention collective en vigueur. La Cour d'appel a rappelé que l'objectif de l'article 59 C.t. est de créer :

> [...] un équilibre pendant une période bien définie, c'est-à-dire pendant tout le processus de négociations débutant avec le dépôt de la requête en accréditation jusqu'à l'exercice du droit de grève des salariés ou de lock-out par l'employeur ou encore tant qu'une sentence arbitrale n'est pas intervenue. Cela vise à permettre un climat propice pour la négo-ciation des conventions collectives.[77]

En contrepartie du maintien de leurs conditions de travail, les salariés doivent eux-mêmes continuer à fournir leurs services aux mêmes conditions (art. 60 C.t.).

Le cas échéant, les conditions de travail sont ainsi maintenues tant que le droit au lock-out ou à la grève n'est pas légalement exercé par son titulaire[78]. Lorsque l'association de salariés ne dispose pas, selon la Loi, du droit de grève et l'employeur, du droit au lock-out, le maintien des conditions de travail vaut jusqu'à la conclusion d'une convention collective ou jusqu'à ce qu'une sentence arbitrale en tienne lieu[79]. Au-delà du terme fixé par l'article 59 C.t. à l'obligation de maintien des conditions de travail, une convention collective peut

---

77. *Compagnie Wal-Mart du Canada* c. *Travailleuses et travailleurs unis de l'ali-mentation et du commerce, section locale 503*, 2012 QCCA 903.
78. Voir les décisions suivantes, rendues, par ailleurs, selon le texte législatif qui prévalait jusqu'à un amendement apporté en 1994 et qui prévoyait que l'obliga-tion de maintien des conditions de travail expirait avec l'acquisition du droit au lock-out par l'employeur : *Ville de Longueuil* c. *Savoie*, D.T.E. 83T-1011 (C.S.) ; *Projectionnistes de vues animées de Montréal de l'Alliance internationale des employés de théâtre et des opérateurs de machines à vues animées, local 262* c. *France Film*, précité, note 26, par. 397.
79. Voir et transposer : *Fraternité internationale des ouvriers en électricité, section locale 2365* c. *Télébec Ltée*, [1993] T.T. 289.

elle-même prévoir, par une clause dite « de pont », que les conditions de travail qu'elle contient continueront de s'appliquer jusqu'à la signature de la nouvelle convention (art. 59, al. 3 C.t.)[80]. L'insertion dans la convention collective d'une telle clause de pont n'a pas pour effet de priver les parties de leurs autres droits reliés à la négociation, notamment ceux de grève et de lock-out, le cas échéant[81]. En l'absence d'engagement conventionnel de sa part, rien n'empêchera l'employeur de modifier les conditions de travail de ses salariés après l'expiration de la période légale de maintien des conditions de travail, sous réserve de son obligation de négocier de bonne foi[82].

Lorsqu'il y a une requête en accréditation, les conditions de travail ne peuvent être modifiées qu'avec le consentement écrit de chaque association requérante et celui de l'association déjà accréditée. En l'absence de requête en accréditation, à l'expiration d'une convention collective, les conditions de travail maintenues par application des deux derniers alinéas de l'article 59 C.t. pourront être changées avec le consentement écrit de l'association accréditée. Le caractère d'ordre public de l'article 59 C.t. empêche que ce consentement soit donné d'avance, par exemple au moyen d'une clause de la convention collective qui ne prendrait effet qu'après son expiration[83].

Quant à son objet, la prohibition vise tout changement dans les conditions de travail, même celui qui paraîtrait favorable aux salariés, telle une augmentation de salaire, à moins qu'un tel changement ne s'inscrive dans le cours normal des affaires[84] ou à l'intérieur d'une

---

80. *Syndicat canadien des communications, de l'énergie et du papier, section locale 2995* c. *Spreitzer*, [2002] R.J.Q. 111 (C.A.), par. 56. Consulter aussi l'arrêt de la Cour suprême dans *Ontario Nurses' Association* c. *Haldimand-Norfolk Regional Health Unit*, [1983] 2 R.C.S. 6, où la Cour y analyse les dispositions de la loi ontarienne équivalentes à celles de l'article 59 C.t. Il est cependant à noter que, dans ce cas, l'exercice légal du droit de grève ou du lock-out suspendra tout de même, pour sa durée, l'application de la convention collective : *Syndicat des employés de Daily Freight (C.S.N.)* c. *Imbeau*, D.T.E. 2003T-213 (C.A.).

81. *Bradburn* c. *Wentworth Arms Hotel Ltd.*, [1979] 1 R.C.S. 846 ; *Consolidated-Bathurst Inc.* c. *Syndicat national des travailleurs des pâtes et papiers de Port-Alfred*, [1987] R.J.Q. 520 (C.A.) ; *Fraternité des policiers de la municipalité de la Baie-James* c. *Tremblay*, D.T.E. 87T-258 (C.A.).

82. Voir à ce sujet, par analogie, dans le contexte de la loi de la Colombie-Britannique : *CAIMAW* c. *Paccar of Canada Ltd.*, [1989] 2 R.C.S. 983. Sur les conséquences de l'expiration de la période prévue à l'article 59 C.t. après l'échéance d'une convention collective, voir *infra*, Titre II, chapitre 7, n° 722.

83. *Association des pompiers de Montréal inc.* c. *Montréal (Ville de)*, [2001] R.J.D.T. 1115 (T.A.).

84. *Fédération des travailleuses et des travailleurs du papier et de la forêt (CSN)* et *Société d'exploitation des ressources des Monts Inc.*, D.T.E. 2006T-470 (T.A.) ; *Travailleuses et travailleurs de l'alimentation et du commerce, section locale 501* et *Wal-Mart Canada (St-Hyacinthe)*, D.T.E. 2010T-797 (T.A.).

politique préexistante de l'employeur[85]. Dans ce cas, l'obligation de maintenir les conditions de travail emportera celle de continuer à suivre la politique préétablie, laquelle constitue en elle-même la condition de travail à être maintenue. Cela ne signifie toutefois pas que l'employeur ne puisse modifier, dans l'exercice de son pouvoir normal de gérance, les modes de contrôle d'application des conditions de travail préexistantes[86] ou qu'il ne puisse cesser partiellement ou totalement ses activités[87].

Une allégation de contravention à l'article 59 C.t. devrait en somme être soumise à un examen strictement objectif. Première conséquence, l'intention de l'employeur ne présente aucune pertinence[88]. Deuxième conséquence, la détermination relative au changement allégué s'effectue par référence à une condition de travail particulière identifiée et factuellement préexistante[89].

629 – *Mesures disciplinaires et renvoi* – On s'est demandé si l'article 59 C.t. couvrait l'imposition d'une sanction disciplinaire et la rupture du lien d'emploi. La réponse est délicate et exige des distinctions.

---

85. *Projectionnistes de vues animées de Montréal de l'Alliance internationale des employés de théâtre et des opérateurs de machines à vues animées, local 262* c. *France Film*, précité, note 26 ; *Dallaire* c. *Industrielle Compagnie d'assurance sur la vie*, [1978] T.T. 376 ; *Abbott Laboratories* c. *Laliberté*, [1975] T.T. 136 ; *Diorio* c. *Laboratoire de photo Bellevue Inc.*, [1972] T.T. 369 ; *R.* c. *Harricana Métal*, [1970] T.T. 97.

86. *Syndicat des employés de la Commission scolaire du Haut St-Maurice* c. *Rondeau*, [1993] R.J.Q. 65, 67 (C.A.) : « L'article 59 C.t. immobilise l'état des relations de travail. Il n'empêche toutefois pas l'employeur de gérer. Elle ne le prive pas du droit de mettre en application les pratiques ou conditions de travail établies, même si celles-ci entraînent une modification dans les conditions de travail individuelles du salarié. Par exemple, en accordant une augmentation de salaire prévue aux conditions de travail pré-existantes, il ne modifie pas celles-ci, mais les conserves telles qu'elles. Il n'ajoute ni ne retranche aux droits des parties ». Voir également, *Campeau* c. *Longueuil (Ville de)*, [1983] T.T. 212 – changement du régime de contrôle des présences au travail.

87. *Société du Centre Pierre-Péladeau* et *Alliance internationale des employés de scène et de théâtre, du cinéma, métiers connexes et des artistes des États-Unis et de Canada (IATSE), section locale 56*, D.T.E. 2006T-204 (T.A.). Voir également, *Travailleuses et travailleurs unis de l'alimentation et du commerce, section locale 503* et *Compagnie Wal-Mart du Canada – Établissement de Jonquière (grief syndical)*, D.T.E. 2009T-700 (T.A.) ; *Compagnie Wal-Mart du Canada* c. *Travailleuses et travailleurs unis de l'alimentation et du commerce, section locale 503*, précité, note 77, par. 117 – la cessation des activités de l'employeur pourra être perçue, non pas comme une modification des conditions de travail, mais plutôt comme une suppression du travail.

88. *Centre de la petite enfance Casse-noisette Inc.* c. *Syndicat des travailleuses et travailleurs en garderie de Montréal (C.S.N.)*, [2000] R.J.D.T. 1859 (T.A.).

89. *Ibid.*

Si les conditions de travail maintenues par l'article 59 C.t. sont contenues dans une convention collective, cette dernière régissait normalement ces situations. L'application de la convention se trouvant légalement prolongée, la sanction disciplinaire ou la terminaison d'emploi pourra être traitée selon les termes de la convention[90].

Lorsque les conditions de travail applicables n'ont pas été établies par convention collective, la première question posée en fonction des termes de l'article 59 C.t. devient la suivante : l'imposition d'une sanction disciplinaire et la terminaison de l'emploi par l'employeur constituent-elles, en elles-mêmes, une modification des conditions de travail au sens de l'article 59 C.t. ? Une réponse négative paraît justifiée, pour plusieurs motifs. D'abord, en édictant l'article 59 C.t., le législateur s'est préoccupé prioritairement des conditions de travail des salariés de l'employeur, plutôt que du maintien de l'emploi lui-même ou de la sanction du non-respect par les salariés de leurs obligations envers l'employeur. Ensuite, d'autres dispositions du *Code du travail* déterminent clairement les paramètres des droits respectifs de l'employeur et des salariés en matière de sanctions et de rupture d'emploi, notamment dans le contexte particulier d'une implantation syndicale, et offrent un recours spécifique au salarié qui se croit lésé sur ce plan (art. 15 à 20 C.t.). De plus, si on considérait automatiquement une sanction disciplinaire ou un congédiement comme un changement dans les conditions de travail au sens de l'article 59 C.t., il faudrait logiquement conclure à l'illégalité de la mesure du seul fait qu'elle a été prise par l'employeur, indépendamment de ses motifs. Enfin, si on tient compte du fait que les dispositions de l'article 59 C.t. peuvent être sanctionnées, comme nous le verrons, par un recours à l'arbitrage, on doit arriver à la conclusion qu'en rendant toute sanction disciplinaire ou rupture d'emploi sujette à un tel recours, comme sous l'empire d'une convention collective, l'article 59 C.t. conférerait aux salariés plus de droits en la matière qu'ils n'en avaient auparavant, modifiant ainsi lui-même leurs conditions de travail[91].

---

90. Voir : *Centre des services sociaux du Montréal-Métropolitain* c. *Syndicat des employés du C.S.S.M.M.*, [1983] C.A. 147 ; *Projectionnistes de vues animées de Montréal de l'Alliance internationale des employés de théâtre et des opérateurs de machines à vues animées, local 262* c. *France Film*, précité, note 26.

91. Voir, en ce sens : *Centre des services sociaux du Montréal-Métropolitain* c. *Syndicat des employés du C.S.S.M.M.*, *ibid.* À noter, toutefois, que cet arrêt a été rendu sur la base de la législation antérieure à l'introduction de l'arbitrage comme mode de sanction civile de l'article 59 C.t. (art. 100.10 C.t.).

Les considérations qui précèdent n'excluent pas que l'imposition d'une mesure disciplinaire à un salarié ou son renvoi soient marqués d'une modification des conditions de travail prohibée par l'article 59 C.t., que ce soit sur le plan de la procédure suivie ou quant au motif allégué pour justifier la mesure imposée. L'application de l'article 59 C.t. dépend alors du constat d'une telle modification. Cette dernière doit s'apprécier objectivement et concrètement, ce qui suppose un point de référence. Cette référence peut d'abord provenir du cadre même de l'entreprise concernée, à partir des règles que l'employeur s'était lui-même données ou en se rapportant à des précédents susceptibles de comparaison. Il demeure aussi possible de prendre en compte les pratiques usuelles d'autres employeurs. La question devient alors la suivante : un employeur raisonnable et respectueux de la Loi, placé dans la même situation, aurait-il pu agir de la même façon ? Par exemple, une disproportion manifeste entre la faute commise par un salarié et la sanction qui lui a été imposée justifiera de conclure qu'il a été victime d'une modification illégale de ses conditions de travail. En substance, l'ensemble de cette approche a reçu l'aval des tribunaux supérieurs et trouve application couramment en arbitrage[92].

630 – *Sanction pénale et recours civil* – Une contravention à l'article 59 C.t. est sujette à une sanction pénale (art. 144 à 146 C.t.). Il y a alors lieu de s'assurer que la plainte allègue tous les éléments essentiels de l'infraction : (1) le dépôt d'une requête en accréditation ou l'expiration d'une convention collective à une date donnée ; (2) le fait que ni le droit au lock-out ni le droit à la grève n'a été exercé et qu'aucune sentence arbitrale n'est intervenue ; (3) une modification d'une condition de travail identifiée ; (4) l'absence de consentement écrit du syndicat ou des syndicats en cause, suivant le cas[93].

Le *Code du travail* crée un recours de nature civile particulier au soutien des droits protégés par son article 59 (et par l'article 93.5 C.t. qui s'y réfère, au moment de l'arbitrage statutaire d'une première convention collective). Ce recours, c'est celui de l'arbitrage comme s'il

---

92. *Automobiles Canbec Inc.* c. *Hamelin*, D.T.E. 99T-56 (C.A.) ; *Syndicat des employés de la Commission scolaire du Haut-St-Maurice* c. *Rondeau*, précité, note 86 ; *Sedac Laboratoires Inc.* c. *Turcotte*, D.T.E. 98T-1159 (C.S.) ; *TUAC, section locale 500* et *H. Fontaine Ltée*, D.T.E. 2006T-958 (T.A.) ; *Syndicat conseil du Québec unis Unite Here* et *Association des employés de syndicat du Québec (Ousmane Koly)*, D.T.E. 2009T-701 (T.A.) – l'arbitre devra considérer que l'employeur a modifié les conditions de travail si sa décision de suspendre ou congédier un salarié est discriminatoire, injuste ou déraisonnable.

93. Voir : *Campeau* c. *Ville de Longueuil*, [1983] T.T. 236.

s'agissait d'un grief (art. 100.10 C.t.)[94]. Par interprétation, la jurisprudence en a étendu l'application aux situations où, pendant une
grève ou un lock-out, les services doivent néanmoins légalement être
rendus ou maintenus par des salariés[95]. Ce recours doit être exercé
par l'association intéressée, c'est-à-dire celle qui peut se plaindre du
fait que les conditions de travail de certains salariés ont été modifiées
sans son consentement, qu'elle soit accréditée ou non. Vu le pouvoir
de l'arbitre de prononcer lui-même une ordonnance provisoire
(art. 100.12g) C.t.), une demande d'injonction pour valoir jusqu'à ce
que l'arbitre dispose de la mésentente ou qu'intervienne dans
l'intervalle une sentence arbitrale de différend ne devrait s'envisager
qu'en cas d'extrême urgence[96].

G. Le vote sur les dernières offres de l'employeur

631 – *Conditions* – Il s'agit ici du seul changement apporté au processus de négociation des conventions collectives par la réforme de 2001,
mais il est de taille. Le nouvel article 58.2 C.t. prévoit, pour dire les
choses simplement, que les dernières offres de l'employeur puissent
être soumises à un vote au scrutin secret des salariés. Les principales
caractéristiques de cette mesure sont les suivantes :

– le scrutin est tenu sur ordonnance de la C.R.T., à la demande de
l'employeur ;

– pour faire droit à cette demande, la C.R.T. doit être d'avis que la
mesure est de nature à favoriser la négociation ou la conclusion
d'une convention collective[97] ;

---

94. *Travelways Ltd.* c. *Legendre*, D.T.E. 86T-709 (C.S.).
95. *Syndicat canadien de la fonction publique, section locale 301* c. *Montréal (Ville de)*, D.T.E. 2000T-659 (C.A.) – relativement à l'article 111.0.23 C.t.
96. *Union internationale des travailleurs et travailleuses unis de l'alimentation et du commerce, section locale 503* c. *Coopérative régionale des consommateurs de Tilly*, [1994] R.J.Q. 2014 (C.S.) ; *Syndicat des travailleurs et travailleuses de la résidence L.M. Lajoie (C.S.N.)* c. *Lajoie*, D.T.E. 92T-113 (C.S.). La C.R.T. dispose également d'un pouvoir d'ordonnance provisoire (art. 118, 3° C.t.) mais il y a lieu de considérer que son utilisation est tributaire de la compétence de l'organisme à l'endroit de l'objet principal du litige.
97. *Nexans Canada inc.* c. *Syndicat des métallos, section locale 6687*, précité, note 44 ; *Syndicat canadien de la fonction publique, section locale 4290* c. *Ste-Béatrix (Municipalité de)*, précité, note 28, par. 15-16 ; *Gingras* c. *Syndicat des chauffeurs d'autobus scolaires, région de Québec (C.S.D.)*, D.T.E. 2003T-768 (C.R.T.), par. 10.

– l'ordonnance s'adresse à l'association accréditée, qu'elle enjoint de tenir le scrutin secret à la date ou dans le délai qu'elle détermine ;

– le scrutin a pour objet d'accepter ou de refuser les dernières offres de l'employeur, sur toutes les questions qui font toujours l'objet d'un différend entre les parties[98] ;

– le scrutin est tenu sous la surveillance de la C.R.T. et selon les règles qu'elle détermine[99] ;

– la C.R.T. ne peut ordonner la tenue d'un tel scrutin qu'une seule fois à l'égard de la négociation d'une convention collective ;

– seuls peuvent voter les membres de l'association accréditée compris dans l'unité de négociation en cause[100].

Le vote constitue une étape importante dans la procédure de négociation, étant donné que le but est de favoriser la conclusion d'une convention collective[101]. Ainsi, ce moyen doit être demandé et utilisé de bonne foi. Il est à noter qu'une demande hâtive de soumettre les offres patronales à un tel scrutin peut contrevenir à l'obligation de négociation de bonne foi de l'employeur[102].

---

98.   Lorsqu'une négociation a été marquée d'une grève ou d'un lock-out, il y aura lieu de déterminer, selon l'état du dossier, si les conditions de retour au travail ont été discutées et font l'objet d'un différend entre les parties. Cette question s'est souvent révélée cruciale dans le règlement d'une négociation et la conclusion d'une convention collective, voir : *Royal Oak Mines Inc.* c. *Canada (Conseil des relations du travail)*, précité, note 19 ; *Eastern Provincial Airways Ltd.*, précité, note 66 ; *Pétro-Canada* et *Syndicat canadien des communications, de l'énergie et du papier, section locale 175 (SCEP)*, D.T.E. 2008T-787 (C.R.T.).

99.   Voir, par exemple : les ordonnances de la C.R.T. dans : *Nexans Canada inc.* c. *Syndicat des métallos, section locale 6687*, précitées, note 44.

100.   Ainsi, ne pouvaient pas voter les 124 salariés licenciés qui travaillaient dans une section de l'usine démantelée et fermée définitivement durant les négociations dans : *Syndicat des salariées et salariés des Vêtements Avanti (C.S.N.)* c. *Union des routiers, brasseries, liqueurs douces et ouvriers de diverses industries, section locale 1999 (Teamsters)*, D.T.E. 2007T-422 (C.A.) (requête pour autorisation de pourvoi à la Cour suprême, 2007 CSC 32122).

101.   Voir, *Cinémas Famous Players Inc.* c. *Alliance internationale des employés de scène de théâtre et de cinéma des États-Unis et du Canada (IATSE), section locale 523, Québec*, D.T.E. 2005T-561 (C.R.T.) – la mesure prévue à l'article 58.2 C.t. n'est plus de nature à « favoriser la négociation ou la conclusion d'une convention collective » lorsque l'une des parties choisit de recourir à l'arbitrage de la première convention collective.

102.   Demande de vote sur les offres patronales prématurée : *Brossard Honda* c. *Syndicat international des métiers, section locale 2817 (Québec)*, D.T.E. 2005T-638 (C.R.T.).

La C.R.T. doit se montrer particulièrement prudente et perspicace dans la détermination des règles qui régissent ce scrutin. Il y a lieu pour elle de prendre en compte, notamment, que l'ambiguïté n'est pas de nature à favoriser la négociation ou la conclusion d'une convention collective, que les offres soumises au scrutin sont celles de l'employeur et que le scrutin lui-même, bien que tenu sous sa surveillance et selon les règles qu'elle détermine, demeure par contre celui de l'association accréditée et de ses membres[103]. Pour plus de certitude et de clarté, l'employeur peut préparer un projet de convention collective complet qui identifie clairement les dispositions sur lesquelles les parties sont tombées d'accord, ainsi que celles qui ont fait l'objet des dernières offres[104].

632 – *Conséquences* – L'article 58.2 C.t. est muet quant aux effets juridiques d'un vote d'acceptation des offres de l'employeur, le cas échéant. Qu'advient-il, par exemple, d'une grève alors en cours ou de la signature ultérieure d'une convention collective formelle ? Les réponses à ces questions feront appel, selon les circonstances, à la fois au sens de la cohérence et à celui de la nuance.

Dans le cas d'une grève, la réponse pourrait être différente selon que les dernières offres de l'employeur ayant donné lieu au vote des salariés faisaient état des conditions de retour au travail ou qu'elles gardaient le silence à ce sujet[105].

Quant à la signature de la convention collective, deux constatations s'imposent. D'abord, l'exigence de l'article 20.3 C.t. qu'elle soit autorisée par un vote majoritaire au scrutin secret des membres du syndicat compris dans l'unité de négociation et qui exercent leur droit de vote, subsiste. De plus, le scrutin ordonné par la C.R.T. sur les dernières offres de l'employeur ne doit porter que sur les seules questions qui font toujours l'objet d'un différend entre les parties et non sur l'ensemble du contenu de l'éventuelle convention collective. Ajou-

---

103. Confirmé par : *Nexans Canada inc.* c. *Syndicat des métallos, section locale 6687*, D.T.E. 2007T-45 (C.R.T.), par. 13 à 18.

104. Exemples : *Ste-Béatrix (Municipalité de)* c. *Syndicat canadien de la fonction publique, section locale 4290*, précité, note 28, par. 10 ; *Vêtements Avanti, division Tricot Richelieu Inc.* c. *Syndicat des salariées et salariés de Vêtements Avanti (C.S.N.)*, D.T.E. 2005T-48 (C.R.T.).

105. *Union des routiers, brasseries, liqueurs douces et ouvriers de diverses industries, section locale 1999 (Teamsters)* et *Syndicat des salariées et salariés des Vêtements Avanti inc. (C.S.N.)*, D.T.E. 2005T-413 (C.R.T.) – constatation de la fin d'une grève par l'acceptation d'un protocole de retour au travail et l'amorce de sa mise en application.

tons que la convention collective demeure une entente écrite et que l'état du dossier quant à la rédaction des textes, tant sur les questions qui avaient été réglées entre les parties que sur celles ayant fait l'objet des dernières offres de l'employeur, pourrait s'avérer significatif. En somme, le vote d'autorisation de signature de la convention collective ne doit pas être, pour l'association accréditée, ni une exigence purement formelle et redondante, ni une occasion de remettre en question l'acceptation des dernières offres patronales ou de refuser de donner effet à ce résultat[106]. Une telle attitude pourrait d'ailleurs mettre en question la bonne foi du syndicat[107].

Sur un autre plan, il est prévisible que les éléments de présentation des offres de l'employeur qui auront conduit à leur acceptation et à la conclusion d'une convention collective puissent ultérieurement devenir des éléments constitutifs d'une preuve extrinsèque à l'occasion d'un arbitrage de griefs, en particulier lorsqu'ils sont écrits[108].

H. Les secteurs public et parapublic

633 – *Régime particulier* – La section III du chapitre V.1 du *Code du travail* élabore un régime particulier de négociation applicable aux secteurs public et parapublic (art. 111.1 à 111.20 C.t.)[109]. Ce régime est complété, dans ses modalités de fonctionnement, par les dispositions de la *Loi sur le régime de négociation des conventions collectives dans les secteurs public et parapublic*[110]. La caractéristique principale de ce régime spécial de négociation réside dans le fait, particulièrement dans les secteurs de l'éducation et des affaires sociales, que l'essentiel du pouvoir légal et réel de négociation de chaque employeur et de chaque association accréditée, sur les matières les plus lourdes ou significatives, est conféré à des interlocuteurs qui les représentent au niveau national et que la Loi institue à titre de parties négociant en leur nom[111].

---

106. *Ibid.*, refus du syndicat de conclure la convention collective malgré un vote favorable de ses membres.
107. *Vêtements Avanti, division Tricot Richelieu Inc.* c. *Syndicat des salariées et salariés de Vêtement Avanti (C.S.N.)*, précité, note 104, par. 28-35.
108. Voir et transposer : *Fraternité unie des charpentiers et menuisiers d'Amérique, section locale 579* c. *Bradco Construction Ltd.*, [1993] 2 R.C.S. 316.
109. Dans le cas des commissions scolaires, voir aussi art. 11 C.t.
110. RLRQ, c. R-8.2.
111. *Ibid.* ; sur la négociation des conventions collectives dans les secteurs de l'éducation et des affaires sociales, voir art. 25 à 74 ; dans le secteur des organismes gouvernementaux, voir art. 75 à 80 ; dans le cas de la fonction publique, voir art. 81. Voir aussi *infra*, Titre II, chapitre 6, n°s 658-663.

II- L'ARBITRAGE DES DIFFÉRENDS

634 – *Mode de règlement* – L'arbitrage des différends est un mode de solution « pacifique », par comparaison au recours aux moyens de pression économique que sont la grève et le lock-out, pour résoudre un conflit de négociation. Le *Code du travail* laisse généralement aux parties le choix d'y recourir, mais l'impose néanmoins dans certains cas.

A. L'arbitrage volontaire

635 – *Demande* – L'arbitrage des différends est le plus souvent volontaire en ce sens qu'il requiert le consentement des deux parties (art. 74 C.t.)[112]. Lorsque les parties choisissent ainsi de recourir librement à l'arbitrage, celui-ci prend un caractère obligatoire du fait qu'il ne sera plus question pour l'une ou l'autre d'entre elles de faire marche arrière et de récupérer son droit de grève ou de lock-out (art. 58 et 106 C.t.) et que la sentence arbitrale à intervenir les liera comme s'il s'agissait d'une convention collective (art. 92 et 93 C.t.). On a d'abord considéré que la seule demande conjointe des parties, reçue par le ministre du Travail, créait leur droit à l'arbitrage, mettait fin à leur droit de grève ou de lock-out et interrompait l'application des paragraphes b.1), b.2) ou c) du premier alinéa de l'article 22 C.t., le différend se trouvant dès lors soumis à l'arbitrage[113]. Deux jugements ultérieurs sont toutefois venus affirmer que c'est seulement la décision du ministre qui a pour effet de soumettre le différend à l'arbitrage, avec les conséquences qui s'ensuivent[114].

636 – *Nomination et décision de l'arbitre* – Le différend est confié à un arbitre choisi par les parties et nommé par le ministre ou, à défaut d'entente entre les parties, désigné d'autorité par le ministre (art. 77 C.t.). Sauf entente contraire entre les parties, l'arbitre est assisté de

---

112. Voir, *Journal de Montréal (Le), division de Corporation Sun Media* et *Syndicat canadien des communications, de l'énergie et du papier, section locale 4545 (unité de la préparation)*, D.T.E. 2009T-506 (T.A.) – les parties peuvent convenir d'une méthode originale de règlement des conflits.

113. Exemples : *City Buick-Pontiac (Mtl) Limitée* c. *Union des vendeurs d'automobiles et employés auxiliaires, local 1974, R.C.I.A.*, [1979] T.T. 66 ; *Syndicat des salariés du Château Bonne-Entente (C.S.N.)* c. *Union des employés de restauration du Québec, local 102*, [1983] T.T. 408.

114. *Syndicat québécois des employées et employés de service, section locale 298* c. *Association des employés de la Résidence du Bonheur*, D.T.E. 97T-1011 (T.T.) ; *Syndicat des travailleurs d'Entreprises Philip (C.S.N.)* c. *Union des chauffeurs de camions, hommes d'entrepôts et autres ouvriers, section locale 106 (F.T.Q.)*, D.T.E. 98T-328 (T.T.).

deux assesseurs désignés par celles-ci (art. 78 C.t.). Les pouvoirs et les obligations de l'arbitre sont énoncés aux articles 76 et 78 à 91.1 C.t. Relativement au contenu de la sentence arbitrale, l'arbitre dispose en substance de la même latitude que les parties elles-mêmes dans l'élaboration d'une convention collective : ni plus, ni moins[115]. L'article 79 C.t. prévoit que l'arbitre peut tenir compte « entre autres, des conditions de travail qui prévalent dans des entreprises semblables ou dans des circonstances similaires ainsi que des conditions de travail applicables aux autres salariés de l'entreprise »[116]. La sentence de l'arbitre a l'effet d'une convention collective signée par les parties (art. 93, al. 1 C.t.). Les motifs de l'arbitre et les textes qu'ils cherchent à justifier forment un tout qu'il faut apprécier comme tel[117]. La sentence arbitrale lie les parties pour au moins un an et au plus trois ans (art. 92, al. 1 et 93 C.t.)[118] L'arbitre peut en tout temps corriger une erreur d'écriture ou de calcul, ou toute erreur matérielle dans sa sentence (art. 91.1 C.t.)[119]. Elle peut avoir des effets rétroactifs[120]. Même si elle expire à une date antérieure à celle à laquelle elle est rendue, la sentence peut néanmoins couvrir toutes les matières qui n'ont pas fait l'objet d'un accord entre les parties (art. 92, al. 2 C.t.)[121]. La sentence de l'arbitre ayant l'effet d'une convention collective, il s'ensuit que les parties demeurent libres d'en modifier ulté-

115. *Corporation de la Ville de Cowansville* c. *Fraternité des policiers de Cowansville*, D.T.E. 83T-908 (C.A.) ; *Ville de Laval* c. *Fraternité des policiers de Laval Inc.*, C.A. Montréal, n° 500-09-001590-819, 17 septembre 1984 ; *Syndicat des employés de l'aluminium de la Mauricie* c. *Société d'électrolyse et de chimie Alcan Ltée*, C.A. Montréal, n° 500-09-000773-796, 14 novembre 1979. La sentence de l'arbitre ne saurait avoir pour effet de porter atteinte à une décision d'accréditation déjà légalement rendue : *Syndicat démocratique des distributeurs (C.S.D.)* c. *Roy*, [2000] R.J.D.T. 1581 (C.S.).

116. Voir et transposer : *Fraternité des policiers-pompiers de Montmagny inc.* c. *Montmagny (Ville de)*, D.T.E. 2000T-578 (C.S.) ; *Coopérative de services à domicile de la MRC de Montmagny* c. *Cliche*, D.T.E. 2008T- 565 (C.S.).

117. *Fraternité des policiers de la municipalité de la Baie-James* c. *Baie-James (Municipalité de la)*, D.T.E. 99T-580 (C.A.).

118. Lorsqu'aucun accord n'a été convenu entre les parties quant à la date d'entrée en vigueur, le choix de cette date relèvera de la discrétion de l'arbitre : *Montréal (Ville de) (Service des incendies de la Ville de Montréal)* et *Association des pompiers de Montréal*, D.T.E. 2009T-552 (T.A.).

119. *F.T.Q. – Construction* c. *Dufresne*, [1999] R.J.D.T. 1608 (C.S.).

120. *Syndicat des employés de l'aliminium de la Mauricie* c. *Société d'électrolyse et de chimie Alcan Ltée*, précité, note 115.

121. Cette disposition résulte d'un amendement adopté en 2001 en réponse à une sentence arbitrale par laquelle un arbitre avait décidé qu'il ne pouvait faire débuter l'effet de sa sentence à sa date, plus de trois ans après l'échéance de la convention collective précédente, et qu'il n'avait pas compétence pour dicter des dispositions qui ne pouvaient recevoir d'effet rétroactif ; la Cour supérieure avait reconnu la légalité de cette sentence : *Windsor (Ville de)* c. *Gagnon*, D.T.E. 2001T-419 (C.S.).

rieurement le contenu en totalité ou en partie par une entente à cet effet.

En pratique, l'arbitrage facultatif des différends demeure peu fréquent. Dans les secteurs public et parapublic, le gouvernement le refuse d'ailleurs en invoquant en particulier comme raison qu'il n'appartient pas à des tiers de décider de l'affectation des fonds publics.

B. L'arbitrage obligatoire

1. Les policiers et les pompiers

637 – *Médiation et arbitrage* – Les articles 94 et suivants C.t. ont pour effet d'imposer l'arbitrage comme mode obligatoire de règlement des différends entre les policiers et les pompiers à l'emploi des municipalités ou des régies intermunicipales et leurs employeurs. Les articles 105 et 107 C.t. interdisent aux parties le recours à la grève ou au lock-out. Le régime de prévention et de solution des différends qui supplée à l'absence de ces derniers moyens conduit ultimement à un arbitrage dont les modalités sont prévues aux articles 97 à 99.9 C.t.

À la demande conjointe des parties, le ministre du Travail doit nommer un médiateur pour aider à régler un différend entre une municipalité ou une régie intermunicipale, d'une part, et un syndicat accrédité pour représenter ses policiers ou ses pompiers, d'autre part (art. 94, al. 1 C.t.)[122]. Ce médiateur dispose de 60 jours pour amener les parties à s'entendre et son intervention ne peut être prolongée qu'une seule fois par le ministre, à sa demande, pour une période d'au plus 30 jours (art. 94, al. 2 C.t.).

À défaut d'entente au terme de la période de médiation, l'article 96 C.t. commande au médiateur de remettre aux parties un rapport dans lequel il identifie les sujets qui ont fait l'objet d'un accord et ceux qui demeurent l'objet d'un différend ; le médiateur remet en même temps une copie de ce rapport au ministre avec ses commentaires.

Le ministre du Travail doit déférer le différend à l'arbitrage, selon l'article 97 C.t., après la réception du rapport de médiation ou,

---

122. L'article 99.9, al. 1 C.t. exclut l'intervention d'un conciliateur selon les articles 54 et 55 du Code.

en l'absence de médiation, sur demande écrite à cet effet. Cette demande peut émaner d'une seule partie. La même disposition législative ouvre la possibilité de deux modes d'arbitrage, selon le choix des parties. Sur demande conjointe de ces dernières, le différend sera confié à un médiateur-arbitre ; autrement, c'est un arbitre qui sera nommé. Lorsque les parties ont choisi de recourir à un médiateur-arbitre, ce dernier doit, avant de procéder à l'arbitrage, d'abord tenter de régler le différend ; c'est lorsqu'il juge qu'il est improbable que les parties puissent en arriver à la conclusion d'une convention collective dans un délai raisonnable, qu'il doit décider de déterminer le contenu de la convention collective. Il informe alors les parties et le ministre de cette décision (art. 99.1.1 C.t.).

638 – *Nomination de l'arbitre* – Dans les dix jours qui suivent la réception d'un avis du ministre indiquant qu'il défère le différend à l'arbitrage conformément au mode qu'elles ont choisi, les parties doivent se consulter sur le choix d'un arbitre à partir d'une liste dressée par le ministre spécifiquement à cette fin (art. 98, al. 1 C.t.). Si les parties s'entendent, le ministre nomme à titre d'arbitre ou de médiateur-arbitre la personne de leur choix ; à défaut d'une telle entente, le ministre désigne l'arbitre à partir de la liste (art. 98, al. 2 C.t.). La liste d'arbitres est préparée à partir des propositions conjointes des associations représentatives des municipalités, des régies intermunicipales, des policiers et des pompiers ou, en l'absence d'un nombre suffisant de propositions conjointes agréées par le ministre, à partir de la liste visée à l'article 77 du *Code du travail* (art. 99 C.t.). Cette liste est valide pour une période de cinq ans. Le ministre peut la modifier pendant cette période, après consultation des associations reconnues comme représentatives (art. 99, al. 4 C.t.). Pour assurer l'indépendance des arbitres, l'article 99.1 oblige toute personne qui veut être inscrite sur cette liste d'arbitres à s'engager par écrit à ne pas agir à titre d'arbitre dans un grief relativement à l'interprétation ou à l'application d'une sentence arbitrale qu'elle a rendue en sa qualité d'arbitre de différend inscrit sur cette liste spéciale. Rien n'empêche par ailleurs cette personne d'agir comme arbitre de griefs relativement à une autre sentence arbitrale de différend ou à une convention collective entre une municipalité ou une régie intermunicipale et un syndicat de policiers ou de pompiers, ou toute autre catégorie de salariés.

Sauf entente à l'effet contraire entre les parties, l'arbitre procède à l'arbitrage avec un assesseur nommé par chacune d'elles (art. 99.2 C.t.).

639 – *Décision* – L'arbitre doit, selon l'article 99.3 C.t., rendre sa sentence selon l'équité et la bonne conscience. L'article 99.4 limite sa compétence aux seules matières qui n'ont pas fait l'objet d'un accord entre les parties tout en l'habilitant, de façon exclusive, à déterminer ces matières en se fondant, s'il y a lieu, sur le rapport du médiateur ou sur son propre constat lors de sa médiation, le cas échéant, ou lors de l'arbitrage.

Dans la mesure où ces données apparaissent dans la preuve recueillie à l'enquête, l'arbitre est tenu, en rendant sa sentence, de tenir compte des conditions de travail applicables aux autres salariés de la municipalité concernée ou des municipalités parties à l'entente constituant la régie intermunicipale concernée, des conditions de travail qui prévalent dans des municipalités ou des régies intermunicipales semblables ou dans des circonstances similaires, ainsi que de la situation et des perspectives salariales et économiques du Québec (art. 99.5 et 99.6 C.t.)[123]. L'arbitre peut aussi prendre en compte tout autre élément de preuve. Il doit cependant se limiter à la preuve recueillie lors de l'enquête (art. 99.5, al. 2 et 99.6 C.t.). Les articles 76, 80 à 91.1 et l'article 93 s'appliquent au déroulement de l'instance (art. 99.9, al. 2 C.t.).

La sentence doit être écrite, motivée et signée par l'arbitre (art. 88 et 99.9 C.t.). Pour ce faire, ce dernier dispose d'un délai de 60 jours à compter de sa nomination, à moins que ce délai ne soit prolongé à sa demande par le ministre, une fois ou plusieurs fois, pour un maximum de 30 jours chaque fois (art. 90 et 99.9 C.t.). L'arbitre doit consigner dans sa sentence les stipulations relatives aux matières qui ont fait l'objet d'un accord constaté par le rapport du médiateur ou lors de sa propre médiation. Il doit faire de même à l'égard des stipulations sur lesquelles les parties s'entendent en cours d'arbitrage. Il ne peut modifier ces stipulations sauf dans la mesure nécessaire pour les adapter en vue de les rendre compatibles avec une disposition de la sentence sur une matière demeurée litigieuse et qu'il doit trancher (art. 99.7, al. 3 C.t.). La sentence de l'arbitre lie les parties pour une durée d'au moins un an et d'au plus trois ans, mais les parties peuvent en tout temps convenir d'en modifier le contenu, en tout ou en partie (art. 99.8, al. 1 C.t.). Cette dernière faculté laissée aux parties s'harmonise d'ailleurs avec l'effet de la sentence, qui est celui d'une convention collective signée par elles (art. 93 et 99.9, al. 2 C.t.). La

---

123. *Fraternité des policiers-pompiers de Montmagny inc.* c. *Montmagny (Ville de)*, précité, note 116.

sentence arbitrale qui expire à une date antérieure à celle à laquelle elle est rendue peut néanmoins couvrir toutes les matières qui n'ont pas fait l'objet d'un accord entre les parties (art. 99.8, al. 2 C.t.)[124].

640 – *Autres mésententes* – Par exception en faveur des policiers et des pompiers municipaux, une mésentente qui survient entre leur association accréditée et la municipalité ou la régie intermunicipale qui les emploie, sans qu'il s'agisse d'un différend ou d'un grief au sens du *Code du travail*, peut être sujette à un arbitrage obligatoire, sur décision du ministre, après l'intervention d'un médiateur (art. 99.10 et 99.11 C.t.)[125]. Une telle mésentente se rapporte le plus souvent à une condition de travail non prévue dans une convention collective ou dans une sentence arbitrale de différend qui en tient lieu[126].

2. La première convention collective

641 – *Conditions d'application* – Le recours à l'arbitrage peut devenir obligatoire, en vertu des articles 93.1 et 93.9 C.t., à l'égard d'un groupe de salariés qui disposent du droit de grève. Selon l'article 93.1 C.t., cette possibilité n'existe que dans le cas de la négociation d'une première convention collective pour le groupe de salariés visé par l'accréditation[127]. On peut se demander comment s'applique la disposition en présence de certaines modifications apportées à une accréditation (adjonction d'un groupe de salariés à un groupe existant, fusion d'accréditations, etc.). Selon la lettre de l'article 93.17 C.t., elle devrait s'appliquer chaque fois qu'il s'agit de la première convention collective pour le groupe tel qu'il est décrit, quant à son étendue, dans la décision d'accréditation qui sert d'assise à la négociation. Par ailleurs, l'esprit de la disposition justifierait que l'on prenne en considération la nature et l'ampleur des modifications apportées à une unité de négociation préexistante pour déterminer si on se trouve véritablement en présence d'un nouveau groupe qui cherche à négocier une première convention collective.

Relativement à la demande d'arbitrage, on peut retenir des articles 93.1 et 93.3 C.t. les données suivantes :

---

124. Voir *supra*, note 123.
125. *Association des pompiers de Montréal Inc.* c. *Montréal (Ville de)*, [1986] R.J.Q. 1576 (C.A.).
126. *Ibid.*
127. Les secteurs public et parapublic sont toutefois soustraits à cette possibilité (art. 111.1 C.t.).

– l'une ou l'autre des parties peut prendre l'initiative de demander au ministre que le différend soit déféré à l'arbitrage ;

– pour qu'une telle demande puisse être formulée, il faut qu'un conciliateur soit intervenu dans le dossier et que son intervention ait été infructueuse ; la demande doit être faite par écrit avec copie à l'autre partie[128] ;

– le ministre a discrétion pour disposer de la demande[129] ;

– le ministre ne peut cependant prendre l'initiative de la nomination d'un arbitre.

Aux fins d'application des paragraphes b.1) ou b.2) de l'article 22, al. 1 C.t., c'est la décision du ministre acquiesçant à la demande d'arbitrage qui a pour effet de soumettre le différend à l'arbitrage[130].

642 – *Nomination et mandat de l'arbitre* – Le cas échéant, le ministre nomme à titre d'arbitre la personne choisie par les parties ou, à défaut d'entente entre elles, celle qu'il choisit lui-même d'office (art. 77 et 93.9 C.t.).

La première tâche de l'arbitre est de décider s'il devra ou non déterminer le contenu de cette première convention collective. Il devra le faire s'il est d'avis qu'il est improbable que les parties puissent en arriver à la conclusion d'une convention collective dans un délai raisonnable (art. 99.4 C.t.). Il s'agit là d'une appréciation de la situation par l'arbitre à la lumière du déroulement des négociations entre les parties jusqu'à son intervention et en tenant compte des questions qui demeurent en litige ainsi que de la position des parties sur ces questions[131].

---

128. *Séguin* c. *Industries Simard & Frères Inc.*, [1992] R.J.Q. 652 (C.A.).
129. La décision est purement administrative et ministérielle et ne peut, pour ce motif, donner ouverture à un recours en révision judiciaire en vertu de l'article 846 C.p.c. Cela n'exclut toutefois pas que la décision d'un arbitre nommé irrégulièrement par le ministre puisse elle-même faire ultérieurement l'objet d'un tel recours : *Séguin* c. *Industries Simard & Frères Inc.*, précité, note 128.
130. *Union des vendeurs d'automobiles et employés auxiliaires, local 1964* c. *Mont-Royal Ford Ventes Ltée*, [1979] T.T. 37 ; *Cité Buick-Pontiac (Mtl) Limitée* c. *Union des vendeurs d'automobiles et employés auxiliaires, local 1974, R.C.I.A.*, précité, note 113 ; *Trudel* c. *Construction and Supply Drivers and Allied Workers Teamsters, local 903*, D.T.E. 84T-1 (T.T.). Voir aussi *supra*, note 91.
131. Avant de procéder à sa détermination, l'arbitre n'est pas obligé d'entendre toute la preuve et tous les arguments que peuvent vouloir lui soumettre les parties ; il suffit qu'il agisse équitablement à leur endroit : *Syndicat des employées et*

Qu'il décide ou non de déterminer le contenu de la première convention collective, l'arbitre doit en informer les parties et le ministre du Travail (art. 99.4 C.t.). L'avis donné aux parties par l'arbitre de sa décision de déterminer le contenu de la première convention collective produit, suivant l'article 93.5 C.t., deux effets immédiats : la fin d'une grève ou d'un lock-out en cours ; le maintien ou le rétablissement de conditions de travail identiques à celles qui s'étaient trouvées maintenues par l'article 59 C.t.

La procédure d'arbitrage ainsi que les pouvoirs et les devoirs de l'arbitre sont ceux prévus aux articles 75 à 93 C.t., auxquels renvoie l'article 93.9 C.t.[132]. L'arbitre est toutefois lié par tout accord intervenant entre les parties pendant le processus arbitral sur une question qui fait l'objet de leur différend (art. 93.7 C.t.).

Comme dans le cas d'un arbitrage volontaire, la sentence arbitrale a les mêmes effets qu'une convention collective signée par les parties, pour une durée minimale d'un an et maximale de trois ans, les parties pouvant en modifier le contenu à leur gré (art. 92, 93 et 93.9 C.t.)[133]. Toutefois, les articles 93.1 à 93.9 C.t. ne s'appliquent pas aux secteurs public et parapublic, qui sont régis par la section III du chapitre V.1 du *Code du travail* (art. 111.1 C.t.).

C. Le contrôle judiciaire

643 – *Généralités* – L'arbitre de différend bénéficie des clauses privatives des articles 139, 139.1 et 140 du *Code du travail* relativement aux actes qu'il accomplit et aux décisions qu'il rend dans l'exercice de sa compétence.

Les devoirs que le *Code du travail* confie à l'arbitre de différend ne sont manifestement pas de nature purement privée. Il s'ensuit

---

employés professionnels-les et de bureau, section locale 57 c. Lefebvre, D.T.E. 88T-910 (C.S.) ; *Shawinigan (Ville de) c. Association des policiers-pompiers de Shawinigan-Sud*, D.T.E. 2011T-401 (C.A.).

132. *Spa Bromont Inc.* et *Syndicat des salariées et salariés de Spaconcept Bromont (CSD)*, D.T.E. 2006T-822 (C.R.T.) ; une fois que le dossier a été déféré à l'arbitre de différend, lui seul peut décider de tout motif l'amenant à croire que les parties ne pourront arriver à une entente concernant le contenu de la convention collective.

133. *Fraternité des policiers de la municipalité de la Baie James c. Tremblay*, D.T.E. 87T-258 (C.A.) ; *Association des employés des organismes nationaux de loisir du Québec (C.E.Q.) c. Gagnon*, D.T.E. 86T-761 (C.S.). Voir aussi *supra*, nº 636.

que l'omission, la négligence ou le refus de l'arbitre de différend d'accomplir un devoir que la Loi lui impose ou un acte auquel elle l'oblige donnera ouverture à un recours en *mandamus* selon l'article 844 du *Code de procédure civile*[134].

L'arbitre de différend est également sujet à l'exercice du pouvoir de contrôle judiciaire, notamment par voie de révision judiciaire en vertu de l'article 846 du *Code de procédure civile*, selon les principes généraux établis par la jurisprudence relativement aux conditions d'exercice du pouvoir de révision des tribunaux supérieurs[135].

---

134. *Fraternité des policiers de Laval Inc.* c. *Dufresne*, C.S. Montréal, n⁰ 500-05-023294-786, 10 mai 1979.

135. *Séguin* c. *Industries Simard & Frères Inc.*, précité, note 129 ; *Trefflé Goulet & Fils ltée* c. *Gagnon*, [2002] R.J.D.T. 605 (C.S.) – manquement à une règle de justice naturelle. Sur les conditions de reconnaissance du caractère statutaire d'une juridiction, au sens et aux fins d'application de l'article 846 C.p.c., voir : *Roberval Express Limitée* c. *Union des chauffeurs de camions et hommes d'entrepôts et autres ouvriers, local 106*, [1982] 2 R.C.S. 888.

CHAPITRE 6

LES CONFLITS DE NÉGOCIATION : GRÈVE, LOCK-OUT, PIQUETAGE

644 – *Généralités* – La négociation collective conduit parfois les parties à recourir à des moyens plus lourds que la discussion pour soutenir leurs positions. Ces moyens sont couramment la grève et le piquetage pour la partie syndicale et le lock-out pour l'employeur. Ils ont en commun d'exercer une pression économique sur l'autre partie en lui engendrant des coûts qui peuvent aussi, dans certains cas, se répercuter sur des tiers ou sur l'ensemble du public.

Un arrêt de 2002 de la Cour suprême situe socialement ces moyens de pression économique et les coûts qui leur sont associés :

> [...] notre société en est venue à reconnaître que ces coûts sont justifiés eu égard à l'objectif supérieur de la résolution des conflits de travail et du maintien de la paix économique et sociale. Désormais, elle accepte aussi que l'exercice de pressions économiques, dans les limites autorisées par la loi, et l'infliction d'un préjudice économique lors d'un conflit de travail représente le prix d'un système qui encourage les parties à résoudre leurs différends d'une manière acceptable pour chacune d'elles.[1]

I- LA GRÈVE

A. Le droit de grève

645 – *Absence de garantie constitutionnelle* – Dès 1987, dans le cadre d'une trilogie, la Cour suprême décidait que la grève ne peut se réclamer d'aucune protection constitutionnelle sous le couvert de la liberté d'association affirmée par le paragraphe 2d) de la *Charte canadienne*

---

1. *S.D.G.M.R., section locale 558* c. *Pepsi-Cola Canada Beverages (West) Ltd.*, D.T.E. 2002T-121, 2002 CSC 8, par. 25.

des droits et libertés[2]. Selon la Cour, la garantie de la liberté d'association ne rejoint pas les moyens auxquels le groupement associatif peut recourir pour atteindre ses objectifs, même si ces derniers sont légitimes.

La Cour suprême n'a jamais, depuis, dérogé à cette position[3]. Toutefois, cet acquis jurisprudentiel n'est peut-être plus aussi absolu et immuable. L'arrêt de la Cour suprême dans l'affaire *Dunmore*[4] reconnaît qu'exceptionnellement un moyen d'action syndicale, en l'occurrence l'accès à un régime légal et général de rapports collectifs du travail, peut bénéficier de la protection constitutionnelle de la liberté d'association lorsque cette dernière serait autrement vidée de son sens. Si lourd que soit un tel fardeau de démonstration, on ne saurait exclure que cette éventualité se présente relativement au droit de grève. Ce pourrait être le cas, par exemple, à l'occasion d'un retrait hâtif et intempestif du droit de grève, par une loi d'exception, d'une manière historiquement répétitive et sans aménagement d'un mode alternatif et satisfaisant de règlement du conflit. Cela est d'autant plus vrai que, dans le récent arrêt *Health Services and Support*[5], la Cour suprême, évoquant l'histoire des relations du travail au Canada (par. 40 à 68), les engagements internationaux du Canada relatifs au travail (par. 69 à 79) et la promotion des valeurs reconnues par la Charte canadienne (par. 80 à 86), en vient à la conclusion que la liberté d'association[6] donne aussi droit à un processus de négociation collective, renversant du même coup près d'une vingtaine d'années de jurisprudence[7]. La question du droit de grève ne fut pas réglée dans *Health Services and Support*, la Cour constatant « que le pourvoi ne

---

2. *Renvoi relatif à la Public Service Employee Relations Act (Alb.)*, [1987] 1 R.C.S. 313 ; *Alliance de la Fonction publique du Canada c. Canada*, [1987] 1 R.C.S. 424 ; *Syndicat des détaillants, grossistes et magasins à rayons, sections locales 544, 635 et 955 c. Saskatchewan*, [1987] 1 R.C.S. 460.

3. *Institut professionnel de la Fonction publique du Canada c. Territoires du Nord-Ouest (Commissaire)*, [1990] 2 R.C.S. 367. Voir aussi : *Dunmore c. Ontario (Procureur général)*, D.T.E. 2002T-51, 2001 CSC 94, par. 14-16 ; *R. c. Advance Cutting & Coring Ltd.*, 2001 CSC 70, par. 176-179, [2001] 3 R.C.S. 209 ; *Delisle c. Canada (Sous-procureur général)*, [1999] 2 R.C.S. 989.

4. *Dunmore c. Ontario (Procureur général)*, *ibid.*

5. *Health Services and Support – Facilities Subsector Bargaining Assn. c. Colombie-Britannique*, 2007 CSC 27.

6. *Charte canadienne des droits et libertés* (C.c.d.l.) : *Loi de 1982 sur la Canada*, 1982, c. 11 (R.-U) dans L.R.C. (1985), App. II, nº 44, art. 2d).

7. *Renvoi relatif à la Public Service Employee Relations Act (Alb.)*, précité, note 2 ; *Alliance de la Fonction publique du Canada c. Canada*, précité, note 2 ; *Syndicat des détaillants, grossistes et magasins à rayons, sections locales 544, 635 et 955 c. Saskatchewan*, précité, note 2 ; *Institut professionnel de la Fonction publique du Canada c. Territoires du Nord-Ouest (Commissaire)*, précité, note 3.

concerne pas le droit de grève, dont il a été question dans des litiges antérieurs sur l'étendue du droit à la liberté d'association »[8]. Cependant, les motifs apportés par la Cour tout au long du jugement pour reconnaître la protection constitutionnelle du processus de négociation collective et renverser ses arrêts antérieurs pourraient bien s'appliquer *mutatis mutandis* à la reconnaissance constitutionnelle du droit de grève[9].

Ceci dit, la jurisprudence actuelle de la Cour suprême semble faire du *statu quo* la position dominante en matière de reconnaissance constitutionnelle du droit de grève. Malgré le traitement accordé à la négociation collective et sa protection sous l'article 2d) de la Charte canadienne, le droit de grève ne connaît pas jusqu'ici le même sort. On retrouve une explication de cette position dans un arrêt récent de la Cour suprême concernant la portée de l'article 2d) de la Charte canadienne, plus particulièrement sous l'angle de la négociation collective : *Ontario (Procureur général)* c. *Fraser*[10]. Le juge Rothstein explique que la retenue judiciaire doit être de mise dans le domaine des relations du travail :

> [...] dans le domaine des relations du travail, le principe de la déférence judiciaire s'applique pour deux raisons. Premièrement, la Cour n'est pas en mesure de se livrer à la pondération d'intérêts nécessaire dans ce contexte.
>
> [...]
>
> La seconde raison justifiant la déférence tient à ce que les tribunaux doivent s'abstenir de constitutionnaliser un modèle législatif particulier de relations du travail. Différents modèles peuvent convenir dans différents contextes socio-économiques, et les tribunaux doivent se garder de définir constitutionnellement le cadre particulier appelé à régir l'ensemble des relations du travail au Canada pendant une période indéterminée. On ne doit pas empêcher le Parlement et les législatures provinciales de concevoir des régimes adaptés à des contextes socio-économiques donnés.[11]

---

8. *Health Services and Support – Facilities Subsector Bargaining Assn.* c. *Colombie-Britannique*, précité, note 5, par. 9.
9. Pour une étude sur l'opportunité d'un renversement jurisprudentiel en la matière, voir P. VERGE, « L'inclusion du droit de grève dans la liberté générale et constitutionnelle d'association : justification et effets », (2009) 50.2 *C. de D.* 267-299.
10. *Ontario (Procureur général)* c. *Fraser*, 2011 CSC 20, [2011] 2 R.C.S. 3.
11. *Ibid.*, par. 224 et 226.

Par ailleurs, le juge tient à souligner que dans le cadre de l'arrêt *Health Services and Support*, la majorité de la Cour suprême « tourne le dos à la tradition de déférence que les tribunaux manifestaient dans le domaine des relations du travail »[12]. En définitive, on peut constater que la Cour suprême use de sa retenue judiciaire de façon à laisser les coudées franches au législateur provincial. Elle semble, désormais, réticente à l'idée de porter atteinte à l'équilibre que le législateur a, ou pourrait instaurer dans le cadre du régime collectif du droit du travail[13].

646 – *Reconnaissance par la Loi* – La législation du Québec reconnaît le droit de grève à tous les salariés au sens du *Code du travail*, sous réserve de quelques exceptions. Ce droit est toutefois réservé aux seuls salariés représentés par une association accréditée et à cette dernière (art. 106 C.t.).

Quant aux exceptions, la grève est d'abord interdite aux policiers et pompiers municipaux (art. 105 C.t.). La *Loi sur la fonction publique*[14] interdit de son côté toute grève aux agents de la paix parmi lesquels, notamment, les instructeurs, surveillants et préposés aux soins infirmiers en établissement de détention, les agents de conservation de la faune, les agents de pêcheries et les inspecteurs des transports, ainsi qu'aux fonctionnaires de la direction générale responsable de la sécurité civile au ministère de la Sécurité publique[15]. La grève est également interdite aux membres de la Sûreté du Québec en vertu de la *Loi sur le régime syndical applicable à la Sûreté du Québec*[16].

---

12. *Ibid.*, par. 227.
13. On peut également observer cette tendance dans l'arrêt *Plourde* c. *Compagnie Wal-Mart du Canada Inc.*, 2009 CSC 54, par. 57 : « Il faut éviter non seulement de rompre l'équilibre que le législateur a établi dans le Code [du travail], pris dans son ensemble, mais aussi d'accorder à une partie (les salariés) un avantage disproportionné parce que les salariés négocient par l'entremise de leur syndicat (et peuvent en conséquence invoquer la liberté d'association) alors que les employeurs, dans la plupart des cas, négocient individuellement ». Voir également sur les obstacles à la reconnaissance constitutionnelle du droit de grève : A. DESJARDINS et P. GRENIER, « Les suites de l'arrêt *Health Services* : la constitutionnalisation du droit à la négociation par le biais de la liberté d'association emporte-t-elle entre autres celle de l'accréditation et du droit de grève ? », dans Service de la formation continue, Barreau du Québec, *Développements récents en droit du travail*, vol. 293, p. 343, Cowansville, Éditions Yvon Blais, 2008.
14. RLRQ, c. F-3.1.1.
15. *Ibid.*, art. 64, 4° et 69, al. 1.
16. RLRQ, c. R-14, art. 6.

Qu'en est-il de ces employés qui ne sont pas des salariés au sens du *Code du travail*, tels les cadres ? Aucune disposition législative ne leur reconnaît le droit à la grève ni ne leur interdit d'y recourir. En pratique, la grève les placera en situation de vulnérabilité en ce sens que l'employeur pourrait, en certaines circonstances, invoquer leur défaut d'exécution pour résilier leur contrat de travail selon les principes généraux du droit civil. L'absence de protection constitutionnelle du droit de grève, au moyen des chartes, prend ici toute sa mesure et les suites de l'arrêt *Health Services and Support*[17] sont à surveiller à cet égard.

Dans tous les cas où elle est permise, la grève est cependant réglementée quant au moment où elle peut être déclenchée et elle est sujette à la formalité préalable d'un vote d'autorisation. Dans certains secteurs d'activités, l'exercice du droit de grève est soumis à des conditions supplémentaires de préavis ou de maintien des services essentiels.

B. Les conditions d'exercice

1. Le régime général

a) Le temps

647 – *Délai* – En vertu de l'article 106 C.t., la grève ne peut être déclenchée tant qu'un syndicat n'a pas été accrédité et que ne s'est pas écoulé le délai prévu à l'article 58 C.t. Elle est en outre interdite pendant la durée d'une convention collective, en vertu de l'article 107 C.t., à moins que la convention ne renferme une clause de réouverture et que, dans ce cas également, le délai de l'article 58 C.t. ait été respecté[18].

Quant au délai de l'article 58 C.t., il court à compter de la date de réception par son destinataire d'un avis de négociation donné selon les articles 52 et 52.1 C.t. ou, à défaut, à compter de la date à laquelle un tel avis est réputé avoir été reçu suivant l'article 52.2 C.t.[19]. Le

---

17. *Health Services and Support – Facilities Subsector Bargaining Assn.* c. *Colombie-Britannique*, précité, note 5.
18. *Services d'assurances Les Coopérants Inc.* c. *Syndicat des employés des coopératives d'assurance-vie (C.S.N.)*, D.T.E. 85T-487 (C.S.).
19. En principe, l'avis qui n'est pas donné conformément aux dispositions du *Code du travail* ne peut permettre l'acquisition du droit de grève, qui dépendra alors de la date à laquelle l'avis sera réputé avoir été donné, selon les dispositions du

délai court automatiquement et le droit de grève ou de lock-out se trouve acquis 90 jours plus tard. Il faut cependant tenir compte d'une conséquence probablement imprévue de l'application de l'article 151.3(2) C.t. On y prévoit, en effet, que dans le calcul de tout délai fixé par le Code ou imparti en vertu d'une de ses dispositions (ce qui est le cas de l'article 58 C.t.), lorsque le dernier jour est non juridique, le délai est prorogé au premier jour juridique suivant. Lorsque le 90e jour tombe sur l'un ou l'autre des jours non juridiques mentionnés à l'article 151.1 C.t. ou sur un jour assimilé à un jour non juridique[20], le droit de grève et de lock-out n'est donc acquis que le jour juridique suivant.

b) Le vote

648 – *Exigence* – L'article 20.2 C.t. oblige le syndicat accrédité à tenir un vote d'autorisation avant de déclencher une grève. Les conditions essentielles à la légalité de ce vote sont les suivantes :

— l'objet du vote doit porter spécifiquement et sans ambiguïté sur l'autorisation de déclencher la grève[21] ;

— le vote doit être tenu distinctement dans chaque unité de négociation pour laquelle le syndicat est accrédité et veut déclarer la grève[22] ;

— le vote est pris parmi les seuls membres que compte l'association à l'intérieur de l'unité de négociation concernée par le déclenchement de la grève ; une majorité des membres du syndicat peuvent ainsi être à l'origine d'une grève légale même s'ils ne représentent qu'un groupe minoritaire par rapport à l'ensemble des salariés compris dans l'unité d'accréditation[23] ;

Code. Toutefois, dans le cas d'un avis transmis prématurément et auquel les parties donnent néanmoins suite, voir : *Syndicat des travailleurs et travailleuses du Hilton Québec (C.S.N.)* c. *Union des municipalités régionales de comté et des municipalités locales du Québec Inc.*, [1992] R.J.Q. 1190 (C.A.).

20. Le samedi, le 2 janvier et le 26 décembre, selon l'article 151.3(3) C.t.

21. *Noël* c. *Alliance de la Fonction publique du Canada*, [1989] R.J.Q. 1233 (C.S.) – nullité d'un vote donnant automatiquement au rejet du projet de convention collective le sens d'une autorisation de déclencher la grève.

22. *Procureur général du Québec* c. *Syndicat des employés de garage de Rivière-du-Loup*, [1995] T.T. 159.

23. *Union des employées et employés de service, section locale 800* c. *Farbec Inc.*, [1997] R.J.Q. 2073 (C.A.).

- les membres qui ont le droit de vote doivent être informés par l'association de la tenue du scrutin au moins 48 heures à l'avance. À cette fin, l'association prend les moyens nécessaires, compte tenu des circonstances (art. 20.2, al. 2 C.t.) ;

- le vote doit être tenu au scrutin secret (art. 20.2, al. 1 C.t.) ;

- la majorité requise est calculée sur la base du nombre de membres qui exercent effectivement leur droit de vote (art. 20.2, al. 1 C.t.).

Dans le cadre du respect des conditions essentielles imposées par l'article 20.2 C.t., soit qu'il s'agisse d'un seul et unique vote au scrutin secret de ses membres compris dans l'unité de négociation, le syndicat jouit d'une grande latitude dans la fixation des modalités de ce scrutin[24]. L'article 20.5 C.t. permet par ailleurs à l'association accréditée de prévoir dans ses statuts ou règlements des exigences supérieures à celles dictées par l'article 20.2.

649 – *Sanction* – Selon les termes exprès de l'article 20.4 C.t., l'inobservation de l'une ou l'autre des obligations imposées par l'article 20.2 C.t. quant à ce vote de grève ne donne ouverture qu'à une poursuite pénale en vertu du chapitre IX du Code. L'infraction est en fait créée par l'article 144 C.t. De plus, par effet conjugué de l'article 148 C.t. et des articles 9 et 10 du *Code de procédure pénale*, les poursuites ne peuvent être intentées que par le Procureur général ou par un membre de l'association accréditée compris dans l'unité de négociation et autorisé par un juge. La légalité même de la grève qui serait déclenchée sans que l'article 20.2 C.t. ait été intégralement respecté ne se trouverait donc pas touchée. D'ailleurs, il faut remarquer que l'article 106 C.t. prévoit simplement que la grève est interdite tant qu'une association en cause n'a pas été accréditée et n'en a pas acquis le droit suivant l'article 58 C.t., sans aucune référence à l'article 20.2 C.t. et au respect de ses conditions[25]. Le législateur semble avoir voulu éviter que le vote de grève vienne grossir l'arsenal des moyens susceptibles de retarder le déclenchement de la grève[26].

---

24. Voir et transposer : *Raymond* c. *Syndicat des employés de l'Université Laval (S.C.F.P.), section locale 2500*, D.T.E. 84T-360 (C.S.).

25. *Union des employées et employés de service, section locale 800* c. *Farbec Inc.*, précité, note 23 ; *Syndicat des employées et employés des magasins Zellers d'Alma et de Chicoutimi (C.S.N.)* c. *Turcotte*, D.T.E. 2002T-882 (C.A.) ; *Kaycan ltée* c. *Métallurgistes unis d'Amérique, section locale 8990*, D.T.E. 2005T-892 (C.R.T.).

26. *Contra* toutefois, refusant de reconnaître cet effet à l'article 20.4 C.t. qui se limiterait plutôt à offrir un recours spécifique : *Noël* c. *Alliance de la Fonction publique du Canada*, précité, note 21 ; *Marinier* c. *Fraternité interprovinciale*

c)   L'avis au ministre

650 – *Moment et teneur* – L'article 58.1 C.t. oblige toute association de salariés qui déclare une grève à en informer, par écrit, le ministre du Travail dans les 48 heures qui suivent cette déclaration[27]. L'avis doit indiquer le nombre de salariés compris dans l'unité de négociation concernée.

2.   Le régime applicable aux services publics

651 – *Identification* – L'article 111.0.16 C.t. énumère les services qui constituent, pour l'application du Code, des services publics :

1.   une municipalité et une régie intermunicipale ;

1.1. un établissement et une régie régionale visés par la *Loi sur les services de santé et les services sociaux* (chapitre S-4.2), qui ne sont pas visés au paragraphe 2 de l'article 111.2 ;

2.   un établissement et un conseil régional au sens des paragraphes a) et f) de l'article 1 de la *Loi sur les services de santé et les services sociaux pour les autochtones cris* (chapitre S-5), qui ne sont pas visés au paragraphe 2 de l'article 111.2[28] ;

3.   une entreprise de téléphone ;

4.   une entreprise de transport terrestre à itinéraire asservi, tels un chemin de fer et un métro, et une entreprise de transport par autobus ou par bateau ;

5.   une entreprise de production, de transport, de distribution ou de vente de gaz, d'eau ou d'électricité ainsi qu'une entreprise d'emmagasinage de gaz ;

5.1. une entreprise qui exploite ou entretient un système d'aqueduc, d'égout, d'assainissement ou de traitement des eaux ;

---

des ouvriers en électricité, [1988] R.J.Q. 495 (C.S.) ; *Beaulieu c. Association des pompiers de Montréal*, [1981] C.S. 419 – dans le contexte de l'application de l'article 20.3 C.t.

27.   Le défaut d'avis ne touche pas à la légalité de la grève : *Syndicat des employées et employés des magasins Zellers d'Alma et de Chicoutimi (C.S.N.) c. Turcotte*, précité, note 25.

28.   *Coutu-Paquin c. Conseil des services essentiels*, D.T.E. 86T-676 (C.S.).

5.2. un organisme de protection de la forêt contre les incendies reconnu en vertu de l'article 125 de la *Loi sur les forêts* (chapitre F-4.1) ;

6. une entreprise d'incinération de déchets ou d'enlèvement, de transport, d'entreposage, de traitement, de transformation ou d'élimination d'ordures ménagères, de déchets biomédicaux, d'animaux morts impropres à la consommation humaine ou de résidus d'animaux destinés à l'équarrissage ;

7. une entreprise de transport par ambulance, la Corporation d'urgences-santé de la région de Montréal Métropolitain, le responsable d'une centrale de coordination des appels des personnes et des établissements qui demandent des services d'ambulance, qui n'est pas visée au paragraphe 2 de l'article 111.2, et une entreprise de cueillette, de transport ou de distribution du sang ou de ses dérivés ou d'organes humains destinés à la transplantation ; ou

8. un organisme mandataire du gouvernement à l'exception de la Société des alcools du Québec et d'un organisme dont le personnel est nommé selon la *Loi sur la fonction publique* (chapitre F-3.1.1).

Il ressort de cette énumération que, dans la plupart des cas, c'est à la nature de l'activité de l'entreprise que tient la qualification de service public, plutôt qu'à l'identité ou au statut de l'employeur, qu'il s'agisse d'un employeur privé ou public.

652 – *Grève et lock-out* – En principe, les relations collectives du travail dans les services publics obéissent aux règles générales prévues au *Code du travail* (art. 111.0.15 C.t.). Par exception, la section I du chapitre V.1 du Code soumet ces services publics à des conditions particulières d'exercice du droit de grève et de lock-out.

L'exercice du droit de grève par une association accréditée dans un service public est sujet à deux conditions additionnelles à celles qui résultent du régime général : le maintien des services essentiels et l'avis préalable de grève.

a)   Le maintien des services essentiels

653 – *Développements législatifs* – Par suite d'une modification du *Code du travail* intervenue le 1er octobre 2011, la mission, les pouvoirs et l'expertise du Conseil des services essentiels ont été transférés à la Commission des relations du travail (ci-après, la « C.R.T. » ou la « Commission »)[29], plus particulièrement à la division des services essentiels, qui a été créée subséquemment. Les pouvoirs de la C.R.T. demeurent les mêmes que ceux qui étaient confiés au Conseil des services essentiels. De manière générale, notons que ses compétences sont définies dans le *Code du travail* aux articles 111.0.15 à 111.22. Le personnel du Conseil a également été intégré au sein de la C.R.T., certains membres étant devenus les premiers commissaires affectés à la nouvelle division des services essentiels.

654 – *Décret gouvernemental* – L'obligation, pour le syndicat et les salariés, de maintenir les services essentiels en cas de grève dans un service public dépend d'une décision préalable du gouvernement. Ce dernier peut en effet, sur recommandation du ministre du Travail et s'il est d'avis qu'une grève dans un service public pourra avoir pour effet de mettre en danger la santé ou la sécurité publique, ordonner par décret à un employeur et à une association accréditée de maintenir des services essentiels en cas de grève (art. 111.0.17, al. 1 C.t.). Un tel décret peut être pris en tout temps. Il entre en vigueur le jour où il est adopté ou à toute date ultérieure qui y est indiquée, et a effet jusqu'au dépôt d'une convention collective ou de tout autre instrument qui pourrait en tenir lieu, comme une sentence arbitrale de différend. Le décret est publié dans la *Gazette officielle du Québec* et la C.R.T. doit en aviser les parties (art. 111.0.17, al. 2 C.t.).

655 – *Entente ou liste syndicale* – L'adoption d'un décret a pour effet d'obliger les parties à négocier les services essentiels à maintenir en cas de grève ; si le droit de grève est déjà exercé à ce moment, il est suspendu à compter de la date indiquée dans le décret (art. 111.0.18 et 111.0.17, al. 3 C.t.). Les parties doivent transmettre leur entente sur les services à la C.R.T., tel que prévu à la section II du chapitre V.1 du Code (art. 111.0.18, al. 1 C.t.). À la demande des parties ou de son propre chef, la C.R.T. peut désigner une personne pour les aider à conclure l'entente sur les services essentiels. Les parties peuvent

---

29.   *Loi abolissant le ministère des Services gouvernementaux et mettant en œuvre le Plan d'action 2010-2014 du gouvernement pour la réduction et le contrôle des dépenses en abolissant et en restructurant certains organismes et certains fonds*, 2011, c. 16 (Projet de loi n° 130, sanctionné le 13 juin 2011).

convenir d'une absence totale de services pendant la grève[30]. À défaut d'entente, l'association accréditée détermine elle-même les services essentiels à maintenir en cas de grève et doit transmettre à l'employeur et à la C.R.T. une liste de ces services (art. 111.0.18, al. 3 C.t.). L'article 111.0.22, al. 2 C.t. rend nulle toute liste syndicale qui prévoirait un nombre de salariés supérieur au nombre normalement requis dans le service en cause ; il n'interdit toutefois pas la production d'une liste prévoyant des effectifs variables dont le maximum correspond à la totalité des salariés normalement au travail[31]. La liste produite par le syndicat ne peut être modifiée que sur demande de la C.R.T. Néanmoins, en cas d'entente entre les parties postérieurement au dépôt de la liste syndicale, cette entente prévaudra (art. 111.0.18, al. 4 C.t.).

Que les services essentiels soient prévus par une entente entre les parties ou par une liste syndicale, la C.R.T. doit en apprécier la suffisance et les parties sont tenues d'assister à toute séance à laquelle il les convoque (art. 111.0.19, al. 1 et 2 C.t.). S'il les juge insuffisants, il peut adresser aux parties les recommandations qu'il juge appropriées pour qu'elles modifient l'entente ou la liste, selon le cas[32] ; il peut aussi alors ordonner à l'association accréditée de surseoir à l'exercice de son droit de grève jusqu'à ce qu'elle lui ait fait savoir quelles suites elle entendait donner à ces recommandations (art. 111.0.19, al. 3 C.t.). La C.R.T. doit faire rapport au ministre du Travail s'il juge que les services essentiels prévus à une entente ou à une liste syndicale sont insuffisants ; il doit agir de la même façon si, par la suite, au cours de la grève, les services ne sont pas maintenus (art. 111.0.20 C.t.). La C.R.T. doit, en vertu de l'article 111.0.21 C.t., porter à la connaissance du public le contenu de tout rapport ainsi transmis au ministre.

656 – *Suspension du droit de grève* – Aucun délai n'est fixé pour la production d'une entente ou d'une liste syndicale sur le maintien des services essentiels. Le législateur a plutôt simplement prévu que la grève ne pourrait alors être déclarée légalement que dans la mesure

---

30. *Laval (Société de transport de la Ville de) c. Syndicat des chauffeurs de la Société de transport de la Ville de Laval (C.S.N.)*, D.T.E. 2002T-68 (C.S.E.) ; *Société de transport de la Communauté urbaine de Québec c. Syndicat des employés du transport public du Québec métropolitain inc.*, D.T.E. 94T-1359 (C.S.E.).

31. *Hydro-Québec c. Conseil des services essentiels*, D.T.E. 91T-1128 (C.A.) ; *Syndicat des techniciens d'Hydro-Québec, section locale 957 (S.C.F.P. – F.T.Q.) c. Hydro-Québec*, D.T.E. 92T-90 (T.T.).

32. Exemple : *Hydro-Québec c. Syndicat des techniciennes et techniciens d'Hydro-Québec, section locale 957 (S.C.F.P.)*, D.T.E. 99T-674 (C.S.E.).

où une entente ou une liste aurait été transmise conformément à la Loi depuis au moins sept jours (art. 111.0.23, al. 3 C.t.)[33]. Ce délai de sept jours permet en fait au gouvernement d'apprécier la situation et de recourir, s'il le juge nécessaire, à une suspension du droit de grève, que l'article 111.0.24 C.t. l'autorise à décréter. Une telle suspension dure jusqu'à ce qu'il soit démontré à la satisfaction du gouvernement que les services essentiels seront maintenus de façon suffisante en cas d'exercice du droit de grève. Force est donc de constater que le gouvernement se réserve un large pouvoir d'appréciation qui lui permet de suspendre l'exercice du droit de grève dans un service public tant qu'il le juge opportun. En cas de violation d'une suspension de l'exercice du droit de grève décrétée en vertu de l'article 111.0.24 C.t., indépendamment des pénalités qui pourront être imposées du fait de l'illégalité de la grève, le Procureur général se réserve l'exclusivité du recours en injonction qui pourrait devenir nécessaire (art. 111.0.25 C.t.).

En l'absence de suspension du droit de grève par le gouvernement, la grève pourra avoir lieu en maintenant les services essentiels prévus par l'entente entre les parties ou par la liste syndicale. Tant l'employeur que les salariés et l'association accréditée devront alors respecter les dispositions de l'entente ou de la liste, nul ne pouvant y déroger, selon l'article 111.0.22, al. 1 C.t.[34]. À moins d'entente entre les parties, l'employeur ne doit pas modifier les conditions de travail des salariés qui rendent les services essentiels (art. 111.0.23, al. 5 C.t.)[35].

b) L'avis préalable

657 – *Durée, teneur et conséquences* – La légalité de toute grève dans un service public est sujette à un avis préalable d'au moins sept jours

---

33. Le délai de sept jours continue de se calculer à compter de la date de dépôt de la liste syndicale, le cas échéant, même si une entente intervient ultérieurement entre les parties (art. 111.0.23, al. 4 C.t.).

34. La sanction pénale de cette obligation est prévue à l'article 146.2 C.t. Toute dérogation aux services essentiels prédéterminés pourra également donner lieu à l'exercice de divers recours de nature civile et, en particulier, à la mise en œuvre des pouvoirs de redressement du C.S.E. en vertu des articles 111.16 à 111.20 C.t. : voir *infra*, nos 694-695.

35. Quant à la possibilité de recourir à l'arbitrage pour faire décider d'une mésentente relative au maintien des conditions de travail dans ce contexte, par l'effet des articles 59 ou 100.10 C.t., voir les jugements suivants : *Syndicat canadien de la fonction publique, section locale 301* c. *Montréal (Ville de)*, [2000] R.J.Q. 1721 (C.A.) ; *Syndicat canadien de la Fonction publique, section locale 27* c. *Gauvin*, D.T.E. 88T-231 (C.S.).

juridiques francs donné par écrit par l'association accréditée au ministre et à l'employeur ; cet avis indique le moment où l'association entend recourir à la grève (art. 111.0.23, al. 1 C.t.)[36]. S'il s'agit d'un service public qui fait l'objet d'un décret de maintien des services essentiels, l'avis doit aussi être donné à la C.R.T. Si l'association n'utilise pas son droit de grève au jour indiqué dans son avis préalable, un nouvel avis ne peut être donné qu'après le jour qui avait été annoncé dans l'avis précédent (art. 111.0.23, al. 2 C.t.)[37].

Lorsqu'un syndicat a donné un avis préalable de grève, il est également tenu, selon l'article 111.0.23.1 C.t., à une semblable procédure de préavis s'il décide de ne pas recourir à la grève au moment annoncé ou d'interrompre la grève après l'avoir déclenchée. Cet avis doit être écrit et donné, pendant les heures ouvrables du service public en cause, au ministre et à l'employeur, ainsi qu'à la C.R.T. dans le cas d'un service qui fait l'objet d'un décret de maintien des services essentiels. L'employeur n'est pas tenu de permettre l'exécution de la prestation de travail par les salariés avant l'expiration d'une période de quatre heures suivant la réception d'un avis d'annulation ou de cessation de la grève conforme à la Loi. Les parties peuvent toutefois convenir d'une période plus courte. Dans un service public tenu à une obligation de maintien des services essentiels, ces derniers doivent se poursuivre jusqu'au retour au travail.

3. Le régime applicable aux secteurs public et parapublic

658 – *Règles communes* – Le régime d'exercice du droit de grève dans les secteurs public et parapublic, là où ce droit subsiste, est devenu fort complexe. En principe, il demeure soumis aux règles générales prévues au *Code du travail*, dans la mesure où ces dernières ne sont pas inconciliables avec les règles particulières élaborées par la sec-

---

36. Les jours non juridiques sont ceux nommés à l'article 151.1 C.t. Les articles 151.3 et 151.4 C.t. ne s'appliquent pas au calcul du délai tant parce que celui-ci est en jours juridiques que parce qu'un délai franc exclut à la fois le jour qui marque le point de départ et celui de l'échéance. *Binette c. Syndicat des chauffeures et chauffeurs de la Corp. métropolitaine de Sherbrooke, section locale 3434 (S.C.F.P.)*, D.T.E. 2004T-468 (C.S.). Sur le calcul du délai, voir *Ville de St-Hubert c. Syndicat canadien de la fonction publique, section locale 330*, [1983] T.T. 432 ; *Laval (Ville de) et Syndicat des cols bleus de la Ville de Laval inc., section locale 4545 SCFP*, 2012 QCCRT 0174 – tout ce que le code exige, c'est que l'avis indique le moment où le syndicat entend recourir à la grève.

37. Sur la légitimité de la poursuite d'une grève accompagnée de services essentiels à effectifs variables, sans nécessité de donner un nouvel avis même si à certains moments tous les salariés sont présents au travail, voir *Hydro-Québec c. Conseil des services essentiels*, précité, note 31.

tion III du chapitre V.1 du *Code du travail* à l'adresse des secteurs public et parapublic (art. 111.1 C.t.)[38]. En fait, l'acquisition du droit de grève dans les secteurs public et parapublic ne se rattache au régime général que par deux règles de base que nous connaissons déjà, à savoir l'interdiction de grève pendant la durée d'une convention collective, d'une part, et la nécessité d'une autorisation préalable de la grève par un vote au scrutin secret des salariés membres de l'association accréditée compris dans l'unité de négociation, d'autre part (art. 106 à 108 et 20.2 C.t.). À ces normes usuelles viennent s'ajouter diverses conditions supplémentaires et exceptions. Ces dernières résultent principalement de diverses dispositions de la section III du chapitre V.1 du *Code du travail*, élaborées en corrélation avec celles de la *Loi sur le régime de négociation des conventions collectives dans les secteurs public et parapublic*[39] (L.R.N.), qui aménagent le mode de négociation dans ces secteurs, ainsi que de la *Loi sur la fonction publique*[40]. Au surplus, si certaines conditions particulières d'exercice du droit de grève sont communes à l'ensemble des secteurs public et parapublic, d'autres ne sont destinées qu'à une partie de ces secteurs. Le régime n'est donc pas uniforme.

659 – *Secteurs constitutifs* – Selon l'article 111.2 du *Code du travail*, les secteurs public et parapublic sont constitués par :

- le gouvernement, ses ministères et les organismes du gouvernement dont le personnel est nommé suivant la *Loi sur la fonction publique* ;

- les collèges et les commissions scolaires, tels que définis à l'article 1 de la *Loi sur le régime de négociation des conventions collectives dans les secteurs public et parapublic* ;

- les établissements de santé et de services sociaux visés à l'article 1 de la *Loi sur le régime de négociation des conventions collectives dans les secteurs public et parapublic*[41].

---

38. L'inconciliabilité évoquée à l'article 111.1 C.t. est objective en ce sens qu'elle doit résulter des dispositions pertinentes elles-mêmes plutôt que des choix qu'elles peuvent laisser aux parties, s'il y a lieu.
39. RLRQ, c. R-8.2.
40. Précitée, note 14, art. 69, al. 2 et 3 (services essentiels).
41. Voir *Syndicat international des marins canadiens* et *Syndicat des employées et employés de la Trave*, 2009 QCCRT 0421 – l'article 112.2 C.t. définit de façon exhaustive la notion de secteurs public et parapublic.

Nous examinerons ci-après succinctement les conditions particulières d'exercice du droit de grève dans ces différents secteurs. Nous commencerons par celui des commissions scolaires et des collèges, car les conditions qui y sont applicables le sont également au secteur des affaires sociales et au secteur gouvernemental. Nous nous arrêterons ensuite aux caractéristiques particulières que présente l'exercice du droit de grève dans ces deux derniers secteurs.

a) Les commissions scolaires et les collèges

660 – *Particularités* – Dans ce secteur, la négociation collective est susceptible de se dérouler à l'échelle nationale, ou encore à l'échelle locale ou régionale à l'égard des matières identifiées ou définies par la Loi elle-même ou dans le cadre de la négociation nationale (art. 111.6 C.t.)[42]. L'exercice du droit de grève est réservé aux seules fins de la négociation à l'échelle nationale, toute grève étant expressément interdite dans le cadre d'une négociation à l'échelle locale ou régionale autorisée par la loi (art. 111.14 C.t.).

À l'occasion de la négociation à l'échelle nationale, l'exercice du droit de grève est soumis aux contraintes suivantes :

– Les parties doivent ou bien s'être entendues sur l'ensemble des stipulations à être négociées à l'échelle nationale, à l'exception des salaires et des échelles de salaires, ou bien avoir soumis leur différend sur les matières autres que salariales à un médiateur, ou encore s'être entendues à tout le moins pour faire conjointement un rapport sur l'objet de leur différend sur ces mêmes matières et l'avoir rendu public (art. 111.11, al. 2 C.t.)[43].

– Selon les cas, le droit à la grève ne sera acquis qu'à l'expiration d'un délai de 20 jours suivant celui où les parties ont conclu une entente nationale sur les matières autres que salariales, ou depuis la date à laquelle le ministre a reçu soit le rapport de médiation, soit le rapport conjoint des parties sur leur différend, suivant l'article 50 de la *Loi sur le régime de négociation des conventions collectives dans les secteurs public et parapublic* (art. 111.11, al. 1 et 2 C.t.).

– Le cas échéant, seule la négociation des salaires et des échelles salariales de la première année de la convention collective peut

---

42. L.R.N., art. 25, 44, 45, 57, 58, 70 et Annexe A.
43. L.R.N., art. 46 à 50.

donner lieu à l'exercice du droit de grève. La négociation de ces matières pour les deux années qui suivent la première année d'application dans la convention collective à intervenir est sujette à un mécanisme de règlement qui exclut le recours à la grève, théoriquement du moins (art. 111.14 C.t.)[44].

- Lorsqu'il est accessible, l'exercice du droit de grève est enfin soumis à un avis préalable d'au moins sept jours juridiques francs, donné par écrit au ministre et à l'autre partie, en leur indiquant le moment où la grève sera déclenchée (art. 111.11, al. 1 C.t.). L'article 111.11, al. 3 C.t. interdit la pratique des avis successifs ou des avis qui indiqueraient plusieurs dates comme moment de déclenchement de la grève. Un nouvel avis ne peut être donné qu'après le moment indiqué dans l'avis précédent comme étant celui où le syndicat entendait déclarer la grève.

On remarquera enfin que le secteur des commissions scolaires et des collèges n'est pas sujet au maintien de services essentiels pendant la grève.

b) *Les établissements de santé et de services sociaux*

661 – *Services essentiels* – C'est par l'obligation supplémentaire imposée aux syndicats et au personnel d'y maintenir des services essentiels que l'exercice du droit de grève dans le secteur de la santé et des services sociaux diffère de celui des commissions scolaires et des collèges. Dans certains cas, cette obligation ne laisse à la grève qu'un caractère symbolique.

La détermination et le maintien des services essentiels dans les établissements de santé et de services sociaux obéissent à un ensemble de règles que nous tenterons ici de synthétiser :

- Pour que le droit de grève puisse être éventuellement acquis, le syndicat accrédité dans un établissement doit négocier avec l'employeur une entente sur le maintien des services essentiels prévoyant le nombre de salariés à maintenir par unité de soins et par catégorie de services parmi les salariés habituellement affectés à ces unités et catégories de services (art. 111.10.1 C.t.).

---

44. L.R.N., art. 52 à 56.

– Le cas échéant, l'entente des parties doit respecter certaines conditions prédéterminées par la Loi. Elle doit d'abord prévoir un pourcentage minimum de salariés à maintenir par quart de travail, allant de 55 % à 90 % selon le type d'établissement (art. 111.10 et 111.10.1 C.t.)[45]. L'entente doit aussi permettre d'assurer le fonctionnement normal des unités de soins intensifs et des unités d'urgence et contenir des dispositions qui assurent le libre accès des personnes aux services de l'établissement (art. 111.10.1, al. 1 C.t.).

– L'entente des parties est sujette à l'approbation de la C.R.T. (art. 111.10.1 et 111.12 C.t.). Cette dernière l'évalue en fonction de la suffisance des services qui y seront prévus et des critères établis par la Loi à cet effet. Elle peut recommander des modifications aux parties ou même l'approuver après l'avoir elle-même modifiée (art. 111.10.4 et 111.10.5 C.t.)[46]. Une entente de maintien des services essentiels approuvée par la C.R.T. lie les parties et nul ne peut y déroger (art. 111.10.8 C.t.).

– À défaut d'entente entre l'employeur et l'association accréditée, cette dernière doit transmettre à la C.R.T., pour approbation, une liste de maintien des services essentiels. Cette liste syndicale est sujette aux mêmes normes, quant à son contenu, que celles applicables à une entente. En outre, elle ne peut, sous peine de nullité, prévoir un nombre de salariés supérieur au nombre habituellement requis dans le service en cause (art. 111.10.3 C.t.)[47].

– La liste syndicale est sujette à l'approbation de la Commission, expresse ou réputée, avec ou sans modification (art. 111.10.4, 111.10.5 et 111.10.7 C.t.).

---

45. Lorsqu'un établissement au sens de la *Loi sur les services de santé et les services sociaux*, RLRQ, c. S-4.2, dispense des services à partir de centres distincts, il demeure légitime de déterminer les services en fonction de l'exploitation d'un centre donné : *Centre hospitalier universitaire de Québec* c. *Conseil des services essentiels*, D.T.E. 2000T-800 (C.S.). Dans le cas des organismes déclarés assimilés en vertu de l'article 1, al. 4 L.R.N., voir l'article 111.10, al. 2 C.t.

46. L'entente sera réputée approuvée telle que déposée si la Commission n'a pas statué sur la suffisance des services qu'elle prévoit dans les 90 jours de sa réception ; même alors, la Commission pourra la modifier par la suite pour la rendre conforme à la Loi : art. 111.10.7 C.t.

47. Cette liste pourrait néanmoins, à l'occasion d'une grève à effectifs variables, prévoir la présence à certains moments de la totalité des salariés habituellement au travail : voir *supra*, n° 655.

– Une liste approuvée par la C.R.T. lie les parties et nul ne peut y déroger. La Commission peut la modifier elle-même pour la rendre conforme aux dispositions de la Loi, ou par entente postérieure entre les parties, sous réserve de son approbation par la Commission (art. 111.10.6, 111.10.7 et 111.10.8 C.t.).

– Le droit de grève ne peut être exercé qu'à l'expiration d'un délai de 90 jours suivant la date à laquelle une entente ou une liste approuvée ou réputée approuvée par la C.R.T. a été transmise à l'employeur (art. 111.12 C.t.).

– Le cas échéant, l'avis préalable de grève devra être donné non seulement à l'employeur et au ministre, mais également à la C.R.T. (art. 111.11, al. 1 C.t.).

– La grève elle-même demeure sujette à la surveillance de la Commission des relations du travail et à la possibilité d'intervention de cette dernière, si elle estime que les services essentiels prévus à une liste ou à une entente ne sont pas rendus ou encore que le conflit porte préjudice ou est vraisemblablement susceptible de porter préjudice à un service auquel le public a droit (art. 111.16, al. 1 et 111.17 C.t.)[48].

c) Le gouvernement et les organismes gouvernementaux

662 – *Fonctionnaires* – Les salariés du gouvernement, de ses ministères et des organismes dont le personnel est nommé en vertu de la *Loi sur la fonction publique*[49] appartiennent aux secteurs dits public et parapublic et sont donc régis par les dispositions de la section III du chapitre V.1 du *Code du travail*. La négociation des conventions collectives qui les concernent ne se déroule qu'à une seule échelle, assimilable à l'échelle nationale, tout en étant soumise aux dispositions des articles 46 à 56 de la *Loi sur le régime de négociation des conventions collectives dans les secteurs public et parapublic*[50]. Il

---

48. Cette détermination est au cœur de la compétence spécialisée de la C.R.T. : *Syndicat canadien de la fonction publique, section locale 301* c. *Montréal (Ville)*, [1997] 1 R.C.S. 793 ; *Verdun (Ville de)* c. *Conseil des services essentiels*, D.T.E. 2000T-188 (C.S.).
49. Précitée, note 14.
50. Précitée, note 39, art. 81.

s'ensuit que l'exercice du droit de grève des salariés obéit fondamentalement aux mêmes conditions que celles qui sont applicables aux commissions scolaires et aux collèges, que nous avons déjà étudiées, en faisant les adaptations nécessaires. Ces conditions font toutefois l'objet de deux importantes réserves. D'abord, toute grève est interdite aux agents de la paix faisant partie de l'un ou l'autre des groupes mentionnés au paragraphe 4 de l'article 64 de la *Loi sur la fonction publique*[51] ainsi qu'à tout groupe de salariés de la direction générale responsable de la sécurité civile au sein du ministère de la Sécurité publique[52]. Quant aux autres groupes, la grève ne leur est permise qu'à la condition qu'une entente soit intervenue entre les parties ou, à défaut, qu'une décision ait été rendue par la Commission des relations du travail, pour déterminer les services essentiels et la façon dont ils seront maintenus (art. 111.15.1 à 111.15.3 C.t.)[53].

663 – *Salariés d'autres organismes* – Les organismes gouvernementaux dont le personnel n'est pas nommé en vertu de la *Loi sur la fonction publique* ne sont soumis à aucun régime spécial d'exercice du droit de grève, même si leurs négociations collectives s'inscrivent dans le cadre de certains aménagements imposés par la *Loi sur le régime de négociation des conventions collectives dans les secteurs public et parapublic*[54]. C'est donc le régime général gouvernant l'exercice du droit de grève en vertu du *Code du travail* qui y trouve application, en tenant compte toutefois du fait que certains de ces organismes gouvernementaux constituent des services publics au sens de l'article 111.0.16 C.t. et sont donc soumis aux règles particulières qui les touchent[55].

II- LA RÉALITÉ ET LES FORMES DE LA GRÈVE

664 – *Éléments constitutifs* – Le *Code du travail* définit la grève fort simplement comme une « cessation concertée de travail par un groupe de salariés » (art. 1g) C.t.). Selon sa définition légale, la grève comporte donc deux éléments constitutifs : un élément matériel, la cessation du travail ; et un élément intellectuel, la concertation des salariés.

---

51. Précitée, note 14.
52. *Loi sur la fonction publique*, précitée, note 14, art. 69, al. 1.
53. *Ibid.*, art. 69, al. 2.
54. L.R.N., art. 75 à 80 et Annexe C.
55. Exemples : Hydro-Québec et la Société des traversiers du Québec.

A. La cessation du travail

665 – *Réalité et formes* – La grève correspond d'abord à une réalité factuelle, celle de l'arrêt de travail d'un groupe de salariés[56]. La qualification de la cessation de travail, que ce soit comme « journée d'étude », « gel d'activités » ou autres, est sans importance. Seule compte la réalité constatée[57]. Tout refus concerté d'exécuter le travail légitimement requis par l'employeur peut être assimilé à un acte de grève[58]. L'autorisation de l'arrêt de travail par l'employeur exclut toutefois l'idée de grève, celle-ci supposant la privation d'une prestation que l'employeur serait autrement en droit d'exiger et exigerait de ses salariés[59]. La durée de l'arrêt de travail est variable. Elle peut être longue ou courte[60] ; elle peut être prédéterminée ou indéterminée. L'arrêt de travail peut aussi être continu ou intermittent. Parfois, la réalité de la grève ne touchera que partiellement le travail ou les tâches qu'exécutent habituellement les salariés, comme dans le cas de refus de leur part de faire des heures supplémentaires[61] ou d'assumer des fonctions supérieures[62]. La grève dite « tournante » est celle qui touche successivement les salariés de diverses unités de négociation impliquées dans un même processus de négociation, ou encore des groupes différents de salariés compris dans une même unité de négociation. La « grève perlée » correspond en réalité à un

56. Exceptionnellement, une grève pourrait être le fait du seul salarié que comprendrait une unité de négociation. Voir *Syndicat des cols bleus regroupés de Montréal (SCFP-301) c. Montréal (Ville de)*, D.T.E. 2005T-698 (C.A.), par. 23 – ce sont les salariés qui font la grève.

57. *Turcot c. Auclair*, [1971] T.T. 103 – substitution unilatérale par les salariés d'une prestation de travail à celle qui aurait normalement dû être fournie.

58. Voir notamment : *Alcan Inc. c. Syndicat national des employés de l'Aluminium d'Arvida Inc.*, [2004] R.J.D.T. 661 (C.R.T.), par. 37 à 40 ; *Turcot c. Auclair*, [1971] T.T. 103 ; *Fraternité des policères et policiers de la Ville de Québec Inc. c. Québec (Ville de)*, 2010 QCCA 54 ; *Châteauguay (Ville de) c. Syndicat canadien de la fonction publique, section locale 1299*, D.T.E. 2009T-329 (C.S.E.).

59. *Lalonde c. Métallurgistes unis d'Amérique, local 7493*, [1975] T.T. 393.

60. Exemple : *Alimentation René-Lévesque Inc. c. Syndicat des employés de commerce de La Pocatière et Kamouraska*, D.T.E. 87T-274 (C.S.) – prise d'une pause-café décidée par les salariés.

61. Exemples : *Syndicat canadien de la fonction publique, section locale 301 c. Montréal (Ville)*, précité, note 48 ; *Gohier c. Syndicat canadien de la fonction publique, section locale 301*, D.T.E. 93T-703 (T.T.) ; *Molson Outaouais Ltée c. Union des routiers, brasseries, liqueurs douces et ouvriers de diverses industries, local 1999*, D.T.E. 89T-874 (C.S.) ; *Fédération des infirmières et infirmiers du Québec (F.I.I.Q.) c. Institut de cardiologie de Montréal*, D.T.E. 89T-797 (C.S.E.). Voir aussi, selon la législation fédérale : *Syndicat des employés de production du Québec et de l'Acadie c. Conseil canadien des relations du travail*, [1984] 2 R.C.S. 412.

62. *Montréal (Ville de) c. Association des pompiers de Montréal inc.*, D.T.E. 2000T-1102 (C.A.).

ralentissement du travail, que le *Code du travail* traite distinctement et prohibe en toutes circonstances (art. 108 C.t.)[63]. La « grève du zèle », par laquelle les salariés appliquent à la lettre et dans tous leurs détails les règlements de travail de l'employeur, produit le même résultat sous le couvert de la légitimité que leur confère la conformité de leur comportement avec les directives données par l'employeur.

666 – *Objectif* – La définition légale de la grève ignore sa finalité, à la différence de celle du lock-out[64]. Le *Code du travail* ne distingue à aucun égard la grève de revendication de conditions de travail par les salariés en grève, la grève de sympathie pour les salariés d'un autre employeur, ou même la grève politique[65]. Ainsi, dans un arrêt rendu sous l'empire de la loi fédérale, mais néanmoins pertinent, la Cour suprême en est venue à la conclusion que le refus, par un groupe d'employés, de franchir le piquet de grève érigé par un autre groupe de salariés constituait un acte de grève de leur part, illégal dans les circonstances[66]. Dans l'affaire *Strasser*, la Cour suprême a cerné l'élément matériel constitutif de la grève de la façon suivante :

> Le Tribunal du travail a eu raison de tenir que, mis à part l'élément intentionnel de l'infraction, l'élément matériel essentiel est prouvé dès qu'est établie l'abstention de l'inculpé de fournir la prestation de travail en même temps que d'autres travailleurs s'abstiennent de concert de fournir la leur.[67]

On peut par ailleurs se demander si, exceptionnellement, la raison à l'origine d'un arrêt de travail ne devrait pas être prise en considération pour distinguer la grève d'autres situations d'arrêt du travail qui n'en sont manifestement pas selon le langage ordinaire et

---

63. Exemples : *Gohier* c. *Syndicat canadien de la fonction publique, section locale 301*, précité, note 61 ; *Cégep de Bois-de-Boulogne* c. *Syndicat général des employés du Collège Bois-de-Boulogne*, D.T.E. 83T-82 (C.S.) – « gel des notes » par un groupe de professeurs.

64. Voir *infra*, n° 668. Dans un arrêt de la Cour d'appel, deux des trois juges ont exprimé l'opinion que l'illégalité, le cas échéant, de l'objectif poursuivi par un arrêt de travail suffirait à rendre la grève elle-même illégale : *Syndicat des employées et employés des magasins Zellers d'Alma et de Chicoutimi (C.S.N.)* c. *Turcotte*, D.T.E. 2002T-882 (C.A.), par. 6. Indépendamment de tout effet sur la légalité de la grève, s'il en est, l'omniprésence des notions de bonne foi et d'abus de droit dans le *Code civil du Québec* permettrait de rejoindre en responsabilité civile le syndicat qui voudrait profiter de la légalité technique de sa grève pour atteindre un objectif illégitime.

65. *Aubé* c. *Demers*, [1977] T.T. 170.

66. *Association internationale des débardeurs, sections locales 273, 1764, 1039* c. *Association des employeurs maritimes*, [1979] 1 R.C.S. 120.

67. *Strasser* c. *Roberge*, [1979] 2 R.C.S. 953, 970 (j. Beetz).

selon la compréhension usuelle du phénomène. C'est ce qu'on a fait dans l'affaire *Progress Brand Clothes Inc.* :

> [...] bien que la notion de finalité ne soit pas exprimée dans la définition du mot « grève » à l'article 1g) du Code, cela ne nous empêche pas de vérifier la présence ou l'absence des attributs qui accompagnent généralement l'acte de grève posé par un groupe de salariés.[68]

Le jugement ajoute que l'acception générale est que la grève constitue un moyen de pression qui se matérialise par des signes extérieurs. En présence d'un arrêt de travail qui constituait un geste collectif, mais par ailleurs dépourvu de toute intention de pression contre quiconque, le juge conclut qu'il ne s'agissait pas, en l'espèce, d'une grève.

B. La concertation

667 – *Décision collective* – Pour qu'il y ait grève, un arrêt de travail doit être le résultat de la concertation d'un groupe de salariés. La volonté collective de suspendre l'exécution du travail est l'élément intellectuel constitutif de la réalité de la grève et, du même coup, l'élément intentionnel de l'infraction de grève illégale :

> Si l'élément matériel de l'infraction est l'abstention de fournir sa prestation de travail en même temps que d'autres salariés font la grève, l'élément intentionnel est la volonté de s'abstenir de travailler avec les autres salariés. Cet élément consiste dans l'intention individuelle de l'inculpé de se joindre à la cessation collective et concertée de travail[69].

L'exigence d'une concertation permet de distinguer, en fait et en droit, les situations de grève de certaines autres situations qui se présentent plutôt comme le résultat de décisions strictement individuelles de la part des salariés[70]. Dans chaque cas, c'est l'ensemble des

---

68. *Progress Brand Clothes Inc.* c. *Ledoux*, [1978] T.T. 104, 108.
69. *Strasser* c. *Roberge*, précité, note 67, p. 971. Le juge Beetz renvoie également, quant à cet élément intentionnel, à l'arrêt *Association internationale des débardeurs, sections locales 273, 1764, 1039* c. *Association des employeurs maritimes*, précité, note 66, p. 138-140. Voir aussi : *Progress Brand Clothes Inc.* c. *Ledoux*, *ibid.*
70. Exemples de situations permettant de constater la concertation et de conclure à la grève : *Syndicat canadien de la fonction publique, section locale 301* c. *Montréal (Ville)*, précité, note 48 – refus de travail en surtemps ; *Association internationale des débardeurs, sections locales 273, 1764, 1039* c. *Association des employés maritimes*, précité, note 66 – refus de franchir un piquet de grève ;

circonstances qui révélera l'existence ou l'absence d'une intention collective[71]. Un vote de grève ou l'adoption d'une résolution de grève par le syndicat sont généralement des indices significatifs, encore que les faits ultérieurs puissent révéler une réalité différente[72]. De même, la grève peut survenir sans une manifestation d'intention aussi expresse[73]. La présence ou l'absence des manifestations qui accompagnent usuellement un état de grève, tel un piquet de grève, peut aussi être significative[74]. Le constat d'une absence de concertation entre les salariés obligera à conclure à une interruption de travail qui ne constitue pas une grève et que le *Code du travail* n'empêche pas légalement, comme il le précise lui-même (art. 110, al. 2 C.t.).

III- LE LOCK-OUT

668 – *Caractéristiques* – Le lock-out représente en quelque sorte la contrepartie patronale à la grève. Le paragraphe 1h) de l'article 1 C.t. le définit comme « le refus par un employeur de fournir du travail à un groupe de salariés à son emploi en vue de les contraindre à accepter certaines conditions de travail ou de contraindre pareillement des salariés d'un autre employeur ».

Comme la grève, le lock-out implique une cessation de travail par les salariés, mais, cette fois, par décision de l'employeur. Il peut aussi être total ou partiel, en ce sens qu'il peut ne viser qu'une partie des salariés compris dans une unité de négociation[75]. Contrairement à celle de la grève, la définition donnée par le législateur au lock-out contient en elle-même un élément de finalité en ce que l'arrêt de

---

Québec (Société de transport de la Communauté urbaine de) c. *Syndicat des employés du transport public du Québec métropolitain Inc.*, D.T.E. 94T-1149 (C.S.E.) – exercice concerté et simultané d'un droit d'absence pour aller voter ; *Hôpital Ste-Justine* c. *Charbonneau*, [1976] C.S. 477 – démission collective.

71. *Québec (Société de transport de la Communauté urbaine de)* c. *Syndicat des employés du transport public du Québec métropolitain Inc.*, *ibid.* ; *Blais* c. *Nadeau*, [1971] T.T. 176 ; *Sobey's Québec inc.* c. *Travailleuses et travailleurs unis de l'alimentation et du commerce, section locale 501*, D.T.E. 2003T-899 (C.R.T.) ; *Syndicat des travailleurs de Cédrico (CSN)* c. *Bois d'œuvre Cédrico Inc.*, D.T.E. 2011T-761 (C.A.) – l'arbitre de griefs a rendu une décision déraisonnable en concluant que l'absence sans autorisation de quatre salariés constituait l'exercice d'un droit de grève.

72. *Syndicat des travailleurs industriels du Québec* c. *Syndicat des employés des produits Lionel Inc. (C.S.N.)*, [1978] T.T. 408.

73. Exemple : *Robillard* c. *Lebrun*, [1976] T.T. 53.

74. *Progress Brand Clothes Inc.* c. *Ledoux*, précité, note 68.

75. *Bédard* c. *Cie Paquet Ltée*, [1978] T.T. 5.

travail décrété par l'employeur doit, pour constituer un lock-out, viser à contraindre des salariés à accepter certaines conditions de travail, qu'il s'agisse de celles qui ont déjà cours ou de nouvelles[76]. L'appréciation de l'objectif poursuivi par le geste de l'employeur dépend de l'ensemble des circonstances[77]. En particulier, on pourra distinguer une fermeture de l'entreprise pour une durée indéterminée liée à l'acceptation éventuelle de certaines conditions de travail par les salariés comme condition, expresse ou implicite, de reprise des activités, d'une part, et une fermeture irrévocable et légitime malgré sa motivation antisyndicale, d'autre part[78].

669 – *Acquisition du droit* – Selon l'article 109 C.t., l'employeur acquiert le droit au lock-out en même temps que le syndicat acquiert celui de faire la grève. L'employeur peut donc normalement prendre l'initiative de la pression économique en déclenchant le lock-out après l'expiration du délai de l'article 58 C.t., dès qu'il le juge oppor-

---

76. *Asselin* c. *Trachy*, [1982] C.A. 101 ; *Projectionnistes de vues animées de Montréal de l'Alliance internationale des employés de théâtre et des opérateurs de machines à vues animées, local 262* c. *Cinéma international Canada Ltée*, D.T.E. 85T-191 (T.T.). Dans *Syndicat des travailleuses et travailleurs d'Épiciers unis Métro-Richelieu* c. *Épiciers unis Métro-Richelieu Inc.*, [1997] R.J.Q. 969 (C.S.), le lock-out visait à maintenir la fermeture d'un service jugée contraire à la convention collective par un arbitre et à échapper à l'application de la sentence arbitrale. Comparer : *Syndicat des employés de salaisons de Princeville Inc.* c. *Coopérative fédérée de Québec*, [1976] R.D.T. 89 (C.S.) – cessation d'activités sans rapport avec la détermination des conditions de travail. Cette réalité peut survenir avant même que le processus de négociation soit entamé, en riposte, par exemple, à une demande d'accréditation : *Béchard* c. *Lauzé*, [1975] T.T. 102 ; *Cauchon* c. *J.D. Chevrolet Oldsmobile Ltée*, [1968] R.D.T. 183 (C.R.T.) ; *White Birch Paper Holding Company (Arrangement relatif à)*, 2011 QCCS 7304 – si la mesure prise par l'employeur (fermeture de l'usine) ne vise pas impérativement à forcer les travailleurs à signer une nouvelle entente, alors il ne peut s'agir d'un lock-out.

77. *Asselin* c. *Trachy*, *ibid.*

78. Conclusion de lock-out : *T.A.S. Communications* c. *Thériault*, [1985] T.T. 271. Absence de lock-out : *Syndicat des employés de salaisons de Princeville Inc.* c. *Coopérative fédérée de Québec*, précité, note 76 – fermeture à la suite d'un ralentissement de travail des salariés. Voir aussi, sur le droit de l'employeur de fermer définitivement son entreprise : *City Buick Pontiac (Montréal) Inc.* c. *Roy*, [1981] T.T. 22 – fermeture définitive ; *Caya* c. *1641-9749 Québec Inc.*, D.T.E. 85T-242 (T.T.) – fermeture définitive. Confirmé par *A.I.E.S.T., local de scène nº 56* c. *Société de la Place des Arts de Montréal*, [2004] 1 R.C.S. 43. Voir également *Desbiens* c. *Compagnie Wal-Mart du Canada*, 2009 CSC 55 – un employeur n'a pas le fardeau de démontrer que sa fermeture ne constitue pas un subterfuge. À distinguer avec la situation où l'employeur cesse ses activités dans un établissement alors qu'il les a continuées dans une nouvelle succursale : *Syndicat des employées et employés des magasins Zellers d'Alma et de Chicoutimi (CSN)* c. *Zellers Inc.*, 2009 QCCA 474.

tun. L'employeur qui déclare un lock-out doit en informer par écrit le ministre du Travail dans les 48 heures qui suivent (art. 58.1 C.t.).

670 – *Services publics* – Dans les services publics, le lock-out est totalement interdit à l'employeur lorsqu'un décret de maintien des services essentiels en cas de grève a été pris par le gouvernement conformément à l'article 111.0.17 du Code (art. 111.0.26 C.t.)[79]. Dans les autres cas, le droit au lock-out est acquis par le seul écoulement du délai prévu à l'article 58 C.t. Son exercice n'est sujet à aucun avis préalable de l'employeur. Il n'est pas lié non plus à la transmission par le syndicat de l'avis préalable de grève que lui impose l'article 111.0.23 C.t.[80].

671 – *Secteurs public et parapublic* – Parmi les employeurs des secteurs public et parapublic régis par les dispositions de la section III du chapitre V.1 du Code, ceux des établissements de santé et de services sociaux se voient interdire totalement le lock-out (art. 111.13, al. 1 C.t.).

Pour le gouvernement, ses ministères et ses organismes dont le personnel est nommé suivant la *Loi sur la fonction publique*[81], pour les commissions scolaires et pour les collèges, l'acquisition du droit au lock-out est en quelque sorte alignée sur celle du droit à la grève. Ainsi, à défaut pour les groupes d'agents de la paix mentionnés au paragraphe 4 de l'article 64 de la *Loi sur la fonction publique* d'être autorisés à faire la grève, le gouvernement ne pourra leur imposer un lock-out (art. 109 et 111.1 C.t.)[82]. De même, le gouvernement ne pourra mettre en lock-out ses fonctionnaires avant qu'une entente ou une décision du Conseil des services essentiels ait déterminé les services essentiels et la façon dont ils devront être rendus (art. 109, 111.1 et 111.15.1 à 111.15.3 C.t.)[83].

Les commissions scolaires et les collèges pourront recourir au lock-out dans les seuls cas où les associations de salariés accréditées

---

79. Quant aux conséquences de cette interdiction sur l'obligation de l'employeur de maintenir les conditions de travail, selon l'article 59 C.t., voir *Fraternité internationale des ouvriers en électricité, section locale 2365 c. Télébec Ltée*, [1993] T.T. 289.
80. Voir et transposer : *Cité de Hull c. Syndicat des employés municipaux de la Cité de Hull Inc.*, [1979] 1 R.C.S. 476. Cet arrêt fut rendu en vertu de l'article 111 C.t., maintenant abrogé. Ses motifs demeurent néanmoins pertinents au regard des dispositions de l'article 111.0.23 C.t.
81. Précitée, note 14.
82. *Loi sur la fonction publique*, précitée, note 14, art. 69, al. 1.
83. *Ibid.*, art. 69, al. 2.

sont elles-mêmes en position de déclencher légalement la grève sur avis préalable d'au moins sept jours juridiques francs, dans le cadre du régime particulier de négociation et d'exercice du droit de grève que nous avons déjà examiné. Il n'est pas nécessaire pour les commissions scolaires et les collèges d'avoir reçu des syndicats des avis d'intention de grève pour pouvoir imposer un lock-out[84]. Ces employeurs doivent cependant eux-mêmes donner un avis préalable écrit d'au moins sept jours juridiques francs au ministre du Travail et à l'autre partie, leur indiquant le moment où ils entendent recourir au lock-out (art. 111.11, al. 1 et 3 C.t.)[85].

Enfin, l'exercice du droit de lock-out des organismes gouvernementaux dont le personnel n'est pas nommé suivant la *Loi sur la fonction publique* obéit aux règles générales du *Code du travail*, ou à celles qui sont applicables aux services publics lorsqu'il s'agit de services publics, que nous avons déjà vues.

IV- LES EFFETS DE LA GRÈVE ET DU LOCK-OUT

A. L'arrêt du travail dans l'unité de négociation

672 – *Monopole du travail* – En édictant l'article 109.1 C.t., le législateur a opté pour une approche véritablement collective et syndicale des situations de grève ou de lock-out. Cette disposition législative pose le principe d'un arrêt complet du travail dans l'unité de négociation légalement en grève ou lock-outée. Elle interdit à l'employeur de remplacer les grévistes ou les salariés lock-outés par des « briseurs de grève » ou « scabs ». Elle vise ainsi à maintenir le rapport de force entre les parties, tel qu'il était au début de la phase des négocia-

---

84. *Cité de Hull* c. *Syndicat des employés municipaux de la Cité de Hull Inc.*, précité, note 80.
85. Sur le calcul de ce préavis et son renouvellement, voir *supra*, n° 657.
86. *Société de la Place des Arts de Montréal* c. *Alliance internationale des employés de scène et de théâtre, du cinéma, des métiers connexes et des artistes des États-Unis et du Canada, local de scène n° 56*, D.T.E. 2001T-1025 (C.A.), par. 101 ; infirmé par la Cour suprême pour un motif indépendant de cet énoncé de principe : *A.I.E.S.T., local de scène n° 56* c. *Société de la Place des Arts de Montréal*, précité, note 78 ; *Guérard* c. *Groupe I.P.A. pièces d'auto Ltée*, [1984] C.A. 327 ; *Syndicat des travailleuses et travailleurs du Château Mont Sainte-Anne (CSN)* et *Château Mont Saint-Anne inc.*, 2011 QCCRT 0302 – l'utilisation d'un cadre engagé postérieurement à l'avis de négociation afin d'accomplir des tâches des salariés couverts par l'unité de négociation, en situation de lock-out, rompt l'équilibre des rapports de force entre les parties et cause un préjudice au syndicat de même qu'aux salariés qu'il représente.

tions[86]. Il est à noter que le Québec et la Colombie-Britannique sont les seules provinces disposant de telles dispositions anti-briseurs de grève[87] et que les relations de travail couvertes par le *Code canadien du travail* ne comportent pas d'équivalent[88].

S'il s'agit d'une grève, les diverses interdictions formulées à l'article 109.1 C.t. n'ont effet qu'à la condition que cette grève ait cours légalement, en conformité avec les dispositions pertinentes du *Code du travail*[89]. Elles valent par ailleurs dans tous les cas de lock-out. Ces prohibitions visent l'utilisation des salariés compris dans l'unité de négociation en grève ou en lock-out, celle d'autres employés de l'entreprise et celle des services d'un entrepreneur ou des employés d'un autre employeur.

1. L'utilisation des services des salariés en grève ou en lock-out

673 – *Interdiction et exceptions* – Quant aux salariés compris dans l'unité de négociation en grève ou en lock-out, il est interdit d'utiliser leurs services dans l'établissement où a lieu la grève ou le lock-out[90], sous réserve de l'une ou l'autre des conditions suivantes :

---

87. Québec : *Code du travail*, RLRQ, c. C-27, art. 109.1 à 109.4 ; Colombie-Britannique : *Labour Relations Code*, R.S.B.C. 1996, ch. 244, art. 68.

88. Le paragraphe 94(2.1) du *Code canadien du travail*, L.R.C. (1985), ch. L-2, interdit toutefois, de façon générale, à tout employeur d'utiliser, « dans le but établi de miner la capacité de représentation d'un syndicat plutôt que pour atteindre des objectifs légitimes de négociation », les services de toute personne qui n'était pas un employé de l'unité de négociation au moment de la grève ou du lock-out. L'employeur peut donc tout de même utiliser des travailleurs de remplacement s'il ne vise pas par là à miner la capacité de représentation du syndicat et dans la mesure où cela vise plutôt l'atteinte d'objectifs légitimes de négociations, ce qui est moins contraignant que les dispositions provinciales précédemment énumérées.

89. Le jugement majoritaire de la Cour d'appel dans *Union des employées et employés de service, section locale 800* c. *Farbec Inc.*, précité, note 23, signale que la seule inobservation de l'article 20.2 C.t., relatif au vote de grève, ne suffit pas à empêcher l'application de l'article 109.1 C.t., l'article 20.4 C.t. prévoyant qu'une telle irrégularité ne donne ouverture qu'à l'application des dispositions pénales.

90. Exemples : *Beaulieu* c. *Produits hydrauliques de Varennes Inc.*, [1987] T.T. 140 ; *Herbute* c. *Caisse d'économie des policiers de la Communauté urbaine de Montréal*, D.T.E. 88T-1066 (T.T.) ; *Syndicat des travailleuses et travailleurs de l'Hôtel Méridien de Montréal (C.S.N.)* c. *Société des hôtels Méridien (Canada) Ltée*, D.T.E. 90T-979 (C.S.) ; *Syndicat national des opérateurs de radio et de téléphone de Sherbrooke* c. *Taxis de Sherbrooke inc.*, D.T.E. 2006T-382 (C.R.T.) ; *Al Malck* c. *Université McGill*, 2008 QCCRT 418.

– qu'une entente soit intervenue à cet effet entre les parties et dans la mesure où elle y pourvoit (art. 109.1c)(i) C.t.)[91] ;

– qu'une liste de services essentiels ait été produite suivant l'article 111.0.18 C.t. (services publics) ou produite et approuvée par la C.R.T. suivant la section III du chapitre V.1 du Code (établissements des affaires sociales) et dans la mesure où elle y pourvoit (art. 109.1c)(ii) C.t.)[92] ;

– qu'un décret ait été pris par le gouvernement en vertu de l'article 111.0.24 C.t., dans un service public (art. 109.1c)(iii) C.t.).

2. L'utilisation des services d'autres employés de l'employeur

674 – *Principe et limites* – Dans tous les cas, il doit d'abord s'agir, vu le paragraphe 109.1a) C.t., d'une personne qui a été engagée avant le jour du début de la phase des négociations (art. 53 C.t.)[93]. La Cour d'appel a décidé que la notion de « personne » présente dans cette disposition ne comprend que les seules personnes physiques et ne peut conséquemment avoir pour effet d'interdire à l'employeur de contracter avec une personne morale, après le début de la phase des négociations, en vue de faire exécuter par les salariés de cette dernière le travail de ses propres employés en grève ou en lock-out[94]. La prohibition, lorsqu'elle porte, est absolue. Elle empêche même de procéder au remplacement, pour des motifs imprévisibles, d'employés qui étaient déjà en place au début de la phase des négociations[95]. Par contre, la personne réellement embauchée en temps opportun peut être légalement autorisée à travailler même si sa prestation de

---

91. Dans un établissement de santé ou de services sociaux, cette entente doit avoir été approuvée par le Conseil des services essentiels. Sauf ce cas, la Loi n'exige pas que l'entente soit constatée par écrit. Elle pourrait aussi être implicite, se déduisant des circonstances, par exemple, du maintien de certaines activités par le syndicat et de leur acceptation par l'employeur.
92. *Hydro-Québec* c. *Conseil des services essentiels*, précité, note 31.
93. *Syndicat national catholique des employés des institutions religieuses de St-Hyacinthe Inc.* c. *Laliberté et Associés Inc.*, D.T.E. 96T-1316 (T.T.).
94. *Travailleurs unis du pétrole (local 2)* c. *Shell Canada Ltée*, D.T.E. 83T-3 (C.A.). Cette interprétation du mot « personne » est à l'origine de l'adoption des dispositions que l'on trouve maintenant au paragraphe b) du même article et qui visent expressément l'utilisation des services d'une personne morale, d'un entrepreneur indépendant ou des employés d'un tiers.
95. *Guérard* c. *Groupe I.P.A. Pièces d'auto Ltée*, précité, note 86 ; *Syndicat des travailleuses en CPE, région Laurentides (CSN)* c. *CPE Le Petit Équipage*, 2008 QCCRT 0090.

travail ne commence qu'à une date ultérieure[96]. La notion d'embauche utilisée par le législateur sous-entend que les services d'une personne sont retenus contre rémunération. Le véritable bénévolat ne tombe donc pas sous le coup de la prohibition[97]. À cet égard, il faut noter que la jurisprudence considère que l'utilisation de bénévoles doit être traitée comme une exception aux dispositions anti-briseurs de grève[98].

S'il s'agit de salariés au sens du *Code du travail*, leurs services ne pourront être substitués à ceux des salariés en grève ou en lock-out qu'à l'extérieur de l'établissement touché par cette grève ou ce lock-out, peu importe que ces salariés soient habituellement employés dans cet établissement (art. 109.1g) C.t.)[99] ou dans un autre établissement de l'employeur (art. 109.1e) C.t.). Quant aux employés-cadres, visés par l'article 109.1f) C.t., l'employeur ne peut utiliser les services que de ceux qui font déjà partie de l'établissement où la grève

---

96. *Union des employées et employés de service, section locale 800 c. Club de golf St-Laurent (1992) inc.*, D.T.E. 2003T-22 (T.T.) ; *Syndicat national des travailleurs et travailleuses de l'automobile, de l'aérospatiale et de l'outillage agricole du Canada (T.C.A.-Canada) c. Montupet Ltée*, D.T.E. 91T-830 (T.T.). Serait par ailleurs manifestement illégitime une rétention de services suspendue à l'éventualité du fait même d'une grève ou d'un lock-out : voir *infra*, note 677.

97. *Syndicat des employés professionnels et de bureau, section locale 57, (U.I.E.P.B.) C.T.C.-F.T.Q. c. Caisse populaire St-Charles Garnier*, [1987] R.J.Q. 979 (C.A.) ; *Syndicat de l'alimentation au détail de Montréal (C.S.N.) c. Marché Bernard Lemay Inc.*, D.T.E. 87T-979 (C.S.) ; *Syndicat des travailleuses et travailleurs de Volailles Marvid (C.S.N.) c. Volailles Marvid Canada inc.*, D.T.E. 2005T-29 (C.R.T.). Voir aussi pour le rejet d'une défense de bénévolat : *Union des employées et employés de service, section locale 800 c. Club de golf St-Laurent (1992) inc.*, D.T.E. 2002T-852 (C.S.) ; *Travailleuses et travailleurs unis de l'alimentation et du commerce, section locale 503 c. 9098-6498 Québec inc. (Petit Manoir du Casino)*, D.T.E. 2006T-487 (C.R.T.) ; *Syndicat des travailleuses et travailleurs des Four Points Sheraton Centre-ville – CSN c. 3794873 Canada Ltée (Four Points by Sheraton Montréal Centre-ville)*, 2008 QCCRT 0403 – est un véritable bénévole en l'espèce la personne qui, sans avoir un intérêt quelconque à le faire, fournit une prestation de travail de manière gratuite afin d'aider un employé avec lequel il a un lien de parenté.

98. *Syndicat des travailleuses et travailleurs du Four Points Sheraton Centre-ville – CSN c. 3794873 Canada Ltée (Four Points by Sheraton Montréal Centre-ville)*, précité, note 97 ; *Syndicat des travailleuses et des travailleurs du Repos St-François-d'Assise – CSN et Repos St-François-d'Assise*, 2011 QCCRT 0266 – le recours à des bénévoles n'est pas prohibé par le Code. Néanmoins, il doit être considéré comme une exception aux dispositions anti-briseurs de grève. De surcroît, il est important de distinguer les vrais des faux bénévoles.

99. Exemple : *Syndicat des employés(es) professionnels(les) et de bureau, section locale 57, S.E.P.B., U.I.E.P.B., C.T.C.-F.T.Q. c. Caisse d'économie des policiers de la Communauté urbaine de Montréal*, D.T.E. 88T-614 (C.S.) ; *Syndicat national des opérateurs de radio et de téléphone de Sherbrooke c. Taxis de Sherbrooke inc.*, précité, note 90.

ou le lock-out a été déclaré, ou d'un autre établissement dans lequel se trouvent des salariés compris dans l'unité de négociation en grève ou en lock-out.

3. L'utilisation des services d'un entrepreneur ou des employés d'un autre employeur

675 – *Sous-traitance hors de l'établissement* – Le paragraphe 109.1b) C.t. laisse à l'employeur la faculté d'utiliser les services d'un entrepreneur ou des employés d'un autre employeur pour faire remplir les fonctions des salariés en grève ou en lock-out, à la condition toutefois que le travail ne soit pas exécuté dans l'établissement même où la grève ou le lock-out a été déclaré[100]. Force est de constater à cet égard le déséquilibre créé par le Code entre les situations respectives de l'employeur qui peut faire exécuter le travail ailleurs et celui qui ne le peut pas en raison même de la nature du travail. Dans les cas où il est permis, par l'effet du paragraphe 109.1b) C.t., un contrat de sous-traitance n'est pas soumis à l'exigence d'avoir été conclu avant le début de la phase des négociations[101]. Par ailleurs, il est important de garder à l'esprit que la possibilité laissée par le paragraphe 109.1b) C.t. de recourir à la sous-traitance peut s'avérer, en pratique, une faveur douteuse pour le sous-traitant, s'il s'agit d'un employeur qui fait exécuter le travail par ses salariés. L'application de l'article 45 C.t. pourrait, en effet, transporter chez le nouvel employeur le dossier de la négociation et l'état de grève ou de lock-out qui le touche, le cas échéant[102].

---

100. *Syndicat des travailleuses et travailleurs de Volailles Marvid (C.S.N.)* c. *Volailles Marvid Canada inc.*, précité, note 97 – cas des rabbins travaillant pour un autre employeur ou à titre d'entrepreneurs ; *Syndicat canadien des communications, de l'énergie et du papier (SCEP)* c. *Aréna des Canadiens inc. (Centre Molson inc.)*, D.T.E. 2007T-307 (C.R.T.) (requête en révision judiciaire continuée *sine die* et requête en rejet d'action continuée *sine die* (C.S., 2007-03-16), n⁰ 500-17-035122-079) ; *Syndicat canadien de la fonction publique, section locale 1450* c. *Journal de Québec*, D.T.E. 2011T-612 (C.A.), par. 7 – selon la Cour d'appel, le paragraphe b) de l'art. 109.1 C.tr. permet ou tolère que l'employeur fasse exécuter la tâche des salariés en arrêt de travail par des personnes employées par un tiers ou par un entrepreneur. Il y a cependant une condition à cette permission ou tolérance : le travail exécuté par les employés du tiers ou par l'entrepreneur ne doit pas l'être « dans l'établissement où la grève ou le lock-out a été déclaré ».

101. Voir *supra*, n⁰ 674 et plus particulièrement *Travailleurs unis du pétrole (local 2)* c. *Shell Canada Ltée*, précité, note 94.

102. Voir, à ce sujet : *Syndicat national catholique des employés des institutions religieuses de St-Hyacinthe Inc.* c. *Laliberté et Associés Inc.*, précité, note 93 ; *Gestion P.F.L. Inc.* c. *Syndicat national du lait Inc.*, D.T.E. 83T-198 (T.T.). Voir aussi, *supra*, Titre II, chapitre 4, n⁰ˢ 592-593.

676 – *Synthèse* – La marge de manœuvre laissée à l'entreprise par l'article 109.1 du Code pour remplacer les salariés en grève ou en lock-out peut se résumer de la façon suivante : dans l'établissement touché par la grève ou le lock-out, l'employeur pourra utiliser les seuls services des cadres de cet établissement ou d'un autre établissement auquel appartiennent des salariés de l'unité de négociation en grève ou en lock-out, à la condition que ces cadres aient été embauchés avant le début de la phase des négociations ; hors de cet établissement, il pourra recourir aux services soit d'un salarié de l'entreprise embauché avant le début de la phase de négociation et qui n'est pas compris dans l'unité de négociation en grève ou en lock-out, soit d'un cadre de l'entreprise embauché avant le début de la phase de négociation, soit enfin d'un entrepreneur ou des employés d'un autre employeur.

677 – *Utilisation des services d'une personne : précisions* – La notion d'utilisation des services d'une personne « connote l'idée d'un acte positif par l'utilisateur »[103]. Ne bénéficier qu'indirectement, à son insu ou passivement, des services de quiconque ne tombe pas sous le coup d'une prohibition par l'article 109.1 C.t.[104]. La jurisprudence a également reconnu qu'il existe une différence substantielle entre le fait d'utiliser « le produit du travail » effectué par quelqu'un d'autre sous la direction et au bénéfice de son employeur, et le fait d'utiliser « les services d'une personne à l'emploi d'un autre employeur »[105]. La sanction de la prohibition d'utiliser les services d'une personne pour remplir les fonctions d'un salarié en grève ou « lock-outé » ne suppose pas que cette personne remplisse toutes les fonctions du salarié absent[106]. On a aussi jugé que le seul fait de retenir la disponibilité

---

103. *A.I.E.S.T., local de scène n° 56* c. *Société de la Place des Arts de Montréal*, précité, note 78, par. 27.

104. *Ibid.* ; *Union internationale des travailleurs et travailleuses unis de l'alimentation et du commerce, section locale 486* c. *Tassé*, D.T.E. 97T-113 (T.T.) ; *Syndicat des techniciens d'Hydro-Québec, section locale 957 (S.C.F.P.-F.T.Q.)* c. *Hydro-Québec*, précité, note 31. L'article 109.1b) n'interdit pas à l'employeur de cesser définitivement et véritablement une activité : *A.I.E.S.T., local de scène n° 56* c. *Société de la Place des Arts de Montréal*, précité, note 78, par. 28-33.

105. *Syndicat des travailleurs de l'information du Journal de Montréal (CSN)* c. *Journal de Montréal*, D.T.E. 2010-639 (C.A.) – en l'espèce, il s'agit de la publication de textes et de photographies par l'intermédiaire d'une agence de presse. Dans l'affaire *Syndicat canadien de la fonction publique, section locale 1450* c. *Journal de Québec*, précité, note 100, la Cour d'appel a également précisé que la condition imposée par l'article 109.1b) C.t. signifie que le travail de remplacement ne doit pas, durant le lock-out, être effectué dans le lieu précis où l'employeur a théoriquement verrouillé les portes.

106. *Charbonneau (Travailleurs unis du pétrole du Canada, local 1)* c. *Soucy*, [1980] T.T. 184.

d'une personne, contre rémunération, en vue de remplir au besoin les fonctions d'un salarié en grève, constituait une contravention au paragraphe 109.1a) C.t.[107].

678 – *Établissement* – Le législateur a introduit dans les paragraphes b) à g) de l'article 109.1 C.t. la notion d'« établissement », sans la définir. Le sens à donner à ce terme présente pourtant un intérêt manifeste au regard de la possibilité laissée à l'employeur (ou de l'interdiction qui lui est faite) d'utiliser les services d'employés-cadres ou d'autres salariés que ceux de l'unité de négociation en grève ou en lock-out, selon leur établissement d'appartenance et celui de l'exécution du travail, ainsi que nous l'avons vu.

La notion d'établissement se distingue d'abord de celle d'entreprise, telle que déjà définie par la jurisprudence. L'établissement correspond à un fractionnement physique de l'entreprise, encore que la seule localisation des opérations d'une entreprise dans des endroits différents, tels des édifices distincts, ne suffise pas à conclure à l'existence d'autant d'établissements. Le critère de la localisation doit être complété par la constatation d'une certaine unité d'activités et de gestion pour reconnaître un établissement[108]. En somme, l'établissement peut se définir comme un endroit, physiquement distinct d'autres, où l'employeur poursuit les activités de son entreprise ou une partie de ces activités sous une certaine unité de gestion[109]. Un examen attentif de l'organisation et du fonctionnement de l'entreprise s'imposera donc normalement dans chaque cas pour conclure à l'existence d'un seul établissement ou de plusieurs établissements distincts[110].

---

107.   *Charbonneau (Travailleurs unis du pétrole, local 1)* c. *Shell Canada Limitée*, [1980] T.T. 327. Voir aussi *Syndicat national des travailleurs et travailleuses de l'automobile, de l'aérospatiale et de l'outillage agricole du Canada (T.C.A.-Canada)* c. *Montupet Ltée*, précité, note 96.

108.   *Teamsters / Conférence des communications graphiques, section locale 41M* et *Gazette (The), une division de PostMedia Network Inc.*, 2011 QCCRT 0424 – en l'espèce, l'employeur exerce des activités qui sont distinctes, bien qu'elles soient complémentaires et nécessaires pour atteindre les objectifs de l'entreprise. Cela permet de conclure que les deux adresses sont celles d'établissements distincts.

109.   *Syndicat des travailleuses et travailleurs de Distribution Multi-marques Laval (C.S.N.)* c. *Multi-marques Distribution inc.*, D.T.E. 2003T-898 (C.R.T.), par. 43-58.

110.   Voir, empruntant cette approche, mais arrivant à des conclusions différentes : *Syndicat des travailleurs en communication du Canada, section locale 81* c. *Télébec Ltée*, [1986] T.T. 29, 32 ; *Syndicat des travailleurs en communication du Canada, section locale 81 (F.T.Q.)* c. *Télébec Ltée*, D.T.E. 85T-951 (C.S.). Voir aussi : *Syndicat des travailleurs et travailleuses de la Société des alcools du Québec* c. *Société des alcools du Québec*, [1991] R.J.Q. 112 (C.S.) ; *Syndicat*

679 – *Tempéraments* – Deux règles particulières tempèrent l'application des mesures anti-briseurs de grève. D'abord, l'article 109.2 C.t. exempte l'employeur de l'application de l'article 109.1 C.t. dans la mesure où cela est nécessaire pour assurer le respect d'une entente intervenue avec le syndicat accrédité quant à l'utilisation des services de certaines personnes pendant la grève ou le lock-out, ou le respect, dans les services publics, d'une liste syndicale sur le maintien des services essentiels ou d'un décret de suspension du droit de grève. L'article 109.3 C.t. se présente, de son côté, comme une mesure conservatoire de la propriété de l'employeur. Il autorise ce dernier à prendre les moyens nécessaires pour éviter la destruction ou la détérioration grave de ses biens meubles ou immeubles. Son deuxième alinéa interdit toutefois clairement l'utilisation de moyens pour permettre la continuation de la production de biens ou de services autrement interdite[111].

680 – *Enquête* – L'application des dispositions des articles 109.1 à 109.3 C.t. est sujette à vérification par un enquêteur que le ministre du Travail peut désigner à sa discrétion, sur demande à cet effet de tout intéressé (art. 109.4 C.t.)[112]. Cependant, il faut remarquer que la C.R.T. n'est aucunement liée par le rapport de l'enquêteur désigné par le ministère du Travail[113]. En outre, le président de la C.R.T. pourrait aussi charger un agent de relations du travail d'une semblable enquête, hors des services publics et des secteurs public et parapublic (art. 114, al. 1 et 137.48, al. 1c) et al. 2 C.t.).

681 – *Infraction* – La personne qui accepte illégalement de remplir les fonctions d'un salarié en grève, contrairement aux dispositions de la Loi, devient partie à l'infraction commise par l'employeur qui utilise ses services, selon l'article 145 C.t.[114]. L'infraction à l'article 109.1 C.t. est de responsabilité stricte ; une fois son élément matériel prouvé hors de tout doute raisonnable, l'intimé doit lui-même prou-

---

des *techniciens d'Hydro-Québec, section locale 957 (S.C.F.P.-F.T.Q.)* c. *Hydro-Québec*, précité, note 31.

111. *Syndicat national des travailleurs et travailleuses de l'automobile, de l'aérospatiale et de l'outillage agricole du Canada (T.C.A.-Canada)* c. *Montupet Ltée*, précité, note 96.

112. *Menasco Canada Ltée* c. *Laberge*, D.T.E. 85T-486 (C.S.) ; *Syndicat des travailleurs en communication du Canada, section locale 81 (F.T.Q.)* c. *Télébec Ltée*, précité, note 110.

113. *Syndicat national des travailleurs et travailleuses de l'automobile, de l'aérospatiale et de l'outillage agricole du Canada (T.C.A.-Canada)* c. *Montupet Ltée*, précité, note 96.

114. *Charbonneau (Travailleurs unis du pétrole du Canada, local 1)* c. *Soucy*, précité, note 106.

ver, pour se disculper, qu'il a agi avec une diligence raisonnable pour éviter la perpétration de l'infraction[115]. De fortes amendes ont été imposées aux contrevenants trouvés sans excuse[116].

682 – *Résiliation de contrat entre employeurs* – Dans un autre ordre d'idées, quant aux effets possibles d'une grève ou d'un lock-out, il faut signaler que les tribunaux ont reconnu le caractère licite de dispositions contractuelles qui prévoient la résiliation d'un contrat de service entre deux entreprises en cas de suspension du service pour cause de grève ou de lock-out[117].

B. Le maintien du lien d'emploi

683 – *Énoncé déclaratoire* – L'effet naturel et immédiat de la grève ou du lock-out est d'interrompre l'obligation de l'employeur de fournir le travail aux salariés concernés et de leur verser leur salaire[118]. L'article 110, al. 1 C.t. prévoit toutefois que personne ne cesse d'être un salarié pour l'unique raison qu'il a cessé de travailler par suite de grève ou de lock-out.

Dans l'affaire *Vandal*, on avait d'abord interprété l'article 110, al. 1 C.t. comme interdisant purement et simplement à l'employeur d'invoquer comme motif de congédiement d'un salarié le fait d'avoir participé à une grève, même illégale[119].

Par la suite, dans *Commercial Photo Service Inc.*, la juridiction du travail arriva, au contraire, à la conclusion que l'article 110 C.t. ne constituait pas une disposition prohibitive à l'endroit de l'employeur,

---

115. *Union internationale des travailleurs et travailleuses unis de l'alimentation et du commerce, section locale 486 c. Tassé*, précité, note 104 ; *Syndicat des techniciens d'Hydro-Québec, section locale 957 (S.C.F.P.-F.T.Q.) c. Hydro-Québec*, précité, note 31 ; *Thibault c. Menasco Canada Ltée*, D.T.E. 86T-321 (T.T.).

116. *Charbonneau (Travailleurs unis du pétrole, local 1) c. Shell Canada Limitée*, précité, note 107 – amendes totalisant 40 000 $; *Charbonneau (Travailleurs unis du pétrole, local 1) c. Soucy*, précité, note 106 – amende de 5 000 $.

117. *Autobus Terrebonne Inc. c. Commission scolaire des Manoirs*, [1986] R.J.Q. 1053 (C.S.) ; *Autobus Caron & Laurin Ltée c. Commission scolaire du Long-Sault*, C.S. Terrebonne, n° 700-05-001425-838, 28 novembre 1983.

118. *Syndicat canadien des communications, de l'énergie et du papier, section locale 145 c. Gazette (The), une division de Southam Inc.*, [2000] R.J.Q. 24 (C.A.). Quant aux obligations qui ne sont pas la contrepartie immédiate de l'exécution de travail, comme le paiement d'une prestation de décès ou une indemnité de licenciement en cas de fermeture de l'entreprise, comparer : *McGavin Toastmaster Limited c. Ainscough*, [1976] 1 R.C.S. 718 et *Syndicat des employés de Daily Freight (C.S.N.) c. Imbeau*, D.T.E. 2003T-213 (C.A.).

119. *Vandal c. Ambulance Paul-Georges Godin Ltée*, [1976] T.T. 41.

mais simplement une disposition de nature interprétative se limitant à déclarer que la grève et le lock-out, sans égard à leur légalité, n'ont pas pour effet de mettre fin automatiquement au lien d'emploi[120]. La disposition n'interdisait donc pas à l'employeur de congédier un salarié pour sa participation à une grève illégale. Cette interprétation est celle qu'a retenue la Cour d'appel[121]. C'est en décidant d'apprécier la sévérité de la sanction imposée pour décider s'il y avait une cause juste et suffisante de congédiement au sens de l'article 17 du Code, plutôt que de se limiter à vérifier si la grève illégale constituait le motif véritable de la sanction et non un prétexte, que la juridiction du travail avait excédé sa compétence en l'espèce, de l'avis des tribunaux supérieurs[122]. On aurait pu craindre qu'il en résulte un certain automatisme dans la justification d'un congédiement du seul fait de la participation du salarié à un arrêt illégal de travail. Cependant, la Cour d'appel a refusé par la suite d'annuler des jugements qui avaient conclu que l'employeur avait utilisé comme pur prétexte une action de grève illégale pour congédier des salariés, son véritable motif étant leur activité syndicale par ailleurs légitime[123]. Vue en fonction des dispositions du *Code du travail*, la participation à une grève illégale constitue donc une faute susceptible de justifier légalement le congédiement du salarié, mais dans la seule mesure où elle s'avère en être la cause réelle et déterminante, et non qu'elle serve de prétexte.

Pour répondre à la question ainsi posée, on tiendra compte de toutes les circonstances pertinentes de chaque espèce, telles que la gravité relative du geste illégal, la justification ou non par l'employeur de l'imposition d'une sanction à certains seulement des salariés fautifs[124], la provocation délibérée par l'employeur de l'action illégale des salariés[125], la responsabilité particulière que peuvent encourir les responsables syndicaux, ou même certains salariés, du fait de leur statut ou de leur implication individuelle dans le déclenchement de l'illégalité ou sa poursuite[126].

---

120. *Commercial Photo Service Inc.* c. *Lafrance*, [1978] T.T. 8.
121. *Commercial Photo Service Inc.* c. *Lafrance*, [1978] C.A. 416.
122. *Ibid. Lafrance* c. *Commercial Photo Service Inc.*, [1980] 1 R.C.S. 536.
123. *Barrette-Chapais Ltée* c. *Brière*, D.T.E. 82T-562 (C.A.) ; *Fleury* c. *Épiciers unis Métro-Richelieu Inc.*, [1987] R.J.Q. 2034 (C.A.).
124. *Beaulieu* c. *La Fleur d'Oranger Inc.*, [1983] T.T. 112 ; *Bélanger* c. *Hôpital Notre-Dame de Ste-Croix*, D.T.E. 84T-733 (T.T.) ; *Roger Rainville & Fils Inc.* c. *Bisaillon*, [1984] T.T. 219.
125. *Compagnie Price Ltée* c. *Gagné*, T.T. Québec, n° 200-28-000017-81, 30 septembre 1981.
126. *Hôpital Royal Victoria* c. *Rudner*, D.T.E. 84T-397 (T.T.) ; *Hôpital Royal Victoria* c. *Duceppe*, D.T.E. 84T-398 (T.T.).

684 – *Recours spécifique* – L'article 110.1 C.t. affirme le droit de tout salarié qui a fait grève ou qui a été lock-outé de recouvrer son emploi, à la fin de la grève ou du lock-out, de préférence à toute autre personne, à moins que l'employeur n'ait une cause juste et suffisante de ne pas le rappeler. Le droit conféré au salarié par cet article est donc un droit de préférence[127]. Ce droit est distinct des autres que le *Code du travail* reconnaît déjà au salarié, notamment celui de l'exercice d'une activité syndicale légitime à l'abri de toute sanction de l'employeur. Ainsi, en cas de congédiement pur et simple à la fin de la grève ou du lock-out, le salarié devra plutôt déposer une plainte pour congédiement pour activité syndicale, en vertu des articles 15 et suivants du Code[128].

Le recours prévu à l'article 110.1 C.t. constitue un arbitrage *sui generis*, statutaire, qui traitera la mésentente sur le non-rappel au travail du salarié comme s'il s'agissait d'un grief[129]. Ce recours doit être exercé dans les six mois de la date à laquelle le salarié aurait dû être rappelé au travail. Il ne peut être entrepris que par une association accréditée, ce qui exclut, du même coup, que des situations de grève ou de lock-out à l'occasion d'un litige de reconnaissance syndicale, avant l'octroi de l'accréditation, y donnent ouverture. Seule subsisterait alors la protection des articles 15 et suivants et 110 C.t. Le cas échéant, l'association accréditée est tenue de respecter l'obligation légale de représentation que lui impose l'article 47.2 C.t. en traitant le recours du salarié selon l'article 110.1 C.t. ; en cas de défaut de sa part, le salarié aura le droit de réclamer le redressement spécifique prévu aux articles 47.3 et suivants C.t. (art. 110.1, al. 3 C.t.)[130].

C. La fin de la grève

685 – *Décision syndicale* – Le *Code du travail* ne prévoit aucune formalité particulière pour mettre un terme à une grève. Lorsque la

---

127.　*Cie de volailles Maxi Ltée* c. *Bolduc*, [1987] R.J.Q. 2626 (C.S.).
128.　Voir *Desjardins* c. *Classic Bookshops*, [1980] T.T. 44. On y analyse les principales caractéristiques du recours prévu à l'article 110.1 C.t., le distinguant en particulier de celui des articles 15 et s. du Code.
129.　Sur l'indépendance de ce recours par rapport au recours à l'arbitrage selon la convention collective, voir *Cie de volailles Maxi Ltée* c. *Bolduc*, précité, note 127. Une violation claire des articles 110 et 110.1 C.t. ainsi que les pouvoirs résiduels et inhérents de la Cour supérieure pourront permettre à cette dernière de prononcer une injonction interlocutoire de réintégration dans l'emploi jusqu'à l'adjudication de l'arbitre : *Syndicat des travailleuses et travailleurs de l'Auberge de la Rive (C.S.N.)* c. *Auberge de la Rive (1971) inc.*, D.T.E. 2002T-723 (C.S.).
130.　Voir *supra*, Titre II, chapitre 4, nᵒˢ 575-577.

grève conduit, comme c'est généralement le cas, à la conclusion d'une convention collective, la signature de cette dernière devra néanmoins avoir été préalablement autorisée par un vote majoritaire au scrutin secret des membres de l'association accréditée compris dans l'unité de négociation et exerçant leur droit de vote (art. 20.3 C.t.). L'envoi du différend à l'arbitrage mettra également fin à une grève en cours, normalement sans difficulté particulière[131].

À côté de ces situations courantes, qu'advient-il lorsque la volonté des salariés et celle du syndicat qui les représente divergent quant à la poursuite de la grève ? Si ce sont les salariés qui, tous ensemble, mettent fin à la grève, cette dernière cesse tout simplement d'exister[132]. La décision d'une partie seulement des salariés de l'unité de négociation de cesser de faire grève est plus problématique. L'ensemble du *Code du travail* présente, en effet, la grève comme un moyen d'action essentiellement syndical. L'exigence du vote de grève et de l'avis au ministre ainsi que, surtout, l'imposition de la cessation totale de travail associée au régime antibriseurs de grève rendent compte du caractère institutionnel de la grève. Cette dernière ne devrait donc pas prendre fin sans une décision du syndicat accrédité à cet effet[133].

---

131. Voir *supra*, Titre II, chapitre 5, n° 617.
132. *Syndicat des employés de Uniroyal (C.S.N.)* c. *Union des ouvriers du caoutchouc synthétique, local 78 de l'Union internationale des employés de distilleries, rectification, vins et industries connexes d'Amérique*, [1980] T.T. 150 ; *Union des routiers, brasseries, liqueurs douces et ouvriers de diverses industries, section locale 1999 (Teamsters)* c. *Syndicat des salariées et salariés des Vêtements Avanti inc. (C.S.N.)*, D.T.E. 2005T-413 (C.R.T.).
133. Voir, en ce sens, *Syndicat démocratique des salariés de la Scierie Leduc (C.S.D.)* c. *Daishowa Inc., division Scierie Leduc*, [1990] T.T. 71. En appel, la Cour supérieure a conclu différemment, affirmant que le retour au travail d'une majorité des salariés avait mis fin à la grève et que, de toute façon, l'incertitude de la solution juridique applicable à une telle situation devait profiter à l'accusé et justifiait son acquittement : *Daishowa Inc., division Scierie Leduc* c. *Syndicat démocratique des salariés de la Scierie Leduc (C.S.D.)*, [1990] R.J.Q. 1117 (C.S.). La Cour d'appel, à la majorité, a confirmé ce jugement, en se dissociant toutefois du premier motif de la Cour supérieure pour ne retenir que le deuxième : *Syndicat démocratique des salariés de la Scierie Leduc (C.S.D.)* c. *Daishowa Inc., division de Scierie Leduc*, [1991] R.J.Q. 2477 (C.A.). Ultérieurement, aux fins de l'application des articles 22 et 41 C.t., l'instance du travail a réaffirmé sa position selon laquelle la grève n'avait pas pris fin : *Syndicat démocratique des salariés de la Scierie Leduc* c. *Daishowa Inc., division Scierie Leduc*, [1994] T.T. 57. Voir aussi l'arrêt rendu depuis lors dans *Union des employées et employés de service, section locale 800* c. *Farbec Inc.*, précité, note 23, relativement au déclenchement légal d'une grève par une décision majoritaire des membres du syndicat.

V- LE PIQUETAGE

686 – *Phénomène* – Le piquetage ou piquet de grève se présente comme la manifestation extérieure usuelle d'un conflit de travail. S'il accompagne le plus souvent un état de grève ou de lock-out, il peut néanmoins constituer par lui-même un moyen de pression indépendant, destiné à appuyer une revendication et à accélérer la négociation. La Cour suprême décrit ainsi le piquetage dans son arrêt *Pepsi-Cola* :

> En droit du travail, le piquetage s'entend généralement de l'effort concerté de gens qui portent des affiches dans un endroit public situé dans des lieux d'affaires ou près de ceux-ci. Le piquetage comporte un élément de présence physique qui, à son tour, inclut une composante expressive. Il vise généralement deux objectifs : premièrement, communiquer des renseignements au sujet d'un conflit de travail afin d'amener d'autres travailleurs, les clients de l'employeur frappé par le conflit ou le public en général à appuyer la cause des piqueteurs ; deuxièmement, exercer des pressions sociales et économiques sur l'employeur et, souvent par voie de conséquence, sur ses fournisseurs et ses clients. [...][134]

687 – *Garantie constitutionnelle* – Le *Code du travail* ne définit aucunement le piquetage, ni ne l'encadre. Cela dit, on peut affirmer qu'il se présente de manière générale comme la manifestation extérieure d'un conflit de travail. C'est un moyen de pression pouvant être utilisé par les salariés dans le cadre des négociations collectives[135].

La Cour suprême lui reconnaît par ailleurs une justification constitutionnelle au titre de la liberté d'expression affirmée par l'alinéa 2b) de la *Charte canadienne des droits et libertés* (et par l'article 3 de la *Charte des droits et libertés de la personne*)[136]. L'arrêt *Pepsi-Cola* souligne l'importance de la liberté d'expression syndicale :

> [...] le discours syndical fait intervenir les valeurs fondamentales de la liberté d'expression et est essentiel non seulement à l'identité et à

---

134. *S.D.G.M.R., section locale 558* c. *Pepsi-Cola Canada Beverages (West) Ltd.*, précité, note 1, par. 27.

135. Les tierces personnes ne peuvent exercer ce droit en lieu et place des salariés en grève ou en lock-out, et ce, malgré la sympathie qu'elles pourraient avoir à l'égard de leur cause. Voir *Cascades Canada Inc.* c. *Syndicat national des travailleurs et travailleuses des pâtes et cartons de Jonquière (Usine pâtes) CSN-FTPF*, EYB 2005-88918 (C.S.) ; *Fonderie Saguenay Ltée* c. *Syndicat des employés de Fonderie Saguenay Ltée (CSN)*, D.T.E. 2006T-442 (C.S.).

136. RLRQ, c. C-12.

l'estime de soi des travailleurs ainsi qu'à la puissance de leur effort collectif, mais également au fonctionnement d'une société démocratique. Il ne faut pas approuver à la légère les restrictions apportées à toute forme d'expression et, en particulier, à une forme d'expression d'une telle importance.[137]

Cependant, il faut noter que cette liberté d'expression ne permet pas aux piqueteurs de faire des déclarations qui sont fausses, car elles constituent des « actes fautifs » exclus de la protection accordée par les Chartes[138].

C'est sur cette base que la Cour suprême a décidé à la même occasion d'écarter désormais toute distinction entre le piquetage primaire, sur les lieux du conflit, et le piquetage dit secondaire, c'est-à-dire dirigé contre des tiers juridiquement étrangers au différend, mais qui poursuivent des relations d'affaires avec l'employeur en grève ou en lock-out ou lui sont individuellement associés à titre de dirigeants, piquetage que la jurisprudence dominante réputait en lui-même illégal[139]. La Cour suprême retient que ce postulat d'illégalité ignorait indûment la liberté d'expression et elle pose plutôt que les règles usuelles relatives aux fautes civiles ou criminelles suffisent à encadrer le piquetage, peu importe où il a lieu :

[...] il est utile que nous examinions la portée de la règle voulant que tout piquetage soit légal en l'absence de conduite délictuelle ou criminelle. La portée d'une telle règle est vaste. Le piquetage qui contrevient au droit criminel ou qui est assorti d'un délit particulier, comme l'intrusion, la nuisance, l'intimidation, la diffamation ou les déclara-

---

137. *S.D.G.M.R., section locale 558* c. *Pepsi-Cola Canada Beverages (West) Ltd.*, précité, note 1, par. 69. Voir aussi : *T.U.A.C., section locale 1518* c. *K-Mart Canada Ltd.*, [1999] 2 R.C.S. 1083 – nullité d'une disposition législative ayant pour effet d'interdire une distribution pacifique de tracts ; *SDGMR, section locale 580* c. *Dolphin Delivery Ltd.*, [1986] 2 R.C.S. 573 ; *Syndicat canadien de la fonction publique, section locale 302* c. *Verdun (Ville de)*, [2000] R.J.Q. 356 (C.A.) ; *Gauvin* c. *Tribunal du travail*, D.T.E. 96T-749 (C.S.).

138. *Automobiles Roberge Ltée (Beauport Hyundai)* c. *Syndicat national des employés de garage du Québec (CSD)*, 2009 QCCS 2184.

139. Exemples : *Office municipal d'habitation de Montréal* c. *Syndicat canadien de la fonction publique, section locale 301*, D.T.E. 99T-195 (C.S.) ; *Journal de Montréal, division de Groupe Québécor Inc.* c. *Syndicat international des communications graphiques, section locale 41M*, D.T.E. 94T-304 (C.S.) ; *Industries de maintenance Empire Inc.* c. *Syndicat des travailleuses et travailleurs de l'entretien de la Place Ville-Marie*, D.T.E. 93T-193 (C.S.) ; *Parchemin Inc.* c. *Syndicat des employées et employés du restaurant Les Trois Arches*, D.T.E. 92T-1182 (C.S.) ; *Supermarché A. Gagnon Inc.* c. *Syndicat national des employés de l'alimentation en gros de Québec (C.S.N.)*, D.T.E. 89T-971 (C.S.).

tions inexactes, est interdit peu importe où il a lieu. Les délits particuliers connus en common law concernent la plupart des situations susceptibles de se produire lors d'un conflit de travail. En particulier, la portée des délits de nuisance et de diffamation devrait permettre d'enrayer le piquetage le plus coercitif. Les délits connus permettent également de protéger les droits de propriété. Ils permettent d'éviter l'intimidation et de protéger la liberté d'accès aux lieux privés et, par conséquent, le droit de chacun à l'utilisation de son bien. Enfin, le délit d'incitation à la rupture de contrat confère aussi une protection de base aux droits découlant des contrats ou des relations d'affaires.[140]

688 – *Responsabilité criminelle* – L'article 423 du *Code criminel* est susceptible de trouver application à l'occasion d'une activité de piquetage. Son paragraphe 2 définit et légitime le piquetage « pacifique », strictement orienté vers un but d'information :

> Ne surveille ni ne cerne, au sens du présent article, celui qui se trouve dans un lieu, notamment une maison d'habitation, ou près de ce lieu, ou qui s'en approche, à la seule fin d'obtenir ou de communiquer des renseignements.

Les piquetages vécus démontrent que le passage de l'information à la discussion plus ou moins animée et, de là, à la menace ou à la coercition s'avère souvent aussi facile que rapide[141].

689 – *Responsabilité civile* – Sur le plan civil, le piquetage soulève essentiellement une question d'équilibre entre le droit des salariés à leur liberté d'expression, d'une part, et celui de l'employeur à sa liberté de commerce et à l'usage de sa propriété, d'autre part[142]. Le piquet de grève entraîne naturellement et normalement un effet perturbateur sur les activités de l'employeur. Il ne peut néanmoins constituer une entrave restreignant l'accès à l'entreprise ou la possibilité

---

140. *S.D.G.M.R., section locale 558* c. *Pepsi-Cola Canada Beverages (West) Ltd.*, précité, note 1, par. 103. Voir également : *SITQ* c. *Syndicat des travailleuses et travailleurs de l'Hôtel Reine Elisabeth (CSN)*, 2008 QCCS 4298 ; *3794873 Canada Inc.* c. *Syndicat des travailleuses et travailleurs de l'Hôtel Reine Elisabeth*, 2008 QCCS 4564.

141. Voir et comparer à cet égard : *Canuk Lines Limited* c. *Seafarers' International Union of Canada*, [1966] C.S. 543 ; *Noranda Mines Limited* c. *United Steelworkers of America*, [1954] C.S. 24.

142. *Corp. des concessionnaires d'automobiles de la Régionale de Québec* c. *Centrale des syndicats démocratiques*, D.T.E. 2003T-833 (C.S.) ; *Automobiles Roberge Ltée (Beauport Hyundai)* c. *Syndicat national des employés de garage du Québec (CSD)*, précité, note 138.

d'en sortir[143]. Le piquet de grève ne peut, non plus, être installé sur la propriété de l'employeur ou même sur celle d'un tiers sans leur consentement[144]. Cette dernière situation peut conduire à des résultats plutôt curieux, par exemple s'il s'agit de piqueter contre un établissement situé dans un centre commercial. Ainsi, dans l'arrêt *Harrison*[145], la Cour suprême a maintenu à la majorité la condamnation à une amende, selon la loi manitobaine, d'une personne qui avait pratiqué un piquetage pacifique dans un centre commercial où son employeur exerçait son activité. Les juges majoritaires reconnurent la latitude du propriétaire des lieux de s'opposer, sans intention malicieuse, à la présence du piqueteur. La jurisprudence civile impose donc généralement le respect le plus absolu du droit de propriété et de la liberté de commerce qui s'y trouve associée[146].

Le droit à la vie privée, affirmé tant par le *Code civil du Québec* (art. 3 et 35) que par la *Charte des droits et libertés de la personne* (art. 5), conditionne le droit de piquetage aux lieux de résidence des dirigeants et des cadres de l'employeur[147].

La liberté de travail a été fermement protégée par les tribunaux en l'absence d'interdiction légale d'utilisation de briseurs de grève, comme celle qu'on trouve maintenant à l'article 109.1 C.t. Abstraction faite de cette dernière dimension et des plus récents développements quant au piquetage secondaire, on trouvera une étude très exhaustive du droit de piquetage, particulièrement quant aux formes qu'il peut prendre, dans l'arrêt de la Cour d'appel, *Canadian Gypsum Co. Ltd.*[148].

---

143. *Ibid.*
144. *Université de Sherbrooke c. Syndicat des employées et employés de soutien de l'Université de Sherbrooke (SCFP 7498)*, 2011 QCCS 5400 – selon la Cour supérieure, l'état du droit au Québec interdit d'établir des piquets de grève sur la propriété privée. Ainsi, il n'y a pas lieu de déroger à cette règle.
145. *Harrison c. Carswell*, [1976] 2 R.C.S. 200.
146. Exemple : *Direct Film Inc. c. C.S.N.*, D.T.E. 82T-206 (C.S.), où la Cour prononce une injonction interlocutoire en vue d'empêcher la poursuite d'une campagne de boycottage, ponctuée d'actes illégaux, des produits et services de l'employeur, à l'occasion d'une tentative d'organisation syndicale mouvementée.
147. Voir et comparer : *Syndicat canadien de la fonction publique, section locale 302 c. Verdun (Ville de)*, précité, note 137 ; *Syndicat des communications graphiques, local 41M c. Journal de Montréal, division de Groupe Quebecor Inc.*, [1994] R.D.J. 456 (C.A.) ; *Office municipal d'habitation de Montréal c. Syndicat canadien de la fonction publique, section locale 301*, précité, note 139.
148. *Canadian Gypsum Co. Ltd. c. C.S.N.*, [1973] C.A. 1075.

VI- LES SANCTIONS

A. La sanction pénale

690 – *Code criminel* – Le *Code criminel* sanctionne les actes illégaux de piquetage (art. 423 C.cr.) et, plus exceptionnellement, certains actes de grève (art. 422, 466 et 467 C.cr.) ou de lock-out (art. 425 C.cr.).

691 – *Code du travail* – Plus couramment, une grève ou un lock-out qui contrevient aux dispositions du *Code du travail* conduira à des poursuites pénales intentées en vertu de celui-ci (art. 142 C.t.). En particulier, dans le cas d'une grève, est coupable d'une infraction quiconque la déclare, la provoque ou y participe illégalement[149]. La participation à la grève ne se limite pas au seul fait pour un salarié de prendre part à la cessation de travail ; cette notion de participation rejoint toute forme d'implication, même par omission, qui permet la réalisation de la cessation collective de travail, notamment de la part du syndicat, de ses officiers ou de ses représentants[150]. La jurisprudence est contradictoire quant à savoir si les différents termes utilisés à l'article 142 C.t. désignent chacun une infraction distincte[151].

En ce qui concerne la preuve, il y a lieu de rappeler, quant à la participation individuelle d'un salarié à une grève illégale, la règle dégagée par la Cour suprême dans l'affaire *Strasser*[152]. Selon les juges majoritaires, qui y appliquent l'arrêt *Sault Ste-Marie*[153] relativement à la notion d'infraction de responsabilité stricte, sur une plainte de participation d'un ou de plusieurs salariés à une grève illégale, le poursuivant doit mettre en preuve l'existence d'une concertation préalable pour prouver l'existence de la grève elle-même, mais il n'est pas tenu de faire la preuve de l'intention individuelle de tel ou

---

149. Sur la distinction entre le fait de déclarer une grève et celui de la provoquer, voir *Nadeau c. Rousseau*, [1990] T.T. 409.
150. *Therrien c. Gagnon*, [1990] R.J.Q. 545 (C.S.) ; *Société de transport de la Rive-Sud de Montréal c. Clericy*, [1989] T.T. 135 ; *Québec (Procureur général) c. Centrale de l'enseignement du Québec*, D.T.E. 84T-341 (T.T.) ; *Québec (Procureur général) c. Lavoie*, D.T.E. 84T-342 (T.T.) ; *Direct Film Inc. c. Syndicat des employés de magasins de Direct Film (C.S.N.)*, [1982] T.T. 234 ; *Beauchamp c. Beaudoin*, [1976] T.T. 145.
151. Réponse affirmative : *Centre Cardinal Inc. c. Union des employés de service, local 298*, [1987] T.T. 367. Réponse négative : *Manoir St-Patrice Inc. c. Union des employés de service, local 298*, [1987] T.T. 184.
152. *Strasser c. Roberge*, précité, note 67.
153. *R. c. Sault Ste-Marie*, [1978] 2 R.C.S. 1299.

tel inculpé de se joindre à la cessation collective de travail ou, en d'autres termes, de sa participation personnelle à la concertation[154].

En somme, une fois que le poursuivant a prouvé une cessation concertée de travail dans le groupe de salariés et l'absence simultanée de son travail de la part d'un salarié inculpé, il n'a pas à réfuter toute explication par laquelle le salarié pourrait éventuellement chercher à se disculper. C'est plutôt à ce dernier que cette tâche incombe alors. Un jugement de la Cour d'appel précise l'intensité de ce fardeau en tenant compte de la présomption d'innocence énoncée au paragraphe 11d) de la *Charte canadienne des droits et libertés*[155]. Ainsi, selon la Cour d'appel, le fardeau de l'accusé en serait un de présentation d'une preuve suffisante pour soulever un doute raisonnable quant à sa culpabilité, plutôt que de persuasion de son absence de participation à la concertation de grève[156].

B. La sanction civile

1. Le régime général

692 – *Règles de responsabilité* – Au plan civil, ce sont les règles générales de la responsabilité civile qui fonderont l'examen des demandes d'ordonnance ou de réparation relatives aux actes de grève, de lock-out ou de piquetage[157].

693 – *Compétence* – Il faut porter une attention particulière à l'identification de la juridiction compétente. Cette détermination est fondamentalement tributaire de la source d'illégitimité de l'acte fautif allégué. Si cette source se trouve exclusivement dans le *Code du travail*, c'est à la Commission des relations du travail qu'il faudra s'adresser[158], dans un délai raisonnable (art. 114, 118 et 119 C.t.)[159].

---

154. *Strasser* c. *Roberge*, précité, note 67, p. 977-982.
155. *Bergeron* c. *Procureur général du Québec*, [1995] R.J.Q. 2054 (C.A.).
156. *Ibid.*
157. Exemples : *Association des pompiers de Montréal Inc.* c. *Ville de Montréal*, [1983] C.A. 183 ; *Papineau et Dufour Ltée* c. *Union des bûcherons et employés de scieries, local 2399*, D.T.E. 84T-99 (C.S.).
158. Exception faite d'un service public ou des secteurs public ou parapublic pour lesquels le forum approprié était le Conseil des services essentiels : *Montréal (Ville de)* c. *Association des pompiers de Montréal inc.*, D.T.E. 2003T-472 (C.R.T.).
159. Voir *supra*, Titre II, chapitre 1, nos 416 et s. Quant à la compétence de la C.R.T. pour rendre une ordonnance, provisoire ou permanente, destinée à assurer le respect de l'article 109.1 C.t., voir *Association patronale des concessionnaires d'automobiles inc.* c. *Commission des relations du travail*, D.T.E. 2004T-137 (C.S.).

Cette dernière pourra recourir alors aux pouvoirs que lui confèrent les articles 118 et 119 C.t. pour prononcer toute ordonnance préventive ou curative appropriée ou pour octroyer des dommages-intérêts en réparation d'un préjudice subi. Si l'illégalité alléguée provient plutôt, concurremment ou exclusivement, du contenu explicite ou implicite d'une convention collective, l'arbitre de griefs sera le seul forum compétent[160]. Il reste les cas où c'est le droit civil qui prohibe l'acte fautif, la grève ou le lock-out n'en étant que l'occasion. Les piquetages illégaux entrent dans cette catégorie, de même que d'autres incidents qui peuvent marquer le conflit[161]. Le tribunal de droit commun sera alors compétent[162].

Des tiers peuvent aussi être victimes d'une action collective illégale et se trouver en position d'en réclamer réparation, particulièrement dans le cas des services public[163]. Le forum compétent serait alors le tribunal de droit commun.

En ce qui concerne le régime mis en place par le *Code du travail*, il faut noter que, d'une part, son économie générale le destine à régir les rapports entre des parties qui y sont soumises ; d'autre part, malgré l'apparente généralité de la compétence dévolue à la Commission des relations du travail par l'article 114 C.t., aucune des trois hypothèses mentionnées à son deuxième alinéa ne paraît rejoindre l'éventualité d'une demande d'un tiers étranger au régime.

2. *Les services publics et les secteurs public et parapublic*

694 – *Compétence* – Dans les services publics et dans les secteurs public et parapublic, l'illégalité de la grève et des autres moyens d'action concertée qui l'accompagnent ou qui y sont assimilables peut

---

160. *Ste-Anne Nackawic Pulp & Paper Co.* c. *Section locale 219 du Syndicat canadien des travailleurs du papier*, [1986] 1 R.C.S. 704 ; *Syndicat des employés manuels de la Ville de Québec, section locale 1638* c. *Québec (Ville de)*, [1994] R.J.Q. 1552 (C.A.) ; *Montréal (Ville de)* c. *Syndicat canadien de la fonction publique, section locale 301*, D.T.E. 2000T-1074 (C.S.).

161. Exemple : *Montréal (Ville de)* c. *Association des pompiers de Montréal Inc.*, D.T.E. 2000T-1050 (C.S.) – méfaits et actes de vandalisme commis à l'occasion d'une grève ; *Coll* c. *Syndicat des cols bleus regroupés de Montréal (SCFP 301)*, 2007 QCCS 4361 – condamnation d'un syndicat à verser près de 900 000 $ à des citoyens pour avoir bloqué illégalement des voies de circulation.

162. *Syndicat International Woodworkers of America (I.W.A. Canada), section locale 1-400* c. *Produits forestiers Coulonge inc.*, D.T.E. 2003T-1144 (C.A.).

163. Exemples : *Syndicat des postiers du Canada* c. *Santana Inc.*, [1978] C.A. 114 ; *Syndicat des employés de métier d'Hydro-Québec, section locale 1500* c. *Eastern Coated Papers Ltd.*, [1986] R.J.Q. 1895 (C.A.).

donner lieu à l'exercice des pouvoirs d'intervention et de redressement, aussi importants que variés, qui étaient dévolus au Conseil des
services essentiels (art. 114, al. 2, 119 et 111.16 à 111.20 C.t.)[164]. Ces
pouvoirs sont maintenant de la compétence de la C.R.T.

Rappelons encore une fois que, depuis le 1er octobre 2011, le
Conseil des services essentiel (ci-après le « C.S.E.) a été intégré à la
C.R.T. Dès lors, l'ensemble des dispositions du *Code du travail* qui
concernaient le C.S.E. s'applique *mutatis mutandis* à la C.R.T. Ainsi,
l'ensemble des pouvoirs et modalités reliés à l'exercice de ces pouvoirs
est dorénavant dévolu et exercé par la C.R.T.

Lorsque le Conseil des services essentiels était en activité,
sa compétence rejoignait l'ensemble des services publics ainsi que
des secteurs public et parapublic, sans égard au fait que les parties
disposaient ou non du droit de grève ou de lock-out non plus qu'à
l'obligation ou à l'absence d'obligation de maintenir des services
essentiels[165].

La Loi investissait d'abord le C.S.E. du pouvoir d'enquêter sur
tout lock-out, toute grève ou tout ralentissement d'activités qui contrevenait présumément à la Loi ou au cours duquel les services essentiels prévus n'étaient pas rendus (art. 111.16, al. 1 C.t.) ; il pouvait en
être de même à l'égard de toute action concertée autre qu'une grève
ou un ralentissement d'activités (art. 111.18 C.t.). Le Conseil pouvait
agir lui-même à titre de médiateur entre les parties ou nommer une
personne à cette fin (art. 111.16, al. 2 C.t.). Le C.S.E. vérifiait si le conflit portait préjudice ou était vraisemblablement susceptible de porter préjudice à un service auquel le public avait droit et, lorsqu'il y
avait lieu, si les services essentiels étaient rendus[166]. Cette détermi-

---

164. *Montréal (Ville de) c. Syndicat des cols bleus regroupés de Montréal (SCFP-301)*,
D.T.E. 2006T-270 (C.S.E.). Sur la constitutionnalité des pouvoirs du C.S.E. au
regard de la *Loi constitutionnelle de 1867* et des Chartes, voir *Syndicat canadien
de la Fonction publique c. Conseil des services essentiels*, [1989] R.J.Q. 2648
(C.A.).
165. *Montréal (Communauté urbaine de) c. Fraternité des policiers et policières de la
Communauté urbaine de Montréal Inc.*, [1995] R.J.Q. 2549 (C.A.) – application à
l'endroit des policiers municipaux ; *Association provinciale des enseignantes et
enseignants du Québec (A.P.E.Q.) c. Conseil des services essentiels*, D.T.E.
2002T-589 (C.A.) – enseignants non tenus de fournir des services essentiels.
166. Sur les notions de préjudice et de vraisemblance de préjudice, voir notamment :
*Laval (Société de transport de la Ville de) c. Syndicat des chauffeurs de la Société
de transport de la Ville de Laval (C.S.N.)*, précité, note 30 ; *Montréal (Ville de) c.
Association des pompiers de Montréal inc.*, D.T.E. 97T-944 (C.S.E.) ; *Corp.
d'Urgences-santé de la région de Montréal métropolitain c. Rassemblement des*

nation était au cœur de la compétence du Conseil[167]. Dans sa
démarche, le C.S.E. devait respecter la règle *audi alteram partem* à
l'endroit des personnes impliquées dans le conflit[168].

695 – *Redressement* – Lorsqu'il concluait à un préjudice ou à une vraisemblance de préjudice à un service auquel le public a droit ou que
des services essentiels n'étaient pas rendus, le C.S.E. pouvait exercer
divers pouvoirs d'ordonnance ou de réparation en vue d'assurer
le respect de la Loi, de la convention collective, d'une entente ou
d'une liste sur les services essentiels (art. 111.17 et 111.18 C.t.). Il
n'y était toutefois pas tenu et pouvait choisir, selon les circonstances,
de s'abstenir de toute intervention ou de privilégier la médiation
(art. 111.16, al. 2 C.t.)[169]. Le Conseil pouvait aussi, plutôt que de
rendre une décision, prendre acte de l'engagement d'une personne à
assurer au public le service auquel il avait droit, de respecter la Loi, la
convention collective, une entente ou une liste sur les services
essentiels (art. 111.19 C.t.).

L'intervention du C.S.E. pouvait prendre la forme d'un ordre de
la nature d'une injonction et dont le contenu apparaissait nécessaire
dans les circonstances pour assurer au public les services auxquels ce
dernier avait droit. La Cour suprême a ainsi reconnu au C.S.E. le pouvoir de suspendre temporairement l'application d'une disposition
d'une convention collective qui permettait aux salariés de refuser de
faire des heures supplémentaires et qui était utilisée de façon
concertée pour exercer un moyen de pression jugé illicite[170]. Les
ordonnances doivent néanmoins s'inscrire à l'intérieur des limites
qu'impose le respect des libertés d'association et d'expression[171].
Le paragraphe 6 de l'article 111.17, al. 2 C.t. permettait au Conseil

---

employés techniciens ambulanciers du Québec, D.T.E. 95T-297 (C.S.E.) ; *Laval
(Société de transport de la Ville de)* c. *Syndicat des chauffeurs de la Société de
transport de la Ville de Laval*, D.T.E. 93T-939 (C.S.E.).

167.   *Syndicat canadien de la fonction publique, section locale 301* c. *Montréal (Ville)*,
précité, note 48.

168.   *Syndicat national des employés de l'Institut Doréa (C.S.N.)* c. *Conseil des services essentiels*, [1987] R.J.Q. 925 (C.S.).

169.   Exemples : *Laval (Société de transport de la Ville de)* c. *Syndicat des chauffeurs
de la Société de transport de la Ville de Laval*, précité, note 166 ; *Hydro-Québec* c.
Syndicat canadien de la Fonction publique, section locale 1500, D.T.E. 88T-642
(C.S.E.).

170.   *Syndicat canadien de la fonction publique, section locale 301* c. *Montréal (Ville)*,
précité, note 48.

171.   *Montréal (Communauté urbaine de)* c. *Fraternité des policiers et policières de la
Communauté urbaine de Montréal Inc.*, précité, note 165 – annulation dans
l'espèce d'une interdiction de recourir à tout moyen de pression et à toute action
concertée, sans égard à leur légalité.

d'ordonner à *une partie* de faire connaître publiquement son intention de se conformer à une ordonnance. Un tel ordre adressé exclusivement à un dirigeant de la partie concernée demeurera donc lettre morte[172]. Cette exigence n'empêchait toutefois pas le C.S.E. de désigner lui-même la personne qui devra agir comme porte-parole de la partie à laquelle il adressait son ordonnance[173].

Le pouvoir d'intervention du C.S.E., avons-nous déjà signalé, ne lui était pas exclusif. Néanmoins, la Cour supérieure pouvait refuser d'intervenir par injonction si la partie qui s'adressait à elle n'avait pas épuisé le recours dont elle disposait auprès du Conseil[174].

Lorsqu'il y avait lieu, le C.S.E. pouvait se prévaloir des paragraphes 2 et 3 de l'article 111.17, al. 2 C.t. pour imposer une réparation, notamment pécuniaire, à la partie fautive. Une réparation pécuniaire imposée par le C.S.E. demeurait juridiquement différente des dommages-intérêts envisagés par le *Code civil du Québec* et n'excluait pas l'octroi de ces derniers par le tribunal de droit commun[175]. Le Conseil a fréquemment ordonné la constitution d'un fonds au profit d'un organisme de bénéficiaires qui avaient été lésés, selon lui, par la partie syndicale à l'occasion d'un conflit (art. 111.17, al. 2, 3° C.t.)[176]. Parfois, des travaux communautaires semblaient appropriés[177].

---

172. *Conseil des services essentiels* c. *Syndicat canadien de la fonction publique, section locale 313*, [2001] R.J.Q. 1500 (C.A.) ; *Montréal (Communauté urbaine de)* c. *Fraternité des policiers et policières de la Communauté urbaine de Montréal Inc.*, précité, note 165.

173. *Conseil des services essentiels* c. *Syndicat canadien de la fonction publique, section locale 313*, *ibid.*

174. *Syndicat du transport de Montréal* c. *Conseil des services essentiels*, D.T.E. 90T-341 (C.S.) ; *Ambulances Trudeau Inc.* c. *Rassemblement des employés techniciens ambulanciers du Québec (C.S.N.) (R.E.T.A.Q.)*, [1987] R.J.Q. 1408 (C.S.).

175. *Syndicat des employés de Clair Foyer Inc.* c. *Conseil des services essentiels*, D.T.E. 97-943 (C.A.) ; *Viau* c. *Syndicat canadien de la fonction publique*, D.T.E. 91T-1228 (C.S.).

176. Exemples : *Syndicat des chauffeurs de la Société de transport de la Ville de Laval (C.S.N.)* c. *Conseil des services essentiels*, D.T.E. 95T-1286 (C.A.) ; *Alliance des infirmières de Montréal* c. *Conseil des services essentiels*, D.T.E. 94T-118 (C.S.) ; *Centre d'accueil Pierre-Joseph-Triest* c. *Syndicat des employés du Centre d'accueil Pierre-Joseph-Triest*, D.T.E. 92T-926 (C.S.E.) ; *Syndicat des employés du Mont d'Youville (C.S.N.)* c. *Conseil des services essentiels*, [1989] R.J.Q. 340 (C.S.) ; *Syndicat canadien de la Fonction publique* c. *Conseil des services essentiels*, D.T.E. 88T-1069 (C.S.).

177. *Montréal (Ville de)* c. *Syndicat canadien de la fonction publique, section locale 301*, D.T.E. 99T-372 (C.S.E.) ; *Montréal (Ville de)* c. *Syndicat canadien de la fonction publique, section locale 301 (cols bleus)*, D.T.E. 99T-556.

L'exercice du pouvoir de redressement du C.S.E. n'était pas soumis à la prescription du droit civil ; il devait survenir dans un délai raisonnable[178].

Les ordonnances rendues par le Conseil ou les engagements pris devant lui selon l'article 111.19 C.t. pouvaient être déposés par le C.S.E. au bureau du greffier de la Cour supérieure du district de Montréal ou de Québec, conformément à l'article 111.20, al. 1 C.t. Ce dépôt leur confère la même force et le même effet que s'il s'agissait d'un jugement émanant de la Cour supérieure (art. 111.20, al. 2 C.t.). Il les rend donc notamment susceptibles de sanction pour outrage au tribunal[179].

---

178.   *Syndicat des employés de Clair Foyer* c. *Conseil des services essentiels*, précité, note 175 ; *Hôtel-Dieu de St-Jérôme* c. *Syndicat national des employés de l'Hôtel-Dieu de St-Jérôme*, D.T.E. 92T-1016 (C.S.E.).

179.   Exemples : *Commission scolaire de Montréal* c. *Alliance des professeures et professeurs de Montréal*, D.T.E. 2002T-184 (C.S.) ; *Corp. d'Urgences-santé de la région de Montréal métropolitain* c. *Rassemblement des employés techniciens ambulanciers du Québec (RETAQ) (F.A.S.-C.S.N.)*, D.T.E. 2001T-64 (C.S.) – condamnation ; *Corp. d'Urgences-santé de la région de Montréal métropolitain* c. *Rassemblement des employés techniciens ambulanciers du Québec (R.E.T.A.Q.) (F.A.S.-C.S.N.)*, [2001] R.J.D.T. 637 (C.S.) – pénalité.

CHAPITRE 7

LA CONVENTION COLLECTIVE

696 – *Importance et définition* – La convention collective n'est rien de moins que le cœur même du régime de rapports collectifs du travail élaboré dans le *Code du travail*. Sa conclusion est l'objectif essentiel que le Code priorise.

Le *Code du travail* définit la convention collective comme « une entente écrite relative aux conditions de travail », conclue entre une ou plusieurs associations accréditées et un ou plusieurs employeurs ou associations d'employeurs (art. 1d) C.t.)[1].

I- LE CONTENU DE LA CONVENTION COLLECTIVE

A. Le contenu explicite

697 – *Objet : conditions de travail* – Il ressort de la définition légale de la convention collective que c'est la notion de « conditions de travail » qui caractérise la substance de son contenu potentiel. Ainsi, une entente entre un employeur et une association accréditée qui porterait sur des objets étrangers aux conditions de travail ne saurait prétendre à la qualification de convention collective[2].

La notion de conditions de travail, que le législateur s'est abstenu de définir, est extrêmement souple et adaptable, évoluant avec

---

1. *Société d'électrolyse et de chimie Alcan Ltée* c. *Fédération des syndicats du secteur de l'aluminium Inc.*, D.T.E. 95T-1360 (C.A.). Pour un examen approfondi de la définition de la convention collective, voir : F. MORIN, « À la recherche d'une définition de la convention collective ! », dans Service de la formation continue, Barreau du Québec, *Développements récents en droit du travail*, vol. 333, Cowansville, Éditions Yvon Blais, 2011.
2. *Guimond* c. *Université de Montréal*, [1985] C.S. 360 – refus de qualifier d'entente relative aux conditions de travail une entente qui visait des revenus des salariés jugés sans relation directe avec leurs relations avec l'employeur, du fait qu'ils provenaient d'un tiers.

la pratique même de la négociation collective. Elle a permis d'embrasser tout autant l'obtention, le maintien ou la terminaison de l'emploi que les conditions physiques d'exécution du travail, les prestations réciproques des salariés et de l'employeur et même, dans un sens plus large encore, toutes les conditions que les parties rattachent d'une façon ou d'une autre au fait que des salariés travaillent pour un employeur et qu'ils sont représentés par un agent négociateur collectif[3]. Sous réserve des exigences et des limites qu'imposent les règles générales ou particulières de l'ordre public, une matière ou un sujet devient une condition de travail du fait même qu'il s'insère dans le contenu d'une convention collective ; on pourrait dire en somme que le contenant détermine la qualification du contenu.

698 – *Limites* – La faculté des parties de convenir de conditions de travail dans la convention collective demeure néanmoins assujettie à certaines restrictions d'ordre général ou particulier, associées à l'ordre public.

L'article 62 C.t. interdit et rend nulle toute disposition contraire à l'ordre public ou prohibée par la Loi[4]. Relativement à la portée concrète de cette réserve générale, on peut d'abord évoquer les libertés et droits fondamentaux affirmés par les Chartes[5] et les dispositions

---

3. Voir : *Syndicat des employées et employés des magasins Zellers d'Alma et de Chicoutimi (C.S.N.)* c. *Turcotte*, D.T.E. 2002T-882 (C.A.), par. 51-52 ; *Syndicat des travailleurs et des travailleuses des Épiciers unis Métro-Richelieu (C.S.N.)* c. *Lefebvre*, D.T.E. 96T-817 (C.A.), 23-29 ; *Commission scolaire Crie* c. *Association de l'enseignement du Nouveau-Québec*, D.T.E. 90T-1095 (C.A.) – libération syndicale et obligation de remboursement du syndicat à l'employeur ; *Dalton* c. *Union internationale des employés professionnels et de bureau (local 409)*, D.T.E. 83T-484 (C.A.) ; *Syndicat catholique des employés de magasins de Québec* c. *Cie Paquet Ltée*, [1959] R.C.S. 206.

4. *Guimond* c. *Université de Montréal*, précité, note 2 ; *Syndicat de la Fonction publique du Québec* c. *Québec (Procureur général)*, 2010 CSC 28 – disposition de la convention collective contraire à la norme publique édictée à l'article 124 de la *Loi sur les normes de travail*, RLRQ, c. N-1.1. Une telle disposition est réputée non écrite, modifiant ainsi le contenu de la convention collective. Voir aussi : *Journal de Montréal, division de Corporation Sun Media* c. *Teamsters / Conférence des communications graphiques, section locale 41M (FTQ-CTC)*, J.E. 2008-85 (C.A.) – la portée limitée de la convention collective quant à la durée du droit de grève et de lock-out est justifiée par les activités de l'entreprise. En l'espèce, la convention collective contient une clause prévoyant que la grève ou le lock-out prend fin après 20 semaines. Selon la Cour, ce type de clause est propice au marché des quotidiens, pour lesquels une longue suspension des activités peut signifier la fin de l'entreprise.

5. Il s'agit ici au premier chef des articles 10 à 19 de la *Charte des droits et libertés de la personne*, RLRQ, c. C-12. Exemples : *Union des employés de commerce, local 503* c. *W.E. Bégin Inc.*, D.T.E. 84T-57 (C.A.) – discrimination fondée sur le sexe ; *Commission des droits de la personne du Québec* c. *Brasserie Labatt Ltée*, D.T.E.

d'ordre public du *Code civil du Québec* qui ne sont pas incompatibles avec le régime collectif des relations de travail[6]. Il faut également tenir compte du contenu normatif du contrat de travail imposé par certaines lois, telles la *Loi sur la santé et la sécurité du travail* (L.S.S.T.) et la *Loi sur les normes du travail* (L.N.T.), ainsi que des prohibitions qu'on peut y trouver[7].

699 – *Clauses « orphelin »* – L'expression « clause « orphelin » » désigne une stipulation qui a pour effet de faire supporter par les seuls salariés embauchés après une date donnée – habituellement celle de l'entrée en vigueur d'une nouvelle convention collective – les désavantages qui découlent de l'amoindrissement, quantitatif ou qualitatif, d'une condition de travail. C'est pour faire obstacle à cette pratique que le législateur a adopté les articles 87.1 à 87.3 de la *Loi sur les normes du travail*[8].

94T-524 (T.D.P.) – règle d'ancienneté fondée sur l'âge ; voir aussi *Syndicat national des employés de garage de Québec Inc. (C.S.D.)* c. *Roy*, J.E. 87-661 (C.S.). Quant à la *Charte canadienne des droits et libertés*, elle ne s'impose qu'aux seules conventions collectives auxquelles un gouvernement ou un mandataire de la Couronne intervient de façon suffisamment significative pour qu'elles puissent constituer une mesure gouvernementale assimilable à une loi au sens de la Charte : *Douglas / Kwantlen Faculty Assn.* c. *Douglas College*, [1990] 3 R.C.S. 570 ; *Lavigne* c. *Syndicat des employés de la Fonction publique de l'Ontario*, [1991] 2 R.C.S. 211 ; voir *supra*, Titre préliminaire, chapitre 2, nos 24-26. Sur la responsabilité syndicale associée à l'élaboration d'une règle discriminatoire ou à l'obstruction à un accommodement raisonnable, lorsqu'il y a lieu, voir : *Central Okanagan School Board District No. 23* c. *Renaud*, [1992] 2 R.C.S. 970 ; *Syndicat canadien des communications, de l'énergie et du papier, section locale 2995* c. *Spreitzer*, [2002] R.J.Q. 111 (C.A.). Quant à l'interdiction de discrimination, à sa portée et à son application à la relation d'emploi ou de travail, voir *supra*, Titre préliminaire, chapitre 2 nos 31-44.

6. À cet égard, la Cour suprême a décidé que les articles 2091 et 2092 C.c.Q. ne font pas partie implicitement de la convention collective, car ils ne sont pas compatibles avec le régime collectif des relations de travail : *Isidore Garon ltée c. Tremblay ; Fillion et Frères (1976) inc.* c. *Syndicat national des employés de garage du Québec inc.*, [2006] 1 R.C.S. 27. La Cour d'appel, à la suite de ce jugement, a aussi exclu l'article 2094 C.c.Q. du contenu implicite pour les mêmes motifs d'incompatibilité : *Syndicat canadien de la fonction publique (section locale 4296) S.C.F.P.-F.T.Q.* c. *Commission scolaire de la Seigneurie-des-Mille-Îles*, D.T.E. 2007T-65 (C.A.).

7. *Loi sur la santé et la sécurité du travail*, RLRQ, c. S-2.1 ; *Loi sur les normes du travail*, RLRQ, c. N-1.1. *McLeod c. Egan*, [1975] 1 R.C.S. 517 ; *Parry Sound (district), Conseil d'administration des services sociaux c. S.E.E.F.P.O., section locale 324*, [2003] 2 R.C.S. 157 ; *Isidore Garon ltée c. Tremblay ; Fillion et Frères (1976) inc.* c. *Syndicat national des employés de garage du Québec inc.*, précité, note 6. Voir aussi *Montreal Standard c. Middleton*, [1989] R.J.Q. 1101 (C.A.).

8. *Loi sur les normes du travail*, ibid.

Les paramètres de l'interdiction sont énoncés à l'article 87.1 L.N.T. Il y a lieu d'en retenir ce qui suit :

- La prohibition est édictée au bénéfice des salariés visés par une norme du travail (art. 87.1, al. 1 L.N.T.).

- Son étendue ne rejoint pas toutes les conditions de travail. Elle se limite à certaines matières qui font l'objet d'une norme du travail : le salaire ; la durée du travail ; les jours fériés, chômés et payés ; les congés annuels payés ; les repos ; les repos, les absences et les congés pour raison familiales ou parentales ; l'avis de cessation d'emploi ou de mise à pied et le certificat de travail ; les primes et indemnités ainsi que diverses autres normes du travail (uniforme, outil de travail, etc.) (art. 87.1, al. 1 et 2 L.N.T.)[9]. Cette restriction matérielle ne laisse néanmoins que peu d'espace pour des clauses « orphelin » au regard, en particulier, du fait que le salaire est l'objet d'une norme du travail et que sa définition y inclut les avantages ayant une valeur pécuniaire qui sont dus pour le travail ou les services d'un salarié (art. 1, 9o L.N.T.). L'interdiction peut ainsi rejoindre, par exemple, certains aspects des régimes de retraite ou d'assurance collective telle la contribution de l'employeur à leur financement s'il y a lieu.

- L'interdiction est centrée sur la considération de la date d'embauche comme unique facteur de distinction (art. 87.1, al. 1 L.N.T.)[10].

---

9. *Commission des normes du travail* c. *Sherbrooke (Ville de)*, 2006 QCCQ 3364.

10. *Métallurgistes unis d'Amérique, section locale 6839* c. *Infasco, division d'Ifast-groupe*, D.T.E. 2009T-205 (T.A.) – l'échelle salariale appliquée aux plaignants est moins avantageuse que celles dont bénéficient les salariés embauchés avant eux et qui effectuent les mêmes tâches. Voir également : *Commission des normes du travail* c. *Sherbrooke (Ville de)*, 2011 QCCA 325 ; *Commission des normes du travail* c. *Centre jeunesse des Laurentides*, 2011 QCCQ 12600 – la disparité de traitement ne contrevient pas à l'article 87.1 L.N.T. puisque la condition de travail moins avantageuse dont bénéficient les plaignants ne découle pas uniquement de leur date d'embauche ; *Association des pompiers de Laval* c. *Commission des droits de la personne et des droits de la jeunesse*, 2011 QCCA 2041 – la Cour d'appel énonce que la disparité de traitement fondée sur une double échelle salariale n'est pas illégale compte tenu des dispositions de la *Loi 414* et de l'article 87.3 L.N.T. qui permettent des distinctions fondées sur l'âge, au sens de l'article 10 de la *Charte des droits et libertés de la personne*. Quant à la légalité de clauses semblables sur des questions non visées expressément par les art. 87.1 à 87.3 L.N.T », voir *supra*, Titre préliminaire, chapitre 2, nos 30-47.

* La démonstration et l'appréciation de l'existence d'une clause « orphelin » prohibée exigent un exercice comparatif des conditions de travail accordées à des salariés qui effectuent les mêmes tâches dans le même établissement (art. 87.1, al. 1 L.N.T.)[11].

L'article 87.2 L.N.T. établit qu'une condition de travail fondée sur l'ancienneté ou la durée du service ne contrevient pas à l'interdiction formulée à l'article 87.1 de la Loi. Il ne s'agit pas à proprement parler d'une exception ou d'une dérogation. En effet, l'interdiction formulée à l'article 87.1 L.N.T. porte sur la date d'embauche elle-même comme unique fondement d'une distinction. La considération de l'ancienneté ou de la durée du service, que l'article 87.2 L.N.T. déclare légitime, tient compte du temps écoulé depuis la date d'embauche plutôt que de cette dernière en elle-même et uniquement.

L'article 87.3 L.N.T. prévoit, quant à lui, certaines atténuations à l'interdiction énoncée à l'article 87.1. Il permet ainsi d'abord un accommodement particulier pour une personne handicapée et quant aux conditions de travail temporairement appliquées à un salarié à la suite d'un reclassement ou d'une rétrogradation, d'une fusion d'entreprises ou de la réorganisation interne d'une entreprise (art. 87.3, al. 1 L.N.T.). Il autorise également les mesures qui peuvent être prises pour éviter à un salarié en place d'être désavantagé par suite de son intégration à un nouveau taux de salaire, à une échelle salariale modifiée ou à une nouvelle échelle, pourvu que l'application de ces mesures soit temporaire, que la nouvelle échelle salariale ou le nouveau taux de salaire soit établi pour être applicable à l'ensemble des salariés qui effectuent les mêmes tâches dans le même établissement et que l'écart entre le salaire appliqué aux salariés déjà en place et le taux ou l'échelle établi pour être applicable à l'ensemble des salariés se résorbe progressivement, à l'intérieur d'un délai raisonnable (art. 87.3, al. 2 L.N.T.)[12].

---

11. Quant au terme « établissement », que la Loi ne définit pas, on pourra se référer à l'interprétation qui en a été donnée dans d'autres lois du travail. Voir, notamment, *supra*, Titre II, chapitre 6, n° 678.

12. *Métallurgistes unis d'Amérique, section locale 6839* c. *Infasco, division d'Ifast-groupe*, précité note 10 – en l'espèce, il n'y a pas de progression automatique d'une classe à l'autre, les plaignants ne sont donc pas assurés d'atteindre une classe d'emploi supérieure. Par conséquent, on ne peut parler de résorption, lorsque les différences de taux de salaire entre deux classes ne disparaissent pas. Voir également : *Association des pompiers de Laval* c. *Commission des droits de la personne et des droits de la jeunesse*, 2011 QCCA 2041.

L'interdiction des clauses « orphelin » suscite un questionnement quant à un genre de clause qu'on trouve couramment dans les conventions collectives. Il s'agit des clauses dites de « droits acquis » ou clauses « grand-père ». Ces clauses peuvent-elles contrevenir à l'interdiction édictée à l'article 87.1 L.N.T. ? En quelque sorte, les « grands-pères » engendrent-ils des « orphelins » ? Aux mêmes conditions et sous les mêmes réserves que celles que nous venons de voir, la réponse est affirmative, pour les motifs suivants. D'abord, il est de la nature même d'une clause de droits acquis de conserver aux salariés déjà en emploi au moment de la mise en application d'une nouvelle règle un avantage qui demeurera inaccessible aux salariés embauchés après cette date. La clause de droits acquis produit ainsi le même effet à partir du même critère de distinction que ceux proscrits par l'article 87.1 L.N.T. En outre, c'est précisément ce genre de clause que le législateur a jugé nécessaire de légitimer par une dérogation expresse dans le contexte envisagé à l'article 87.3, al. 2 L.N.T., aux conditions qui y sont prévues.

Pour ce qui est des recours, le salarié qui se croit victime d'une disparité de traitement proscrite par l'article 87.1 L.N.T. doit effectuer un choix. Il peut opter pour le mécanisme de grief et d'arbitrage selon la convention collective, s'il y a lieu[13]. Il peut préférer porter plainte auprès de la Commission des normes du travail ; dans ce cas, il doit démontrer à la C.N.T. qu'il n'a pas eu recours au grief ou, s'il l'a utilisé, qu'il s'en est désisté avant qu'une décision finale n'ait été rendue (art. 102, al. 2 L.N.T.).

700 – *Clauses d'appartenance syndicale* – Le *Code du travail* impose également quelques contraintes. C'est le cas de l'article 63 C.t. qui se présente comme une mesure de protection de l'emploi du salarié. En réalité, il interdit toute stipulation qui prétendrait obliger l'employeur à refuser d'embaucher ou à licencier un salarié que le syndicat refuse d'admettre dans ses rangs ou qu'il en exclut, à moins que le salarié n'ait été embauché en violation d'une disposition de la convention collective, ou qu'il n'ait participé à une activité dirigée contre l'association accréditée à l'instigation ou avec l'aide directe ou indirecte de l'employeur. La liberté de choix du salarié en matière de représentation syndicale demeure ainsi entière, puisqu'il dispose de la protection de l'article 63 C.t. si sa conduite à l'encontre des intérêts de l'association accréditée n'est pas animée par l'employeur[14].

---

13. Voir *infra*, n° 705 et Titre II, chapitre 8, n° 775.
14. *Lessard* c. *Union des chauffeurs et ouvriers de diverses industries, local 69*, D.T.E. 84T-768 (T.T.).

La situation se présente bien différemment, toutefois, lorsque c'est le salarié lui-même qui refuse d'adhérer au syndicat ; il ne peut alors prétendre jouir de la protection de l'article 63 du Code[15]. C'est ici qu'intervient la dimension négative de la liberté d'association, maintenant reconnue par la Cour suprême[16]. Le droit du salarié de ne pas être contraint d'adhérer à un syndicat pourrait remettre en question la légalité des clauses d'appartenance obligatoire tout autant que la suffisance de l'article 63 C.t. dans sa forme actuelle.

701 – *Procédure de grief et d'arbitrage* – En matière d'arbitrage des griefs, les dispositions de toute convention collective incompatibles avec celles des articles 100 à 102 C.t. doivent céder le pas à ces dernières, à moins d'une disposition expresse et contraire de la Loi (art. 100, al. 3 C.t.).

702 – *Devoir syndical de représentation* – L'obligation de représentation du syndicat accrédité fait partie de l'ordre public, auquel le contenu éventuel de la convention collective se trouve subordonné (art. 47.2 C.t.)[17]. Si l'agent négociateur dispose d'une large discrétion dans la négociation du contenu d'une convention collective et plus particulièrement dans la pondération des intérêts parfois divergents des salariés qu'il représente, il ne saurait par contre être autorisé à manquer de façon flagrante à son devoir de représentation équitable à l'endroit de certains d'entre eux[18]. On reconnaîtra toutefois la légitimité de l'établissement de certaines distinctions dans les droits respectifs de différentes catégories d'employés, à partir de considérations contextuelles pertinentes ou sur la base de facteurs objectifs telle la durée des états de service dans l'entreprise[19].

---

15. *Miranda* c. *Louis Ethan Limited*, [1976] T.T. 118.
16. *R.* c. *Advance Cutting & Coring Ltd.*, 2001 CSC 70, [2001] 3 R.C.S. 209. Voir *supra*, Titre II, chapitre 2, nos 449, 451.
17. Voir *supra*, titre II, chapitre 4, nos 557 et s.
18. *Centre hospitalier Régina Ltée* c. *Tribunal du travail*, [1990] 1 R.C.S. 1330 ; *Tremblay* c. *Syndicat des employées et employés professionnels-les et de bureau, section locale 57*, D.T.E. 2002T-455, 2002 CSC 44, par. 20-23. Sur la compétence de l'arbitre pour écarter l'application d'une clause de la convention collective par laquelle le syndicat accrédité manquerait à son obligation légale de représentation des salariés ou de certains d'entre eux, voir : *Confédération des syndicats nationaux* c. *Verret*, [1992] R.J.Q. 975 (C.A.) et *Syndicat des travailleuses et travailleurs de la C.S.N.* c. *Verret*, [1992] R.J.Q. 979 (C.A.).
19. Quant au droit à la rétroactivité, voir : *Tremblay* c. *Syndicat des employées et employés professionnels et de bureau, section locale 57*, *ibid.*, par. 24. Relativement à l'accessibilité à l'arbitrage en cas de licenciement, voir et comparer : *Leeming* c. *La Reine du chef de la Province du Nouveau-Brunswick*, [1981] 1 R.C.S. 129 ; *Confédération des syndicats nationaux* c. *D'Anjou*, D.T.E. 87T-331

703 – *Effet d'une nullité* – Le cas échéant, la nullité d'une disposition de la convention collective n'invalidera que cette disposition, sans toucher à l'ensemble de la convention (art. 64 C.t.). Selon l'objet de la clause et la cause de sa nullité, le pouvoir et l'obligation de négocier des parties pourraient renaître quant à la matière visée par cette clause avec toutes les conséquences s'y rattachant, à moins que le différend susceptible de s'ensuivre ne soit soumis à un mode de règlement particulier prévu à la convention collective comme le permet l'article 102 C.t.[20].

704 – *Clauses externes* – L'expression « clauses externes » désigne ici l'intégration à la convention collective, d'une manière ou d'une autre, de stipulations qui proviennent d'une source qui lui est extérieure et qui deviennent ainsi partie de son contenu. Le plus souvent, il s'agira de dispositions législatives ou réglementaires.

Le *Code du travail* n'impose pas lui-même et directement quelque contenu particulier que ce soit à la convention collective. Par exception, le législateur a dicté, à partir d'autres lois, un certain contenu présumé ou supplétif. Ainsi, les articles 41 à 49 de la *Charte de la langue française*, qui traitent de la langue au travail, sont réputés faire partie intégrante de toute convention collective[21]. De même, l'article 227 de la *Loi sur la santé et la sécurité du travail*[22] incorpore indirectement ses dispositions à la convention collective en autorisant le salarié qui croit avoir été l'objet d'un congédiement, d'une suspension, d'un déplacement, de mesures discriminatoires ou de représailles, ou de toute autre sanction à cause de l'exercice d'un droit ou d'une fonction qui lui résulte de cette loi, à recourir à la procédure de grief prévue à la convention collective.

Par ailleurs, il est fréquent que les parties à la convention collective y intègrent le contenu de certaines dispositions législatives ou réglementaires soit en les reproduisant textuellement, soit en réitérant leur substance, soit encore en s'y référant ou en s'y rapportant. Cette démarche est légitime même si elle vise à soumettre d'éventuelles réclamations à la compétence de l'arbitre de griefs :

(C.A.) ; *Nolin c. Syndicat des employés de Molson*, [1988] T.T. 99 ; *Syndicat des enseignants de l'Outaouais c. Tremblay*, D.T.E. 83T-284 (C.A.) ; *Brasserie Labatt Ltée c. Bergeron*, [1989] R.J.Q. 2537 (C.S.).

20. Voir *Ste-Thérèse (Ville de) c. Lussier*, D.T.E. 84T-523 (C.S.).
21. *Charte de la langue française*, RLRQ, c. C-11, art. 50.
22. Précitée, note 7.

[...] rien n'interdit d'intégrer les conditions de la Loi aux conventions collectives afin de bénéficier de la procédure de règlement de griefs [...].[23]

De fait, l'arbitre de griefs deviendra alors le seul forum compétent pour trancher un litige afférent aux dispositions intégrées à la convention collective[24].

B. Le contenu implicite

705 – *Sources* – Dans l'esprit de l'énoncé de l'article 1432 C.c.Q. selon lequel le contrat oblige les parties non seulement pour ce qui y est exprimé, mais également pour « ce qui en découle d'après sa nature et suivant les usages, l'équité ou la loi », la convention collective est sujette à un contenu implicite. Ce dernier se rapporte d'abord aux droits et obligations qui sont les corollaires de ceux que la convention attribue explicitement à l'une ou l'autre des parties. Le contenu implicite de la convention collective comprend également certaines dispositions légales d'ordre public. Il s'agit d'abord de celles des chartes des droits et libertés, qui sont implicitement intégrées à toute convention collective, car elles affirment des droits et obligations substantiels[25]. Il en va de même des dispositions substantielles des lois normatives d'ordre public sur l'emploi[26]. Enfin, les règles impératives ou supplétives du *Code civil du Québec* compatibles avec le régime collectif des relations de travail font aussi partie du contenu implicite de la convention[27]. La seule existence de la convention

---

23. *Bell Canada* c. *Québec (Commission de la santé et de la sécurité du travail)*, [1988] 1 R.C.S. 749, 799.
24. *St. Anne Nackawic Pulp and Paper Co.* c. *Section locale 219 du Syndicat canadien des travailleurs du papier*, [1986] 1 R.C.S. 704 ; *Commission des normes du travail* c. *Chantiers Davie Ltée*, [1987] R.J.Q. 1949 (C.A.) ; *Commission des normes du travail* c. *Domtar Inc.*, [1989] R.J.Q. 2130 (C.A.) ; *Commission des normes du travail* c. *Compagnie de papier de St-Raymond ltée*, [1997] R.J.Q. 366 (C.A.).
25. *Parry Sound (district), Conseil d'administration des services sociaux* c. *S.E.E.F.P.O., section locale 324*, précité, note 7, par. 1, 22-32.
26. *Ibid.*
27. *Isidore Garon ltée* c. *Tremblay ; Fillion et Frères (1976) inc.* c. *Syndicat national des employés de garage du Québec inc.*, précité, note 6. En l'espèce, les juges majoritaires de la Cour suprême ont conclu à une incompatibilité de la règle impérative du délai de congé raisonnable à donner à l'employé pour mettre fin à son emploi (art. 2091 et 2092 C.c.Q.) avec le régime collectif des relations de travail parce que les conditions de travail des employés syndiqués sont négociées collectivement d'avance par le syndicat et l'employeur, alors que le préavis prévu par le Code civil est convenu de façon individualisée lors de la cessation d'emploi (par. 32-42). Les juges majoritaires ajoutent que, puisqu'en matière de rapports collectifs de travail l'employeur est limité dans son droit de

collective lui donne aussi des effets implicites, comme l'interdiction de faire la grève pendant sa durée[28] ou l'obligation de recourir à la procédure d'arbitrage pour réclamer ses droits[29].

Le contenu implicite de la convention collective rejoint également les droits et obligations qui découlent naturellement du contrat de travail sous-jacent. Pour l'employé, sont ici en cause prioritairement ses obligations de loyauté envers l'employeur[30] et d'exécution prudente de son travail[31]. Du côté de l'employeur, c'est son pouvoir de

---

congédier parce qu'il ne peut mettre fin au lien d'emploi en payant le préavis sans devoir fournir de cause juste et suffisante, il s'ensuit donc que la contre-partie, c'est-à-dire le droit des employés de réclamer un délai de congé raisonnable en vertu du droit commun, n'est pas compatible avec le régime collectif et est donc inapplicable (par. 48-54). Enfin, les juges majoritaires précisent que l'historique législatif de l'article 2091 permet aussi de conclure que le législateur n'a pas voulu intégrer au régime collectif le délai de congé prévu à cette disposition (par. 55-59). La Cour d'appel du Québec a conclu, à la suite de ce jugement, à une semblable incompatibilité à l'égard de l'article 2094 C.c.Q. : *Syndicat canadien de la fonction publique (section locale 4296) S.C.F.P.-F.T.Q.* c. *Commission scolaire de la Seigneurie-des-Mille-Îles*, précité, note 6. Par ailleurs, l'exigence de la bonne foi en matière contractuelle (art. 6 et 7 C.c.Q.) est manifestement compatible avec l'existence d'une convention collective : *Syndicat de l'enseignement de la région de Québec* c. *Ménard*, D.T.E. 2005T-453 (C.A.) ; *Université McGill* c. *Foisy*, D.T.E. 2007T-242 (C.A.) ; *Syndicat des travailleuses et travailleurs de bois d'œuvre de St-Hilarion (CSN)* et *Compagnie Abitibi-Consolidated du Canada, division scieries, secteur St- Hilarion (griefs individuels, Réjean Savard et un autre)*, D.T.E. 2007T-14 (T.A.) – les articles 6 et 7 C.c.Q. sont implicitement incorporés à la convention collective. Voir également : *Teamsters Québec, section locale 1999* c. *Compagnie d'embouteillage Coca-Cola*, [2009] R.J.D.T. 1030, 2009T-508 (T.A.) ; *Syndicat des fonctionnaires municipaux de Montréal (SCFP)* c. *Montréal (Ville de)*, D.T.E. 2009T-214 (T.A.) ; *Syndicat démocratique des employés de garage Saguenay–Lac-Saint-Jean (CSD)* c. *Munger Pontiac Buick inc.*, 2012 QCCA 36. Néanmoins, la Cour énonce qu'on ne peut interpréter l'arrêt *Isidore Garon ltée* c. *Tremblay ; Fillion et Frères (1976) inc.* c. *Syndicat national des employés de garage du Québec inc.*, précité note 6, « comme interdisant aux parties à une convention collective d'y intégrer explicitement les articles 2091 et 2092 C.c.Q. Cet arrêt ne traite que de l'incorporation implicite de ces dispositions du *Code civil du Québec* dans une convention collective. La liberté contractuelle des parties n'est nullement limitée par cette décision ».

28. *Syndicat des employés manuels de la Ville de Québec, section locale 1638* c. *Québec (Ville de)*, [1994] R.J.Q. 1552 (C.A.) ; *Montréal (Ville de)* c. *Syndicat canadien de la fonction publique, section locale 301*, D.T.E. 2000T-1074 (C.S.).

29. *Nouveau-Brunswick* c. *O'Leary*, [1995] 2 R.C.S. 967 ; *Fraternité des policières et policiers de Gatineau inc.* c. *Nadeau*, 2011 QCCS 3298 : l'arbitre a compétence pour trancher un grief patronal reprochant aux salariés d'avoir effectué un ralentissement de travail, et ce, malgré l'expiration de la convention collective et le fait que celle-ci ne comporte aucune clause de prolongation des conditions de travail.

30. *Nadeau* c. *Carrefour des jeunes de Montréal*, [1998] R.J.D.T. 1513 (C.A.).

31. *Nouveau-Brunswick* c. *O'Leary*, précité, note 29.

direction et les conséquences qui en découlent qui seront au premier chef réputés faire partie du contenu implicite de la convention collective[32]. Enfin, le droit commun peut s'appliquer lorsqu'il s'agit d'interpréter la convention collective[33].

Par ailleurs, il faut noter qu'il existait depuis quelques années une controverse jurisprudentielle quant à la place de l'article 124 L.N.T., ou plutôt quant à son incorporation implicite à la convention collective du fait de son caractère d'ordre public[34]. La problématique tournait essentiellement autour de ces questions : est-ce que la convention collective, une fois approuvée par les parties, est immuable ? Est-elle à ce point indissoluble que son contenu ne peut être renforcé ou remis en cause après le consensus des parties ? Somme toute, un débat juridique s'est développé autour de la portée de la convention collective, conclue par les parties après d'âpres négociations et moult compromis. Depuis 2003, la Cour suprême s'est montrée assez divisée sur la question, en particulier dans les arrêts *Parry Sound*[35] et *Isidore Garon*[36]. Toutefois, dans un arrêt récent, *Syndicat de la fonction publique du Québec* c. *Québec (Procureur général)*[37], la Cour suprême – bien que toujours divisée – a tenté de clarifier la situation.

D'abord, la Cour rejette la théorie de l'intégration implicite de l'article 124 L.N.T. à toute convention collective. Autant la majorité que la dissidence s'accordent sur le fait que si le législateur avait

---

32. Exemples : *Côté* c. *Saiano*, [1998] R.J.Q. 1965 (C.A.) ; *Nadeau* c. *Carrefour des jeunes de Montréal*, [1998] R.J.D.T. 1513 (C.A.).

33. *Isidore Garon ltée* c. *Tremblay ; Fillion et Frères (1976) inc.* c. *Syndicat national des employés de garage du Québec inc.*, précité, note 6, par. 28 ; *Teamsters Québec, section locale 1999* c. *Compagnie d'embouteillage Coca-Cola*, précité, note 27.

34. Voir à ce sujet : Gaëtan LÉVESQUE et Stéphane FOREST, « La compétence des tribunaux d'arbitrage en matière de fin d'emploi dans le secteur de l'éducation illustrée par deux cas de figure : le non-rengagement et l'article 124 de la *Loi sur les normes du travail* », dans Service de la formation continue, Barreau du Québec, *Développements récents en droit du travail en éducation*, vol. 279, Cowansville, Éditions Yvon Blais, 2007, p. 65-105. Voir également, D. NADEAU, « La perméabilité du droit au sein des rapports collectifs du travail et la compétence arbitrale : nouveau regard sur la valse-hésitation de la Cour suprême du Canada », (2010) 69 *R. du B.* 223.

35. *Parry Sound (district), Conseil d'administration des services sociaux* c. *S.E.E.F.P.O., section locale 324*, précité, note 7.

36. *Isidore Garon ltée* c. *Tremblay ; Fillion et Frères (1976) inc.* c. *Syndicat national des employés de garage du Québec inc.*, précité, note 6.

37. *Syndicat de la fonction publique du Québec* c. *Québec (Procureur général)*, précité, note 4.

voulu intégrer cette norme substantielle à toute convention collective, il aurait exprimé son intention clairement comme c'est le cas pour un certain nombre d'articles de la L.N.T[38]. De ce fait et selon les propos de la Cour suprême :

> [...] cette théorie ne respecte pas le texte de la L.n.t. et ne tient pas compte des techniques de rédaction adoptées par le législateur québécois lorsqu'il entend intégrer une norme particulière dans les conventions collectives ou les contrats individuels de travail.[39]

Le juge LeBel, exprimant l'opinion de la majorité, soutient que la question du caractère d'ordre public de la L.N.T. doit plutôt être traitée sous l'angle de l'effet de la hiérarchie des sources du droit se rapportant aux relations de travail[40]. Dans ces conditions, on peut affirmer que les règles d'ordre public, d'où qu'elles émanent, s'imposent aux acteurs de la convention collective lorsqu'ils élaborent les termes de son contenu, et ce, tant et aussi longtemps que ces règles sont compatibles avec le régime collectif du droit du travail[41]. La majorité de la Cour suprême ne semble guère laisser planer de doute à ce sujet en énonçant que :

> [L]'ordre public législatif produit [...] ses effets sur le contenu même du contrat de travail ou de la convention collective, et non uniquement sur son encadrement juridique.[42]

Désormais, dans le cadre de l'application de l'article 124 L.N.T. à la convention collective, et compte tenu de son caractère impératif, on peut affirmer que les parties ne peuvent ignorer cette norme d'ordre public[43]. Toujours selon les propos de la Cour suprême :

---

38. En effet, l'article 81.20 prévoit que : « Les dispositions des articles 81.18, 81.19, 123.7, 123.15 et 123.16 sont réputées faire partie intégrante de toute convention collective, compte tenu des adaptations nécessaires [...] ».

39. *Syndicat de la fonction publique du Québec* c. *Québec (Procureur général)*, précité, note 4, par. 36.

40. *Ibid*. par. 39.

41. Voir également sur le sujet : *Isidore Garon Ltée* c. *Syndicat du bois ouvré de la région de* Québec *Inc. (C.S.D.) ; Fillion et Frères (1976) Inc.* c. *Syndicat national des employés de garage du Québec Inc. (C.S.D.)*, précité, note 6, par. 24 et 30 ; *Université McGill* c. *Foisy*, D.T.E. 2007T-242, EYB 2006-112146 (C.S.).

42. *Ibid*., par. 41.

43. Voir par exemple, *Hall-Chem MFG inc.* c. *Germier*, 2012 QCCA 342, par. 4 : « L'article 124 de la *Loi sur les normes du travail* [LNT] revêt un caractère d'ordre public et "s'impose à tout contrat individuel à durée déterminée ou indéterminée et aux conventions collectives de travail". Il restreint le pouvoir discrétionnaire d'un employeur de mettre fin, à son gré, à tout contrat de travail à durée indéterminée sous réserve d'un avis suffisant ».

[L]e caractère impératif de la norme signifie [...] que toute disposition conventionnelle incompatible avec l'interdiction du congédiement sans cause juste et suffisante d'un salarié justifiant de deux ans de service continu est réputée non écrite, ce qui modifie le contenu de la convention collective.[44]

En conclusion, on peut retenir des enseignements de la Cour suprême que toute clause de la convention collective dont le contenu serait contraire aux normes substantielles d'ordre public sera ainsi nulle et réputée non écrite.

706 – *La convention collective et le contrat individuel* – Dans l'affaire *Isidore Garon Ltée*[45], la Cour suprême a examiné la relation juridique entre la convention collective, d'une part, et le contrat individuel de travail, d'autre part. Deux thèses ont été proposées à la Cour. Selon la première, la convention collective se superposerait au contrat individuel. La deuxième approche donne préséance au régime collectif et lui subordonne le contrat individuel de travail.

À la majorité de 4-3, la Cour a écarté la première thèse et opté clairement pour la seconde. Les juges majoritaires n'affirment pas seulement la primauté de la convention collective sur le contrat individuel de travail ; ils évacuent ce dernier comme source de droit après la création du lien d'emploi lui-même[46]. La convention collective devient source unique des droits et obligations de l'employeur et des salariés. Corollaire incontournable, son contenu revêt un caractère absolu qui s'oppose à toute entente individuelle différente, même si elle lui est antérieure.

En contrepartie, les règles du droit civil applicables au contrat de travail sont implicitement incorporées à la convention collective dans la mesure où elles ne sont pas incompatibles avec le régime collectif[47]. Le contrat individuel n'est pas abrogé ou anéanti par l'avènement d'une convention collective ; il est plutôt suspendu et il se réactivera lorsque la convention collective cessera de s'appliquer, par exemple si l'accréditation est révoquée[48].

---

44. *Ibid.*, par. 42.
45. *Isidore Garon ltée* c. *Tremblay ; Fillion et Frères (1976) inc.* c. *Syndicat national des employés de garage du Québec inc.*, précité, note 6.
46. *Ibid.*, par. 27-31 ; *McGavin Toastmaster Ltd.* c. *Ainscough*, [1976] 1 R.C.S. 718. La convention collective n'est ni un acte d'engagement collectif ni, pour les salariés qu'elle régit, un contrat de travail à durée déterminée : *Commission des normes du travail* c. *Campeau Corporation*, [1989] R.J.Q. 2108 (C.A.).
47. *Ibid.*, par. 24-31 ; *Université McGill* c. *Foisy*, D.T.E. 2007T-242 (C.S.).
48. *Ibid.*, par. 27.

La position adoptée par la Cour suprême en est une de définition générale du rapport entre la convention collective et le contrat individuel de travail. Elle n'exclut pas que des ententes individuelles ponctuelles et périphériques se juxtaposent à la convention collective sur des questions que cette dernière ne traite pas, à moins qu'elle n'interdise explicitement ou implicitement de telles ententes complémentaires[49].

C. Les pratiques et contenus usuels

707 – *Diversité* – Le contenu des conventions collectives varie considérablement. Certaines, par exemple dans le secteur public, sont très élaborées ; d'autres paraissent relativement plus simples. Les différences dans les sujets traités, dans les solutions retenues et dans la rédaction sont telles d'une convention collective à une autre qu'on ne saurait prétendre pouvoir décrire le contenu type d'une convention collective. Malgré cette difficulté de systématisation, on peut relever certaines pratiques courantes ou fréquentes observées par les parties dans l'élaboration de la convention collective.

708 – *Définitions* – Les parties sentiront souvent le besoin, au début de la convention, de définir certains termes et expressions qui s'y trouvent utilisés, surtout lorsque ceux-ci revêtent une signification particulière dans le contexte de l'entreprise. Par exemple, on définira usuellement les différentes catégories de salariés établies par la convention collective elle-même : salariés réguliers, à l'essai, permanents, à temps complet, à temps partiel, occasionnels ou sur appel, etc.

709 – *Droits syndicaux* – La convention collective contiendra souvent des clauses qui rappellent ou précisent son champ d'application, dans les limites de l'accréditation syndicale. On traitera aussi, en préliminaire, des questions relatives aux prérogatives des parties signataires que sont le syndicat et l'employeur. Ainsi, sur le plan des prérogatives syndicales, la convention pourra reconnaître, par exemple, des droits d'utilisation de certains locaux de l'employeur (art. 6 C.t.), d'affichage à l'intention des salariés, d'obtention par l'employeur de diverses informations pertinentes pour l'application de la convention collective. Dans le même ordre d'intérêts, on pourra prévoir, à des degrés divers, un régime de libération des salariés pour vaquer temporairement aux activités du syndicat ou pour y occuper

---

49. *Ibid.*, par. 38.

des fonctions électives. La convention collective aménagera aussi habituellement l'application de la « formule Rand », déjà légalement imposée par l'article 47 C.t., relativement à la perception à la source par l'employeur des cotisations syndicales et à leur remise à l'association accréditée. D'autres clauses de sécurité syndicale visent, dans certains cas, l'adhésion obligatoire du salarié au syndicat, ou le maintien de cette adhésion, comme condition d'obtention ou de conservation de son emploi. La légalité de ces clauses est pour le moins douteuse en regard de la liberté de non-association garantie par les Chartes[50].

710 – *Droits de la direction* – Les conventions collectives reconnaissent généralement de façon explicite les droits de la direction (droits de gérance), en laissant à cette dernière l'exercice des pouvoirs résiduels qui lui permettent de décider unilatéralement de toutes les questions dont la détermination n'est pas explicitée dans la convention collective[51]. L'effet des clauses relatives aux droits de la direction ou du pouvoir résiduel implicite de l'employeur est souvent tempéré par une stipulation de la convention collective qui garantit aux salariés leurs « droits acquis », du moins sur des sujets dont la convention collective ne traite pas explicitement[52].

711 – *Ancienneté* – Pure création conventionnelle, l'ancienneté constitue l'épine dorsale de l'aménagement du régime de travail établi par la convention collective. Le concept d'ancienneté se rapporte, selon

---

50. Voir *supra*, n° 700. Un jugement a clairement affirmé qu'une clause d'atelier fermé contrevenait à l'article 3 de la *Charte des droits et libertés de la personne* : *Lefort* c. *Syndicat canadien de la fonction publique, section locale 3247*, [1993] T.T. 346.

51. De façon générale, la jurisprudence a reconnu que même en l'absence d'une telle clause de droits de gérance, les pouvoirs résiduaires de direction appartenaient à l'employeur, sous réserve des dérogations expresses de la convention collective : *Air Care Ltd.* c. *United Steelworkers of America*, [1976] 1 R.C.S. 2 ; *Volvo Canada* c. *Syndicat international des travailleurs unis de l'automobile*, [1980] 1 R.C.S. 178, 208 ; *Métallurgistes unis d'Amérique, syndicat local 6833 (F.T.Q.)* c. *Société d'énergie de la Baie James*, D.T.E. 85T-266 (C.A.). Sur l'effet d'une clause de droit de gérance sur les compétences juridictionnelles respectives de l'arbitre de griefs et du tribunal de droit commun, voir et comparer : *Agropur, Coopérative agro-alimentaire* c. *Lamothe*, [1989] R.J.Q. 1764 (C.A.) ; *Côté* c. *Saiano*, précité, note 32 ; *Beaudoin-Grenier* c. *Steinberg Inc.*, D.T.E. 89T-1206 (C.S.) ; *Taillon* c. *Blainville (Ville de)*, [1988] R.J.Q. 2564 (C.S.).

52. Sur l'effet et la portée de ces clauses de droits acquis, de façon générale, voir *Centre d'accueil Miriam* c. *Syndicat canadien de la Fonction publique (section locale 2115)*, [1985] 1 R.C.S. 137 ; *Syndicat canadien de la Fonction publique, section locale 2718* c. *Gravel*, [1991] R.J.Q. 703 (C.A.). Sur la possibilité qu'elles soient assimilées à des clauses « orphelin » maintenant interdites, voir *supra*, n° 699.

les cas, à la durée des états de service de l'employé dans l'entreprise, dans l'unité de négociation ou même dans une catégorie d'occupation ou un service. On parlera d'ancienneté « générale » ou d'entreprise, d'ancienneté d'unité, d'ancienneté départementale, selon le contenu donné par la convention collective à ces différentes notions et en tenant compte des dispositions qui peuvent régir l'accumulation, la conservation ou même la perte de l'ancienneté[53]. L'ancienneté relative des salariés, pondérée ou non par d'autres facteurs comme celui de la capacité à satisfaire aux exigences normales d'une occupation, interviendra dans la détermination des mouvements de personnel, qu'il s'agisse de mutation, de promotion ou de rétrogradation, dans l'application des règles de sécurité d'emploi, en cas de mise à pied et de rappel ultérieur au travail. L'ancienneté déterminera également l'ordre d'exercice par les salariés de divers autres droits, comme le choix des périodes de vacances annuelles[54].

712 – *Discipline* – L'exercice du pouvoir disciplinaire de l'employeur constitue un des objets usuels des dispositions de la convention collective. Ce pouvoir est généralement assujetti à l'existence d'une cause juste et raisonnable, ultimement soumise, en cas de litige, à l'appréciation de l'arbitre de griefs[55]. Le recours par l'employeur aux mesures disciplinaires est aussi encadré par diverses conditions et modalités : obligation d'entendre le salarié avant de lui imposer une mesure disciplinaire ; délai d'imposition de la mesure par l'employeur à compter de sa connaissance de l'infraction ; information au salarié sur les motifs de la sanction ; accès du salarié à son dossier et aux pièces qui y sont versées ; prescription des infractions au dossier de l'employé, en l'absence de récidive, à des fins disciplinaires ultérieures (clause d'amnistie), etc.

---

53. Ces règles d'ancienneté, comme toutes autres, sont susceptibles d'être modifiées d'une convention collective à l'autre, sans qu'il soit nécessaire au syndicat accrédité, sous réserve de son devoir de représentation, d'obtenir le consentement individuel des salariés qui s'en trouveraient touchés défavorablement. Voir, à ce sujet : *Hémond* c. *Coopérative fédérée du Québec*, [1989] 2 R.C.S. 962. Cet arrêt a rendu caducs, puisque contraires, les jugements antérieurs suivants de la Cour d'appel du Québec : *Syndicat national de l'amiante d'Asbestos* c. *Nadeau*, [1985] C.A. 62 ; *Syndicat des employés des Aciers Atlas (C.S.N.)* c. *Beaulieu*, [1989] R.J.Q. 790 (C.A.).

54. Concernant le conflit entre le droit d'ancienneté et l'obligation d'accommodement, voir : Christian BRUNELLE, « Droits d'ancienneté et droits à l'égalité : l'impossible raccommodement ? », dans Service de la formation permanente, Barreau du Québec, *Développements récents en droit du travail*, vol. 205, Cowansville, Éditions Yvon Blais, 2004, p. 101-154.

55. Voir *infra*, Titre II, chapitre 8, n°s 788-789.

713 – *Rémunération* – Les règles de détermination du salaire comprennent à la fois celles qui sont applicables à la durée du travail et à sa rémunération : journées et semaines régulières de travail ; paiement et répartition des heures supplémentaires ; taux de salaire et augmentations salariales. Les dispositions à caractère pécuniaire s'étendent couramment aux congés payés et à certains avantages sociaux : congés fériés, congés spéciaux, durée des vacances annuelles, régimes collectifs de retraite et d'assurances sur la vie, en cas d'invalidité ou couvrant des frais médicaux à l'occasion d'une maladie ou d'un accident.

714 – *Règlement des griefs* – La plupart des conventions contiennent une procédure plus ou moins élaborée en vue de tenter de régler les griefs avant le stade de l'arbitrage et, le cas échéant, aménagent l'exercice de ce recours, sous réserve des dispositions du *Code du travail*[56].

715 – *Dispositions finales* – Les dispositions finales de la convention collective ont couramment trait à sa durée et à celle de ses effets[57].

II- LES FORMALITÉS

716 – *Écrit* – La convention collective doit être consignée dans un écrit (art. 1d) C.t.). Cet écrit doit être en langue française[58]. Une entente verbale de principe ne saurait satisfaire aux exigences de la Loi[59]. L'entente doit être totale et il n'y a pas de convention collective tant que le champ de négociation n'est pas entièrement couvert par des ententes attestées par écrit sur tous les points[60]. La distinction entre une entente de principe écrite et une convention collective proprement dite tient à l'intention des parties, selon qu'elles ont voulu convenir définitivement d'un régime de conditions de travail ou plutôt subordonner son établissement à une rédaction ultérieure plus complète[61].

---

56. Voir *infra*, Titre II, chapitre 8, n°s 746-755, 759-760, 785.
57. Voir *infra*, n°s 720-722.
58. *Charte de la langue française*, précitée, note 21, art. 43.
59. Voir notamment : *Syndicat canadien des communications, de l'énergie et du papier, sections locales 137 et 250 (FTQ)* et *Papiers White Birch, division Stadacona, s.e.c.*, D.T.E. 2009T-213 (T.A.).
60. Quant à la pratique de négociation selon laquelle on paraphe ou « initiale » les clauses au fur et à mesure qu'elles sont acceptées par les négociateurs des deux parties, voir *supra*, Titre II, chapitre 5, n° 622.
61. Le dépôt d'une entente, selon l'article 72 C.t., peut être indicatif de cette intention. Voir et comparer, concluant dans les deux cas à l'existence d'une convention collective : *Yelle* c. *Commission des normes du travail*, D.T.E. 95T-558

Selon une pratique courante, la convention collective elle-même est complétée par des annexes et des lettres d'entente qui semblent s'en distinguer d'un point de vue formel, mais qui, sur le plan juridique, y sont assimilées ou en font partie intégrante[62]. La légalité de ces annexes ou lettres d'entente répond aux mêmes conditions de fond et de forme que la convention collective elle-même.

717 – *Vote* – L'article 20.3 C.t. oblige l'association accréditée à se faire autoriser à signer une convention collective, par un vote majoritaire, au scrutin secret, de ses membres qui sont compris dans l'unité de négociation et qui exercent leur droit de vote[63]. Pour que cette exigence garde son sens, le même vote est nécessaire à l'égard de la modification d'une convention collective déjà conclue[64]. Le vote doit permettre aux salariés de se prononcer librement et clairement sur l'acceptation ou le refus du projet de convention collective[65]. Dans le

(C.A.) ; *Conseil conjoint québécois de l'Union internationale des ouvriers du vêtement pour dames* c. *Ateliers Laudia Inc.*, D.T.E. 87T-376 (T.T.).

62. *Journal de Montréal, division de Groupe Québécor Inc.* c. *Hamelin*, D.T.E. 96T-1174 (C.A.) ; *Services d'assurances Les Coopérants Inc.* c. *Syndicat des employés de coopératives d'assurance-vie (C.S.N.)*, D.T.E. 85T-487 (C.S.).

63. *Poulin* c. *Vitriers et travailleurs du verre, section locale 1135 de la Fraternité internationale des peintres et métiers connexes*, D.T.E. 93T-493 (C.S.) – invalidité d'un vote tenu à une assemblée à laquelle avaient été convoqués tous les salariés de l'unité, sans égard à leur appartenance ou non au syndicat ; *Allard* c. *Syndicat national des employés de garage du Québec Inc.*, 2009 QCCRT 0227, D.T.E. 2009T-475 (C.R.T.). Le vote n'est par ailleurs pas nécessaire lorsqu'une convention collective déjà conclue par une association d'employeurs lie automatiquement une association nouvellement accréditée et un employeur qui a adhéré à l'association d'employeurs, en vertu de l'article 68 C.t. : *Syndicat national des employés de garage de Québec Inc.* c. *Paquet Suzuki Inc.*, D.T.E. 93T-492 (C.S.). Néanmoins, au regard d'un courant jurisprudentiel inverse plus récent et qui semble dominant, il faut comprendre de l'article 20.3 C.t. qu'un vote de ratification doit se tenir dans chaque unité de négociation, même en présence d'une association d'employeurs : *Auto Gouverneur Inc.* c. *Syndicat national de l'automobile, de l'aérospatiale, du transport et des autres travailleuses et travailleurs du Canada (TCA-Canada)*, 2009 QCCRT 0025, D.T.E. 2009T-125. Voir également *Association patronale des centres de la petite enfance (APCPE)* c. *Michaud*, D.T.E. 2011T-251 (C.A.) – le syndicat doit négocier avec l'employeur les conditions de travail des salariés qu'il a pour mission de représenter et soumettre au vote de ses membres le contenu de la convention collective avant de la signer.

64. *Beaulieu* c. *Association des pompiers de Montréal*, [1981] T.T. 169 – plainte pénale. Le vote n'est toutefois pas requis à l'égard de la conclusion d'une entente visant à régler une situation particularisée sans pour autant modifier la convention collective ; voir et transposer : *Association de l'enseignement du Nouveau-Québec* c. *Commission scolaire Crie*, [1995] R.D.J. 28 (C.A.) ; *Aliments Delisle Ltée* c. *Descoteaux*, [1999] R.J.D.T. 445 (C.A.).

65. *Noël* c. *Alliance de la Fonction publique du Canada*, [1989] R.J.Q. 1233 (C.S.) – invalidité d'un vote liant le refus du projet de convention collective à un mandat automatique de grève.

respect des conditions essentielles énoncées à l'article 20.3 C.t., le syndicat a discrétion pour arrêter les modalités de déroulement du scrutin[66]. En outre, l'adhésion ainsi que le refus du syndicat d'admettre un membre constituent des questions qui relèvent de ses affaires internes, sur lesquelles la C.R.T. n'a que très peu de contrôle[67].

L'obligation d'autorisation est assortie d'une sanction pénale qui peut être imposée à l'association en défaut (art. 20.4, 144, 145 et 148 C.t.)[68]. En édictant l'article 20.4 C.t. selon lequel l'inobservation de l'article 20.3 C.t., notamment, ne donne ouverture qu'à l'application d'une sanction pénale, le législateur a privilégié la sécurité juridique de la convention collective signée par l'association accréditée. Il a ainsi voulu que la légalité de la convention collective ne soit pas compromise par un défaut d'autorisation ou par quelque irrégularité dans l'obtention de cette autorisation[69]. On trouve néanmoins des jugements qui ont refusé de voir dans l'article 20.4 C.t. une dénégation absolue de la possibilité d'exercer tout autre recours fondé sur une allégation de violation de l'article 20.3 C.t. par l'association accréditée[70].

718 – *Dépôt* – L'article 72 C.t. soumet à une autre formalité l'entrée en vigueur d'une convention collective. Il s'agit du dépôt, dans les 60 jours de sa signature, auprès du ministre du Travail, de deux exemplaires ou copies conformes à l'original de la convention et de ses

---

66. *Raymond* c. *Syndicat des employés de l'Université Laval, S.C.F.P., section locale 2500*, [1984] C.S. 428.
67. *Allard* c. *Syndicat national des employés de garage du Québec Inc.*, précité, note 63, par. 33. Voir également : *Alliance internationale des employés de scène, de théâtre et de cinéma des États-Unis et du Canada (I.A.T.S.E.), section locale 56* c. *Drolet*, 2008 QCCRT 0220.
68. *Code de procédure pénale*, RLRQ, c. 25.1, art. 9 et 10 ; *Beaulieu* c. *Association des pompiers de Montréal Inc.*, précité, note 64 ; *Martin* c. *Savard*, D.T.E. 93T-1283 (C.S.).
69. Voir, par analogie, s'agissant du vote d'autorisation de grève requis par l'article 20.2 C.t. : *Union des employées et employés de services, section locale 800* c. *Farbec Inc.*, [1997] R.J.Q. 2073 (C.A.).
70. Exemples : *Noël* c. *Alliance de la Fonction publique du Canada*, précité, note 65 – injonction ; *Beaulieu* c. *Association des pompiers de Montréal*, [1981] C.S. 419 – action en dommages-intérêts, ensuite rejetée dans *Beaulieu* c. *Association des pompiers de Montréal*, D.T.E. 85T-681 (C.S.) ; *Labelle* c. *Syndicat des travailleuses et travailleurs de Terre des Hommes (C.S.N.)*, D.T.E. 2000T-775 (C.S.) – ordonnance d'injonction interlocutoire enjoignant de surseoir à la mise en application d'une convention collective en raison d'irrégularités dans le vote d'approbation.

annexes[71] ; les modifications éventuelles à la convention collective sont également sujettes à la même procédure de dépôt[72]. La partie qui effectue le dépôt doit indiquer le nombre de salariés régis par la convention collective et se conformer aux autres dispositions réglementaires qui peuvent être édictées en vertu de l'article 138 C.t. (art. 72, al. 4 C.t.). Ces dispositions réglementaires fixent les conditions additionnelles suivantes pour l'acceptation du dépôt[73] :

– que le nom de l'association et celui de l'employeur soient les mêmes que ceux qui paraissent dans l'accréditation[74] ;

– que les exemplaires ou les copies conformes à l'original de la convention collective soient signés par l'association et par l'employeur et que les annexes soient déposées en deux copies ;

– que la convention collective soit datée ;

– que la convention collective soit rédigée dans la langue officielle.

Le dépôt d'une convention collective conclue avec une association d'employeurs est soumis à une procédure sommaire[75]. Le ministère du Travail délivre un certificat attestant le dépôt d'une convention collective ou, le cas échéant, avise la partie qui a déposé la convention de la raison du refus de ce dépôt[76]. Au sens de l'article 72 C.t., on peut considérer qu'il y a dépôt de la convention collective à compter de la réception des documents par le ministre du Travail, qui ne joue, par ailleurs, qu'un rôle administratif[77].

---

71. Voir *Union des agents de sécurité du Québec, local 8922* c. *Union des agents de sécurité du Québec*, [1984] T.T. 225.

72. *Prévost Car Inc.* c. *Tremblay*, [1976] C.S. 32. Les ententes particulières auxquelles le syndicat peut souscrire et qui n'ont pas pour effet de modifier la convention collective à l'endroit de l'ensemble des salariés qu'elle régit ne sont plus soumises à cette exigence : *Association de l'enseignement du Nouveau-Québec* c. *Commission scolaire Crie*, précité, note 64 ; *Aliments Delisle Ltée* c. *Descoteaux*, précité, note 64. Voir également : *Syndicat canadien des communications, de l'énergie et du papier, sections locales 137 et 250 (FTQ)* et *Papiers White Birch, division Stadacona, s.e.c.*, D.T.E. 2009T-213 (T.A.).

73. *Règlement sur l'exercice du droit d'association conformément au Code du travail*, RLRQ, 1981, c. C-27, r. 3, art. 42.

74. *Prévost Car Inc.* c. *Tremblay*, précité, note 72.

75. *Règlement sur l'exercice du droit d'association conformément au Code du travail*, précité, note 73, art. 44 ; *Syndicat national des employés de garage de Québec Inc.* c. *Paquet Suzuki Inc.*, précité, note 63.

76. *Règlement sur l'exercice du droit d'association conformément au Code du travail*, précité, note 73, art. 43.

77. *Syndicat des centres d'hébergement privés de l'Outaouais (CSN)* c. *Vitriers travailleurs du verre, section locale 1135 du Conseil de district 97 (SIPMC)*, D.T.E. 2005T-27 (C.R.T.).

La convention collective ne prend effet qu'à compter du moment où elle a été validement déposée (art. 72, al. 1 C.t.). Toutefois, le dépôt a un effet rétroactif à la date prévue dans la convention collective pour son entrée en vigueur ou, à défaut de telle mention, à la date de la signature de la convention (art. 72, al. 2 C.t.). À cet égard, il y a lieu de bien saisir la distinction entre le moment d'entrée en vigueur de la convention et la période qui sera couverte par ses effets, notamment par le jeu de la rétroactivité. Ainsi, en l'absence, avant le dépôt, d'une convention collective qui produise des effets juridiques, le droit de grève et de lock-out subsisterait jusqu'à ce que le dépôt ait été effectué[78].

Qu'en est-il, au regard du dépôt, du droit de grief ? Le grief antérieur au dépôt de la convention collective est-il invalide parce que prématuré ? Quand la prescription commence-t-elle à courir ? Dans un arrêt rendu en 1979, la Cour d'appel affirmait que le délai pour entamer la procédure de grief commençait à courir à la date du dépôt pour une réclamation se rapportant à la période antérieure au dépôt et couverte par l'effet rétroactif de la convention collective[79]. La Cour d'appel jugea alors que le grief soumis avant le dépôt de la convention collective était prématuré, parce que dépourvu de fondement juridique. Cet arrêt distinguait d'une part l'effet du dépôt, c'est-à-dire la mise en vigueur de la convention collective, et, d'autre part, l'effet rétroactif prévu dans la convention, à partir du texte de l'article 72 C.t. tel qu'il se lisait avant d'être modifié pour donner au dépôt lui-même un effet rétroactif. Cette modification justifie maintenant une conclusion différente de celle à laquelle en était venue la Cour d'appel quant à la validité du grief antérieur au dépôt[80]. Il s'ensuit toutefois aussi un danger qu'un grief puisse se prescrire avant le dépôt de la convention.

---

78. *Syndicat national des employés de filature de Montréal* c. *J.&P. Coats (Canada) Ltée*, [1979] C.S. 83 ; *Société d'électrolyse et de chimie Alcan Ltée* c. *Syndicat des travailleurs de l'aluminerie Alcan Shawinigan (C.S.D.)*, [1980] T.T. 520. À distinguer du jugement ultérieur dans *Syndicat national catholique des employés des institutions religieuses de Saint-Hyacinthe Inc.* c. *Syndicat des employés de la corporation épiscopale C.R. de Saint-Hyacinthe*, [1990] T.T. 277, où on affirme que la convention collective existe dès sa signature, mettant ainsi fin à l'application du paragraphe 22c) C.t., même si elle n'est pas aussitôt déposée.

79. *Lakeshore Teacher's Association* c. *Frumkin*, C.A. Montréal, n° 500-09-000160-787, 27 mars 1979.

80. *Union des routiers, brasseries, liqueurs douces et ouvriers de diverses industries, local 1999* c. *Lussier*, D.T.E. 86T-380 (C.S.). Voir aussi : *Industries Désormeau Inc.* c. *Alary*, D.T.E. 94T-1399 (C.S.) ; *Union des employées et employés de service, section locale 800* c. *Gestion des déchets Malex Inc.*, D.T.E. 2008T-566 (T.A.).

L'effet rétroactif du dépôt, on le constate, est susceptible de soulever des questions délicates. Pour éviter les risques inutiles et les situations juridiques qui deviennent parfois inextricables, on a intérêt à déposer la convention dès que possible.

Le défaut d'effectuer le dépôt emporte une forme particulière de sanction à l'endroit de l'association accréditée signataire. Il donne en effet ouverture à la recevabilité d'une requête en accréditation d'une association rivale, si cette requête est produite après le délai de 60 jours imparti pour procéder au dépôt de la convention collective et avant que ce dépôt n'ait été effectué (art. 72, al. 3 C.t.)[81].

III- LA DURÉE

719 – *Normes légales* – L'article 65, al. 1 C.t. impose à la convention collective une durée déterminée minimale d'un an. Lorsqu'un employeur devient régi par une convention collective du fait de son adhésion à une association d'employeurs, tel qu'envisagé à l'article 68 C.t., cette durée minimale s'apprécie à partir de la durée prévue à la convention collective déjà conclue par l'association patronale[82]. La même règle prévaut à l'endroit des conventions collectives négociées sur une base provinciale dans les secteurs public et parapublic, lorsque de nouvelles associations de salariés viennent s'y rattacher du fait de leur accréditation[83]. La convention collective à laquelle les parties ont donné une durée inférieure à un an serait frappée de nullité dans son entier, du moins selon l'*obiter* d'un jugement[84].

La durée d'une première convention collective pour le groupe de salariés visés par l'accréditation est limitée à un maximum de

---

81. À titre d'exemples des conséquences qui peuvent résulter d'un dépôt tardif ou d'un dépôt non conforme aux exigences de la Loi ou des règlements, quant à l'ouverture du champ de l'accréditation, voir : *Prévost Car Inc.* c. *Tremblay,* précité, note 72 ; *Union des agents de sécurité du Québec, local 8922* c. *Union des agents de sécurité du Québec*, précité, note 71.
82. *Fraternité canadienne des cheminots, employés des transports et autres ouvriers, local 511* c. *Syndicat international des travailleurs unis de l'automobile, de l'aéronautique, de l'astronautique et des instruments aratoires d'Amérique (T.U.A.), section locale 1581,* [1978] T.T. 91, 103.
83. *Syndicat professionnel des infirmières et infirmiers du Québec* c. *Syndicat des employés d'hôpitaux de Ville-Marie (C.S.N.),* T.T. Montréal, 75-2740, 19 mai 1976.
84. *Ambulances S.O.S. Enrg.* c. *Rassemblement des employés techniciens ambulanciers du Québec,* [1984] T.T. 359 ; *Syndicat national des travailleurs des pâtes et papier de Portneuf Station Inc. (CSD)* c. *Commission des relations du travail,* 2008 QCCS 2980, D.T.E. 2008T-582 (C.S.).

trois ans (art. 65, al. 2 C.t.)[85]. Le terme d'une convention collective alors conclue pour plus de trois ans sera ramené à la limite maximale[86]. Cet obstacle n'est pas incontournable. Rien n'interdit en effet la signature simultanée de deux conventions collectives, la deuxième prenant effet à l'échéance de la précédente pour une durée libérée de toute contrainte légale. Pour les parties signataires, cette solution emportera qu'elles renoncent à renégocier à l'expiration de la première convention collective et aux droits qui y sont usuellement associés[87]. Le procédé demeure sujet à un aléa. Il laisse en effet la possibilité que le syndicat signataire de la convention collective initiale soit déplacé par un autre à l'occasion de son échéance (art. 22d) C.t.) et que le syndicat nouvellement accrédité dénonce toute convention collective signée par son prédécesseur (art. 61 C.t.) et réclame son droit de négociation (art. 52 et 52.2, al. 2 C.t.). L'avenir étant d'autant plus incertain qu'il est lointain, il serait donc le plus souvent opportun, d'un point de vue stratégique, de donner à une première convention collective une durée relativement courte et d'ajuster en conséquence celle de son renouvellement.

L'incertitude que nous venons d'évoquer touche également les conventions collectives de longue durée auxquelles les parties peuvent souscrire (après la première), lorsque cette durée excède six ans et demi. En effet, il est alors possible que le syndicat signataire de cette convention collective soit remplacé par un autre avant son échéance (art. 22e) C.t.) et que le nouveau syndicat accrédité la dénonce alors en vertu de l'article 61 du Code.

La durée d'une convention collective s'apprécie en tenant compte de la pleine rétroactivité qu'ont pu lui donner ses signataires, le cas échéant[88].

720 – *Détermination* – Le plus souvent, les parties à la convention collective stipulent expressément à quel moment cette dernière com-

---

85. *Union des employées et employés de service, section locale 800 (F.T.Q.)* c. *Côté*, D.T.E. 99T-114 (C.S.) ; *3008-321 Canada Inc.* c. *Fortin*, [1999] R.J.D.T. 518 (T.T.) ; *Syndicat des salariés d'entretien ménager de Montréal (CSD)* c. *Industries de maintenance Empire, s.e.c.*, 2009 QCCRT 0280, D.T.E. 2009T-549.
86. *Ibid.* ; *Ambulances S.O.S. Enrg.* c. *Rassemblement des employés techniciens ambulanciers du Québec*, précité, note 84 ; *Syndicat des salariés d'entretien ménager de Montréal (CSD)* c. *Industries de maintenance Empire, s.e.c.*, précité, note 85.
87. *Autobus Matanais inc.* c. *Association des chauffeurs d'autobus scolaire Matanais inc.*, [2002] R.J.D.T. 329 (T.A.) – clause de renouvellement automatique.
88. *Ambulances S.O.S. Enrg.* c. *Rassemblement des employés techniciens ambulanciers du Québec*, précité, note 84.

mencera à produire ses effets, ainsi que la date à laquelle elle viendra à échéance. Dans les limites légales déjà précisées, ces stipulations peuvent prendre diverses formes. Par exemple, l'entrée en vigueur de la convention peut être suspendue à la réalisation d'une condition[89].

À défaut par les parties de prévoir expressément le moment à compter duquel la convention collective s'appliquera et celui où elle viendra à échéance, la Loi y suppléera. Ainsi que nous l'avons déjà vu, l'article 72, al. 2 C.t. prévoit qu'une convention collective déposée prend effet à compter de la date de sa signature si les parties sont demeurées muettes à ce sujet. Quant à la convention collective dont la durée n'est pas déterminée, elle est présumée en vigueur pour un an, selon l'article 66 C.t. En cas de difficulté, la C.R.T. peut, sur simple demande de tout intéressé, déterminer la date d'expiration de la convention collective, lorsque cette date n'y est pas clairement indiquée (art. 52.2, al. 3 C.t.).

721 – *Modification* – Compte tenu du caractère d'ordre public de l'article 22 C.t. et, plus particulièrement, de ses paragraphes d) et e), la durée de la convention collective ne peut être modifiée par entente entre les parties à l'encontre du droit d'un autre syndicat de se prévaloir des délais légaux prévus pour déposer une requête en accréditation, ces délais étant calculés en fonction de la durée initiale de la convention[90]. La jurisprudence demeure incertaine quant à la possibilité qu'une modification de la durée d'une convention collective, à l'intérieur des limites posées par l'article 65 C.t., vaille entre les parties tout en demeurant inopposable aux tiers[91].

---

89. *Steinberg's Limitée* c. *Comité paritaire de l'alimentation au détail*, [1968] R.C.S. 971 – entrée en vigueur liée à l'adoption d'un décret en vertu de la *Loi sur les décrets de convention collective*, RLRQ, c. D-2. Voir aussi *Union des agents de sécurité du Québec, section locale 8922* c. *Union des agents de sécurité du Québec, section locale 102*, D.T.E. 84T-887 (T.T.).

90. *Teamsters du Québec, chauffeurs et ouvriers de diverses industries, section locale 69* c. *Syndicat des travailleuses et travailleurs d'Bois linière Inc. (C.S.N.)*, D.T.E. 99T-193 (C.A.). Voir également : *Syndicat national des travailleurs des pâtes et papier de Portneuf Station Inc. (CSD)* c. *Commission des relations du travail*, 2008 QCCS 2980, précité, note 84 – le prolongement de la durée initiale de la convention collective par les parties est inopposable aux tiers.

91. **Jugements affirmatifs :** *Association des employés de Plastique provinciale Inc. (F.C.A.I.)* c. *Union des employés de service, local 298 F.T.Q.*, [1974] T.T. 89 ; *Syndicat canadien des travailleurs du papier* c. *Union des bûcherons et employés de scieries de la Fraternité unie des charpentiers et menuisiers d'Amérique*, [1977] T.T. 276 ; *Union des opérateurs de machineries lourdes du Québec (F.T.Q.)* c. *Métallurgistes unis d'Amérique, syndicat local 6833 (F.T.Q.)*, D.T.E. 82T-814 (T.T.). **Jugements négatifs :** *Syndicat des employés de l'imprimerie Veilleux Ltée* c. *Syndicat international des arts graphiques, local 509*, [1984] T.T. 4 ; *Conseil conjoint québécois de l'Union internationale des ouvriers du vêtement pour dames* c. *Ateliers Laudia Inc.*, précité, note 61.

Le *Code du travail* intervient par ailleurs pour modifier lui-même l'échéance d'une convention collective à l'occasion d'une concession partielle d'entreprise donnant lieu à l'application de l'article 45 C.t. La convention collective transférée chez le concessionnaire y expire le jour même de la concession partielle, à moins que la C.R.T. n'en décide autrement si elle juge que la concession a été faite dans le but principal de fragmenter l'unité de négociation concernée ou de porter atteinte au pouvoir de représentation du syndicat (art. 45.2, al. 1, 1o et 46, al. 6 C.t.)[92]. Une autre intervention d'autorité peut survenir dans le même genre de contexte. La Cour suprême a reconnu à la juridiction spécialisée du travail le pouvoir de modifier la durée d'une convention collective à l'occasion d'une transmission d'entreprise qui emporte l'application de l'article 45 C.t., voire de l'annuler[93].

722 – *Rétroactivité et prolongation des effets* – Il y a lieu de distinguer la durée de la convention collective elle-même de celle de ses effets, qui peuvent déborder la période pendant laquelle la convention est en vigueur.

En premier lieu, le phénomène de la rétroactivité peut jouer. On peut, par exemple, conclure aujourd'hui une convention collective de trois ans, mais dont les clauses pécuniaires sont rétroactives sur une période de 12 mois[94]. La rétroactivité ne se présume pas ; elle relève de la négociation et de l'expression de son résultat[95].

---

92. Voir *supra*, Titre II, chapitre 4, nos 593-598. Une convention collective fédérale conclue par une association non accréditée et transférée à un nouvel employeur soumis à la compétence du Québec ne liera cet employeur que jusqu'à l'expiration d'un délai de 90 jours suivant la date de l'aliénation ou de la concession si cette association n'a pas déposé pendant ce délai une requête en accréditation, selon le *Code du travail*, à l'égard de l'unité de négociation concernée ou d'une unité essentiellement similaire (art. 45.3, al. 2 C.t.).

93. *Ivanhoe Inc.* c. *TUAC, section locale 500*, [2001] 2 R.C.S. 566, 2001 CSC 47, par. 106-113.

94. Il faut distinguer une telle rétroactivité partielle de la convention collective et une rétroactivité complète de cette dernière, qui est également possible, mais dont il faudra tenir compte aux fins du calcul de la durée légale de la convention au regard de l'article 65 C.t. : *Ambulances S.O.S. Enr.* c. *Rassemblement des employés techniciens ambulanciers du Québec*, précité, note 84. L'exécution d'une obligation de faire rendue rétroactive sera toutefois impossible : *Union des employés de commerce, section locale 501* c. *Bolduc*, [1994] R.J.Q. 2498 (C.A.).

95. *Tremblay* c. *Syndicat des employées et employés professionnels-les et de bureau, section locale 57*, précité, note 18, par. 15 et 22.

La convention collective peut continuer à produire des effets comme source de droits et d'obligations après son expiration[96]. L'article 59 C.t., nous l'avons vu, prolonge l'application de la convention collective jusqu'au moment de l'exercice du droit de grève ou de lock-out. Son troisième alinéa reconnaît aussi la légalité d'une pratique devenue courante, celle de prévoir dans la convention collective que les conditions de travail qu'elle contient continueront de s'appliquer jusqu'à ce qu'intervienne une nouvelle convention (clause « de pont »)[97]. Cette prolongation des effets de la convention collective, qu'elle résulte de la Loi ou de l'entente des parties, emporte le droit de recourir à la procédure de griefs[98] et même, en cas d'urgence, celui d'obtenir le maintien temporaire des conditions de travail par ordonnance d'injonction interlocutoire[99]. Une stipulation conventionnelle qui a pour objet de prolonger l'application d'une convention collective jusqu'à son renouvellement ne prive pas les parties de leur droit de grève et de lock-out à l'occasion de la renégociation de cette convention[100]. En l'absence de prolongation conventionnelle des effets de la convention collective à l'expiration de la période légale de maintien des conditions de travail selon l'article 59 C.t., l'employeur pourra légalement envisager l'imposition unilatérale de conditions différentes de celles qui le liaient en vertu de la convention collective. Si toutefois l'employeur s'abstient de signifier une modification aux conditions de travail, il faudra présumer que celles déjà établies dans la convention collective échue continuent à s'appliquer[101].

---

96. Voir, *Provigo Québec inc.* c. *Poulin*, 2012 QCCS 1564 – le décret d'un lock-out n'annule pas la compétence d'un arbitre de griefs désigné par la convention collective. Voir également : *Lessard* c. *Collège Français inc.*, 2008 QCCQ 12776 – un salarié demeure lié par la convention collective même si celle-ci était expirée au moment où il a été embauché.

97. *Syndicat canadien des communications, de l'énergie et du papier, section locale 2995* c. *Spreitzer*, précité, note 5, par. 56 ; *Commission scolaire régionale de Chambly* c. *Marier*, [1976] R.D.T. 129 (C.A.). Voir *supra*, Titre II, chapitre 5, n° 628.

98. *Consolidated-Bathurst Inc.* c. *Syndicat national des travailleurs des pâtes et papiers de Port-Alfred*, [1987] R.J.Q. 520 (C.A.) ; *Fraternité des policiers de la municipalité de la Baie James* c. *Tremblay*, D.T.E. 87T-258 (C.A.) ; *A. & D. Prévost Ltée* c. *Lauzon*, J.E. 81-962 (C.A.).

99. Exemple : *Fraternité des policiers de Longueuil* c. *Ville de Longueuil*, J.E. 82-436 (C.S.).

100. *Bradburn* c. *Wentworth Arms Hotel Limited*, [1979] 1 R.C.S. 846. L'arrêt est rendu sur la base de la législation ontarienne mais ses motifs demeurent pertinents sous l'empire du *Code du travail* du Québec. Voir aussi *Consolidated-Bathurst Inc.* c. *Syndicat national des travailleurs des pâtes et papiers de Port-Alfred*, précité, note 98 ; *Journal de Montréal, division de Corporation Sun Media* c. *Syndicat des travailleurs de l'information du Journal de Montréal (FNC-CSN)*, [2009] R.J.D.T. 1084, 2009T-642.

101. Voir : *CAIMAW* c. *Paccar of Canada Ltd.*, [1989] 2 R.C.S. 983.

723 – *Droits résiduels* – Sur un autre plan, des droits qui prennent naissance dans une convention collective peuvent lui survivre, après son expiration, jusqu'au moment où ils peuvent être réclamés et pendant la période où ils demeurent exécutoires[102]. Ces droits résiduels peuvent concerner tout autant le paiement d'un salaire, le droit accumulé à des vacances payées ou celui de recevoir une prestation de maladie ou de retraite. Toutes promesses souscrites dans une convention collective sont susceptibles d'une exécution, forcée au besoin, après la fin de cette dernière[103]. Pour déterminer si une réclamation est sujette à l'arbitrage de griefs en vertu d'une convention collective expirée, il faut se rapporter au moment où les droits qui en font l'objet se sont constitués ou cristallisés plutôt qu'au moment où est survenue leur prétendue violation[104].

724 – *Droits substantiels* – En principe, une nouvelle convention collective peut remettre en cause et modifier toute condition de travail déterminée par une convention antérieure ; la convention collective s'apparente en effet à un contrat à durée déterminée[105]. Cette réalité ne vaut toutefois qu'à l'endroit des parties soumises à la nouvelle convention collective ; elle ne saurait, par exemple, diminuer les droits accumulés par d'ex-salariés pendant leur période d'emploi[106]. En outre, il n'est pas exclu que certaines conditions de travail soient expressément et spécialement garanties à des salariés pour une période plus longue que celle d'une convention collective[107].

---

102. *Dayco (Canada) Ltd.* c. *T.C.A. – Canada*, [1993] 2 R.C.S. 230 ; *Centre hospitalier Pierre-Boucher* c. *Union des employés de service, local 298*, [1998] R.J.D.T. 1057 (C.A.).

103. *Dayco (Canada) Ltd.* c. *T.C.A. – Canada, ibid.*, p. 269-274. Le cas échéant, l'association accréditée sera tenue à son obligation de représentation pour obtenir cette exécution : *Tremblay* c. *Syndicat des employées et employés professionnels-les et de bureau, section locale 57*, précité, note 18, par. 21.

104. *Dayco (Canada) Ltd.* c. *T.C.A. – Canada*, précité, note 102, p. 274-280.

105. *Hémond* c. *Coopérative fédérée du Québec*, précité, note 53 ; *Dayco (Canada) Ltd.* c. *T.C.A. – Canada*, précité, note 102, p. 272-274.

106. *Dayco (Canada) Ltd.* c. *T.C.A. – Canada*, précité, note 102, p. 274.

107. Dans l'arrêt *Dayco (Canada) Ltd.*, précité, note 102, la Cour suprême signale que l'irrévocabilité, à l'occasion d'une négociation collective ultérieure, de droits acquis par certains salariés en vertu d'une convention collective peut s'inférer, à l'analyse, de cette convention collective. La Cour d'appel a reconnu une telle situation dans des ententes dites tripartites garantissant certains droits à des salariés qui y avaient souscrit : *Syndicat canadien des communications, de l'énergie et du papier, section locale 145* c. *Gazette (The), une division de Southam inc.*, [2000] R.J.Q. 24 (C.A.) ; *Journal de Montréal, division de Groupe Québécor Inc.* c. *Hamelin*, précité, note 62.

IV- LES EFFETS

725 – *Originalité de la convention collective* – Entente écrite entre une association accréditée et l'employeur, la convention collective lie ceux-ci et « tous les salariés actuels ou futurs visés par l'accréditation » (art. 67, al. 1 C.t.)[108].

Résultat d'un acte contractuel bipartite qui s'inscrit dans un contexte législatif élaboré en fonction d'un intérêt collectif et général, la convention collective voit ses effets portés par la Loi au-delà de ses signataires, au bénéfice des salariés visés par l'accréditation. Comme le décrit la Cour suprême, le régime légal de rapports collectifs « consacre une nouvelle forme de contrat tripartite avec seulement deux signataires, une solution législative aux lacunes de la common law dans le domaine des droits des tiers »[109]. La convention collective apparaît ainsi comme un instrument véritablement original, qu'on ne saurait identifier à l'une ou l'autre des catégories juridiques classiques.

726 – *Unicité* – Une seule convention collective doit être conclue à l'égard du groupe de salariés visés par une accréditation (art. 67, al. 2 C.t.). Il est donc juridiquement inconcevable que les conditions de travail établies dans plus d'une convention collective soient applicables en même temps aux salariés d'une unité de négociation[110]. La particularisation de certaines conditions de travail à l'endroit de sous-groupes salariés de l'unité de négociation ne touche pas le caractère d'unicité de la convention collective[111].

Rattachée à l'accréditation, la convention collective ne peut prétendre faire porter ses effets au-delà de l'unité de négociation pour laquelle le syndicat signataire est accrédité[112].

---

108. Voir M. COUTU, L.L. FONTAINE et G. MARCEAU, *Droit des rapports collectifs du travail au Québec*, Éditions Yvon Blais, 2009, p. 93.

109. *St. Anne Nackawic Pulp & Paper Co.* c. *Section locale 219 du Syndicat canadien des travailleurs du papier*, précité, note 24, p. 718.

110. *Hémond* c. *Coopérative fédérée du Québec*, précité, note 53 ; *Société d'électrolyse et de chimie Alcan Ltée* c. *Fédération des syndicats du secteur de l'aluminium Inc.*, précité, note 1.

111. *Tremblay* c. *Syndicat des employées et employés professionnels-les et de bureau, section locale 57*, précité, note 18, par. 13-14.

112. *Société d'électrolyse et de chimie Alcan Ltée* c. *Fédération des syndicats du secteur de l'aluminium Inc.*, précité, note 1. Comparer ce jugement à celui rendu dans *Syndicat des professeurs du Collège de l'Abitibi-Témiscamingue* c. *Ayotte*, D.T.E. 90T-309 (C.A.) ; *Syndicat des salariés de la Coop de Dorchester (représenté par la section locale 1991-P de l'Union internationale des travailleuses et travailleurs unis de l'alimentation et du commerce)* et *Exceldor Coopérative*

727 – *Application universelle* – La convention collective s'impose non seulement aux salariés présents dans l'entreprise au moment de sa conclusion, mais également aux salariés « futurs »[113], comme les désigne l'article 67 du Code, c'est-à-dire à ceux qui s'intégreront par la suite à l'unité d'accréditation[114]. Quelques jugements ont interprété la référence de l'article 67 C.t. aux salariés « actuels » comme ayant pour effet de priver de la rétroactivité d'une convention collective les salariés qui ont quitté l'entreprise avant l'entrée en vigueur de cette convention collective, à moins d'une stipulation expresse à l'effet contraire[115]. Cette solution vide le concept de rétroactivité d'une partie de ses effets et ignore la réalité de la représentation du salarié par le syndicat accrédité pendant la période couverte par la rétroactivité[116]. Cela ne veut pas dire que le salarié qui a quitté l'entreprise soit en droit d'exiger le bénéfice de la rétroactivité[117] ; cela signifie simplement qu'en l'absence d'indication contraire, l'ex-salarié devrait bénéficier de la rétroactivité pour sa période d'emploi[118].

728 – *Préséance* – La convention collective ne constitue ni un acte d'engagement collectif ni, pour les salariés qu'elle régit, un contrat de travail à durée déterminée, au sens du droit civil[119].

Le contenu de la convention collective se substitue par ailleurs totalement à celui qui pourrait résulter des contrats individuels de travail, s'imposant comme unique source conventionnelle du régime de travail. Il est bien établi qu'une entente individuelle ne peut vala-

---

avicole (usine de St-Ansèlme), D.T.E. 2011T-536 (T.A.) – L'employeur n'a pas l'obligation de négocier avec un syndicat la rémunération d'un salarié syndiqué qui remplace temporairement un coordonnateur alors que cette fonction est exclue de l'unité de négociation.

113. *Syndicat de professionnelles et professionnels du gouvernement du Québec (SPGQ)* c. *Québec (Ministère de l'Agriculture, des Pêcheries et de l'Alimentation) (MAPAQ) (Conseil du Trésor)*, D.T.E. 2009T-442, EYB 2009-161173 (T.A.).

114. Voir, dans le contexte de l'application de l'article 45 C.t., donnant ainsi effet à l'article 67 C.t. : *Syndicat professionnel des infirmières et infirmiers de Québec* c. *Marcheterre*, D.T.E. 88T-20 (C.A.).

115. *Trait* c. *Le Petit Journal (1968) Ltée*, [1971] R.D.T. 188 (C.S.) ; *O'Rully* c. *C.U.M.*, [1980] C.S. 708. Un autre jugement a conclu qu'il en serait autrement lorsque la convention collective au complet prend effet de façon rétroactive : *Ambulances S.O.S. Enrg.* c. *Rassemblement des employés techniciens ambulanciers du Québec (C.S.N.)*, précité, note 84.

116. *Tremblay* c. *Syndicat des employées et employés professionnel-les et de bureau, section locale 57*, précité, note 18, par. 19-22.

117. *Ibid.*

118. Voir en ce sens : *Trottier* c. *Joubert & Fils Ltée*, D.T.E. 89T-690 (C.Q.).

119. *Commission des normes du travail* c. *Campeau Corporation*, [1989] R.J.Q. 2108 (C.A.).

blement prévoir des conditions de travail moins avantageuses que celles arrêtées par la convention collective[120]. La jurisprudence de la Cour suprême donne à la convention collective un effet beaucoup plus absolu qu'un simple minimum. Plusieurs arrêts ont régulièrement affirmé que l'existence d'une convention collective ne laissait aucune place à la négociation individuelle des conditions de travail[121]. Au soutien du caractère strictement minimal de la convention collective, on se réfère parfois à l'arrêt *Robitaille* de la Cour d'appel[122]. Abstraction faite que ce jugement soit antérieur à la plupart des arrêts précités de la Cour suprême, son autorité comme précédent se trouve limitée par les faits de l'espèce. En l'occurrence, une loi particulière applicable au milieu scolaire imposait le maintien d'un contrat individuel de travail formel. En outre, le contrat individuel dont les effets ont été reconnus par la Cour d'appel était à la fois antérieur à la sentence arbitrale qui tenait lieu de convention collective et couvert par une protection des droits acquis assurée par cette sentence arbitrale. Ultérieurement, la Cour d'appel a reconnu la prééminence de la convention collective sur des ententes particulières invoquées par des salariés et qui leur auraient été plus favorables[123].

La convention collective elle-même peut permettre la conclusion d'ententes individuelles sur quelque sujet que ce soit, aux conditions qu'elle peut également déterminer. En outre, le caractère absolu de la convention collective laisse néanmoins subsister, de

---

120. *Rimouski (Ville de)* c. *Morin*, D.T.E. 90T-654 (C.A.) ; *Acier Leroux Inc.* c. *Union des camionneurs de construction et approvisionnements, mécaniciens d'auto et aides-employés de stations-service et de parcs de stationnement et salariés divers, section locale 903*, D.T.E. 93T-131 (C.A.) ; *Syndicat des travailleurs de la Maison-mère des Sœurs des Saints Noms de Jésus et de Marie (C.S.N.)* c. *Larouche*, D.T.E. 2001T-517 (C.A.) ; *Syndicat des travailleuses et travailleurs en petite enfance de la Montérégie (CSN)* et *Centre de la petite enfance Cachalot inc. (grief syndical)*, D.T.E. 2011T-400 (C.A.). Dans ce domaine, « l'acte collectif prévaut sur toute entente individuelle qui lui est contraire ou inférieure ou qui s'oppose à sa pleine réalisation » : Fernand MORIN, « Droits individuels et droits collectifs : un difficile mais nécessaire appariement », (2009) 64-1 *R.I.* 154.

121. Voir notamment *Syndicat catholique des employés de magasins de Québec Inc.* c. *Cie Paquet Ltée*, précité, note 3, p. 212 ; *Canadian Pacific Railway Co.* c. *Zambri*, [1962] R.C.S. 624, 629 ; *McGavin Toastmaster Limited* c. *Ainscough*, [1976] 1 R.C.S. 718 ; *General Motors* c. *Brunet*, [1977] 2 R.C.S. 537 ; *Association internationale des débardeurs, section locale 273* c. *Association des employés maritimes*, [1979] 1 R.C.S. 120 ; *CAIMAW* c. *Paccar of Canada Ltd.*, précité, note 101 ; *Hémond* c. *Coopérative fédérée du Québec*, précité, note 53 ; *Noël* c. *Société d'énergie de la Baie-James*, [2001] 2 R.C.S. 207, 2001 CSC 39.

122. *Robitaille* c. *Commissaires d'école de Thetford-Mines*, [1967] B.R. 256.

123. Voir : *Cholette* c. *Université Laval*, C.A. Québec, n° 200-09-000300-787, 22 février 1982.

manière complémentaire ou supplétive, l'application de règles de droit commun et même des ententes individuelles sur des matières que la convention ne traite pas[124].

L'originalité de la convention collective et son autonomie par rapport au droit commun emportent une autre conséquence. Sous réserve des termes de la convention collective elle-même, une partie demeure tenue aux obligations qu'elle lui impose malgré l'inexécution des siennes par l'autre partie[125].

729 – *Employeurs* – Quant aux employeurs, il est utile de rappeler la portée de l'article 68, al. 1 C.t.[126]. La convention liera tous les membres d'une association d'employeurs l'ayant conclue, incluant ceux qui y adhèrent après sa signature. Évidemment, tenant compte de l'ensemble du Code, l'article 68 C.t. ne produira tous ses effets que lorsque le syndicat signataire de la convention collective conclue avec l'association d'employeurs obtiendra l'accréditation chez un employeur qui appartient, ou qui décide ensuite d'appartenir, à cette association d'employeurs[127]. En conséquence, on ne saurait opposer à un syndicat l'article 68 du Code s'il n'est pas le signataire de la convention collective intervenue avec l'association d'employeurs à laquelle appartient l'employeur. De son côté, l'association d'employeurs n'est pas obligée de négocier avec un syndicat accrédité pour le compte de tous les employeurs qui sont ses membres. Rien ne lui interdit de ne négocier expressément que pour certains d'entre eux, comme leur mandataire[128].

---

124. Voir : *Commission des normes du travail* c. *Campeau Corporation*, précité, note 119 ; *Syndicat des professionnels et professionnelles du réseau scolaire du Québec (C.E.Q.)* c. *Commission scolaire de La Mitis*, [1989] R.L. 603 (C.A.) – droit de l'employeur à la restitution de l'indu.

125. *McGavin Toastmaster Limited* c. *Ainscough*, précité, note 121, p. 726-728.

126. *Syndicat des salariés d'entretien ménager de Montréal (CSD)* et *Industries de maintenance Empire, s.e.c.*, D.T.E. 2009T-549 (C.R.T.) – les règles d'ordre public imposées par le *Code du travail* s'appliquent aux conventions conclues en vertu de l'article 68 C.t.

127. *Syndicat national des employés de garage de Québec Inc.* c. *Paquet Suzuki Inc.*, précité, note 63. Quant à l'obligation, dans ces circonstances, de procéder au dépôt de la convention collective, voir *Fraternité canadienne des cheminots* c. *Park Avenue Chevrolet Limitée*, [1978] T.T. 96 ; *Union des agents de sécurité du Québec* c. *Union des agents de sécurité du Québec*, précité, note 89 ; *Règlement sur l'exercice du droit d'association conformément au Code du travail*, RLRQ, c. C-27, r. 3, art. 44.

128. *Union des agents de sécurité du Québec, section locale 8922* c. *Union des agents de sécurité du Québec, section locale 102*, précité, note 89 ; *Syndicat national des employés de garage du Québec Inc.* c. *Paré Centre du camion White G.M.C. Inc.*, D.T.E. 94T-935 (T.T.).

CHAPITRE 8

L'ARBITRAGE DES GRIEFS

730 – *Institution arbitrale* – La Loi soumet les litiges auxquels peut donner lieu l'administration de la convention collective à la décision obligatoire d'un tribunal spécialisé, l'arbitre de griefs.

L'arbitrage des griefs a marqué profondément l'évolution de l'ensemble du droit du travail au cours des dernières décennies, notamment en précisant progressivement l'étendue de certaines obligations de l'employeur envers le salarié et en contrôlant l'exercice de son pouvoir disciplinaire. Malgré l'importance de l'institution, les dispositions légales qui la régissent demeurent relativement limitées. Cette réserve du législateur, qui peut être perçue comme un souci de conserver à l'arbitrage sa souplesse et son originalité, a laissé place à l'élaboration parallèle par les tribunaux supérieurs d'un ensemble de règles qui encadrent l'exercice de la fonction arbitrale[1].

I- LA COMPÉTENCE DE L'ARBITRE : ÉTENDUE ET CARACTÈRE

731 – *Définition légale de la compétence arbitrale* – L'arbitre de griefs tire sa compétence de l'article 100, al. 1 du *Code du travail* qui affirme que tout « grief doit être soumis à l'arbitrage [...] ». Cette affirmation laisse déjà entrevoir le caractère doublement obligatoire de l'arbitrage. D'une part, lorsque le recours à l'arbitrage est disponible, les parties liées par la convention collective devront l'utiliser, à l'exclusion de tout autre forum ; d'autre part, le résultat de l'arbitrage s'imposera également à elles.

---

1. Voir également : J. BERNIER, « L'arbitrage de griefs : un système de justice privé ou public ? », (2012) 53 *C. de D.* 161-181. L'auteur fait état des divers points de vue concernant le système d'arbitrage.

La simplicité et l'apparente clarté des énoncés pertinents du *Code du travail* n'ont pas suffi à cerner et à définir la compétence de l'arbitre de griefs sans l'intervention répétée des tribunaux supérieurs. Cette question de compétence a nourri une jurisprudence abondante marquée de plusieurs arrêts déterminants de la Cour suprême.

A. L'étendue

732 – *Compétence matérielle et compétence personnelle* – La compétence de l'arbitre est tributaire de deux facteurs. Le premier a trait à l'objet ou à la nature du litige ; c'est l'aspect matériel de sa compétence. Le second met en cause les personnes qui sont parties à ce litige ; il s'agit alors de la dimension personnelle de la compétence de l'arbitre.

1. La compétence matérielle

733 – *Qualification descriptive* – La Cour suprême a d'abord décidé que la qualification du litige comme portant sur l'interprétation de la convention collective ou sur son application, ou encore comme se rapportant à sa violation ou à sa prétendue violation pure et simple était en quelque sorte immatérielle pour déterminer la compétence de l'arbitre, cette compétence étant sienne dans l'une ou l'autre de ces situations[2]. Dès lors que les droits réclamés se rattachent à la convention collective ou découlent de cette dernière, le forum arbitral s'impose comme juridiction compétente pour assurer la sanction de ces droits, dans toutes les dimensions envisagées par la Loi.

734 – *Test de l'arrêt* Weber – La Cour suprême a été appelée à préciser sa position quant à la détermination de la compétence de l'arbitre à l'occasion de l'affaire *Weber*[3]. Elle a répondu à cet appel en adoptant un test en deux étapes. Dans un premier temps, on détermine la nature du litige, d'après son essence. La deuxième étape de l'exercice consiste à vérifier l'existence d'un lien de rattachement du litige à la convention collective. La Cour suprême a depuis réaffirmé et appliqué les principes de l'arrêt *Weber* relativement à la compétence maté-

---

2. *General Motors of Canada Ltd.* c. *Brunet*, [1977] 2 R.C.S. 537, 551 ; *Procureur général du Québec* c. *Labrecque*, [1980] 2 R.C.S. 1057, 1073 ; *Shell Canada Ltd.* c. *Travailleurs unis du pétrole du Canada, local 1*, [1980] 2 R.C.S. 181.
3. *Weber* c. *Ontario Hydro*, [1995] 2 R.C.S. 929.

rielle de l'arbitre de griefs[4]. Les autres juridictions en ont pris acte. Arbitres et tribunaux supérieurs s'y rapportent régulièrement[5]. L'arrêt *Weber* est en somme devenu et demeure le phare de reconnaissance de la compétence arbitrale.

735 – *Essence du litige* – L'identification de l'essence du litige procède d'une analyse strictement factuelle. Elle fait abstraction des fondements juridiques qui pourraient dicter la solution éventuelle de ce litige :

> L'examen de la nature du litige vise à en déterminer l'essence. Cette détermination s'effectue compte tenu non pas de la façon dont les questions juridiques peuvent être formulées, mais des faits entourant le litige qui oppose les parties [...].[6]

La question à se poser à ce stade est en somme la suivante : qu'est-ce qui donne lieu au litige ? S'agit-il d'une terminaison d'emploi, du paiement d'un salaire ou d'un autre avantage à valeur pécuniaire, ou encore d'une promotion à un poste supérieur, etc. ?

736 – *Rattachement à la convention collective* – On ne pourrait mieux expliciter ce deuxième volet de l'exercice imposé par l'arrêt *Weber* que l'a fait le juge Bastarache dans le jugement ultérieur *Regina Police Assn. Inc.* :

---

4. *Nouveau-Brunswick* c. *O'Leary*, [1995] 2 R.C.S. 967 ; *Regina Police Assn. Inc.* c. *Regina (Ville) Board of Police Commissioners*, [2000] 1 R.C.S. 360 ; *R.* c. *974649 Ontario Inc.*, [2001] 3 R.C.S. 575, 2001 CSC 81 ; *Allen* c. *Alberta*, [2003] 1 R.C.S. 128 ; *Bisaillon* c. *Université de Concordia*, [2006] 1 R.C.S. 666.

5. Voir, entre autres, les arrêts suivants de la Cour d'appel : *Gaspé (Corporation municipale de la Ville de)* c. *Côté*, [1996] R.D.J. 142 (C.A.) ; *Université du Québec à Trois-Rivières* c. *St-Pierre*, D.T.E. 97T-727 (C.A.) ; *Centre hospitalier Pierre-Boucher* c. *Union des employés de service, section locale 298 (F.T.Q.)*, [1998] R.J.D.T. 1057 (C.A.) ; *Leroux* c. *Centre hospitalier Ste-Jeanne-d'Arc*, [1998] R.J.D.T. 554 (C.A.) ; *Côté* c. *Saiano*, [1998] R.J.Q. 1865 (C.A.) ; *Collège Dawson* c. *Muzaula*, [1999] R.J.D.T. 1041 (C.A.) ; *Hydro-Québec* c. *Tremblay*, D.T.E. 2001T-77 (C.A.) ; *Latulippe* c. *Commission scolaire de la Jeune-Lorette*, [2001] R.J.D.T. 26 (C.A.) ; *Union canadienne des travailleurs en communication, unité 4* c. *Mayville*, D.T.E. 2001T-212 ; *Québec (Procureure générale)* c. *Commission des droits de la personne et des droits de la jeunesse*, [2004] 2 R.C.S. 185 ; *Résidences Laurendeau, Légaré, Louvain* c. *Tribunal des droits de la personne*, 2005 QCCA 572 ; *Golzarian* c. *Québec (Procureur général)*, 2006 QCCA 1571 – application de l'arrêt *Weber* dans le cas où l'arbitrage est prévu par une loi. Exemple : *Gabaud* c. *Canlyte inc.*, 2006 QCCS 1681 ; *Caron* c. *Société de transport de l'Outaouais*, 2007 QCCA 1283 ; *Simard* c. *Gilbert*, 2012 QCCA 383.

6. *Regina Police Assn. Inc.* c. *Regina (Ville) Board of Police Commissioners*, précité, note 4, par. 25.

Après avoir examiné le contexte factuel, l'instance décisionnelle doit tout simplement déterminer si l'essence du litige concerne une matière visée par la convention collective. Après avoir établi l'essence du litige, l'instance décisionnelle doit examiner les dispositions de la convention collective afin de déterminer si elle prévoit des situations factuelles de ce genre. Il est clair qu'il n'est pas nécessaire que la convention collective prévoie l'objet du litige de façon explicite. Si l'essence du litige découle expressément ou implicitement de l'interprétation, de l'application, de l'administration ou de l'inexécution de la convention collective, l'arbitre a compétence exclusive pour statuer sur le litige.[7]

Le contenu explicite de la convention peut incorporer, par renvoi ou autrement, des dispositions légales tirées, par exemple, de lois du travail ou des chartes[8]. Quant au contenu implicite de la convention, il peut se rapporter soit aux droits et obligations qui découlent naturellement du contrat de travail ou de l'existence même de la convention collective et des rapports que cette dernière établit entre les parties, soit aux droits et obligations qui sont les corollaires de ceux que la convention confère ou reconnaît explicitement à l'une ou l'autre des parties qu'elle lie[9]. Le contenu implicite d'une convention collective inclut, notamment, les dispositions impératives ou supplétives du *Code civil du Québec*, si elles sont compatibles avec le régime collectif de conditions de travail[10], ainsi que les droits et

---

7. *Ibid.*

8. *St. Anne Nackawic Pulp & Paper Co.* c. *Section locale 219 du Syndicat canadien des travailleurs du papier*, [1986] 1 R.C.S. 704 – prohibition de grève ; *Commission des normes du travail* c. *Chantier Davie Ltée*, [1987] R.J.Q. 1949 (C.A.) – norme du travail ; *Commission des normes du travail* c. *Domtar Inc.*, [1989] R.J.Q. 2130 (C.A.) – norme du travail. Voir aussi *supra*, Titre II, chapitre 7, n° 704.

9. *Nouveau-Brunswick* c. *O'Leary*, précité, note 4 – obligations implicites de l'employé, d'une part, d'exécuter son travail sans négligence et de l'employeur, d'autre part, de recourir à la procédure d'arbitrage pour exercer l'ensemble de ses droits ; *Côté* c. *Saiano*, précité, note 5 – obligation implicite de l'employeur de maintenir l'ordre et un milieu de travail convenable ; *Nadeau* c. *Carrefour des jeunes de Montréal*, [1998] R.J.D.T. 1513 (C.A.) – droits de direction de l'employeur et obligation générale de loyauté du salarié ; *Syndicat des employés manuels de la Ville de Québec, section locale 1638* c. *Québec (Ville de)*, [1994] R.J.Q. 1552 (C.A.) – obligation implicite de ne pas faire grève pendant la durée de la convention collective ; *Montréal (Ville de)* c. *Syndicat canadien de la fonction publique, section locale 301*, D.T.E. 2000T-1074 (C.S.) – interdiction implicite de grève ; *Fraternité des policiers et policières de Gatineau* c. *Gatineau (Ville)*, D.T.E. 2010T-80 (T.A.) – droit de l'employeur de déposer un grief patronal réclamant l'arrêt de moyens de pression. Voir aussi *supra*, Titre II, chapitre 7, n° 705.

10. *Isidore Garon Ltée* c. *Tremblay ; Fillion et Frères (1976) Inc.* c. *Syndicat national des employés de garage du Québec Inc. (C.S.D.)*, D.T.E. 2006T-132, [2006] R.C.S. 27, 2006 CSC 2, par. 24, 28, 30 – l'article 2091 du *Code civil du Québec* ne fait pas partie du contenu implicite d'une convention collective. Voir aussi, *Syndicat*

obligations substantiels prévus par les chartes et par les lois d'ordre public sur l'emploi[11]. La Cour d'appel du Québec a adopté une approche d'autant plus favorable à la reconnaissance de la compétence de l'arbitre. En effet, elle a décidé que le régime de retraite fait partie intégrante de la convention collective et ce, sans qu'il y ait une quelconque référence à ce régime dans la convention[12]. Selon la Cour, un régime de retraite est lié à la rémunération et aux conditions de travail des salariés et, en conséquence, fait partie de la convention collective.

La compétence de l'arbitre de griefs par rapport au contenu de la convention collective a également été débattue à la Cour suprême dans l'arrêt *Syndicat de la fonction publique du Québec* c. *Québec (Procureur général)*[13], en particulier concernant l'intégration de l'article 124 de la *Loi sur les normes du travail* (ci-après, la « L.N.T. ») qui interdit le congédiement sans cause juste et suffisante d'un salarié cumulant deux années de service continu[14]. La problématique a été posée par la Cour suprême comme suit :

> Les parties demandent à notre Cour de déterminer si la norme substantielle d'ordre public qu'édicte l'art. 124 L.n.t., et qui interdit le congédiement sans cause juste et suffisante d'un salarié cumulant deux années

---

démocratique des employés de garage Saguenay–Lac-Saint-Jean (CSD) c. *Munger Pontiac Buick inc.*, 2012 QCCA 36, par. 23 ; *Syndicat canadien de la fonction publique (section locale 4296) S.C.F.P. – F.T.Q.* c. *Commission scolaire de la Seigneurie-des-Mille-Îles*, 2006 QCCA 1646 – un salarié temporaire ne peut invoquer que l'article 2094 C.c.Q. fait partie du contenu implicite de la convention collective afin de recourir à la procédure d'arbitrage. Exemples : *Côté* c. *Sainao*, précité, note 5 ; *Nadeau* c. *Carrefour des jeunes de Montréal*, précité, note 9 ; *Syndicat de l'enseignement de la région de Québec* c. *Ménard*, [2005] R.J.Q. 1025 (C.A). En matière de bonne foi, voir : *Syndicat canadien de la fonction publique (section locale 4296) SCFP-FTQ* c. *Commission scolaire de la Seigneurie-des-Mille-Îles*, 2006 QCCA 1646. Les articles 6 et 7 C.c.Q. sont implicitement incorporés à la convention collective : *Société de transport de l'Outaouais* c. *Dumoulin*, 2011 QCCS 6025, par. 38 : « L'introduction par l'arbitre des principes de bonne foi énoncée par les articles 6 et 7 du Code civil aux droits et obligations des parties prévus à la convention n'est pas hors juridiction. La bonne foi est une norme d'ordre public dans le contexte de contrat de travail ».

11. *Parry Sound (district), Conseil d'administration des services sociaux* c. *S.E.E.F.P.O., section locale 324*, [2003] 2 R.C.S., 2003 CSC 42, REJB 2003-47356.

12. *Hydro-Québec* c. *Corbeil*, 2005 QCCA 610.

13. *Syndicat de la Fonction publique du Québec* c. *Québec (Procureur général)*, 2010 CSC 28.

14. RLRQ, c. N-1.1. Voir sur le sujet, S. CLOUTIER, « L'article 124 L.n.t. en milieu syndiqué : l'affaire SFPQ et ses suites », dans Service de la formation continue, Barreau du Québec, *Développements récents en droit du travail*, vol. 333, Cowansville, Éditions Yvon Blais, 2011.

de service continu, fait partie du contenu implicite de toute convention collective. Cette question me paraît mal posée en ce qu'elle ne correspond pas au véritable problème soulevé par les pourvois. À mon avis, il ne s'agit pas de se prononcer sur une éventuelle intégration des dispositions de la L.n.t. à la convention collective, ou sur le mode d'attribution formelle de la compétence à la C.R.T. Ces pourvois soulèvent plutôt une question de hiérarchie des sources du droit du travail québécois, et plus particulièrement de l'effet d'ordre public de la L.n.t. sur le contenu des conventions collectives et, par conséquent, sur la compétence attribuée aux arbitres de griefs chargés de leur interprétation et de leur application.[15]

Après avoir reconnu le caractère impératif de l'article 124 L.N.T., en raison de son appartenance aux règles d'ordre public, et conclu « [...] que toute disposition conventionnelle incompatible avec l'interdiction du congédiement sans cause juste et suffisante d'un salarié justifiant de deux ans de service continu est réputée non écrite »[16], la Cour suprême analyse la compétence de l'arbitre de griefs de manière à déterminer si la convention collective, telle que modifiée par l'effet de l'ordre public imposé par la L.N.T., pourrait tomber sous son champ de compétence. Il ressort des propos du juge LeBel que l'arbitre de griefs sera compétent si le contenu modifié de la convention collective par l'effet d'ordre public imposé par la Loi permet d'accorder au salarié congédié une mesure de réparation équivalente à celle qui est offerte par l'article 124 L.N.T[17]. Sera considéré comme « équivalent », le recours prévu dans la convention qui confère à l'arbitre le pouvoir de réviser la décision de l'employeur et d'ordonner des réparations appropriées, telles qu'annuler un congédiement, ordonner la réintégration du salarié ou encore fixer des indemnités[18].

---

15. *Syndicat de la Fonction publique du Québec* c. *Québec (Procureur général)*, précité, note 13, par. 25.
16. *Ibid.*, par. 41 et 42.
17. *Ibid.*, par. 44. Voir aussi : *Québec (Ville de)* c. *Ménard*, 2010 QCCS 4918 – en l'espèce, la clause invoquée par l'employeur viole la norme substantielle contenue à l'article 124 L.N.T. En effet, l'application des termes de la convention, et plus particulièrement de son l'article 15 de l'annexe F prévoyant que les salariés ont accès à la procédure de grief « en ce qui concerne les conditions le ou la régissant », constitue un obstacle à l'exercice du droit accordé à l'article 124 L.N.T.
18. *Ibid.*, par. 51 et 52. Dans deux de ses arrêts récents, la Cour suprême a reconnu que les conventions collectives prévoyaient des garanties équivalentes à ce qui est prévu par l'art. 124 L.N.T. et que les arbitres de griefs étaient compétents pour les interpréter et les appliquer. Voir : *Syndicat des professeurs du Cégep de Ste-Foy* c. *Québec (Procureur général)*, 2010 CSC 29, et *Syndicat des professeurs et professeures de l'Université du Québec à Trois-Rivières* c. *Université du Québec à Trois-Rivières*, 2010 CSC 30.

Dans le cas contraire, l'arbitre de griefs n'est pas compétent et devra se dessaisir en faveur de la Commission des relations du travail (« C.R.T. »)[19].

Cette compétence de l'arbitre de griefs lui accorde définitivement le rôle principal dans l'interprétation des conventions collectives[20]. La Cour suprême n'a d'ailleurs pas hésité à voir dans les arbitres de griefs, « [...] des décideurs qui détiennent des pouvoirs d'intervention similaires » à ceux des membres de la C.R.T » ; offrant, par ailleurs, « des garanties analogues d'indépendance et d'impartialité [...] »[21].

737 – *Droits résiduels* – L'arbitre demeure compétent pour assurer l'exécution des droits accumulés en vertu d'une convention collective expirée et réclamés ou devenus exécutoires après son échéance[22], même si la réclamation concerne des personnes qui ne sont plus alors des salariés de l'employeur[23]. À plus forte raison peut-il se saisir de la réclamation, par un salarié démissionnaire, d'un droit résiduel gagné selon la convention collective pendant son emploi[24].

738 – *Grief déclaratoire* – La notion légale de grief reposant sur l'existence d'une mésentente relative à l'interprétation de la convention collective, la Cour d'appel a reconnu la légalité et la recevabilité d'un grief « de principe » qui recherche une sentence arbitrale à carac-

---

19. *Ibid.*, par. 44. Voir aussi, *Syndicat des employées et employés de techniques professionnelles et de bureau d'Hydro-Québec, section locale 2000, SCFP-FTQ* c. *Hydro-Québec*, D.T.E. 2010T-46 (T.A.) – l'arbitre de griefs n'a aucune compétence pour entendre une plainte au sens des articles 47.2 et s. L.N.T. Ces pouvoirs appartiennent exclusivement à la C.R.T.

20. Voir également en ce sens : *Syndicat des métallos, section locale 2843 (Métallurgistes unis d'Amérique, section locale 2843)* c. *3539491 Canada inc.*, 2011 QCCA 264 – la Cour d'appel a jugé que lorsque la convention collective prive le salarié d'une condition de travail contenue dans la L.N.T., l'arbitre se doit de constater la nullité de la disposition contraire à l'ordre public et de décider des réparations appropriées pour remédier à la situation illégale.

21. *Ibid.*, par. 52.

22. *Lessard* c. *Collège Français inc.*, 2008 QCCQ 12776 – lien entre un salarié nouvellement embauché et la convention collective expirée. Aussi, le décret d'un lock-out n'annule pas la compétence d'un arbitre de griefs désigné par la convention collective, puisque « conclure autrement permettrait à tout employeur de décréter un lock-out à la fin d'une convention collective pour se soustraire à la compétence de l'arbitre de griefs et à l'application de la convention collective lock-out » : *Provigo Québec inc.* c. *Poulin*, 2012 QCCS 1564, par. 37.

23. *Dayco (Canada) Ltd.* c. *T.C.A. – Canada*, [1993] 2 R.C.S. 230 ; *Centre hospitalier Pierre-Boucher* c. *Union des employés de service, local 298*, précité, note 5.

24. Voir *Tremblay* c. *Syndicat des employées et employés professionnels-les et de bureau, section locale 57*, D.T.E. 2002T-455, 2002 CSC 44, par. 21.

tère déclaratoire, avant même que la violation possible de la convention collective ne se soit matérialisée, à la condition que la mésentente entre les parties soit véritablement née et actuelle[25].

739 – *Élargissement volontaire* – Au-delà de celle que lui confère la Loi, la compétence de l'arbitre peut être élargie par la volonté des parties de lui déférer d'autres mésententes que des griefs légaux. Cette possibilité est prévue à l'article 102 C.t.[26]. Il ne peut toutefois s'agir d'un différend né à l'occasion d'une réouverture de la convention collective en vertu de l'article 107 C.t., cette dernière mésentente devant nécessairement être soumise à un arbitre de différend selon les articles 74 et suivants du Code (art. 102 C.t.).

2. La compétence personnelle

740 – *Parties liées par la convention collective* – La compétence de l'arbitre comporte une dimension personnelle. Le grief est par nature une mésentente qui oppose les parties liées par la convention collective et sur lesquelles, seules, l'arbitre a autorité.

Du côté syndical, il s'agit de l'association accréditée elle-même[27] et des salariés qu'elle représente. On assimilera à l'employeur ses dirigeants et ses représentants dans la mesure où ils agissent comme ses *alter ego*, en son nom et pour son compte[28].

---

25. *Syndicat des professeurs de l'Université du Québec à Trois-Rivières* c. *Durand*, J.E. 82-260 (C.A.) ; *Syndicat des professeurs de l'Université du Québec à Montréal* c. *Université du Québec à Montréal*, D.T.E. 83T-324 (C.A.). Voir aussi *Syndicat national des travailleurs de pâtes et papiers de Port-Alfred (C.S.N.)* c. *Cliche*, D.T.E. 2005T-900 (C.A.), 2005 QCCA 847 – concernant le délai de prescription d'un tel grief.

26. Exemples : *Union des employés(ées) de service, local 298 (F.T.Q.)* c. *Jasmin*, [1988] R.J.Q. 2282 (C.S.) ; *Syndicat national des employés de l'aluminium d'Arvida Inc. (Section des employés des laboratoires de recherche appliquée et centre de génie expérimental)* c. *Morin*, D.T.E. 91T-1160 (C.S.). L'article 102 C.t. permet aux parties de convenir d'un mode de règlement de ces mésententes qui peut être différent de l'arbitrage de griefs proprement dit : voir *Syndicat des employés de magasins et de bureaux de la S.A.Q.* c. *Société des alcools du Québec*, [1993] R.J.Q. 2170 (C.S.). Toutefois, l'article 102 C.t. ne peut servir à imposer la conclusion d'un arbitrage à des tiers qui ne sont pas liés par la convention collective : *Société Asbestos Ltée* c. *Lacroix*, D.T.E. 2004T-954, REJB 2004-70292 (C.A.), par. 30, 33-43 (autorisation d'appel à la Cour suprême rejetée).

27. *142529 Canada inc.* c. *Syndicat des travailleuses de Villa Les Tilleuls*, [2000] R.J.D.T. 117 (C.S.).

28. *Côté* c. *Saiano*, précité, note 5 ; *a contrario* : *Héon* c. *Doucet*, D.T.E. 2002T-1035 (C.A.).

Pour reconnaître la compétence de l'arbitre, il n'y a pas lieu de distinguer la réclamation du salarié ou du syndicat à l'endroit de l'employeur de celle que ce dernier peut lui-même adresser au syndicat[29] ou à l'employé[30].

741 – *Tiers* – On ne saurait cependant rechercher par grief des conclusions contre un tiers que la Loi ne soumet pas à l'autorité de la convention collective, non plus que de l'arbitre, à moins que ce tiers y consente d'une manière ou d'une autre[31]. De même, les litiges qui opposent des coemployés, entre lesquels la convention collective ne

---

29. *St. Anne Nackawic Pulp & Paper Co.* c. *Section locale 219 du Syndicat canadien des travailleurs du papier*, précité, note 8 – réclamation de dommages-intérêts à la suite d'une grève ; *Commission scolaire Crie* c. *Association de l'enseignement du Nouveau-Québec*, [1990] R.D.J. 451 (C.A.) – réclamation au syndicat du remboursement de la libération syndicale d'un salarié ; *Syndicat des employés manuels de la Ville de Québec, section locale 1638* c. *Québec (Ville de)*, précité, note 9 – dommages consécutifs à une grève illégale ; *Fraternité des policiers de Rimouski* c. *Rimouski (Ville de)*, D.T.E. 96T-563 (C.A.) – réclamation de dommages pour des amendes non perçues à la suite d'un refus concerté des policiers de faire respecter la réglementation ; *Hôpital général juif Sir Mortimer B. Davis* c. *Athanassiadis*, D.T.E. 99T-462 (C.A.) – demande de remboursement des frais d'arbitrage à la suite d'un grief supposément frivole.

30. *Nouveau-Brunswick* c. *O'Leary*, précité, note 4 – réclamation par l'employeur à l'employé pour les dommages causés par ce dernier à un tiers, que l'employeur a dû indemniser ; *Centre hospitalier Pierre-Boucher* c. *Union des employés de service, local 298*, précité, note 5 – réclamation d'un montant exigible du salarié par suite de sa démission avant la fin d'un contrat de congé à traitement différé ; *Syndicat de l'enseignement de la Haute Côte-Nord* c. *Commission scolaire Manicouagan*, D.T.E. 91T-237 (C.A.) – réclamation de prestations d'assurance-salaire versées par l'employeur en l'absence d'invalidité au sens de la convention collective. Cette dernière affaire soulevait la question du traitement de la réclamation de l'employeur au salarié d'un indu, au regard des dispositions de la convention collective. La Cour d'appel a reconnu qu'en l'espèce, la détermination du droit de l'employeur à la restitution d'un indu requérait l'interprétation de la convention collective pertinente, d'où la compétence de l'arbitre. Au même effet : *Hôpital général juif Sir Mortimer B. Davis* c. *De Vleeschouwer*, [1994] R.J.Q. 64 (C.A.) ; *Montréal (Communauté urbaine de)* c. *Chrétien*, D.T.E. 92T-11 (C.A.). Sur la restitution de l'indu, voir aussi *supra*, Titre I, chapitre 1, nᵒ 123 et *infra*, nᵒ 787.

31. *Syndicat canadien de la fonction publique, section locale 1417* c. *Vidéotron Ltée*, D.T.E. 98T-981 (C.A.) – grief dirigé contre un assureur ; à distinguer d'un grief réclamant des prestations prévues par la convention collective, mais dont l'exécution est confiée par l'employeur à un assureur : *Syndicat des cols bleus de Gatineau* c. *Gatineau (Corporation municipale de la Ville de)*, D.T.E. 85T-959 (C.A.). Ce qui est déterminant dans ce type de situation, c'est la substance de l'engagement souscrit par l'employeur dans la convention collective, expressément ou implicitement ; *Société Asbestos Ltée* c. *Lacroix*, précité, note 26, par. 30 – refus de la Cour d'appel d'imposer un arbitrage de griefs à un tiers, fiduciaire d'un régime de retraite, dans lequel son rôle et ses responsabilités seront examinés et qui n'est pas partie à la convention collective.

crée pas de lien de droit, relèvent-ils de la compétence résiduaire des tribunaux de droit commun[32].

B. Le caractère

742 – *Exclusivité* – Le caractère le plus conséquent de la compétence de l'arbitre réside dans son exclusivité.

L'arrêt *St. Anne Nackawic*[33] de la Cour suprême a d'abord rejeté le modèle de la concomitance des compétences qui aurait laissé subsister une compétence concurrente ou alternative des tribunaux, parallèlement à celle de l'arbitre, lorsque les droits réclamés peuvent trouver leur fondement juridique à l'extérieur de la convention collective, dans le droit commun ou une loi particulière. À l'origine de cette affaire, la convention collective reprenait elle-même l'interdiction légale de grève et, par suite d'une telle grève, l'employeur avait intenté une action en dommages-intérêts contre le syndicat, en alléguant tant la violation de la convention collective que de la Loi. L'arrêt de la Cour suprême conclut à la compétence exclusive de l'arbitre.

La Cour suprême adopta la même position dans l'arrêt *Weber*[34]. Elle y écarta de plus la théorie du chevauchement de compétence selon laquelle les tribunaux ordinaires demeureraient compétents à l'égard des questions qui débordent l'objet traditionnel du droit du travail, même si la situation factuelle à l'origine du litige est couverte par la convention collective. En l'espèce, un salarié soupçonné d'abuser des congés de maladie avait fait l'objet d'une enquête à son insu et avait été suspendu sur la base des résultats de cette enquête. Des griefs avaient été produits et réglés. L'employé avait néanmoins entrepris une action en justice contre l'employeur en invoquant sa responsabilité extracontractuelle et la violation des droits que la *Charte canadienne des droits et libertés* lui garantit. Ici encore, la Cour suprême a affirmé la compétence exclusive de l'arbitre, à l'égard

---

32. *Côté* c. *Saiano*, précité, note 5 ; *Nadeau* c. *Carrefour des jeunes de Montréal*, précité, note 9 ; *Gauthier* c. *Chabot*, D.T.E. 98T-1070 (C.A.).
33. *St. Anne Nackawic Pulp & Paper Co.* c. *Section locale 219 du Syndicat canadien des travailleurs du papier*, précité, note 8. Voir aussi, en application de cet arrêt, les jugements ultérieurs suivants de la Cour d'appel : *Commission des normes du travail* c. *Chantier Davie Ltée*, précité, note 8 ; *Commission des normes du travail* c. *Domtar Inc.*, précité, note 8 ; *Syndicat des employés manuels de la Ville de Québec, section locale 1638* c. *Québec (Ville de)*, précité, note 9.
34. *Weber* c. *Ontario Hydro*, précité, note 3.

de toutes les dimensions du litige par ailleurs matériellement couvert par la convention collective[35].

Comme elle l'a rappelé dans l'arrêt *Regina Police Assn. Inc.*, la Cour suprême a retenu le modèle de la compétence exclusive de l'arbitre de griefs, notamment parce qu'elle a considéré que celui-ci est le plus susceptible de respecter l'intégrité « d'un régime législatif complet destiné à régir tous les aspects des rapports entre les parties dans le cadre des relations du travail »[36].

Même si la question de l'exclusivité ou de la juridiction exclusive de l'arbitre s'est clarifiée au niveau des tribunaux supérieurs, il est en autrement concernant les tribunaux spécialisés[37].

743 – *Intégralité* – Une fois reconnue, la compétence de l'arbitre est intégrale, en ce sens qu'elle lui permet de trancher toutes les questions que soulève le litige et de trouver sa solution dans tout instrument juridique pertinent.

Cette compétence s'exerce non seulement sur le fond du litige, mais également sur les questions préliminaires ou collatérales, comme celles de la prescription[38], du respect de la procédure de récla-

---

35. *Ibid.* Voir aussi : *Latulippe* c. *Commission scolaire de la Jeune-Lorette*, précité, note 5 ; *Syndicat des employés(es) de Villa Médica (FAS-CSN)* c. *Villa Médica*, D.T.E. 98T-1093 (C.A.) ; *Leroux* c. *Centre hospitalier Ste-Jeanne-d'Arc*, précité, note 5 ; *Bisaillon* c. *Université de Concordia*, précité, note 4, par. 47-55.

36. *Regina Police Assn. Inc.* c. *Regina (Ville) Board of Police Commissioners*, précité, note 4, par. 34. Sur l'arbitrage de griefs en général et son fonctionnement, voir Rodrigue BLOUIN et Fernand MORIN, *Droit de l'arbitrage de grief*, 5e éd., Cowansville, Éditions Yvon Blais, 2000.

37. *Gauthier* c. *Commission scolaire Marguerite-Bourgeoys*, [2007] R.J.D.T. 1376 (C.A.). Pour des exemples, voir ; *Union internationale des travailleuses et travailleurs unis de l'alimentation et du commerce, section locale 1991-P (FAT-COI-CTC-FTQ, TUAC Canada)* et *Transformation BFL (9071-3975 Québec inc.)*, [2012] R.J.D.T. 291 (T.A.). Au regard de l'article 244 L.A.T.M.P., une convention peut prévoir des dispositions relatives à la mise en application du droit au retour au travail. Cependant, lorsque la C.S.S.T. a déjà conclu qu'un salarié est incapable d'exercer un emploi, l'arbitre de griefs n'est pas compétent pour entendre un grief réclamant sa réintégration avec accommodement dans son emploi prélésionnel : *Syndicat canadien des communications, de l'énergie et du papier, section locale 427* c. *Tembec, usine de Matane*, 2012 QCCA 179. Sur le conflit de compétence existant entre le Tribunal des droits de la personne et l'arbitre de griefs dans des litiges portant sur les droits de la personne dans un contexte syndical, voir également : M. MANCINI, « Les droits et libertés de la personne en milieu syndical : l'arbitre de grief ou le Tribunal des droits de la personne, quel est le forum compétent ? », (2009) 68 *R. du B.* 327.

38. *Syndicat des professeurs du Collège de Lévis-Lauzon* c. *Collège d'enseignement général et professionnel de Lévis-Lauzon*, [1985] 1 R.C.S. 596 ; *Syndicat des*

mation[39] ou de la propriété du grief[40], ou encore de la qualification d'une situation régie par la convention collective, tel un congédiement[41]. L'arbitre peut même trancher une question juridictionnelle au sens strict, par exemple relativement à l'applicabilité ou à l'inapplicabilité de la convention collective[42], ou de l'une ou l'autre de ses stipulations[43]. Dans ce dernier cas, l'erreur de l'arbitre, qu'elle

---

professionnels du Gouvernement du Québec c. *Décary*, D.T.E. 86T-262 (C.A.) ; *Kruger Inc.* c. *Syndicat canadien des travailleurs du papier, section locale 136*, D.T.E. 86T-721 (C.A.) ; *Union des routiers, brasseries, liqueurs douces et ouvriers de diverses industries, section locale 1999 (Teamsters)* c. *Brasserie Labatt Ltée*, [1998] R.J.Q. 721 (C.A.).

39. *Cyrille Labelle et Cie* c. *Union des employés de commerce, local 501, T.U.A.C.-U.F.C.W.*, D.T.E. 88T-163 (C.A.) – interprétation de la convention collective et de l'article 100.2.1 C.t. ; *Travailleuses et travailleurs unis de l'alimentation et du commerce, section locale 501* c. *Boulangerie Gadoua ltée*, D.T.E. 2002T-1126 (C.A.) – qualification d'une irrégularité de vice de forme n'invalidant pas le grief selon l'article 100.2.1 C.t ; *9184-6808 Québec inc.* c. *Dubé,* 2009 QCCS 4158 – sur la détermination de l'arbitre de griefs ; *Syndicat des employés du Centre universitaire de santé McGill (CSN)* et *Centre universitaire de santé McGill (pavillon Hôpital général de Montréal)*, D.T.E. 2009T-279 (T.A.) – les négociations entre le syndicat et l'employeur ne suspendent pas le délai prévu dans la convention collective pour le dépôt des griefs.

40. *Hilton Canada Inc.* c. *Kodie*, [1986] R.J.Q. 2483 (C.A.). Comparer : *Québec (Ville de)* c. *Morin*, D.T.E. 88T-22 (C.A.).

41. Quant à l'appréciation de la réalité et de la valeur juridique d'une rupture du lien d'emploi, par démission ou congédiement, voir : *Brasserie Labatt Ltée* c. *Lamonde*, D.T.E. 99T-4 (C.A.) ; *Université du Québec à Trois-Rivières* c. *St-Pierre*, précité, note 5 ; *Syndicat des travailleurs et des travailleuses des Épiciers unis Métro-Richelieu (C.S.N.)* c. *Lefebvre*, D.T.E. 96T-817 (C.A.), p. 30-31 (j. LeBel) ; *Syndicat des cols bleus de la Cité de Valleyfield (C.S.N.)* c. *Salaberry-de-Valleyfield (Cité de)*, D.T.E. 92T-195 (C.A.). Quant à l'appréciation des conditions de formation du contrat individuel de travail : *Maribro Inc.* c. *Union des employés(ées) de service, local 298 (F.T.Q.)*, [1992] R.J.Q. 572 (C.A.). Par cet arrêt, la Cour d'appel révisait, à la lumière de l'arrêt *St. Anne Nackawic Pulp & Paper*, précité, note 8, la position qu'elle avait déjà prise dans *Montréal-Est (Ville de)* c. *Gagnon*, [1978] C.A. 100, en concluant alors que l'arbitre de griefs est sans compétence pour trancher un litige sur l'existence légale du contrat de travail.

42. *Procureur général de la province de Québec* c. *Labrecque*, précité, note 2, p. 1073 ; *Dayco (Canada) Ltd.* c. *T.C.A. – Canada*, précité, note 23 ; *Syndicat professionnel des infirmières et infirmiers de Québec* c. *Marcheterre*, D.T.E. 88T-20 (C.A.). La Cour suprême signale par ailleurs qu'il faut éviter d'abuser de la distinction entre l'« applicabilité » et l'« application » de la convention collective, pour ne pas restreindre indûment l'aire de compétence naturelle de l'arbitre : *Hémond* c. *Coopérative fédérée du Québec*, [1989] 2 R.C.S. 962.

43. L'arbitre a le pouvoir de mettre de côté comme inopérante une stipulation contraire à une loi d'ordre public, telle une charte : voir *infra*, n° 775. Selon la jurisprudence de la Cour d'appel, une réclamation demandant l'application de certaines dispositions d'une convention collective, en alléguant, pour ce faire, la nullité d'autres de ses stipulations, doit être adressée à l'arbitre de griefs : *Leroux* c. *Centre hospitalier Ste-Jeanne-d'Arc*, précité, note 5 ; *Syndicat des travailleuses et travailleurs de la C.S.N.* c. *Verret*, [1992] R.J.Q. 979 (C.A.) ;

soit ou non déraisonnable, rendra sa décision sujette à l'exercice du pouvoir de contrôle et de surveillance des tribunaux supérieurs[44].

744 – *Conclusion* – Les principes jurisprudentiels qui supportent la compétence arbitrale et qui ont été principalement élaborés par la Cour suprême témoignent de la préoccupation de cette dernière que l'arbitrage se présente comme un recours facile à gérer et complet par lui-même, dans l'intérêt des parties liées par une convention collective dont, au premier chef, les salariés représentés par un syndicat accrédité.

II- LE STATUT DE L'ARBITRE

745 – *Tribunal statutaire* – Quant à son statut, l'arbitre de griefs du *Code du travail* est un tribunal « statutaire », à la fois parce que la Loi l'impose aux parties comme forum exclusif pour disposer des griefs et en raison de la nature des pouvoirs et des devoirs qu'elle lui confie[45]. Outre un devoir général d'agir judiciairement, en conformité avec les principes fondamentaux de la justice naturelle, ce statut impose à l'arbitre, en particulier, une obligation d'indépendance et d'impartialité à l'endroit des parties, conformément aux garanties que l'article 23 de la *Charte des droits et libertés de la personne* leur donne à cet effet. Le critère de contrôle alors applicable est celui de la crainte raisonnable, qui consiste à se demander si une personne raisonnablement bien informée pourrait craindre, sur la base de faits et non de simples soupçons, que la décision soit entachée de partialité[46].

Confédération des syndicats nationaux c. *Verret*, [1992] R.J.Q. 975 (C.A.) ; *Québec (Commission des droits de la personne et des droits de la jeunesse)* c. *Québec (Procureur général)*, [2004] 2 R.C.S. 185 ; *Giroux* c. *Fondation C.S.N.*, D.T.E. 2005T-477 (C.S.) ; *Québec (Procureur général)* c. *Syndicat des professionnelles et professionnels du gouvernement du Québec (S.P.G.Q.)*, 2006 QCCA 1211, D.T.E. 2006T-912 (C.A.) – l'arbitre est compétent pour décider si une clause de la convention collective est illégale ou inopérante.

44. *Procureur général du Québec* c. *Labrecque*, précité, note 2 ; *Dayco (Canada) Ltd.* c. *T.C.A. – Canada*, précité, note 23. Voir aussi *infra*, n°s 775, 802.

45. *Roberval Express Limitée* c. *Union des chauffeurs de camions et hommes d'entrepôt et autres ouvriers, local 106*, [1982] 2 R.C.S. 888 ; *Port Arthur Shipbuilding* c. *Arthurs*, [1969] R.C.S. 85 ; *Procureur général du Québec* c. *Syndicat de professionnelles et professionnels du gouvernement du Québec*, D.T.E. 99T-1018 (C.A.).

46. *Procureur général du Québec* c. *Syndicat de professionnelles et professionnels du gouvernement du Québec*, *ibid.* ; *Syndicat des travailleurs de Kvaerner Hymac Inc. (C.S.N.)* c. *Kvaerner Hymac Inc.*, D.T.E. 99T-472 (C.A.) ; *Boulet* c. *Brody*, D.T.E. 97T-1274 (C.S.) ; *Syndicat canadien de la fonction publique, section locale 3333* c. *Dupuis*, [2001] R.J.D.T. 66 (C.S.) ; *Pointe-Claire (Ville de)* c. *Jutras*, D.T.E. 2011T-386 (C.A.).

L'article 100.1 C.t. assure l'immunité de l'arbitre à l'égard des actes accomplis de bonne foi dans l'exercice de ses fonctions.

III- LA NOMINATION DE L'ARBITRE

746 – *Nomination par les parties* – L'article 100 C.t. énonce, à son premier alinéa, que tout grief doit être soumis à l'arbitrage « en la manière prévue dans la convention collective si elle y pourvoit et si l'association accréditée et l'employeur y donnent suite » et que « sinon il est déféré à un arbitre choisi par l'association accréditée et l'employeur, ou, à défaut d'accord, nommé par le ministre ». Cette disposition privilégie nettement le choix de l'arbitre par entente des parties.

La convention collective peut contenir des stipulations visant à désigner l'arbitre. Très simplement, la convention collective peut nommer une personne qui sera chargée d'entendre les griefs. Selon une autre pratique, elle peut contenir plutôt une liste de personnes qui pourront toutes être appelées à agir comme arbitres. Dans ce dernier cas, les parties peuvent avoir prévu une procédure d'attribution des griefs aux différents arbitres nommés dans la convention collective, par exemple à tour de rôle. Souvent, elles se réservent plutôt la faculté de choisir l'arbitre, à même la liste préétablie, au cas par cas.

Dans quelle mesure les parties sont-elles liées par les règles qu'elles se sont données dans la convention collective quant au choix d'un arbitre ? Certaines décisions et, surtout, un *obiter* du juge Lamer, alors à la Cour d'appel, dans l'affaire *Venditelli*, ont donné à penser que l'une ou l'autre des parties pouvait répudier la procédure de nomination de l'arbitre à laquelle elle avait souscrit dans la convention collective[47]. Un arrêt ultérieur de la Cour d'appel a rectifié l'interprétation à donner à l'article 100, al. 1 C.t. et, en particulier, à l'expression « si l'association accréditée et l'employeur y donnent suite » qu'on y trouve[48]. Selon la Cour d'appel, les parties sont liées par la procédure d'arbitrage qu'elles se sont donnée dans la convention collective, comme par toute autre disposition de cette dernière, y compris quant au choix de l'arbitre, sauf motif de récusation[49]. C'est

---

47. *Venditelli* c. *Cité de Westmount*, [1980] C.A. 49, 51 (j. Lamer).
48. *Syndicat canadien de la fonction publique, section locale 301* c. *Montréal (Ville de)*, [1998] R.J.D.T. 1503 (C.A.).
49. *Ibid.*, p. 25-26. Voir aussi, *Syndicat des cols bleus regroupés de Montréal, section locale 301* c. *Pointe-Claire (Ville de)*, 2011 QCCA 1000, par. 32 – la récusation pour cause de partialité s'applique également aux arbitres. Relativement à l'obligation de suivre l'ordre de désignation de plusieurs arbitres nommés en vertu de la convention collective pour agir à tour de rôle, voir et comparer : *Association des pompiers de Montréal Inc.* c. *Imbeau*, [1985] C.A. 311 ; *Société cana-*

lorsque le concours d'une partie est nécessaire à la désignation d'un arbitre et fait défaut que les termes « si l'association accréditée et l'employeur y donnent suite » trouvent leur effet et permettent à l'autre partie de débloquer la situation en s'adressant, ultimement, au ministre du Travail pour qu'un arbitre soit nommé[50]. Rien n'empêche par ailleurs les parties de se réserver, par la convention collective, le droit d'écarter unilatéralement un arbitre qu'elles y ont prédésigné[51].

Si les parties sont demeurées muettes dans la convention collective quant au choix de l'arbitre ou si elles choisissent conjointement d'ignorer le choix qu'elles y ont fait, elles peuvent convenir de la nomination d'un arbitre pour entendre un grief au moment où celui-ci survient.

747 – *Nomination par le ministre* – C'est au ministre du Travail qu'il appartiendra de procéder à la nomination de l'arbitre lorsque la partie intimée par un grief refuse son concours pour procéder à la nomination d'un arbitre selon les termes de la convention collective et lorsque, dans ce cas ou dans tout autre où la convention est muette sur le sujet, les parties ne s'entendent pas sur le choix d'un arbitre[52]. L'absence d'accord entre les parties sur le choix d'un arbitre dans un délai raisonnable suffit pour permettre au ministre du Travail d'en nommer un, sur demande de l'une ou l'autre des parties, sans qu'il soit nécessaire de constater un désaccord formel entre elles, ni l'écoulement d'un délai précis[53].

---

dienne des postes c. *Lauzon*, D.T.E. 89T-1090 (C.S.) – *Code canadien du travail* ; *Société canadienne des postes* c. *Lebœuf*, D.T.E. 90T-594 (C.S.) – *Code canadien du travail*.

50. *Syndicat canadien de la fonction publique, section locale 301* c. *Montréal (Ville de)*, précité, note 48, p. 24-25 ; *Commission scolaire régionale de Chambly* c. *Association des enseignants de Chambly*, C.A. Montréal, n° 14340, 22 août 1973.

51. *Syndicat canadien de la fonction publique, section locale 301* c. *Montréal (Ville de)*, précité, note 48, p. 24-26 ; *Bourret* c. *Association nationale des employés de l'alimentation au détail du Québec Inc.*, [1969] B.R. 90 (résumé).

52. *Syndicat canadien de la fonction publique, section locale 301* c. *Montréal (Ville de)*, précité, note 48 ; *Commission scolaire régionale de Chambly* c. *Association des enseignants de Chambly*, précité, note 50.

53. *Granit National Ltée* c. *Syndicat des travailleurs de l'industrie et des matériaux de construction, section Granit National (C.S.N.)*, D.T.E. 83T-758 (C.S.) ; *Union des employés de commerce, local 500, T.U.A.C.* c. *Larouche*, D.T.E. 83T-66 (C.S.) ; *Ste-Agathe-des-Monts (Ville de)* et *Syndicat des travailleuses et travailleurs de la Ville de Ste-Agathe-des-Monts (CSN)* (grief syndical), D.T.E. 2009T-424 (T.A.) – devant l'absence du syndicat d'agir à l'intérieur d'un délai raisonnable, l'employeur avait le droit de demander la nomination d'un arbitre par le ministre du Travail, nonobstant les dispositions de la convention collective qui prévoyaient que le syndicat avait discrétion pour la nomination de l'arbitre.

La latitude que l'article 100 C.t. laisse aux parties dans l'aménagement conventionnel du mécanisme arbitral connaît néanmoins une limite. Cet aménagement doit respecter les exigences d'indépendance et d'impartialité que les règles de la justice naturelle attachent à l'exercice des pouvoirs de nature judiciaire qui sont ceux de l'arbitre[54].

748 – *Arbitre unique* – L'arbitrage doit être confié à un arbitre unique. Un grief ne peut donc être déféré à un tribunal d'arbitrage formé de plusieurs membres, selon une formule qui a prévalu avant que l'article 100 C.t. ne soit modifié de manière à l'exclure. L'arbitre peut toutefois être assisté d'assesseurs, sur entente des parties à cet effet dans les 15 jours de sa nomination (art. 100.1.1 C.t.)[55]. Chaque partie désigne son assesseur à l'intérieur du même délai de 15 jours qui suit la nomination de l'arbitre (art. 100.1.1, al. 2 C.t.). Les assesseurs ne jouissent pas du statut d'arbitre et ne sont donc pas tenus aux mêmes exigences d'indépendance et d'impartialité[56]. À tous égards, l'arbitre demeure seul maître de l'exercice de sa compétence et des décisions à rendre. Ainsi que le précise le deuxième alinéa de l'article 100.1.1 du Code, l'assesseur assiste l'arbitre et représente auprès de lui, lors de l'audition du grief et du délibéré, la partie qui l'a désigné. Dans tous les cas, l'arbitre et, s'il en est, les assesseurs sont remplacés, au besoin, selon la procédure prévue pour leur nomination (art. 100.1.2 C.t.).

IV- L'ACCÈS À L'ARBITRAGE

749 – *Conditions* – L'accès à l'arbitrage soulève deux questions capitales : celle des délais d'extinction du recours et celle de la propriété des griefs.

A. Les délais

750 – *Sources des délais* – L'accès à l'arbitrage est tributaire de l'exercice du recours à l'intérieur de certains délais imposés par le *Code du travail* ou par la convention collective.

---

54. *Syndicat des travailleurs de Kvaerner Hymac Inc. (C.S.N.)* c. *Kvaerner Hymac Inc.*, précité, note 46 – crainte raisonnable de partialité ; *De Mylder* c. *Syndicat des employés de Marconi*, [1984] T.T. 296 ; *Roy* c. *Association des salariés des autobus de l'Estrie Inc.*, [1985] T.T. 110.
55. Rien ne s'oppose à ce que cette entente soit préalablement intervenue dans la convention collective : *Commission scolaire crie* c. *Tremblay*, D.T.E. 97T-229 (C.A.).
56. *Ibid.*

751 – *Délai légal* – L'article 71 C.t. énonce que les droits et recours qui naissent de la convention collective se prescrivent par six mois de la naissance de la cause d'action. Il s'agit là du délai légal de prescription des griefs. L'expression « jour où la cause de l'action a pris naissance », qui détermine le point de départ de la prescription, a été interprétée (et est appliquée) comme désignant le jour où le plaignant a pris connaissance des faits à l'origine du grief[57]. Sous réserve de l'impossibilité absolue d'agir de la partie plaignante, le délai de prescription de l'article 71 du Code est de déchéance ; l'arbitre qui constate que ce délai était épuisé au moment du grief doit reconnaître son absence de compétence pour décider du fond de celui-ci[58]. Cette prescription n'est toutefois pas d'ordre public et l'arbitre n'est pas tenu de la soulever d'office[59]. Saisi d'une objection de prescription fondée sur l'article 71 du Code, l'arbitre a compétence pour interpréter ses dispositions et les appliquer aux faits qui lui sont soumis. La décision de l'arbitre ne sera sujette à révision par les tribunaux supérieurs que dans la mesure où ces derniers la jugeront déraisonnable[60].

752 – *Délais conventionnels* – La plupart des conventions collectives prévoient des modalités particulières d'accès au stade de l'arbitrage. Les appellations « procédure interne de réclamation » ou « procédure de grief » désignent ces modalités conventionnelles de soumission des griefs. Celles-ci varient considérablement d'une convention collective à une autre. Elles peuvent ainsi compter une ou plusieurs étapes, assorties elles-mêmes de délais, qui doivent être franchies pour parvenir à l'arbitrage. Il y a donc lieu de se rapporter dans chaque cas à la convention collective pertinente. Le cas échéant, il appartient à l'arbitre, dans l'exercice de sa compétence, de décider si la procédure interne de réclamation a été suivie par la partie plaignante et si le défaut de respecter une exigence de cette procédure constitue un vice de fond, ou plutôt un vice de forme au sens de l'article 100.2.1 C.t. qui

---

57. *Celanese Canada Inc.* c. *Clément*, [1983] C.A. 319.
58. *Syndicat des professeurs du Collège de Lévis-Lauzon* c. *Collège d'enseignement général et professionnel de Lévis-Lauzon*, précité, note 38, p. 604 (j. Beetz) ; *Union Carbide Canada Ltd.* c. *Weiler*, [1968] R.C.S. 966 ; *General Truck Drivers Union, local 938* c. *Hoar Transport Co.*, [1969] R.C.S. 634.
59. *Association internationale des machinistes et des travailleurs de l'aéro-astronautique* c. *Association des marchands d'automobiles de la Côte-Nord Inc.*, J.E. 81-538 (C.A.).
60. Voir, à ce sujet, l'*obiter* du juge Beetz dans *Syndicat des professeurs du Collège de Lévis-Lauzon* c. *Collège d'enseignement général et professionnel de Lévis-Lauzon*, précité, note 38, p. 610 ; *Union des routiers, brasseries, liqueurs douces et ouvriers de diverses industries, section locale 1999 (Teamsters)* c. *Brasserie Labatt Ltée*, précité, note 38 ; *Syndicat des professionnels du gouvernement du Québec* c. *Décary*, précité, note 38 ; *Kruger Inc.* c. *Syndicat canadien des travailleurs du papier, section locale 136*, précité, note 38.

prévoit qu'aucun grief ne doit être considéré comme nul ou rejeté pour vice de forme ou irrégularité de procédure[61].

753 – *Délai minimal* – D'un point de vue pratique, la conséquence la plus importante de la procédure interne de réclamation prévue à la convention collective est en général d'écourter le délai légal de prescription de six mois de l'article 71 C.t. pour la présentation d'un grief à l'autre partie. On se trouve alors en présence d'une sorte de prescription conventionnelle des griefs. Le législateur s'est préoccupé de l'introduction dans les conventions collectives de ces délais conventionnels de soumission des griefs, qui risquaient de compromettre l'exercice des droits des salariés s'ils devenaient trop courts. En vertu de l'article 100.0.1 C.t., l'arbitre ne peut rejeter un grief soumis à l'autre partie dans les 15 jours de la date où la cause du grief a pris naissance pour le seul motif que le délai prévu à la convention collective n'aurait pas été respecté. C'est dire qu'un délai conventionnel de moins de 15 jours pour déposer un grief sera sans effet dès lors que le grief aura effectivement été soumis dans les 15 jours (art. 100, al. 3 C.t.).

754 – *Effet interruptif* – L'article 71 du Code établit une relation entre la prescription légale de six mois qu'il fixe et la procédure conventionnelle de grief : le recours à cette procédure interrompt la prescription légale de six mois. Celle-ci recommencera à courir après l'épuisement de la procédure interne de réclamation, c'est-à-dire, normalement, au moment où l'employeur donnera sa réponse finale au grief[62]. À moins qu'un autre délai ne soit prévu à la convention collective, l'avis d'envoi du grief à l'arbitrage devra être donné dans les six mois suivant cette réponse de l'employeur.

755 – *Soumission à l'arbitrage et nomination de l'arbitre* – La soumission du grief à l'arbitrage n'implique pas que l'arbitre chargé d'en

---

61. *Syndicat des professeurs du Collège de Lévis-Lauzon* c. *Collège d'enseignement général et professionnel de Lévis-Lauzon*, précité, note 38 ; *Cyrille Labelle et Cie* c. *Union des employés de commerce, local 501, T.U.A.C.-U.C.F.W.*, précité, note 39 ; *Travailleuses et travailleurs unis de l'alimentation et du commerce, section locale 501* c. *Boulangerie Gadoua ltée*, précité, note 39.

62. *Syndicat international des travailleurs, local 333* c. *Compagnie Sucre Atlantic Ltée*, [1981] C.A. 416 ; cet arrêt a par la suite été distingué dans *Villa Notre-Dame de Grâce* c. *Syndicat des employés de la Villa Notre-Dame de Grâce*, C.A. Montréal, n° 500-09-000575-837, 18 octobre 1983 ; *Centre de la petite enfance Chatouille inc. et Syndicat des travailleuses et travailleurs en garderie de Montréal – C.S.N. (Guy St-Pierre)*, D.T.E. 2007T-374 (T.A.) – la prescription commence à courir lorsque l'employeur répond à l'avis de procédure de grief du syndicat.

disposer a été désigné[63]. En l'absence de procédure de grief dans la convention collective ou lorsque cette dernière ne différencie pas l'étape initiale du dépôt du grief et celle de son envoi à l'arbitrage, le seul avis de naissance d'un grief donné par une partie à l'autre, dans le délai imparti par le *Code du travail*, aura pour effet de soumettre légalement la mésentente à l'arbitrage et d'engager le mécanisme de nomination de l'arbitre, selon l'un ou l'autre des modes prévus à l'article 100 du Code[64].

Même si la Loi ne dicte aucun délai pour procéder à la désignation de l'arbitre et en l'absence de délai conventionnel à cet effet, un fort courant de jurisprudence arbitrale oblige la partie plaignante à agir dans un délai raisonnable pour obtenir la nomination d'un arbitre, sous peine d'être réputée avoir abandonné son recours et d'être déchue du droit à l'arbitrage. Il s'agit de l'application de la théorie dite des « laches »[65]. Un courant de pensée minoritaire refuse toutefois d'appliquer cette théorie de l'abandon des droits qui s'apparente à la péremption d'instance prévue au *Code de procédure civile*. Un jugement de la Cour supérieure a conclu à son inapplicabilité en raison de son absence tant du *Code du travail* que de la convention collective qui était applicable[66]. Un autre jugement a refusé d'annuler une sentence arbitrale qui avait elle-même refusé d'appliquer la théorie des « laches » parce que les deux parties à la convention collective étaient en mesure de poser les gestes nécessaires à la suite du dépôt d'un grief pour que ce dernier soit entendu en arbitrage[67].

756 – *Incidence d'un règlement du grief* – L'article 100.0.2 C.t. a une incidence directe sur la prescription légale ou conventionnelle des

---

63. *Union des employés de commerce, local 500, T.U.A.C.* c. *Larouche*, précité, note 53.

64. *Villa Notre-Dame de Grâce* c. *Syndicat des employés de la Villa Notre-Dame de Grâce*, précité, note 62 ; *Syndicat des professionnels du Centre de services sociaux de Québec (S.P.C.S.S.Q.)* c. *Côté*, D.T.E. 84T-524 (C.S.).

65. Exemple, *Centre hospitalier Notre-Dame de la Merci* c. *Syndicat des infirmières et infirmiers du Centre hospitalier Notre-Dame de la Merci (C.S.N.)*, D.T.E. 91T-678 (T.A.). Consulter à ce sujet C. D'AOUST et L. DUBÉ, *L'estoppel et les laches en jurisprudence arbitrale*, monographie n° 23, Montréal, École de relations industrielles, Université de Montréal, 1990 ; *Syndicat du personnel de soutien de la Corporation d'Urgences-santé – CSN et Corporation d'Urgences-santé de la région de Montréal*, D.T.E. 2008T-941 (T.A.) ; *B.E. Grisé Transport inc. et Syndicat québécois des employées et employés de service, section locale 298 (FTQ)*, D.T.E. 2008T-322 (T.A.).

66. *Syndicat des professionnels du Centre de services sociaux de Québec (S.P.C.S.S.Q.)* c. *Côté*, précité, note 64.

67. *Commission scolaire des Mille-Isles* c. *Tousignant*, D.T.E. 91T-246 (C.S.).

griefs. Il prévoit qu'en cas de refus d'une partie de donner suite au règlement d'un grief intervenu avant qu'il ne soit déféré à l'arbitrage, l'autre partie pourra soumettre le grief à l'arbitrage, malgré toute entente contraire et malgré l'expiration des délais prévus aux articles 71 et 100.0.1 C.t., ou à la convention collective[68]. La disposition ne vise que les cas où le grief a fait l'objet d'un règlement avant d'être déféré à l'arbitrage. Il est donc important de déterminer à quel moment un grief sera réputé déféré à l'arbitrage, au sens de cet article 100.0.2 C.t. et pour l'application de celui-ci. Si on tient compte de l'article 100.3 C.t. qui, lui, prévoit le traitement d'un règlement total ou partiel d'un grief dont un arbitre a été saisi, il faut conclure que c'est à compter de la nomination d'un arbitre que le grief sera réputé déféré à l'arbitrage, pour l'application de l'article 100.0.2 C.t. comme pour celle de l'article 100.3 C.t.[69]. Relativement à la compétence de l'arbitre à l'égard d'un grief qui lui est soumis en application de l'article 100.0.2 du Code, une question se pose. L'arbitre doit-il disposer du grief selon la convention collective, comme s'il n'y avait pas eu de règlement, ou encore doit-il en définitive assurer l'exécution du règlement intervenu ? C'est cette dernière solution qui s'impose[70]. En outre, tout recours alternatif en exécution du règlement, devant un tribunal civil ordinaire, est alors exclu[71].

Le règlement « hors cour » d'un grief constitue, par sa nature, une transaction au sens de l'article 2631 C.c.Q., comme les parties prennent d'ailleurs souvent le soin de le stipuler expressément. Lorsqu'un règlement intervient après que le grief a été déféré à l'arbitrage, son exécution pourra donner ouverture à un recours sur cette base devant le tribunal de droit commun compétent. Remarquons ici l'effet juridique limité d'une pratique courante, dont l'article 100.3 C.t. fait état et par laquelle les parties demandent à l'arbitre saisi d'un grief de « prendre acte » ou de « donner acte » de son règlement. La Cour d'appel a décidé que cette forme d'intervention ne

---

68. Sur la notion de règlement, qui suppose l'accord des parties sur une solution, voir *Cégep de Limoilou c. Laberge*, D.T.E. 85T-958 (C.S.), confirmé par *Collège d'enseignement général et professionnel de Limoilou c. Laberge*, C.A. Québec, n° 200-09-000804-853, 10 décembre 1986.

69. *Auger c. Hôpital Royal Victoria*, D.T.E. 97T-362 (C.S.) ; *Université Concordia c. Turmel*, D.T.E. 2005T-427 (C.S.) ; *Syndicat québécois des employées et employés de service, section locale 298 (FTQ) et Manoir Notre-Dame-de-Grâce inc.*, D.T.E. 2008T-494 (T.A.).

70. *Auger c. Hôpital Royal Victoria*, précité, note 70 ; *Cégep de Limoilou c. Laberge*, précité, note 68 ; *Infirmières et infirmiers unis Inc. c. Brody*, [1986] R.J.Q. 491 (C.S.).

71. *Furlong c. Résidence Christophe-Colomb*, [1995] R.D.J. 162 (C.A.) ; *Auger c. Hôpital Royal Victoria*, précité, note 70.

constitue qu'une simple constatation du règlement intervenu et qu'elle n'équivaut pas à une ordonnance de la part de l'arbitre[72]. Les conséquences seraient différentes si les parties demandaient plutôt à l'arbitre de prononcer, avec leur consentement, une ordonnance reprenant les termes de leur entente.

757 – *Inopposabilité ou modification des délais* – Il faudra tenir compte de la règle exceptionnelle énoncée à l'article 47.6 C.t. lorsqu'une réclamation ayant trait à une mesure disciplinaire imposée à un salarié ou à son renvoi se trouve déférée à un arbitre par ordonnance de la Commission des relations du travail en vertu de l'article 47.5 C.t. L'employeur ne pourra alors opposer à l'arbitrage l'inobservation de la procédure et des délais prévus à la convention collective.

La C.R.T. dispose en outre du pouvoir, vraisemblablement tout aussi exceptionnel, d'ordonner que soit modifiée la procédure de grief et d'arbitrage prévue à la convention collective (art. 119, 5° C.t.).

758 – *Délai de grâce* – L'article 2895 C.c.Q. accorde un délai supplémentaire de trois mois au demandeur qui a choisi erronément son forum pour saisir le tribunal compétent de son recours[73]. Ce délai de droit civil s'applique en contexte d'arbitrage de griefs en raison de sa compatibilité avec le régime collectif des relations de travail[74]. La jurisprudence demeure partagée quant à l'applicabilité ou l'inapplicabilité de ce « délai de grâce » pour recourir à l'arbitrage, lorsqu'une partie s'est d'abord adressée au tribunal de droit commun[75]. Qu'il soit

---

72. *Restaurant Faubourg St-Denis Inc.* c. *Durand*, [1990] R.J.Q. 1218 (C.A.).
73. Voir *supra*, Titre I, chapitre 1, n° 175.
74. *Isidore Garon Ltée* c. *Tremblay ; Fillion et Frères (1976) Inc.* c. *Syndicat national des employés de garage du Québec Inc. (C.S.D.)*, précité, note 10, par. 24-30. Voir également, *Syndicat des agents de la paix en services correctionnels du Québec et Québec (Ministère de la Sécurité publique)*, D.T.E. 2011T-668 (T.A.) – l'arbitre considère que, pour donner un sens véritable à l'article 2895 C.C.Q., il faut se demander si le recours initial, devant le tribunal qui se déclarera incompétent par la suite, a été déposé dans le délai prescrit. Ainsi, si le délai était de trois ans en vertu du *Code civil du Québec*, le grief pourra être déposé en application de l'article 2895 C.c.Q.
75. Voir et comparer : *Garage Réjean Roy Inc. (Toyota Victoriaville)* c. *Association des employés du garage Réjean Roy Inc.*, [1998] R.J.D.T. 945 (T.A.), confirmé par *Roberge* c. *Cliche*, [1998] R.J.D.T. 1132 (C.S.) – applicabilité ; *Québec (Société de transport de la Communauté urbaine de)* c. *Syndicat des salariés de garage de la S.T.C.U.Q. (C.S.N.)*, [2000] R.J.D.T. 1994 (T.A.), confirmé par *Syndicat des salariés de garage de la Société de transport de la Communauté urbaine de Québec (C.S.N.)* c. *Dubé*, D.T.E. 2001T-329 (C.S.) – applicabilité ; *Dubé* c. *Secrétariat de l'action catholique de Joliette*, D.T.E. 2001T-1109, REJB 2001-26586 (C.A.) – applicabilité ; *For-Net Inc.* c. *Boily*, [2000] R.J.D.T. 860 (T.A.) – inapplicabilité ; *Quintal* c. *Mont-Royal Ford (1982) inc.*, D.T.E. 2006T-733, 2006

lié ou non, il peut être légitime de la part de l'arbitre de s'en inspirer lorsque des impératifs de justice le justifient. Il serait par contre abusif et déraisonnable de permettre à une partie, qui savait ou devait savoir que sa réclamation relevait de la compétence de l'arbitre de griefs mais a omis d'entreprendre ce recours en temps utile, qu'elle fasse renaître son droit en s'adressant au tribunal de droit commun pour en obtenir une déclaration d'incompétence et bénéficier du délai supplémentaire de l'article 2895 C.c.Q.

B. La propriété du grief

759 – *Propriété syndicale* – Outre la prescription légale ou conventionnelle, la propriété du grief conditionne aussi l'accès à l'arbitrage.

L'article 69 C.t. affirme que le syndicat accrédité peut exercer tous les recours résultant de la convention collective en faveur des salariés, sans devoir justifier d'une cession de créance. D'autre part, le texte de l'article 100, al. 1 C.t. révèle clairement qu'en principe, le grief, comme instrument d'application de la convention collective, appartient à l'association accréditée. Ainsi, sous réserve d'une stipulation contraire dans la convention collective, il sera impossible à un salarié d'obtenir la nomination d'un arbitre par le ministre du Travail sans le concours de l'association accréditée[76]. Le pouvoir accordé à l'association accréditée de contrôler l'accès à l'arbitrage demeure cependant conditionné par son obligation légale de représentation équitable de tous les salariés de l'unité de négociation (art. 47.2 C.t.)[77].

760 – *Droit individuel* – Rien ne s'oppose à ce que la procédure de grief prévue à la convention collective autorise le salarié à procéder seul aux étapes initiales de la procédure de grief. Cette pratique est d'ailleurs courante. Certaines conventions collectives ont même pour effet d'assujettir la recevabilité d'un grief individuel à sa signature par le salarié intéressé, le syndicat renonçant alors en quelque sorte au pouvoir autonome que lui reconnaît l'article 69 C.t. d'exercer tous

---

QCTDP 13 – applicabilité du délai de grâce par le Tribunal des droits de la personne afin que le plaignant puisse faire valoir ses droits devant la bonne instance : l'arbitre de griefs.

76. *Venditelli* c. *Cité de Westmount*, précité, note 47 ; *Dalton* c. *Union internationale des employés professionnels et de bureau (local 409)*, D.T.E. 83T-484 (C.A.). Dans le même sens, l'arrêt *Noël* c. *Société d'énergie de la Baie-James*, [2001] 2 R.C.S. 207, 2001 CSC 39, dénie au salarié, normalement, l'intérêt juridique nécessaire pour entreprendre seul un recours en révision judiciaire.

77. Voir *supra*, Titre II, chapitre 4, nos 585-589.

les recours que la convention collective accorde à chacun des salariés qu'il représente, sans avoir à justifier d'une cession de créance de l'intéressé[78]. Il n'est pas exclu par ailleurs que, selon la convention collective, le salarié puisse aussi porter lui-même sa réclamation à l'arbitrage, y devenant ainsi personnellement partie[79].

V- LA PROCÉDURE ET LA PREUVE

761 – *Généralités* – Le fonctionnement de l'institution arbitrale obéit aux règles énoncées aux articles 100 à 102 C.t. L'article 100, al. 3 C.t. confère à ces règles un caractère d'ordre public, à moins qu'elles ne prévoient expressément que les parties puissent y déroger par convention collective. Les normes prééminentes édictées par la *Charte des droits et libertés de la personne* du Québec (ou la *Charte canadienne des droits et libertés* s'il y a lieu) et par certaines dispositions d'ordre public du *Code civil du Québec* s'imposent de la même façon à l'arbitre. Celui-ci est également tenu au respect, dans toutes leurs dimensions, des règles de justice naturelle, lorsque ces dernières ne se trouvent pas déjà exprimées par la Loi elle-même. Dans ces limites, et sous réserve des dispositions particulières de la convention collective qu'il est chargé d'appliquer, l'arbitre dirige l'instruction du grief et détermine la procédure, la preuve pertinente et les modes selon lesquels cette dernière est présentée (art. 100.2 C.t.)[80].

A. L'audition des parties

762 – *Droit de présence et représentation* – L'article 100.5, al. 1 C.t. codifie à l'adresse de l'arbitre la règle fondamentale de justice l'obli-

---

78. *Hilton Canada Inc.* c. *Kodie*, précité, note 40.
79. *Noël* c. *Société d'énergie de la Baie James*, précité, note 76, par. 45. Dans *Québec (Ville de)* c. *Morin*, précité, note 40, la Cour d'appel a reconnu au salarié le statut de partie à l'arbitrage et le droit de poursuivre l'arbitrage malgré le retrait du grief par le syndicat, tenant compte du fait que la convention collective permettait la soumission du grief à l'arbitrage par le syndicat ou par le salarié. Voir aussi *Confédération des syndicats nationaux* c. *Verret*, précité, note 43.
80. *Université du Québec à Trois-Rivières* c. *Larocque*, [1993] 1 R.C.S. 471 ; *Poirier* c. *C.U.M.*, D.T.E. 83T-192 (C.A.) ; *Bourdouhxe* c. *Institut Albert Prévost*, [1974] R.D.T. 369 (C.A.) ; *Société canadienne des postes* c. *Morin*, D.T.E. 93T-476 (C.S.) ; *Fabrimet Enrg.* c. *Lauzon*, D.T.E. 85T-136 (C.S.) ; *Syndicat des professeures et des professeurs de l'Université du Québec à Trois-Rivières* et *Université du Québec à Trois-Rivières*, D.T.E. 2008T-750 (T.A.) – pouvoir de l'arbitre de procéder à la réunion de griefs s'il le juge opportun ; *Rassemblement des techniciens ambulanciers du Québec* – *CSN* et *Services préhospitaliers Laurentides-Lanaudière ltée*, D.T.E. 2009T-443 (T.A.) – l'arbitre peut permettre à l'employeur de déposer une nouvelle preuve en vertu de l'article 100.16 C.t. qui concerne la réouverture d'enquête.

geant à donner aux parties l'occasion d'être entendues et de faire valoir pleinement leurs moyens[81]. Cette disposition prévoit en somme l'application de la règle *audi alteram partem* en faveur de l'association accréditée, du salarié intéressé et de l'employeur[82]. Selon la jurisprudence, cette application doit tenir compte du fait que les véritables parties à l'arbitrage sont l'employeur et l'association accréditée, laquelle prend normalement charge de la défense des intérêts du salarié ou des salariés intéressés[83]. Ainsi, si l'employeur et l'association accréditée disposent d'un plein droit d'être représentés et entendus devant l'arbitre, l'étendue des droits du salarié varie selon les circonstances.

Lorsque ses intérêts sont défendus par l'association accréditée, le salarié a le droit d'être présent en tout temps à l'audience[84]. Il peut requérir d'être entendu par l'arbitre, mais il ne saurait exiger d'être représenté par un avocat de son choix comme s'il était une partie distincte[85]. Par contre, les tribunaux reconnaissent au salarié un droit individuel, distinct et complet à l'application de la règle *audi alteram partem* devant l'arbitre, dans la mesure où le syndicat accrédité adopte lui-même une position allant à l'encontre de l'intérêt particulier du salarié et susceptible de le toucher[86]. Dans ce type de situa-

---

81. *Collège LaSalle inc.* c. *Hamelin*, D.T.E. 2002T-1131 (C.A.) – droit des parties d'être prévenues du passage d'un processus de médiation à un processus d'adjudication.
82. *Syndicat des professionnelles et professionnels du gouvernement du Québec* et *Québec (Gouvernement du) (Ministère du Développement économique, de l'Innovation et de l'Exportation)*, D.T.E. 2009T-249 (T.A.).
83. Au regard de l'article 100.5 C.t., le premier rôle réservé au syndicat dans le grief n'empêche pas un salarié d'intervenir distinctement afin d'être entendu : *Métallurgistes unis d'Amérique (Syndicat des métallos) section locale 9414* c. *Cournoyer*, [2008] R.J.D.T. 148 (C.S.).
84. *Syndicat national des travailleuses et travailleurs du Centre d'accueil La Cité des prairies* c. *Bélanger*, D.T.E. 94T-1229 (C.A.) ; *Syndicat des professionnelles et professionnels du gouvernement du Québec* et *Québec (Gouvernement du) (Ministère du Développement économique, de l'Innovation et de l'Exportation)*, précité, note 82.
85. *Péroux* c. *Cité de la santé de Laval*, D.T.E. 94T-1231 (C.A.). Le salarié ne peut davantage invoquer l'obligation légale de représentation du syndicat pour réclamer le procureur de son choix : *Boulanger* c. *Syndicat des employées et employés de métiers d'Hydro-Québec, section locale 1500 (S.C.F.P.-F.T.Q.)*, D.T.E. 98T-1202 (T.T.) ; *Boivin* c. *Syndicat des employés de Robert-Giffard et annexe C.S.N.*, D.T.E. 88T-686 (T.T.).
86. *Hoogendoorn* c. *Greening Metal Products and Screening Equipment Company*, [1968] R.C.S. 30 ; *Blanchette* c. *Beaulieu*, [1975] R.D.T. 43 (C.A.) ; *Syndicat des employés du Centre hospitalier Robert Giffard et annexes (C.S.N.)* c. *Syndicat professionnel des infirmières et infirmiers de Québec (S.P.I.I.Q.)*, [1979] C.A. 323 ; *Syndicat des professionnelles et professionnels du gouvernement du Québec* c. *Paquet*, D.T.E. 2005T-205, EYB 2005-86207 (C.A.), 2005 QCCA 109,

tion, le syndicat accrédité devrait prendre la précaution d'aviser par écrit le salarié, dont les droits sont susceptibles d'être touchés défavorablement par la décision qu'il recherche, de la tenue de l'arbitrage et du fait que le salarié peut y être entendu pour soumettre à l'arbitre les représentations qu'il jugerait appropriées[87]. Notons par ailleurs qu'outre l'employeur, le syndicat et le salarié, l'arbitre demeure compétent afin de permettre l'intervention d'un tiers qui démontre un intérêt suffisant[88].

C'est à l'arbitre qu'il appartient de convoquer les parties pour l'audition du grief. L'article 100.2, al. 2 C.t. l'habilite à le faire d'office. L'arbitre peut procéder en l'absence d'une partie intéressée si cette dernière a été convoquée par un avis écrit d'au moins cinq jours francs l'informant de la date, de l'heure et du lieu d'audition (art. 100.5, al. 2 C.t.).

---

par. 34-36 ; *Syndicat des professionnelles et professionnels du gouvernement du Québec* et *Québec (Gouvernement du) (Ministère du Développement économique, de l'Innovation et de l'Exportation)*, précité, note 82 ; *Syndicat uni du transport, section locale 0591* et *Société de transport de l'Outaouais*, D.T.E. 2012T-321 (T.A.).

87. L'obligation légale de représentation du syndicat n'exige toutefois pas qu'il assume les frais de représentation du salarié concerné dans ce contexte particulier : *Syndicat des salariées et salariés d'Autobus Laval Ltée* c. *Brochu*, [1992] R.J.Q. 61 (C.A.).

88. *Syndicat des professionnelles et professionnels du gouvernement du Québec* c. *Paquet*, précité, note 86, par. 31-37. Les principes établis par la Cour d'appel quant aux paramètres d'intervention des tiers et de ceux qui ont un statut de participant actif à l'arbitrage sont pertinents. Toutefois, l'intervention de tiers doit demeurer exceptionnelle ; *Syndicat du transport de Montréal* c. *Métromédia CMR Plus inc.*, 2010 QCCA 98, par. 34 – la Cour d'appel reprend la *ratio* de l'affaire *Paquet* en ces termes : « À la lecture des motifs du juge Dalphond, le tiers qui désire intervenir doit premièrement démontrer un intérêt juridique, direct et personnel, né et actuel. L'arbitre doit ensuite constater l'existence de circonstances exceptionnelles justifiant l'intervention. Finalement, le tiers doit faire une démonstration suffisante de la nécessité de ladite intervention. Les trois critères cumulatifs – l'intérêt juridique, le caractère exceptionnel et la nécessité de l'intervention – doivent faire l'objet d'une démonstration claire avant qu'une intervention soit autorisée ». Voir également, *Syndicat de l'enseignement des Deux-Rives (SEDR-CSQ)* et *Commission scolaire des Navigateurs*, D.T.E. 2012T-71 (T.A.) ; *Société de transport de Montréal* et *Syndicat du personnel administratif, technique et professionnel du transport en commun (section locale 2850, SCFP)*, D.T.E. 2009T-794 (T.A.) – intervention d'un syndicat tiers légitimée lorsque l'employeur a déjà donné du travail aux salariés de ce syndicat. Voir aussi : Fernand MORIN, « La tierce intervention ! (Nécessaire pour les uns, perturbatrice pour les autres) », dans Service de la formation permanente, Barreau du Québec, *Développements récents en droit du travail dans le secteur de l'éducation*, vol. 235, Cowansville, Éditions Yvon Blais, 2005, p. 4-24.

Normalement, les parties s'entendent sur le lieu de l'audience, même si l'arbitre possède un large pouvoir discrétionnaire à cet égard. Il doit s'assurer que l'audition sera publique et qu'elle se tiendra dans un endroit où les parties pourront faire valoir leurs droits dans une atmosphère sereine[89].

Dans un autre ordre d'idées, l'arbitre doit inviter les parties à l'accompagner s'il y a visite des lieux, dans le cadre de l'instruction d'un grief (art. 100.9, al. 1 C.t.).

763 – *Corollaires du droit d'être entendu* – Les dispositions du *Code du travail* que nous venons d'évoquer sont loin de couvrir toutes les implications du droit d'être entendu. Les tribunaux y ont pourvu en identifiant diverses conséquences qu'emporte l'application de la règle *audi alteram partem*. L'arbitre ne saurait ainsi priver erronément une partie de son droit d'être représentée par avocat, ou lui refuser sans motif valable un ajournement sollicité en vue de requérir ses services[90]. Il doit donner à chacune des parties l'occasion de lui présenter toute sa preuve, dès lors qu'elle est significative et admissible[91], y compris en rouvrant l'enquête à cette fin si nécessaire[92]. Le droit d'interroger le signataire d'un document, par exemple, est particulièrement important[93]. L'arbitre doit permettre aux parties de lui

---

89. Notons que la neutralité du lieu s'appréciera en fonction des activités qui s'y déroulent : *Syndicat des cols bleus de la Ville de Laval Inc., section locale 4545, SCFP* c. *Laval (Ville de)*, D.T.E. 2010T-49 (T.A.) ; *CLSC / CHSLD Champagnat de la Vallée des Forts (Centre de santé et des services sociaux Haut-Richelieu–Rouville)* c. *Alliance du personnel professionnel et technique de la santé et des services sociaux*, D.T.E. 2009T-814.
90. Sur le droit à la représentation par avocat, voir l'article 34 de la *Charte des droits et libertés de la personne*, RLRQ, c. C-12 ; *Société canadienne des postes* c. *Gagnon*, D.T.E. 94T-636 (C.S.) – droit à la représentation par avocat dans un contexte d'inapplicabilité de la Charte québécoise ; *Pruneau* c. *Chartier*, [1973] C.S. 736 – refus injustifié d'ajournement.
91. Voir *infra*, n° 767.
92. *Dawson Teachers Union* c. *Sexton*, D.T.E. 93T-1001 (C.S.) – défaut injustifié de poursuivre l'enquête, audition incomplète et décision prématurée ; *Temco, Produits électriques Inc.* c. *Brody*, D.T.E. 94T-101 (C.S.) – faits nouveaux et refus de réouverture d'enquête ; *Syndicat des employées et employés de métiers d'Hydro-Québec, section locale 1500* c. *Gravel*, D.T.E. 94T-427 (C.S.) – lacune de la preuve sur un élément non débattu et défaut de rouvrir l'enquête ; *Collège Lasalle inc.* c. *Marcheterre*, 2007 QCCS 1200 – il y a violation de la règle *audi alteram partem* si l'arbitre saisi d'une requête en réouverture d'enquête ne convoque pas les parties et ne les entend pas sur cette demande.
93. *St. Lawrence Columbium and Metals Corp.* c. *Lippé*, [1976] C.S. 240. Comparer ce jugement avec celui rendu dans *Bombardier MLW Ltée* c. *Métallurgistes unis d'Amérique, local 4589*, [1978] C.S. 554, qui fut ensuite infirmé par la Cour suprême : *Métallurgistes unis d'Amérique, local 4589* c. *Bombardier MLW Limitée*, [1980] 1 R.C.S. 905. Une partie ne peut prétendre à un manquement à

soumettre toutes leurs représentations sur les questions litigieu-ses[94]. Il devra même prévenir les parties et leur donner l'occasion de réagir s'il envisage de rendre une décision manifestant une opinion différente de celle qu'il a déjà exprimée devant elles sur une question cruciale, ou fondée sur une considération qui n'a jamais été soulevée ni débattue devant lui[95].

B. La preuve

764 – *Direction* – L'arbitre est en principe maître de l'administration de la preuve. Le plein exercice de sa compétence lui permet de décider de la pertinence et de l'admissibilité de la preuve, sauf violation des règles de la justice naturelle ou des droits garantis par les chartes, et sauf erreur manifestement déraisonnable de sa part[96].

765 – *Fardeau et présentation* – Le fardeau de la preuve incombe en principe à la partie réclamante, c'est-à-dire le plus souvent au syndi-cat qui recourt à la procédure de grief. Cette règle est toutefois sujette à certaines exceptions qui résultent soit explicitement de la con-vention collective elle-même, soit encore du fait que cette dernière assujettit la décision ou l'acte qui fait l'objet de la contestation à l'existence de certaines conditions, comme c'est généralement le cas en matière de congédiement ou de sanction disciplinaire. On impo-sera alors à la partie qui invoque l'existence de ces conditions d'en faire la preuve plutôt qu'à la partie adverse d'en établir l'inexistence. C'est la partie chargée du fardeau de la preuve qui présente d'abord sa preuve et son argumentation. Sous réserve du respect par l'arbitre des règles de justice naturelle, la responsabilité appartient d'abord à

---

la justice naturelle par l'arbitre si elle a fait défaut de lui demander expressé-ment d'entendre le signataire d'un document produit : *Charron* c. *Madras*, D.T.E. 83T-977 (C.A.).

94. *Désourdy Inc.* c. *Fraternité unie des charpentiers-menuisiers d'Amérique*, [1976] C.A. 746 – défaut de permettre à une partie de répondre à des notes soumises par l'autre ; au même effet : *Hudon et Deaudelin Ltée* c. *Gagnon*, D.T.E. 91T-1004 (C.S.).

95. *Brotherhood of Maintenance of Way Employees* c. *Picher*, D.T.E. 93T-1319 (C.S.) – défaut de l'arbitre d'aviser les parties et de les réentendre, à la suite d'un changement d'orientation de sa part sur une question fondamentale ; *Centres jeunesse de Montréal* c. *Dulude*, [2000] R.J.D.T. 522 (C.S.) – sentence fondée sur une disposition légale ni mentionnée ni débattue devant l'arbitre.

96. *Université du Québec à Trois-Rivières* c. *Larocque*, précité, note 80 ; *Fraternité unie des charpentiers et menuisiers d'Amérique, section locale 579* c. *Bradco Construction Ltd.*, [1993] 2 R.C.S. 316 ; *Journal de Montréal, division de Groupe Québécor Inc.* c. *Syndicat des travailleurs de l'information du Journal de Mont-réal*, D.T.E. 95T-18 (C.A.) ; *Olymel, société en commandite* c. *Gagnon*, [2004] R.J.D.T. 966, REJB 2004-68686 (C.S.).

chaque partie de soumettre toute la preuve qu'elle peut croire utile à la décision de l'arbitre et de manifester, au besoin, clairement ses intentions et ses demandes à ce propos en cours d'arbitrage[97].

766 – *Règles d'admissibilité* – Les règles de preuve applicables devant l'arbitre sont de façon générale celles issues du droit de la preuve en matière civile. Les arbitres ne manqueront pas, à cet égard, de prendre en considération les règles énoncées au régime d'administration de la preuve établi par les articles 2803 à 2874 C.c.Q[98]. L'arbitre n'est toutefois pas strictement tenu à l'application de ces règles dans les matières de son ressort[99]. Ainsi, une preuve par ouï-dire n'est pas nécessairement exclue ; tout en demeurant de qualité moindre, elle peut être admise, compte tenu des circonstances et de la conduite des parties à l'arbitrage[100]. La preuve de faits postérieurs à ceux qui ont donné naissance au grief est généralement inadmissible ; elle pourra toutefois être recevable dans la mesure où elle sert à éclairer la situation factuelle telle qu'elle était à l'origine du litige, ou à déterminer le redressement qui serait approprié, s'il y a lieu[101]. Une preuve extrinsèque peut aussi, ver-

---

97. *Métallurgistes unis d'Amérique, local 4589* c. *Bombardier MLW Limitée*, précité, note 93 ; *Charron* c. *Madras*, précité, note 93.

98. Pour un exemple, voir : *Brasserie Labatt Ltée* c. *Syndicat des travailleurs de la Brasserie Labatt (CSN)*, D.T.E. 2010T-56 (T.A.) – utilisation d'une preuve testimoniale.

99. *Blake* c. *Foyer Étoile d'Or Inc.*, D.T.E. 86T-701 (C.A.) ; *Bourdouhxe* c. *Institut Albert Prévost*, précité, note 80 ; *Fabrimet Enrg.* c. *Lauzon*, précité, note 80.

100. *Journal de Montréal, division de Groupe Québécor Inc.* c. *Syndicat des travailleurs de l'information du Journal de Montréal*, précité, note 96 ; *Charron* c. *Madras*, précité, note 93 ; *Syndicat canadien des communications, de l'énergie et du papier, section locale 149* et *Goodyear Canada inc., usine de la Cité de Québec*, D.T.E. 2006T-480 (T.A.) – preuve recevable ; *Station Mont-Tremblant, s.e.c.* et *Syndicat des travailleuses et travailleurs de la Station Mont-Tremblant (C.S.N.)*, D.T.E. 2004T-926 (T.A.), [2004] R.J.D.T. 1906 – l'arbitre a jugé que la preuve par ouï-dire est recevable car elle satisfait aux conditions de l'article 2870 C.c.Q., qui doit recevoir une interprétation large et libérale ; *Union des employés du transport local et industries diverses* c. *Imbeau*, D.T.E. 2004T-1016 (C.S.), [2004] R.J.D.T. 1474 – en l'espèce, la preuve par ouï-dire a été jugée irrecevable ; *Travailleuses et travailleurs unis de l'alimentation et du commerce, section locale 500* et *Provigo Distribution inc.*, D.T.E. 2006T-706 (T.A.) – la preuve par ouï-dire est irrecevable car il s'agit d'opinions.

101. *Cie minière Québec Cartier* c. *Québec (Arbitre des griefs)*, [1995] 2 R.C.S. 1095. Cet arrêt, qui infirme un jugement de la Cour d'appel, conclut à l'inadmissibilité d'une preuve de désintoxication postérieure au congédiement d'un employé pour cause d'alcoolisme, la compétence de l'arbitre se limitant, selon la Cour, à déterminer si l'employeur avait une cause juste et suffisante pour congédier l'employé au moment où il l'a fait. *Société canadienne des postes* c. *Syndicat des travailleurs et travailleuses des postes*, D.T.E. 99T-604 (C.A.) ; *Syndicat national des employés de garage du Québec inc. (C.S.D.)* c. *Roy*, D.T.E. 2003T-777 (C.S.) – la Cour supérieure a décidé que c'est à bon droit que l'arbitre a refusé de

rons-nous, être admise pour permettre l'interprétation de la convention collective[102].

767 – *Limites du pouvoir de l'arbitre* – L'arbitre est tenu au respect de certaines limites en matière d'admissibilité de la preuve.

Ces limites lui résultent d'abord des droits et libertés fondamentaux garantis par les chartes et par le *Code civil du Québec*, notamment le droit de toute personne à la sauvegarde de sa dignité, de son honneur et de sa réputation, au respect de sa vie privée et du secret professionnel, et à la protection contre l'auto-incrimination. En ce sens et à cette fin, l'article 2858 C.c.Q. oblige tout tribunal, même d'office, à rejeter tout élément de preuve obtenu dans des conditions qui portent atteinte aux droits et libertés fondamentaux et dont l'utilisation est susceptible de déconsidérer l'administration de la justice. Le deuxième alinéa de cet article ajoute qu'il n'est pas tenu compte du second critère lorsqu'il s'agit d'une violation du droit au respect du secret professionnel. On trouve chez les arbitres des opinions partagées quant à savoir si l'article 2858 C.c.Q. les lie ou s'il ne constitue plutôt pour eux qu'un guide auquel ils peuvent se référer. Des arrêts de la Cour d'appel tendent à y reconnaître une dimension de l'ordre public fondamental qui s'impose aux tribunaux spécialisés[103].

---

s'appuyer sur des faits postérieurs afin de modifier la décision de congédiement de l'employeur. L'arbitre doit évaluer la décision au moment où l'employeur l'a prise. Le salarié ayant dévoilé les motifs de son absence environ huit mois après le congédiement ; *Syndicat canadien de la fonction publique, section locale 301 et Montréal (Ville de)*, D.T.E. 2005T-807 (T.A.).

102. Voir *infra*, n° 774.
103. *Mascouche (Ville de)* c. *Houle*, [1999] R.J.Q. 1894 (C.A.) – inadmissibilité de conversations téléphoniques privées interceptées et enregistrées ; *Syndicat des travailleuses et travailleurs de Bridgestone/Firestone de Joliette (C.S.N.)* c. *Trudeau*, [1999] R.J.Q. 2229 (C.A.) – admissibilité d'un enregistrement vidéo réalisé à l'occasion d'une filature ; *Syndicat des travailleurs(euses) d'abattoir de volaille de St-Jean-Baptiste* c. *Corriveau*, D.T.E. 2001T-206, REJB 2000-22292 (C.A.) – admissibilité d'une bande vidéo de surveillance ; voir également *Syndicat des travailleuses et travailleurs du CSSS du Sud de Lanaudière (CSN)* et *Centre de santé et de services sociaux du Sud de Lanaudière*, D.T.E. 2009T-253 (T.A.) ; *Syndicat des chauffeurs de la Société de transport de la Ville de Laval (C.S.N.)* c. *Ferland*, D.T.E. 2001T-235 (C.A.) – admissibilité d'un enregistrement vidéo de surveillance ; *Syndicat des employés de garage du Québec inc.* c. *Gauvin*, D.T.E. 2003T-85 (C.S.), confirmé par SOQUIJ AZ-03019685 (C.A.) – décision intérimaire de l'arbitre qui applique les paramètres de l'arrêt *Syndicat des travailleuses et travailleurs de Bridgestone/Firestone de Joliette* afin d'admettre en preuve une filature ; voir également, *Travailleurs québécois de la pétrochimie* c. *Ultramar*, [2009] R.J.D.T. 1416 (T.A.). Voir aussi *supra*, Titre préliminaire, chapitre 2, n° 52.

L'arrêt *Roberval Express Limitée* de la Cour suprême a donné naissance à un courant de jurisprudence selon lequel tout refus de la part d'un arbitre d'entendre une preuve pertinente et admissible emporte une violation de la justice naturelle et rend la décision de l'arbitre annulable par révision judiciaire[104]. Par la suite, dans l'arrêt *Université du Québec à Trois-Rivières*, la Cour suprême a circonstancié la portée de son précédent jugement et précisé sa position quant au refus d'une preuve pertinente par un arbitre ; le juge en chef Lamer a écrit :

> Pour ma part, je ne suis pas prêt à affirmer que le rejet d'une preuve pertinente constitue automatiquement une violation de la justice naturelle. L'arbitre de griefs est dans une situation privilégiée pour évaluer la pertinence des preuves qui lui sont soumises et je ne crois pas qu'il soit souhaitable que les tribunaux supérieurs, sous prétexte d'assurer le droit des parties d'être entendues, substituent à cet égard leur appréciation à celle de l'arbitre de griefs. Il pourra toutefois arriver que le rejet d'une preuve pertinente ait un impact tel sur l'équité du processus, que l'on ne pourra que conclure à une violation de la justice naturelle.[105]

Dans le cas à l'étude, la Cour suprême a jugé que la preuve refusée par l'arbitre était cruciale au regard de la question en litige et qu'il fallait conclure à une violation de la justice naturelle, sans qu'il soit question de spéculer par ailleurs sur ce qu'aurait été la décision de l'arbitre s'il avait entendu les éléments de preuve refusés.

768 – *Degré et qualité de la preuve* – Quant au degré de preuve requis de la partie à laquelle incombe le fardeau, c'est la règle civile de la prépondérance de la preuve qui s'applique, le grief étant une réclamation de nature civile[106]. Le degré de preuve requis se distingue de la qualité de la preuve elle-même. Selon la nature et les circonstances d'une espèce, par exemple l'allégation d'une faute grave, l'arbitre peut exiger une preuve de qualité supérieure au soutien de l'allégation[107].

---

104. *Roberval Express Limitée* c. *Union des chauffeurs de camions et hommes d'entrepôt et autres ouvriers, local 106*, [1982] 2 R.C.S. 888. Voir également *Blake* c. *Foyer Étoile d'Or Inc.*, précité, note 99.

105. *Université du Québec à Trois-Rivières* c. *Larocque*, précité, note 80, p. 491. Voir aussi et transposer : *Guimont* c. *Petit*, J.E. 96-310 (C.A.).

106. *Blake* c. *Foyer Étoile d'Or Inc.*, précité, note 99 ; *Bourdouhxe* c. *Institut Albert Prévost*, précité, note 80. Voir aussi *Syndicat national des travailleurs des pâtes et papiers d'Alma Inc.* c. *Compagnie Price Ltée*, D.T.E. 91T-690 (C.A.) ; *F.H.* c. *McDougall*, 2008 CSC 53.

107. *L. & M. Parking Ltd.* c. *Laurin*, D.T.E. 90T-854 (C.S.).

769 – *Témoignages* – Les principaux aspects de l'audition des témoins sont réglés par les dispositions des articles 100.6 à 100.8 C.t.

L'article 100.6, al. 1 et 2 C.t. prévoit le mode d'assignation et la sanction du défaut de comparaître du témoin assigné[108]. Les témoins ont droit à leur taxe et au remboursement de leurs frais de déplacement et de séjour, payables par la partie qui les a assignés ou en parts égales entre les parties si l'assignation a eu lieu à l'initiative de l'arbitre (art. 100.6, al. 4 à 6 C.t.). L'arbitre peut exiger d'eux le serment ou l'affirmation solennelle (art. 100.6, al. 3 C.t.). Ils peuvent en outre être contraints de répondre à toutes les questions jugées utiles par l'arbitre (art. 100.7 et 100.8 C.t.). Ce dernier sera même tenu de contraindre le témoin à répondre si le droit d'une partie à une preuve pertinente complète en dépend[109]. Le refus injustifié de l'arbitre de permettre l'interrogatoire ou le contre-interrogatoire d'un témoin sur un élément crucial est susceptible de lui faire perdre compétence[110].

De son côté, le témoin peut réclamer de l'arbitre le respect des droits fondamentaux que lui garantissent les chartes et le *Code civil du Québec*. Également, dans certaines circonstances, une ordonnance de huis clos et de non-divulgation d'identité du témoin peut être sollicitée et accordée[111]. Le témoin jouit aussi d'une certaine immunité. S'il soulève une objection en ce sens, une réponse qui pourrait tendre à l'incriminer ou à l'exposer à une poursuite ne pourra servir contre lui dans une poursuite pénale intentée en vertu d'une loi du Québec (art. 100.8 C.t.)[112]. S'agissant d'une éventuelle poursuite

---

108. Par exemple : *Syndicat des travailleurs de Coinamatic (CSD) et Coinamatic Canada inc.*, D.T.E. 2011T-566 (T.A.) – en vertu de l'article 100.6 C.t., l'arbitre a le pouvoir d'ordonner la communication d'un document au préalable dans le contexte d'une audience, en assignant une personne à témoigner pour le produire.

109. *St. Lawrence Columbium and Metals Corp.* c. *Lippé*, précité, note 93.

110. Voir et transposer : *Université du Québec à Trois-Rivières* c. *Larocque*, précité, note 80 ; *Centre de la maison E. Beauchesne Inc.* c. *Fortier*, D.T.E. 92T-888 (C.S.) – refus de contre-interrogatoire sur la crédibilité du témoin.

111. Par exemple lorsque l'intégrité physique ou psychologique, ou la sécurité du témoin est menacée. *Syndicat des salariés de Béton St-Hubert – CSN* c. *Béton St-Hubert Inc.*, D.T.E. 2011T-6 (C.A.) – même si un témoignage peut être rendu dans des conditions particulières, jamais celles-ci ne doivent priver le plaignant d'assister à sa cause et de connaître l'identité des témoins appelés contre lui de même que le contenu de leur témoignage. Pour un exemple de mesures concrètes, voir : *Association des policières et policiers provinciaux du Québec* c. *Sûreté du Québec*, [2009] R.J.D.T. 1060 (T.A.) – témoignage derrière un paravent.

112. L'arbitre ne pourrait s'autoriser d'une disposition aussi générale que le paragraphe 100.12g) C.t. pour accorder au témoin une plus grande protection que celle que l'article 100.8 lui permet de réclamer : *Groupe Jean Coutu (P.J.C.) Inc.* c. *Lefebvre*, D.T.E. 95T-393 (C.S.).

fondée sur une loi fédérale, le témoin pourrait s'appuyer sur la *Charte canadienne des droits et libertés* et sur la *Loi sur la preuve au Canada*[113], et invoquer l'absence de caractère libre et volontaire de sa déclaration devant l'arbitre pour s'opposer à son admissibilité en preuve.

770 – *Appréciation de la preuve* – L'arbitre est maître de l'appréciation de la preuve ; celle-ci est au cœur même de sa compétence[114]. L'exercice de ce pouvoir judiciaire d'appréciation doit toutefois se fonder sur la preuve recueillie à l'enquête (art. 100.11 C.t.)[115]. Il s'agit là d'une autre dimension de la règle *audi alteram partem*. Par ailleurs, tout large qu'il soit, son pouvoir d'appréciation ne saurait laisser l'arbitre à l'abri de l'intervention des cours supérieures, s'il est exercé déraisonnablement ou de façon arbitraire au point de constituer un abus de pouvoir équivalant à fraude et de nature à entraîner une injustice flagrante, lui faisant[116] ainsi perdre compétence[117]. Notamment, l'absence totale de preuve pour étayer une conclusion[118] ou l'omission de tenir compte d'une admission des parties[119] pourra justifier une révision judiciaire.

VI- LES RÈGLES D'INTERPRÉTATION ET D'APPLICATION

771 – *Règles communes* – Même si les règles du droit civil qui régissent l'interprétation des contrats (art. 1425 à 1432 C.c.Q.) ne s'adressent pas directement, par effet d'une disposition légale, à l'interprétation de la convention collective, l'origine contractuelle de

---

113. L.R.C. (1985), ch. C-5.
114. *Fraternité des policiers de la Communauté urbaine de Montréal Inc.* c. *Communauté urbaine de Montréal*, [1985] 2 R.C.S. 74 ; *Blanchard* c. *Control Data Canada Limitée*, [1984] 2 R.C.S. 476.
115. *Coopérative fédérée de Québec* c. *Association des employés du comptoir avicole de St-Félix de Valois (C.S.N.)*, [1991] R.J.Q. 1221 (C.A.) ; *Poirier* c. *C.U.M.*, D.T.E. 83T-192 (C.A.) ; *D'Anjou* c. *Clément*, D.T.E. 83T-340 (C.S.).
116. Voir, pour plus de détails, notamment : Rodrigue BLOUIN et Fernand MORIN, *Droit de l'arbitrage de grief*, 5ᵉ éd., Cowansville, Éditions Yvon Blais, 2000, p. 465-568.
117. *Fraternité des policiers de la Communauté urbaine de Montréal Inc.* c. *Communauté urbaine de Montréal*, précité, note 114 ; *Blanchard* c. *Control Data Canada Limitée*, précité, note 114. Voir aussi *infra*, nᵒˢ 788, 802.
118. *Conseil de l'éducation de Toronto (City)* c. *F.E.E.E.S.O., district 15*, [1997] 1 R.C.S. 487 ; *Syndicat national de l'automobile, de l'aérospatiale, du transport et des autres travailleuses et travailleurs du Canada (T.C.A.-Canada)* c. *Bélanger*, D.T.E. 2003T-756 (C.S.), par. 47-55 (appel rejeté, D.T.E. 2004T-356 (C.A.)).
119. *Syndicat canadien de la Fonction publique* c. *Gravel*, [1998] R.J.D.T. 56 (C.S.) ; *Société des loteries du Québec* c. *Cloutier*, D.T.E. 2002T-104 (C.S.), par. 35-41, confirmé par SOQUIJ-AZ-04019504 (C.A.).

celle-ci justifie leur utilisation courante par les arbitres[120]. Il arrive également que des arbitres fassent appel à certaines règles d'interprétation édictées par la *Loi d'interprétation*[121], pour dégager le sens à donner à la convention collective. Ces dernières règles devraient normalement être appliquées par l'arbitre lorsqu'il lui devient nécessaire d'interpréter une loi en vue de disposer d'un grief. Une des fonctions de l'arbitre de griefs étant l'interprétation de la convention collective, certaines règles d'interprétation ont été retenues et utilisées par les arbitres.

772 – *Esprit de la convention collective* – L'arbitre n'est pas tenu à une interprétation strictement littérale de la convention collective[122]. Il peut rechercher dans l'esprit et la philosophie de l'ensemble ou d'une partie de ses dispositions, y compris dans leurs conséquences implicites, la solution à la mésentente qui lui est soumise[123]. L'arbitre peut également recourir à l'interprétation comparative en se rapportant, à cette fin, à des conventions collectives antérieures entre les mêmes parties[124].

773 – *Pratique passée* – La pratique passée, par laquelle les parties ont elles-mêmes interprété une stipulation conventionnelle, par leur conduite, est aussi un guide disponible pour dégager le sens d'une disposition ambiguë[125]. Pour recevoir effet, une pratique doit avoir

---

120. *Isidore Garon Ltée* c. *Tremblay ; Fillion et Frères (1976) Inc.* c. *Syndicat national des employés de garage du Québec Inc. (C.S.D.)*, précité, note 10, par. 28.

121. RLRQ, c. I-16.

122. *Association des manœuvres inter-provinciaux* c. *Fraternité nationale des charpentiers-menuisiers d'Amérique, local 134-2*, [1995] R.J.Q. 35, 42 (C.A.) ; *Syndicat canadien des communications, de l'énergie et du papier, section locale 3057* c. *Tembec Industries*, D.T.E. 2003T-1096 – l'arbitre a préféré une interprétation globale à une interprétation libérale.

123. *Syndicat des employés du Centre local de services communautaires de Forestville* c. *Guertin*, D.T.E. 97T-13 (C.A.) ; *Association des policiers-pompiers de Thetford-Mines* c. *Thetford-Mines (Ville de)*, D.T.E. 91T-382 (C.A.) ; *Syndicat des employés de l'Hôtel-Dieu d'Amos (C.S.N.)* c. *Centre hospitalier Hôtel-Dieu d'Amos*, D.T.E. 2005T-58 (C.A.) – interprétation d'une disposition d'une convention collective afin de ne pas en rendre une autre inopérante. Sur le contenu obligationnel implicite de la convention collective, voir *supra*, Titre II, chapitre 7, nº 705.

124. *Syndicat des travailleuses et travailleurs du C.L.S.C. Lotbinière ouest* c. *Centre local de services communautaires Les Blés d'or*, D.T.E. 93T-318 (C.A.) ; *Syndicat canadien des produits du papier, local 33* c. *Produits forestiers E.B. Eddy Ltée*, J.E. 91-414 (C.A.) ; *S. Huot inc.* c. *Leclerc*, 2004 CanLII 45760 (QC C.S.) ; *Sûreté du Québec* c. *Association des policiers provinciaux du Québec*, 2005 QCCA 1051, J.E. 2005-2147 (C.A.).

125. *Syndicat des travailleuses et travailleurs du C.L.S.C. Lotbinière ouest* c. *Centre local de services communautaires Les Blés d'or*, *ibid.* ; *Syndicat des travailleurs et travailleuses des pâtes et papiers d'East Angus (C.S.N.)* c. *Martin*, D.T.E.

été constante, généralisée et consciente de la part des parties pendant une période significative. Même dans ces conditions, elle ne saurait faire obstacle à l'application d'un texte clair[126]. La Cour d'appel a reconnu la légitimité de l'application par les arbitres de la doctrine dite de l'*estoppel* ou de la fin de non-recevoir, selon laquelle la conduite d'une partie a pu justifier l'autre partie de croire qu'elle renonçait à faire valoir un droit que lui conférait la convention collective[127]. L'application de la doctrine de l'*estoppel*, étroitement liée à l'exigence de la bonne foi, ne permet cependant de repousser qu'une première réclamation, après laquelle il devient clair que la partie réclamante entend désormais faire valoir le droit auquel elle aurait renoncé par le passé.

774 – *Preuve extrinsèque* – Dans l'arrêt *Metropolitan Toronto Police Association*, les juges Beetz et Pigeon ont carrément condamné, en souscrivant à l'invalidation d'une sentence arbitrale à la majorité, l'admission en preuve par l'arbitre de propositions soumises pendant les négociations[128]. Ils ont signalé que ce genre de preuve extrinsèque risquerait de détruire la sécurité et l'utilité de la forme écrite de la convention collective.

La stratégie et le marchandage inhérents au processus de négociation rendent éminemment hasardeuses les conclusions susceptibles d'être tirées de la conduite des parties avant qu'elles n'en arrivent à une entente.

2002T-861 (C.A.) ; *Canadian Pacific Ltd.* c. *Fraternité des préposés à l'entretien des voies / Brotherhood of Maintenance of Way Employees*, J.E. 2003-1005 (C.A.), par. 12-14, 23-26 – recevabilité d'une preuve extrinsèque ; en l'espèce, il s'agit d'une pratique passée ; *Sûreté du Québec* c. *Association des policiers provinciaux du Québec*, précité, note 124 – l'arbitre aurait dû tenir compte de la pratique passée entre les parties en raison de l'ambiguïté de la clause.

126. *Montréal (Ville de)* c. *Association des pompiers de Montréal Inc.*, J.E. 78-882 (C.A.) ; *Fraternité des policiers de Rock Forest Inc.* c. *Gagnon*, D.T.E. 97T-1328 (C.S.) ; *Syndicat des travailleurs d'Olympia (C.S.N.)* c. *Côté*, D.T.E. 2006T-74 (C.S.) ; *Société Radio-Canada* c. *Rousseau*, 2012 QCCS 1018.

127. Voir et comparer : *Alliance des professeures et professeurs de Montréal* c. *Morin*, [1995] R.D.J. 202 (C.A.) ; *Syndicat canadien des travailleurs du papier, section locale 2995* c. *C.I.P. Inc., division forestière Maniwaki*, D.T.E. 95T-108 (C.A.) ; *Syndicat national des travailleurs des pâtes et papiers de Port-Alfred (S.P.)* c. *Lippé*, D.T.E. 90T-93 (C.A.) ; *Syndicat des paramédics et du préhospitalier de la Montérégie (CSN)* et *Coopérative des techniciens ambulanciers de la Montérégie*, D.T.E. 2012T-84 (T.A.).

128. *Metropolitan Toronto Police Association* c. *Metropolitan Toronto Board of Commissioners of Police*, [1975] 1 R.C.S. 630, 662-663. Les autres juges de la majorité appuyaient plutôt leur conclusion sur la commission d'une erreur de droit apparente à la face même de la sentence arbitrale.

Dans une affaire ultérieure, la Cour suprême a, cette fois unanimement, reconnu la légalité de la décision d'un arbitre d'admettre un autre genre de preuve extrinsèque relative à la négociation. Il s'agissait en l'occurrence du rapport d'un tiers qui avait constitué le fondement du règlement d'un long conflit et de la conclusion d'une nouvelle convention collective, rapport que l'arbitre avait jugé nécessaire à la solution d'une ambiguïté du texte de la convention[129]. Plus récemment, la Cour supérieure a reconnu l'admissibilité d'une telle preuve extrinsèque et même l'obligation de l'arbitre d'en tenir compte dans certaines circonstances[130].

775 – *Interprétation d'une loi* – Le paragraphe 100.12a) C.t. reconnaît expressément à l'arbitre le pouvoir d'interpréter ou d'appliquer une loi ou un règlement, dans la mesure où il lui est nécessaire de le faire pour décider d'un grief. Ce pouvoir accessoire conféré à l'arbitre rend compte de l'inclusion du droit du travail et de la convention collective, malgré leur autonomie relative, dans un univers juridique préexistant et beaucoup plus large dont ils demeurent à plusieurs égards tributaires[131].

Cette habilitation de l'arbitre l'autorise d'abord à prendre en considération la législation qui fait partie de l'environnement juridique immédiat en droit du travail[132]. Qu'en est-il par ailleurs de la

---

129. *Fraternité unie des charpentiers et menuisiers d'Amérique, section locale 579* c. *Bradco Construction Ltd.*, précité, note 96. Voir également, sur l'admissibilité d'une preuve extrinsèque pour interpréter la convention collective, *Gérard Crête & Fils Inc.* c. *Morin*, D.T.E. 94T-695 (C.S.) ; *Fraternité des constables du contrôle routier du Québec* c. *Lussier*, D.T.E. 94T-570 (C.S.).

130. *St-Félix-de-Valois (Municipalité de)* c. *Provençal*, 2006 QCCS 797 – l'arbitre a pris en considération les négociations aux fins d'interprétation et d'application de la convention collective (rejet de la requête en révision judiciaire, 2006 QCCA 280, règlement hors cour lors de l'appel) ; *Val-d'Or (Ville de)* c. *Leclerc*, 2006 QCCS 3666 – l'arbitre aurait dû tenir compte de la preuve présentée concernant les discussions lors de la négociation de la convention collective.

131. *Syndicat des travailleurs et des travailleuses des Épiciers unis Métro-Richelieu (C.S.N.)* c. *Lefebvre*, [1996] R.J.Q. 1509 ; *Résidences Laurendeau, Légaré, Louvain* c. *Tribunal des droits de la personne*, précité, note 5 ; *Hydro-Québec* c. *Syndicat des techniciennes et techniciens d'Hydro-Québec (section 957) S.C.F.P.*, D.T.E. 2005T-600 (C.A.) ; *Isidore Garon Ltée* c. *Tremblay ; Fillion et Frères (1976) Inc.* c. *Syndicat national des employés de garage du Québec Inc. (C.S.D.)*, précité, note 10, par. 28 ; *Procureur général du Québec* c. *Désir*, [2008] R.J.D.T. 1442 (C.A.). Voir aussi, au même effet mais en l'absence d'habilitation légale expresse : *McLeod* c. *Egan*, [1975] 1 R.C.S. 517 ; *Bell Canada* c. *Syndicat des travailleurs et travailleuses en communications et en électricité du Canada*, [1990] R.J.Q. 2808 (C.A.).

132. *Association des ingénieurs et scientifiques des télécommunications* c. *Sylvestre*, [2002] R.J.Q. 879 (C.A.) ; *Syndicat canadien de la fonction publique, section locale 2589* c. *Sept-Îles (Office municipal d'habitation de Ville de)*, D.T.E. 2008T-321 (T.A.).

faculté d'interprétation de l'arbitre relativement aux autres lois générales ou aux règles du droit civil ? La jurisprudence récente de la Cour suprême et de la Cour d'appel penche résolument en faveur de l'autonomie décisionnelle des arbitres et, conséquemment, du seul contrôle de la rationalité de leurs décisions sous ce rapport également :

> Dans le *Code du travail du Québec*, l'arbitre de griefs est protégé par une clause privative complète. Sa mission inclut l'interprétation, dans la mesure nécessaire, des dispositions relevant du droit commun. Cet usage est inévitable malgré l'autonomie relative du droit du travail, en raison de la complexité de celui-ci, du recours fréquent à une foule de règles relevant du droit civil proprement dit, de celui des preuves civiles ou même, à l'occasion, de principes de droit pénal ou de droit public. La présence d'une clause privative rigoureuse n'invite pas à reconnaître l'existence d'un contrôle de simple erreur particularisé, portant sur chaque décision faisant appel à un concept ou à une règle du droit commun. Le permettre, sauf à l'égard de textes, de règles ou de principes reconnus comme étant strictement du domaine du droit du travail, transformerait le contrôle judiciaire de l'arbitrage de griefs en un simple appel d'une grande partie des questions de droit examinées par l'arbitre. Cette approche conduirait aussi à un découpage aussi dangereux qu'artificiel de la mission globale de l'arbitre, qu'en vertu de la théorie des conditions préliminaires, [...] la Cour suprême du Canada a voulu écarter [...].[133]

Le paragraphe 100.12a) C.t. habilite l'arbitre à prendre en compte les chartes et à en interpréter et appliquer les dispositions, y compris pour décider de la légalité et de l'applicabilité d'une stipulation de la convention collective[134]. L'arbitre peut également, au

---

133. *Syndicat des travailleurs et des travailleuses des Épiciers unis Métro-Richelieu (C.S.N.)* c. *Lefebvre*, précité, note 131, p. 1535 (j. LeBel). Le jugement n'exclut pas que les déterminations de l'arbitre sur des questions de droit plus éloignées de l'exercice usuel de sa compétence soient assujetties à un test d'exactitude. Dans ce cas, toutefois, la justesse de la décision sur cette question particulière ne deviendrait « qu'un élément d'appréciation du caractère raisonnable de la décision, prise dans sa globalité ». Voir également : *Syndicat de l'enseignement du Grand-Portage* c. *Morency*, [2000] 2 R.C.S. 913 ; *Syndicat des employés(es) de Villa Médica (F.A.S.-C.S.N.)* c. *Villa Médica*, précité, note 35.

134. *Weber* c. *Ontario Hydro*, précité, note 3 ; *R.* c. *974649 Ontario Inc.*, précité, note 4, par. 61 ; *Douglas College* c. *Douglas / Kwantlen Faculty Association*, [1990] 3 R.C.S. 570 ; *Central Okanagan School Board District No. 23* c. *Renaud*, [1992] 2 R.C.S. 970 ; *Québec (Procureure générale)* c. *Commission des droits de la personne et des droits de la jeunesse*, précité, note 5 – en l'espèce, la Cour suprême conclut que le Tribunal des droits de la personne est compétent et présente une « plus grande adéquation » avec le litige que l'arbitre ; *Centre universitaire de santé McGill* et *Association des résidents de McGill*, D.T.E. 2011T-501 (T.A.) – la clause de l'entente collective qui oblige les médecins résidents d'un

regard des chartes, apprécier l'exécution de l'obligation d'accom-modement qui peut incomber aux parties[135].

Le cas échéant, l'arbitre mettra de côté ou considérera inopé-rante, aux fins de l'affaire dont il est saisi, une disposition de la convention collective jugée contraire à la Loi[136]. Toutefois, l'arbitre de griefs n'a pas la compétence pour remplacer la politique de l'employeur jugée discriminatoire par une nouvelle politique. En effet, il ne peut imposer une condition de travail qui n'a pas été négociée et agréée par le syndicat et l'employeur[137].

L'autonomie décisionnelle de l'arbitre demeure toutefois sujette à une limitation. Dans les matières qui mettent en cause des ques-tions constitutionnelles ou des questions importantes de droits fon-damentaux, la liberté de l'arbitre s'arrêtera à l'administration et à l'appréciation de la preuve et, dans les limites de la Loi, à la détermi-nation des solutions et des réparations ; il est par contre acquis que toute erreur, déterminante quant à l'issue du litige, dans l'inter-prétation en droit de la Loi rendra la décision révisable par les tribu-naux supérieurs sans que ces derniers soient tenus à quelque obligation de retenue judiciaire[138]. Récemment, la Cour suprême a

centre hospitalier à travailler pendant 24 heures consécutives lorsqu'ils ont à effectuer des périodes de garde en établissement est déclarée invalide et inopé-rante parce qu'elle contrevient à la *Charte canadienne des droits et libertés* et à la *Charte des droits et libertés de la personne*.

135. *Commission scolaire régionale de Chambly* c. *Bergevin*, [1994] 2 R.C.S. 525 ; *Centre universitaire de McGill (Hôpital général de Montréal)* c. *Syndicat des employés de l'Hôpital général de Montréal*, [2007] 1 R.C.S. 161, 2007 CSC 4 ; *Syndicat des employées et employés professionnels-les et de bureau, section locale 571, C.T.C.-F.T.Q. (S.E.P.B.)* c. *Barreau du Québec*, 2007 QCCA 64. Voir aussi *supra*, Titre préliminaire, chapitre 2, n°s 42, 81 et s.

136. Au sujet de la distinction entre l'annulation d'une disposition de la convention collective et sa mise à l'écart en la considérant inopérante aux fins du règlement d'un litige, voir *Douglas / Kwantlen Faculty Association*, pré-cité, note 134 ; *Confédération des syndicaux nationaux* c. *Verret*, précité, note 43 ; *Syndicat des travailleuses et travailleurs de la C.S.N.* c. *Verret*, précité, note 43. Un recours recherchant exclusivement une déclaration de nullité d'une dis-position de la convention collective relèverait de la compétence de la Cour supérieure : *Baie-James (Municipalité de la)* c. *Fraternité des policiers de la municipalité de la Baie-James*, D.T.E. 95T-107 (C.A.). Pour sauvegarder l'inten-tion du législateur et l'intégrité de la compétence arbitrale, un tel recours formel ne devrait pas se présenter comme une façon de substituer la Cour supérieure à l'arbitre comme interprète de la convention collective.

137. *Institut Philippe-Pinel de Montréal* c. *Syndicat canadien de la fonction publique, section locale 2960*, 2007 QCCA 54.

138. *Douglas College* c. *Douglas / Kwantlen Faculty Association*, précité, note 134 ; *Newfoundland Association of Public Employees* c. *Terre-Neuve (Green Bay Health Care Centre)*, [1996] 2 R.C.S. 3 ; *Weber* c. *Ontario Hydro*, précité, note 3 ;

décidé que la décision de l'arbitre de griefs concernant la compatibilité entre deux dispositions législatives n'entre pas dans son champ d'expertise[139]. Il s'agit d'un exemple de situation dans laquelle le contrôle judiciaire sera plus rigoureux.

VII- LA SENTENCE

A. Les formalités

776 – *Règlement en cours d'arbitrage* – Les parties demeurent maîtresses du sort du grief tant que l'arbitre n'a pas rendu sa décision. L'arbitre est tenu de prendre acte de tout règlement total ou partiel, ou du désistement du grief, s'il en est informé par écrit, et il doit alors déposer sa sentence en conséquence conformément à l'article 101.6 C.t. (art. 100.3 C.t.)[140].

777 – *Délibéré* – C'est le délibéré qui donne lieu à la prise de décision de l'arbitre, seul ou avec l'assistance des assesseurs nommés par les parties. Le droit des assesseurs de participer au délibéré résulte de la finalité de leur désignation par les parties, telle qu'elle est exprimée à l'article 100.1.1, al. 2 C.t. L'article 101.3 C.t. tient l'arbitre et les assesseurs au secret du délibéré jusqu'à la date de la sentence.

778 – *Écrit motivé* – La sentence arbitrale doit être rendue par écrit et motivée ; elle doit être signée par l'arbitre (art. 101.2 C.t.). La motivation n'a pas à s'arrêter à chacun des arguments plaidés par les parties ; elle sera suffisante si elle est intelligible et permet de suivre et de comprendre la démarche de l'arbitre pour arriver à sa conclusion[141]. L'omission de rendre une sentence arbitrale suffisamment motivée constitue une violation des règles de justice naturelle et empêche, en conséquence, le contrôle de la rationalité de cette déci-

---

    Syndicat des travailleurs et des travailleuses des Épiciers unis Métro-Richelieu (C.S.N.) c. *Lefebvre*, précité, note 131.

139. *Lévis (Ville de)* c. *Fraternité des policiers de Lévis Inc.*, 2007 CSC 14.

140. Sur l'effet d'une telle sentence, voir *supra*, n° 730. Sur l'effet du dépôt, voir *Syndicat des cols bleus regroupés de Montréal (S.C.F.P.-301)* c. *Montréal (Ville de)*, D.T.E. 2005T-698, 2005 QCCA 681, par. 15-16, 26.

141. *Blanchard* c. *Control Data Canada Limitée*, précité, note 117 ; *Syndicat du personnel de soutien de la Commission scolaire des Patriotes (C.S.N.)* c. *Commission scolaire des Patriotes*, [1998] R.J.D.T. 13 (C.A.) ; *Skorsky* c. *Rio Algom Ltée*, D.T.E. 85T-840 (C.A.) ; *Brasserie Molson-O'Keefe Ltée (Les Brasseries Molson)* c. *Boucher*, D.T.E. 93T-1279 (C.S.) ; *Centre d'hébergement et de soins longue durée Vigi de l'Outaouais* c. *Abramowitz*, 2009 QCCS 5313. Voir aussi *supra*, Titre II, chapitre 1, n° 439.

sion par les tribunaux supérieurs[142]. L'arbitre peut néanmoins faire connaître oralement une décision, en particulier s'il s'agit d'une décision rendue en cours d'instance, sous réserve de son obligation de la motiver ensuite dans un écrit.

779 – *Délai* – L'article 101.5 C.t. impose à l'arbitre un délai pour rendre sentence. Ce délai est celui fixé dans la convention collective, si elle y pourvoit. À défaut d'être imparti par la convention collective, le délai est de 90 jours suivant soit la fin de la dernière séance d'arbitrage, soit le début du délibéré lorsqu'il n'y a pas de séance d'arbitrage. Il ne peut être prolongé qu'aux conditions suivantes : les parties doivent y consentir ; leur consentement doit être par écrit ; il doit être donné avant l'expiration du délai initialement prévu ; le délai supplémentaire consenti à l'arbitre doit indiquer un nombre de jours précis. Néanmoins, un jugement de la Cour d'appel a attribué un caractère supplétif à l'article 101.5 C.t. et a refusé l'annulation de la décision d'un arbitre qui avait laissé écouler le délai sans rendre sentence, la Cour estimant que les parties, par leur attitude, avaient renoncé au rigorisme de cette disposition tout comme à l'écrit normalement nécessaire pour proroger le délai[143].

L'article 101.5 C.t. étant d'ordre public et prévalant, en cas d'incompatibilité, sur les dispositions de toute convention collective (art. 100, al. 3 C.t.), la question s'est posée de savoir s'il demeure possible aux parties de convenir d'une clause de désaveu de l'arbitre, à défaut par ce dernier de rendre sentence dans le délai imparti par la convention collective. La Cour d'appel a répondu à cette question par l'affirmative[144]. Il s'ensuit non seulement que la clause de déchéance reçoit effet, mais que, du même coup, le recours de l'article 101.7 C.t. devant la C.R.T., pour que la sentence soit rendue, devient inapplicable.

780 – *Transmission aux parties et dépôt* – C'est en principe au moment où elle est communiquée aux parties que la décision sera

---

142. *Travailleuses et travailleurs unis de l'alimentation et du commerce, section locale 503* c. *Morin*, D.T.E. 2003T-1001, REJB 2003-49329 (C.S.) ; *Union des employés du transport local et industries diverses, section locale 931* c. *Imbeau*, D.T.E. 2007T-128 (C.S.), 2006 QCCS 5370.

143. *Cité de Sept-Îles* c. *Syndicat des employés manuels de la Cité de Sept-Îles*, J.E. 82-728 (C.A.). Voir aussi *Gauthier-Montplaisir* c. *Syndicat catholique des travailleurs du meuble de Victoriaville Inc.*, [1988] R.J.Q. 1719 (C.P., Petites créances).

144. *Hôpital Ste-Germaine Cousin Inc.* c. *Gagnon*, D.T.E. 85T-519 (C.A.) ; *Centre hospitalier régional de Trois-Rivières* c. *Gagnon*, D.T.E. 2001T-382 (C.S.).

considérée comme rendue par l'arbitre ; ce dernier se trouvera dès lors dessaisi du grief[145]. En même temps qu'il en transmet copie à chacune des parties, l'arbitre doit déposer auprès du ministre du Travail sa sentence en deux exemplaires ou copies conformes à l'original (art. 101.6 C.t.). En effet, depuis le 1er avril 2007, c'est le ministre du Travail qui est devenu le dépositaire des sentences arbitrales, et non plus la Commission des relations du travail[146]. L'article 101.9 C.t. pourvoit à la conservation du dossier de l'arbitrage par l'arbitre pendant une période de deux ans.

781 – *Sanctions* – Abstraction faite de la possibilité plutôt théorique d'une poursuite pénale en vertu de l'article 144 C.t., le *Code du travail* prévoit une double sanction du défaut par l'arbitre soit de respecter le délai qui lui est imparti pour rendre sentence, soit de la déposer et d'en transmettre copie aux parties.

L'article 101.7 C.t. crée un recours à la C.R.T., à l'initiative d'une partie, pour que la sentence soit, selon le cas, rendue, déposée ou transmise dans les plus courts délais[147]. Dans l'affaire *Hôpital Joyce Memorial*, la Cour d'appel en était venue à la conclusion que le tribunal d'arbitrage avait perdu compétence en laissant écouler le délai imparti par la convention collective pour rendre sentence, la convention étant impérative à ce sujet et prévoyant le désaveu automatique de l'arbitre et la tenue d'un nouvel arbitrage, le cas échéant[148]. Ensuite, dans *Air-Care Ltd.*, une rédaction différente de la convention collective a conduit la Cour suprême à la conclusion contraire[149]. Au regard de ces arrêts ainsi que des changements législatifs et de la jurisprudence qui les ont suivis, la situation se présente maintenant comme suit : une clause de désaveu de l'arbitre demeure possible et recevra effet[150] ; en l'absence d'une telle clause, il faudra se pourvoir auprès de la C.R.T., selon l'article 101.7 C.t., pour que la sentence soit rendue.

Sur un autre plan, l'article 101.8 C.t. attache une sanction personnelle au défaut de l'arbitre de rendre sentence dans le délai

---

145. *Hôpital Joyce Memorial* c. *Vézina*, [1975] C.A. 838.
146. *Loi modifiant le Code du travail et d'autres dispositions législatives*, L.Q. 2006, c. 58, art. 12.
147. Voir *Québec (Ville de)* c. *Morin*, précité, note 40.
148. *Hôpital Joyce Memorial* c. *Vézina*, précité, note 145.
149. *Air-Care Ltd.* c. *United Steel Workers of America*, [1976] 1 R.C.S. 2.
150. *Hôpital Ste-Germaine Cousin Inc.* c. *Gagnon*, précité, note 144 ; *Centre hospitalier régional de Trois-Rivières* c. *Gagnon*, précité, note 144.

qui lui était imparti, en le privant de son droit d'exiger ses honoraires et ses frais[151].

B. L'objet

1. L'obligation de décider

782 – *Règlement du litige* – L'arbitre a pour mission de disposer du grief dont il a été saisi. Il doit remplir ce devoir intégralement ; à défaut de le faire, sa sentence sera annulée et l'affaire lui sera retournée ou confiée à un autre arbitre[152]. L'arbitre ne doit cependant pas excéder son mandat en adjugeant au-delà de la demande qui lui est soumise (*ultra petita*)[153].

783 – *Épuisement de la compétence* – La sentence de l'arbitre met un terme à sa mission. En la rendant, l'arbitre épuise en principe sa compétence[154] ; il devient *functus officio* et, en l'absence d'une disposition légale l'y autorisant expressément, il ne peut réviser ou modifier une décision rendue[155]. L'arrêt *Chandler* de la Cour suprême assouplit

---

151. Sur l'applicabilité de cette disposition à toutes les situations où l'arbitre rend sentence tardivement, voir *Hôpital Ste-Germaine Cousin Inc.* c. *Gagnon*, précité, note 144, opinion du j. Bisson, p. 8. Comparer toutefois avec *Gauthier-Montplaisir* c. *Syndicat catholique des travailleurs du meuble de Victoriaville Inc.*, précité, note 143.

152. *Syndicat des travailleurs et travailleuses de Loto-Québec (C.S.N.)* c. *Sylvestre*, [1987] R.J.Q. 1234 (C.A.) ; *Coopérative régionale des consommateurs de Tilly* c. *Cliche*, [1989] R.J.Q. 746 (C.S.) ; *Forano Inc.* c. *Syndicat national de la métallurgie de Plessisville Inc.*, D.T.E. 90T-1253 (C.S.) ; *Black & Decker Canada (1989) Inc.* c. *Brody*, D.T.E. 91T-838 (C.S.) ; *Communications, Energy and Paperworkers Union of Canada, Local 420*, D.T.E. 2000T-486 (C.S.).

153. *Audette* c. *Lauzon*, [1995] R.J.Q. 393 (C.A.) ; *Emballages Consumers Inc.* c. *Durand*, D.T.E. 94T-849 (C.S.) ; *Association professionnelle des technologistes médicaux du Québec (A.P.T.M.Q.)* c. *Frumkin*, D.T.E. 91T-379 (C.S.). Voir par ailleurs la mise en garde du juge LeBel contre l'utilisation trop stricte du concept de l'*ultra petita* dans l'application des conventions collectives, dans l'arrêt *Association des employés de garage de Drummondville (C.S.N.)* c. *Gougeon & Frères Ltée*, D.T.E. 92T-543 (C.A.).

154. *Syndicat des débardeurs du Port de Québec, section locale 2614, SCFP et Société des arrimeurs du Port de Québec*, D.T.E. 2012T-322 (T.A.) – un arbitre n'est pas *functus officio* tant qu'il n'a pas traité de façon finale et définitive toute la question qui lui a été soumise, y compris le prononcé relatif au quantum de l'indemnité.

155. *Munger* c. *Cité de Jonquière*, [1964] R.C.S. 45 ; *Commission scolaire Harricana* c. *Syndicat des travailleuses et travailleurs de l'enseignement du Nord-Est québécois*, [1988] R.J.Q. 947 (C.A.) ; *Syndicat des intervenantes en petite enfance de Montréal (CSQ) et Centre de la petite enfance Mon monde à moi*, D.T.E. 2008T-947 (T.A.) ; *Fraternité des policières et policiers de St-Jean-sur-Richelieu inc. et St-Jean-sur- Richelieu (Ville de)*, D.T.E. 2009T-680 (T.A.).

toutefois la rigueur de la règle du *functus officio* à l'endroit des tribunaux spécialisés en leur permettant d'intervenir à nouveau pour compléter la tâche qui leur incombe selon la Loi, lorsqu'ils ont omis de le faire en rendant une décision[156]. L'arbitre peut, dans tous les cas, corriger une erreur d'écriture ou de calcul, ou quelque autre erreur matérielle (art. 100.12e) C.t.)[157]. L'erreur matérielle est par nature celle qui s'oppose à l'erreur de l'esprit ; elle exprime autre chose que l'intention véritable et manifeste du décideur[158].

Rien n'empêche par ailleurs l'arbitre, à l'occasion d'un autre grief et d'une sentence ultérieure, de constater les effets d'une sentence qu'il a déjà rendue et d'en tirer les conséquences juridiques qui s'imposent[159].

784 – *Décision unique et décisions interlocutoires* – Normalement, l'arbitre devrait disposer du grief complètement en une seule sentence, selon le principe dicté par la Cour d'appel dans l'arrêt *Hôpital Joyce Memorial*[160]. Ce principe est toutefois sujet à certaines nuances et exceptions.

Il est ainsi acquis que l'arbitre peut statuer préliminairement sur une objection d'une partie, sans devoir nécessairement entendre l'ensemble de l'affaire avant de disposer de cette objection[161].

Par ailleurs, le paragraphe 100.12g) C.t. habilite l'arbitre à rendre toute décision propre à sauvegarder les droits des parties, y compris par une ordonnance provisoire. Ce genre d'ordonnance, aussi

---

156. *Chandler* c. *Alberta Association of Architects*, [1989] 2 R.C.S. 848, 861-862 (j. Sopinka) et 869-870 (j. L'Heureux-Dubé) ; *Épiciers unis Métro-Richelieu Inc.* c. *Lefebvre*, D.T.E. 97T-1084 (C.S.) ; *Québec (Procureur général)* c. *Tribunal d'arbitrage*, D.T.E. 92T-860 (C.S.).

157. *Union des employés de commerce, local 502* c. *G.U.S. Canada Inc.*, D.T.E. 88T-64 (C.A.) ; *Syndicat canadien des communications, de l'énergie et du papier, section locale 251* c. *Bowater Pâtes et papiers Canada Inc.*, [2005] R.J.D.T. 481 (T.A.).

158. *Potvin* c. *Gagnon*, [1967] B.R. 300 ; *F.T.Q. – Construction* c. *Dufresne*, [1999] R.J.D.T. 1608 (C.S.).

159. *Centre communautaire juridique de la Mauricie Bois-Francs* c. *Syndicat des avocats de l'Aide juridique de la Mauricie Bois-Francs*, [1993] R.D.J. 465 (C.A.).

160. *Hôpital Joyce Memorial* c. *Vézina*, précité, note 145.

161. *Syndicat des employés de l'Hôpital Régina Ltée (C.S.N.)* c. *Hôpital Régina Ltée*, [1980] C.A. 378. La Cour d'appel invite toutefois les arbitres à éviter de disposer de façon trop hâtive de ces objections, sans le bénéfice de l'éclairage susceptible d'être apporté par une preuve complète : *Bandag Canada Ltée* c. *Syndicat national des employés de Bandag de Shawinigan*, [1986] R.J.Q. 956 (C.A.).

dite de sauvegarde, permet à l'arbitre de statuer de façon intérimaire sur le droit des parties jusqu'à ce qu'il rende sa sentence finale, par exemple en ordonnant le maintien ou le rétablissement d'un état de fait pendant l'instance[162]. L'octroi de cette mesure provisionnelle obéit aux mêmes facteurs que ceux qui s'appliquent à une injonction interlocutoire : clarté ou, au moins, apparence du droit de la partie qui la réclame ; risque de préjudice grave et irréparable ; prépondérance des inconvénients[163]. L'incapacité fonctionnelle du forum arbitral de rendre en temps utile une telle ordonnance provisoire autoriserait la Cour supérieure à y pallier en exerçant sa compétence résiduaire[164].

Quant à la sentence au fond, le paragraphe 100.12d) C.t. légitime une pratique courante selon laquelle les arbitres tranchent d'abord la question qui fait l'objet du litige, tout en laissant aux parties la possibilité de s'entendre sur le montant qui peut être dû en vertu de cette décision et en réservant leur compétence pour le fixer en cas de difficulté[165]. On évite ainsi de prolonger les enquêtes inutilement si le grief devait être rejeté. Le cas échéant, l'arbitre ne peut assujettir à un délai la subsistance de la compétence que la Loi lui réserve alors elle-même[166].

---

162. *Hôpital général juif Sir Mortimer B. Davis* c. *Lavoie*, 2006 QCCS 5267 – l'arbitre a ordonné le rétablissement du paiement des prestations d'assurance-salaire par l'employeur jusqu'à la décision finale sur les griefs.

163. *Syndicat des employés de magasins et de bureaux de la S.A.Q.* c. *Société des alcools du Québec*, D.T.E. 92T-1056 (C.S.) ; *Nutrinor, coopérative agroalimentaire du Saguenay-Lac-St-Jean* c. *Turcotte*, D.T.E. 2000T-121 (C.S.) ; *Olymel s.e.c.* c. *Tremblay*, 2006 QCCS 3439, D.T.E. 2006T-717 (C.S.) ; *Fraternité des policières et policiers de la Ville de Québec* et *Québec (Ville de)*, D.T.E. 2011T-599 (T.A.) – les critères à considérer pour accorder une telle ordonnance sont l'apparence de droit, le préjudice irréparable et la prépondérance des inconvénients. Il s'agit d'une mesure exceptionnelle, mais accessoire au grief.

164. *Weber* c. *Ontario Hydro*, précité, note 3 ; *Syndicat démocratique des employés de garage, Saguenay-Lac-St-Jean (C.S.D.)* c. *Chicoutimi Chrysler Plymouth (1990) inc.*, [2001] R.J.D.T. 47 (C.S.) – rejet de la demande d'injonction interlocutoire ; *Syndicat des travailleurs de l'information du Journal de Montréal (C.S.N.)* c. *Québécor Média*, 2007 QCCS 3035 – la Cour réitère la compétence de l'arbitre pour rendre une ordonnance de sauvegarde et rejette la demande d'injonction provisoire, interlocutoire du syndicat.

165. *Conseil conjoint québécois de l'Union internationale des ouvrières et ouvriers du vêtement pour dames (F.A.T.-C.O.I.-C.T.C.)* c. *Boucher-Mackay*, D.T.E. 86T-477 (C.S.) ; *Collège Charles Lemoyne* c. *Foisy*, D.T.E. 87T-69 (C.S.).

166. *Breuvages Lemoyne Ltée* c. *Cournoyer*, D.T.E. 85T-484 (C.S.).

2. Le pouvoir de redressement

785 – *Dommages-intérêts* – La réparation par équivalent, c'est-à-dire par l'octroi de dommages-intérêts, ne soulève pas, en principe, de difficulté juridictionnelle.

Les dommages-intérêts peuvent sanctionner le préjudice subi par les salariés, par le syndicat ou par l'employeur, selon le cas, du fait de la violation de la convention collective par une partie ou par une personne que la convention lie à l'endroit de la victime[167]. La convention collective elle-même peut cependant limiter l'octroi de dommages-intérêts par l'arbitre ; cette forme de redressement est alors, s'il y a lieu, de la compétence résiduaire des tribunaux ordinaires[168]. Autrement, le pouvoir de réparation de l'arbitre est intégral, en ce sens qu'il s'étend à toutes les conséquences qui résultent directement de la violation de la convention collective, qu'il s'agisse d'une perte pécuniaire ou d'un inconvénient auquel l'arbitre doit attribuer une valeur pécuniaire pour l'indemniser[169].

Le redressement peut comprendre l'octroi de dommages moraux[170], voire exemplaires dans les cas où la Loi l'envisage, en réponse à un comportement abusif ou de nature délictuelle de la partie qui a violé la convention collective. Plus particulièrement, l'arbitre est un tribunal compétent pour accorder les réparations prévues à l'article 24 de la *Charte canadienne des droits et libertés* et à l'article 49 de la *Charte des droits et libertés de la personne* du Québec, à la suite d'une atteinte à un droit que ces chartes garantissent[171]. L'octroi de dommages exemplaires ou punitifs n'est possible que lors-

---

167. Voir *supra*, n°s 740-741.
168. *Québec (Procureur général)* c. *Cour du Québec*, [2001] R.J.D.T. 601 (C.A.).
169. Exemples : *Association des employés de garage de Drummondville (C.S.N.)* c. *Gougeon & Frères Ltée*, précité, note 153 – indemnisation des conséquences successives découlant d'une violation du droit d'ancienneté dénoncée par le grief, sans nécessité de griefs supplémentaires ; *Syndicat des employés de l'Université de Montréal, section locale 1244, S.C.F.P.* c. *Université de Montréal*, [1981] C.A. 160 – perte économique liée à l'abolition irrégulière d'un poste ; *Dawson College Support Personnel Association (C.E.Q.)* c. *Moalli*, [1981] R.P. 1 (C.A.) – inconvénient lié à la privation du droit de choisir la période de vacances annuelles.
170. *Vifan Canada inc.* c. *Brodeur,* 2009 QCCS 947 – en vertu de l'article 100.12*g)* C.t., un arbitre de griefs a compétence pour accorder des dommages moraux en cas de non-respect d'une convention collective, dans la mesure où le préjudice est démontré ; *Teamsters Québec, section locale 106 (FTQ)* et *Résidences Soleil – Manoir St-Laurent*, D.T.E. 2009T-485 (T.A.).
171. *Weber* c. *Ontario Hydro*, précité, note 3 ; *Gaspé (Corporation municipale de la Ville de)* c. *Côté*, [1996] R.D.J. 142 (C.A.) ; *Université du Québec à Trois-Rivières* c. *St-Pierre*, précité, note 5 ; *Leroux* c. *Centre hospitalier Ste-Jeanne-d'Arc,*

que ceux-ci sont expressément prévus par une loi, comme le fait l'article 49 de la *Charte québécoise* ; une violation intentionnelle de la convention collective n'entre pas dans cette catégorie de situations[172].

L'arbitre peut aussi ordonner le paiement d'un intérêt au taux légal, à compter du dépôt du grief, sur les sommes dues en vertu de sa sentence et y ajouter une indemnité supplémentaire calculée selon la différence entre le taux légal d'intérêt et celui fixé en vertu de l'article 28 de la *Loi sur le ministère du Revenu* (art. 100.12c) C.t.)[173]. Cette conclusion relève de la discrétion judiciaire de l'arbitre. Le cas échéant, il doit cependant exercer ce pouvoir de façon complète en ajoutant à l'intérêt au taux légal l'indemnité supplémentaire. Il ne peut cependant être question d'accorder des intérêts sur les intérêts échus[174].

786 – *Exécution en nature* – L'arbitre peut également ordonner l'exécution en nature de toute obligation prévue à la convention collective, lorsque la simple compensation pécuniaire s'avère insuffisante pour remédier à une contravention à cette convention[175]. Cette faculté de l'arbitre peut, notamment, s'appuyer sur les termes du paragraphe 100.12g) C.t., qui l'autorise à rendre toute décision propre à sauvegarder les droits des parties[176].

La sentence arbitrale ne doit toutefois pas avoir pour effet d'imposer à l'employeur une obligation que ne lui crée pas la conven-

---

precité, note 5 ; *Collège Dawson* c. *Muzaula*, précité, note 5 ; *Hydro-Québec* c. *Tremblay*, précité, note 5 ; *Latulippe* c. *Commission scolaire de la Jeune Lorette*, précité, note 5.

172. *Collège Mont-St-Louis* c. *Brault*, [1998] R.J.Q. 2048 (C.S.) ; *Montréal (Communauté urbaine de)* c. *Morin*, D.T.E. 99T-537 (C.S.).

173. RLRQ, c. M-31.

174. *Automobiles Canbec Inc.* c. *Hamelin*, [1996] R.J.Q. 2709 (C.S.).

175. *Cégep du Vieux-Montréal* c. *Syndicat des professeurs du Cégep du Vieux-Montréal*, [1977] 2 R.C.S. 568 – ordonnance de réengagement d'un professeur d'abord licencié, puis privé de sa priorité de réembauchage selon la convention collective ; *Université Laval* c. *Syndicat des chargées et chargés de cours de l'Université Laval (C.S.N.)*, [1999] R.J.Q. 2509 (C.A.) – annulation d'une évaluation négative et ordonnance des points de priorité d'embauche dont elle avait privé le salarié ; *Syndicat national de l'automobile, de l'aérospatiale, du transport et des autres travailleuses et travailleurs du Canada (TCA-Canada), section locale 698* et *Cummins Est du Canada (Steven Kennedy)*, D.T.E. 2010T-657 (T.A.), par. 37.

176. *Syndicat national des produits chimiques de Valleyfield (C.S.N.)* c. *Corriveau*, D.T.E. 91T-153 (C.S.) ; *Association des pompiers de Montréal inc.* c. *Montréal (Ville de)*, D.T.E. 2011T-272 (C.A.) – l'arbitre peut prendre les mesures nécessaires afin que la clause d'une convention collective soit respectée.

tion collective[177]. Malgré la discrétion dont il peut disposer dans le choix du redressement approprié pour répondre aux conséquences de la violation de la convention collective, l'arbitre doit néanmoins fonder ce choix sur la preuve au dossier[178]. Le redressement retenu doit être exempt d'intention punitive, rationnellement relié à la violation constatée et respectueux des droits fondamentaux de la partie à laquelle il s'adresse[179]. Toute ordonnance de l'arbitre doit être susceptible d'une exécution certaine ; elle ne peut revêtir un caractère conditionnel[180].

787 – *Restitution d'un indu* – Dans un ordre plus précis, le paragraphe 100.12b) C.t. habilite l'arbitre à fixer les modalités de remboursement d'une somme que l'employeur a versée en trop à un salarié[181]. Ce pouvoir de l'arbitre évoque l'ensemble de la problématique du droit de l'employeur à la restitution de l'indu (art. 1699-1706 C.c.Q.) dans un contexte qui fait appel à l'interprétation et à l'application de la convention collective. Si la dette du salarié est certaine, liquide et exigible, l'employeur peut prendre l'initiative d'opérer compensation (art. 1672-1682 C.c.Q.)[182] et le salarié, répliquer par un grief qui relèvera de la compétence de l'arbitre[183]. Si la réclamation de l'employeur se heurte à une contestation du salarié fondée sur la convention collective, elle deviendra l'objet d'un grief patronal soumis à la procédure d'arbitrage[184].

---

177. *Association des employés de radio et télévision du Canada* c. *Société Radio-Canada*, [1975] 1 R.C.S. 118 ; *Société d'électrolyse et de chimie Alcan Ltée* c. *Gravel*, D.T.E. 88T-357 (C.A.) ; *Matane (Ville de)* c. *Fraternité des policiers et pompiers de la Ville de Matane Inc.*, [1987] R.J.Q. 315 (C.A.) ; *MacAllister* c. *Canada (Procureur général)*, 2005 QCCA 791, par. 45.
178. *Coopérative fédérée de Québec* c. *Association des employés du comptoir avicole de St-Félix de Valois (C.S.N.)*, précité, note 115 ; *Fraternité des policiers de Baie-Comeau Inc.* c. *Baie-Comeau (Ville de)*, D.T.E. 94T-426 (C.S.).
179. Voir en transposant, *supra*, Titre II, chapitre 1, n°s 424-425.
180. *Fraternité des chauffeurs d'autobus, opérateurs de métro et employés des services connexes au transport de la C.T.C.U.M., section locale 1983, S.C.F.P.* c. *C.T.C.U.M.*, D.T.E. 86T-100 (C.A.) ; *Lecofilms Inc.* c. *D'Aoust*, D.T.E. 89T-336 (C.S.) ; *Centre local de services communautaires des Trois-Vallées* c. *Veilleux*, D.T.E. 2000T-568 (C.S.), par. 70 ; *Syndicat uni du transport, section locale 591* et *Société de transport de l'Outaouais (J.L.)*, D.T.E. 2008T-14 (T.A.), p. 14.
181. *Boily* c. *For-Net Inc.*, D.T.E. 99T-135 (C.A.) ; *Montréal (Communauté urbaine de)* c. *Chrétien*, D.T.E. 92T-11 (C.A.).
182. *Syndicat de l'enseignement de la région de la Mitis* c. *Commission scolaire de la Mitis*, D.T.E. 87T-989 (C.A.) ; *Syndicat des professionnels de la Commission des écoles catholiques de Montréal* c. *Moalli*, D.T.E. 91T-679 (C.A.).
183. *Syndicat de l'enseignement de la Haute Côte-Nord* c. *Commission scolaire Manicouagan*, précité, note 30 ; *Hôpital général juif Sir Mortimer B. Davis* c. *De Vleeshouwer*, précité, note 30.
184. *Boily* c. *For-Net Inc.*, précité, note 181 ; *Montréal (Communauté urbaine de)* c. *Chrétien*, précité, note 181.

788 – *Mesures disciplinaires* – Le paragraphe 100.12f) C.t. prévoit spécifiquement le contrôle de l'arbitre sur les mesures disciplinaires imposées par l'employeur aux salariés régis par une convention collective. Comme le signale la Cour d'appel, son application commande à l'arbitre un exercice en trois temps successifs[185]. Il doit d'abord apprécier la conduite de l'employé et décider si celui-ci est responsable de la faute que lui impute l'employeur[186]. S'il y a lieu, l'arbitre doit ensuite déterminer si cette faute mérite au salarié une mesure disciplinaire. Enfin, il doit évaluer la mesure disciplinaire imposée par l'employeur par rapport à l'importance de la faute retenue contre le salarié et en considérant tous les autres facteurs pertinents comme, par exemple, la nature des fonctions, la durée des services et la conduite antérieure du salarié[187].

S'il juge qu'il y a lieu de le faire, l'arbitre substitue à la décision de l'employeur celle qui lui paraît « juste et raisonnable », compte tenu de toutes les circonstances de l'affaire[188]. Couramment, l'arbitre choisira de substituer une suspension à un congédiement, ou de réduire la durée de la suspension imposée par l'employeur. Il ne lui

---

185. *Union internationale des travailleurs et travailleuses unis de l'alimentation et du commerce, section locale 503* c. *Gendreau*, [1998] R.J.D.T. 38 (C.A.). Voir également : *SMK Speedy International Inc.* (*Le Roi du silencieux Speedy*) c. *Monette*, D.T.E. 2004T-909 (C.S.), par. 24 ; *Brasserie Labatt ltée* c. *Côté*, 2008 QCCS 1377, par. 56 ; *Bombardier Aéronautique* et *Association internationale des machinistes et des travailleuses et des travailleurs de l'aérospatiale, section locale 712, district 11, CTC-FTQ (André Desgroseillers)*, D.T.E. 2010T-493 (T.A.), par. 223.

186. L'arbitre n'est pas lié par la conclusion d'une juridiction pénale saisie des mêmes faits : *Bélanger* c. *Lippé*, D.T.E. 88T-302 (C.A.).

187. *Union internationale des travailleurs et travailleuses unis de l'alimentation et du commerce, section locale 503* c. *Gendreau*, précité, note 185 ; *Syndicat du transport de Montréal (C.S.N.)* c. *Montréal (Société de transport de)*, D.T.E. 2003T-739 ; *Hôtel Centre Sheraton de Montréal* c. *Imbeau*, D.T.E. 2004T-1087 (C.A.) – l'arbitre a rendu une décision manifestement déraisonnable en omettant d'évaluer la proportionnalité de la sanction ; *Syndicat des travailleuses et des travailleurs du CPR de la Côte-Nord (CSN)* et *Centre de protection et de réadaptation de la Côte-Nord (S.L.)*, D.T.E. 2011T-485 (T.A.) – sur la nécessité de prendre en compte l'état de santé du salarié.

188. *Fraternité des policiers de la Communauté urbaine de Montréal Inc.* c. *Communauté urbaine de Montréal*, précité, note 114 ; *Blanchard* c. *Control Data Canada Limitée*, précité, note 114 ; *Centre communautaire juridique de la Mauricie Bois-Francs* c. *Syndicat des avocats de l'Aide juridique de la Mauricie Bois-Francs*, précité, note 159 ; *Sport Maska Inc.* c. *Syndicat des salariés de Sport Maska St-Hyacinthe*, D.T.E. 87T-239 (C.A.) ; *Syndicat des employés de Firestone de Joliette* c. *Firestone Canada Inc.*, D.T.E. 85T-907 (C.A.) ; *Banque Laurentienne du Canada* c. *Lussier*, D.T.E. 2003T-310 (C.A.) – le congédiement a été remplacé par une suspension en considérant le problème de jeu pathologique de la salariée, malgré le fait que la faute reprochée soit un vol.

est cependant pas permis d'imposer au salarié une sanction plus lourde que celle que l'employeur avait retenue[189]. L'arbitre pourra aussi ordonner de retirer du dossier du salarié une lettre de reproches jugés injustifiés[190] ou même enjoindre à l'employeur de remettre au salarié une lettre de recommandation qui rend compte des circonstances à l'origine de son licenciement conformément aux constatations de l'arbitrage, tout en lui interdisant parallèlement de répondre à une demande de renseignements concernant le salarié autrement que par la remise de cette lettre de recommandation[191]. En somme, comme l'a posé la Cour d'appel, « dans le respect de la *Charte* et dans le champ d'application de leur compétence, les décideurs peuvent apporter sans contrainte des solutions originales et adaptées aux milieux de travail qu'ils ont pour mission de servir »[192].

Au cours des dernières décennies, la jurisprudence arbitrale a élaboré un certain nombre de concepts et de règles qui se sont progressivement imposés à l'exercice du pouvoir disciplinaire de l'employeur et qui sont aujourd'hui repris et appliqués par les tribunaux ordinaires dans les espèces qui relèvent de leur compétence, notamment lorsqu'il s'agit d'apprécier la légitimité d'un acte de congédiement. Ainsi, les arbitres requerront que l'employeur réagisse avec diligence, après avoir été informé d'une faute commise par un salarié, pour lui en adresser un reproche et lui imposer une mesure disciplinaire. L'exercice du pouvoir disciplinaire de l'employeur ne se justifiera que dans la mesure où les attentes de ce dernier sont clairement connues du salarié, que ce soit par les termes de la convention collective elle-même, par ceux d'un règlement d'entreprise ou par des directives ponctuelles. Le principe de l'imposition progressive de sanctions plus lourdes (réprimande, suspension et, ultimement, congédiement) des fautes répétées du salarié guide couramment l'appréciation des arbitres. Une faute extrêmement grave ou, encore, une succession de fautes sanctionnées sans que la

---

189. *Audette* c. *Lauzon*, précité, note 153 ; *Syndicat des travailleuses et travailleurs de la Station Mont-Tremblant (C.S.N.)* c. *Station Mont-Tremblant (S.E.C.)*, 2007 CanLII 2696 (QC A.G.).

190. *Ancienne-Lorette (Ville de l')* c. *Association des policiers et pompiers de Ville de l'Ancienne-Lorette Inc.*, D.T.E. 91T-240 (C.S.).

191. *Slaight Communications Inc.* c. *Davidson*, [1989] 1 R.C.S. 1038.

192. *Lapointe* c. *Morin*, D.T.E. 91T-60 (C.A.) ; *Isidore Garon ltée* c. *Tremblay*, D.T.E. 2004T-31 (C.A.), par. 58. Exemple de limite apportée par les droits et libertés fondamentaux : *Fraternité des policiers de Baie-Comeau Inc.* c. *Baie-Comeau (Ville de)*, D.T.E. 94T-426 (C.S.) – droit à la vie privée et nullité d'une ordonnance d'examen médical. Voir *supra*, Titre préliminaire, chapitre 2, partie III.

conduite du salarié s'en soit trouvée corrigée pourra justifier une mesure aussi conséquente qu'une longue suspension ou le congédiement[193]. La jurisprudence arbitrale prohibe uniformément l'imposition de plusieurs sanctions pour une même faute, situation qui se distingue de celle de l'imposition d'une sanction plus lourde à la suite d'une récidive du salarié.

En ce qui a trait à la proportionnalité de la sanction imposée au salarié, la décision de l'arbitre ne sera pas sujette à révision par les tribunaux supérieurs, à moins qu'elle ne soit déraisonnable[194]. Tel que l'a énoncé la Cour suprême dans l'arrêt *Dunsmuir*, le caractère raisonnable tient « principalement à la justification de la décision, à la transparence et à l'intelligibilité du processus décisionnel, ainsi qu'à l'appartenance de la décision aux issues possibles acceptables pouvant se justifier au regard des faits et du droit »[195].

Par exception, l'arbitre ne sera pas autorisé à apprécier la sévérité d'une sanction et à la modifier si la convention collective prévoit une sanction déterminée pour la faute reprochée au salarié. Il ne pourra alors que confirmer ou annuler la décision de l'employeur, ou la modifier dans le seul but de la rendre conforme à la sanction prévue à la convention collective. Cette exception n'a cours que dans la mesure où la convention collective prévoit une sanction précise pour la faute spécifique reprochée au salarié[196]. Un règlement d'entreprise extérieur à la convention collective ou une entente qui

---

193. *Union des employées et employés de service, section locale 800* et *Équipement Labrie ltée*, D.T.E. 2003T-510 (T.A) – l'employeur n'est pas tenu d'appliquer le principe de l'imposition progressive des sanctions en cas de faute grave du salarié lorsqu'il y a rupture du lien de confiance.
194. *Autobus La Québécoise Inc.* c. *Syndicat national de l'automobile, de l'aérospatiale, du transport et des autres travailleuses et travailleurs du Canada (TCA Québec)*, D.T.E. 2011T-370 (C.A.) ; *Centre d'hébergement et de soins de longue durée Vigi de l'Outaouais* c. *Abramowitz*, D.T.E. 2009T-873 (C.A.).
195. *Dunsmuir* c. *Nouveau-Brunswick*, [2008] 1 R.C.S. 190, par. 47.
196. *Sport Maska Inc.* c. *Syndicat des salariés de Sport Maska St-Hyacinthe*, précité, note 188 ; *Syndicat des employés de Firestone de Joliette (C.S.N.)* c. *Firestone Canada Inc.*, précité, note 188. Voir aussi, par analogie, quant aux conditions d'application de dispositions similaires d'autres lois canadiennes : *Dairy Producers Co-operative Ltd.* c. *Lyons*, [1982] 1 R.C.S. 338 ; *General Drivers, Warehousemen and Helpers Union, local 979* c. *Brink's Canada Ltd.*, [1983] 1 R.C.S. 382 ; *International Association of Machinists and Aerospace Workers, Lodge 764* c. *Clément*, [1986] R.J.Q. 2220 (C.S.).

n'en fait pas partie intégrante laissera intact le pouvoir d'appréciation de l'arbitre[197].

789 – *Mesures administratives* – Seules les mesures disciplinaires, c'est-à-dire celles qui sont motivées par la conduite du salarié relevant de son contrôle[198] et qui cherchent à la corriger, s'inscrivent dans les cadres d'application du paragraphe 100.12f) C.t. Les mesures de nature administrative y échappent, sous réserve des pouvoirs que la convention collective peut reconnaître à l'arbitre à leur endroit[199]. La jurisprudence de la Cour d'appel sert par ailleurs une mise en garde contre le danger d'une distinction artificielle entre les mesures administratives et les mesures disciplinaires[200]. Des jugements ont ainsi refusé de reconnaître une telle distinction lorsque ni la nature de la mesure ni le texte de la convention collective ne l'imposait[201]. Par contre, puisque l'objectif n'est pas le même selon

---

197. Exemples : *Indalex* c. *Deom*, D.T.E. 88T-1043 (C.S.) – règlement d'entreprise ; *Aliments Delisle Ltée* c. *Descoteaux*, [1999] R.J.D.T. 445 (C.A.) – entente antérieure, non déposée selon l'article 72 C.t., envisageant l'éventualité d'une récidive ; *Syndicat canadien des communications, de l'énergie et du papier, section locale 501-Q* et *Scierie Thomas-Louis Tremblay inc.*, D.T.E. 2004T-902 (T.A.) – politique disciplinaire ; *Syndicat international des travailleuses et travailleurs de la boulangerie, confiserie, tabac et meunerie, section, locale 333* et *Boulangerie Au Pain doré ltée*, D.T.E. 2006T-719 (T.A.) – politique d'entreprise ; *Syndicat des employées et employés de Soucy International* et *Soucy International inc.*, D.T.E. 2006T-715 (T.A.) – règlement d'usine ; *Viandes Ultra-Meats inc.* et *Syndicat indépendant des employés d'Ultra-Meats*, D.T.E. 2003T-431 (T.A.) ; *Syndicat de la fonction publique du Québec inc. (unité fonctionnaires)* et *Québec (Gouvernement du) (Ministère du Revenu)*, D.T.E. 2006T-355 (T.A.) – l'existence d'une politique d'entreprise constitue un facteur aggravant.

198. *Alcan Inc.* c. *Côté*, [2005] R.J.D.T. 699 (C.A.), 2005 QCCA 343 ; *Syndicat canadien des communications, de l'énergie et du papier, section locale 648* et *Emballages Mitchel-Lincoln ltée (Yvon Curadeau)*, D.T.E. 2006T-526 (T.A.), par. 41 ; *Association des employées et employés de Polar* et *Polar Plastique ltée (Ferdousi Fareedullah)*, (T.A., 2010-06-22), SOQUIJ AZ-50657606, par. 28.

199. Voir *Syndicat des travailleurs de l'Hôpital Notre-Dame* c. *C.H.N.D.*, [1983] C.A. 122. Il s'agissait, dans ce cas, d'un congédiement consécutif à un taux d'absentéisme élevé pour cause de maladie. Le jugement majoritaire identifie dans la décision de l'employeur une « mesure administrative » et non « disciplinaire » et décide ensuite que l'arbitre ne pouvait intervenir dans cette décision du fait que tant la convention collective, en l'espèce, que le *Code du travail* limitaient son droit d'intervention aux seules mesures disciplinaires. Au même effet, voir : *Syndicat des professionnelles et professionnels de l'éducation du Bas-St-Laurent* c. *Blouin*, D.T.E. 2005T-590 (C.S.).

200. *Lamy* c. *Kraft Ltée*, D.T.E. 91T-49 (C.A.) ; *Coopérative fédérée de Québec* c. *Association des employés du comptoir avicole de St-Félix de Valois (C.S.N.)*, précité, note 115 ; *Bonan* et *Samson, Bélair / Deloitte & Touche inc.*, D.T.E. 2001T-839 (C.T.), par. 34.

201. *Carterchem* c. *Lebœuf*, D.T.E. 84T-453 (C.A.) ; *Syndicat national des employés de l'Hôpital de Montréal, pour enfants* c. *Hôpital pour enfants*, [1983] C.A. 118 ; *Bouchard* c. *Centre hospitalier de Jonquière*, D.T.E. 82T-107 (C.A.).

que la mesure imposée est administrative ou disciplinaire, l'arbitre devra, lors de l'analyse de la décision de l'employeur, qualifier la nature de celle-ci, car c'est cette nature qui détermine les critères de révision que doit utiliser l'arbitre[202]. De plus, la distinction entre une suspension administrative et disciplinaire est importante en ce qui concerne le paiement du salaire, pendant la durée de cette suspension, notamment dans les cas où le salarié fait l'objet d'accusations criminelles[203].

C. L'effet

790 – *Décision finale* – La sentence arbitrale de grief est sans appel et lie les parties, y compris, le cas échéant, tout salarié concerné (art. 101 C.t.). Elle bénéficie également de la protection des clauses privatives des articles 139, 139.1 et 140 C.t. Ce n'est donc qu'en cas de défaut ou d'excès de compétence de l'arbitre, comme nous le verrons plus loin, qu'une sentence arbitrale pourra être révisée et annulée par les tribunaux supérieurs dans l'exercice de leur pouvoir de surveillance et de contrôle[204].

791 – *Exécution* – L'article 101 C.t. prévoit que l'exécution de la sentence arbitrale peut être assurée par la procédure prévue à l'article 129 du Code, c'est-à-dire le dépôt au bureau du greffier de la Cour supérieure, procédure qui s'applique alors en y apportant les adaptations nécessaires et sans que l'autorisation de la Commission des relations du travail soit nécessaire[205]. Un tel dépôt attribue à la sentence arbitrale les effets d'un jugement final de la Cour supérieure[206]. L'association accréditée, partie à l'arbitrage, ou l'employeur peuvent ainsi procéder par eux-mêmes au dépôt. Le cas échéant, le salarié au bénéfice duquel la sentence a été rendue pourrait aussi s'en charger[207]. L'intérêt du dépôt, si on peut dire, réside à la fois dans sa

---

202. *Alcan inc.* c. *Côté*, précité, note 198.
203. *Syndicat des professionnelles et professionnels de commissions scolaires de la Gaspésie et des Îles-de-la-Madeleine* et *Commission scolaire René-Lévesque*, D.T.E. 2006T-60 ; *Cabiakman* c. *Industrielle-Alliance Cie d'assurance sur la vie*, [2004] 3 R.C.S. 195.
204. Voir *infra*, n° 798 et s.
205. Voir *supra*, Titre II, chapitre 1, n° 441.
206. *Syndicat des cols bleus regroupés de Montréal (S.C.F.P.-301)* c. *Montréal (Ville de)*, précité, note 140, par. 20, 26 ; *Chélin* c. *Université du Québec à Montréal*, 2007 QCCS 5052 – un tel dépôt aurait pour effet d'empêcher le recours à l'injonction pour en assurer la sanction.
207. *Syndicat national des travailleurs de St-Thomas Didyme (C.S.N.)* c. *Donohue St-Félicien Inc.*, J.E. 81-649 (C.S.) – dépôt par un conseiller syndical, que le jugement assimile à cette fin à un représentant du salarié.

simplicité procédurale et dans la condamnation pour outrage au tribunal qui pourrait le suivre, dans les cas prévus à l'article 129, al. 3 C.t., outre l'imposition d'une amende selon l'article 146.1 C.t., si la partie concernée ne se conforme pas à la sentence rendue[208].

792 – *Absence d'effets obligatoires futurs* – Entre les parties, une sentence arbitrale règle le litige particulier soumis à l'arbitre. Sous réserve d'une disposition contraire dans la convention collective, les notions de chose jugée (*res judicata*) et de *stare decisis* ne s'appliquent pas en matière d'arbitrage de griefs à l'égard d'un litige ultérieur relativement aux mêmes dispositions de la convention collective[209].

L'arbitre appelé à trancher une question déjà décidée par un collègue demeure responsable de sa propre conclusion et de ses motifs. Il ne saurait attribuer l'autorité de la chose jugée à une sentence d'un autre arbitre et en faire le seul motif de la sienne[210]. Même en présence d'une disposition conventionnelle qui l'obligerait à suivre une décision arbitrale antérieure sur la même question, l'arbitre pourrait refuser d'adhérer à une détermination qu'il jugerait lui-même manifestement déraisonnable[211]. Néanmoins, usuellement, les arbitres chercheront à assurer une certaine stabilité dans les relations entre les parties et, de ce fait, examineront avec attention toute décision antérieure sur la question dont ils sont saisis pour ne conclure de façon différente que dans les seuls cas où ils seront convaincus de son absence de bien-fondé. Bien que l'arbitre ne soit pas lié par la règle du précédent, cela ne veut pas dire qu'il ne doit pas s'assurer d'une certaine « cohérence jurisprudentielle »[212].

---

208. *Boucher* c. *Logistik Unicorp. Inc.*, [2001] R.J.D.T. 1 (C.A.).
209. *Isabelle* c. *Association des fonctionnaires provinciaux de l'Ontario*, [1981] 1 R.C.S. 449 ; *Société canadienne des postes* c. *Lauzon*, D.T.E. 92T-1054 (C.A.) ; *Société Radio-Canada* c. *Rousseau*, [1992] R.J.Q. 1878 (C.S.) ; *Syndicat des employées et employés de métiers d'Hydro-Québec, section locale 1500* c. *Jutras*, D.T.E. 92T-1355 (C.S.) ; *Union des employés(ées) de service, local 800 (298), F.T.Q.* c. *Larouche*, D.T.E. 89T-508 (C.S.) ; *Syndicat des travailleuses et travailleurs de la Brasserie Labatt (C.S.N.)* c. *Brasserie Labatt ltée*, 2006 QCCA 734 ; *Fraternité des policières et policiers de Gatineau Inc.* c. *Gatineau (Ville de)*, D.T.E. 2009T-151 (T.A.).
210. *Syndicat des employées et employés de métiers d'Hydro-Québec, section locale 1500* c. *Jutras, ibid.*
211. *Société canadienne des postes* c. *Lauzon*, précité, note 209, p. 8.
212. *Syndicat de l'enseignement de la région de Laval* c. *Commission scolaire de Laval*, 2012 QCCA 827, par. 58 ; *Société des alcools du Québec* c. *Syndicat des employés de magasins et de bureaux de la Société des alcools du Québec (CSN)*, 2012 QCCA 994.

VIII- LE TRIBUNAL DE DROIT COMMUN ET LA CONVENTION COLLECTIVE

793 – *Occasions d'intervention* – L'intervention du tribunal de droit commun relativement à une convention collective est susceptible d'être envisagée soit par rapport à l'application de cette convention collective, soit pour assurer l'exécution d'une sentence arbitrale de grief, soit enfin quant à l'exercice du pouvoir de contrôle judiciaire à l'endroit du processus ou de la décision d'arbitrage.

A. L'application de la convention collective

794 – *Compétence résiduelle* – Au fur et à mesure que la jurisprudence de la Cour suprême est venue définir, en l'élargissant, l'aire de compétence de l'arbitre de griefs, elle a du même coup rétréci le champ d'intervention des tribunaux ordinaires en présence d'une convention collective.

En affirmant l'exclusivité de la compétence arbitrale lorsqu'elle est établie selon les paramètres évoqués précédemment et en écartant alors toute possibilité de concomitance ou de chevauchement de compétence avec les tribunaux de droit commun, la Cour suprême n'a laissé à ces derniers qu'une compétence dite résiduelle à l'endroit de la convention collective. La compétence résiduelle des tribunaux est fondée sur les pouvoirs inhérents qui leur sont propres et sur l'impossibilité, en certaines circonstances, d'obtenir de l'arbitre le redressement qui serait requis[213]. Cette impossibilité peut résulter soit de motifs juridiques reliés aux pouvoirs de l'arbitre[214], soit de motifs factuels d'inefficacité fonctionnelle.

Le plus souvent, c'est pour assurer à une partie la sauvegarde des droits que la convention collective lui reconnaît, jusqu'à l'adjudication finale d'un arbitre, qu'on s'adressera à la Cour supérieure pour en requérir une mesure provisoire, par exemple d'injonction aux conditions usuelles d'existence d'une apparence de droit, d'urgence,

---

213. *Weber* c. *Ontario Hydro*, précité, note 3, p. 958-959 ; *Fraternité des préposés à l'entretien des voies – Fédération du réseau Canadien Pacifique* c. *Canadien Pacifique Ltée*, [1996] 2 R.C.S. 495 ; *Bowater Produits forestiers du Canada inc.* c. *Société en commandite Boralex Énergie*, 2008 QCCA 1876, par. 28 ; *Association des réalisateurs* c. *Société Radio-Canada*, 2006 QCCS 703, par. 4.
214. *Fédération du réseau Canadien Pacifique* c. *Canadien Pacifique Ltée*, *ibid* – injonction provisoire jusqu'à ce que l'arbitre ait décidé du grief ; *Procureur général du Québec* c. *Cour du Québec*, précité, note 168 – négation à l'arbitre, par la convention collective, du pouvoir d'octroyer des dommages-intérêts.

de nécessité et de prépondérance des inconvénients en faveur du requérant[215]. Au regard du critère de nécessité, il y a lieu de garder à l'esprit que l'arbitre de griefs agissant en vertu du *Code du travail* dispose, selon le paragraphe 100.12g) C.t., du pouvoir matériel d'accorder une mesure provisionnelle de cette nature. Il s'ensuit que la partie qui sollicite une telle mesure de la Cour supérieure devra lui démontrer l'impossibilité, du moins relative, d'obtenir de l'arbitre, en temps utile, le remède nécessaire[216].

795 – *Compétence personnelle et contextuelle* – C'est aussi au tribunal de droit commun qu'il faudra s'adresser dans certaines situations où la présence d'une convention collective n'est qu'incidente. C'est le cas de litiges qui n'opposent pas entre elles les parties signataires de la convention, comme les litiges entre coemployés, et de ceux qui mettent en cause des parties sur lesquelles l'arbitre ne peut prétendre avoir autorité[217].

Il y a lieu de relever que la Cour suprême n'a jamais jugé nécessaire de refermer formellement la possibilité qu'elle avait reconnue de s'adresser au tribunal de droit commun pour réclamer un salaire impayé, soit-il fixé par convention collective, en l'absence de toute problématique d'interprétation ou d'application de la convention collective[218]. Le danger d'un tel recours devant le tribunal ordinaire serait que l'employeur lui oppose une défense rattachée à l'interprétation de la convention collective et, du même coup, un moyen d'irrecevabilité. Ce recours devrait aussi prendre en compte l'article 70 du *Code du travail*, quant à la compétence du tribunal eu égard au

---

215. Exemples : *Bissonnette* c. *P.P.D. Rim-Spec Inc.*, D.T.E. 91T-1115 (C.A.) ; *Union des employées et employés de service, section locale 800* c. *Société en commandite Villa de Chicoutimi*, [1996] R.J.Q. 2630 (C.S.).

216. Voir *supra*, nos 758-759 ; *Syndicat des travailleuses et travailleurs de Sobeys de Baie-Comeau* c. *Sobeys Inc. (numéro 650)*, D.T.E. 96T-192 (C.S.) – injonction refusée, le processus d'arbitrage ayant été amorcé par la nomination d'un arbitre ; *Syndicat des employés de magasins et de bureaux de la S.A.Q.* c. *Société des alcools du Québec*, précité, note 163 – refus de l'injonction en raison du défaut du requérant d'avoir pris les mesures appropriées pour que l'arbitre puisse exercer sa compétence lui permettant de délivrer une ordonnance intérimaire de sauvegarde des droits des parties pendant l'instance arbitrale ; *Poirier* c. *Montréal (Ville de)*, D.T.E. 93T-1272 (C.S.) – absence de circonstances exceptionnelles justifiant l'injonction.

217. Voir *supra*, nos 740-741.

218. *Hamilton Street Railway Company* c. *Northcott*, [1967] R.C.S. 3 et *Re Grottoli* c. *Lock & Son Ltd.*, (1963) 39 D.L.R. (2d) 128. La Cour suprême a par la suite distingué ces jugements et les situations auxquelles ils se rapportaient dans : *General Motors of Canada Ltd.* c. *Brunet*, *supra*, note 2, p. 542-543 ; *Procureur général de la province de Québec* c. *Labrecque*, *supra*, note 2.

montant réclamé, ainsi que la prescription de six mois de l'article 71 C.t., qui demeurerait applicable selon un jugement de la Cour d'appel[219].

Le tribunal de droit commun est enfin le seul compétent lorsque la situation d'où naît le litige demeure juridiquement indépendante de la convention collective. Il en est ainsi d'une entente particulière ou complémentaire conclue entre l'employeur et le salarié, en supposant sa légalité au regard de la convention collective[220] ou d'une entente de préemploi[221]. C'est aussi le cas à l'égard d'un droit ou d'une obligation d'origine légale et que la convention collective n'incorpore pas explicitement ou implicitement[222].

B. L'exécution de la sentence arbitrale

796 – *Exécution forcée* – L'article 101 C.t., nous l'avons vu, renvoie à l'article 129 C.t. comme mode d'exécution, avec l'adaptation nécessaire, de la sentence arbitrale. Au besoin, l'exécution forcée de la sentence arbitrale selon cette procédure pourra conduire au mode d'exécution forcée des jugements de la Cour supérieure[223] et même, si la décision contient une ordonnance de faire ou de ne pas faire, à une condamnation pour outrage au tribunal de nature civile ou criminelle[224]. L'outrage au tribunal est une procédure de droit strict. Il ne pourra sanctionner que la violation claire d'une ordonnance précise de l'arbitre[225].

797 – *Procédure alternative* – La jurisprudence continue à reconnaître que l'on peut aussi s'adresser directement aux tribunaux de

219. *Mayrand* c. *Commissaires d'écoles pour la municipalité de Ste-Germaine de Boulé*, [1971] C.A. 510.
220. Exemple : *Frappier* c. *Commission scolaire Crie*, D.T.E. 90T-1094 (C.A.).
221. *Goudie* c. *Ottawa (Ville de)*, 2003 CSC 14, [2003] 1 R.C.S. 141.
222. Exemple : *Montréal (Ville de)* c. *Syndicat canadien de la fonction publique, section locale 301*, [1997] R.J.Q. 1534 (C.A.) – réclamation de l'employeur à la suite d'actes de vandalisme commis à l'occasion d'une grève légale.
223. *Syndicat des cols bleus regroupés de Montréal (S.C.F.P.-301)* c. *Montréal (Ville de)*, précité, note 140 – saisie.
224. Sur l'effet de la procédure de dépôt d'une sentence arbitrale à la Cour supérieure et sur la distinction entre l'outrage civil et l'outrage criminel, voir *United Nurses of Alberta* c. *Procureur général d'Alberta*, [1992] 1 R.C.S. 901. Exemple d'outrage civil, selon les articles 53 à 54 C.p.c. : *Association de l'enseignement du Nouveau-Québec* c. *Commission scolaire Crie*, [1989] R.J.Q. 1865 (C.S.). Voir aussi *supra*, Titre II, chapitre 1, n° 441.
225. Voir : *Restaurant Faubourg St-Denis Inc.* c. *Durand*, précité, note 72 ; *Commission scolaire Harricana* c. *Syndicat des travailleuses et travailleurs de l'enseignement du Nord-Est québécois*, [1988] R.J.Q. 947 (C.A.).

droit commun pour obtenir l'exécution d'une sentence arbitrale, alternativement à la procédure de l'article 129 du Code[226]. Ce recours peut amener la Cour supérieure à formuler des ordonnances précises dont le contenu s'infère manifestement des conclusions de la sentence arbitrale[227]. Il ne saurait cependant s'avérer un moyen de parfaire le dispositif défaillant d'une sentence arbitrale[228]. Une injonction de la Cour supérieure pourra ultimement, elle aussi, mener la partie qui y contrevient à une condamnation pour outrage au tribunal, civil ou criminel[229].

C. Le contrôle judiciaire

1. La recevabilité du recours

798 – *Voies procédurales* – La surveillance et le contrôle des tribunaux inférieurs et des organismes administratifs constituent pour les cours supérieures un pouvoir inhérent et essentiel qui ne peut leur être enlevé de quelque façon que ce soit[230].

Sur le plan procédural, le pouvoir de contrôle judiciaire est susceptible de s'exercer par diverses voies. Celle qui est la plus fréquemment utilisée, pour des raisons de simplicité et de rapidité procédurales, est la requête en révision judiciaire en vertu de l'article 846 C.p.c. Le texte même de cette disposition réserve toutefois son utilisation à une partie devant le tribunal inférieur. En l'occurrence, il s'agit du syndicat accrédité et de l'employeur, ce qui exclut généralement le salarié dont les droits sont concernés[231]. Un syndicat rival,

---

226.   Voir et transposer : *supra*, Titre II, chapitre 1, n° 441 ; *Procureur général de la province de Québec* c. *Progress Brand Clothes Inc.*, [1979] C.A. 326 ; *Boucher* c. *Logistik Unicorp. Inc.*, [2001] R.J.D.T. 1 (C.A.).

227.   Voir : *Syndicat des travailleuses et travailleurs d'Épiciers unis Métro-Richelieu* c. *Épiciers unis Métro-Richelieu Inc.*, D.T.E. 97T-1075 (C.S.).

228.   *Centre hospitalier Régina Ltée* c. *Syndicat national des employés de l'Hôpital Régina (C.S.N.)*, [1983] R.D.J. 223 (C.A.).

229.   Exemples d'outrage civil : *Syndicat des travailleuses et travailleurs d'Épiciers unis Métro-Richelieu* c. *Épiciers unis Métro-Richelieu Inc.*, D.T.E. 98T-787 (C.S.) – condamnation ; *Syndicat des travailleuses et travailleurs d'Épiciers unis Métro-Richelieu (C.S.N.)* c. *Épiciers unis Métro-Richelieu Inc.*, D.T.E. 98T-1061 (C.S.) – sentence.

230.   *Noël* c. *Société d'énergie de la Baie James*, précité, note 76, par. 27 ; *Dunsmuir* c. *Nouveau-Brunswick*, précité, note 195.

231.   *Hotte* c. *Bombardier Ltée*, [1981] C.A. 376 ; *Verdun (Ville de)* c. *Besner*, D.T.E. 94T-1159 (C.A.) ; *Rousseau* c. *Hamelin*, [1997] R.J.Q. 1853 (C.A.). Comme l'évoque le dernier jugement, le recours pourrait être ouvert au salarié dans les cas, relativement rares, où la convention collective lui permet d'avoir accès à l'arbitrage de son seul chef, sans le concours ou le consentement du syndicat, et

dont les droits sont touchés par la sentence de l'arbitre, mais qui a omis d'intervenir devant lui, ne peut se prévaloir de cette voie procédurale[232].

L'action en nullité, selon l'article 33 C.p.c., se présente maintenant de façon générale comme une voie procédurale alternative de révision judiciaire[233].

799 – *Accessibilité* – Se pose ici la question suivante : le salarié lésé par une sentence arbitrale peut-il se pourvoir à l'encontre de cette décision et en obtenir la révision judiciaire par action en nullité, sans le concours de l'association accréditée, en invoquant un intérêt juridique suffisant au sens et aux fins de l'article 55 C.p.c. ?

Par l'arrêt *Noël*, la Cour suprême exclut de façon générale cette possibilité[234]. Selon la Cour, la notion d'intérêt procédural (art. 55 C.p.c.) est indissociable du droit substantiel[235]. Dans le contexte d'un régime de relations de travail fondé sur la négociation collective et sur le pouvoir de représentation exclusive du syndicat accrédité, l'exclusivité de la représentation syndicale se prolonge jusqu'à ce stade de l'administration de la convention collective, s'il y a lieu[236]. En contrepartie, le syndicat demeure tenu à son obligation de représentation[237]. Le juge LeBel, qui écrit pour la Cour, évoque certaines situations d'exception dans lesquelles un salarié pourrait agir seul. Il mentionne ainsi les cas où l'association accréditée aurait déjà préalablement manqué à son devoir de représentation, par exemple par collusion avec l'employeur[238], ceux où le salarié a droit à une repré-

---

d'acquérir ainsi le statut de partie devant le forum arbitral. Voir à cet effet, par analogie, *Québec (Ville de)* c. *Morin*, précité, note 40.

232. *Syndicat des travailleuses et travailleurs d'Épiciers unis Métro-Richelieu (C.S.N.)* c. *Lavoie*, D.T.E. 2002T-247 (C.S.) ; *Centre hospitalier universitaire de Québec* c. *Corbeil*, D.T.E. 2012T-458 (C.S.).

233. *Noël* c. *Société d'énergie de la Baie James*, précité, note 76, par. 30-36.

234. *Ibid.*

235. *Ibid.*, par. 38.

236. *Ibid.*, par. 42, 58 et 62-64.

237. *Ibid.*, par. 45, 57 et 58 ; *Landry* c. *Institut de réadaptation en déficience physique de Québec*, D.T.E. 2003T-233 (C.S.), par. 38-40 ; *Laguë* et *Syndicat du personnel scolaire du Val-des-Cerfs (C.S.N.)*, 2005 QCCRT 0636, par. 26-38 ; *Guay-Beshro* et *Syndicat de la fonction publique du Québec (unité fonctionnaires)*, 2007 QCCRT 0187, par. 69-92 – requête en révision judiciaire à la Cour supérieure.

238. *Brousseau* c. *Manufacture St-Laurent Canada inc.*, D.T.E. 2002T-989 (C.A.) ; *Landry* c. *Institut de réadaptation en déficience physique de Québec*, précité, note 237 ; *Bouhalfaya Jean-Michel* c. *Société de transport de Montréal*, 2005 CanLII 7025 (QC C.S.) – la Cour rejette la requête en révision judiciaire du salarié.

sentation distincte à l'arbitrage parce qu'il s'y trouve déjà en conflit d'intérêts avec son syndicat, ceux où on se trouverait devant certaines formes de violation de la règle *audi alteram partem*, ceux où le tribunal d'arbitrage n'aurait pas été constitué conformément à la Loi et ceux où l'arbitre aurait été saisi d'une matière relevant de la compétence d'une autre juridiction[239].

800 – *Recours ou moyen alternatif* – Le recours en *mandamus*, selon l'article 844 C.p.c., peut s'avérer une alternative appropriée aux recours selon les articles 846 ou 33 du même Code, lorsque l'arbitre fait défaut d'exercer la compétence ou un pouvoir que la Loi ou la convention collective lui reconnaît[240]. Plus rarement, l'invalidité d'une sentence arbitrale pourra se soulever en défense, à l'encontre d'un recours qui en recherche l'exécution. Une telle défense faisant appel à l'exercice du pouvoir de contrôle et de surveillance de la Cour supérieure, c'est seulement devant cette dernière qu'elle sera recevable.

801 – *Moment d'exercice du recours* – Le *Code de procédure civile* ne prédétermine aucun délai précis d'exercice des recours qui font appel au pouvoir de contrôle et de surveillance de la Cour supérieure. La jurisprudence a comblé ce silence de la Loi en exigeant que le recours soit entrepris dans un délai raisonnable. En pratique, la procédure entreprise dans les 30 jours suivant la décision attaquée sera considérée satisfaire à cette exigence, selon la jurisprudence. Au-delà de ce délai, il faudra commencer à expliquer le retard et l'exigence de justification croîtra avec le délai encouru[241].

Sur un autre plan, la Cour d'appel a énoncé une politique judiciaire claire et percutante quant aux demandes de contrôle judiciaire en matière d'arbitrage de griefs : à moins d'irrecevabilité manifeste du grief et « encore là uniquement lorsqu'il y a perspective d'une longue instruction que ne justifie pas le mal-fondé évident et incontestable du droit », seule la sentence arbitrale finale disposant d'un grief pourra faire l'objet d'un recours en contrôle judiciaire[242].

---

239. *Noël* c. *Société d'énergie de la Baie James*, précité, note 76, par. 68-69.
240. *Commission scolaire de la Haute-Gatineau* c. *Monnier*, [1992] R.J.Q. 365 (C.A.) ; *Fraternité des policiers de la municipalité de la Baie James* c. *Tremblay*, [1987] R.J.Q. 25 (C.A.) ; *Union des chauffeurs de camions, hommes d'entrepôts et autres ouvriers, local 106* c. *Bolduc*, D.T.E. 89T-749 (C.S.).
241. *Syndicat du personnel de soutien scolaire de la Jonquière (F.I.S.A.)* c. *Gauvin*, D.T.E. 2004T-1134 (C.S.).
242. *Collège d'enseignement général et professionnel de Valleyfield* c. *Gauthier-Cashman*, [1984] C.A. 633, 634 ; *Produits Pétro-Canada Inc.* c. *Moalli*, [1987] R.J.Q. 261, 264-265 (C.A.) ; *Sûreté du Québec* c. *Lussier*, D.T.E. 94T-1038 (C.A.).

2. La norme de contrôle

802 – *Choix et sens de la norme applicable* – Le choix de la démarche appropriée pour le contrôle judiciaire des décisions des tribunaux administratifs est un sujet qui a beaucoup évolué au cours de la dernière décennie et qui a soulevé des difficultés pratiques et théoriques importantes pour les tribunaux et les praticiens. Jusqu'à la décision de la Cour suprême dans *Dunsmuir* c. *Nouveau Brunswick*[243], cette démarche présupposait l'existence de trois normes de contrôle possibles : celle de la décision correcte, qui n'appelle aucune déférence à l'égard de la décision, celle du caractère manifestement déraisonnable, norme qui commande le plus haut degré de retenue envers la décision, ainsi que celle du caractère raisonnable *simpliciter*, qui se situait théoriquement à mi-chemin entre les deux[244].

Dans *Dunsmuir*, la Cour est venue à la conclusion qu'il ne devrait finalement y avoir que deux seules normes de contrôle[245], soit celles de la décision *correcte* et celle de la décision *raisonnable* (aussi qualifiée de la norme du caractère raisonnable *simpliciter*). Dans les faits, la Cour suprême y souligne la différence théorique et illusoire entre la décision raisonnable *simpliciter* et la norme du manifestement déraisonnable, et conclut à la nécessité de refondre ces deux normes de raisonnabilité en une seule[246].

Le fait marquant de cet arrêt réside dans la volonté de la Cour suprême de simplifier la démarche de qualification de la norme de contrôle appropriée. Sans écarter les étapes de l'analyse dite « pragmatique et fonctionnelle » en fonction des facteurs identifiés par la

---

243. *Dunsmuir* c. *Nouveau-Brunswick*, précité, note 195.
244. *Barreau du Nouveau-Brunswick* c. *Ryan*, [2003] 1 R.C.S. 247.
245. *Dunsmuir* c. *Nouveau-Brunswick*, précité, note 195, par. 34 : « Il s'impose, selon nous, de repenser tant le nombre que la teneur des normes de contrôle, ainsi que la démarche analytique qui préside à la détermination de la norme applicable. – Nous sommes d'avis qu'il ne devrait y avoir que deux normes de contrôle, celle de la décision correcte et celle de la décision raisonnable. ». Compte tenu de son importance, les auteurs ont jugé utile de traiter exceptionnellement de cet arrêt malgré qu'il ait été rendu après la date à laquelle la jurisprudence du présent ouvrage est mise à jour.
246. *Ibid.*, par. 45. Voir aussi le par. 42 concernant les préoccupations de la Cour quant à la norme du manifestement déraisonnable : « En outre, même si l'on pouvait concevoir le cas où une décision clairement ou particulièrement irrationnelle se distinguerait d'une décision simplement irrationnelle, il répugnerait à la justice que les parties doivent se soumettre à une décision irrationnelle pour la seule raison que l'irrationalité n'est pas *assez* évidente suivant une norme appelant la déférence. Le maintien d'une décision irrationnelle va aussi à l'encontre de la primauté du droit ».

Cour suprême, notamment dans l'arrêt *Pushpanathan*[247], la Cour qualifie plus simplement cette démarche d'» analyse relative à la norme de contrôle »[248].

L'analyse relative à la norme de contrôle doit donc se faire de manière contextuelle et en tenant compte de certains facteurs dont, notamment :

— l'existence ou l'inexistence d'une clause privative[249] ;

— l'expertise du tribunal administratif[250] ;

— la raison d'être du tribunal administratif suivant l'interprétation de sa loi habilitante[251] ;

— la nature de la question en cause : question de droit, de fait ou mixte[252].

Toujours dans cet arrêt, la Cour ajoute qu'il n'est pas toujours nécessaire de se livrer à une analyse exhaustive pour arrêter la bonne norme de contrôle. En effet, la jurisprudence peut permettre de cerner certaines des questions qui appellent généralement l'application de la norme de la décision correcte[253]. Ainsi, dans certaines situations précises, l'analyse requise est réputée avoir déjà eu lieu et ne pas devoir être reprise[254].

---

247. *Pushpanathan* c. *Canada (Ministre de la Citoyenneté et de l'Immigration)*, [1998] 1 R.C.S. 982. Plus récemment, voir *Dr Q* c. *College of Physicians and Surgeons of British Columbia*, [2003] 1 R.C.S. 226, 2003 CSC 19, par. 27-34.
248. *Dunsmuir* c. *Nouveau-Brunswick*, précité, note 195, par. 63.
249. *Ibid.*, par. 52.
250. *Ibid.*, par. 54.
251. *Ibid.*
252. *Ibid.*, par. 53. À cet effet, la cour précise, au par. 55 : « La nature de la question de droit. Celle qui revêt « une importance capitale pour le système juridique [et qui est] étrangère au domaine d'expertise » du décideur administratif appelle toujours la norme de la décision correcte (*Toronto (Ville)* c. *S.C.F.P.*, par. 62). Par contre, la question de droit qui n'a pas cette importance peut justifier l'application de la norme de la raisonnabilité lorsque sont réunis les deux éléments précédents ». (clause privative et régime administratif distinct et particulier dans le cadre duquel le décideur possède une expertise spéciale).
253. *Ibid.*, par. 57.
254. À titre d'exemple, il a été établi que la norme de contrôle applicable aux questions touchant au partage des compétences entre le Parlement et les provinces dans la *Loi constitutionnelle de 1867* est celle de la décision correcte (par. 58) ; un organisme administratif doit également statuer correctement sur une question touchant véritablement à la compétence ou à la constitutionnalité (par. 59) ;

En résumé, le processus de détermination de la norme appropriée de contrôle judiciaire doit se dérouler en deux étapes. Premièrement, la cour de révision vérifie si la jurisprudence établit déjà de manière satisfaisante le degré de déférence correspondant à une catégorie de questions en particulier. En second lieu, lorsque cette démarche se révèle infructueuse, elle entreprend l'analyse des éléments qui permettent d'arrêter la bonne norme de contrôle[255].

En matière d'arbitrage de griefs, certaines caractéristiques de la démarche de contrôle judiciaire s'imposeront toujours. Premièrement, l'arbitre de griefs est protégé par une clause privative dite complète et rigoureuse, en vertu des articles 139, 139.1 et 140 C.t.[256]. De même, dans son rôle d'interprète de la convention collective et, accessoirement, dans la mesure où il lui est nécessaire de faire appel au droit commun ou aux lois du travail pour décider d'un grief, les tribunaux reconnaissent que l'arbitre bénéficie d'une grande autonomie décisionnelle que les tribunaux supérieurs doivent respecter lorsque la question en litige est au cœur du champ d'expertise de l'arbitre de griefs. Si les tribunaux concluaient auparavant à l'application de la norme de contrôle de l'erreur manifestement déraisonnable pour des décisions de cette nature pour justifier l'annulation d'une décision arbitrale[257], une telle décision d'un arbitre de griefs sera maintenant révisée en fonction de la norme de la décision raisonnable qui, faut-il le rappeler, s'attarde principalement à la justification de la décision, à la transparence et à l'intelligibilité du processus décisionnel, ainsi qu'à l'appartenance de la décision aux issues possibles acceptables pouvant se justifier au regard des faits et du droit[258].

---

     dans le cas d'une question de droit générale « à la fois, d'une importance capitale pour le système juridique dans son ensemble et étrangère au domaine d'expertise de l'arbitre », la cour de révision doit également continuer de substituer à la décision rendue celle qu'elle estime constituer la bonne (par. 60) ; la norme de la décision correcte s'est également appliquée à la délimitation des compétences respectives de tribunaux spécialisés concurrents (par. 61). Voir aussi : *Northrop Grumman Overseas Services Corp.* c. *Canada (Procureur général)*, 2009 CSC 50, [2009] 3 R.C.S. 309, par. 10.

255. *Ibid.*, par. 62.

256. *Ivanhoe Inc.* c. *TUAC, section locale 500*, [2001] 2 R.C.S. 565, 2001 CSC 47, par. 33 ; *Syndicat des travailleurs et des travailleuses des Épiciers unis Métro-Richelieu (C.S.N.)* c. *Lefebvre*, précité, note 131, p. 1535.

257. *Ibid.* ; *Commission scolaire de Rivière-du-Loup* c. *Syndicat de l'enseignement du Grand-Portage*, [2000] 2 R.C.S. 913 ; *Olymel s.e.c.* c. *Syndicat des travailleurs d'Olympia (C.S.N.)*, 2007 QCCA 865.

258. *Dunsmuir* c. *Nouveau-Brunswick*, précité, note 195, par. 47. À cet effet, la Cour ajoute que « La norme déférente du caractère raisonnable procède du principe à l'origine des deux normes antérieures de raisonnabilité : certaines questions soumises aux tribunaux administratifs n'appellent pas une seule solution pré-

Dans un arrêt récent de la Cour suprême, *Newfoundland and Labrador Nurses' Union* c. *Terre-Neuve-et-Labrador (Conseil du Trésor)*[259], la juge Abella trouva bon de préciser l'interprétation qui doit prévaloir dans le cadre de la norme de la décision raisonnable. Selon ses propos, l'analyse des motifs doit s'effectuer de manière globale, c'est-à-dire en corrélation avec le résultat[260]. C'est dans ces conditions que l'analyse des motifs permettra de déterminer si le résultat fait partie des issues possibles[261], de savoir « si la décision et sa justification possèdent les attributs de la raisonnabilité »[262]. La juge rappelle également l'importance pour la cour de justice qui s'adonne à la révision d'une décision de faire preuve de déférence, sans toutefois que cela l'empêche d'examiner le dossier de plus près pour apprécier le caractère raisonnable du résultat[263].

Aussi, il n'appartient pas aux tribunaux judiciaires de départager les controverses jurisprudentielles au sein d'une instance administrative : le fait qu'une décision se démarque d'un courant de

---

cise, mais peuvent plutôt donner lieu à un certain nombre de conclusions raisonnables. Il est loisible au tribunal administratif d'opter pour l'une ou l'autre des différentes solutions rationnelles acceptables. La cour de révision se demande dès lors si la décision et sa justification possèdent les attributs de la raisonnabilité. ». Pour une application récente de la norme de la décision raisonnable aux décisions de l'arbitre de griefs, voir notamment : *Syndicat des professionnelles en soins de santé du Nord de Lanaudière (FIQ)* c. *Sylvestre*, 2011 QCCS 3743 – la norme de contrôle judiciaire applicable à l'égard de la décision portant sur la question mixte de droit et de fait tranchée par l'arbitre est celle de la raisonnabilité ; *Commission scolaire crie* c. *Association des employés du Nord québécois (CSQ)*, 2012 QCCA 429 – le fait que l'arbitre doive interpréter la *Loi sur l'instruction publique pour les autochtones cris, inuit et naskapis* n'a pas pour effet de modifier la norme de contrôle judiciaire applicable en l'espèce, celle de la décision raisonnable ; *Munaca* c. *Hamelin*, 2011 QCCS 3565 ; *Montréal (Ville de)* c. *Sabourin*, 2012 QCCS 2004 ; *Syndicat démocratique des employés de garage Saguenay–Lac-St-Jean (CSD)* c. *Morency*, 2011 QCCS 5742 ; *Nor-Man Regional Health Authority Inc.* c. *Manitoba Association of Health Care Professionals*, 2011 CSC 59.

259. *Newfoundland and Labrador Nurses' Union* c. *Terre-Neuve-et-Labrador (Conseil du Trésor)*, 2011 CSC 62.

260. *Ibid.*, par. 14.

261. *Canada (Citoyenneté et Immigration)* c. *Khosa*, 2009 CSC 12, par. 59 – selon le juge Binnie : « Il peut exister plus d'une issue raisonnable. Néanmoins, si le processus et l'issue en cause cadrent bien avec les principes de justification, de transparence et d'intelligibilité, la cour de révision ne peut y substituer l'issue qui serait à son avis préférable ». Voir aussi : *Fraternité des policières et policiers de la MRC des Collines-de-l'Outaouais* c. *Collines-de-l'Outaouais (MRC des)*, 2010 QCCA 816 ; *Héma-Québec* c. *Commission des relations du travail*, 2012 QCCS 1431.

262. Voir, *Dunsmuir* c. *Nouveau-Brunswick*, précité, note 195, par. 47.

263. *Newfoundland and Labrador Nurses' Union* c. *Terre-Neuve-et-Labrador (Conseil du Trésor)*, précité, note 259.

jurisprudence, soit-il majoritaire, n'emporte pas qu'elle est déraisonnable[264].

On appliquera la norme de la décision correcte lorsque la détermination de l'arbitre porte sur sa compétence matérielle à l'égard du litige[265], ou sur ses pouvoirs, ou s'il contrevient aux règles de la justice naturelle, ou encore s'il erre dans l'interprétation d'une loi d'ordre public plus éloignée de son expertise. S'agissant en particulier d'une loi de nature constitutionnelle ou quasi constitutionnelle, comme c'est le cas pour les chartes, l'arbitre ne disposera d'aucune marge d'erreur en droit[266]. La norme de la décision correcte continuera donc à s'appliquer aux questions de compétence et à certaines autres questions de droit afin de favoriser le prononcé de décisions justes, tout en évitant l'application incohérente et irrégulière du droit. Rappelons que la cour de révision qui applique la norme de la décision correcte n'acquiesce pas au raisonnement du décideur ; elle entreprend plutôt sa propre analyse au terme de laquelle elle décide si elle est d'accord ou non avec la conclusion du décideur. En cas de désaccord, elle substituera sa propre conclusion et rendra la décision qui s'impose. La cour de révision doit se demander dès le départ si la décision du tribunal administratif était la bonne[267].

Notons par ailleurs qu'en révision judiciaire, une même décision arbitrale peut entraîner la nécessité d'appliquer plus d'une norme de contrôle[268].

3. L'effet du contrôle

803 – *Annulation et conséquences* – L'exercice du pouvoir de contrôle judiciaire conduit à l'annulation de la sentence rendue par l'arbitre.

---

264. *Commission scolaire de la région de Sherbrooke* c. *Syndicat de l'enseignement de l'Estrie*, [2001] R.J.Q. 1105 (C.A.).

265. *Alberta (Information and Privacy Commissionner)* c. *Alberta Teachers'Association*, 2011 CSC 61, par. 39 : « Les véritables questions de compétence ont une portée étroite et se présentent rarement. Il convient de présumer que la norme de contrôle à laquelle est assujettie la décision d'un tribunal administratif qui interprète sa loi constitutive ou qui l'applique est celle de la décision raisonnable ». Voir également ; *Collège de St-Jérôme* c. *Cloutier*, D.T.E. 2009T-52 (C.S.).

266. Voir, *supra*, n° 755 ; *Syndicat des employées et employés de techniques professionnelles et de bureau d'Hydro-Québec, section locale 2000 (S.C.F.P.-F.T.Q.)* c. *Hydro-Québec*, 2006 QCCA 150 – décision de l'arbitre annulée et celle de la Cour supérieure infirmée.

267. *Dunsmuir* c. *Nouveau-Brunswick*, précité, note 195, par. 50.

268. *Toronto (Ville)* c. *S.C.F.P., section locale 79*, [2003] 3 R.C.S. 77, précité, note 252, par. 14 ; *Lévis (Ville de)* c. *Fraternité des policiers de Lévis Inc.*, précité, note 139, par. 19.

Cette annulation ne se présente pas, en principe, comme une occasion pour le tribunal supérieur de se substituer purement et simplement au forum spécialisé pour interpréter et appliquer la convention collective[269].

À moins que le jugement de révision judiciaire ne constate l'absence totale de compétence de l'arbitre ou qu'il ne lui laisse plus rien à décider, compte tenu du motif de nullité[270], les parties seront renvoyées à un nouvel arbitrage[271] ou, si aucune circonstance particulière ne s'y oppose, le dossier sera renvoyé à l'arbitre pour qu'il rende une nouvelle décision en tenant compte des conclusions du jugement de contrôle judiciaire[272].

---

269. *Centre d'accueil Miriam* c. *Syndicat canadien de la Fonction publique, section locale 2115*, [1985] 1 R.C.S. 137, 144 ; *Acier Leroux Inc.* c. *Union des camionneurs de construction et approvisionnements, mécaniciens d'auto et aides-employés de stations-services et de parcs de stationnement et salariés divers, section locale 903*, D.T.E. 93T-131 (C.A.) ; voir aussi, par analogie, *Société des traversiers du Québec* c. *Jourdain (Succession de)*, [1999] R.J.Q. 1626 (C.A.) ; *Montréal (Ville de) (arrondissement Côte-St-Luc–Hampstead–Montréal-Ouest)* c. *Syndicat canadien des cols bleus regroupés de Montréal*, 2006 QCCA 412, par. 37-43.

270. Voir : *Panneaux Vicply Inc.* c. *Guindon*, D.T.E. 98T-34 (C.A.) ; *Matane (Ville de)* c. *Fraternité des policiers et pompiers de la Ville de Matane Inc.*, précité, note 177 ; *Syndicat canadien de la fonction publique, section locale 2051* c. *Tremblay*, D.T.E. 93T-1299 (C.A.) – grief accueilli.

271. *Centre d'accueil Miriam* c. *Syndicat canadien de la Fonction publique, section locale 2115*, précité, note 269 ; *Société des traversiers du Québec* c. *Jourdain (Succession de)*, précité, note 269 ; *Air Canada Ltée* c. *Frumkin*, D.T.E. 96T-1500 (C.S.).

272. *Acier Leroux Inc.* c. *Union des camionneurs de construction et approvisionnements, mécaniciens d'auto et aides-employés de stations-services et de parcs de stationnement et salariés divers, section locale 903*, précité, note 269 ; *Guilde des employés de Super-Carnaval (Lévis)* c. *Tribunal du travail*, [1986] R.J.Q. 1556 (C.A.) ; *Compagnie des transformateurs Phillips Limitée* c. *Métallurgistes unis d'Amérique, local 7812*, [1985] C.A. 684.

BIBLIOGRAPHIE

Monographies et ouvrages généraux

BAUDOUIN, J.-L. et P. DESLAURIERS, *La responsabilité civile*, 5e éd., Cowansville, Éditions Yvon Blais, 1998.

BAUDOUIN, J.-L. et P.-G. JOBIN, *Les obligations*, 5e éd., Cowansville, Éditions Yvon Blais, 1998.

BLOUIN, R. et F. MORIN, *Droit de l'arbitrage de grief*, 5e éd., Cowansville, Éditions Yvon Blais, 2000.

BOURGAULT, J., *Le harcèlement psychologique au travail : les nouvelles dispositions de la Loi sur les normes et leur intégration dans le régime légal préexistant*, Montréal, Wilson & Lafleur, 2006.

BRADET, D., B. CLICHE, M. RACINE et F. THIBAULT, *La Loi sur les accidents du travail et les maladies professionnelles : aspects pratiques et juridiques*, 6e éd, Cowansville, Éditions Yvon Blais, 2007

BRUN, H., *Chartes des droits de la personne (Législation – Jurisprudence – Doctrine)*, 20e éd., Montréal, Wilson & Lafleur, 2007, Collection Alter ego.

BRUN, H. et G. TREMBLAY, *Droit constitutionnel*, 4e éd., Cowansville, Éditions Yvon Blais, 2002.

BRUNELLE, C., *Discrimination et obligation d'accommodement en milieu de travail syndiqué*, Cowansville, Éditions Yvon Blais, 2001, 482 p.

CARTER, D. *et al.*, *Labour Law in Canada*, 5e éd., Markham, Butterworths, 2002.

CAZA, C., *Loi sur les normes du travail (Législation – Jurisprudence – Doctrine)*, 4e éd., Montréal, Wilson & Lafleur, 2001, Collection Alter ego.

CLICHE, B. et M. GRAVEL, *Les accidents du travail et les maladies professionnelles*, Cowansville, Éditions Yvon Blais, 1997.

CLICHE, B., P. VEILLEUX, F. BOUCHARD, C. HOUPERT, É. LATULIPPE, I. CORMIER et M.-P. RAYMOND, *Le harcèlement et les lésions psychologiques*, Cowansville, Éditions Yvon Blais, 2005.

CLICHE, B., S. LAFONTAINE et R. MAILHOT, *Traité de droit de la santé et de la sécurité du travail : le régime juridique des accidents du travail et des maladies professionnelles*, Cowansville, Éditions Yvon Blais, 1993.

COLLECTIF, *Le droit à l'égalité : les tribunaux d'arbitrage et le tribunal des droits de la personne*, Montréal, Éditions Thémis, 2001.

CÔTÉ, C.-E., « La réception du droit international en droit canadien », dans *Droit international du travail : perspectives canadiennes*, sous la direction de Pierre Verge, Cowansville, Éditions Yvon Blais, 2010.

COUTU, M., L.L. FONTAINE et G. MARCEAU, *Droit des rapports collectifs du travail au Québec*, Éditions Yvon Blais, 2009.

D'AOUST, C. et L. DUBÉ, *L'estoppel et les laches en jurisprudence arbitrale*, monographie nᵒ 23, École de relations industrielles, Université de Montréal, Montréal, 1990.

DESLAURIERS, J., *Loi sur la faillite et l'insolvabilité (Législation – Jurisprudence – Doctrine)*, 4e éd., Montréal, Wilson & Lafleur, 2004, Collection Alter ego.

DION, G., *Dictionnaire canadien des relations du travail*, 2e éd., Québec, P.U.L., 1986.

HOGG, P.W., *Constitutional Law of Canada*, vol. 2, loose-leaf ed., Scarborough, Ont., Carswell, 2006 (Fifth Edition Supplemented).

JÉZÉQUEL, M. (dir.), *Les accommodements raisonnables : quoi, comment, jusqu'où ? Des outils pour tous*, Cowansville, Éditions Yvon Blais, 2007, 406 p.

LAVOIE, L. et M. TRUDEL, *Loi sur l'équité salariale annotée*, Cowansville, Éditions Yvon Blais, 2001.

LIPPEL, K., *Le droit de l'accidenté à une indemnité : analyse historique et critique*, Montréal, Éditions Thémis, 1986.

MORIN, F., J.-Y. BRIÈRE et D. ROUX, *Le droit de l'emploi au Québec*, 3e éd., Montréal, Wilson & Lafleur, 2006.

PINEAU, J., D. BURMAN et S. GAUDET, *Théorie des obligations*, 4e éd., Montréal, Éditions Thémis, 2001.

ROMPRÉ, S., *La surveillance de l'utilisation d'Internet au travail*, Cowansville, Éditions Yvon Blais, 2009

ROUX, D., *Le principe du droit au travail : juridicité, signification et normativité*, Montréal, Wilson & Lafleur, 2005, 563 p.

SANFAÇON, M., *L'indemnisation des victimes d'accidents du travail et des maladies professionnelles, aspects juridiques en droit québécois*, Montréal, Wilson & Lafleur, 2000.

VERGE, P., G. TRUDEAU et G. VALLÉE, *Le droit du travail par ses sources*, Montréal, Éditions Thémis, 2006.

VILLAGGI, J.-P., *La protection des travailleurs – L'obligation générale de l'employeur*, Cowansville, Éditions Yvon Blais, 1996.

WALTON, F.P., *The Workmen's Compensation Act, 1909, of the Province of Quebec, with a Commentary*, Montréal, J. Lovell and Son, 1910.

Articles

ARTHURS, H.W., « Labour and the « Real » constitution », (2007) 48 *C. de D.* 43-64.

BDIOUI, F., « La reconnaissance, à des fins de réparation, des maladies professionnelles pulmonaires liées à l'amiante au Québec », dans Service de la formation continue, Barreau du Québec, *Développements récents en droit de la santé et de la sécurité au travail 2010*, vol. 318, Cowansville, Éditions Yvon Blais, 2010.

BÉLIVEAU, N.-A. et S. LEBEL, « La conjugaison de l'obligation d'accommodement de l'employeur et de son droit de congédier pour absentéisme : l'arrêt *Hydro-Québec* », dans Service de la formation continue, Barreau du Québec, *Développements récents en droit du travail 2009*, vol. 310, Cowansville, Éditions Yvon Blais, 2009

BERNIER, J., « *L'arbitrage de griefs : un système de justice privé ou public ?* », (2012) 53 *C. de D.* 161-181.

BICH, M.-F., « La viduité post-emploi : loyauté, discrétion et clauses restrictives », dans Service de la formation permanente, Barreau du Québec, *Développements récents en droit de la propriété intellectuelle 2003*, vol. 197, Cowansville, Éditions Yvon Blais, 2003, p. 243-327.

BONHOMME, R. et M. COURNOYER-PROULX, « Le contrat de travail et le *Code civil du Québec* : 15 ans plus tard », dans Service de la formation continue, Barreau du Québec, *Développements récents en droit du travail 2009*, vol. 310, Cowansville, Éditions Yvon Blais, 2009.

BOURGAULT, J., « L'arrêt *Fraser* : un recul pour les droits des syndiqués ? », dans Service de la formation continue, Barreau du Québec, *Développements récents en droit du travail 2012*, vol. 348, Cowansville, Éditions Yvon Blais, 2012.

BRIÈRE, J.-Y. et J.-P. VILLAGGI, « L'obligation d'accommodement de l'employeur : un nouveau paradigme », dans Service de la formation permanente, Barreau du Québec, *Développements récents en droit du travail 2000*, vol. 134, Cowansville, Éditions Yvon Blais, 2000, p. 219.

BRUNELLE, C., « Droits d'ancienneté et droits à l'égalité : l'impossible raccommodement ? », dans Service de la formation permanente, Barreau du Québec, *Développements récents en droit du travail 2004*, vol. 205, Cowansville, Éditions Yvon Blais, 2004, p. 101-154.

BRUNELLE, C., « La protection quasi constitutionnelle contre le harcèlement », dans Service de la formation permanente, Barreau du Québec, *Développements récents en droit du travail 2000*, vol. 134, Cowansville, Éditions Yvon Blais, 2000, p. 185.

BRUNELLE, C., M. COUTU et G. TRUDEAU, « La constitutionnalisation du droit du travail : un nouveau paradigme », (2007) 48 *C. de D.* 5-42.

BRUNELLE, C. et P. VERGE, « L'inclusion de la liberté syndicale dans la liberté (générale) d'association : un pari constitutionnel perdu ? », (2003) 82 *R. du B. can.* 723.

BUSWELL, A. et A. PAUL-HUS, « Les clauses de non-sollicitation de clientèle et les articles 2088 et 2089 du Code civil : entre la théorie et la réalité commerciale », (2009) 68 *R. du B.* 94-111.

CLOUTIER, S., « L'article 124 L.n.t. en milieu syndiqué : l'affaire *SFPQ* et ses suites », dans Service de la formation continue, Barreau du Québec, *Développements récents en droit du travail 2011*, vol. 333, Cowansville, Éditions Yvon Blais, 2011.

CÔTÉ, R., « La Commission des relations du travail – Un tribunal spécialisé aux nombreuses spécialités ! », dans Service de la formation continue, Barreau du Québec, *Développements récents en droit du travail 2012*, vol. 348, Cowansville, Éditions Yvon Blais, 2012.

COUTU, M. et J. BOURGAULT, « Constitutional Freedom of Association in Quebec since B.C. Health : A New Quiet Revolution ? », (2011) 16(1) *C.L.E.L.J.* 135.

DESHAIES, L. et J. GERVAIS, « Contrat de travail ou contrat de service : où se situe l' « autonomie » du travailleur autonome ? », dans Service de la formation continue, Barreau du Québec, *Développements récents en droit du travail 2012*, vol. 348, Cowansville, Éditions Yvon Blais, 2012.

DESJARDINS, A. et P. GRENIER, « Les suites de l'arrêt *Health Services* : la constitutionnalisation du droit à la négociation par le biais de la liberté d'association emporte-t-elle entre autres celle de l'accréditation et du droit de grève ? », dans Service de la formation continue, Barreau du Québec, *Développements récents en droit du travail 2008*, vol. 293, p. 343, Cowansville, Éditions Yvon Blais, 2008.

DESLAURIERS, J. et P. VERGE, « L'insolvabilité de l'employeur et l'application des lois régissant les rapports collectifs de travail », (2004) 64 *R. du B.* 415-426.

DOWD, M.-A. et J. LEFEBVRE, « La protection contre la discrimination fondée sur les antécédents judiciaires en vertu de la *Charte des droits et libertés de la personne* : il faut qu'une porte soit ouverte ou fermée », dans Service de la formation permanente, Barreau du Québec, *Développements récents en droit du travail 2001*, vol. 153, Cowansville, Éditions Yvon Blais, 2001, p. 1.

DRAPEAU, M., « L'évolution de l'obligation d'accommodement à la lumière de l'arrêt *Meiorin* », (2001) 61 *R. du B.* 299.

FORTIN, J.-M., « *Tendances en matière de congédiement déguisé* », dans Service de la formation continue, Barreau du Québec, *L'ABC des cessations d'emploi et des indemnités de départ 2008*, vol. 299, Cowansville, Éditions Yvon Blais, 2008.

GOYETTE, R. M., « La réforme de la *Loi sur les normes du travail* : les points saillants », dans Service de la formation permanente, Barreau du Québec, *Développements récents en droit du travail 2003*, vol. 190, Cowansville, Éditions Yvon Blais, 2003, p. 93.

GAPMANN, M. et S. GAGNÉ, « L'accommodement raisonnable en milieu de travail : balises et perspectives », (2008) 67 *R. du B.* 183.

GRANOSIK, L., « L'arrêt *Ville de Montréal* : avons-nous tous un handicap ? », dans Service de la formation permanente, Barreau du Québec, *Développements récents en droit du travail 2001*, vol. 153, Cowansville, Éditions Yvon Blais, 2001, p. 113.

HÉBERT, S.P., « Défis et incidences juridiques des technologies et des médias sociaux en milieu de travail », dans Service de la formation continue, Barreau du Québec, *Développements récents en droit du travail 2012*, vol. 348, Cowansville, Éditions Yvon Blais, 2012.

LAMY, F., « Comment contrer le harcèlement et la violence psychologique au travail », dans *Options CEQ no 19*, Montréal, CEQ, 1999, p. 115.

LAPLANTE, L., « Les nouvelles frontières de l'accommodement raisonnable : un casse-tête insoluble ? », dans Service de la formation continue, Barreau du Québec, *Développements récents en droit du travail 2008*, vol. 293, Cowansville, Éditions Yvon Blais, 2008.

Le cahier de la Conférence des arbitres du Québec, *Mes amis Facebook, moi et mon emploi : L'arbitrage de grief à l'ère des réseaux sociaux*, vol. 1, Montréal, Wilson & Lafleur, 2012.

LECAVALIER, M.A., « L'application de l'article 27 L.A.T.M.P. par la C.L.P. », dans Service de la formation continue, Barreau du Québec, *Développements récents en droit de la santé et de la sécurité au travail 2010*, vol. 318, Cowansville, Éditions Yvon Blais, 2010.

LEFEBVRE, S., « Naviguer sur Internet au travail : et si on nageait en eaux troubles ? », dans Service de la formation continue, Barreau du Québec, *Développements récents en droit du travail 2008*, vol. 293, Cowansville, Éditions Yvon Blais, 2008.

LÉVESQUE, G. et S. FOREST, « La compétence des tribunaux d'arbitrage en matière de fin d'emploi dans le secteur de l'éducation illustrée par deux cas de figure : le non-rengagement et l'article 124 de la *Loi sur les normes du travail* », dans Service de la formation continue, Barreau du Québec, *Développements récents en droit du travail en éducation 2007*, vol. 279, Cowansville, Éditions Yvon Blais, 2007, p. 65-105.

MANCINI, M., « Les droits et libertés de la personne en milieu syndical : l'arbitre de grief ou le Tribunal des droits de la personne, quel est le forum compétent », (2009) 68 *R. du B.* 327.

MARCHAND, L., « La Commission de l'équité salariale : bilan et prochains défis », dans Service de la formation continue, Barreau du Québec, *Développements récents en droit du travail 2008*, vol. 293, Cowansville, Éditions Yvon Blais, 2008.

MASSÉ-LACOSTE, C., « La protection de la vie privée : impacts et expérience en relations de travail dans le secteur privé québécois et fédéral », dans Service de la formation continue, Barreau du Québec, *Développements récents en droit du travail 2011*, vol. 333, Cowansville, Éditions Yvon Blais, 2011.

MOREAU, P. E., « Application de l'article 1479 C.c.Q. en droit de l'emploi québécois : l'obligation de mitigation des dommages », dans Service de la formation continue, Barreau du Québec, *L'ABC des cessations d'emploi et des indemnités de départ 2010*, vol. 348, Cowansville, Éditions Yvon Blais, 2012.

MORIN, F., « À la recherche d'une définition de la convention collective ! », dans Service de la formation continue, Barreau du Québec, *Développements récents en droit du travail 2011*, vol. 333, Cowansville, Éditions Yvon Blais, 2011.

MORIN, F., « Droit du travail. Un commentaire de l'arrêt *G. Plourde c. Cie Wal-Mart du Canada Inc.*, [2009] 3 R.C.S. 465 », (2010) 69 *R. du B.* 223.

MORIN, F., « La tierce intervention ! (Nécessaire pour les uns, perturbatrice pour les autres) », dans Service de la formation permanente, Barreau du Québec, *Développements récents en droit du travail dans le secteur de l'éducation 2005*, vol. 235, Cowansville, Éditions Yvon Blais, 2005, p. 4-24.

NADEAU, D., « La perméabilité du droit au sein des rapports collectifs du travail et la compétence arbitrale : nouveau regard sur la valse-hésitation de la Cour suprême du Canada », (2010) 69 *R. du B.* 223.

POIRIER, G. et R. L. RIVEST, « Les nouvelles normes de protection en cas de harcèlement psychologique au travail : une approche moderne », dans Service de la formation permanente, Barreau du Québec, *Développements récents en droit du travail 2004*, vol. 205, Cowansville, Éditions Yvon Blais, 2004, p. 226.

RIOU, M.-C., « À l'occasion du travail, à l'occasion de son travail : qu'en pense la C.L.P. ? », dans Service de la formation continue, Barreau du Québec, *Développements récents en droit de la santé et sécurité au travail 2012*, vol. 346, Cowansville, Éditions Yvon Blais, 2012.

ROUX, D., « Le recours en vertu de l'article 124 de la *Loi sur les normes du travail* dans un contexte de licenciement : vers un renforcement de la protection d'emploi du salarié ? », dans Service de la formation permanente, Barreau du Québec, *Développements récents en droit du travail 2001*, vol. 153, Cowansville, Éditions Yvon Blais, 2001, p. 31.

SABOURIN, D., « Récents développements jurisprudentiels en matière d'arbitrage de griefs », dans Service de la formation permanente, Barreau du Québec, *Développements récents en droit du travail 2004*, vol. 205, Cowansville, Éditions Yvon Blais, 2004, p. 281-322.

SAMSON, J., « Quand on récidive dans l'interprétation, on rechute ou on aggrave la situation ? », dans Service de la formation continue, Barreau du Québec, *Développements récents en droit de la santé et sécurité au travail 2012*, vol. 346, Cowansville, Éditions Yvon Blais, 2012.

SAVARD, J., « Les indemnités ordonnées par les commissaires du travail en vertu de l'article 128 de la *Loi sur les normes du travail* : compensations justifiées ou indemnités punitives ? », dans Service de la formation permanente, Barreau du Québec, *Développements récents en droit du travail 2001*, vol. 153, Cowansville, Éditions Yvon Blais, 2001, p. 219.

ST-PIERRE PLAMONDON, M.-A. et M. GRENIER, « Les décisions récentes portant sur la non-concurrence en droit de l'emploi : quelles sont les leçons à tirer », dans Service de la formation continue, Barreau du Québec, *Développements récents en droit de la non-concurrence 2009*, vol. 313, Cowansville, Éditions Yvon Blais, 2009.

THIBAUDEAU, E. et M.-P. MARCHETERRE, « L'arrêt *Morissette* : révolution ou simple précision quant à la fin du droit à l'indemnité », dans Service de la formation continue, Barreau du Québec, *Développements récents en droit de la santé et sécurité au travail 2012*, vol. 346, Cowansville, Éditions Yvon Blais, 2012.

TRÉPANIER, P., *Le droit de refus*, dans Canadian Institute, *Santé et sécurité au travail, refus de travailler et milieux de travail contaminés*, Montréal, le 24 mai 1989, Toronto, The Institute, 1989, p. C-1-C27.

VALLÉE, G. et D. GESUALDI-FECTEAU, « La constitutionnalisation du droit du travail : une menace ou une opportunité pour les rapports collectifs de travail ? », (2007) 48 *C. de D.* 153-188.

VEILLEUX, D., « Le droit à la vie privée – sa portée face à la surveillance de l'employeur », (2000) 60 *R. du B.* 3.

VERGE, C., « La distinction fondamentale entre la compétence et les pouvoirs d'un tribunal administratif : principe et application, notamment dans le contexte de la Commission des lésions professionnelles », dans Service de la formation continue, Barreau du Québec, *Développements récents en droit de la santé et sécurité au travail 2011*, vol. 334, Cowansville, Éditions Yvon Blais, 2011.

VERGE, P., « L'inclusion du droit de grève dans la liberté générale et constitutionnelle d'association : justification et effets », (2009) 50.2 *C. de D.* 267-299.

VERGE, P. et D. ROUX, « L'affirmation des principes de la liberté syndicale, de la négociation collective et du droit de grève selon le droit international et le droit du travail canadien : deux solitudes ? », dans Service de la formation continue, Barreau du Québec, *Développements récents en droit du travail 2011*, vol. 333, Cowansville, Éditions Yvon Blais, 2011

Étude, politique et rapport

BUREAU INTERNATIONAL DU TRAVAIL, « Étude d'ensemble sur les conventions fondamentales concernant les droits au travail à la lumière de la *Déclaration de l'OIT sur la justice sociale pour une mondialisation équitable* », Rapport III (Partie 1B), Conférence internationale du Travail, 101e session, Genève, 2012.

COMMISSION D'ENQUÊTE ROY, *Rapport de la Commission d'étude sur la réparation des accidents du travail (Rapport Roy)*, Québec, Imprimeur du Roi, 1925.

COMMISSION DES NORMES DU TRAVAIL, *Politique sur l'étalement des heures de travail*, CA-01, août 1992, révisée le 2 mars 2001.

GOUVERNEMENT DU QUEBEC, *Commentaires du ministre de la Justice*, Tome II, Québec, Les Publications du Québec, 1993.

QUÉBEC, ASSEMBLÉE NATIONALE, COMMISSION PERMANENTE DE L'ÉCONOMIE ET DU TRAVAIL, « Étude détaillée du projet de loi no 51 – *Loi modifiant le Code du travail et d'autres dispositions législatives (1)* », dans *Journal des débats de la Commission permanente de l'économie et du travail*, vol. 39, no 23, 30 novembre 2006.

Recensions de la jurisprudence sur la reconnaissance d'un « droit au travail »

BLOUIN, R., (2006) 61 *Relations industrielles* 736-740.

NALLET, M.-C., (2006) 147 *Revue internationale du Travail* 280.

VALLÉE, G., (2006) 47 *C. de D.* 599-603.

TABLE DE LA LÉGISLATION

Note : la référence est au paragraphe.

Lois constitutionnelles

Canada

Lois

Règlements

Québec

Lois

Règlements

TABLE DE LA JURISPRUDENCE

Note : la référence est au paragraphe.

-A-

-B-

-C-

-D-

-E-

-F-

-G-

-H-

-I-

-J-

-K-

-L-

-M-

-N-

-O-

-P-

-R-

-T-

-U-

-W-

-X-

-Y-

INDEX ANALYTIQUE

Note : la référence est au paragraphe.